E-BOOK INSIDE

Berkemeyer/Bos/Hermstein (Hrsg.):
Schulreform

Mit dem unten stehenden Download-Code erhalten Sie die PDF-Version dieses Buches.

So laden Sie Ihr E-Book inside herunter:

1. Öffnen Sie die Website: http://www.beltz.de/ebookinside
2. Geben Sie den untenstehenden Download-Code ein und füllen Sie das Formular aus.
3. Mit dem Klick auf den Button am Ende des Formulars erhalten Sie Ihren persönlichen Download-Link.
4. Beachten Sie bitte, dass der Code nur einmal gültig ist. Bitte speichern Sie die Datei auf Ihrem Computer.

Download-Code

2WDXS-J3NEA-FPRFZ

Berkemeyer | Bos | Hermstein (Hrsg.)

Schulreform

Nils Berkemeyer | Wilfried Bos | Björn Hermstein (Hrsg.)

Schulreform

Zugänge, Gegenstände, Trends

BELTZ

Prof. Dr. *Nils Berkemeyer*, Lehrstuhl für Schulpädagogik und Schulentwicklung an der Friedrich-Schiller Universität Jena.
Prof. Dr. *Wilfried Bos*, Leiter des Forschungsbereichs Bildungsforschung und Qualitätssicherung am Institut für Schulentwicklungsforschung der TU Dortmund.
Björn Hermstein, wissenschaftlicher Mitarbeiter am Institut für Schulentwicklungsforschung der TU Dortmund.

MIX
Papier aus verantwortungsvollen Quellen
FSC® C089473
FSC www.fsc.org

Dieses Buch ist erhältlich als:
ISBN 978-3-407-25820-5 Print
ISBN 978-3-407-25832-8 E-Book (PDF)

in der Verlagsgruppe Beltz · Weinheim Basel
Werderstraße 10, 69469 Weinheim

Lektorat: Dr. Erik Zyber
Umschlaggestaltung: Michael Matl

Satz und Herstellung: Michael Matl
Druck und Bindung: Beltz Grafische Betriebe, Bad Langensalza
Printed in Germany

Weitere Informationen zu unseren Autoren und Titeln finden Sie unter: www.beltz.de

Inhalt

Nils Berkemeyer, Björn Hermstein und Wilfried Bos

Schulreform als Gegenstand und Problem wissenschaftlicher Beobachtung – eine Einführung

Schulreform ist ein Dauerzustand, trotz, oder gerade wegen, unabweisbarer Persistenzen basaler Systemstrukturen der Schule. Obschon Schule notwendigerweise auf langlebigen Institutionen aufbaut und die handelnden Akteure ohne Erwartungserwartungen keine leistungsfähigen (pädagogischen) Ordnungen erschaffen könnten, sollten sowohl die dynamisierenden wie stabilisierenden Wirkungen von reformerischen Eingriffen in die Regelstruktur des Schulsystems nicht außer Acht gelassen werden. Die Entwicklungsgeschichte der Schule lässt sich zu einem gewichtigen Teil auch als Bildungs- und Schulreformgeschichte lesen (siehe auch die Beiträge von Zymek und Tenorth in diesem Band), ohne dabei die Triebkräfte der Eigenlogik und -dynamik des Bildungssystems in ihrer Bedeutung kleinzureden (siehe hierzu auch den Beitrag von Drewek in diesem Band).

Wir möchten mit diesem Sammelband eine aktuelle Bestandsaufnahme über Schulreformen anbieten, die das Schulsystem im deutschsprachigen Raum seit der Nachkriegszeit fortlaufend bewegt haben und auch noch zukünftig beschäftigen werden. Dabei vertreten wir nicht den Anspruch, ein systematisches Werk zur Geschichte des Bildungswesens vorzulegen (siehe hierzu beispielsweise die Bände zum »Handbuch der deutschen Bildungsgeschichte«, etwa den für den hier behandelten Zeitraum den Band 6, Führ/Furck 1998). Konkreter Ausgangspunkt unserer Initiative zu einer möglichst umfassenden Dokumentation der in den vergangenen Dekaden prägenden Schulreformen war vielmehr ein Problem, dass sich uns im Kontext der Anfertigung einer Handbuchpublikation stellte. Der Text sollte den Zusammenhang von Schulreform und dem Phänomen der Bildungsarmut behandeln. Bevor wir das Kernthema aber überhaupt bearbeiten konnten, mussten zunächst einmal ordnende Vorleistungen erbracht werden, um das weite Feld der Schulreform erst einmal in eine handhabbare Form zu überführen. Im Zuge der Ausarbeitung einer »Typologie von Schulreformen« (Hermstein/Berkemeyer/Bos/Semper 2019) verdeutlichte sich uns das Desiderat einer einschlägigen und aktuellen Quelle, die hinreichend breit und gebündelt zugleich in die Thematik der Schulreform einführt und sowohl für wissenschaftliche, studentische und bildungspolitisch interessierte Rezipienten eine verlässliche Informationsgrundlage bietet.

Einführend möchten wir auf einige generelle, zumeist theoretisch-abstrahierende Stichpunkte zum Feld der Reform und Schulreform eingehen, bevor wir den Band kurz in seiner inhaltlichen Struktur vorstellen.

1. Reformbegriff und Reformtheorie

Die Reform der Schule und ihre Kritik gehören ganz offensichtlich zusammen (Oelkers 2000). Doch wie kann das Verhältnis dieser Partnerschaft bestimmt werden? Was ist bislang eigentlich über die Reform der Schule bekannt? Dafür, dass die Schule unter Dauerreform steht, so könnte man jedenfalls die Reformgeschichte der Schule zusammenfassen (von Friedeburg 1989), wissen wir über die Reform als soziale Tatsache, als Steuerungsabsicht oder als soziale Bewegung im Schulbereich recht wenig. Eine Theorie der Reform, in einem allgemeinen Sinn, liegt am Ende der großen Reformphase der BRD, also Ende der 1970er Jahre jedenfalls nicht vor (Greiffenhagen 1978). Und auch 40 Jahre später sind wohl viele Reformen angestoßen und wissenschaftlich dokumentiert, die Reform selbst aber bleibt opak, überraschend unreflektiert, höchstens kritisiert, dann aber zumeist in Bezug auf einzelne Akteure, Inhalte und vor allem zunehmend in Bezug auf ihre ausbleibenden Wirkungen, weniger jedoch in einem theoretisch-reflexiven Sinn. Nachfolgend sollen einige Überlegungen präsentiert werden, die dabei helfen sollen, Reformen in einem theoretischen Sinne besser zu verstehen. Dafür werden wir einige Bausteine einer Reformheuristik in theoretischer Absicht (an-)diskutieren, die hier vorerst noch unverbunden nebeneinanderstehen, gleichwohl aber die Gegenstände und Fragestellungen der Beiträge dieses Sammelbandes rahmen.

2. Revolution, Reform oder Entwicklung

Greiffenhagen (1978) stellt fest, dass Reform klassischer Weise in Abgrenzung zur Revolution Verwendung findet. Während über Revolution jedoch »ganze Bibliotheken« gefüllt seien, so finde man über den Begriff »Reform« verhältnismäßig wenig. Etwas besser sieht es schon wenige Jahre später aus, hier findet man in dem Werk »Geschichtliche Grundbegriffe« einen Eintrag zum Begriffspaar Reformation und Reform von Wolgast (1984). Wolgast zeichnet in der Sprachgeschichte des Begriffs der Reform eine Verfallsgeschichte des Begriffs. Für das Ende des 18. Jahrhunderts hält er als Bedeutungsgehalt des Begriffs, der als klarer Gegenbegriff zur Revolution allmählich und mit Zurückhaltung Verwendung findet, fest:

»Veränderung im Rahmen des bestehenden Systems, Verbesserung durch Abschaffung veralteter und von den Zeitgegebenheiten überholter Formen, Anpassung an neue Bedingungen, Verfassungsgemäßheit, Gewaltlosigkeit, Vorsicht und Behutsamkeit bei den erforderlichen Eingriffen, längerer Zeitraum der Durchführung, Initiative durch die rechtmäßigen Verfassungsorgane, Notwendigkeit der Übereinstimmung des Reformkonzepts mit der allgemeinen Überzeugung« (ebd., S. 344).

Was hier als für Reform konstitutiv beschrieben wird, ist die behutsame Anpassung der bestehenden Institutionen an die sich verändernde Gesellschaft, wobei die Veränderungen im Grunde als unabweisbar erkennbar sein müssen. Anders formuliert: Die Reformbedürftigkeit eines institutionellen Zustands muss evident sein.

In diesem Zeitraum wird der Begriff der Reform zudem synonym mit Begriffen der Reorganisation oder der Regeneration verwendet. Beide Begriffe zeigen nochmals ein gewisses konservatives Potenzial, da immer davon auszugehen ist, dass die Grundlagen des gesellschaftlichen Zusammenlebens und auch die Prinzipien der Institutionen nicht änderungsbedürftig sind, sondern lediglich wieder »in Ordnung« gebracht werden müssen. Reform ist somit die Absicht der Erzielung eines Fortschritts zum Zwecke des Erhalts der Grundordnung. Im Vormärz findet der Begriff der Reform dann wieder Eingang in radikalere Verwendungsweisen, insbesondere im Zuge sozialdemokratischer Programme zur politischen Reform. Wenngleich der Reformbegriff in dieser Zeit fundamentaler auf die konstitutionellen Grundlagen des gesellschaftlichen Zusammenwirkens bezogen ist, so bleibt als Minimaldefinition bestehen, dass mit Reform eine Veränderung als Besserung innerhalb des bestehenden Systems, das prinzipiell nicht in Frage gestellt wird« (ebd., 356), bezeichnet wird. In der Nachkriegszeit findet der Reformbegriff erst wieder Verwendung, als sich die Institutionen gefestigt haben, sich also eine gewisse Ordnung und somit kritisierbare Sachverhalte herausgebildet haben. Allerdings zeigt sich Wolgast folgend, dass der Reformbegriff sich zusehends entgrenzt und zur »zentrale[n] Achse des politischen Verwirrspiels« (ebd., S. 360) wird. Er taucht nun als Reform im klassischen Sinne, als »systemüberwindende Reform« und als Gegenreform auf. Letztlich habe der Begriff so eine negative Bedeutung bekommen.

Diese negative Bedeutung wird im Schulbereich, aber auch andernorts, mit dem Bild von der »neuen Sau, die durchs Dorf getrieben wird« veranschaulicht. In diesem Sinne kann vielleicht auch ein jüngst vorgenommener Versuch von Rolff (2019) verstanden werden, Schulentwicklung als Prozess der Gestaltung der Einzelschule durch die Mitglieder dieser Organisation von Reformen, als einem top-down-Instrumentarium der Politik, abzugrenzen. Solche Analysen deuten darauf hin, dass der Reformbegriff vergleichsweise voraussetzungslos Verwendung findet. Er ist alltagssprachlich fest verankert und erzeugt heute ganz offensichtlich keinen erhöhten Klärungsbedarf. Eine Theorie der Reform fehlt bislang jedenfalls für das Schulsystem. Besser sieht es wiederum aus, kombiniert man den Begriff zur »Reformpädagogik«. Hier finden sich unterschiedliche Darstellungen und Versuche, die Theorie der Reformpädagogik zu rekonstruieren (siehe den Beitrag von Ullrich und Idel in diesem Band). Allerdings ist hiermit insgesamt dann doch ein pädagogischer Zugriff auf die Reform gewählt und der Begriff wird so einseitig in Anschlag auf eine zu erstrebende Veränderung gebracht. Die Welt wird hierbei quasi zum Opponenten des pädagogischen Ethos und der hieraus erwachsenden Veränderungsbestrebungen stilisiert (Koerrenz 2014). Reformen müssen aber breiter diskutiert und analysiert werden, soll das Ganze der Reform in den Blick kommen.

3. Provokation und Reform

Reformen können nicht nur als Provokationen des Status qua verstanden werden, sondern sie sind selbst und vor allem ihre Protagonisten Gegenstand der Provokation. Dies kann man mit dem Paulsen-Effekt beginnend, über das von Bernfeld

(1973) für die Erziehung transformierte Bild vom Sisyphos und der sozialen Grenze der Erziehung bis hin zu den Arbeiten von Luhmann bzw. Luhmann und Schorr verfolgen. Hier wird nüchtern-sachlich, ironisch-verzweifelt und analytisch ironisierend der Wahn der Reformer vor Augen geführt. Und nicht selten gefallen sich die Kritiker der Reform dabei eben in dieser intellektuellen, nicht selten auch überheblichen Reflexionspose, die sich, weil immer möglich, über die Anstrengungen der Reformer belustigen, ihre Naivität belächeln und die geringe Reflexionskraft der Reform auf die gegebenen Verhältnisse verachten. Die Reform, so lange sie noch eine blinde, theorielose und unaufgeklärte Reform ist, braucht diese Kritik und wird mit der Häme leben können. Ebenso verlangt sie umgekehrt die Koexistenz, ja mehr noch, mindestens die Respezifikation oder gar Fusion ihrer selbst durch und mit den Adressaten der Reform, was doch gewiss die größere Provokation darstellt, die nicht wenig überraschend zu Widerständen führen muss (siehe Thiel und Bennewitz in diesem Band).

4. Der Reform-Zirkel: Reform erzeugt neue Reformen

Es ist aber nicht nur die Geschichte der pädagogischen Reformen oder der Reformen im Schulsystem, dies wäre bereits deutlich zu unterscheiden, die eine gewisse Reformskepsis hervorgebracht hat, sondern auch die damit verbundene, aber nicht nur historisch zu betrachtende, sondern auch systematisch sich darstellende Tatsache, dass Reformen geradezu die Hebammen ihrer selbst sind. So lässt sich der von Wolgast (1984) diagnostizierte Negativ-Begriff der Reform verständlich machen. Würde das Bessere erreicht, Fortschritt erzielt, müsste nicht der Reform in einem spezifischen Bereich gleich die nächste (Gegen-)Reform folgen. Entweder wird nichts erreicht oder aber die Evidenz für die Reform ist nicht gegeben. Erinnern wir uns an die Voraussetzung, dass die Reform von den allgemeinen Überzeugungen getragen sein muss, quasi ein Ausdruck gesellschaftlicher Sittlichkeit, dann wird verständlich, warum es die Reform als Fortschrittsprogramm immer schwerer hat. Pluralisierte Lebenswelten, beschleunigter Wandel und konkurrierende Wertinterpretationen und Normdurchsetzungsmotivationen erschweren den Erfolg der Reform. Reform und Gegenreform sind dann weniger Ausdruck gescheiterter Programme denn einer fragilen und polykontexturalen Gesellschaft, die Politik nur noch im Modus der Reform zu betreiben weiß und damit aber wesentliche Grenzen des Politischen verschwimmen lässt, somit das »Verwirrspiel« (Wolgast 1984) zum konstitutiven Bestandteil der Gesellschaftsordnung und der Gestaltungsprogramme macht.

Für das Erziehungssystem ist die Abfolge von Reform auf Reform am deutlichsten wohl bei Luhmann beschrieben worden. Luhmann beobachtet eine dauerhaft gehaltene Kritisierbarkeit des Erziehungssystems, die sich aus diskrepanten Umwelterwartungen und der damit beständig behaupteten Kontingenz der organisierten Bildungs- und Erziehungsverhältnisse ergibt. Das grundsätzliche Problem wird »in zwei gegenläufige Prinzipien zerlegt, zwischen denen das Erziehungssystem oszilliert, nämlich: Spezialisierung würde hilfreich sein, und: Generalisierung würde hilfreich sein. Mit diesem

Gegensatzpaar ist das Erziehungssystem in jeder historischen Situation reformbereit« (Luhmann 2002, S. 125-126). Dieses von Luhmann identifizierte Gegensatzpaar ist als ein formales Schema zu verstehen, das je nach kultureller und historischer Signatur inhaltlich spezifiziert werden kann, wodurch sich die Reformpotenzialität potenziert.

Analysen von Zymek (2000) zu Zusammenhängen der Universalisierung von Schulsystemstrukturen und hieran ansetzenden Vorgängen der Re-Partikularisierung von Organisations- und Kontrollstrukturen kann man als empirische Plausibilisierung dieser beiden Referenzpole des aktiv gehaltenen Schulreformpotenzials lesen. In jedem Fall bleiben infolge von Respezifikationsanforderungen, die sich aus der Trennung staatlich-administrativer Reformverantwortung und in Organisationen verorteten pädagogischen Unterrichtsinteraktionen ergeben, funktionale und normative Inkonsistenzen bestehen, die häufig zu kaum kontrollierbaren Nebenfolgen anwachsen und entsprechend auf den verschiedenen Systemebenen zu bearbeiten sind. Mutieren die reformerisch hervorgebrachten Problemlösungen wiederum zu Strukturproblemen, die nicht subsidiär durch Verwaltung und Schulorganisation durch flexible Anpassung, Formalisierung oder gar Ignorieren gelöst werden können, begründen die Reformfolgen neue Reformanliegen. In Bezug auf diese Mechanismen schlussfolgert Luhmann treffend: »Beobachtet man das jeweils reformierte System, hat man den Eindruck, daß das Hauptresultat von Reformen die Erzeugung des Bedarfs für weitere Reformen ist. Reformen wären danach sich selbst generierende Programme für die Veränderung der Strukturen des Systems« (Luhmann 2002, S. 166).

5. Baustellen und Bausteine einer *Theorie der Schulreform*

Dieser Herausgeberband ist bewusst nicht als *Handbuch der Schulreform* konzipiert, denn ein solches müsste wohl noch weitreichender und systematischer, vor allem auch in internationaler bzw. globaler Perspektive (siehe den zweiten Beitrag von Zymek sowie den Beitrag von Koerrenz in diesem Band) die Schulreform befragen. Dies kann aber erst gelingen, wenn verschiedene Zwischenschritte getan werden, die mit diesem Band wiederum beschrieben und beschritten werden sollen. Die hier angestrengte Zusammenschau wissenschaftlicher Beobachtungen, theoretischer und disziplinärer Analysemittel, historischer Vergewisserungen, kritischer Kommentierungen und gegenständlicher Tiefenbetrachtungen soll im besten Fall als Ausgangspunkt für eben die anzuvisierenden Zwischenschritte fungieren. Die beträchtliche Anzahl der versammelten Beiträge sowie die trotz dessen noch vergessenen bzw. just nicht realisierbaren Vorhaben, erfordert, möchte man das Unternehmen der tieferen analytischen Durchdringung des sozialen Gegenstandsbereichs Schulreform ernsthaft betreiben, einen (oder gar mehrere) Schritt(e) zurückzutreten. Erst so können die Fülle des bisher hervorgebrachten empirischen Wissens sortiert, zugrundeliegende Erkenntnisinteressen reflektiert, einzelne Ansätze des Verstehens und Erklärens voneinander abzugrenzt und gleichsam aufeinander bezogen, die Qualitäten von wissenschaftlich betriebenen Gegenstandskonstruktionen abzuklärt, dabei auch die Interessen- und Machtverhältnisse sowie die bedingenden gesellschaftlichen Referenzen in den Blick genommen werden. Derartige Schritte der Konsolidierung, die gewissermaßen eine Distanzierung von den »evidenten« Anforderungen des modernen Betriebs der (empirischen) Schul- und Bildungsforschung implizieren dürfte, bezeugen sogleich die Notwendigkeit, gemeinsame und bestenfalls aufeinander bezogene Anstrengungen auf dem Weg zu einer veritablen Theoretisierung der Schulreform anzugehen.

Nicht nur von den Herausgebern dieses Bandes werden Beiträge zu einer *Theorie der Schulreform* als Erfordernis erkannt (Lehmann/Imling 2018). Dabei ist kaum zu erwarten, und angesichts der je spezifischen Leistungsfähigkeit von in Anschlag zu bringenden sozialtheoretischen und erkenntnistheoretischen Ansätzen auch nicht zu begrüßen, ein in sich geschlossenes und hinreichend konsistentes Theoriegebäude zu entwerfen. Dies teilt eine Theorie der Schulreform gewissermaßen mit vorliegenden Konzepten einer *Theorie der Schule*, die nach Fend (2006) sowohl verstehens- wie auch gestaltungsorientierte Gesichtspunkte aufweisen sollte und nach Klafki (1989) basale Reflexionsschemata zur Bestimmung des Verhältnisses von Schule und Gesellschaft anbietet, daher multiperspektivisch anzulegen sind (Kemper 1997; Berkemeyer et al. 2017). Analog zum Ansinnen von Rolff und Tillmann (1980), die quasi auf dem Zenit des historischen Übergangs von der systemisch-strukturell ausgerichteten Schulreform- zur stärker auf Qualitätsaspekte abstellenden Schul- und Unterrichtsentwicklungsdiskussion auch heute noch instruktive Elemente eines theoretischen und empirischen Programms der Schulentwicklungsforschung vorschlugen, sollte eine Theorie der Schulreform auf mehrere Bezugstheorien zurückgreifen und verschiedene Ebenen erfassen können, dabei aber »das Allgemeine« der Schulreform bzw. von singulären Schulreformen nicht aus dem Blick verlieren.

Dabei sind die intensive empirische Erforschung von speziellen Gegenständen und Phänomenbereichen sowie die breitere Systematisierung und theoretische Reflexion als gleichrangige Unterfangen aufzufassen. Nur ein von größtmöglicher Offenheit, Kritikfähigkeit und Sachlichkeit geprägter Arbeitszusammenhang kann eine Produktivität erreichen, die einem anzuvisierenden Programm einer Theorie der Schulreform gerecht werden kann, ohne dabei zu einem reinen Selbstzweck zu mutieren. Eine Theorie der Schulreform dient mehreren Zielen, zuallererst der Generierung empirisch überprüfbarer Aussagen zur Befruchtung der empirischen Schul(reform)forschung. Daneben, und dies dürfte angesichts wachsender Bedarfe an selbstreflexiver Funktionsdefinitionen im Bereich der Schul- und Bildungsforschung (siehe exemplarisch hierzu das Sonderheft 31 der *Zeitschrift für Erziehungswissenschaft*) von gesteigerter Bedeutung sein, können theoretisch ansetzende Diskussionen die benötigten kommunikativen Referenzen liefern, um (erstens) Tendenzen einer zunehmenden Entfremdung innerhalb der Forschungslandschaft (zwischen Disziplinen, fachinternen Teildisziplinen, Theorieschulen, Forschungsnetzwerken usw.) sowie zwischen Forschungsakteuren und (zu erforschenden) Umweltsystemen abzumildern, aber auch um (zweitens) die für Forschungszwecke notwendige analytische Distanzierung vom zu untersuchenden Feld zu fördern.

Nach unserer Einschätzung müsste eine Theorie der Schulreform, die einzubetten wäre in eine nicht nur schulpädagogisch, sondern trans- und interdisziplinär ausgerichtete Theorie der Schule und zudem ihr analytisches wie gegenstandsbezogenes Verhältnis zu einer ebenso angezeigten Theorie der Schulentwicklung (Emmerich/Maag Merki 2014; Berkemeyer/Hermstein 2018) zu klären hat, mindestens folgende Baustellen bearbeiten, um hieraus integrationsfähige Bausteine zu gewinnen:

- *Ziele der Reform* – normative und funktionale Rekonstruktion: Woraus speisen sich die Reformziele und woraus gewinnen sie Rechtfertigbarkeit und Durchsetzbarkeit?
- *Gesellschaftsentwicklung und Schulreform*: Inwiefern sind Schulreformen verknüpft mit allgemeinen gesellschaftlichen Problemdefinitionen und Modernitätsvorstellungen, aber auch nicht-reflexiven Entwicklungsmomenten (z.B. Demografie) und wie werden diese in zu bewältigende Herausforderungen im Feld des Schulischen transformiert?
- *Folgen von Reformen*: Welche (auch latenten) (Un-)Ordnungsleistungen erzeugen Schulreformen und welche Umgangsformen im Feld pädagogischer Interaktionen schließen sich an? Wer löst hier eigentlich wessen Problem?
- *Akteurskonstellationen und -relationen*: Wer wirkt womit in das Kräftefeld der Schulreform ein und welche typischen Konstellationen haben reformprägenden Charakter?
- *Gegenstände und Agenda-Setting*: An welchen Ebenen und Strukturen des Schulsystems setzen Reformbestrebungen (un-)typischerweise an und welche Themen- und Problemstellungen werden warum an sie herangetragen?
- *Architektur und Infrastruktur der Reform*: Wie sind die institutionellen Muster der Schulreform beschaffen und wie beeinflussen und kanalisieren sie die substanzielle Entscheidbarkeit von Reformmaßnahmen?
- *Beobachtung der Reform*: Welche (auch als wissenschaftlich legitimierten) Beobachtungsleistungen formen die Schulreform? Warum gelingen und scheitern Reformen immerzu simultan?
- *Reform der Reform*: Wie ist das wiederholt beobachtbare Phänomen der Schulreform als kaum abzuschließender Prozess zu erklären?

Obschon die allermeisten Beiträge einzelreformspezifische Übersichtsdarstellungen beinhalten und somit gar nicht zur wesentlichen Aufgabe hatten, auf allgemeinere Zusammenhänge zu abstrahieren, um sozusagen tiefenanalytische Hintergrundbeschreibungen oder gar -erklärungen mitzuliefern, finden sich die hier aufgeführten Punkte doch zumindest häufig und in Ansätzen in den Beiträgen wieder. Hieran anzusetzen und die vorliegenden Forschungsergebnisse und Einzelbefunde in theoretisch-modellierender Absicht zu systematisieren, vergleichend-konstrastierend zu reanalysieren und auf generalisierbare Prägemuster und Einflusskonstellationen hin zu befragen, könnten wegweisende Arbeiten zu einer Theorie der Schulreform, als Element der stets virulent zu haltenden Beiträge zur Theorie der Schule, hervorbringen.

6. Anlass und Aufbau dieses Sammelbandes

Neben den zuvor genannten inhaltlich ansetzenden Beweggründen für die Initiative zu diesem Sammelband, möchte die Herausgeberrunde ein weiteres Movens hervorheben. Mit Hans-Günter Rolff ist einer der prägenden und meist diskutierten Schulreformer der zurückliegenden Dekaden in diesem Jahr 80 Jahre alt geworden. Anlass genug, auf die wichtigsten Schulreformen und rezenten Reformbeobachtungen zu blicken. An beiden hatte und hat Hans-Günter Rolff keinen ganz unerheblichen Anteil. Die Organisationsentwicklung der Schule und die Weiterentwicklung zum Drei-Wege-Modell der Schulentwicklung aus Organisations-, Unterrichts- und Personalentwicklung gehören mittlerweile in die universitäre Ausbildungscurriculum der LehrerInnenbildung genauso wie zu vielen Fort- und Weiterbildungen für Schulleitungen. Doch auch die (Beobachtung der) Schulreform hat Hans-Günter Rolff immer reflektierend begleitet und selbst einige Vorschläge dazu gemacht. Mit seiner »Soziologie der Schulreform« (Rolff 1980; siehe auch den Beitrag von Brüsemeister in diesem Band) hat er einen der wenigen Beiträge vorgelegt, die den Weg zu einer systematischen Befassung mit Schulreformen aufgezeigt hat. Der hier nun vorgelegte Band hat zu Ehren des Reformers und Reformbeobachters Hans-Günter Rolff die Reform der Schule gestern, heute und morgen in den Blick genommen.

In sechs Sektionen konnten insgesamt 52 Beiträge versammelt werden, die sich mit disziplinären Zugängen und theoretischen Perspektiven (I), Arenen und Strukturen der Schulreform in drei Staaten (II), Schulreformen des »vergangenen« Zeitraums 1945 bis 1995 (III), »rezenten« Schulreform seit 1995 (IV), künftigen Pfaden der Reform der Schule (V) sowie Reflexionen und analytischen Schulreformbeobachtungen (VI) befassen. Wir freuen uns, ausgewiesene Expertinnen und Experten aus dem interdisziplinären Feld der Schul- und Bildungsforschung gefunden zu haben, die mit ihren vielfältigen Textbeiträgen einem Sammelband zur Verwirklichung verholfen haben, der fundierte Bezugspunkte für zukünftige Arbeiten zur Theorie und Empirie der Schulreform bereitstellt. Besonders erwähnen möchten wir die Beiträge der Sektion »(Zivil-)Gesellschaftliche Perspektiven auf zukünftige Schulreformen«, da die hier versammelten Wortmeldungen aus verschiedenen Perspektiven aufzeigen, welche drängenden Problemlagen und Lösungsansätze die zukünftige Schulreform irritieren und inspirieren sollten. An dieser Stelle möchten wir auch Frank Engelhardt und Dr. Erik Zyber vom Verlag BeltzJuventa herzlich für die stets ermutigende und wohlwollende Förderung dieses Vorhabens danken. Nicht unerwähnt bleiben darf das Engagement von Anne Israel, die mit großem Knowhow und unermüdlich die Aufgabe der Zusammenstellung des dem Verlag übergebenen Manuskripts erledigte.

Die Reform der Schule, so viel scheint gewiss, wird weitergehen. Als Bürgerinnen und Bürger können wir diesen Reformen gutes Gelingen oder endgültiges Scheitern wünschen. Als Wissenschaftlerinnen und Wissenschaftler sollten wir die Beobachtung der Reformen verfeinern und zugleich unser Verständnis dessen, was wir schlicht als Reform bezeichnen, vorantreiben. Dabei bleibt die Soziologie der Schulreform ein fruchtbarer Ausgangspunkt.

7. Literatur

Berkemeyer/N./Bos, W./Hermstein, B./Abendroth, S./Semper, I. (2017): Chancenspiegel – eine Zwischenbilanz. Zur Chancengerechtigkeit und Leistungsfähigkeit der deutschen Schulsysteme seit 2002. Gütersloh: Verlag Bertelsmann Stiftung.

Berkemeyer, N./Hermstein, B. (2018): Schulentwicklungsforschung – Quo Vadis? In: Eickelmann, B./Drossel, K. (Hrsg.): Does ›What works‹ work? Bildungsforschung, Bildungsadministration und Bildungspolitik im Dialog. Münster: Waxmann, S. 13-36.

Bernfeld, S. (1973). Sisyphos oder die Grenzen der Erziehung. Frankfurt am Main: Suhrkamp.

Emmerich, M./Maag Merki, K. (2014). Entwicklung von Schule. In Dippelhofer, S./Dippelhofer-Stiem, B. (Hrsg.): Enzyklopädie Erziehungswissenschaft online. Fachgebiet Bildungssoziologie (30 Seiten). Weinheim & München: Beltz.

Fend, H. (2006): Neue Theorie der Schule. Einführung in das Verstehen von Bildungssystemen. Wiesbaden: VS Verlag.

Führ, C./Furck, C.-L. (1998): Handbuch Der Deutschen Bildungsgeschichte, Band VI: 1945 bis zur Gegenwart, Zweiter Teilband – Deutsche Demokratische Republik und neue Bundesländer. München: Beck.

Greiffenhagen, M. (1978): Überlegungen zum Reformbegriff. In: Greiffenhagen, M. (Hrsg.): Zur Theorie der Reform. Entwürfe und Strategien. Heidelberg: Müller C. F, S. 7-34.

Hermstein, B./Berkemeyer, N./Bos, W./Semper, I. (2018): Schulreform und Bildungsarmut. In: Quenzel, G./ Hurrelmann, K. (Hrsg.): Handbuch Bildungsarmut. Wiesbaden: Springer VS, S.771-798.

Kemper, H. (1997): Schule und Schultheorie. In: Fatke, R. (Hrsg.): Forschungs- und Handlungsfelder der Pädagogik. Zeitschrift für Pädagogik, Beiheft 36). Weinheim u. a.: Beltz, S. 77-106.

Klafki, W. (1989): Gesellschaftliche Funktionen und pädagogischer Auftrag der Schule in einer demokratischen Gesellschaft. In: Braun, K.-H. /Müller, K./Odey, R. (Hrsg.): Subjekivität, Vernunft, Demokratie. Analysen und Alternativen zur konservativen Schulpolitik. Weinheim: Beltz, S. 4-33.

Koerrenz, R. (2014): Reformpädagogik. Paderborn: Schöningh.

Lehmann, L./Imling, F. (2018): Einleitende Annäherungen an eine Theorie der Schulreform. In: Imling, F./Lehmann, L./Manz, K. (Hrsg.): Schule und Reform. Veränderungsabsichten, Wandel und Folgeprobleme. Wiesbaden: Springer VS, S. 1-15.

Luhmann, N. (2002): Das Erziehungssystem der Gesellschaft. Frankfurt am Main: Suhrkamp.

Oelkers, J. (2000): Schulreform und Schulkritik (2. vollst. überarb. Aufl.). Würzburg: Ergon.

Rolff, H.-G. (1980): Soziologie der Schulreform. Theorie, Forschungsberichte, Praxisberatung. Weinheim und Basel: Beltz.

Rolff, H.-G. (2019): Wandel durch Schulentwicklung. Essays zur Bildungsreform. Weinheim und München: BeltzJuventa.

Rolff, H.-G./Tillmann, K.-J. (1980): Schulentwicklungsforschung: Theoretischer Rahmen und Forschungsperspektive. In: Rolff, H.-G. /Hansen, G./Klemm, K./Tillmann, K.-J. (Hrsg.): Jahrbuch der Schulentwicklung. Daten, Beispiele und Perspektiven (Band 1). Weinheim und Basel: Beltz, S. 237-264.

Wolgast, E. (1984): Reform, Reformation. In: Brunner, O./ Conze, W./ Koselleck, R. (Hrsg.), Geschichtliche Grundbegriffe (Band 5). Stuttgart: Klett-Cotta, S. 313-360.

Zymek, B. (2000): Re-Partikularisierung des Bildungssystems. Historische Anmerkungen zu aktuellen Strategien der Schulreform. In: Die Deutsche Schule, 6. Beiheft, S. 6-20.

I Disziplinäre und theoretische Zugänge der Schulreformanalyse

Heinz-Elmar Tenorth

Schulreform – Gestaltungsmacht und Eigensinn

Beobachtungen aus der Perspektive der historischen Bildungsforschung

1. Historische Bildungsforschung – Analysen zwischen Historiografie und Bildungstheorie

Die aktuelle historische Bildungsforschung präsentiert sich international in einer großen Vielfalt, einheitlich allenfalls darin, dass sie sich seit dem letzten Drittel des 20. Jahrhunderts in einem Prozess umfassender Methodisierung und Theoretisierung entschieden von der alten, geisteswissenschaftlich-ideengeschichtlichen, national zentrierten *Geschichte der Pädagogik* abgesetzt hat (Tenorth 2018 a). Heute ist historische Bildungsforschung von einer Vielzahl sozialwissenschaftlicher Referenzdisziplinen, z. B. der Soziologie oder Politikwissenschaft, Rechtswissenschaft oder Ökonomie, Psychologie oder Ethnologie und nationalen wie internationalen Sozialphilosophien theoretisch geprägt. Eigene Sichtbarkeit in der Forschung gewinnt sie über ihr historiografisches Handwerk im Umgang mit Historizität, nicht in den theoretischen Gesichtspunkten, die sie zur Sache mitbringt. Die Kriterien dieser Praxis erweisen sich in der Erschließung von und im Umgang mit der Überlieferung, die über das Bildungssystem vorliegt, also über Ideen und Institutionen, politisch-pädagogische Prozesse und ihre Strukturen und Effekte, über individuelle und kollektive Biografien (etc.), in denen das Aufwachsen in Gesellschaften organisiert und reflektiert wird. Ihre Forschungen sind auf die Beobachtung der historischen Zeiten und ihre Kontexte in der je kulturellen und / oder nationalen Spezifik konzentriert. Die heute dominierenden Bildungsgeschichten werden insofern als individuelle und / oder kollektive Bildungsbiografien oder als historische Analysen je spezifischer Erziehungs- und Bildungssysteme geschrieben, z. T. auch auf eine gelegentlich als autonom fingierte Reformgeschichte. Im Zugriff war diese Praxis früher primär ideengeschichtlich, dann sozialgeschichtlich, meist national zentriert, erst allmählich komparativ und stärker theoretisiert, dann meist soziologisch, politik- oder professionstheoretisch, schulrechtlich, ethnologisch oder psychologisch an der Analyse von Systemen und deren wie immer induzierten Veränderungen interessiert.

Theoretisch ambitioniert wird historische Bildungsforschung erst, wenn sie in Abgrenzung von den genannten Theorieperspektiven einen eigenen Blick auf das Bildungssystem versucht und z. B. bildungstheoretisch argumentiert, also die Eigenlogik des Mensch-Welt-Verhältnisses bzw. der Formen herauszuarbeiten sucht, in denen es sich in Interaktion und / oder Organisation in spezifischen Kontexten, hier in der Schule als eines spezifischen Sozialsystems entwickelt. Die Dynamik im Klassenzimmer wird dann nicht allein als professionell gesteuerte Praxis interpretiert, sondern als Ko-Konstruktion von Lehrenden und Lernenden, wenn nicht sogar als genuine Form der Aneignung von Welt durch die Lernenden (und das wird auch als praxeologische Perspektive bezeichnet[1]). Auch die bildungstheoretisch inspirierte Analyse von Reformaktivitäten im Bildungssystem, zwischen der Eigenlogik der Organisation und den Interventionszumutungen der Gesellschaft kann so zu einem eigenen Thema werden, indem die Dynamik des Bildungssystems zwischen Intention und Wirkung, Prozessen und Produkten untersucht und auch der Reformbegriff selbst noch historisiert wird.

In den folgenden Überlegungen soll ein solcher Blick auf Schulreform versucht werden. Dabei schließe ich mich zwar grundsätzlich dem Verständnis von »Schulreform« an, das die Herausgeber dieses Sammelbandes übergreifend vorgeschlagen haben, als »solche Innovationen im Schulwesen …, die einen rechtlich-institutionellen Niederschlag im System gefunden haben«. Angesichts der Aussagekraft der historischen Befunde soll über den rechtlich-institutionellen Niederschlag hinaus auch die bildungstheoretisch wichtige Ebene der Praxis gesucht werden, um die Gestalt und die Effekte von Schulreform ebenenspezifisch zwischen Interaktion, Organisation und Gesellschaft zu sichten und auch die Zuschreibung als Innovation historisch diskutierbar zu machen. Bei den »Zeiträumen«, die bei den Herausgebern auch das »gestern« in der Zeit seit 1945 einschließen, beziehe mich selbst auf die lange Dauer des modernen Bildungswesens, d.h. in Deutschland auf die Zeit seit den »preußischen Reformen« nach 1806, die mit der sog. »Humboldtschen Bildungsreform« ein bis heute folgenreiches, viel diskutiertes und gut erforschtes Exempel für »Schulreform« darstellt (Tenorth 2018 b). »Schulreformen« werden im Folgenden aber, das muss ich vorab einräumen, nicht so sehr in Geschichten und narrativ thematisch, sondern in resümierender Betrachtung, und zwar in den fünf, systematisch für die Forschung unterscheidbaren Dimensionen der »Historizität«, »Kontextualität«, »Legitimität«, »Reflexivität« und »Autonomie« der Ereignisse und Prozesse, die in ihrer Zeit oder nachgehend als »Reform« galten. Angesichts der überbordenden Forschung kann die relevante Literatur selbstverständlich nur exemplarisch benannt werden, vorzugsweise in Texten, die selbst den Zugang zur Forschung eröffnen.[2]

---

1 Anders als die z.T. modisch aufgeladene Diskussion nahelegt (vgl. Berdelmann u.a. 2019), hat Praxeologie eine lange Tradition, die in Deutschland u.a. von Josef Derbolav zu Dietrich Benner reicht (Benner 1987 u.ö.) und sich natürlich auch früh mit Pierre Bourdieu verbinden lässt.

2 Ich setze mit diesem Text frühere Überlegungen zum Reformthema fort (Tenorth 2000; 2015; 2017 (a), (b); 2018 (a), (b)), ohne dass ich die argumentativen Übernahmen aus diesen Texten, die selbst breit auf weitere Forschung verweisen, hier im Detail kenntlich machen kann.

2. »Schulreform« – Dimensionen einer historisch konstanten Tatsache

Schulreformen sind nicht ein Phänomen erst des 20. Jahrhunderts, gar der Zeit nach 1945 oder der Gegenwart. Sie begleiten die Existenz von Schulen in der gesamten europäischen Geschichte, seit die karolingische Reform im 8. Jahrhundert auch das Bildungswesen der Kleriker neu ordnete. Die Begriffsgeschichte von »Reform« (Tenorth 2017 b) zeigt weiter, dass sich das Phänomen danach mit den Folgen der kirchlichen »Reformation« seit der frühen Neuzeit vertieft und auch für die Schule verstetigt, schon weil das Bildungswesen zu einem zentralen Instrument wird, die Konfessionalität der Staaten politisch, gesellschaftlich und moralisch zu sichern (Hammerstein 1996). Seit der zweiten Hälfte des 18. Jahrhunderts entwickeln Veränderungen im Bildungssystem, und zwar gesamteuropäisch in der Verbindung mit der Staaten- und Nationenbildung, die eigene, bis heute andauernde Dynamik. »Reform« von Schule und Erziehung werden zugleich zu einem von Religion unterscheidbaren Thema. Die basale Zäsur in der Geschichte von Schule und ihrer Reformen ist gesetzt, ihre eigene Zeit hat begonnen, jetzt schon, nicht etwa erst mit der Konjunktur der sog. »Reformpädagogik« um und seit 1900. Aber Reformpraxis und Reformrhetorik treten seither tendenziell auseinander.

2.1 Historizität

Am Beispiel der exzellent erforschten preußischen Reformen kann man zugleich erkennen, was die spezifische Zeit dieser Reform und die Qualität der Zäsur ausmachen, ihre besondere Historizität. Schulreform ist Teil einer historisch weit ausgreifenden, Staaten, Gesellschaften und Nationen insgesamt, politisch und sozial, ökonomisch und kulturell, reflexiv und normativ ergreifenden Zäsur, die als »Sattelzeit« qualifiziert wurde (R.Koselleck), weil sie den Übergang zur Welt bezeichnet, die sich bis heute als unsere Moderne bezeichnen lässt. Auch die Grundstruktur der modernen Schule, von der Schulpflicht bis zum Jahrgangsunterricht und der für Schule eigentümlichen sachlichen, zeitlichen, sozialen und professionellen Ordnung, die »grammar of schooling« (Tyack/Tobin 1994), wird dabei begründet. In der Praxis der Schule zeigt sich das im Übergang von der vormodernen Form des »Schulehaltens« zur modernen Form von »Schulunterricht« (Petrat 1979), rechtlich durch die Absicherung von Schule als gesellschaftliche Ordnungsform nicht mehr in Kirchen- und Schulordnungen, sondern in Verfassungen, wie im Allgemeinen Preußischen Landrecht von 1794, oder in der gesetzlichen Regelung von Schulzwang, Schulbesuch, Schulstruktur oder Curriculum aktuell. Schule wird zu einer Angelegenheit zwischen Staat und Öffentlichkeit, Zivilgesellschaft und sozialen Milieus, unausweichliche Tatsache in jeder Biografie bis heute.

Dabei überlagern sich um 1800 ältere Imperative der pädagogischen und organisatorischen Gestaltung des Bildungswesens und der Begründung von Reform, wie sie aus den frühen Phasen der Aufklärung bekannt waren, mit den neuen Ideen, die in der deutschen idealistischen Philosophie oder in den Ideen der französischen Revolution oder der politischen Philosophie des angelsächsischen oder deutschen Liberalismus vertreten wurden. Diese Ungleichzeitigkeiten von Handlungsprämissen, Normen und Formen in der Gestaltung von öffentlicher Erziehung schlagen sich in Konflikten nieder, die als Reformthema seit der Entstehung des modernen Erziehungswesens bis heute die Bildungsgeschichte begleiten. Sie zeigen sich historisch als Konflikt zwischen »Philanthropinismus und Humanismus« (Niethammer 1808), der bis heute aktualisiert wird, wenn Reformen in der Konkurrenz von utilitaristischer Unterwerfung unter externe Erwartungen und der Befreiung der Autonomie der Bildung oder zwischen Egalität und Differenz, Allgemeinheit oder Partikularität der Reformen scheinbar eindeutig gemessen werden.

Für die Bedeutung der Zäsur und für die Historizität des Reformbegriffs und der Reformen ist wichtiger, dass sie seit diesem Ursprung nicht nur in der Ungleichzeitigkeit der leitenden Prämissen – epochenbezogen zwischen Tradition und Moderne, systematisch von Normalität und Reform -, sondern auch in weiteren binären Schemata präsent sind. Vor allem der Code von »Reform« vs. »Reaktion« hat seit 1810 Stabilität gewonnen, um die Freunde des »Fortschritts« von den verachteten Gegnern, z. B. den Mitgliedern der »konservativen Interessenkoalition« von Kirchen, Philologen oder Bildungsbürgern (von Friedeburg 1989), zu unterscheiden. Gelegentlich werden als Konsequenz solcher Codierungen Phasen der »non-reform«, wie sie für die Zeit nach 1945 konstatiert wurden (Robinsohn/Kuhlmann 1967), nur negativ bewertet, aber zugleich gravierende Innovationen im System, z. B. bei der Bildungsbeteiligung, übersehen, die sich ganz ohne rhetorisches Reformgetöse nach 1950 vollzogen hatten (Lundgreen 2000). Auch Veränderungen im Bildungssystem, die von »reaktionärer« Politik und ihren Agenten angestoßen wurden, werden in der Fixierung auf eine binäre Codierung in ihrem innovativen Potenzial z. T. nicht angemessen gesehen, wie das z. B. für die viel kritisierten Stiehlschen Regulative gilt. Sie sollten nach 1850 zwar die liberalen Lehrer bremsen, waren aber für die Qualitätsanhebung und Standardisierung des preußischen Landschulwesens immens folgenreich (Jeismann 1966).

Gleichzeitig sollte man nicht ignorieren, dass Bildungsreform schon um 1810, etwa in Schleiermachers Vorlesungen, auch als Alternative zu »Revolution« gesehen wird, also zu einem pädagogisch und politisch prinzipiell nicht legitimierbaren Eingriff in Bildungssystem und Gesellschaft. Legitime Veränderungen im System und »Reform« werden insofern gleichgesetzt. Revolutionen, auch das Rückgängigmachen der Ausdifferenzierung eines Bildungssystems, wie es z. B. von Illich bis Reimer als »Abschaffung der Schule« und als »Entschulung der Gesellschaft« propagiert wurde, bleiben erfolglos oder werden paradoxierend als »Entschulung der Schule« (von Hentig) in das offenbar höchst lernfähige System integriert. Auch die scheinbar radikalen Innovationen, wie sie die »Reformpädagogik« bis heute für sich reklamiert, sind insofern immer nur Veränderungen im System (wenn sie sich nicht nur in Gerede erschöpfen), sie verändern nicht die Form der Schule als Schule. Beobachter konstatieren deshalb auch die systematischen Grenzen dieser systeminternen Veränderungen und aller Schulreform, kritisch, wenn Siegfried Bernfeld die Illusionen der Pädagogen kritisiert, oder ein Betroffener wie Walter Benjamin in der ganzen Reformhektik nur den Übergang von ›Gewalt zu List‹ sehen kann, während ein engagierter Beobachter im System, wie Wilhelm Flitner, in der zunehmend reflexiven Methodisierung der Praxis den Kern der Innovation und der professionellen Kompetenz erkennt (Flitner 1930).

Die Reformerfahrungen um 1800, auch das macht ihre Zeitlichkeit aus, sind schließlich bis heute nicht nur Reformen einer vergangenen Gegenwart, also abgeschlossen, sondern bis in die Gegenwart bedeutsam, also eine gegenwärtige Vergangenheit, und zwar in mehrfacher Hinsicht, normativ und analytisch. Für manche der aktuellen Reformer bezeichnen die Humboldtschen Prämissen ein heute noch einzulösendes Versprechen der klassischen Moderne. Für andere ist die danach entstehende Schulstruktur nicht nur Indiz für das Abweichen von den wahren Intentionen Humboldts, die seither (vermeintlich ungebrochen) dominierende Gestalt der Schule wird als obrigkeitliches Erbe des preußischen Untertanenstaates interpretiert, das bis heute belastend sei, während andere (z. B. Schleicher 2019) die aktuelle Schule ihrer Entstehung nach auf die Phase der Industrialisierung des ausgehenden 19. Jahrhunderts beziehen und Belastungen von daher sehen, die z. B. die Aufnahme der Digitalen Bildung erschweren.

Ein Problem sind solche historisierenden Zuschreibungen, weil sie die den jeweiligen Reformen vorausgehende Diagnose prägen, dabei nicht allein die stabile Schulförmigkeit der Schule unterschätzen, sondern auch ihren eigenen Vor- und Fehlurteilen über die Zeitabhängigkeit und Gestaltbarkeit des Bildungswesens erliegen und auch deshalb Reformen falsch dimensionieren. Ungleichzeitigkeiten werden dabei nicht beachtet, aber auch Renaissancen von Reformprogrammen werden mit solchen historisch unbeglaubigten Diagnosen eingeläutet, wenn z. B. das didaktisch-methodische Programm der »Reformpädagogik« als zeitüberdauerndes Programm pädagogisch legitimer Reformen propagiert wird, ganz ohne Rücksicht auf die Varianz der Zeiten, die sich heute gegenüber den diversen Ursprungsphasen historiografisch nicht übersehen lässt. Angesichts der Referenzen auf spezifische Zeiträume langer oder kurzer Dauer, auf Umbrüche oder Zäsuren wird sich eine Übertragung in die je aktuelle Gegenwart – wie z. B. um 1969, als Gesamtschulversuche mit Humboldt begründet wurden – zwar nicht vollständig verbieten, aber doch nur deutlich behutsamer empfehlen. Hinzu kommt, dass bei solchen Übertragungen vielfach auch die nationalen oder kulturellen Differenzen nicht hinreichend gesehen werden, also die Kontextualität der Reform.

2.2 *Kontextualität*

Das Bildungssystem im Ganzen, die einzelne Schule und der Unterricht im Klassenzimmer, sind in je spezifische Kontexte von Gesellschaft und Politik, Kultur und Ökonomie, Wissenschaft und professionellen Identitäten eingebunden, daher repräsentieren sie auch je für sich eigene Bildungswelten in eigener Zeitlichkeit. Reformen sind deshalb auch immer Interventionen in diese Welten der schulischen Innenseite, die selbst wiederum das Innen und Außen zwischen Klassenzimmer und Schulkultur kennt, und zugleich Antworten auf die Erwartungen und Herausforderungen darstellen, die von den außerschulischen Umwelten ausgehen, ihr als vermeintliche legitime Erwartung zugeschrieben oder als pädagogisch nicht legitime Zumutung abgesprochen werden. Die Gesamtheit dieser Kontexte ist eine komplexe Welt, der sich Reformer in spezifischer Weise stellen. Sie codieren die Umwelten nicht selten erneut binär, zuerst normativ, indem sie in einer Defizitdiagnose der Schule Reformbedarf zuschreiben und bei der Realisierung reformhemmende und reformförderliche Faktoren unterscheiden. In Reformen werden Kontexte ferner in ihren Erwartungen als relevant und irrelevant bewertet, indem sie als »Information«, d. h. als legitime Herausforderungen für die Schule, oder nur als »Geräusch«, d. h. als irrelevante Irritation aus der Umwelt wahrgenommen werden. Reformer gewinnen dadurch Handlungsfähigkeit gegenüber komplexen Kontexten, setzten sich aber auch selbst unter Rechtfertigungsdruck, der dann selbst kommuniziert werden muss – wie noch zu diskutieren ist.

Für die konkreten Reformen ist vor allem relevant, dass sich die Kontexte prozessual dekomponieren lassen, wobei auch die unterschiedlichen Praktiken zur Geltung kommen, mit denen Schulreform zu rechnen hat. Die politische Umwelt, zu der auch die Bildungsbürokratie gehört, wird in der Historiografie der Bildungsreformen in der Regel als die erste und zentrale Umwelt betrachtet, nicht ohne Grund. Schon die Machtfrage bestätigt das. Seit dem frühen 20. Jahrhundert regulieren Verfassungen die Struktur und Gestalt der Schule und eröffnen oder versperren Reformen, wie man besonders deutlich in der Weimarer Republik sehen kann. Seit der zweiten Hälfte des 20. Jahrhunderts sind Reformen auf ihre Verankerung in Schulgesetzen verpflichtend angewiesen und Bildungspolitik in den Parteien gewinnt neue Bedeutung. Trotz dieser zunehmenden Politisierung der Schulreform sollte man die fortdauernde Macht der gesellschaftlichen Umwelten – von Milieus und Interessenkoalitionen bis zu Kirchen und Wissenschaft – nicht übersehen. Sie wirken nur selten konsensual, haben auch nicht alle die gleichen Machtchancen bei der Gesetzgebung, aber sie können den Alltag der Reformplanung und -realisierung bestimmen und sogar dafür sorgen, dass Reformen rückgängig gemacht werden müssen, wie es noch jüngst in Hamburg oder in der Schweiz in Primarschulkontroversen geschehen ist (Quesel 2012) oder bei G-8 (siehe den Text von Kühn in diesem Band).

In historischen Untersuchungen sind neben solchen partikularen Konflikten vor allem die strukturellen Auseinandersetzungen über die Schule behandelt worden, in denen sich die Kontextualität der Schulreform besonders deutlich manifestiert hat. Das waren seit dem ausgehenden 18. Jahrhundert und in der nördlichen Hemisphäre, später auch im Rest der Welt, zuerst die Prozesse der Staaten- und Nationenbildung, von denen Reformen inspiriert waren, auch als defensive Reformen, die überschießende Erwartungen an Einheit und Gleichheit abwehren sollten. Seit dem ausgehenden 19. Jahrhundert treten andere, universal werdende Imperative hinzu, v. a. die Demokratisierung und Vereinheitlichung des Bildungswesens bis zur Globalisierung der »Education for all«. Politisch, ökonomisch und gesellschaftlich zugleich werden auch

Reformen inspiriert, mit denen die Modernisierung des Bildungssystems durchgesetzt werden soll, bis hin zu einem weltweiten Curriculum der Grundbildung, aktuell in Bildungsstandards (siehe den Text von Grünkorn, Stanat und Klieme in diesem Band) in internationaler Kommunikation normiert und natürlich kontrovers diskutiert, wie alle Curriculumfragen. Lehrplandiskussionen sind seit altersher konflikterzeugende Anlässe, »the struggle for the curriculum« (Kliebard 1986/³2004) oder für einzelne Fächer, wie z. B. die Biologie, oder für die Standards von Grundbildung bzw. literacy ist nicht erst in den USA oder im 20. Jahrhundert typisch.

Hier hat die historische Analyse auch gezeigt, dass diese Kämpfe immer auch die disparate, in sich zersplitterte Innenseite der Schule betreffen, die in Lager zerfallenen Milieus der Pädagogen und ihrer Referenzdisziplinen, der Schulen, der Eltern und hier und da auch der Lernenden. Als relevante Umwelt in ihrer heterogenen Struktur wird diese Innenseite gelegentlich geringgeachtet. Aber sowohl als Anstoß für gravierende Veränderungen jenseits intendierter Reformen, für das Scheitern von Reformen und für ihre Akzeptanz oder Ablehnung sind diese Kontexte ohne Zweifel wichtig. Das Wahlverhalten der Klientel, z. B. mit dem Effekt rasant steigender Bildungsbeteiligung in Gymnasien, hat etwa die Arbeit der Schule nach 1950/60 ebenso radikal verändert wie die Folgen von Migration um 1900, der sich die Reform der Schule – als Antwort auf völlig neue Aufgaben angesichts einer heterogenen Klientel – auch viel eher verdankt als der kindzentrierten Reformrhetorik. Man wird solchen innenerzeugten Inputs auch angesichts des Scheiterns von Reformideen nicht allein damit gerecht, dass man, wie z. B. früher und für die Lehrerseite, in der Schelte von Philologen als Reformhemmnisse die eigenen falschen Prämissen der Reformer gegen Kritik immunisiert. Reformen sind in der binären Ordnung der Lager und in ihrer je spezifischen Kampfrhetorik zwar beobachtbar, aber nicht hinreichend begründbar, so wenig wie sie aus den Erwartungen der Außenwelten einfach ableitbar sind, gar als vermeintliche Sachlogik technologischer, ökonomischer oder politischer Entwicklungen.

2.3 Legitimität

Die Begründung von Reformen ist ein eigenes Thema, eng verwoben mit historischen Zeiten und variablen Kontexten, aber geltungstheoretisch damit nicht schon erledigt. Bereits die ersten Reformer beanspruchen mehr zu vertreten als partikulare Ideologien, seit in Wilhelm von Humboldts Schulplänen und in der begleitenden philosophischen Reflexion das »Allgemeine« der Bildung thematisch wurde. Das löste schon um 1800 scharfe Konflikte über die Frage aus, was denn das wahre Allgemeine sein kann. Legitimationsdiskurse und Begründungsstrategien von Reformen blieben aber bis heute ein Problem, und zwar ein Problem, das sich einfachen Lösungen verweigert und auch nicht in der Codierung von richtig vs. falsch bearbeitet werden kann, weil es nur bessere oder schlechtere, aber keine allein richtigen Lösungen gibt. Schon die Referenzen sind kontrovers, die Frage also, ob man mehr als die Legitimität des Gesetzgebers braucht. Philosophie in allen Varianten wurde angeboten, auch Bildungstheorie oder Sozialwissenschaften, mit denen die Reformthemen und -ideen als Ausdruck von aktuellen Notwendigkeiten und unausweichlichen Herausforderungen der Zukunft benannt werden, auf die das Bildungssystem in Struktur, Curriculum und Unterricht antworten muss und nur mit der einen, glücklich machenden Reform antworten kann. Aber das hat nie gereicht oder Konsens erzeugt.

Die Propagandisten der jeweiligen Reformen sind sich des Dilemmas offenbar bewusst, in das sie hier zwischen dem Universalismus der Philosophie und dem Partikularismus ideologischer Reflexion geraten. Sie suchen ihre eigene Antwort für dieses Dilemma indes meist so, dass sie sich selbst Allgemeinheit zuschreiben und ihren Gegner interessengebundene Partikularität. Die Gesamtschuldebatte in der Bundesrepublik seit den 1960er Jahren liefert dafür sehr erhellende Beispiele, z. B. in einem Text des ehemaligen Berliner Schulsenators Carl-Heinz Evers. An einem symbolischen Ort, in der Festschrift für seinen hessischen Amtskollegen Ernst Schütte, schreibt er im retrospektiv stark besetzten, weil für einen bildungspolitischen Aufbruch berühmt gewordenen Jahr 1969 zu der Frage »Ideologisches und Unideologisches in der Bildungsreformdiskussion« zu diesem Problem. Für ihn ist klar, auf der Seite der Ideologie stehen die Gesamtschulgegner, unideologisch sind die Proponenten. Natürlich beansprucht er das für sein »Reformprogramm«, »weil es der freien Entfaltung aller Heranwachsenden und ihrem eigenen und zum Vorteil der Gesellschaft tatsächlich dient«, und weil »hinter den begründet getroffenen Wertentscheidungen nicht spezielle Machtinteressen kleiner Gruppen, sondern die Bedürfnisse der gesamten Bevölkerung stehen.« (Evers 1969, S. 133) Er weiß aber auch, dass es ohne eine »Änderung des Bewußtseins der Beteiligten« (ebd.), also die Umerziehung der anderen, nicht gehen wird, dass aber auch Lernbereitschaft bei den Proponenten notwendig ist, jedenfalls »ein klares Bild von der Gesellschaft der Zukunft.« Andere Gesamtschulbefürworter suchten diese klare Zukunftsvision in der Verbindung der Gesamtschule mit dem antikapitalistischen Kampf (Rolff u. a. 1974), damals ebenso wenig von Selbstzweifeln angekränkelt. Aber es reicht, die Kritik von Heinz-Joachim Heydorn zu lesen, um zu sehen, dass diese Gesamtschulpläne auch völlig anders beurteilt werden können, nämlich als »Fluchtburg der Illusionen« (Heydorn 1970, S. 284) und in ihrem Effekt als »Ungleichheit für alle«.

Was schließlich die Historizität der Begründungen selbst betrifft, zeigt sich hier kein deutsches, sondern ein generelles Reformerproblem. Man lese nur die Schriften einer einstmals engagierten Reformerin wie Diane Ravitch in den USA und studiere die Sequenz von selbstenthusiasmierter Emphase und aus Erfahrung enttäuschter Ernüchterung, nicht ohne zugleich ihre Kritiker zu lesen, um die Schwäche dieser Position zu sehen (Tyack 2002). Die interessante Frage an Reformer ist also eher, ob sie im Prozess lernfähig sind, oder sich immer neu nur das Diktum von Niklas Luhmann zuziehen, dass »Reformreflexionen ... sich abhängig (machen) von der historischen Lage, in der sie sich finden. Sie gehen von der Kenntnis der Verhältnisse aus und erstreben das Auswechseln von Zuständen mit bekannten Nachteilen, gegen Zustände mit unbekannten Nachteilen.« (Luhmann/Schorr 1979, S. 107)

2.4 Reflexivität

Die Beobachtung und Selbstbeobachtung der Reform und die Umsetzung der dabei gemachten Erfahrungen in die Planung anderer Reformen gehört auch deshalb zu ihrer Geschichte. Humboldt bildete eigens eine wissenschaftliche Deputation, um sich beraten zu lassen, spätere Interventionen stützen sich auf den Rat von Kommissionen, die mit Experten aus dem Bildungssystem besetzt waren. In Deutschland gibt es 1920 eine ganze »Reichsschulkonferenz«, um Experten, Betroffene und Beteiligte bei der Reform der nationalen Schule zu Wort kommen zu lassen – ohne dass es ein Ergebnis im Konsens gibt. Je national wie international werden auch nach 1945 und bis in die Gegenwart »Ausschüsse« und »Bildungsräte« eingerichtet, um mit den unterstellten Krisen und dem Entwicklungsbedarf im Bildungssystem umzugehen (siehe den Beitrag von Terhart in diesem Band). Die OECD versammelt heute mit PISA, früher schon die IEA mit TIMMS (etc.), das verfügbare Forschungspotenzial der empirischen Bildungsforschung. Die explizite wissenschaftliche Beobachtung der intendierten Veränderungen im Bildungssystem ist also schon lange wohl etabliert (Tenorth 2015). Kritiker sehen das mit Sorge als Paradigmawechsel der Erziehungswissenschaft von einer kritischen Disziplin zur willfährigen empirischen Bildungsforschung und zeichnen Bilder, in denen »der bildungsindustrielle Komplex« (Münch 2018) dafür sorgt, dass »Schule und Unterricht im Wettbewerbsstaat« gegen ihre Eigenlogik destruiert werden.

Dabei kann man nicht übersehen, dass in der Beobachtung der Reform die Beobachter auch selbst lernen und sich entwickeln. Während z.B. nach 1969 und in der Kooperation mit dem deutschen Bildungsrat die empirische Bildungsforschung in der Überzeugung lebte, dass zwischen den Theorien, Analysen und Befunden der Forschung und den als notwendig deklarierten Reformen eine harmonische Relation bestehe, werden heute selbst von einem ungebrochen reformemphatischen Akteur wie Andreas Schleicher (2019) Brüche zwischen analytischen Befunden und Reformprogrammen eingeräumt. Das gilt wohl auch, weil die Versprechen der evidenzbasierten Forschung in ihrer Rolle für politische Entscheidungen nicht einlösbar waren, sondern allenfalls Handlungsoptionen sichtbar wurden, zwischen denen die politisch-pädagogische Wahl nach eigenen Kriterien nicht entbehrlich wird. Umsichtige Bildungsforscher üben sich deshalb auch primär in dem Geschäft, das Wissenschaft beherrscht, nämlich Illusionen über Wirkungszusammenhänge als falsche oder naive oder nicht eindeutige Schlussfolgerungen aus Forschung zu destruieren oder Handlungsoptionen und ihre feststellbaren Leistungen zu zeigen. Dabei ist es noch ein weithin ungelöstes Problem, nicht nur die Folgen und Effekte von Reformideen zu beobachten, sondern sie auch eindeutig Ursachen zuzurechnen, intendierte und nicht intendierte Effekte ebenso präzise zu unterscheiden wie vermeidbare und unvermeidbare Folgen von Interventionen in das Bildungssystem – ohne das Scheitern allein den Reformgegnern anzulasten, von denen die Reformemphase leider behindert worden sei. Mit der zunehmenden Beobachtung von Reformen werden offenbar zuverlässig und zuerst die Illusionen über die Steuerbarkeit von Reformen destruiert.

Die Reformer sehen solche Befunde natürlich auch und üben sich in Selbstreflexivität. Nicht zufällig entsteht das Programm einer »Reform der Reform« ebenfalls schon im späten 18. Jahrhundert. Als die Aufklärer beginnen, Reformen zu propagieren, sehen die Beobachter sogleich, dass z. B. Niethammers Vorhaben, wie ein anonymer Rezensent der Schrift von 1808 sagt, im Grunde »eine Reform der neuern Reformirung«[3] darstelle. Reformer reagieren auf diese ihnen selbst nicht unbekannte Lage dadurch, dass sie Reform zum dauerhaften Prozess stilisieren, sie z. B. in einer Aktualisierung des Sisyphos-Mythos als »rollende Reform« (Rolff) deklarieren, die ihre eigenen Erfahrungen in weitere Reformschritte umsetzt, sodass sich die Veränderung veralltäglicht und »Bildungsreform als Schulentwicklung« zum Dauerthema wird (Rolff 2018). In dieser Perspektive verändern sich auch die Annahmen über die Möglichkeiten der Reform. Niemand vertritt mehr ernsthaft die noch bis 1970 prominente These, dass Schulstrukturen der auschlaggebende Ort und Politik als zentraler Akteur auch der entscheidende Agent von Innovation und Verbesserung von Bildung sind. Die Einzelschule und der Unterricht haben heute diese Rolle. Sie bekamen sie angesichts der Enttäuschungen, die Gesamtschulbefürworter in den Untersuchungen über die von ihnen selbst in Gang gesetzten Reformprogramme machen mussten, wie Helmut Fend zu seinem Leidwesen einräumen muss.

Die Erfahrungen mit den dominierenden outcome-orientierten Forschungsmodellen und -prozessen werden wohl bald genauso ernüchternd wie zuverlässig lehren, dass die Gestaltungsphantasien reformorientierter Pädagogen auch hier an ihre Grenzen stoßen, sodass auch theoretisch neue Weg beschritten werden müssen, um mit den jüngeren Erfahrungen von Schule auch in der Forschung umzugehen. Für die Disparitätenforschung wird das schon kühl diagnostiziert (Cortina/Pant 2018). Schule ist offenbar nicht die Instanz, gesellschaftliche Ungleichheit strukturell abzubauen, auch dann nicht, wenn sie pädagogische Gleichheit anbieten kann. Selbst in der Schulforschung der DDR war am Ende nicht mehr zu leugnen, dass Schule in ihrem Anspruch und Auftrag überschätzt wurde, die neue egalitäre Gesellschaft und den politisch aktiven, staatstreuen Kommunisten zu erziehen (Tenorth 2017 a). Die Widerständigkeit der Subjekte und ihr Eigensinn waren dann nur noch im Rekurs auf klassische Bildungstheorie erklärbar, die schon immer gezeigt hat, dass Subjekte ihre Biografie selbst konstruieren, in Wechselwirkung mit, aber auch in Distanz zur Welt. Die klassische pädagogische Weisheit, dass das Lernen der Subjekte resistent ist gegen die institutionell intendierte Erziehung können offenbar auch Reformen selbst dann nicht überspringen, wenn sie im Bündnis mit der politischen Macht agieren. Die Eigenlogik des pädagogischen Prozesses lässt sich nicht systematisch dispensieren.

---

3 Allgemeine Literatur-Zeitung Num. 255 vom 1. September 1808, S. 8.

2.5 Autonomie

Für das Bildungssystem haben Bildungshistoriker in jüngerer Zeit diese Eigendynamik an Mustern der Bildungsbeteiligung intensiv beschrieben (siehe die Texte von Drewek und Criblez in diesem Band). Sie zeigen damit, dass Bildungspolitik generell, aber auch Schulreformen im Besonderen nur zwischen Funktionalisierung und Eigenlogik angemessen verstanden werden können. Das setzt freilich voraus, dass »Eigenlogik« und »Eigendynamik« nicht als Autarkie der Entwicklung des Bildungssystems interpretiert werden, sondern immer in Wechselwirkung mit ihrer Umwelt, was Restriktionen und Freiräume zugleich impliziert. Friedrich Paulsens klassische These, dass dem Bildungswesen keine »Eigenbewegung« zukomme (Paulsen 1912, Vorwort von 1906), ist deshalb bildungshistorisch eindeutig als falsch aufweisbar, weil es die Interaktion zwischen Kultur, Politik, Gesellschaft und Bildungssystem einseitig deterministisch auflöst. Aber auch eigenständige Systemeffekte nach außen sind unbestreitbar, z. B. in Phänomenen, die von Beobachtern als Irritation oder Störung wahrgenommen werden. International kann man das am Phänomen der Pädagogisierung gesellschaftlicher Probleme sehen, seit Paulsens Zeiten spielt das Berechtigungswesen in Deutschland diese Rolle. Als Ausdruck des liberalen Leistungsprinzips gegen ständische Privilegien früh durchgesetzt, als Mechanismus der Verzahnung von Gesellschaft und Bildungssystem wohl etabliert und als Mechanismus der Qualitätskontrolle ebenso intensiv gesucht wie als Vehikel für soziale Platzierung und die Legitimation von Differenz, wird es gleichzeitig als unpädagogisch scharf kritisiert, weil es Individuen und deren Standards ignoriere. Aber wer nur die allein lokal kontrollierten Praktiken des Hochschulzugangs in den USA sieht und ihre die Eliten privilegierenden Folgen, wird den Universalismus deutscher Regelungen schon positiver sehen.

Autonomie hat dieses System schließlich auch für individuelle und kollektive Bildungsbiografien. Das gilt nicht nur für die Muster und Effekte von Bildungsbeteiligung soziologisch, sondern auch für den Kompetenzerwerb und dann bildungstheoretisch, also für den Kern der je individuellen Aneignung der Lernangebote, die das Bildungssystem bereithält. Kapitalismuskritische Beobachter der Schule bezweifeln, dass angesichts der »Widersprüche« unserer Gesellschaft und der dominierenden »bürgerlichen Kälte« Schule solche Leistungen noch erbringt (Gruschka z. B. 2016). Aber sie ignorieren dabei den Eigensinn der Subjekte, der sich ja schon in Distanz gegenüber kapitalismuskritischen Diagnosen deutlich zeigt. Gleichzeitig werten sie die je individuelle Konstruktion von Lebensläufen zugunsten eines impliziten Normalmodells der allein als richtig bewerteten Bildungsbiografien ab. Die deshalb zugleich intendierten radikalen Reformen zur Bildung des richtigen Bewußtseins erweisen sich letztlich als illegitime Erziehungsprogramme, die Individuen in ihrer Autonomie beschneiden, aber das Bildungssystem nicht als das Angebot zur freien Aneignung sehen, das es legitimer Weise jenseits der Garantie der Grundbildung und damit der Sicherung der je individuellen Lernfähigkeit nur sein kann.

2.6 *Der reformistische Charakter der Pädagogik*

Was darf man, das ist die Frage für ein Fazit, vom Bildungssystem und seiner notwendigen Lernfähigkeit im Prozess dann aber erwarten? Sind zielbezogene Innovationen – »Reformen« – gar entbehrlich? Zweifellos ist die erste Lektion der historischen Bildungsforschung die Ernüchterung über die Möglichkeiten von Reformen, zumal von Reformen mit weitreichenden Ambitionen und der Erwartung von Effekten, die zielgenau nicht nur Individuen und ihre Kompetenz und Mentalitäten gestalten, sondern auch Kultur, Ökonomie, Gesellschaft und Politik in dem je erwünschten Masse beeinflussen sollen. Die zweite Lektion aus der Geschichte der modernen Schule ist andererseits, dass permanente Veränderung und Lernen im System die Normalität dieser Einrichtung ausmachen. Radikale Veränderungen lassen sich allenfalls an Zäsuren der Bildungssystemgeschichte zeigen, z.B. mit der Etablierung der modernen Form der »grammar of schooling«. Die erwies sich aber als so lern- und leistungsfähig, dass auch radikale Veränderungen der Umwelt, politisch oder kulturell, ökonomisch oder technologisch, in der Klientel und ihren Erwartungen, im Bildungssystem relativ gut aufgenommen werden konnten. Das gilt selbstverständlich nur dann, wenn man realistische Erwartungen an die Leistungen der Schule hat, wie sie in der Grundbildung für alle, in der Ermöglichung von Wissenschaftspropädeutik und in der Generalisierung von Lernfähigkeit bestehen und offenbar auch möglich sind, in der Varianz, die Systeme in der Leistungserbringung immer zeigen und die deshalb Schulentwicklung, die ständige Praxis von Reformen, legitim und notwendig machen.

Für alle höheren Ambitionen dagegen, für das Glück des Menschen oder für Gleichheit und Gerechtigkeit auf der Welt, erweist die Bildungssystemgeschichte dagegen, dass Schule dabei überfordert ist. Selbstkritik wird zur ersten Tugend des Reformers, als Einsicht in die Tatsache, dass Reformen legitimationsbedürftige Interventionen in autonom funktionierende Systeme darstellen, die dort Veränderungen erzeugen, die in ihren Folgen nicht eindeutig kalkulierbar sind, aber häufig kontraintentionale und suboptimale Effekte haben und zugleich für die Eigenaktivitäten im System nicht selten eher Belastung und Störung als Unterstützung bedeuten.

Historiker haben als offene Aufgabe allerdings noch vor sich, neben der Verbreitung von Skepsis auch die Gelingensbedingungen von Reformen deutlicher zu zeigen und für die Zeiten langer Dauer eine aussagekräftige, auch komparativ geprüfte Typologie von Reformen nach dem Grad der Bewährung und der Systematik der Fehler darzustellen. Dann können vielleicht auch wirkliche Innovationen von der Permanenz der Irritation unterschieden werden, die zumal mit der pädagogisch-politischen Reformrhetorik verbunden ist. Die markanten, systemprägenden Zäsuren in der Geschichte der modernen Schule, das kann man nämlich schon jetzt wissen, haben den Alltag einer lernfähigen Praxis erzeugt, die auch gelernt hat, den reformerischen Übermut an sich abperlen zu lassen. Die öffentliche Erziehung bleibt ein System zwischen der Kritik des Gegebenen und der Utopisierung der Zukunft – und das zeichnet die Reformer wohl zuerst aus, dass sie gegen alle Erfahrung den Mut zur Gestaltung in der Absicht der Verbesserung nicht verlieren.

3. Literatur

Benner, Dietrich (1987): Allgemeine Pädagogik. Eine systematisch-problemgeschichtliche Einführung in die Grundstruktur pädagogischen Denkens und Handelns. Weinheim/München: Juventa (8. Aufl. 2015).

Berdelmann, Kathrin/Bettina Fritzsche/Kerstin Rabenstein/Joachim Scholz (Hrsg.) (2019): Transformationen von Schule, Unterricht und Profession. Erträge praxistheoretischer Forschung. Wiesbaden: Springer.

Cortina, Kai/Pant, Hans Anand (2018): Ignorierte Differenzen, illegitime Disparitäten – Über Betriebsblindheit im Disparitätendiskurs der empirischen Bildungsforschung. In: Zeitschrift für Pädagogik 64, 1, S. 71-89.

Evers, Carl-Heinz (1969): Ideologisches und Unideologisches in der Bildungsreformdiskussion. Ein notwendiger Versuch zur Klärung eines unklaren Begriffs. In: Politik Wissenschaft Erziehung. Festschrift für Ernst Schütte. Dargebracht von Theodor W. Adorno u. a., Frankfurt a. M. usw.: Diesterweg, 1969, S. 125-134.

Flitner, Wilhelm (1930): Theorie des pädagogischen Weges und der Methodenlehre. In. Nohl/Pallat (Hrsg.): Allgemeine Didaktik und Erziehungslehre. Langensalza: Beltz, S. 59-118 (Handbuch der Pädagogik, 3. Bd.).

Friedeburg, Ludwig von (1989): Bildungsreform in Deutschland. Geschichte und gesellschaftlicher Widerspruch. Frankfurt a. M.: Suhrkamp.

Gruschka, Andreas (2016): Kann man noch von Bildungsprozessen sprechen, die in einem Bildungserlebnis kulminieren? In: Pädagogische Korrespondenz H. 54, S. 4-13.

Hammerstein, Notker (Hrsg.) (1996): Handbuch der deutschen Bildungsgeschichte. Bd. 1. 15. bis 17. Jahrhundert. Von der Renaissance und der Reformation bis zum Ende der Glaubenskämpfe. München: Beck.

Heydorn, Heinz-Joachim (1970): Über den Widerspruch von Bildung und Herrschaft. In: Bildungstheoretische Schriften, Bd. 2, Frankfurt a. M.: Syndikat 1979.

Jeismann, Karl-Ernst (1966): Die »Stiehlschen Regulative«. Ein Beitrag zum Verhältnis von Politik und Pädagogik während der Reaktionszeit in Preußen. In: R. Vierhaus/M. Botzenhard (Hrsg.): Dauer und Wandel der Geschichte. 1966, S. 423–47.

Kliebard, Herbert M. (1986): The Struggle for the American Curriculum 1893-1958. New York/ London: Routledge Falmer, 3rd. Ed. 2004.

Luhmann, Niklas/Schorr, Karl-Eberhard (1979): Reflexionsprobleme im Erziehungssystem. Stuttgart: Klett.

Lundgreen, P. (2000): Schule im 20. Jahrhundert. Institutionelle Differenzierung und expansive Bildungsbeteiligung. In: D.Benner/H.-E.Tenorth (Hrsg.): Bildungsprozesse und Erziehungsverhältnisse im 20. Jahrhundert. Weinheim/Basel: Beltz, S. 140-165.

Münch, Richard (2018): Der bildungsindustrielle Komplex. Schule und Unterricht im Wettbewerbsstaat. Weinheim/Basel: Beltz Juventa.

Petrat, Gerhardt (1979): Schulunterricht. Seine Sozialgeschichte in Deutschland 1750-1850. München. Ehrenwirth.

Quesel, Carsten (2012): Die »Grammar of Schooling« als populistische Ressource. Zum Scheitern von zwei Bildungsreformen in Deutschland und der Schweiz. In: Schweizerische Zeitschrift für Bildungswissenschaften 34, S. 97-114.

Paulsen, Friedrich (1912): Das deutsche Bildungswesen in seiner geschichtlichen Entwicklung. 3. Aufl., Leipzig: Teubner.

Robinsohn, Saul B./Kuhlmann, Caspar (1967): Two Decades of Non-reform in West-German Education. In. Comparative Education Review 11, p. 311.330.

Rolff, Hans-Günther u. a. (1974): Strategisches Lernen in der Gesamtschule. Reinbek. Rowohlt.

Rolff, Hans-Günther (2018): Bildungsreform als Schulentwicklung. In: Heiner Barz (Hrsg.): Handbuch Bildungsreform und Reformpädagogik. Wiesbaden: Springer, S. 595-603.

Schleicher, Andreas (2019): Weltklasse. Schule für das 21. Jahrhundert gestalten. Bielefeld: wbv / OECD.

Tenorth, Heinz-Elmar (2000): Über den reformistischen Charakter der Pädagogik. Erinnerung an bekannte und verdrängte Erfahrungen. In: M. Dust u. a. (Hrsg.): Pädagogik wider das Vergessen. Festschrift für Wolfgang Keim. Kiel: Götzelmann, S. 245-254.

Tenorth, Heinz-Elmar (2015): Bildungsforschung und Bildungspolitik im Dialog – Lernprozesse und Irritationen. In: Die Deutsche Schule 107, 3, S. 264-284.

Tenorth, Heinz-Elmar (2017 a): Die »Erziehung gebildeter Kommunisten« als Aufgabe und Problem. Erziehungsforschung in der DDR zwischen Theorie und Politik, Wissenschaftssystem und Praxis. In: Sabine Reh u. a. (Hrsg.): Wissen machen. Weinheim/Basel: Beltz, S. 207-275.

Tenorth, Heinz-Elmar (2017 b): Reformpädagogik – oder: die Modernisierung der Erziehung: In: Till-Sebastian Idel/Heiner Ullrich (Hrsg.): Handbuch Reformpädagogik. Weinheim/Basel: Beltz, S. 22-45.

Tenorth, Heinz-Elmar (2018 a): Historische Bildungsforschung. In: R. Tippelt/B.Schmidt-Herta (Hrsg.): Handbuch Bildungsforschung. 4. aktualisierte Aufl. Wiesbaden: Springer 2018, Bd. 1, S. 155-185.

Tenorth, Heinz-Elmar (2018 b): Wilhelm von Humboldt. Bildungspolitik und Universitätsreform. Paderborn: Schöningh.

Tyack, David (2000): School Reform is Dead (Long Live School Reform). In: The American Prospect 11, No. 22, 23. October.

Tyack, David/Tobin, W. (1994). The »Grammar« of Schooling: Why has it been so hard to change? American Educational Research Journal, 31 (3), 453-479.

Thomas Brüsemeister

Schulreform aus der Perspektive der soziologischen Bildungsforschung

1. »Soziologie der Schulreform«: Das Buch von Hans-Günter Rolff aus dem Jahr 1980

»Das Thema Schulreform wird auf dreierlei Weise aufgegriffen: durch theoretische Entwürfe, die auch versuchen, den Analyserahmen der Erziehungssoziologie etwas weiter zu entwickeln, durch empirische Untersuchungen und durch die systematische Auswertung der Erfahrungen mit der Praxis der Schulreform« (Klappentext). An der Bedeutsamkeit dieses Zitats von Hans-Günter Rolff aus »Soziologie der Schulreform. Theorien, Forschungsberichte, Praxisberatung« aus dem Jahr 1980 hat sich bis heute nichts geändert. Damals untersuchte Rolff zusammen mit Klaus Klemm die Dynamik der Schulentwicklung, etwa unter Bezugnahme auf ein Prozess-Management-Modell sowie ein entwicklungstheoretisches Modell. Zudem wurde die Modernisierung im Klassenkonflikt analysiert, wobei nicht nur die Verschiebung der Arbeitsteilung und Differenzierung der Mittelklasse, sondern auch Verlaufslinien der Schulreform diskutiert wurden, z. B. entlang einer Modernisierung traditioneller Lebensräume und der Entmonopolisierung des Gymnasiums. Beobachtet wurde auch die Tendenz, mehrere Schulfächer zu integrierten Fachbereichen zusammenzulegen. Es vollzog sich eine Veränderung der Tiefenstruktur des Curriculums in Richtung einer integrierenden Beschäftigung mit Themen im Rahmen eines offenen Curriculums.

Mit Bernstein wird festgehalten, dass das offene Curriculum im englischen Elementar- und Grundschulbereich die unteren Klassen benachteilige, da seine Grundlagen im Spiel liegen, das in den unteren Klassen weniger geübt werde als in den Mittelklassen (Rolff 1980, S. 87).

Weiter beschäftigt sich die Soziologie der Schulreform mit den Kooperationsanforderungen, die sich aus dem offenen Curriculum für die Lehrkräfte ergeben. Zudem werden die Schulen in einem verschärften Nachfragewettbewerb um kulturelles Kapital gesehen.

Mit Forschungsberichten sollen dann die theoretischen Ansätze erweitert werden. Es geht hierbei z. B. um Beobachtungen von Lehrerkooperation, Sozialisationsbedingungen in Sekundarschulen und in Gesamtschulen, Schulleitungs-Tätigkeiten und Tätigkeitsprofile von unterschiedlichen Funktionsgruppen und in verschiedenen Schulformen. In einem weiteren Kapitel wird dann die Praxisberatung reflektiert.

2. Heutige Perspektiven

Dieser Überblick über die Breite der Soziologie der Schulreform lässt fragen, welche Perspektiven der soziologischen Bildungsforschung aus heutiger Sicht nach wie vor Aktualität besitzen und welche Aspekte dazugekommen sind.

Nach wie vor stellt das Buch von Rolff eine Ausnahme innerhalb der Soziologie dar. Die Soziologie hat sich selten explizit mit Schulreformen beschäftigt. Dennoch bietet sie als allgemeinste der Sozialwissenschaften eine Reihe von Betrachtungsweisen und Instrumenten, Theorien und methodischen Zugängen für die Beobachtung von Reformen an.

Ein erster Zugang bietet die Ideologiekritik, die sich etwa bei Searle (2013) Struktur und Aufbau von Reformsprachen widmet, so auch vor kurzem Kasper (2017) zum Orientierungsrahmen Schulqualität in Niedersachsen.

Eine weitere Möglichkeit, die auch bei der Analyse der schulischen Inklusionsreformen verwendet wurde, besteht darin, nicht nur den Input der Akteure, der Modernisierer, zu untersuchen, sondern auch den Output, d. h. das, was aus Reformen wurde (Brüsemeister 2004, S. 41ff.). Da gleichzeitig auch Wandel und Evolution stattfinden, die wiederum bestimmte andere Akteure ins Spiel bringen, ist es möglich, dass eine Reform nicht das Beabsichtigte erreicht, sodass sich der anvisierte Reformfortschritt als Stillstand erweist, da die Verhältnisse in der Umwelt radikaler wurden als die Reformer beabsichtigten. Soziologie berücksichtigt derartige relationalen Denkweisen.

Des Weiteren können neben Akteuren auch Strukturen in einer Reform betrachtet werden. Reformen werden aus dieser Sichtweise in einem größeren gesellschaftlichen Kontext gesehen, wie dies am Begriff des sozialen Wandels gezeigt werden kann. So untersucht Veith (2004) verschiedene Jahrzehnte von Sozialisationsregimen, deren Disziplinarmaßnahmen und Vorstellungen von Akteuren, sowie deren typische Vorstellungen von Steuerung.

Eine weitere Möglichkeit, Reformen zu untersuchen, bietet das sogenannte Badewannenmodell der soziologischen Erklärung nach Esser (vgl. Brüsemeister 2008, S. 13-17). Fragt man danach, wie eine Reform von t1 nach t2 gelangt, d.h. sich etabliert, oder wie eine Reform eine andere Reform abwechselt, dann lässt sich dies durch Analysen erreichen, die von der Makroebene auf die Mikroebene wechseln, d.h. die sich die Logik der Situation der Einzelnen und die Logik der Aggregation, das Zusammenwirken der Akteure anschauen. Beispielsweise wurde bei ihrer Einführung die Rolle der Schulinspektion durchaus professionell entworfen und umgesetzt, sodass die ›Logik der Situation‹ aus Sicht der einzelnen Inspekteure angemessen dem Programm der Inspektion folgte. Jedoch kam es zu Problemen auf der Ebene der Logik der Aggregation, d.h. verschiedene andere Akteure – insbesondere Eltern, Schulträger und bedingt auch die Schulaufsicht – wurden durch das Inspektionsverfahren von der Schulentwicklung teilweise separiert (vgl. Brüsemeister et al. 2016). Anders als frühere Soziologien der Schulreformen ist sich die Soziologie heute mehr bewusst darüber, dass solche transintentionalen Prozesse bei Reformen vorkommen, wie auch die verschiedenen Beiträge im Band zur Transintentionalität im Bildungswesen zeigen (Bormann et al. 2016).

Zudem werden in der bildungssoziologischen Analyse verschiedene Ebenen von Reformen unterschieden, nämlich erstens die Einbettung einer Reform in die Makroebene der Gesellschaft, zweitens die Wirkungsweise von Reformen auf der Mikroebene der Individuen, und drittens Erklärungen von Prozessabläufen auf der Mesoebene der Organisationen (Brüsemeister 2008).

Für die Makroebene der Gesellschaft ist unter anderem die institutionentheoretische Perspektive relevant. Hierbei ist der Ansatz von Berger und Luckmann (1994) nach wie vor von Bedeutung, insofern eine Reform in verschiedenen Prozessen der Institutionalisierung gesehen werden kann. Eine schrittweise Institutionalisierung liegt zum Beispiel in den vergangenen zehn Jahren in der Bundesrepublik vor, da im Prinzip alle Bundesländer, ohne dass sie sich untereinander abgesprochen haben, dem Prinzip der Zweigliedrigkeit gefolgt sind, d. h. alle weiteren Schulformen reduziert haben oder dabei sind, dies zu tun (Ridderbusch 2019). Es handelt sich um einen langfristigen Trend, der als Ganzes im Grunde ungeplant verläuft, wenn auch jedes einzelne Bundesland planend vorgeht. Man kann dies als graduelle Transformation bezeichnen, die inkrementell verläuft, d. h. in jedem Bundesland ein bisschen anders, dabei untereinander so gut wie nicht abgesprochen, und im Gesamtergebnis ungeplant (vgl. Tabelle 1):

		Ergebnisse des Wandels	
		Kontinuität	**Diskontinuität**
Prozesse des Wandels	**Inkrementell**	Reproduktion durch Adaption	Graduelle Transformation
	Abrupt	Überleben und Rückkehr	Zusammenbruch und Austausch

Tab. 1: Typen institutionellen Wandels – Prozesse und Ergebnisse (Quelle: Streeck/Thelen 2005, S. 9, übersetzt von Sendzik 2018, S. 28)

Neben inkrementellen Prozessen des Wandels gibt es auch abrupte Formen, wie zum Beispiel die Energiewende nach Fukushima oder auch die Schulpolitik nach den ersten PISA-Studien. Damals wurden weitere regelmäßige Testungen von Schülerleistungen beschlossen und die Institutionenlandschaft entsprechend umgebaut.

Hierbei kann die Soziologie jedoch zeigen, dass zu einem Zeitpunkt eine Reform eine Leitidee darstellt, die mit anderen Leitideen konkurriert, und dabei mitunter zu einer Vormachtstellung gelangt (Brüsemeister 2008, S. 29). Selbst dann sind jedoch die anderen Leitideen nicht verschwunden; die Gesellschaft kann nach wie vor bei Bedarf auf sie zurückgreifen.

Eine hohe Relevanz hat nach wie vor auch die ungleichheitstheoretische Perspektive der Bildungssoziologie, die aufgrund ihrer Breite hier nicht adäquat wiedergegeben werden kann (vgl. aber Becker/Lauterbach 2016). Ende der 1950er Jahre zeigte z. B. Bernstein mit der Code-Theorie die Relevanz von gesellschaftlichen Klassen, die sich bis in die Schule hinein auswirken (Brüsemeister 2008, 98ff.). Eine Renaissance verwandter linguistischer Ansätze (Kaesler 2005) kam mit den PISA-Untersuchungen auf, was jedoch nicht lange anhielt, da sich die soziologische Beschäftigung mit verschiedenen Sozialisationskontexten, die verschiedenen Interaktionsabläufen nachgehen, gegenüber dem Kompetenzansatz der pädagogischen Psychologie nicht durchsetzen konnte. Dennoch bleibt der Sozialisationsansatz als Theoriegebäude erhalten und auch nutzbar (Brüsemeister 2017), und wird zum Beispiel bei der Erforschung von Programmen, die mit neuen Medien arbeiten, relevant, insofern etwa Medien-Nutzungsprofile von Akteuren angeschaut werden. Hierbei interessiert die Sozialisation durch und mit verschiedenen Umwelten wie Peers, Familien und auch Reformen sie darstellen (vgl. ebd.).

Nicht zuletzt wurde vor etwa zehn Jahren der Ansatz der Educational Governance aus den Sozialwissenschaften auf Bildungsprozesse übertragen (vgl. jüngst zu Governance-Theorien Langer/Brüsemeister 2018). Der Hauptgedanke liegt darin, die Analyse von Planung und Steuerung von Reformen nicht aufzugeben, diese jedoch eingebettet zu sehen in größere Konstellationen von Akteuren.

Damit komme ich zu möglichen künftigen Untersuchungsfeldern.

3. Künftige Untersuchungsfelder

Die bisherigen Untersuchungen zu Schulreformen gehen legitimerweise in der Regel nur einer Reform nach, um deren Wirkungsweise von Programmteilen bei bestimmten Adressaten zu eruieren. Zu selten wird die soziale Wirklichkeit in der Schule vor Ort berücksichtigt, die daraus besteht, mit mehreren Reformen gleichzeitig zurechtkommen zu müssen (Ausnahme: BMBF-Projekt »Funktionen von Schulinspektion«, FKZ: 01 JG 1304 B, Laufzeit 10/2013–01/2017, vgl. Arbeitsgruppe Schulinspektion 2016).

In diesem Zusammenhang bleibt auch weitgehend ausgeblendet, ob und wenn ja zu welchen Verstärkungen und/oder Abschwächungen es kommen kann, wenn Reformen sich zeitgleich überlagern.

Es lassen sich weiter auch grundverschiedene Wirkungsweisen und »Verlaufslinien« (Rolff 1980) von Reformen diskutieren, wobei einer der Hauptunterschiede nach wie vor darin zu liegen scheint, ob Reformteile »von oben« oder »von unten« erfunden wurden.

Vielfach wurde eine Reform als etwas zu Implementierendes angesehen. Unzureichende Reformergebnisse resultieren dann aus der Widerständigkeit einzelner Akteure oder aus der Unvollständigkeit eines Programms. In Schulreformen, die Teil von Regionalprogrammen sind, wird auf die Implementierung von etwas verzichtet. Stattdessen geht es um die Partizipation und Rahmung von bereits vorhandenen Aktivitäten. Statt der Implementierung wird auf Teilhabeschaft gesetzt. Gleichzeitig wird eine Akteurskonstellation gesehen, die durch gemeinsame Rahmung in eine bestimmte Richtung gebracht werden soll. Insbesondere die Governanceforschung, aber nicht nur sie, hat dann gefragt, wie groß die Handlungsspielräume der Akteure sind, wobei hier die Akteure grundsätzlich in Konstellationen gesehen werden. Dies erweitert die oft bilateral gedachten Steuerungsvorstellung von Sender/Empfänger, von Programmengeber und Programmnehmer, um mindestens einen dritten Akteur. Darin ist dann auch die Wissenschaft einbezogen.

3.1 Politikberatung durch Wissenschaft

In der Politikberatung fragt die Soziologie, inwieweit Programme Handlungsspielräume von Menschen erweitern oder vielleicht sogar verschließen. Dies lässt sich teilweise bereits in der Konzeption eines Programms erkennen. Beispielsweise gab es in der Schweiz Bemühungen, die gerade gewährte Autonomie von Einzelschulen und die Einführung von Schulleitungen zu verstärken durch sogenannte leistungsbezogene Mitarbeitergespräche, die jedoch von der Gemeinde hätten durchgeführt werden sollen. Die Wissenschaft befürchtete, dass dadurch der Handlungsspielraum der gerade erst eingeführten Schulleitungen wieder beschnitten worden wäre. Wissenschaft befindet sich also in einer triadischen Konstellation, in der Programme erfunden werden, die etwas bei anderen Akteuren bezwecken oder bewirken sollen. Eine ähnliche Konstellation wäre, wenn man oberhalb der Ebene Schulleitung eine weitere Hierarchieebene einziehen würde, um an diese Ebene einen Teil der Entscheidungsmacht der Schulleitung auszulagern beziehungsweise zu zentralisieren. Solche Überlegungen kommen regelmäßig immer wieder auf. Hier wird der Traum einer konventionellen Reform geträumt, die sich Lösung durch Konzentration von Macht und Heraushebung von einzelnen Akteuren verspricht.

In der Vergangenheit sind vor allem Schulleitungen für die Schulentwicklung für zuständig erklärt worden. Wenn man sich die verschiedenen Akteure im Schulsystem vor Augen führt, dann ist die Schulleitung der einzige hauptberufliche Akteur mit der Aufgabe, Schulentwicklung zu betreiben. Aber, wie ein Dirigent im Orchester selbst auch nicht alle Instrumente spielen kann, ist die Schulleitung unter Konstellationsgesichtspunkten nur ein Knotenpunkt der Energiedurchläufe und Fähigkeiten vieler anderer Akteure. Es kommt also nicht auf eine Zentralisierung an. Die Lösung des Koordinationsproblems kann nicht durch Ausrufen einer besonders starken Figur erfolgen, egal wo diese auch angelagert wäre.

Eine andere Möglichkeit bietet die Orchestrierung. Regionalprogramme sehen die Beziehung zwischen den Akteuren – auch die nicht ausgearbeiteten Beziehungen – als Ressourcen an, die in Stärken verwandelt werden können. Dies beinhaltet eine radikale Wendung, eine Disruption, da sich von diesem Standpunkt aus alle Konzepte andienen müssen, in eine dienende Funktion geraten. Dies passt insbesondere bei Management-Ansätzen kaum ins Bild, da sie ja immer von ihrer eigenen Chefperspektive überzeugt sind (sein müssen). Aus dem Ansatz des Sozialraumes (Früchtel et al. 2013) resultiert jedoch, dass die entscheidenden Fähigkeiten und auch Ressourcen bereits da sind, und durch neue Gruppierung und Rahmung sowie als Akteurskonstellation – gemeinhin Verantwortungsgemeinschaft genannt – wieder aktiviert und organisatorisch gesteigert werden, und zum Benefit (Preuß 2012) aller genutzt werden können. Insofern setzt Schulreform als Teil der Region die Schule als einen Player von vielen anderen im Sozialraum ein.

Dies geschieht dadurch, dass Programme wie regionale Bildungsbüros – oder andere Programme, die etwas mit »Region« im Namen haben – als leere Signifikanten arbeiten, d.h. an den entscheidenden Stellen – nämlich was genau gemacht werden soll – nichts top down vorgeben, sondern dies den Akteuren vor Ort abverlangen, bzw. es ihnen zutrauen.

Dadurch wird die Lagerung der Schule im Sozialraum als Gegebenheit akzeptiert und auch als veränderungsfähig angesehen. Die Tatsache, dass durch Segregation und ihre Platzierung in der Sozialstruktur der einzelnen Schule ihre eigene Position aufgebürdet ist, ist nicht das Ende, sondern der Beginn von Verarbeitungsideen und -prozessen. Entscheidend ist, dass unter diesen Konstellationsgesichtspunkten die Schulentwicklung nicht auf den juristisch Hauptverantwortlichen – die Schulleitung – abgeschoben wird, sondern vom Konstellationsgeschehen getragen wird. Die Position einer Schule im Sozialraum lässt sich durch Schulentwicklung bearbeiten, und zwar in einem Netzwerk bzw. in einer Konstellation mit Vielen. Es war immer die Idee einer Schulentwicklung a lá Rolff, dass äußere Faktoren durch die Bündelung innerer Kräfte bewusstgemacht und konzentriert beantwortet werden können.

3.2 *Schulbündnisse*

Eine besondere Konstellation findet die Wissenschaft vor, wenn die Bildungspolitik bestimmte Rahmen für die Kooperation mit anderen Akteuren setzt, und diese Rahmen die Handlungsspielräume der Akteure erweitern. So wurden zum Beispiel in Schulbündnissen in Hessen Beziehungen zwischen Regelschulen und Förderschulen verpflichtend gemacht, wobei die inhaltliche Ausgestaltung der Bündnisse – hierbei ging es um Inklusion – den einzelnen Bündnissen überlassen bleibt. Die Schulaufsicht wird hier von der Politik auf die eindeutige Rolle einer Fortbildungseinrichtung verpflichtet; die Bündnisse erhalten zwei Jahre eine Schulung, um sich mit den Gepflogenheiten der Partner auszukennen. Lange Zeit ließ die Politik die Aufsicht an einer unklaren Rollenaufgabe zwischen Aufsicht und Beratung laborieren. In den Schulbündnissen hat sich die Schulpolitik getraut, der Aufsicht die eindeutige Rolle der Fortbildung zu geben. Die wissenschaftliche Beratung kann sich hier auf eine begleitende Beobachtung zurückziehen und dokumentieren, ob und wie das Zusammenspiel zwischen Schulpolitik, Aufsicht, Förderschulen und Regelschulen durch die Fortbildung »designt«, und auch jeweils vor Ort in den einzelnen Bündnissen ausgestaltet wird.

3.3 *Rationalitäten*

Die soziologische Bildungsforschung ist in der Lage, mit quantitativen und qualitativen Methoden der Sozialforschung verschiedene Rationalität von Reformen zu untersuchen. Uwe Schimank (2011) unterscheidet hierbei erstens die Handlungsrationalität. Alle Reformen versprechen im Grunde die Erweiterung einer Handlungsrationalität; beispielsweise sollte die Einführung der Schulinspektion eine anregende Funktion für Schulentwicklung beinhalten. Zweitens lässt sich eine Verfahrensrationalität beobachten. Wie, mit welchem Verfahren, kann eine erweiterte Handlungsrationalität erreicht werden? Bereits auf dieser zweiten Stufe sind viele Reformen unterkomplex, machen wenige Aussagen oder gar keine. Eine Ausnahme sind hier die Regionalprogramme, in denen Verfahrensvorschläge zur Professionalisierung, zur Fortbildung, zur Entwicklung oder Neujustierung von Gremien, zur Gewinnung von Unterstützung aus der Region geradezu explodieren. Drittens lässt sich eine Ergebnisrationalität beobachten. Viele Reformversprechen setzen die Handlungsrationalität mit der Ergebnisrationalität gleich, überprüfen aber letztere nicht mehr. Ältere Reformvorhaben beließen es mitunter dabei, sich eine Handlungsrationalität zu wünschen. Jedoch waren sie bereits auf der Ebene von Verfahren dünn. An Ergebnisrationalität waren manche Reformen schließlich kaum mehr interessiert. Es ist interessant zu beobachten, dass sich im Mehrebenensystem der Schule nur wenige Akteure mit Verfahrensrationalitäten auskennen. Viele Akteure sind so konstruiert worden, dass sie nur wenige gemeinsame Arbeitsprozesse mit anderen haben. Eine Ausnahme sind Steuergruppen, die genannten Schulbündnisse, sowie die genannten Regionalprogramme, in denen Schulen sich mit anderen Akteuren zusammen beraten oder beraten werden, dahingehend, wie Aktivitäten ausgestaltet werden können.

Die verschiedenen Akteure im Schulsystem werden selten als Orchester begriffen. Es hat eine Pädagogisierung und Psychologisierung von Reformen stattgefunden, in dem oft Einzelne adressiert werden, und man allenfalls besondere Fähigkeiten von ihm verlangt, eine Reform aufgreifen zu können. Die Konstellation als solche bleibt hierbei ausgeblendet. Eine Ausnahme bilden die von Hans-Günter Rolff untersuchten Regionalaspekte von Schulentwicklung, die von Anfang an bis heute in seinem Forschungsschaffen eine zentrale Bedeutung gehabt haben. Es war hier Governance ohne Governance, aber mit Regionsbezug. Dieser Bezug ermöglicht dann, die einzelnen Akteure in einer Bewährung zueinander zu sehen. Jeder soll das zeigen, was er am besten kann. Dabei wird Professionalität sichtbar gemacht, und die Geltungsansprüche der einzelnen werden kritisierbar durch kritische Freunde. Im Regionsbezug werden alle Akteure in der Schule und um sie herum benötigt, um dem Gemeinwohl zu dienen. In den Siebzigern dachte man sich den Regionsbezug vielleicht noch so, dass die Schule Impulse für die Gesellschaft liefern kann. Die nachfolgenden Jahrzehnte, die immer wieder Bildungsungleichheiten und ihre Reproduktion, auch durch die Schule, vor allem aber durch Familien, aufgezeigt haben, haben das Bild von Schule und Gesellschaft umgedreht, insofern die Schule auf Vorleistungen der Gesellschaft angewiesen ist. Wie Fthenakis (2016) argumentiert, ist gerade in der frühkindlichen Bildung eine vorgängige soziale Integration der Kinder und Jugendlichen notwendig. Diese kann die Schule in einem Orchester zusammen mit anderen Akteuren in der Region erreichen. Schule und Gesellschaft leisten hier gemeinsam eine Literalität, d. h. sie lesen sich jeweils ineinander, spiegeln sich andersartige, aber benachbarte Realitäten und Funktionsweisen vor. Die große Leistung von Bildungsregionen ist, dass

Schule als deren Teil gesehen wird und dass in diesem offenen Programm verschiedene Diskurse hochgehalten werden, auch wenn deren Lösung gerade noch nicht ersichtlich ist. Jedoch ist eine höre Literalität/Lesbarkeit ein Gewinn.

In der Regel wird von der Schulleitung eine Systemintegration verlangt. Aus soziologischer Sicht ist dies eine strukturelle Überforderung, da dies andere Akteure ausklammert, und die Last der Kooperation wesentlich der Schulleitung überlässt. Jedoch wird über den Bezug zur Region deutlich, dass ebenfalls Anerkennung eine Integrationsfunktion ist. Schule in der Region kann sich als Standort von externen Aktoren anerkannt wissen, und selber den Schülerinnen und Schülern Anerkennung aussprechen, indem sie zum Beispiel für fähig gehalten werden, an der Schulentwicklung mitzuwirken, indem man sie beispielsweise Lehrkräfte beobachten lässt, so gesehen in einer von uns vier Jahre begleiteten Schule (Brüsemeister et al. 2016). Wenn Anerkennung eine Integrationsfunktion ist, dann kann die Aufgabe der Systemintegration von den Schultern der Schulleitung breiter verteilt werden auf eine Vielzahl der Akteure in der Region, und mit der Schule als deren Teil.

3.4 Wer entwickelt wen?

Aus der Perspektive einer konventionellen Reform wird die Umwelt ceteris paribus gesetzt, d. h. es wird so getan, als wären Kausaleinflüsse aus der Umwelt für die Dauer der Reform nicht relevant. Jedoch kann die Umwelt eine Reform ›links überholen‹. Beispielsweise wird die neu geplante Ostseepipeline für Gaslieferungen von Russland nach Deutschland nicht mehr benötigt, da Deutschland immer mehr erneuerbare Energien einsetzt. Einzig die Projektbetreiber und auch die Regierung, die mit viel zu hohen Verbrauchszahlen argumentiert, halten noch an dem Projekt fest. Das Projekt ist sozusagen der Dominator und es schreibt den Akteuren vor, was zu tun ist, nämlich es umzusetzen.

3.5 Pfadabhängigkeiten

Anders der Begriff der Pfadabhängigkeit. Hier wird die Umwelt in ein Programm miteingebaut, als tragende Säule verstanden. Entsprechende Programme sind bottom up entworfen: Bildungsräume, Sozialraum, regionale Bildungsbüros, regionales Bildungsmanagement: Sie alle arbeiten mit den Akteuren partizipativ zusammen. Die Ziele derartiger Programme sind multiperspektivisch und offen. Der Begriff Pfadabhängigkeit erkennt an, dass es bereits vor einem Programm Wirkungsweisen von Menschen und von Strukturen gab, die auch immer noch anhalten. Ein Reformprogramm versucht nicht, dem auszuweichen, sondern diese Wirkungsweisen zu umgarnen, einzuspinnen, zu umklammern – mit veränderten Denkweisen. Es wird eine schrittweise De-Institutionalisierung des Alten, plus eine schrittweise Institutionalisierung des Neuen versucht. So geraten das Alte und das Neue in einen Dialog.

Viele Managementprogramme sind so ausgerichtet, dass sie das Alte ignorieren oder gar vernichten. Das Alte muss erst alt und schlechtgemacht werden, damit das

Neue um so besser erstrahlen kann. Statt solcher Programme versuchen die Bottom-up-Programme, mit den Menschen zusammenzuarbeiten. Es wird ein neuer Rahmen designt, der Teil von Aushandlungen ist. Kriterien für die Weiterentwicklung der Rahmen werden ebenfalls ausgehandelt. Es ist dabei möglich, Pfadabhängigkeiten anzuerkennen und auf den Tisch zu legen, um sie zu bearbeiten. Die Vergangenheit wird reflexiv. In Nachhaltigkeitsprogrammen wird versucht, nichts Neues mehr zu entwickeln, sondern das bereits Vorhandene so anders zu arrangieren und wertzuschätzen, dass sich Antriebe und Möglichkeiten des Vorankommens ergeben. Wichtig ist hierbei, dass nicht externe Kriterien, Kennzahlen und Indikatoren verwendet werden, sondern eigene. Nachhaltigen Kommunen kann man abschauen, dass eine eigene Geschichte erzählt werden muss, die mit vorgegebenen Indikatoren nicht erzählt werden kann (Brüsemeister/Franz 2016). Dies erfordert eine Emanzipation von Vorgaben, eine Umkehr der Fließrichtung: die maßgeblichen Definitionen erfolgen vor Ort. Es wird erkannt, dass bereits das zurückliegende Geleistete von Wert ist. Es erfolgt eine Umwertung der Werte, da man dem Diktum entgeht, erst in einer künftigen Reform oder Umgestaltung würde man eine anerkannte Leistung erbracht haben. Stattdessen wird etwas aus den bereits vollzogenen Arbeitsprozessen neu dargestellt, es wird sichtbar gemacht, wertgeschätzt. Das Vorhandene hat bereits eine Kultur, die »nur« durch Aktivitäten und Aufforderungen, man müsse doch etwas Neues machen, verschüttet war. Diese vorhandene Kultur zu sehen, ist eine Kunst, die erst wieder neu gelernt werden muss.

3.6 *Zum Segeln in Kulturen*

Wie der verstorbene Staatsrat Lange sagte: Man steuert nicht ein Programm, sondern man segelt es, und zwar in den vorhandenen Kulturen. Teilweise waren bisherige Programme blind für bestehende Kulturen, oder sie wollten sie gar durch etwas Neues ersetzen. Programme neuerer Bauart erkennen dagegen bestehende Kulturen an.

Das Programm fordert bestehende Pfadabhängigkeiten heraus, in dem mehrere von ihnen zusammen überblickt werden, indem man sie z. B. in einem regionalen Bildungsbericht gemeinsam reflektiert. Durch einen regionalen Bildungsbericht werden verschiedene Entwicklungen im Sozialraum gemeinsam fokussiert. Wenn sich Akteure im Bildungsraum und Sozialraum auf den letzten Bildungsbericht beziehen, setzen sie neue Pfadabhängigkeiten ins Leben, womit alte Pfadabhängigkeiten bearbeitet werden können. Das Ergebnis kann im nächsten regionalen Bildungsbericht überprüft werden.

Externe Partner schaffen die Möglichkeit, die eigene Kultur neu zu performen. In Anlehnung an Goffman ließe sich sagen: man leiht sich vom neuen Partner den fremden Blick, um das Eigene neu zu sehen. Hierbei findet eine Verschiebung statt: von Wissen zur Performanz (Dressler 2007). Es wird wichtiger, Wissen zu erleben statt zu haben. Heutzutage hat man nicht mehr das Wissen, sondern man teilt es. Eine weitere Verschiebung ist hierin eingebaut: Wissen als solches wird nur gewusst, wenn es bewertet wird. Die Bewertung erfolgt gemeinschaftlich. Wird Wissen nicht bewertet, rauscht es in einem unendlichen Informationsfluss an mir vorbei. Bewertung ist nur möglich, wenn man ein Ding separiert und den Kontext verändert. Jede Reform beinhaltet eine solche Dekontextualisierung. Man sieht das Ding, einen Prozess, eine Idee, vor einem neuen Hintergrund.

Programme mit einem Regionsbezug nutzen dies strategisch, indem sie Bühnen schaffen, auf denen Akteure ihre Stärken performen. So werden auch mehr Möglichkeiten geschaffen, mehr und anders gegen vorhandene Ungleichheitsstrukturen vorzugehen. So kommen z. B. Eltern in regionalen Bildungslandschaften mehrmals vor: als Verursacher von kulturellen Bildungsungleichheiten und als Mitbewirker von Segregation, aber auch als in Netzwerke einbindbare Akteure, als soziales Kapital (Preuß 2018, S. 101).

4. Fazit und Ausblick

Zusammengefasst sieht die soziologische Bildungsforschung Fragen zu Programmen wie Bildungsregion, Schulbündnisse, regionale Bildungsbüros aufgeworfen. Offenbar verschiebt sich die Fließrichtung, d. h. wer das Sagen hat, auf Menschen vor Ort, und die Konstellation. Jeder kann einen Beitrag für die Schulentwicklung leisten, wird dabei auch von anderen in seiner/ihrer Performanz beobachtet und im Geltungsanspruch kritisierbar. Die Bedeutung von Informationen muss ausgehandelt werden, was anstrengend ist. Aber, wenn zwei sich um jeweils ihre Indikatoren streiten, lässt sich dies bereits als Anfang der eigenen Narration erzählen; es kann weitergearbeitet und die Geschichte kann verändert werden. Die strukturelle Überforderung von Schulleitungen könnte im Regionsbezug aufgefangen, die Schule als Teil der Gesellschaft, sprich des Stadtteils / der Region wiederentdeckt werden. Diese Programmstrukturen halten sich offenbar unterhalb und entkoppelt von der je aktuellen ›Musik‹ der Schulpolitik durch, die gerade sonst noch gespielt wird, und die wohl immer gewissen ›Reform-Moden‹ gehorchen muss. Bestehende Pfadabhängigkeiten könnten erkannt und durch neue ergänzt werden.

Diesen Regionsbezug im Denken und Wirken von Schulentwicklung hat Hans-Günter Rolff initiiert, stets wachgehalten und weiterverfolgt, worin wir ihm folgen sollten.

So ließe sich beispielsweise die Frage untersuchen, ob die These stimmt, dass regionale Programmstrukturen entkoppelt von der Schulpolitik sind. Dies deshalb, da Erstere der Logik der dortigen Akteure gehorchen, d. h. schlecht von oben politisch vereinnahmt werden können. Es ist interessant zu sehen, dass sich Kreise (wie Recklinghausen) der Legitimationsmuster von Regionalprogrammen bedienen und so erfolgreich gemeinsam in ihrer Kultur ›segeln‹. Die Landespolitik verfolgt derweil abgekoppelt davon ganz andere Programme. Wobei es um die Schulpolitik republikweit auch ein bisschen still geworden ist, nicht nur weil sich manche Programme als Schleudersitz für die Minister/die Ministerin entpuppt haben, sondern auch vielleicht, weil Regionalprogramme einen Teil der eigentlichen Arbeit übernehmen? Was zu überprüfen wäre.

5. Literatur

Arbeitsgruppe Schulinspektion (Hrsg.) (2016): Schulinspektion als Steuerungsimpuls? Ergebnisse aus Forschungsprojekten. Wiesbaden: Springer VS.

Becker, Rolf/Lauterbach, Wolfgang (Hrsg.) (2016): Bildung als Privileg? Erklärungen und Befunde zu den Ursachen der Bildungsungleichheit. Wiesbaden: Springer VS.

Berger, P. L./Luckmann, T. (1994): Die gesellschaftliche Konstruktion der Wirklichkeit, Frankfurt a.M.: Fischer.

Bormann, I./Brüsemeister, T./Niedlich, S. (Hrsg.) (2016): Transintentionalität im Bildungswesen. Weinheim, Basel: Juventa.

Brüsemeister, T. (2017): Zum Beitrag des Symbolischen Interaktionismus für die Sozialisationsforschung und die Erforschung emotionaler Governance-Regime. In: Zeitschrift Enzyklopädie Erziehungswissenschaft Online (ISSN 2191-8325), Jahr 2017, S. 1-28.

Brüsemeister, T. (2008): Bildungssoziologie. Einführung in Perspektiven und Probleme. Wiesbaden: VS.

Brüsemeister, T. (2004): Schulische Inklusion und neue Governance. Zur Sicht der Lehrkräfte. Münster: Monsenstein & Vannerdat.

Brüsemeister, T./Gromala, L./Preuß, B./Wissinger, J. (2016): Schulinspektion im regionalen und institutionellen Kontext. Qualitative Befunde zu schulinspektionsbezogenen Akteurkonstellationen. In: Arbeitsgruppe Schulinspektion (Hrsg.): Schulinspektion als Steuerungsimpuls? Ergebnisse aus Forschungsprojekten. Wiesbaden: Springer VS, S. 51-89.

Brüsemeister, T./Franz, K. (2016): Selektive Wissensorganisation in Kommunen des BNE-Transfers – Eine Analyse mittels Grounded Theory. In: Bormann, I./Hamborg, S./Heinrich, M. (Hrsg.): Governance-Regime des Transfers von Bildung für nachhaltige Entwicklung – Qualitative Rekonstruktionen. Wiesbaden: Springer VS, S. 181-217.

Dressler, B. (2007): Performanz und Kompetenz. Thesen zu einer Didaktik des Perspektivenwechsels. In: Zeitschrift für Religionspädagogik 6, H. 2, S. 27-31.

Früchtel, F./Cyprian, G./Budde, W. (2013): Sozialer Raum und Soziale Arbeit. Textbook: Theoretische Grundlagen. 3., überarbeitete Aufl., Wiesbaden: Springer VS.

Fthenakis, W. (2016): Von Integration zur Inklusion und danach (wieder) zu Illusion? Hauptvortrag auf der 7. Regionalen Bildungskonferenz des Kreises Recklinghausen, Haltern am See, 5. Juli 2016 (https://www.kreis-re.de/inhalte/bildung/bildungsberichterstattung/impulsreferat_7._biko_05.07.2016-_prof._fthenakis.pdf; Aufruf 29.4.19).

Gromala, L. (2018): Kämpfe von Schulen um Selbstbehauptung. Eine Analyse mit Pierre Bourdieu und der Grounded Theory. Wiesbaden: Springer VS.

Kaesler, D. (2005): Sprachbarrieren im Bildungswesen. In: Berger, P./Kahlert, H. (Hrsg.): Institutionalisierte Ungleichheiten. Wie das Bildungswesen Chancen blockiert. Weinheim, München: Beltz, S. 130-154.

Kasper, B. (2017): Implementation von Schulqualität. Governanceanalyse des Orientierungsrahmens Schulqualität in Niedersachsen. Wiesbaden: Springer VS.

Langer, R./Brüsemeister, T. (Hrsg.) (2018): Handbuch Educational Goverance Theorien. Wiesbaden: Springer VS.

Münch, R. (1998): Globale Dynamik, lokale Lebenswelten. Der schwierige Weg in die Weltgesellschaft. Frankfurt a.M.: Suhrkamp.

Preuß, B. (2012): Hochbegabung, Begabung und Inklusion. Schulische Entwicklung im Mehrebenensystem. Wiesbaden: VS.

Preuß, B. (2018): Inklusive Bildung im schulischen Mehrebenensystem. Behinderung, Flüchtlinge, Migration und Begabung. Wiesbaden: Springer VS.

Ridderbusch, J. (2019): Deutschland auf dem Weg zum zweigliedrigen Schulsystem. Transfer- und Lernprozesse in der Bildungspolitik. Wiesbaden: Springer VS.

Rolff, H.-G. (1980): Soziologie der Schulreform. Theorien, Forschungsberichte, Praxisberatung. Weinheim, Basel: Beltz.

Schimank, U. (2011): Organisationsblockaden als Rationalitätsfallen. In: Maurer, A./Schimank, U. (Hrsg.): Die Rationalitäten des Sozialen. Wiesbaden: VS, S. 163–179.

Searle, J. (2013): Sprechakte. Frankfurt a.M.: Suhrkamp.

Sendzik, N. (2018): Pfadabhängigkeit in Bildungsregionen. Regionale Bildungsbüros als »agents of change«? Kumulative Dissertation zur Erlangung des akademischen Grades eines Doktors der Philosophie (Dr. phil.) an der Fakultät der Erziehungswissenschaften und Soziologie der Technischen Universität Dortmund. Ms.

Streeck, W./Thelen, K. (2005): Introduction: institutional change in advanced political economies. In: Streeck, W./Thelen, K. (Hrsg.): Beyond continuity. Institutional change in advanced political economies (S. 1-39). Oxford: Oxford University Press.

Veith, H. (2004): Zum Wandel des theoretischen Selbstverständnisses vergesellschafteter Individuen. In: Geulen, D./Veith, H. (Hrsg.): Sozialisationstheorie interdisziplinär. Aktuelle Perspektiven. Stuttgart: Lucius & Lucius, S. 349-370.

Marius R. Busemeyer

Schulreform aus Perspektive der politikwissenschaftlichen Bildungsforschung

1. Einleitung: Vergleichende Policy-Analyse als Untersuchungsperspektive

Politikwissenschaftliche Bildungsforschung untersucht die politischen Aushandlungsprozesse, die bildungspolitischen Reformbemühungen vorangehen und diese begleiten. Lange Zeit hatte die politikwissenschaftliche Policy-Analyse Bildungspolitik als Forschungsgegenstand vernachlässigt (Busemeyer/Trampusch 2011; Gift/Wibbels 2014; Jakobi et al. 2010). In letzter Zeit ist aber ein signifikanter Aufschwung im Forschungsoutput zu beobachten, wie in diesem Beitrag gezeigt werden wird.

Die vergleichende Policy-Analyse zielt darauf ab, Unterschiede im bildungspolitischen *Output* zwischen Ländern, subnationalen Untersuchungseinheiten (z. B. Bundesländer oder Kantone) oder anderen Vergleichsfällen zu erklären (vgl. Busemeyer 2015a für eine Einführung in diese Perspektive der Bildungsforschung). Mittels der »vergleichenden Methode« (vgl. grundlegend dazu: Lijphart 1971) sollen generalisierbare Aussagen zu kausalen Zusammenhängen zwischen Erklärungsfaktoren (verschiedenen unabhängigen Variablen) und dem zu beobachtenden Policy-Wandel, der abhängigen Variable, möglich werden.

Dabei nimmt die vergleichende Policy-Analyse keine normative Bewertung des beobachteten Policy-Wandels vor. Es geht also gerade nicht darum, unterschiedliche Bildungspolitiken in eine Art Ranking von »best« zu »worst practices« einzuordnen, wie dies in der anwendungsorientierten Politikberatung häufig üblich ist. In diesem Punkt unterscheidet sich die politikwissenschaftliche Policy-Analyse deutlich von anderen Ansätzen der sozialwissenschaftlichen Bildungsforschung. Der Grund für diese Zurückhaltung ist, dass die vergleichende Policy-Analyse darauf abzielt, *wissenschaftlich* abgesicherte Aussagen zu den politischen Entstehungsbedingungen von Bildungspolitik (und anderen Politikfeldern) zu machen und nicht *politisch* gefärbte Aussagen zu der Erwünschtheit bestimmter Politikansätze. Erst in jüngster Zeit kommt es im Zuge der Debatte über die Relevanz sozialwissenschaftlicher und damit auch politikwissenschaftlicher Forschung zu einer gewissen Annäherung der politikwissenschaftlichen Policy-Analyse an normative Fragestellungen in dem Sinne, dass neuere Forschung zunehmend nicht nur die Entstehungsbedingungen von Bildungspolitik betrachtet, sondern auch deren Auswirkungen auf soziale und Bildungsungleichheit (Busemeyer 2015b; Schlicht 2010).

Im Folgenden sollen kurz die zentralen Bausteine der politikwissenschaftlichen Bildungsforschung aus der Perspektive der vergleichenden Policy-Analyse vorgestellt werden, ergänzt und angereichert durch konkrete Beispiele aus der Forschung.

2. Policy-Wandel in der Bildungspolitik: Ein Literaturüberblick

Wie bereits oben erwähnt, untersucht die vergleichende Policy-Analyse den Wandel und die Variation von bildungspolitischem *Output* im Länder- und Zeitperiodenvergleich. Der Begriff Policy-Output umfasst unterschiedliche Arten von allgemein verbindlichen Entscheidungen von Akteuren des politisch-administrativen Systems, also etwa formale Entscheidungen wie Gesetze und Rechtsverordnungen, aber auch haushaltspolitische Entscheidungen (Bildungsausgaben) und in einem breiteren Verständnis sonstige Entscheidungen mit allgemeingültigem Charakter wie etwa Entscheidungen über die Verteilung von Personal oder sonstigen Ressourcen durch Ministerien im Rahmen gültiger Gesetze. Dabei befasst sich die vergleichende Policy-Analyse nicht nur mit der Analyse von tatsächlich beschlossenen Reformen, sondern untersucht auch, warum Reformprozesse scheitern (sogenannte »non-reforms«).

Frühe Beiträge zur vergleichenden politikwissenschaftlichen Bildungsforschung befassen sich schwerpunktmäßig mit der Analyse von Bildungsfinanzen, speziell: Bildungsausgaben (Boix 1997; Castles 1989; Schmidt 1980). Dies ist zugegebenermaßen ein recht grobes Maß des bildungspolitischen Outputs, auch wenn neuere Forschung zeigt, dass höhere öffentliche Bildungsausgaben mit einem geringeren Grad an sozio-ökonomischer Ungleichheit einhergehen (Huber/Stephens 2014). Aufgrund der Unzulänglichkeiten internationaler Statistiken zu Bildungsausgaben konnten die frühen Beiträge in diesem Feld zudem nicht die Verteilung von Bildungsausgaben auf die unterschiedlichen Sektoren des Systems untersuchen. Erst durch die Anstrengungen der OECD und der UNESCO zur Vereinheitlichung der Datengrundlage der Bildungsstatistik seit den 1990er Jahren hat sich die Datenlage grundlegend verbessert, sodass im Folgenden eine neue Welle von Forschungsbeiträgen zur Analyse von Bildungsausgaben zu beobachten ist (Ansell 2010; Busemeyer 2007; 2009a; 2015b; Garritzmann/Seng 2016; Nikolai 2007; Rauh et al. 2011; Schmidt 2002; Wolf 2006; 2009).

Nichtsdestotrotz muss festgehalten werden, dass die Analyse von Bildungsausgaben an sich nur eine begrenzte Aussagekraft haben, insbesondere wenn es um die Analyse von Reformdynamiken in bestimmten Sektoren wie der Schulpolitik geht. Zwar kann analysiert werden, ob öffentliche (und zunehmend auch private) Ausgaben für Bildung im Primar- und Sekundarbereich ansteigen oder sinken und welche Bestimmungsfaktoren dafür verantwortlich sind. Aber diese Art von Analyse sagt wenig darüber aus, inwiefern sich Inhalte und Strukturen von Schulbildung durch Reformen verändern. Umgekehrt betrachtet kann eine Ausgabenanalyse aus der »Vogelperspektive« jedoch wichtige Hinweise dazu liefern, welchen Stellenwert die

Bildungspolitik im Verhältnis zu anderen Politikfeldern genießt. Außerdem kann sie zeigen, inwiefern die Dynamik der Bildungsfinanzierung vornehmlich durch sozio-ökonomische und demografische Faktoren bestimmt ist oder ob politische und institutionelle Faktoren einen Unterschied machen.

Analysen der politischen und sozio-ökonomischen Determinanten von Bildungsausgaben arbeiten in der Regel mit quantitativen Forschungsdesigns und statistischen Methoden. Forschung, die mit qualitativen Forschungsdesigns und Fallstudien arbeitet, kann naturgemäß bildungspolitischen Output wesentlich differenzierter erfassen. Hier rücken nun Institutionen und Strukturen in den Vordergrund. Im Vergleich zu der inzwischen recht umfangreichen Forschung zu Bildungsausgaben gibt es jedoch nur recht wenige Beiträge, die bildungspolitische Reformprozesse aus einer qualitativen Perspektive analysieren, vor allen Dingen in der früheren Periode der 1970er bis 1990er Jahre.

Hier sind zunächst die grundlegenden Arbeiten von Arnold Heidenheimer zu nennen, der sich nicht nur mit dem historischen Vergleich der Bildungssysteme Europas und den USA befasst hat (Heidenheimer 1981), sondern auch eine umfassende und differenzierte Analyse der Schul- und Hochschulpolitik in Deutschland, Japan und der Schweiz vorgelegt hat (Heidenheimer 1997). Ebenfalls aus einer historisch-vergleichenden Perspektive untersucht Wiborg (2009) die politische Entstehungsgeschichte von Gesamtschulsystemen (bzw. auch das Scheitern von Gesamtschulreformen) in Skandinavien, Deutschland und England.

Neuere Beiträge in dieser Forschungstradition haben sich tendenziell zunächst mit anderen Bereichen des Bildungssystems als der Schulpolitik befasst. Ansell (2010) und Garritzmann (2016) beispielsweise untersuchen im Rahmen eines Multi-Methoden-Forschungsdesigns, das quantitative Analysen und qualitative Fallstudien beinhaltet, die politische Ökonomie von Hochschulpolitik. Die Arbeiten von Thelen (2004) sowie die Debatte zu verschiedenen »Spielarten des Kapitalismus« (»Varieties of Capitalism«, vgl. Hall/Soskice 2001) haben weitere Forschung zum internationalen Vergleich von Berufsbildungspolitik und deren institutionellen Verbindungen zu anderen Teilbereichen der Wirtschaft inspiriert (Busemeyer 2009b; Busemeyer/Trampusch 2012; Dobbins/Busemeyer 2015; Vossiek 2018).

In jüngster Zeit gibt es jedoch zunehmend mehr Forschung, die sich schwerpunktmäßig mit Schulpolitik befasst. In Beiträgen, die sich schwerpunktmäßig mit dem Fall Deutschland befassen und die im Folgenden kurz vorgestellt werden sollen, spielt die Auseinandersetzung um Schulstrukturen – gegliedertes Schulsystem vs. Gesamtschulmodell – eine zentrale Rolle.

Ein wichtiger Vorläufer dieser Forschung aus politikwissenschaftlicher Perspektive war Schmidt (1980), der einen systematischen Vergleich der unterschiedlichen Bildungspolitiken in den deutschen Bundesländern vorlegte. In eine ähnliche Richtung geht auch die wegweisende Studie von Helbig und Nikolai (2015), die im Rahmen einer aufwendigen empirischen Analyse Veränderungsprozesse der Schulsysteme in den Bundesländern kodiert und analysiert. Helbig und Nikolai (2015) entwickeln auf der Grundlage eine Auswertung des Schulrechts sowie von Bildungsinhalten in den

Bundesländern quantitative Indikatoren, die erfassen, inwiefern sich die Schulstrukturen in den Ländern von einem »traditionellen« in Richtung eines »modernisierten« Systems entwickelt haben. Nikolai hat darüber hinaus weitere Beiträge zur Untersuchung von Schulstrukturreform in verschiedenen deutschen Bundesländern (Edelstein/Nikolai 2013; Hartong/Nikolai 2016; Nikolai 2018) vorgelegt. Busemeyer und Haastert (2017) untersuchen in einer Fallstudie die Einführung der Gemeinschaftsschulen (sowie andere Strukturreformen) durch die grün-rote Landesregierung in Baden-Württemberg.

Im internationalen Vergleich spielt die Auseinandersetzung um Schulstrukturen auf der Sekundarschulebene heutzutage eine weniger wichtige Rolle als in Deutschland. Auch wenn diese Frage historisch umstritten war (Wiborg 2009), ist in den meisten Ländern ein hohes Maß an Pfadabhängigkeit in den Schulstrukturen zu beobachten (Busemeyer 2015b) seitdem die fundamentalen Auseinandersetzungen in den 1970er Jahren entschieden wurden. In der internationalen Debatte um Schulreformen stehen andere Aspekte im Vordergrund, wie etwa die Dezentralisierung von Verwaltung und Finanzierung der Schulen, die Steigerung der Schulautonomie, der Wandel von input- zu output-orientierten Steuerungsformen sowie die Privatisierung und Vermarktlichung des Bildungssektors.

Einen umfassenden Überblick über den Stand der Forschung und die internationalen Debatten zum Thema Schulreform, der zudem über den Kreis der etablierten OECD-Demokratien hinausgeht, bietet der Sammelband von Moe und Wiborg (2017). In diesem Band stellen die Herausgeber allerdings die Analyse der Rolle von Lehrergewerkschaften in Bildungsreformen in den Mittelpunkt der verschiedenen Beiträge. Frühere und weitere Arbeiten in dieser Richtung (z.B. Dobbins (2014) zum Vergleich von Dezentralisierungsreformen in Schweden und Frankreich, Klitgaard (2008) zur Einführung von Schul-Vouchers in den USA und Schweden oder Finger (2017) zur Rolle von Lehrergewerkschaften in Bildungsreformen US-amerikanischer Bundesstaaten) befassen sich ebenfalls mit der Rolle von organisierten Interessen. Die Studie von Gingrich (2011) betrachtet Vermarktlichungsprozesse in verschiedenen Bereichen des Wohlfahrtsstaates, u.a. auch in der Bildungspolitik. Anders als Moe und Wiborg (2017) richtet Gingrich ihr Augenmerk allerdings auf die Rolle von Regierungsparteien in Reformprozessen.

An dieser Stelle sei abschließend noch auf die Forschung zum Einfluss von internationalen Organisationen, Europäisierungs- und Internationalisierungsprozessen auf nationale und subnationale Bildungspolitik verwiesen (Jakobi et al. 2010; Martens et al. 2016). Von Interesse ist hier beispielsweise die Frage, inwiefern internationale Einflüsse wie die PISA-Studie nationalstaatliche Reformbewegungen ausgelöst haben (Knodel et al. 2010). Auch die Auswirkungen von EU-Initiativen wie der Bologna-Prozess in der Hochschulbildung (Knill et al. 2013) oder der Kopenhagen-Prozess in der beruflichen Bildung (Trampusch 2008) sind hier untersucht worden. Ein Kernbefund der Forschung in diesem Feld ist, dass internationale Einflüsse (Prozesse wie Akteure) nationale Bildungspolitik zwar nicht determinieren, aber dennoch nachhaltig beeinflussen können (Martens/Wolf 2006).

3. Erklärungsfaktoren: Akteure und Institutionen

Der vorhergehende Abschnitt befasste sich schwerpunktmäßig mit den Forschungsgegenständen der politikwissenschaftlichen Bildungsforschung – quasi: der abhängigen Variable. Im folgenden Abschnitt sollen daher nun Erklärungsfaktoren – die unabhängigen Variablen – im Fokus stehen. Dabei konzentriere ich mich auf Akteure und Institutionen auf der nationalstaatlichen und subregionalen Ebene und blende internationale Einflüsse aus Platzgründen aus (siehe aber das Ende des vorangehenden Abschnitts).

Politische Parteien sind zentrale Akteure in der politikwissenschaftlichen Policy-Analyse. Die sogenannte Parteiendifferenztheorie (vgl. Schmidt (1996) für einen Überblick) besagt, dass Unterschiede im Policy-Output systematisch auf Variationen in der parteipolitischen Zusammensetzung von Regierungen zurückgeführt werden können. Eine Beantwortung dieser Frage hat letztlich weitreichende Implikationen für die demokratische Legitimität von politischen Entscheidungen: Wenn die Entscheidungen des Wahlvolks keinerlei Auswirkung auf das Regierungshandeln hätte, wären grundlegende Zweifel am demokratischen Prozess angebracht.

In der oben erwähnten Forschung zu Bildungsausgaben spielt die Untersuchung des Zusammenhangs von Parteipolitik und Bildungsfinanzierung eine zentrale Rolle. Ein erster Befund dieser Forschung ist, dass sich durchaus Parteieneffekte in der Bildungsfinanzierung nachweisen lassen; diese sind allerdings in früheren Untersuchungsperioden (1970er und 1980er Jahre) stärker ausgeprägt als in späteren Jahren (1990er Jahre und danach) (Boix 1997; Busemeyer 2007; Castles 1989; Garritzmann 2016; Schmidt 2002). Die Analysen zeigen, dass die öffentlichen Bildungsausgaben unter linken Regierungen systematisch höher ausfallen als unter bürgerlich-liberal-konservativen Regierungen. Letztere sind zudem eher bereit, private Bildungsausgaben sowie Investitionen in die Hochschulpolitik zu befördern (Ansell 2010; Busemeyer 2015b). Im deutschen Bundesländer-Vergleich zeigen sich teilweise anders gerichtete Befunde, denn hier sind es eher die konservativen Regierungen, die mehr in Bildung investieren (Wolf 2006; Rauh et al. 2011). Linke Regierungen legen besonderes nach den 1990er Jahren Wert auf den Ausbau von öffentlichen Investitionen in die Hochschulen (Busemeyer 2009a) sowie in die frühkindliche Erziehung und Bildung (Busemeyer/Seitzl 2018).

Qualitative Untersuchungen, die sich intensiver mit Governance-Fragen und Schulstrukturen befassen, konnten ebenfalls recht starke Parteieneffekte nachweisen. So hat Schmidt (1980) bereits früh die starken ideologischen Unterschiede zwischen sozialdemokratisch und christdemokratisch geführten Landesregierungen in der Gesamtschuldebatte herausgearbeitet und dokumentiert. Die Analyse von Busemeyer und Haastert (2017) zu den grün-roten Bildungsreformen in Baden-Württemberg zeigt, dass auch in der jüngeren Untersuchungsperiode die parteipolitische Zusammensetzung von Regierungen starke Auswirkungen auf die Schulpolitik hat. Im internationalen Vergleich belegt die Studie von Gingrich (2011), dass weiterhin signifikante Unterschiede bestehen hinsichtlich der Frage, wie Vermarktlichungsprozesse konkret umgesetzt und gestaltet werden. Generell sind hier linke Regierungen zurückhaltender als rechte.

Selbst wenn es somit einige Hinweise auf die hohe Bedeutung von Parteipolitik für bildungspolitische Reformprozesse gibt, zeigen sich auch gegenläufige Befunde. Allgemein gesprochen schränken externe Faktoren wie etwa die fortschreitende ökonomische Globalisierung den Handlungsspielraum für Regierungsparteien zunehmend ein. Speziell in der Bildungspolitik lässt sich zudem beobachten, dass in den Ländern, in denen Koalitionsregierungen und verhandlungsdemokratische Strukturen etabliert sind, die zentralen parteipolitischen Akteure ein Interesse daran haben, Bildungsreformen im Konsens zu beschließen statt diese zum Gegenstand von ideologischen Auseinandersetzungen zu machen (siehe zum Beispiel den 2011 geschlossene Bildungskonsens in Nordrhein-Westfalen). Dies liegt daran, dass bildungspolitische Weichenstellungen durch das Wahlvolk besonders aufmerksam beobachtet werden (Busemeyer et al. 2018) und anhaltende ideologische Auseinandersetzungen zur Verunsicherung von Eltern- und Schülerschaft beitragen können.

Neben politischen Parteien spielen *organisierte Interessen* eine wichtige Rolle in der Ausgestaltung der Bildungspolitik (Kreft 2006; Moe/Wiborg 2017). Im Vergleich zur Forschung zu Parteipolitik gibt es bislang jedoch deutlich weniger Beiträge, die sich schwerpunktmäßig mit organisierten Verbandsinteressen in der Bildungspolitik befassen. Im Zentrum der bisherigen Forschung stehen die Lehrergewerkschaften. Aus der Perspektive von Moe und Wiborg (2017; vgl. auch Finger 2017; Moe 2017) ist die Rolle von Lehrergewerkschaften in bildungspolitischen Reformprozessen kritisch zu bewerten: Da Lehrergewerkschaften vor allen Dingen die partikulären Interessen ihrer Mitgliedschaft vertreten, die wiederum an der Aufrechterhaltung des Status Quo interessiert sei, träten Lehrergewerkschaften vornehmlich als Blockierer von progressiven Bildungsreformen in Erscheinung. Diese Einschätzung von Moe und Wiborg (2017) könnte stark durch den speziellen Fall der USA inspiriert sein und bedarf der weiteren Untersuchung im internationalen Vergleich. Die Studie von Dobbins (2014) beispielsweise zeigt, dass Lehrergewerkschaften in Schweden die Dezentralisierungsreformen der nationalen Regierungen durchaus unterstützten, da sie auch auf der lokalen Ebene über beträchtliche Machtressourcen verfügen. Dieses Beispiel zeigt, dass der Einfluss von organisierten Interessen maßgeblich von den jeweils verfügbaren Machtressourcen abhängt, die diesen Akteuren zur Verfügung stehen.

Das Handeln der Akteure wird außerdem maßgeblich durch den *institutionellen Kontext* geprägt, im dem sie sich bewegen und miteinander interagieren. Hier sind zwei Aspekte zu nennen. Zum einen prägt das *Politikerbe* über Pfadabhängigkeits- und Feedback-Effekte die Präferenzen und Strategien der handelnden Akteure – und damit politische Reformprozesse. Dieses theoretische Argument geht zurück auf den Ansatz des historischen Institutionalismus (vgl. grundlegendend dazu Thelen 1999), der besagt, dass grundlegende Entscheidungen während Phasen der kritischen Weichenstellung (»critical junctures«) in der historischen Entwicklung von Bildungssystemen langfristige und nachhaltige Auswirkungen auf deren weitere Entwicklung haben, da sie die Strategien und Präferenzen von kollektiven Akteuren und Individuen prägen. Um noch einmal auf das konkrete Beispiel der Schulstrukturreformen zurückzukommen: Umfassende Schulreformen in Schweden im Zeitraum der späten 1950er bis in die frühen 1970er Jahre haben zur Etablierung des Gesamtschulmodells geführt. Dieses politische und institutionelle Erbe prägt bis heute das Handeln von Regierungen: In den 1990er Jahren haben verschiedene Regierungen den Ausbau von privaten (»unabhängigen«) Schulen gefördert (Klitgaard 2008), aber dabei nicht das Gesamtschulmodell in Frage gestellt. 2011 beschloss die damalige konservativ-liberale Regierung eine Reform der oberen Sekundarstufe, die zwar auf eine Akzentuierung der Unterscheidung zwischen beruflichen und akademischen Ausbildungswegen abzielte, aber keinesfalls eine vollständige Umstellung auf ein gegliedertes Schulsystem nach deutschen Vorbild anstrebte. Dieses Beispiel zeigt, dass das Handeln von Regierungsparteien in einem beträchtlichen Maß durch das bestehende politische und institutionelle Erbe geprägt wird.

Der zweite Aspekt, der in diesem Zusammenhang zu diskutieren ist, ist die Rolle von *politischen Institutionen*. Im Unterschied zum Politikergebe geht es hierbei nicht um Institutionen des Politikfeldes an sich (Bildungspolitik), sondern um politische Institutionen, die den Prozess der Entscheidungsfindung beeinflussen, die selbst natürlich auch wieder Pfadabhängigkeitseffekte erzeugen können (vgl. grundlegend Lijphart 1999). Beispiele für politische Institutionen dieser Art sind institutionelle Arrangements, die die Verteilung von Entscheidungskompetenzen über verschiedene Regierungsebenen betreffen (Föderalismus vs. Unitarismus), Interessenvermittlungsstrukturen (Pluralismus vs. Korporatismus), oder andere »gegenmajoritäre« Institutionen wie Verfassungsgerichte, Zentralbanken oder zweite Parlamentskammern (wie z. B. der deutsche Bundesrat). Institutionen dieser Art stellen »Veto-Punkte« dar (Immergut 1992), die oppositionelle Akteure (entweder parteipolitische Akteure oder organisierte Interessen) nutzen können, um Einfluss auszuüben und die Entscheidungsmacht der Zentralregierung einzuschränken. OECD-Demokratien unterscheiden sich in beträchtlichem Maße hinsichtlich der Frage, inwiefern politische Regierungsmehrheiten ihre Präferenzen durchsetzen können oder durch politische Institutionen gezwungen sind, sich mit anderen Akteuren zu arrangieren.

In der Bildungspolitik ist die Verteilung von Entscheidungskompetenzen über verschiedene Regierungsebenen hinweg ein zentraler Faktor, der das Handeln von Akteuren und ihren Einfluss auf diesen unterschiedlichen Ebenen beeinflusst. In zentralisierten Bildungssystemen (wie z. B. Frankreich) werden die bildungspolitischen Weichen maßgeblich auf nationaler Ebene gestellt. In föderalen Staaten wie Deutschland sind subnationale Einheiten (Bundesländer, Kantone oder Provinzen) viel entscheidender, sodass auch entsprechend die partei- und verbandspolitischen Akteure auf diesen Ebenen einen größeren Einfluss auf die Ausgestaltung von Schulpolitik haben. Ein drittes Beispiel wären Staaten mit einer starken Konzentration von Entscheidungskompetenzen auf der lokalen Ebene, wie etwa in Skandinavien. Auch wenn diese Länder nicht formal föderal organisiert sind, übernehmen lokale Regierungen wichtige Aufgaben in der Finanzierung und Bereitstellung von Bildung. Auch das Bildungssystem der USA ist stark dezentralisiert: Die lokalen Schuldistrikte verfügen über zentrale Regelungskompetenzen, sind aber in ein komplexes Mehrebenensystem eingebettet, in dem auch den Bundesstaaten und der nationalen Bundesregierung wichtige bildungspolitische Kompetenzen – vor allen Dingen im Hinblick auf den Ausgleich ungleicher Finanzierungsbedingungen – zukommt (Busemeyer 2006). Ein solch dezentrales System bietet organisierten Interessen – den Lehrergewerkschaften – vielfältige Veto-Möglichkeiten. Dies wiederum prägt die Strategien, Machtressourcen und damit letztlich auch die Positionen und Präferenzen der Akteure in der Schulreformpolitik.

4. Fazit und Ausblick

Dieser kurze und notwendigerweise unvollständige Beitrag hat den Stand der Forschung im Bereich der politikwissenschaftlichen Bildungsforschung skizziert. Zusammenfassend kann festgehalten werden, dass die politikwissenschaftliche Bildungsforschung in der Tradition der vergleichenden Policy-Analyse eine Wachstumsbranche ist. Nachdem Bildung als Forschungsgegenstand über lange Jahre vernachlässigt wurde, ist besonders in den letzten Jahren eine starke Zunahme des Forschungsinteresses zu konstatieren. Dies gilt sowohl für die Politikwissenschaft und die vergleichende Policy-Analyse, die sich vermehrt mit Bildungspolitik befasst, als auch für Forschungsansätze aus anderen sozialwissenschaftlichen Disziplinen, die sich zunehmend für politikwissenschaftliche Perspektiven und Fragestellungen interessieren, wie dieser Sammelband eindrücklich belegt. Diese Entwicklung ist uneingeschränkt zu begrüßen.

Trotz dieses Aufschwungs steht die politikwissenschaftliche Bildungsforschung in vielerlei Hinsicht noch am Anfang, wie an einem Beispiel verdeutlicht werden soll, das die Erfassung und quantitative Messung von Policy-Wandel betrifft. Oben wurde erwähnt, dass die Analyse von Bildungsausgaben in vielerlei Hinsicht unbefriedigend ist, da sie institutionelle und strukturelle Veränderungen sowie Bildungsinhalte nur unzureichend erfassen kann. In der Sozialpolitikanalyse gab es eine ähnliche Diskussion, die zur Entwicklung von Indikatoren geführt hat, die in sehr viel differenzierter Weise die »Generösität« von Sozialleistungen erfassen können als einfache Ausgabenanalysen (Scruggs/Allan 2006). Wie die Studie von Helbig und Nikolai (2015) gezeigt hat, ist es prinzipiell möglich, auch für den Bildungssektor ein Set von Governance-Indikatoren zu entwickeln, die Poliy-Wandel in differenzierterer Weise erfassen können (vgl. auch Knill et al. 2013) für den Bereich der Hochschulgovernance). Im Vergleich zur Sozialpolitik-Analyse ist dieses Unterfangen jedoch viel aufwendiger: Zum einen lässt sich bildungspolitischer Wandel kaum auf eine einzige Dimension reduzieren. In der Sozialpolitik erscheint dies einfacher, denn Sozialleistungen können entweder mehr oder weniger generös sein. Zum anderen sind bildungspolitische Kompetenzen im Unterschied zu den Kernbereichen des Sozialstaates in viel stärkerer Weise auf unterschiedliche Ebenen des Regierungssystems aufgeteilt. Außerdem variiert die Kompetenzverteilung signifikant über Länder hinweg, während in den

Kernfeldern der Sozialpolitik in der Regel in den meisten Ländern die nationalstaatliche Ebene zuständig ist. Ein konkretes Forschungsdesiderat für die Zukunft wäre somit die Erstellung eines umfassenden Sets an Indikatoren, mit denen bildungspolitischer Wandel auch im internationalen Vergleich erfasst und quantitativ gemessen werden kann.

5. Literatur

Ansell, B. W. (2010): From the Ballot to the Blackboard: The Redistributive Political Economy of Education. Cambridge: Cambridge University Press.

Boix, C. (1997): Political Parties and the Supply Side of the Economy: The Provision of Physical and Human Capital in Advanced Economies, 1960-1990. In: American Journal of Political Science 41, H. 3, S. 814–845.

Busemeyer, M. R. (2007): The determinants of public education spending in 21 OECD democracies, 1980-2001. In: Journal of European Public Policy 14, H. 4, S. 582–610.

Busemeyer, M. R. (2009a): Social democrats and the new partisan politics of public investment in education. In: Journal of European Public Policy 16, H. 1, S. 107–126.

Busemeyer, M. R. (2009b): Wandel trotz Reformstau: Die Politik der beruflichen Bildung seit 1970. Frankfurt am Main, New York: Campus.

Busemeyer, M. R. (2015a): Bildungspolitik im internationalen Vergleich. Konstanz: UVK.

Busemeyer, M. R. (2015b): Skills and Inequality: The Political Economy of Education and Training Reforms in Western Welfare States. Cambridge, New York: Cambridge University Press.

Busemeyer, M. R./Garritzmann, J. L./Neimanns, E./Nezi, R. (2018): Investing in Education in Europe: Evidence from a Survey of Public Opinion in Eight European Countries. In: Journal of European Social Policy 28, H. 1, S. 34–54.

Busemeyer, M. R./Haastert, S. (2017): Bildungspolitik: Nicht alles anders, aber manches. In: Hörisch, F./Wurster, S. (Hrsg.): Das grün-rote Experiment in Baden-Württemberg: Eine Bilanz der Landesregierung Kretschmann 2011-2016. Wiesbaden: Springer VS, S. 125–158.

Busemeyer, M. R./Seitzl, L. (2018): The partisan politics of early childhood education in the German Länder. In: Journal of Public Policy 38, H. 2, S. 243–274.

Busemeyer, M. R./Trampusch, C. (2011): Review Article: Comparative Political Science and the Study of Education. In: British Journal of Political Science 41, H. 2, S. 413–443.

Busemeyer, M. R./Trampusch, C. (Hrsg.) (2012): The Political Economy of Collective Skill Formation. Oxford, New York: Oxford University Press.

Castles, F. G. (1989): Explaining public education expenditure in OECD nations. In: European Journal of Political Research 17, S. 431–448.

Dobbins, M. (2014): Explaining change and inertia in Swedish and French education: A tale of two corporatisms? In: Policy Studies 35, H. 3, S. 282–302.

Dobbins, M./Busemeyer, M. R. (2015): Socio-economic institutions, organized interests and partisan politics: The development of vocational education in Denmark and Sweden. In: Socio-Economic Review 13, H. 2, S. 259–284.

Edelstein, B./Nikolai, R. (2013): Strukturwandel im Sekundarbereich. Determinanten schulpolitischer Reformprozesse in Sachsen und Hamburg. In: Zeitschrift für Pädagogik 59, H. 4, S. 482–494.

Finger, L. (2017): Vested Interests and the Diffusion of Education Reforms across the States. In: Policy Studies Journal, Early View.

Garritzmann, J. L. (2016): The Political Economy of Higher Education Finance: The Politics of Tuition Fees and Subsidies in OECD Countries, 1945-2015. Basingstoke: Palgrave Macmillan.

Garritzmann, J. L./Seng, K. (2016): Party Politics and Education Spending: Challenging Some Common Wisdom. In: Journal of European Public Policy 23, H. 4, S. 510–530.
Gerring, J. (2006): Case Study Research: Principles and Practices. Cambridge, New York: Cambridge University Press.
Gift, T./Wibbels, E. (2014): Reading, Writing, and the Regrettable Status of Education Research in Comparative Politics. In: Annual Review of Political Science 17, S. 291–312.
Gingrich, J. R. (2011): Making Markets in the Welfare State: The Politics of Varying Market Reforms. Cambridge, New York: Cambridge University Press.
Hall, P. A./Soskice, D. (2001): An Introduction to Varieties of Capitalism. In: Hall, P. A./Soskice, D. (Hrsg.): Varieties of Capitalism: The Institutional Foundations of Comparative Advantage. Oxford, New York: Oxford University Press, S. 1–68.
Hartong, S./Nikolai, R. (2016): Schulstrukturreform in Bremen: Promotoren und Hindernisse auf dem Wege zu einem inklusiveren Schulsystem. In: Moser, V./Lütje-Klose, B. (Hrsg.): Schulische Inklusion. 62. Beiheft der Zeitschrift für Pädagogik. Weinheim, Basel, Grünwald: Beltz Juventa, S. 105–123.
Heidenheimer, A. J. (1981): Education and Social Security Entitlements in Europe and America. In: P. Flora, Europe/Heidenheimer, A.J (Hrsg.): The Development of Welfare States in Europe and America. New Brunswick, London: Transaction Books, S. 269–304.
Heidenheimer, A. J. (1997): Disparate Ladders: Why School and University Policies Differ in Germany, Japan, and Switzerland. New Brunswick, London: Transaction Publishers.
Helbig, M./Nikolai, R. (2015): Die Unvergleichbaren: Der Wandel der Schulsysteme in den deutschen Bundesländern seit 1949. Bad Heilbrunn: Klinkhardt.
Huber, E./Stephens, J. D. (2014): Income inequality and redistribution in post-industrial democracies: Demographic, economic and political determinants. In: Socio-Economic Review 12, H. 2, S. 245–267.
Immergut, E. M. (1992): Health Politics: Interests and Institutions in Western Europe. Cambridge, New York: Cambridge University Press.
Iversen, T./Stephens, J. D. (2008): Partisan Politics, the Welfare State, and Three Worlds of Human Capital Formation. In: Comparative Political Studies 41, 4-5, S. 600–637.
Jakobi, A. P./Martens, K./Wolf, K. D. (2010): Introduction: A governance perspective on education policy. In: Jakobi, A. P./Martens, K./Wolf, K.D (Hrsg.): Education in Political Science: Discovering a neglected field. London, New York: Routledge, S. 1–20.
Klitgaard, M. B. (2008): School Vouchers and the New Politics of the Welfare State. In: Governance 21, H. 4, S. 479–498.
Knill, C./Vögtle, E. M./Dobbins, M. (2013): Hochschulpolitische Reformen im Zuge des Bologna-Prozesses. Eine vergleichende Analyse von Konvergenzdynamiken im OECD-Raum. Wiesbaden: Springer VS.
Knodel, P./Martens, K./de Olano, D. (Hrsg.) (2010): Das PISA-Echo: Internationale Reaktionen auf die Bildungsstudie. Frankfurt am Main, New York: Campus.
Kreft, J. (2006): Gewerkschaften und Spitzenverbände der Wirtschaft als bildungspolitische Akteure: Positionen, Strategien und Allianzen. Wiesbaden: VS Verlag für Sozialwissenschaften.
Lijphart, A. (1971): Comparative Politics and the Comparative Method. In: American Political Science Review 65, H. 3, S. 682–693.
Lijphart, A. (1999): Patterns of Democracy. New Haven, CT: Yale University Press.
Martens, K./Niemann, D./Teltemann, J. (2016): Effects of International Assessments in Education: A Multidisciplinary Review. In: European Educational Research Journal 15, H. 5, S. 516–522.
Martens, K./Wolf, K. D. (2006): Paradoxien der Neuen Staatsräson: Die Internationalisierung der Bildungspolitik in der EU und der OECD. In: Zeitschrift für Internationale Beziehungen 13, H. 2, S. 145–176.
Moe, T. M. (2017): Teachers Unions in the United States: The Politics of Blocking. In: Moe, T. M./

Wiborg, S. (Hrsg.): The Comparative Politics of Education: Teacher Unions and Education Systems Around the World. Cambridge, New York: Cambridge University Press, S. 24–55.

Moe, T. M./Wiborg, S. (2017): Introduction. In: Moe, T. M./Wiborg, S. (Hrsg.): The Comparative Politics of Education: Teachers Unions and Education Systems Around the World. Cambridge, New York: Cambridge University Press, S. 1–23.

Nikolai, R. (2007): Die Bildungsausgaben der Schweiz im intranationalen und internationalen Vergleich. Berlin: dissertation.de.

Nikolai, R. (2018): Schulpolitik im Wandel: Historische Wurzeln und schulstrukturelle Wege in den ostdeutschen Bundesländern und Berlin nach der Wiedervereinigung. Berlin, Bern, Bruxelles, New York, Oxford, Warszawa, Wien: Lang.

Rauh, C./Kirchner, A./Kappe, R. (2011): Political Parties and Higher Education Spending: Who Favours Redistribution? In: West European Politics 34, H. 6, S. 1185–1206.

Schlicht, R. (2010): Determinanten der Bildungsungleichheit: Die Leistungsfähigkeit von Bildungssystemen im Vergleich der deutschen Bundesländer. Wiesbaden: VS Verlag für Sozialwissenschaften.

Schmidt, M. G. (1980): CDU und SPD an der Regierung: Ein Vergleich ihrer Politik in den Ländern. Frankfurt am Main, New York: Campus.

Schmidt, M. G. (1996): When parties matter: A review of the possibilities and limits of partisan influence on public policy. In: European Journal of Political Research 30, H. 2, S. 155–183.

Schmidt, M. G. (2002): Warum Mittelmaß? Deutschlands Bildungsausgaben im internationalen Vergleich. In: Politische Vierteljahresschrift 43, S. 3–19.

Scruggs, L./Allan, J. (2006): Welfare-state decommodification in 18 OECD countries: A replication and revision. In: Journal of European Social Policy 16, H. 1, S. 55–72.

Thelen, K. (1999): Historical Institutionalism in Comparative Politics. In: Annual Review of Political Science 2, S. 369–404.

Thelen, K. (2004): How Institutions Evolve: The Political Economy of Skills in Germany, Britain, the United States and Japan. Cambridge, New York, Melbourne: Cambridge University Press.

Trampusch, C. (2008): Jenseits von Anpassungsdruck und Lernen: die Europäisierung der deutschen Berufsbildung. In: Zeitschrift für Staats- und Europawissenschaften 6, H. 4, S. 577–605.

Vossiek, J. (2018): Collective Skill Formation in Liberal Market Economies? The Politics of Training Reforms in Australia, Ireland and the United Kingdom. Brussels: Lang.

Wiborg, S. (2009): Education and Social Integration: Comprehensive Schooling in Europe. New York: Palgrave Macmillan.

Wolf, F. (2006): Die Bildungsausgaben der Bundesländer im Vergleich: Welche Faktoren erklären ihre beträchtliche Variation? Münster: LIT.

Wolf, F. (2009): The Division of Labour in Education Funding: A Cross-National Comparison of Public and Private Education Expenditure in 28 OECD Countries. In: Acta Politica 44, S. 50–73.

Marcus Emmerich

(N)Ever change a running system!

Schulreform aus systemtheoretischer Perspektive

> Das Wort »Reform« suggeriert eine eindeutige Richtung zum Besseren; und fast darf man vermuten, daß es deshalb so oft gebraucht wird, weil dafür die Beweise fehlen. (Luhmann 1970/2007, S. 203)

1. Welche Systemtheorie?

Systemtheoretische Perspektiven sind in der erziehungswissenschaftlichen Beobachtung des Erziehungssystems vielfach rezipiert und in der Regel als kritische Reflexionsoption genutzt worden, dies gilt auch für Fragen der Steuerung und der Reform des Schulwesens (Berkemeyer 2010). Nicht zuletzt im Rahmen von Beiträgen zur Educational Governance sind diese auch vereinzelt reartikuliert worden (siehe etwa Kussau/Brüsemeister 2010), wobei für die governanceorientierte Form der Neuthematisierung von Steuerungsproblemen allerdings die Akteurs- und nicht die Systemperspektive zentral ist. Soll eine Interpretation von Schulreformen aus systemtheoretischer Perspektive erfolgen, wirft dies zudem die Frage auf, welche Systemtheorie zugrunde gelegt werden müsste: Bereits Parsons hatte Systemtheorie auf den Gegenstand Schulklasse angewandt und auch Fends (1980, 2006) instruktive schultheoretische Entwürfe bewegen sich im Horizont strukturfunktionalistischer bzw. handlungstheoretisch modifizierter Systemtheorie. In der Regel aber wird, wenn es um Systemtheorie geht, Niklas Luhmanns Theorie sozialer Systeme erwartet, so auch im Rahmen der folgenden Überlegungen. Aber auch die Beschränkung auf Luhmann erfordert eine weitere Spezifikation der Theoriereferenzen.

Bekanntermaßen haben Luhmanns frühe Arbeiten einen engen Bezug zu organisationssoziologischen bzw. verwaltungswissenschaftlichen Problemstellungen (Luhmann 1964; 1971/2007), in deren Rahmen das Thema Reform bearbeitet wird. Zentral werden hier die Modi der Komplexitätsreduktion durch Informationskonstruktion diskutiert. Im Verlauf der 1970er Jahre treten organisationssoziologische Fragen zugunsten der Ausarbeitung system- und differenzierungstheoretischer Grundlagen in den Hintergrund. Zwar spielt die Ebenendifferenzierung Gesellschaft, Organisation, Interaktion in diesem Zusammenhang immer wieder eine prominente Rolle (Luhmann 1975/1991; 2017); die autopoietische und beobachtungstheoretische Wende der Systemtheorie schlägt sich jedoch erst in der unter dem Titel Organisation und Entscheidung (Luhmann 2006) posthum veröffentlichten operativen Organisationstheorie nieder. Die grundlagentheoretischen Figuren dieser letzten Phase basieren entsprechend auf der Unterscheidung von Medium und Form sowie der entscheidungstheoretischen bzw. operativen Reformulierung des Grenzbildungsprinzips von Organisationen. Vor allem aber wendet sich die funktionale Analyse damit auch in Bezug auf Organisation der Paradoxieentfaltung zu.

Die folgenden Überlegungen zur Schulreform orientieren sich an Arbeiten, die Luhmanns ›autopoietischer‹ und ›beobachtungstheoretischer‹ Wende zugerechnet werden können. Da Luhmann frühe Theoriereferenzen in der Regel nicht einfach ersetzt, sondern an neu gewonnene Beschreibungsoptionen angepasst hat, bleiben die Fragen der frühen Arbeiten (etwa zum Verhältnis Information und Sinn in Organisationen) auch später noch erhalten. Systemtheoretisch instruierte Abhandlungen zu Fragen der Steuerbarkeit von sozialen Systemen, die an die späteren Theorieprämissen Luhmanns anschließen, liegen seit Längerem ebenso vor (Willke 2000) wie Versuche, die Systemtheorie der Organisation durch Akteurstheorie zu modifizieren (Schimank 2001). Mit Blick auf den Gegenstand Schulreform werden dabei je nach Zugangsweise Problemstellungen anderen Zuschnitts hervorgebracht: Akteurstheoretisch entsteht der Zwang zur empirischen Attribuierung von Handlungen und (intendierten und nicht-intendierten) Handlungseffekten auf Handlungsträger, auch wenn diese selbst nichts von ihrem Handeln wissen (können) und erst infolge der Handlungszurechnung zu Akteuren gemacht werden. Unter der (älteren) systemtheoretischen Leitprämisse der Komplexitätsreduktion hingegen stellt sich die Frage, ob diese Reduktion auch in funktional äquivalenter Weise und unter anderen nicht-intendierten Nebenfolgen hätte erfolgen können, während im Kontext der Autopoiesis-Perspektive eher interessiert, wie sich Organisationen trotz struktureller Selbsttransformation operativ reproduzieren. Die letztgenannte Option hält in Bezug auf Reformen dann die Frage bereit, wie sie die dynamische Stabilität organisationalen Operierens unterstützen.

Zwischen Bielefeld und Köln, so ließe sich wissenschaftsgeografisch zuspitzen, wurden in den 1980er und 90er Jahren diese und andere wesentliche Argumente zur Steuer- und Reformierbarkeit gesellschaftlicher Teilsysteme ausgetauscht: mit einem gewissen Optimismus in Köln, mit einem gewissen Pessimismus in Bielefeld. Während Renate Mayntz und Fritz Scharpf die Enttäuschung des sozialliberalen Reformversprechens zum Anlass nahmen, sich dem Problem der »Eigendynamik« (Mayntz/Scharpf 1995, S. 11) gesellschaftlicher Teilsysteme zu widmen, um dennoch und trotz allem die Bedingungen der Möglichkeit der politischen Steuerung gesellschaftlicher Systeme auszuloten, hatte Niklas Luhmann in Abrede gestellt, dass sich diese im Kant'schen Stil formulierte Frage angesichts der Autopoiesis sozialer Systeme überhaupt noch sinnvoll stellen lässt. Beide Seiten stimmten jedoch trotz der wissenschaftsöffentlich inszenierten Gegensätze im Wesentlichen darin überein, dass Gesellschaft keine Trivialmaschine ist, die als Ganzes auf einen definierten Input mit einem zuverlässig prognostizierbaren Output reagiert: Gerade deshalb schien es geboten, den analytischen Fokus auf diejenigen Prozesse zu richten, die innerhalb der ausdifferenzierten gesellschaftlichen Teilsysteme endemische Varianz erzeugen. Und dies gilt auch für das öffentliche Schulwesen.

2. Organisation und Autopoiesis

Luhmanns berühmter Zettelkasten scheint das Thema ›Reform‹ fest mit dem Thema ›Organisation‹ und sehr lose mit dem Thema ›Politik‹ gekoppelt zu haben, denn es muss überraschen und lässt sich nicht anders erklären, dass Reformen in Luhmanns Arbeiten zum politischen System (2000; 2010) keinen Gegenstand abgeben. Für den Anwendungsfall Schulreform ergibt sich damit die theoretische Ausgangslage, dass primär die Ebene der Organisation als Analysegegenstand systemtheoretischer Beobachtungen infrage kommt und weniger Strategien der ›politischen Planung‹ (oder: des policy making). Was also beobachtet die operative Systemtheorie als ›Reform‹? Zunächst setzt die Idee der Reform trivial voraus, dass eine vorhandene Form existiert: Reformen benötigen ein soziales Gebilde, das sich selbst in eine neue oder veränderte Form bringen kann, ohne dabei seine Einheit aufzulösen. Reformieren setzt also nicht nur eine Form voraus, sondern auch, dass diese erhalten bleibt. Die historische Erfahrung etwa mit dem Schulwesen zeigt, dass dieses durch Reformen in der Regel nicht zerstört wird; Schulen und Lehrpersonen machen weiter – vor, während und nach einer Reform. Kompliziert wird es erst, wenn, diese Einheit, wie die Systemtheorie vorschlägt, selbst nur als Form, diesmal als System/Umwelt-Differenz, beschrieben werden kann: In diesem Fall würden Reformierungen immer die Einheit des Systems betreffen und als strukturelle Selbstgefährdung behandelt werden müssen. Warum also tun sich Organisationen Reformen an? Die Antwort besteht darin, dass Formerhalt nicht über strukturelle, sondern über dynamische Stabilisierung läuft, indem die Einheit als Differenz reproduziert wird. Soziale Systeme erzeugen System/Umwelt-Differenzen in dem, was sie tun; Reformen können deshalb nur innerhalb eines Systems ausgelöst werden, nicht in seiner Umwelt.

Die aus der kybernetischen Epistemologie übernommene Unterscheidung von System und Umwelt (Bertanalffy) ist hierbei nicht nur für jede Spielart der Systemtheorie, sondern auch für jede post-bürokratische Organisationstheorie konstitutiv; Distinktionslinien verlaufen stattdessen entlang der Behandlung von Systemen als offen oder geschlossen. Während es die Konstruktion eines sozialen Systems (einer Organisation beispielsweise) als ›umweltoffen‹ erleichtert, seinen strukturellen Wandel durch Anpassung an variierende Umweltfaktoren in Form eines Kausalschemas erklären und in der Folge zielgerichtet beeinflussen zu können, tut sich die Theorie geschlossen operierender Systeme, die diese intuitive Option verwirft, schwer damit, einen solchen Kausalzusammenhang zwischen Umwelt- und Systemvariablen auf der Ebene der organisatorischen Praxis theoretisch zu akzeptieren – einerlei ob dieser nun linear oder nichtlinear modelliert wird. Reformen sind dennoch keine Illusion und sie haben Folgen; Reformskepsis und -pessimismus resultieren eher aus dem Missverständnis, Organisationen seien »Systeme rationaler Problemlösung« (Luhmann 2006, S. 337). Ob eine Reform ihre normativ gesetzten Ziele ›kausal‹ erreicht oder nicht, kann aus systemtheoretischer Sicht allerdings nicht die Frage sein, sondern vielmehr, wem sie (trotz allgemeiner Scheiternserwartung) wobei hilft. Auch der Anschein, dass Reformen Probleme verursachen, die es ohne die Reform nicht geben würde (wie dies aktuell der Inklusionsreform vorgeworfen wird), ist daher durchaus richtig: Reformen dienen der Erzeugung neuer Probleme, weil die alten verbraucht sind und keinen Informationswert mehr bereithalten.

Luhmanns spätere Theorie beschreibt Prozesse sinnbasierter sozialer Ordnungsbildung auf Grundlage der Begriffspaare Medium und Form sowie lose und feste Kopplung: Während Sinn als ein lose gekoppeltes Medium bestimmt wird, stellen Formbildungen im Medium Sinn feste Kopplungen von Sinnelementen dar – worauf bereits Weick (1976) hingewiesen hat, auf den sich Luhmann hierbei zentral bezieht (Luhmann 2000, S. 30ff.). Das Letztargument ist hierbei, dass sich soziale Systeme sinnbasiert konstituieren: sie erzeugen durch eigenlogische Sinnselektion überkomplexer Umweltdaten Informationen (Luhmann 1971/2007). Wie es dann in Soziale Systeme heißt, differenzieren sich soziale Systeme durch operative Schließung und durch diese erzeugte »Sinngrenzen« (Luhmann 1994, S. 95) aus. ›Offene‹ soziale Systeme müssten, folgt man diesem Ansatz, entsprechend sinn-offen operieren; wäre das so, könnte ein ›offenes‹ Erziehungssystem seine Sinnbildung auch auf Geld oder Macht oder Wahrheit statt auf Didaktik umstellen, um Lernerträge zu verbessern. Da dies intuitiv unmöglich erscheint, muss davon ausgegangen werden, dass sich Sinnsysteme operativ gerade nicht ›offen‹ halten können. Dies gilt auch für Organisationen des Bildungswesens: Wären diese konstitutiv ›umweltoffen‹, könnten sie nicht mehr zwischen Mitgliedern und Nicht-Mitgliedern, zwischen sich selbst und ihrer Umwelt unterscheiden; Schule und Unterricht könnten dann auch nicht mehr für Lernwirkungen verantwortlich gemacht werden – und genau deshalb scheinen ›offene‹ Systemkonzepte im pädagogischen Kontext beliebt zu sein. Für die Bearbeitung der Reformfrage aus der Luhmann'schen Perspektive ist die Idee der operativen Geschlossenheit von Organisationen daher eine conditio sine qua non.

Für den Systemtyp Organisation gilt entsprechend, was für jedes Sozialsystem konstitutiv ist: Operative Geschlossenheit und Autopoiesis werden über die systeminterne Erzeugung einer System/Umwelt-Differenz prozessiert, die wiederum auf einer rekursiven Operationsform basiert: im Fall von Organisationen auf Entscheidungskommunikation. Organisationen müssen, mit anderen Worten, unablässig Entscheidungen an Entscheidungen anschließen, die sie sich selbst zurechnen, als ihre eigene Vergangenheit fixieren und als Prämisse für zukünftige Entscheidungen sichtbar machen können. Entscheidungen sind eine Form der rekursiven Selbstdetermination von Organisationen, die Kontingenzeinschränkungen in zeitlicher, sachlicher und sozialer Hinsicht erzeugen: Die Zukunft möglicher Entscheidungen wird dadurch wahrscheinlicher, dass gegenwärtige Entscheidungen diese an Vergangenheit koppeln. Das Paradox jeder Entscheidung besteht darin, dass auch über Entscheidungsprämissen entschieden wird, die aufgrund der Unverfügbarkeit von Zukunft sachlich unentscheidbar sind, oder vielmehr: »Unentscheidbarkeiten […] sind zugleich die Voraussetzung für die Möglichkeit des Entscheidens, sie können überhaupt nur durch Entscheidungen aufgelöst werden« (Luhmann 2006, S. 132).

Im Fall des Schulsystems betrifft dies nicht lediglich Entscheidungen über Ressourcenverteilungen (Personal und Geld) im System, sondern im Wesentlichen Selektionsentscheidungen: Schule organisiert zwar Zeit und Raum, um »pädagogische Kommunikation« (Kade 2004) im Rahmen des Interaktionssystems Unterricht zu ermöglichen, aber sie organisiert auch unterschiedliche Wege durch das System, die didaktische Ungleichbehandlungen zulassen und ungleichwertige Abschlusszertifikate produzieren. Das Spezialparadox der Schule als Organisation besteht angesichts dessen darin, dass sie eindeutige Entscheidungen auf Basis mehrdeutiger Entscheidungsprämissen treffen und legitimieren muss. Wie Luhmann und Schorr (1988) angemerkt haben, ist die praktische Pädagogik mit einem endemischen Technologiedefizit konfrontiert, das die akademische Pädagogik zu lösen versucht, indem sie aus fremder Not eine eigene Tugend machte und das Technologiedefizit in ein Technologieverdikt ummünzt. Was auf operativer Ebene im Unterricht und auf der Ebene komplexer Interaktionsprozesse nicht gelingt, wird auf der Ebene der Organisation als ›Technologieersatztechnologie‹ zu bearbeiten versucht: Eine Ökonomie der inneren und äußeren Differenzierung kompensiert die Unverfügbarkeit der Wirkungen unterrichtlicher Bemühungen. Die Gesamtschulreform ließ, so Luhmann und Schorr, »Differenzierungsformen als Ersatztechnologien« (1988, S. 220) nur deutlicher hervortreten und auch in Bezug auf die didaktischen und methodischen Technologien der inklusiven Bildung – Individualisierung, Binnendifferenzierung, Lernzieldifferenzierung – wäre etwa zu fragen, ob es ohne Differenzierung überhaupt geht und ob es für die Adressat*innen inklusiver Bildung einen Unterschied macht, ob Selektion in Form von Zahlen oder Buchstaben kommuniziert wird.

Mit der Autopoiesis-Perspektive verschiebt sich die funktionale Analyse schulorganisatorischer Ersatztechnologie jedoch auf ein anderes Problem: Man kann angesichts der empirischen Feststellung einer lediglich losen Kopplung zwischen Entscheidungsprämissen (interne Entscheidungsprogramme, die parasitär curriculare Inhaltsprogramme voraussetzen) und Entscheidungen (Ressourcendistribution, Differenzierung und Selektion) nunmehr aber feststellen, dass auf der Ebene der Ersatztechnologie ein zweites Technologiedefizit auftaucht, das abermals an fehlenden Bedingungen für kontrollierbare Kausalität – versinnbildlicht im Paradox der Entscheidung – scheitert. Wenn Organisation die systeminterne Lösung für defizitäre Technologie auf der Ebene der pädagogischen Kommunikation darstellt, was ist dann die Lösung für defizitäre Technologie auf der Ebene der Organisation? Was löst, mit anderen Worten, die Probleme der Problemlösung? Die Antwort lautet erwartbar: Reformieren; und in Bezug auf Schulreform seit Beginn der 2000er Jahre: Evidenzbasierung.

Die »reforming organization« (Brunsson/Olsen 1993) kann daher als eine Technologieersatztechnologieersatztechnologie interpretiert werden, die eine zweifach gelagerte Ungewissheit über Kausalität dadurch kompensiert, dass sie Entscheidungsprämissen erzeugt, die aus unkontrollierbaren Ungewissheiten kontrollierbare macht: »Reformen betreffen Entscheidungen über Entscheidungsprämissen in der Absicht, den Gesamtzustand des Systems zu verbessern oder zumindest eine sich abzeichnende Verschlechterung aufzuhalten oder abzuwenden.« (Luhmann 2006, S. 337) Ob die gute Absicht der Reform auch zu einem beabsichtigten Ergebnis führt, bleibt notorisch unklar; klar ist damit aber, dass die Reform womöglich alles (oder auch nur einen Teil) verändern wird – und daraus lässt sich Gewissheit gewinnen. Lose Kopplung erweist sich in diesem Fall als Beitrag zur Erhaltung der dynamischen Stabilität.

3. Reform als modus observandi

Reformen erzeugen in erster Linie neue Möglichkeiten für Selbstbeobachtung: »Sie gehen von einer sozial konstruierten Realität aus und beobachten diese Realität mit Hilfe der Unterscheidung von Mängeln und Verbesserungsmöglichkeiten.« (Luhmann 2006, S. 333)

Solange Reformen im Status der Planung kommuniziert werden, ermöglichen sie die Konstruktion von Defiziten, die zu beheben wären und normative Leitbilder für Problemlösungsstrategien; während sie implementiert werden, lassen sich Nachsteuerungsbedarfe beobachten und Legitimationsprobleme abfedern; nach der Reform und unter Realbedingungen lassen sich dann weitere Reformbedarfe ausmachen. Der Vorteil dabei ist, dass durch Reformtätigkeit Entscheidungsprämissen erzeugt werden, die auf eine Zukunft wetten, die niemand kennen kann und für die niemand im Moment der Entscheidung (für oder gegen ›diese‹ Reform) verantwortlich gemacht werden kann. Reformen führen, mit anderen Worten, neue Unterscheidungen in die Selbstbeobachtungsstrukturen von Organisationen ein, die die Bezeichnung vergangener und gegenwärtiger Probleme sowie dazu passender Lösungen und zukünftiger Wirkungserwartungen erlauben. Reformen sind ein organisatorischer modus observandi, der lose mit dem modus operandi gekoppelt ist: Schulreformen können Organisationsvariablen verändern, ohne dass sich Unterrichtsvariablen mitverändern.

Organisationen überleben nicht, weil sie Ziele erreichen und Strukturen zeitstabil erhalten, sondern weil und insofern ihnen – wie jedem sozialen System – dynamische Stabilisierung gelingt: »Reformen sind, im Zeitkontext gesehen, also nichts anderes als Ausdrucksformen einer strukturellen Dynamik, und sie dienen nicht dem Erreichen ihrer Zwecke, sondern der Erhaltung eben dieser Dynamik.« (Luhmann 2006, S. 338) Die Sonderparadoxie der Entscheidungsoperation besteht indes darin, dass alternative Entscheidungsoptionen nur ausgeschlossen, nicht aber widerlegt werden können; paradoxerweise macht eine Entscheidung daher nur dann Sinn, wenn sachliche Unentscheidbarkeit, also Kontingenz, gegeben ist (Luhmann 2006, S. 132). Entscheidungen über die zukünftige Kontingenzeinschränkung müssen daher zurechenbar sein und dafür sorgen nicht zuletzt Reformmaßnahmen, sie sorgen für die »Erzeugung neuer Selbstbeobachtungsmöglichkeiten, die man ohne Einsatz eigener Entscheidungen nicht hätte gewinnen können« (Luhmann 2006, S. 339). Und dennoch bleiben diese Beobachtungsmöglichkeiten als Entscheidungsprämissen wiederum lose an Entscheidungen gekoppelt.

Schulsysteme sind Großorganisationen mit einer besonderen, für Organisationen des Wohlfahrtsstaates typischen Mehrebenenstruktur, in deren Kontext die Autonomiegrade der ebenendifferenzierten Untereinheiten (Schulverwaltungen, Schulen) variieren. Diese operieren zudem in wechselseitigen (Selbst-)Beobachtungsverhältnissen, sodass sich für jeden einzelnen Organisationsteil eine eigene innersystemische Umwelt ergibt, die vertikal-hierarchisch (über- und untergeordnete Schulbehörden) und horizontal-konstellativ (z. B. Ensemble von Einzelschulen in einem Schulbezirk) dimensioniert sind: vertikal ist Steuerung möglich, horizontal nur Kooperation. Zugleich beobachten Schulorganisationen eine Exo-Umwelt, die jenseits der Reichweite interner Steuerungs- und Kooperationsverhältnisse (Interdependenzkontrolle) liegt, organisatorisch also unverfügbar bleibt, für die Organisation damit aber eine nie versiegende Quelle von Entscheidungsproblemen bietet.

In Bezug auf moderne Schulsysteme lässt sich seit nunmehr fast drei Dekaden eine Reformbewegung beobachten, die, unter dem Eigennamen ›New Public Management‹ bekannt, selbst Teil einer umfassenderen, global anzutreffenden Reform des ›Public Sector‹ darstellt und in erster Linie auf die Entkopplung und Teil-Autonomisierung organisatorischer Untereinheiten aus dem vertikalen Steuerungsgefüge des Gesamtsystems zielt (Brunsson/Sahlin-Andersson 2002). Das in Deutschland unter ›Schulautonomisierung‹ laufende Reformprogramm sollte entsprechend zu einer Freisetzung der einzelnen Schule beitragen, wenngleich diese lediglich in Teilaspekten erfolgte (Altrichter/Maag Merki 2010). Vorangehende Systemreformen wie die Bildungsexpansion der 1960er und 1970er Jahre, die Einführung der Gesamtschule usw. haben dafür historisch die Ausgangsbasis geschaffen, weil sie als gescheitert deklariert werden konnten.

4. Evidenz als Entscheidungsprämisse

Dem deutschen Schulsystem eignet in dieser Hinsicht ein geradezu sprichwörtliches Resilienzvermögen: Die politisch schwierige Einführung der Grundschule in den 1920er Jahren, die Differenzierung in Haupt- und Realschule in den 1960er Jahren sowie die regionalen Schulversuche zur Implementation einer Gesamtschulstruktur in den 1970er Jahren stellen in gewissem Sinne lediglich Variationen des Grundschemas der niveaudifferenzierten gegliederten Sekundarschulstruktur und der Schulstufentrennung dar. Seitdem 2010 in Hamburg der Versuch der Schwarz/Grünen Regierung gesellschaftspolitisch zu Fall gebracht wurde, eine sechsjährige Grundschule einzuführen, sind nur noch Stillhaltevereinbarungen zwischen den schulpolitischen Lagern zu verzeichnen. Strukturelle Reformen scheinen historisch betrachtet keine Aussicht auf Erfolg zu haben (was auch für die Gesamtschulreform, die Ganztagsschulreform oder die Inklusionsreform zu gelten scheint); Reformen, die die Selbstbeobachtungstechnologien des Schulsystems verändern, sind demgegenüber offensichtlich erfolgreich.

Die bildungspolitische Entscheidung zur Wiederteilnahme an PISA Ende der 1990er Jahre auf KMK-Ebene hat vor diesem Hintergrund nicht lediglich Reformaktivitäten ausgelöst, die kompensatorisch auf das Ergebnis der ersten Studie und die beobachteten Defizite im deutschen Schulwesen reagierten; vielmehr stellt die

Entscheidung für neue Selbstbeobachtungstechnologien wie die Einführung von Bildungs- und Schulqualitätsstandards sowie deren kontinuierliche standardisierte Überprüfung den Kern der Post-PISA-Reformen dar (Emmerich 2014). Damit legte sich das Erziehungssystem organisatorisch auf empirische Evidenzbasierung eigener Entscheidungsprämissen fest – womit das Risiko der strukturellen Selbstgefährdung eigentlich systematisch gegeben ist.

Unter die Umstellung der Steuerung des Schulsystems auf Evidenzbeobachtung (z.B. Wacker/Maier/Wissinger, 2011) lassen sich insbesondere Reformmaßnahmen wie die Implementation von Technologien der ›Outputsteuerung‹ und ›Accountability‹ rubrizieren. Dass das von der OECD präferierte Input-Prozess-Output-Schema eine semantische Trivialisierung der Operationsweise von Schule und Unterricht darstellt, ist indes auch ohne systemtheoretische Reflexionsangebote unmittelbar evident; dass diese Reform ihre proklamierten Wirkungen (Qualitätsentwicklung und Steigerung der durchschnittlichen Systemleistung) verfehlen musste, auch. Die Systemtheorie hilft aber zu verstehen, wozu das Ganze gut war. Das Beispiel der Einführung von Schulinspektionen als Strategie einer evidenzbasierten Steuerung etwa eignet sich zur Dokumentation einer systematisch ausbleibenden Evidenz (Luginbuhl/Webbink/de Wolf 2009; Lamprecht/Rürup 2012).

Das Entscheidende an der Konstruktion von Evidenz als Entscheidungsprämisse ist, dass sie die Zeitstruktur des Entscheidungsparadoxes ausnutzt, um Zukunft offen und Legitimationsfähigkeit für Reformen aufrecht zu halten: Eine Reform kann sachlogisch in der Gegenwart auf keine Evidenz setzen, sie kann nur semantisch in Aussicht stellen, dass die Systemvariablen in der Zukunft wie beabsichtigt modifiziert und zu den erwarteten Ergebnissen (etwa: Verbesserung des Ranglistenplatzes im OECD-Assessement) führen werden. Die Entscheidung für oder gegen Reformmaßnahmen kann in der Gegenwart folglich keine empirische Evidenz beanspruchen, derartige Entscheidungen können faktisch nur nicht-evidenzbasiert getroffen werden. Man könnte auch sagen, evidenzbasierte Reformen beruhen ausschließlich auf Evidenzerwartungen. Was vordergründig als Vortäuschung falscher Reformtatsachen (oder: leeres Reformversprechen) erscheint, zeigt aus funktionaler Perspektive allerdings seine hintergründige Entparadoxierungsfähigkeit: Würde die empirische Beobachtung in der Lage sein, die Varianz möglicher zukünftiger Systemzustände zuverlässig zu prognostizieren, hätte dies determinatorische Kraft; sachliche Unentscheidbarkeiten würden weitgehend ausgeschlossen und es gäbe damit auch nichts mehr zu entscheiden. Dies würde aber die dynamische Stabilisierung der Organisation tatsächlich gefährden. Weil aber die datenbasierte Bewertung der Reform in die Zukunft aufgeschoben ist, ist jede Reform zum Zeitpunkt der Entscheidung richtig (Emmerich 2016).

Die Vorteile derartiger Selbstbeobachtungen liegen funktional auf der Hand: Die Entscheidung darüber, wann die Reform eine Reform gewesen ist, trifft die sich reformierende Organisation selbst. Zudem gilt im Kontext ›evidenbasierter‹ Reform bis zuletzt eine Art evaluatives Falsifikationsgebot: Solange nicht das Gegenteil bewiesen ist, gilt die Erfolgsvermutung: in dubio pro reformatio. Bis dahin zeigt jede Evaluation lediglich Nachsteuerungsbedarf und ist damit Teil der dynamischen Stabilisierung der Autopoiesis der Entscheidungskommunikation. Mit anderen Worten läuft jede Reform im Bereich öffentlicher bzw. wohlfahrtsstaatlicher Reformtätigkeit solange als eine Non-evidence-based-Reform, bis das Gegenteil – ihre Wirkungslosigkeit – politisch deklariert werden kann, etwa infolge wechselnder politischer Mehrheiten und/oder Meinungen.

5. Schulreform: Entwicklung und/oder Evolution?

Das Kapitel in »Organisation und Entscheidung«, das sich dem Thema Reform widmet, trägt den bekannten Titel »Die Poesie der Reformen und die Realität der Evolution« (Luhmann 2006, S. 330ff.) und verweist damit bereits auf die gekreuzte Leitunterscheidung, die der Reform-Analyse zugrunde liegt: Entwicklung/Evolution und Semantik/Struktur. Während die erste Unterscheidung das Problem der Dynamik akzentuiert, bringt die zweite die Grenzen der (Selbst-)Beobachtungsfähigkeit von Organisationen ins Spiel. Kreuzt man beide Unterscheidungen, ergibt sich wiederum die Differenz von modus observandi (Entwicklung/Semantik) und modus operandi (Struktur/Evolution). Entwicklung resultiert damit aus selektiven Modifikationen der Beobachtungsbedingungen, während sich Evolution aus der nicht-beobachtbaren Variation operativer Muster ergibt.

Es ist daher plausibel, dass in Bezug auf die Reform der Organisation Schule der Entwicklungsbegriff präferiert wird: Organisationsentwicklung und entsprechend Schulentwicklung lassen sich damit als Resultat von internen Entscheidungen inszenieren, die semantisch eine Kontrollierbarkeit und Modifizierbarkeit der eigenen Zukunft plausibel erscheinen lassen. Auch die Pädagogisierung des organisationalen Entwicklungsschemas als Lernprozess (Göhlich et al. 2018) schließt hier an. Das hat damit zu tun, dass sich Evolution für das System – in diesem Fall das Schulsystem – nicht beobachten lässt, weil es Phänomene der Veränderung nicht mit seiner Eigenaktivität verbinden kann: Es ist bspw. nicht in der Lage, die Dauerhaftigkeit der kategorialen Bildungsungleichheit, die es erzeugt, als Resultat seiner eigenen Entscheidungen zu beobachten (Emmerich/Hormel 2013).

Infolge des Scheiterns der sozialliberalen Bildungsreform (Klemm/Rolff/Tillmann 1985) haben bildungsplanerische Großprojekte seit Ende der 1970er Jahre nachhaltig an Legitimationsfähigkeit verloren. Die Grenzen der Planbarkeit institutionellen Wandels wurden jedoch nicht nur in Bezug auf den Bildungssektor problematisiert, sondern auch hinsichtlich der politischen Planung im Wohlfahrtsstaat. Wird die einzelne Schule als organisatorische Einheit als Ort der Entwicklung definiert, wie dies dann im Rahmen der Schulautonomisierungsbestrebungen der 1990er und frühen 2000er Jahre der Fall war, reproduziert sich das Problem der Selbstbeobachtung auf der Ebene der Einzelschule, das wesentlich durch die Implementation von Selbstbeobachtungstechnologien wie etwa Selbst- und Fremdevaluationen zu kompensieren versucht wurde. Mit der Einrichtung des Instituts für die Qualitätsentwicklung im

Bildungswesen (IQB) und systematischer Bildungsberichterstattungsmodelle von der nationalen bis zur kommunalen Ebene sind weitere Maßnahmen umgesetzt worden, die erkennbar und ausschließlich eine Reform der Selbstbeobachtungstechnologien im Bildungswesen darstellen. Dass die Dauertestung von Lernleistungen keine kausal verwertbaren Informationen für gezielte Modifikationen auf der operativen Ebene von Schule und Unterricht liefert, ist mittlerweile bekannt. Dennoch erzeugt auch Evidenzbasierung Selbstbeobachtungsmöglichkeiten, die den entscheidenden Vorteil haben, dass sie unabsehbar auf Dauer gestellt werden können: die Bildungsberichterstattung ist ein nicht versiegender Quell für die Konstruktion von Entscheidungsproblemen, sie dient der dynamischen Stabilisierung der Schulorganisation gerade dadurch, dass sie keine determinierenden Entscheidungsprämissen aufnötigt. Und: die operative Ebene der Unterrichtsinteraktion kann lose gekoppelt weitermachen als wäre nichts gewesen.

Mit dem Problem der Evolution hat sich insbesondere die Schulentwicklungstheorie in einem frühen Stadium beschäftigt (Bauer/Rolff 1978, S. 241 ff.) und vorgeschlagen, Entwicklung zum Bezugsproblem von Schulreformen zu machen, dabei allerdings die Zugriffsebene und die Zugriffstechnologie zu variieren, nicht zuletzt, um endemische Beobachtungsprobleme kleinzuarbeiten. Geplanter Wandel auf der Ebene der Einzelorganisation schien einfachere Kausalketten zu bieten, als eine Systemreform, die auf der Makroebene ansetzt und aufgrund nicht kontrollierbarer Einflussfaktoren zwischen geplantem und ungeplantem Wandel keinen Unterschied mehr sehen kann. Wie sich jedoch Entwicklungsphänomene und Evolutionsphänomene auf Schulebene kausal unterscheiden lassen, stellt ein beobachtungspraktisches (methodisch-methodologisches) Problem dar, für das die Schulentwicklungsforschung bislang offenbar deswegen keine befriedigende Lösung finden konnte, weil die Zahl der Drittvariablen immer noch zu hoch ist (Feldhoff/Radisch/Emmerich 2016). Der Versuch, Entwicklung abzubilden, führt in der Regel dazu, dass Evolution beobachtet wird, ohne dass zwischen beiden Dynamiken eine evidente Unterscheidung möglich wäre.

Zwischen den staatlichen Investitionen in die Finanzierung Empirischer Bildungsforschung und dem Umstand, dass ein Schüler wider Erwarten eine gute Mathematikarbeit geschrieben hat, kann kein Zusammenhang (weder linear noch nicht-linear) hergestellt werden. Diese empirische Erfahrung ergibt sich auch in Bezug auf organisatorische Veränderungen im Steuerungshaushalt des Gesamtsystems: Schulautonomisierung und einzelschulische Qualitätsentwicklung können bislang ebenso wenig evident mit Lernergebnissen in einen gerichteten Zusammenhang gebracht werden, wie Schulinspektionen oder das Plagiat einer Bundesbildungsministerin. Lose Kopplungen sind nur dann ein Problem, wenn Durchsteuern das ideologische Substrat bildet; für Reformen sind sie ein Segen.

Die Systemtheorie Luhmannscher Provenienz eignet sich nicht als ›theory in use‹ im Sinne einer Planungstheorie; sie bleibt ihrem Anspruch nach eine Reflexionstheorie, deren funktionale Methode danach fragt, wem diese und nicht andere Problemkonstruktionen wobei helfen. Was aus einer auf rationales Kalkül, vernünftige

Handlungswahl und empirische Evidenz abstellenden Beobachtungshaltung als systematisches Reformversagen wohlfahrtsstaatlicher Schulverwaltung erscheint, macht aus einer funktionalen Analyseperspektive dennoch Sinn: Zurecht lässt sich vermuten, »dass das Hauptergebnis von Reformen im Bedarf für weitere Reformen bestehen könnte« (Luhmann 2006, S. 340). Dynamische Stabilität wird offenbar auch im Schulsystem durch Schulreformen erreicht, sodass gerade die kontinuierliche Veränderung von Selbstbeobachtungsmodalitäten auf Organisationsebene die dynamische Stabilität pädagogischer Kommunikation trotz ihrer endemischen Ungewissheiten ermöglicht. Auch für eine evidenzbasierte Schulreform gilt daher die nur scheinbar paradoxe Maxime: (N)ever change a running system!

6. Literatur

Altrichter, H./Maag Merki, K. (Hrsg.) (2010): Handbuch Neue Steuerung im Schulsystem. 1. Aufl. Wiesbaden: VS Verlag für Sozialwissenschaften.

Bauer, K.-O./Rolff, H.-G. (1978): Vorarbeiten zu einer Theorie der Schulentwicklung. In: Bauer, K.-O./Rolff, H.-G. (Hrsg.): Innovation und Schulentwicklung. Bildungssoziologische Analysen und Fallstudien. Weinheim: Beltz. S. 219–266.

Berkemeyer, N. (2010): Die Steuerung des Schulystems. Theoretische und praktische Explorationen. Wiesbaden: VS Verlag für Sozialwissenschaften.

Brunsson, N./Olsen, J. P. (1993): The Reforming Organization. London, New York: Routledge.

Brunsson, N./Sahlin-Andersson, K. (2000): Constructing Organizations: The Example of Public Sector Reform. In: Organization Studies 21, H. 4, S. 721–746.

Emmerich, M. (2014): Evidenz und Entscheidung. Eine semantische Innovation ›Neuer Steuerung‹. In Weber, S. M./Göhlich, M./Schröer, A./Schwarz, J. (Hrsg.): Organisation und das Neue. Beiträge der Kommission Organisationspädagogik. Wiesbaden: Springer VS. S. 93–102.

Emmerich, M./Hormel, U. (2013): Heterogenität – Diversity – Intersektionalität. Zur Logik sozialer Unterscheidungen in pädagogischen Semantiken der Differenz. Wiesbaden: Springer VS.

Feldhoff, T./Bischof, L./Emmerich, M./Radisch, F. (2014): »Was nicht passt, wird passend gemacht!«. In: Abs, H. J./Brüsemeister, T./Schemmann, M./Wissinger, J. (Hrsg.): Governance im Bildungssystem. Analysen zur Mehrebenenperspektive, Steuerung und Koordination. Wiesbaden: Springer VS. S. 65–87.

Fend, H.: Theorie der Schule. München, Wien, Baltimore: Urban & Schwarzenberg.

Fend, H. (2006): Neue Theorie der Schule. Einführung in das Verstehen von Bildungssystemen. Wiesbaden: VS Verlag für Sozialwissenschaften.

Göhlich, M./Schröer, A./Weber, S. M. (Hrsg.) (2018): Handbuch Organisationspädagogik. Klassische und neue Konzepte zum Verstehen und Einordnen der Organisationspädagogik. Wiesbaden: Springer VS.

Kade, J. (2004): Erziehung als pädagogische Kommunikation. In: Lenzen, D. (Hrsg.): Irritationen des Erziehungssystems. Pädagogische Resonanzen auf Niklas Luhmann. Frankfurt am Main: Suhrkamp. S. 199–232.

Klemm, K./Rolff, H.-G./Tillmann, K.-J. (Hrsg.) (1985): Bildung für das Jahr 2000. Bilanz der Reform, Zukunft der Schule. Orig.-Ausg. Reinbek: Rowohlt.

Kussau, J./Brüsemeister, T. (2007): Governance, Schule und Politik. Zwischen Antagonismus und Kooperation. Wiesbaden: Springer VS.

Lambrecht, M./Rürup, M. (2012): Bildungsforschung im Rahmen einer evidence based policy: Das Beispiel »Schulinspektion«. In: Wacker, A./Maier, U./Wissinger, J. (Hrsg.): Schul- und Unter-

richtsreform durch ergebnisorientierte Steuerung. Empirische Befunde und forschungsmethodische Implikationen. Wiesbaden: Springer VS. S. 57–77.
Luginbuhl, R./Webbink, D./Wolf, I. de (2009): Do Inspections Improve Primary School Performance? In: Educational Evaluation and Policy Analysis 31, H. 3, S. 221–237.
Luhmann, N. (1964): Funktionen und Folgen formaler Organisation. Berlin: Duncker & Humblot.
Luhmann, N. (1971/2007): Reform des öffentlichen Dienstes. Zum Problem ihrer Probleme. In: Luhmann, N. (2007): Politische Planung. Aufsätze zur Soziologie von Politik und Verwaltung. 5. Aufl. Wiesbaden: VS Verlag für Sozialwissenschaften. S. 203–241.
Luhmann, N. (1970/2007): Reform und Information: Theoretische Überlegungen zur Reform der Verwaltung. In: Luhmann, N. (2007): Politische Planung. Aufsätze zur Soziologie von Politik und Verwaltung. 5. Aufl. Wiesbaden: VS Verlag für Sozialwissenschaften. S. 181–202.
Luhmann, N. (1975/1991): Interaktion, Organisation, Gesellschaft. In: Luhmann, N.: Soziologische Aufklärung 2. Aufsätze zur Theorie der Gesellschaft. Wiesbaden: VS Verlag für Sozialwissenschaften. S. 9–24.
Luhmann, N. (1994): Soziale Systeme. Grundriß einer allgemeinen Theorie. 4. Aufl. Frankfurt am Main: Suhrkamp.
Luhmann, N. (2000): Die Politik der Gesellschaft. Frankfurt am Main: Suhrkamp.
Luhmann, N. (2002): Das Erziehungssystem der Gesellschaft. Frankfurt am Main: Suhrkamp.
Luhmann, N. (2006): Organisation und Entscheidung. Wiesbaden: VS Verlag für Sozialwissenschaften.
Luhmann, N. (Hrsg.) (2010): Politische Soziologie. Frankfurt am Main: Suhrkamp.
Luhmann, N. (2017): Systemtheorie der Gesellschaft. Frankfurt am Main: Suhrkamp.
Luhmann, N./Schorr, K. E. (1988): Reflexionsprobleme im Erziehungssystem. Frankfurt am Main: Suhrkamp.
Mayntz, R./Scharpf, F. W. (1995): Gesellschaftliche Selbstregelung und politische Steuerung. Frankfurt am Main, New York: Campus.
Schimank, U. (2001): Funktionale Differenzierung, Durchorganisierung und Integration der modernen Gesellschaft. In: Tacke, V. (Hrsg.): Organisation und gesellschaftliche Differenzierung. Wiesbaden: VS Verlag für Sozialwissenschaften. S. 19–39.
Weick, K. E. (1976): Educational Organizations as Loosely Coupled Systems. In: Administrative Science Quarterly 21, H. 1, S. 1–19.
Willke, H. (2000): Systemtheorie II: Interventionstheorie. Stuttgart: Lucius & Lucius.

Barbara Muslic

Schulreform aus Perspektive der Institutionen- und Organisationstheorie

1. Einleitung

Für die Erklärung struktureller Gegebenheiten und Funktion(-sweisen) von Organisationen, die typische Einrichtungen moderner Gesellschaften darstellen, sowie der Zusammenhänge zwischen einzelnen organisationalen Elementen oder Ebenen können Organisationstheorien generell einen erkenntnisreichen Analyserahmen liefern (zur Übersicht Kieser/Ebers 2006). Im Bereich der Bildungsforschung lässt sich ein gestiegenes Interesse an ihnen dadurch feststellen, dass aufgrund der »Neujustierung der Schulpolitik, die Organisation als erste Adresse politischer Steuerung in den Blick rückt, [wodurch] ein wachsendes Interesse an sozialwissenschaftlicher Organisationstheorie und -forschung zu beobachten [ist]« (Kuper/Thiel 2009, S. 494). Institutionstheoretische Ansätze hingegen, die im Bereich der Bildungsforschung bereits intensiv rezipiert werden, nehmen stärker das »Verhalten von Akteuren im Rahmen institutioneller Strukturen des Bildungssystems wie auch die strukturelle Entwicklung des Bildungssystems im gesellschaftlichen Kontext« in den Blick (Kuper/Thiel 2009, S. 489).

Für die Analyse der Auswirkungen bundesweiter (testbasierter) Schulreformen in der schulischen Organisation eignen sich in besonderer Weise die Luhmann'sche Systemtheorie sowie die neo-institutionalistische Organisationstheorie (dazu ausführlich Muslic 2017)[4], da sie komplexere Analysemöglichkeiten bieten, um die Auswirkungen von testbasierter Schulreform in der schulischen Organisation zu untersuchen. Während die Luhmann'sche Systemtheorie und dabei das Entscheidungsprämissen-Modell primär die schulinterne Strukturbildung und Entscheidungsfindung fokussiert, kann das neo-institutionalistisches Modell, das in besonderer Weise die Mehrebenenstruktur des Schulsystems berücksichtigt, zur Analyse der Außenbeziehungen der Schule bzw. des Umwelteinflusses (v. a. Schulaufsichtsebene) herangezogen werden. Der Rückgriff auf diese organisationssoziologischen Analyseperspektiven ist insbesondere in diesem speziellen Zusammenhang bislang kaum erfolgt.

Im Beitrag werden diese beiden Organisationstheorien für den schulischen Bereich zunächst beschrieben, bevor sie als Analyseperspektive im spezifischen Zusammenhang testbasierter Schulreform angewendet werden.

---

4 Der vorliegende Beitrag stellt (in überwiegendem Maße) eine Zusammenfassung der ausführlichen Beschreibung organisationstheoretischer Analyserahmen im Kontext testbasierter Schulreformen am Beispiel von zentralen Lernstandserhebungen in Muslic (2017) dar.

In der Folge der Einführung nationaler Bildungsstandards wurden 2006 in allen deutschen Bundesländern standardbasierte zentrale Lernstandserhebungen als neues Instrument zur outputorientierten Steuerung von Schulqualität im Rahmen testbasierter Schulreform implementiert (Klieme et al. 2003; KMK 2006). Sie verkörpern einen (steuerungspolitischen) Paradigmenwechsel im deutschen Bildungssystem (Kuper/Diemer 2012).

Der Grundgedanke dieser neuen Steuerungsidee zeigt sich in den drei Leitideen *Evidenzbasierung, Outputorientierung* und *Dezentralisierung.* Das bedeutet, dass Entwicklungsentscheidungen in Einzelschulen empirisch überprüft und anhand der Ergebnisse über schulische und schülerbezogene Leistungen getroffen werden. Das primäre Ziel ist es, Schülerleistungen zu verbessern (Altrichter/Helm 2011). Hierfür werden den Schulen und innerschulischen Akteuren standardisierte und vergleichende Informationen über fachbezogene Schülerleistungen bereitgestellt (Bonsen/Gathen 2004). Testbasierte Schulreformen und ihre Instrumente wurden als *top down*-Reformstrategien in das Schulsystem eingeführt und zielen primär auf eine datenbasierte Schul- und Unterrichtsentwicklung ab. Auf diese Weise soll die Qualität schulischer Arbeit verbessert werden, indem bereits frühzeitig unterdurchschnittliche Ergebnisse identifiziert und daran angemessene förderdiagnostische Maßnahmen angeschlossen werden (KMK 2012). Darüber hinaus wird mit Lernstandserhebungen im Rahmen testbasierter Schulreformen beabsichtigt, die Sicherung der Leistungsfähigkeit des Bildungssystems evidenzbasiert zu gewährleisten (EMSE 2006; Klieme 2004). Damit stellen diese Leistungstests ein Element im Rahmen der Strategie evidenzbasierter Qualitätssicherung und -entwicklung im Bildungssystem dar (Klieme et al. 2003; KMK 2006).

2. Schule als besondere Organisation

Die Schule als eine Organisation zu begreifen hat sich zunehmend zu einer etablierten Vorgehensweise herausgestellt, um vor allem auch die Folgen der testbasierten Schulreformen auf die Einzelschule als Organisation – im Sinne schulischer Organisationsentwicklung – zu erfassen (Fend 2011; van Ackeren et al. 2013). Der Diskurs um die Schule als Organisation kann Berkemeyer (2010) zufolge einen Beitrag leisten, »Akteure im komplexen Steuerungsgefüge näher zu beschreiben« (S. 100). Als ›besondere‹ Organisationen können Schulen zusammenfassend durch folgende zentralen und insbesondere für den Zusammenhang testbasierter Schulreformen relevanten Merkmale beschrieben werden (vgl. dazu auch Muslic/Ramsteck 2016):

Die schulische Organisation zeichnet sich durch professionell Handelnde aus, die bezüglich ihrer Tätigkeiten mit umfangreicheren Autonomiespielräumen ausgestattet sind (Coburn 2004; Meier/Schimank 2010). Das bedeutet, dass die Schulleitung und die Schulaufsicht geringe Entscheidungsbefugnisse bezüglich der inhaltlichen und methodischen Ausgestaltung des Unterrichts haben. Aufgrund von bisheriger mangelnder Rechenschaftslegung im Schulsystem resultierte auch eine fehlende Einsicht in schulische Prozesse (wird oftmals als »black box« in Bezug auf das Unterrichtsgeschehen bezeichnet). Daran schließt auch das Technologiedefizit (Luhmann/Schorr 1979) an, , das ein Steuerungsdefizit der unterrichtlichen bzw. pädagogischen Prozesse beschreibt. Auf Ebene des Unterrichts fehlen vor allem operationalisierte Programme, die eine koordinierte Kontrolle ermöglichen könnten (Meyer/Rowan 1978). Es verweist darauf, dass in schulischen Organisationen der Unterricht aufgrund fehlender Technologien und bürokratischer Strukturen nur in einem begrenzten Umfang gesteuert werden kann. Darüber hinaus stellen Schulen eher schwer veränderbare Organisationen dar (Rowan 2006). Dies liegt neben der Autonomie der Lehrkräfte auch daran, dass Schulen abhängig von der staatlichen Bildungsadministration sind und damit ihrer Kontrolle und Regulierung ausgesetzt sind.

3. Systemtheoretische Perspektive auf die schulische Organisation

Für den schulischen Kontext eignet sich die Luhmann'sche Systemtheorie in besonderer Weise und dabei vor allem »für die Integration unterschiedlicher thematischer Schwerpunktsetzungen bisheriger Organisationstheorien wie auch für den Anschluss zwischen Professions- und Organisationstheorien« (Kuper/Thiel 2009, S. 495). Der in der Systemtheorie verwendete Entscheidungsbegriff trägt dazu bei, »die theoretische Option, die Einheit von Schule zu thematisieren, ohne gleichzeitig von einer Einheitlichkeit der Darstellungen auszugehen, die individuelle Akteure über ihre Schule geben« (Kuper 2002, S. 857). Aus einer systemtheoretischen Perspektive sollen durch die Vorgabe von Entscheidungsprämissen (zur Eingrenzung des Entscheidungsraumes) die in Organisationen bestehende Kontingenz und Komplexität reduziert werden (Luhmann 2006). Sie zielen darauf ab, die operativen Abläufe in der Organisation zu regulieren, indem Vorgaben zur Orientierung für die Akteure in der Organisation (v.a. auf den untergeordneten Ebenen) festgelegt werden. Auf diese Weise wird die schulische Organisationsstruktur bestimmt. Dadurch kann bspw. die Infrastruktur der Schulorganisation angepasst werden.

Durch äußere Einflüsse bzw. Irritationen (wie z. B. durch die Implementation von neuen Steuerungsinstrumenten oder Schulreformen) werden Kontingenz und Komplexität in (schulischen) Organisationen ausgelöst. Brosziewski (1998) beschreibt mit Rekurs auf Luhmann Entscheidungen als »jene Vorgänge, die die besagten Transformationen von Unsicherheit leisten, und die sich ihrerseits genau durch diese Leistung der Unsicherheitsabsorption als Entscheidungen konstituieren« (S. 14). Organisationen stellen für ihn Netzwerke von Entscheidungen dar, »die einander die notwendigen Sicherheiten geben, in der jede Einzelentscheidung einen haltbaren Rahmen zur Bewältigung seiner eigenen Unsicherheiten findet« (ebd.).

Nach Fend (2008) lässt sich die von Luhmann (1975) vorgenommene, allgemeine Unterscheidung der Systeme Interaktion, Organisation und Gesellschaft auch auf den schulischen Kontext übertragen. Dabei umfasst die *Interaktion* in Bezug auf die Schule die operative Ebene (v.a. Unterricht, pädagogisches Handeln); die *Organisation* stellt den rechtlichen und bildungspolitischen Rahmen (Schule) dar; die *Gesellschaft* impliziert institutionalisierte pädagogische Leistungen im Verhältnis zur Gesellschaft (Bildungssystem) (S. 131 f.).

Des Weiteren ist die Übertragbarkeit der Luhmann'schen Systemtheorie auf die Organisation Schule dadurch möglich, dass »Schulen die in der Systemtheorie der Organisation definierten Merkmale, nach denen Organisationen durch eine auf Entscheidungen fokussierte Kommunikation gekennzeichnet sind [...]« (Kuper 2002, S. 865) aufweisen. Der Einsatz von Prämissen als entscheidungskoordinierende Mechanismen, die auf die Struktureigenschaften der Organisation abzielen und gleichzeitig zur Reduktion von Komplexität und Kontingenz innerhalb der Organisation beitragen, wird in der Schulorganisation vor allem mit Blick auf aktuelle Reformbestrebungen erforderlich, wozu auch die Einführung testbasierter Schulreformen und neuer Steuerungsinstrumente zählt. Luhmann (2006) zufolge können durch bildungspolitische Reformmaßnahmen die Entscheidungsprämissen der Organisation verändert bzw. angepasst werden. Die Notwendigkeit, Entscheidungsprämissen in der Schulorganisation zu setzen, entsteht in diesem Fall zum einen dadurch, dass Steuerungskompetenzen der (externen) Schulverwaltungsebene auf die Organisationsebene verlagert werden, um somit ihre autonomen Entscheidungskompetenzen zu stärken. Damit wird die schulische Organisation zum Ort relevanter bildungsbezogener Entscheidungen (Fend 1986). Zum anderen werden im Rahmen testbasierter Schulreform Maßnahmen der Qualitätssicherung (bspw. durch die auf Zentralisierung von Entscheidungsprämissen ausgelegten Vergleichstests) vorgegeben und nachweisbare Ergebnisqualität gefordert (Rechenschaftspflicht), was (zusätzliche) Komplexität und Unsicherheit in der schulischen Organisation erzeugt. Daraus entsteht ein Veränderungsdruck in der Schulorganisation, der schließlich zu Entscheidungen führt (Kuper 2008, S. 161).

Das Entscheidungsprämissen-Modell nach Luhmann (2006) verweist auf die Gestaltungsparameter der Organisation und kann zur Analyse des strukturellen Rahmens herangezogen werden, innerhalb dessen sich die Verarbeitungsprozesse im Anschluss an (testbasierten) Schulreformen vollziehen. Damit stellen sie Gestaltungsparameter schulischer Organisation dar, anhand derer die organisationalen Veränderungen abgebildet werden können. Zu den (entscheidbaren) Entscheidungsprämissen zählen Programme, Kommunikationswege und Personal.

Programme als standardisierte allgemeine Verfahrensweisen entsprechen Schulprogrammen sowie schulischen und unterrichtlichen (Fach-)Curricula. Sie zielen darauf ab, die Verbindlichkeit von Handlungen und Kommunikation in der Schulorganisation zu sichern, um festgelegte Ziele zu erreichen (Kuper 2001, S. 71). Hierbei wird zwischen Zweck- und Konditionalprogrammen unterschieden. In professionellen Organisationen wie Schulen haben Zweckprogramme eine größere Bedeutung als Konditionalprogramme (Thiel 2008, S. 34). Im Kontext testbasierter Schulreformen ist jedoch die konditionalprogrammatische Form der Verwendung von Testergebnissen stärker ausgeprägt (Diemer 2013). Bei dieser Form der Ergebnisverwendung sollen die Ergebnisse in Beziehung zur Individualförderung, Differenzierung und dem Lehrplan gesetzt werden. Auf dieser Grundlage sollen unterrichtsbezogene Entscheidungen getroffen werden. Bei der zweckprogrammatischen Form der Nutzung von Testergebnissen stehen die Erträge fachlichen Lernens (Kompetenzmessung) im Vordergrund. Entscheidungen werden dabei bezogen auf die Überarbeitung des Schulcurriculums oder die Reflexion verwendeter Didaktik und Methodik im Unterricht getroffen

Kommunikationswege werden in der Schulorganisation über die Aufgabendelegation durch die Schulleitung sowie eine horizontale Aufgabenteilung und -differenzierung (bspw. durch erweiterte Schulleitung, Steuergruppen) bestimmt. Dies betrifft u. a. auch die Etablierung von kooperativen oder individuellen Strukturen. Des Weiteren ist hier auch das Abstimmungsverhalten für das Treffen von Entscheidungen innerhalb der schulischen Organisation relevant. Hierzu können bspw. formelle oder informelle Absprachen, hierarchische Weisung durch die Schulleitungen, spontane Formen der Selbstabstimmung, horizontale Mechanismen der Abstimmung wie Projekt-, Arbeits- oder Steuergruppen zählen.

Die Entscheidungsprämisse *Personal* bezieht sich in der Schulorganisation auf das professionelle Handeln der Lehrkräfte und des Lehrerkollegiums in Abhängigkeit von individualisierter Verantwortung und Handlungsautonomie. Darüber hinaus sind hier die Personalentwicklung (z. B. Fortbildungen, Mitarbeitergespräche) und das -management zentral (Thiel 2008, S. 35). Aber auch Kriterien zur Personalauswahl und zum Personaleinsatz (z. B. für Funktionsstellen) und damit zusammenhängende Aspekte wie Standardisierung von Qualifikationen, Stellendefinitionen und die Festlegung von Kompetenzen betreffen diese Entscheidungsprämisse (Kuper/Thiel 2009, S. 493 f.).

Die Systemtheorie eignet sich auch dadurch für die Analyse von reformbezogenen Prozessen und Veränderungen in schulischen Organisationen, dass sie die Eigenlogik von Organisationen hervorhebt und damit eine besondere Perspektive auf diese organisationalen Vorgänge eröffnet (Luhmann 1984). Im Verständnis der Luhmann'schen Systemtheorie bleibt die Eigenlogik von Organisationssystemen (v.a. für Bildungssysteme) – auch bei gegenseitiger Interpenetrationen mit anderen (Sub-)Systemen – erhalten. Sie bestimmt darüber hinaus nicht nur die Funktionsweise von Organisationen, sondern auch die Herausbildung ihrer Strukturen und Prozesse (vgl. dazu auch Fend 2008). Im Kontext von (testbasierten) Schulreformen kann davon ausgegangen werden, dass bspw. der Umgang von solchen extern eingeführten »Irritationen« der Eigenlogik der Schulorganisation folgt, die einer autonomen organisationalen Einheit (mit ausgeprägter Handlungsautonomie seitens der Lehrkräfte) entspricht (Tenorth 2003).

4. Neo-institutionalistische Perspektive auf die schulische Organisation

Der neo-institutionalistische Ansatz wird erst seit einiger Zeit im Bereich der Erziehungs- und Bildungswissenschaften verstärkt rezipiert (Brüsemeister 2008).
Dieses Theoriemodell ist in besonderer Weise für die Analyse von reformbezogenen Prozessen innerhalb des schulischen Mehrebenensystems sowie von organisations-

internen als auch -externen Verhältnissen (v. a. (Ent-)Kopplungsstrukturen) ertragreich. Der Neo-Institutionalismus beschreibt die strukturellen Wirkungsbeziehungen zwischen verschiedenen (Akteurs-)Ebenen mit unterschiedlichen Handlungslogiken sowie das Verhältnis von Organisation und institutioneller Umwelt (Meyer/Rowan 1977; Rowan 2006).

Dem neo-institutionalistischen Theoriemodell zufolge ist das Handeln innerhalb der (schulischen) Organisation nach der relativen Autonomie einzelner Elemente der Organisation orientiert. Hier ist die bürokratische Koordination in der schulischen Organisation weniger ausgeprägt (Weick 1976, 2009). Das ist zudem vor allem auch auf die Differenzierung der Organisation in eine operative und formale Ebene sowie in eine technische und institutionelle Umwelt zurückzuführen. Hier stellt die *Legitimität* ein zentrales Strukturprinzip für die institutionelle Umwelt dar und zielt darauf ab, in der schulischen Organisation *Konformität* mit institutionalisierten Regeln und normativen Erwartungen (die bspw. auch zu Reform- und Veränderungsprozessen führen können) herzustellen. In diesem Fall wird der schulischen Organisation Legitimität zugesprochen und dadurch ihr Fortbestand gesichert. Dabei versuchen sowohl die Organisation als auch die Bildungspolitik und -administration vor allem als erfolgreich und rational angesehene Strukturen und Prozesse zu adoptieren (Schaefers 2002, S. 851). Somit beruhen rationale Abläufe und Verfahrensweisen auf der Organisationsebene und des Unterrichts in erster Linie auf die externen Vorgaben der Schulbehörden und -administration und schulische Organisationen selbst auf »sozial ausgehandelten und institutionalisierten Klassifikationen […], wie Bildungsprozesse sinnvoll und angemessen zu gestalten sind und wer sie ausführt (Koch 2009, S.112).

Um Legitimität herzustellen wird im Neo-Institutionalismus zwischen der Formal- und der Aktivitätsstruktur differenziert. Die Formalstruktur ist von außen (d. h. von der Umwelt) einsehbar, wohingegen die Aktivitätsstruktur die organisationalen Handlungen umfasst, welche sich im Innern der Organisation vollziehen und nach außen hin nicht sichtbar sind. Indem die schulische Organisation ihre Fassade, also alle nach außen hin sichtbaren Aktivitäten, entsprechend der externen Vorgaben und Erwartungen assimiliert und die nach innen auf die Kernprozesse der Schule (das Unterrichten) gewendete Aktivitätsstruktur unberücksichtigt lässt, stellt sie zeremonielle Konformität her (Meyer/Rowan 1977, S. 341). Wenn aber eine Diskrepanz zwischen diesen beiden Strukturen besteht, d. h. Veränderungen der Formalstruktur bei gleichbleibender Aktivitätsstruktur, wird dies als *lose Kopplung* oder *Entkopplung* bezeichnet. Sofern sich beide Strukturen verändern, spricht man von *fester(er) Kopplung*. Durch diese Angleichung der Formalstruktur (d. h. strategische bzw. organisationale Ebene) kann die Schule ihre Legitimität nach außen hin sichern (Meyer/ Rowan 1977, 2009). Schulen werden daher als *lose gekoppelte Organisationen* bezeichnet (Rowan 2006), da sich in ihnen weitestgehend lose Kopplungsprozesse zwischen dem Interaktionssystem des Lehrens und Lernens (Unterrichtsebene) und der Organisationsebene, die durch die Schulleitung repräsentiert wird, vollziehen. Charakteristisch für die Unterrichtsebene ist ihre umfassende Handlungsautonomie, die sich darin widerspiegelt, dass vor allem Lehrkräfte in Bezug auf veränderte externe Einflüsse wie

Schulreformen autonom agieren können, d. h. eigenständig entscheiden, ob und in welchem Umfang sie die Reformmaßnahmen umsetzen wollen (Weick 1976).

Durch das neue Steuerungsmodell und die Einführung (testbasierter) Schulreformen soll eine festere Kopplung in den Schulorganisationen sowohl in Bezug auf das Verhältnis Organisation – Umwelt als auch das Verhältnis Interaktion – Organisation entstehen. Dabei können Reformstrategien als institutionalisierte (Umwelt-)Erwartungen (Rowan 2006) beschrieben werden, die auch Einfluss auf die Unterrichtsebene haben (z. B. in Form ausgeprägter Kommunikations- und Kooperationsstrukturen im Lehrerkollegium) aufgefasst werden. In der makro-institutionalistischen Perspektive werden von schulischen Organisationen solche Strukturen adaptiert, die seitens der institutionellen Umwelt, d. h. Gesellschaft (Eltern, interessierte Öffentlichkeit), die Bildungspolitik, die Testinstitute etc. erwartet werden. Auch die mit der Einführung von Reformstrategien einhergehende Rechenschaftslegung soll zur Kopplung zwischen den organisationsinternen Strukturelementen Interaktion (Unterricht) und Organisation sowie zwischen der Organisation und der externen Umwelt – wie von der Bildungspolitik intendiert – führen (Meyer/Rowan 2006, S. 2). Auf den Ebenen Organisation und Umwelt soll dies durch die externe Forderung nach Rechenschaftslegung im Bildungssektor und die Kontrolle mittels Steuerungsinstrumenten wie standardisierten Tests (vor allem bei schlechten Ergebnissen oder durch die Entwicklung eines Rankings) sowie organisationsintern durch systematischen, über alle (Akteurs)Ebenen hinweg stattfindenden Austausch und Kooperation erfolgen. Die Beförderung der kommunikativen und kooperativen Prozesse erfolgt insbesondere durch die Gremienarbeit (v.a. in Fachkonferenzen). Die Einführung testbasierter Schulreform zielt somit auf die Anpassung der Handlungen schulischer Akteure, d. h. auf die Aktivitätsstruktur und auf deren Effizienz ab (Koch 2009). Demnach berühren die testbasierten Schulreformen und neue Steuerungsinstrumente auch in einem wie in Deutschland vorherrschenden low stakes-Kontext theoretisch die Relation Organisation – Interaktion sowie die Relation Organisation – Umwelt. Die Implementation aktueller Reformmaßnahmen entspricht aus der neo-institutionalistischen Perspektive einem Wandel der Umweltbedingungen, die vorwiegend zu formalen Anpassungen der Organisation führen, ohne die Aktivitätsstruktur (d. h. operative Ebene der Organisation) zu ändern. In dieser Betrachtungsweise befinden sich besonders Schulorganisationen »in Umwelten, die rationalisierte Rituale der Inspektion und Evaluation institutionalisiert haben. Und Inspektion sowie Evaluation können Geschehnisse und Abweichungen aufdecken, die Legitimität unterminieren. Daher minimieren und zeremonialisieren institutionalisierte Organisationen Inspektion und Evaluation« (Meyer/Rowan 2009, S. 51). Als Folge kommt es zur Entkopplung zwischen der Formal- und Aktivitätsstruktur der Organisation (bspw. auch dadurch, dass Leistungsmessungen von den Schulen heruntergespielt werden), um Verfahren der Inspektionen und Evaluationen von operativen Prozessen, die einer gesellschaftlichen Kontrolle entsprechen, abzuwehren (Meyer/Rowan 2009, S. 49).

Die Schulorganisation kann dem durch die Einführung von Schulreformen entstandenen Rechenschaftsdruck und den damit verbundenen externen Rationalitätserwartungen nicht mehr auf mythologische Weise gerecht werden. Sie kann damit nicht allen Umweltansprüchen und -erwartungen entsprechen, die auf die andauernden Reformbestrebungen im Schulbereich (bspw. erweiterte Schulautonomie) sowie auf zunehmend komplexe und heterogene gesellschaftliche Entwicklungen zurückzuführen sind (Schaefers 2002, S. 844). In diesem Zusammenhang wird durch (testbasierte) Schulreformen *Isomorphismus* angestrebt. Das bedeutet, dass aus der neo-institutionalistischen Perspektive sich Schulen (als Organisationen) aufgrund von (bspw. reformbezogenen) Veränderungsprozessen isomorph (strukturangleichend) verhalten. Dadurch kann man über Schulorganisationen hinweg von sich konstituierenden formalen Strukturähnlichkeiten als Anpassung an die Umwelt ausgehen, bspw. durch Schulprogramme, Festlegen von Bildungsstandards, Orientierung an Vergleichsarbeiten (Schaefers 2002, S. 849).

Die Übertragbarkeit dieses organisationstheoretischen Theoriemodells auf schulische und pädagogische Organisationen bietet sich zum einen dadurch an, da die in der schulischen Organisation ausgeprägte(n) Handlungsautonomie und Freiräume der Professionellen (Lehrkräfte) berücksichtigt werden (Schaefers 2002). Zum anderen können Rationalitätsvorstellungen von aktuellen schulischen Reformmaßnahmen und -konzepten (z.B. Qualitäts- und Personalmanagement, New Public Management) anhand dieses organisationstheoretischen Theoriemodells sichtbar gemacht und kritisch beleuchtet werden (ebd.). Im Bereich der erziehungswissenschaftlichen Forschung ist vor allem das Konzept der *losen Kopplung* für die in diesem Bereich vorherrschenden Organisationen interessant. Vor allem im Zusammenhang des New Public Management wird mit den »neuen Steuerungsimperativen nicht nur eine x-beliebige weitere Umwelterwartung institutionalisiert. Vielmehr zielt dieses Anliegen gerade darauf, eine festere Kopplung von organisationalen Bestandteilen durch Transparenz, Messbarkeit und zurechenbare Verantwortlichkeit (›Accountability‹) zu erzeugen« (Koch 2009, S. 121).

5. Zusammenfassung

Organisationstheoretische bzw. -soziologische Ansätze und Modelle finden immer mehr – wenn auch zögerlich – Einzug in die erziehungs- und bildungswissenschaftlichen Disziplinen und bieten insbesondere für die Beschreibung von Strukturen und Prozessen in schulischen Organisationen ertragreiche Analyseperspektiven. Aus diesem Bereich wurden zwei verschiedene Ansätze ausgewählt und als Analyseperspektiven für die schulische Organisation im besonderen Kontext (testbasierter) Schulreformen im Beitrag vorgestellt. Jeder Ansatz richtet seinen Fokus auf unterschiedliche Aspekte in der Organisation (Entscheidungsfindung und -prämissen – institutioneller Einfluss der Umwelt auf die Organisation), die damit vielfältige Bezugspunkte für die Betrachtung aktueller reformbezogener Prozesse und der Strukturbildung in der schulischen Organisation darstellen. Der Beitrag zeigt somit das Potenzial als auch die Grenzen organisationstheoretischer bzw. -soziologischer Ansätze für die Erklärung von schulischen Kontexten und dabei insbesondere von (testbasierten) Schulreformen.

Aus einer *systemtheoretischen Perspektive* werden Entscheidungen bzw. Entscheidungsprämissen als konstitutive Elemente von Organisationen angesehenen. Testbasierte Schulreformen stellen eine Irritation der Organisation dar, die Unsicherheit und Komplexität erzeugt (Brosziewski 2016). Sie sollen durch ihre evidenzbasierten Informationen zu rationalem Handeln und Entscheiden in der Organisation beitragen. In diesem Zusammenhang wird von Organisationen jedoch erwartet, dass ihre Reaktionen auf solche Reformmaßnahmen im Rahmen ihrer Strukturen ziel- und zweckorientiert ausfallen (angelehnt an Rosenstiel 2003, S. 226). Die Organisation kann auf diese organisationale Irritation ihrerseits mit Unsicherheitsabsorption und Komplexitätsreduktion reagieren. Das kann bspw. durch den Einsatz von Entscheidungsprämissen erreicht bzw. kontrolliert werden.

Das *neo-institutionalistische Theoriemodell* berücksichtigt die strukturellen Wirkungsbeziehungen zwischen verschiedenen (Akteurs-)Ebenen mit unterschiedlichen Handlungslogiken im schulischen Mehrebenensystem. Insbesondere die Differenzierung der organisationsinternen Relation Organisation – Interaktion sowie der Relation Organisation – Umwelt einerseits und zwischen der organisationalen Formal- und Aktivitätsstruktur anderseits stellt aussichtsreiche Analysekategorien v.a. für reformbezogene Prozesse in der schulischen Organisation dar.

Aus neo-institutionalistischer Perspektive kann die schulische Organisation auf die Implementation testbasierter Schulreformen in Form von Kopplung bzw. Entkopplung reagieren. Kopplung bzw. lose Kopplung/Entkopplung beschreibt die stark oder schwach ausgeprägte oder lose strukturelle Verbindung zweier organisationaler Elemente bzw. Systeme. Sofern die Organisation beabsichtigt, die Unterrichtsebene von Schulreformen und den damit verbundenen Konsequenzen fernzuhalten, kann sie lose Kopplung oder Entkopplung ihrer Strukturelemente befördern. In diesem Verständnis findet in der schulischen Organisation lose Kopplung vor allem zwischen dem organisationsinternen und dem -externen Bereich, also dem technologischen Kern der Schule (Unterricht) und ihrer institutionellen Umwelt (Schulaufsicht), statt. Jedoch zielt die Einführung der (testbasierten) Schulreformen seitens der Bildungspolitik auf eine festere organisationsinterne und -externe Kopplung ab (Koch 2009).

6. Literatur

Altrichter, H./Helm, C. (2011): Schulentwicklung und Systemreform. In: Altrichter, H./Helm, C. (Hrsg.): Akteure & Instrumente der Schulentwicklung. Professionswissen für Lehrerinnen und Lehrer. Band 7. Hohengehren: Schneider Verlag, S. 13–35.

Berkemeyer, N. (2010). *Die Steuerung des Schulsystems. Theoretische und empirische Explorationen.* Wiesbaden: VS Verlag.

Bonsen, M./Gathen, J. v. d. (2004): Schulentwicklung und Testdaten. In: Holtappels, H. G./Klemm, K./Pfeiffer, H./Rolff, H.-G./Schulz-Zander, R. (Hrsg.): Jahrbuch der Schulentwicklung. Band 13. Weinheim: Beltz Juventa. S. 225–252.

Brosziewski, A. (1998): Rationalität, Unsicherheit und Organisation – Zu einer Revision organisationssoziologischer Annahmen in der Professionssoziologie. In: Brosziewski, A./Maeder, C. (Hrsg.): Organisation und Profession. Dokumentation des 2. Workshops des Arbeitskreises »Professionelles Handeln« vom 24. bis 25. Oktober 1997 in Rorschach-St.Gallen. Höhere Fachhochschule Ostschweiz / Universität St. Gallen.

Brosziewski, A. (2016): Verunsicherungstechnologien im Lehrbetrieb – Grundzüge einer organisationssoziologischen Professionstheorie am Beispiel der statistischen Selbstbeobachtung des Bildungssystems. In: R.J. Leemann, /C. Imdorf/J.J.W. Powell /M. Sertl (Hrsg.): Die Organisation von Bildung. Soziologische Analysen zu Schule, Berufsbildung, Hochschule und Weiterbildung. Weinheim und Basel: Beltz Juventa.

Brüsemeister, T. (2008): Bildungssoziologie. Einführung in Perspektiven und Probleme. Wiesbaden: VS Verlag.

Coburn, C. E. (2004): Beyond Decoupling: Rethinking the Relationship between the Institutional Environment and the Classroom. In: Sociology of Education, 77, H. 3, S. 211.

Diemer, T. (2013): Innerschulische Wirklichkeiten neuer Steuerung. Begriffliche und empirische Untersuchungen zur Nutzung zentraler Lernstandserhebungen als Steuerungsinstrument in Schulen. Berlin: Springer VS.

EMSE – Netzwerk Empiriegestützte Schulentwicklung (2006): Positionspapier Zentrale standardisierte Lernstandserhebungen. Berlin. www. https://www.emse-netzwerk.de/uploads/Main/EMSE_Positionsp1_Lernstandserh.pdf (Abruf 13.12.2018)

Fend, H. (1986): Gute Schulen – schlechte Schulen. Die einzelne Schule als pädagogische Handlungseinheit. In: Die Deutsche Schule, 82, H. 3, S. 275–293.

Fend, H. (2008): Neue Theorie der Schule. Einführung in das Verstehen von Bildungssystemen. 2. Auflage. Wiesbaden: VS Verlag.

Kieser, A./Ebers, M. (Hrsg.). (2006): Organisationstheorien. Stuttgart: Kohlhammer.

Klieme, E. (2004): Begründung, Implementation und Wirkung von Bildungsstandards: Aktuelle Diskussionslinien und empirische Befunde. In: Zeitschrift für Pädagogik, 50, H. 5, S. 625–634.

Klieme, E./Avenarius, H./Blum, W./Döbrich, P./Gruber, H./Prenzel, M./Reiss, K./Riquarts, K./Rost, J./Tenorth, H. E./Vollmer, H. J. (2003): Zur Entwicklung nationaler Bildungsstandards. Eine Expertise. Berlin: Bundesministerium für Bildung und Forschung.

KMK – Sekretariat der Ständigen Konferenz der Kultusminister der Länder in der Bundesrepublik Deutschland (2006): Gesamtstrategie der Kultusministerkonferenz zum Bildungsmonitoring. Beschluss der Kultusministerkonferenz vom 02.06.2006. Bonn: www.kmk.org/fileadmin/veroeffentlichungen_beschluesse/2015/2015_06_11-Gesamtstrategie-Bildungsmonitoring.pdf (Abruf 13.12.2018).

KMK – Sekretariat der Ständigen Konferenz der Kultusminister der Länder in der Bundesrepublik Deutschland (2012): Vereinbarung zur Weiterentwicklung von VERA. Berlin: KMK.

Koch, S. (2009): Die Bausteine neo-institutionalistischer Organisationstheorie – Begriffe und Konzepte im Lauf der Zeit. In: Koch S:/Schemmann, M. (Hrsg.): Neo-Institutionalismus in der Erziehungswissenschaft. Grundlegende Texte und empirische Studien. Wiesbaden: VS Verlag. S. 110–131.

Kuper, H. (2001): Schulinterne Koordination und Schulleitung im Kontext von Schulentwicklung. In: Merkens, H./Weishaupt, H. (Hrsg.): Schulforschung und Schulentwicklung. Aktuelle Forschungsbeiträge. Erfurt: Universität. S. 67–84.

Kuper, H. (2002): Entscheidungsstrukturen in Schulen. Zeitschrift für Pädagogik, 48, S. 856–878.

Kuper, H./Diemer, T. (2012): Vergleichsarbeiten: Theoretische und empirische Betrachtungen zum Nutzen des Vergleichens. In: A. Wacker/U. Maier/J. Wissinger (Hrsg.): Schul- und Unterrichtsreform durch ergebnisorientierte Steuerung. Empirische Befunde und forschungsmethodische Implikationen. Educational Governance. Wiesbaden: VS Verlag. S. 225-246.

Kuper, H./Thiel, F. (2009): Erziehungswissenschaftliche Institutionen- und Organisationsforschung. In: Tippelt, R./Schmidt, B. (Hrsg.): Handbuch für Bildungsforschung. Wiesbaden: VS Verlag. S. 483–498.

Luhmann, N. (1975). Interaktion, Organisation, Gesellschaft. Anwendungen der Systemtheorie. In: Luhmann, N. (Hrsg.): Soziologische Aufklärung. Aufsätze zur Theorie der Gesellschaft. Band 2. Opladen: Westdeutscher Verlag. S. 9–20.

Luhmann, N. (1984): Soziale Systeme. Grundrisse einer allgemeinen Theorie. Frankfurt am Main: Suhrkamp.

Luhmann, N. (2006): Organisation und Entscheidung. Wiesbaden: VS Verlag.

Luhmann, N./Schorr, K.E. (1979). Das Technologiedefizit der Erziehungswissenschaften und die Pädagogik. Zeitschrift für Pädagogik 25, S. 345-365.

Meier, F./Schimank, U. (2010): Organisationsforschung. In: Simon, D./Knie, A./Hornbostel, S. (Hrsg.): Handbuch Wissenschaftspolitik. Wiesbaden, S. 106-117.

Meyer, J. W./Rowan, B. (1977): Insitutionalized Organizations: Formal Structure as Myth and Ceremony. In: The American Journal of Sociology, 83, S. 340–363.

Meyer, H.-D./Rowan, B. (2006): Institutional Analysis and the Study of Education. In: Meyer, H.-D./ Rowan, B. (Hrsg.): Institutional Analysis and the Study of Education. Albany, NY: State University of New York Press. S. 1–13.

Meyer, J. W./Rowan, B. (2009): Institutionalisierte Organisationen. Formale Struktur als Mythos und Zeremonie. In: Koch, S./Schemmann, M. (Hrsg.): Neo-Institutionalismus in der Erziehungswissenschaft. Grundlegende Texte und empirische Studien. Wiesbaden: VS Verlag. S. 28–55.

Muslic, B. (2017): Kopplungen und Entscheidungen in der Organisation Schule. Organisationsbezogenes Schulleitungshandeln im Kontext von Lernstandserhebungen. Wiesbaden: Springer Fachmedien.

Muslic, B./Ramsteck, C. (2016): Neo-Institutionalistische Perspektive auf die Organisation Schule – Organisationsinterne Kopplungs- und Entkopplungsprozesse infolge testbasierter Schulreform. In: Maier, M.S. (Hrsg.): Organisation und Bildung. Theoretische und empirische Zugänge. Wiesbaden: Springer. S. 199-219.

Rowan, B. (2006): The New Institutionalism and the Study of educational Organizations: Changing Ideas for Changing Times. In: Meyer, H.-D./Rowan, B. (Hrsg.): The new institutionalism in education. Albany, NY: State University of New York Press. S. 15–32.

Schaefers, C. (2002): Der soziologische Neo-Institutionalismus. Eine organisationstheoretische Analyse- und Forschungsperspektive auf schulische Organisationen. In: Zeitschrift für Pädagogik, 48, H. 6, S. 835–855.

Tenorth, H.-E. (2003): Autonomie und Eigenlogik von Bildungseinrichtungen – ein pädagogisches Prinzip in historischer Perspektive. In: Füssel, H.-P./Roeder P. M. (Hrsg.): Recht – Erziehung – Staat. Zur Genese einer Problemkonstellation und zur Programmatik ihrer zukünftigen Entwicklung. Zeitschrift für Pädagogik. Beiheft 47. Weinheim: Beltz. S. 106–119.

Thiel, F. (2008): Organisationssoziologische Vorarbeiten zu einer Theorie der Schulentwicklung. In: Journal für Schulentwicklung, 12, H. 2, S. 31–39.

Weber, M. (1972 [1922]): Wirtschaft und Gesellschaft. Grundriß der verstehenden Soziologie. Tübingen: J.C.B. Mohr Verlag.

van Ackeren, I., Heinrich, M. & Thiel, F. (Hrsg.). (2013). Evidenzbasierte Steuerung im Bildungssystem? Befunde aus dem BMBF-SteBis-Verbund (Die Deutsche Schule, Beiheft 12). Münster: Waxmann.

Weick, K. (1976): Educational Organizations as Loosely Coupled Systems. In: Administrative Science Quarterly, 21, S. 1–19.

Jens Beljan und Nils Berkemeyer

Schulreform aus Perspektive der Kritischen Theorie

1. Einleitung

Mit dem Ziel, die Unterdrückung und Ausbeutung der Menschen in kapitalistischen Herrschaftssystemen einsichtig zu machen und zur Überwindung von Entfremdung und Verdinglichung beizutragen, stoßen die Vertreter der Kritischen Theorie unumgänglich auch auf Fragen der öffentlichen Erziehung. Dies wird nicht nur an der inhaltlichen Ausrichtung ihrer Publikationen deutlich, sondern auch an ihren bildungsreformerischen Tätigkeiten. Die Leitfrage der Frankfurter Schule, ob und wie gesellschaftliche Transformation und Reformierung angestoßen werden könne, war eng verwoben mit Debatten über tiefgreifende Bildungsreformen (Hamm-Brücher 1972, S. 38). Nicht zuletzt ist der Einfluss der Kritischen Theorie auf die Pädagogik unzweifelhaft an dem Entstehen einer Kritischen Erziehungswissenschaft in den 1960er Jahren abzulesen, die seit den 1980er Jahren Versuche einer Neuorientierung erfahren hat (Sünker/Krüger 1999) und heute als eine Hauptströmung erziehungswissenschaftlicher Forschung anerkannt ist (Benner 2001).

Trotz der Studie zur *Bildungsreform in Deutschland* (1992) des ehemaligen Mitarbeiters des *Instituts für Sozialforschung* (IfS) Ludwig von Friedeburg und dem Erscheinen des zweibändigen Sammelbandes *Kritische Erziehungswissenschaft und Bildungsreform* (Bernhard/Kremer/Rieß 2003), ist die systematische Aufarbeitung der Bildungs- und Schulreformgeschichte der Kritischen Theorie ein Forschungsdesiderat geblieben (ebd., S. 1–5).

In unserem Beitrag werden wir im Ausgang zentraler Positionen der Kritischen Theorie zunächst fünf Merkmale des Paradigmas herausfiltern, die zugleich als Hauptdomänen der erziehungswissenschaftlichen Rezeption interpretiert werden können. Anschließend werden diese Schwerpunkte verschiedenen Schulreformformaten zugeordnet. Die dabei aufscheinende Architektur kritischer Schulreformen stellt einen ersten (und durchaus vorläufigen) Systematisierungsvorschlag dar.

2. Hauptvertreter der Kritischen Theorie

Die Hauptvertreter der Kritischen Theorie lassen sich grob in drei Generationen einteilen. Die zentralen Vertreter der *ersten Generation* sind Max Horkheimer, Theodor W. Adorno und Herbert Marcuse. Horkheimer, der seit 1931 Leiter des IfS war und das interdisziplinäre sozialwissenschaftliche Forschungsprogramm der Kritischen Theorie begründete (Horkheimer 1937), hatte im Rahmen seiner Auseinandersetzung mit dem Nationalsozialismus und den Studien zur gesellschaftlichen Bedingtheit autoritärer Charakterzüge schon in den frühen 1930er Jahren angestoßen, Familienstrukturen und Erziehungsprozesse zu untersuchen. Der Ansicht, dass die Pädagogik eine Verbesserung der gesellschaftlichen Verhältnisse bewirken könne, stand Horkheimer allerdings skeptisch gegenüber. Gemeinsam mit Adorno veröffentlichte Horkheimer die Dialektik der Aufklärung (1947/2010), eine Studie, in der das Autorenduo ein zutiefst pessimistisches Bild der modernen Kultur entwirft: Die Aufklärung mit ihrem Ziel einer Rationalisierung in der Moderne, installiert durch die Ausbreitung der »instrumentellen Vernunft« und der Zunahme von »Verdinglichung«, eine »alles verwaltende Welt«, die jegliches Potenzial für Emanzipation in Herrschaft umwandelt. Eine solche von kapitalistischen Tauschbeziehungen und rationalem Kalkül durchdrungene Welt ermöglicht nur noch entfremdete »Halbbildung« (Adorno 1972a) und führt zu »falschen Bedürfnisse« eines »eindimensionalen Menschen« (Marcuse 1964/2014). Für Horkheimer, Adorno und Marcuse bildet das kapitalistische Wirtschaftssystem das Zentrum ihrer kritischen Analysen. Damit bleiben sie Marx' Kritik der politischen Ökonomie verpflichtet. Anders als Marx, verortet die erste Generation der Kritischen Theorie die schädlichen Prinzipien der Verwarenförmigung und der kapitalistischen Tauschbeziehungen allerdings nicht mehr allein im materialistischen ›Unterbau‹ der Gesellschaft, sondern überträgt diese auf die Sphäre des kulturellen ›Überbaus‹.

Jürgen Habermas löste die Kritische Theorie der ersten Generation aus ihrer zutiefst pessimistischen Grundhaltung heraus und verschiebt den Blick von der Ökonomie auf die Interaktionsbeziehungen. Als Hauptvertreter der *zweiten Generation* Kritischer Theoretiker zeigte Habermas mit der Aufdeckung eines »emanzipatorischen Interesse« (1968/1973) und einer »kommunikativen Vernunft« (1981/2011), dass, Rationalität nur dann zur totalen Verwaltung und Beherrschung führt, wenn sie, wie Horkheimer und Adorno es taten, einseitig als instrumentelle Vernunft verstanden wird. In Form von kommunikativer Vernunft hingegen, kann die auf Verständigung hin orientierte, rationale Interaktion durchaus ein gesellschaftsimmanentes emanzipatorisches Potenzial entfalten. Eine solche emanzipative Rationalität beruht nach Habermas' Diskursethik auf formal-logischen Prinzipien zwischenmenschlicher Kommunikation; und sie verwirklicht sich immer schon in »richtig« geführten argumentativen Gesprächen und öffentlichen Diskursen.

Eine *dritte Generation* der Kritischen Theorie ist durch Axel Honneth vertreten, der seit 2002 Geschäftsführer des IfS ist. Anders als Habermas verortet Honneth das gesellschaftsstrukturelle emanzipatorische Potenzial nicht in kantianischen, formallogischen Vernunftprinzipien, sondern in der Dynamik eines, auf Hegel zurückgehenden, sittlichen Kampfes um Anerkennung (Honneth 1992). Die Verletzung von liebender, rechtlicher und solidarischer Anerkennung ruft Honneth zufolge Empörung hervor, die in sozialen Bewegungen zum Ausdruck kommt und in denen sich ein reales gesellschaftsimmanentes Interesse an Emanzipation artikuliert.

Ein neuerer Versuch der Weiterführung der Kritischen Theorie stellt Hartmut Rosas Soziologie der Weltbeziehung (2016) dar. Rosa folgt der interaktionistischen

Ausrichtung von Honneth, geht über diesen aber hinaus, indem er nicht Anerkennung, sondern »Resonanz« in den Mittelpunkt seiner kritischen Theorie stellt. Als spezifische Qualität von Selbst-Welt-Beziehungen, die, anders als Honneth nicht nur Sozial-, sondern auch Ding- und Naturverhältnisse einschließt, geht Resonanz mit einer grundlegenden Transformation und Verflüssigung der Weltbeziehung einher, die Rosa als Gegenkonzept zu gesellschaftlich verursachter Entfremdung und Verdinglichung versteht und die eine Kritik herrschaftsförmig-verfestigter und naturalisierter Weltverhältnisse ermöglicht.

Auch Rainer Forsts Studien zur Rechtfertigung von Legitimationspraktiken (2015; 2011) sowie Rahel Jaeggis Analyse von Lebensformen (2016; 2014) stellen fundierte Beiträge zur Kritischen Theorie der dritten Generation dar. Forst und Jaeggi haben zudem eine intensive Debatte über die Möglichkeiten und Bedingungen von Kritik angestoßen und somit Kritik selbst reflexiv werden lassen (Jaeggi/Wesche 2009; Forst et al. 2009).

3. Merkmale Kritischer Theorie

Die Kritische Theorie setzt weder das Subjekt der Psychologie, noch die kulturelle und historische Überlieferung der Geisteswissenschaften, schließlich aber auch nicht die Einzelbefunde der empirischen Wissenschaft ins Zentrum ihrer Analysen. Gemeinsamer Fluchtpunkt dieser so vielgestaltigen Theorietradition ist die Gesellschaftlichkeit des Menschen (Claußen 1979a). Dabei charakterisieren mindestens fünf Merkmale das Kritische Paradigma und sein Verhältnis zu Schulreformen.

Erstens: Ansätze in der Tradition der Kritischen Theorie verfolgen das Ziel, Menschen von (ungerechter) äußerer und innerer Herrschaft zu befreien. Emanzipation und Mündigkeit sind deshalb ihr Leitmotiv und Wahrheitskriterium (Lempert 1971, S. 323). Die Leistung des Kritischen Paradigmas in Hinsicht auf Schul- und Erziehungsreformen bemisst sich damit nicht an Effektivität, Wirksamkeit oder Qualität, sondern an der aufgezeigten und bewirkten Emanzipation.

Zweitens: Um dieses Ziel zu erreichen, bestimmt und beschreibt das Kritische Paradigma Einzelphänomene, wie die Institution Schule, aus der Perspektive gesamtgesellschaftlicher Strukturprinzipien. Vertreter dieser Strömung streben weniger danach, affirmatives und systemerhaltendes Steuerungs- und Optimierungswissen für Schulreformen zur Verfügung zu stellen. Vielmehr sollen Emanzipationspotenziale erkundet und gestärkt werden, die zur Transformation der Gesamtgesellschaft führen und die die Kontexte verändern, in denen pädagogisches Handeln stattfindet (Dammer 2008, S. 5).

Drittens: Die Kritische Theorie lehnt eine vollständige Neutralität und Wertfreiheit wissenschaftlicher und theoretischer Bemühungen ab. Theorie zu generieren und Forschung zu betreiben, wird selbst als eine gesellschaftliche Praxis angesehen, in der sich ebenso Herrschaftsmomente verfestigen, wie denkbare und reale Emanzipationsmöglichkeiten entstehen können (Klafki 1976, S. 9). Theoretische Konstruktion und praktisches Engagement sind aus Sicht der Frankfurter Schule deshalb keine Gegensätze, sondern eng miteinander verflochten (Horkheimer 1937, S. 275; Mollenhauer 1968, S. 15–16). Forschung und Theorie lassen sich als Angebote einer ›Reformation des Bewusstseins‹ verstehen.

Viertens: Aufgrund ebenjener Verflochtenheit von Theorie und Praxis sowie der Tatsache, dass sich die Kritische Theorie mit gegenwärtigen gesellschaftlichen Problemlagen befasst, ist das Paradigma sensibel für den historischen Kontext sozialer Entwicklungen. Erkenntnisse und die daraus entspringenden Impulse für Schulreformen können demnach nicht auf starken anthropologischen oder unhistorischen Annahmen fußen, weil diese dazu tendieren, die gesellschaftlichen Verhältnisse als unveränderliche Naturtatsachen aufzufassen und damit Herrschaftsmomente zu verfestigen (Gertenbach/Rosa 2009, S. 180).

Fünftens: Schließlich vertritt das Kritische Paradigma einen immanenten und radikalen Kritikanspruch. Die Maßstäbe für Kritik an gesellschaftlichen Entwicklungen, sowie am Schul- und Erziehungswesen, aber auch die Richtschnur für Verbesserungen, dürfen den jeweiligen gesellschaftlichen Sphäre nicht äußerlich sein, sondern müssen ihnen selbst entspringen (Gruschka 1988). Weil Kritik stets die Gesellschaft in ihrer Totalität betrifft, widersprechen Vertreter dieser Strömung der Auffassung, dass Kritik immer konstruktiv und systemerhaltend sein muss (Adorno 1972b, S. 135; Mollenhauer 1968, S. 69). Wenn sich die gesellschaftlichen Widersprüche als unüberwindbar erweisen, können sich gesellschaftliche wie schulische Reformbemühungen auch als ›destruktiver‹ Widerstand, Verweigerung oder Negativität gegen das bestehende Herrschaftssystem richten.

4. Erziehungswissenschaftliche Rezeption

Die erziehungswissenschaftliche Rezeption erfolgte in den 1960er Jahren nahezu ausschließlich über Jürgen Habermas. Herweg Blankertz, Klaus Mollenhauer und Wolfgang Klafki bemühten sich zunächst um theoretische Anschlussmöglichkeiten der Kritischen Theorie an erziehungswissenschaftliche Fragestellungen. Wenngleich die Ansätze, die in der Tradition der Kritischen Theorie stehen, jedes der zuvor genannten Merkmale zugleich aufweisen und Emanzipation und Mündigkeit als Leitkategorien anerkennen (Merkmal 1), so lassen sich einzelne Schwerpunktsetzungen in der Rezeptionsgeschichte identifizieren.

Der Analyse gesellschaftsstruktureller Einflüsse auf Schule (Merkmal 2) haben vor allem die klassischen Theorierezeptionen aufgegriffen. Dieser Aspekt bildet beispielsweise den Schwerpunkt von Klaus Mollenhauers Emanzipationsstudien (Mollenhauer 1968), sowie seiner an Habermas angelehnten Umdeutung des erzieherischen Handelns in kommunikatives Handeln (Mollenhauer 1972). Ebenso rückt Andreas Gruschka in seiner auf Adorno zurückgehenden Analyse unüberwindbarer Widersprüche im Schulsystem und der schulischen Produktion sozialer Kälte, den gesellschaftsstrukturellen Aspekt in den Mittelpunkt (Gruschka 1994; 1988). Auch

Frank-Olaf Radtkes Sorge um die Enthumanisierung durch eine Ökonomisierung des Bildungssystems (Radtke 2003) kann diesem Schwerpunkt zugeordnet werden. Der Versuch einer analytisch-empirischen Wendung, der die chronisch vernachlässigte, wie stets eingeforderte empirische Forschung als Desiderat Kritischer Erziehungswissenschaft umsetzt, stellt die *Kritische Schulsystementwicklungsforschung* (Berkemeyer 2016; Berkemeyer et al. 2019) dar.

Wenngleich diese Ansätze ein gesellschaftsveränderndes Interesse verfolgen, nämlich Aufklärung über unnötige Herrschaftsverhältnisse durch Bewusstmachung und Kritik, wurde in der erziehungswissenschaftlichen Rezeptionsgeschichte der Kritischen Theorie auch ein Schwerpunkt auf die stärker praktische Handlungsumsetzung der theoretischen Positionen gelegt (Merkmal 3). Unter diesen Schwerpunkt können die an Emanzipation und Mündigkeit orientierten Entwürfe einer Kritisch-Konstruktiven Didaktik von Wolfgang Klafki (1976), die Kommunikative Didaktik von Karl-Hermann Schäfer und Klaus Schaller (1976) oder der fachdidaktischen Curriculumforschung von Herwig Blankertz (1971) gezählt werden.

In einem weiteren Kontext hat auch Paulo Freires *Pädagogik der Unterdrückten* Gedanken der Kritischen Theorie mit handlungspraktischer Absicht aufgegriffen (Wolf 2017). Eine aktuelle Rezeption der dritten Generation der Kritischen Theorie, die insbesondere auf die Auslegung praktischer Zusammenhänge abzielt, ist die Pädagogik der Vielfalt (Prengel 2006; 1999), die Impulse von Honneth aufnimmt oder die an Rosa anknüpfenden Studien zur Schule als Resonanzraum und Entfremdungszone (Rosa/Endres 2016; Beljan 2017; Beljan/Winkler 2019).

Zudem lässt sich ein Rezeptionsschwerpunkt identifizieren, welche die Geschichtlichkeit von Bildungsinstitutionen, Erziehungsvorstellungen und pädagogischen Praktiken kritisch in den Blick nimmt (Merkmal 4). Kulturkritisch ausgerichtete Ansätze, wie sie etwa das Werk von Heinz-Joachim Heydorn (2004), dem eine »geschichtsphilosophische Konzeption« (Bernhard 2000, S. 116) zugrunde liegt, auszeichnen und auch in der Kritik der Erziehung von Michael Winkler (2006) zu finden sind, rezipieren neben soziologischen, verstärkt auch sozialphilosophische Positionen. Ein kritisches historisches Bewusstsein soll dabei helfen, der Naturalisierung und Alternativlosigkeit von Bildungseinrichtungen entgegenzuwirken (von Friedeburg 1992; Hoffmann 1979).

Schließlich bezieht sich ein weiterer Schwerpunkt auf die Möglichkeiten und Grenzen von Kritik als Methode erziehungswissenschaftlicher Forschung und pädagogischer Praxis (Merkmal 5). Dazu zählen sowohl die erziehungswissenschaftliche Aufnahme des Positivismusstreites in der Zeit der Bildungsreform (Claußen 1979b; Heinrich 2016), als auch die reflexive Thematisierung von Kritik nach der Hochphase der Kritischen Erziehungswissenschaft, wie sie heute in den Arbeiten von Dammer (2015; 2008) zu finden sind und auch die Positionen der Autorinnen und Autoren des 46. Beihefts der Zeitschrift für Pädagogik (Benner et al. 2003) prägen.

5. Architektur kritischer Schulreformen

Überblickt man die verschiedenen Themenfelder, Aktivitäten und Positionen der Kritischen Theorie und ihrer erziehungswissenschaftlichen Rezeption im deutschsprachigen und internationalen Raum (Apple/Au/Gandin 2009; Darder/Baltodano/Torres 2017), ist ihre schulreformerische Wirkung nicht zu übersehen. Um neben den direkten auch die indirekten Einflüsse des Paradigmas sichtbar zu machen – die Kritische Theorie hat etwa mit ihrem Ziel der »Bewusstseinsbildung« auch auf pädagogische Mentalitäten eingewirkt –, bedarf es allerdings eines breiteren Reformverständnisses, das über die rein rechtlich-institutionelle Restrukturierung von Schule hinausgeht. Nicht nur hat das Paradigma die grundsätzlichen Einsichten über den Zusammenhang von Schule und Gesellschaft erweitert, zudem hat es in der Erziehungswissenschaft schulbildend gewirkt und damit das erziehungswissenschaftliche Wissen als Zulieferer für Schulreformen, wenn man so will, selbst reformiert. Die schulreformerische Wirksamkeit der Kritischen Theorie lässt sich auf mindestens drei Ebenen nachweisen. Es handelt sich um die Ebene der *Reform durch Gesellschaftskritik*, der *Reform durch Beratung* und der *Reform durch Programme und Gestaltung.*

5.1 Reform als Gesellschaftskritik

Dass sich die Frankfurter Schule bereits in den 1950er und 1960er Jahren intensiv mit Fragen zu Erziehung und Bildung auseinandersetzte und damit Impulse für Erziehungsreformen gab, zeigt sich daran, dass es weniger durch seine industriesoziologischen, als durch seine erziehungs- und bildungssoziologischen Studien Aufmerksamkeit erregte (z. B. Habermas 1956). Die Kritische Theorie hat durch ihre theoretischen und empirischen Studien ideelle Denk- und Spielräume eröffnet. Innerhalb dieser neuen Denk- und Möglichkeitsräume haben Horkheimer und Adorno die Verinnerlichung der Vergangenheitsbewältigung und die Pädagogisierung dieser Aufgabe in Deutschland (Albrecht 1999; Adorno 1971/2017) erheblich beeinflusst.

Die Kritische Theorie hat zudem Schulreformen kritisch reflektiert. So äußern seit den 80er Jahren Erziehungswissenschaftlerinnen und Erziehungswissenschaftler mit deutlichem Bezug zur Kritischen Theorie Einwände und tiefe Skepsis gegenüber neoliberalen Schul- und Bildungsreformen in Deutschland (Radtke 2003) sowie international im Kontext einer Critical Education (Giroux 2018; 2011; McLaren 1995). Breite öffentliche Aufmerksamkeit haben beispielsweise die »Frankfurter Einsprüche« (Gruschka et al. 2006) erregt, in denen die Autorengruppe (mit 150 Unterzeichnern), ihre tiefe Beunruhigung gegenüber einer zunehmenden Ökonomisierung des Bildungswesens ausdrücken.

Auch wenn der Kritischen Erziehungswissenschaft häufig attestiert wird, sie wäre aufgrund ihrer Überschätzung der Möglichkeit, durch Schul- und Erziehungsreformen Gesellschaftsreformen anzustoßen, praktisch gescheitert (Keckeisen 1983, S. 134; Dammer 2015, S. 33), ist unverkennbar, das zentrale Ideen und Problemstellungen, etwa Emanzipation und Mündigkeit heute als zentrale Perspektiven und Ziele erziehungswissenschaftlicher Reflexion auf Schule gelten (Bernhard/Rothermel/Rühle 2018).

Neben dem Ziel, dem neoliberalen Credo eines »*There is no Alternative*« andere Wege und Möglichkeiten entgegenzuhalten (Negt 2014; Dammer 2003, S. 29), haben Vertreter der Kritischen Theorie auch die Voraussetzungen und Bedingungen für emanzipative Schulreformen untersucht. So weist Dammer (2003) darauf hin, dass sich die Kritische Erziehungswissenschaft in den 1970er Jahren bis in die obersten Etagen der Schul- und Bildungspolitik Gehör verschaffen konnte, weil zeitgeschichtlich bereits ein Klima vorherrschte, dass Schul- und emanzipativen Bildungsreformen sehr aufgeschlossen gegenüberstand. Ebenso kommt von Friedeburg zu dem Ergebnis, dass ohne ein begünstigendes gesellschaftliches Klima, Schulreformen aus der Perspektive der Kritischen Theorie kaum möglich sind, weil über den Fortgang von Schul- und Bildungsreformen »nicht pädagogische Einsichten und organisatorische Konzepte, sondern gesellschaftliche Machtverhältnisse bestimmen« (von Friedeburg 1992, S. 476).

5.2 Reform als Beratung

Mitarbeiter der Frankfurter Schule waren in Bezug auf Schulreformen jedoch nicht nur kritisch, sondern auch beratend tätig. Von 1962 bis 1963 hatte Adorno als Gründungsmitglied des DGS-Fachausschusses für *Soziologie der Bildung und Erziehung* im Rahmen einer pädagogischen Vergangenheitsbewältigung eine Vielzahl von Empfehlungen für Schulreformen herausgegeben. In den Empfehlungen sprach sich die Kommission unter anderem für eine kritische Lehrerrolle, eine soziologische Ausrichtung des Geschichtsunterrichts oder die Politisierung des Sozialkundeunterrichts aus. Die Schule sollte zu einem politischen Erfahrungsraum werden. Parallel dazu hat auch Horkheimer die Debatte über die Reform der politischen Bildung beeinflusst; etwa mit der Forderung einer historischen Parallelisierung, eines Demagogie-Unterrichtes und der Anerziehung demokratischer Tugenden (Horkheimer 1967; 1963). Von 1960 bis 1969 war Horkheimer zudem Mitarbeiter in der Kommission zur Beratung der Bundesregierung in Fragen der politischen Bildung, die reformerisch allerdings wenig Einfluss hatte.

Im Deutschen Bildungsrat (siehe Terhart in diesem Band) konnte sich von Friedeburg, ehemaliger Mitarbeiter des von Horkheimer geführten IfS, weitestgehend durchsetzen. Die von Helmut Becker verfassten und vom Bildungsrat herausgegebenen »Empfehlungen zur Reform von Organisation und Verwaltung im Bildungswesen« (Friedeburg 2000, S. 52–65) sahen größere demokratische Selbst- und Mitbestimmung für alle an Schule Beteiligten vor, gaben Rahmenrichtlinien vor starren Lehrplänen den Vorrang, forderten Konferenzen auf Schul- und Schulstufenebene ein und waren durchdrungen mit Begriffen der Kritischen Theorie. Als Kultusminister der hessischen Landesregierung stellte von Friedeburg Wolfgang Klafki als Berater ein und beauftragte ihn mit einer Totalrevision der Schulcurricula. Doch damit öffnet sich bereits ein weiteres Feld schulreformerischer Wirksamkeit der Kritischen Theorie.

5.3 Reform als Programm und Gestaltung

Schließlich hat die Kritische Theorie auch direkten Einfluss auf Schulreformen genommen. Einfluss auf deutsche Pädagoginnen und Pädagogen nahm Horkheimer mit dem IfS durch die Gründung des *Studienbüros* im Jahr 1966. Das *Studienbüro* ließ Multiplikatoren aus dem Bereich der politischen Bildung (Pädagogen, Professoren und Lehrende), nach Amerika reisen. Ziel des Studienbüros war die Westanbindung und das Ziel, das Erziehungswesen nach amerikanischem Vorbild zu reformieren und zu demokratisieren (Koinzer 2011). Viele der Studienreisenden haben später einflussreiche Stellen im deutschen Bildungswesen eingenommen (Albrecht 1999, S. 423–442).

Auch Wolfgang Klafki hatte mittels Impulsen aus der Kritischen Theorie Schulreformen angestoßen und begleitet. Durch seine Beiträge im Funk-Kolleg (1971–1973) und vor dem Hintergrund einer weiteren Phase der »reeducation« (Behrmann 1999, S. 480) führte Klafki einen Generationswechsel im Bildungssystem durch. Klafkis Funkkolleg, ein Weiterbildungsformat, das zugleich eine Einführung in die Erziehungswissenschaft darstellte und in dem Klafki zögerlich die Kritische Erziehungswissenschaft begründete, wurde von vielen jungen Lehrerinnen und Lehrern, von Studierenden in Lehramtsstudiengängen und Lehrkräften in der Lehrerausbildung rezipiert und aufgenommen. Diese Studierenden sind spätestens in den 1970er Jahren in den aktiven Schuldienst eingetreten und dort wirksam geworden (Behrmann 1999, S. 477–480).

In seiner Beraterfunktion der hessischen Landesregierung wurde Klafki mit einer Totalrevision der Schulcurricula beauftragt. Deutliche Züge der Kritischen Theorie wiesen die dadurch angestoßenen und von Ludwig von Friedeburg vorgelegten neuen »Rahmenrichtlinien« im Jahr 1972/73 auf. Von Friedeburg war von 1969 bis 1974 hessischer Kultusminister und bemühte sich in seinem schulpolitischen Schaffen die 5. und 6. Klasse in eine schulformunabhängige Förderstufe sowie weiterführende Schulen in Gesamtschulen umzuwandeln und schließlich Lehrplaninhalte für Deutsch und Gesellschaftskunde neu zu gestalten. Die Richtlinien reformierten den Deutschunterricht und führten das Integrationsfach »Gesellschaftslehre« ein, in der Geografie, Geschichte und Sozialkunde zusammenfallen sollten. Ebenso offenkundig war der Einfluss der Kritischen Theorie in den im selben Jahr parallel dazu erlassenen Rahmenrichtlinien des Landes Nordrhein-Westfalen, die das Fach »Politik« neu konzipierten und deren Neuregelungen an 30 ausgewählten Schulen erprobte wurden.

Beide Richtlinienentwürfe, die schulformunabhängig für die Sekundarstufe I gelten sollten und die nicht Inhalte, sondern Lernziele zum Ausgangspunkt nahmen, waren offenkundig von der Gesellschafts- und Ideologiekritik beeinflusst, die von der Studentenbewegung und der außerparlamentarischen Opposition vertreten wurde; und beide Entwürfe lösten noch 1973, ein halbes Jahr nach ihrem Inkrafttreten, heftige Debatten aus. Anders als der hessische Richtlinienstreit, der zur Aussetzung der Schulreformen führte und die Abwahl der sozialliberalen Landesregierung nach sich zog, konnte der Richtlinienstreit in Nordrhein-Westfalen beigelegt werden, indem er (mit ideeller Unterstützung von Habermas) verfassungsrechtlich fundiert wurde.

Damit wurde die Kritische Theorie im Bildungssystem teilweise »institutionalisiert« (Behrmann 1999, S. 494).

Da Vertreter der Kritischen Theorie einen starren Bildungskanon ablehnten, bezog sich ein weiterer Strang schulreformerischer Aktivität auf die Gestaltung von kritischen Unterrichtsmaterialien, etwa »kritischen Lesebüchern«, die, unter dem Lernziel Emanzipation, junge Menschen schon früh zum Hinterfragen anregen sollten (Dammer 2003, S. 34–35)

Die Erprobung und Durchsetzung einer Kollegstufe in Nordrhein-Westfahlen die auf Blankertz (Blankertz/Gruschka 1975) zurückgeht, ist ebenso von der Kritischen Erziehungswissenschaft beeinflusst, wie die Offenheit für das Konzept der Gesamtschule, in dem die Kritische Erziehungswissenschaft unserer Ansicht nach drei zentrale Prinzipien verankern konnte: Erstens konnte durch die Ablehnung des dreigliedrigen Schulsystems und die Idee des inklusiven Unterrichts der bereits in Marx' Analysen zentrale Klassenkampf entschärft werden. Zweitens wurden in der Gesamtschule einerseits Demokratisierungs- und Partizipationsprozesse institutionell verankert, die stark von Habermas Diskursethik beeinflusst sind, andererseits wurden Mitbestimmung vertieft und Anerkennung intensiviert, wie sie für Honneths Arbeiten konstitutiv sind. Die Gesamtschulkonzeption zielt implizit ebenso auf eine Verringerung von Entfremdung durch Vereinzelung ab, wie sie durch eine bewertungs- und verwaltungsfreie Zeit, wenigstens in der Grundschule, der Verdinglichung entgegenwirkt.

Zuletzt sei auf die vereinzelten Alternativschulgründungen hingewiesen, die Positionen der Kritischen Theorie praktisch umsetzen und von denen Reformimpulse ausgehen können, was sowohl für die Adorno-Schule in Elze (Hilbig 1995), als auch für die Glockseeschule bei Hannover zutrifft (Negt 2002).

6. Schlussbemerkung

Entgegen der These einer pädagogischen Abstinenz der Frankfurter Schule und dem programmatischen Verdikt eines praktischen Scheiterns der Kritischen Erziehungswissenschaft, zeigt sich, dass das kritische Paradigma auf vielfältige Weise sowohl Schulreformen begleitet, als auch direkt beeinflusst hat. Die systematische Aufarbeitung der schulreformerischen Geschichte der Kritischen Theorie könnte helfen, die realen praktischen und reformerischen Möglichkeiten dieses zeitweise so erfolgreichen, heute aber mitunter »verdrängten Paradigmas« (Hoffmann 2007) in der Erziehungswissenschaft differenzierter einschätzen zu können. Ob die Kritische Theorie auch in Zukunft einen substantiellen Beitrag für Erziehungs- und Schulreformen leisten wird, hängt davon ab, ob es der Schulentwicklungsforschung gelingt, ihre gesellschaftstheoretischen Bezüge wieder stärker in den Blick zu nehmen, gesellschaftsimmanente normative Maßstäbe aufzugreifen und zu entwickeln sowie Rechenschaft über Formen der Kritik abzulegen, mit denen sich gesellschaftliche Fehlentwicklungen im Bildungssystem aufzeigen lassen (siehe auch Böttcher in diesem Band; Berkemeyer/Hermstein 2018).

7. Literatur

Adorno, T. W. (1971/2017): Erziehung zur Mündigkeit. 26. Aufl. Frankfurt am Main: Suhrkamp.

Adorno, T. W. (1972a): Theorie der Halbbildung (1959). In: Adorno, Th. W. (Hrsg.): Gesammelte Schriften. Band 8. Frankfurt am Main: Suhrkamp, S. 93–121.

Adorno, T. W. (1972b): Zur Logik der Sozialwissenschaften (1959). In: Adorno, Th. W. (Hrsg.): Gesammelte Schriften. Band 8. Frankfurt am Main: Suhrkamp, S. 125–143.

Albrecht, C. (1999): Im Schatten des Nationalsozialismus: Die politische Pädagogik der Frankfurter Schule. In: Albrecht, C./Behrmann, G./Bock, M./Homann, H./Tenbruck, F. (Hrsg.): Die intellektuelle Gründung der Bundesrepublik. Eine Wirkungsgeschichte der Frankfurter Schule. Frankfurt am Main, New York: Campus, S. 387–447.

Apple, M. W./Au, W./Gandin, L. A. (2009): The Routledge International Handbook of Critical Education. New York: Routledge.

Behrmann, G. (1999): Die Erziehung kritischer Kritiker als neues Staatsziel. In: Albrecht, C./Behrmann, G./Bock, M./Homann, H./Tenbruck, F. (Hrsg.): Die intellektuelle Gründung der Bundesrepublik. Eine Wirkungsgeschichte der Frankfurter Schule. Frankfurt am Main, New York: Campus, S. 448–496.

Beljan, J. (2019): Schule als Resonanzraum und Entfremdungszone. Eine neue Perspektive auf Bildung. 2. Aufl. Weinheim, Basel: Beltz Juventa.

Beljan, J./Winkler, M. (2019): Resonanzpädagogik auf dem Prüfstand. Über Hoffnungen und Zweifel an einem neuen Ansatz. Weinheim: Beltz.

Benner, D. (2001): Hauptströmungen der Erziehungswissenschaft. Weinheim, Basel: Beltz UTB.

Benner, D./Borrelli, M./Heyting, F./Winch, C. (2003): Kritik in der Pädagogik. Versuche über das Kritische in Erziehung und Erziehungswissenschaft. Weinheim, Basel: Beltz.

Berkemeyer, N. (2016): Kritische Schulsystementwicklungsforschung – Entwurf eines Forschungsprogramms. In: Steffens, U./Bargel, T. (Hrsg.): Schulqualität – Bilanz und Perspektiven. Münster: Waxmann, S. 201–220.

Berkemeyer, N./Hermstein, B. (2018): Schulentwicklungsforschung – Quo Vadis? In: Eickelmann, B./Drossel, K. (Hrsg.): Does ›What works‹ work? Bildungsforschung, Bildungsadministration und Bildungspolitik im Dialog. Münster: Waxmann, S. 13–36.

Berkemeyer, N./Hermstein, B./Meisner, S./Semper, I. (2019): Kritische Schulsystementwicklungsforschung: Ein normativ-analytischer Forschungsansatz der schulischen Ungleichheitsforschung. In: Journal for Educational Research Online 11, H. 1, 47-73.

Bernhard, A. (2000): Kritische Bildungstheorie: Zur Genese des Bildungsdenkens Heinz-Joachim Heydorns von Beginn des Kalten Krieges bis zur Bildungsreform. In: Eierdanz, J./Kremer, A. (Hrsg.): »Weder erwartet noch gewollt«: Kritische Erziehungswissenschaft und Pädagogik in der Bundesrepublik Deutschland zur Zeit des Kalten Krieges. Hohengehren: Schneider, S. 112–133.

Bernhard, A./Kremer, A./Rieß, F. (2003): Kritische Erziehungswissenschaft und Bildungsreform. Programmatik – Brüche – Neuansätze. 2 Bände. Baltmannsweiler: Schneider.

Bernhard, A./Rothermel, L./Rühle, M. (Hrsg.) (2018): Handbuch Kritische Pädagogik. Weinheim, Basel: Beltz Juventa.

Blankertz, H. (1971): Curriculumforschung – Strategien, Strukturierung, Konstruktion. Essen: Neue Deutsche Schule.

Blankertz, H./Gruschka, A. (1975): Kollegstufe Nordrhein-Westfalen als Testfall demokratischer Bildungsreform. In: Paedagogica Europaea 10, H. 2, S. 147–158.

Claußen, B. (1979a): Zur Aktualität und Problematik einer Kritischen Erziehungswissenschaft. In: Claußen, B./Feuerstein, T./Gstettner, P./Hoffmann, D./Löwisch, D.-J./Moser, H./Scarbath, H./Vogt, K. (Hrsg.) (1979): Konzepte einer Kritischen Erziehungswissenschaft. Einführende Texte. München: Ernst Reinhardt, S. 12–34.

Claußen, B. (1979b): Die Position der Kritischen Pädagogik im Positivismusstreit. In: Büttmeyer, W.

Möller, B (Hrsg.): Der Positivismusstreit in der deutschen Erziehungswissenschaft. München: Wilhelm Fink, S. 70–93.
Dammer, K.-H. (2015): Begründung, Entwicklung und Zukunftsaussichten der Kritischen Erziehungswissenschaft. In: Gruschka, A./Lastória, L. A. (Hrsg.): Zur Lage der Bildung. Kritische Diagnosen aus Deutschland und Brasilien. Toronto, Berlin: Budrich.
Dammer, K.-H. (2008): Brauchen wir noch eine »kritische Erziehungswissenschaft«? In: Pädagogische Korrespondenz 22, H. 38, S. 5–27.
Darder, A./Baltodano, M. P./Torres, R. D. (2017): The Critical Pedagogy Reader. New York: Routledge.
Forst, R. (2011): Kritik der Rechtfertigungsverhältnisse. Perspektiven einer kritischen Theorie der Politik. Frankfurt am Main: Suhrkamp.
Forst, R. (2015): Normativität und Macht. Zur Analyse sozialer Rechtfertigungsordnungen. Berlin: Suhrkamp.
Forst, R./Hartmann, M./Jaeggi, R./Saar, M. (2009): Sozialphilosophie und Kritik. Frankfurt am Main: Suhrkamp.
Gertenbach, L./Hartmut, R. (2009): Kritische Theorie. In: Gertenbach, L./Kahlert, H./Kaufmann, S./Rosa, H./Weinbach, Chr (Hrsg.): Soziologische Theorien. Paderborn: Wilhelm Fink, S. 175–254.
Giroux, H. A. (2011): On Critical Pedagogy. New York: Continuum.
Giroux, H. A. (2018): Pedagogy and the Politics of Hope: Theory, Culture and Schooling. New York: Routledge.
Gruschka, A. (1988): Negative Pädagogik. Einführung in die Pädagogik mit kritischer Theorie. Wetzlar: Büchse der Pandora.
Gruschka, A. (1994): Bürgerliche Kälte und Pädagogik. Moral in Gesellschaft und Erziehung. Wetzlar: Büchse der Pandora.
Gruschka, A./Herrmann, A./Radtke, U./Rauin, F.-O./Ruhloff, J./Rumpf, H./Winkler, M. (2006): Das Bildungswesen ist kein Wirtschaftsbetrieb! Fünf Einsprüche und kontroverse Positionen zur aktuellen Bildungsreform. In: Frost, U. (Hrsg.): Unternehmen Bildung. Die Frankfurter Einsprüche und kontroverse Positionen zur aktuellen Bildungsreform. Paderborn u. a.: Ferdinand Schöning, S. 12–15.
Habermas, J. (1956): Der Zeitgeist der Pädagogik. In: Merkur 10, H. 96, S. 189–193.
Habermas, J. (1968/1973): Erkenntnis und Interesse. Frankfurt am Main: Suhrkamp.
Habermas, J. (1981/2011): Theorie des Kommunikativen Handelns. 2 Bände. Frankfurt am Main: Suhrkamp.
Hamm-Brücher, H. (1972): Unfähig zur Reform? Kritik und Initiative zur Bildungspolitik. München: Piper.
Heinrich, M. (2016): Von der Neutralitätsfiktion zur kritisch-konstruktiven empirischen Bildungsforschung. In: Bildung und Erziehung 69, H. 4, S. 431–448.
Heydorn, H.-J. (2004): Über den Widerspruch von Bildung und Herrschaft. Wetzlar: Büchse der Pandora.
Hilbig, N. (1995): Mit Adorno Schule machen. Beiträge zu einer Pädagogik der Kritischen Theorie. Theorie und Praxis der Gewaltprävention. Bad Heilbrunn: Klinkhardt.
Hoffmann, D. (1979): Zur historischen Funktion Kritischer Erziehungswissenschaft. In: Claußen, B./Feuerstein, Th./Gstettner, P./Hoffmann, D./Löwisch, D.-J./Moser, H./Scarbath, H./Vogt, K. (Hrsg.): Konzepte einer Kritischen Erziehungswissenschaft. Einführende Texte. München: Ernst Reinhardt.
Hoffmann, D. (2007): Kritische Erziehungswissenschaft. Historische und systematische Rekonstruktionen eines verdrängten Paradigmas. Hamburg: Dr. Korvač.
Honneth, A. (1992): Kampf um Anerkennung. Zur moralischen Grammatik sozialer Konflikte. Frankfurt am Main: Suhrkamp.
Horkheimer, M. (1937): Traditionelle und kritische Theorie. In: Zeitschrift für Sozialforschung 6, S. 245–294.

Horkheimer, M. (1963): Ist die deutsche Jugend frei von Vorurteilen? In: Tribüne 7.
Horkheimer, M. (1967): Bewältigung der Vergangenheit. In: Das Prisma. Schulzeitung der Werratalschule 1, S. 9–15.
Horkheimer, M./Adorno, T. W. (1947/2010): Dialektik der Aufklärung. Philosophische Fragmente. Frankfurt am Main: Fischer.
Jaeggi, R. (2014): Kritik von Lebensformen. Berlin: Suhrkamp.
Jaeggi, R. (2016): Entfremdung. Zur Aktualität eines sozialphilosophischen Problems. Berlin: Suhrkamp.
Jaeggi, R./Wesche, T. (2009): Was ist Kritik? Berlin: Suhrkamp.
Keckeisen, W. (1983): Kritische Erziehungswissenschaft. In: Lenzen, D./Mollenhauer, K. (Hrsg.): Enzyklopädie Erziehungswissenschaft. Band 1. Theorien und Grundbegriffe der Erziehung und Bildung. Stuttgart: Klett-Cotta, S. 117–138.
Klafki, W. (1970-1973): Funk-Kolleg Erziehungswissenschaft. Eine Einführung in drei Bänden. Frankfurt am Main: Fischer.
Klafki, W. (1976): Aspekte kritisch-konstruktiver Erziehungswissenschaft. Gesammelte Beiträge zur Theorie-Praxis-Diskussion. Weinheim, Basel: Beltz.
Koinzer, T. (2011): Auf der Suche nach der demokratischen Schule. Amerikafahrer, Kulturtransfer und Schulreform in der Bildungsreformära der Bundesrepublik Deutschland. Bad Heilbrunn: Klinkhardt.
Lempert, W. (1971): Leistungsprinzip und Emanzipation. Frankfurt am Main: Suhrkamp.
Marcuse, H. (1964/2014): Der eindimensionale Mensch. Studien zur Ideologie der fortgeschrittenen Industriegesellschaft. Springe: Klampe.
McLaren, P. (1995): Critical Pedagogy and Predatory Culture. London, New York: Routledge.
Mollenhauer, K. (1968): Erziehung und Emanzipation. Polemische Skizzen. München: Juventa.
Mollenhauer, K. (1972): Theorien zum Erziehungsprozess. München: Juventa.
Negt, O. (2002): Kindheit und Schule in einer Welt der Umbrüche. Göttingen: Steidl.
Negt, O. (2014): Philosophie des aufrechten Gangs. Streitschrift für eine neue Schule. Göttingen: Steidl.
Prengel, A. (1999): Impulse aus der jüngeren Kritischen Theorie für eine Pädagogik der Vielfalt. In: Sünker, H./Krüger, H.-H (Hrsg.): Kritische Erziehungswissenschaft am Neubeginn?! Frankfurt am Main: Suhrkamp, S. 231–254.
Prengel, A. (2006): Pädagogik der Vielfalt. Verschiedenheit und Gleichberechtigung in Interkultureller, Feministischer und Integrativer Pädagogik. 3. Auflage. Wiesbaden: Springer VS.
Radtke, F.-O. (2003): Die Erziehungswissenschaft der OECD. Aussichten auf die neue Performanz-Kultur. In: Erziehungswissenschaft 14, S. 109–136.
Rosa, H. (2016): Resonanz. Eine Soziologie der Weltbeziehung. Berlin: Suhrkamp.
Rosa, H./Endres, W. (2016): Resonanzpädagogik. Wenn es im Klassenzimmer knistert. Weinheim, Basel: Beltz.
Schäfer, K.-H./Schaller, K. (1971): Kritische Erziehungswissenschaft und Kommunikative Didaktik. Heidelberg: Quelle & Meyer.
Sünker, H./Krüger, H.-H. (Hrsg.) (1999): Kritische Erziehungswissenschaft am Neubeginn?! Frankfurt am Main: Suhrkamp.
v. Friedeburg, L. (1992): Bildungsreform in Deutschland. Geschichte und gesellschaftlicher Widerspruch. Frankfurt am Main: Suhrkamp.
v. Friedeburg, L. (2000): Schulentwicklung zur Ungleichheit. In: Radtke, F.-O./Weiß, M. (Hrsg.): Schulautonomie, Wohlfahrtsstaat und Chancengleichheit. Ein Studienbuch. Opladen: Leske & Budrich.
Winkler, M. (2006): Kritik der Erziehung. Der Sinn der Erziehung. Stuttgart: Kohlhammer.
Wolf, M. (2017): Paulo Freire und die Kritische Theorie. Heidelberg: Econotion.

Johannes Giesinger

Die Gerechtigkeitsperspektive in der Reform der Schule

Zur Debatte um das gegliederte Bildungssystem

1. Einleitung

Den gegliederten Bildungssystemen in den deutschsprachigen Ländern gelingt es relativ gut, Heranwachsende in den Arbeitsprozess zu integrieren. Dies hat auch damit zu tun, dass die zwei- oder dreigliedrigen Systeme an Berufsbildungssysteme gekoppelt sind, in denen ein Teil der Heranwachsenden für die Anforderungen des Arbeitsmarktes qualifiziert wird (Busemeyer 2015). In diesem Sinne sind die selektiven Strukturen integrativ. Zusätzlich eröffnen sie Personen aus allen Bevölkerungsschichten die Chance auf höhere Bildung: Während in den englischsprachigen Ländern der Zugang zu teuren Privatschulen von zentraler Bedeutung für das schulische und berufliche Fortkommen ist (Swift 2003), bieten die öffentlichen Gymnasien, für die keine direkten Schulgelder erhoben werden, allen die Gelegenheit, eine qualitativ hochstehende Bildung zu erlangen.

Trotz dieser Vorteile stehen die gegliederten Systeme seit Jahrzehnten in der Kritik. In den Reformdebatten der sechziger und siebziger Jahre, in denen die Forderung nach Chancengleichheit zentral war, wurde die Abschaffung der frühen Selektion und die Einführung von integrierten Schulen gefordert. In einigen deutschen Bundesländern wurden sogenannte Gesamtschulen als Ergänzung zu den bestehenden Schulformen eingeführt.

Im Zuge dieser Debatten entstand eine politische Polarisierung zwischen denjenigen Kräften, die sich für eine radikale strukturelle Reform des Systems einsetzten, und ihren konservativen Gegnern, die zunehmend dazu übergingen, die Idee der Chancengleichheit selbst infrage zu stellen. Als Alternative wurde der Begriff der »Chancengerechtigkeit« ins Spiel gebracht (Rolff 2016; Klemm/Rolff 2015). Beide Begriffe – Chancengleichheit und Chancengerechtigkeit – wurden meist nicht in präziser Bedeutung, sondern als politische Kampfbegriffe verwendet. Klemm und Rolff fassen deren Verwendungsweise folgendermaßen zusammen: Die Anhänger von Chancengleichheit

> »wollen statistisch belegte Ungleichheiten so weit wie möglich mindern, die andern wollen die bestehende Ungleichheit nicht in trivialer Weise legitimieren, aber unter den unterschiedlichsten Kriterien von Gerechtigkeit betrachtet wissen, was durchaus Umverteilungen meinen kann, aber auch Befestigung der Umstände durch ansprechende Begründungen« (Klemm/Rolff 2015, S. 287).

Die erste PISA-Studie ließ die Debatte um Chancengleichheit (oder -gerechtigkeit) in Deutschland wieder aufflammen: Nicht nur wurde in dieser Studie ein starker statistischer Zusammenhang zwischen sozialer Herkunft und Schulerfolg belegt. Dazu kam, dass die skandinavischen Gesamtschulsysteme besser abschnitten als die gegliederten Systeme der deutschsprachigen Länder (Baumert/Schümer 2001; Baumert/Stanat/Watermann 2006a). In der Folge wurde teils wiederum die Abschaffung der frühen Selektion gefordert (Stojanov 2008). Es wurden gewisse Reformen der Sekundarstufe in Angriff genommen, allerdings ohne die Schulform des Gymnasiums anzutasten.

In diesem Beitrag möchte ich am Beispiel der Debatte um das gegliederte Bildungssystem die Relevanz der gerechtigkeitstheoretischen Perspektive in der Reform der Schule erörtern. Das Konzept der Gerechtigkeit (oder Bildungsgerechtigkeit) verwende ich als Grundbegriff, der in weiterer normativer Diskussion zu spezifizieren ist. Dabei ist unter anderem zu klären, wie er sich zu Gleichheitsforderungen verhält. Im folgenden Abschnitt (2) zeige ich auf, dass sich die Schulstrukturdebatte auf vier verschiedenen Ebenen bewegt. Der nächste Abschnitt (3) befasst sich mit den ersten beiden dieser Ebenen – der empirischen Dimension und der Ebene kausaler Erklärungen. Im darauffolgenden Abschnitt gelange ich zur Ebene der Gerechtigkeit (4), bevor ich Schlussfolgerungen dazu ziehe, ob die Abschaffung der schulischen Gliederung eine geeignete Reformmaßnahme darstellt (5).

2. Diskussionsebenen

In der Diskussion um das gegliederte System ist nicht immer klar, auf welcher Ebene der Dissens auftritt. Hier, wie in anderen bildungspolitischen Kontroversen, können vier Ebenen unterschieden werden. Da ist zunächst die Ebene empirischer Befunde über das Bildungssystem, z. B. zum statistischen Zusammenhang zwischen sozialer Herkunft und Bildungserfolg oder zu den Lesekompetenzen von Schülern und Schülerinnen. Die zweite Ebene betrifft die kausale Erklärung der vorliegenden Befunde, d. h. zum Beispiel die Frage, wie die Leistungsunterschiede zwischen Individuen zustande kommen. Um Erklärungsansätze zu stützen, wird man allenfalls auf weitere empirische Befunde verweisen bzw. neue empirische Fragestellungen entwickeln.

Weiter ist die gerechtigkeitstheoretische Ebene zu nennen. Wenn ich diese als dritte erwähne, soll damit nicht gesagt sein, dass normative Vorstellungen erst ins Spiel kommen, wenn die Fakten geklärt sind. Im Gegenteil: Die Richtung empirischer Forschung wird teils selbst von normativen Vorstellungen geleitet. So wird der Zusammenhang von Herkunft und Schulleistung gerade deshalb untersucht, weil hier ein Gerechtigkeitsproblem vermutet wird. Auch die Suche nach Erklärungen ist bereits mit normativen Fragestellungen verwoben. So kann es je nach normativer Konzeption einen Unterschied machen, ob Leistungsunterschiede aufgrund natürlicher Merkmale oder sozialer Bedingungen des Aufwachsens zustande kommen. Eine empirisch festgestellte Ungleichheit kann sich als moralisch unproblematisch erweisen, wenn sie in bestimmter Weise zu erklären ist.

Als Viertes ist die Ebene der Reformen zu nennen, d. h. der politischen oder pädagogischen Maßnahmen, mit denen in die bestehende schulische Ordnung eingegriffen wird. Die Reformen haben sich an normativen Vorgaben zu orientieren und sind in diesem Sinne »*value* driven«, wie Brighouse et al. (2018, S. 81; Hervorh. im Orig.) es ausdrücken: »[T]alk of ›what works‹ makes no sense unless one has a value-informed goal in mind«. Diese Autoren und Autorinnen fügen sogleich hinzu: »But decision making must be data *informed*. Indeed, if it is not data informed, one's values cannot guide it effectively because every decision is a shot in the dark« (Brighouse et al. 2018, S. 81, Hervorh. im Orig.). Es gilt also, gerechtigkeitstheoretische Überlegungen mit der verfügbaren empirischen Evidenz zu verknüpfen und dabei die möglichen Erklärungen für vorliegende Befunde einzubeziehen.

Die Schwierigkeit ist, dass sich empirische Ergebnisse stets auf die Vergangenheit oder die Gegenwart beziehen, Reformbemühungen jedoch zukunftsorientiert sind und sich zudem oftmals auf einen anderen Kontext beziehen als die empirischen Untersuchungen, die man zurate zieht. Das heißt, dass man aus den verfügbaren Befunden, in Kombination mit gerechtigkeitstheoretischen Erwägungen, nicht direkt ableiten kann, welche Maßnahme die richtige ist (Brighouse et al. 2018, S. 82). Eine besondere Schwierigkeit ergibt sich daraus, dass Reformen in der Bildung aufgrund der Komplexität des Systems oftmals nicht oder nicht nur die beabsichtigten Wirkungen zeitigen, sondern unerwartete Nebeneffekte mit sich bringen.

Wenn man von der Frage nach der schulischen Gliederung ausgeht, so steht ein bestimmter Reformvorschlag zur Debatte, der üblicherweise mit gerechtigkeitstheoretischen sowie empirischen Argumente verteidigt wird. Es kann gefragt werden, ob der Dissens, wie oftmals angenommen, auf unterschiedlichen normativen Auffassungen (z. B. Chancengleichheit oder Chancengerechtigkeit) beruht, oder ob er sich auf unterschiedliche Wirksamkeitsannahmen bezieht.

3. Empirische Befunde und kausale Erklärungen

Verschafft man sich einen Überblick über die empirischen Daten zu den gegliederten Systemen in den deutschsprachigen Ländern, so fällt sogleich auf, dass die Angehörigen sozial privilegierter Schichten in der anspruchsvollsten Schulform, dem Gymnasium, deutlich übervertreten sind (Autorengruppe Bildungsberichterstattung 2018, S. 90). Damit ist eine empirische Ungleichheit aufgedeckt, und dies wirft die Frage auf, ob hier eine Ungerechtigkeit vorliegt.

Einiges hängt daran, wie dieses soziale Ungleichgewicht erklärt werden kann. Die Rechtfertigung des gegliederten Systems beruht in hohem Masse auf der Vorstellung, dass die Auslese leistungs- oder begabungsgerecht erfolgt. Demnach müsste die Überrepräsentation der Privilegierten damit zu erklären sein, dass diese tatsächlich begabter und leistungsfähiger sind als die sozial Benachteiligten.

In diesem Kontext werden im Anschluss an Boudon (1974) primäre und sekundäre Herkunftseffekte unterschieden. Die primären Effekte führen zu tatsächlichen Leistungsunterschieden, sekundäre Effekte kommen insbesondere an den Übergängen des Bildungssystems zum Tragen, wenn Lernende mit gleicher Leistungsfähigkeit aufgrund ihres sozialen Hintergrunds unterschiedlichen Schulformen zugeteilt werden. Die Übervertretung sozial Privilegierter wird gewöhnlich mit Verweis auf beide Arten von Effekten erklärt: Zum einen zeigt sich, dass die Angehörigen höherer Schichten in der Tat bessere Schulleistungen zeigen, zum anderen erfolgt die Selektion nicht leistungsgerecht.

Diese empirischen Feststellungen verlangen nach Erklärungen. Die ungleiche Leistungsfähigkeit wurde traditionell oftmals mit unterschiedlichen natürlichen Begabungen erklärt. Teils wurde angenommen, dass die Lernenden gemäß ihrem »Begabungstyp« einem der drei Schulformen zuzuteilen sind. Die Gesamtschuldiskussion der siebziger Jahre war deshalb unter anderem eine Begabungsdiskussion (Roth 1967), in der die Vorstellung fixer und zweifelsfrei identifizierbarer Begabungen infrage gestellt wurde (vgl. auch Stojanov 2008). Wenn die Leistungsfähigkeit und die Potenziale von Heranwachsenden zum Zeitpunkt der Selektion von den familiären Bedingungen des Aufwachsens abhängen, reagiert die Zuteilung in verschiedene Schulformen bereits auf soziale Bevorzugung und Benachteiligung. Ein Indikator für die zusätzlich entstehenden sekundären Ungleichheiten sind die starken Leistungsüberlappungen von Schülern und Schülerinnen in unterschiedlichen Schulformen (Autorengruppe Bildungsberichterstattung 2016, S.94). Interessant ist in diesem Kontext auch die Forschung zu den Schullaufbahnempfehlungen von Lehrpersonen, die offenbar in hohem Masse von der sozialen Herkunft der Betroffenen abhängig sind (Bos et al. 2004).

Die Empfehlungen der Lehrpersonen können als Erklärung für sekundäre Ungleichheit herangezogen werden. Dominant ist in diesem Kontext allerdings das soziologische Rational-Choice-Modell von Boudon (1974). Dieses interpretiert die Selektionsentscheidungen von Eltern als rationale Entscheidungen, die von der Schichtzugehörigkeit der Betroffenen abhängen: Demnach lassen sich die Unterschiede in den Entscheidungen dadurch erklären, dass die Kosten-Nutzen-Analyse je nach Schicht anders aussieht. Es wird angenommen, dass der soziale Statuserhalt der Familie in den Entscheidungen von zentraler Bedeutung ist.

Alternativ oder ergänzend dazu wird oftmals auf die soziologischen Analysen Pierre Bourdieus verwiesen, der von mangelndem kulturellem oder sozialem Kapital aufseiten sozial Benachteiligter und von fehlender kultureller Passung zwischen ihnen und den Praktiken des Bildungssystems spricht (Bourdieu/Passeron 1971; Kramer/Helsper 2010). Beide Ansätze verweisen auf soziale Ungleichheiten, sind aber nicht mit einer ausformulierten Konzeption von Chancengleichheit, Chancengerechtigkeit oder Bildungsgerechtigkeit verknüpft.

4. Gerechtigkeit

Die klassische Verteidigung des gegliederten Systems wurde im letzten Abschnitt angedeutet: Demnach ist schulische Gliederung fair, weil (oder insofern) sie jeder Person die ihrer Begabung oder Leistungsfähigkeit gemäße Bildung verschafft. Aus dieser Formulierung können zwei unterschiedliche gerechtigkeitstheoretische Auffassungen herausgelesen werden, zum einen eine Konzeption von Leistungsgerechtigkeit, zum anderen eine weitergehende »meritokratische« Konzeption, die Chancengleichheit an natürlicher Begabung festmacht. Interessant ist, dass die Kritik des selektiven Schulsystems oftmals nicht auf der gerechtigkeitstheoretischen Ebene ansetzt, sondern bei empirischen Befunden und theoretischen Erwägungen zum Begabungsbegriff.

So wird üblicherweise nicht argumentiert, dass die Forderung nach Leistungsgerechtigkeit normativ unangemessen ist, sondern dass sie im bestehenden System nicht umgesetzt wird und auch nicht ohne weiteres umzusetzen ist. In der Verteidigung des Bestehenden wird man etwa die Verbesserung der Leistungsdiagnostik als Lösung vorschlagen (Vereinigung der Bayerischen Wirtschaft 2007, S. 147). Alternativ könnte man von der Forderung nach Leistungsgerechtigkeit Abstand nehmen und eine schwächere Konzeption »formaler« Chancengleichheit vertreten: Nach dieser Auffassung ist die Selektionspraxis gerecht, insofern sie frei von formaler Diskriminierung ist und keine direkten finanziellen Zugangsbeschränkungen bestehen. Diese Form von Chancengleichheit scheint in den heutigen Systemen weitgehend eingelöst.

Mit Blick auf die erwähnte Studie zu den von Lehrpersonen abgegebenen Laufbahnempfehlungen könnte man allerdings die normative Auffassung vertreten, dass den Heranwachsenden auch unter der Bedingung formaler Chancengleichheit Unrecht geschieht: Eine Erklärung für die teils unangemessenen Beurteilungen der Lehrpersonen könnte in impliziten Vorurteilen gegenüber Mitgliedern bestimmter sozialer Gruppen bestehen, die die Begabungszuschreibung beeinflussen. Wenn sozial Benachteiligte aufgrund negativer stereotyper Vorstellungen systematisch als weniger begabt eingestuft werden als Privilegierte, so ließe sich argumentieren, stellt dies eine Ungerechtigkeit dar (Stojanov 2016 im Anschluss an Fricker 2007).

Weiter könnte erwähnt werden, dass die Abkehr von der Idee der Leistungsgerechtigkeit die Pointe des gegliederten Systems infrage stellt: Oftmals wird in pädagogischer Perspektive argumentiert, dass die Bildung leistungshomogener Gruppen eine Form von Unterricht ermöglicht, die optimal auf die Voraussetzungen der Beteiligten abgestimmt ist. Wenn die Selektion jedoch nicht leistungsgerecht geschieht, sind die Lerngruppen allenfalls sozial, nicht aber leistungsmäßig homogen.

Das meritokratische Prinzip geht über die Forderung nach Leistungsgerechtigkeit hinaus. Es bezieht sich nicht auf die aktuelle Leistungsfähigkeit von Personen, sondern auf ihre natürlichen Anlagen. In den neueren philosophischen Formulierungen des Prinzips wird zudem die persönliche Anstrengungsbereitschaft als legitime Quelle von Ungleichheit hervorgehoben. Brighouse und Swift (2008, S. 447) schreiben:

> An individual's prospects for educational achievement may be a function of that individual's talent and effort, but it should not be influenced by her social class background.

Wenn Leistungspotenziale angeboren wären und zu bestimmten Zeitpunkten verlässlich identifiziert werden könnten, so ließe sich die schulische Gliederung aufgrund dieses Prinzips vermutlich rechtfertigen. Weil beides zweifelhaft ist, wird die konsequente Anwendung der meritokratischen Idee eher in einer Kritik des Bestehenden resultieren.

Es ist unklar, ob die Idee der Chancengleichheit, wie sie von Klemm und Rolff ausformuliert wird, dem meritokratischen Prinzip entspricht. Nach ihrer Formulierung wird Chancengleichheit dadurch geschaffen, dass »statistisch belegte Ungleichheiten so weit wie möglich« gemindert werden (Klemm/Rolff 2015, S. 287). Dabei bleibt offen, inwiefern es legitime Bildungsungleichheiten geben kann. Betrachtet man die philosophische Diskussion zur Bildungsgerechtigkeit, so ist festzustellen, dass das meritokratische Prinzip, obwohl selbst schon sehr anforderungsreich, oftmals als zu wenig weitgehend eingestuft wird. Im Anschluss an Rawls (1971) wird die Auffassung vertreten, dass nicht nur sozial bedingte, sondern auch natürlich gegebene Ungleichheiten unverdient sind, da sie nicht auf persönlich verantworteten Entscheidungen beruhen. Natürliche Vorteile gehen gemäß dieser Sichtweise nicht mit einem direkten moralischen Anspruch auf besondere Förderung einher: Demnach haben die »Begabten« kein Anrecht darauf, dass das Schulsystem speziell zu ihrem Vorteil eingerichtet ist. Diejenigen Rechtfertigungen des gegliederten Systems, die auf die besonderen Ansprüche der Begabten verweisen, wird man auf dieser Grundlage ablehnen.

Eine in diesem Sinne formulierte »radikale« Konzeption von Bildungsgerechtigkeit würde verlangen, schulische Ungleichheiten so weit auszugleichen, als sie nicht auf individuelle Entscheidungen zurückzuführen sind (Brighouse/Swift 2014). Im Zentrum des Interesses steht hier die Entscheidung sich anzustrengen. Damit bietet sich ein Ansatzpunkt für die Kritik der radikalen Konzeption: Man kann infrage stellen, dass Kinder in verantwortlicher Weise entscheiden, ob sie sich in der Schule anstrengen wollen oder nicht. Schulische Motivation und Ambition scheinen in hohem Maße sozial oder allenfalls von genetischen Voraussetzungen beeinflusst zu zu sein. Ist dies der Fall, so sind daraus erwachsende Vorteile ebenfalls unverdient.

Diese führt zu einer »extremen« Konzeption von Bildungsgerechtigkeit, gemäß der die vollständige Gleichheit der schulischen Leistung gefordert ist (Brighouse/Swift 2014). Eine solche Konzeption (»all-the-way-equality«) wird etwa von Tammy Ben-Shahar (2016) vertreten, die zusätzlich zur soeben dargestellten Argumentationslinie darauf verweist, dass im Wettbewerb um attraktive soziale Positionen jegliche Ungleichheit relevant sein kann: In diesem Kontext hat Bildung einen »positionalen« Wert, d.h. ihr Wert für das Individuum hängt davon ab, wie gut die anderen gebildet sind. Wenn man mit anderen um einen Arbeitsplatz konkurriert, muss man besser sein als die anderen. Sollen faire Bedingungen im sozialen Wettbewerb geschaffen werden, so Ben-Shahar, können deshalb keinerlei schulische Ungleichheiten akzeptiert werden. Alle Heranwachsenden müssen auf den gleichen Stand gebracht werden.

Eine solche Konzeption muss sich mit dem Vorwurf der »Gleichmacherei« auseinandersetzen, der in den siebziger Jahren – wie Rolff ausführt – von konservativen Kreisen gegen die Idee der Chancengleichheit vorgebracht wurde. Dabei, so Rolff weiter, habe zu dieser Zeit niemand »völlige Chancengleichheit – also Gleichmacherei – gefordert« (Rolff 2016). Die als Alternative aufgebrachte Idee der Chancengerechtigkeit, die bis heute populär ist, scheint weniger anspruchsvoll zu sein als die Idee der Chancengleichheit: Jede Person soll eine faire Chance bekommen, aber es können nicht alle die gleiche Chance haben. Was dies bedeutet, und inwiefern es durch die bestehenden Systeme bereits garantiert ist, bleibt unklar.

In der philosophischen Debatte hat sich als Alternative zu Gleichheitskonzeptionen die Idee angemessener oder ausreichender Bildung entwickelt. Dabei wird meist von einer Schwelle relevanter Fähigkeiten und Kenntnisse ausgegangen, die nach Möglichkeit von allen erreicht werden sollte (Anderson 2007; Satz 2007; Giesinger 2007) sollte. Dieser Grundgedanke lässt sich unterschiedlich ausdeuten, je nachdem *wofür* Bildung ausreichend sein soll. Gemäß einem minimalistischen Verständnis sollen alle eine Art von Bildung (oder Ausbildung) erwerben können, die ihnen Zugang zum Arbeitsmarkt verschafft. Wie sich in den deutschsprachigen Ländern zeigt, lässt sich diese Art von beruflicher Integration selbst dann bewerkstelligen, wenn basale Kompetenzen – etwa in der Erstsprache – fehlen. Ein beträchtlicher Anteil der Jugendlichen verfehlt gemäß den PISA-Studien ein ausreichendes Niveau im sinnverstehenden Lesen. Viele scheinen jedoch über eine Berufslehre den Weg in den Arbeitsmarkt zu finden. Nimmt man die tiefe Jugendarbeitslosigkeit als Maßstab, scheint das gegliederte System, wie eingangs gesagt, integrative Wirkung zu haben (Busemeyer 2015).

Die bestehenden Systeme, so könnte man also sagen, ermöglichen vielen eine minimale Form (ökonomischer) Teilhabe, zusätzlich zur bereits erwähnten formalen Chancengleichheit. Damit, so könnte man argumentieren, hat jeder eine faire Chance auf Bildung, und es besteht, was die Chancengerechtigkeit anbelangt, kein Bedarf für tiefgreifende strukturelle Reformen. Damit wäre eine normative Konzeption formuliert, die das bestehende System im Grundsatz rechtfertigt, ohne sich mit diskreditierten Argumentationsansätzen, wie der Annahme unterschiedlicher Begabungstypen, zu belasten. Es wird nicht behauptet, das System sei meritokratisch gerechtfertigt oder auch nur leistungsgerecht. In diesem Modell wird in Kauf genommen, dass die soziale Herkunft das schulische und berufliche Fortkommen in hohem Maße bestimmt. Gerade dies wird bei vielen moralisches Unbehagen hervorrufen und die Frage aufkommen lassen, ob nicht weitergehende Maßnahmen zur Abschwächung sozialer Ungleichheit im Bildungssystem zu angezeigt sind.

Abschließend möchte ich eine normative Argumentation skizzieren, die über die Forderung nach minimaler ökonomischer Integration und formaler Chancengleichheit hinausgeht, und die keine anspruchsvollen egalitaristischen Ideen in Anspruch nimmt, aber dennoch Gründe für eine Reform des bestehenden Systems liefert (Giesinger 2017).

Ausgangspunkt ist die normative Auffassung, wonach Personen an der Schwelle zum Erwachsenenalter Gelegenheit haben sollten, selbstbestimmt über ihre schulische und berufliche Zukunft zu entscheiden. Um hierzu in der Lage zu sein, müssen ihnen zum relevanten Zeitpunkt unterschiedliche wertvolle Optionen offenstehen, aus denen sie auswählen können.

Dies bedeutet erstens, dass ihnen selbst diese Optionen bewusst sein müssen, d. h. dass ihnen klar ist, dass ihnen unterschiedliche Laufbahnen offenstehen und ihr beruflicher Werdegang nicht durch ihre soziale Herkunft vorbestimmt ist. Zweitens heißt es, dass sie von ihren schulischen Leistungsvoraussetzungen her in der Lage sein müssen, die relevanten Optionen zu nutzen. Drittens müssen diese Optionen äußerlich verfügbar sein.

Frühe Selektion ist deshalb moralisch zu kritisieren, weil sie gewissen Schülern und Schülerinnen den Zugang zu wertvollen Optionen frühzeitig und ohne zwingenden Grund erschwert oder gar verunmöglicht. Durch die Einteilung in eine der weniger anspruchsvollen Schulformen verschwinden bestimmte berufliche Optionen tendenziell aus dem Sichtfeld der Betroffenen. Zudem werden sie in diesen Schulformen möglicherweise nicht angemessen gefördert, sodass sie letztlich nicht über die nötigen Leistungsvoraussetzungen verfügen (Baumert/Stanat/Watermann 2006b). Schließlich bauen sich durch die frühe Gliederung unnötige äußere Hürden beim Zugang zu bestimmten attraktiven Optionen auf. Um relevante Optionen möglichst lange zu erhalten, drängt es sich auf, die Entscheidung zwischen beruflicher und akademischer Bildung möglichst hinauszuschieben, z. B. bis zum achten oder neunten Schuljahr.

Diese Überlegung lässt sich mit einer sogenannten Schwellenkonzeption der Bildungsgerechtigkeit verbinden, die zwei unterschiedliche Schwellen vorsieht. Die Grundidee lautet, dass alle – wenn immer möglich – die erste Schwelle erreichen, gleichzeitig aber möglichst viele der Heranwachsenden befähigt werden, zur zweiten Schwelle zu gelangen. Die untere Schwelle ist durch diejenigen Fähigkeiten und Kenntnisse definiert, die minimale ökonomische Teilhabe, politische Partizipation und eine selbstbestimmte Lebensgestaltung ermöglichen. Die obere Schwelle bietet Zugang zu höheren Formen der Bildung, insbesondere gymnasialen und universitären Optionen sowie höheren Formen beruflicher Bildung. Eine frühe Selektion macht es für manche schwierig, diese höhere Schwelle zu erreichen, weil die Schulform, der sie zugeteilt sind, dies nicht vorsieht. Da die Selektion nicht leistungsgerecht vollzogen wird, sind hiervon vor allem die Angehörigen unterer sozialer Schichten betroffen.

5. Reform des gegliederten Systems?

Die Diskussion im letzten Abschnitt zeigt auf, dass die Beziehung zwischen gerechtigkeitstheoretischen Konzeptionen und der Frage nach der Gliederung des Bildungssystems komplexer ist als oftmals angenommen:

Erstens bietet die meritokratische Konzeption, die teils zur Rechtfertigung früher Selektion verwendet wird, die theoretischen Ressourcen zur Kritik des bestehenden

Systems. Der meritokratische Ansatz verlangt die Neutralisierung sozial bedingter Ungleichheiten. Dies betrifft sowohl die sozialen Faktoren in der Entwicklung primärer Ungleichheit als auch die sozial bedingten Verzerrungen im Selektionsprozess selbst.

Zweitens erfordert die Kritik des gegliederten Systems keine anspruchsvolle Konzeption von Chancengleichheit. Ansätze für Kritik liefert bereits die breit geteilte Auffassung von leistungsgerechter Selektion. Weitere Unterstützung ergibt sich aus dem zuletzt erwähnten Ansatz, wonach wertvolle schulische und berufliche Optionen nicht vorzeitig verschlossen werden sollten.

Es gibt also, wie es scheint, gute Gründe *für* eine Reform der bestehenden Strukturen im Bildungssystem – Gründe, die sich aus unterschiedlichen normativen Quellen speisen. Gründe *gegen* eine Reform könnten sich etwa daraus ergeben, dass die Maßnahme nicht als wirksam eingeschätzt wird, d. h. als ungeeignet zur Realisierung der normativen Vorgaben. Klar ist, dass durch eine Strukturreform allein die soziale Ungleichheit im Bildungssystem nicht beseitigt wird. Setzt man sich weitreichende egalitaristische Ziele, wird man von den Resultaten einer solchen Maßnahme vermutlich enttäuscht sein. Arbeitet man hingegen mit bescheideneren normativen Vorgaben, sieht dies möglicherweise anders aus: Der Verzicht auf frühe Selektion beseitigt einen der Faktoren, die die Lebensoptionen der Mitglieder benachteiligter sozialer Gruppen frühzeitig beschränken und sie damit in der freien Entscheidung über ihre schulische und berufliche Zukunft beeinträchtigen.

Die stärksten Vorbehalte gegen diesen Reformvorschlag ergeben sich aus der Befürchtung, dass die Abschaffung der frühen Gliederung gewisse unbeabsichtigten Nebeneffekte hat. Die heutigen Strukturen schaffen eine soziale Segregation im Bildungssystem, die – wie häufig angenommen wird – insbesondere von den Angehörigen der gebildeten Mittelschichten so gewünscht ist. Sie betrachten das Gymnasium als die für ihre Kinder angemessene Schulform und haben kein Interesse an einer stärkeren sozialen Durchmischung der Schule. Es besteht die Gefahr, dass eine Reform des gegliederten Systems neue Formen sozialer Segregation im Bildungssystem begünstigt. So könnten sich aufgrund der räumlichen Segregation der sozialen Schichten integrierte Schulen herausbilden, die nicht sozial durchmischt sind und sich zudem in ihrer schulischen Qualität stark unterscheiden. Dies wiederum könnte dazu führen, dass sozial privilegierte Familien den Schulen mit schlechtem Ruf ausweichen, indem sie den Wohnort wechseln oder ihre Kinder auf eine Privatschule schicken. Dies wiederum würde die Lebensoptionen der sozial Benachteiligten, wie in den USA ersichtlich, bereits früher und möglicherweise stärker beschneiden als das heutige System.

Das verdeutlicht, dass auch mögliche Nebeneffekte schulischer Reformen in gerechtigkeitstheoretischer Perspektive zu betrachten sind. Die Behebung von Ungerechtigkeit kann zu neuen und allenfalls größeren Ungerechtigkeiten führen. Dies ändert nichts daran, dass eine als ungerecht eingeschätzte Situation nach einer Veränderung verlangt. Möglicherweise finden Reformideen größeren Akzeptanz im demokratischen Prozess, wenn sie von einer bescheidenen Vorstellung von »Chancengerechtigkeit« ausgehen, als wenn eine anspruchsvolle Konzeption von »Chancengleichheit« propagiert wird.

6. Literatur

Anderson, E. (2007): Fair Opportunity in Education: A Democratic Equality Perspective. In: Ethics 117, S. 595–622.

Autorengruppe Bildungsberichterstattung (Hrsg.) (2016): Bildung in Deutschland 2016. Ein indikatorengestützter Bericht mit einer Analyse zu Bildung und Migration. Bielefeld: Bertelsmann.

Autorengruppe Bildungsberichterstattung (Hrsg.) (2018): Bildung in Deutschland 2018. Ein indikatorengestützter Bericht mit einer Analyse zu Wirkungen und Erträgen von Bildung. Bielefeld: Bertelsmann.

Baumert, J./Schümer, G. (2001): Familiäre Lebensverhältnisse, Bildungsbeteiligung und Kompetenzerwerb. In: Deutsches PISA-Konsortium (Hrsg.): PISA 2000. Basiskompetenzen von Schülern und Schülerinnen im internationalen Vergleich. Opladen: Leske & Budrich, S. 323–407.

Baumert, J./Stanat, P./Watermann, R. (Hrsg.) (2006a): Herkunftsbedingte Disparitäten im Bildungssystem. Vertiefende Analysen im Rahmen von PISA 2000. Wiesbaden: VS Verlag für Sozialwissenschaften.

Baumert, J./Stanat, P./Watermann, R. (2006b): Schulstruktur und die Entstehung differenzieller Lern- und Entwicklungsmilieus. In: Baumert, J./Stanat, P./Watermann, R. (Hrsg.): Herkunftsbedingte Disparitäten im Bildungssystem. Vertiefende Analysen im Rahmen von PISA 2000. Wiesbaden: VS Verlag für Sozialwissenschaften, S. 95–188.

Ben-Shahar, T. H. (2016): Equality in Education: Why We Must Go All the Way. In: Ethical Theory and Moral Practice 19, S. 83–100.

Bos, W./Voss, A./Lankes, E. M./Schwippert, K./Thiel, O./Valtin, R. (2004): Schullaufbahnempfehlungen von Lehrkräften für Kinder am Ende der vierten Jahrgangsstufe. In: Bos, W./Lankes, E.M./Prenzel, M./Schwippert, K./Valtin, R./Walther, G. (Hrsg.): IGLU. Einige Länder der Bundesrepublik Deutschland im nationalen und internationalen Vergleich. Münster: Waxmann, S.191–228.

Boudon, R. (1974): Education, Opportunity, and Social Inequality. Changing Prospects in Western Society. New York: Wiley.

Bourdieu, P./Passeron, J.-C. (1971): Die Illusion der Chancengleichheit: Untersuchungen zur Soziologie des Bildungsgwesen am Beispiel Frankreichs. Stuttgart: Klett.

Brighouse, H./Ladd, H. F./Loeb, S./Swift, A. (2018): Educational Goods. Values, Evidence, and Decision Making. Chicago, London: University of Chicago Press.

Brighouse, H./Swift, A. (2008): Putting Educational Equality in its Place. In: Education Finance and Policy 3, S. 444–466.

Brighouse, H./Swift, A. (2014): The Place of Educational Equality in Educational Justice. In: Meyer, K. (Hrsg.): Education, Justice, and the Human Good. London: Routledge, S. 14–33.

Busemeyer, M. R. (2015): Skills and Inequality. Partisan Politics and the Political Economy of Education Reforms in Western Welfare States. Cambridge: Cambridge University Press.

Fricker, M. (2007): Epistemic Injustice. Power and the Ethics of Knowing. Oxford: Oxford University Press.

Giesinger, J. (2007): Was heißt Bildungsgerechtigkeit? In: Zeitschrift für Pädagogik 53, S. 362–381.

Giesinger, J. (2017): Educational Justice, Segregated Schooling, and Vocational Education. In: Theory and Research in Education 5, S. 88–102.

Klemm, K./Rolff, H.-G. (2015): Chancengleichheit und Chancengerechtigkeit – Wortspiele oder Gesellschaftspolitik? In: Romahn, H./Rehfeld, D. (Hrsg.): Lebenslagen – Beiträge zur Gesellschaftspolitik. Marburg: Metropolis, S. 267–289.

Kramer, R.-T./Helsper, W. (2010): Kulturelle Passung und Bildungsungleichheit – Potenziale einer an Bourdieu orientierten Analyse der Bildungsungleichheit. In: Krüger, H. H./Rabe-Kleberg, U./Kramer, R.-T./Budde, J. (Hrsg.): Bildungsungleichheit revisited. Bildung und soziale Ungleichheit vom Kindergarten bis zur Hochschule. Wiesbaden: VS Verlag für Sozialwissenschaften, S. 103–125.

Rawls, J. (1971): A Theory of Justice. Cambridge Mass: The Belknap Press of Cambridge University Press.

Rolff, H.-G. (2016): Chancengleichheit oder Chancengerechtigkeit? Ohne klare Begriffe keine klare Sache. In: Neue Deutsche Schule 4, S. 14.

Roth, H. (1967): Begabung und Begaben. Über das Problem der Umwelt in der Begabtenförderung. In: Ballauf, T./Hettwer, H. (Hrsg.): Begabtenförderung und Schule. Darmstadt: Wissenschaftliche Buchgesellschaft, S. 18–36.

Satz, D. (2007): Equality, Adequacy, and Education for Citizenship. In: Ethics 117, S. 623–648.

Stojanov, K. (2008): Bildungsgerechtigkeit als Freiheitseinschränkung? Kritische Anmerkungen zum Gebrauch der Gerechtigkeitskategorie in der empirischen Bildungsforschung. In: Zeitschrift für Pädagogik 54, S. 516–531.

Stojanov, K. (2016): Educational Justice as Respect Egalitarianism. In: Critique and Humanism Journal 46, S. 249–260.

Swift, A. (2003): How not to be a Hypocrite. School Choice for the Morally Perplexed Parent. London: Routledge.

Vereinigung der Bayerischen Wirtschaft (Hrsg.) (2007): Bildungsgerechtigkeit. Jahresgutachten 2007. Wiesbaden: VS Verlag für Sozialwissenschaften.

II Arenen und Strukturen der Schulreform

Matthias Rürup

Akteure und Strukturen der Schulreform in Deutschland

Auf die Frage, wer mit wem unter welchen strukturellen Bedingungen Schulreformen im deutschen Schulsystem gestaltet, gibt es – zumal in einem Überblicksartikel – nur unzureichende Antworten. Die vorrangig erwartbare und ab Abschnitt 1 auch ausgeführte Aussage, dass man hier den Blick auf politische Akteure[5] in den Ländern (die Parlamente, Ministerien und Verwaltungen), den Bildungsföderalismus und vielleicht auch die OECD richten müsse, ist relativierungs- und ergänzungsbedürftig. Und zwar mindestens aus drei Perspektiven:

1. Mit Blick auf die womöglich *begrenzte Bedeutung politisch-administrativer Festlegungen* für die Praxis von Schule und Unterricht: Zwar sind Rahmenentscheidungen zu Schulstrukturen, zu Abschlüssen und zum Prüfungswesen sowie zu Finanz- bzw. Personalausstattungen wichtig dafür, dass und wie Schule läuft. Sofern das Thema »Schulreform« aber nicht nur auf Schulstruktur-Debatten verkürzt werden soll, wird die Frage virulent, inwieweit Politik nicht oftmals bloß als nachholender schulrechtlicher Legitimator und Multiplikator von Reformanliegen und bestehenden Reformpraxen wirkt, die schon länger an Einzelschulen entwickelt und umgesetzt wurden und auch über Wissenschaft, Fachgesellschaften, Lehrerverbände oder Netzwerke reformorientierter Schulen (z. B. Blick über den Zaun, Schule im Aufbruch) längst größere Verbreitung und Anerkennung gefunden haben. Mit dem Begriffsinstrumentarium der Educational-Governance-Perspektive (Kussau/Brüsemeister 2007; Fend 2008; Altrichter/Maag Merki 2016) könnte man hier auf die Beschreibung des Bildungswesens als Mehrebenensystem verweisen, bei der der Makroebene politischer Gestaltung zwar keine unwesentliche, aber eben auch keine omnipräsente (allgegenwärtige und alles entscheidende) Rolle spielt. Reformen müssen einzelschulisch immer noch angenommen und in konkretes Handeln der dortigen Personen transferiert werden.
2. Aus politikwissenschaftlicher Sicht wäre zudem das *Analysekonzept des Policy-Cycle* heranzuziehen (z. B. Blum/Schubert 2009, S. 101-140). Mit diesem wird hervorgeho-

5 Der Begriff der Akteure wird im Folgenden als Sammelbezeichnung für Organisationen, Gremien (auch Verhandlungs- und Abstimmungsarenen) oder ähnliche kooperative Agenten der Schulreform und ihre Repräsentanten als Rollenträger verwendet und eigentlich nie für konkrete Personen. Der Begriff der Struktur wird hingegen für die Verfahren (Verfügungsrechte, Koordinations- und Abstimmungsregeln) genutzt, über die die verschiedenen Akteure ihre Interessen (potenziell) einbringen und durchsetzen können oder auch begrenzen müssen.

ben, das Politikprogramme (englisch: Policy) nicht einfach nur politisch bestimmt und beschlossen werden, sondern ihnen mindestens Phasen der Problemdefinition und des Agenda-Settings vorausgehen und mindestens Phasen der Implementation und Politik-Evaluation nachfolgen. Mit der Perspektive des Policy-Cycles wird offensichtlich, dass Parlamente, Bildungsministerien oder auch die Kultusministerkonferenz (KMK) nur in bestimmten Policy-Cycle-Phasen eine hervorgehobene Bedeutung haben, nämlich denen der *politischen* Verhandlung und Kodifizierung schon vorliegender *politischer* Programme. Eine vorrangige Aufmerksamkeit für diese politischen Akteure erhöht so die Gefahr, dass der Einfluss von Akteuren und Strukturen tendenziell aus dem Blick gerät, von denen die politischen Programme entwickelt, geprüft und vorgeschlagen werden – wie z. B. Ausschüsse, Experten- und Beratungsgremien, die Ministerialverwaltung oder Wissenschaftler*innen. Potenziell unterschätzt würden außerdem diejenigen Akteure über die schulische Sachverhalte überhaupt als Probleme, die politisch jetzt und dringlich zu bearbeiten seien, bestimmt werden – klassisch also Interessenverbände, Parteien mit ihren Untergliederungen, die Medien sowie (neuerdings) Stiftungen wie Bertelsmann oder Robert-Bosch oder internationale Organisationen (wie die OECD), mit ihren medienwirksam platzierten Veröffentlichungen und Aktivitäten. Und auch was die Implementation und Evaluation von Politikprogrammen anbelangt, wäre der Blick zu weiten auf wichtige Multiplikatoren und Veto-Spieler im Schulsystem (Interessenvertretungen der Eltern, der Lehrkräfte, der Wirtschaft, der Kirchen), die nicht nur bei der politischen Beschlussfassung, sondern erst recht bei der Umsetzung von Reformprogrammen überzeugt und einbezogen werden müssen (Stichwort: Advocy-Koalitionen, Sabatier/Weible 2007). Und unter Evaluationsgesichtspunkten wären nicht zuletzt Gerichte, Volksentscheide oder anstehende Wahlen zu berücksichtigen, die politische Programme auch noch gefährden und zu Fall bringen können, trotzdem sie längst politisch auf- und umgesetzt wurden.

3. Und nicht zuletzt wäre aus *steuerungs- bzw. wiederum governancetheoretischer Perspektive* hervorzuheben, dass die Vorstellung, dass »Schulreformen« als politische Beschlüsse und Gesetze mit einem bestimmten programmatischen Gehalt top-down formuliert und implementiert werden, nicht nur realen Verläufen von Schulreform und Schulentwicklung oftmals widerspricht – sondern keineswegs die einzige politische Strategie der Gestaltung von Gesellschaft darstellt (Berkemeyer 2010). Das Instrumentarium politischer Steuerung hat sich in den letzten Jahrzehnten deutlich ausdifferenziert (Koch/Gräsel 2004). Insbesondere haben Verfahren der indirekten Beeinflussung durch Anreize, Information oder die Ermöglichung von Wettbewerb auf freien Märkten im Vergleich zu direkten Verfahren des Gebots und Verbots an Relevanz gewonnen. Im Kontext des Themas ›Strukturen und Akteure der Schulreform‹ besonders wichtig sind hierbei Strategien der politischen Steuerung durch die Gestaltung von Arenen der Verhandlung und eigenständigen Beschlussfassung über bestimmte Gestaltungsaspekte. Statt politische Entscheidung zu treffen, werden lediglich bestimmte – in der Regel dezentral-lokale – Akteure aufgefordert, miteinander in neu gestalteten Gremien

(Steuergruppen, Netzwerken, Boards etc.) ins Gespräch zu kommen und sich zu bestimmten Fragen unter bestimmten Rahmenbedingungen (Zeitvorgaben, Abstimmungsprozeduren) abzustimmen. Damit wächst auf der einen Seite die Anzahl der an Schulreform – als politischen initiierten und strukturierten Entscheidungsprozessen – von vornherein beteiligten Akteure. Auf der anderen Seite sinkt die Sicht- und Fassbarkeit der Schulreformprozesse. Auch dies wäre – nicht zuletzt demokratietheoretisch – kritisch zu befragen (Füssel 2016).

Diese Einwände problematisieren von vornherein das im Folgenden schrittweise umgesetzte Vorhaben der Darstellung staatlicher bzw. politischer Akteure und rechtlich-formaler Strukturen der Schulreform in Deutschland. Das Argument, weswegen an diesem Fokus dennoch festhalten wird, ist letztlich eines von Kern und Ausdifferenzierung. Unabhängig davon, welche weiteren Akteure und Strukturen in der deutschen Schulgestaltung dauerhaft flächendeckend Einfluss gewinnen, können sie dies nur, wenn die politischen Akteure und Strukturen diesen Einfluss zulassen, legitimieren oder auch instrumentalisieren. Dies gilt gerade für die neue Dynamik schulischer Eigenverantwortung, kommunaler Verantwortungsübernahme oder privat-zivilgesellschaftlicher Impulssetzungen. Sie sind nicht allein Hinweis auf eine schwindende Bedeutung *top-down-direktiver* staatlicher Regulierungen, sondern eben auch Ausdruck bestimmter politischer Programme und Strategien der Schulautonomie, dezentralen Steuerung, Liberalisierung/Privatisierung oder Good Governance (Crouch 2008; Czada 2010). Insofern geht letztlich dennoch kein Weg an KMK, Kultusministerien und Landesparlamenten vorbei, wenn es um Schulreformen geht, insbesondere wenn sie bundesweit und nachhaltig wirksam werden sollen oder die zunehmende Bedeutung nicht-staatlicher Akteure und informeller Strukturen erklärt werden soll.

Aufgebaut ist die weitere Darstellung wie folgt: Einleitend wird an grundlegende Merkmale der deutschen Gesellschaft erinnert, die auf Schulgestaltung unmittelbar Einfluss nehmen – darunter nicht zuletzt der deutsche Bildungsföderalismus (Abschnitt 1). Anschließend werden die einzelnen (staatlichen) Ebenen der Schulgestaltung ihrer politischen Bedeutung nach erörtert (Abschnitt 2): die politischen Akteure der Länderebene (2.1), der länderübergreifenden Koordination (2.2.), der nationalen Ebene mit ihren internationalen Anschlüssen (2.3) sowie schließlich die kommunale Ebene als eigenes Feld und Adressat von Schulpolitik (2.4).

1. Grundlegende Orientierungen der deutschen Schulpolitik[6]

Beschreibungen von nationalen Schulsystemen setzen immer eine gewisse Grundkenntnis nationaler Eigenheiten und Traditionen voraus. Diese können hier nicht umfassend erörtert werden. Ersatzweise sei allerdings auf drei politisch-gesellschaft-

---

6 Dieser Abschnitt greift auf argumentative und textliche Vorarbeiten in einem bisher unveröffentlichten Manuskript von Rürup, Diedrich und Fuchs (2011) zurück.

liche Selbstverständlichkeiten hingewiesen, die hohe Bedeutung für die deutsche Schulpolitik besitzen.

Zum einen ist dies die *demokratische Legitimation und Kontrolle* parlamentarisch vollzogener Herrschaft, aus der sich ein Zwang zur Konsenssuche und zum Kompromiss bei unterschiedlichen Interessen ergibt. Hierzu gehören auch Staatsprinzipien wie die Gewaltenteilung zwischen Legislative, Exekutive und Judikative – ergänzt um eine durch Meinungsfreiheit, Demonstrations- und Versammlungsfreiheit sowie durch eine freie Presse gesicherte unabhängige öffentliche Meinungsbildung. Hinzu kommt das Rechtsstaatsprinzip als Grundsatz, dass alle wesentlichen staatlichen Entscheidungen einer gesetzlichen Grundlage bedürfen (Avenarius/Füssel 2010, S. 33-40) und solche Entscheidungen durch jeden Bürger einer gerichtlichen Überprüfung zugeführt werden können (Art. 19 Grundgesetz). Entsprechend sind Verwaltungs- und Verfassungsgerichte wesentliche Akteure, die mit ihren Urteilen und Urteilsgrundsätzen zu konkreten Einzelfällen z. T. langfristig prägenden Einfluss auf die Schulgestaltung haben.

Zum zweiten ist auf die – ebenfalls grundgesetzlich abgesicherte – *Abgrenzung einer öffentlichen und einer privaten Sphäre* zu verweisen, die vor allem staatliche Eingriffe beschränkt und das Recht der Bürgerinnen und Bürger auf eine individuell selbst bestimmte (freiheitliche) Lebensführung hervorhebt. Betont und geschützt werden damit auch die prinzipielle Eigenständigkeit und Selbstorganisation gesellschaftlicher Teilbereiche wie der Wirtschaft (marktwirtschaftliche Grundordnung, Schutz des Privateigentums), der Kultur oder auch der Familie. Insbesondere in der staatlichen Zurückhaltung gegenüber religiösen, politischen oder auch kulturellen Überzeugungen der Einzelnen zeigt sich die pluralistische und individualistische Grundhaltung moderner Gesellschaften. Für die Schulpolitik ergeben sich daraus von vorherein Beschränkungen ihrer Steuerungsmöglichkeiten (Schimank 2009). So begrenzt die grundgesetzlich gewährte Berufswahlfreiheit (Art. 12 Grundgesetz) die staatliche Plan- und Dirigierbarkeit individueller Berufs- und Karrierewünsche auf Beratung, das Setzen von Anreizen oder Werbung.

Und nicht zuletzt ist natürlich als gesellschaftliches Rahmenmerkmal deutscher Schulpolitik der *Bildungsföderalismus* hervorzuheben. Die Eigenständigkeit der Länder im deutschen Bundesstaat dokumentiert sich vor allem im Kulturbereich und dort im allgemein bildenden Schulwesen. Als Folgen dieses Organisationsprinzips deutscher Staatlichkeit ist einerseits eine Multiplizierung der politischen Akteure, aber auch der sich engagierenden Interessenträger, der Diskussionsforen, Beiräte und Medien zu verzeichnen, die sechszehnfach unabhängig voneinander Schulpolitik gestalten können. Andererseits führt die erhebliche Vielfalt und Dynamik eigenständig-eigendynamischen Schulpolitiken auf Länderebene auch zu einem fortgesetzten, immer wieder neuen länderübergreifenden Verständigungs- und Abstimmungsbedarf. Schließlich folgt aus dem Prinzip des Bundesstaates auch eine Verpflichtung auf Zusammenhalt, Koordination und Solidarität, kurz: Bundestreue (Wittreck 2012). Spezifisch für Deutschland kommt hierbei noch ein – historisch gewachsenes und ausgesprochen resistentes – gesellschaftliches Ideal einer national einheitlichen Regulierung aller Lebensbereiche bzw. gleicher Lebensverhältnisse dazu (Abromeit 1992; Lange 2007). Für die länderübergreifende schulpolitische Abstimmung bedeutet dies, dass sie unter einem erheblichen öffentlichen Erfolgsdruck steht, das Dilemma aufzulösen, die schulpolitische Eigenständigkeit der Länder zu verteidigen, indem sie diese eingeschränkt.

2. Schulpolitische Akteure von Landes- bis Bundesebene

Schon die bisherigen Beschreibungen allgemeiner Bedingungen deutscher Schulpolitik haben auf einzelne relevante Akteure verwiesen, die auf den unterschiedlichen Ebenen des deutschen Bundesstaats zu verorten sind (aber auch in komplexen Beziehungen zueinander stehen). Im folgenden Abschnitt sollen nun – mit dem Ziel einer systematisierenden Skizze – die einzelnen Ebenen des deutschen Bundesstaats nacheinander, in der Reihenfolge ihrer schulpolitischen Bedeutung – besprochen werden.

2.1 Schulpolitische Akteure auf Länderebene

Die mit Art. 7 Abs. 1 des Grundgesetzes festgeschriebene Aufsicht des Staates über das gesamte Schulwesen (die Schulhoheit) liegt, insbesondere was das allgemeinbildende Schulwesen angelangt bei den Ländern. Hinzu kommt eine dominant staatliche Trägerschaft des Schulwesens in Deutschland. Schulen sind zu annähernd 90 Prozent staatliche getragene (d. h. gemeinsam von Land und Kommune betriebene) Einrichtungen und in diesem Sinne nachgeordnete Behörden bzw. Außenstellen der Kultusministerien. Schule ist damit als Politikfeld hervorzuheben, in dem politische Akteure weitreichende Möglichkeiten haben, ihre bildungspolitischen Vorstellungen durchzusetzen. Die Parlamente und Regierungen können nicht nur einen formalen rechtlichen Rahmen und monetäre Anreize festlegen, sondern übernehmen und verantworten selbst die Entscheidungen zur Finanzierung des Schulwesens, zur infrastrukturellen und personellen Ausstattung, zur Einstellung und Führung des Personals und zum Management der internen Abläufe des Schulbetriebs.

Zur politisch-administrativen Umsetzung dieser umfassenden Gestaltungsverantwortung im Schulwesen verfügen alle Länderparlamente über Schulausschüsse und Minister*innen, die sich dezidiert um Fragen der Schulpolitik, Schulorganisation und Schulaufsicht kümmern. Exekutiert wird staatliche Schulhoheit über eine umfassend ausgebaute, auch regional stark gegliederte Verwaltung. Zudem existieren in nahezu allen Ländern den Kultusministerien angelagerte besondere Einrichtungen, die die wissenschaftliche Begleitung und Weiterentwicklung des Schulwesens, die Entwicklung von Curricula und Lehrmaterialien sowie die Fort- und Weiterbildung der Lehrkräfte verantworten (sogenannte Landesinstitute). Eine Reihe dieser Institute wurden in den letzten Jahren zu so genannten Qualitätsagenturen umstrukturiert, die Lernstandserhebungen, Schulinspektionen und eine schulbezogene Bildungsberichtungserstattung übernehmen.

Aus der umfassenden staatlichen Gestaltungsverantwortung ergibt sich direkt die herausgehobene parteipolitische Bedeutung von Schule als Profilierungs- und Abgrenzungsthema. Im Wettbewerb der Parteien lässt sich in diesem Politikfeld besonders deutlich und plausibel politische Handlungsfähigkeit nachweisen bzw., aus Sicht der jeweiligen politischen Opposition, Untätigkeit unterstellen – und zwar bis hinein in die Details der Unterrichtsversorgung und der Personalausstattung an einzelnen Einrichtungen. Schließlich liegt die politische Letztverantwortung auch dafür beim Ministerium und somit einer parlamentarischen Kontrolle. Dies führt durchaus zu einer Aufwertung lokaler und sich regional bis landesweit vernetzender Elterninitiativen und Vereine mit mehr oder weniger großer Nähe zu einzelnen Parteien. Außerdem haben alle Länder inzwischen Schüler*innen und Elternbeiräte auf einzelschulischer, kommunaler und landesweite Ebene institutionalisiert, um eine vorausschauende – in die Regel an die Schulverwaltung angebundene – Partizipation und Interessenklärung zu gewährleisten. Auch für eine kontinuierliche Wahrnehmung und Abstimmung der Anliegen der Wirtschaft, der Kirchen, der Kulturschaffenden, der Kommunen oder auch der privaten Träger von Ersatzschulen und anerkannten Ergänzungsschulen gibt es regelmäßige Gesprächskreise der Ministerien und nicht zuletzt parlamentarische Anhörungen zu Gesetzesvorhaben, Regierungsberichten oder auch Enquete-Kommissionen.

Zentrale Strukturbedingung der Schulpolitik auf Landesebene ist – bei aller parteipolitisch-parlamentarischen Zuspitzung und Kontroverse – dabei die Dominanz der Schulverwaltung, nicht nur der politischen, sondern auch der sogenannten Arbeitsebene (Ellwein 1998). Dies ergibt sich einerseits aus der detaillierten Expertise, die aus der Daueraufgabe der Administration des gesamten öffentlichen Schulwesens erwächst, andererseits aber aus der etablierten Praxis der länderübergreifenden schulpolitischen Koordination und Abstimmung. Diese ist – bei allen Versuchen dies zu ändern – allein Aufgabe der Kultusministerien der Länder. Für eine Beratung der Parlamentarier*innen oder auch nur der Mitglieder bzw. Vorsitzenden in den Schulausschüssen der Landesparlamente gibt es bisher keine eigenständige Institution oder Struktur mit bundesweiter Bedeutung.

2.2 Schulpolitische Akteure auf länderübergreifenden Koordination

Was die schulpolitische Koordination auf länderübergreifender Ebene anbelangt, dominiert in der öffentlichen Wahrnehmung – nicht zu Unrecht – die Ständige Konferenz der Kultusministerinnen und -minister, -senatorinnen und -senatoren (KMK).[7] Gegründet 1948 versteht sich die KMK als ein überregionales, nicht aber übergeordnetes Instrumentarium wechselseitiger Abstimmung der vor allem mit Fragen der Schulgestaltung beschäftigten Ministerien der Länder (Füssel/Leschinsky 2008, S. 157). Schon allein deswegen besitzen die von der KMK getroffenen Vereinbarungen

7 Für grundlegende Fakten zu den im Folgenden aufgeführten Organisationen und Gremien sei auf deren Websites verwiesen.

nur den Status von Empfehlungen, zumindest solange bis sie von den Landesparlamenten in Landesrecht überführt werden. Allerdings binden die KMK-Beschlüsse durchaus die anwesenden Ministerialvertreter und Regierungsmitglieder, sich für die landespolitische Umsetzung der Entscheidungen einsetzen. Generell ist die Entscheidungsfähigkeit der KMK somit dadurch begrenzt, dass sie nur so weitreichende Beschlüsse fassen kann, wie sie von allen Ländervertretern mitgetragen werden. Wie nicht zuletzt die schiere Menge und der hohe Detailgrad von Empfehlungen und Beschlüssen der KMK verdeutlicht, ist diese Bereitschaft aber nicht zu unterschätzen (sicherlich auch erzwungen durch die nationale Unbeliebtheit des Bildungsföderalismus). Zugleich zeugt die durchaus häufige Wiedervorlage und Korrektur schon gefasster Beschlüsse und die dezidierte Öffnung bestehende Absprachen auch von einer fortdauernden Relevanz und Wertschätzung landespolitisch vielfältiger Schulpolitik (Rürup 2006; Hepp 2011, S. 273) Hauptorgane der KMK sind das Plenum und das von diesem gewählte Präsidium sowie eine Anzahl weiterer Konferenzen, Kommissionen und Ausschüsse. Jedes Bundesland hat eine Stimme im Plenum oder in den Ausschüssen. Bei Beschlüssen oder Entscheidungen gilt inzwischen generell das Mehrheitsprinzip, bezogen auf grundlegende (insbesondere finanzielle) Fragen hingegen das Prinzip der Einstimmigkeit. Im Plenum der KMK versammeln sich die Kultusminister*innen der Länder; Vertreter des Bundesbildungsministerium (BMBF) sind als Gäste ohne Stimmrecht anwesend. Die KMK verfügt in Bonn und Berlin eine eigene Geschäftsstelle und finanziert zur Konzeption und empirischen Prüfung der nationalen Bildungsstandards ein eigenes wissenschaftliches »Institut zur Qualitätsentwicklung im Bildungswesen« (IQB), angesiedelt an der Humboldt-Universität Berlin.

Bei aller Beachtung für die Bedeutung der KMK als Organ der länderübergreifenden schulpolitischen Koordination, darf die im Sinne einer rechtverbindlichen Wirksamkeit eigentlich bedeutsame Einrichtung länderübergreifender Beschlussfassung nicht vergessen werden: die Ministerpräsidentenkonferenz (MPK). Diese kann in Form von Staatsverträgen zwischen den Bundesländern durchaus Beschlüsse fassen, die keiner separaten landespolitischen Kodifizierung bedürfen – sondern lediglich der parlamentarischen Ratifizierung. Das Instrument des Staatsvertrages zur bildungspolitischen Koordination ist bisher allerdings nur wenig genutzt worden: schulpolitisch im Grundsatz nur einmal, nämlich zur Festsetzung des »Abkommens zwischen den Ländern der Bundespublik zur Vereinheitlichung auf dem Gebiete des Schulwesens« in seinen verschiedenen Fassungen als Düsseldorfer Abkommen von 1955 oder – bis heute gültig – als Hamburger Abkommen von 1967/1971. Die Bedeutung des Hamburger Abkommens ist dabei nicht zu unterschätzen – neben einem bundesweit einheitlichen Schuljahresbeginn und einheitlicher Notenstufen hat es überhaupt erst die sogenannte Dreigliedrigkeit des Schulwesens in der Sekundarstufe I begrifflich einheitlich etabliert. Bei der Erarbeitung und Fortschreibung des Hamburger Abkommens ist aber wiederum die KMK der hauptverantwortliche Akteur gewesen. Gleiches gilt für die gegenwärtige Vorbereitung einer Neufassung oder Ergänzung des Hamburger Abkommens durch einen neuen Staatsvertrag der auch die KMK-Beschlüsse zu nationalen Bildungsstandards und einem bundesweiten Bildungsmonitoring aufnehmen könnte (KMK 2018a)

Grundsätzlich ist für die länderübergreifende Ebene der schulpolitischen Koordination festzuhalten, dass diese fast ausschließlich in exekutiver Verantwortung bearbeitet wird, was »als verfassungspolitisch nicht unbedenklich« (Füssel/Leschinsky 2008, S. 158; Hepp 2011, S. 270) einzustufen ist. Schließlich ist die Legislative als landespolitischer Gesetzgeber nicht einbezogen und ist auch die öffentliche und parlamentarische Aufmerksamkeit für die Beratungen und Beschlussfassungen in der KMK erschwert.

2.3 Nationale Einbettung und Abstimmung der Schulpolitik

Bundesweit diskursiv wirksamer als die KMK und ihr Präsidium sind hingegen bundespolitische Akteure der Parteien oder von Verbänden und nicht zuletzt auch Mitglieder des Bundestages und der Bundesregierung mit dem Bundesministerium für Bildung und Forschung. Das mag auf dem ersten Blick irritieren: Schließlich verfügt die Bundesebene über keine nennenswerten Kompetenzen im Bereich des allgemeinbildenden Schulwesens. Einfluss hat der Bund vor allem auf die außerschulische Berufsbildung, partiell auf die Hochschulen (Ausbildungsförderung, Hochschulbau) sowie auf die Forschungsförderung. Zu berücksichtigen sind allerdings allgemeine Rahmensetzungen des Bundes für die staatliche Verwaltung (Beamtenrecht, Laufbahnrecht, Haushaltsrecht) oder auch im Schulbereich relevante Regelungen des Jugendschutzes, des Datenschutzes, sozialer Hilfen oder baulicher Vorschriften – und natürlich die in den Artikel 1 bis 19 des Grundgesetzes verankerten Grundrechte und die in Artikel 20 dokumentierten Staatsorganisationsprinzipien (Rechtsstaat, Bundesstaat, Sozialstaat, Demokratie, siehe Abschnitt 1).

Mit der Grundgesetznovelle des Jahres 2006 (der »Föderalismusreform«) hat sich das Prinzip einer deutlichen Abgrenzung der Regelungsbereiche von Bund und Ländern – gerade bezogen auf die allgemein bildende Schule – noch verschärft und erweitert. Hierzu zählt – neben der Eröffnung von Abweichungsmöglichkeiten und Ausgestaltungsrechten im Beamten- und Laufbahnrecht – die Einführung des sogenannten Kooperationsverbots (Art 104a Abs. 4 Grundgesetz). Dieses untersagt dem Bund finanzielle Hilfestellungen gegenüber Ländern und Kommunen in Gestaltungsbereichen, in denen er keine Regelungskompetenz besitzt. Dieses ursprünglich ausdrückliche Verbot bundesstaatlicher Finanzhilfen für den Schulbereich (Ganztagschulausbau, kommunalen Schulbau) wurde allerdings seitdem zuerst durch Sonderprogramme zur Wirtschaftsförderung im Zuge der Finanzkrise 2008 de facto übergangen, anschließend schrittweise eingeschränkt und soll nun (Stand 2018) generell aufgehoben werden (CDU/CSU/SPD, 2018). In Zukunft wird die Bundesregierung, zumindest was den kommunalen Schulbau oder auch die digitale Infrastruktur an deutschen Schulen anbelangt, ein relevanter Akteur sein und mit Finanzierungsprogrammen (verbunden mit inhaltlich orientierenden Förderkriterien) gestaltend hervortreten (siehe dazu auch KMK, 2018b)

Fortgesetzt und dauerhaft legitimiert werden damit schulpolitisch bedeutsame Initiativen der Bundesregierung zur Förderung von Ganztagsschulen oder auch zur Gestaltung kommunaler Bildungslandschaften mit BMBF-Programmen wie »Lernen vor Ort«, neuerdings als Förderung des »Kommunalen Bildungsmanagements« (Brüsemeister in diesem Band). Wesentliches Instrument dieser und auch weiterer Programme wie z.B. Bildung für nachhaltige Entwicklung, kulturelle Bildung oder die Förderung hochbegabter Schüler*innen ist die Finanzierung dezentraler Initiativen, verbunden mit und oft auch erst legitimiert durch eine Förderung empirischer Bildungsforschung, die die Maßnahmen begleitet.

Eröffnet wurde dem BMBF dieser Arbeitsschwerpunkt ebenfalls durch die Grundgesetznovelle 2006 – und zwar durch die Neufassung der Gemeinschaftsaufgaben von Bund und Ländern, die seit dem Jahr 1969 mit den im neuen Artikel 91b GG ausgewiesenen Möglichkeiten des Zusammenwirkens von Bund und Ländern auch den Bildungsbereich einbeziehen (Hepp 2011, S. 112-114). Von 1969 bis 2006 bestand dadurch die Möglichkeit zu einer gesamtstaatlichen Bildungsplanung, die allerdings seit Mitte der 1975er Jahre nicht mehr politisch verfolgt wurde (Raschert 1980). Vielmehr beschränkte sich die Bund-Länder-Kooperation im Schulbereich seither vor allem auf eine gemeinsam getragene Modellversuchsförderung. Institutioneller Ort der entsprechenden Absprachen von Bund und Ländern war die Bund-Länder-Kommission für Bildungsplanung und Forschungsförderung (BLK), die 1970 eingerichtet und 2007 als Folge der Föderalismusreform aufgelöst und durch die Gemeinsame Wissenschafts-Konferenz (GWK) ersetzt wurde. Letztere konzentriert sich allerdings nur auf die hochschulpolitischen Gemeinschaftsaufgaben. Mit der Grundgesetzänderung des Jahres 2006 wurde die Gemeinschaftsaufgabe Bildungsplanung gestrichen und stattdessen mit einem neuen Art. 91b Abs. 2 GG die Möglichkeit für Bund und Länder geschaffen, bei Vorhaben »zur Feststellung der Leistungsfähigkeit des Bildungswesens im internationalen Vergleich und bei diesbezüglichen Berichten und Empfehlungen zusammenwirken«. Zur Umsetzung dieser neuen Gemeinschaftsaufgabe »Bildungsmonitoring« haben Bund und Länder eine Steuerungsgruppe mit Vertretern des Bundesministeriums für Bildung und Forschung (BMBF) und der Kultusministerkonferenz der Länder der Bundesrepublik Deutschland« (KMK) eingesetzt, die von einem wissenschaftlich besetzten Expertengremium beraten wird (Nagel 2007). Teil dieser neuen Gemeinschaftsaufgabe »Bildungsmonitoring« sind der – seit dem Jahr 2006 alle zwei Jahre vorgelegte und von KMK und BMBF gemeinsam präsentierte – nationale Bildungsbericht sowie die gemeinsam abgestimmte Teilnahme an international vergleichenden Studien z.B. zu Schüler*innen-Leistungen. Auf Basis dieser Gemeinschaftsaufgabe beraten Bund und Länder schließlich auch über die Einrichtung eines neuen Bildungsrates, der die Leerstelle eines bundesweiten Beratungsgremiums über schulpolitische Fragen füllen soll, die seit dem letzten Bildungsrat (1965-1975) oder dem Auslaufen des »Forums Bildung« (1998-2001) existiert (KMK 2018b).

Ein zentraler Schlüssel zur Erweiterung des bundespolitischen Einflusses in der deutschen Schulpolitik ist sicherlich die zunehmende Bedeutung internationaler oder europäischer Impulssetzungen. Zu erinnern ist wiederum an die PISA-Studie, mithin an die Organisation für wirtschaftliche Zusammenarbeit und Entwicklung (OECD), die dieses Programm regelmäßiger Test von Schüler*innen-Leistungen als Ergänzung ihrer eigenen international vergleichenden Bildungsberichterstattung initiiert hat. Formal ist die OECD allerdings nichts anderes als ein Think Tank (ein institutionalisiertes Beratungsgremium) führender Industrienationen, darunter eben auch der Bundesrepublik. Mit dem publizistischen Erfolg der PISA-Studie oder auch der jährlichen Vorlage von »Education at a Glance« hat sich die eher hintergründig dienstleistende Rolle der OECD geändert; manche rechnen sie deswegen auch zu den aktuell prägenden Akteuren der Bildungspolitik weltweit und in Deutschland (Krautz/Burchardt 2018).

Aber auch die europäische Ebene hat einen nicht zu unterschätzenden schulpolitischen Einfluss, nicht zuletzt durch den Beschluss europaweiter Benchmarks der Schulsystementwicklung oder den Europäischen Qualifikationsrahmens, der schulische und berufliche Abschlüsse europaweit vergleichbarer machen soll. Und nicht zuletzt sind natürlich die Vereinten Nationen (UN) und als Umsetzungsbeauftragte, die UNESCO, zu nennen, die mit Beschlüssen wie der UN-Behindertenrechtskonvention oder der UN-Ziele für nachhaltige Entwicklung auch auf bundesweite und landesbezogene Schulreformprogramme einwirken, wenn – und dies ist entscheidend – sie parlamentarisch in Deutschland ratifiziert werden. Insofern haben auch der Bundestag und der Bundesrat, als institutionelle Absicherung der Länderinteressen auf Bundesebene, mit ihren jeweiligen Ausschüssen hier eine eigene Aufgabe der Beratung und Beschlussfassung. Bezogen auf schulpolitische relevante Beratung auf EU-Ebene ist schließlich in Art. 23 Grundgesetz verankert, dass hier Regierungsvertreter der Länder (entsandt durch den Bundesrat) die Interessenvertretung der Bundesrepublik übernehmen.

Ungeachtet der schulpolitischen Nicht-Zuständigkeit der Bundesebene ist nicht zu übersehen, dass das Thema »Schulreform« in Deutschland eine stark nationale Bedeutung und Färbung hat: Parlamentarisch im Bundestag gerne über Problematisierungen des Bildungsföderalismus selbst oder anlässlich anderer, wirtschafts-, gesundheits- oder sozialpolitischer Anliegen, für die die Qualität schulischer Bildung selbstverständlich eine hohe Bedeutung hat. Durch internationale Leistungsvergleiche und erst recht die nationale Bildungsberichtserstattung nehmen die nationalen Thematisierungsanlässe von Schule und Bildung gegenwärtig noch weiter zu, was wiederum das Interesse der Parteien als auch politiknah agierender Stiftungen, Verbände und schließlich wissenschaftliche Einrichtungen stärkt, bundesweite Debatten zu initiieren und voranzutreiben. Hervorzuheben sind hier neben den parteinahen Stiftungen (Adenauer, Ebert, Böll usw.) inzwischen auch viele Wirtschaftsverbände oder Einzelunternehmen mit ihren Stiftungen, die mit hoher Professionalität, großer medialer Reichweite und vor allem einer politisch schonungsloseren Zuspitzung eigene nationale Bildungsberichte und Vergleichsstudien vorlegen (Bertelsmann, Initiative Neue Soziale Marktwirtschaft), eigene Bildungsräte finanzieren (Aktionsrat Bildung), nationale Schulpreise mit Bundespolitiker*innen als Schirmherren ausloben (Robert Bosch, Hertie) oder eine Schulakademie für Deutschland aufbauen.

Nicht zuletzt wäre auch auf den erheblich gewachsenen Stiftungseinfluss auf konkrete Modellversuche und Reformprogramme im Schulwesen hinzuweisen, die sie in Kooperation mit Landesministerien, aber auch dem Bund konzipieren, finanzieren und umsetzen. Auch wenn die Aktivitätsschwerpunkte dieser Programme oft im Lokalen oder Regionalen liegen, ist ihre bundespolitische Bedeutung nicht zu unterschätzen. So hat die Bundesregierung zur Finanzierung ihrer eigenen Förderprogramme lokaler Schulentwicklung (Ganztagsschule, Lernen vor Ort) die Interessen unterschiedlicher Stiftungen koordiniert und zusammengeführt. Zum anderen agieren die Stiftungen selbst bundesweit, indem sie ihre Reforminitiativen oft nicht nur in einem, sondern zugleich in mehreren Bundesländern umzusetzen suchen. Sie können damit in gewisser Weise als Nachfolger der BLK-Modellversuchsprogramme gelten.

2.4 Lokale Schulreform als eigenes Feld und Adressat von Schulpolitik

Die Verweise auf die größere Bedeutung des Bundes bei der Förderung des kommunalen Schulbaus aber auch von Stiftungen in der regionalen und kommunalen Schulentwicklung leiten über zur letzten hier zu besprechenden Akteursebene des deutschen Bundesstaates: Gemeint sind die Kreise und Gemeinden bzw. Kommunen, denen das Grundgesetz in Art. 28 Abs. 2 das Recht auf Selbstverwaltung garantiert. Für den Schulbereich wesentlich ist hierbei das traditionelle Prinzip der Trennung von äußeren und inneren Schulangelegenheiten zwischen Staat (hier: dem Land) und der Kommune (Avenarius/Füssel 2010, S. 197-201). Während die Landespolitik die so genannten inneren Schulangelegenheiten verantwortet (z.B. Lehrpläne, Abschlüsse, Lehrereinstellung und -bezahlung usw.), gestalten die Kommunen als Schulträger die äußeren Schulangelegenheiten (Schulwege, Schulgelände und Schulgebäude einschließlich der Verantwortung für das technische und Verwaltungspersonal). Kurz gesagt: mit den Kommunen haben wir in deutschen Schulpolitik eine weitere Akteursebene mit einer eigenen Schulverwaltung bzw. Schulaufsicht, einer eigenen demokratisch gewählten Leitungsebene und eigenen, die politischen Mehrheitsverhältnisse vor Ort spiegelnden Ausschüssen. Schule mag dabei für die Kommunen – und zu denken ist hier nicht an Städte und Gemeinden, sondern auch an Kreise und Landschaftsverbände – traditionell eher eine Gewährleistungspflicht gewesen sein, die wenig Gestaltungsinteresse band. Dies hat sich im letzten Jahrzehnt allerdings deutlich geändert. Zum einen aus einem Interesse der Kommunen heraus, mehr gestalterische Verantwortung für ihre Schulen zu übernehmen – als integraler Teil der Stadtentwicklung, Nachbarschaftszentren oder auch Standortfaktor bei zurückgehenden Schüler*innenzahlen (Weiß 2011). Zum anderen erzeugt der seit der PISA-Studie bundes- und landespolitisch forcierte Ausbau von Ganztagsschulen insbesondere kommunalpolitische Handlungsbedarf: da hiervon vor allem Gebäude und lokale Anbieter der Kinder- und Jugendhilfe angesprochen sind, die sich kooperativ mit den Schule an der Ganztagsbetreuung beteiligen (Baumheier/Fortmann/Warsewa 2013). Ein ähnlich gesteigerter Planungsdruck war schließlich mit dem Programm »inklusiver Bildung« verbunden oder mit der politisch gesetzten Anforderung besser abgestimmter Übergange zwischen den einzelnen Bildungseinrichtungen von KiTa über Grundschule und Sekundarstufe I bis zur Berufsausbildung. Nicht zuletzt haben schließlich dezidiert von den Ländern in Kooperation mit Stiftungen ausgerufene Modellversuche zur staatlich-kommunalen Bildungspartnerschaft, Bildungsregionen und kommunalen Bildungslandschaften die kommunale Ebene der Schulpolitik mit mehr Aufmerksamkeit, mehr Ressourcen (Geld, Personal und vor allem auch Zeit) und letztlich wohl auch mehr Relevanz für die Schulreform vor Ort ausgestattet (Brüsemeister in diesem Band) – insbesondere indem neue Begegnungs- und Verhandlungsgremien der direkt betroffenen und interessierter Akteure – der kommunalen Schulverwaltung, der Schulleitungen, Kinder- und Jugendhilfeträger, Kirchen und Wirtschaftsverbände, Eltern, Künstler*innen usw. – eingerichtet und mit Entscheidungsmacht versehen wurden.

3. Literatur

Abromeit, H. (1992): Der verkappte Einheitsstaat. Opladen: Westdeutscher Verlag.

Altrichter, H./Maag Merki, K. (2016): Steuerung der Entwicklung des Schulwesens. In: Altrichter, H./Maag Merki, K. (Hrsg.): Handbuch Neue Steuerung im Schulsystem. 2. Auflage. Wiesbaden: Springer VS, S. 1–27.

Avenarius, H./Füssel, P. (Hrsg.) (2010): Schulrecht. 8. Auflage. Kronach: Carl Link.

Baumheier, U./Fortmann, C./Warsewa, G. (2013): Ganztagsschulen in lokalen Bildungsnetzwerken. Wiesbaden: Springer VS.

Berkemeyer, N. (2010): Die Steuerung des Schulsystems. Theoretische und praktische Explorationen. Wiesbaden: Springer VS.

Blum, S./Schubert, K. (2009): Politikfeldanalyse. Eine Einführung. Wiesbaden: Springer VS.

CDU/CSU/SPD (2018): Ein neuer Aufbruch für Europa. Eine neue Dynamik für Deutschland. Ein neuer Zusammenhalt für unser Land. Koalitionsvertrag für die 19. Legislaturperiode des deutschen Bundestages vom 06.03.2018. www.cdu.de/system/tdf/media/dokumente/koalitionsvertrag_2018.pdf (Abruf 04.11.2018).

Crouch, C. (2008): Postdemokratie. Frankfurt am Main.: Suhrkamp.

Czada, R. (2010): Good Governance als Leitkonzept für Regierungshandeln: Grundlagen, Anwendungen Kritik. In: Benz, A./Dose, N. (Hrsg.): Governance – Regieren in komplexen Regelsystemen. 2. Auflage. Wiesbaden: Springer VS, S. 201–224.

Ellwein, T. (1998): Die deutsche Gesellschaft und ihr Bildungswesen. Interessenartikulation und Bildungsdiskussion. In: Führ, C./Furck, C. (Hrsg.): Handbuch der Bildungsgeschichte. Band 6: 1945 bis zur Gegenwart: Handbuch der Bildungsgeschichte. München: Beck, S. 87–109.

Fend, H. (2008): Schule gestalten. Systemsteuerung, Schulentwicklung und Unterrichtsqualität. Wiesbaden: Springer VS.

Füssel, P. (2016): Neue Strukturen, veränderte Handlungsweisen, gewandelte Steuerungsformen, neue Praxis – und was bedeutet dies rechtlich? In: Hermstein, B./Berkemeyer, N./Manitius, V. (Hrsg.): Institutioneller Wandel im Bildungswesen. Facetten, Analysen und Kritik. Weinheim: Beltz Juventa, S. 36–46.

Füssel, P./Leschinsky, P. (2008): Der institutionelle Rahmen des Bildungswesens. In: Cortina, K. S./Baumert, J./Leschinsky, A./Mayer, K. U./Trimmer, L. (Hrsg.): Das Bildungswesen der Bundesrepublik Deutschland. Reinbek: Rowohlt, S. 131–203.

Hepp, G. F. (2011): Bildungspolitik in Deutschland. Eine Einführung. Wiesbaden: Springer VS.

Kultusministerkonferenz (KMK) (2018a): Kultusministerkonferenz stärkt länderübergreifende

Bildungszusammenarbeit – bessere Vergleichbarkeit, mehr Transparenz, größere Mobilität. Pressemeldung vom 15.03.2018. www.kmk.org/de/aktuelles/artikelansicht/kultusministerkonferenz-staerkt-laenderuebergreifende-bildungszusammenarbeit-bessere-vergleichbarkeit.html (Abruf 04.11.2018).

Kultusministerkonferenz (KMK) (2018b): Kultusministerkonferenz und Bundesministerin vereinbaren Zusammenarbeit. Pressemeldung vom 15.06.2018. www.kmk.org/aktuelles/artikelansicht/kultusministerkonferenz-und-bundesministerin-vereinbaren-zusammenarbeit-1.html (Abruf 04.11.2018).

Koch, S./Gräsel, C. (2004): Schulreformen und Neue Steuerung – erziehungs- und verwaltungswissenschaftliche Perspektiven. In: Koch, S./Fisch, R. (Hrsg.): Schulen für die Zukunft. Neue Steuerung im Bildungswesen. Baltmannsweiler: Schneider, S. 3–24.

Krautz, J./Burchardt, M. (Hrsg.) (2018): Schule zwischen demokratischem Bildungsauftrag und manipulativer Steuerung. München: kopaed.

Kussau, J./Brüsemeister, T. (2007): Zur Analyse der Handlungskoordination im Mehrebenensystem der Schule. In: Altrichter, H./Brüsemeister, T./Wissinger, J. (Hrsg.): Educational Governance. Wiesbaden: Springer VS, S. 15–54.

Lange, H. (2007): Föderales Handeln in einer nicht-föderalen Gesellschaft? Föderalismus und Bildungspolitik. In: Erziehungswissenschaft 18, H. 35, S. 137–164.

Nagel, W. (2007): Entflechten – Überleiten – Neu gestalten. Das Zusammenwirken von Bund und Ländern in Bildung, Wissenschaft und Forschung nach der Föderalismusreform I. www.kmk.org/fileadmin/Dateien/pdf/foederalismus/Entflechten_Ueberleiten_Neu_Gestalten_Aktualisiert.pdf (Abruf 04.11.2018).

Raschert, J. (1980): Bildungspolitik im Föderalismus. In: Projektgruppe Bildungsbericht (Hrsg.): Bildung in der Bundesrepublik Deutschland. Reinbek: Rowohlt.

Rürup, M. (2006): Bildungspolitische Entscheidungsfindung in der KMK. Erfurt: Universität Erfurt.

Sabatier, P. A./Weible, C. (2007): The Advocacy Coalition Framework – Innovations and Clarifications. In: Sabatier, P.A (Hrsg.) (2007): Theories of the Policy Press. Boulder: Westview Press, S. 189-220.

Schimank, U. (2009): Planung – Steuerung – Governance: Metamorphosen politischer Gesellschaftsgestaltung. In: Die Deutsche Schule 101, H. 3, S. 231–239.

Weiß, W. W. (2011): Kommunale Bildungslandschaften. Chancen, Risiken und Perspektiven. Weinheim, München: Beltz Juventa.

Wittreck, F. (2012): Die Bundestreue. In: Härtel, I. (Hrsg.): Handbuch Föderalismus. Berlin: Springer, S. 497–525.

Lorenz Lassnigg

Arenen und Strukturen der Schulreform in Österreich

1. Historische Reminiszenzen aus der Schulreform der Ersten Republik: die Reformabteilung und Schulversuche[8]

Der Begriff »Schulreform« ist in Österreich in extremer Weise politisch besetzt. Dies geht auf die sozialdemokratischen Initiativen für strukturelle und pädagogische Reformen in den Anfängen der Ersten Republik nach dem Ende des Ersten Weltkrieges zurück, die von den konservativen Kräften heftig bekämpft wurden. Dabei ging es um eine gesamtschulartige Reform der Mittelstufe, Maßnahmen zur materiellen Unterstützung und gegen religiöse und geschlechtsspezifische Diskriminierungen, für wissenschaftsorientierten Unterricht und unterstützende und aktivierende pädagogische Reformen, sowie eine neue hochschulische Lehrer/innenbildung (Achs 2015, S. 92–101, Goettlicher 2016).

Da wesentliche Eckpunkte dieses Reformkonzeptes bis heute nicht verwirklicht werden konnten, und sich die damaligen Protagonisten entlang den historischen Frontlinien noch heute in den Nachfolgeparteien gegenüberstehen, ist daraus eine diskursive Heldengeschichte mit ihren Befürwortern und Gegnern entstanden. Die enge Verbindung der Schulreform mit den allgemeinen politischen Kämpfen und den Auseinandersetzungen um das austro-faschistische (Tálos 2017) und anschließend das NS-Regime verstärkt diese Heldengeschichte, wobei der ehemalige Reform-Minister Otto Glöckel im Bürgerkrieg 1934 inhaftiert wurde – und dadurch mitbedingt – zu Tode gekommen ist. Da die politischen Reformversuche aufgrund der Mehrheitsverhältnisse von der nationalen Ebene auf die Ebene der Stadt Wien verschoben wurden, die 1922 als eigenes Bundesland konstituiert wurde, besteht bis heute im österreichischen Föderalismus eine gewisse Frontstellung zwischen (Groß-) Stadt und Land (Lassnigg 2017).

Diese – vor allem für das Zusammenspiel zwischen Austrofaschismus und NS-Beteiligung bisher nicht ausreichend aufgearbeiteten – historischen Reminiszenzen sind nicht nur für das (latent) aggressive bildungspolitische Klima wichtig, sondern auch weil die historischen Reform-Infrastrukturen immer wieder neu aufgelegt wurden: zum einen die legendäre *Reformabteilung* im Ministerium, später der Reformausschuss in der Schulverwaltung des »Roten Wien«, zum anderen das Instrument der *Schulversuche*; drittens wurde die universitäre und außeruniversitäre *Wissenschaft* auf

8 Nachweise und Erklärungen: http://www.equi.at/material/ref-infra.pdf

beiden politischen Seiten genutzt, und schließlich sind *politische Verhandlungen*, wie sie 1927 zu einem Kompromiss über die Mittelstufe führten, für Gesetzesbeschlüsse erforderlich.

2. Restaurative Reformen in den 1950ern: Die Landschultagungen der Schulaufsicht und -verwaltung als kommunikative Plattform

Die Kompromisslösung von 1927, die das sozialdemokratische Gesamtschulmodell nur teilweise in Form der zweizügigen Hauptschule zwischen der (in den Städten konzentrierten) gymnasialen Unterstufe und der (in den ländlichen Regionen dominierenden) Oberstufe der Volksschule ermöglicht hatte, war aufgrund der politischen Umbrüche nicht umgesetzt worden. Dieses Modell sah im ersten Klassenzug Lehrplangleichheit mit der gymnasialen Unterstufe vor und ermöglichte im Prinzip den Übertritt in die weiterführenden höheren Schulen. Nach der Befreiung 1945 wurde in der Zweiten Republik pauschal die Gesetzeslage von vor 1934 wiederhergestellt, und es stellte sich die Frage der Umsetzung und Verbreitung der neuen Form der Hauptschule. Aufgrund der föderalistischen Verwaltung der österreichischen Pflichtschule war die Mittelstufe in den Bundesländern sehr unterschiedlich organisiert, es gab die Oberstufe der Volksschule mit Klassenlehrer/innen und häufig zusammengefassten Mehrstufenklassen, ein-zügige Hauptschulen als Ausleseschulen, und zwei-zügig streaming-differenzierte Hauptschulen, parallel dazu in den größeren Orten noch die Gymnasien unterschiedlicher Ausrichtung.

In den 1950er Jahren waren die Reformbestrebungen auf die Frage der »Landschule« konzentriert, und drehten sich um die Ausbreitung und Durchsetzung der (städtisch konnotierten) zweizügigen Hauptschule gegenüber der Erhaltung und Stärkung einer ländlichen Schule mit dem Fokus auf der Erhaltung der Volksschuloberstufe. Diese Bewegung war zunächst top-down vom Bundesministerium ausgelöst worden, aber die regionalen Verwaltungen wurden stark einbezogen, und es wurden nun die pädagogischen und schulpraktischen Ideen, Instrumente und Infrastrukturen der (städtischen Wiener) sozialdemokratischen Reform der Ersten Republik auf diese ländliche Problematik übertragen. Wiederum wurden *Pilot-Schulversuche* durchgeführt (Weyrich 1956), und eine wesentliche Arena für diese Auseinandersetzungen und Entwicklungen waren sieben österreichweite Tagungen der Schulverwaltung und Schulaufsicht zwischen 1946 und 1964, die sogenannten *Landschultagungen* (Göttlicher 2016/Lassnigg 1979, S. 221–236), flankiert durch eine Publikationsreihe, die zentrale Entwicklungsprobleme behandelte und auch über die Landschultagungen berichtete (siehe die Dokumentation bei Göttlicher 2016; bezeichnenderweise ist diese Reihe in der gegenwärtigen historischen Kurzsichtigkeit weder digitalisiert, noch in einer der zentralen Bibliotheken vollständig auffindbar; Forschungspraktikum 2018 zeigt dies eindrücklich auf).

In diesen Auseinandersetzungen wurde die Frage der Schulorganisation mit den allgemeinen gesellschaftspolitischen und wirtschaftspolitischen Fragen der Entwicklung der Landwirtschaft und des ländlichen Raumes verbunden. Das Stichwort war die »Landflucht«, die durch die Beibehaltung der traditionellen sehr stark dezentralisierten Schulstruktur verhindert oder zumindest gebremst werden sollte. Von der Durchsetzung der Hauptschule, die mit Mobilität der Schüler/innen in größere Orte verbunden war, wurde eine Förderung der »Landflucht« befürchtet. Ein zweiter Faktor in diesem Zusammenhang war die Frage der Koedukation und der Mädchenbildung, da aus Gründen der Größenstruktur in den ländlichen Gebieten die Alternative der Gliederung der Hauptschulen nach Geschlecht vs. der Gliederung nach leistungsbezogenen Klassenzügen bestand.

Die Auseinandersetzungen um die Landschule wurden auf der fünften Landschultagung 1959 durch die Darstellung der Umsetzung der Hauptschulreform im Bundesland Salzburg durch den damaligen Landesschulinspektor beendet (Lang 1959). Diese Darstellung demonstriert in eindrucksvoller Weise, wie die österreichische Schulverwaltung in der komplexen föderalistischen Struktur Reformen vorangetrieben, und sich dabei dieser konsultativen Tagungen bedient hat.

Ein weiteres Beispiel für diese Form administrativer Kommunikation als Reform-Infrastruktur ist die *Neu-Etablierung des berufsbildenden Schulwesens*, die in den sogenannten »Ischler Tagungen« ab 1946 grundgelegt wurde (Romanik 1947; Lassnigg 2015). Dabei wurde von den Vertreter/innen dieser Institutionen das allgemein bestehende rechtliche und politische Vakuum genützt, um eine konsistente Struktur für die berufsbildenden Schulen zu entwickeln, die dann 1962 gesetzlich begründet und erweitert, und ab den 1970ern unter der sozialdemokratischen Alleinregierung quantitativ stark ausgebaut wurde, und bis heute als eine der wichtigsten »Erfolgsgeschichten« im österreichischen Schulwesen gilt

Diese Form der *kommunikativen Plattform*, die die Gräben zwischen Bund und Ländern, und zwischen der Administration und den Schulen bis zu einem gewissen Grad durch jahrelang aufgebaute (Landschulbewegung mehr als ein Jahrzehnt) oder sehr konzentrierte Aktivitäten (Berufsbildung) überbrückte, wurde später durch andere Reforminfrastrukturen abgelöst, die das weniger gut bewerkstelligen konnten. Als Versuch eine derartige Plattform in etwas erweiterter Form zu nutzen, wurde in den »unsicheren« 1990ern von der Abteilung für Bildungsplanung und Schulentwicklung *eine Serie von »Zukunftsforen«* veranstaltet, die grundlegende gesellschaftliche und politische Herausforderungen aufgegriffen haben, und an politischen Lösungen im Sinne einer »reflexiven Modernisierungsbewegung« arbeiten wollten. Themen dieser Veranstaltungen waren beispielsweise ein neuer Bildungsbegriff, die Öffnung Osteuropas und interkulturelle Bildung, Schulstrukturen und Autonomie, kulturelle Bildung, Sprachen lernen, generell die Frage nach den zukünftigen Herausforderungen an Schule und Bildung, Lehrer/innenarbeit etc. Sie versammelten die aktiven Reformkräfte und waren aufgebaut auf der Bearbeitung von Subthemen in Arbeitsgruppen, die durch Statements von Expert/innen unterstützt und/oder geleitet wurden, und hatten zwischen 70 und gegen 200 Teilnehmer/innen. Die Ergebnisse wurden in Form von Publikationen dokumentiert. Es wurde aber nur ein loser Zusammenhang zwischen den Akteur/innen hergestellt. Der Kreis der Teilnehmer/innen speiste sich stark aus dem Ministerium, den Institutionen der Lehrer/innenbildung und der Wissenschaft, und nur eher vereinzelt aus der Schulverwaltung in den Bundesländern und den Interessenvertretungen.

3. Neue Strukturierungen mit den Schulgesetzen von 1962: politische Verhandlungen in der »Bildungspartnerschaft« und Konstitution der Personalvertretung

Die österreichische Nachkriegsordnung wurde bis 1966 geprägt durch große Koalitionen zwischen der sozialdemokratischen (SPÖ) und der christdemokratischen Partei (ÖVP), neben denen in den 1950ern ein stark ausgeprägtes neo-korporatistisches System der Sozialpartnerschaft aus den Spitzenverbänden der Unternehmer/innen und der Arbeitnehmer/innen unter Einschluss der Landwirtschaft entstanden ist (Katzenstein 1985 hat dieser Struktur ein eindrucksvolles Denkmal gesetzt). Die Organisationen der Sozialpartnerschaft (Wirtschaftskammer, Landwirtschaftskammer, Arbeiterkammer, Gewerkschaftsbund) waren »paritätisch« mit den beiden Koalitionsparteien verbunden. Die vornehmliche Aufgabe der Sozialpartnerschaft war zunächst die Lohn- und Einkommenspolitik »«Klassenkampf am grünen Tisch« (oder wie andere kritisch bemerkten, in den Hinterzimmern), diese wurde aber zunehmend auf die Wirtschaftspolitik und weitere damit zusammenhängende Themen ausgedehnt, sodass diese Struktur als »Nebenregierung« bezeichnet wurde. Als Beispiel haben sich die Sozialpartner in den 2000er Jahren mit einem programmatischen Dokument »Chance Bildung« in die allgemeine bildungspolitische Debatte eingeschaltet (Beirat 2007), hatten zu diesem Zeitpunkt aber nicht mehr den Einfluss von zuvor.

Während der 1950er Jahre bestand – ebenso wie in anderen gesellschaftlichen Feldern – die Aufgabe einer klaren gesetzlichen Regelung der Rahmenbedingungen für das Schulwesen, die durch die weiterbestehenden »alten« politischen Polarisierungen erschwert wurde. Nach einigen Anläufen konnten sich die Koalitionsparteien in den frühen 1960ern *in politischen Verhandlungen* auf die Schulgesetze 1962 einigen, ein großes Gesetzwerk, das sowohl die Zuständigkeiten im Schulwesen regelte, als auch einige Reformen in Gang setzte

Für die Reforminfrastruktur war dieses Gesetzwerk in mehrfacher Hinsicht bestimmend: erstens wurden die föderalistischen Zuständigkeiten (in komplexer Weise) geregelt, sodass sehr viele Veto-punkte verteilt wurden und weder Bund noch Länder Reformen durchführen konnten; zweitens wurden (die strittigen) Fragen der Schulorganisation in den Verfassungsrang erhoben, sodass gemeinsame Beschlüsse der beiden (damals großen) Koalitionsparteien erzwungen wurden (das wurde euphemistisch »Bildungspartnerschaft« genannt) und politische Verhandlungen entscheidendes Gewicht in diesen Fragen der Schulreform bekamen.

Im Jahr 1967 wurde mit dem *Bundes-Personalvertretungsgesetz* (Bulant 2007) ein weiteres Element begründet, das in weiterer Folge für die Reformprozesse entscheidend werden sollte, wenn auch eher in hemmender als in fördernder Richtung; In der föderalistischen Struktur wurde die komplexe Struktur des Schulwesens durch den Aufbau eines differenzierten Systems von Interessen- und Personalvertretungskörpern gespiegelt, die auch wichtige gesetzliche Mitspracherechte bekamen. Eine Analyse der Governance-Struktur (Lassnigg/Bruneforth/Vogtenhuber 2016) ergibt, dass die Interessenvertretungen gewissermaßen als organisatorisches Rückgrat der ansonsten fragmentierten und zerklüfteten Strukturen des österreichischen Schulwesens fungieren. Politische Verhandlungen der Regierung mit den Interessenvertretungen und die Öffentlichkeitsarbeit letzterer wurden zu einem zentralen Element der Reforminfrastruktur, das sich gleichzeitig auch als wenig transparent darstellt, da diese Verhandlungen in vielen Fällen nicht Teil der »offiziellen« Strukturen sind, sondern im Hintergrund ablaufen.

Politische Verhandlungen in unterschiedlichen Zusammensetzungen von Akteur/innen wurden in der Folge immer wieder zur zentralen Infrastruktur für Reformen. Das Bildungsreformgesetz 2017 wurde in einer Arbeitsgruppe aus Vertreter/innen der Schulverwaltung und Politiker/innen vorbereitet, die eine Punktation ausgearbeitet hat, die dann in der Verwaltung in Gesetzesform ausformuliert wurde. Dieses Gesetzwerk besteht aus Änderungen von vierzig Gesetzen, was die Regelungsdichte des österreichischen Schulwesens eindrucksvoll demonstriert. Die Arbeitsgruppe bestand aus einer Bildungsreformkommission (vier Minister/innen und vier Landehauptleute paritätisch von den Koalitionsparteien ÖVP und SPÖ besetzt) und drei technischen Arbeitsgruppen: Finanzierung & Controlling 5 Personen, Leitung Finanzministerium; Legistik & Verwaltungsreform (Verfassung) 7 Personen (sic!), Leitung Bundeskanzleramt; Pädagogik & Qualitätssicherung 5 Personen, Leitung Bildungsministerium), insgesamt waren 25 Positionen mit 24 Personen besetzt (darunter zehn aus den Ländern, vierzehn aus dem Bund und in der Pädagogik-Arbeitsgruppe war als einziger außerhalb des politisch-administrativen Kontextes Stehender ein Universitätsprofessor vertreten), unter den zehn technischen Mitgliedern des Bundes waren vier Ressorts vertreten (Bundeskanzleramt, Finanzen, Wissenschaft mit je zwei Mitgliedern und Bildung mit vier Positionen bzw. drei Mitgliedern). Es zeigt sich hier die starke Politisierung und top-down Orientierung der Reform, wie auch der Überhang an legistischen und verwaltungstechnischen Agenden aufgrund der hohen Regelungsdichte des Schulwesens.

4. Sozialdemokratische Reformansätze in den 1970ern: Demokratisierung, Schulreformkommission und Zentrum für Schulversuche

In den 1960ern überschnitt sich die teilweise ressourcenintensive Umsetzung der Reformen aus dem Gesetzwerk 1962 (Verlängerung der Schulpflicht und der weiterführenden Schulen um ein Jahr, Umsetzung der zwei-zügigen Hauptschule, neue postsekundäre Ausbildung der Pflichtschullehrer/innen) im – ohnehin schwach ausgestatteten – Schulwesen mit der demografisch bedingten Steigerung der Schüler/

innenzahlen. Der »Babyboom« hatte seinen Höhepunkt 1963 (also Schulbeginn 1969, Ende der Pflichtschule 1978, Hochschuleintritt oder Beschäftigung 1981 bis 1982). Mit der demografischen Expansion trafen das Ende des Nachkriegsbooms und die einsetzende Wirtschaftskrise zusammen, die in Österreich bis 1981 mehr oder weniger verzögert werden konnte. Nach der Zeit der großen Koalitionen regierte zuerst die ÖVP für eine Periode (1966-70) allein, dann ab 1970 bis 1983 die SPÖ.

Wichtige Elemente der Reforminfrastruktur, die in dieser Periode aktiviert wurden, waren erstens 1969 die Durchführung eines *Volksbegehrens* gegen die (1962 beschlossene) Verlängerung des Gymnasiums um ein Jahr, zweitens auf diesem Hintergrund die Einrichtung einer parlamentarischen *Schulreformkommission*, die drittens die Einrichtung von *Schulversuchen* und einer Infrastruktur zu ihrer »experimentellen« Auswertung (ZSE: Zentrum für Schulversuche und Schulentwicklung) befürwortete. Viertens wurden 1974 im Rahmen einer gesetzlichen Regelung der Prozesse im Schulwesen durch das Schulunterrichtsgesetz auch politisch-repräsentative *Organe der Schulpartnerschaft* errichtet, die später für die Einrichtung schulspezifischer Pilot-Schulversuche eine wichtige Rolle bekamen; schließlich erfolgte fünftens das (ebenfalls 1962 beschlossene) postsekundäre Upgrading der Ausbildung der Pflichtschullehrer/innen in Form der *Pädagogischen Akademien*, und parallel dazu die stärkere Formalisierung der Institutionen der Lehrer/innenfortbildung in Form *Pädagogischer Institute* (die nach dem Vorbild des Wiener Instituts in zunächst loser Form auch in den Bundesländern entstanden waren) – im Hinblick auf die Reforminfrastruktur hatten diese letzteren Institutionen bis zu einem gewissen Grad auch Aufgaben der »pädagogischen Tatsachenforschung« übernommen.

Das *Zentrum für Schulversuche und Schulentwicklung (ZSE)* wurde im Rahmen des Ministeriums zur Konzeption und Auswertung der umfangreichen Schulversuchstätigkeit aufgebaut, nun jedoch nicht mehr in Form loser Pilotversuche, sondern in Form eines umfangreichen administrativen Apparates mit »experimentellem« Anspruch. Das Zentrum war unmittelbar der Sektionsleitung Allgemeinbildung unterstellt, hatte vier Abteilungen, die regional verteilt waren und sollte sowohl mit der Universitätspädagogik als auch mit den neu errichteten Pädagogischen Akademien, kooperieren. Das ZSE spielte eine wesentliche Rolle in der Etablierung der quantitativen empirischen Forschung zum österreichischen Schulwesen. Gleichzeitig hat ihre administrative und politische Einbindung diese Forschung aber von der übrigen – zu dieser Zeit sehr unentwickelten – Wissenschaft und Forschung separiert, und es sind erst mit der Zeit (vor allem personelle) Überlappungen mit den Universitäten und den Institutionen der Lehrer/innenbildung entstanden. Mit den Schulen ist der Kontakt vor allem durch die Erhebungen sowie durch standardisierte Vorgaben für den Unterricht entstanden, was aufgrund der Wahrnehmung von Einengung und Kontrolle viel Widerstand ausgelöst hat.

In der *Lehrer/innenbildung*, die auf drei institutionelle Kontexte aufgeteilt war (die Universitäten für die höheren Schulen, und für die Pflichtschulen die neuen Pädagogischen Akademien zur Erstausbildung und die Pädagogischen Institute zur Fortbildung) spielte Forschung so gut wie keine Rolle. Das Zentrum hat seine Ergebnisse in Buchreihen publiziert, die heute leider im »digitalen Gedächtnis« so gut wie nicht aufscheinen, und auch in Bibliotheken kaum repräsentiert sind. Die Publikationen enthalten neben den empirischen Evaluierungsergebnissen auch konzeptionelle Themen und die Berichte zu den periodischen OECD-CERI-Drei-Länderseminaren, in denen ein professioneller und wissenschaftsorientierter Austausch zu wichtigen Themen zwischen Expert/innen aus Deutschland, Österreich und der Schweiz stattfand. In diesen Seminaren werden Kontakte und Vernetzungen zwischen dem ZSE und Personen aus der weiteren wissenschaftlichen Szene sichtbar. Ein dritter wichtiger Strang war auch, dass neben den »experimentellen« kontrollierenden Schulversuchen unter dem Titel der Entwicklung auch Pilotversuche möglich waren, die später als einer der Innovationsträger das Hauptgewicht bekommen haben.

Die weitere Entwicklung des ZSE war erstens dadurch geprägt. dass die »experimentellen« Schulversuche, die ursprünglich als Träger einer raschen Reform bis 1975 terminisiert waren, zwar verlängert wurden, aber dann in den 1980ern in der Reform der Hauptschulen von der zwei-zügigen »streaming«-Differenzierung zu einer »setting«-Differenzierung in drei Leistungsgruppen in den Hauptfächern geendet haben. Die sozialdemokratischen Reformvorhaben, die in einem neuen Bildungsprogramm zeitgleich mit dem Volksbegehren formuliert wurden, waren breit gefächert und zielten auf *eine (permanente) Gesamtreform.*

5. Verschiebung zu »innerer Schulreform« und Entwicklung der Forschungslandschaft in den 1980ern und 1990ern: Schulentwicklung, Autonomie und Qualitätspolitik

Mit der internationalen neoliberalen »Wende« in Richtung der Betonung dezentraler, marktwirtschaftlicher und management-orientierter Ansätze (Papadopulos 1994; Petrella 2000) hat sich die Aufmerksamkeit – teilweise durchaus auch auf gewichtige Forschung gestützt – von den Aspekten organisatorischer Reformen durch (zentral)-staatliche Politik auf die Bewegungsfreiheit der dezentralen Institutionen und die in ihnen ablaufenden Prozesse und Aktivitäten verschoben. In dieser Periode sind teilweise widersprüchliche Entwicklungen zu verzeichnen, die – aufgrund von hohen pro-Kopf-Ausgaben im Schulwesen und einer intransparenten Finanzierungspolitik – eine wiederkehrende Kombination von Reformtätigkeit und Sparpolitik konstituierte. Erstens wurde begonnen nach der Beendigung der »experimentellen« Schulversuche unter diesem Titel vielfältige Pilotversuche durchzuführen, die von den schulpartnerschaftlichen Gremien genehmigt werden mussten, durch die die rigiden Regulationen aufgeweicht werden konnten. Die *Schulpartnerschaft* wurde damit zu einem Element der Reforminfrastruktur.

Zweitens ist an den Universitäten und außerhalb eine *diversifizierte Forschungslandschaft* entstanden, die sich in Entwicklungs- und Innovationsaktivitäten mit den Schulen und Lehrer/innen engagiert hat, und die von den zentralen und teilweise regionalen politischen Autoritäten in Form von Projekten unterstützt wurde.

Die jeweils kleinen und punktuellen Ansätze der bestehenden »hybriden« Infrastruktur aus den unterschiedlichen Kontexten (universitäre und außeruniversitäre Forschung, Institutionen der Lehrer/innenbildung, ZSE, auch professionelle Berater/innen) wurden gestärkt und als wichtige Reforminfrastruktur hat sich ein Netzwerk von Wissenschafter/innen und Praktiker/innen aus verschiedenen Kontexten entwickelt, die in unterschiedlicher Weise kooperierten und von einer Abteilung für Bildungsplanung und Schulentwicklung im Bundesministerium unterstützt und koordiniert wurden.

Dieses lose Netzwerk bildete sich auf der Basis von vielfältigen inhaltlichen Projekten, in denen die diversen Ansätze und Kompetenzen von Wissenschafter/innen in verschiedenen Institutionen genutzt und teilweise zusammengeführt wurden, wobei die genannte Abteilung eine wichtige Rolle gespielt, und zentrale Aktivitäten auch in einer eigenen Publikations-Reihe publiziert hat, die die Publikationsreihe des ZSE mehr oder weniger abgelöst hat. Diese Entwicklung spielte sich in einem Kontext ab, in dem nach mehr als zwei Jahrzehnten SPÖ-Minister/innen die ÖVP die Verantwortung übernahm und das Unterrichts- und Wissenschaftsressort vereinigt wurden. Als wichtige und einflussreiche Projekte in diesem Rahmen sind die folgenden zu nennen:

- Bildung in Österreich (Posch/Altrichter 1992, Resonanz heute: Altrichter et al. 2018), eine zeitdiagnostische, interdisziplinär angelegte politische Analyse des österreichischen Schul- und Bildungswesens im Auftrag des Interessenverbandes der Industrie, die nachhaltigen Einfluss auf die weitere Entwicklung ausübte, indem unter dem Stichwort der *Schulautonomie* die hemmenden Governance-Strukturen herausgearbeitet wurden und damit ein wesentlicher bis heute verfolgter Reformstrang eröffnet wurde.
- Integrativer Unterricht (Anlanger 1993), diese Reformen wurden von zivilgesellschaftlichen Elterngruppen in den 1980ern in Form von regionalen Pilotversuchen erkämpft, und in den 1990ern von der Politik aufgegriffen. Ab 1993 wurden institutionelle Voraussetzungen zur Integration von Kindern mit Behinderung in die Pflichtschule als weitgehendste politische Neuerung dieser Periode geschaffen.
- Entwicklungsgrundlagen (BMUKK 1995), in einem Projekt über Entwicklungsplanung wurde versucht, neue Zugänge für langfristige Steuerungs- und Planungsmöglichkeiten zu finden, was jedoch an der institutionellen Trennung von Politik und Finanzierung sowie an den vorhandenen kurzfristigen Logiken der Bildungspolitik mehr oder weniger scheiterte.
- Lehrplan'99 (Dobart 1997; Lassnigg/Mayer 2001), ein neuer Lehrplan für die Mittelstufe sollte stärker auf »dynamische Kompetenzen« ausgerichtet werden, die Verpflichtung der Lehrpersonen, eigene Schwerpunkte zu entwickeln verstärken, und diese Arbeit mit der Schulentwicklung mittels der Formulierung von *Schulprogrammen* und mit regionalen und dezentralen Aktivitäten der Schulentwicklung und der Lehrer/innenfortbildung auf Schulebene verbinden.
- Weißbuch Qualität (BMBWK o. J.), es wurde begonnen ein operatives Qualitätsmodell für die Schulen zu entwickeln (Q.I.S. Qualität in Schulen), das in weiterer

Folge zu einem umfassenden Rahmenkonzept für die Qualitätsentwicklung und Qualitätssicherung weiterentwickelt (Eder et. al 2002,), jedoch nur sehr rudimentär umgesetzt wurde.

- TIMSS 1995, damit hat Österreich an allen drei Schul-Stufen mit der Beteiligung an internationalen Assessments begonnen. Die Ergebnisse spiegelten den Stand in den verschiedenen Bereichen, und daran anschließend wurde ein systematisches Entwicklungsprojekt (IMST o. J.) aufgesetzt, das die vorhandenen qualitativen Ansätze mit den quantitativen Analysen verbunden und den Fokus auf die professionelle Entwicklung in Form reflektiver Praxis gelegt hat.

In dieser Periode hat sich die Reforminfrastruktur in die Breite und Tiefe entwickelt und es ist auch gegenüber der Politik auf verschiedenen Ebenen ein gewisses »Eigenleben« entstanden, sodass die Anstöße für Reformaktivitäten sich diversifizierten und auch von verschiedenen Instanzen ausgingen. In den Ländern entstanden eigenständige Reformansätze (z. B. die »Realschule« in der Steiermark, Rath 2009), an Schulen wurden Entwicklungsprojekte gestartet, gleichzeitig haben sich die Universitäten in verschiedenen Schwerpunkten engagiert und in die politischen Reformaktivitäten eingebracht (Klagenfurt: Aktionsforschung, reflektive Praxis, Altrichter/Posch 1990; Innsbruck: Professionalisierung und »Leadership«, Schratz/Hartmann/Schley 2010; Linz: Governance, Altrichter/Maag-Merki 2010) und auch einige internationale Resonanz gefunden. Eine wichtige Rolle spielte dabei ein spezielles innovatives projektförmiges Universitätsinstitut (IFF, Arnold 2009), das ursprünglich im Zusammenhang mit Fernstudien gegründet wurde, aber im Laufe der Zeit verschiedene Ausprägungen angenommen hat und dabei verschiedene Innovationen angestoßen oder umgesetzt hat (Lehrer/innenfortbildung, Träger des IMST-Projekts, Gründung der School of Education an der Universität Klagenfurt) – an dieser Institution kann die Komplexität und das Eigenleben »marginaler« institutioneller Konstruktionen analysiert und können auch die verbreiteten einfachen technokratisch-instrumentellen Vorstellungen untergraben werden.

Im Hinblick auf die Reforminfrastruktur können aus diesen Entwicklungen zwei Beobachtungen abgeleitet werden: Erstens führt das zunehmende Engagement universitärer Akteur/innen dazu, dass die Reforminfrastruktur ein gewisses Eigenleben entwickelt, und das Bild einer einfachen lineare Beziehung der Zuarbeit zur Politik nicht aufrecht zu erhalten ist. Zweitens hat sich auch das Feld der Politik verändert indem es sich differenziert hat und komplexer geworden ist. Dies betrifft die zunehmende Aufmerksamkeit auf die multi-level Problematik, aber auch ein Auseinandertreten von Policy (»Sachpolitik«) und Politics (»Machtpolitik«). Letzteres kann man auch im Zusammenspiel der verschiedenen politischen und administrativen Akteur/innen mit der professionellen und wissenschaftlichen Community feststellen, sodass sich die Reformaktivitäten selbst differenziert haben.

Gleichzeitig mit dieser Dynamik in der Forschungsinfrastruktur wurden in den 1990ern – auch im Zusammenhang mit dem EU-Beitritt und dann in der Vorbereitung auf Maastricht – auf der Politics-Ebene (unter SPÖ-Finanzministern) die Fragen der Budgetkonsolidierung priorisiert. Da Österreich die höchsten Schulausgaben im OECD-Raum hatte, war gleichzeitig mit der Autonomie-Reform Sparpolitik angesagt. Diese wurde von der neuen ÖVP-Minister/innenschaft exekutiert und hat die vielfältigen Aktivitäten auf der Policy-Ebene überformt (Lassnigg/Bruneforth/Vogtenhuber 2016).

6. »Evidenz-basierung« in den 2000ern: Staatsinstitut, Standardisierungsprojekte, Neue Mittelschule, Didaktikdefizit, Medienkritik als neue Arena

Die frühen 2000er waren politisch dadurch geprägt, dass die ÖVP eine Regierungskoalition mit der rechtspopulistischen FPÖ einging, was das politische Klima polarisierte. Die bildungspolitischen Aktivitäten waren zunächst auf die radikale Universitätsreform (2002) konzentriert, und anknüpfend an das EU-Weißbuch zum Lebenslangen Lernen (LLL) wurde erstmals die neue Form von *Konsultationsprozessen* eingesetzt, die später wiederholt zu verschiedenen Aspekten genutzt wurde (LLL:2020-Strategie zum Lebensbegleitenden Lernen, Qualifikationsrahmen, Validierung von Kompetenzen, Pädagog/innenbildung). Gleichzeitig erschien PISA 2000, und im Unterschied zum konstruktiven Umgang mit TIMSS 1995 wurden die ungünstigen Ergebnisse für die weitere politische Polarisierung und Kritik an der Sparpolitik genutzt. In dieser Phase sind auch *die Medien* mit hochgradiger (übertriebener) Kritik am Schulwesen eingestiegen und haben eine neue Arena eröffnet. Nachdem seitens der Ministerin erfolglos versucht wurde, die Situation mit positiver Berichterstattung »auszusitzen«, wurde eine Zukunftskommission von ausgewählten Expert/innen eingerichtet, deren Vorschläge jedoch nicht umgesetzt wurden. Parallel haben die österreichischen Sozialpartner ein bildungspolitisches Programm veröffentlicht, das grundlegende Reformen verlangte (Beirat 2007).

Wesentliche Weiterentwicklungen der Reforminfrastruktur fanden mit einem neuerlichen Regierungswechsel 2007 statt, wobei wieder die SPÖ die Verantwortung für das Schulwesen übernahm und die beiden Ressorts (Unterricht und Wissenschaft) wieder geteilt wurden. Anknüpfend an PISA wurde die Idee der »Evidenz-Basierung« aufgegriffen, und 2008 ein *Staatsinstitut* (BIFIE: Bundesinstitut für Bildungsforschung, Innovation & Entwicklung des österreichischen Schulwesens) eingerichtet, das vorwiegend auf dem ZSE und der PISA-Forschungsgruppe aufbaute, aber nicht mehr unmittelbar Teil der Verwaltung war. In diesem Rahmen wurde die *Reifeprüfung teilstandardisiert* und ein großangelegtes periodisch zu wiederholendes Projekt der *Messung von Bildungsstandards* in Deutsch, Mathematik und Englisch in Form einer Vollerhebung auf der vierten und achten Stufe aufgesetzt. Diese Projekte sollten einerseits den Schulen Rückmeldungen geben und andererseits auch für die Forschung zu Verfügung stehen, um zur Verbesserung der Praxis beizutragen. In das Feedback sollten die Institutionen der Lehrer/innenbildung einbezogen werden, die auch eine Rolle als Entwicklungsagenturen aufbauen sollten. Parallel wurden aus den

Ansätzen zur Qualitätsentwicklung zwei Instrumente der Schulentwicklung aufgesetzt, die die Ergebnisse der Standards-Messungen nutzen und auf den verschiedenen Ebenen Verbesserungsprozesse in Gang setzten sollten: Schulqualität Allgemeinbildung (SQA, www.sqa.at) und Qualität in der Berufsbildung (QIBB, www.qibb.at). Zur praktischen Nutzung der Standards und der Qualitätsinstrumente wurde ein großes mittelfristiges Projekt zur professionellen Unterstützung von Schulen mit unter den Erwartungen liegenden Standardsergebnissen aufgesetzt, das noch im Gange ist (Projekt o. J.).

Über diese Initiativen hinaus wurde 2009 eine *Nationale Bildungsberichterstattung* (NBB) begonnen, die die vorhandene Expertise in ausgewählten thematischen Bereichen zusammenführen und evidenzgestützt politische Empfehlungen abgeben sollte. 2019 erscheint die vierte Ausgabe der Nationalen Bildungsberichte, die zweigeleisig angelegt sind: in einem ersten Band wird die Entwicklung der Schule durch einen umfassenden Satz an Indikatoren und Kennzahlen beschrieben, in einem zweiten Band werden thematische Bereiche im Hinblick auf Lösungsvorschläge analysiert (BIFIE o. J.). Die Rückkoppelung zur Praxis und Politik ist jedoch gering.

Nachdem die Ergebnisse der Zukunftskommission nicht umgesetzt worden waren, wurde von der neuen SPÖ Ministerin eine neue gemischt zusammengesetzte *Expert/innen-Kommission* (Politiker/innen, Manager/innen, Professor/innen, Wissenschafter/innen) eingerichtet, um durchgreifende Verbesserungen der Schule im Sinne eines »Kulturwandels« zu entwickeln. Diese Kommission diente jedoch nur als Fassade und Öffentlichkeitsarbeit für eine ohnehin geplante Reform der Mittelschule, die die Leistungsdifferenzierung in individualisierten Unterricht überführen und eine Verbindung zwischen der höheren Schule und der früheren Hauptschule durch den gemeinsamen Einsatz der unterschiedlichen Lehrer/innenkategorien herstellen sollte. Da der individualisierte Unterricht durch ein Zwei-Lehrer/innensystem gefördert werden sollte (und die Situation in den dritten Leistungsgruppen weithin problematisch gesehen wurde) wurden gleichzeitig die Ressourcen erhöht, was die politische Akzeptanz der Reform teilweise förderte. Wiederum wurden *Schulversuche* angesetzt, um diese Reform zu fördern, wobei die politischen Verhandlungen rasch das Übergewicht bekamen und die flächendeckende Realisierung der Reform als neuerliche Hauptschulreform (nun Neue Mittelschule) rasch umgesetzt wurde. Wie eine Evaluierung der ersten Phase gezeigt hat, erfolgte die Umsetzung jedoch überwiegend formal, nicht im Geist der Reform. Erstmals wurde auch versucht, breitere Versuchsregionen zu konzipieren (das gesamte Bundesland Vorarlberg wollte sich als Modellregion aufstellen: Forschungsprojekt 2015), die die Problematik der Parallelität von selektiven und gemeinsamen Schulen auflösen sollten. Dies findet jedoch Grenzen an den Gegnern der gemeinsamen Schule und an der mangelnden Einbeziehung der Gymnasien.

Eine Reihe von weiteren Reformen wurde in dieser Periode weitgehend auf der Ebene von *politischen Verhandlungen und administrativen Aktivitäten* ohne wissenschaftliche Unterstützung durchgeführt (Dienstrecht und Besoldung, sowie Ausbau der schulischen Ganztagesbetreuung und der Elementarerziehung). Schließlich wurde – beginnend mit der Einrichtung einer Evaluierungs- und Planungskommission für die Überführung der Pädagogischen Akademien in Hochschulen ab 1999 – in mehreren Stufen eine institutionelle Reform der Lehrer/innenbildung vorangetrieben, wobei in hohem Maß auf *Expert/innengruppen* zurückgegriffen wurde die schrittweise die Materie für ein neues Rahmengesetz 2013 aufbereiteten. (Messner/Krainz-Dürr/Fischer 2018; Österreichischer Wissenschaftsrat 2012). Parallel dazu haben die Institutionen der Lehrer/innenbildung selbst an Entwicklungen gearbeitet, wobei der Aufbau von Fachdidaktik-Zentren (Naturwissenschaften ab 2005 an der Universität Wien, Deutsch ab 2006 Universität Klagenfurt, ab 2001 Sprachenkompetenzzentrum in Graz) einen wesentlichen Schwerpunkt darstellten. Bereits Anfang der 1980er wurden in diesem Bereich wesentliche Schwächen festgestellt was sich bis 2000 nicht wesentlich geändert hatte.

Die dezidierte Reformaktivität war jedoch mit anhaltender *Medienkritik* konfrontiert, und zunehmend setzte sich »Stillstand« und »Austausch von Türschildern« als vorherrschende Situationsdefinition durch. Auch in der Zivilgesellschaft entstanden vielfältige Initiativen und Organisationen die (weiter gehende) Reformen forderten und die Reforminfrastruktur um eine Facette erweiterten. Diese Initiativen bündelten sich 2011 in einem neuerlichen *Bildungsvolksbegehren*, das sich jedoch nicht auf einen speziellen Aspekt konzentrierte wie 1969, sondern ein breites Programm propagierte, das wiederum ein Kompromiss unter den zivilgesellschaftlichen Reformkräften war (Der Standard 2011; http://www.vbbi.at/), ausgehend von bestimmten Problembereichen sind weitere *zivilgesellschaftlichen Organisationen* entstanden, z. B. eine Plattform für die Elementarerziehung (Educare o. J.) und eine weitere anknüpfend an die Herausforderungen aus der Zuwanderung (Bildung Grenzenlos o. J.).

Im Hinblick auf die Reforminfrastruktur wurde in dieser Periode versucht, das entstandene wissenschaftliche Netzwerk einerseits durch die Gründung des BIFIE stärkerer Steuerung und Kontrolle zu unterwerfen (durch die Verlagerung der Ressourcen auf das Institut wurde das Netzwerk insgesamt in seiner Breite und Vielfalt geschwächt), und es andererseits durch die Standards-Projekte und des NBB stärker politisch-praktisch zu nutzen. Die Reform der Lehrer/innenbildung ist längerfristig darauf ausgelegt, diese Infrastruktur zu erweitern. Die aktive Reformtätigkeit wurde weitgehend ohne Nutzung dieser Infrastruktur vorangetrieben.

7. Aktuell: »Disruption« unter autoritären und neoliberalen Auspizien

Die neuerliche rechtspopulistische Regierung hat in ihrem Regierungsprogramm alle Errungenschaften der bisherigen Reformen in Frage gestellt, und eine breite Vielfalt neuer (Gegen)-Reformansätze konzipiert. Das BIFIE sollte geschlossen werden, die Bildungsstandards werden auf der dritten und siebten Stufe neu konzipiert, die Gesetzgebung zu den Lehrer/innen soll trotz jüngster Reformen völlig neu aufgesetzt werden etc. Auch die Konsultationen in der Sozial- und Bildungspartnerschaft wurden eingestellt und gegenüber den Medien wird eine klare »Message-Control«-Politik verfolgt, um hier die Eigendynamik so weit wie möglich auszuschalten. Die Struktur des Ministeriums wurde autoritär hierarchisch verstärkt, und die zentralen Leitungspositionen wurden ausgewechselt. Die Reformen, die die neue Regierung bisher durchgesetzt hat (Re-etablierung der Ziffernbenotung und der Leistungsgruppen, Separierung des Deutschunterrichts für Migrant/innen), wurden unilateral, mit minimalen politischen Konsultationen vor allem mit den Lehrer/Innengewerkschaften und Teilen der regionalen Schulinspektion und -Verwaltung gegen – einigen Widerstand Betroffener – durchgesetzt.

Das neue Regierungsprogramm versucht verspätet die Strategie des GERM- Global Education Reform Movement zu etablieren, indem auf allen Stufen ein durchgängiges System der Zielsteuerung durch Leistungsbeurteilung und summative Messung etabliert und mit den Curricula verbunden werden soll, was die (sozial) differenzierte Struktur verstärkt. Die Messungen und die Qualitätssicherung wurden in einer neuen Einheit im Ministerium gebündelt. Für die Umsetzung der von der vorherigen Regierung »geerbten« Bildungsreform wird unter straffer hierarchischer Leitung eine neuartige *Infrastruktur des Projektmanagement* aufgesetzt, in der die administrativen Umsetzungseinheiten durch externe Beratungsorganisationen gedoppelt werden.

Aktuell ist nicht abzusehen, ob und wie sich die neue Politik mit den hergebrachten Infrastrukturen arrangieren wird, und ob es letztlich einen radikalen Bruch mit der pfadabhängigen Entwicklung geben wird. Dies wäre eine Herausforderung für die institutionalistische Theorie, die derart radikale Brüche nur schwer erklären und vorhersagen kann.

8. Literatur

Achs, O. (2015): Zwischen Gestern und Morgen: Carl und Aline Furtmüllers Kampf um die Schulreform. 2., überarbeitete Auflage. Münster: Lit-Verlag.

Altrichter, H./Hanfstingl, B./Krainer, K./Krainz-Dürr, M./Messner, E./Thonhauser, J. (Hrsg.) (2018): Baustellen in der österreichischen Bildungslandschaft. Münster: Waxmann.

Altrichter, H./Maag Merki, K. (Hrsg.) (2010): Handbuch Neue Steuerung im Schulsystem. Wiesbaden: Springer VS.

Altrichter, H./Posch, P. (1990): Lehrer erforschen ihren Unterricht. Bad Heilbrunn: Klinkhardt.

Anlanger, O. (1993): Behinderten Integration: Geschichte eines Erfolges. Schulheft Nr.70. Wien: Jugend & Volk.

Arnold, M. (Hrsg.) (2009): iff. Interdisziplinäre Wissenschaft im Wandel. Wien: LIT Verlag.

Beirat für Wirtschafts- und Sozialfragen (2007): Chance Bildung. Konzepte der österreichischen Sozialpartner zum lebensbegleitenden Lernen als Beitrag zur Lissabon-Strategie. Bad Ischl http://www.sozialpartner.at/wp-content/uploads/2015/08/ChanceBildung_20071003.pdf (Abruf 20.3.2019)

BIFIE (2019): TIMSS Überblick https://www.bifie.at/timss-ueberblick/ (Abruf 14.3.2019)

BIFIE (o. J.): Nationaler Bildungsbericht – Grundlagen. Im Internet https://www.bifie.at/system-schule/nbb/ (Abruf 18.3.2019).

Bildung Grenzenlos (o. J.): Wer sind wir? http://bildunggrenzenlos.at/wer-sind-wir/ (Abruf 21.3.2019).

Bildungsreformgesetz (2017): Rechtsinformationssystem des Bundes im Internet www.ris.bka.gv.at/eli/bgbl/I/2017/138/20170915 (Abruf 12.3.2019).
BMBWK (o. J.): Weißbuch Qualitätsentwicklung und Qualitätssicherung im österreichischen Schulsystem. Wien: BMBWK https://bildung.bmbwf.gv.at/schulen/sb/Weissbuch_10093.pdf?61ecaw
BMUKK (1995): Entwicklungsgrundlagen für das österreichische Schulwesen. mimeo.
Bulant, T. (2007): Die Interessenvertretung der Wiener Pflichtschullehrer. Frankfurt am Main: Peter Lang.
Der Standard (2011): Der Text des Bildungsvolksbegehren (3.2.2011) https://mobil.derstandard.at/1296696241157/Wortlaut-Der-Text-des-Bildungsvolksbegehren (Abruf 20.3.2019).
Dermutz, S. (1983): Der österreichische Weg: Schulreform und Bildungspolitik in der Zweiten Republik. Wien: Verlag für Gesellschaftskritik
Dobart, A. (1997): Schule macht Lehrplan. Grundsätzliches zum Lehrplan '99. Erziehung und Unterricht, 147 (4), 324-333
Eder, F./Posch, P./Schratz, M./Specht, W./Thonhauser, J. (Hrsg.) (2002): Qualitätsentwicklung und Qualitätssicherung im österreichischen Schulwesen. Innsbruck/Wien/München: Studienverlag.
Educare (o. J.): Plattform Educare. Verein zur Förderung der Elementarbildung http://www.plattform-educare.org/verein/ (Abruf 21.3.2019).
Fend, H. (2018): Bildungsforschung und Schulentwicklung in Österreich. In: Altrichter et al. (2018), S. 14–25.
Forschungspraktikum (2018): Was liegt im Keller des Unterrichtsministeriums? Eine Bestandsaufnahme historisch-pädagogischer Literatur in der ehemaligen Amtsbibliothek des BMBWK. Institut für Bildungswissenschaft der Universität Wien WS 2017/18. Internet http://media.obvsg.at/AC15184361-2001 (Abruf 12.3.2019).
Forschungsprojekt (2015): Schule der 10- bis 14-Jährigen in Vorarlberg. Projektbericht. 55. Beilage im Jahr 2015 zu den Sitzungsunterlagen des XXX. Vorarlberger Landtags http://suche.vorarlberg.at/vlr/vlr_gov.nsf/0/1696E441EAABD7D7C1257E7000411FA3/$FILE/552015.pdf (Abruf 20.3.2019).
Goettlicher, W. (2016): Wiener Schulreform? Österreichische Schulreform? – Die Schulreform Otto Glöckels, das Rote Wien und der schulpolitische Dualismus in der Ersten Republik. Conference Paper, April 2016 https://www.researchgate.net/publication/317831643
Göttlicher, W. (2016): Die ›Eigenständigkeit der Landschule‹. Ländliche und städtische Lebenswelt als pädagogische Differenz in der österreichischen Landschulerneuerung, 1947–1964. In: Groppe, C./ Kluchert, G./ Matthes, E. (Hrsg.): Bildung und Differenz. Historische Analysen zu einem aktuellen Problem. Wiesbaden: SpringerVS. S. 185–201.
IMST (o. J.): Geschichte https://www.imst.ac.at/texte/index/bereich_id:2/seite_id:3 (Abruf 21.3.2019)
Katzenstein, P. J. (1985): Small States in World Markets: Industrial Policy in Europe. Ithaca and London: Cornell University Press.
Lassnigg, L. (2015): »Muddling Through" Once Again – The Long Term Development of the Dualistic Austrian VET System, in: Berner, E./Gonon, P. (Hrsg.): History of Vocational Education and Training in Europe. Cases, Concepts and Challenges. Bern: Peter Lang, S. 125–145.
Lassnigg, L. (2017): Urban Education in Austria: ›Repression‹ of the Topic and a ›Reversed‹ Political Agenda, in: Pink, W. T./Noblit, G. W. (Hrsg.): Second International Handbook of Urban Education. Cham: Springer, S. 1307–1333.
Lassnigg, L./Bruneforth, M./Vogtenhuber, S. (2016): Ein pragmatischer Zugang zu einer Policy-Analyse: Bildungsfinanzierung als Governance-Problem in Österreich, in: Nationaler Bildungsbericht Österreich 2015, Band 2. Graz: Leykam, S. 305–351.
Lassnigg, L./Mayer, K. (2001): Definition und Auswahl von Kompetenzen in Österreich. Länderbericht zum BFSOECD Projekt DeSeCo. IHS Reihe Soziologie 52 (November). https://www.ihs.ac.at/publications/soc/rs52.pdf (Abruf 20.3.2019)
McNay, I./Ozga, J. (Hrsg.) (1986): Policy-Making in Education: The Breakdown of Consensus. Oxford: Pergamon.

Messner, E./Krainz-Dürr, M./Fischer, R. (2018): Lehrer/innenbildung in Österreich. PädagogInnenbildung NEU – ein Jahrhundertgesetz. In: Altrichter, H./Hanfstingl, B./Krainer, K./Krainz-Dürr, M./Messner, E./Thonhauser, J. (Hrsg.) (2018): Baustellen in der österreichischen Bildungslandschaft. Münster: Waxmann

Österreichischer Wissenschaftsrat (2012): Lehren lernen – die Zukunft der Lehrerbildung. Tagungsband. Wien.

Papadopoulos, G. S. (1994): Education 1960 – 1990. The OECD Perspective. Paris: OECD.

Petrella R (2000): Humanressourcen für den Weltmarkt. Fallstricke der Erziehungspolitik. In: Der Standard, 7./8. 12. 2000, https://mobil.derstandard.at/413198/Humanressourcen-fuer-den-Weltmarkt (Abruf 14.3.2019).

Projekt (o. J.): Projekt »Grundkompetenzen absichern« http://www.sqa.at/course/view.php?id=177

Rath, G. (2008): Die Entwicklung der Realschule im Spannungsfeld zweier »Kulturen«. In: Sabaz, L. (Hrsg.): L'insegnamento della fisica Nell'Ottocento a Capodistria, Koper: Museo Scholastico. Im Internet https://austria-forum.org/af/Wissenssammlungen/Essays/Bildung/Die_Entwicklung_der_Realschule_im_Spannungsfeld_zweier_Kulturen (Abruf 18.3.2019)

Romanik, F. (Hrsg.) (1947): Das Ischler Programm. Referate und Beschlüsse der Direktoren, Direktorinnen und Fachvorstände der technischen und gewerblichen Lehranstalten, einschließlich jener für hauswirtschaftliche und gewerbliche Frauenberufe Österreichs. In: Österreichs technisch-gewerbliches Schulwesen, Sondernummer (Februar).

Schratz, M./Hartmann, M./Schley, W. (2010): Schule wirksam leiten. Analyse innovativer Führung in der Praxis. Münster: Waxmann.

Schulgesetzwerk (1962): Bundesgesetzblatt 240 Bundes-Schulaufsichtsgesetz. 241 Schulpflichtgesetz. 242 Schulorganisationsgesetz. 243 Religionsunterrichtsgesetz-Novelle 1962. 244 Privatschulgesetz. Rechtsinformationssystem des Bundes im Internet httwww.ris.bka.gv.at/Dokumente/BgblPdf/1962_242_0/1962_242_0.pdf (Abruf 12.3.2019).

Tálos, E. (2017): Das austrofaschistische Österreich 1933-1938. Unter Mitarbeit von Florian Wenninger. Wien: LIT-Verlag.

Weyrich, J. (1956): Die Salzburger ländliche Versuchsschularbeit. Wien: ÖBV.

Lucien Criblez

Arenen, Akteure und Strukturen der Schulreform in der Schweiz

Das Schweizer Bildungssystem wird – wie die Schweiz generell – in der Selbstwahrnehmung immer wieder als ›Sonderfall‹, in der Fremdwahrnehmung wegen des kleinräumigen Bildungsföderalismus als schwer verständlich, überkomplex und reformträge interpretiert. Beide Wahrnehmungen treffen zum Teil zu – und sind zum Teil sicher übertrieben. Insgesamt dürften es aber vor allem drei Rahmenbedingungen bzw. ihr gemeinsames Auftreten sein, die Bildungspolitik[9] in der Schweiz von derjenigen anderer Länder zumindest teilweise unterscheidet: der bis heute stark ausgeprägte Bildungsföderalismus, die horizontalen und vertikalen Verflechtungen im bildungspolitischen Mehrebenensystem sowie die Möglichkeiten der direkten Einflussnahme der Bürgerinnen und Bürger durch verschiedene direktdemokratische Instrumente.

Schulreformen folgen in der Schweiz aber zum großen Teil ähnlichen Logiken, Dynamiken und Mechanismen wie in anderen Ländern. Sie werden getrieben von Reformakteuren, die das Bessere, ja das Beste wollen, oft genug aber von realen Reformbedingungen und dem, was die amerikanischen Implementationsforscher als »grammar of schooling«[10] bezeichnet haben, abstrahieren. Sie folgen idealistischen Programmen (Tyack 1995, S. 209) ohne zu berücksichtigen, dass zwischen Reformrede, neu festgelegten Normen und Implementation dieser Normen wesentliche Unterschiede bestehen und dass eine Reform eigentlich erst gelungen ist, wenn sich Schule und Unterricht tatsächlich geändert haben und nicht schon, wenn die entsprechenden gesetzlichen Vorgaben geändert worden sind. Sie berücksichtigen kaum,

---

9 Schulreformen im Sinne von institutionellen Reformen werden in diesem Beitrag als Gegenstand der Bildungspolitik verstanden. Schule ist in einem solchen Verständnis politisch ›konstruiert‹, also Resultat von immer wieder neuen politischen Aushandlungsprozessen. Dies gilt insbesondere für Länder, in denen Schule als weitgehend öffentliche Aufgabe definiert ist. Davon zu unterscheiden wären Unterrichtsreformen (Criblez 2017b). Lehrplanreformen gehören in diesem Verständnis, obwohl sie für Unterricht konstitutiv sind, in der Schweiz eher zur Bildungspolitik, weil durch sie die »schulische Wissensordnung« (Criblez et al. 2019) neu definiert wird.

10 Als »grammar of schooling« haben Cuban, Tobin und Tyack (Tyack/Tobin, 1994; Tyack/Cuban, 1995) überdauernde, institutionelle Merkmale bzw. ›Ordnungs‹prinzipien von Schule bezeichnet, die durch Schulreformen kaum verändert werden. Sie tendieren dazu, Reformversuche ins Leere laufen zu lassen, und unterstützen das Personal darin, Reformen ›unterlaufen‹ zu können. Dazu gehören etwa die Organisation in Jahrgangsklassen, das Unterrichten von Schulfächern im Lektionenmodus, die ›Architektur‹ der Unterrichtsräume oder die begrenzte Zeit, die für Unterricht zur Verfügung steht.

dass Reformen in der Regel unerwünschte Nebeneffekte haben, die wiederum bearbeitet werden müssen (Merton 1936) und dass das Feld, konkreter: Lehrerschaft und zum Teil die Eltern, sich widerständig verhalten können (siehe auch den Beitrag von Thiel & Bennewitz in diesem Band). Reformen müssen sich immer gegen das Bestehende durchsetzen, das gegen Reformen zunächst resistent ist, einfach weil es schon lange Bestand hat – auch wenn es im Hinblick auf die Zielerreichung unter Umständen dysfunktional geworden ist.[11]

David Labaree nennt vier hauptsächliche Gründe dafür, dass Schulreformen nur teilweise zum Erfolg führen: widersprüchliche Zielsetzungen, Tendenz zu organisatorischem Konservatismus, Arroganz der Reformer sowie die marginale Bedeutung von Schulreformprojekten gegenüber dem inkrementellen Wandel von Schule (Labaree 2010, S. 17). Solche allgemeinen Probleme treffen auf Schulreformen in der Schweiz genauso zu wie auf solche in anderen Ländern. Wenn Schulreformen hier zum Teil auch anderen Logiken folgen, ist dies vor allem auf die drei erwähnten, spezifisch schweizerischen Rahmenbedingungen zurückzuführen, die oftmals – in unterschiedlicher Kombination – Reformvorhaben stark prägen. Diese drei Rahmenbedingungen werden im ersten Abschnitt kurz erläutert. Im zweiten Abschnitt werden die wichtigsten Reformakteure vorgestellt. Der dritte Abschnitt konzentriert sich auf wesentliche Reformthemen der letzten 25 Jahre. Dabei wird primär die obligatorische Schule (heute: 1.-11. Schuljahr) fokussiert; die anderen Bildungsstufen (Vorschule, allgemeinbildende Schulen der Sekundarstufe II, berufliche Grundbildung, tertiäre Ausbildung, Weiterbildung) werden aus pragmatischen Gründen (Umfang des Beitrags) punktuell, aber nicht systematisch berücksichtigt. Im letzten Abschnitt stehen Reformdynamiken und Reformresistenzen im Vordergrund, und es wird auf Schulreformen hingewiesen, die es aufgrund gesellschaftlicher, wirtschaftlicher und demografischer Veränderung in den nächsten Jahren voraussichtlich zu bewältigen gilt.

1. Das Schweizer Bildungssystem und seine Rahmenbedingungen: Bildungsföderalismus, politisches Mehrebenensystem und halbdirekte Demokratie

Der Aufbau des schweizerischen Bildungssystems hat sich im Verlaufe der letzten 25 Jahre wesentlich verändert. Aus einem pyramidal aufgebauten System mit der Volksschule als breiter Basis (seit den 1970er Jahren: 9 Jahre Unterrichtspflicht) und einer relativ engen Spitze (Gymnasium und Universität) ist ein System entstanden,

---

11 Im historischen Institutionalismus ist dafür der Begriff »Pfadabhängigkeit« geprägt worden. Pfadabhängigkeit »betont die Historizität von Institutionen, wobei angenommen wird, dass in der Vergangenheit getroffene Entscheidungen und eingebürgerte Denkweisen und Routinen in die Gegenwart hinein wirken […]. Pfadabhängigkeiten engen die potenziellen Handlungsalternativen ein und beeinflussen so die zukünftige Entwicklungsrichtung in massgeblicher Weise« (Beyer 2006, S. 12).

das mehrere Spitzen (Universitäten, Fachhochschulen und Pädagogische Hochschulen; höhere Berufsbildung) und drei unterschiedliche Hochschulzulassungsausweise (gymnasiale Matur, Berufsmatur, Fachmatur) kennt. Dieses gegenwärtige System (2019) lässt sich kurz wie folgt beschreiben[12]: Der Kindergarten ist neu Teil der Volksschule, zwei Jahre Kindergartenbesuch sind obligatorisch, wodurch sich die obligatorischen Unterrichtsjahre von 9 auf 11 erhöht haben. Kindergarten und Primarstufe (Schuljahre 1-8) sind unselektioniert, sieht man von Klein- und Sonderklassen ab, die allerdings im Zuge der Integrations- und Inklusionsdiskussion zunehmend aufgelöst werden: Die Schülerinnen und Schüler mit besonderen Bildungsbedürfnissen sollen wenn möglich integrativ beschult werden. Die Integrationsbemühungen sind in den Kantonen – trotz Verfassungsauftrag – allerdings unterschiedlich weit fortgeschritten.

Auf der Sekundarstufe I (Schuljahre 8-11) kennen die Kantone unterschiedliche Modelle (meist zwei- oder dreigliedrige, selten auch viergliedrige Modelle), nur einzelne Kantone – zum Beispiel Tessin und Jura – führen eine unselektionierte Sekundarstufe I. An sie schliessen einerseits die allgemeinbildenden Mittelschulen (Gymnasien mit mindestens vierjährigem Ausbildungsgang; Fachmittelschulen und Informatikmittelschulen von meist drei Jahren Dauer), andererseits die berufliche Grundbildung in rund 250 geregelten Berufen an. Die berufliche Grundbildung dauert zwei (Berufsattest) oder drei bzw. vier Jahre (Fähigkeitszeugnis). Das Fähigkeitszeugnis kann mit einem allgemeinbildenden Teil (Umfang: ein Schuljahr) entweder parallel zur Berufslehre oder anschliessend an sie zur Berufsmaturität erweitert werden. An die Sekundarstufe II schliessen einerseits die Hochschulen an (drei Hochschultypen: Universitäten, Fachhochschulen, Pädagogische Hochschulen), andererseits die höhere Berufsbildung mit einem ausdifferenzierten System von höheren Berufs- und Fachprüfungen sowie den höheren Fachschulen.

Im bildungspolitischen Mehrebenensystem sind die 26 Kantone die hauptsächlichen Verantwortungsträger, das Bildungssystem zeichnet sich durch seinen weit reichenden Föderalismus aus. Die Kantone regeln die 11-jährige Volksschule, die allgemeinbildenden Mittelschulen, die Lehrerbildung bzw. die Pädagogischen Hochschulen und die Universitäten, zudem vollziehen sie die Bundesvorgaben im Bereich der beruflichen Grundbildung und der Fachhochschulen. Sie sind Schulträger und Finanzierer der allgemeinbildenden Mittelschulen und der Pädagogischen Hochschulen sowie Träger und hauptsächliche Finanzierer der Universitäten, der Fachhochschulen und der Berufsfachschulen. Der Bund regelt die berufliche Grundbildung, die höhere Berufsbildung, die Fachhochschulen sowie einzelne Eckwerte der Universitäten, ist Schulträger und Finanzierer der beiden Technischen Hochschulen (Zürich und Lausanne) und unterstützt die berufliche Grundbildung, die höhere Berufsbildung, die Fachhochschulen und die Universitäten finanziell. Die Gemeinden sind Schulträger im Bereich der obligatorischen Schule (Kindergarten, Primarschule, Schulen der Sekundarstufe I), wobei sie von den Kantonen (unterschiedlich stark)

12 Für einen ausführlicheren Überblick: Criblez, 2017a; vgl. auch https://bildungssystem.educa.ch/de/schweizerische-bildungswesen, Abruf 28.4.2019.

durch die Teilfinanzierung der Lehrerlöhne und den jeweiligen innerkantonalen Finanzlastenausgleich unterstützt werden.

Die Privatschulquote ist in der Schweiz insgesamt gering: für Kindergarten und Primarschule lag sie im Schuljahr 2017/18 bei knapp 4,5 Prozent, für die Sekundarstufe I bei rund 7 Prozent, für die berufliche Grundbildung bei rund 14 und für die allgemeinbildenden Schulen der Sekundarstufe II bei rund 15 Prozent.[13] Mit einer Ausnahme sind die Hochschulen in staatlicher Trägerschaft. Einzig im Bereich der besonderen Schulung und der höheren Berufsbildung liegt die Privatschulquote wesentlich höher; im ersten Fall, weil viele Sonderschulen in privater Trägerschaft sind, die allermeisten aber sehr weitgehend staatlich subventioniert werden; im zweiten Fall, weil die Berufsverbände wesentliche Träger der Angebote sind.

Die Schulaufsicht für die obligatorische Schule liegt bei den Schulträgern, also den Gemeinden (Rhyn 1998), diejenige für die Schulen der Sekundarstufe II bei den Kantonen, die auch für die pädagogische Aufsicht der Volksschule bestimmte Verantwortung tragen (Schulinspektorate in einem eher traditionellen Sinne, externe Schulevaluationen mit unterschiedlich ausgeprägten Feedback-Kulturen). Für die Hochschulen haben die Trägerkantone in der Regel Hochschulräte eingesetzt (Criblez/Oggenfuss, 2010). Die Aufsicht über die höhere Berufsbildung nimmt der Bund wahr.

Insgesamt wurde, beginnend in den 1960er Jahren mit einem starken Ausbauschub in den letzten 25 Jahren, ein komplexes System der horizontalen (zwischen den Kantonen) und der vertikalen (zwischen Bund und Kantonen) Kooperation etabliert. Die Schweizerische Konferenz der kantonalen Erziehungsdirektoren (EDK) sichert dabei sowohl die vertikale Kooperation zwischen Bund und Kantonen, indem sie Ansprechpartnerin des Bundes in allen Bildungsfragen ist, als auch die horizontale Kooperation gewährleisten muss. Sie ist damit sowohl Wahrerin des Bildungsföderalismus und des Subsidiaritätsprinzips[14] als auch Garantin der Koordination und Harmonisierung[15]. Die Harmonisierung des Schulwesens und Hochschulbereichs ist seit 2006 ein Verfassungsauftrag, der den kleinräumigen Bildungsföderalismus einerseits relativiert, andererseits die Legitimation der EDK-Harmonisierungsprojekte verstärkt (Criblez 2008): Können sich die Kantone nicht auf bestimmte Eckwerte einigen, kann der Bund harmonisierend eingreifen.

Weil die halbdirekte Demokratie das politische System und das politische Denken in der Schweiz wesentlich definiert (Linder, 1999, S. 235ff.), ist auch die Bildungspolitik grundsätzlich den direktdemokratischen Volksrechten unterworfen. Die stimm-

---

13 www.bfs.admin.ch/bfs/de/home/statistiken/bildung-wissenschaft/personen-ausbildung/obligatorische-schule.assetdetail.7586318.html, Abruf 28.4.2019.

14 Nach dem Subsidiaritätsprinzip sollen Probleme möglichst selbstbestimmt und eigenverantwortlich da bearbeitet werden, wo sie entstanden sind (Epiney 1994). Der Bildungsföderalismus mit starker Einbindung der Gemeinden und der Bevölkerung in die Schulorganisation und Schulaufsicht folgt in diesem Sinne dem Subsidiaritätsprinzip.

15 Lukas Lehmann hat in einer neueren Analyse der Lehrerbildungspolitik die Aufgabe der EDK gegenüber den Kantonen als »Zwang zur freiwilligen Zusammenarbeit« umschrieben (Lehmann 2013).

und wahlberechtigte Bevölkerung kann nicht nur über die Wahl von Parlamenten (auf Bundesebene, auf Kantonsebene sowie in großen Gemeinden/Städten) Einfluss nehmen, sondern ihr stehen wesentlich mehr demokratische Mitbestimmungs- und Mitwirkungsmöglichkeiten zur Verfügung (Criblez 2011): Sie kann in den Kantonen und Gemeinden die Exekutiven wählen. In Gemeindeversammlungen sowie in kommunalen, kantonalen und nationalen Volksabstimmungen (Initiativrecht, freiwilliges und obligatorisches Referendum) kann sie zu Bildungsfragen immer wieder Stellung nehmen. Auf der Ebene Schule kennen viele Kantone nach wie vor Laienaufsichtsbehörden als Schulkommissionen, Schulpflegen oder Schulräte.

2. Die Akteure der Schulreform

In einem demokratischen Staat wie der Schweiz kommt im Hinblick auf Schulreformen – neben den erwähnten politischen Mitwirkungsmöglichkeiten des Souveräns – nach wie vor den Parlamenten und Regierungen eine zentrale Rolle zu, wobei sich der Einfluss der Regierungen seit den 1990er Jahren sowohl auf Bundes- als auch auf Kantonsebene zu Ungunsten der Parlamente verschoben hat. Für diesen komplexen Verschiebungsprozess lassen sich unterschiedliche Gründe finden, zwei hauptsächliche Erklärungen sind die folgenden: Angesichts der Komplexitätssteigerung im bildungspolitischen Mehrebenensystem ist die Expertise auch im Politikfeld Bildung zwischen den Milizparlamenten und den professionalisierten (Bildungs-)Verwaltungen zunehmend ungleich verteilt. Zudem wurden im Zuge der Einführung von Prinzipien des New Public Managements die Entscheidungskompetenzen dezentralisiert, sodass die Parlamente – gerade im Bildungsbereiche – oftmals Rahmengesetze erlassen. Detaillierte Festlegungen und das Controlling obliegen dann der Verwaltung.

Folgt man politikwissenschaftlichen policy cycle-Modellen (Jann/Wegrich 2003) ist die Phase der Politikformulierung durch Parlamente und Regierungen zwar von zentraler Bedeutung, aber eben nur eine Phase im policy-Prozess. Appius und Nägeli (2017) haben zudem am Beispiel der Volksschulreformen in Luzern, St. Gallen und Zürich nach 1990 gezeigt, dass das idealtypische Modell eines policy cycles für die Analyse von Schulreformen im bildungspolitischen Mehrebenensystem zu unterkomplex ist. Denn erstens sind auf unterschiedlichen Politikebenen gleichzeitig politische Prozesse im Gang (etwa bei der Einführung und Stärkung von Schulleitungen oder bei der Reform der Schulaufsicht), die aber gegenseitig eng miteinander verzahnt sind. Schulentwicklung von unten (»bottom up«) oder Schulreform von oben (»top-down«) sind dann zu einfache Dichotomisierungen. Es rücken neue Fragen in den Vordergrund, etwa wie unterschiedliche Akteure auf unterschiedlichen Ebenen des Bildungssystems ihre Handlungen koordinieren, wie sie miteinander vernetzt sind oder wie und in welchen Phasen einer Reform der Reformdruck »von unten« auf Reformresistenzen »von oben« oder der Reformwille »von oben« bei der Implementation auf Widerstände vor Ort stösst bzw. wie Reformen bei den Implementation den Situationen vor Ort angepasst bzw. «rekontextualisiert« (Fend 2006, S. 174) werden.

Zweitens konnten Appius und Nägeli auch zeigen, wie sich unterschiedliche policy cycles (zum Beispiel die Reform der Schulaufsicht, die Gemeindereform und Eingemeindungen) überlagern und gegenseitig zumindest teilweise bedingen. Ähnlich hängen auch Bildungsreformen in unterschiedlichen Bildungsbereichen zusammen und können nur eng aufeinander bezogen realisiert werden, in der Schweiz etwa die Gymnasialreform und die Lehrerbildungsreform in den 1990er Jahren und zu Beginn der 2000er Jahre (Criblez 2010).

Wenn auch weniger in der Phase der Politikformulierung (allerdings wirken Volksschullehrerinnen und -lehrer in den kantonalen Parlamenten mit; sie sind als Gemeindeangestellte wählbar), so doch in allen andern Phasen eines Reformprozesses spielen Lehrerinnen und Lehrer, oftmals in der Formierung als Lehrerverbände, eine bedeutsame Rolle (Criblez/Crotti 2015). Zwar haben die Schulleitungen in den letzten 20 Jahren als Reformakteure vor Ort stark an Bedeutung gewonnen, aber Schulreformen sind nur mit den Lehrpersonen überhaupt realisierbar. Wenn also in der ganzen Schweiz in den letzten Jahren sprachregional neue Lehrpläne eingeführt wurden, waren Lehrerinnen und Lehrer bzw. Lehrerverbände nicht nur an der Ausarbeitung beteiligt, sondern sie sind die entscheidenden Träger der Reform – soll sie denn im Unterricht auch Wirkung entfalten.

Die kantonalen Lehrerverbände verstehen sich nicht einfach als Gewerkschaften, engagieren sich also nicht nur in berufsständischen, sondern auch in pädagogischen und bildungspolitischen Fragen. Sie sind in alle wesentlichen Schulreformprozesse eingebunden, arbeiten in Kommissionen und Projektgruppen mit, werden in Vernehmlassungsverfahren[16] begrüsst und haben in verschiedenen Kantonen in definierten Bereichen (etwa in der Lehrmittelpolitik) verbriefte Mitspracherechte. Eine ähnliche Rolle wie die kantonalen Lehrerverbände in den Kantonen spielen auf interkantonaler und nationaler Ebene die beiden stark sprachregional verankerten Lehrerverbände Lehrerinnen und Lehrer Schweiz/LCH und Syndicat des enseignants romands sowie der Verein Schweizerischer Gymnasiallehrerinnen und Gymnasiallehrer.

Lehrerinnen und Lehrer sind auch weitgehend für die Schulentwicklung vor Ort und die Qualitätssicherung von Unterricht verantwortlich. Sie sind die eigentlichen Leistungserbringer im Schulsystem, ein Umstand, der angesichts der vielen Reformen seit den 1990er Jahren allzu oft in Vergessenheit geraten ist. Mit der flächendeckenden Einführung von Schulleitungen vor allem in den 2000er Jahren wurde die bis dahin sehr flache Hierarchie in den Schulen relativiert und die Gesamtverantwortung für die Schulentwicklung stärker dieser neuen Funktion zugeordnet (Rhyn 1998; Appius/

16 Wichtige politische Entscheide werden in der Schweiz auf Bundes- und Kantonsebene im Vorfeld der Parlaments- oder Regierungsverhandlungen interessierten Kreisen und thematisch involvierten Anspruchsgruppen (Verbänden, Parteien, in der nationalen Politik: den Kantonen) zur Stellungnahme unterbreitet. Die Stellungnahmen werden ausgewertet und dienen als Grundlage für die weitere Ausformulierung der politischen Vorlagen (Linder 1999, S. 299f.).

Nägeli 2017). Dadurch veränderten sich auch Rolle und Aufgaben der lokalen Schulaufsichtsbehörde (Laienbehörde). In einzelnen Kantonen wurde es den Gemeinden freigestellt, ob die Schulaufsicht vor Ort nach wie vor von einer Laienbehörde oder von professionalisierten Gremien wahrgenommen werden soll.

Auch wenn die Verhältnisse im bildungspolitischen Mehrebenensystem durch die Stärkung des kooperativen Föderalismus komplexer geworden sind, so gehören die kantonalen Erziehungs- bzw. Bildungsdirektionen mit ihren jeweiligen Regierungsrätinnen und Regierungsräten doch nach wie vor zu den zentralen Akteuren der Bildungspolitik. Wenn jemand in der Schweiz »Bildungspolitik als Beruf« (Criblez/Binder 2016) betreibt, dann sind es die Bildungsdirektorinnen und Bildungsdirektoren – und zwar in zweifacher Hinsicht: Sie lenken einerseits die kantonale Bildungspolitik in allen Bildungsbereichen. Ihr Zuständigkeitsbereich erstreckt sich von der Vorschule bis zu Weiterbildung. Kommunikation und Handlungskoordination mit den Gemeinden als Schulträger und den kantonalen Schulen sowie den autonomen Hochschulen bestimmt ihr Alltagsgeschäft, wobei sie sich auf die Arbeit professionalisierter Bildungsadministrationen abstützen können. Da die kantonalen Vorgaben die Schulorganisation vor Ort stark präjudizieren und die Bildungsdirektionen nicht nur den Vollzug kantonaler Bestimmungen überwachen, sondern immer deutlicher selber zum Reformakteur geworden sind, gehören insbesondere die Bildungsdirektionen großer Kantone zu den wichtigsten Reformakteuren.

Gleichzeitig bilden die 26 Bildungsdirektorinnen und Bildungsdirektoren die EDK, die sich inzwischen zum wohl einflussreichsten bildungspolitischen Reformakteur in fast allen Bildungsbereichen (Ausnahme: Berufsbildung) entwickelt hat, dies nicht zuletzt, um Zentralisierungsprozesse zu verhindern. 1897 vor allem zur Durchsetzung von Bundessubventionen für die kantonalen Bildungssysteme etabliert (Manz 2008) wurde sie mit dem Schulkonkordat von 1970 (Manz 2011) zum wichtigen Akteur der Schulkoordination, was in den 1990er und zu Beginn der 2000er Jahre durch eine Politik der Interkantonalen Vereinbarungen weiter verstärkt. Ihre Harmonisierungspolitik ist durch die Neuformulierung der Bildungsartikel in der Bundesverfassung 2006 stark legitimiert worden, und die darauf bezogene Interkantonale Vereinbarung zur Harmonisierung der obligatorischen Schule kann als Versuch gelten, die neuen Verfassungsbestimmungen durch eine koordinierte Politik der Kantone zu realisieren (Criblez 2008). Allerdings ist dagegen in einzelnen Kantonen auch heftiger Widerstand entstanden, weil der Bildungsföderalismus und das Subsidiaritätsprinzip als bedroht interpretiert wurden.

Letztlich ist auf die veränderte Rolle des Bundes als Reformakteur hinzuweisen. Obwohl ihm mit der Totalrevision der Verfassung 1999 und der Teilrevision der Bildungsverfassung 2006 (Criblez 2008) neue (subsidiäre) Kompetenzen übertragen wurden, hat sich dies – ganz der historischen Tradition der Arbeitsteilung zwischen Bund und Kantonen folgend – vor allem im Berufsbildungsbereich ausgewirkt. Hier hat der Bund seit 1999 eine umfassende Regelungskompetenz; vorher war sie sektoriell beschränkt (v.a. auf industrielle, gewerbliche, kaufmännische und landwirtschaftliche Berufe). Aufgrund der integralen Regelungskompetenz wurden zu Beginn der 2000er Jahre die Berufe in den Bereichen Gesundheit, Soziales und Kunst in die Berufsbildungssystematik des Bundes integriert. Mit dem Fachhochschulgesetz von 1995 war der Bund auch wesentlicher Auslöser für den Differenzierungsprozess und die Neuformierung im Hochschulbereich (Weber et al. 2010). Die Zusammenführung aller Bildungsaufgaben auf Bundesebene im Staatssekretariat für Bildung, Forschung und Innovation 2013 hat den Bund für die Kantone zu einem transparenteren Anspruchspartner gemacht.

3. Die Reformthemen der letzten 25 Jahre

Schulreformen sind, wie gezeigt, in der Schweiz aus Gründen der bildungsföderalistischen Organisation in aller Regel kantonale Reformen. Allerdings haben die intermediäre Ebene (EDK), der Bund und internationale Akteure und Entwicklungen seit Beginn der 1990er Jahre im Hinblick auf Problemdefinition und Agendasetting stark an Einfluss gewonnen. Da die bildungspolitische Normsetzung (Gesetze, Verordnungen …) aber nach wie vor meist in den Kantonen erfolgt, ist die Politikverflechtung entsprechend stärker geworden. Die neue Akteurskonstellation hat sich allerdings wohl nicht grundlegend auf die Problemdefinitionen ausgewirkt. Die Reformen haben zwar oftmals einen bestimmten nationalen und kantonalen Bezug, weil sich Reformen immer auf real existierende Bildungssysteme beziehen müssen, aber die Themensetzung war und ist stark von internationalen Trends und außerhalb des Bildungssystems gesetzten Reformagenden beeinflusst. Im Folgenden werden die wichtigsten Reformthemen seit den 1990er Jahren kurz (und natürlich als Auswahl) beschrieben. Die Darstellung konzentriert sich dabei auf den Bereich der obligatorischen Schule (detaillierter: Criblez 2017a).

Die frühe Bildung, Betreuung und Erziehung sind erst in diesem Zeitraum überhaupt zu einem wichtigen bildungspolitischen Thema geworden, für das Bund und Kantone zunächst auch nicht wirklich zuständig waren, sondern die Gemeinden. Sowohl die Frühförderungsdiskussion seit den 1990er Jahren (Stamm 2009) als auch die Veränderung der familienpolitischen Grundüberzeugungen der bürgerlichen Parteien vor dem Hintergrund des Fachkräftemangels und der Forderung nach besserer Vereinbarung von Familie und Beruf (Criblez/Manz 2011) haben hier für einen Perspektivenwechsel gesorgt. In diesem Bereich sind in den nächsten Jahren weitere Reformschritte zu erwarten. Der Kindergarten ist seit den 1960er Jahren, bis dahin eine sozialpädagogische Institution, Schritt für Schritt Teil der Volksschule geworden. Definitiv vollzogen wurde dies mit den Volksschulreformen der letzten 15 Jahre, mit denen die Unterrichtspflicht von neun auf elf Jahre nach unten verlängert wurde, der vollständigen Integration der Ausbildung des Personals in die Pädagogischen Hochschulen sowie der Ausrichtung der neuen Lehrpläne (vgl. unten) auf elf Schuljahre (inklusive Kindergarten). Die Schulversuche zur Neudefinition der Schulstufen im Schuleingangsbereich haben nach einer Evaluation (EDK-Ost 2010) nicht zur flächendeckenden Einführung einer neuen Stufeneinteilung geführt. Die neuen Lehrpläne sehen allerdings trotzdem einen ersten Zyklus für die Schuljahre 1 bis 4 (inklusive 2 Jahre Kindergarten) vor. Das Harmos-Konkordat der EDK (EDK 2007) lässt die Struktur der Schuleingangsstufe bewusst offen.

Im Bereich der Volksschule sind aufgrund der Autonomisierungsdiskussion der 1990er Jahre und der Durchsetzung von New Public Management-Grundsätzen Schulleitungen eingeführt bzw. deren Kompetenzen erweitert worden. Die Laienschulaufsicht vor Ort ist dadurch in die Situation einer Identitätsdiffusion geraten, was in einzelnen Kantonen zur Auflösung der Laienaufsichtsbehörden geführt hat. Die Schulpflegen und Schulkommissionen haben ihre neue Rolle nach wie vor nicht richtig gefunden. Eine Möglichkeit der Neudefinition war, dass sie sich stärker in der Qualitätssicherung und -entwicklung der Schulen engagieren. Die Analysen der seit den 2000er Jahren aufgebauten externen Schulevaluation (Mahler/Quesel 2015) können die Schulaufsichtsbehörden darin zwar unterstützen, werden aber kaum systematisch genutzt. Die Schulentwicklungs- und Schulqualitätseuphorie der 1990er Jahre ist in den 2010er Jahren deutlich abgeflacht, einerseits weil die Schulprofilierung relativ schnell an Grenzen des verfassungsmässig verbrieften Grundrechts auf gleiche Bildung für alle Schülerinnen und Schüler gestossen ist, andererseits wohl auch, weil wichtige Elemente (etwa die schulhausinterne Weiterbildung, periodische Evaluationen) systematisch ins Schulsystem eingebaut wurden.

Inhaltlich ist vor allem auf die sprachregionalen Lehrplanrevisionen der letzten zehn Jahre hinzuweisen. Die drei Lehrpläne (für die deutsch-, die französisch- und die italienischsprachige Schweiz) sind kompetenzorientiert und bauen auf den von der EDK definierten, gesamtschweizerisch gültigen Bildungsstandards auf (siehe unten). Die Lehrpläne (Criblez 2017c) sind neu in drei Zyklen (1.-4., 5.-8. und 9.-11. Schuljahr) eingeteilt, formulieren relativ detailliert die zu erreichenden Kompetenzen und setzen die Entwicklungstendenz von traditionellen Schulfächern hin zu Fachbereichen fort. Hinsichtlich der Fächer ist für die deutschsprachige Schweiz vor allem auf vier Entwicklungen hinzuweisen: Der Lehrplan 21 führt die neuen Fächer Medien und Informatik sowie Ethik, Religion, Gemeinschaft verpflichtend ein. Letzteres ist nicht im Sinne von teaching in, sondern im Sinne von teaching about religion konzipiert. Der Lehrplan 21 ist denn erstmals für die ganze deutschsprachige Schweiz ein vollständig säkularisierter Lehrplan. Mit der Lehrplanreform werden tendenziell die sog. MINT-Fächer (Mathematik, Informatik, Naturwissenschaften, Technik) gestärkt. Das bisherige Fach Hauswirtschaft wird zu Wirtschaft, Arbeit, Haushalt weiterentwickelt. Und letztlich findet der Fremdsprachenkompromiss der EDK aus dem Jahr 2004, der durch Volksinitiativen in verschiedenen Kantonen in Frage gestellt worden war (inzwischen alle abgelehnt!), dass nämlich eine erste Fremdsprache ab der fünften und eine zweite ab der der siebten Klasse unterrichtet werden soll, flächendeckend in den Schulen Einzug.

Die Lehrplandiskussion hat zu Fundamentaldiskussionen über die Kompetenzorientierung und die Tendenz zur Standardisierung geführt, die noch nicht ganz abgeschlossen zu sein scheinen. Allerdings haben sich alle Kantone zur Einführung der neuen Lehrpläne verpflichtet – wenn dies auch in unterschiedlichen Modi und mit unterschiedlichen Zeitlichkeiten erfolgt. Die Diskussionen über die Konsequenzen der Kompetenzorientierung für die Leistungsbeurteilung und die Promotion sind dagegen bei Weitem noch nicht abgeschlossen.

Obwohl Projektideen für die Einführung von Bildungsstandards und sprachregionalen Lehrplänen schon vor der Publikation der PISA-Resultate vorhanden gewesen sind, haben PISA und die sog. Klieme-Expertise (Klieme et al. 2003) zu den Bildungsstandards die entsprechenden Entwicklungen in der Schweiz stark befördert (Bieber 2010). Ein Bildungsmonitoring ist im Harmos-Konkordat (vgl. oben) vorgesehen und mit der Bildungsberichterstattung (erstmals: 2006; neuester Bericht: SKBF 2018) einerseits und der Überprüfung von Grundkompetenzen (Bildungsstandards) andererseits auch realisiert worden. Die ersten Resultate aus den nationalen Schulleistungstests werden im Sommer 2019 erwartet.

Diese gesamtschweizerischen Monitoringbemühungen sind als Teil eines Harmonisierungsprozesses zu verstehen, der – nicht zuletzt angesichts internationaler Entwicklungen – den kleinräumigen Bildungsföderalismus relativieren soll. Strukturen und Bildungsziele wurden auf der Grundlage der neuen Bildungsverfassung (vgl. oben) und des Hamos-Konkordates der EDK vereinheitlicht: Das Schuleintrittsalter wurde vorverlegt, die Dauer der Bildungsstufen und die Übertrittszeitpunkte wurden vereinheitlicht und die Bildungsziele in sprachregionalen Lehrplänen festgelegt. Die Kantone sind allerdings nach wie vor frei, die Struktur der Schuleingangsstufe und der Sekundarstufe I zu definieren. Ein wesentlicher Beitrag zur Harmonisierung wird auch von einer harmonisierten Lehrerinnen- und Lehrerbildung erwartet, die zu Beginn der 2000er Jahre vollständig in den Hochschulbereich integriert worden ist (Criblez/Lehmann/Huber 2016). Letztlich versuchen die Kantone mit einem Sonderpädagogik-Konkordat, die Differenzen im Bereich von Kleinklassen und Sonderschulen nicht allzu groß werden zu lassen, nachdem 2004 aufgrund einer Verfassungsänderung die normierende Bundesfinanzierung in der Neuverteilung der Aufgaben zwischen Bund und Kantonen weggefallen war.

4. Reformdynamiken und Reformresistenzen – ein Ausblick

Schulreformen sind in der Schweiz aus Gründen der bildungsföderalistischen Organisation in aller Regel kantonale Reformen. Dynamisierend wirkten sich seit den 1990er Jahren vor allem zwei Prozesse aus: Erstens hat die internationale Öffnung seit Ende der 1980er Jahre (Osterwalder/Weber 2004) dazu geführt, dass sich die Schweizer Bildungspolitik stärker am Ausland zu orientieren begann, als dies vorher der Fall war. Insbesondere durch den äusseren Druck der zwischenstaatlichen Diplomanerkennung war nach einem Reformstau, der sich nach Abschluss der Bildungseuphorie seit Mitte der 1970er Jahre ergeben hatte (Criblez 2018), zu Beginn der 1990er Jahre ein neues »window of opportunity« entstanden, das zu Reformen und Reformkaskaden in einem Ausmass führte, das einerseits die Reformfähigkeit des Bildungssystems an seine Grenzen brachte, andererseits aber auch die Möglichkeit des Scheiterns von

Reformen erhöhte (Reichenbach 2008). Gegen die vielen Reformen regte sich aber auch entsprechender Widerstand, vor allem im rechtsbürgerlichen politischen Lager, aber auch in Teilen der Lehrerschaft. Dieser Widerstand hat sich in verschiedenen Kantonen in Volksinitiativen gezeigt, die entweder gegen das Harmos-Konkordate oder gegen die Einführung des Lehrplan 21 gerichtet waren, aber allesamt gescheitert sind.

Zweitens – und mit der Internationalisierung (siehe auch den Beitrag von Zymek in diesem Band) verknüpft – waren die Reformen der letzten 25-30 Jahren von einem starken Harmonisierungsimpetus getragen, was nicht zuletzt zu einer stringenteren und übersichtlicheren Struktur des Bildungswesens in der Schweiz führte. Nicht zuletzt dadurch wurde die Durchlässigkeit zwischen den Bildungswegen erhöht. Allerdings bleiben auch nach diesem Prozess Harmonisierungsdesiderate, etwa hinsichtlich der Struktur der Schuleingangsstufe und der Sekundarstufe I, hinsichtlich der sich schnell entwickelnden Bereiche der frühkindlichen Bildung, Betreuung und Erziehung und der schul- bzw. familienergänzenden Tagesbetreuung, aber auch hinsichtlich Unterrichtsberechtigungen (Schuljahr, Schulfächer), die mit den Lehrdiplomen vergeben werden oder hinsichtlich einheitlicherer Aufnahmeregelungen für die Hochschulen, insbesondere für die pädagogischen Hochschulen.

Reformdruck dürfte in den nächsten Jahren – wie auch früher schon – in Bereichen entstehen, in denen demografischer, gesellschaftlicher und wirtschaftlicher Problemdruck besteht und zumindest Teillösungen über Reformen im Bildungsbereich angestrebt werden. Demografisch ist das Bildungssystem in den nächsten Jahren mit stark wachsenden Schülerjahrgängen ab der Sekundarstufe I konfrontiert (Prognosen rechnen mit einem Plus von 20-25 Prozent in Städten und Agglomerationen; BfS 2019) – dies bei gleichzeitig großen Lehrpersonenjahrgängen, die pensioniert werden. Finanziell, infrastrukturell und personell dürfte ein erheblicher zusätzlicher Ressourcenbedarf entstehen; die Ressourcen sind weitgehend von der öffentlichen Hand zur Verfügung zu stellen. Aber vor allem im Berufsbildungsbereich wird sich die Frage stellen, ob die Betriebe, die Auszubildende heute noch stark nachfragen, in der Lage sein werden, entsprechend mehr Ausbildungsplätze im traditionell dualen bzw. trialen Ausbildungskonzept zur Verfügung zu stellen. Größere Schülerjahrgänge könnten zumindest mittelfristig das Problem des Fachkräftemangels entschärfen, der insbesondere im technischen und Gesundheitsbereich groß ist. In dieser Hinsicht stellen sich aber auch Fragen, ob und allenfalls wie bereits in der Volksschule, verstärkt aber auf der Sekundarstufe II, die Laufbahnorientierung stärker am Arbeitsmarkt orientiert werden soll (siehe auch den Beitrag von Weishaupt in diesem Band). Die Diskussion über die – in der Schweiz im internationalen Vergleich – geringe gymnasiale Maturitätsquote von rund 20 Prozent eines Schülerjahrgangs dürfte jedenfalls nicht zu Ende sein. Braucht es mehr Maturanden (Sarasin 2011), braucht die Schweiz gar eine »Matura für alle« (Pfister 2018) oder aber befinden wir uns bereits in der »Akademisierungsfalle« (Strahm 2014)?

Im Vorschulbereich stellt sich in naher Zukunft die Frage, wie eine weitere Institutionalisierung der frühen Bildung, Betreuung und Erziehung von Kindern (0- bis

4-Jährige) sinnvoll erreicht werden kann. Im Volksschulbereich stehen pädagogisch vor allem drei Fragen im Vordergrund der weiteren Entwicklung: Wie kann erstens die Individualisierung angesichts des demografischen Wandels und sich abzeichnender Ressourcenengpässe weiter verstärkt werden, und damit ein Beitrag zur gerechteren Verteilung von Bildungschancen erreicht werden? Wie kann die Tagesbetreuung organisatorisch und pädagogisch verbessert werden? Wie kann die Inklusion von Kindern mit besonderen Bedürfnissen weiter verstärkt werden? Inhaltlich stehen die Bildungsinstitutionen auch in der Schweiz aller Stufen vor der Herausforderung der Digitalisierung (siehe auch den Beitrag von Eickelmann & Drossel in diesem Band). Hier sind auf allen Bildungsstufen Initiativen zur Implementierung der entsprechenden Ausbildungsinhalte lanciert worden. Allerdings ist zurzeit unklar, welche Reformen sinnvoll auf die Digitalisierung von Gesellschaft und Wirtschaft reagieren, und welche einfach einem vorübergehenden ›Hype‹ folgen.

Die Antwort auf gesellschaftliche und wirtschaftliche Herausforderungen wird auch in Zukunft immer wieder in Bildungsreformen gesucht werden. Dass dies so ist, wird – folgt man historischen Erfahrungen – wohl nicht zu vermeiden sein. Umso wichtiger ist es, dass die Reflexionen über den Zusammenhang von Schulreformen und gesellschaftlichen bzw. wirtschaftlichen Reformforderungen verstärkt werden. Auf jeden Fall kann man auch für die künftigen Reformen den drei Ratschlägen von David Tyack folgen: »First, don't overpromise, even if it seems advantageous in the short run. [...] Second, don't try to change everything at once but instead graft change onto what is healthy in the present system. [...] Third, enlist and honor teachers as the key people in reforming schooling« (Tyack 1995, S. 210).

5. Literatur

Appius, S./Nägeli, A. (2017): Schulreformen im Mehrebenensystem. Wiesbaden: Springer VS.

Beyer, J. (2006): Pfadabhängigkeit. Über institutionelle Kontinuität, anfällige Stabilität und fundamentalen Wandel. Frankfurt/M.: Campus.

BfS [Bundesamt für Statistik]* (2019). Szenarien 2018–2027 für das Bildungssystem. Neuenburg: BfS.

Bieber, T. (2010): Playing the Multilevel Game in Education. The PISA Study and the Bologna Process Triggering Swiss Harmonization. In: Martens, K. (Hrsg.): Transforming of Education Policy. Basingstoke: Palgrave Macmillan, S. 105–131.

Criblez, L. (2008): Die neue Bildungsverfassung und die Harmonisierung des Bildungswesens. In: Criblez, L. (Hrsg.): Bildungsraum Schweiz. Bern: Haupt, S. 277–296.

Criblez, L. (2010): Die Reform der Lehrerinnen- und Lehrerbildung in der Schweiz seit 1990: Reformprozesse, erste Bilanz und Desiderata. In: Ambühl, H./Stadelmann, W. (Hrsg.): Tertiarisierung der Lehrerinnen- und Lehrerbildung. Bern: EDK, S. 22–58.

Criblez, L. (2011): Vox populi – Zur Herausforderung der Bildungspolitik durch die halbdirekte Demokratie. In: Zeitschrift für Pädagogik 57, S. 471–483

Criblez, L. (2017a): Schweiz. In Hörner, W./Döbert, H./Reuter, L. R./Kopp B. von (Hrsg.): Die Bildungssysteme Europas. 4. Auflage. Baltmannsweiler: Schneider Hohengehren, S. 669–696.

Criblez, L. (2017b): Individuum oder Institution. Anmerkungen zur Neubegründung einer Institutionentheorie der Schule gegen die Tradition der Schulkritik. In: Reichenbach, R./Bühler,

P. (Hrsg.): Fragmente zu einer pädagogischen Theorie der Schule. Weinheim: Beltz Juventa, S. 75–86.
Criblez, L. (2017c): Que sont censés apprendre les élèves en Suisse? Revue internationale d'éducation, 73, S. 119–128.
Criblez, L. (2018): Ein »Window of opportunity« als Bedingung für Bildungsreformen. Das Beispiel der Bildungsexpansion in der Schweiz. In: Göttlicher, W./Link, J.-W./Matthes, E. (Hrsg.): Bildungsreform als Thema der Bildungsgeschichte. Bad Heilbrunn: Klinkhardt, S. 247–264.
Criblez, L./Binder, H.-M. (2016): Bildungspolitik als Beruf. Zürich: Bildungsplanung.
Criblez, L./Crotti, C. (2015): Lehrerverbände in der Schweiz. In: journal für lehrerInnenbildung 15 (3), S. 22–28.
Criblez, L./Giudici, A./Hofstetter, R./Manz, K./Schneuwly, B. (Hrsg.) (2019/im Druck): Die schulische Wissensordnung im Wandel. Schulfächer, Lehrpläne und Lehrmittel. Zürich: Chronos.
Criblez, L./Lehmann, L./Huber, C. (Hrsg.) (2016): Lehrerbildungspolitik in der Schweiz seit 1990. Zürich: Chronos.
Criblez, L./Manz, K. (2011): »Neue« Familienpolitik in der Schweiz – für die Familie, für die Frauen – oder für die Wirtschaft? In: Casale, R./Forster, E. (Hrsg.): Jahrbuch Frauen- und Geschlechterforschung in der Erziehungswissenschaft. Ungleiche Geschlechtergleichheit. Opladen/Farmington Hills: Budrich MI, S. 113–130.
Criblez, L. & Oggenfuss, C. (2010): Die Hochschulräte an den pädagogischen Hochschulen der deutschsprachigen Schweiz. In: Beiträge zur Lehrerbildung 28, S. 287–302.
EDK [Schweizerische Konferenz der kantonalen Erziehungsdirektoren] (2007): Die Interkantonale Vereinbarung über die Harmonisierung der obligatorischen Volksschule (Harmos-Konkordat) vom 14. Juni 2007. Kommentar, Entstehungsgeschichte und Ausblick, Instrumente. Bern: EDK.
EDK-Ost (2010): 4bis8. Projektschlussbericht. Erziehung und Bildung in Kindergarten und Unterstufe im Rahmen der EDK-Ost und Partnerkantone. Bern: Schulverlag plus.
Epiney, A. (1994): Subsidiarität als verfassungsrechtlicher Grundsatz. In: Schweizerisches Institut für Rechtsvergleichung (Hrsg.): Rapports suisses présentés au XIVème Congrès international de droit comparé. Zürich: Schulthess, S. 9–34.
Fend, H. (2006): Neue Theorie der Schule. Wiesbaden: Verlag für Sozialwissenschaften.
Jann, W./Wegrich, K. (2003): Phasenmodelle und Politikprozesse: der Policy Cycle. In: Schubert, K./Bandelow, N. C. (Hrsg.): Lehrbuch der Politikfeldanalyse. München: Oldenbourg, S. 71-104.
Klieme, E. et al. (2003): Zur Entwicklung nationaler Bildungsstandards. Eine Expertise. Berlin: BMBF.
Labaree, D. F. (2010): What Schools Can't Do. Understanding the Chronic Failure of American School Reform. In: Zeitschrift für pädagogische Historiographie 16 (1), S. 12–18.
Lehmann, L. (2013): Zwang zur freiwilligen Zusammenarbeit. Steuerungsinstrumente und interkantonale Governance in der schweizerischen Lehrerinnen- und Lehrerbildung. Bern: hep.
Linder, W. (1999): Schweizerische Demokratie. Institutionen – Prozesse – Perspektiven. Bern: Haupt.
Mahler, S./Quesel, C. (2015): Die externe Schulevaluation in der Schweiz. Stand und Perspektiven. In: journal für schulentwicklung 19 (3), S. 20–25.
Manz, K. (2008): Die Bundessubvention für die Primarschule. Analyse einer bildungspolitischen Debatte um 1900. In: Criblez, L. (Hrsg.): Bildungsraum Schweiz. Bern: Haupt, S. 255–281.
Manz, K. (2011): »Schulkoordination ja – aber nicht so!« Die Anfänge der schweizerischen Schulkoordination (1960-1985). Bern: hep.
Merton, R. K. (1936): The Unanticipated Consequences of Purposive Social Action. In: American Sociological Review 1 (6), S. 894–904.
Osterwalder, F. & Weber, K. (2004): Die Internationalisierung der föderalistischen Bildungspolitik. In: Schweizerische Zeitschrift für Bildungswissenschaften 26, S. 11–32.
Pfister, A. (2018): Matura für alle. Embrach: Aris.
Reichenbach, R. (2008): In der »Concorde-Falle«: Erfolgreiches Scheitern von Bildungsreformen. In: Schweizerische Zeitschrift für Bildungswissenschaften 30, S. 53–63.

Rhyn, H. (1998): Länderbericht Schweiz. In: Bundesministerium für Unterricht und kulturelle Angelegenheiten/Bund-Länder-Kommission für Bildungsplanung und Forschungsförderung/ Schweizerische Konferenz der Kantonalen Erziehungsdirektoren (Hrsg.): Schulleitung und Schulaufsicht. Neue Rollen und Aufgaben im Schulwesen einer dynamischen und offenen Gesellschaft. Innsbruck: Studienverlag, S. 163–187.

Sarasin, P. (2011): Das Gymnasium ist kein Luxus. In: Pfister, A. (Hrsg.): Das Gymnasium im Land der Berufslehre. Zug: Kalt-Zehnder, S. 28–34.

SKBF [Schweizerische Koordinationsstelle für Bildungsforschung] (2018). Bildungsbericht Schweiz 2018. Aarau: SKBF.

Stamm, M. (2009): Frühkindliche Bildung in der Schweiz. Freiburg: Universität Freiburg.

Strahm, R. (2014): Die Akademisierungsfalle. Warum nicht alle an die Uni müssen. Bern: hep.

Tyack, D. (1995): Reinventing Schooling. In: Ravitch, D./Vinovskis, M. A. (Eds.): Learning from the Past. Baltimore/London: Johns Hopkins University Press, S. 191–216.

Tyack, D./Cuban, L. (1995): Tinkering toward Utopie. A Century of Public School Reform. Cambridge, Massachussetts: Harvard University Press.

Tyack, D./Tobin, W. (1994): The »Grammar« of Schooling: Why Has it Been so Hard to Change? American Educational Research Journal 31, S. 453–479.

Weber, K./Tremel, P./Balthasar, A./Fässler, S. (2010): Programmatik und Entwicklung der Schweizer Fachhochschulen. Bern: ZUW.

III Schulreformen gestern (1949-1995)

Bernd Zymek

Prägende Schulreformen in den beiden deutschen Nachkriegsstaaten (1945–1995)

1. Einleitung und Thesen: Schulreformen im Schatten der Systemkonkurrenz und der Geschichte

(1.1) Die Geschichte der Schulreformen in Deutschland zwischen 1945 und 1995 ist geprägt von der einzigartigen historischen Konstellation, dass – nach einer gemeinsamen nationalen Geschichte – in den zwei deutschen Nachkriegsstaaten über vier Jahrzehnte lang offiziell auf jeder Seite eine Schulreformpolitik verfolgt wurde, die – ausdrücklich oder unausgesprochen – als exemplarisches Handlungsfeld einer umfassenden politisch-gesellschaftliche Systemkonkurrenz verstanden wurde. Kaum ein schulpolitisches Thema konnte in dieser Epoche des »kalten Krieges« diskutiert werden, ohne dass der jeweils andere deutsche Staat, seine Politik, seine weltanschaulichen Grundlagen und sein Bildungssystem als Kontrastfolie und abschreckendes Beispiel für oder gegen ein Reformvorhaben mobilisiert wurde. Deshalb waren diese Jahrzehnte in besonderer Weise eine Epoche der Schulreformen. Alle politischen Akteure verstanden ihre Politik nicht nur als pragmatische Anpassung der Schulen an sich verändernde, z. B. ökonomische Umwelten; es ging um eine Reformpolitik, mit der umfassende Projekte realisieren werden sollten, die mit einer politischen Programmatik und auch der Idee des Fortschritts verbunden waren (Kluchert 2018).

(1.2) Für die Schulreformprojekte dieser Epoche war die Geschichte in dreifacher Hinsicht bedeutsam: Vorrangiges Ziel aller Akteure war es – erstens – die Auswirkungen der nationalsozialistischen Diktatur und Ideologie auf die Schule und die Mentalität der Deutschen zu korrigieren. Während sich die alliierten Siegermächte bei ihren Reformplänen auf ihre Schulsysteme als Vorbilder bezogen, argumentierten und agierten die deutschen Politiker und Experten vor dem Hintergrund der Strukturen und Reformprojekte der ersten Jahrzehnte des 20. Jahrhunderts. Im historischen Rückblick zeigt sich – zweitens – dass die Referenzpunkte der Schulreformer in beiden deutschen Staaten nach dem Krieg immer noch die Themen waren, die dreißig Jahre vorher – nach Kriegsende und Novemberrevolution beim Übergang vom Kaiserreich zur ersten parlamentarisch-demokratischen Republik – exemplarisch in den Schulartikeln der Weimarer Reichsverfassung (WRV, Art. 142-150) formuliert waren. Denn diese Verfassungsaufträge waren in den Jahren der Weimarer Republik und der nationalsozialistischen Diktatur keineswegs umgesetzt, sondern politisch blockiert worden oder in Ansätzen steckengeblieben: Das gilt – erstens – für die Dauer und den Charakter *der allgemeinen und obligatorischen Grundschule* (siehe dazu Kap 3);

das gilt – zweitens – für die Beseitigung des konfessionellen Charakters der Pflichtschulen) (siehe Kap 4); das gilt – drittens – für die »organische« Ausgestaltung eines an die Grundschule *anschließenden mittleren und höheren Schulwesens*, das auch noch Anfang der 1950er Jahre nur in den Städten und nur in einigen Ländern als differenziertes Schulangebot flächendeckend ausgebaut war (siehe Kap 4); das gilt – viertens – für den Ausbau der (damals achtjährigen) Schulpflicht, die auch den Besuch einer *Fortbildungsschule* bis zum 18. Lebensjahr umfassen sollte und die Entwicklung eines Systems der beruflichen Bildung in Aussicht stellte (siehe Kap. 7); das gilt – fünftens – für das Ziel, dass das Schulgeld abgeschafft, die Lehrmittel frei sein und für »Minderbemittelte« der Besuch höherer und mittlerer Schulen bis zur Beendigung der Ausbildung durch Erziehungsbeihilfen aus »öffentlichen Mitteln« gefördert werden sollte; das gilt – sechstens – für die Ankündigung, dass der traditionelle Fächerkanon der Schulen ergänzt und auch »Staatsbürgerkunde und Arbeitslehre Lehrfächer der Schulen« werden sollten (siehe Kap. 6). Es waren erst noch große politische Konflikte auszutragen und erhebliche ökonomische Ressourcen zu mobilisieren, um diese Verfassungsaufträge der WRV überall im Land umzusetzen. In der DRR und der BRD ging man schließlich unterschiedlich weit bei der Ausgestaltung bzw. Weiterentwicklung dieser historischen Absichtserklärungen, aber in beiden deutschen Staaten blieb man programmatisch, strukturell und mental in dem »Entwicklungskorridor«, der durch die gemeinsame deutsche Schulgeschichte abgesteckt war. Erst mit heutigem historischen Anstand zeichnet sich ab – drittens – welche Schulreformen – jenseits der schulpolitischen Kontroversen, die die Zeitgenossen umtrieben – die weitere Entwicklung des deutschen Schulsystems langfristig geprägt haben.

(1.3) In historisch-distanzierter Perspektive zeigt sich, dass der langwierige und umkämpfte Prozess, die alten Reformziele als umfassendes Schulsystem und flächendeckendes Bildungsangebot durchzusetzen, in beiden deutschen Staaten etwa in den 1970er Jahre abgeschlossen war. Aber die schließlich etablierten Strukturen waren nicht statisch, sie wurden zum Transmissionsriemen einer umfassenden sozialen Veränderungsdynamik, die in der DDR und der BRD unterschiedlich bearbeitet wurde und rückwirkend die Funktionen der Bildungsinstitutionen mehr veränderte, als es von den politischen Akteuren gewollt war und schließlich die Suche nach neuen Reformstrategien auf die politische Tagesordnung setzte. Aber diese Diskussionen über – wie es nun hieß – *Innovationen* im Bildungswesen wurden durch den deutschen Einigungsprozess nach 1989 überlagert, in dem die alte Systemkonkurrenz, trotz ihrer Aufhebung, als historische Last in einem von Selbsttäuschungen und Enttäuschungen geprägten Prozess weiterwirkte.

2. Politische Weichenstellungen nach dem Krieg

Die alliierten Siegermächte kamen nach Deutschland mit gut vorbereiteten Bildungsexperten und der erklärten Absicht, weitreichende Schulreformen durchsetzen zu wollen. Ihre vorrangigen Ziele waren eine Säuberung der Lehrpläne und Schulbücher von nationalsozialistischem Gedankengut, eine politische Überprüfung der Lehrerschaft und die Entlassung der engagierten nationalsozialistischen Lehrkräfte, aber auch eine Strukturreform des deutschen Schulwesens. Auch auf Seiten der Westalliierten beurteilte man die tradierte deutsche Schulstruktur, insbesondere das Gymnasium, als ein System, das die Grundlagen für verhängnisvolle autoritäre Mentalitäten und einen »Klassengeist« in Deutschland gelegt habe und im Widerspruch zu einer demokratischen Gesellschaft stünden. Vor dem Hintergrund ihrer eigenen Schulsysteme und ihrer eigenen Reformdebatten in den 1940er Jahren sahen alle alliierten Reformpläne auch für Deutschland eine gestufte Schulstruktur vor (Hearnden 1977; Drewek 1994; Müller 1995; Geißler 2000). Obwohl die Besatzungsmächte und ihre vor Ort verantwortlichen Experten in Deutschland alle Macht zu haben schienen, konnten sie ihre Reformpläne nicht durchsetzen, weil die unabweisbare Lösung akuter Problemlagen und eine Reihe strategischer Dilemmata im Wege standen.

Das galt in besonderer Weise für die Westzonen und die Westalliierten: Zunächst waren alle Schulen geschlossen worden, aber man wollte sie – soweit möglich – schnell wieder öffnen, um die Kinder und Jugendlichen von der Straße zu holen. Umstritten war, ob die »Re-education« den Deutschen oktroyiert werden könne und ob (und wann) in den Prozess eines System- und Mentalitätswandels in Richtung auf eine demokratische Gesellschaft auch – als Gegner des Nationalsozialismus ausgewiesene – deutsche Politiker einbezogen und ihnen die Verantwortung für die Schulpolitik übertragen werden sollte. Die Militärbehörden mussten die Erfahrung machen, dass die deutschen Beamten und Politiker ganz eigene, von ihren historischen Sozialisations- und Professionalisierungsprozessen geprägte Vorstellungen von den Schwerpunkten einer Schulreform in Deutschland hatten. Im Gegensatz zu dem Zentralismus der nationalsozialistischen Diktatur wollten die Westalliierten in ihren Besatzungszonen föderale Strukturen schaffen, insbesondere auf dem Gebiet der Kulturpolitik. Das hatte zur Folge, dass Schulpolitik in Westdeutschland von Anfang an Landespolitik war und damit Gegenstand jeweils spezifischer parteipolitischer Konstellationen und Konflikte in den entstehenden Bundesländern wurde. Als die Kriegsallianz zerbrach und 1947/1948 in dem Ost-West-Konflikt eskalierte, war es das Hauptinteresse vor allem der Amerikaner, die Deutschen als Verbündete in diesem Konflikt zu gewinnen und deshalb verabschiedeten sie sich von der ursprünglichen Strategie, in Deutschland eine radikale Schulreform nach eigenen Vorstellungen durchzusetzen. In dieser Gemengelage akuter Handlungszwänge und wechselnder politischer Konstellationen knüpften die westdeutschen Schulbeamten und Politikern bei der Wiederöffnung der Schulen schon Ende 1945 an den bestehenden Verhältnissen und mit den ihnen vertrauten Schulformen an. Damit wurden auf administrativem Wege Weichen gestellt, die schließlich – über die politischen Zäsuren hinweg – für eine hohe Kontinuität der Schulstrukturen sorgten und – wie sich herausstellen sollte – nur noch in schwierigen politischen Kontroversen durch neue reformerische Schulgesetze korrigiert werden konnten (Zymek/Ragutt 2014). Denn die Schulreformpolitik war eines der zentralen Themen, mit denen sich die formierenden parteipolitischen Lager gegenseitig profilierten. Nur in wenigen westdeutschen Bundesländern, kamen Schulgesetze mit einem umfassenderen Reformanspruch zustande, so in den Hansestädten Bremen, Hamburg und in Schleswig-Holstein (Halbritter 1979), ebenso in Berlin, das aufgrund seines Sonderstatus eine besondere Entwicklung nahm (Klewitz 1977). In anderen Ländern scheiterten solche Versuche, so in Niedersachsen und Hessen (Halbritter 1979; Mühlhausen 1985) oder sie wurden von Anfang an abgeblockt wie in NRW und Bayern (Eich 1987, Müller 1995). Statt zu Reformgesetzen kam es dort nur zu Einzelmaßnahmen. Umstritten waren von Anfang an die Themen, die schon in den 1920er Jahren die Konfliktthemen der Schulreformdebatten gewesen waren, v.a. die Grundschuldauer, die Stellung des Religionsunterrichts und die Privatschulfreiheit (siehe Kap.3 und 4).

In der Sowjetisch Besetzten Zone (SBZ) wurde dagegen zwischen den maßgebenden politischen Akteuren schnell Geschlossenheit bei den zentralen Fragen einer Schulreform durchgesetzt: Die Sowjetische Militäradministration für Deutschland (SMAD), die selbst eine mit Experten prominent besetzte Abteilung für Volksbildung besaß, hatte schon im Juli 1945 neben den Schulverwaltungsbehörden in den – zunächst noch bestehenden – Ländern ihrer Besatzungszone auch eine Deutsche Zentralverwaltung für Volksbildung (Vorgänger des späteren Ministeriums für Volksbildung) eingerichtet und damit die Zentralisierung der schulpolitischen Entscheidungsprozesse eingeleitet. Und sie drängte die in den Schulverwaltungen eingesetzten deutschen Fachleute und Politiker zur zügigen Erarbeitung von Leitlinien einer demokratischen Schulreform und einem Schulgesetz, das dann schon im Mai 1946 verabschiedet wurde (siehe Kap. 3). Die damit betrauten deutschen Experten gehörten den linken Parteien an und waren von den schulpolitischen Kämpfen und reformpädagogischen Initiativen der 1920er Jahre geprägt. Das Vorbild des sowjetischen Schulwesens spielte anfangs noch keine maßgebliche Rolle; auch hatten die Kommunisten zunächst weder ein geschlossenes Konzept noch eine dominante Stellung. Das änderte sich erst seit ab etwa 1947; spätestens seit 1949 hatte die SED die schulpolitische Initiative an sich gezogen. Die Auflösung der Länder verstärkte die Zentralisierung der Schulpolitik. Bis Mitte der 1950er Jahre bestimmte eine an die Sowjetunion, ihr Schulwesen und ihre Pädagogik angelehnte Schulpolitik die schulpolitischen und pädagogischen Diskussionen, ehe dann in Vorbereitung auf das »Gesetz über die sozialistische Entwicklung des Schulwesens in der DDR« von 1959 wieder eigenständige Lösungen diskutiert und erprobt wurden (Geißler 2000; 1995; Anweiler 1988, S. 21 ff.).

3. Die »allgemeine und obligatorische Grundschule« als kontroverses Langzeitprojekt.

In der besonderen historischen Konstellation kurz nach Kriegsende kam es schon im Sommer 1946 – etwa zeitgleich und gleichlautend – in den Ländern der SBZ zur Veröffentlichung des *Gesetzes zur Demokratisierung der deutschen Schule*, das in Ton und Inhalt einen radikalen Kurswechsel der deutschen Schulpolitik erklärte, dabei aber auch an die Strukturen und Reformdiskussionen der 1920er Jahre anschloss.

Schon in der Frühphase der Weimarer Republik bestand bei den Verhandlungen über die Schulartikel der Verfassung, in den Diskussionen auf der Reichsschulkonferenz und dann bei den Beratungen über das von der Nationalversammlung verabschiedete Grundschulgesetz ein – heute nur schwer vorstellbarer – parteiübergreifender Konsens über die *»allgemeine und obligatorische Grundschule«* als Basis eines »organisch ausgestalteten« öffentlichen Schulwesens. Von Anfang an war die Dauer der allgemeinen und obligatorischen Grundschule umstritten, schließlich wurde als Minimalkonsens nur die vierjährige Grundschule zum Gesetz (Landé 1929). Weitergehende Modelle der *»nationalen Einheitsschule«*, z. B. das von Paul Oestreich, blieben in den folgenden Jahren isolierte Reformmodelle. Gegen den Rat der sowjetischen Bildungsoffiziere, die den Begriff nicht durch die geplante Schulstruktur gedeckt sahen, übernahmen die deutschen Verfasser des Gesetzes von 1946 den Begriff der *demokratischen Einheitsschule* in den Gesetzestext (§ 2 und §3) und rechtfertigten dies damit, dass man in Deutschland unter *Einheitsschule* die Organisation eines Schulsystems verstehe, das »innerlich organisch verbunden« sei und die »Grundschule, die höhere Schule, die neuere Form der Berufsschule und Fachschule« umfasse (Geißler 1995, S. 34). Das Gesetz zur Demokratisierung der deutschen Schule verkündete nun als Basis des Bildungssystems eine *»achtjährige Grundstufe (Grundschule)«* und darauf aufbauend eine *Oberstufe* des Systems, zu der die *dreijährige obligatorische Berufsschule*, die *Fachschulen* und eine – vier Jahrgangsstufen umfassende und in drei Zweigen gegliederte – *Oberschule* gehörten. Das Schulsystem war kein undifferenziertes System, *einheitlich* nur im Sinne von *staatlich, weltlich, gleich* für Jungen und Mädchen, für alle *unentgeldlich*, mit gleichen Lernzielen an allen Grund- und Oberschulen und zusammengefasst in einem Bildungssystem (Tenorth 2011, S. 72 ff). Die Verfasser des Gesetzes konnten für sich in Anspruch nehmen, mit den Zielen der Erziehung und den Strukturen, wie sie in dem Gesetz formuliert waren, zentrale Anliegen der in diesen Monaten veröffentlichten alliierten Reformforderungen aufzunehmen.

Aber mit dem Gesetz zur Demokratisierung der deutschen Schule, das bis heute immer wieder als Beispiel für ein radikales Schulreformgesetz beschworen wird, konnten nicht von heute auf morgen die bestehenden Schulen in hunderten von Gemeinden durch neue ersetzt werden. Erst in den folgenden Jahren wurde der Charakter und historische Stellenwert des Gesetzes erkennbar: In einigen Punkten waren schulpolitische Grundsatzentscheidungen getroffen, mit denen in der folgenden Zeit Kritik und Änderungswünsche abgeblockt wurden: das betraf z. B. den Religionsunterricht, der als Pflichtangebot der Schulen abgeschafft wurde und das Verbot von Privatschulen. Wichtige Punkte des Gesetzes waren noch so allgemein gehalten, dass sie in den folgenden Jahren Gegenstand immer neuer Diskussionen und Reformprojekte wurden. Das betraf insbesondere die innere Differenzierung der 8-jährigen Grundschule und die Zwischenschritte beim regionalen Ausbau des Schulangebots. Das Schulgesetz, das bis 1959 in Kraft blieb, bildete die amtliche Fassade eines Prozesses ständiger Revisionen und – seit 1948 – eines sich sukzessive verstärkenden politischen Zugriffs auf die Schulen, mit dem zentrale pädagogische Prinzipien der ersten Nachkriegszeit unterlaufen wurden.

Unabhängig davon wurde der Begriff der *Einheitsschule* seit dem Gesetz von 1946 zu einem Mythos bei der DDR-Bevölkerung und zum abschreckenden Beispiel in den Schulreformdebatten der Bundesrepublik – und das obwohl in amtlichen Texten der DDR der Begriff der *Einheitsschule* seit 1950 nicht mehr verwendet wurde! Die SED kritisierte intern das Konzept der Einheitsschule als sozialdemokratisch-reformpädagogischen »Opportunismus«. Seit ihren »schulpolitischen Richtlinien« von 1949 wurde nur noch von einem »einheitlichen und vielgestaltigen Schulsystem« gesprochen, dessen Struktur an dem gesellschaftlichen Bedarf ausgerichtet sein müsse (Geißler 1995). Die Schulverwaltungsbehörden mussten im internen Gebrauch gegen den Mythos der Einheitsschule bei den Lehrern ankämpfen. Mit den schulstatistischen Erhebungsbögen verschickten sie eine Handreichung, die z. B. 1949 mit der »grundsätzlichen Klarstellung« begann: »Der Begriff ›Einheitsschule‹ umfasst das gesamte Erziehungssystem der demokratischen Schule, ist also ein rein politischer Begriff«, er beschreibe keine Schulform. Es gehört zu den Widersprüchen der deutschen Schulgeschichte, dass der Begriff der *nationale Einheitsschule* in der Weimarer Republik unter einem nationalliberalen preußischen Unterrichtsminister als Überschrift für Gesamtdarstellungen des Schulsystems verwendet wurde, von den Schulreformern 1946 in der SBZ als Begriff mit einem »guten Klang« übernommen wurde, dann aber für die Schulpolitik der DDR schon früh nicht mehr maßgeblich war, dennoch als »politischer Begriff« in der Systemkonkurrenz zwischen der DDR und der BRD sehr wirksam blieb, einerseits als positives Missverständnis der Menschen in der DDR über ihr Schulsystem, andererseits in der BRD als konservativer Kampfbegriff gegen integrierte Schulmodelle als »gleichmacherische« Schule – sowohl gegenüber der DDR wie auch gegenüber den innenpolitischen Gegnern (siehe dazu auch Drewek 1997)

Auch in den Ländern der Bundesrepublik Deutschland war die Grundschule als *allgemeine und obligatorische Schule* aller Kinder ihres Wohnviertels in den Nachkriegsjahren nicht umstritten: Als in den Beratungen des Parlamentarischen Rates der Entschluss gefasst wurde, im Grundrechtskatalog des Grundgesetzes (GG) auch Artikel zu Erziehung und Schule aufzunehmen, wurde der *allgemeinen und obligatorischen Grundschule* indirekt sogar Verfassungsrang verliehen, indem der Art. 147,3 aus der WRV über die »Aufhebung der Vorschulen« übernommen, damit weiterhin die Entstehung privater Schulen auf dieser Ebene radikal beschränkt – und so eine internationale Sonderentwicklung in beiden deutschen Staaten fortgesetzt wurde. Aber die Dauer der Grundschule und ihr konfessioneller Charakter war in den Ländern der BRD von Anfang an umstritten – und blieb in den folgenden Jahrzehnten (bis heute) ein Dauerthema der Schulreformdiskussionen, z. B. über eine sechsjährige Grundschule oder die *Orientierungs- bzw. Förderstufe* (Zymek 2011).

Die neuen gesetzlichen Bestimmungen zur Grundschule (vgl. dazu auch Jürgens in diesem Band) waren – in Ost und West – Grundsatzbeschlüsse und in vieler Hinsicht zunächst nicht mehr als Absichtserklärungen, denn – hier wie dort – klaffte eine große Kluft zwischen den Schulgesetzen und den Chancen zu ihrer Umsetzung vor Ort (Zymek 1992; 1997; 2011; Drewek/Huschner/Ejury 2001). Das große Reformprojekt der *Grundschule* war bis in die 1960er Jahre noch nicht verwirklicht (siehe

Kap. 5): Die *Grundschule* war im Westen keine eigenständige Schulstufe, sondern bestand in der Praxis weiterhin nur aus den Grundschulklassen der Volksschulen, deren Ausbau zu nach Klassenstufen differenzierten Systemen aber von den örtlichen Verhältnissen abhing. In den Landregionen der BRD war in den 1950er Jahren die ein- oder zweiklassige Volksschule noch weit verbreitet. Die konfessionelle Gliederung der Pflichtschulen hatte Vorrang vor der Stufengliederung und konservierte undifferenzierte Schulangebotsstrukturen. Auch in der DDR machte das wenig gegliederte Pflichtschulangebot in den ländlichen Regionen die neue achtklassige Grundschule zu einem fragwürdigen Unternehmen, denn ohne den Systemausbau der späteren Jahre konnte sie zunächst vielerorts nur eine zweiklassige Dorfschule sein, also ihren Schülerinnen und Schülern nicht mehr Chancen bieten, aber einen früheren Übergang auf ausgebaute *Oberschulen* verhindern. Die achtstufige *Grundschule* der SBZ/DDR war ja keine undifferenzierte Schule (siehe Kap. 5), aber nur in Städten mit größeren mehrzügigen *Grundschulen* und einer entsprechenden Lehrerausstattung konnten die vorgesehenen Formen der inneren Differenzierung der Grundschule realisiert werden. In den Großstädten führte das amtliche Postulat der achtklassigen Grundschule als Pflichtschule für alle Kinder nicht selten dazu, dass ehemalige Gymnasien, um nicht die Unterstufen zu verlieren, zu einem Verbund von *Grundschule* und *Oberschule* umgewandelt wurden und damit faktisch wieder *höhere Schulen mit Vorklassen* wie im Kaiserreich entstanden. Der Ausbau des ländlichen Schulangebots war ein zentrales Problem der Schulreformpolitik in beiden deutschen Staaten. Hier wie dort wurden Zwischenlösungen erprobt, in der DDR die *Zentralschulen,* in der BRD die *Mittelpunktschulen* (Ejury 2004). Als institutionelle Strategie zur Bildungsmobilisierung und -expansion wurde in Ost- und West in den 1950er Jahren das Modell der *Mittelschule* verfolgt. In der DDR blieb die *Mittelschule* bzw. *Zehnklassenschule* ein Zwischenschritt auf dem Weg zur zehn Klassenstufen umfassenden *Polytechnischen Oberschule* (POS) des Schulgesetzes von 1959. In den meisten westdeutschen Bundesländern war dagegen der Ausbau des Angebots an Mittel- bzw. Realschulen das früheste und wichtigste Reformprojekt auf dem Weg zu einem flächendeckenden Angebot des dreigliedrigen Sekundarschulwesens, allerdings mit nicht unerheblichen länderspezifischen Varianten (Zymek 1992; 1996; 2011; Zymek/Ragutt 2014).

4. Die Entkonfesssionalisierung der Pflichtschulen

Die Frage des konfessionellen Charakters der Pflichtschulen, des Stellenwerts des Religionsunterrichts und der Kirchen als Schulträger war in der deutschen Schulgeschichte (und ist bis heute) zwischen den politischen Lagern immer wieder umstritten: Ihre Regelung war einer der schwierigsten Konfliktpunkte in den Verhandlungen zur WRV und blockierte alle anderen Schulreformprojekte in den 1920er Jahren (Landé 1929; Führ 1970). Sie waren auch Kernpunkte der Verhandlungen um das Konkordat zwischen dem Vatikan und der neuen Reichsregierung von 1933, dessen

Abschluss die nationalsozialistischen Politiker als außenpolitischen Erfolg verbuchten, was sie aber nicht daran hinderte, schließlich 1940 das kirchliche Privatschulwesen aufzulösen und das Konfessionsschulwesen zu bekämpfen, nicht aber den schulischen Religionsunterricht abzuschaffen.

Zwischen der SMAD und den deutschen – kommunistischen und sozialdemokratischen, auch den liberalen – schulpolitischen Akteuren in der SBZ herrschte politischer Konsens darüber, dass eine Rückkehr zum System der konfessionellen Grundschulen ausgeschlossen und auch kein Privatschulwesen, gar in kirchlicher Trägerschaft, mehr zugelassen sein sollte. Der Religionsunterricht sollte nicht mehr in den Schulen, sondern in den Kirchengemeinden stattfinden – und entwickelte sich dort zu einem wesentlichen Stabilisierungsfaktor der kirchlichen Gemeindearbeit. Die religiöse Erziehung blieb aber in der DDR ein erziehungspolitisches Konfliktthema zwischen Staat und religiös gebundenen Familien, insbesondere wegen der Unvereinbarkeit von *Konfirmation* und *Jugendweihe*, ein Gewissenskonflikt, der auch für die Zulassung zur Oberschule bzw. EOS und einem Studium entscheidend sein konnte und bis zum Mauerbau 1961 für viele Familien ein wichtiges Motiv war, die DDR zu verlassen (Dähn 1982).

Die Bekämpfung der Konfessionsschulen und die Abschaffung der Schulen in kirchlicher Trägerschaft während der nationalsozialistischen Diktatur gab in der BRD den Kirchen und der CDU zusätzliche Legitimität bei der Verteidigung ihres zentralen schulpolitischen Anliegens. Die Wiederherstellung des alten Rechtszustands konnte als Korrektur der nationalsozialistischen Politik und zugleich als Schulreform begründet werden: Es waren die Kirchen und die CDU, die auf die Artikeln 6 und 7 im Grundrechtskatalog des GG gedrängt und dort den konfessionellen Religionsunterricht als ordentliches Unterrichtsfach und die Privatschulfreiheit abgesichert hatten (Zymek 2011). In allen Landesverfassungen waren dann ähnliche Regelungen verankert worden, abgesehen von den Ländern, die schon vor Verabschiedung des GG andere Regelungen getroffen hatten (»Bremer Klausel«). Allerdings bedeutete die Wiederherstellung des grundsätzlich konfessionellen Charakters der Volksschulen nun – anders als früher – vor Ort und in den Schulen erhebliche Schwierigkeit, weil durch die Flüchtlinge aus den ehemaligen deutschen Ostgebieten vielerorts konfessionell gemischte Städte und Gemeinden entstanden waren. Beim Ausbau differenzierter Schulangebotsstrukturen ging konfessionelle Differenzierung vor pädagogisch sinnvollen und wünschenswerten Differenzierungen. Die landesrechtliche Verankerung des konfessionellen Charakters der Pflichtschulen, das weiterhin als gültig angesehene Konkordat von 1933 und eine konservative Rechtsprechung in einer Reihe von Verfahren vor den Verwaltungs- und Verfassungsgerichten blockierten immer wieder pragmatische Reformansätze.

Aber der kulturelle Wandel während der 1950er und 60er Jahre, der sich z.B. in einer steigenden Zahl von »Mischehen« zwischen katholischen und evangelischen Ehepartnern zeigte, veränderte die generelle Stimmungslage in der Bevölkerung und bei den politischen Parteien: Als im Kontext der Strukturreformen im Schul- und Hochschulsystem Ende der 1960er die Abschaffung der *Volksschulen*, die Anpassung der *Hauptschulen* an *Realschulen* und *Gymnasien* (siehe Kap.5) und die Aufwertung der – bis dahin ebenfalls konfessionellen! – Institutionen der Volksschullehrerbildung in das Hochschulsystem (als *Pädagogische Hochschulen*) vollzogen wurde, konnte in einem Bundesland nach dem anderen die Entkonfessionalisierung des Schul- und Hochschulwesens in Angriff genommen werden, weil eine solche Reform von der großen Mehrheit der Familien getragen wurde und es auch für die CDU/CSU nicht mehr politisch opportun war, diesen Prozess weiterhin zu blockieren. Aber auch jetzt noch verlief dieser Schulreformprozess nirgendwo konfliktfrei und endete mit fragwürdigen Kompromissen: 1968 kam es in Bayern zu einem Volksbegehren für die »christliche Gemeinschaftsschule«, zur gleichen Zeit in NRW zu einer Abstimmung in allen Kommunen. 1975 entschied schließlich das BVG, dass die Bevorzugung von Gemeinschaftsschulen in der Landesgesetzgebung mit dem GG vereinbar sei. Seit dem gibt es nur noch in NRW (auf Antrag) konfessionelle Grundschulen als öffentliche Schulen (Keim 1969; Czermak 2003). Die Reform bedeutete die Beendigung eines 150 Jahre dauernden »Kulturkampfs« und – endlich auch in den Ländern der BRD – die Realisierung der Bestimmung des Art. 146,2 der WRV, dass Grundschulen in der Regel Gemeinschaftsschulen (bzw. Simultanschulen) sind.

5. Einheitlichkeit und Differenzierung, »Versäulung« oder Stufung des Bildungssystems

Die Ausgestaltung des Systems weiterführender Schulen war in dieser Epoche bei den politischen Akteuren und den Familien ein Dauerthema kontroverser schulpolitischer und pädagogischer Debatten. Mit zunehmender historischer Distanz zu den von den Zeitgenossen engagiert ausgefochtenen Kontroversen zeigt sich, dass in den beiden deutschen Nachkriegsstaaten zwar ganz unterschiedliche Schulreformstrategien verfolgt wurden, die aber auf längere Sicht – in einer quasi gegenläufigen Bewegungsrichtung – zu einer partiellen Strukturangleichung der Systeme führten: In der SBZ wurde gleich zu Beginn ein radikaler historischer Kurswechsel in Richtung auf eine Vereinheitlichung des Schulwesens postuliert, ein Prozess, der aber bis zum Ende der DDR von Konjunkturen immer neuer Diskussionen über das Verhältnis von »Einheitlichkeit und Differenzierung« und entsprechenden Reformprojekten begleitet war. Dagegen schloss die Schulpolitik in den Ländern der BRD zunächst an den traditionellen – *vertikal versäulten* – Schulangebotsstrukturen an, weitete das Spektrum neuen Schulformen und –typen in den 1950er Jahren sogar noch aus, ehe dann in den 1960er Jahren ein Reformprozess begonnen wurde, der in vielen kleinen Schritten und Teilprojekten das Bildungswesen zu einem gestuften System mit einander angenäherten Schulformen und Übergangsmöglichkeiten führte. Aber beide Entwicklungen waren keine Schulreformprozesse, die sich quasi selbstläufig durchgesetzt hätten, sondern in jedem kleinen Reformschritt von engagiert geführten Kontroversen über die Notwendigkeit und Richtung der (Teil-)reform begleitet waren.

5.1 Einheitlichkeit und Differenzierung

Gleich mit dem ersten Schulreformgesetz von 1946 wurde in der SBZ das programmatische politische Ziel ausgegeben, die traditionelle Formen- und Typenvielfalt im Schulwesen durch die *demokratische Einheitsschule* abzulösen, die historische Benachteiligung der »Arbeiter- und Bauernkinder« im Bildungssystem zu korrigieren und einen Elitenwechsel durchzusetzen. Neben der 8-jährigen Grundschule als Pflichtschule für alle Kinder sollte dies (auch) durch das Projekt der »Arbeiter- und Bauernfakultäten« erreicht werden. Die schon 1946 als Vorstudienanstalten an Universitäten eingerichteten und 1949 zu Fakultäten erhoben Institutionen führten Jugendliche – bis zu ihrer Auflösung 1963 – in einem zwei bis dreijährigen Kurs zur Hochschulreife (Miethe 2006). Die »Brechung des Bildungsmonopols« wurde durch die *positive Diskriminierung* von »Arbeiter- und Bauernkinder« und die Beschränkung des Anteils von Kindern der »bürgerlichen Intelligenz« beim Zugang zur den Oberschulen und den Universitäten durchgesetzt. Hinzu kam die Einforderung von politischer Loyalität als Auslesekriterium (Schreier 1998). Die Mobilisierung der Bildungsbeteiligung der *Arbeiter und Bauernkinder* war nicht nur ein politisches Ziel, sie war auch ökonomisch notwendig, denn die massenhafte Abwanderung und die arbeitsintensive Produktion der DDR forderten eine Ausschöpfung und Qualifizierung des ganzen Arbeitskräftepotenzials.

Die Proklamation der Einheitlichkeit des Bildungswesens schloss aber von Anfang an die Klarstellung ein, dass die *demokratische Einheitsschule* als Gesamtsystem sich »gliedert nach den Aufgaben, die aus den gesellschaftlichen Bedürfnissen erwachsen« (§3,1). Die *Grundschule* von 1946 war deshalb keine undifferenzierte *Einheitsschule*, sie sah *Kern- und fakultativen Kursunterricht* in der zweiten Fremdsprache, Mathematik und naturwissenschaftlichen Fächern ab Klasse 7 vor; die erfolgreiche Teilnahme war faktisch Voraussetzung für einen Übergang in einen der *Zweige* der vier Klassenstufen umfassenden *Oberschule*. Als mit dem Schulgesetz von 1959 die zehnklassige *Polytechnische Oberschule* zur Pflichtschule für alle Kinder und die Oberschule zur nur noch zwei Klassenstufen umfassenden *Erweiterten Oberschule* (EOS) wurde, kam es zur Einrichtung der *Vorbereitungsklassen für den Besuch der EOS* an den POS, um die »notwendigen Vorleistungen« der für den Besuch der Erweiterten Oberschule voraussichtlich geeigneten Schüler sicherzustellen. Das System der nach Zweigen gegliederten – faktisch vierstufigen – *Oberstufe* lief erst Ende der 1969/70 aus (Huschner 1997a).

Trotz Kritik an der Kursdifferenzierung in der Grundschule Anfang der 1950er Jahre und der Betonung des Prinzips der Einheitlichkeit durch die SED erfolgte schon in diesen Jahren die Einrichtung der ersten *Spezialschulen und Spezialklassen*: Es begann mit *Spezialklassen mit einem erweiterten Russischunterricht* (ab Klasse 3), die sich in den folgenden Jahren zu einer bedeutsamen Form der Differenzierung der Schülerschaft an den Grundschulen entwickelten. Daneben entstand ein expandierendes System schulischer und außerschulischer *Arbeitsgemeinschaften* und *Wettbewerbe* (z. B. *Olympiade der jungen Mathematiker*), die der frühen und gezielten »Talententwicklung« dienten (Anweiler 1988, S. 162 ff). Als in der ersten Hälfte der 1960er Jahre die pädagogischen und schulpolitischen Diskussionen ganz auf die Frage konzentriert waren, welche notwenigen bildungspolitischen Konsequenzen aus der »wissenschaftlich- technischer Revolution« und der internationalen Konkurrenzsituation der DDR zu ziehen seien, wurde die bildungspolitische Leitlinie ausgegeben, dass künftig »alle Begabungen und Talente frühzeitig zum Nutzen der sozialistischen Gesellschaft gefördert werden« müssen und der Ausbau spezieller Unterrichtsangebote fortgesetzt (Anweiler S.91 ff.). 1963 wird im Zusammenhang der Diskussionen über die Polytechnisierung (siehe Kap 7) die Einrichtung neuer *Spezialschulen und Spezialklassen naturwissenschaftlich-technischer Richtung* (Klassen 7-12) beschlossen. Im Gesetz über das einheitliche sozialistische Bildungssystem von 1965 ist schließlich der Einrichtung von *Spezialschulen und Spezialklassen* (als besondere Form der allgemeinbildenden Schule ein eigener Abschnitt gewidmet (§18). 1966 wird der *fakultative Fremdsprachenunterricht* normiert, er hatte eine wichtige Lenkungs- und Selektionsfunktion, da er eine Voraussetzung für die Aufnahme in die EOS war und – neben dem obligatorischen Russischunterricht – auch eine zweite Fremdsprache für ein Hochschulstudium gefordert wurde. (Huschner 1997a; 1997b).

Aber die Erprobung immer neuer Formen der organisatorischen Differenzierung waren nur die eine Seite des Reformprozesses, die andere Seite war die konsequente Realisierung eines systematisierten Gesamtsystems: Das *Gesetz über die sozialistische Entwicklung des Schulwesens in der deutschen Demokratischen Republik* von 1959 hatte mit der Einführung der zehnklassigen POS eine Entscheidung über die neue Stufung des Gesamtsystems gebracht. Das Konzept von 1946 mit der 8-jährigen *Grundschule* als Basis des Systems wurde wieder aufgegeben und die *Grundschule* zur vierstufigen *Grundstufe* der *polytechnischen Oberschule* (Tenorth 2011). Es war, wie der Titel besagte, nur ein Schulgesetz. Das *Gesetz über das einheitliche sozialistische Bildungssystem* von 1965 war dagegen mit dem Anspruch entwickelt und verfasst worden, alle bisher gesondert geregelten und verwalteten Teile des Bildungssystems in einem systematisierten Gesamtsystem zusammenzufassen und detailliert bis in die Lehrplanstruktur zu regeln.

5.2 Von einem versäulten zu einem gestuften Schulsystem

Ganz anders war die Konstellation in den Ländern der Bundesrepublik: Hier war die in Deutschland traditionell verfolgte Strategie, ein System grundständiger und gegenseitig abgeschotteter Schulformen und -typen zu etablieren, um die Schülerströme zu kanalisieren und einen »ungesunden« Zulauf zu den höheren Schulen und Hochschulen auszubremsen – nicht zuletzt auch die begabungstheoretische Begründung dieser Struktur – zunächst noch Leitlinie der Schulentwicklungspolitik (Drewek 1994). Es bestand in den ersten 15 Jahren nach dem Krieg auch kein demografischer und ökonomischer Druck zur Bildungsmobilisierung, um den Bedarf an qualifizierten Arbeitskräften zu decken, denn die BRD erlebte zwischen 1946 bis 1966 eine Zuwanderung von 15 Millionen Menschen aus den ehemaligen Ostgebieten des Deutschen Reiches und bis zum Mauerbau 1961 aus der DDR. In den 1960er Jahren geriet die defensive schulpolitische Strategie und ihre Begründung demografisch, sozial, politisch und wissenschaftlich unter Druck: Die Beschulung der stark besetzten Geburtsjahrgänge 1955-1965 und die Zunahme der Bildungsbeteiligung seit Ende der 1950er Jahre erzeugten einen Nachholbedarf beim Schulausbau, der schließlich in die Diskussionen über die deutsche »Bildungskatastrophe« (Picht 1964) mündete. Das Vorbild der Schulreformpolitik anderer Länder, auch der DDR, die Argumente der neuen Bildungsökonomie und internationaler Organisationen wie der OECD, die die Bedeutung des Faktors Bildung für das Wirtschaftswachstum betonten (Papadopoulos 1994), all das änderte das Diskussionsklima für Schulreformen in umfassendem Sinne. Schon im Rahmenplan des deutschen Ausschusses von 1959 hieß es nun, dass »die Pflicht zu sozialer Gerechtigkeit und der vermehrte Bedarf ...« Schulreformen erfordern (siehe dazu Terhart in diesem Band). Bald ging es nicht mehr nur um den Schulsystemausbau und die Sicherstellung formaler Chancengleichheit beim Zugang zu den höheren Bildungsinstitutionen, sondern um eine »aktive Bildungspolitik« zur Verwirklichung des »Bürgerrechts« auf Bildung« (Dahrendorf 1968). In diesem veränderten Umfeld war die Realisierung alter Reformforderungen – wie sie seit der WRV versprochen waren – immer weniger umstritten und nun auch die Bereitstellung entsprechender Ressourcen politisch durchsetzbar. Traditionelle Hürden zum Besuch weiterführender Schulen, die in der DDR schon früh beseitigt worden waren, wurden nun auch in der BRD Schritt für Schritt abgebaut: Zum Wintersemester 1958/59 begann ein Förderprogramm für Studenten aus Familien mit geringen Einkommen (Honneffer Modell); es dauerte bis 1969, dass die erste sozialliberale Regierung das *Bundesausbildungsförderungsgesetz* (BAFÖG) für Schüler und 1971 auch für Studenten verabschiedete. Ende der 1950er Jahre (1958/59) schafften alle Bundesländer das Schulgeld für höhere und mittlere Schulen ab; Anfang der 1970er begann sukzessive die Einführung der *Lehrmittelfreiheit* (z. B. Lehrmittelfreiheitsgesetz von 1973 in NRW).

Der Ausbau der Schulangebotsstrukturen in den ländlichen Regionen und in den Arbeitervierteln der Großstädte korrigierte die traditionelle regionale Benachteiligung. Der regionale Ausbau der Gymnasien und Realschulen fand – wie schon in der DDR, so nun auch in den westdeutschen Bundesländern – nicht in Form von spezifischen Jungen- bzw. Mädchenschulen statt, sondern fast immer als Verbreiterung des Angebots an koedukativen Schulen. Damit wurde der Prozess des säkularen Bildungsaufstiegs der Mädchen im 20. Jahrhundert beschleunigt. Denn die Mädchen selbst, ihre männlichen Klassenkameraden, ihre Lehrkräfte und Eltern erfuhren im Alltag, dass sie zu gleichen – und besseren – Leistungen fähig sind! Die gemeinsame Erziehung von Mädchen und Jungen wurde von einem breiten wissenschaftlichen und politischen Konsens, auch einem Mentalitätswandel in den Familien getragen. Die Mädchen und Landkinder wurden zu Gewinnern der Bildungsexpansion (Eigler/Hansen/Klemm 1980). Während diese Reformen von einem breiten politischen Konsens getragen wurden, blieb die Frage kontrovers, ob und wie radikal der Umbau der bestehenden vertikalen Strukturen zu einem gestuften Schulsystem betrieben werden sollte.

Ein erster Schritt in diese Richtung wurde in den Ländern der BRD in den 1960er Jahren durch die Abschaffung der alten *Volksschule* als Struktur- und Bildungskonzept getan. An ihre Stelle traten – erstens – die *Grundschulen* als eigenständige erste Schulstufe für alle Kinder (z. B. 1964 in NRW) und – zweitens – die *Hauptschulen* als neue Schulform der Sekundastufe I. Der unumgängliche Neu- und Ausbau des regionalen und lokalen Schulangebots an Pflichtschulen fand nun in Form von *eigenständigen vierstufigen Grundschulen* statt (Zymek 2011). Dort unterrichten junge Generationen von Lehrerinnen und Lehrern, die an pädagogischen Hochschulen ausgebildet worden waren, wo nun an der Entwicklung einer eigenen Grundschulpädagogik gearbeitet wurde (Einsiedler 2011).

Bei den deutschen Reformkommissionen dieser Jahre und den wissenschaftlichen Experten wurden die auf die Grundschule (bzw. nun *Primarstufe*) aufbauenden Schulformen in Anlehnung an die internationale Begrifflichkeit (z. B. der UN-Handbücher und OECD-Gutachten) schon als Schulen der *Sekundarstufe* (*Sekundarstufe I und II*) bezeichnet. Aber dieser Schritt wurde von den Schulpolitikern der meisten Bundesländer nicht überall mitvollgezogen (siehe dazu *Düsseldorfer Abkommen* 1955 und *Hamburger Abkommen* von 1964), weil sie das Prinzip der vertikalen Gliederung nach Schulformen nicht aufgeben wollten. Immerhin fand überall eine strukturelle und curriculare Annäherung der Schulformen auf dieser Schulstufe statt: Das betraf in erster Linie die Umwandlung und Aufwertung der ehemaligen Oberstufenklassen der *Volksschulen* zur neuen *Hauptschule*, die in ihrem Lehrplan (Abkehr vom Konzept der »volkstümlichen Bildung«, auch Englisch als Unterrichtsfach) an die *Mittel- bzw. Realschulen* und die *Gymnasien* angenähert und zum ersten Mal mit allen Abschlussoptionen der Sekundarstufe I ausgestattet wurden. Das Prinzip der vertikalen Abschottung durch curriculare Typisierung wurde damit aufgeweicht und der alten Forderung nach mehr Durchlässigkeit bzw. der Ermöglichung von Übergängen zumindest formell entsprochen.

Der Umbau des *vertikal versäulten* zu einem *horizontal gestuften* Schulsystem wurde dann Anfang der 1970er Jahre durch die Reform der gymnasialen Oberstufe ergänzt: Die Saarbrücker Rahmenvereinbarung von 1960 war ein erster Schritt zur größeren Flexibilität der gymnasialen Oberstufe gewesen. Mit der *Vereinbarung zur Neugestaltung der gymnasialen Oberstufe und der Abiturprüfung* von 1972 wurde dann der Umbau des traditionellen deutschen Gymnasialwesens entschieden fortgesetzt: Das Gymnasialsystem der gegenseitig abgeschotteten, weil grundständigen und curricular profilierten Gymnasialtypen wurde aufgegeben und – als Unterbau der neuen gymnasialen Oberstufe – auf der Unter- und Mittelstufe der Schulen das neue *Einheitsgymnasium* eingeführt. Der traditionelle Fächerkanon sowie die Unterscheidung von Haupt- und Nebenfächern (früher z. B. Geografie, Geschichte, Biologie) wurden aufgegeben, das Spektrum der Unterrichtsfächer erweitert (z. B. Politik, Kunst, Sport) erweitert und ein System von Pflicht- und Wahlkursen eingeführt, das individuell profilierte Bildungswege der Schülerinnen und Schüler zuließ. Der wissenschaftspropädeutische Charakter des Unterrichts in allen Fächern sollte eine spezialisierte und gleichzeitig weiterhin allgemeinbildende Vorbereitung auf ein Universitätsstudium sicherstellen (Furk 1983).

Denn trotz der Individualisierung und Spezialisierung der Bildungsgänge wurde mit der Reform der gymnasialen Oberstufe das traditionelle deutsche *Prinzip der allgemeinen Hochschulreife als allgemeine Studienberechtigung* nicht aufgegeben (vgl. dazu auch Neumann und Trautwein in diesem Band). Damit waren aber die Kontroversen der kommenden Jahre über die gymnasiale Oberstufe vorbereitet, denn die dramatische Expansion der Studienberechtigten in den 1970er Jahren und die daraus resultierende Überlastung der Universitätskapazitäten wurde in den 1970er Jahre mit der Einführung eines NC für mehr und mehr Studiengänge (gedacht als Übergangslösung!) beantwortet und damit die Gleichwertigkeit der individualisierter Bildungsgänge und länderspezifischer Regelungen zum schulpolitischen Dauerthema – bis heute.

Zentrales schulpolitisches Streitthema dieser und der folgenden Jahre blieb die weitere Ausgestaltung der Sekundarstufe I. Die Kontroverse über »Gesamtschule oder dreigliedriges Schulsystem?« war von Anfang an eine politisch aufgeladene Konfrontation, zentrales Streitthema vieler Landtagswahlkämpfe und sogar Gegenstand von Bürgerbegehren (Rösner 1981). Die Befürworter integrierter Schulmodelle versuchten die Konnotation mit der Schule der DDR zu vermeiden und übernahmen mit dem Begriff der *differenzierten Gesamtschule* den angelsächsischen Begriff für integrierte Schulsysteme (comprehensive schools). Einflussreiche Elternverbände verstanden alle Reformansätze zu integrierten Schulstufen und einer leistungsdifferenzierten Kurseinstufung als einen Angriff auf ihr Elternrecht, den Bildungsweg ihrer Kinder bestimmen zu können, wie ihre Klage und das spektakuläre, in vieler Hinsicht grundlegende Urteil der BVG zur hessischen Förderstufe zeigte (BVG 1972). Wegen der starken politischen Aufladung des Themas waren auch Zwischenformen kontrovers, wie die Orientierungsstufe bzw. Förderstufe oder kooperative Form der Gesamtschule (z. B. Rösner 1981). Auch die – vom deutschen Bildungsrat empfohlenen – Schulversuche mit Gesamtschulen und die wissenschaftlichen Begleituntersuchungen trugen kaum zur Befriedung der politischen Kontroverse bei, weil das Für und Wider zur Gesamtschule inzwischen zur politischen Profilbildung und Identitätsstiftung der gegnerischen politischen Lager geworden war (A und B Länder). Einige Bundesländer, wie z. B. Bayern und Baden- Württemberg, beteiligten sich nicht an den Schulversuchen und verweigerten auch danach, bis auf Ausnahmen, die Einrichtung von Gesamtschulen. Aber auch dort, wo die Landespolitik und die sie tragenden Parteien einen Ausbau der Gesamtschule befürworteten, kam es nirgendwo (wie in den meisten europäischen Nachbarländern) zur Umwandlung der traditionellen Schulformen in eine integrierte Sekundarstufe I für alle Kinder, sondern schließlich zur Etablierung der Gesamtschulen als vierte Sekundarschulform. Damit hing ihre Akzeptanz und ihr Erfolg von den jeweiligen örtlichen Konstellationen ab: Erfolgreich und akzeptiert war sie als einziges Sekundarschulangebot vor Ort (vgl. dazu auch Tillmann in diesem Band) und als Schule in privater Trägerschaft; in Konkurrenz zu Gymnasien am Ort litt sie unter »creaming-up-Effekten«, die ihr programmatisches Konzept als Schule für Kinder mit unterschiedlicher Lernfähigkeit aushebelten (Holtappels/Rösner 2000).

Die Schulreformdebatten dieser Jahren und der Verweis auf die Strukturen und Prozesse in dem jeweils anderen deutschen Staat wurden zumeist mit Blick allein auf das Schulsystem geführt, aber die Dynamik und Wirkungen der Strukturen und Reformprojekte wurden erst im Kontext des gesellschaftlichen Umfeldes der Schulen und später erkennbar: Die Notwendigkeit zur Mobilisierung der Bildungsbeteiligung aus demografischen und arbeitsmarktpolitischen Gründen war in der BRD und der DDR unterschiedlich dringlich. Auch die Motivlagen und Chancen zur Mobilisierung der Bildungsbeteiligung waren unterschiedlich: In einer Gesellschaft wie der DDR, die auf die Egalisierung sozialer und materieller Unterschiede setzte, war eine Bildungsmobilisierung der »Arbeiter- und Bauernkinder« gar nicht so leicht zu erreichen, denn ein Bildungsaufstieg wurde ja nicht durch einen deutlichen ökonomischen Statusgewinn belohnt, sondern setzte als Motivation in den Familien Sozialisations- und Bildungsprozesse voraus, die bei der »bürgerlichen« bzw. »sozialistischen »Intelligenz« eher gegeben waren. Zudem waren im Gesellschaftssystem der DDR die differenzierten Angebote freiwilliger und zusätzlicher Unterrichts- und Schulangebote nicht nur pädagogische Anreize, sondern zugleich auch Instrumente der Planung, Steuerung und Auslese und damit auch der Begrenzung von Bildungs- und Berufsperspektiven. Die Bildungsmobilisierung war begrenzt durch die Planungsdaten der DDR für das Schul-, Hochschul- und Beschäftigungssystem und politische Kriterien. Die so Ausgelesenen waren in besonderer Weise privilegiert, da die Zulassung zu EOS und Hochschulen sowie ihre Abschlüsse im System der DDR quasi ein Anrecht auf eine ausbildungsadäquate Beschäftigung bedeuteten. Im Wirtschafts- und Verfassungssystem der BRD war (und ist) die Situation grundsätzlich anders gelagert: In einer Marktwirtschaft sind genauere Prognosen über den künftigen Bedarf an Qualifikationen kaum möglich und eine Bildungspolitik, die eine »Bewirtschaftung des Begabungspotentials« versuchen würde, rechtlich unzulässig, wie höchstrichterliche Urteile in den 1970er Jahren mit Verweis auf die im GG verankerten Rechte der Eltern (GG Art. 4) und die Berufswahlfreiheit (GG Art.19) klarstellten (BVG 1972, BVG 1977). Es gehört hier zum System, dass alle beteiligten Akteure Rechte und Freiheiten haben, die aber mit individuellen Risiken verbunden sind, sowohl im Hinblick auf die Wahrnehmung von Bildungschancen wie betriebliche Planungen. Das Bildungssystem bietet (für öffentlich-rechtliche geregelte Berufsfelder) Abschlüsse mit *Berechtigungscharakter*, die aber kein *Anrecht* auf ausbildungsadäquate Beschäftigung begründen. Das offene System der BRD ist deshalb darauf angelegt, dass die einzelnen durch möglichst hohe Bildungsabschlüsse ihre Chancen auf dem Arbeitsmarkt zu wahren versuchen und dass von Seiten der politischen Akteure eine »tendenzielle Überproduktion« des Bildungssystems in Kauf zu nehmen ist, die den einzelnen breite Chancen (und Risiken) eröffnet und dem Arbeitsmarkt ein ausreichendes Reservoir adäquat qualifizierter Absolventen zur Verfügung stellt. Es waren diese unterschiedlichen Rahmenbedingungen, die dazu führten, dass das Bildungssystem der DDR, das mit dem Anspruch eingerichtet worden war, das traditionelle »Bildungsmonopol zu brechen«, schließlich weniger expansiv und sozialselektiver war als das Bildungssystem der BRD: »Noch 1970 lagen die Abiturientenquoten der DDR und der Bundesrepublik etwa auf gleicher Höhe. Während sie in der DDR dann bis Ende der 1980er Jahre – bezogen auf die Absolventen der Erweiterten Oberschule (EOS) und der Berufsausbildung mit Abitur (BmA) – bei etwa 12-14 Prozent der Altersjahrgänge, eingefroren wurden, stiegen sie in der Bundesrepublik im gleichen Zeitraum auf über 30 Prozent« (Huschner 2001). Am Ende der DDR war die Selbstrekrutierungsquote der »sozialistischen Intelligenz« höher als die der Akademikerfamilien in der BRD (Bathke 1993).

6. Die Öffnung des traditionellen Fächerkanons der Schulen

Trotz aller politischen Gegensätze zwischen Ost und West blieb der Kernbestand der Fächer, die traditionell im Lehrplan an deutschen Schulen vertreten waren, in beiden deutschen Staaten zunächst weitgehend unverändert. Die Schulreformen, mit denen eine Ausweitung bzw. Öffnung des traditionellen deutschen Fächerkanons unternommen wurde, waren nicht von ungefähr Gegenstand heftiger, politischer und pädagogischer Kontroversen, obwohl mit ihnen z. T. alte Reformprojekte aufgegriffen wurden:

6.1 Russisch versus Englisch

Die strukturell bedeutsamste Ausweitung des Unterrichtsangebots fand ganz früh in der SBZ/DDR mit der Entscheidung statt, dass nun für alle Schulkinder der *Grundschule* Unterricht in einer Fremdsprache vorgesehen wurde und dass dies Russisch sein sollte. Mit diesem Projekt wurde demonstrativ die politische und kulturelle Orientierung der DDR hin zur Sowjetunion institutionalisiert. Aber die Realisierung einer so tiefgreifenden Reform war notwendigerweise nur mit vielen Zwischenschritten und -lösungen möglich, weil erst langsam eine ausreichende Zahl von Fachlehrerinnen ausgebildet und eingesetzt werden konnte. Die Einrichtung von *Klassen mit verstärktem Russischunterricht* war ein Teil der Strategie zur Etablierung des Faches, entwickelte sich darüber hinaus zu einem wichtigen Instrument der individuellen Karriereplanung (Huschner 1997a). Die Erfolge des Russischunterrichts waren vielfach unbefriedigend; nicht von ungefähr gehörte weiterer Russischunterricht (neben Marxismus-Leninismus) für die Studierenden aller Fächer zum Pflichtprogramm. Neben dieser radikalen kulturellen Kurskorrektur gab es im Schulsystem der SBZ/DDR aber auch erstaunliche Kontinuitätslinien. So wurde der altsprachliche Unterricht im C Zweig der Oberschulen bis Ende der 1960er Jahre angeboten (Huschner 1997b). Seit den 1960er Jahren und mit den zunehmenden internationalen Verpflichtungen der DDR als nun weltweit anerkannter Staat, wurde ein flächendeckendes Angebot des (freiwilligen) modernen Fremdsprachenunterrichts systematisch gefördert (Huschner 1997a).

In der Bundesrepublik war der Fremdsprachenunterricht – wie schon in der deutschen Schulgeschichte zuvor – das wichtigste Schulformen- und typen abgrenzende Merkmal und das größte Hindernis für Schulwechsel: an den Volksschulen wurde traditionell kein Fremdsprachenunterricht angeboten; an den Mittel- bzw. Realschulen nur moderne Fremdsprachen, meist Englisch; an den Gymnasien war der altsprachliche bzw. Lateinunterricht das wichtigste die Gymnasialtypen gegenseitig abgrenzendes Merkmal; die Erlangung der Hochschulreife setzte in der Regel Unterricht in zwei Fremdsprachen voraus. Im Zuge der Annäherung der Schulformen während der zweiten Hälfte der 1960er Jahre wurde Englisch zur ersten Fremdsprache an alle Sekundarschulen, auch an (fast) allen Gymnasien. Die Ausweitung des Fremdsprachenunterrichts für alle Kinder in beiden deutschen Staaten war ein bedeutsamer Schritt der Egalisierung der Bildungschancen, auch wenn damit in Ost und West unterschiedliche kulturelle Orientierungen verbunden waren und auch der Lernerfolg in der Breite bis heute fragwürdig ist.

6.2 *Staatsbürgerkunde versus politische Bildung*

In dem Abschnitt Bildung und Schule der WRV (Art. 148,3) war ausdrücklich eine Erweiterung des traditionellen Bildungskanons durch den Satz vorgesehen: »Staatsbürgerkunde und Arbeitslehre sind Lehrfächer der Schulen«. Auch diese Projekte waren in den Jahren der Weimarer Republik sehr umstritten und ihre Umsetzung blieb in Ansätzen stecken. Nach Kriegsende bekamen beide Reformanliegen neue Aktualität. Denn es war ein zentrales Anliegen der alliierten Besatzungsbehörden – dem auch die deutschen Experten nicht widersprachen – das Unterrichtsangebot an den deutschen Schulen durch neue Formen der *politischen Bildung* zu ergänzen. Jetzt ging es darum – erstens – die Schülerinnen und Schüler gegen nationalsozialistische Ideologie, Rassenhass und Krieg zu immunisieren, sie – zweitens – zur Demokratie und staatsbürgerlichem Engagement zu erziehen und schon bald auch – drittens – sie für die Auseinandersetzung mit der kommunistischen bzw. kapitalistischen Gegenseite im jeweils anderen deutschen Staat zu wappnen:

Vor allem diesem Zweck diente in der SBZ die schon früh eingeführte *Gegenwartskunde*, zunächst als Unterrichtsprinzip, ab 1950 als Unterrichtsfach. Angesichts des Fehlens spezifischer Fachlehrer und der vielen Jung- bzw. Neulehrer wurden die Themen (in einer spezifisch dafür erstellten Zeitschrift) zentral vorgegeben und immer wieder aktualisiert. Es ging in erster Linie um tagespolitische Fragen bzw. Initiativen und um politische Kontroversen mit der Bundesrepublik als Teil des kapitalistischen Westens. 1957 wurde die *Gegenwartskunde* durch das Fach *Staatsbürgerkunde* ersetzt, zunächst mit je einer Wochenstunde ab der achten Jahrgangsstufe, 1959 von der neunten Jahrgangsstufe an, ab 1968 schon in den Jahrgangsstufen sieben und acht. Gegenstände des Unterrichts waren Grundzüge des Marxismus-Leninismus, die Vermittlung von Kenntnissen über ökonomische und gesellschaftspolitische Vorgänge in der DDR sowie die Erläuterung der entsprechenden politischen Beschlüsse der SED. Von Seiten der politischen Führung wurde der *Staatbürgerkunde* ein hoher Stellenwert als Instrument zur Vermittlung von politischer Systemloyalität bei den nachrückenden Generationen zugemessen und deshalb seit den 1970er Jahren seine Wirkungen in mehreren internen Studien kontrolliert.

Auch in der Bundesrepublik kam es schon 1950 zu einem Beschluss der KMK über Grundsätze der politischen Bildung, allerdings nicht als eigenes Fach sondern als Unterrichtsprinzip. Die Vereinbarung blieb ohne große Wirkung. Auf allen Seiten gab es – wie schon in der Weimarer Republik – große Vorbehalte gegen eine »Politisierung der Schule«. Ende der 1950er Jahre aber wurde der westdeutschen Politik das Thema aufgezwungen als es (1959) zu Hakenkreuzschmierereien an der neu eröffneten Kölner Synagoge kam und die Bundesrepublik unter großen internationalen Druck geriet, nicht nur von Seiten der DDR, sondern auch der westlichen Länder. Im Ausland wurde die Befürchtung wiederbelebt, dass in der BRD nationalsozialistisches Gedankengut nicht überwunden und weiter virulent sei. In dieser außenpolitischen Krise wurde sogar die Bundesregierung aktiv: Sie gewann prominente und international angesehene Migranten mit Kontakten zu den USA, z. B. des Instituts für Sozialforschung in Frankfurt (IFS), mit deren Unterstützung ein spezielles Institut beim IFS eingerichtet und Reisen für deutsche Multiplikatoren organisierte wurden, die in den USA u. a. das amerikanische Konzept der *social studies* studieren sollten (Albrecht 1999). Diese Initiativen stellten die Diskussionen um die politische Bildung und die »Vergangenheitsbewältigung« organisatorisch und intellektuell auf eine neue Basis und setzten die Bildungspolitiker der Länder unter Druck. Nun wurde – zunächst in der Oberstufe der Gymnasien – ein verbindliches Unterrichtsfach (mit unterschiedlichen Namen) eingeführt (»Saarbrücker Rahmenvereinbarung« von 1960, KMK »Rahmenrichtlinien für die Gemeinschaftskunde in den Klassen 12 und 13 der Gymnasien« von 1962), der Ausbau der Soziologie und Politikwissenschaften an Universitäten gefördert, ein entsprechendes neue Lehramts-Fachstudium und erste fachdidaktische Professuren eingerichtet (Sander 2013).

Wenige Jahre später kam es zu einer neuen Stufe der Politisierung des Themas: Im Bundesland Hessen, das damals zu den Vorreitern in dem Prozess der Erprobung von neuen Strukturen auf der Sekundarstufe I gehörte, erwiesen sich die alten schulformspezifischen Lehrpläne der 1950er Jahre für die wachsende Zahl von *Förderstufen* und *Gesamtschulen* als unbrauchbar (Friedeburg 1989). Das Land berief 1968 eine Curriculumkommission, die sich mit ihrem Namen programmatisch auf die kurz vorher veröffentliche Schrift des Direktors des (neu gegründeten) Max-Planck-Instituts für Bildungsforschung, Saul B. Robinsohn, »Bildungsreform als Revision des Curriculum«, bezog. Mit dem Curriculum-Konzept wurde eine Abkehr von den traditionellen didaktischen Konzepten vollzogen, in denen es vor allem um eine bildungstheoretische Begründung der Fächer und Stoffe in den Lehrplänen gegangen war. Statt an amtlichen Stoffkatalogen oder fachwissenschaftlichen Systematiken sollten sich nun die unterrichtliche Arbeit der Lehrer an *Lernzielen* orientieren; die *Lernziele* für bestimmte Fächer und Gegenstände sollten aus gesellschaftlichen Anforderungen abgeleitet werden; es sollte nicht nur um Lernziele, sondern auch um Lernerfolgskontrolle und Leistungsbeurteilung gehen. Als das hessische Kultusministerium 1972 erstmalig in einer großen Auflage die Öffentlichkeit über die geplante Curriculum-Reform informierte, löste es damit eine beispiellose öffentliche Kontroverse aus. Es waren vor allem die Rahmenrichtlinien für die Fächer Gesellschaftslehre und Deutsch an denen sich die wissenschaftlichen und politischen Kontroversen entzündeten. Das sozialwissenschaftliche Vokabular der Begründungen und die Integration der Fächer Geschichte, Sozialkunde und Geografie in dem Konzept der *Gesellschaftslehre* provozierten den Widerspruch der Fachwissenschaften, die ihre Abschaffung fürchteten. Die Thematisierung von gesellschaftlichen Konflikten als Ausgangspunkt der Frage nach Lernzielen wurde in der aufgeheizten politischen Atmosphäre als politische Indoktrination und Aufforderung zum Klassenkampf zugespitzt. Seit Ende der 1960er Jahren war die politische Bildung, unter verschiedenen Namen, in allen Bundesländern als Schulfach etabliert, aber sie blieb – mit verschiedenen Konjunkturwellen – ein kontroverses – politisches und wissenschaftliches – Dauerthema (Caruso/Schatz 2018).

6.3 *Arbeitslehre versus polytechnischer Unterricht*

Auch mit dem dritten Reformprojekt zur Erweiterung des traditionellen Fächerkanons der deutschen Schulen wurde in den Nachkriegsjahrzehnten ein altes Schulreformthema aufgegriffen: Seit den reformpädagogischen Diskussionen der Jahre vor und nach dem 1. Weltkrieg galt das Programm der *Arbeitsschule* als ein wichtiges curriculares Element einer neuen demokratischen Schule, die sich für das Bedürfnis des Kindes nach Selbsttätigkeit und gleichzeitig gegenüber der außerschulischen Arbeitswelt öffnet.

In der Bundesrepublik blieb das Thema randständig: Als in den 1960er Jahren in dem Gutachten des Deutsche Ausschusses das Konzept der *volkstümlichen Bildung* an den Volksschulen kritisiert und das Projekt einer neuen *Hauptschule* skizziert wurde, sollte das neue Fach *Arbeitslehre* der neuen Schulform Profil geben. 1969 veröffentliche die KMK »Empfehlungen zur Hauptschule«, in denen dieser Vorschlag als Konsens der Bundesländer übernommen wurde (Hörner 1990). Alle Versuche, das Fach auch auf die anderen Schulformen der Sekundarstufe I zu übertragen, scheiterten an den Gymnasialvertretern.

In den Schulreformdiskussionen der SBZ/DDR spielte das Thema dagegen eine zentrale Rolle: Bezugspunkt war seit den frühen 1950er Jahren nicht mehr die reformpädagogische Idee der *Arbeitsschule*, sondern einige Passagen im Werk von Karl Marx und das Vorbild der UdSSR, wo Konzepte und Projekte der *polytechnischen Bildung* schon seit den 1920er Jahren diskutiert worden waren. Die Aufnahme und Umsetzung dieses Reformprojekts in der DDR war seit 1956 im Verständnis der politischen Akteure ein zentrales strategisches Projekt des »Übergangs von der *demokratisch-antifaschistisches Schule* zur *sozialistischen Schule*« und bei der »Meisterung der wissenschaftlich technischen Revolution«. Nachdem 1958 die grundsätzliche Weichenstellung für das Reformprojekt gefallen und im Herbst 1957 schon das obligatorische praktische Jahr für Studienbewerber eingeführt worden war, begann mit dem Schuljahr 1958/59 für die Schülerinnen und Schüler der Klassen 7 bis 12 der wöchentliche »Unterrichtstag in der Produktion« (UTP). Er war der Kern eines ganzen Systems von schulischen und außerschulischen Aktivitäten der polytechnischen Erziehung, wie der *Werkunterricht* in den Klassen 1-6, der Einführung in die sozialistische Produktion in Industrie und Landwirtschaft (ESP), dem Technisches Zeichnen sowie Praktika und Exkursionen. In den verschiedenen Etappen der Reformdiskussionen und Erprobungsphasen zwischen dem Schulgesetz von 1959 und dem Gesetz über das einheitliche sozialistische Bildungswesen von 1965 schwankte die Gewichtung der Funktionsbestimmungen des Reformprojekts: War der *Polytechnische Unterricht* Teil des allgemeinbildenden Auftrags der Oberschule? War sie Berufsorientierung oder gar Berufslenkung? War sie Berufs*vor*bereitung oder *Berufs*vorbereitung? In welchem Verhältnis sollte sie – curricular und institutionell – zur Berufsausbildung stehen? Welche didaktische Grundlegung konnte für ein so zentrales Reformprojekt erarbeitet werden und wie das Projekt in der Praxis vor Ort in hunderten von Schulen und Betrieben realisiert werden? Konzeptuell und praktisch entscheidend war schließlich die Abgrenzung der Polytechnischen Erziehung als Element der POS und EOS von den verschiedenen Formen der *Berufsbildung*, die ebenfalls in diesen Jahren erfolgte. 1960 wurde für alle Schülerinnen und Schüler der Klassen 9-12 der EOS eine *berufliche Grundausbildung* eingeführt, die in den regionalen Industrie- und Wirtschaftszweigen durchgeführt wurde und nach dem Abitur eine verkürzte Qualifizierung zum Facharbeiter ermöglichte. Ab 1962/63 erfolgte an allen EOS die Einführung des *Abiturs mit Facharbeiterbrief*. Aber das Nebeneinander von berufsvorbereitendem *polytechnischem Unterricht* und *beruflicher Grundausbildung* an den EOS, wie es noch in dem Gesetz von 1965 vorgesehen war, drohte den Charakter der allgemeinbildende Charakter der polytechnischen Oberschule zu verändern und deshalb lief die berufliche Grundausbildung seit 1966 wieder aus. Nach zehn Jahren wechselvoller Diskussionen, Versuche und Revisionen hatte das Projekt des *berufsvorbreitenden polytechnischen Unterrichts* seinen Platz im allgemeinbildenden Schulsystem der DDR gefunden, der sich in den folgenden Jahren als stabil erweisen sollte und wegen seines theoretischen Konzepts als Modernisierung der Allgemeinbildung und beruflichen Orientierung international Beachtung fand (Frankiewicz 1968; Anweiler 1988, S. 587ff.; Hörner 1990).

7. Die Integration der berufsbildenden Institutionen in das Schulsystem

Seit dem 19. Jahrhundert verfolgten alle deutschen Regierungen die schulpolitische Strategie, durch die Entwicklung eines Systems berufsbildender Institutionen den Absolventen auch der Volks- und Mittelschulen eigene attraktive Abschluss- und Berufsperspektiven zu eröffnen. Diese Schulreformstrategie konnte schließlich erfolgreich sein, weil die staatliche Politik in Deutschland zwar immer die Dispositionsfreit der Privatwirtschaft respektierte, es aber gleichzeitig zu der spezifisch deutschen Modernisierungsstrategie gehörte, die Betriebe in ein neo-korporatistisches System von Wirtschafts- und Berufskammern (bzw. Innungen /Selbstverwaltung) einzubinden und sie zu drängen, die Entwicklung eines *Systems der Berufe (und einer entsprechenden Berufsbildung)* als sinnvolle Strategie der Auswahl, Qualifizierung und Hierarchisierung ihrer Beschäftigten anzuerkennen. Nicht das einzige, aber schwierigste und strukturell folgenreichste Schulreformprojekt dieser Art war das – dann später (und bis heute) so genannte – *duale System der Berufsbildung*, das auf die Abgänger der Pflichtschulen und die Beschäftigten im unteren Segment der Betriebshierarchien abzielte und als *Lehre* mit einer Kombination des Lernorts *Betriebs* und des Lernorts *Berufsschule* (ehemals *Fortbildungsschule*) konzipiert war. Trotz programmatischer Absichtserklärungen der Regierungen in der Weimarer Republik und gesetzlicher Initiativen während der nationalsozialistischen Diktatur blieb die Einführung dieses Systems Stückwerk, beschränkt auf Regionen, Städte und Sektoren. Das war auch noch die Situation in den ersten zwei Jahrzehnten der Bundesrepublik Deutschland (Harney/Zymek 1994).

Das Projekt wurde sowohl von konservativen wie linken Politikern und Wissenschaftlern als Strategie zur Anerkennung nicht akademischer Arbeit und der Schaffung alternativer Aufstiegswege zu Gymnasien und Hochschulstudium unterstützt. Der parteiübergreifende Konsens war getragen von einem traditionsreichen – spezifisch deutschen – Verständnis des *Berufs* und der *Berufsbildung* als umfassende und identitätsstiftende Größe. Trotz aller politischen, weltanschaulichen und ökonomischen Unterschiede zwischen den beiden deutschen Nachkriegsstaaten handelten und argumentierten ihre Bildungspolitiker und Experten in dieser deutschen Tradition: dass Berufsbildung nicht nur außerhalb des Bildungswesens »on the job« in der Wirtschaft stattfinde, dass sie nicht nur aus der Zurichtung auf die Bedürfnisse spezieller Betriebe bestehe, dass sie nicht in der Vermittlung instrumenteller Fertigkeiten (skills) aufgehe, dass auch Berufsbildung als Bildungsprozess verstanden werden und deshalb auch die »Berufs(aus)bildung« als Teil des Bildungssystems verstanden und entsprechend ausgestaltet werden sollte.

(7.1) Das galt gerade auch für die DDR, die in ihrer Verfassung von 1968 postulierte: »Alle Jugendlichen haben das Recht und die Pflicht einen Beruf zu erlernen« und damit die überragende Bedeutung der Berufsbildung für das Selbstverständnis der Gesellschaft unterstrich. Nach dem Krieg hatte man auch hier das Konzept der *Lehre* in Form einer Verbindung von Berufsschule und betrieblicher Ausbildung fortgeführt. Aber schon 1947 drängte der SMAD zur gezielten Förderung der industriellen Facharbeiterausbildung in den Großbetrieben und begründete damit eine Strukturbesonderheit der Berufsausbildung in der DDR, weil auch der schulische Teil der Berufsbildung in *Betriebsberufsschulen* der Industriekombinate stattfand. Sie wurden zum »grundlegenden Typ der Einrichtungen der Berufsausbildung« und bildeten schließlich die Mehrheit der Lehrlinge aus. Die *kommunalen Berufsschulen* ergänzten das System der betrieblichen Ausbildung, zunächst im Handwerk, dann in den kleineren Betrieben und Splitterberufen. Im Schulreformprozess zwischen 1959 und 1965 wurde schließlich endgültig entschieden, dass die Berufsbildung Teil des Bildungssystems und das Ministerium für Volksbildung auch dafür zuständig sei. Der Berufsbildung war in dem Gesetz ein eigenes Kapitel gewidmet, sie war nicht nur spezialisierte Berufsausbildung, sondern ein zentrales Moment der Erziehung zur »allseits gebildeten sozialistischen Persönlichkeit«, aber auch der Erziehung zur und Sicherstellung von politischer Loyalität und Instrument der Berufslenkung; später enthielt sie auch obligatorische Elemente der »vormilitärischen Ausbildung«. Für den

Bildungsgang aller Jugendlichen sah das »einheitliche sozialistische Bildungssystem« eine Phase der Berufsbildung vor, abgestuft nach ihren schulischen Leistungen, ihrer politischen Loyalität und den Maßgaben den regionalen ökonomischen Planungsdaten: Gute Absolventen (ca. 60 Prozent) der Klasse 10 der POS absolvierten die *Berufsausbildung zum Facharbeiter*; sehr gute (ca. 5 Prozent) erhielten die Chance zur einer *Berufsausbildung mit Abitur*; ca. 10 Prozent gingen nach der 10 Klasse auf Fachschulen über; für Schulabgänger von der POS schon nach Klasse 8 war eine spezielle Lehre vorgesehen (ca. 10 Prozent) (Schäfer 1990; Guder 1990; Herkner 2015).

(7.2) In der Bundesrepublik machte – wie schon vor dem Krieg – der privatwirtschaftliche Charakter des Wirtschaftssystems und die sehr unterschiedliche Situation in den verschiedenen Wirtschaftssektoren und Betrieben den Ausbau eines umfassenden und einheitlichen Systems der Berufsbildung zu einem schwierigen politische Projekt. Dennoch kam es seit den 60er und 70er Jahren zur Realisierung von drei großen Reformprojekten, die eine Stabilisierung von Kernbereichen des deutschen Systems der Berufsbildung und gleichzeitig ihre neuartige Verankerung im Gesamtsystem zur Folge hatten:

Als Gegengewicht zu der Expansion der allgemeinbildenden Schulen und mit Blick auf die Interessen ihrer Kernklientel bzw. der Gewerkschaften, profilierten sich die Sozialdemokraten in den 1960er Jahren mit mehreren Initiativen zu einem Berufsbildungsgesetz, das dann schließlich während der ersten großen Koalition 1969 im Bundestag verabschiedet wurde. Als Bundesgesetz und federführend vom Wirtschaftsministerium ausgearbeitet, regelte es nur die betriebliche Seite des dualen Systems; das neu eingerichtete Bundesinstitut für Berufsbildung (BIB) koordinierte in Zukunft die Aushandlungsprozesse zwischen den beteiligten Akteuren (BIB, Kammern, Gewerkschaften) bei der Entwicklung generell gültiger Rahmenbedingungen für die betrieblichen Lehre. Der schulische Teil der Lehre wurde aber weiterhin in jedem Bundesland per Landesgesetzgebung spezifisch geregelt. Die Koordination der beiden Lernorte blieb (bis heute) ein unbefriedigend gelöstes Problem. Das gleiche galt (und gilt) für Angebote und Konzepte für die Abgänger der allgemeinbildenden Schulen ohne Lehrvertrag und Anstellung, die ja bis zum 18. Lebensjahr schulpflichtig sind. Trotz aller (ungelösten) Bruchstellen und Konfliktlinien stabilisierte die Reform das System der dualen Berufsausbildung institutionell und mental, nicht zuletzt, weil die Vertretungen der Wirtschaft, der Gewerkschaften, der Wissenschaft und der Politik in seine Konstruktion eingebunden und an seinem Gelingen bis heute interessiert sind. Entscheidend für die Zukunft des Systems wurde es, dass die Absolvierung einer Lehre, mit der ursprünglich nur eine »Arbeiterelite« gegenüber der Mehrheit der ungelernten und angelernten abgehoben werden sollte, in den 1970er Jahren angesichts der zunehmenden Jugendarbeitslosigkeit als Strategie für alle empfohlen wurde (Greinert 1998).

Der Charakter und Stellenwert der anderen Institutionen der Berufsbildung wurden in diesen Jahren durch die Expansion und Ausdifferenzierung des Hochschulsystems und ihre Rückwirkung auf das Schulsystem verändert: Entsprechend den Plänen des Wissenschaftsrats kam es in den 1970er Jahren neben den Universitäten zur Etablierung des neuen Fachhochschulsektors, der aus den traditionellen *höherer Fachschulen* (z. B. Ingenieurschulen, Sozialakademien) entwickelt wurde (Teichler 1990). Für die neuen Hochschulinstitutionen wurde nun aber nicht mehr – wie bisher – die *mittlere Reife*, sondern die *Hochschulreife* als Zugangsberechtigung verlangt. Damit dieser Reformprozess nicht nur den Gymnasiasten neue Perspektiven eröffnete, wurden im Bereich der berufsbildenden Institutionen neue *Bildungsgänge* geschaffen, die entweder als *Fachoberschule* (FOS) zur *Fachhochschulreife* (FHR) oder als »*berufliche Gymnasien*«(BW) bzw. *gymnasiale Bildungsgänge* zur fachgebundenen oder allgemeinen Hochschulreife führten. Damit wurde ein neuer Typus von Sekundarschule mit Hochschulberechtigung etabliert, der allerdings nicht das flexible System der gymnasialen Oberstufe übernahm, sondern nichtgymnasiale (berufliche) Fächer ins Zentrum eines stärker verbindlichen Lehrplans rückte.

Die Expansion und Differenzierung des Hochschulsektor während dieser Jahre wurde also von einer Expansion und Differenzierung der Sekundarstufe II des Schulsystems ergänzt – und damit der Prozess der Integration und Reorganisation des Bildungssystems als ein in Stufen horizontal gegliedertes gestuftes System vorläufig abgeschlossen: Neben der reformierten Oberstufe der Gymnasien bildeten von nun an die verschiedenen berufsbildenden Institutionen, in NRW dann zusammengefasst unter dem Begriff des *Berufskollegs*, die neue Sekundarstufe II des Schulsystems.

Das schon immer sehr disparate Spektrum unterschiedlicher berufsbildender Institutionen erfuhr durch diesen komplexen Reformprozess einen Struktur- und Funktionswandel, sowohl innerhalb des Bildungssystems wie auch im Hinblick auf das Beschäftigungssystem und seine Entwicklungstendenzen: Der frühere – eng an die Spezialisierung, Verfahren und Erfahrungen einzelbetrieblicher Praxis angelehnte – Charakter der Berufsbildung wurde sukzessive aufgegeben; die berufliche (Aus-)bildung, auch ihrer betrieblichen Teile, wurde verschriftlicht, systematisiert und verallgemeinert (z. B. in *Berufsbildern*); Berufsbildung wurde »verschult« in dem Sinne, dass die fachlichen und allgemeinbildenden Anteile verstärkt und die Institutionen der Berufsbildung an die Systematik der Abschlüsse und Berechtigungen des allgemeinbildenden Schulsystems angeschlossen wurden. Berufsbildung wurde »allgemeiner« auch in dem Sinne, dass Berufs(aus)bildung nicht mehr nur als die Vorbereitung auf eine spezifische Berufstätigkeit verstanden wurde, sondern als genereller, d. h. multifunktionaler Qualifikationsnachweis für verschiedene Tätigkeiten. Nicht von ungefähr kam es in diesen Jahren zu einer lebhaften Diskussion um das Konzept der Schlüsselqualifikationen (Mertens 1974). Dieser Funktionswandel der berufsbildenden Institutionen entsprach damit auch dem Strukturwandel des Beschäftigungssystems und seinen Konjunkturen beim Übergang von der Industrie- zur Dienstleistungsgesellschaft – und er war die spezifisch deutsche Antwort auf die Risiken der Dienstleistungsgesellschaft, die häufigere Berufswechsel und eine Spreizung der beruflichen Tätigkeiten mit sich bringt. In diesem historischen Kontext wurden die deutschen berufsbildenden Schulen zu einer – im internationalen Vergleich – erfolgreichen multifunktionale Schanierstelle zwischen Bildungs- und Beschäftigungssystem ausgebaut: Sie sind für einen (allerdings schrumpfenden) Teil ihrer Klientel, die Teilzeitberufsschüler, weiterhin ein konstitutiver Teil ihrer Berufsausbildung; sie sind aber in zunehmenden Umfang auch die Auffanginstitution für diejenigen, die keine Lehrstelle oder Anstellung gefunden haben und deshalb an Bildungs-*Maßnahmen* teilnehmen, um ihre Chancen auf Anstellung zu verbessern. Und sie eröffnen einem wachsenden Prozentsatz der Jugendlichen, die aus unterschiedlichen Gründen nicht den direkten Weg über die Gymnasien zur den Hochschulen eingeschlagen bzw. abgeschlossen haben, einen Weg zum Hochschulstudium »in berufsbildender Form«. Diese Öffnungsprozesse im Sekundarschulbereich bewirkten, dass in den folgenden Jahren größere Anteile eines Schülerjahrgangs die Berechtigung zur Aufnahme eines Studiums erlangten. Aber die Etablierung der alternativen Zugangswege zum Hochschulstudium im berufsbildenden System führte nicht in gleicher Weise zu einer Zunahme der Studierendenquote, da die Absolventen der neuen alternativen Zugangswege zur Hochschulreife in den folgenden Jahren tatsächlich seltener ein Studium aufnahmen und abschlossen. Der Reformprozess bewirkte einen Bedeutungswandel der Hochschulreife: sie wurde von einem Zugangszertifikat für die Hochschulen zu einem »Universalzertifikat, das in vielen Fällen faktisch für den Zugang zum Berufsausbildungsbereich erforderlich ist« (Schindler 2013).

8. Schulreformpolitik nach 1989 im langen Schatten der historischen Systemkonkurrenz

Mit der Integration der berufsbildenden Institutionen einerseits in das Schulsystem, andererseits in das Hochschulsystem und dem vorläufigen Abschluss des Prozesses der Stufung des Bildungssystems endete eine schulhistorische Epoche, die von einer spezifischen Schulreformpolitik geprägt gewesen war: In den ersten drei Nachkriegsjahrzehnten hatten die politischen Akteure – angesichts des in vieler Hinsicht noch »unfertigen« Bildungssystems und der nicht eingelösten historischen Reformideen – naheliegende politische Handlungs- und Reformoptionen, die als »fortschrittliche« Politik gelten und mit breiter Zustimmung rechnen konnten. Abstrakt gesprochen bestand diese Schulreformstrategie aus Prozessen der *Integration und Expansion*: Eine übergreifende Dimension dieser Politik – die in der DDR und der BRD gleichermaßen verfolgt wurde – war, das – seit dem 19. Jahrhundert verfolgte – langfristige Reformprojekt, das disparate und unverbundene Konglomerat der verschiedenen – öffentlichen und privaten, allgemeinbildenden und berufsbildenden – Bildungsinstitutionen zu einem System von systematisch verbundener Schulstufen und Schulformen zusammenzufassen, das Übergänge und Aufstiege ermöglicht. Man konnte mit breiter Zustimmung rechnen, dieses System, das zunächst nur in den Städten als differenziertes Schulangebot zur Verfügung gestanden hatte, in allen Regionen des Landes als für alle erreichbares Bildungsangebot auszubauen. Und es war »fortschrittlich«, auch die früher von weiterführenden Bildungschancen mehrheitlich ausgeschlossene Gruppen der Bevölkerung – die Mädchen und Frauen, die Landkinder, die Arbeiterkinder – und »ihre« bisherigen Institutionen – ländliche Volksschulen, traditionelle Mädchenschulen, berufsbildende Angebote – in ein umfassendes, aber intern differenziertes Bildungssystem zu integrieren und ihnen somit erweiterte Bildungs- und Lebenschancen zu eröffnen. Der demografische Druck erzwang und das historisch einzigartige Wirtschaftswachstum ermöglichten diese Schulpolitik der *Integration und Expansion* und zugleich die Steuerung der damit verbundenen sozialen Dynamik.

Spätestens in den 1980er Jahren war die bisherige Schulreformoption der *Integration und Expansion* – man könnte sagen – historisch »ausgereizt«, denn es gab keinen »Expansionsraum« mehr für eine Fortsetzung der bisherigen Schulreformpolitik (... der wurde dann erst 20 Jahre später durch den Ausbau der Ganztagsangebote und der Institutionen der Vorschulerziehung wieder geöffnet ...). Das Gesellschaftssystem der DDR erlaubte eine Drosselung und politische Steuerung der expansiven Tendenzen, die mit der Vollendung des Systemausbaus verbunden waren. Diese schulpolitische Handlungsoption war im System der BRD nicht gegeben. In dieser schulhistorischen Konstellation war es nicht mehr überraschend, sondern naheliegend, dass die schulpolitischen Experten und Politiker in der BRD Anfang der 1990er Jahre eine – in den angelsächsischen Ländern in den 1980er Jahren angestoßene und von internationalen Institutionen wie der OECD unterstützte – Diskussion aufnahmen, die für Deutschland zwar einen radikalen Paradigmenwechsel, ja die Umkehrung der bisherigen Schulreformpolitik bedeutete, aber damit neue politische Handlungs- und Reformoptionen eröffnete. Als »fortschrittliche« Schulpolitik galt nun nicht mehr der Ausbau eines integrierten und systematisierten Gesamtsystems und die Schaffung möglichst gleicher Verhältnisse im ganzen Land, sondern die *Deregulierung* solcher Strukturen, die *Dezentralisierung* von Zuständigkeiten, eine größere »*Autonomie*« der einzelnen Schulen und der *Wettbewerb* zwischen ihnen, um die »*Qualität*« ihrer Arbeit zu verbessern. In dieser Perspektive wurde z. B. 1992 die Bildungskommission NRW berufen und ihr Gutachten verfasst (Bildungskommission NRW 1995).

Das Ende der bisherigen Schulreformpolitik hieß nicht, dass das etablierte Schulsystem nun statisch gewesen wäre, im Gegenteil, der demografische und soziale Wandel transformierte die formell unveränderten Institutionen: Die Beschleunigung des säkularen Geburtenrückgangs seit Ende der 1990er Jahre bewirkte einen dramatischen Rückgang der Schülerzahlen, in NRW halbierte sich zwischen 1970 und 1985 die Zahl der Schulanfänger! Und die Entwicklung der Übergangsquoten auf die Schulformen der Sekundarstufe zeigte ein verändertes Bildungsverhalten der Familien: die Akzeptanz der Hauptschulen schwand; die Realschulen hielten das Niveau der Ausbauphase; Gewinner des demografischen und sozialen Wandels waren die Gymnasien Und diese Entwicklungsdynamik setzte sich fort (Klemm/Rolf 1988; Zymek et al. 2011; Drewek 2013). Sie veränderte den Charakter der Schulformen und führte zu den ersten Reformvorschlägen für ein zweigliedriges Schulsystem (Hurrelmann 1992). Im Bereich der berufsbildenden Schulen veränderte der ökonomische Strukturwandel den quantitativen und strukturellen Stellenwert der verschiedenen Bildungsgänge: Da immer mehr Betriebe, vor allem die Großbetriebe, aus dem System der dualen Ausbildung ausstiegen und bei der Rekrutierung ihrer Mitarbeiter auf Fachhochschulabsolventen setzten, nahm der strukturelle und quantitative Stellenwert der *Teilzeitberufsschüler* an den Berufskollegs ab. Der Strukturwandel des Beschäftigungssystems von einer Industrie- zu einer Dienstleistungsgesellschaft mit ihren veränderten Anforderung an die Beschäftigten, aber auch den Gefahren einer Spreizung des Status der Tätigkeiten zeigte sich nun – einerseits – in einem quantitativen Bedeutungszuwachs der Bildungsangebote für Jugendliche ohne Schulabschluss und ohne Lehr- bzw. Arbeitsverträge (»*Übergangssystem*«) und andererseits in einer Zunahme der Bildungsgänge, die zur Fachhochschul- bzw. Hochschulreife führen, (Baetge/Solga/Wieck 2007)

Die ersten Ansätze zu neu akzentuierten Schulreformdiskussionen in den 1980er Jahren wurden durch den deutschen Einigungsprozess seit 1989 unterbrochen und überlagert. Die Systemkonkurrenz zwischen den beiden deutschen Nachkriegsstaaten, die die Schulreformdebatten jahrzehntelang überschatte hatte, war zwar aufgehoben, blieb aber politisch und mental wirksam und bewirkte eine Selbsttäuschung aller Beteiligten: Bei den westdeutschen Akteuren dominierte die Selbsttäuschung, es sei gerechtfertigt, sinnvoll und möglich, quasi als Sieger der Systemkonkurrenz nun in den ostdeutschen Bundesländern die – scheinbar bewährten bzw. überlegenen – westdeutschen Schulstrukturen einzuführen, obwohl deren Reformbedürftigkeit längst diskutiert wurde. Auf Seiten der ostdeutschen Akteure wurde die Selbsttäuschung kultiviert, dass das in vieler Hinsicht bewährte Schulsystem der DDR durch den Sieger der Systemkonkurrenz abgeschafft würde – als politischer Oktroi der westdeutschen Strukturen. Auf beiden Seiten wurde – insbesondere im politischen Raum – diese Mischung aus Täuschung und Selbsttäuschung kultiviert und damit ein realitätsfernes Verständnis von Schulreformen bestätigt. Denn in Wirklichkeit waren weder die einen erfolgreiche Schulreformer, noch die anderen ohnmächtige Opfer. Zwar war es möglich, in der Anfangsphase eine formelle Übertragung der amtlichen Schulstrukturen durch die westdeutschen »Patenländer« und ihre Experten in den ostdeutschen Bundesländern in entsprechenden Schulgesetzen durchzusetzen, aber das war nur die amtliche schulpolitische Fassade. Tatsächlich waren vor Ort und an hunderten von Schulstandorten und Schulen nur Übergangslösungen und Mischformen der ost- und westdeutschen Schulsysteme als neue Angebotsstrukturen und Schulwirklichkeit möglich (Weishaupt/Zedler 1994; Zymek 2010). Die in den folgenden Jahren gewählten neuen Landesregierungen entwickelten daraus schon bald neue, an die jeweils spezifischen regionalen und lokalen Verhältnisse angepasste bzw. anschlussfähige Strukturen, wie die Verbundsysteme mehrerer Schulformen, zweigliedrige Schulsysteme, sechsklassige Grundschulen, u.s.w.). War schon eine Übertragung der Schulstrukturen nicht möglich, so galt das noch viel mehr für das westdeutsche Berufsbildungssystem, denn in den ostdeutschen Bundesländern fehlten die ökonomischen und Verbandsstrukturen, die die traditionelle deutsche, in den westdeutschen Ländern weiterentwickelte Konstruktion trugen (Guder 1990). Wichtige Merkmalen des Schulsystems der DDR blieben bestehen: z.B. der achtjährige Kurs bis zum Abitur, die breiter ausgebauten Ganztagsangebote, so manche traditionsreiche Spezialschule, das breitere Angebot an integrierten Schulen (Gesamtschulen), wohl auch die Lehr- und Lernkultur der DDR, die die Schulen in den ostdeutschen Ländern dafür prädestinierte, ihre Schülerinnen und Schüler gut im Hinblick auf von außen gestellte Zielvorgaben vorzubereiten, sodass sie später in empirischen Vergleichsstudien zu den Schülerleistungen in den deutschen Bundesländer gut abschnitten (PISA 2000). Die Abwanderung von Hunderttausenden und der dramatische Geburtenrückgang in den 1990er Jahren konfrontierten die ostdeutschen Bundesländer früher und radikaler als die westdeutschen mit der historisch neuen Notwendigkeit, eine Schulreformpolitik zu organisieren, die mit Schrumpfungsprozessen und einem Rückbau bestehender Strukturen fertig werden muss – und es später möglich machte, sie in einem Prozess »vom Nachahmer zum Vorbild?« von Schulreformen in Deutschland zu sehen (Zymek 2010).

9. Literatur

Albrecht, C. (1999): Im Schatten des Nationalsozialismus. Die politische Pädagogik der Frankfurter Schule. In: Albrecht, C./Behrmann, G. C./Bock, M./Homann, H./Tenbruck, F.H (Hrsg.): Die intellektuelle Gründung der Bundesrepublik. Eine Wirkungsgeschichte der Frankfurter Schule. Frankfurt, New York: Campus, S. 387–446.

Anweiler, O. (1988): Schulpolitik und Schulsystem in der DDR. Opladen: Leske & Budrich.

Baethge, M./Solga, H./Wieck, M. (2007): Berufsbildung im Umbruch. Signale eines überfälligen Aufbruchs. Berlin: bub.

Bathke, G.-W. (1993): Soziale Herkunft von deutschen Studienanfängern aus den alten und neuen Bundesländern an den Hochschulen im Wintersemester 1992/93. (HIS-Kurzinformation A1/93). Hannover: Hochschul-Informations-System.

Bildungskommission NRW (1995): »Zukunft der Bildung – Schule der Zukunft«. Denkschrift der Kommission beim Ministerpräsidenten des Landes Nordrhein-Westfalen. Bonn, Berlin: Tierbach.

Bundesministerium für innerdeutsche Beziehungen (Hrsg.) (1990): Vergleich von Bildung und Erziehung in der Bundesrepublik Deutschland und der Deutschen Demokratischen Republik. Köln: Verlag Wissenschaft und Politik.

Bundesverfassungsgericht (BVG) (1973): Urteil zur Klage gegen die Einführung der obligatorischen Förderstufe im Lande Hessen vom 6.12.1972. In: Neue Juristische Wochenschrift 1973, H. 4, S. 133–137.

Bundesverfassungsgericht (BVG) (1977): Urteil zum Numerus Clausus vom 8.2.1977. In: RJBW 1977, H. 25, S. 133–144.

Caruso, M./Schatz, S. J. (2018): Politisch und bildend? Entstehung und Institutionalisierung politischer Bildung in Deutschland. In: Aus Politik und Zeitgeschichte 68, 13-14, S. 4–11.

Czermak, G. (2003): Öffentliche Schule, Religion und Weltanschauung in Geschichte und Gegenwart der Bundesrepublik Deutschland. Eine Rückschau unter dem Aspekt der individuellen Religionsfreiheit und Neutralität. In: Muckel, S. (Hrsg.): Kirche und Religion im sozialen Rechtsstaat. Festschrift für Wolfgang Rüfner zum 70. Geburtstag. Berlin: LINK, S. 79–109.

Dähn, H. (1982): Konfrontation oder Kooperation? Das Verhältnis von Staat und Kirche in der SBZ/DDR 1945-1980. Opladen: Westdeutscher Verlag.

Drewek, P. (1994): Die Entwicklung des Bildungssystems in den Westzonen und der Bildungsrepublik von 1945 bis 1990. In: Müller, D. K. (Hrsg.): Pädagogik, Erziehungswissenschaft, Bildung. Eine Einführung in das Studium. Köln: Böhlau, S. 235–259.

Drewek, P. (2013): Das dreigliedrige Schulsystem im Kontext der politischen Umbrüche und des demographischen Wandels im 20. Jahrhundert. In: Zeitschrift für Pädagogik 59, H. 4, S. 508–525.

Drewek, P./Huschner, A./Ejury, R. (Hrsg.) (2001): Politische Transformation und Eigendynamik des Schulsystems im 20. Jahrhundert. Regionale Schulentwicklung in Berlin und Brandenburg 1890 – 1990. Weinheim: Beltz.

Drewek, P. (1997): System und Ideologie der »Einheitsschule« – Ein Kommentar zu Gerhart Neuners Beitrag über das »Einheitsprinzip im DDR-Bildungswesen. In: Zeitschrift für Pädagogik 43, H. 4, S. 639–657.

Eich, K.-P. (1987): Schulpolitik in Nordrhein-Westfalen 1945 – 1954. Düsseldorf: Schwann.

Eigler, H./Hansen, R./Klemm, K. (1980): Quantitative Entwicklungen. Wem hat die Bildungsexpansion genutzt? In: Rolff, H.-G./Hansen, R./Klemm, K./Tillmann, K. J. (Hrsg.): Jahrbuch der Schulentwicklung. Band 1. Weinheim: Beltz, S. 45–71.

Ejury, R. (2003): Regionale Schulentwicklung in Berlin und Brandenburg 1920-1995. Sozialgeschichtliche Analyse der Wechselbeziehungen zwischen Schulreform und regionaler Ungleichheit der Bildungsbeteiligung. Phil. Diss. Freie Universität. https://refubium.fu-berlin.de/handle/fub188/10099 (Abruf 26.03.19).

Führ, C. (1970): Zur Schulpolitik der Weimarer Republik. Die Zusammenarbeit von Reich und Ländern im Reichsschulausschuss (1919 – 1923) und im Ausschuss für das Unterrichtswesen (1924-1933). Darstellung und Quellen. Weinheim, Berlin, Basel: Beltz.

Geißler, G. (1995): Die Frage nach der letzten Zäsur in der Schulgeschichte der DDR. In: Hoffmann, D. (Hrsg.): Erziehung und Erziehungswissenschaft in der BRD und der DDR. Band 2. Divergenzen und Konvergenzen (1965-1989). Weinheim: Studien-Verlag, S. 33–45.

Geißler, G. (2000): Geschichte des Schulwesens in der sowjetischen Besatzungszone und der Deutschen Demokratischen Republik 1945 bis 1992. Frankfurt am Main: Lang.

Guder, M. (1990): Berufsbildung in der DDR – Stand und Ausblick. In: Berufsbildung in Wissenschaft und Praxis 19, H. 4, S. 3–9.

Halbritter, M. (1979): Schulreformpolitik in der britischen Zone von 1945 bis 1949. Weinheim, Basel: Beltz.

Harney, K./Zymek, B. (1994): Allgemeinbildung und Berufsbildung, zwei konkurrierende Konzepte der Systembildung in der deutschen Bildungsgeschichte und ihre aktuelle Krise. In: Zeitschrift für Pädagogik 30, S. 403–422.

Hearnden, A. (1977): Bildungspolitik in der BRD und DDR. Düsseldorf: Schwann.

Herkner, V. (2015): Berufsbildung von der deutschen Teilung bis zur Einheit – gemeinsame Wurzeln, verschiedene Wege. In: Berufsbildung in Wissenschaft und Praxis 44, H. 5, S. 13–17.

Holtappels, H. G./Rösner, E. (2000): Gesamtschule unter schwierigen Entwicklungsbedingungen. In: Frommelt, B./Klemm, K./Rösner, E./Tillmann, K.-J (Hrsg.): Schule am Ausgang des 20. Jahrhunderts. Weinheim, München: Juventa, S. 113–132.

Hurrelmann, K. (1991): Zwei Schulen für das eine Deutschland. Offener Brief an die Konferenz der Kulturminister. Schafft eine einheitliche Schulstruktur für die Bundesrepublik. In: DIE ZEIT, 1. November 1991.

Huschner, A. (1997a): Fremdsprachliche Spezialklassen als Strukturmerkmal des DDR-Schulsystems (1967/68 bis 1989/90). In: Tenorth, Heinz-Elmar (Hrsg.): Kindheit, Jugend und Bildungsarbeit im Wandel. Ergebnisse der Transformationsforschung. Zeitschrift für Pädagogik, 37. Beiheft. Weinheim: Beltz, S. 203–225.

Huschner, A. (1997b): Vereinheitlichung und Differenzierung in der Schulentwicklung der SBZ und DDR. Zweige und Klassen mit verstärktem alt- bzw. neusprachlichem Unterricht im Schulsystem der SBZ/DDR (1946 bis Anfang der siebziger Jahre). In: Zeitschrift für Pädagogik 43, H. 2, S. 279–297.

Huschner, A. (2001): »Geregelter« Zugang zum Abitur in den 1970er Jahren. In: Zeitschrift für Pädagogik 47, H. 6, S. 819–823.

Jehle, M. (2018): Staatsbürgerkunde – »Schlüsselfach« der politischen Erziehung in der DDR? In: Aus Politik und Zeitgeschichte 68, 13-14.

Jung, J./König, B./Krenig, K./Stöcker, K./Stürmer, V./Vogt, M. (Hrsg.) (2011): Die zweigeteilte Geschichte der Grundschule 1945 bis 1990. Ausgewählte und kommentierte Quellentexte zur Entwicklung in Ost- und Westdeutschland. Berlin: LIT.

Keim, W. (1969): Schule und Religion. Hamburg.

Klemm, K./Rolff H.-G. (1980): Der heimliche Umbau der Sekundarschule. In: Jahrbuch der Schulentwicklung. Band 5, S. 75–102.

Klewitz (1977): Schule unter Viermächtekontrolle. In: Zeitschrift für Pädagogik 23, H. 4, S. 563–578.

Kluchert, G. (2018): Bildungsreform und Bildungsgeschichte. Überlegungen zu einer schwierigen Beziehung. In: Göttlicher, W./Link, J.-W./Matthes, E. (Hrsg.): Bildungsreform als Thema der Bildungsgeschichte. Bad Heilbrunn: Klinkhardt, S. 15–33.

Landé, W. (1929): Die Schule in der Reichsverfassung. Ein Kommentar. Berlin.

Mertens, D. (1974): Schlüsselqualifikationen. Thesen zur Schulung für eine moderne Gesellschaft. In: Mitteilungen aus der Arbeitsmarkt- und Berufsforschung, Institut für Arbeitsmarkt- und Berufsforschung (IAB), Nürnberg 7, H. 1, S. 36–43.

Miethe, I. (2006): Die Arbeiter-und-Bauern-Fakultäten (ABF) als Forschungsgegenstand der Bildungs- und Hochschulgeschichte der DDR. Eine Bestandsaufnahme. In: die hochschule 1, S. 170–181.

Mühlhausen, W. (1985): Hessen 1945 – 1950. Zur politischen Geschichte eines Landes in der Besatzungszeit. Frankfurt am Main: Insel.

Müller, W. (1995): Schulpolitik in Bayern im Spannungsfeld von Kultusbürokratie und Besatzungsmacht 1945-1949. München: Oldenbourg.

Papadopoulos, G. S. (1994): Education 1960-1990. The OECD Perspective. Paris: OECD.

Peisert, H. (1990): Entwicklung und Struktur des Hochschulwesens in der Bundesrepublik Deutschland. In: Anweiler, O./Mitter, W./Peisert, H./Schaefer, H.-P./Stratenwerth, W. (Hrsg.): Vergleich von Bildung und Erziehung in der Bundesrepublik Deutschland und in der Deutschen Demokratischen Republik. Köln: Verlag Wissenschaft und Politik, S. 394–432.

Rösner, E. (1981): Schulpolitik durch Volksbegehren. Analyse eines gescheiterten Reformversuchs. Weinheim: Beltz.

Sander, W. (2013): Politik in der Schule. Kleine Geschichte der politischen Bildung in Deutschland. Marburg: Schüren.

Schäfer, H.-P. (1990): Das System der Berufsausbildung in der DDR. In: Anweiler, O./Mitter, W./Peisert, H./Schaefer, H.-P./Stratenwerth, W. (Hrsg.): Vergleich von Bildung und Erziehung in der Bundesrepublik Deutschland und in der Deutschen Demokratischen Republik. Köln: Verlag Wissenschaft und Politik, S. 312–315.

Schindler, S. (2013): Öffnungsprozesse im Sekundarschulbereich und die Entwicklung von Bildungsungleichheit. In: Wirtschaft und Statistik, H. 2, S. 149–159.

Schreier, G. (1996): Förderung und Auslese im Einheitsschulsystem. Debatten und Weichenstellungen in der SBZ-DDR 1946 bis 1989. Köln, Weimar, Wien: Böhlau.

Tenorth, H.-E. (2011): Bildungsgeschichte der »Grundschule« in der SBZ und frühen DDR, 1945/46-1951/52. Die zweigeteilte Geschichte der Grundschule 1945 bis 1990. Ausgewählte und kommentierte Quellentexte zur Entwicklung in Ost- und Westdeutschland. In: Jung, J./König, B./Krenig, K./Stöcker, K./Stürmer, V./Vogt, M. (Hrsg.): Die zweigeteilte Geschichte der Grundschule 1945 bis 1990. Ausgewählte und kommentierte Quellentexte zur Entwicklung in Ost- und Westdeutschland. Berlin: LIT, S. 53–79.

Tenorth, H.-E./Kudella, S./Paetz, A. (1996): Politisierung im Schulalltag der DDR. Durchsetzung und Scheitern einer Erziehungsambition. Weinheim: Studien-Verlag.

Weishaupt, H./Zedler, P. (1994): Aspekte der aktuellen Schulentwicklung in den neuen Ländern. In: Rolff, H.-G./Bauer, K.-O./Klemm, K./Pfeiffer, H. (Hrsg.): Jahrbuch der Schulentwicklung. Daten, Beispiele und Perspektiven. Band 8. Weinheim, München: Juventa, S. 395–429.

Zyme, B./Wendt, S./Hegemann, M./Ragutt, F. (2011): Regional Governance und kommunale Schulentwicklungspolitik im Prozess des Rück- und Umbaus regionaler Schulangebotsstrukturen. In: Zeitschrift für Pädagogik 57, H. 4, S. 497–512.

Zymek, B. (1992): Historische Voraussetzungen und strukturelle Gemeinsamkeiten der Schulentwicklung in Ost- und Westdeutschland nach dem zweiten Weltkrieg. In: Zeitschrift für Pädagogik 38, H. 6, S. 941–962.

Zymek, B. (1997): Die Schulentwicklung in der DDR im Kontext einer Sozialgeschichte des deutschen Schulsystems. Historisch-vergleichende Analyse lokaler Schulangebotsstrukturen in Mecklenburg und Westfalen 1900-1990. In: Häder, S./Tenorth, H.-E (Hrsg.): Bildungsgeschichte einer Diktatur. Bildung und Erziehung in SBZ und DDR im historisch-gesellschaftlichen Kontext. Weinheim: Studien-Verlag, S. 25–53.

Zymek, B. (2010): Nur was anschlussfähig ist, setzt sich auch durch. Was man aus der deutschen Schulgeschichte des 20. Jahrhunderts (gerade auch der der DDR und der ostdeutschen Bundesländer) lernen kann. In: Die Deutsche Schule 102, H. 3, S. 193–208.

Zymek, B. (2011): Geschichte der Grundschule in den Bundesrepublik Deutschland 1945 - 1990. In: Jung, J./König, B./Krenig, K./Stöcker, K./Stürmer, V./Vogt, M. (Hrsg.): Die zweigeteilte Geschichte der Grundschule 1945 bis 1990. Ausgewählte und kommentierte Quellentexte zur Entwicklung in Ost- und Westdeutschland. Berlin: LIT, S. 21–52.

Zymek, B./Ragutt, F. (2014): Keine »Stunde Null«, sondern wichtige Etappe der Bildungsexpansion. Neue empirische Befunde zur Gymnasialgeschichte Westfalens in der Mitte des 20. Jahrhunderts. In: Ritzi, C./Tosch, F. (Hrsg.): Gymnasium im strukturellen Wandel. Befunde und Perspektiven von den preußischen Reformen bis zur Reform der gymnasialen Oberstufe. Bad Heilbrunn: Klinkhardt, S. 113–153.

Ewald Terhart

Beratungsgremien zur Schulreform 1947-1995

Schulreform ist immer. Dieser Eindruck drängt sich auf, wenn man die Entwicklung des (west)deutschen Schulsystems von der Nachkriegszeit bis heute betrachtet. Dabei kann unter »Schulreform« sehr unterschiedliches firmieren: Die Reformpläne eines Lehrerverbandes, die Ergebnisse der Expertengruppe einer Partei zur Neugestaltung des Schulsystems oder einer Schulform, Reformpläne von engagierten Bildungswissenschaftlern und Schulexperten zu einer bestimmten Schulform oder Schulstufe, die in einem Bundesland nach langen Beratungen und Debatten beschlossene Reform der Schulstruktur, auf Bundesebene von der KMK installierte Verfahren des kontinuierlichen Bildungsmonitorings, die die Schulreformen der Länder begleiten sollen etc.

Anlässe, Auslöser für Schulreformbemühungen können aus der Schulwirklichkeit bzw. von Praktikern selbst kommen, sie können aus den Warn- und Mahnrufen von wichtigen gesellschaftlichen Gruppen resultieren, sie können auch durch Ergebnisse internationaler Vergleiche ausgelöst werden oder aus der Kombination solcher Elemente entstehen. Der Umfang der angezielten Reformen kann ebenfalls sehr unterschiedlich sein: von kleinräumigen Neuerungen an einer Schule über kommunale, landesweite bis hin zu bundesweit eingeführten Reformen. Entscheidend für die erfolgreiche Initiierung von Schulreformen ist das gesellschaftlich-kulturelle Umfeld: Im Rahmen einer allgemeinen gesellschaftlichen Aufbruchstimmung haben Schulreformen beste Chancen; in Zeiten der Beharrung, des Mangels und des Kleinmuts oder angesichts anderer, drängenderer Problemlagen haben sie wenig Chancen. Und schließlich muss beachtet werden: Schulreformen verändern das Schulsystem, aber das Schulsystem verändert sich auch *ohne* dezidiert gewollte Reformen, und zwar allein aufgrund eigendynamischer systeminterner und -externer Prozesse (Demografie, geändertes Wahlverhalten der Eltern, Veränderungen im Berufssystem, Zuwanderungen etc.).

Schulreformbestrebungen sind immer umstritten, da sie in aller Regel auf einer spezifischen Sichtweise und Beurteilung der gegebenen Situation beruhen. An Reform interessierte Gruppen stellen Defizite fest, warnen vor den Folgen ausbleibender Reformen – und empfehlen jeweils ihre Reform. Bei hoher öffentlicher Resonanz und bei entsprechendem politischen Druck muss die Bildungspolitik, müssen die Verantwortlichen reagieren: in einer Kommune, in einem Bundesland, auf Bundesebene. Dabei kommt es zu einem interessanten Effekt: Die relevanten Interessengruppen beobachten sich dabei wechselseitig mit einem gewissen Argwohn. Machen die einen etwas, müssen die anderen nachziehen, d. h. mitmachen oder dagegenhalten. Um möglichst zuverlässige, neutrale Informationen zu erhalten, um Problembeschreibungen und Handlungsalternativen präsentiert zu bekommen, um den Prozess zu kanalisieren, und vielleicht auch: um Zeit zu gewinnen, werden nicht selten *Beratungsgremien* eingesetzt. Hierbei kommen unter anderem auch die einschlägigen *Wissenschaften* zum Zuge: Experten aus relevanten Disziplinen werden gewonnen und sollen durch ihre Arbeit am Ende Vorschläge und Möglichkeiten darlegen und begründen.

Die Geschichte der Schulreformen in Deutschland kann auch als eine *Geschichte bildungspolitischer Beratungsgremien* geschrieben werden (Rudloff 2004; Horstkemper/Tillmann 2002; Tenorth 2014; Van Damme/Brans/Fobé 2011), wobei aufgrund der föderalen Struktur die Ebene des Bundes und die Ebene der Länder zu unterscheiden ist, beide Ebenen zugleich aber im Zusammenhang gesehen werden müssen. Im Folgenden soll versucht werden, auf gedrängtem Raum eine Übersicht über die wichtigsten Beratungsgremien für Schulreformen zu vermitteln, begrenzt auf den Zeitraum von 1947 bis 1995, also bis *vor* der durch PISA ausgelösten Entwicklung. Dabei stehen *Schul*reformen im Mittelpunkt; bildungspolitische Beratungsgremien zu *anderen* Bereichen und Themen des Bildungswesens (wie frühkindliche Erziehung, Berufsbildung, Erwachsenenbildung, Universitäten etc.) werden nicht berücksichtigt. In, aber auch neben den offiziellen Expertengremien waren bestimmte Persönlichkeiten als *public intellectuals* ganz besonders entscheidend im Austauschfeld von Wissenschaft und Politik; dieser personale Faktor muss hier außen vor bleiben (vgl. die autobiografischen Erinnerungen einiger Akteure in dem Band von Wiater 2002; zur Rolle Wolfgang Klafkis in Schulreformprozessen vgl. Terhart 2019). Auch die Reform der Lehrerbildung, obwohl eng mit Schule und Schulreformen verbunden, muss an dieser Stelle unberücksichtigt bleiben (siehe dazu den Beitrag von Gröschner in diesem Band). Schließlich kann nicht oder nur punktuell auf die ständig mitlaufende Kritik geplanter, durchgeführter und stattgefundener Schulreformen eingegangen werden (Glaser 2018). Das ist besonders schmerzlich, denn aus der laufenden Kritik an Schulreform und Schulreformen entstehen: neue Schulreformen.

Hinsichtlich der Periodisierung von Schulreform orientiere ich mich an den in der Fachliteratur zur neueren deutschen Schul- und Bildungsgeschichte (z. B. Geißler 2013) ausgewiesenen Üblichkeiten:

- 1949 – 1963/65: Reeducation, Restauration, Stagnation: Wiederaufbau und Bewahrung
- 1963/65 – 1975/80: *Erste* Bildungsreformphase nach Sputnik-Schock: Idee der Gesamtreform, Schulreform als Gesellschaftsreform, wissenschaftlich gesteuerte Reformpolitik
- 1975/80 – 1995: Auslaufen der Reform, Übergang zur Schulreform als Entwicklung der Einzelschule, Dezentralisierung und Schulautonomie, »Innenwendung« (Fend) und Regionalisierung der Schulreform.
- 1995/2000 ff: *Zweite* Bildungsreformphase nach TIMSS und PISA-Schock: Vergleichsstudien, Bildungsstandards, Bildungsmonitoring etc. Diese Phase wird im folgenden Beitrag nicht mehr behandelt (siehe dazu die entsprechenden Beiträge in diesem Band)

Für ein tiefer gehendes Verständnis des Charakters und des Wandels der wissenschaftlichen Beratungsgremien für Schulreformen ist deren Einbettung in den weiteren Kontext der Geschichte von Schul- und Bildungsreformen notwendig, die wiederum nur Teil einer umfassenden Kultur- und Gesellschaftsgeschichte der Bundesrepublik sein kann (vgl. als größere Arbeiten zur Bildungsreformgeschichte Friedeburg 1989; Führ/Furck 1998; Fuchs/Reuter 2000; vgl. auch den Beitrag von Zymek in diesem Band).[17]

1. Nachkriegszeit ab 1949: Beratung durch Gelehrte, Honoratioren und Persönlichkeiten

In der unmittelbaren Nachkriegszeit ist der Wiederaufbau des Schulwesens zunächst durch die Politik der Alliierten bestimmt. Die Westalliierten hatten bereits seit etwa 1943 damit begonnen, Planungen für die Zeit nach der zu erwartenden Niederlage Nazi-Deutschlands zu entwickeln. Hieran waren Sozialwissenschaftler, z.T. auch Emigranten aus Deutschland beteiligt, die auf diese Weise Einfluss auf Deutschland nach Hitler gewinnen konnten. 1946 bereiste die sog. Zook- Kommission Südwestdeutschland (begleitet von den Reformpädagogen Franz Hilker und Erich Hylla) und definierte Grundsätze für eine sechsjährige Grundschule und einer anschließenden integrativen, gesamtschulartigen Schulstufe nach angloamerikanischem Vorbild. Nach der Zurückdrängung der Pläne, Deutschland auf Dauer in einen Agrarstaat zu verwandeln (Morgenthau-Plan) und dem Einstieg in die Reeducation entwickelten die Alliierten Vorstellungen zur Schulstruktur, zu Lehrplänen, zu neuen Schulfächern, zur Lehrerbildung etc. Während die Erarbeitung von neuen Lehrplänen und die Erstellung neuer Schulbücher langsam voranging, setzte sich, wie allgemein bekannt, ein gemeinsames Ziel der Alliierten, die Überwindung des dreigliedrigen Schulsystems sowie der konfessionellen Orientierung der Volksschulbildung (in den Westzonen bzw. in der alten Bundesrepublik) nicht durch (Füssel 1995; Puaca 2009; Gerund/Paul 2015).

Obwohl von einem organisierten System der Beratung von wissenschaftlichen Gremien in Richtung auf die Bildungspolitik der Alliierten bzw. der dann allmählich aufgebauten Kultusverwaltungen der Ländern noch nicht gesprochen werden kann, sind die Konfliktlinien doch erkennbar: Auf der einen Seite das Drängen der Westalliierten in Richtung auf eine Reform der Schulstruktur, unterstützt durch Teile der Reformpäda-

---

17 Aufgrund des in diesem Text zu bearbeitenden Zeitraumes wird die Kulturministerkonferenz (KMK) nicht thematisiert: Von ihrer Gründung bis in etwa Mitte der 1990er Jahre war sie vor allem ein Instrument der bildungspolitischen und -administrativen Vereinheitlichung und Konsensbildung zwischen den Bundesländern. Als wissenschaftliches Beratungsgremium wirkte sie nicht (Schulz-Hardt 1999). Wissenschaftliche Beratung der KMK durch Expertengremien setze systematisch und massiv etwa ab Mitte der 1990er Jahre ein. Mit dem Institut für Qualitätsentwicklung im Bildungswesen (IQB) als An-Institut der Humboldt-Universität wurde dann 2004 von der KMK eigene wissenschaftliche Evaluations-, Entwicklungs- und Forschungsinstitution geschaffen (s. dazu den Beitrag von Ditton in diesem Band).

gogik und Teile der remigrierten Pädagogen und Schulexperten – auf der anderen Seite der starke Widerstand konservativer Bildungs- und Kirchenkreise gegen diese Reform. Auch die Parteien, die neu formierten Lehrerverbände sowie die Kirchen versuchten Einfluss zu gewinnen. Da insgesamt die rasche Wiederherstellung eines geordneten Schulbetriebs das dominierende Motiv war, wurde in vielen Fällen eine pragmatische, den Notwendigkeiten folgende Haltung eingenommen: bekannte Schulformen wurden weitergeführt, der Schulbetrieb lief an, man orientierte sich in Vielem an der Zeit vor dem Nationalsozialismus, und so wurden auf diese Weise Fakten geschaffen, die danach kaum noch geändert werden konnten und sollten. Die Wiederherstellung des Schulbetriebs, die Gewinnung hinreichender Lehrkräfte etc. standen im Vordergrund, Reformen und Experimente schienen demgegenüber sekundär.

Die wieder entstehende akademische Pädagogik an den Universitäten sowie an den Pädagogischen Akademien stabilisierte in großen Teilen ebenfalls das gegliederte Schulwesen, ordnete es in den Traditionszusammenhang der deutschen Bildungsgeschichte ein und kritisierte die Pläne der Westalliierten als unvereinbar mit der deutschen Tradition. Reforminteressierte Remigrantenkreise bemühten sich um Einfluss, konnten sich jedoch nicht oder kaum entfalten (Tenorth/Horn 2002). Teile der Remigranten wurden auch von den wieder entstehenden konservativen Bildungs- und Wissenschaftsmilieus an die Seite gedrängt. Ideen zur Einheitsschule konnten sehr leicht unter Hinweis auf die Sowjetisierung der Schule in Ostdeutschland in ein negatives Licht gerückt werden. Vertreter der geisteswissenschaftlichen Pädagogik, Vertreter konfessioneller Pädagogik, z. T. auch Vertreter der psychologischen Begabungsforschung sicherten die Begründung und Legitimität des gegliederten Schulwesens theoretisch und empirisch ab.

Von großer Bedeutung war die Etablierung des Deutschen Ausschusses für das Erziehungs- und Bildungswesens (durch die Kultusminister der Länder und den Bund in Gestalt des Innenministeriums), der unterschiedliche Gruppen, Interessenverbände und wissenschaftliche Positionen in sich vereinigte. Dieser Ausschuss bezog wissenschaftliche Expertise in seine Beratungen ein; es muss jedoch dabei berücksichtigt werden, dass es auf Seite der Pädagogen, Schulexperten etc. noch kaum gesichertes Wissen über den Zustand des Schulsystems und der Unterrichtswirklichkeit gab und man hinsichtlich der Möglichkeiten einer gezielten Weiterentwicklung im Grunde nur auf Erfahrungen aus (der Geschichte von) reformpädagogischen Schulprogrammen zurückgreifen konnte. Es ging beim Deutschen Ausschuss auch explizit darum, »Persönlichkeiten« zu berufen, nicht einfach Interessenvertreter! Die Hälfte der Mitglieder wurde als »Laien« bezeichnet, die andere Hälfte als »Pädagogen vom Fach«; die explizite Formel lautete: »Auseinandersetzung der Geister, kein Streit um Sachverständigenurteile« (aus einen Planungspapier des Bundesinnenministeriums 1952; zitiert bei Rudloff 2004, S. 161f; zum Deutschen Ausschuss vgl. Richter 1965; Schorb/Fritzsche 1966; Hüfner/Naumann 1977; Kleemann 1977; Friedeburg 1989; Rudloff 2004; Tenorth 2014; Glaser 2017).

Das wichtigste Ergebnis der Arbeit des Deutschen Ausschusses war der »Rahmenplan zur Umgestaltung und Vereinheitlichung des allgemeinen öffentlichen Schulwesens« aus dem Jahre 1959 (siehe dazu die Beiträge im Sammelband von Schorb 1960). Zentrales Element bildete die Empfehlung einer an die Grundschule anschließenden schulformunabhängigen Förderstufe (de facto sollte sie an Grundschulen oder an Hauptschulen angeschlossen sein); erst danach sollte die Aufteilung auf Schulformen (Hauptschule, Realschule, Gymnasium) erfolgen. Als ein neuer Schultypus wurde die Studienschule vorgeschlagen, die – unter Umgehung der Förderstufe – direkt nach der Grundschule einsetzte und zum Abitur führen sollte. Die Pflichtschulzeit sollte auf 9 Jahre erhöht und die empfohlene Hauptschule gestärkt und im Niveau angehoben werden. Man erkennt im Rahmenplan einerseits noch die enge Bindung an das dreigliedrige System; seine Empfehlungen und Ideen kreisen jedoch bereits um die Ermöglichung von mehr Durchlässigkeit zwischen den getrennten Bildungswegen. Kurzum: Die Themen der Zukunft deuten sich bereits an.

Aufgrund seiner Zwitterstellung zwischen ›Persönlichkeit‹ und ›Fachverstand‹, zwischen Laientum und Fachmenschentum bildet der Deutsche Ausschuss selbst eine Art Bindeglied zwischen früheren Formen einer aus der pädagogischen Praxis heraus entwickelten Reformpädagogik und einer erst später, d. h. ab der 1960 Jahren neu formierten wissenschaftlichen Politikberatung neuen, moderneren Typs, die auf wissenschaftlich gestützte umfassende Strukturreform zielte. Der Deutsche Ausschuss war gedacht und sah sich als unpolitische Gelehrtenrunde – und war dann selbst überrascht, dass er in das politische Alltagsgeschäft hineingezogen wurde. Die damaligen Vorstellungen über die gutartige Kooperation von wissenschaftlichem Sachverstand und Politik wirken heute naiv; es genügte aber schon damals nicht, einen »pädagogischen Aeropag« (Rudloff 2004, S. 167) zu installieren, um zunächst »Consens« zu finden und dann Verwirklichung zu erreichen.

Mit Tenorth (2014) kann man bei dieser ersten Phase am ehesten von einem nicht-systematischen, stark an Personen gebundenen Beratungssystem durch Gelehrte, Honoratioren und geachtete Persönlichkeiten sprechen, die jeweils entsprechend ihrer weltanschaulich-pädagogischen Einfärbung herangezogen wurden bzw. sich selbst anboten, Begründungen für dieses und jenes zu schreiben, dabei aber immer das Ganze im Auge hatten. Die verschiedenen Traditionslinien der Reformpädagogik wurden selektiv genutzt und gebündelt und am Prinzip der *inneren Schulreform* ausgerichtet. Dies galt vor allem für die Volksschule; das Gymnasium wurde in seiner klassisch-humanistischen Form verteidigt. In Westdeutschland wurden diese Debatten durch prominente Vertreter der geisteswissenschaftlichen Pädagogik geführt, die erneut Lehrstühle besetzten (E. Spranger, H. Nohl, E. Weniger, W. Flitner, Th. Litt u. a.). Deren Verständnis von Pädagogik als Wissenschaft schloss bekanntlich eine direkte Anleitungsfunktion der Pädagogik für die Praxis eher aus; man verstand sich historisch-hermeneutisch, d. h. man begleitete und deutete die Entwicklungen in der Erziehungswirklichkeit. Dass dabei immer auch eine gewisse Affirmation des Bestehenden eine Rolle spielte, vor allem, wo es um die Erhaltung des Gymnasiums ging, um die Trennung von höherer und volkstümlicher Bildung etc., braucht an dieser Stelle nicht besonders betont zu werden. Gleichwohl blieben auch in der akademischen Pädagogik, in der Lehrerbildung, in der Volkshochschulbewegung etc. grundlegende pädagogische Reformmotive und humanistische Strömungen weiterhin präsent, die jedoch in der Nachkriegszeit, in der anfänglichen Not und in der sich dann ausbreitenden Normalität und dem Wirtschaftswunder kaum Gehör fanden. Dies sollte sich bald ändern.

2. Erste große Bildungsreform ab 1965: Beratung durch eine Wissenschaft, die teilweise selbst große Politik machen will

Die erste große Bildungsreform in Westdeutschland wurde von ökonomischen, sozialpolitischen und begabungstheoretischen Argumenten getragen: Westdeutschlands Bildungssystem ›erzeugte‹, international-vergleichend betrachtet, einen viel zu niedrigen Anteil an Akademikern und anderen Hochqualifizierten; Kinder aus bisher kaum an höheren Bildungswegen partizipierenden Bevölkerungsgruppen mussten dem Gebot der Chancengleichheit folgend integriert werden; schließlich eröffnete der Übergang zum dynamischen Begabungsverständnis überhaupt erst die Möglichkeit, einen höheren Anteil an Hochqualifizierten anzustreben und auch zu erreichen. Auslöser, Verlauf und Ergebnis der damaligen Reformanstrengungen, die insgesamt in den Prozess einer nachholenden Modernisierung der Bundesrepublik eingeordnet waren, sind vielfach beschrieben und in Einzelstudien erforscht worden (vgl. zur damaligen Epoche der »Bildungseuphorie« neuerdings Knewitz 2019).

Leitend für die damalige Situation war ein, aus heutiger Sicht, ungeheuer starker und naiver Glaube an die produktive Kraft der wissenschaftlichen Expertise für die Definition, Gestaltung und Durchführung von Reformpolitiken – nicht nur im Bildungsbereich, sondern in allen anderen gesellschaftlichen Feldern. Die sozialliberale Ära der Regierungszeit Brandt/Scheel stand unter der doppelten Überschrift der (gesellschaftlichen) Demokratisierung und der (technokratischen) Modernisierung.

Der 1965/1966 gegründete Deutsche Bildungsrat steht paradigmatisch für diese Haltung; er definierte die Möglichkeiten und Aufgaben der wissenschaftlichen Beratung von Bildungspolitik und Bildungsreform neu. Bemerkenswert dabei ist, dass der Bildungsrat sich zunächst vor allem auf das themen- und problemspezifische *Zusammentragen von international bereits vorhandenen Forschungsergebnissen* konzentrierte und diese Ergebnisse in thematischer Zuspitzung und in pragmatischer Auslegung mit den aktuellen Reformnotwendigkeiten verband. Paradigmatisch steht dafür der von H. Roth herausgegebene Band »Begabung und Lernen«. Erst allmählich, mit dem langsamen Aufbau einer modernen Erziehungswissenschaft und empirischen Bildungsforschung (1963 Gründung des Max-Planck-Instituts für Bildungsforschung; vgl. dazu Wiarda 2016) konnte auf neue, eigenständige Ergebnisse zurückgegriffen werden. Mit der Empfehlung zur »Einrichtung von Schulversuchen mit Gesamtschulen« aus dem Jahre 1969 und schließlich dem für die Epoche typischen »Strukturplan für das Bildungswesen« von 1970 legte der Bildungsrat seine zentrale, wegweisende und lange nachhallende Veröffentlichung vor (zur zeitgenössischen Kritik vgl. Bühl 1971).

Die zentralen inhaltlichen Reformelemente waren: Ausbau der Vorschulerziehung, der Aufbau eines gestuften integrierten Schulsystems mit Grundschule, Gesamtschule (mit Fachleistungsdifferenzierungen) und Kollegstufe (Integration von allgemeiner und beruflicher Bildung), Ausbau der Weiterbildung. Im Unterricht sollte das Prinzip der Wissenschaftsorientierung auf allen Schulstufen gelten (anstelle der Trennung von volkstümlicher und höherer Bildung), eine Gesamtrevision und Modernisierung der Lehrpläne (Curriculum-Reform) sollte stattfinden sowie schließlich die Zusammenführung der Lehrerbildung für alle Lehrämter an Universitäten (statt der Aufteilung in die Ausbildung an Pädagogische Hochschulen für die ›niederen‹ Lehrämter einerseits und an der Universität für die höheren Lehrämter andererseits).

Mit der Empfehlung zur »Reform von Organisation und Verwaltung im Bildungswesen: Verstärkte Selbstständigkeit der Schule und Partizipation der Lehrer, Schüler und Eltern« von 1973 geriet der Bildungsrat dann in schwieriges politisches Fahrwasser, da konservative Kreise den staatlichen Steuerungs- und Verwaltungsauftrag gefährdet sahen. Erst ganz zum Schluss (1974) konnte eine Empfehlung mit »Aspekten zur Planung der Bildungsforschung« vorgelegt werden. Darin liegt eine kennzeichnende Paradoxie: am Ende (!) plante (!!) man das wissenschaftliche Fundament, das man schon immer hätte haben müssen!

In den Analysen zum Schicksal des Bildungsrats (Hoffmann 1986; Herrlitz 2005; Leschinsky 2005; Hoffmann-Ocon 2007; Hoffmann-Ocon/Schmidtke 2011) wurde herausgestellt, dass sich die optimistische Annahme einer passgenauen Verknüpfbarkeit von Politik und Wissenschaft nicht halten ließ: Im Reformverlauf tauchten Fragen auf, die von der Wissenschaft nicht beantwortet werden konnten; umgekehrt lieferte die wissenschaftliche Fachdiskussion Ergebnisse, die nicht zu den gestellten Fragen passten bzw. nach denen keiner gefragt hatte. Die Annahme eines Rationalitätskontinuums zwischen Wissenschaft, Politik, und Praxis erwies sich als unzureichend. Hinzu kamen massive Paradigmenstreitigkeiten in der Erziehungswissenschaft und Bildungsforschung, die gewissermaßen auch in die ab 1973 sehr stark aufbrechenden gesellschaftspolitischen Konflikte um die Ergebnisse und die Weiterführung von Bildungsreform einflossen. Ab etwa 1973 zerbrach der breite politische und gesellschaftliche Konsens über Notwendigkeit, Ausrichtung und Machbarkeit der Reform (Zedler 1985); ideologische, strategische und finanzielle Konfliktlagen wurden z. T. gezielt genutzt, um eine Tendenzwende einzuleiten. Die zunehmende Überprüfung von Reformvorhaben durch Gerichte führte zu Blockaden und schlechten Kompromissen; im Rahmen der Aktivierung von konservativen Interessengruppen etwa in Volksbegehren konnte »Bürgerwut gegen Reformoptimismus« in Stellung gebracht werden (zum Volksbegehren gegen die »Kooperative Schule« in NRW vgl. Rösner 1981; Seifert 2014). Der Zerfall des Reformkonsenses und die Aufgabe des Programms zentralstaatlicher Bildungsreform war dabei nur *ein* Element in dem in Westdeutschland bzw. in der westlichen Welt sich abzeichnenden *Ende des sozialdemokratischen Zeitalters*, welches von der Vision einer qua Wissenschaft und Politik zu organisierenden ständigen Steigerung von Wohlstand, Gerechtigkeit und Bildung für alle getragen war (Jarausch 2008; Doering-Manteuffel/Raphael 2012).

Wechselseitige Enttäuschungen zwischen Wissenschaft und Politik, ungewollte und eigendynamische Folgen der Bildungsreform, hartnäckiger Widerstand konservativer Gruppen, welche meinten, die Schulreform habe die Bildungskatastrophe allererst produziert und gefährde ganz generell Grundlagen der Gesellschaft (z. B. Schnuer 1986; Schildt 2004), eine radikal ausgerichtete Reformfraktion die glaubte, mit diesem Staat in dieser Gesellschaft keine Reform machen zu können und sich in »Alternativschulen« zurückzog, zahllose erbitterte Rechtsstreitigkeiten um Reformen, eine Erziehungswissenschaft, die sich durch Paradigmenstreitigkeiten selbst lähmte – all dies stoppte den Reformelan und führte zum Abklingen der Bildungsreform und zum Auslaufen von wissenschaftlicher Beratungstätigkeit für Schulreformen. Der Deutsche Bildungsrat endete 1975.

Für das weitere Schicksal des Reform-Themas war folgender objektiver Faktor wichtig: Eine zu Ende der 1970er Jahre einsetzende und dann die gesamten 1980er Jahre überschattende *sehr hohe und hartnäckige Lehrerarbeitslosigkeit* drängte – in Verbindung mit anderen Faktoren – die gestaltende Bildungspolitik und Schulreform an den Rand der Aufmerksamkeit. Die Lehrerbildung und damit die universitäre Erziehungswissenschaft wurden abgebaut; auf die Expansions- folge die Kontraktionsphase. Für (aufstrebende) Politiker wurden Bildungspolitik, Schulreform, Lehrerberuf etc. zu Themen, die man unbedingt zu meiden hatte; andere Themen wie Kernkraft, innere Sicherheit, Ökologiebewegung etc. boten aktuellere, zukunftsträchtigere Gelegenheiten zur Profilierung. Die Idee der zentralstaatlich geleiteten Gesamtreform der Schule hinsichtlich Struktur, Inhalte und Personal war zerrieben worden bzw. hatte sich überlebt. Im Gegenzug wurde etwa ab Mitte der 1980er Jahre die *einzelne Schule als Reform-Einheit identifiziert.* Dieser sollte mehr Autonomie und Selbstverantwortlichkeit zugebilligt werden; in gewisser Weise stand damit wieder die *innere* Schulreform auf der Tagesordnung.

3. Nach dem Ende der Reformwelle: Föderalisierung der wissenschaftlichen Beratung von Bildungspolitik und Schulreform ab 1980

Die empirischen Studien zum Vergleich des integrierten Gesamtschulsystems mit dem herkömmlichen dreigliedrigen System hatten gezeigt, dass die Qualität von Schule nicht auf System-Ebene eine Frage integrierter oder gegliederter Schulstruktur ist, sondern dass die Qualität von den einzelschulischen Bedingungen abhängt (Fend 1986). Die Qualitätsunterschiede zwischen einzelnen Schulen der gleichen Form erwiesen sich als größer als die Qualitätsunterschiede zwischen Systemsystemen. Diese Erfahrung führte zu einer Umstellung der Reformperspektive. Nachdem sich mit dem Gesamtschul-Kompromiss der KMK von 1982 gezeigt hatte, dass die Gesamtschule das dreigliedrige System nicht ersetzen wird, sondern als vierte Schulform hinzukommt, konnte man die politisch festgefahrene Strukturfrage erleichtert beiseitelassen und sich auf die Einzelschule und deren Qualität konzentrierten. Es ist ein

Übergang von »äußerer« zu »innerer« Schulreform; Beobachter haben dies auch die »pädagogische Innenwendung« (Fend 2009), die »Regionalisierung« (Bradtke 1995) oder »Föderalisierung« (Roeder 1997) von Schulreform und von wissenschaftlicher Beratung der Bildungspolitik genannt (vgl. zur Entwicklung auch Rürup 2007). Zwei Folgen sind besonders bemerkenswert:

1. *Überantwortung der Schulstrukturfrage von der Bildungspolitik auf den Elternwillen:* Weil weder der Bund noch Landesregierungen sich trauten oder in der Lage sahen, die Schulstrukturfrage flächendeckend durch Vorgaben offensiv zu entscheiden, überantwortete die Bildungspolitik dieses Problem an die Eigendynamik der Schulentwicklung. *Nicht Experten- und/oder Politikergremien, sondern Eltern und ihre Schulwahlverhalten bestimmten die weitere Entwicklung der Schulstrukturfrage.* In manchen Bundesländern konnten weiterhin Gesamtschulen auf Wunsch von hinreichend vielen Eltern gegründet werden; die langlaufende Bildungsexpansion setzte sich in Gestalt eines weiter anwachsenden Gymnasiasten- bzw. Abiturientenanteils bei Rückgang des Anteils der Hauptschüler fort. Der seit Mitte der 1970er Jahre zu beobachtende sehr starke Rückgang der absoluten Schülerzahlen führte dazu, dass aufgrund der Sogwirkung der im vorausgegangenen Jahrzehnt stark ausgebauten und weiterbestehenden Gymnasien der Anteil der Schüler an Gymnasien stieg. Dreigliedrigkeit wurde damit in manchen Bundesländern zu einer zunehmend asymmetrischen Angelegenheit; in den ländlichen Regionen konnte das voll ausdifferenzierte Schulangebot schon aus finanziellen Gründen nicht mehr aufrechterhalten werden. Dies führte dazu, dass auch konservativ regierte Gemeinden unter unverfänglichen Bezeichnungen wie »Verbundschule« integrierte Formen einrichteten, um Schüler und Familien im Ort zu halten. Kurzum: *Elternwille und Demografie ersetzten eine offensive, zentral gestaltende Schulstrukturpolitik.* Hinzu kam, dass viele Bildungspolitiker und -administratoren in den Ländern sich nicht mehr auf zentralstaatliche und unabhängige universitäre Bildungsforschung stützen wollten, sondern unter verschiedenen Bezeichnungen administrativ abhängige Landesinstitute schufen (Rudloff 2010), in denen konkret-aufgabenbezogen Schulentwicklungsarbeit, z. T. kombiniert mit Lehrerweiterbildung, geleistet werden sollte.
2. *Nicht die Schulstruktur, sondern die einzelne Schule ist entscheidend:* Schulqualität wurde eng mit einer erweiterten Selbstständigkeit der einzelnen Schule verbunden gesehen (siehe dazu den Beitrag von Altrichter in diesem Band). Die Herauslösung der einzelnen Schule aus einem einheitlichen, standardisierten Verwaltungsmechanismus verband sich mit der Hoffnung und dem Anspruch, dass die auf diese Weise autonomer gewordene Schule nunmehr selbstverantwortlich, durch ›innere‹ Schulentwicklung und Schulprogrammarbeit ihre Qualität und Attraktivität steigert. Als sehr wichtige Institutionen und Ideengeber, die für dieses Konzept von Schulreform als Reform der Einzelschule den wissenschaftlichen Hintergrund lieferten, waren und sind das Institut für Schulentwicklungsforschung an der TU Dortmund und der Arbeitskreis Qualität von Schule des Hessischen Ins-

tituts für Bildungsplanung und Schulentwicklung zu identifizieren. Schulentwicklung in der *Trias von Organisations-, Personal- und Unterrichtsentwicklung* (Rolff 1998, S. 305) bildete das vielzitierte Leitmotiv dieser Reformphase. Von Seiten der Erziehungswissenschaft und Bildungsforschung aus wurde dieser Ansatz durch die zunehmende Forschung zu den Bedingungen von Schulqualität, zu den Kennzeichen guter Schulen und lernwirksamen Unterrichts, durch Forschung über die Kooperation von Lehrkräften in professionellen Lerngemeinschaften, sowie durch Analysen über die von Lehrkräften bereit zu stellenden Bedingungen für lernwirksamen Unterricht begleitet und unterstützt.

Sehr viele der Forschungsergebnisse und konzeptionellen Arbeiten, aber auch Praxiserfahrungen flossen zu Beginn der 1990er Jahre in die Arbeit von drei landesspezifischen Expertenkommissionen (in Bremen, Hamburg und NRW) zur Schulreform ein; dies ist als ein konkreter Ausdruck der Föderalisierung des Bildungsrates zu bewerten (Roeder 1997). Aus Platzgründen gehe ich nur auf die nordrhein-westfälische Kommission ein.

Das Beispiel NRW – zum Schicksal der »Rau-Kommission«: Auslöser für bildungspolitische und auf Schulreform bezogene Aktivitäten in NRW war das in Auftrag von SPD-Kultusminister Schwier 1991 erstellet Gutachten der Unternehmensberatung Kienbaum[18] zum nordrhein-westfälischen Schulsystem, das ein sehr negatives Bild erbrachte. Die vom damaligen Ministerpräsidenten Johannes Rau darauf hin eingesetzte und hochrangig besetzte Experten-Kommission startete 1992 und legte 1995 als ihr Arbeitsergebnis eine »Denkschrift« unter dem Titel »Zukunft der Bildung – Schule der Zukunft« vor (Bildungskommission NRW 1995). Zentrales Stichwort war die Idee von Schule als »Haus des Lernens«. Vor dem Hintergrund gesellschaftlicher Wandlungsprozesse (»Zeitsignaturen«) sollten Schulen selbstständiger (genauer »teilautonom«) und profilierter werden sowie mit anderen Bildungseinrichtungen in regionalen Bildungslandschaften vernetzt sein. Im Haus des Lernens stand nicht länger direktives Lehren im Mittelpunkt; Lernen sollte stark fächerübergreifend und von den Schülern selbst organisiert sein. Auch die Lehrkräfte wurden als ständig weiter Lernende im Haus des Lernens gesehen. Bildungsverläufe sollten generell flexibilisiert und individualisiert werden.

---

18 Dies war ein frühes Beispiel für die Einbringung betriebswirtschaftlichen Denkens in die Beratung von neuerer Schulpolitik. Für den Beitrag i. w. S. privater Akteure in die Schul- und Bildungspolitik in NRW und darüber hinaus waren und sind insbesondere die Aktivitäten der Bertelsmann-Stiftung von Bedeutung, die durch Gutachten, Empfehlungen, Pressearbeit etc. kontinuierlich schulpolitische Themen bewegte und Einfluss auf die öffentliche und fachliche Diskussion nahm. Seit Mitte/Ende der 1990er Jahre (also nach dem in diesem Beitrag zu behandelnden Berichtszeitraum) haben sind z. B. Stifterverband für die Deutsche Wissenschaft, die Bosch-Stiftung, der Aktionsrat Bildung u. a. als Akteure in diesem Feld aufgetreten (Höhne 2012; Dedering 2013).

Die »Denkschrift« der Rau-Kommission entfaltete nach der Veröffentlichung 1995 eine sehr breite Resonanz nicht nur in der nordrhein-westfälischen Schulverwaltung, sondern auch bundesweit in der breiteren schulinteressierten Öffentlichkeit und in der Erziehungswissenschaft. Die Beurteilung war durchaus kontrovers. Insgesamt wurde von Beobachtern der modern ausbuchstabierte, im Grunde aber reformpädagogische Ansatz zur inneren Schulreform und zur basisorientierten ausgerichteten Entwicklung von Bildungslandschaften herausgestellt. Die stark betonte Autonomie der Regionen, der Einzelschulen und der Lehrerschaft wurde – je nach Standpunkt – als gelungene Pädagogisierung der Reform gelobt oder aber als eine Art Rückzug des Staates und ein Aufgeben von einheitlichen Leistungsansprüchen bewertet. Das »Haus des Lernens« erschien programmatisch wie eine »Idylle« (Roeder 1997); konkrete Umsetzungsstrategien und Ressourcenfragen blieben eher ausgeklammert. Mit dem Wechsel im Amt des Ministerpräsidenten von Rau zu Clement im Jahre 1998 verlor die Denkschrift innerhalb von NRW und darüber hinaus deutlich an Bedeutung. In der zweiten Hälfte der 1990er Jahre tauchten neue Themen, Probleme und Ansprüche im Schulreformdiskurs auf.

Während zu Beginn dieser Ära der Schulreform durch Entwicklung der Einzelschulen vor allem der pädagogische Autonomiegewinn für Lehrerkollegien und Einzelschulen herausgestellt wurde, und dies auf der Ebene der Didaktik durch das Aufkommen und die große Resonanz konstruktivistischer Lehr-Lern-Konzepte begleitet wurde, mischte sich dann im Laufe der 1990er Jahre ein neuer Ton in die Debatte ein: Die Dezentralisierung von Systemen verlagert Entscheidungskompetenz zwar ›nach unten‹ und will genau damit zur Steigerung von Qualität und Effizienz beitragen. Diese aus privatwirtschaftlichen Produktions- und Verwaltungsprozessen bestätige Einsicht wurde auch auf die Schule übertragen. Die Eröffnung von pädagogisch nutzbaren Autonomiegewinnen wurde jedoch zunehmend mit der Frage konfrontiert, inwieweit die nunmehr autonomer gewordenen Einheiten zum Gesamtzweck des Unternehmens Schule beitragen, inwieweit also *die einzelnen Schulen tatsächlich und nachweislich Lernleistungen der Schüler und Bildungschancen aller Schüler* fördern. Im Zuge dieser Entwicklung kam es zu einer *Parallelität von Deregulierung und Re-Standardisierung*. Schulen sollten sich autonom entfalten können, aber bei all dem doch auch die allgemeinen Leistungserwartungen erfüllen, und zwar in einem nachweisbaren Verfahren, bei dem gegebenenfalls auch Unterschiede in der Leistungsfähigkeit von Schulen bei der Erzeugung von Lernfortschritten deutlich werden würden. Die autonomer, kleinteiliger gewordenen Schullandschaften wurden plötzlich vom vereinheitlichenden Rasenmäherprinzip der flächendeckenden Leistungsmessung eingeholt.

Dieses Konzept der Übertragung betriebswirtschaftlicher Steuerungs- und Effizienzvorstellungen auf die öffentliche Verwaltung (»New Public Management«) und auch auf Bildung und Schulen fand unter dem plakativen und etwas missverständlichen Leitmotiv des *Übergangs von der Input- zur Output-Steuerung* breite Resonanz, positiv wie negativ. Die Protagonisten sahen darin den Übergang von einer überzeugungs- zu einer evidenzbasierten Schul- und Bildungspolitik; Kritiker sahen die gerade erst eröffneten pädagogischen Freiräume wieder zunichte gemacht durch die Einbindung von Schule in ein ökonomisches und marktbezogenes Denken: Standardisierung, Evaluation, Inspektion, Leistungsrückmeldungen etc. Der internationale (und bald auch inner-nationale) Vergleich von Schülerleistungen lebte wieder auf: Die TIMS II – Studie von 1997 (Mathematik/Naturwissenschaften) warf ein sehr bedenkliches Licht auf die Leistungen deutscher Schüler. Dieses Bild wurde durch die als Katastrophe wahrgenommen Resultate der ersten PISA-Studie (mathematische und naturwissenschaftliche Grundbildung sowie Lesefähigkeit fünfzehnjähriger Schülerinnen und Schüler) aus dem Jahre 2000 bestätigt und vervollständigt. Seitdem wir das Wort vom »PISA-Schock« zur Kennzeichnung einer neuen Phase der deutschen Bildungs- und Schulpolitik herangezogen (siehe dazu den folgenden Beitrag von Ditton).

4. Rückblick

Rückblickend hat sich im betrachteten Zeitraum von 1949 bis etwa 1995 die Form der wissenschaftlichen Beratungsgremien, durch die Schulreformen ausgelöst oder abgedämmt, begleitet, organisiert oder verhindert und am Ende evaluiert werden sollten, mehrfach gewandelt.

1. In der Zeit von Reeducation und Restauration kann man noch kaum von einer systematisch angelegten Verknüpfung von erziehungswissenschaftlicher Expertise und Schulreformpolitik sprechen. Der Deutsche Ausschuss konnte aufgrund seiner Konstruktion und Zusammensetzung eine solche Rolle nicht ausüben: Er hatte die wiederbelebte geisteswissenschaftliche akademische Pädagogik der Weimarer Zeit hinter sich; er sah sich selbst – noch reformpädagogisch geprägt – eher unpolitisch; er hat Reform eher als innere Schulreform definiert, aber immerhin doch schon die Themen für anschließende, weitergreifende, ›äußere‹ Schulreformen markiert.
2. Die Phase des Deutschen Bildungsrats ist als eine Kern- und Hochphase der neueren (west)deutschen Schulreformgeschichte zu betrachten: Von 1965 bis etwa 1973/75 hat die Bildungskommission einen sehr starken Einfluss ausgeübt und wichtige Schul- und Bildungsreformen ausgelöst. Dies geschah im Kontext des Übergangs ›von der Pädagogik zur Erziehungswissenschaft‹ und Bildungsforschung. In seiner ersten Amtsperiode (bis 1970), also für eine eher kurze Zeitspanne, hatte der Bildungsrat den Zeitgeist nicht nur auf seiner Seite: er hat diesen Zeitgeist mit definiert! Mit dem Zerbrechen des breiten Reformkonsenses, dem Aufbrechen grundlegender und bildungsbezogener ideologischer Kämpfe und mit dem zeitgleichen Auftauchen erster, als problematisch bewerteter Folgen der Bildungsreform als Bildungsexpansion ging auch der Einfluss dieses zentralstaatlich platzierten Beratungsgremiums zurück. In einem günstigen politischen Klima hat der Bildungsrat fälschlicherweise selbst Politik zu machen versucht; unter veränderten gesamtgesellschaftlichen Auspizien war das nicht mehr möglich.

3. In der Folgephase entfaltete sich die Idee und Praxis von Schulreform als Reform der einzelnen Schule; im Grunde kehrte man zu ›inneren‹ Schulreform zurück. Die Entwicklung und Veränderung des Schulsystems ging gleichwohl weiter, nunmehr aber stärker von den Ländern und ihren verschiedenen Reformvorhaben initiiert. Eine Re-Zentralisierung von analytischem Blick und eine Neudefinition der wissenschaftlichen Kooperation zwischen Bildungsforschung einerseits und Bildungspolitik und -administration andererseits setzten dann erst wieder mit der Veröffentlichung der Ergebnisse internationaler Leistungsvergleichsstudien ein. Die TIMSS II – Studie und dann der »PISA-Schock« führten zu erneut stärker zentralstaatlich-bundesweit angelegten Programmen des Qualitätsmonitorings und der Qualitätsverbesserung im Schulsystem unter der Ägide der KMK. ›Äußere‹ Schulstrukturfragen wurden dabei eher umgangen bzw. weiterhin der Eigendynamik und dem Elternwahlverhalten überlassen. Leitende Auffassung: Über die Qualität von Schule und Bildung wird im Unterricht entschieden, und dessen Qualität ist vor allem durch flächendeckende Lernstandserhebungen der Schüler und darauf gestützte Unterrichtsentwicklung der Lehrkräfte zu erhöhen.

Insofern hat man es im betrachteten Zeitraum 1947-1995 in dreifacher Hinsicht mit schwankenden Größen zu tun: Die erziehungswissenschaftlichen Expertenkulturen schwankten hinsichtlich ihres Selbstverständnisses zwischen defensiver Politikabstinenz und usurpatorischem Politikersatz, die Reformausrichtung schwankten zwischen eher ›innerer‹ und ›äußerer‹ Schulreform, und die allgemeine Reformperspektive schwankte zwischen einem eher zentralstaatlich-bundesweiten und einem jeweils landesbezogenen Ansatz.

5. Literatur

Bildungskommission NRW (1995): Zukunft der Bildung – Schule der Zukunft. Denkschrift der Kommission beim Ministerpräsidenten des Landes Nordrhein-Westfalen. Neuwied: Luchterhand.

Bradtke, D. (1995): Die Regionalisierung der Schulreform: Der Tendenzwandel in der Schuldiskussion nach dem Scheitern der gesamtstaatlichen Bildungsreform. Frankfurt: Lang.

Bühl, W. L. (1971): Schulreform: Daten, Fakten, Analysen. Eine soziologische Kritik zum Strukturplan des Bildungsrates. München: Goldmann.

Dedring, K. (2013): Staat, Stiftungen und Schulentwicklungsberater. Zur Handlungskoordination alter und neuer Akteure im Bildungsbereich. In: Bildung Und Erziehung 66, H. 3, S. 331–348.

Doering-Manteuffel, A./Raphael, L. (2012): Nach dem Boom. Perspektiven auf die Zeitgeschichte seit 1970. 3. Auflage. Göttingen: Vandenhoek & Ruprecht.

Fend, H. (1986): Gute Schulen – schlechte Schulen. Die einzelne Schule als pädagogische Handlungseinheit. In: Die Deutsche Schule 78, H. 3, S. 275–293.

Fend, H. (2009): Neue Theorie der Schule. 2. Auflage. Wiesbaden: VS Verlag für Sozialwissenschaften.

Fuchs, H. W./Reuter, L. R. (2000): Bildungspolitik in Deutschland: Entwicklungen – Probleme – Reformbedarf. Opladen: Leske & Budrich.

Führ, C./Furck, C.-L. (Hrsg.) (1998): Handbuch der deutschen Bildungsgeschichte; Band VI: 1945 bis zur Gegenwart. Erster Teilband Bundesrepublik Deutschland. München: Beck.

Füssl, K.-H. (1995): Die Umerziehung der Deutschen. Jugend und Schule unter den Siegermächten des zweiten Weltkriegs 1945-1955. 2. Auflage. Paderborn: Schöningh.

Geißler, G. (2011): Schulgeschichte in Deutschland. Von den Anfängen bis zur Gegenwart. Frankfurt: Lang.

Gerund, K./Paul, H. (Hrsg.) (2014): Die amerikanische Reeducation-Politik nach 1945. Interdisziplinäre Perspektiven auf »America's Germany«. Bielefeld: Transkript.

Glaser, E. (2017): Pädagogik und Politik. Der Deutsche Ausschuss für das Erziehungs- und Bildungswesen und seine Empfehlungen als ein Beitrag zur Wissensgeschichte der Erziehungswissenschaft in der frühen Bundesrepublik. In: Reh, S./Glaser, E./Behm, B./Drope, T. (Hrsg.): Wissen machen. Beiträge zu einer Geschichte erziehungswissenschaftlichen Wissens in Deutschland zwischen 1945 und 1990. 1. Auflage. Weinheim: Beltz Juventa, S. 88–107.

Glaser, E. (2018): Gegenstimmen. Kritiker und Kritikerinnen von Bildungsreformen. In: Imlig, F./ Lehmann, L./Manz, K. (Hrsg.): Schule und Reformen: Veränderungsabsichten, Wandel und Folgeprobleme. Wiesbaden: Springer, S. 269–289.

Herrlitz, H. G. (2005): Vor vierzig Jahren. Eine Erinnerung an den »Deutschen Bildungsrat« und die Aktualitätseiner »Empfehlungen«. In: Die Deutsche Schule 97, H. 2, S. 135–139.

Hoffmann, J. (1976): Bildungsplanung als Versuch und Irrtum – Ein Beispiel für Politikberatung: Der Deutsch Bildungsrat. In: Haller, H.-D./Lenzen, D. (Hrsg.): Lehrjahre in der Bildungsreform. Resignation oder Rekonstruktion. Stuttgart: Klett, S. 195–224.

Hoffmann-Ocon, A. (2007): Zum Verhältnis von Wissenschaft und Bildungspolitik. Die Konflikte Heinrich Roths im deutschen Bildungsrat. In: Die Deutsche Schule 99, H. 3, S. 267–286.

Hoffmann-Ocon, A./Schmidtke, A. (2011): Zwischen Bildungspolitik und Bildungswissenschaft. Legitimation von Bildungsreformen in bildungshistorischer Perspektive. In: Ludwig, L./Luckas, H./Hamburger, F./Aufenanger, S. (Hrsg.): Bildung in der DemokratieII. Tendenzen – Diskurse – Praktiken. Opladen: Budrich, S. 107–122.

Höhne, T. (2012): Stiftungen als Akteure eines neuen Bildungsregimes. In: Die Deutsche Schule 104, H. 3, S. 242–255.

Horstkemper, M./Tillmann, K.-J. (2002): Die Beiräte-Republik – Erziehungswissenschaftler unterwegs. In: Weegen, M./Böttcher, W./Bellenberg, G./van Ackeren, I. (Hrsg.): Bildungsforschung und Politikberatung. Weinheim: Juventa, S. 51–63.

Hüfner, K./Naumann, J. (1977): Konjunkturen der Bildungspolitik in der Bundesrepublik Deutschland. Band I: Der Aufschwung (1960 – 1967). Stuttgart: Klett.

Hüfner, K./Naumann, J./Köhler, H./Pfeffer, G. (1986): Hochkonjunktur und Flaute: Bildungspolitik in der Bundesrepublik Deutschland 1967-1980. Stuttgart: Klett.

Jarausch, K. (Hrsg.) (2008): Das Ende der Zuversicht? Die Siebziger Jahre als Geschichte. Göttingen: Vandenhoek & Ruprecht.

Kleemann, U. (1977): Der Deutsche Ausschuss für das Erziehungs- und Bildungswesen. Eine Untersuchung zur Bildungspolitik-Beratung in der Bundesrepublik Deutschland. Weinheim: Beltz.

Knewitz, J. (2019): Bildung! Aber welche?: Bundesdeutsche Bildungskonzeptionen im Zeitalter der Bildungseuphorie (1963-1973) und ihr politischer Niederschlag am Beispiel von Bayern und Hessen. Mainz: Uni-Press.

Leschinsky, A. (2005): Vom Bildungsrat (nach) zu PISA. Eine zeitgeschichtliche Studie zur deutschen Bildungspolitik. In: Zeitschrift für Pädagogik 51, H. 6, S. 818–839.

Puaca, B. M. (2009): Learning Democracy. Education Reform in West Germany (1945-1965). New York: Berghahn Books.

Richter, I. (1965): Der Deutsche Ausschuss für das Erziehungs- und Bildungswesen. In: Pädagogische Rundschau 19, S. 622–632.

Roeder, P. M. (1997): Der föderalisierte Bildungsrat. Reformprogramme aus den Bundesländern. In: Zeitschrift für Pädagogik 43, H. 1, S. 131–148.

Rolff, H.-G. (1998): Entwicklung von Einzelschulen. Viel Praxis, wenig Theorie und kaum Forschung – Ein Versuch, Schulentwicklung zu systematisieren. In: Jahrbuch der Schulentwicklung, Band 10, S. 295–326.

Rudloff, W. (2003): Bildungsplanung in Zeiten des Bildungsbooms. In: Freese, M./Paulus, J./Teppe, K. (Hrsg.): Demokratisierung und gesellschaftlicher Aufbruch. Die sechziger Jahre als Wendezeit der Bundesrepublik. Paderborn: Schöningh, S. 259–282.

Rudloff, W. (2004): Wieviel Macht den Räten? Politikberatung im bundesdeutschen Bildungswesen von den fünfziger bis zu den siebziger Jahren. In: Fisch, S./Rudloff, W. (Hrsg.): Experten und Politik: Wissenschaftliche Politikberatung in geschichtlicher Perspektive. Berlin: Duncker und Humblot, S. 155–188.

Rudloff, W. (2010): Der verlängerte Arm der Kultusministerien in der Bildungsforschung. Die staatsnahen Bildungsforschungsinstitute in den 1960er und 1970er Jahren. In: Hüntelmann, A. C./Schneider, M. C. (Hrsg.): Jenseits von Humboldt. Wissenschaft im Staat 1850-1990. Frankfurt am Main: Lang, S. 61–83.

Rürup, M. (2007): Innovationswege im deutschen Bildungssystem: Die Verbreitung der Idee der Schulautonomie in den Ländern. Wiesbaden: Springer.

Schildt, A. (2004): »Die Kräfte der Gegenreform sind auf breiter Front angetreten«. Zur konservativen Tendenzwende in den Siebzigerjahren. In: Archiv für Sozialgeschichte 44, S. 449–478.

Schnuer, G. (1986): Die deutsche Bildungskatastrophe: 20 Jahre nach Picht – Lehren und Lernen in Deutschland. Herford: Busse-Seewald.

Schorb, A. O. (Hrsg.) (1960): Für und wider den Rahmenplan. Stuttgart: Klett.

Schorb, A. O./Fritzsche, V. (1966): Schulerneuerung in der Demokratie. Die Reichsschulkonferenz von 1920 und der Deutsche Ausschuss für das Erziehungs- und Bildungswesen. Ein kritischer Vergleich. Stuttgart: Klett.

Schulz-Hardt, J. (1998): Zur Geschichte der Kultusministerkonferenz 1948 – 1998. In: Kultusministerkonferenz (Hrsg.): Einheit in der Vielfalt: 50 Jahre Kultusministerkonferenz 1948-1998. Neuwied: Luchterhand, S. 177–227.

Tenorth, H.-E. (2014): Politikberatung und Wandel der Expertenrolle oder: Die Expertise der Erziehungswissenschaft. In: Fatke, R./Oelkers, J. (Hrsg.): Das Selbstverständnis der Erziehungswissenschaft. Geschichte und Gegenwart. Weinheim: Beltz Juventa, S. 139–171.

Tenorth, H.-E./Horn, K.-P. (2002): Verdrängte Pädagogik. Emigration und Remigration in der Erziehungswissenschaft (Thementeil). In: Zeitschrift für Pädagogik 40, H. 5.

Terhart, E. (2019): Wolfgang Klafki in seiner Rolle als Berater der Bildungspolitik. In: Lin-Klitzing, S./Arnold, K.-H. (Hrsg.): Wolfgang Klafki: Allgemeine Didaktik. Fachdidaktik. Politikberatung. Bad Heilbrunn: Klinkhardt. S. 251–266.

v. Damme, J./Brans, M./Fobé, E. (2011): Balancing expertise, societal input and political control in the production of policy advice. A comparative study of education councils in Europe. In: Halduskultuur 12, H. 2, S. 126–145.

v. Friedeburg, L. (Hrsg.) (1989): Bildungsreform in Deutschland. Geschichte und gesellschaftlicher Widerspruch. Frankfurt am Main: Suhrkamp.

Wiarda, J.-M. (2016): Was macht die Beratung mit dem Berater? Über die Folgen von Politikberatung für die Wissenschaft am Beispiel des Max-Planck-Instituts für Bildungsforschung. Phil. Diss. Erziehungswissenschaft an der HU Berlin. Berlin. https://edoc.hu-berlin.de/bitstream/handle/18452/18085/wiarda.pdf?sequence=1&isAllowed=y.

Wiater, W. (Hrsg.) (1991): Mit Bildung Politik machen. Autobiographisches zum schwierigen Verhältnis von Bildungspolitik und Pädagogik. Stuttgart: Metzler.

Zedler, P. (1985): Stagnation und Bewertungswandel. Zu Stand, Entwicklung und Folgen ausbleibender Strukturreformen im Bildungswesen. In: Zeitschrift für Pädagogik 31, H. 4, S. 501–524.

Heiner Ullrich und Till-Sebastian Idel

Reformschulen im Prozess der Schulreform

1. Einleitung

Im erziehungswissenschaftlichen Diskurs gelten als Reformschulen all jene Schulen, die sich vom 18. Jahrhundert bis heute als Alternativen zur jeweils traditionellen Regelschule (Tyack/Tobin 1994) verstehen. Dazu gehörten immer schon Schulen in staatlicher wie auch in freier Trägerschaft. Die Institutionalisierung von Schule in der Moderne vollzieht sich so gesehen als Prozess, in dem sich einerseits eine jeweilige Normalform nationalstaatlich verfasster Schulsysteme ausbildet, die andererseits zugleich begleitet wird von Systemkritik und von konkreten Gegenentwürfen. Als Initiativen einer Reform »von unten« wird Reformschulen so die Funktion zugeschrieben, mit ihren unkonventionellen Konzepten und Modellen auch zu Katalysatoren der Innovation des staatlichen Regelschulsystems zu werden (Grunder 2014; Dühlmeier 2012). Ihre Sonderposition im Schatten jenseits oder an den Rändern innerhalb des etablierten Schulsystems wird demnach auch damit legitimiert, dass sie nicht einfach für sich existieren, sondern als Gegenhorizont Impulse für eine Veränderung von Schule als System freisetzen können sollen.

Wir wollen im Folgenden die verschiedenen Erscheinungsformen und Entwürfe von gegenwärtig existierenden Reformschulen darstellen. Hierzu geben wir einen Überblick des Feldes, skizzieren die Konzepte und Besonderheiten ausgewählter Schulen und geben Hinweise auf jeweils vorliegende empirische Forschungen. Vorab beschreiben wir zunächst das Gemeinsame – den reformpädagogischen Code – und die historischen Entwicklungsphasen der verschiedenen Gegenentwürfe und Alternativen (2.). Danach stellen wir ohne Anspruch auf Vollständigkeit das Feld der Reformschulen vor (3.). Abschließend versuchen wir eine Antwort auf die übergreifende Frage nach den Existenzformen und der jeweiligen Bedeutsamkeit der Reformschulen für den Prozess der Schulreform zu geben (4.)

2. Der reformpädagogische Code

Die Reformpädagogik gibt es in einer »dreifachen Existenzform« (Tenorth 2012): erstens als inzwischen Ideengeschichte gewordene pädagogische Programme mit antimodernistisch wirkenden Dogmen, z. B. dem Mythos der Gemeinschaft, der Vergöttlichung des Kindes und einer kosmisch-metaphysischen Verankerung der Erziehung (Böhm 2012a); zweitens als die inzwischen längst entschwundenen historischen Reformaktivitäten der »Neuen Erziehung« in den ersten Jahrzehnten des 20. Jahrhunderts (Oelkers 2004); und drittens als eine von ihren geschichtlichen Normen und Formen abgelöste Reform-Semantik sowie als Reservoir pädagogischer Praktiken, welche für die Begründung einer kind-zentrierten pädagogischen Ethik und für die Inszenierung alternativer Formen von Schule und Unterricht auch heute noch bereitstehen (Idel/Ullrich 2017; Schulze 2012). In dieser »Veralltäglichung der Reformpädagogik« zeigt sich, dass sich »Reform« inzwischen als normales und zugleich auch tendenziell normgebendes Strukturelement des modernen Bildungssystems etabliert hat (Tenorth 2017, S. 41).

Vor diesem Hintergrund verbindet die Reformschulen der Gegenwart programmatisch ein Horizont gemeinsam geteilter pädagogischer Orientierungen und Handlungsmaximen, eine Art von pädagogischem »common sense«, den wir als »reformpädagogischen Code« bezeichnen (Ullrich/Idel 2017, S. 15). Im expliziten Gegensatz zu den regulären öffentlichen Schulen verstehen sie sich übereinstimmend als Träger einer Schulkultur, in welcher die Individualität und Subjektposition der Lernenden den zentralen Ausgangspunkt markieren, in der den Lehrer/innen, Eltern und Schüler/innen ein höherer Grad an Partizipation und Vergemeinschaftung ermöglicht wird, die pädagogischen Beziehungen zwischen den Lehrpersonen und den Lernenden stärker von Konstanz und personaler Nähe bestimmt sind, die Inhalte des Unterrichts den Rahmen der einzelnen Schulfächer transzendieren, die Methoden des Lernens eine größere Vielfalt und »Lebensnähe« aufweisen und bei den Schülerleistungen bewusst eine größere, in Lernberichten statt Notenzeugnissen dokumentierte Heterogenität akzeptiert wird. Diese durchgängige Tendenz einer pädagogischen Entgrenzung von Unterricht und Erziehung betrifft auch die Ausformung der pädagogischen Professionalität an diesen Schulen (Helsper et al. 2007); die Lehrpersonen sollen ihre Berufsrolle als Klassenlehrer/innen oder »Lernbegleiter/innen« nicht nur spezifisch und partikular, sondern auch diffus und »ganzheitlich« verstehen.

Einige dieser Schulen gehen auf Gründerpersonen zurück, mit deren Namen sie untrennbar bis heute verbunden sind; andere sind aus Eltern- und Lehrer/inneninitiativen entstanden oder haben sich aus einer Regelschule heraus entwickelt. Viele arbeiten in freier Trägerschaft, einige sind aber auch staatliche Schulen, teilweise mit den besonderen Möglichkeiten einer Versuchsschule ausgestattet.

Die Entstehung des Felds der Reformschulen lässt sich aus schulgeschichtlicher Perspektive grob vereinfacht an drei Gründungsphasen festmachen (Benner/Kemper 2003; Tillmann 2003). Die erste Etappe war die *Gründung der Reformschulen des 18. Jahrhunderts.* Diese reichten von den Stiftungen August Hermann Franckes in Halle um 1700 über das Philanthropin Johann Bernhard Basedows in Dessau und die Musterschule Eberhard von Rochows im brandenburgischen Reckhan gegen 1770 bis zu Johann Heinrich Pestalozzis Schulgründungen um 1800 in der Schweiz. Die zweite Etappe der Gründungen von Reformschulen beginnt etwa im ersten Drittel des 20. Jahrhunderts. In der *Zeit der sogenannten Reformpädagogik* entstehen aus einer radikalen Kritik an den damaligen staatlichen und konfessionellen Regelschulen heraus als kind- und gemeinschaftsorientierte Gegenmodelle im deutschsprachigen Raum in erster Linie die Landerziehungsheime als Reforminternate, die Freie Waldorfschule Rudolf Steiners, die Jena-Plan-Schule Peter Petersens, die Schulen nach der Pädagogik Maria Montessoris und diejenigen nach Célestin Freinet (Skiera 2010). Die dritte Gründungsphase von Reformschulen kann *im Kontext der neuen sozialen Bewegungen seit den 1970er Jahren* angesiedelt werden. Hier nehmen die Freien Alternativschulen eine besondere Stellung ein. Sie sind zwar erst seit den 1970er auf den Plan getreten, knüpfen aber noch unmittelbar an die antiautoritäre Erziehung in der Internatsschule Summerhill an, die in der zweiten Phase von Alexander S. Neill gegründet wurde. Eine bedeutsame Rolle spielen inzwischen aber auch staatliche Versuchsschulen, die seitdem als Modelle für die Weiterentwicklung des öffentlichen Schulwesens eingerichtet worden sind, und weitere staatliche und freie Einzelschulen, die sich z. T. in Reformverbünden zusammengeschlossen haben.

3. Das Feld: Reform-, Alternativ- und Versuchsschulen

Heute stellt sich das Feld der Reformschulen also stark ausdifferenziert dar. Neben den klassischen Schulen der Reformpädagogik existieren Schulen, die sich aus der Gesellschaftskritik der liberal-alternativen Milieus speisen, ebenso wie solche, die als staatliche Schulen nicht unbedingt radikale Gegenentwürfe darstellen, aber einen besonderen bildungspolitischen Reformauftrag erhalten haben.

3.1 Die Schulen der klassischen Reformpädagogik heute

Als Pioniere und historisch erste »Neue Schulen« der Reformpädagogik gelten die »Deutschen Landerziehungsheime«, die von *Hermann Lietz (1868-1919)*, seinen Mitarbeitern und Sympathisanten seit 1898 bewusst in ländlicher Umgebung gegründet worden sind. Jede der Gründerpersönlichkeiten setzte bei den Innovationen andere pädagogische Akzente, z. B. Hermann Lietz (Schloss Bieberstein) auf den Bildungswert des Lebens und Lernens in der Natur, Paul Geheeb (Odenwaldschule) auf Koedukation sowie Mitbestimmung der Schüler/innen, Kurt Hahn (Schule Schloss Salem) auf Elitebildung durch Wagnis und Selbstdisziplin (Scholz 2017; Skiera 2010).

Programmatische Kennzeichen der zur Zeit etwa 20 Landerziehungsheime in Deutschland und der Schweiz sind: erstens ihre idyllische insulare Lage »in freier Natur«; zweitens die allseitige Bildung der Persönlichkeit der Heranwachsenden durch eine Ergänzung des intellektuellen um das handwerklich-praktische Lernen; drittens die musisch-ästhetischen und sportlichen Aktivitäten, die heute als Vorläufer der Erlebnispädagogik gelten dürfen; viertens die sog. »Familien«, in denen die Schüler/innen mit ihren Lehrerinnen und Lehrern als »Familienhäuptern« zusammen leben[19],

19 Seit den Missbrauchsvorfällen an der Odenwaldschule werden die Risiken sexualisierter Macht in diesen besonders engen pädagogischen Beziehungen der Internatsfamilien intensiv diskutiert (Thole et al. 2012).

fünftens die starke internationale Vernetzung mit anderen Internatsschulen, herausragend z. B. die Internatsschule Schloss Salem; sechstens ihr innovatives pädagogisch-didaktisches Selbstverständnis als »Pionierdienst für die Staatsschule« (Adolphe Ferrière).

Qualitative Studien zu den Landerziehungsheimen können zeigen, wie sie den exklusiven Habitus der »Wohlerzogenheit« hervorbringen und damit das kulturelle und soziale Kapital ihrer mehrheitlich wohlhabenden Klientel vermehren (Kalthoff 1997). Wie andere exklusive Internatsgymnasien sind auch Landerziehungsheime Schulkulturen mit Exzellenzansprüchen, spezifischen Selektions- und Rekrutierungswegen, einer eigenen Besonderungs- und Profilierungsarbeit sowie idealen Erziehungs- und Bildungsentwürfen, die von einer charakteristischen Elitesemantik bestimmt sind. Gibson (2017) rekonstruiert in ihrer Studie am Fall der Schulkultur eines exemplarischen Landerziehungsheims die tradierte Milieubindung und die Auswahl der Schüler/innen. Letztere erfolgt über eine Art »Gesinnungsprüfung«, in welcher ihre Passung zum Habitus der Schulkultur festgestellt wird. Allerdings lassen sich auch Spielarten und schulkulturelle Unterschiede innerhalb der der Gruppe der Landerziehungsheime finden (Ullrich 2005). Eine quantitativ angelegte Absolventenbefragung über die Bildungseffekte der Werkstätten-Ausbildung am Landerziehungsheim Odenwaldschule (Link 2010) zeigt, dass dieser Schule in beeindruckendem Ausmaß die Kompensation der Leistungsdefizite bei Spätentwicklern gelang, von denen mehr als die Hälfte später noch das Abitur ablegen konnte.

Die pädagogische Anthropologie *Maria Montessoris (1870-1952)* ist von einer spirituellen Sicht auf das Kind als Baumeister seiner selbst bestimmt. Die erste Montessori-Schule wird 1919 in den Niederlanden gegründet, in Deutschland 1926 in Berlin (Hansen-Schaberg 2002). Die Zahl der Schulen, die 2011 in Deutschland »ernsthaft nach dem Konzept Montessoris« arbeiten, wird auf 328 (217 Grund- und 111 Sekundarschulen) geschätzt (Meisterjahn-Knebel/Eck 2012). In Österreich gibt es aktuell 58 Montessori-Schulen und -Klassen, in der Schweiz 11 Montessori-Schulen, weit überwiegend in privater Trägerschaft.

Die heutigen Montessori-Schulen realisieren die Prinzipien der Montessori-Pädagogik in Art und Umfang sehr unterschiedlich. Erstens die Individualisierung der unterrichtlichen Lernprozesse durch eine vorbereitete Umgebung: Die Schüler/innen arbeiten in der täglich zweistündigen Freiarbeitsphase an selbst gewählten autodidaktischen Lernmaterialien für Kulturtechniken und Sachfächer; zweitens die Veränderung der Rolle der Lehrperson von Dozent/innen hin zu Beobachter- und Begleiter/innen der Lernprozesse; drittens die – durchgängige oder zeitweilige – Aufhebung der Jahrgangsklassen in altersgemischten Lerngruppen; viertens Berichte anstelle oder in Ergänzung der Notenzeugnisse zur Rückmeldung des Lernerfolgs an die Schüler/innen und Eltern; fünftens außerschulische Orte des praktischen und sozialen Lernens für die Sekundarschüler/innen (Pütz 2017; Klein-Landeck 2002).

Montessori-Schüler/innen sind fast zu drei Vierteln Quereinsteiger/innen und nehmen häufiger Nachhilfeunterricht als ihre Vergleichsgruppe. Sie haben – trotz ihrer negativen Erfahrungen mit den Anforderungen der Regelschulen – eine hohe

Bildungsaspiration und stammen aus überdurchschnittlich gut situierten und ausgebildeten Elternhäusern (Liebenwein/Barz/Randoll 2013).

Das Gros der empirischen Forschung (Peters/Pütz 2015; Meisterjahn-Knebel/Eck 2012) konzentriert sich thematisch in erster Linie auf die Bereiche Freiarbeit, Leistungsbeurteilung, Lernergebnisse und Schulqualität. Sie gelangen zu tendenziell positiven Ergebnissen, können aber auch unterschiedliche Wirkungen belegen (Lillard/Else-Quest 2006; Meisterjahn-Knebel 1995; Fämel 1981). Zum einen lernen in der *Freiarbeit* viele Schüler/innen tatsächlich konzentriert und kooperativ, manchen hilft allerdings eine stärkere Vorstrukturierung im Unterricht (Henry 2001). Für einige Schüler/innen stellt die altersgemischte Freiarbeit den hauptsächlichen Unterricht dar, für andere beginnt das eigentliche Lernen aber erst im anschließenden Fachunterricht der Jahrgangsklasse (Allmann 2007). Die Freiarbeit ermöglicht hochbegabten Schüler/innen, mit individuellem Lerntempo und ohne Unterforderung selbstreguliert zu lernen; sie erfahren aber auch die inhaltliche Beschränktheit des autodidaktischen Materials (Grindel 2007). Aus den Inhaltsanalysen der ethnografischen Protokolle sowie der Lehrer/innen- und Schüler/innen-Interviews vor und nach dem Übergang in die Sekundarstufe ergibt sich aus der qualitativen Studie von Eck (2017) als zentraler Befund, dass individuelle Bewältigungsstrategien der Schüler/innen den Übergang stärker bestimmen als die altershomogenen oder -heterogenen Strukturen des Montessori-Settings.

Im Jahre 1919 gründete der Anthroposoph und Lebensreformer *Rudolf Steiner (1861-1925)* für die Kinder der Arbeiter der Waldorf-Astoria-Zigarettenfabrik in Stuttgart die »Freie Waldorfschule« als historisch erste koedukative Gesamtschule (Einheitliche Volks- und Höhere Schule) in Deutschland. 2018 gibt es weltweit 1.149 Waldorfschulen, davon 778 in Europa. In Deutschland sind es derzeit ca. 242 Schulen, in Österreich 20 und in der Schweiz 31. Keine andere Reformschule ist heute so tiefgründig und umfassend weltanschaulich geprägt wie die Waldorfschule (Ullrich 2015). Aus der Anthroposophie leiten sich einige besondere Gestaltungselemente der Waldorfpädagogik ab: der eigene genetische Lehrplan; die achtjährige Klassenlehrerzeit; der Epochenunterricht; das Fach Eurythmie; die freien Berichtszeugnisse; der Haupt- und Epochenunterricht; die Gleichgewichtung von kognitiven, musisch-künstlerischen, handwerklich-praktischen und sozialen Lernbereichen im Unterricht und im Schulleben, was sich u.a. in Jahresarbeiten und Theateraufführungen der Schüler/innen bekundet.

Waldorfschüler/innen sind wie die Montessori-Schüler/innen häufig Quereinsteiger/innen (Keller 2008). Sie erreichen häufiger als Regelschüler/innen das Abitur (Barz/Randoll 2007), erhalten allerdings in höherem Grad Nachhilfeunterricht (Liebenwein/Barz/Randoll 2012). Waldorfeltern rekrutieren sich überwiegend aus den Milieus der akademisch gebildeten oberen Mittelschicht. Sie haben fast alle (95 Prozent) die deutsche Staatsangehörigkeit und zeichnen sich durch ein außerordentlich hohes kulturelles Kapital aus: 75 Prozent haben die Hochschulreife (Bevölkerungsdurchschnitt: 31 Prozent), fast ein Fünftel von ihnen sind Lehrpersonen an Regelschulen. Koolmann, Petersen und Erler (2018) unterscheiden fünf Elterntypen:

1. Konservative (29 Prozent), 2. Überzeugte (23 Prozent), 3. Begeisterte (20 Prozent), 4. Fordernde (16 Prozent) und 5. Zurückhaltende (12 Prozent). Die Typen 2, 3 und 5 stehen der Anthroposophie am nächsten. Der Bildungshabitus von Waldorfeltern ist als Entschleunigung des Lernens bei gleichzeitig hoher Bildungsaspiration zu umschreiben (Ullrich/Graßhoff 2014). Absolvent/innen von Waldorfschulen reproduzieren weitgehend die beruflichen Karrieren ihrer Eltern (Barz/Randoll 2007). Waldorflehrer/innen zeichnen sich trotz niedrigerem Einkommen und höherer Beanspruchung durch die kollegiale Selbstverwaltung, durch höhere Berufszufriedenheit und durch risikoärmere Arbeitsmuster aus (Peters/Pütz 2015). Sie lassen sich zu einem ganz überwiegenden Großteil intensiv auf die Anthroposophie ein (Randoll 2013). Die langjährigen pädagogischen Beziehungen insbesondere zum Klassenlehrer sind von starken Tendenzen der Intimisierung und Entgrenzung bestimmt, die sowohl zu entwicklungsproduktiven Bildungsverläufen führen können als auch zu Lernhemmungen infolge von Verkennungen und Entwertungen durch die Lehrpersonen (Helsper et al. 2007; Idel 2007).

Im Jahr nach seiner Berufung zum Professor für Erziehungswissenschaft an die Universität Jena eröffnet *Peter Petersen (1884-1952)* 1924 die »Universitätsschule Jena«. Die später »Jena-Plan-Schule« genannte Versuchsschule umfasst als »freie allgemeine Volksschule« von der 1. bis zur 10. Klasse alle Schularten und beginnt erst in der 7. Klasse mit der Differenzierung der Schüler/innen nach ihren Leistungen und Begabungen (Petersen 1927/1974, S. 26f.). 2015 gab es 55 Jenaplan- bzw. jenaplan-orientierte Schulen in Deutschland und mehr als 200 in den Niederlanden. Die wichtigsten Kennzeichen des Jenaplans sind: erstens die Unterscheidung der vier Bildungsformen Arbeit, Gespräch, Spiel und Feier, die sich planmäßig über die Woche verteilen; zweitens das Lernen in drei Jahrgänge übergreifenden »Stammgruppen« in den jeweiligen »Schulwohnstuben« nach dem täglichen Rhythmus von doppelstündigem Gruppenunterricht und einstündigen Kursen; drittens die Selbsteinschätzungen der Schüler/innen und die Lernentwicklungsberichte der Lehrer/innen anstelle der Zensuren; viertens das Selbstverständnis der Eltern, Lehrer/innen und Schüler/innen als Erziehungsgemeinschaft, die sich zu regelmäßigen Feiern in der Schule versammelt. Befragungen ehemaliger Jenaplan-Schüler/innen (Lambrich/Steinberg 2001; Spahn 2000) erbringen positive Einschätzungen des sozialen Lernens und eher kritische Beurteilungen zum altersgemischten Unterricht.

Ebenfalls im Jahre 1924 beginnt der Volksschullehrer *Célestin Freinet (1896-1966)* damit, für die Arbeiter- und Bauernkinder in seiner Klasse eine Druckerei einzurichten, in der seine Schüler/innen freie Texte erstellen, womit sie die Fibeln und andere Schulbücher verbannen können. Mit ihren freien Texten sollen sie mit gleichaltrigen Schüler/innen in anderen Schulen in eine regelmäßige Korrespondenz treten. Weitere Elemente der von Freinet unter dem Motto »Pour la vie, par la vie, par le travail« Schritt für Schritt entwickelten »École moderne« sind u. a. der wöchentliche Klassenrat, die autodidaktischen Materialien (z. B. Karteien), die Schülerateliers und der Wochenplan (Skiera 2010). Freinet hat der Nachwelt anders als Montessori, Steiner und Petersen kein neues Schulmodell hinterlassen, sondern eine auf freien Ausdruck und lebensnahe Arbeit ausgerichtete Unterrichtspraxis in einem basisdemokratischen Klassenkollektiv. Diese Praxis wird heute in Deutschland in 21 Reformschulen in freier und staatlicher Trägerschaft eigensinnig adaptiert (Hagstedt 2002). Die qualitative Studie von Fuhrmeister (2007) präsentiert ein beeindruckendes Bild über die ressourcenorientierten Haltungen, mit denen Freinet-Pädagog/innen in den zwei untersuchten, nicht nur bezüglich ihrer Trägerschaft unterschiedlichen inklusiven Schulkulturen mit der Heterogenität ihrer Schüler/innenschaft umgehen.

3.2 Freie Alternativschulen – Gegenschulen einer neuen Reformpädagogik

Die heute ca. 100 Schulen im Bundesverband *Freie Alternativschulen* umfassen etwa je zur Hälfte Grund- und Sekundarschulen. Sie entstammen mit ihrer Pädagogik der Selbstregulierung nicht unmittelbar der klassischen Reformpädagogik. Programmatisch gehen Sie aber auf den Reformpädagogen *Alexander S. Neill (1883-1973)* und seine 1923 ins Leben gerufene radikal kind-orientierte Internatsschule Summerhill zurück, welche junge Eltern der 68er-Generation zur Gründung anti-autoritärer Kinderläden und Freier Schulen inspirierte (Ullrich 2017a; Oelkers 2004, S. 800 ff.).

Die bestimmenden pädagogischen Prinzipien waren das Aufwachsen in Freiheit und die demokratische Selbstregierung der Kinder. Einem Gutachten Hartmut von Hentigs (1985) folgend, das 1985 zur Genehmigung der ersten Freien Alternativschule in Frankfurt am Main führen sollte, bezeichnen diese Schulen ihre radikal individualisierende Lernkultur mit dem Begriff »Mathetik«. Deren Elemente sind 1. die Gliederung des Curriculums in Lernbereiche (anstelle der Fächer), 2. das Anknüpfen an der Erfahrungswelt der Kinder, 3. das ganzheitliche Lernen in vielfältigen Lernformen, insbesondere in Projekten, 4. in altersgemischten Gruppen und 5. der Verzicht auf Noten zugunsten individualisierter Formen der Leistungsrückmeldung.

Zum Vorbild der Alternativschulbewegung in Deutschland wurde die 1972 von einer Elterninitiative um den neomarxistischen Soziologen Oskar Negt in Hannover als staatlicher Schulversuch eingerichtete Glocksee-Schule (Köhler/Krammling-Jöhrens 2000). Die Schulen im Bund der Freien Alternativschulen haben sich im Laufe der Zeit nicht nur quantitativ erweitert, sondern auch konzeptionell immer weiter ausdifferenziert; sie sind vielfältiger, heterogener und internationaler geworden. Stand für die erste Generation der Schulen der Begriff der Selbstregulierung noch fraglos im Mittelpunkt, so akzentuieren Neugründungen stärker Aspekte wie individuelle Lernbegleitung und Lernpartnerschaft, Gestaltung der Lernumgebung oder Beobachtung der Kinder. Und in den neueren Schulkonzepten suchen die Schulinitiativen vermehrt Verbindungen mit affinen reformpädagogischen Ansätzen aus internationalen Kontexten wie etwa dem Netzwerk der »Demokratischen Schulen« (Ebenbeck 2009), das sich konzeptionell am Modell der US-amerikanischen Sudbury Schools orientiert.

Aus der älteren Absolventenstudie von Ulrike Köhler (1997) geht u. a. hervor, dass die Schule hauptsächlich von Eltern aus dem alternativen, postmateriellen Leitmilieu angewählt wird. Auffällig sind sowohl der überdurchschnittliche Schulerfolg und die hohe Bildungsaspiration der Absolventen als auch deren markante Suchbewegungen bei der Fortsetzung ihrer Bildungswege in den Tertiärbereich. Ihre Schule haben sie einerseits als Schonraum, andererseits aber auch als einengend und abschottend erlebt.

Die Mehrheit der Schüler/innen an heutigen Alternativschulen fühlt sich ihren Schulen zugehörig und identifiziert sich mit ihnen. Die Lehrer/innen werden als äußerst engagiert und zugewandt wahrgenommen (Randoll/Graudenz/Peters 2017). Allerdings fällt es den Schulen noch schwer, »ein ausgewogenes Verhältnis zum Thema Leistung zu definieren« (Randoll/Graudenz/Peters 2017, S. 120).

Darüber hinaus liegen wenige qualitative Einzelstudien zum Verhältnis von Elternhaus und Schule, der Lernkultur an Freien Alternativschulen und zu schulbiografischen Entwicklungsprozessen vor. Trumpa (2010) zeigt in ihrer Fallstudie, dass das für die freie Trägerschaft der Schule essenzielle Engagement der Eltern für den Schulverein auch Gefahr laufen kann, durch letztlich unaufhebbare partikulare Interessen das professionelle Handeln der Lehrpersonen zu behindern. Wiesemann (2000) arbeitet in mikroskopischen Analysen von drei ethnografisch beobachteten Unterrichtsszenen in einer Alternativschule die »situationssensitive Methodik« eines selbsttätigen forschenden Lernens heraus und erschließt zugleich die soziale Dynamik der Arbeitsprozesse, welche aufgrund der autonomen Gestaltung der Lernsituationen durch die Kinder entstehen. Maas (2003) skizziert an kontrastiven Fallstudien zu Schüler/innen, welche Möglichkeiten gerade das offene, weitgehend sanktionsfreie Schulsetting einer Alternativschule für die ambivalenten Entwicklungsprozesse in der Adoleszenz bietet (auch Idel 2014, S. 700).

3.3 Innovative Einzelschulen in Netzwerken

Etwas unübersichtlicher gestaltet sich der Blick auf die ganz unterschiedlichen und verstreuten Einzelschulen, die abseits der von uns oben dargestellten Schultypen seit etwa den 1980er Jahren prominent geworden sind. Sie beeinflussen den schulpädagogischen und bildungspolitischen Reformdiskurs der Gegenwart maßgeblich auch dadurch, dass einige von ihnen sich in bundesweiten, von Stiftungen unterstützten Netzwerken und Verbünden wie der jüngeren Initiative »Schulen im Aufbruch« (gegründet 2012) und dem bereits 1989 gegründeten Schulverbund »Blick über den Zaun« assoziiert haben (Barz 2018; Ben Larbi 2018; Rasfeld 2018; Rasfeld/Breidenbach 2014). Wirkmächtig sind darüber hinaus die von der Robert Bosch und der Heide Stiftung getragenen Initiativen im Umfeld des seit 2006 verliehenen Deutschen Schulpreises und die daraus entstandene Deutsche Schulpreis Akademie. In dieser Entwicklung erhalten Stiftungen als »Agenten von Schulentwicklung und Schulreform« eine immer bedeutsamere Rolle. Diese ist mit Blick auf Fragen etwa des möglicherweise damit einhergehenden Abbaus staatlicher Gestaltungsverantwortung, der fehlenden demokratischen Legitimation dieser Stiftungen, ihrer Steuerungsmacht als operativ agierende Stiftungen und der Förderung bildungsökonomischer, wettbewerblicher Konkurrenzverhältnisse unter Schulen durchaus kritisch zu diskutieren (Höhne 2018).

Zu nennen sind in diesem Segment des Feldes einerseits die schon länger bestehenden staatlichen Versuchsschulen, allen voran die Laborschule Bielefeld als älteste und lange Zeit fast solitäre staatliche Versuchsschule, aber auch die hessischen Versuchsschulen in Wiesbaden (Helene Lange-Schule) und in Nordhessen (Reformschule Kassel, Offene Schule Waldau, Steinwaldschule Neukirchen) (Ahlring/Messner 2017). Nimmt man hierzu noch die als innovativ ausgezeichneten staatlichen Schulpreisträger-Schulen hinzu, wird deutlich, wie ausgedehnt und vielfältig dieses Feld bereits im staatlichen Sektor ist. Andererseits zählen hierzu freie Schulen wie insbesondere die Evangelische Schule Berlin Zentrum (Randoll 2017) oder weniger prominente Kleinschulen, die sich aus Initiativen in strukturschwachen Räumen Ostdeutschlands gegründet haben, in denen staatliche Schulen aufgrund des Bevölkerungsrückgangs geschlossen wurden (Ullrich 2017b).

Alle diese Schulen knüpfen auf jeweils spezifische Weise und in der Regel nur in Teilen ihres pädagogischen Profils an die reformpädagogischen Schulen an, ohne sich exklusiv auf eine bestimmte Reformpädagogik zu berufen und damit einer der oben angesprochenen entsprechenden reformpädagogischen Anthropologien verpflichtet zu sein. Sie schöpfen aus dem Reservoir reformpädagogischer Ansätze und entwickeln neue Konzepte und Praktiken. Die schulpädagogischen Begründungen ihres Bildungsangebots greifen dabei ganz unterschiedliche Theorien, Konzepte und z. T. auch konjunkturelle Moden des Zeitgeists auf. So bezieht sich die Initiative Schulen im Aufbruch auf neurobiologische Forschungsbefunde und gründet auf diese das Konzept der »Potenzialentfaltung«. Darüber hinaus finden sich in einige Schulen ganz unterschiedliche Referenzen auf aktuelle Debatten um Inklusion, Diversität bzw. einen differenzsensiblen Umgang mit einer zunehmend als heterogen beschriebenen Schüler/innenschaft. Die Schulen sehen sich als solche in beständiger Entwicklung. Die beiden exemplarisch genannten Verbünde sind als offene Netzwerke angelegt, deren Ziel es ist, mit innovativen Impulsen weitere Kreise zu ziehen und so Entwicklungswissen in die Breite zu streuen.

Die staatlichen Versuchsschulen sind in ihren Existenzbedingungen unmittelbar an diesen Innovationsanspruch gebunden, der an schulrechtliche Sonderregelungen geknüpft ist. Als »Innovationsagenturen« beanspruchen sie, Schnittpunkte der aktuellen Entwicklungslinien zu sein – »sie dürfen keine Reform-Museen werden« (Tillmann 2003, S. 473), sondern sie sollen einen Beitrag zur Lösung der aktuellen Probleme des Regelschulwesens leisten. Fraglich bleibt, ob und wie ihnen als einzelnen Versuchsschulen diese Dissemination gelingt, oder ob hier nicht kleinformatige Schulversuche zielführender sind, in denen vernetzte staatliche Versuchsschulen kooperativ an strukturbezogenen und inneren Veränderungen von Schule und Unterricht arbeiten. Beispielgebend hierfür könnte etwa der nordrhein-westfälische Schulversuch PRIMUS sein, in dem an fünf Standorten inklusive ganztägige Langformschulen aufgebaut werden, die mit einem anspruchsvollen Konzept der Jahrgangsmischung und individuellen Förderung Bildungsbiografien bis zum mittleren Schulabschluss ohne äußere Übergänge ermöglichen wollen (Pauling/Idel 2019).

Während zu den staatlichen Versuchsschulen seit langem empirisches Wissen aufgrund von installierter Begleitforschung – in der Laborschule Bielefeld sogar in Form des Lehrer-Forscher-Modells konzeptionell im Schulprogramm fundiert und in einer wissenschaftlichen Einrichtung als Teil der Versuchsschule institutionalisiert – reichhaltig und differenziert vorliegt (Idel/Ullrich 2008), ist die Forschungslage zu den freien Schulen noch unbefriedigend. Erste Befunde zu besonderen Angeboten in der Oberstufe (Projektwochen und Lernexpeditionen) an der Evangelischen Schule Berlin Zentrum – ein Leuchtturm in der aktuellen Diskussion – sind im Rahmen einer an der Alanus Hochschule angesiedelten Evaluation gewonnen worden. Im Resultat können auch hier die insgesamt positiven Erfahrungsmöglichkeiten und Bildungsgelegenheiten der untersuchten Arrangements hervorgehoben werden (Ehrler 2017a/b; Randoll/Ehrler 2017).

4. Fazit: Die Relevanz der Reformschulen in der Schulreform

Wir lesen die skizzierte Entwicklung aus einer deskriptiv-analytischen Sicht insgesamt als Erfolgsgeschichte. Der von uns eingangs beschriebene reformpädagogische Code hat sich mit der fortschreitenden Modernisierung transformiert. Reformpädagogische Normen und Formen finden sich heute nicht nur in den tradierten klassischen Schulkulturen. Sie haben sich pluralisiert und sind neuartige Verbindungen in vielfältigen Kontexten eingegangen. Die Lernkultur in vielen Schulen hat sich auf diese Weise »reformpädagogisiert« (Ullrich/Idel 2017, S. 16).

Auf der einen Seite sind die Existenzbedingungen einiger Reformschulen – insbesondere von freien Einzelschulen, die von Elterninitiativen getragen und aufgebaut werden – mitunter prekär. Auf der anderen Seite konnten die verbandlich organisierten und untereinander vernetzten Reformschulen sich mit Unterstützung durch Stiftungen und andere Förderer etablieren, einige Reformschulen haben in der Bildungsöffentlichkeit und der Reformdiskussion nicht geringe Prominenz erlangt. Für die Schulen der klassischen Reformpädagogik lässt sich sagen, dass aufs Ganze gesehen ihr Gewicht im deutschen Schulwesen bis heute immer mehr zugenommen hat. Gleichwohl sollte man ihr Innovationspotenzial als weiterhin »nicht kopierbare Originale in einer Nischenexistenz« (Oelkers 2004, S. 805) für die Reform der öffentlichen Regelschulen nicht überschätzen (Ullrich 2018). Wesentlich mehr Wirkungskraft haben aktuell sicherlich die zuletzt von uns dargestellten Verbünde und Netzwerke. Sie sind Teil eines normativen schulpädagogischen und bildungspolitischen Diskurskomplexes, dessen Geschäftigkeit, Auswüchse und theoretisch-konzeptionellen Verkürzungen auch kritisch zu betrachten sind. Nicht zu vergessen ist auch, dass viele Reformschulen – wenn auch in unterschiedlicher Weise und Tragweite – eine von ihnen selbst nicht intendierte soziale Exklusivität und entsprechend deutlich geschlossene Milieukonturen kennzeichnet.

Ihren Erfolg führen wir übergreifend darauf zurück, dass Reformschulen zwei zentralen pädagogischen Herausforderungen des reflexiven Modernisierungsprozesses gewachsen sind: erstens der zunehmenden Heterogenität der Schüler/innenschaft und dem damit ansteigenden Differenzierungs- und Individualisierungsbedarf und zweitens der wachsenden Bedeutung von Kooperation und Partizipation der Akteure an der Gestaltung der Einzelschule als lernender Organisation.

5. Literatur

Ahlring, I./Messner, R. (2017): Hessische Versuchsschulen – zeitgemäße Neuinszenierungen reformpädagogischer Bauformen. In: Idel, T.-S./Ullrich, H. (Hrsg.): Handbuch Reformpädagogik. Weinheim, Basel: Beltz, S. 234–248.

Allmann, S. (2007): Lernalltag in einer Montessori-Schule. Kinder zwischen Selbstständigkeit und Anpassung. Münster u. a.: Waxmann.

Barz, H. (2018): Pädagogische Innovationsimpulse der Gegenwart. In: Barz, H. (Hrsg.): Handbuch Bildungsreform und Reformpädagogik. Wiesbaden: Springer VS, S. 437–444.

Barz, H./Randoll, D. (2007): Absolventen von Waldorfschulen. Eine empirische Studie zu Bildung und Lebensgestaltung. Wiesbaden: Springer VS.

Ben Larbi, M. (2018): Der internationale Trendreport von Schule im Aufbruch. In: Barz, H. (Hrsg.): Handbuch Bildungsreform und Reformpädagogik. Wiesbaden: Springer VS, S. 445–450.

Benner, D./Kemper, H. (2003): Theorie und Geschichte der Reformpädagogik. Teil 2: Die Pädagogische Bewegung von der Jahrhundertwende bis zum Ende der Weimarer Republik. Weinheim, Basel: Beltz.

Böhm, W. (2012a): Die Reformpädagogik. Montessori, Waldorf und andere Lehren. München: Beck.

Böhm, W. (2012b): Maria Montessori (1870-1952). In: Tenorth, H.-E (Hrsg.): Klassiker der Pädagogik. Zweiter Band. 2. Auflage. München: Beck, S. 74–88.

Dühlmeier, B. (2012): Reform- und Alternativschulen. In: Sandfuchs, U./Melzer, W./Dühlmeier, B./Rausch, A. (Hrsg.): Handbuch Erziehung. Bad Heilbrunn: Klinkhardt, S. 288–295.

Ebenbeck, Henrik (2009): Freie Alternativschulen. In: Blömeke, S./Bohl, T./Haag, L./Lang-Wojtasik, G./Sacher, W. (Hrsg.): Handbuch Schule. Theorie – Organisation – Entwicklung. Bad Heilbrunn: Klinkhardt, S. 392–395.

Eck, P. (2017): Der Übergang zur Sekundarstufe in Montessori-Schulen. Eine Rekonstruktion der kindlichen Perspektive. Münster u. a.: Waxmann.

Ehrler, P. (2017a): Pulsar 4/2017. Auswertung I. Unveröffentlichter Forschungsbericht im Auftrag der Evangelischen Schulstiftung der EKBO. Alanus Hochschule, Alfter.

Ehrler, P. (2017b): LEX 5/2017. Evaluation zur dritten LEX mit Vergleichen zur 1. und 2. LEX – Auswertung I. Unveröffentlichter Forschungsbericht im Auftrag der Evangelischen Schulstiftung der EKBO. Alanus Hochschule, Alfter.

Fämel, I. (1981): Zur Struktur schulischen Unterrichts nach Maria Montessori. Beschreibung einer Montessori-Grundschule in Düsseldorf. Frankfurt am Main, Bern: Lang.

Fuhrmeister, U. (2007): Umgang mit Verschiedenheit als Aspekt von Schulkultur. Haltung zu und Interaktion mit verhaltensauffälligen Schülern an Freinet-Schulen. Eine explorative Studie der Lehrersicht. Univ., Diss. Mainz.

Gibson, A. (2017): Klassenziel Verantwortung. Eine Studie zu exklusiven deutschen Internatsgymnasien und ihrer Schülerschaft. Wiesbaden: Springer VS.

Grindel, E. (2007): Lernprozesse hochbegabter Kinder in der Freiarbeit der Montessori-Pädagogik. Eine empirische Analyse auf der Basis von Einzelfallstudien in Montessori-Grundschulen. Münster: LIT.

Grunder, H.-U. (2014): Schulreform und Reformschule. Bad Heilbrunn: Klinkhardt.

Hagstedt, H. (2002): Freinet-Pädagogik in Deutschland. In: Hansen-Schaberg, I./Schonig, B. (Hrsg.): Freinet-Pädagogik. Baltmannsweiler: Schneider, S. 127–148.

Hansen-Schaberg, I. (2002): Die Montessoribewegung in Berlin während der Weimarer Republik und der Konflikt zwischen Clara Grunwald und Maria Montessori. In: Hansen-Schaberg, I./Schonig, B. (Hrsg.): Basiswissen Pädagogik: Reformpädagogische Schulkonzepte. Band 4: Montessori-Pädagogik. Baltmannsweiler: Schneider, S. 97–110.

Helsper, W./Ullrich, H./Stelmaszyk, B./Höblich, D./Graßhoff, G./Jung, D. (2007): Autorität und Schule. Die empirische Rekonstruktion der Klassenlehrer-Schüler-Beziehung an Waldorfschulen. Wiesbaden: Springer VS.

Henry, W. (2001): Sachunterrichtliches Lernen in der Montessori-Pädagogik. Eine Fallstudie über die Integrative Montessori-Schule Borken. Münster: LIT.

Höhne, T. (2018): Stiftungen als Agenten der Bildungsreform. In: Barz, H. (Hrsg.): Handbuch Bildungsreform und Reformpädagogik. Wiesbaden: Springer VS, S. 565–570.

Idel, T.-S. (2007): Waldorfschule und Schülerbiographie. Fallrekonstruktionen zur lebensgeschichtlichen Relevanz anthroposophischer Schulkultur. Wiesbaden: Springer VS.

Idel, T.-S. (2014): Identitäts- und Persönlichkeitsentwicklung an Reform- und Alternativschulen. Schulbiographische Passungen und Subjektivierungserfahrungen. In: Hagedorn, J. (Hrsg.): Jugend, Schule und Identität. Wiesbaden: Springer VS, S. 687–705.

Idel, T.-S./Ullrich, H. (2008): Reform- und Alternativschulen. In: Helsper, W./Böhme, J. (Hrsg.): Handbuch der Schulforschung. 2. Auflage. Wiesbaden: Springer VS, S. 363–383.

Idel, T.-S./Ullrich, H. (2017): Handbuch Reformpädagogik. Weinheim, Basel: Beltz.

Kalthoff, H. (1997): Wohlerzogenheit. Eine Ethnographie deutscher Internatsschulen. Frankfurt am Main, New York: Campus.

Keller, U.-L. (2008): Quereinsteiger. Wechsel von der staatlichen Regelgrundschule in die Waldorfschule. Wiesbaden: Springer VS.

Klein-Landeck, M. (2002): Aktuelle Aufgabenfelder der Montessori-Pädagogik. In: Hansen-Schaberg, I./Schonig, B. (Hrsg.): Montessori-Pädagogik. Baltmannsweiler: Schneider, S. 151–179.

Köhler, U. (1997): Die Glocksee-Schule und ihre Absolventen – eine empirische Untersuchung. Unveröffentlichte Diss. der Universität Kassel. Kassel.

Köhler, U./Krammling-Jöhrens, D. (2000): Die Glocksee-Schule. Geschichte – Praxis – Erfahrungen. Bad Heilbrunn: Klinkhardt.

Koolmann, S./Petersen, L./Ehrler, P. (2018): Waldorf-Eltern in Deutschland. Status, Motive, Einstellungen, Zukunftsideen. Weinheim, Basel: Beltz.

Lambrich, H. J./Steinberg, W. (2001): Die Jena-Planschule in Lübbenau. In: Döbert, H./Ernst, C. (Hrsg.): Schulen mit besonderem Profil. Baltmannsweiler: Schneider, S. 79–98.

Liebenwein, S./Barz, H./Randoll, D. (2012): Bildungserfahrungen an Waldorfschulen. Empirische Studie zu Schulqualität und Lernerfahrungen. Wiesbaden: Springer VS.

Liebenwein, S./Barz, H./Randoll, D. (2013): Bildungserfahrungen an Montessorischulen. Empirische Studie zu Schulqualität und Lernerfahrungen. Wiesbaden: Springer VS.

Lillard, A./Else-Quest, N. (2006): Evaluating Montessori Education. In: Science 313, S. 1893–1894.

Link, J.-W. (2010): »Mit der Hand denken«. Pragmatische Bausteine für eine subjektorientierte Organisation schulischer Bildungsgänge. In: Kaufmann, M./Priebe, A. (Hrsg.): 100 Jahre Odenwaldschule. Der wechselvolle Weg einer Reformschule. Berlin: vbb, S. 310–325.

Maas, M. (2003): Alternativschule und Jugendkultur. Entwicklungsprobleme von Adoleszenten. Weinheim, Basel: Beltz.

Meisterjahn-Knebel, G. (1995): Montessori-Pädagogik und Bildungsreform im Schulwesen der Sekundarstufe. Dargestellt am Beispiel der Bischöflichen Montessori-Gesamtschule Krefeld. Frankfurt am Main u. a.: Lang.

Meisterjahn-Knebel, G./Eck, P. (2012): Montessori-Schulen. In: Ullrich, H./Strunck, S. (Hrsg.): Private Schulen in Deutschland. Entwicklungen – Profile – Diskurse. Wiesbaden: Springer VS, S. 79–96.

Oelkers, J. (2004): Reformpädagogik. In: Benner, D./Oelkers, J. (Hrsg.): Historisches Wörterbuch der Pädagogik. Weinheim, Basel: Beltz, S. 783–806.

Pauling, S./Idel, T.-S. (2019): Jahrgangsmischung in der Langform. Erfahrungen aus dem Schulversuch PRIMUS. In: Pädagogik 3 (im Ersch.).
Peters, J./Pütz, T. (2015): Empirische Forschungen im Bereich der Montessori-Pädagogik. In: v. Allmann, S. /Klein-Landeck, M. (Hrsg.): Zeitschrift für Montessori-Pädagogik, H. 4, S. 100–114.
Petersen, P. (1974): Der Kleine Jena-Plan. 55. Auflage. Weinheim, Basel: Beltz.
Pütz, T. (2017): Die Pädagogik Maria Montessoris. In: Idel, T.-S./Ullrich, H. (Hrsg.): Handbuch Reformpädagogik. Weinheim, Basel: Beltz, S. 145–157.
Randoll, D. (2013): (Hrsg.): »Ich bin Waldorflehrer«. Einstellungen, Erfahrungen, Diskussionspunkte. Eine Befragungsstudie. Wiesbaden: Springer VS.
Randoll, D./Ehrler, P. (2017): Evangelischen Schule Berlin Zentrum (ESBZ) – Reformpädagogik für morgen. In: Idel, T.-S./Ullrich, H. (Hrsg.): Handbuch Reformpädagogik. Weinheim, Basel: Beltz, S. 249–261.
Randoll, D./Graudenz, I./Peters, J. (2018): Empirische Forschung zu Freien Alternativ-Schulen. In: Barz, H. (Hrsg.): Handbuch Bildungsreform und Reformpädagogik. Wiesbaden: Springer VS, S. 345–352.
Rasfeld, M. (2018): Ein reformpädagogisches Netzwerk entwickelt internationale Strahlkraft. In: Barz, H. (Hrsg.): Handbuch Bildungsreform und Reformpädagogik. Wiesbaden: Springer VS, S. 451–460.
Rasfeld, M./Breidenbach, S. (2014): Schulen im Aufbruch – Eine Anstiftung. München: Kösel.
Scholz, J. (2017): Landerziehungsheime – Hermann Lietz und die Folgen. In: Idel, T.-S./Ullrich, H. (Hrsg.): Handbuch Reformpädagogik. Weinheim, Basel: Beltz, S. 106–116.
Schulze, T. (2012): Gute Gründe für Reformpädagogik – damals und heute. In: Fitzner, T./Kalb, P. E./Risse, E. (Hrsg.): Reformpädagogik in der Schulpraxis. Bad Heilbrunn: Klinkhardt, S. 63–76.
Skiera, E. (2010): Reformpädagogik in Geschichte und Gegenwart. Eine kritische Einführung. 2. Auflage. München, Wien: Oldenbourg.
Spahn, S. (2000): Die subjektive Sicht der Jenaplan-Schülerinnen und -Schüler auf das Leben und Lernen an der Jena-Planschule in Lübbenau und an den weiterführenden Schulen. In: Pädagogisches Landesinstitut Brandenburg (Hrsg.): Jena-Planschule Lübbenau. Ein Schulversuch zur Reform der Grundschulen. Berlin: Wissenschaft und Technik Verlag, S. 67–74.
Tenorth, H.-E. (2012): Wurzeln der Reformpädagogik. In: Fitzner, T./Kalb, P. E./Risse, E. (Hrsg.): Reformpädagogik in der Schulpraxis. Bad Heilbrunn: Klinkhardt, S. 13–18.
Tenorth, H.-E. (2017): Reformpädagogik – oder: die Modernisierung der Erziehung. In: Idel, T.-S./Ullrich, H. (Hrsg.): Handbuch Reformpädagogik. Weinheim, Basel: Beltz, S. 22–45.
Thole, W./Baader, M. S./Helsper, W./Kappeler, M./Leuzinger-Bohleber, M./Reh, S./Sielert, U./Thompson, C. (2012): Sexualisierte Gewalt, Macht und Pädagogik. Opladen: Budrich.
Tillmann, K.-J. (2003): Rochows Erben. Über Versuchsschulen und das Regelschulwesen 43, S. 461–475.
Trumpa, S. (2013): Elternperspektiven – Rekonstruktionen an einer Freien Schule. Opladen, Farmington Hills: Budrich.
Tyack, D./Tobin, W. (1994): The »Grammar« of Schooling: Why Has It Been So Hard to Change? In: American Educational Research Journal 31, H. 3, S. 453–479.
Ullrich, H. (2005): »Lasst uns hier leben und ein Stück des Weges zusammen gehen.« Eine Fallstudie zum Schulmythos und zur Schulkultur einer Internatsschule. In: Zeitschrift für Soziologie der Erziehung und Sozialisation 25, H. 4, S. 416–432.
Ullrich, H. (2015): Waldorfpädagogik. Eine kritische Einführung. Weinheim, Basel: Beltz.
Ullrich, H. (2017a): Von Summerhill über Glocksee zur Freien Alternativschule. In: Idel, T.-S./Ullrich, H. (Hrsg.): Handbuch Reformpädagogik. Weinheim, Basel: Beltz, S. 206–218.
Ullrich, H. (2017b): Reformpädagogische Konzepte in neuartigen privaten Schulformaten. In: Idel, T.-S./Ullrich, H. (Hrsg.): Handbuch Reformpädagogik. Weinheim, Basel: Beltz, S. 262–277.
Ullrich, H. (2018): Die Bedeutung nichtstaatlicher Schulen für staatliche Bildungsreformen. In:

Göttlicher, W./Link, J./Matthes, E. (Hrsg.): Bildungsreform als Thema der Bildungsgeschichte. Bad Heilbrunn: Klinkhardt, S. 231–246.

Ullrich, H./Graßhoff, G. (2014): Partizipation von Eltern im Übergang vom Kindergarten in die Grundschule. In: Der pädagogische Blick. Zeitschrift für Wissenschaft und Praxis in pädagogischen Berufen 22, H. 2, S. 85–100.

Ullrich, H./Idel, T.-S. (2017): Einleitung. In: Idel, T.-S./Ullrich, H. (Hrsg.): Handbuch Reformpädagogik. Weinheim, Basel: Beltz, S. 8–20.

v. Hentig, H. (1985): Wie frei sind freie Schulen? Gutachten für ein Verwaltungsgericht. Stuttgart: Klett-Cotta.

Wiesemann, J. (2000): Lernen als Alltagspraxis. Lernformen von Kindern an einer Freien Schule. Bad Heilbrunn: Klinkhardt.

Klaus-Jürgen Tillmann

Die Gesamtschule als Reformprojekt

Die bildungspolitische Entwicklung in der Bundesrepublik von 1965 bis heute

Die Gesamtschule ist ein zentrales schulisches Reformprojekt in der Bundesrepublik, das Mitte der 1960er Jahre initiiert wurde und bis heute sowohl in der schulischen Praxis wie in der bildungspolitischen Diskussion eine wichtige Rolle spielt. In diesem Beitrag geht es darum, die bildungspolitische Entwicklung seit den 1960er Jahren nachzuzeichnen und dabei aufzuzeigen, wie sich die Gesamtschule zwar nicht als einzige, aber doch als weitere Schulform in den meisten Bundesländern gut etablieren konnte. Zu Beginn wird noch einmal das in den 1960er und 1970er Jahren entwickelte Konzept der Gesamtschule knapp dargestellt, um sodann in fünf Schritten die bildungspolitische Entwicklung seit 1965 zu skizzieren. Der Beitrag schließt mit einer zusammenfassenden Einordnung der Erfolge und Misserfolge der nunmehr fast fünfzigjährigen Gesamtschulentwicklung.

1. Die Gesamtschule: Organisation und Zielsetzungen

Unter Gesamtschule ist eine Schulform zu verstehen, in die alle Kinder – unabhängig von Leistungsstand, Begabung und sozialer Herkunft – gemeinsam eintreten[20] (Sander/Rolff/Winkler 1971). Die Übergangsauslese am Ende der Grundschule wird abgeschafft, alle Kinder werden gemeinsam unterrichtet und gefördert und am Ende der Sekundarstufe I zu unterschiedlichen Bildungsabschlüssen geführt. Die Gesamtschule umfasst normalerweise die Jahrgänge 5 – 10, führt aber häufig auch bis zum Abitur (Kl. 13). Mit diesem Konzept will sie einen wesentlichen Beitrag zur Ausschöpfung von Begabungsreserven und zum Abbau von Chancenungleichheit liefern. Insbesondere die Bildungsbarrieren für Kinder aus einfachen sozialen Verhältnisse sollen durch die Gesamtschulreform als komplexe Strukturreform abgebaut werden (Frommelt/Rutz 1972, S. 25 ff.). Zudem ging es auch um eine »neue« Pädagogik, die in heterogenen Lerngruppen alle Schülerinnen und Schüler fördern will, an neuen Formen des Curriculums arbeitet (Curriculumwerkstätten) und das soziale Lernen samt demokratischer Teilhabe und Schülerpartizipation gleichrangig mitbedenkt.

Wenn nun allgemein von Gesamtschule gesprochen wird, ist zunächst ihre konsequente Variante gemeint, die *integrierte* Gesamtschule. In ihr besuchen alle Kinder und Jugendliche (bis zum 10. Jahrgang) eine gemeinsame Klasse. Dabei wird in den

20 Allerdings verblieben Kinder aus Sonder- und Förderschulen in eigenen Einrichtungen.

allermeisten integrierten Gesamtschulen zwischen Kernunterricht und Kursunterricht unterschieden: Im Kernunterricht lernen die Schüler/ innen einer heterogenen Stammgruppe alle gemeinsam (z. B. in Gesellschaftslehre, Musik, Sport, Religion), im Kursunterricht (ab Kl. 7) wird nach Anspruchsniveau differenziert (z. B. in Mathematik, Englisch, Naturwissenschaften). Von dieser Form der integrierten Gesamtschule ist die *kooperative* Gesamtschule zu unterscheiden. Dort besuchen alle Kinder gemeinsam die Klassen 5 und 6 (Orientierungsstufe) und werden dann in Schulzweige eingeteilt, die den bisherigen Schulformen entsprechen. Sie besuchen dann bis zum 10. Jahrgang entweder eine Hauptschul-, eine Realschul- oder eine Gymnasialklasse mit einem entsprechenden Anforderungsprofil.

Die Gesamtschule wurde Ende der 1960er Jahren somit als Systemalternative zum gegliederten Schulwesen entworfen. Die Reformabsicht bestand darin, an die Stelle von Hauptschulen, Realschulen und Gymnasien nur noch eine Schule für alle zu setzen. Derr knappe Verweis auf die pädagogischen Zielsetzungen zeigt, dass die Gesamtschulen – die 1969 starteten – mit höchst anspruchsvollen Zielsetzungen angetreten sind: Die Strukturreform sollte mit einer Curriculumreform und einer Reform von Unterricht und Erziehung verknüpft werden, nachfolgend wird auf die Strukturreform und die politischen Implikationen fokussiert.

2. Der bildungspolitische Aufbruch der 1960er Jahre

Nach dem Ende des 2. Weltkriegs wurde in Westdeutschland das dreigliedrige Schulsystem restauriert.[21] Diesem aus der Weimarer Republik übernommenem Schulsystem wurde Ende der 1960er Jahre die Forderung nach einer gemeinsamen Schule für alle entgegengestellt.

Dabei ist der Gedanke, an die Stelle einer Aufteilung in »höhere Bildung« (für eine privilegierte Minderheit) und »niedere Bildung« (für die Volksmassen) ein einheitliches Schulsystem für alle zu setzen, in Deutschland keineswegs neu – er lässt sich von Comenius (1592-1670) über Wilhelm von Humboldt (1767-1835) bis zu den Einheitsschul-Forderungen der Sozialdemokraten im Kaiserreich verfolgen (Oelkers 2006). Diese Reformvorstellungen hatten aber bis zum Beginn des 20. Jahrhunderts gegen die real existierende Aufteilung in »höhere« und »niedere« Bildung, mit der die Klassengesellschaft stabilisiert wurde, nie eine reale Chance. Der erste bildungspolitische Schritt in diese Richtung erfolgte auch erst nach der Revolution 1918, als die vierjährige Grundschule für alle eingeführt und zugleich die gymnasialen Vorklassen abgeschafft wurden (Herrlitz et al. 2009, S. 121 ff.). Eine massive Kritik an diesem gegliederten Schulsystem hat es in der Bundesrepublik dann erst wieder seit Mitte der 1960er Jahre gegeben.

---

21 Die gänzlich andere Entwicklung zur »polytechnischen Einheitsschule« in der DDR kann hier nicht behandelt werden (Geißler/Wiegmann 1995).

2.1 Kritik des gegliederten Schulsystems

Der ökonomische Hintergrund dieser Kritik waren die steigenden Qualifikationsanforderungen an die Arbeitskräfte allgemein, verbunden mit dem versiegenden Zustrom qualifizierter Arbeitskräfte aus der DDR nach dem Bau der Mauer 1961. Die Bundesrepublik befand sich bis gegen Ende der 1960er Jahren mitten in einem wirtschaftlichen Boom, Arbeitskräftemangel gab es auf allen Ebenen – insbesondere aber bei akademisch gebildeten Kräften. Insbesondere die Artikelserie von Georg Picht mit dem Titel »deutsche Bildungskatastrophe« (1964) alarmierte die Öffentlichkeit. Wenn die Bundesrepublik Deutschland – so seine These – ihr Bildungssystem nicht bald modernisiere, ihre Bildungsausgaben nicht deutlich erhöhe, nicht endlich mehr qualifizierte Absolventen produziere, so sei ihre Position als führende Industrienation gefährdet. Das Schlagwort von der »Bildungskatastrophe« scheuchte die Politiker in allen Lagern auf und produzierte eine Bereitschaft zum Überdenken schulischer Inhalte und Strukturen bis hin in die Chefetagen der Arbeitgeberverbände. Vor diesem Hintergrund ließen sich alternative Schulmodelle – so die in Schweden und England gut etablierte Gesamtschule – zunächst einmal offen diskutieren (Tillmann 1987).

Als zweites zentrales Argument wurde auf die massive Bildungsbenachteiligung von breiten Kreisen der Bevölkerung verwiesen. Mitte der sechziger Jahre besuchten nur knapp 7 Prozent aller Arbeiterkinder ein Gymnasium, der Anteil studierender Arbeiterkinder war noch geringer (Rolff 1980, S. 21 ff.). Ähnliche, allerdings nicht ganz so krasse Diskriminierungsraten wurden für Mädchen, für Katholiken und für die Landbevölkerung ermittelt. Dies widersprach in eklatanter Weise der grundgesetzlich garantierten Gleichheit der Bildungschancen. Dieser ungerechte und verfassungswidrige Zustand wurde 1965 von Ralf Dahrendorf in seinem Buch »Bildung ist Bürgerrecht« massiv kritisiert. Neue bildungsprogrammatische Überlegungen der SPD, wie sie seit 1963 vor allem von Carl-Heinz Evers und später dann von Ludwig von Friedeburg vorangetrieben wurden, erhielten durch die von Dahrendorf angestoßene Diskussion erheblichen Auftrieb (Evers/Frommberger 1969; v. Friedeburg 1972).

2.2 Die frühen Erfolge der Gesamtschulreform (1969 – 1975)

1969 ist das Jahr, in dem aus den vielen Planungspapieren, Entwürfen und Konzepten in größerer Zahl wirkliche Schulen entstanden. In Bremen, Hamburg, Nordrhein-Westfalen und Hessen öffneten neu errichtete staatliche Gesamtschulen ihre Pforten; sie folgten damit der Entwicklung in Berlin (West), die bereits wenige Jahre vorher begonnen hatte. 1969 erschienen auch die Empfehlungen des Deutschen Bildungsrats zur »Errichtung von Schulversuchen mit Gesamtschulen«. Der Bildungsrat begründete ausführlich die Notwendigkeit eines integrierten, eines nicht-selektiven Schulsystems und schlug zugleich vor, in allen Ländern der Bundesrepublik solche Schulen zu errichten und in einem etwa 10jährigen Experimentalprogramm wissenschaftlich zu begleiten. Die Kultusministerkonferenz lehnte sich an diese Empfehlung an, in dem sie noch im gleichen Jahr ein umfassendes Versuchsprogramm beschloss.

Dieser anfängliche Gründungsboom (71 Gesamtschulen wurden bis 1971 gegründet Tillmann 1987, S. 18) wurde durch eine weitere günstige Rahmenbedingung gestützt: Aufgrund steigender Geburtenzahlen stieg die Zahl der Schüler/innen in der Sekundarstufe I zwischen 1965 und 1970 von 3,4 auf 4,2 Millionen (Eigler/Hansen/Klemm 1980, S. 46). Überall wurden die Schulträger vor die Anforderung gestellt, weiteren Schulraum zu schaffen. Dies geschah im ländlichen Bereich häufig durch den Ausbau von Haupt- und Realschulen. In großstädtischen Regionen wurden hingegen viele Gesamtschulen völlig neu errichtet – so in Hamburg-Steilshoop, Hannover-Garbsen, Dortmund-Scharnhorst und an vielen anderen Orten der Republik.

3. Stagnation und massive bildungspolitische Kontroverse (seit 1975)

Am Ende dieser frühen Erfolgsphase (1976) gab es in der Bundesrepublik 157 integrierte und 124 kooperative Gesamtschulen (Rolff 1979, S. 37). Dennoch war der Anteil der Schüler/ innen, die eine Gesamtschule besuchten, auch 1977 noch eher bescheiden: Bundesweit waren dies 7 Prozent der Heranwachsenden, in Bayern waren es 2 Prozent, in Berlin 24 Prozent (Rösner/Tillmann 1980, S. 75).

3.1 Gesellschaftlich-ökonomische Rahmenbedingungen

Diese Erfolgsbilanz lässt zunächst nicht erkennen, dass sich in den siebziger Jahren die gesellschaftlichen Rahmenbedingungen für die Schulreform völlig verändert hatten (Tillmann 1987, S. 9ff.). Beginnend mit dem Ölschock 1973 geriet die Bundesrepublik immer stärker in eine langfristige Wirtschaftskrise, in deren Folge sich Dauer-Arbeitslosigkeit etablierte. Zugleich wuchsen die Jahrgänge des »Baby-Booms« durch die Sekundarstufe I, sodass seit Mitte der 1970er Jahre immer mehr Schulabsolventen auf einen stagnierenden oder gar schrumpfenden Arbeits- und Ausbildungsmarkt drängten. Die Bildungswerbung der 1960er Jahre hatte ihr übriges getan: Weil sich die Schülerzahlen an Realschulen und Gymnasien in etwa verdoppelt hatten (Klemm/Rolff/Tillmann 1985, S. 84), waren die Schulabsolventen mit immer höherwertigen Abschlüssen ausgestattet. Folglich verschärfte sich die Konkurrenz unter den Absolventen auf dem Ausbildungsmarkt. Diese gewandelte Lage wurde der breiten Öffentlichkeit durch Schlagzeilen zu jeweils neuen Problemen mehr und mehr bewusst: Numerus Clausus (etwa seit 1973), Jugendarbeitslosigkeit (etwa seit 1974), Lehrstellenmangel und Ausbildungskrise (etwa seit 1975) – und schließlich auch die Akademiker-, vor allem die Lehrerarbeitslosigkeit (etwa seit 1976). Fast all diese Erscheinungsformen der Überfüllungskrise haben das Leben in der Bundesrepublik bis weit in die 1990er Jahre begleitet.

Unter diesen drastisch geänderten Bedingungen war der Ruf nach »mehr Abiturienten« zur Sicherung des Wirtschaftswachstums ökonomisch sinnlos geworden. Damit wurde eine Programmatik der Öffnung und der Reform des Bildungswesens sozialpolitisch gefährlich – und zwar insbesondere für die sozialen Schichten, die bisher in angestammter Weise ihre Kinder über traditionelle Bildungswege wieder in hohe soziale Positionen brachten. An dieser Stelle zerbrach nun die kurze Reformkoalition zwischen den gesellschaftlichen Kräften, die sich für mehr soziale Gerechtigkeit im Bildungssystem einsetzten, und denjenigen, die an einer funktionalen Passung zwischen Schule und Wirtschaft interessiert waren. Mehr und bessere Bildungschancen konnten jetzt nicht mehr aus einem Zuwachs gewährt werden, sondern führten zu einer verschärften Konkurrenz um immer knapper werdende Plätze. Damit änderte sich die Interessenlage von weiten Teilen der Mittelschicht: Nicht die Öffnung für Arbeiterkinder, sondern die Abschottung für die Chancen der eigenen Kinder wurde zur – freilich nie offen eingestandenen – politischen Maxime. Die Gesamtschule war von nun an in eine politische Kampffront eingebunden – sie galt als eine »linke« Schule, die von Konservativen massiv bekämpft wurde.

Zugleich änderte sich die demografische Situation: Während am Ende der Sek. I die »starken« Jahrgänge entlassen wurden, rückten in die 5. Klassen immer weniger Schüler/innen nach: 1975 gab es bundesweit ca. eine Millionen Fünftklässler, 1976 waren es nur noch 800.000. Und es war absehbar, dass diese Zahl bis auf 600.000 sinken würde (Eigler/Klemm/Koch 1982, S. 66). Dies bedeutete zu allererst, dass es – von örtlichen Besonderheiten abgesehen – keinen Neubaubedarf mehr gab. Neue Gesamtschulen konnten nur noch in bereits vorhandenen Schulgebäuden entstehen, und zwar durch die Umwandlung von bestehenden Schulen des gegliederten Systems. Dies verschärfte den örtlichen Widerstand und blockierte vielfach die Neuerrichtung von Gesamtschulen: Zwischen 1976 und 1978 wurden in der gesamten Bundesrepublik nur drei integrierte Gesamtschulen neu errichtet.

3.2 Politische Kontroversen um die Gesamtschule

Diese Konflikte um die Gesamtschule wurden zum einen »vor Ort« ausgetragen, wenn Elterninitiativen, lokale Parteien und Lehrerkollegien in die Auseinandersetzung um die Neuerrichtung von Gesamtschulen eingebunden waren. Der Kampf wurde aber auch auf höchster politischer Ebene ausgefochten, und zwar vor allem als Konflikt zwischen CDU- und SPD regierten Bundesländern. Schon 1973 gelang es nicht mehr, im »Bildungsgesamtplan« zu einem gemeinsamen Gesamtschulvotum zu gelangen (Bund-Länder-Kommission 1973). Und Ende der siebziger Jahre gab es massive Konflikte um die Anerkennung von Gesamtschulabschlüssen zwischen den Bundesländern. Diese Kontroverse wurde auch auf einer parteipolitischen Ebene ausgetragen, indem z. B. Landtagswahlkämpfe mit Pro- bzw. Contra-Positionen zur Gesamtschule bestritten wurden.

Erst Anfang der 1980er Jahre wurde diese Kontroverse etwas zurückgenommen: SPD- und CDU-regierte Bundesländer einigten sich in einer KMK-Vereinbarung auf die wechselseitige Anerkennung von Gesamtschulabschlüssen. Dabei wurde für alle integrierten Gesamtschulen ein Mindestmaß an äußerer Fachleistungsdifferenzierung u.a. in Mathematik und Englisch festgeschrieben (Bund-Länder-Kommission 1982).

In den 1980er Jahren wurden auch die Ergebnisse der Gesamtschulforschung vorgelegt, die im Kontext des Schulversuchsprogramms der KMK durchgeführt wurden. Aus der Vielzahl der Studien ragten dabei die Systemvergleichs-Untersuchungen von Fend und Mitarbeiter/ innen heraus, die für die Gesamtschulen ein »durchwachsenes« Ergebnis brachten: höhere Durchlässigkeit und eine verbesserte Chancengleichheit, zugleich aber Nachteile in den fachlichen Leistungen (Fend 1982, S. 491). Diese Ergebnisse wurden in der bildungspolitischen Arena von beiden Seiten interessenorientiert eingesetzt.

4. Gesamtschule im viergliedrigen Schulsystem (seit 1980)

Ende der 1970er Jahre befand sich die Gesamtschulbewegung in einer schwierigen Phase. Es gab zwar intensive Entwicklungsarbeit in den mittlerweile 157 integrierten Gesamtschulen (z.B. Rolff 1979; Drenkelfort 1980), aber der Ausbau des Gesamtschulsystems stagnierte: In den CDU-regierten Bundesländern wurden aus grundsätzlichen politischen Erwägungen keine Gesamtschulen mehr errichtet – und in den SPD-regierten Bundesländern erwiesen sich die geänderten Rahmenbedingungen vor allem auf örtlicher Ebene als äußerst hinderlich. Zugleich gab es aber in fast allen Bundesländern Eltern, die ihr Kind auf eine Gesamtschule schicken wollten, aber dort aber keinen Platz erhielten.

4.1 Der Einstieg in die Viergliedrigkeit

Diese Blockade wurde 1979 in Hamburg durchbrochen: Die dortige SPD setzte mit einer Schulgesetzänderung durch, dass die Gesamtschule nicht länger Versuchsschule blieb, sondern Regelschule wurde. Zugleich wurde das individuelle Elternrecht bei der Wahl der Schulform installiert: Die Eltern konnten für ihr Kind zwischen den verschiedenen Schulformen wählen – und das Land musste die entsprechende Zahl von Schülerplätzen zur Verfügung stellen (Rösner/Tillmann 1980). Mit dieser Schulgesetzänderung wurde das viergliedrige Schulsystem und das Elternrecht auf Gesamtschule in die Welt gesetzt: Die Gesamtschule trat als vierte Schulform hinzu – und zwar neben Hauptschule, Realschule und Gymnasium. Die ursprüngliche bildungspolitische Forderung, die Gesamtschul solle das dreigliedrige Schulsystem ersetzen, wurde damit stillschweigend verabschiedet. Nun sollte jeder, der es wollte, sein Kind auf eine Gesamtschule schicken können. Das bedeutete aber zugleich, dass jedes Elternteil sein Kind auch weiter auf Hauptschule, Realschule oder Gymnasium schicken durfte. Mit der Etablierung der Gesamtschule als vierter Regelschulform wurde somit zugleich eine Bestandsgarantie für das gegliederte Schulwesen ausgesprochen.

Das Hamburgische Konzept von Elternwillen und Viergliedrigkeit wurde in den Folgejahren von vielen Bundesländern übernommen, auch weil das Nebeneinander der Schulform für beide politischen Seiten als Kompromiss akzeptabel erschien. Fast alle »alten« Bundesländer (außer Baden-Württemberg und Bayern) stellten in den 1980er und 1990er Jahren auf die viergliedrige Struktur um (Tillmann 2012). Damit verbunden war eine massive quantitative Expansion der Gesamtschulen. Erhebliche Zuwächse gab es vor allem in Nordrhein-Westfalen, Hamburg und Schleswig-Holstein, und der vorher schon hohe Stand in Berlin und Hessen wurde noch einmal ausgebaut. Insgesamt stieg in den »alten« Bundesländern die Zahl der Gesamtschulen zwischen 1977 und 1991 von 157 auf 389 (Rolff 1979, S. 37; Arbeitsgruppe Bildungsbericht 1994, S. 515).

4.2 Gesamtschulen im Wettbewerb

Das Ergebnis dieses Wandels von den relativ wenigen Schulversuchen hin zu den (weiter verbreiteten) Gesamtschulen als vierter Regelschule beschreibt Köller als »Gesamtschulen im Wettbewerb« (2003, S. 467). Denn Gesamtschulen müssen sich jetzt innerhalb »einer gewandelten Sekundarstufe I als attraktives Angebot ausweisen [...]. Anstatt das gegliederte Schulwesen zu ersetzen, steht die Gesamtschule mit ihm in einem nicht geplanten Wettbewerb« (Köller 2003, S. 467). Dabei müssen die Gesamtschulen zunächst einmal dafür sorgen, dass genügend Grundschuleltern ihr Kind an der (in der Regel drei- oder vierzügigen) Gesamtschule anmelden, damit diese Schule weiter existieren kann. Zugleich bezieht sich die Konkurrenz aber auch auf die Zusammensetzung der Schülerschaft – nach Leistung und sozialer Herkunft. Denn die Gesamtschule hat ja den Anspruch, eine heterogene Schülerschaft – bis hin zu künftigen Spitzenabiturienten – in ihren Lerngruppen zu beschulen. Doch schon Anfang der 1980er Jahre zeigte sich, dass die Gesamtschule hier massiv unter einem Selektionsprozess zu leiden hatte: Die leistungsstärkeren Grundschüler, die eher aus der Mittel- und Oberschicht stammen, wurden von ihren Eltern vor allem auf das Gymnasium geschickt, während Kinder aus einfachen sozialen Verhältnissen (mit im Durchschnitt schwächeren Schulleistungen) verstärkt die Gesamtschule besuchen. Dies lässt sich besonders gut festmachen an dem Anteil der Gesamtschüler/innen, die in der Grundschule eine Gymnasialempfehlung erhalten. So lag 1980 der Anteil gymnasialempfohlener Schüler/innen in den Berliner Gesamtschulen bei nur 9 Prozent (Horstkemper/Klemm/Tillmann 1982, S. 88) und ist in den Folgejahren (bis 2017) auch nicht gestiegen (Neumann et al. 2017, S. 141). Die durchschnittlichen Abstände in den fachlichen Leistungen der Schüler/innen, wie sie etwa bei PISA 2000 zwischen Gesamtschule und gegliedertem Schulsystem festgestellt wurden (Baumert et al. 2001, S. 456), lassen sich über diesen Selektionsprozess sehr gut erklären.

Allerdings sind die Konsequenzen dieser Konkurrenzsituation für die einzelne Gesamtschule – je nach örtlicher Lage – sehr unterschiedlich (Köller 2003, S. 467 f.).

- Es gibt Gesamtschulen vor allem in städtischen Regionen, die sich mit einem besonderen pädagogischen Programm profiliert haben und mit diesem Alternativangebot auch bei Eltern leistungsstärkerer Kinder auf Zuspruch stoßen
- Es gibt ländliche und kleinstädtische Regionen, in denen es aufgrund knapper Schülerzahlen sehr schwierig ist, mehrere unterschiedliche Schulformen anzubieten. Unter solchen Bedingungen kann durch die Zusammenlegung der verschiedenen Sekundarschulen zu einer Gesamtschule das komplette Bildungsangebot vor Ort aufrechterhalten werden, insbesondere wenn sie über eine Oberstufe verfügen.
- Erhebliche Probleme gibt es hingegen in Ballungsgebieten (so z.B. im Ruhrgebiet), in denen das Gesamtschulangebot erheblich erweitert wurde und nun für etwa 20 Prozent bis 30 Prozent der Schüler/innen Plätze anbietet. Hier befindet sich die Gesamtschule in einem scharfen Wettbewerb mit den Schulformen des traditionellen Schulsystems. Dies führt zum einen zu einer massiven sozialen Selektion nach Sozialschicht und Ethnien (Baumert/Schümer 2001), wirkt sich aber auch beim Zugang nicht-migrantischer Populationen aus.

Damit zeigt sich, dass der Übergang zum viergliedrigen Schulsystem zwar mit einer erheblichen Expansion der Gesamtschulen verbunden war, zugleich stellten sich aber im Konkurrenzsystem auch viele Probleme ein, die den Gesamtschulen vor Ort häufig sehr hinderlich waren. In vier westdeutschen Bundesländern (Baden-Württemberg, Hessen, NRW, Niedersachsen) besteht diese viergliedrige Struktur (mit leichten Variationen) bis heute fort.

5. Auf dem Weg zum zweigliedrigen Schulsystem (seit 1990)

In den 1980er Jahren sah es so aus, als hätte sich die schulpolitische Landschaft in der Bundesrepublik in gewisser Weise stabilisiert: Es gab inzwischen sechs Länder, in denen ein viergliedriges Schulsystem etabliert wurde. In weiteren drei Bundesländern wurde zwischen 1991 und 1995 das viergliedrige Schulsystem eingeführt. Dieses System war also in den 1990er Jahren in Westdeutschland (ausgenommen Bayern und Baden-Württemberg) der breit akzeptierte »Normalfall«.

5.1 Zweigliedrigkeit im Osten

Diese kurzzeitige westdeutsche Stabilität der Schulentwicklung wurde Anfang der 1990er Jahre gestört – und zwar durch die deutsche Vereinigung und die daran anschließende eigenständige Entwicklung in den ostdeutschen Bundesländern. Zunächst führten alle ostdeutschen Bundesländer das Gymnasium ein – der Erwartungsdruck der Bevölkerung war hier sehr groß. Deshalb hatten alle Bemühungen zur modifizierten Weiterführung der zehnjährigen DDR-Einheitsschule – etwa als integrierte Gesamtschule für alle – politisch keinerlei Chancen (Baumert et al.

2013, S. 11). Bei der Übernahme des gegliederten westdeutschen Schulsystems gab es aber erhebliche Vorbehalte gegen die (auch in Westdeutschland schon siechende) Hauptschule, sodass in Sachsen, Sachsen-Anhalt und Thüringen, später dann auch in Mecklenburg-Vorpommern, nicht drei, sondern nur zwei Schulformen installiert wurde. Es wurden keine gesonderten Hauptschulen und Realschulen errichtet, sondern stattdessen wurde eine H/R-Kombination installiert, die in den verschiedenen Ländern unterschiedliche Namen erhielt (Mittelschule, Sekundarschule, Regelschule, Regionalschule). Diese Schulform führt bis zum Ende der 10. Klasse, das Abitur im allgemeinbildenden Schulwesen gab und gibt es aber weiterhin nur auf dem Gymnasium. Geboren wurde damit in Ostdeutschland ein zweigliedriges Schulsystem, in dem das Gymnasium (bis Jahrgangsstufe 12) und eine H/R-Kombination (bis Jahrgangsstufe 10) nebeneinander stehen, und in dem die Gesamtschule bestenfalls eine Nebenrolle spielt.[22]

5.2. *Das »Zwei-Säulen-Modell« im Westen*

Die Zweigliedrigkeit blieb jedoch nicht auf die ostdeutschen Bundesländer beschränkt. Vielmehr zeigten sich seit Beginn der 2000er Jahre in vielen westdeutschen Bundesländern zunehmende Errodierungstendenzen der Hauptschule (Rösner 2007). Mit einem massiven Einbruch der Schülerzahlen im Hauptschulbereich hatten alle Bundesländer – ob CDU- oder SPD-regiert – zu kämpfen. Als erstes mussten hier die Stadtstaaten Konsequenzen ziehen, weil die dortigen Hauptschulen mit ihrer extrem negativ ausgelesenen Schülerschaft nicht länger haltbar waren. 2010 führten Hamburg, Berlin und Bremen gleichgerichtete Schulreformen durch, bei der Haupt- und Realschulen zu einer neuen Schulform weiterentwickelt wurden. Zur »Stadtteilschule« in Hamburg, zur »Oberschule« in Bremen, zur »integrierten Sekundarschule« in Berlin. Gemeinsam ist diesen Schulformen, dass sie nun als einzige neben dem Gymnasium existieren und, dass auch sie das Abitur anbieten.[23] Diese Schulstruktur wird als »Zwei-Säulen-Modell« bezeichnet. Die vielen Gesamtschulen, die es vor der Reform in allen drei Stadtstaaten gab, wurden in dieses Modell integriert. Sie blieben als Schulen (mit ihren bisherigen pädagogischen Profilen) zwar erhalten, heißen aber nicht mehr »Gesamtschulen«, sondern je nach Bundesland ebenfalls Stadtteilschule oder Oberschule oder integrierte Sekundarschule. Eine solche Reform wurde wenige Jahre später auch in Schleswig-Holstein und im Saarland durchgeführt. In beiden Ländern heißt die zweite Schulform »Gemeinschaftsschule«.

---

22 In den neunziger und 2000er Jahren hat sich (außer in Sachsen) in den neuen Bundesländern jeweils ein schmales Gesamtschulsegment für etwa 10-15 Prozent des Altersjahrgangs etablieren können (vgl. Tab. 1). Brandenburg hatte in den 90er Jahren einen hohen Gesamtschulanteil und bildete insofern eine Ausnahme.

23 Dies geschieht z. T. in Kooperation mit beruflichen Gymnasien.

5.3 *Die neue Verwirrung: Was ist eine Gesamtschule?*

Seit 2014 gibt es auf der einen Seite weiterhin Bundesländer, in denen eine große Zahl von Gesamtschulen existiert, die auch nach wie vor »Gesamtschulen« heißen. So z.B. in Hessen, Niedersachsen, Nordrhein-Westfalen und Rheinland-Pfalz. Zugleich gibt es aber die fünf oben genannten Bundesländer, bei denen man nach der Strukturreform hin zum »Zwei-Säulen-Modell« unsicher ist, ob es dort überhaupt noch Gesamtschulen gibt. Denn in all diesen Bundesländern existieren zwar Schulen, die mehrere Jahrzehnte als Gesamtschulen gearbeitet haben, die auch jetzt nach ihren integrativen pädagogischen Prinzipien weiterarbeiten, die aber nicht mehr »Gesamtschulen« heißen. Unter ihnen sind prominente Gesamtschulen der ersten Stunde – so die Max-Brauer-Schule in Hamburg. Zugleich werden in diesen Bundesländern aber jetzt *alle* diese Schulen der zweiten Schulform (auch die ehemaligen H/R-Schulen) in der amtlichen Bildungsstatistik als »integrierte Gesamtschulen« geführt (Statistisches Bundesamt 2018), ohne dass klar ist, ob diese Schulen sich selbst als integrierte Gesamtschulen verstehen und auch entsprechend arbeiten. Ähnliche Anfragen muss man an die mehr als 500 Gemeinschaftsschulen in Baden-Württemberg stellen, die ganz überwiegend aus der Umwandlung von »Werkrealschulen« (den früheren Hauptschulen) entstanden sind, sodass die angestrebte Heterogenität der Schülerschaft bisher nicht erreicht werden konnte (Bohl/Wacker 2016, S. 43).

Vor dem Hintergrund dieser schulstrukturellen Veränderungsprozesse, die auch in den Bezeichnungen zu vielen länderspezifischen Varianten geführt haben, wird es immer schwieriger, übergreifend über »Gesamtschulen« zu reden. Die komplexer gewordene Realität ist offensichtlich mit diesem einen Begriff nicht mehr zu fassen.

5.4 *Versuch einer aktuellen Übersicht*

Die folgende Tabelle versucht dennoch, einen aktuellen Stand der Gesamtschulentwicklung in den 16 Bundesländern zu geben. Dabei wird auch angezeigt, welche offiziellen Bezeichnungen die Gesamtschulen in den jeweiligen Ländern führen (Spalte 3) und welche der folgenden Schulstruktur-Varianten (Spalte 5) dort vorzufinden sind:

(a) vier- oder mehrgliedriges Konkurrenzmodell
(b) zweigliedriges Modell: Gymnasium und H/R-Schule, zusätzlich Gesamtschulen
(c) Zwei–Säulen-Modell: Gymnasium und Gesamtschule.

In dieser Statistik sind all die Schulen verzeichnet, die von der KMK als integrierte Gesamtschulen geführt werden. Dass darunter auch sehr viele Schulen sind, die den Umwandlungsprozess von einer Haupt- bzw. Haupt- und Realschule zur Gesamtschule noch nicht lange hinter sich haben, muss bei der Interpretation dieser Statistik berücksichtigt werden.

Bundesland	**Zahl der integrierten Gesamtschulen** *(zusätzlich: kooperative Gesamtschulen)*	**Bezeichnung der integrierten Gesamtschulen**	**Anteil der integrierten Gesamtschü-ler/innen an allen Sek.I-Schüler/innen**	**Schul-struktur**
Baden-Württ.	553	Gemeinschaftsschule	12,5%	a
Bayern	keine	-	-	-
Berlin	180	integrierte Sekundarschule Gemeinschaftsschule	62,0 % (Jg. 7-10)	c
Brandenburg	37	integrierte Gesamtschule	12,4 % (Jg. 7-10)	b
Bremen	62	Oberschule	76,9%	c
Hamburg	82	Stadtteilschule	56,1%	c
Hessen	119 *(117)*	integrierte Gesamtschule	23,1%	a
Mecklenb.-V.	22 *(12)*	integrierte Gesamtschule	9,7%	b
Niedersach-sen	106 *(34)*	integrierte Gesamtschule	14,9%	a
Nordrhein-W.	339	integrierte Gesamtschule	27,6%	a
Rheinland-Pfalz	55 *(3)*	integrierte Gesamtschule	17,9%	b
Saarland	61	Gemeinschaftsschule	61,0%	c
Sachsen	keine	-	-	-
Sachsen-Anhalt	53 *(2)*	integrierte Gesamtschule	12,6%	b
Schleswig-H.	358	Gemeinschaftsschule	61,9%	c
Thüringen	70 *(2)*	integrierte Gesamtschule Gemeinschaftsschule	16,1%	b
Bundes-republik GESAMT	**2.097** *(170)*		**20,0%**	

Tab. 1: Integrierte Gesamtschulen in den 16 Bundesländern 2017 (ohne Privatschulen)

(Quelle für integrierte Gesamtschulen: Statistisches Bundesamt 2018, S. 28 – 41 und eigene Berechnungen; für kooperative Gesamtschulen: eigene Recherchen auf Länderebene)

Bezieht man diese Zahlen auf die gesamte Bundesrepublik, so heißt das für das Jahr 2017: Insgesamt 2.097 integrierte Gesamtschulen werden von etwa eine Millionen Schüler/innen besucht. Das sind 20 Prozent aller Schüler/innen der Sekundarstufe I. Nimmt man die kooperativen Gesamtschulen hinzu, so liegt der Anteil der Gesamtschüler/innen bundesweit bei knapp 22 Prozent.

6. Fazit nach fünfzig Jahren

Zunächst einmal fällt bei der Betrachtung der 50jährigen bildungspolitischen Entwicklung auf, dass dieser Reformprozess alles andere als linear und kontinuierlich fortschreitend verlaufen ist. Die ursprüngliche Absicht, eine Gesamtschule für alle zu errichten, geriet in den verschiedenen Phasen in unterschiedliche Turbulenzen und hatte mit erheblichen Widerständen zu kämpfen; sie konnte bis heute in keinem Bundesland durchgesetzt werden.

Nichts ist so gekommen, wie es geplant war« – könnte man als ironisches Fazit der historischen Entwicklung formulieren: Die Gesamtschulbefürworter der 1970er Jahre kannten gar kein zweigliedriges Schulsystem, sie wollten die Gesamtschule für alle und nicht eine Schulform neben dem Gymnasium. Die damaligen Verteidiger des gegliederten Schulwesens wollten keinesfalls eine Abschaffung von eigenständigen Hauptschulen und Realschulen – und sie wollten auch keine Gesamtschulen mit einem Jahrgangsanteil von mehr als 50 Prozent. Doch die geschilderte bildungspolitische Entwicklung hat genau diese Schulstrukturen erbracht – und zwar als hart erarbeiteter Kompromiss zwischen zwei bildungspolitischen Kampflinien. Und die heutigen Vertreter dieser beiden Linien (die es in ihren Grundausrichtungen nach wie vor gibt) müssen mit diesem (vorläufigen) Ergebnis leben und davon ausgehend in den real existierenden Schulen eine gute pädagogische Arbeit entwickeln.

Der historische Abriss hat gezeigt, dass der politische Wille zur Verteidigung des gegliederten Systems (und der damit verbundenen Bildungsprivilegien) über all die Jahre stark geblieben ist. Dabei galt (und gilt) insbesondere das Gymnasium bei der Mehrheit der Bevölkerung als eine erhaltenswerte Einrichtung. Das liegt auch daran, dass das Gymnasium seit den 1970er Jahren kräftig expandiert hat und inzwischen bundesweit von 43 Prozent aller Fünftklässler besucht wird (Autorengruppe 2018, S. 294). Deshalb sehen immer mehr Eltern im Gymnasialbesuch ihrer Kinder eine Aufstiegschance. Schulstrukturreformen, wenn sie denn stattfanden, begaben sich auf den Weg zur Zweigliedrigkeit und ließen dabei das Gymnasium unangetastet. Das bedeutet: In welcher Konstellation die Gesamtschule auch immer existierte, sie stand stets neben dem Gymnasium, sie war (und ist) stets nur Ergänzung, nie aber ersetzende Alternative.

Mag dieses Fazit für die Anhänger der Gesamtschulbewegung auch enttäuschend sein, so darf man doch nicht übersehen: Mit der Existenz der Gesamtschulen und ihrer relativ erfolgreichen Arbeit sind viele früheren »Selbstverständlichkeiten« des traditionellen Schulsystems ins Wanken geraten. Und zu diesen Selbstverständlichkeiten gehörte in den 1970er Jahren: dass man Schüler/innen am besten fördert, wenn man sie nach Leistungsfähigkeit (und sozialer Herkunft) in gesonderte Schulformen einweist; dass der Frontalunterricht im Klassenverband unhinterfragter Normallfall ist; dass das »Sitzenbleiben« den Kindern und der Schule nutzt; dass eine Ganztagsschule familienfeindlich ist; dass Lehrerarbeit weitgehend ohne Kooperation auskommt; und dass die Schule für das Lernen der Schüler/innen, nicht aber für ihre sozialen Probleme zuständig ist.

Mit all diesen Selbstverständlichkeiten hat die Gesamtschule nicht nur in ihrer Programmatik, sondern über weite Strecken auch in ihrer Praxis gebrochen. In einer z. T. mühsamen Entwicklungsarbeit (z. B. Keim 1973; Drenkelfort 1980) haben die Gesamtschulen konkrete Alternativen zu dieser tradierten Schulpädagogik entwickelt – von der Binnendifferenzierung über die Jahrgangsteams bis hin zu alternativen Formen der Leistungsbeurteilung. In pädagogisch engagierten Gesamtschulen lassen sich etliche dieser Arbeitsformen – auch in ihrer wechselseitigen Beeinflussung – beobachten, analysieren und für den Transfer auf andere Schulen aufbereiten (Thurn/Tillmann 2011). Nicht zuletzt wurden dabei in vielen Schulen Konzepte und Arbeitsformen einer inklusiven Schule erarbeitet (Horstkemper/Tillmann 2016, S. 131). zu der sich aufgrund der UN-Konvention für die Rechte der Behinderten (dem die Bundesrepublik 2009 beigetreten ist) alle Schulformen entwickeln sollen (siehe dazu den Beitrag von Preuss-Lausitz in diesem Band).

Die meisten dieser Reformaktivitäten sind nicht im Feld der Gesamtschulen verblieben, sondern haben auch das gegliederte Schulwesen beeinflusst. Die Arbeitsformen der Gesamtschulen brachten somit auch »entscheidende Impulse für die Modernisierung des dreigliedrigen Schulsystems mit sich« (Köller 2003, S. 484 f.). So stößt man auch in den Schulen des gegliederten Systems immer häufiger auf Teammodelle und Ganztagsangebote, differenzierende Arbeitsformen, Gruppenarbeit, Förderkurse, Hausaufgabenhilfen und Projektwochen.

Für die Reformakteure wird die ersetzende Gesamtschule die Langfristperspektive bleiben (Tillmann 2017), kurz- und mittelfristig wird sich ihre Arbeit aber vor allem auf die Ausgestaltung der Gesamtschule im zweigliedrigen Schulsystem konzentrieren müssen. Und hier sind die Bedingungen (mit mehr als 50 Prozent des Jahrgangsanteils) in etlichen Bundesländern gar nicht so schlecht.

7. Literatur

Arbeitsgruppe Bildungsbericht am Max-Planck-Institut für Bildungsforschung (1994): Das Bildungswesen in der Bundesrepublik Deutschland. Reinbek: Rowohlt.

Autorengruppe Bildungsberichterstattung (2018): Bildung in Deutschland 2018. Ein indikatorengestützter Bericht mit einer Analyse zu Wirkungen und Erträge von Bildung. Bielefeld: wbv.

Baumert, J./Maaz, K./Neumann, M./Becker, M./Dumont, H. (2013): Die Berliner Schulstrukturreform. Hintergründe, Zielsetzungen und theoretischer Rahmen. In: Maaz, K./Baumert, J./Neumann, M./Becker, M./Dumont, H. (Hrsg.): Die Berliner Schulstrukturreform. Münster u. a.: Waxmann, S. 9–34.

Baumert, J./Schümer, G. (2001): Familiäre Lebensverhältnisse, Bildungsbeteiligung und Kompetenzerwerb. In: Baumert, J./Klieme, E./Neubrand, M./Prenzel, M./Schiefele, U./Schneider, W./ Stanat, P./Tillmann, K.-J./Weiss, M. (Hrsg.): PISA 2000. Basiskompetenzen von Schülerinnen und Schülern im internationalen Vergleich. Opladen: Leske & Budrich, S. 323–407.
Bohl, T./Wacker, A. (2016): Die Einführung der Gemeinschaftsschule in Baden-Württemberg. Münster: Waxmann.
Bönsch, M. (2006): Gesamtschule. Die Schule der Zukunft mit historischem Hintergrund. Baltmannsweiler: Schneider.
Bund-Länder-Kommission für Bildungsplanung (1973): Bildungsgesamtplan, Band I und II. Stuttgart: Klett.
Bund-Länder-Kommission für Bildungsplanung und Forschungsförderung (1982): Modellversuche mit Gesamtschulen. Auswertungsbericht der Projektgruppe Gesamtschule. Bühl, Baden: Konkordia.
Dahrendorf, R. (1965): Bildung ist Bürgerrecht. Plädoyer für eine aktive Bildungspolitik. Hamburg.
Deutscher Bildungsrat (1969): Einrichtung von Schulversuchen mit Gesamtschulen (Empfehlungen der Bildungskommission). Stuttgart: Klett.
Drenkelfort, G. (1980): Gesamtschule – Zielsetzungen, Entwicklung, Perspektiven. In: Baßmann, W./Dehnbostel, K./Drenkelfort, G. (Hrsg.): Gesamtschule – Lernen ohne Angst. Frankfurt am Main: Fischer, S. 53–99.
Eigler, H./Hansen, R./Klemm, K. (1980): Quantitative Entwicklung. Wem hat die Bildungsexpansion genutzt? In: Rolff, Hans-G./Hansen, Georg/Klemm, Klaus/Tillmann, Klaus-Jürgen (Hrsg.): Jahrbuch der Schulentwicklung, Band 1. Weinheim: Beltz, S. 45–72.
Eigler, H./Klemm, K./Koch, H. (1982): Quantitative Entwicklung: Schule im Zeichen des Rotstift. In: Rolff, Hans-G./Hansen, Georg/Klemm, Klaus/Tillmann, Klaus-Jürgen (Hrsg.): Jahrbuch der Schulentwicklung, Band 2. Weinheim: Beltz, S. 49–74.
Evers, C.-H./Frommberger, H. (1996): Zehn Fragen zur Bildungspolitik der sechziger Jahre. In: Gudjons, Herbert/Köpke, Andreas (Hrsg.): 25 Jahre Gesamtschule in der Bundesrepublik Deutschland. Bad Heilbrunn: Klinkhardt, S. 33–37.
Fend, H. (1982): Gesamtschule im Vergleich. Bilanz der Ergebnisse des Gesamtschulversuchs. Weinheim: Beltz.
Frommelt, B./Rutz, G. (Hrsg.) (1972): Gesamtschulen in Hessen. Information und Dokumentation. Hannover: Schroedel.
Geißler, G./Wiegmann, U. (1995): Schule und Erziehung in der DDR. Studien und Dokumente. Neuwied: Luchterhand.
Herrlitz, H.-G./Hopf, W./Titze, H./Cloer, E. (2009): Deutsche Schulgeschichte von 1800 bis zur Gegenwart. 9. Auflage. Weinheim: Juventa.
Herrlitz, H.-G./Weiland, D./Winkel, K. (Hrsg.) (2003): Die Gesamtschule: Geschichte, internationale Vergleiche, pädagogische Konzepte und politische Konflikte. Weinheim: Juventa.
Horstkemper, M./Klemm, K./Tillmann, K. J. (1982): Gesamtschule im viergliedrigen Schulsystem. In: Rolff, Hans-G./Hansen, Georg/Klemm, Klaus/Tillmann, Klaus-Jürgen (Hrsg.): Jahrbuch der Schulentwicklung, Band 2. Weinheim: Beltz, S. 75–100.
Horstkemper, M./Tillmann, K. J. (2016): Sozialisation und Erziehung in der Schule. Bad Heilbrunn: Klinkhardt.
Keim, W. (Hrsg.) (1973): Gesamtschule, Bilanz ihrer Praxis. Hamburg: Hoffmann und Campe.
Klemm, K./Rolff, H.-G./Tillmann, K.-J. (1985): Bildung für das Jahr 2000. Reinbek: Rowohlt.
Köller, O. (2003): Gesamtschule: Erweiterung statt Alternative. In: Cortina, Kai S./Baumert, Jürgen/ Leschinsky, Achim/Mayer, Karl-Ulrich/Trommer, Luitgard (Hrsg.): Das Bildungswesen in der Bundesrepublik Deutschland. Reinbek: Rowohlt, S. 458–493.
Neumann, M./Becker, M./Baumert, J./Maaz, K./Köller, O. (Hrsg.) (2017): Zweigliedrigkeit im deutschen Schulsystem. Potenziale und Herausforderungen in Berlin. Münster: Waxmann.

Oelkers, J. (2006): Gesamtschule in Deutschland. Eine historische Analyse und ein Ausweg aus dem Dilemma. Weinheim: Beltz.

Picht, G. (1964): Die deutsche Bildungskatastrophe. Olten: Walter.

Rolff, H.-G. (1979): Brennpunkt Gesamtschule. Studientext FernUniversiät. Weinheim: Juventa.

Rolff, H.-G. (1980): Sozialisation und Auslese durch die Schule. 9. Auflage. Heidelberg: Quelle & Meyer.

Rösner, E. (2007): Hauptschule am Ende. Ein Nachruf. Münster u. a.: Waxmann.

Rösner, E./Tillmann, K.-J. (1980): Strukturelle Entwicklung: Auf dem Weg zur horizontalisierten Sekundarstufe I? In: Rolff, H.-G./Hansen, G./Klemm, K./Tillmann, K.-J. (Hrsg.): Jahrbuch der Schulentwicklung, Band 1. Weinheim: Beltz, S. 73–104.

Sander, T./Rolff, H. G./Winkler, G. (1971): Die demokratische Leistungsschule. 3. Auflage. Hannover: Schroedel.

Statistisches Bundesamt (Hrsg.) (2018): Bildung und Kultur. Fachserie 11, Reihe 1, Schuljahr 2017/18.

Thurn, S./Tillmann, K.-J. (2011): Laborschule – Schule der Zukunft. 2. Auflage. Bad Heilbrunn: Klinkhardt.

Tillmann, K.-J. (1987): Zwischen Euphorie und Stagnation. Erfahrungen mit der Bildungsreform. Hamburg: Bergmann & Helbig.

Tillmann, K. J. (2012): Das Sekundarschulsystem auf dem Weg zur Zweigliedrigkeit. Historische Linien und aktuelle Verwirrungen. In: Pädagogik 64. Jg, H. 5, S. 8–12.

Tillmann, K. J. (2017): Was spricht für ein integriertes Schulsystem? In: McElvany, N./Bos, W./Holtappels, H. G./Hasselhorn, J./Ohle, A. (Hrsg.): Bedingungen gelingender Lern- und Bildungsprozesse. Münster: Waxmann, S. 137–140.

v. Friedeburg, L. (1972): Geleitwort. In: Frommelt, Bernd/Rutz, Georg (Hrsg.): Gesamtschulen in Hessen. Information und Dokumentation. Hannover: Schroedel, S. 7–8.

Eiko Jürgens

Orientierungsstufe

1. Einleitung

In den bildungspolitischen Auseinandersetzungen und pädagogischen Diskursen um Reformen im bundesdeutschen Schulwesen spielt die Orientierungsstufe (OS) eine zentrale Rolle. Skizziert wird der ideengeschichtliche Verlauf und die Entwicklung unterschiedlicher Realisierungsformen entlang wichtiger Reformphasen: Von der Restauration über das Förderstufenkonzept, den Strukturplan des Deutschen Bildungsrats, den Bildungsplan bis zum Orientierungsstufenkompromiss der Kultusministerkonferenz.

2. Die Orientierungsstufe im Spannungsfeld der pädagogischen und politischen Schulreformdiskurse

Der Begriff der OS findet sich erstmalig im Strukturplan für das Bildungswesen (1970), der von der Bildungskommission des Deutschen Bildungsrats verfasst wurde. Es wird präzise umfassend definiert, was die OS sein soll und was nicht. Die Rede von der OS ist deshalb nie anders zu verstehen gewesen als die Rede von der Integration, d.h. dem Umbau der Mittelstufe (der Klassen 5 bis 9 bzw. 5 bis 10) zu einer integrierten Sekundarstufe I. »Im Unterschied zur Förderstufe, die als nachträglich eingeführte besondere Stufe in einem *selektiven* Schulsystem die Funktion hatte, Härten zu mildern und die Auswahl der Kinder auf eine objektivere Basis zu stellen ist die *OS als ein Abschnitt in dem Kontinuum* der sich zunehmend auffächernden und verbreiternden Bildungsangebots der Schule zu verstehen. *Die Förderstufe war eine notwendige Übergangslösung.* Sie hat dem Bildungssystem in der Bundesrepublik einen großen Dienst erwiesen, indem sie gegen den *Widerstand vieler den Beweis erbrachte*, dass eine stärkere Berücksichtigung der Individualität des einzelnen Schülers und eine größere soziale Gerechtigkeit in der Schule ohne Leistungseinbuße verwirklicht werden können. In dem Maße, in dem *diese Zielvorstellungen* das *gesamte* Bildungssystem mehr und mehr bestimmen, kann auch die *Aufgabe dieser Stufe* auf eine *neue Grundlage* gestellt werden« (Deutscher Bildungsrat 1970, S. 141 – Hervorhebungen E.J.). Ideengeschichtlich steht die OS in der Tradition der Verlängerung gemeinsamer Schulbildung für alle Kinder und der Vereinheitlichung (und Demokratisierung) des allgemeinbildenden Schulwesens, für die die Beschlüsse der Reichsschulkonferenz von 1920 zur Dauer bzw. Verlängerung der gemeinsamen Grundschule richtungsweisend gewesen sind.

Wie immer man es betrachten wollte – progressiv oder konservativ – mit der Einführung der vierjährigen Grundschule wurden Fakten geschaffen, die als Einstieg zur Überwindung vertikal gegliederter Organisationsformen verstanden werden mussten. Konservative Kräfte sahen in der gemeinsamen Beschulung einen Niveauverlust, der das Gymnasium belasten würde und die Bedeutung des Gymnasiums als »die« Institution für höhere Bildung weiter unverantwortlich schmälern würde, sollte sich dieser Trend noch fortsetzen. Bis heute werden Schulreformen begleitet vom Generalverdacht des Niveauverlusts, vor allem der höheren Bildung. Die Kontroverse zur Weiterentwicklung des Bildungssystems während der Weimarer Republik ist somit charakteristisch geblieben für alle nachfolgenden bildungspolitischen Diskussionen und mitunter auch bildungs- und schulwissenschaftliche Diskurse der Nachkriegszeit in der Bundesrepublik Deutschland. Zugespitzt zeigt sich der Dissens in folgenden Positionen:

»Die einen – stärker repräsentiert durch Gymnasiallehrer – forderten, dass die Grundschule, wenn überhaupt, als gemeinsame Schule der Kinder aller Bevölkerungsgruppen höchstens vier Jahre (für Begabte nur drei) dauern dürfe. Sie befürchteten, dass *eine längere Grundschulzeit* schlechthin zum *totalen Niveauverlust höherer Bildung* führen müsse und traten [...] für eine deutliche Gliederung des Schulwesens ein. Begabung müsse [...] möglichst früh entdeckt und speziell gefördert werden, sodass bereits nach zweijährigem Grundschulbesuch mit *differenzierten Maßnahmen* entsprechend reagiert und nach dreijähriger Grundschulzeit solchen Kindern der Übergang zum Gymnasium ermöglichst werden sollte [...] Die anderen – hauptsächlich repräsentiert durch die Volksschulvertreter – [...] warnten vor der Gefahr, die höheren Schulen beim notwendigen Reformprozess auszuklammern und damit zusammenhängende *standespolitische Interessen* zu unterstützen. Die Vertreter leisteten konstruktive Beiträge zur *Neukonstruktion des gesamten Bildungswesens vom Kindergarten über die Grundschule und die weiterführenden Schulen* bis hin zum Hochschulstudium und zur Lehrerbildung. So wurde am Einheitsschulgedanken angeknüpft [...] und folgerichtig eine mindestens vier-, ja sogar sechsjährige Grundschulzeit für alle Kinder begrüßt bzw. gefordert« (Reichsministerium des Inneren 1921, S. 81 ff., S. 441 ff., S. 696 ff., zitiert nach Ziegenspeck 2000, S. 33 – Hervorhebungen im Text E. J.).

Fortan sollte diese Konfrontation »alle« weiteren Versuche zur Reformierung des Schul- und Bildungssystems überlagern. »Ideologiefreie« Diskurse wurden dadurch nahezu unmöglich. Der Entwicklungs- und Gründungsprozess der Orientierungsstufe kann deshalb auch nur im Kontext des sogenannten »Einheitsschulgedankens« und seiner erbitterten Ablehnung bzw. Bekämpfung gesehen und richtig eingeordnet werden. Dazu gehört auch die Frage, welchen Beitrag eine Schule zur Entfaltung und Förderung von Begabungen leisten kann, statt von »präformierten Begabungskonstanten« (Erdmann 1972, S. 6) auszugehen. Schließlich wurde mit der vierjährigen gemeinsamen Grundschule der Weimarer Republik der Auftrag verbunden, »allen Kindern [...] gleiche Startbedingungen [...][zu] geben, damit die für den Eintritt in das weiterführende Schulwesen entscheidenden Anlagen und Neigungen überhaupt sichtbar« werden (Nave 1961, S. 66). Während Integrationsbefürworter – vereinfachend gesagt – von einer »Begabungsdynamik« ausgehen und die gemeinsame Unterrichtung über eine längere Dauer damit argumentativ untermauern, dass bevor Entscheidungen zur weiteren Schullaufbahn eines Kindes gefällt werden können, »die Schule einen angemessenen zeitlichen Rahmen zur Entfaltung und Erforschung von Begabungen, der Entdeckungen von Neigungen und dem Ausgleich von Benachteiligungen bieten müsse« (Schuchart 2006, S. 19), sehen Differenzierungsunterstützer in der möglichst frühzeitigen Aufteilung von Schülerinnen und Schülern auf getrennte Schulformen eine »begabungsgerechte« Laufbahnentscheidung, die sich an den im Voraus festgelegten Anforderungsprofilen der Schulen orientiert. Dahinter verbirgt sich das Bild einer »statischen« Begabung, wonach Schulen für bestimmte Begabungsprofile stehen, die sie beim Übertritt von Schülerinnen und Schülern als vorhanden voraussetzen. Die OS ist somit auch Teil des bildungswissenschaftlichen und entwicklungstheoretischen Diskurses zu Grundauffassungen über Lernen, Lernfähigkeiten und Lernleistungen in Abhängigkeit von Begabung und Intelligenz (Roth 1972, S. 22).

3. Zur schrittweisen (De-)Institutionalisierung der Orientierungsstufe in Deutschland

3.1 Die Restauration des Bildungswesens im Nachkriegsdeutschland unter integrationsspezifischer Perspektive

Der Wiederaufbau des schulischen Systems nach 1945 wurde von altbekannten Fragen und Diskursen begleitet. So stand wieder einmal die Frage nach der Dauer gemeinsamen Lernens in der Grundschule auf der Agenda schulpolitischer Diskussionen. Wie gehabt, verteidigten politisch konservative Kreise und Parteien, wie gleichfalls Vertreter der Kirchen und der Gymnasiallehrerschaft nachdrücklich die Beibehaltung der vierjährigen Grundschule, »indem sie mit dem Leistungsvermögen des deutschen Schulsystems argumentierten« (Behnke 1955, S. 81, zitiert nach Jürgens 1982, S. 14). Eine Verschiebung nach oben, die weitere Jahrgangsstufen dem längeren gemeinsamen Lernen öffnete, sollte unbedingt verhindert werden. Demgegenüber traten andere gesellschaftliche Gruppierungen, wie große Teile der Volksschullehrerschaft, Gewerkschaftsvertreter und Politikerinnen und Politiker, weitgehend aus der SPD, für eine verlängerte Grundschulzeit auf sechs Jahre ein (Jürgens 1982). Während einerseits wiederum »auf die sozialintegrative Wirkung der Grundschule hingewiesen wurde«, kam andererseits das Argument »der Notwendigkeit einer »Objektivierung der Übergangsauslese« in die weiterführenden Schulen Genüge zu tun, neu hinzu (Winkeler 1975, S. 20). Während die Stadtstaaten Hamburg, Bremen und (West)Berlin wie das Land Schleswig-Holstein 1948/49 die sechsjährige Grundschule in ihr Schulsystem installierten, wobei sich Berlin zunächst sogar auf eine achtjährige Grundschuldauer verständigte, ließen alle weiteren Bundesländer die vierjährige Grundschule unverändert wieder aufleben, statt den Vorschlägen und dem Drängen der Besatzungsmächte nachzugeben und ebenfalls eine Verlängerung der Grundschulzeit vorzunehmen (Robinsohn 1970; Alliierter Kontrollrat 1947). Jedoch sollte die Reformmaßnahme nicht überall von langer Dauer sein und es erfolgte eine Revision, allerdings überwiegend verbunden mit dem Ersatz durch eine andere Form der längeren gemeinsamen Beschulung, wie beispielsweise die Orientierungsstufe (Jürgens 1991).

Jene Länder, die die sechsjährige Grundschule letztlich einführten, sahen sich von Anfang an kräftigen Anwürfen ausgesetzt. Beispielsweise in Bremen, einem schulpolitisch eher reformorientiertem Land, wurde mit ihrer Institutionalisierung das vielleicht umstrittenste Kapitel Bremer Schulentwicklung aufgeschlagen. »Von ihren Gegnern wurde immer wieder auf den ›Bremseffekt‹ dieser Schule verwiesen, den sie auf die ›Begabten‹ angeblich ausübte« (Jürgens 1991, S. 5). Vor allem politisch konservative, reformskeptische Kreise kreideten der sechsjährigen Grundschule Mängel an, die entweder gar nicht schultypspezifisch waren oder aber Fragen der allgemeinen Unterrichtsdidaktik betrafen. Dementsprechend wurde der sechsjährigen Grundschule unterstellt, dass der Unterricht dort zur Niveauminderung führen »müsse«, weil »in einer Klasse immer der geistig weniger Bemittelte den Durchschnitt und das Tempo des Unterrichts bestimme« (Schulte am Hülse 1982, S. 275). Außerdem wurde die Gefahr einer ›Amputation‹ der höheren Schule durch die sechsjährige Grundschule heraufbeschworen, weil schließlich damit die Verweildauer am Gymnasium um zwei Jahre verkürzt würde. Vor allem der begabungstheoretisch begründete Widerstand gegen die sechsjährige Grundschule führte nach nur 8 Jahren zu einer teilweisen Aufhebung dieser Schulform, als für »Begabtere« schon ein Übergang in das Gymnasium am Ende der 4. Klasse der Grundschule erfolgen konnte (Bremer Schulgesetz vom 27. März 1957).

Jedoch hatte sich zwischenzeitlich auch die Debatte über die Verlängerung des gemeinsamen Lernens verschoben, da die Vertreter der sechsjährigen Grundschule erkennen konnten, dass mit der Einführung dieser Schulform kein Schritt zur Vereinheitlichung des Schulwesens gemacht war. Die Frage der Verlängerung der Grundschulzeit – ja oder nein – war zu eng und zu isoliert gestellt worden. Deshalb bestimmte in den 1950er und 1960er Jahren zunehmend stärker die Überzeugung die bildungspolitische und schulpädagogische Diskussion, »dass die Frage nach der Dauer der Grundschule unlösbar ist von der Grundfrage nach der Zweckmäßigkeit des dreigliedrigen Schulsystems überhaupt und von den Problemen der inneren Gestaltung der Schuljahre 5 und 6 in Bezug auf Lernziele, Selektionsmaßnahmen, Förderung und Differenzierung« (Winkeler 1975, S. 23). Vor diesem Hintergrund war es einerseits zwar verständlich, dass sich die Schulstrukturdebatte nicht auf die Schuljahre 5 und 6 beschränken konnte, sondern das gesamte System in Blick haben musste und somit auch der Ruf nach Vereinheitlichung des Schulwesens erneut aufgegriffen wurde, nachdem bereits in der Weimarer Republik dazu gesetzgebende Anstrengungen unternommen worden waren und auch der Alliierte Kontrollrat (1947) »für eine horizontale Gliederung des allgemeinbildenden Schulwesens« plädierte (Ziegenspeck 2000, S. 39). Andererseits gilt es gleichermaßen zu konstatieren, dass die Kulturhoheit der Länder keine besonders förderlichen Voraussetzungen bietet, das Schulsystem in der Bundesrepublik Deutschland länderübergreifend zu vereinheitlichen.

3.2 *Ein Vorläufer: Das Förderstufenkonzept des Deutschen Ausschusses für das Erziehungs- und Bildungswesen*

Als erstes grundlegendes Reformkonzept zu strukturellen Veränderungen des Schulsystems kann der »Rahmenplan zur Umgestaltung und Vereinheitlichung des allgemeinbildenden öffentlichen Schulwesens« (Deutscher Ausschuss für das Erziehungs- und Bildungswesen 1959) angesehen werden. Kernstück der Reform und Vereinheitlichung des Schulsystems sollte die Förderstufe sein. Deren Einführung wurde mit einer Verbesserung des Übergangs zwischen der Grundschule und dem gegliederten Schulsystem (Haupt-, Realschule und Gymnasium) begründet. »Die Förderstufe soll [...] vor allem dazu helfen, dass nach den Maßen der sozialen Gerechtigkeit und des steigenden Bedarfs unserer Gesellschaft an höher gebildetem Nachwuchs jedem Kind der Weg sich öffnet, der seiner Bildungsfähigkeit entspricht. Die Förderstufe soll darauf aus sein, alle kindlichen Begabungen zu wecken und so zu erproben, dass die Entscheidung für den endgültigen Bildungsweg sich auf deutlich erkennbare Bewährungen stützen kann« (Deutscher Ausschuss für das Erziehungs- und Bildungswesen 1959, S. 83). Die längere gemeinsame Beschulung wurde zwar einerseits ebenso wie die verlängerte Grundschulzeit begabungstheoretisch gerechtfertigt, andererseits aber wurde die Kritik an der bisherigen Form der Übergangsauslese in der vierjährigen Grundschule aufgegriffen, die sowohl auf die geringe Prognosesicherheit als auch die ausgeprägte, verfahrensimmanente Chancenungleichheit fokussierte. Die Gelenkstellenfunktion, die damit dieser Stufe übertragen wurde, führte dazu, die organisatorischen und didaktischen Möglichkeiten am Prinzip der (individuellen) Förderung auszurichten. Der Name war somit gleichermaßen Auftrag wie Programmatik. Als adäquates Organisationsprinzip zur Implementation der förderstufenspezifischen Intentionen wurde teils auf ein äußeres Differenzierungsinstrument gesetzt, dem Kern-Kurs-System in den Fächern Englisch, Mathematik und Deutsch, teils auf binnendifferenzierende Verfahren, u. a. auch um den Anspruch auf soziale Integration in besonderem Maße gerecht werden zu können (Deutscher Ausschuss für das Erziehungs- und Bildungswesen 1959, S. 17).

Der Reformansatz des Deutschen Ausschusses hatte für die reale Schulpolitik der Länder nur geringe Auswirkungen. Die meisten Länder folgten den Vorschlägen nicht oder stimmten lediglich Schulversuchen mit der Förderstufe zu. Letztlich haben Niedersachsen – nach Vorerfahrungen mit dem Differenzierten Mittelbau (Niedersächsischer Kultusminister 1963) – und Hessen in umfangreicherem Maße die Förderstufe erprobt. Einzig in Hessen wurde die Förderstufe als Übergangsverfahren in größerem Stile etabliert und bis heute beibehalten, wenn auch ihr Bestand aktuell wieder gefährdet ist. Anders als die OS handelte es sich bei der Förderstufe um eine nachträgliche in das selektive Schulsystem installierte Bewährungsphase, um Härten des Übergangs abzumildern und die Laufbahnprognose sicherer machen zu können.

3.3 *Die Orientierungsstufe im Strukturplan des Deutschen Bildungsrates*

Der Deutsche Bildungsrat, der als Nachfolgekommission des Deutschen Ausschusses für das Erziehungs- und Bildungswesen 1965 von der Bund-Länder-Kommission eingesetzt wurde, hat mit dem »Strukturplan für das Bildungswesen« (1970) einen fundamentalen Rahmenplan für eine generelle Schul- und Bildungsreform (1970-1975) vorgelegt. Darin wird nicht nur der Begriff »Orientierungsstufe« erstmalig verwendet, sondern auch die Frage zur Stellung und Gestaltung der Schuljahre 5 und 6 in einem Gesamtkonzept zur Reform des bestehenden Schulwesens einschließlich des vorschulischen Systems (Elementarbereich) ist ebenfalls neu. Die OS, wie sie im Strukturplan projektiert wurde, war »Teil« einer Gesamtstrategie, die vorsah, das gesamte Schulwesen zu horizontalisieren und damit die bisherige vertikale Gliederung aufzuheben. Dennoch will der Deutsche Bildungsrat auch auf dem Hintergrund früherer bildungspolitischer Auseinandersetzungen es vermeiden, »für die Zukunft bestimmte Organisationsformen der Schule zu dogmatisieren. Er hebt einen in Gang befindlichen Umwandlungsprozess ins Bewusstsein und zeigt, was sich aus seiner Besinnung auf die in diesem Umwandlungsprozess implizierten Prinzipien für die Bestimmung der Zielrichtung und als praktische Forderung für die nächste Entwicklungsphase ergibt« (Deutscher Bildungsrat 1970, S. 30). Unter dieser Prämisse sind sowohl die Zielvorstellungen zur OS als auch die Überlegungen zur Umwandlung des gesamten Systems zu verstehen.

Organisatorisch bildet die OS eine für alle Schülerinnen und Schüler verbindliche zweijährige Schulstufe innerhalb der einheitlichen Sekundarstufe I mit weiteren Zweijahresblöcken der Jahrgänge 7 und 8 sowie 9 und 10, gerahmt von einer reformierten Oberstufe (Sekundarstufe II) und einer veränderten Grundschule (Primarstufe) einschließlich eines vorgelagerten Elementarbereichs. Durch eine curriculare und organisatorische Harmonisierung gegenwärtig noch bestehender Schulformen sollte in einem allmählichen Umwandlungsprozess ein horizontal gestuftes Gesamtsystem entstehen. »In diesem System ist der Schüler nicht mehr, wie dies im herkömmlichen System noch der Fall ist, gezwungen, sich nach Abschluss der Primarstufe für eine der drei Schulformen zu entscheiden, er hat vielmehr die Möglichkeit, in der Sekundarstufe unter einem sich immer stärker differenzierenden Unterrichtsangebot eine individuelle Auswahl zu treffen und die einmal getroffene Wahl gegebenenfalls auch wieder zu revidieren« (Winkeler 1975, S. 46).

Nach den Plänen des Deutschen Bildungsrates sollte die OS einerseits die Statuspassage zwischen dem Primar- und Sekundarbereich regeln, andererseits stellte die Schulstufe 5 und 6 den Eingangsbereich innerhalb einer integrativen Sekundarstufe I dar. Dementsprechend wurde dem Strukturplan als allgemein geltender Grundsatz die Ermöglichung von Chancengleichheit vorangestellt. »Das Recht auf Bildung ist dann verwirklicht, wenn jeder Heranwachsende soweit gefördert wird, dass er die Voraussetzungen besitzt, die Chancen tatsächlich wahrzunehmen« (Deutscher Bildungsrat 1970, S. 30), was eine demgemäße individuelle Förderung erforderlich macht, die nicht schwerpunktmäßig einer bestimmten Schulform oder –stufe zufiele, sondern pädagogisches Basisprinzip für das gesamte Schulsystem sein sollte. Innerhalb eines solchen integrativen Systems hätten dann alle Stufen unterschiedliche Aufgaben zu erfüllen, die spiralcurricular aufeinander aufbauten. Der OS käme dabei – wie der Name sagt – die Funktion zu, Orientierung zu geben, zum Einen über eigene Lernchancen und Interessen bzw. Vertiefungsschwerpunkte, zum Anderen über die Angebote und Anforderungen des Sekundarbereichs.

»Die sich so entfaltende Differenzierung des fachlichen Angebotes in der OS muss der Schüler bewusst erleben und verstehen können. Gerade dadurch wird die Fähigkeit gestärkt, auf die es ankommt, nämlich angesichts einer Vielfalt von Bildungsmöglichkeiten zu vernünftigen Entscheidungen zu kommen« (Deutscher Bildungsrat 1970, S. 30). Die Doppelfunktion der Orientierung gilt darüber hinaus der Kooperation zwischen Elternhaus und Schule, insbesondere hinsichtlich der Wahrnehmung von weiterführenden Bildungsangeboten und Schullaufbahnentscheidungen. »Die Orientierung soll schließlich auch der Unterrichtung der Eltern dienen. [...] Die Eltern sind in häufigen Besprechungen unmittelbar am Entscheidungsprozess über den weiteren Ausbildungsgang zu beteiligen« (Deutscher Bildungsrat 1970, S. 144).

Direkt mit der Orientierungsfunktion sind pädagogische Aufgabenfelder verbunden, die der Umsetzung des Grundsatzes der Chancengleichheit inhärent sind und demgemäß keiner darüber hinausgehenden Begründung bedürfen. Neben die Orientierung tritt notwendigerweise die individuelle Förderung der Schülerinnen und Schüler wie die Beratungs- und (förderorientierte) Beurteilung. Um der Leistungsbeurteilung ihren vordergründig selektiven Charakter zu nehmen, soll die »Beurteilung bzw. das Zeugnis am Ende der OS lediglich Hinweischarakter« haben (Deutscher Bildungsrat 1970, S. 149), damit Schullaufbahnen nicht frühzeitig festgelegt bzw. versperrt, sondern offen gehalten werden. Auch das sich im Rahmen der verstärkten individuellen Förderung stellende Problem von Integration und Differenzierung wird in der Weise entspannt, als empfohlen wird, auf äußere, (fachleistungsbezogene) Differenzierung weitgehend zu verzichten zu Gunsten anderweitiger Differenzierungsformen: »Die systematischen Untersuchungen zur Differenzierungsproblematik legen es nahe, [...] in der Orientierungsstufe – unabhängig von ihrer Zuordnung, zum Primarbereich oder zur Sekundarstufe I – auf eine äußere Leistungsdifferenzierung zu verzichten, ohne allerdings eine Differenzierung der Leistungsanforderungen innerhalb einer Lerngruppe auszuschließen« (Deutscher Bildungsrat 1970, S. 73). Als Übergang zu einer später einsetzenden fachspezifischen Differenzierung wird zudem angeregt, zunächst »schrittweise und flexible fachspezifische Differenzierung« einzuführen, um Entwicklungs- und Wahlchancen so lange wie möglich zu erhalten« (Deutscher Bildungsrat 1970, S. 73). Erst dann sollte »die fachspezifische äußere Differenzierung [...] erst in wenigen Fächern [...] und in geringem Ausmaß, also mit vorerst zwei Leistungsniveaus beginnen« (Deutscher Bildungsrat 1970, S. 74).

Die neu zu gründende Sekundarstufe im Allgemeinen wie die OS im Besonderen lassen erkennen, wie die breite Begabungsdiskussion (Roth 1972) zu dieser Zeit Einfluss genommen hat auf strukturelle und curriculare Reformaktivitäten. Die Anerkennung der These, dass Menschen durch Umweltanregungen, wie etwa Erziehung und Bildung in der Schule, »begabt werden können«, führte zu nachdrücklichen Bestrebungen, den Förderaspekt zum wichtigsten Qualitätsparameter von Schule und Unterricht zu machen, um nicht den individuellen Entfaltungsmöglichkeiten durch zu frühe oder falsche Entscheidungen den Handlungsspielraum zu nehmen (Jürgens 1991, S. 13; Ziegenspeck 2000, S. 55).

3.4 Die Orientierungsstufe im Bildungsgesamtplan der Bund-Länder Kommission

Sowohl im Bildungsgesamtplan (1973), den Vorschlägen für die Durchführung vordringlicher Maßnahmen (1972) als auch dem Zwischenbericht (1971) war die OS Gegenstand der Beratungen. Allerdings zeigte sich schon früh, dass die im Strukturplan unterbreiteten Vorschläge des Bildungsrates strittig waren, vor allem wenn es um die Frage der zukünftigen Struktur der Sekundarstufe I ging. Die altbekannte Kontroverse zwischen Integration und Differenzierung brach wieder vehement auf und führte dazu, dass in der nächsten Zeit die Reformposition des Bildungsrates hinsichtlich des strukturellen und organisationalen Aufbaus der Mittelstufe schulpolitisch nicht konsensfähig sein würde. Während man sich in der BLK noch weitgehend über sehr allgemeine bildungspolitische Grundsätze verständigen konnte, wie der »Vermeidung vorzeitiger Festlegung auf bestimmte Bildungsgänge« und der »Berücksichtigung der Neigung und Befähigung des einzelnen durch eine zunehmende Wahl- und Leistungsdifferenzierung unter Beibehaltung eines verpflichtenden Kernbereiches gemeinsamer Inhalte« (BLK 1973, S. 25), wurden in der Diskussion über eine dafür adäquate Schulstruktur die Unterschiedlichkeit der Auffassungen unüberbrückbar. Um eine integrierte Sekundarstufe I bzw. integrierte Gesamtschule zu verhindern, spielten die Gegner einer derartigen Entwicklung auf Zeit und brachten im Zwischenbericht der BLK ein »*Besonderes Votum*« ein, mit dem die seinerzeit »christdemokratisch regierten Bundesländer (Baden-Württemberg, Bayern, Rheinland-Pfalz, Saarland, Schleswig-Holstein) sich dagegen aussprachen, Entscheidungen politisch vorwegzunehmen, ehe ein Experimentalprogramm zur Einrichtung von Schulversuchen mit Gesamtschulen abgeschlossen sei« (Ziegenspeck 2000, S. 56). Für die Orientierungsstufenentwicklung bedeutete das »Besondere Votum« das Ende einer gemeinsamen Schulpolitik. Der bestehende Beschluss, die OS schulformunabhängig einzurichten (wie auch anders in einer projektierten integrierten Sekundarstufe I) wurde mit dem »Besonderen Votum« aufgeweicht, indem sie »organisatorisch sowohl den verschiedenen Schulformen (Haupt-, sechsjährige Realschule, Gymnasium) zugeordnet wie auch schulformunabhängig gestaltet werden« (BLK 1973, S. 25) konnte. Davon unberührt blieb allerdings die terminliche Planung: »Die Länder werden […] die Orientierungsstufe erproben und ihre Einführung so planen, dass bis 1976 mit der Einführung der Orientierungsstufe – möglichst für alle Schüler der betreffenden Altersjahrgänge – begonnen wird« (BLK 1973, S. 27) Dennoch konnte die Einigung auf einen gemeinsamen Startpunkt nicht darüber hinwegtäuschen, dass es sich hierbei um einen Formelkompromiss »zwischen Verfechtern eines modifizierten dreigliedrigen Schulsystems (und) den Verfechtern einer differenzierenden integrierten Gesamtschule« handelte (Deutscher Bildungsrat 1975, S. 106), mit dem die Orientierungsstufenkonzeption des Strukturplans in seiner begabungs- und fördertheoretischen Ausrichtung konterkariert wurde. Sollten mit der OS nach dem Verständnis des Strukturplans Schullaufbahnen möglichst lange offengehalten werden, würde mit der schulformgebundenen Orientierungsstufe der Zeitpunkt laufbahnbezogener Selektionen wieder an das Ende der vierjährigen Grundschule gelegt, d. h. am Status quo hätte sich im Grunde nichts geändert und die OS wäre »hinsichtlich ihrer Funktion für die Sekundarstufe I der Förderstufe des Deutschen Ausschusses [...] vergleichbar, von der sie der Bildungsrat noch explizit abgesetzt hatte.« (Schuchart 2006, S. 26) Damit war klar: Würde das »Besondere Votum« Realität, hätte die Idee von der Stärkung des Integrationsgedankens im weiterführenden Schulsystem deutlich an Rückhalt verloren.

3.5 Die Ständige Konferenz der Kultusminister (KMK) und die Orientierungsstufe

Wurden die im Strukturplan für das Bildungswesen unterbreiteten Vorschläge des Bildungsrates schon durch die Beschlüsse der BLK für Bildungsplanung und die Minderheitenvoten spürbar relativiert, so setzte sich diese Form des Unterlaufens in der Folgezeit hoch fort. Mit der »Vereinbarung über die Orientierungsstufe« der Kultusministerkonferenz (1974), die auf den Ergebnissen des Bildungsgesamtplans der BLK (1973) fußte, wurde die Integrationsfunktion dieser Schulstufe vollends zur Disposition gestellt. Die Kultusministerkonferenz (KMK) verständigte sich im Gegensatz noch zur Aussage im Bildungsgesamtplan (1973) – ganz im Sinne des »Besonderen Votums« – auf den folgenden Kompromiss: »Die Orientierungsstufe kann sowohl schulformunabhängig als auch schulformabhängig der Haupt-, der Realschule und dem Gymnasium zugeordnet werden [...]. Ist die Orientierungsstufe Schulformen zugeordnet, so kann mit Beginn der Klasse 5 eine vorläufige Lenkung der Schüler in eine der Schulformen erfolgen. Dazu kann ein Aufnahmeverfahren dienen [...]« (Kultusministerkonferenz 1974, S. 22, 24). Mit diesem Beschluss wurde nicht nur die OS des Bildungsrates endgültig verworfen, sondern ebenso sämtliche Reformansätze sowohl die Sekundarstufe I als auch II in einem horizontalen (integrierten) Schulwesen als Regelform zu verankern.

4. Schlussbetrachtungen

4.1 Aktuelle Umsetzungsstände

Abschließend kann konstatiert werden, dass die OS zu einem Containerbegriff für voneinander abweichender bildungspolitischer Absichten geworden ist und unter Namen wie Erprobungs-, Förder-, Beobachtungs- oder Orientierungsstufe bzw.

wie in Berlin (und später Brandenburg) als 6jährige Grundschule geführt wird. Die Ursprungsform der schulformunabhängigen OS wurde lediglich in sieben Bundesländern, zumeist als Schulversuch oder Angebotsschule zugelassen. Allein Bremen und Niedersachen haben die OS des Bildungsrats flächendeckend verbindlich eingeführt, jedoch in der Zwischenzeit schon wieder aufgelöst. In Niedersachsen im Jahr 2004, in Bremen 2005. Mit Mecklenburg-Vorpommern führt heute (2018) nur noch ein Land eine schulformunabhängige OS, das relativ spät sich auf deren Einführung zum Schuljahr 2005/6 verständigte. Auch die Länder Berlin und Brandenburg haben im Grunde die schulformunabhängige Orientierungsstufe beibehalten, indem die sechsjährige Grundschule deren Aufgaben weiterhin wahrnimmt. Ansonsten besteht immer noch eine Reihe schulformabhängiger Orientierungsstufen in Sachsen, Schleswig-Holstein, Sachsen-Anhalt, Rheinland-Pfalz und dem Saarland, während in Hessen zumeist an Gesamtschulen die Förderstufe und in Nordrhein-Westfalen die Erprobungsstufe als vergleichbares Äquivalent existiert. Diese Orientierungsstufeninterpretation ist in ihrem Bestand auch kaum gefährdet, weil sie einerseits mit keinerlei Systemveränderung verbunden wird und andererseits nicht an der Selektivität des gegliederten Schulwesens rüttelt.

4.2 Die Orientierungsstufe als eine schlussendlich gescheiterte Reform

Zusammenfassend ist an erster Stelle zu vermerken, dass die Orientierungsstufe von Anfang als Kompromiss – ein schlechter zudem – implementiert wurde. Als Teil einer Gesamtreform – von der Grundschule (Primarbereich) bis zur Oberstufe (Sekundarstufe II) – geplant, blieb sie stets eine fragmentierte Reform. Sie sollte einst ein neues Verhältnis zwischen Integration und Differenzierung begründen, obwohl das System, vor allem nach oben, unverändert – zumindest weitgehend – geblieben ist. Das konnte kaum gelingen, obwohl die (schulformunabhängige) OS trotz allem Erfolge nachweisen konnte. »Sie hat Orientierung und Bewährung ermöglicht. Die vergleichsweise hohe Prognosesicherheit und die signifikante Senkung der Wiederholungs- und Abbruchquoten in den weiterführenden Schulen sind dafür bemerkenswerte Belege« (Jürgens 2001, S. 68). Aber ihr fehlte es nicht nur an bildungspolitischer Unterstützung, sondern auch an systemischer. So gab es nirgends ernstlich die Absicht, die Sekundarstufe I in ein integriertes System umzuwandeln, in dem die Orientierungsstufe die Eingangsphase darstellt.

Zweitens ist die OS geradezu ein Musterbeispiel dafür, wie eine Reform nicht durchgeführt werden sollte. Statt sie als Reparaturmaßnahme auf der Grundlage altbekannter Umsetzungs- und Gestaltungsformen sowie Kompetenzstrukturen realisieren zu wollen, wäre es erforderlich gewesen, parallel dazu u. a. Reformen im Lehrer(aus)bildungssektor und in der Personalentwicklung auf den Weg zu bringen, um beispielsweise die Lehrerschaft für den Umgang mit Heterogenität und Differenzierung sowie Individualisierung besser vorzubereiten und auszubilden. Dann würden ausbleibende Fördereffekte der Orientierungsstufe vielleicht nicht dieser Organisationsform zugeschrieben (Schuchart 2006, S. 236 ff.), sondern fehlenden Kompetenzen und Einstellungen der Lehrerschaft (Kunze/Solzbacher 2008). Individuelle Förderung wird nämlich mit überwältigender Mehrheit zwar als wichtiges und erstrebenswertes Ziel beurteilt, jedoch mit nahezu gleichgroßer Mehrheit sind Lehrkräfte der Ansicht, dass individuelle Förderung (in allen Schulformen) nicht möglich sei (Kunze/Solzbacher 2008).

Drittens war es eine fatale Fehleinschätzung, die Orientierungsstufe als Zwischenschrift auf dem Weg zur Reformierung des Schulsystems zu betrachten, ihr also eine Art Initialzündung oder Hebelwirkung zuzuschreiben. Viel zu stark und entschlossen agierte die Gegnerschaft, die am traditionellen Schulwesen unbedingt festhalten wollte und deshalb alles dafür tat, dass keine günstigen Bedingungen für eine Ausdehnung der Reform auf das Gesamtsystem entstehen konnten. Es ist deshalb davon auszugehen, dass die bildungspolitische Ideologisierung des Verhältnisses von Integration und Differenzierung, die bis in die Wissenschaft reicht, auch in Zukunft Reformen belasten wird (Jürgens 2002, S. 22).

In keinem Bundesland ist es gelungen, die Einführung der OS als Anstoß bzw. Auslöser für eine weitergehende schulsystemische, geschweige denn pädagogische Reform zu nutzen. Wie die Historie weiter dokumentiert, ist es mitunter nicht einmal zu diesem ersten Schritt gekommen. Entweder wurde die OS, abgesehen von einigen pflichtmäßig durchgeführten Schulversuchen, vollkommen aus dem bestehenden Schulwesen herausgehalten, oder sie »durfte« sich fernab der ursprünglichen Reformidee und »befreit« von pädagogischem Reformidealismus unter veränderten Vorzeichen und abgewandelter Namensgebung doch noch in die gegebene Realität irgendwie einfügen.

5. Literatur

Alliierter Kontrollrat (Hrsg.) (1947): Direktive Nr. 54. Grundprinzipien für die Demokratisierung der Erziehung in Deutschland.

Schulte am Hulse, H. (1982): Die verbindliche sechsjährige Grundschule in Bremen als Politikum. München: Minerva.

Bund-Länder-Kommission für Bildungsplanung (BLK) (Hrsg.) (1971): Zwischenbericht an die Regierungschefs des Bundes und der Länder über den Bildungsgesamtplan und ein Bildungsbudget. Bonn.

Bund-Länder-Kommission für Bildungsplanung (BLK) (Hrsg.) (1972): Vorschläge für die Durchführung vordringlicher Maßnahmen. Stuttgart.

Bund-Länder-Kommission für Bildungsplanung (BLK) (Hrsg.) (1973): Bildungsgesamtplan Bd. 1 und 2. Stuttgart.

Der Senator für Bildung (1957): Gesetz über das Schulwesen der Freien Hansestadt Bremen von 29.03.1957.

Deutscher Ausschuss für das Erziehungs- und Bildungswesen (Hrsg.) (1959): Rahmenplan zur Umgestaltung und Vereinheitlichung des allgemeinbildenden öffentlichen Schulwesens. Stuttgart: Klett.

Deutscher Bildungsrat (Hrsg.) (1970): Strukturplan für das Bildungswesen. Bonn: Bundesdruckerei.

Deutscher Bildungsrat (Hrsg.) (1975): Bericht '75 – Entwicklungen im Bildungswesen. Stuttgart: Klett.

Erdmann, K. D. (1972): Vorwort: In: Deutscher Bildungsrat. Gutachten und Studien der Bildungskommission. Band 4. In: Roth, H. (Hrsg.): Begabung und Lernen. 8. Auflage. Stuttgart: Klett, S. 5–6.
Jürgens, E. (1982): Der Schülerbeobachtungsbogen in der Orientierungsstufe des Landes Bremen. Frankfurt am Main. u. a.: Lang.
Jürgens, E. (1989): Die Orientierungsstufe im Urteil von Eltern und Lehrern – unter besonderer Berücksichtigung von Schullaufbahnempfehlung und Elternentscheidung. Frankfurt am Main: Haag und Herchen.
Jürgens, E. (1991): 20 Jahre Orientierungsstufe. Beiträge zu einer umstrittenen Schulform. Sankt Augustin: Academia Verlag.
Jürgens, E. (2001): Die Orientierungsstufe hat sich Anerkennung erworben. In: Bönsch, M./Jürgens, E./Ziegenspeck, J. (Hrsg.): Die Orientierungsstufe muss erhalten bleiben/Was macht sie erhaltenswert. Lüneburg: Edition Erlebnispädagogik.
Jürgens, E. (2002): Zum Gutachten des DIPF zu »Stand und Perspektiven der Orientierungsstufe in Niedersachsen. In: SchulVerwaltung. Ausgabe für Niedersachen und Schleswig-Holstein, H. 1, S. 18–22.
Kultusministerium Rheinland-Pfalz (Hrsg.) (1979): Schulversuch Gemeinsame Orientierungsstufe. Mainz: v. Hase und Koehler.
Kultusministerkonferenz (KMK) (1974): Vereinbarung über die Orientierungsstufe. Bonn.
Kunze, I.; Solzbacher, C. (2008): Individuelle Förderung in der Sekundarstufe I und II. Baltmannsweiler: Schneider.
Nave, K.-H. (1961): Die allgemeine deutsche Grundschule. Weinheim: Beltz.
Niedersächsischer Kultusminister (Hrsg.) (1963): Der Differenzierte Mittelbau. Hannover.
Reichsministerium des Inneren (Hrsg.) (1921): Die Reichsschulkonferenz (1920). Ihre Vorgeschichte und Vorbereitung und ihre Verhandlungen. Amtlicher Bericht. Leipzig.
Robinsohn, S. B. (Hrsg.) (1970): Schulreform im gesellschaftlichen Prozess. Stuttgart: Klett.
Roth, H. (Hrsg.) (1972): Begabung und Lernen. 8. Auflage. Stuttgart: Klett.
Schuchart, C. (2006): Orientierungsstufe und Bildungschancen. Eine Evaluationsstudie. Münster u. a.: Waxmann.
Winkeler, R. (1975): Diskussion um die Orientierungsstufe seit 1945. In: Ziegenspeck, J. (Hrsg.): Bestandsaufnahme Orientierungsstufe. Braunschweig: Westermann, S. 18–53.
Ziegenspeck, J. (2000): Handbuch Orientierungsstufe. Sachstandsbericht und Zwischenbilanz. Heilbrunn: Klinkhardt.

Günter Winands

Der Schulversuch

Pädagogische Experimente und ihre Grenzen

1. Der Schulversuch als Instrument der Schulreform

Was eine gute Schule auszeichnet und welche Bildungsinhalte wie vermittelt werden sollen, darüber wird in Deutschland seit der Übernahme staatlicher Verantwortung für das Schulwesen Anfang des 19. Jahrhunderts geforscht, geschrieben und auch leidenschaftlich gestritten. Jede Zeit sucht, eingebettet in die jeweiligen gesamtgesellschaftlichen Rahmenbedingungen, nach ihren Antworten auf diese Grundfragen, strebt nach neuen Erkenntnissen und möglichst »besseren« Wegen in der Bildung. Der Schulversuch gehört dabei zum Handwerkskasten deutscher Bildungsreformer.

Der Schulversuch gilt als ein Instrument der Objektivierbarkeit bildungswissenschaftlicher und -politischer Hypothesen, eingesetzt sowohl im Kaiserreich, der Weimarer Republik wie auch in den heutigen Bundesländern. Insbesondere vor und nach dem Ersten Weltkrieg war die pädagogische Diskussion in Deutschland beherrscht von dem Gedanken, über Versuchsschulen und dort gewagter pädagogischer Experimente zu umfassenden Schulreformen zu gelangen. Es war die Blütezeit der Reformpädagogik, nicht zuletzt in der Hauptstadt Berlin. Versuchsschulen sollten »Keimzellen« für die Umgestaltung des gesamten Schulwesens werden (Hilker 1924, S. 448).

Die Entwicklung schwankt bis heute immer wieder zwischen dem Schulversuch als Teil staatlich kontrollierter Reformen »von oben« und als Instrument einer Schulreform »von unten«, als Werkzeug eines sich aus staatlichen Fesseln befreien wollenden pädagogischen Reformimpulses, ausgehend von einzelnen Schulen, Initiativen oder Bildungsforschern. Über die Sinnhaftigkeit von Schulversuchen und Versuchsschulen gehen dabei bis heute die Meinungen auseinander. Sofern sie mit Reformbestrebungen amtlicher Schulpolitik oder Schulverwaltung zusammenhängen, kritisieren Lehrkräfte von jeher die damit verbundene Unruhe in den Schulen und ein Ungeordnetsein des Unterrichtsbetriebs, monieren zumeist überdies unzureichende Ressourcen und eine zu kurze, mangelhafte Vorbereitung sowie grundsätzlich eine Wechselhaftigkeit der pädagogischen Ansage. Mit einer experimentierfreudigen Schulpolitik gehen vor allem Befürchtungen nicht zuletzt auch der Elternschaft einher, Klassenzimmer könnten zu einem Labor, Kinder als die sprichwörtlichen »Versuchskaninchen« benutzt werden.

Dass, wenn die Ergebnisoffenheit eines Versuchs nicht gewahrt wird, dies durchaus gravierende rechtliche Folgen nach sich ziehen kann, mussten die schulpolitischen Verantwortlichen in Nordrhein-Westfalen erfahren. Das dortige Oberverwaltungsgericht stoppte im Juni 2011 das ursprünglich zentrale bildungspolitische Vorhaben der seinerzeit von SPD und Bündnis 90/Die Grünen getragenen Landesregierung, den Schulversuch »Gemeinschaftsschule«. Wesensmerkmal und schulgesetzliche Tatbestandsvoraussetzung eines Schulversuchs sei, dass er der Erprobung von Reformmaßnahmen diene; stehe aber für die Schulverwaltung das Erreichen der Reformziele bereits unzweifelhaft fest, fehle es hieran und der Versuch sei mangels Erprobung rechtswidrig (OVG NRW 2011, S. 436; so auch schon: Winands 2011).

Selbst bei Befürwortern von Schulversuchen kehrt häufig Ernüchterung ein, wenn sich, wie etwa bei einem der größten Schulversuche der Nachkriegszeit in der Bundesrepublik, dem Experimentalprogramm der Kultusministerkonferenz mit Gesamtschulen vor über 40 Jahren, die pädagogischen Hypothesen des Versuchs am Ende durch dessen Ergebnisse wissenschaftlich nicht hinreichend erhärten lassen. Andererseits zeigt gerade das weitere Festhalten der damaligen Schulpolitik an der Gesamtschule, die mit Auslaufen des Versuchs dennoch in fast allen Bundesländern zu einer zusätzlichen Regelschulform umgewandelt wurde, dass Schulpolitik Versuchsergebnisse nur bedingt zur Grundlage späteren Handelns macht und damit nach anderen Gesetzmäßigkeiten funktioniert als die Wissenschaft. Schulversuche werden mitunter eben auch nur als zeitweilige Konfliktlösung oder gar aus purem Bildungsaktionismus eingesetzt.

Ein führender Reformpädagoge der Weimarer Zeit, der damalige Vorsitzende des »Bundes Entschiedener Schulreformer«, Paul Oestreich, mutierte angesichts der beschränkten Wirksamkeit von Schulversuchen sogar vom flammenden Verfechter dieses pädagogischen Instruments auf der Reichsschulkonferenz 1920 zum schärfsten Kritiker. Etwa vier Jahre später schrieb er dem Erziehungswissenschaftler Theodor Litt: »Wenn man so, wie ich das tue, die Problematik der Weltlage sieht, so können einem ›Versuchsschulen‹ wenig nützen. ›Erziehungsoasen‹ sind hübsche mittelalterliche Klostervisionen« (Oestreich 1924, S. 374 ff.).

2. Der Schulversuch im juristischen und pädagogischen Verständnis

Unter einem »Schulversuch« wird juristisch ein Vorhaben in einer Schule bezeichnet, das zur Erprobung neuer pädagogischer oder organisatorischer Ideen von bindenden allgemeinen rechtlichen, insbesondere schulrechtlichen Vorgaben abweicht und deswegen zur Durchführung einer besonderen rechtlichen Erlaubnis bedarf. Der »Schulversuch« stellt einerseits eine rechtlich zu regelnde Ausnahme vom Regelsystem dar, andererseits zielt er auf die innovative Fortentwicklung des Regelsystems. Im Gegensatz zum verwaltungsrechtlichen Dispens, der etwa im Abgabenrecht zum Zweck der Vermeidung unbilliger Härten in atypischen Einzelfällen Ausnahmen von der Regel zulässt, ist die Abweichung nicht auf Dauer angelegt, sondern nur für eine Versuchsphase. An deren Ende steht entweder die Bewährung, der Versuchserfolg, und damit rechtlich eine Änderung des Regelsystems, gegebenenfalls auch nur in Teilbereichen, oder aber die Beendigung des Versuchs und Beibehaltung des etablierten Rechtszustands (Winands 2014, S. 26 f.).

Der Schulversuch reiht sich ein in den Kreis der Experimentierklauseln, wie sie – unterschiedlich ausgestaltet – auch in vielen anderen Bereichen des öffentlichen Rechts anzutreffen sind, insbesondere in fast allen Bundesländern zur Erprobung neuer Steuerungsmodelle und zur Weiterentwicklung der kommunalen Selbstverwaltung mit befristeten Ausnahmen von geltendem Haushalts- und Organisationsrecht der Gemeinden. Weitere Erscheinungsformen von Experimentierklauseln finden sich vielfach im Hochschul- und Ausbildungsrecht, aber etwa auch im Beamtenrecht, Tierschutzrecht oder Sozialrecht (Überblick: Winands 2014, S. 27 f.).

Über die juristische Begriffsbestimmung des Schulversuchs geht der pädagogische Sprachgebrauch deutlich hinaus. Hier wird darunter generell die Erprobung eines neuen, bisher in den Schulen eines Landes nicht praktizierten pädagogischen oder organisatorischen Konzepts verstanden, unabhängig davon, ob diese Innovation im Rahmen des geltenden allgemeinen Rechts erfolgt oder nicht. Dabei kann der Umfang reichen von auf bestimmte pädagogische Fragestellungen begrenzten Neuerungen im Rahmen des herkömmlichen Schulsystems, insbesondere im Bereich der Unterrichtsformen und Curricula, bis zur Einrichtung einer in Struktur und Curriculum neuartigen Modellschule, die ein umfassendes neues Schulkonzept verfolgt. Wie im juristischen Sprachgebrauch wird für letztere dann ebenfalls der Begriff Versuchsschule, vielfach aber auch Modellschule gewählt.

3. Der Schulversuch in historischer Dimension

Bis Anfang des 19. Jahrhunderts konnten sich Schulreformer ein modernes Bildungswesen nur in staatlicher Verantwortung, frei von kirchlichen und lokalen Abhängigkeiten vorstellen. Einzelne pädagogische Versuche dienten dazu, den Prozess der Verstaatlichung und Verweltlichung des Schulwesens voranzutreiben. Gegen Ende des Jahrhunderts hatte der Staat, ganz voran der Preußische, die Herrschaft über die Schule derart ausgebaut und durch Lehrpläne sowie Organisationserlasse straff durchreguliert, dass nunmehr die meisten Schulreformer pädagogischen Fortschritt nur außerhalb des staatlichen Korsetts oder jedenfalls innerhalb eines weitgehend aufgeschnürten als möglich erachteten.

Dabei hatte die Schuladministration im Zuge der Humboldt'schen Bildungsreform und auch später in der Kaiserzeit immer wieder Reformen und Versuche im Schulsystem durchgeführt, aber letztere stets als staatlich verordnete Strukturversuche. Das Interesse des bürgerlich-monarchistisch geprägten Staates galt dabei zudem fast ausschließlich dem höheren Schulwesen, polemisch von Paul Oestreich, dem Schulreformer der Weimarer Zeit, dahingehend charakterisiert: »Schulreform hieß der Streit um mehr oder weniger Latein oder Griechisch.« (Oestreich 1920).

Die unter dem Sammelbegriff »Reformpädagogik« zu fassenden pädagogischen Bewegungen vor und nach dem Ersten Weltkrieg widmeten sich indes vorrangig der Schulform, die vom weitaus größten Teil aller Kinder besucht wurde, der Volksschule; nur in der Landerziehungsheimbewegung blieb der Focus noch auf die höhere Schule gerichtet. Die im Regelfall von einzelnen Schulkollegien oder Lehrkräften ausgehenden Reformbestrebungen im Volksschulbereich waren eng verknüpft mit dem Anliegen einer Verbesserung der sozialen Lage von Arbeiterkindern und häufig auch mit sozialistischen Bestrebungen zur Veränderung der gesellschaftlichen Verhältnisse. Gemeinsamer Nenner der höchst heterogenen Reformansätze war dabei – insoweit eine deutliche Parallele zur heutigen Zeit – die Stärkung der Einzelschule und damit verbunden das Zurückdrängen des Einflusses der staatlichen Schulaufsicht, vor allem durch das Nichtanwenden der Lehrpläne und den Aufbau einer schulischen Selbstverwaltung.

Ähnlich einer Wellenbewegung kam es nach der Zäsur der NS-Zeit zunächst im westdeutschen Schulwesen nicht zu einem Wiederaufleben der Weimarer Reform- und Versuchsaktivitäten im Volksschulbereich. Diese gerieten sogar weitgehend in Vergessenheit. Wie im Kaiserreich setzte vielmehr wieder eine Fixierung auf die Gegenstände und Methodik der gymnasialen Bildung ein. Sozialer Aufstieg durch Bildung war auf das Gymnasium verengt. Erst ab Mitte der 1960er Jahre erweiterte sich der Blickwinkel auf alle weiterführenden Schulen, und zwar durch die erfolgte Umgestaltung der Volksschuloberstufe zur Hauptschule und die Einführung der Gesamtschule – beides zunächst versuchsweise.

Auch wenn in der öffentlichen Wahrnehmung von Versuchsschulen vor allem einzelne wiedergegründete private Landerziehungsheime (Schloss Salem, Birklehof, Odenwaldschule) präsent waren, gingen in den 1950er/1960er Jahren die meisten Schulversuche von den Schulministerien aus. Dies verstärkte sich noch durch das modifiziert bis heute geltende Länderabkommen zur Vereinheitlichung des Schulwesens, »Hamburger Abkommen«, von 1964 mit einer darin enthaltenen Öffnung für mehr Schulversuche (KMK-Sammlung Nr. 101).

Vor allem jedoch nahmen die ministeriell verantworteten Versuchsprojekte erheblich zu mit dem Ende der 1960er Jahre zwischen Bund und Ländern vereinbarten Experimentalprogrammen zu Ganztagsschulen und Gesamtschulen sowie den zwischen 1971 und 2009 durchgeführten Modellversuchen auf Initiative der Bund-Länder-Kommission für Bildungsplanung und Forschungsförderung (BLK). Letztere und damit die Mitwirkung des Bundes an der Versuchsförderung als Teil einer gemeinsamen Bildungsplanung wurden als Folge des mit der Föderalismusreform 2005 eingeführten grundgesetzlichen »Kooperationsverbotes« beendet.

Im wiedervereinigten Deutschland hat sich der Schulversuch inzwischen zu einem normalen, nicht mehr wie in der Weimarer Zeit oder den Bildungsdebatten der 1970er Jahre mit überbordenden Erwartungen befrachteten, Instrument zur Fortentwicklung des Schulwesens ausgewachsen. Bis heute sind dabei Schulversuche im Rahmen ministeriell konzipierter und wissenschaftlich begleiteter Versuchsprogramme deutlich in der Überzahl. Nur wenige Schulversuche entspringen gegenwärtig Initiativen aus den Schulen. In Nordrhein-Westfalen soll dies durch eine erstmals im Jahr 2006 ins Schulgesetz eingefügte Experimentierklausel (§ 25 Abs. 3) und einen begleitenden ministeriellen Ausführungserlass »Mehr Freiräume für innovative schulische Vorhaben« wieder befördert werden.

4. Der Schulversuch in rechtlicher Dimension

Für die Rechtswissenschaft war der Schulversuch, wie das Schulwesen insgesamt, lange kein bedeutsames Thema. Wenn überhaupt, wurde der Schulversuch in der Schulrechtsliteratur beiläufig erwähnt als rechtlich nicht eingegrenzte Handlungsoption der Schulaufsichtsbehörden. Erste Rechtsstreitigkeiten entzündeten sich Ende des 19. Jahrhunderts an der Frage, ob Versuchsschulen wie die von Hermann Lietz gegründeten Landerziehungsheime trotz abweichender Lehrpläne staatlich anerkannte Prüfungen abnehmen konnten, oder in der Weimarer Republik an dem essenziellen Punkt, ob Schülerinnen und Schüler gezwungen werden können, eine Versuchsschule zu besuchen (Winands 2014, S. 91, 146 ff.).

Bis zur Abkehr von der im 19. Jahrhundert insbesondere für den Schulbereich (und das Strafvollzugswesen) entwickelten Rechtsfigur des besonderen Gewaltverhältnisses (»Anstaltsgewalt«) handelte die staatliche Schulaufsicht bei der Einrichtung und Genehmigung von Schulversuchen weitgehend nach dem Prinzip der Zweckmäßigkeit und auf der Basis von selbst erlassenen Verwaltungsvorschriften. Das für den Schulunterricht zuständige Ministerium dispensierte von den eigenen allgemeinen ministeriellen Vorgaben für das Schulwesen. Angesichts nur rudimentärer gesetzlicher Regelungen des Schulverhältnisses bestand kein Bedarf für eine gesetzliche Versuchsermächtigung.

Erst seit einem durch das Bundesverfassungsgericht bewirkten Paradigmenwechsel Mitte der 1970er Jahre, wonach der parlamentarische Gesetzgeber aufgrund des Rechtsstaats- wie Demokratieprinzips verpflichtet ist, die für einen Regelungsbereich wesentlichen Entscheidungen wie etwa im Bereich des Schulwesens selbst zu treffen und sie nicht der Exekutive zu überlassen (sogen. Vorbehalt des Gesetzes), schufen alle Länder umfassende Schulgesetze. Dadurch erfordert seitdem auch ein Abweichen von den – gesetzlich normierten – Regelvorgaben seinerseits eine gesetzliche Grundlage. Aufgrund der anschließenden fortschreitender Verrechtlichung des Schulwesens erhielten korrespondierend dazu die in allen Landes-Schulgesetzen nunmehr geschaffenen Ermächtigungen zu Schulversuchen (z. B. § 25 SchulG NRW; Art. 81 ff. BayEUG; § 15 SchulG Sachsen) einen stetig wachsenden Anwendungsbereich.

Im Zuge der Neuorientierung der Bildungspolitik nach dem PISA-Einschnitt 2001 kehrt sich dies allmählich wieder etwas um. Nunmehr wird vielfach eine positive Korrelation zwischen der Leistungsfähigkeit einer Schule und deren Befugnis, selbstständig und eigenverantwortlich handeln zu können, gezogen. In der Konsequenz ist damit eine entsprechende Zurückführung der schulgesetzlichen Regelungsdichte verbunden. Dies wiederum eröffnet mehr Spielräume für pädagogische Neuerungen, ohne dass es des Rückgriffs auf die Versuchsermächtigungen bedarf.

5. Zur schulbehördlichen Genehmigung von Schulversuchen

Die Schulbehörden haben in der Vergangenheit die Zulassung von Versuchen höchst unterschiedlich gehandhabt. Bis zur gesetzlichen Verankerung des Schulversuchs konnten sie mangels verbindlicher Vorgaben fast völlig frei walten und eigene Entscheidungsmaßstäbe entwickeln. So war es möglich, dass mit dem Ziel, Ruhe ins Schulsystem zu bringen, 1914 ein preußischer Kultusminister und noch Ende der 1980er Jahre ein hessisches Schulministerium die Losung »keine Experimente mehr« ausgeben und verfolgen konnten (Winands 2014, S. 111, 335). Dass im totalitären Staat der NS-Zeit wie auch in demjenigen der DDR Schulversuche aus einem völlig anderen Grund, nämlich zur Verhinderung von Vielfalt und Freiräumen im Einheitsstaat, unterbunden wurden, sei dabei nur der Vollständigkeit halber erwähnt.

Andererseits herrschte in der Bundesrepublik in jener Ende der 1960er Jahre beginnenden Phase der Euphorie staatlicher Bildungsplanung eine überaus großzügige Genehmigungspraxis. Letzteres bekräftigten die Kultusminister der Länder sogar noch im Jahr 1990 in einer Vereinbarung zur »Durchführung von Schulversuchen und gegenseitigen Anerkennung der entsprechenden Abschlüsse«, in der es im Prolog bis heute – trotz einer Verschärfung der Anforderungen 2012 – heißt, dass die Kultusminister darin übereinstimmen, »Schulversuche, die von einschlägigen Vereinbarungen der Kultusministerkonferenz abweichen, großzügig zuzulassen« (KMK-Sammlung Nr. 472).

Allerdings hat die KMK ihre frühere jahrelange Praxis aufgegeben, Schulversuche lediglich zur Kenntnis zu nehmen, selbst wenn sie von länderübergreifend vereinbarten Standards für schulische Abschlüsse abweichen. Nunmehr bedarf es wieder, wie im »Hamburger Abkommen« zwingend vorgegeben, einer ausdrücklichen Zustimmung in solchen Fällen, damit die Einheitlichkeit des Schulwesens in Deutschland gewahrt werden kann. Die gegenseitige Anerkennung der Abschlüsse ist in einem Bundesstaat mit einem föderal organisierten Bildungswesen von elementarer Bedeutung. Deshalb waren – nach Vorläufern im Kaiserreich, die zunächst allein die gestuften Berechtigungen zum Militärdienst harmonisiert hatten – schon in der Weimarer Zeit vergleichbare Ländervereinbarungen getroffen worden. Und diese wiederum enthielten auch bereits Versuchsklauseln, die den heutigen Ländervereinbarungen gleichen.

Die Absicherung, dass gerade auch in einem Schulversuch erworbene Abschlüsse bundesweit anerkannt werden, dient dem Schutz der sich auf das Schulexperiment einlassenden Schülerinnen und Schüler davor, als »Versuchsopfer« am Ende ohne hinlänglichen Schulabschluss dazustehen. Einige schulgesetzliche Versuchsermächtigungen enthalten eine ausdrückliche, ansonsten aus grundrechtlicher wie rechtsstaatlicher Sicht erforderliche Genehmigungsanforderung, wonach die im Rahmen eines Schulversuchs erreichbaren Abschlüsse und Berechtigungen denjenigen der Regelschulen gleichwertig und deren Anerkennung in den anderen Ländern gesichert sein müssen.

Am Anfang jeder Prüfung der Genehmigungsfähigkeit einer Versuchsschule oder eines einfachen Schulversuchs in einer bestehenden Schule steht, ob die zur Erprobung beabsichtigte Versuchsmaßnahme überhaupt mit geltendem Schulgesetz kollidiert, also eine Ausnahmegenehmigung benötigt. So sind die in der Tradition der reformpädagogischen Bewegungen der 1920er Jahre stehenden Waldorfschulen,

Landerziehungsheime, Jena-Plan- oder Montessori-Schulen heute meist derart in das Schulwesen der Länder integriert, dass sie in der Regel nicht mehr auf den Status einer Versuchsschule angewiesen sind.

Schulversuche haben, in den Versuchsermächtigungen der 16 Landesschulgesetze uneinheitlich formuliert, der »Weiterentwicklung des Schulsystems« zu dienen. Als Genehmigungsvoraussetzungen (dazu: Winands 2014, S. 424 ff.) leiten sich daraus zunächst das Vorliegen eines konkreten Reformbedarfs im bestehenden Schulsystem ab sowie die Eignung des Versuchsvorhabens zur gewinnbringenden Reaktion auf diesen Reformbedarf, und zwar im Sinne einer Übertragbarkeit auf das Regelsystem.

Darüber hinaus muss ein Erprobungsbedarf existieren. Dieser fehlt, wenn – wie in dem erwähnten »Gemeinschaftsschul«-Versuch in Nordrhein-Westfalen – bereits hinreichend gesicherte Erkenntnisse über die Wirksamkeit einer Maßnahme vorliegen oder auch ohne praktische Erprobung zu erlangen sind. Wie bei anderen verwaltungsrechtlichen Experimentierklauseln muss ernsthaft ein Bedürfnis bestehen, eine in der Theorie entwickelte Reformidee in der Praxis zu erproben, weil nicht sicher feststeht, ob die Neuerung im Falle einer gesetzlichen Einführung tatsächlich die gewünschte Wirkung erzielen würde.

Zwei weitere Grunderfordernisse jedes Schulversuchs sind die zeitliche und umfangmäßige Begrenzung. Dabei sind die Obergrenzen hinsichtlich Versuchsdauer und Anzahl teilnehmender Schulen nicht generell einheitlich festlegbar, sondern diese folgen aus dem jeweiligen sachlich notwendigen Erprobungsbedarf, d. h. wie viel Zeit und Schulen tatsächlich notwendig sind, um für eine Versuchsauswertung hinreichend belastbare Erkenntnisse zu gewinnen.

Grundsätzlich besteht zudem kein Rechtsanspruch auf die Genehmigung eines Schulversuchs. Die Schulversuchsermächtigungen sind in allen Schulgesetzen als Ermessensvorschrift ausgestaltet. Da die jeweilige gesetzliche Zielvorstellung allein auf die schulpolitische Innovation gerichtet ist und damit ausschließlich dieses öffentliche Interesse verfolgt wird, steht die Versuchsgenehmigung im weiten planerischen Ermessen der Schulverwaltung.

Einer Genehmigung können beispielsweise entgegenstehen: fehlende personelle und sächlichen Voraussetzungen an der Schule, mangelnde oder unzureichende wissenschaftliche oder schulaufsichtliche Begleitung, erhebliche Vorbehalte gegen den Versuch bei betroffenen Eltern, Schülerinnen und Schülern oder Lehrkräften, Beeinträchtigung des Schulsystems durch eine zu hohe Vielzahl von Versuchen, Verweis auf vergleichbare Schulversuche in anderen Ländern, Umsetzung eines Reformbedarfs auch ohne vorgeschaltete Erprobung, Konterkarierung gesetzgeberischer Neuerungen oder Leitentscheidungen.

Die Genehmigung von Schulversuchen, aber auch deren vorzeitige Beendigung hat schließlich zu beachten, was die Reformpädagogik seit über hundert Jahren zu ihrer Maxime erhoben hat, nämlich »vom Kinde aus« zu denken. Juristisch übersetzt bedeutet das, die Grundrechte der Schülerinnen und Schüler sowie die auf deren Wohl und Schutz ausgerichteten, treuhänderischen Elterngrundrechte hinreichend zu beachten. Damit ist jeder Zwang zur Mitwirkung an einem Schulexperiment unvereinbar. Dies gilt sowohl für den Besuch einer Versuchsschule als auch, entgegen manch anderslautender Länderbestimmung und Schulgesetzkommentierung, für die Teilnahme an einfachen Schulversuchen an bestehenden Regelschulen. Die Freiwilligkeit ist eine Kernanforderung, ohne die ansonsten die weit gefassten schulgesetzlichen Ermächtigungen zum Abweichen vom Regelsystem nicht mit dem Vorbehalt des Gesetzes vereinbar wären.

Schülerinnen und Schüler sowie Eltern haben einen aus dem Gebot der Wahrung gleicher Bildungschancen (Art. 3 Abs. 1 GG) folgenden, der staatlichen Schulpflicht korrespondierenden Anspruch auf Zugang zum schulgesetzlich normierten Normalprogramm, also auf den Besuch der Regelschulen und der allgemein vorgehaltenen Bildungsgänge. Es besteht keine Pflicht, im öffentlichen Interesse »Sonderopfer« für die Weiterentwicklung des Schulwesens zu erbringen. Angesichts der elementaren Bedeutung der schulischen Ausbildung für den späteren beruflichen, aber auch privaten Lebensweg ist es in einem Rechtsstaat unzumutbar, ohne Einverständnis einer Schülerin oder eines Schülers bzw. ihrer Eltern eine bislang nicht erprobte und in seinen Wirkungen noch ungewisse Ausbildungssituation hinzunehmen, während das damit verbundene Risiko des Scheiterns anderen Schülerinnen und Schülern nicht aufgebürdet wird.

Es fehlt naturgemäß an einer Freiwilligkeit, wenn eine Zustimmung aufgrund unzureichender Information erteilt oder unzulässiger Druck ausgeübt wird, wie auch dann, wenn mangels zumutbarer Alternativen faktisch ein Zwang zur Versuchsteilnahme besteht. Bei aller Berechtigung, über Experimente zu Fortschritten in unseren Schulen zu gelangen, darf niemals außer Acht gelassen werden, dass im Interesse und zum Wohl der den Schulen anvertrauten Schülerinnen und Schüler stets ein verantwortungsvoller Umgang mit dem durchaus nicht risikofreien Instrument des Schulversuchs erfolgen muss.

Dies hat auch Auswirkungen auf die konkrete Durchführung von Schulversuchen wie auch im Hinblick auf die Möglichkeit oder sogar das Gebot eines vorzeitigen Versuchsabbruches, wenn das Versuchsziel offensichtlich nicht erreichbar ist und die Fortführung statt einer Beendigung des Versuchs zu Nachteilen für die teilnehmenden Schülerinnen und Schüler führen würde (eingehend: Winands 2014, S. 475 ff., 492 ff.)

6. Bestandsaufnahmen und Gegenstände von Schulversuchen

Eine erste empirische Erhebung zu Schulversuchen in Deutschland erfolgte in den Jahren 1953/54 durch die damalige Frankfurter Hochschule für internationale Pädagogische Forschung (HIPF), beschränkt auf den Volksschulbereich in der Bundesrepublik (Chiout 1955), gefolgt 1958 für den Bereich der höheren Schule (Fleckenstein 1958) sowie einer erneuten Bestandsaufnahme für das Schuljahr 1965/66 durch das Nachfolgeinstitut DIPF mit Unterstützung der KMK (Führ 1967). Letztere kam zu dem Ergebnis, dass seinerzeit Schulversuche an mehr als 200 öffentlichen Schulen durchgeführt wurden.

Schulversuche gab es hauptsächlich in zehn Bereichen: Frühbeginn des Englischunterrichts in der Grundschule; Übergang von der Grundschule zu den weiterführenden Schulen (d.h. Versuche mit Förderstufen, Eingangs-, Beobachtungs- und Erprobungsstufen); Weiterentwicklung der Volksschuloberstufe zur Hauptschule (einschließlich der Hinführung auf die Arbeitswelt); Zusammenfassung weiterführender Schulformen zu Gesamtschulen; Einführung eines 10. Schuljahres an allgemeinbildenden oder beruflichen Schulen; Differenzierung des Unterrichts der Realschulen nach bestimmten Schwerpunkten; Differenzierung des Gymnasiums in neue Schultypen (sozialwissenschaftliche, musische und erziehungswissenschaftliche Gymnasien; gymnasiale Aufbauformen zur Erlangung einer fachgebundenen Hochschulreife); Verbindung von Berufsfachschule und praktischer Berufsausbildung (Stufenausbildung); Einführung der Fünftage-Woche in Verbindung mit Nachmittagsunterricht; Einführung von Ganztagsschulen.

Bei der Mehrzahl der Schulversuche handelte es sich um Strukturversuche. Unterrichtsversuche, die ausschließlich didaktische und methodische Neuerungen verfolgten, waren weit weniger anzutreffen. Schulformbezogen konzentrierten sich die Schulversuche auf die damals neue Hauptschule (Volksschuloberstufe), das Gymnasium und die aufkommenden Gesamtschulen als Zusammenführung der bisherigen weiterführenden Schulformen, während Schulversuche in den Grundschulen, Realschulen und Berufsschulen vergleichsweise eher gering waren.

Seit jener Studie wurde bis heute keine vergleichbare bundesweite Erhebung mehr durchgeführt. Zu Beginn der 1970er Jahre gab es lediglich noch Bestandaufnahmen für einzelne Bundesländer, so für Niedersachsen (Aurin 1972) und Schleswig-Holstein (Kultusministerium Schl.-H. 1970). Für die Jahre nach 1965 bis Anfang 1977 erschließen sich der Umfang und die Gegenstände von Schulversuchen indirekt über eine ebenfalls in der Mitverantwortung des DIPF erschienenen Dokumentation über deutschsprachige Veröffentlichungen zu Schulversuchen in diesem Zeitraum (Schaffernicht 1977). Insbesondere in den dort aufgelisteten Antworten auf parlamentarische Anfragen in den Ländern und Berichten der Landesregierungen an die Landtage finden sich jeweils landes- und zumeist themenbezogen Aussagen über den Umfang von Schulversuchen (z. B. LReg Bad.-Württ. 1976).

In diese reformbewegte Zeit Ende der 1960er bis Ende der 1970er Jahre fällt die Gründung einiger bundesweit bekannt gewordener Versuchsschulen, über die es ein zum Teil reichhaltiges Schrifttum gibt: »Laborschule« und »Oberstufen-Kolleg« in Bielefeld (1974); »Glocksee-Schule« in Hannover (1972) oder »Freie Schule Frankfurt« (1972).

Fast vollständig dokumentiert unter jeweils eingehender Beschreibung der 191 Schulen sind die Gesamtschulversuche Anfang der 1970er Jahre aufgrund einer KMK-Erhebung aus dem Herbst 1974 (KMK 1975; siehe auch: BLK 1982). Danach kamen nur noch wenige Gesamtschulen in Form von Versuchsschulen hinzu. Weitgehend erfasst sind auch die zwischen 1971 und 2009 im Rahmen der BLK-Modellversuchsförderung an rund 4900 Schulen durchgeführten Versuche, wobei sich in den entsprechenden Auflistungen allerdings fast nie eine Unterscheidung nach Schulversuchen im schulrechtlichen Sinn und rein pädagogischen oder organisatorischen Modellversuchen findet.

Dabei wurden – über die Jahre mit unterschiedlicher Schwerpunktsetzung – eine Vielzahl von, teilweise bis heute noch aktuellen, Anliegen verfolgt: Verbesserung des Übergangs vom Kindergarten in die Grundschule und Erprobung differenzierter Arbeitsformen im Primarbereich; Inhaltliche und organisatorische Reform im Sekundarbereich I (vor allem Hauptschule, Gesamtschule, 10. Bildungsjahr, neue differenzierte Lernangebote und Arbeitsformen); Entwicklung eines Berufsgrundbildungsjahres; Weiterentwicklung der gymnasialen Oberstufe und beruflicher Schulen (vor allem neue Unterrichtsangebote, Entwicklung von Kurssystemen mit Wahlmöglichkeiten, Erprobung von Kooperationsformen in berufs- und studienqualifizierenden Bildungsgängen, Lernangebote für Jugendliche ohne Ausbildungsvertrag); Ausbau der Schul- und Berufsberatung; Entwicklung neuer Beurteilungsverfahren; Formen ganztägiger und außerunterrichtlicher Förderung; und vor allem in den letzten Jahren Förderung und Integration von behinderten bzw. ausländischen Kindern und Jugendlichen, Einsatz neuer Informations- und Kommunikationstechniken sowie erweiterte Verantwortung und Qualitätssicherung im Bildungswesen (BLK Jahresbericht 1997, S. 12; BLK Jahresbericht 2007, S. 23; BLK Rückblick).

Der Umfang und die Gegenstände der Schulversuche seit den 1980er Jahren – über die BLK-Modellversuche hinaus – lassen sich bis heute erneut vor allem aus den Antworten auf entsprechende parlamentarische Anfragen in den Ländern entnehmen. So berichtete die hessische Landesregierung, dass im Schuljahr 1987/88 sogar fast jede fünfte Schule in Hessen, insgesamt 349 Schulen, an Schulversuchen beteiligt war (Landesregierung Hessen 1989). Aus den letzten Jahren gibt es Angaben und Übersichten für Baden-Württemberg (2009) 110 Schulversuche, Bayern (2011) zum Teilbereich Schulmodelle 4 Schulversuche mit 58 teilnehmenden Schulen, Berlin (2002) 33 Schulversuche und 2006 weitere 12 neue Schulversuche, Sachsen (2006) 10 Schulversuche, Thüringen (2010) 4 Schulversuche mit 60 teilnehmenden Schulen sowie Nordrhein-Westfalen 14 ministeriell genehmigte Schulversuche zwischen 2006 und 2017 (Nachweise: Winands 2014, S. 334 ff.; Winands 2017, S. 151 f.).

Seit 1990 führt schließlich das Sekretariat der Kultusministerkonferenz aufgrund der KMK-Schulversuchsvereinbarung eine – nicht veröffentlichte – Liste angezeigter Schulversuche. Eine Auswertung Stand 2012 ergab, dass von den seinerzeit registrierten 81 Schulversuchen in den Ländern 22 noch nicht beendet, drei Versuche nicht durchgeführt, 31 nach Ende des Versuchs in die Regelform überführt und 25 aus unterschiedlichen Gründen meist ohne weitere Folgewirkungen beendet waren. Der älteste nicht beendete Schulversuch stammte aus dem Jahre 1993, die nächsten noch laufenden beiden Versuche aus 1999. Alle anderen unbeendeten Schulversuche hatten eine, in der 2012 novellierten Versuchsvereinbarung erstmals vorgesehene Begrenzung der Versuchsdauer auf zehn Jahre noch nicht erreicht.

Den größten Schulversuch Deutschlands brachte im Jahr 2001 Nordrhein-Westfalen auf den Weg, das bis 2008 durchgeführte Modellvorhaben »Selbstständige Schule« zur Erprobung neuer Formen der eigenverantwortlichen Steuerung von Schule.

Ziel war es, durch mehr Entscheidungen vor Ort die Qualität der schulischen Arbeit, insbesondere des Unterrichts, zu verbessern. An diesem Schulversuch, für den eine eigene schulgesetzliche Grundlage mitsamt einer Ausführungsverordnung für eine Reihe von Abweichungen von allgemeinen schulrechtlichen Regeln geschaffen wurde, hatten am Ende 278 Schulen und 413 Korrespondenzschulen teilgenommen.

7. Literatur

Aurin, K. (Hrsg.) (1972): Schulversuche in Planung und Erprobung. Innovationsstudien zur Schulreform an niedersächsischen Modellschulen und Schulversuchen. Hannover: Schroedel.

Bund-Länder-Kommission für Bildungsplanung und Forschungsförderung (1982): Modellversuche mit Gesamtschulen. Auswertungsbericht der Projektgruppe Gesamtschule. Bühl: Konkordia.

Bund-Länder-Kommission für Bildungsplanung und Forschungsförderung (1977 ff.): Jahresberichte 1976-2006. Bonn: BLK. www.blk-bonn.de/informationsschriften.htm.

Bund-Länder-Kommission für Bildungsplanung und Forschungsförderung (o.J.): Die BLK: Rückblick auf 37 Jahre im Dienst von Bund und Ländern. Bonn: BLK. www.blk-bonn.de/blk-rueckblick.htm.

Chiout, H. (1955): Schulversuche in der Bundesrepublik Deutschland. Neue Wege und Inhalte in der Volksschule. Hrsg. von der Hochschule für Internationale Pädagogische Forschung. Dortmund: Crüwell.

Fleckenstein, H. (1958): Höhere Schulen auf neuen Wegen. Ein Bericht über neue Unterrichts- und Organisationsformen an Höheren Schulen in der Bundesrepublik. Hrsg. von der Hochschule für Internationale Pädagogische Forschung. Frankfurt am Main: Hirschgraben.

Führ, C. (1967): Schulversuche 1965/66. Dokumentation aufgrund der bei den Kultusministerien der Länder in der Bundesrepublik Deutschland durchgeführten Erhebung über Schulversuche an öffentlichen Schulen. 2 Bände. Teil I: Gesamtdarstellung. Teil II: 50 Strukturberichte. Weinheim: Beltz.

Hilker, F. (1924): Versuchsschulen und allgemeine Schulreform. In: ders. (Hrsg.): Deutsche Schulversuche. Berlin: C. A. Schwetschke, S. 448-463.

Kultusministerium Schleswig-Holstein (Hrsg.) (1970): Schule im Versuch. Erforschung, Ergebnisse, Berichte von Schulversuchen. Kiel: Schriftenreihe der Landesregierung Schleswig-Holstein.

Landesregierung Baden-Württemberg (1976): Reform des Schulwesens. Zwischenbericht der Landesregierung über eine 1. Auswertung der Modelle, Versuche und Versuchsprogramme im Elementar- und Schulbereich in Baden-Württemberg. Landtag Baden-Württemberg. LT-Drs. 6/9005 v. 11.02.1976.

Landesregierung Hessen (1989): Antwort auf die Große Anfrage betreffend Schulversuche in Hessen. Hessischer Landtag. LT-Drs. 12/4991 v. 21.08.1989.

Oberverwaltungsgericht Nordrhein-Westfalen (2011): Beschluss v. 09.06.2011 – 19 B 478/11, 19 B 479/11. In: Nordrhein-Westfälische Verwaltungsblätter (NWVBl.) 25, S. 436-438 (Online-Ressource: www.justiz.nrw.de/nrwe).

Oestreich, P. (1920): Kaiserliche und volksstaatliche Schulreform. In: Stettiner Volksbote Nr. 216. Wiederabdruck: ders. (1978): Entschiedene Schulreform. Schriften eines politischen Pädagogen. (Ost-)Berlin: Volk und Wissen, S. 106-111.

Oestreich, P. (1924): Offene Antwort. In: Die neue Erziehung 6, S. 374-378. Wiederabdruck: Benner, D./Kemper, H. (Hrsg.) (2001): Quellentexte zur Theorie und Geschichte der Reformpädagogik. Teil 2: Die Pädagogische Bewegung von der Jahrhundertwende bis zum Ende der Weimarer Republik. Weinheim: Beltz, S. 487-490.

Schaffernicht, A. (1977): Schulversuche und ihre wissenschaftliche Begleitung. Weinheim: Beltz.

Ständige Konferenz der Kultusminister der Länder (Hrsg.) (1975): Experimentalprogramm der Kultusministerkonferenz für Schulversuche mit Gesamtschulen. Gegenwärtiger Entwicklungsstand und geplanter Ausbau der Gesamtschulen (Ergebnisse einer Erhebung vom Herbst 1974). 3 Bände. Bonn: KMK.
Ständige Konferenz der Kultusminister der Länder (Hrsg.) (1982 ff.): Sammlung der Beschlüsse der Ständigen Konferenz der Kultusminister der Länder in der Bundesrepublik Deutschland. 3. Auflage (Loseblattsammlung). Neuwied: Luchterhand.
Winands, G. (2011): Die »Gemeinschaftsschule« in Nordrhein-Westfalen: Grenzen eines Schulversuchs, in: Die öffentliche Verwaltung (DÖV) 64, S. 45-53.
Winands, G. (2014): Der Schulversuch. Historische Entwicklung und geltendes Recht. Berlin: Duncker und Humblot.
Winands, G. (2018): Der Schulversuch in Geschichte und Gegenwart. Königsweg der Schulreform? In: Barz, H. (Hrsg.): Handbuch Bildungsreform und Reformpädagogik. Wiesbaden: Springer VS, S. 143-154.

IV Schulreformen heute (ab 1995)

Hartmut Ditton

Schulreformen seit 1995: ein Überblick

1. Reformen und Reformbegriff

Als Reform wird üblicherweise eine planvolle Umgestaltung bestehender Verhältnisse bezeichnet, die sich auf unterschiedliche Systeme und Lebensbereiche (Politik, Religion, Wirtschaft, Gesellschaft) beziehen kann. Reformen gehen mit der Intention einher, bestehende Verhältnisse ohne den Einsatz von Gewalt umzugestalten, um dadurch Verbesserungen zu erzielen. Wenn im Titel des Beitrags dabei von der Zeit seit 1995 die Rede ist, ist damit die Phase nach der Wiedervereinigung Deutschlands gemeint, sodass auf die Schulreformen in den neuen Ländern im Zuge der Wiedervereinigung nicht eingegangen wird (siehe dazu Zymek in diesem Band). Schließlich wird der Begriff *Schul*reform verwendet und damit auf einen spezifischen Sektor des Bildungssystems Bezug genommen. Schulreform kann ein Teil innerhalb einer umfassenderen *Bildungs*reform sein, stellt aber die Entwicklungen im Bereich der (allgemeinbildenden) Schulen bzw. während der Pflichtschulzeit in den Mittelpunkt und behandelt die davor und danach liegenden Etappen nicht oder allenfalls am Rande.

Vor einiger Zeit war es üblich, zwischen *innerer* und *äußerer* Schulreform zu unterscheiden. Innere Schulreform thematisiert Reformen auf der Ebene einzelner Schulen, wie etwa die Einführung von Schulprogrammen, die Einführung von Projekttagen, veränderte Unterrichtskulturen usw. Mit äußerer Schulreform werden dagegen Änderungen auf der Ebene des schulischen Systems bezeichnet, z. B. veränderte Regelungen zur Leistungsbewertung, des Sitzenbleibens, der Schulpflicht, der Einschulung oder auch Revisionen der Lehrpläne bzw. curriculare Reformen. Unter den Begriff äußere Schulreformen fallen insbesondere auch Änderungen des schulischen Systems bzw. der Gliederung nach Schulformen. Innere und äußere Schulreformen sollten nicht unabhängig voneinander betrachtet, sondern in ihrem Zusammenhang und im Hinblick auf die Wechselwirkungen zwischen den Ebenen der Einzelschulen und des schulischen Systems als Ganzes gesehen werden. Carl-Ludwig Furck (1967) hat darauf mit besonderem Nachdruck hingewiesen. Dies ist in Zusammenhang damit zu sehen, dass in Deutschland über lange Zeit der Fokus sehr stark auf äußere Schul- bzw. Systemreformen gerichtet war und dabei ganz besonders auf die Diskussionen und Kontroversen um ein gegliedertes vs. integriertes schulisches System. Die Debatten um das bessere schulische System verlieren allerdings ab etwa Mitte der 1980er Jahre zunehmend an Bedeutung und der Fokus verlagert sich immer mehr hin zu inneren schulischen Reformen. Überwiegend auf die Einzelschule konzentrierte Reform- und Entwicklungsperspektiven stehen seither stark im Vordergrund. Vorwiegend werden Reformideen nun im Kontext einer sich immer weiter verbreitenden *Schulqualitätsdiskussion* geführt, womit nun der Qualität der einzelnen Schule – abstrahiert von der Qualität des schulischen Systems als Ganzes – zumindest implizit die überragende Bedeutung zugesprochen wird. Erst in Folge der Ergebnisse aus internationalen Vergleichs- bzw. Schulleistungsstudien wird gegen Ende der 1990er Jahre diese Perspektive wieder erweitert und die Diskussion über die Leistungs- und Zukunftsfähigkeit des schulischen Systems kommt wieder stärker unter der Systemperspektive in Gang. Selbst die Frage nach der Qualität gegliederter und integrierter schulischer Systeme erscheint nach der Jahrhundertwende erneut auf der Tagesordnung. Oft sind die Argumentationsmuster dabei wenig neu oder originell und die Berufung auf empirische Befunde ist oft ebenso dürftig bzw. selektiv und die Ideologieanfälligkeit kaum geringer als in früheren Phasen.

Unter *Schulreformen seit 1995* wird nachfolgend eine Kombination aus *Schulqualitätsdiskussion* und Effizienzorientierung im Kontext der Diskussion um Schule auf der einen Seite (innere Reform) und eine seit der Jahrhundertwende wieder neu auflebende *Systemqualitätsdiskussion* auf der anderen Seite (äußere Reform) verstanden. Das bedeutet nun nicht, dass der heutige Stand der Reformdiskussionen unmittelbar an die Diskussion der 1960er bis 1980er Jahre anschließen würde. Allerdings lassen sich heute Indizien für eine Situation finden, in der die frühe Mahnung von Carl-Ludwig Furck (1967; 1992), beide Reformkomponenten zusammen zu denken, Gehör finden könnte.

Ein klarer Unterschied zu der früheren Reformdiskussion der 1960er bis 1980er Jahre ist schon dadurch gegeben, dass größere Entwürfe oder Konzepte für eine umfassender verstandene *Bildungs*reform heute gar nicht zu sehen sind. Vielmehr scheinen die Reformansätze im schulischen Bereich sich in eine immer größer werdende Vielzahl von *Einzelmaßnahmen* mit unterschiedlich großem Umfang und schwer abzuschätzender Bedeutung für das schulische System als Ganzes aufzuspalten. Das trifft vermutlich ebenso für Reformen im vorschulischen, außer- und nachschulischen Bereich zu. Von einem koordiniert durchdachten *Bildungsreformprogramm*, wie es einst mit einem systematischen Programm von Gutachten durch den Deutschen Bildungsrat (Roth 1968), dem Strukturplan für das Bildungswesen (Deutscher Bildungsrat 1970) oder einem Bildungsgesamtplan (Bund-Länder-Kommission für Bildungsplanung 1973) versucht worden ist, kann jedenfalls heute in Deutschland nicht die Rede sein (siehe dazu Terhart in diesem Band). Stattdessen vermehren sich die Initiativen und Sonderprogramme zu einer nur schwer durchschaubaren Gemengelage mit nicht immer klaren Zielen, teils durchaus unterschiedlichen Konzepten und schwer abzuschätzenden Folgen.

Vor diesem Hintergrund differenziert der folgende Beitrag zwischen zwei Strängen von schulischen Reformen: Zum einen werden Entwicklungen im Kontext der Schulqualitätsdiskussion und Impulse der empirischen Forschung (besonders angestoßen durch die Ergebnisse internationaler Vergleichsstudien) skizziert. Zum anderen geht es um übergreifende Reformen auf der Systemebene. Bei den Letzteren wäre es interessant zu untersuchen, wieweit sie durch die Bildungsplanung bzw. die Bildungspolitik oder gar durch die (empirische) Bildungsforschung angestoßen wurden und in diesem Sinne Reformen im eigentlichen Wortsinn sind. Möglicherweise liegen die Ursachen für die Reformen bzw. Entwicklungen hauptsächlich in veränderten gesellschaftlichen Kontextbedingungen und die Reformen sind eher eine Folge dieser Veränderungen bzw. hinken ihnen hinterher.

2. Schulische Reformen im Kontext der Schulqualitätsdiskussion

Für einen orientierenden Überblick zu den im ersten Abschnitt gemeinten Reformen lässt sich zunächst einmal eine breite Fülle an Begriffen bzw. Schlagwörtern anführen. Zum einen die Begriffe Schulprogramme, Schulautonomie, Schulmanagement (Rolff 1990; 1991). Dann auch: interne und externe Evaluation sowie Schulinspektion. Von Bedeutung sind auch *Large-Scale Assessments* und die dadurch initiierte *Monitoring-Strategie* der Ständigen Konferenz der Kultusminister (KMK). Von daher spielen die Begriffe Bildungsstandards und Kompetenzorientierung sowie Vergleichsarbeiten (VERA) und IQB-Trends eine erhebliche Rolle. Hinzuweisen ist nicht zuletzt auch auf die zunehmende Entwicklung und Verbreitung einer nationalen und regionalen sowie lokalen *Bildungsberichterstattung*, die zudem noch ergänzt wird von einer Vielzahl weiterer Berichte, oft initiiert durch Stiftungen und Institute (IDW, DJI, Bertelsmann usw.). Nachfolgend nicht behandelt, aber zumindest erwähnt seien schließlich auch noch die Bemühungen um eine Verkürzung der Bildungsdauer (G8/G9 an den Gymnasien; Bologna-Reformen an den Hochschulen). Zugleich zeigt sich ein zunehmender Trend zur Zentralisierung von Prüfungen und Regelungen, mit dem Ziel eine überregionale oder internationale Anerkennung bzw. Anrechenbarkeit erbrachter Leistungen im Bildungslebenslauf zu ermöglichen. Offensichtlich gibt es ein breites Potpourri an Reformen, die weit in verschiedenste Felder des Bildungssektors und auch des schulischen Systems hineinstreuen (siehe dazu die folgenden Beiträge dieses Kapitels).

Bei all diesen Trends sollte nicht übersehen werden, dass Bemühungen um Qualitätssicherung im Bildungswesen keine Neuheit der letzten Jahrzehnte sind. Schon seit Langem sind eine Reihe von Ansätzen und Einzelmaßnahmen etabliert, um Qualität im Bildungswesen zu gewährleisten. Dazu gehören Regelungen für die Ausbildung in Lehrberufen, zentrale (landeseinheitliche) Prüfungen sowie Inspektionsverfahren. Gerade seit den 1990er Jahren ist jedoch vieles in Bewegung gekommen (Ditton 2008). Schulbesuche seitens der Schulaufsicht werden zunehmend durch Verfahren der internen und externen Evaluation abgelöst, oft in Form von Inspektionsverfahren durch externe Teams. Diesen Ansätzen liegt das bekannte Regelkreismodell von Evaluationen (PDCA – plan, do, check, act) zu Grunde, das von einem Prozess der kontinuierlichen Qualitätssteigerung durch *planen, handeln, überprüfen* ausgeht. Für Deutschland bemerkenswert sind angesichts der föderalen Struktur insbesondere die länderübergreifenden Vereinbarungen zu *Bildungsstandards* für die Primar- und Sekundarstufe seitens der KMK (Köller 2008; Klieme et al. 2003). Zur Weiterentwicklung und Überprüfung der Bildungsstandards werden regelmäßig Erhebungen mit national repräsentativen Stichproben durchgeführt (Stanat et al. 2012). Diese Stichprobenerhebungen werden um sog. Vergleichsarbeiten (VERA) ergänzt, die an allen Schulen und in unterschiedlichen Jahrgangsstufen durchgeführt werden (Rolff 2002). Die VERA-Erhebungen sollen den Schulen und Lehrkräften Rückmeldungen zu Leistungsständen auf einer breiten Vergleichsbasis geben und damit ein direkter Impuls für die Schul- und Unterrichtsentwicklung sein (Ditton/Müller 2014).

Zur Praxis dieser Ansätze eines Qualitätsmanagements lässt sich kritisch fragen, wieweit die vorliegenden Konzepte schon ausreichend tragfähig und auf den Bildungssektor angemessen abgestimmt und umgesetzt sind. Eine Herausforderung hinsichtlich der Wirksamkeit der Verfahren scheint zu sein, dass es teils schon an der nötigen Kompetenz in der Anwendung und dann auch bei der Entwicklung geeigneter Anschlussmaßnahmen fehlt. Von daher könnte auch ein verändertes Aufgabenverständnis der Inspektionen bzw. ein revidiertes Rollenverständnis der Inspektoren notwendig sein (Gärtner 2013). Nach wie vor ist es eine wichtige Forschungsaufgabe, die institutionellen Verarbeitungsprozesse im Anschluss an Vergleichsarbeiten, Evaluationen und Inspektionen differenziert (und im Längsschnitt) zu analysieren (Husfeldt 2011). Zumindest finden sich Hinweise darauf, dass unterschiedliche Schulen mit Inspektionsergebnissen sehr unterschiedlich umgehen. Daraus lässt sich folgern, dass auch Unterstützungssysteme je nach Typus oder Konstellation der jeweiligen Institution unterschiedlichen Anforderungen genügen müssten (Wurster/Gärtner 2013; siehe auch Pietsch/Scholand/Schulte 2015). Ernst zu nehmen sind auch Befunde, die darauf hinweisen, dass unerwünschte Nebenwirkungen von Evaluationen bzw. Inspektionen auftreten können, etwa derart, dass eine Fokussierung auf spezifische Einzelergebnisse eintreten kann oder Schulen bzw. Lehrkräfte demotiviert werden, überhaupt noch neue Methoden zu erproben (Ehren et al. 2015; Altrichter/Maag Merki 2016). Jedenfalls dürfte das einfache Regelkreismodell (PDCA) der komplexen Realität und der differenzierten Struktur der relevanten Bedingungsfaktoren kaum ausreichend gerecht werden (Arbeitsgruppe Schulinspektion 2016). Es ist also nach wie vor eine Herausforderung, die notwendigen organisatorischen Regelungen und Managementsysteme zu etablieren, die eine bestmögliche Unterstützung hinsichtlich des Erfolgs von Maßnahmen zur Qualitätsentwicklung im schulischen Bereich versprechen.

3. Übergreifende Schulreformen im gesellschaftlichen Kontext

Während es im ersten Teil vorwiegend um innere Reformen ging, behandelt der folgende Abschnitt die äußeren Reformen, also Veränderungen am schulischen System insgesamt bzw. oberhalb der Ebene der Einzelschulen (Ditton 2016).

3.1 Ganztagsschulen als Novum in der deutschen Schullandschaft

Eine für die deutsche Schullandschaft äußerst bemerkenswerte Entwicklung ist der erhebliche Ausbau und die Erweiterung des Angebots an schulischer Ganztagsbetreuung. Mit dem Ganztagsbetrieb ergeben sich veränderte Bedingungen und Möglichkeiten im Hinblick auf die Gestaltung der unterrichtlichen und außerunterrichtlichen Angebote sowie hinsichtlich der Erweiterung und Verzahnung unterschiedlicher Bildungsangebote im Kontext der Schule. Angesichts einer zunehmend verbreiteten Erwerbstätigkeit beider Elternteile und eines steigenden Anteils alleinerziehender Eltern ist nicht zuletzt auch die Verlässlichkeit der Betreuungsangebote für die Schülerinnen und Schüler ein gesellschaftlich höchst relevanter Aspekt. Die Entwicklung der Ganztagsschulen hat zu einer äußerst breiten Palette an Angebotsformen geführt, die sich nicht nur im zeitlichen Umfang, sondern auch im Verpflichtungscharakter erheblich unterscheiden können. Die schon jetzt vorhandene organisatorische Vielfalt ist nur noch schwer zu überblicken und noch viel mehr dürfte das für die inhaltliche Ausrichtung der Programme und ihre Qualität zutreffen.

Welche Effekte mit dem stetigen Ausbau der Ganztagsangebote verbunden sind, lässt sich bislang nicht ausreichend abschätzen, dafür dürfte allein schon die Heterogenität der Angebote zu groß sein. Nach den bislang vorliegenden Ergebnissen scheinen die Unterschiede zwischen Ganztags- und Halbtagsschulen insgesamt betrachtet eher gering zu sein (Fischer et al. 2011). Belege dafür, dass mit dem Ganztagsbetrieb die davon oftmals erhoffte bessere Förderung, eine Steigerung der Leistungen sowie eine Reduzierung der sozialen Unterschiede im Schulerfolg einhergehen, sucht man bislang vergeblich. Am ehesten lässt sich folgern, dass nicht von einer schlichten Differenz zwischen Ganztags- und Halbtagsschulen ausgegangen werden kann und zukünftig eher die Frage nach der Qualität der Angebote im Vordergrund stehen sollte. Unbestritten ist dabei jedoch die weit überwiegend sehr positiv wahrgenommene Funktion einer verlässlichen Betreuung der Kinder bzw. Jugendlichen und die in aller Regel große Nachfrage nach den Angeboten. Jedenfalls ist für die Ganztagsschule die gesellschaftliche Akzeptanz und Unterstützung weitestgehend vorhanden, wenn auch schulformspezifisch sowie lokal und regional in unterschiedlichem Ausmaß.

3.2 Verpflichtung auf internationale Konventionen: Die Inklusionsbewegung

Eine weitere grundsätzliche Veränderung, die ähnlich wie der Ganztagsbetrieb alle Schulen und Schulformen betrifft, ist die *Inklusions*-Bewegung. Sie kann als Beispiel dafür stehen, wie nachhaltig die konkrete Schulentwicklung durch politische Bewegungen angestoßen und beeinflusst werden kann. Grundlage der Diskussion um Inklusion ist eine Konvention der Vereinten Nationen aus dem Jahr 2006, in der Menschen mit Behinderungen ein Recht darauf zugesprochen wird, im allgemeinbildenden System integriert statt separiert beschult zu werden (Autorengruppe Bildungsberichterstattung 2014, S. 157).

Welche konkreten Entwicklungen im schulischen Bereich durch den Inklusions-Auftrag ausgelöst werden, ist gegenwärtig kaum abzusehen. Vergleichbar mit der Ganztagsfrage sind auch bezüglich des Inklusionsauftrags die verfolgten Konzepte und die Maßnahmen im Einzelnen sehr heterogen. Zudem scheint bezüglich des Inklusionsauftrags auch die Skepsis weiter verbreitet und ausgeprägter zu sein als in der Ganztagsfrage. Möglicherweise steht damit auch in Zusammenhang, dass aktuell die Bildungswege noch eher von den Regel- in die Förderschulen hinein als aus den Förderschulen heraus verlaufen (Autorengruppe Bildungsberichterstattung 2014). Unstrittig erscheint dennoch, dass es an der Zeit wäre, der Gruppe der Kinder und Jugendlichen mit spezifischem Förderbedarf ganz besondere Aufmerksamkeit zu schenken. Bekanntermaßen rekrutiert sich die Gruppe der Schulabgänger, die keinen schulischen Abschluss erreichen, insbesondere aus der Gruppe der Schüler mit spezifischem Förderbedarf, deren berufliche und gesellschaftliche Perspektiven daher erheblich eingeschränkt sind. Ob die Inklusion von Schülern mit spezifischem Förderbedarf in Regelschulen daran etwas ändern kann und wird, ist eine offene Frage, zu der Forschung dringend nötig wäre. Das gilt allerdings auch schon für die Frage, welche weitergehenden spezifischen Förderangebote durch entsprechend qualifiziertes Personal gewährleistet werden müssen, damit die Inklusion Aussicht auf Erfolg haben kann.

3.3 Digitalisierung: Auf dem Weg in die Schule der Zukunft?

Als ein weiteres Beispiel dafür, wie stark Schule (und Bildungsprozesse insgesamt) durch Veränderungen im gesellschaftlichen Leben beeinflusst werden, sei noch kurz das aktuell allgegenwärtige Stichwort *Digitalisierung* erwähnt. Ein deutliches Signal dafür, wie hoch die Bedeutung der Digitalisierung im Bildungsbereich inzwischen eingeschätzt wird ist, u. a. die Richtlinie zur Förderung von Forschung zu Digitalisierung im Bildungsbereich des BMBF (Bundesanzeiger vom 26.09.2017). Mit dieser Richtlinie soll die Forschung zu »Grundsatzfragen und Gelingensbedingungen« der Digitalisierung im Bereich Bildung erheblich ausgeweitet werden. Bislang dürfte kaum anzunehmen sein, dass die Schulen in Deutschland allzu sehr von der Digitalisierung erfasst worden sind – abgesehen von der privaten digitalen Ausstattung der Schülerinnen und Schüler. Eher wird das Bild deutscher Schulen durch marode Schulgebäude und teils kaum mehr zumutbare räumliche Bedingungen geprägt. Auch mit Blick auf die PC-Ausstattung und die Internetzugänge spielt Deutschland im internationalen Vergleich und spezifisch auch im Bereich der Schulen bestenfalls in der zweiten oder dritten Liga. Man denke nur an eine Schule im ländlichen Raum, in dem die maximale Datenübertragungsrate insgesamt auf einem aus heutiger Sicht schon fast vorindustriellen Niveau einzustufen ist. Dass hier in auch nur einer Schulklasse der Unterricht digitalisiert (z. B. mit Videostreaming) organisiert werden kann, dürfte eine noch weit in der Zukunft liegende Vision sein. Auch die Streitigkeiten um die Finanzierung und die von den Ländern strikt abgelehnte Einmischung des Bundes in ihr Hoheitsgebiet Bildung erwecken nicht die Hoffnung (oder Befürchtung), dass die Digitalisierungswelle schon bald ganz Deutschland und dazu noch mit einer halbwegs einheitlichen Zielsetzung oder technischen Ausstattung überrollen wird.

3.4 Reformen der Schulstruktur: Die Wiederbelebung eines Klassikers

Mit Beginn der 1980er Jahre wurde die bis dahin kontrovers geführte Schulstrukturdebatte im Westen Deutschlands beendet, ohne dass ein Konsens bezüglich der besonders strittigen Frage nach der Einführung von integrierten Schulformen gefunden worden wäre (Bund-Länder-Kommission für Bildungsplanung 1973; Bund-Länder-Kommission für Bildungsplanung und Forschungsförderung 1982). Für die Zeit nach 1995 ist dann von Bedeutung, dass nach der Wiedervereinigung das im Westen dominante dreigliedrige Schulsystem in den neuen Bundesländern nicht übernommen wurde. Die Hauptschule als eigene Schulform war überhaupt nur in Mecklenburg-Vorpommern vorgesehen, während in den restlichen neuen Bundesländern ein zweigliedriges System in der Sekundarstufe etabliert wurde (Edelstein/Nikolai 2013; Weishaupt 2009). Im weiteren Zeitverlauf wurden dann auch in den alten Bundesländern Alternativen zum dreigliedrigen System etabliert, wobei solche Reformmodelle auch schon zuvor und durchaus kontrovers diskutiert worden sind (Klemm/Rolff 1988b; 1988a; Hurrelmann 1988). In einer Übersicht der Schulstrukturen der Bundesländer durch Fuchs (2009) zeigt sich, dass bereits zu diesem Zeitpunkt einige westdeutsche Bundesländer durch Strukturreformen von der Dreigliedrigkeit im Sinne einer eigenständigen Hauptschule abgerückt waren (Bremen, Saarland) oder zumindest Reformbestrebungen bestanden (Hamburg, Rheinland-Pfalz, Schleswig-Holstein). Einerseits bestanden damit in einigen Bundesländern Möglichkeiten des Zusammenschlusses von Haupt- und Realschulbildungsgängen. In Baden-Württemberg, Bayern, Nordrhein-Westfalen, Niedersachsen und Rheinland-Pfalz ließ sich dagegen als eine weitere bildungspolitische Strategie die Aufwertung der Hauptschule erkennen. Ziel war auch, eine Entkopplung von Schulart und Bildungsgang voranzutreiben und das Absolvieren des mittleren Schulabschlusses an Hauptschulen zu ermöglichen (z. B. in Bayern durch den sog. »M-Zweig« an Hauptschulen).

In einer etwas anderen Systematik werden die Veränderungen in der Schulstruktur der Bundesrepublik im Bereich der Sekundarstufe von Liegmann und Bouß (2012) beschrieben, und zwar als Trends zur *Expansion, Konzentration* und *Stagnation*. Expansionen durch zusätzliche Angebote, die Haupt- und Realschulbildungsgänge zusammenfassen, finden die Autorinnen beispielsweise in Sachsen-Anhalt oder Thüringen. Konzentration drückt sich unter anderem in den Stadtstaaten Berlin und Hamburg aus, indem in einem zweigliedrigen System neben dem Gymnasium lediglich eine weitere Schulart angeboten wird. Mit Stagnation bezeichnen sie Entwicklungen wie in Bayern, hier wurden die Hauptschulen zu Mittelschulen aufgewertet (bzw. umbenannt). Bayern und Baden-Württemberg, so Liegmann und Bouß, sind somit die Bundesländer, die sich noch eng am tradierten Schulsystem orientieren. Die Mehrheit der Bundesländer verfügt dagegen über Schulformen, die die Bildungsgänge der Haupt- und Realschule pädagogisch und organisatorisch zusammenfassen, allerdings jeweils eine dem Bundesland eigene Bezeichnung besitzen: Mittelschule (Sachsen), Regelschule (Thüringen), Sekundarschule (Bremen, Sachsen-Anhalt), Erweiterte Realschule (Saarland), Verbundene Haupt- und Realschule (Hessen), Regionale Schule

(Mecklenburg-Vorpommern), Realschule plus (Rheinland-Pfalz), Regionalschule (Schleswig-Holstein), Oberschule (Brandenburg), Mittelstufenschule (Hessen). Weiterhin existieren in einigen Bundesländern Schularten mit drei Bildungsgängen, die zudem noch den gymnasialen Bildungsgang anbieten: Integrierte Gesamtschule, Kooperative Gesamtschule, Integrierte Sekundarschule (Berlin), Oberschule (Bremen, Niedersachsen), Stadtteilschule (Hamburg), teilweise die Regionale Schule (Mecklenburg-Vorpommern), Gemeinschaftsschule (Baden-Württemberg, Saarland, Sachsen-Anhalt, Schleswig-Holstein, Thüringen), Sekundarschule (Nordrhein-Westfalen). Einen offiziellen Überblick über die neben dem Gymnasium bestehenden Schulformen der Sekundarstufe nach Bundesländern liefert die KMK (2017). Tillmann (2017) fasst diesbezüglich die Bundesländer zu drei Gruppen zusammen und gibt die folgende Zusammenstellung zur Schulstruktur in der Sekundarstufe (Tab. 1).

Drei- und viergliedrige Schulsysteme (5 Länder) Baden-Württemberg, Bayern, Hessen, Niedersachsen, Nordrhein-Westfalen
Zweite Säule als H/R-Kombination, zusätzlich Gesamt- bzw. Gemeinschaftsschulen (6 Länder) Brandenburg, Mecklenburg-Vorpommern, Rheinland-Pfalz, Thüringen, Sachsen-Anhalt, Sachsen
Zwei Säulen, beide mit Abiturzugang (5 Länder) Berlin, Bremen, Hamburg, Saarland, Schleswig-Holstein

Tab. 1: Schulstrukturen in der Sekundarstufe nach Tillmann (2017)

Offensichtlich behält das Gymnasium in der Debatte um die Struktur in allen Ländern eine nahezu unantastbare Sonderstellung. Außerdem scheint auch die Dauer der Primarstufe auf vier Jahre (Ausnahme: Berlin und Brandenburg) fixiert zu sein. Es gibt zwar Befunde, die Überlegungen zu einer Verlängerung der Primarstufe nicht unbegründet erscheinen lassen (Baumert et al. 2009; Lehmann 2011; Tillmann 2009). Ein Reformversuch, die gemeinsame Unterrichtszeit in der Grundschule zu verlängern, wurde jedoch lediglich in Hamburg unternommen (Freie und Hansestadt Hamburg: Behörde für Schule und Berufsbildung). Dieser Vorschlag stieß auf massiven Widerspruch und wurde von der Mehrheit der Bürger im Rahmen eines Volksentscheides abgelehnt (Freie und Hansestadt Hamburg 2012).

4. Schluss

Betrachtet man die angesprochenen Entwicklungen, dann entsteht der Eindruck, dass in den letzten Jahren im schulischen Bereich erhebliche Veränderungen in Gang gekommen sind. Diese weisen allerdings nicht einheitlich in eine bestimmte Richtung. Einerseits soll Bildung beschleunigt, effizienter und wenigstens in Teilen auch markt- bzw. abnehmerorientierter werden. Außerdem soll u. a. durch Bildungsstandards und deren Überprüfung eine größere Verbindlichkeit und Einheitlichkeit der erzielten Ergebnisse erzielt werden. Gleichzeitig wird die schulische Landschaft aber immer bunter und es entsteht der Eindruck, dass es zunehmend schwieriger wird, über die Schulentwicklung auf der Systemebene etwas auszusagen oder überhaupt nur einen Überblick zu behalten. Auch das Gymnasium ist angesichts der wechselnden Varianten von G8/G9 und teilweise praktizierter Mischformen keine konstante Größe in der deutschen Schullandschaft geblieben. Die Entwicklung der Ganztagsschulen führt ebenfalls zu einer erheblichen Pluralität der Angebote und einer hohen Diversifizierung von lokalen Bildungslandschaften. Außerdem entwickeln sich, vermutlich besonders da, wo Schulangebote ab- oder umgebaut werden, private schulische Alternativen. Hinzu kommen schließlich noch die Verpflichtung zur Inklusion und die Initiativen zur Digitalisierung, deren Effekte für das schulische System gegenwärtig noch sehr viel schwerer abzusehen sind.

Was von diesem bunten Strauß an Reformelementen letztlich prägend oder bemerkenswert und dauerhaft Bestand haben wird, bleibt abzuwarten. Überwiegend entsteht der Eindruck, dass durch bildungspolitische Diskurse zwar einige Entwicklungen angestoßen, in der Folge aber wenig koordiniert und durchdacht auf den Weg gebracht worden ist. Reformen, besonders die auf der Systemebene, scheinen eher aus den sich verändernden gesellschaftlichen Kontexten heraus oder bedingt durch internationale Bewegungen zu entstehen. Ein markantes Profil der zahlreichen und nebeneinander her verlaufenden Entwicklungen ist dabei schwer zu erkennen. Es wird zunehmend schwieriger, noch einen Überblick über »das« Schulsystem in Deutschland zu behalten, vor allem im Bereich der Sekundarstufe.

Ausgereifte Konzepte zur Begründung der Reformen sind kaum erkennbar und eine systematisch integrierende Planung für das Bildungssystem scheint nicht unternommen zu werden. Eine solche Planung könnte sich an den heute typischen Bildungsverläufen orientieren und die Wege von der Kinderkrippe bis zur Weiterbildung im (hohen) Erwachsenenalter in den Blick nehmen. Stattdessen gilt es heute schon als Erfolg, wenn überhaupt nur die Anschlüsse zwischen einzelnen Etappen (etwa der Übergang vom Kindergarten in die Schule) bei Reformen mit bedacht werden, oder wenn Lehrpläne über die Stufen des schulischen Systems hinweg aufeinander abgestimmt werden (sollen). Zumindest im schulischen Bereich ist ein Strukturierungsversuch der blühenden Vielfalt, die inzwischen in den sechzehn Ländern entstanden ist, nicht erkennbar.

Innere und äußere Reform gehören zusammen – eigentlich schon. Es wäre von daher auch interessant, das Zusammenwirken von Veränderungen auf der System- und Einzelschulebene zu untersuchen. Was bewirkt die Vielfalt an Strukturveränderungen an den einzelnen Schulen? Wie reagieren die einzelnen Schulen, wenn mehrere Reformen auf einmal anstehen (inklusiv-digitalisierte Sekundarschule mit offenem Ganztagsangebot)? Unter welchen Bedingungen verarbeiten welche Schulen die Reformprogramme auf welche Art und Weise und mit welchen Ergebnissen? Mit welchen Initiativen, in welchen Kooperationen und mit welchen Konsequenzen versuchen die Schulen, weiterhin ihren schulischen Alltagsbetrieb zu bewältigen?

Unser hochdifferenziertes schulisches System zeichnet sich durch eine nur noch schwer zu überblickende Verzweigung in unterschiedliche Angebote aus. Selbst die Schulformbezeichnungen variieren zwischen den Ländern und bieten keinen eindeutigen Hinweis mehr darauf, welches Bildungsangebot Schülerinnen und Schüler bei einer spezifischen Schulformbezeichnung erwarten können. In diesem Zusammenhang sollte auch die Frage nach einer zunehmenden Polarisierung zwischen privilegierten und deprivierten Schulen bzw. Bildungsangeboten ein wichtiges Thema für die Forschung sein. Unsere Gesellschaft ist zunehmend durch eine Polarisierung in fast allen relevanten Dimensionen gekennzeichnet (ökonomisch, sozial, politisch, kulturell). Davon wird auch die Arbeit an den Schulen substantiell beeinflusst. Alle Bemühungen um Qualitätsentwicklung und Systemreformen würden torpediert, wenn eine anhaltende Auseinanderentwicklung zwischen deprivierten Schulen für die sog. bildungsfernen Gruppen und privilegierten Schulen für die bildungsnahen zu verzeichnen wäre. Es geht also doch – bzw. immer wieder – um den Zusammenhang von innerer und äußerer Reform.

5. Literatur

Altrichter, H./Maag Merki, K. (2016): Handbuch Neue Steuerung im Schulsystem. Wiesbaden: Springer.

Arbeitsgruppe Schulinspektion (2016): Schulinspektion als Steuerungsimpuls? Wiesbaden: Springer Fachmedien Wiesbaden.

Autorengruppe Bildungsberichterstattung (2014): Bildung in Deutschland 2014. Ein indikatorengestützter Bericht mit einer Analyse zur Bildung von Menschen mit Behinderungen. Bielefeld: Bertelsmann.

Baumert, J./Becker, M./Neumann, M./Nikolova, R. (2009): Frühübergang in ein grundständiges Gymnasium – Übergang in ein privilegiertes Entwicklungsmilieu? In: Zeitschrift für Erziehungswissenschaft 12, H. 2, S. 189–215.

Bund-Länder-Kommission für Bildungsplanung (1973): Bildungsgesamtplan. Band I. Stuttgart: Klett.

Bund-Länder-Kommission für Bildungsplanung und Forschungsförderung (1982): Modellversuche mit Gesamtschulen. Auswertungsbericht der Projektgruppe Gesamtschule. Bühl: Konkordia.

Deutscher Bildungsrat (1970): Strukturplan für das Bildungswesen. (Empfehlungen der Bildungskommission). Bonn: Bundesdruckerei.

Ditton, H. (2008): Qualitätssicherung in Schulen. In: Klieme, E./Tippelt, R. (Hrsg.): Qualitätssicherung im Bildungssystem – eine Bilanz. (Beiheft der Zeitschrift für Pädagogik). Weinheim: Beltz. S. 36–58.

Ditton, H. (2016): Schulqualität unter der Perspektive von Systemstrukturen und Bildungsverläufen. In: Steffens, U./Bargel, T. (Hrsg.): Schulqualität – Bilanz und Perspektiven. Münster: Waxmann. S. 65–94.

Ditton, H./Müller, A. (Hrsg.) (2014): Feedback und Rückmeldungen: Theoretische Grundlagen, empirische Befunde, praktische Anwendungsfelder. Münster: Waxmann.

Edelstein, B./Nikolai, R. (2013): Strukturwandel im Sekundarbereich. Determinanten schulpolitischer Reformprozesse in Sachsen und Hamburg. In: Zeitschrift für Pädagogik 59, H. 4, S. 482–495.

Ehren, M. C. M./Gustafsson, J. E./Altrichter, H./Skedsmo, G./Kemethofer, D./Huber, S. G. (2015):

Comparing effects and side effects of different school inspection systems across Europe. In: Comparative Education 51, H. 3, S. 375–400.
Fischer, N./Holtappels, H. G./Klieme, E./Rauschenbach, T./Stecher, L./Züchner, I. (2011): Ganztagsschule. Entwicklung, Qualität, Wirkungen. Längsschnittliche Befunde der Studie zur Entwicklung von Ganztagssschulen (StEG). Weinheim: Juventa.
Freie und Hansestadt Hamburg (2012): Schulentwicklungsplan 2012 für die staatlichen Grundschulen, Stadtteilschulen und Gymnasien in Hamburg. Hamburg: Behörde für Schule und Berufsbildung.
Freie und Hansestadt Hamburg: Behörde für Schule und Berufsbildung: Eine kluge Stadt braucht alle Talente. Die Hamburger Schulreform 2008-2012.
Fuchs, H.-W. (2009): Strukturen und Strukturreformen im allgemein bildenden Schulwesen der deutschen Bundesländer. In: Die Deutsche Schule 101, H. 1, S. 7–19.
Furck, C.-L. (1967): Innere oder äußere Schulreform? Kritische Betrachtungen. In: Zeitschrift für Pädagogik 13, S. 99–115.
Furck, C.-L. (1992): Widersprüche in der Bildungspolitik. In: Zeitschrift für Pädagogik 38, S. 457–471.
Gärtner, H. (2013): Praxis und Verhältnis interner und externer Evaluation im Schulsystem im internationalen Vergleich. In: Zeitschrift für Erziehungswissenschaft 16, H. 4, S. 693–712.
Hurrelmann, K. (1988): Thesen zur strukturellen Entwicklung des Bildungssystems in den nächsten fünf bis zehn Jahren. In: Die Deutsche Schule 80, S. 451–461.
Husfeldt, V. (2011): Wirkungen und Wirksamkeit der externen Schulevaluation. In: Zeitschrift für Erziehungswissenschaft 14, H. 2, S. 259–282.
Klemm, K./Rolff, H.-G. (1988a): Der heimliche Umbau der Sekundarschule. In: Rolff, H.-G./Klemm, K./Pfeiffer, H./Rösner, E. (Hrsg.): Jahrbuch der Schulentwicklung, Band 5. Weinheim: Juventa. S. 75–101.
Klemm, K./Rolff, H.-G. (1988b): Innere Schulreform im zweigliedrigen Schulsystem? Eine kritische Analyse neuerer bildungspolitischer Konzepte aus der Sicht der Schulentwicklungsforschung. In: Die Deutsche Schule 80, S. 462–471.
Klieme, E./Avenarius, H./Blum, W./Döbrich, P./Gruber, H./Prenzel, M./Reiss, K./Riquarts, K./Rost, J./Tenorth, H.-E./Vollmer, H. (2003): Zur Entwicklung nationaler Bildungsstandards – Eine Expertise. Berlin: BMBF & DIPF.
KMK (2017): Das Bildungswesen in der Bundesrepublik Deutschland 2014 & 2015. Darstellung der Kompetenzen, Strukturen und bildungspolitischen Entwicklungen für den Informationsaustausch in Europa. Bonn: KMK.
Köller, O. (2008): Bildungsstandards in einem Gesamtsystem der Qualitätssicherung im allgemeinbildenden Schulsystem Deutschlands. In: Zeitschrift für Pädagogik 54, H. 53, S. 59–75.
Lehmann, R. H. (2011): Expertise zur Frage der vier- oder sechsjährigkeit der Grundschule. In: Konrad Adenauer Stiftung (Hrsg.): Das Schulleistungsgefälle in Deutschland. Fakten, Diagnosen, Hintergründe. Sankt Augustin, Berlin: Konrad-Adenauer-Stiftung. S. 91–115.
Liegmann, A. B./Bouß, S. (2012): Schulstruktur im Wandel. Aktuelle Bestandsaufnahme und Analyse von Entwicklungstendenzen und Begründungslinien. In: Die Deutsche Schule 104, H. 2, S. 200–215.
Pietsch, M./Scholand, B./Schulte, K. (Hrsg.) (2015): Schulinspektion in Hamburg. Der erste Zyklus 2007 – 2013: Grundlagen, Befunde und Perspektiven. Münster: Waxmann.
Rolff, H.-G. (1990): Wie gut sind gute Schulen? Kritische Analysen zu einem Modethema. In: Rolff, H.-G./Bauer, K.-O./Klemm, K./Pfeiffer, H. (Hrsg.): Jahrbuch der Schulentwicklung, Band 6. Weinheim: Juventa. S. 243–261.
Rolff, H.-G. (1991): Schulentwicklung als Entwicklung von Einzelschulen? Theorien und Indikatoren von Entwicklungsprozessen. In: Zeitschrift für Pädagogik 37, S. 865–886.
Rolff, H.-G. (2002): Rückmeldung und Nutzung der Ergebnisse von großflächigen Leistungsuntersuchung. Grenzen und Chancen. In: Rolff, Hans-Günter/Holtappels, Heinz Günter/Klemm, K./

Pfeiffer, Hermann/Schulz-Zander, Renate (Hrsg.): Jahrbuch der Schulentwicklung. Weinheim: Juventa.

Roth, H. (Hrsg.) (1968): Begabung und Lernen. Ergebnisse und Folgerungen neuer Forschungen. Stuttgart: Klett.

Stanat, P./Pant, H. A./Böhme, K./Richter, D. (Hrsg.) (2012): Kompetenzen von Schülerinnen und Schülern am Ende der vierten Jahrgangsstufe in den Fächern Deutsch und Mathematik. Ergebnisse des IQB-Ländervergleichs 2011. Münster: Waxmann.

Tillmann, K.-J. (2009): Sechsjährige Primarschule in Hamburg: Empirische Befunde und pädagogische Bewertungen, Sonderheft, S. 10–29.

Tillmann, K.-J. (2017): Gleichwertigkeit im Zwei-Säulen-Modell? Das Beispiel Gemeinschaftsschule im Saarland. In: Holtappels, H. G. (Hrsg.): Entwicklung und Qualität des Schulsystems. Neue empirische Befunde und Entwicklungstendenzen. Münster: Waxmann. S. 105–118.

Weishaupt, H. (2009): Die Hauptschule – ein Auslaufmodell? Eine Bestandsaufnahme im föderalen Vergleich. In: Die Deutsche Schule 101, H. 1, S. 20–32.

Wurster, S./Gärtner, H. (2013): Schulen im Umgang mit Schulinspektion und deren Ergebnissen. In: Zeitschrift für Pädagogik 59, H. 3, S. 425–445.

Juliane Grünkorn, Eckhard Klieme und Petra Stanat

Bildungsstandards als Kern des Bildungsmonitorings[24]

1. Konzeption und Entwicklung des Bildungsmonitorings in Deutschland

Die kontinuierliche datengestützte Beobachtung des Bildungswesens – das sogenannte Bildungsmonitoring – ist auch in Deutschland nicht erst durch TIMSS (Trends in International Mathematics and Science Study) und PISA (Programme for International Student Assessment) oder gar auf Druck der OECD entstanden. Bereits in den 1960er und 1970er Jahren wurden in (West-)Deutschland im Rahmen von Curriculumentwicklung, Lehr-Lern-Forschung und Evaluationsforschung Maßnahmen diskutiert, die auf eine Erhöhung der Bildungsgerechtigkeit und eine Anhebung der Bildungsqualität abzielten. Unterschiede zwischen den damaligen Konzepten und dem heutigen Ansatz der Qualitätssicherung liegen darin, dass damals zum einen die mit der Implementation von Reformen verbundenen Herausforderungen unterschätzt wurden und zum anderen die Methodik für Leistungsmessung und Evaluation weniger weit entwickelt war (Klieme/Tippelt 2008). Die gemeinsame Bildungsplanung von Bund und Ländern, die um die 1960er Jahre begann, war vornehmlich an »der Entwicklung und Erprobung von Modellen zur Optimierung der Arbeit in Einzelschulen (Prozesssteuerung) und dem Entwurf didaktischer Modelle (Inputsteuerung) sowie deren Einführung in die Unterrichtspraxis (Prozessorientierung)« (Köller 2010, S. 532) interessiert, wobei das Erreichte, der sogenannte Output/Outcome, zunächst in den Hintergrund trat. Nach dem Ende des Deutschen Bildungsrates Mitte der 1970er Jahre gab es jedoch in der Bundesrepublik Deutschland praktisch keine Strategie für Bildungsmonitoring und Qualitätssicherung, in der DDR ebenso wenig.

In der Zeit nach der deutschen Wiedervereinigung wuchs das Interesse der Politik an Daten und wissenschaftlichen Studien. Die TIMS-Studie aus den Jahren 1995/96 leitete schließlich die sogenannte »empirische Wende der Bildungspolitik« (Lange 2008, S. 7) ein und im Konstanzer Beschluss der Ständigen Konferenz der Kultusminister der Länder in der Bundesrepublik Deutschland (KMK) vom 24. Oktober 1997 wurde die Grundlage für eine langfristige Beteiligung an internationalen Schulleistungsstudien gelegt (Maritzen 2014). Ferner gründete die KMK im Jahr 2004 das

24 Der vorliegende Text basiert auf der Publikation: Grünkorn, J./Klieme, E./Stanat, P. (2019): Bildungsmonitoring und Qualitätssicherung. In: Köller, O./Hasselhorn, M./Hesse, F.W./Maaz, K./Schrader, J./Solga, H./Spieß, C. K./Zimmer, K. (Hrsg.): *Das Bildungswesen in Deutschland. Bestand und Potenziale.* Bad Heilbrunn: UTB Klinkhardt, S. 245-280.

Institut zur Qualitätsentwicklung im Bildungswesen (IQB) an der Humboldt-Universität zu Berlin als wissenschaftliche Einrichtung der Länder in der Bundesrepublik Deutschland (Stanat et al. 2013), das bei der Umsetzung der von der KMK im Jahr 2006 veröffentlichten Plöner Beschlüsse eine zentrale Rolle spielt. Mit den Plöner Beschlüssen fasste die KMK Instrumente zur Qualitätssicherung in Deutschland in der ersten Fassung der *Gesamtstrategie zum Bildungsmonitoring* zusammen, die im Jahr 2015 überarbeitet wurde. Sie umfasst vier Elemente (vgl. Abb. 1; KMK 2006; vgl. überarbeitete Version KMK 2015): (1) Die Internationalen Schulleistungsstudien, (2) der IQB-Ländervergleich (der seit dem Jahr 2015 als *IQB-Bildungstrend* bezeichnet wird) und (3) die gemeinsame nationale Bildungsberichterstattung stellen auf der Ebene des Systems Erkenntnisse zur Verfügung, die dazu dienen, administrative und politische Handlungsbedarfe zu identifizieren. Die jährlich flächendeckend durchgeführten (4) *Vergleichsarbeiten* (VERA) liefern dagegen Informationen für die Unterrichts- und Schulentwicklung auf der Ebene einzelner Schulen und Klassen. Dabei ist wichtig zu erwähnen, dass es sich bei den in Deutschland durchgeführten standardisierten Leistungstests des Bildungsmonitorings um sogenanntes *low-stake testing* handelt, da an die Ergebnisse in der Regel keinerlei Sanktionen geknüpft sind.

Die national entwickelten Testverfahren, die in IQB-Ländervergleichen/IQB-Bildungstrends und VERA eingesetzt werden, basieren auf den Bildungsstandards, die seit dem Jahr 2003 den wichtigsten Orientierungspunkt für Qualitätssicherung und Bildungsmonitoring im deutschen Schulsystem bilden. Das IQB entwickelt die Bildungsstandards der KMK weiter und operationalisiert diese mit Testaufgaben, es überprüft auf Systemebene, inwieweit die Bildungsstandards erreicht werden, und es entwickelt die auf den Bildungsstandards basierenden Testaufgaben für die Vergleichsarbeiten (Stanat et al. 2013).

Abb. 1: Verfahren der KMK-Gesamtstrategie zum Bildungsmonitoring (KMK 2006; überarbeitete Version KMK 2015; Grafik mod. nach Spoden/Leutner 2011, S. 3). Grau markierte Säulen kennzeichnen Monitoringverfahren auf der Systemebene, weiß markierte Säulen zeigen Verfahren auf Schul-/Klassenebene

2. Bildungsstandards als Grundlage für Systemmonitoring (IQB-Bildungstrend) und Tests zum Zweck der Unterrichtsentwicklung (VERA)

Als Grundlage für die Sicherung von Bildungsqualität in Deutschland führte die KMK schrittweise bundesweit geltende Bildungsstandards ein, die für den Primarbereich und die Sekundarstufe I in den Jahren 2003 und 2004 verabschiedet wurden. Diese beziehen sich auf Kernfächer (Deutsch, Mathematik, Englisch sowie Französisch als erste Fremdsprache, Biologie, Chemie und Physik) und dabei jeweils auf abschlussbezogene Schnittstellen in der Bildungslaufbahn (Ende der 4. Jahrgangsstufe, Hauptschulabschluss, Mittlerer Schulabschluss, Allgemeine Hochschulreife). Für die Allgemeine Hochschulreife wurden Bildungsstandards in den Fächern Deutsch, fortgeführte Fremdsprache (Englisch, Französisch) und Mathematik im Jahr 2013 verabschiedet. Da jedoch in der Sekundarstufe II kein Bildungsmonitoring erfolgt, wird auf diese Vorgaben im Folgenden nicht weiter eingegangen.

Die Bildungsstandards der KMK legen fest, welche Kompetenzen Lernende bis zu der jeweiligen Schnittstelle in zentralen Bereichen schulischen Lernens entwickeln sollen (für einen Überblick über verschiedene Kompetenzkonzepte vgl. Klieme/Hartig 2007; Klieme et al. 2003; Stanat et al. 2013). Unter Kompetenz wird dabei »die Fähigkeit, verstanden, Wissen und Können in den jeweiligen Fächern zur Lösung von Problemen anzuwenden« (KMK 2012, S. 5). Mit der Orientierung auf Kompetenzen wird betont, dass Unterricht nicht nur Fachkenntnisse vermitteln, sondern vernetztes Wissen, Fähigkeiten und Fertigkeiten entwickeln soll, die Schülerinnen und Schüler flexibel zur Bewältigung von fachlichen und fächerübergreifenden Anforderungen nutzen können. Die von der KMK verabschiedeten, länderübergreifend verbindlichen Bildungsstandards benennen Ziele für die pädagogische Arbeit in den jeweiligen Fächern und konkretisieren damit den fachbezogenen Bildungsauftrag. Sie dienen den Ländern ferner dazu, ihre Strategien und Maßnahmen der Qualitätssicherung und -entwicklung im deutschen Bildungssystem an einem gemeinsamen Maßstab auszurichten (KMK 2005a).

Die Bildungsstandards wurden von der KMK als sogenannte Regelstandards konzipiert, das heißt die beschriebenen Kompetenzen sollen *in der Regel* oder *im Durchschnitt* entwickelt worden sein, wenn die Schülerinnen und Schüler den jeweiligen Abschluss erreichen (KMK 2005a). Zum Beispiel spezifizieren die Standards für das Fach Biologie folgende Erwartung für den mittleren Schulabschluss: »Schülerinnen und Schüler wenden Modelle zur Veranschaulichung von Struktur und Funktion an« (KMK 2005b, S. 14). Bei solchen Vorgaben handelt es sich um sogenannte Leistungsstandards (*Performance Standards*; KMK 2005a). Diese sind abzugrenzen von reinen Inhaltsstandards (*Content Standards*), die für jedes Schulfach die stofflich-curricularen Vorgaben definieren, sowie von Unterrichtsstandards (*Opportunity-to-learn Standards*), die sich auf eine für günstig erachtete Ausgestaltung von Lehr-Lern-Arrangements beziehen. Die Bildungsstandards der KMK sind fachspezifisch, als Kompetenzbeschreibungen aber zumeist recht allgemein formuliert. So geht es bei der oben zitierten Erwartung um den Umgang mit Modellen und damit um eine Teilkompetenz, die sowohl in Biologie und anderen Naturwissenschaften als auch in der Mathematik eine Rolle spielt. Ihre Konkretisierung und die genauere Spezifizierung inhaltlicher Vorgaben für den Unterricht erfolgt in den Rahmenlehrplänen der Länder beziehungsweise den Curricula der Einzelschulen (Stanat et al. 2013).

Letztendlich dienen Bildungsstandards der Schul- und Unterrichtsentwicklung; sie haben eine Orientierungs-, Klärungs-, Überprüfungs- und Entwicklungsfunktion (Pant 2014):

- *Orientierungsfunktion:* Auf allen Ebenen und für alle Akteurinnen und Akteure im Schulsystem bilden Bildungsstandards einen zentralen Bezugspunkt. In ihrer Orientierungsfunktion dienen sie den Lehrkräften, den Lernenden, den Eltern, der Bildungspolitik, der Bildungsadministration (z.B. Schulaufsicht), den Einrichtungen der Lehrkräftebildung und der Öffentlichkeit als Referenzrahmen, der für die professionelle Arbeit im Bildungssystem handlungsleitend sein soll, und »schaffen so mehr Klarheit, größere Objektivität und höhere Verbindlichkeit als bisher« (Blum et al. 2010, S. 16).
- *Klärungsfunktion:* Bildungsstandards dienen der Verständigung darüber, was unter zeitgemäßen Bildungszielen in den entsprechenden Fächern zu verstehen ist.
- *Überprüfungsfunktion:* Bildungsstandards bilden die Grundlage für externe und interne Evaluationen an Schulen. Insbesondere ist es möglich, mit geeigneten Tests regelmäßig zu überprüfen, inwieweit die definierten Kompetenzziele erreicht werden. Wie bereits oben erwähnt, werden in Deutschland dafür auf Systemebene die IQB-Ländervergleichsstudien bzw. IQB-Bildungstrends in den entsprechenden Fächern durchgeführt; auf Schulebene erhalten die Lehrenden mit den Vergleichsarbeiten eine Rückmeldung für ihre Klassen. Dabei werden die Leistungen der Schülerinnen und Schüler sogenannten Kompetenzstufen zugeordnet, die beschreiben, welche Anforderungen sie bereits bewältigen können. Die hierfür verwendeten Kompetenzstufenmodelle werden in enger Zusammenarbeit zwischen Fachdidaktik und pädagogisch-psychologischer Diagnostik bzw. empirischer Bildungsforschung entwickelt.
- *Entwicklungsfunktion:* Bildungsstandards sollen dazu beitragen, die Qualität schulischer Arbeit kontinuierlich zu verbessern (Stanat et al. 2013; Wernstedt/John-Ohnesorg 2009). Die Zielvorgaben selbst und die darauf bezogenen Ergebnisrückmeldungen liefern Orientierungspunkte für die Weiterentwicklung des Unterrichts. Dabei sollen Instruktionsprozesse gestärkt werden, die sich nicht auf die Vermittlung von Fachkenntnissen beschränken, sondern auf eine systematische Entwicklung fachbezogener Kompetenzen abzielen. Rückmeldungen darüber, welche Kompetenzen die Lernenden bereits entwickelt haben, sollen Lehrkräfte dabei unterstützen, ihren Unterricht in diesem Sinne zu verbessern. Mit dem Aufbau einer stärker an Kompetenzentwicklung ausgerichteten Lernkultur ist die Zielvorstellung verbunden, dass »keine ›trägen‹ und isolierten Kenntnisse und Fähigkeiten entstehen, sondern anwendungsfähiges Wissen und ganz-

heitliches Können, das z.B. reflektive und selbstregulative Prozesse einschließt« (Klieme/Hartig, 2007, S. 13) und somit dem humanistischen Bildungsideal näher kommt als die Abarbeitung eines Inhaltskanons.

Auf der Systemebene sollen die Bildungsstandards dazu beitragen, die Gleichwertigkeit schulischer Bildungsergebnisse, die Vergleichbarkeit der Schulabschlüsse und die Durchlässigkeit des Bildungssystems innerhalb Deutschlands sicherzustellen (KMK 2005a). Dazu wird – im Sinne der Überprüfungsfunktion von Bildungsstandards – das Erreichen der Kompetenzziele in den 16 Bundesländern regelmäßig überprüft, um möglichen Handlungsbedarf zu identifizieren. Das IQB führt in Abständen von fünf Jahren (4. Jahrgangsstufe) bzw. drei Jahren (9. Jahrgangsstufe) umfangreiche Erhebungen in Schülerstichproben durch, die für die 16 Länder jeweils repräsentativ sind. Der erste Zyklus der zunächst als *IQB-Ländervergleich* bezeichneten Studien wurde mit der im Jahr 2012 durchgeführten Erhebung abgeschlossen, sodass ab dem Jahr 2015 auch Veränderungen (sog. Trendschätzungen) berichtet werden können, die sich auf das Erreichen der Bildungsstandards beziehen. Entsprechend werden die Untersuchungen ab diesem Zeitpunkt als *IQB-Bildungstrend* bezeichnet (Stanat et al. 2013). Die Ergebnisse der Studien werden auf der Ebene der Schulsysteme der Länder ausgewertet; die Ebenen einzelner Schulen, Klassen oder des Individuums sind nicht Gegenstand der Berichte.

Auf der Schul- bzw. Klassenebene wird das Erreichen der Bildungsstandards mit den *Vergleichsarbeiten* (VERA) in der 3. und 8. Jahrgangsstufe überprüft, deren Ergebnisse an die Lehrkräfte zurückgemeldet werden. Die Bundesländer führen die Tests zum Teil unter unterschiedlichen Bezeichnungen durch. So heißen sie in Hessen und Nordrhein-Westfalen (nur für die 8. Jahrgangsstufe) Lernstandserhebungen, in Hamburg KERMIT – Kompetenzen ermitteln und in Sachsen und Thüringen Kompetenztests (Stanat et al. 2013). Im Unterschied zu den internationalen Schulleistungsstudien und den IQB-Ländervergleichsstudien/IQB-Bildungstrends werden die Vergleichsarbeiten nicht nur in Stichproben, sondern in allen Schulen durchgeführt, das heißt es handelt sich um eine landesweite Erhebung der erreichten Kompetenzen in praktisch allen Klassen der Jahrgangsstufen 3 und 8 (VERA-3 und VERA-8). Dabei erfolgt die Testdurchführung in der Regel nicht durch externe Testleitungen, sondern durch Lehrkräfte.

Die Vergleichsarbeiten finden mehr als ein Jahr vor dem Ende der Primarstufe bzw. der Sekundarstufe I statt, um es Lehrkräften zu ermöglichen, frühzeitig möglichen Handlungsbedarf zu identifizieren und gezielt darauf zu reagieren. Im Sinne der Orientierungs- und Entwicklungsfunktion der Bildungsstandards sollen sie Informationen liefern, die für curriculare bzw. didaktische Entscheidungen und für die Planung von Fördermaßnahmen nutzbar sind. Die Lehrkräfte erhalten zeitnah nach Durchführung der Vergleichsarbeiten von den jeweiligen Einrichtungen der Länder, die für die Auswertung der Ergebnisse zuständig sind, eine differenzierte Rückmeldung, die in der Regel Angaben umfasst zu (i) Leistungen des einzelnen Lernenden, (ii) mittleren Leistungen der eigenen Klasse, (iii) mittleren Leistungen der Parallelklassen an der eigenen Schule und (iv) mittleren Leistungen der eigenen Schule. Ferner enthalten die Rückmeldungen zumeist auch Angaben zu den Ergebnissen, die Schulen im jeweiligen Bundesland insgesamt erzielt haben. Einige Länder verwenden dabei adjustierte Vergleichswerte, die Hintergrundmerkmale der Schülerinnen und Schüler (vor allem sozioökonomischer Status und Zuwanderungshintergrund) berücksichtigen. Damit soll es den Schulen ermöglicht werden, ihre Ergebnisse mit anderen Schulen zu vergleichen, die über eine ähnliche Schülerschaft verfügen.

Mit den regelmäßigen Ergebnisrückmeldungen erhalten Lehrkräfte im Rahmen der Vergleichsarbeiten zudem ausführliche fachdidaktische Kommentare, die die VERA-Aufgaben hinsichtlich der zur ihrer Bearbeitung erforderlichen Kompetenzen einordnen, typische Fehler und deren mögliche Ursachen beschreiben sowie Hinweise zur Weiterarbeit im Unterricht geben. Dies soll die Orientierungs- und Entwicklungsfunktion der Bildungsstandards zusätzlich unterstützen (KMK 2018). Um zu unterstreichen, dass die Vergleichsarbeiten primär der Schul- und Unterrichtsentwicklung dienen sollen, hat die KMK in einer Vereinbarung zur Weiterentwicklung der Vergleichsarbeiten festgehalten, dass die Ergebnisse weder benotet werden noch als Grundlage für Übergangsempfehlungen verwendet werden sollen. Auch eine Veröffentlichung der Ergebnisse auf Schul- oder Klassenebene wird in der Vereinbarung ausgeschlossen (vgl. KMK 2018a; KMK 2018b). Ein solches Vorgehen würde das Instrument zu einem *high-stakes Test* machen, was zu Verfälschungen der Ergebnisse führen könnte und einer konstruktiven Nutzung der Rückmeldungen durch Lehrkräfte zuwiderliefe.

3. Bildungsstandards als Kern des Bildungsmonitorings in der Diskussion

Aber nutzen die Bildungsstandards und die darauf aufbauenden Untersuchungen tatsächlich der Bildungspolitik und der Bildungspraxis? Helfen sie bei der Qualitätsentwicklung, oder beschreibt die Redensart »Vom Wiegen wird die Sau nicht fetter« doch die Grenzen der Verfahren, wie es die Gewerkschaft Erziehung und Wissenschaft (GEW) ausdrückte? Die GEW äußerte im Sommer 2010: »Auch zehn Jahre nach der ersten PISA-Studie gibt es keine substanziellen Verbesserungen im deutschen Schulsystem« (GEW 2010). Die PISA-Ergebnisse, die kurz darauf veröffentlicht wurden, belegten hingegen einen im internationalen Vergleich beachtlichen Anstieg des Leistungsniveaus und eine Verringerung sozialer Disparitäten zwischen den Jahren 2000 und 2009 (Klieme et al. 2010). Der Kontrast illustriert, dass Bildungsmonitoring dazu beitragen kann, ungeprüfte Vorannahmen über das Bildungssystem zu korrigieren.

Darüber hinaus zeigt sich ein Missverhältnis zwischen der Art des Wissens, das durch Schulleistungsstudien generiert wird, und der Art des Wissens, das von Bildungsakteurinnen und -akteuren (Bildungspolitik, Bildungsadministration und Bildungspraxis) zusätzlich gefordert wird. In der überarbeiteten Fassung der Gesamtstrategie der KMK wird daher der Bedarf an anwendungsbezogenem Wissen für die

Bildungspolitik und die pädagogische Praxis angesprochen. Neben *Beschreibungen* des jeweiligen Entwicklungsstands im Bildungswesen sollen auch mögliche *Ursachen* von Stärken und Schwächen sowie deren Veränderungen identifiziert und Wissen für die Weiterentwicklung von Qualität bereitgestellt werden. Die Forschungserkenntnisse sollen zudem adressatengerecht aufbereitet und verbreitet werden (KMK 2015, S. 15).

Handlungsbedarf zeigt sich auch bei der Datenrückmeldung aus den Vergleichsarbeiten. Damit das Feedback für die Unterrichtsentwicklung genutzt wird, müssen unter anderem die Rückmeldungen adressatengerecht aufbereitet werden sowie das Lehrpersonal und die Schulleitungen Kompetenzen im Umgang mit Rückmeldungen aufbauen (Merkens 2016). Vor diesem Hintergrund wird in der Überarbeitung der Gesamtstrategie betont, dass die Länder entsprechende Rückmeldeformate weiterentwickeln und dem Lehrpersonal geeignete Unterstützungs- und Fortbildungsangebote bereitstellen sollen. Zudem wird herausgestellt, dass die Vergleichsarbeiten »Teil eines Bündels von Maßnahmen [sind], mit denen die Länder eine evidenzbasierte Qualitätsentwicklung und -sicherung auf Ebene der einzelnen Schule gewährleisten« (KMK 2015, S. 13) und zu denen zusätzliche externe und interne Evaluationen einzelner Schulen gehören. Des Weiteren wird in der Überarbeitung der Gesamtstrategie stärker als zuvor die Umsetzung (Implementation) der Bildungsstandards für den Primarbereich, die Sekundarstufe I und die Allgemeine Hochschulreife betont.

Die Frage, inwieweit die mit Bildungsmonitoring verfolgten Ziele tatsächlich erreicht werden und welche unerwünschten Nebenfolgen mit einem solchen Beobachtungssystem möglicherweise verbunden sind, wird indes sowohl international als auch national kritisch diskutiert. Einzelne Autorinnen und Autoren halten die Erfassung der Leistungen von Schülerinnen und Schülern mit Tests für einen fehlgeleiteten Weg und betrachten die Einführung von Maßnahmen des Bildungsmonitorings als Baustein einer allgemeinen *Ökonomisierung* des Bildungssystems und der erziehungswissenschaftlichen Forschung. Ausgehend von den Aktivitäten der OECD im Bildungsbereich hätten demzufolge die Bildungspolitik, die Empirische Bildungsforschung sowie einzelne Stiftungen in Deutschland eine Allianz gebildet, die die Ziele und Steuerung schulischer Systeme an der Logik des Marktes ausrichte. Es ginge dabei nicht mehr um Bildung, sondern um ökonomisch verwertbare Kompetenzen (z. B. Radtke 2015; Radtke 2016).

Etliche Beiträge (z. B. Casale et al. 2010; Jahnke/Meyerhöfer 2006; Klein 2016) befürchten negative Folgen, zum Beispiel, dass das Bildungsmonitoring zu einer Entdemokratisierung von Bildungssystemen führe oder die pädagogische Arbeit durch eine *Testeritis* unmöglich gemacht werde. Dagegen betont beispielsweise Klieme (2011) den Beitrag von Monitoring-Studien wie PISA für Transparenz und Aufklärung über nicht eingelöste Professionalisierungserwartungen im Schulsystem. Befunde aus der internationalen PISA-Schulleitungsbefragung zur Häufigkeit von Testeinsätzen widerlegen zudem die Behauptung, in Deutschland sei eine *Testeritis* ausgebrochen: Nirgendwo wird so selten getestet wie in den deutschsprachigen Ländern und Belgien (Klieme im Druck).

Neben diesen fundamentalen Debatten gibt es auch belastbare Forschung zu Wirkungen und Nebenwirkungen von Bildungsmonitoring und Bildungsstandards. Für die Ebene von Schulen und Klassen ist der empirische Forschungsstand zur Frage, wie Rückmeldungen von Leistungsergebnissen wahrgenommen und genutzt werden, deutlich umfangreicher als für die Ebene der Bildungspolitik und -administration. Bei der Interpretation der Ergebnisse ist es allerdings wichtig, zwischen Analysen zu unterscheiden, die sich auf *high-stakes testing* einerseits und auf *low-stakes testing* andererseits beziehen. Bei den Vergleichsarbeiten in Deutschland handelt es sich um low-stakes Tests, deren Funktion gemäß Vereinbarung der KMK (2018b) primär in der Unterrichts- und Schulentwicklung besteht. Die Ergebnisse der einzelnen Schulen werden weder veröffentlicht noch müssen Schulleitungen oder Lehrkräfte mit Sanktionen rechnen, wenn ihre Schülerinnen und Schüler schwache Leistungen erzielen. Der sehr umfangreiche Forschungsstand aus den USA zu Effekten von Leistungsmessungen, deren Ergebnisse für Schulen und Lehrkräfte erhebliche Konsequenzen nach sich ziehen können, lässt sich daher nicht direkt auf die deutsche Situation übertragen. Dieser grundlegende Unterschied in der Anlage von high-stakes und low-stakes Tests wird in der deutschsprachigen Literatur nicht selten außer Acht gelassen, vermutlich auch deshalb, weil zu Wirkungen von Bildungsmonitoring mit low-stakes testing bislang kaum Studien vorliegen (Maier/Kuper 2012).

Dass die Vergleichsarbeiten primär der Unterrichts- und Schulentwicklung und nicht als Kontrollinstrument dienen sollen, bedeutet allerdings nicht zwangsläufig, dass Lehrkräfte die Tests auch entsprechend wahrnehmen. Um dies zu prüfen, wurden im Rahmen des IQB-Ländervergleichs 2011 Grundschullehrkräfte zu den von ihnen wahrgenommenen Funktionen von VERA befragt. Ein Teil der Fragen bezog sich dabei auf die wahrgenommene Funktion der Unterrichtsentwicklung, ein anderer Teil auf die wahrgenommene Funktion der Kontrolle (Richter/Böhme 2014; Richter et al. 2014). Die Ergebnisse weisen darauf hin, dass zwar ein Großteil (ca. 2/3) der Lehrkräfte VERA als Diagnoseinstrument nutzt, um Aufschluss über die Stärken und Schwächen ihrer Schülerinnen und Schüler zu erhalten, und etwas mehr als die Hälfte der Lehrkräfte der Auffassung ist, dass die Vergleichsarbeiten Anregungen zum pädagogischen Austausch mit Kolleginnen und Kollegen geben. Allerdings scheint nicht einmal ein Drittel der Lehrerinnen und Lehrer den Eindruck zu haben, dass die Ergebnisse aus VERA wichtige Hinweise darauf geben, wie Unterricht optimiert werden kann (Richter/Böhme 2014). Dies unterstreicht erneut die Annahme, dass die Rückmeldung von Ergebnissen aus Leistungstests allein nicht ausreicht, um Prozesse der Unterrichtsentwicklung auszulösen (z. B. Dedering 2011; Hellrung/Hartig 2013; Oelkers/Reusser 2008).

Als Kontrollinstrument scheinen Lehrkräfte die Vergleichsarbeiten allerdings auch nicht allgemein wahrzunehmen. Zwar gaben im IQB-Ländervergleich 2011 mehr als die Hälfte der Lehrerinnen und Lehrer an, dass die VERA-Ergebnisse von der Schulaufsicht verwendet werden, um sich ein Bild darüber zu verschaffen, welche Leistungen in den Schulen jeweils erreicht werden. Der Aussage, die Vergleichsarbeiten würden zur Kontrolle der Arbeit von Lehrkräften oder zur Einschätzung der

Unterrichtsqualität einzelner Lehrkräfte durch die Schulleitung dienen, stimmte jedoch nur ein Drittel beziehungsweise ein Fünftel der Lehrerinnen und Lehrer zu (vgl. Richter/Böhme 2014).

Lehrkräfte scheinen demnach den potenziellen Nutzen von Vergleichsarbeiten unterschiedlich einzuschätzen (vgl. für einen Überblick Altrichter 2010), wobei die Einstellungen zu VERA zwischen den Ländern erheblich variieren. So stimmten im IQB-Ländervergleich 2011 innerhalb der Bundesländer zwischen lediglich 20 Prozent und mehr als 80 Prozent der Lehrkräfte der Aussage zu, Vergleichsarbeiten in der 3. Jahrgangsstufe sollten regelmäßig durchgeführt werden. Vor diesem Hintergrund ist es wenig überraschend, dass die Befundlage zur Frage, inwieweit standardbasierte Tests zu Leistungssteigerungen bei Schülerinnen und Schülern führen, uneinheitlich ist (vgl. für einen Überblick Maag Merki 2010). Ob und in welcher Weise Feedback aus Leistungserhebungen für die Unterrichtsentwicklung genutzt wird, hängt unter anderem von den Einstellungen der Akteurinnen und Akteure zu datengestützten Rückmeldungen ab und von ihren Kompetenzen im Umgang mit solchen Rückmeldungen, wobei Ergebnisse internationaler Studien darauf hinweisen, dass den Schulleitungen dabei eine zentrale Rolle zukommt (Bayer/Klieme/Jude 2016; Levin/Datnow 2012).

Schulentwicklung ist ein langjähriger Prozess, der Monitoring- bzw. Evaluationsbefunde nutzen und von Unterstützungs- und Fortbildungsangeboten begleitet werden sollte. Aus der Schulentwicklungsforschung ist bekannt, dass es auf die kohärente Abstimmung (auch: *Alignment*) der verschiedenen Maßnahmen und ihrer Rückmeldesysteme ankommt. In Deutschland stehen jedoch die Daten der amtlichen Statistik, das Systemmonitoring, die Schulinspektion und die Schulaufsicht eher unverbunden nebeneinander. Jungkamp (2016, S. 66) fordert daher, dass »Schulaufsicht und Schulen bei der Nutzung von Leistungsrückmeldungen aus Schulleistungsstudien und Vergleichsarbeiten nach wie vor unterstützt werden [müssen]. Aus Evaluationsbefunden Schritte zur Schul- und Unterrichtsentwicklung abzuleiten, ist keineswegs trivial.« Ziel der Politik muss daher sein, für eine Einbettung von Rückmeldesystemen in ein kohärentes System der Qualitätsentwicklung zu sorgen (Jungkamp/John-Ohnesorg 2016; Klieme et al. 2005; Merkens 2016).

4. Literatur

Altrichter, H. (2010): Schul- und Unterrichtsentwicklung durch Datenrückmeldung. In: Altrichter, H./Maag Merki, K. (Hrsg.): Handbuch neue Steuerung im Schulsystem. Wiesbaden: VS Verlag für Sozialwissenschaften, S. 219-254.

Bayer, S./Klieme, E./Jude, N. (2016): Assessment and Evaluation in Educational Contexts. In: Kuger, S./Klieme, E./Jude, N./Kaplan, D. (Hrsg.): Assessing Contexts of Learning: An International Perspective. Heidelberg: Springer, S. 471-490.

Blum, W./Drüke-Noe, C./Hartung, R./Köller, O. (2010): Bildungsstandards Mathematik: Konkret. Sekundarstufe I: Aufgabenbeispiele, Unterrichtsanregungen, Fortbildungsideen. Berlin: Cornelsen.

Casale, R./Röhner, C./Schaarschuch, A./Sünker, A. (2010): Entkoppelung von Lehrerbildung und Erziehungswissenschaft: Von der Erziehungswissenschaft zur Bildungswissenschaft. In: Erziehungswissenschaft 21, H. 41, S. 43-66.

Dedering, K. (2011): Hat Feedback eine positive Wirkung? Zur Verarbeitung extern erhobener Leistungsdaten in Schulen. In: Unterrichtswissenschaft 39, H. 1, S. 61-81.

GEW (2010): Magere Ergebnisse für die »Bildungsrepublik«. Pressemitteilung vom 23.6.2010. www.gew.de/aktuelles/detailseite/neuigkeiten/magere-ergebnisse-fuer-die-bildungsrepublik/ (Abruf 5.4.2019).

Hellrung, K./Hartig, J. (2013): Understanding and Using Feedback – A Review of Empirical Studies Concerning Feedback from External Evaluations to Teachers. In: Educational Research Review 9, S. 174-190.

Jahnke, T./Meyerhöfer, W. (Hrsg.) (2006): PISA und Co. Kritik eines Programms. Hildesheim: Franzbecker.

Jungkamp, B. (2016): Fazit: Thesen zur »Neuen Steuerung« in der Bildungspolitik. In: Jungkamp, B./John-Ohnesorg, M. (Hrsg.): Mehr Daten – mehr Qualität? Qualitätsentwicklung durch Bildungsmonitoring. Berlin: Friedrich-Ebert-Stiftung, S. 64-67.

Jungkamp, B./John-Ohnesorg, M. (2016): 10 Punkte. In: Jungkamp, B./John-Ohnesorg, M. (Hrsg.): Mehr Daten – mehr Qualität? Qualitätsentwicklung durch Bildungsmonitoring. Berlin: Friedrich-Ebert-Stiftung, S. 8-16.

Klein, H. P. (2016): Vom Streifenhörnchen zum Nadelstreifen. Das deutsche Bildungswesen im Kompetenztaumel. Springe: Zu Klampen.

Klieme, E. (2011): Bildung unter undemokratischem Druck? Anmerkungen zur Kritik der PISA-Studie. In: Aufenanger, S./Hamburger, F./Ludwig, L./Tippelt, R. (Hrsg.): Bildung in der Demokratie. Beiträge zum 22. Kongress der DGfE. Band 2. Opladen & Farmington Hills: Barbara Budrich, S. 289–302. www.dipf.de/de/forschung/aktuelle-projekte/pdf/biqua/PISA_Artikel_Bildung%20unter%20undemokratischen%20Druck_klieme.pdf (Abruf 5.4.2019).

Klieme, E. (im Druck): Policies and Practices of Assessment. In: Hall, J./Sammons, P./Lindorff, A. (Hrsg.): International Perspectives in Educational Effectiveness Research. Springer.

Klieme, E./Artelt, C./Hartig, J./Jude, N./Köller, O./Prenzel, M./Schneider, W./Stanat, P. (Hrsg.). (2010). PISA 2009: Bilanz nach einem Jahrzehnt. Münster: Waxmann.

Klieme, E./Avenarius, H./Blum, W./Döbrich, P./Gruber, H./Prenzel, M./Reiss, K./Riquarts, K./ Rost, J./Tenorth, H.-E./Vollmer, H. J. (2003): Zur Entwicklung nationaler Bildungsstandards – Expertise. Bonn, Berlin: BMBF (Bundesministerium für Bildung und Forschung).

Klieme, E./Döbrich, P./Steinert, B./Ciompa, R./Gerecht, M. (2005): Auf dem Weg zu einem integrierten System der Qualitätssicherung für Schulen. In: Avenarius, H./Klemm, K./Klieme E./ Roitsch, J. (Hrsg.): Bildung gestalten – erforschen – erlesen. Neuwied: Luchterhand, S. 68-91.

Klieme, E./Hartig, J. (2007): Kompetenzkonzepte in den Sozialwissenschaften und im erziehungswissenschaftlichen Diskurs [Sonderheft]. In: Zeitschrift für Erziehungswissenschaft 8, S. 11-29.

Klieme, E./Tippelt, R. (2008): Qualitätssicherung im Bildungswesen. Eine aktuelle Zwischenbilanz. In: Zeitschrift für Pädagogik 53, S. 7-13.

KMK [Sekretariat der Ständigen Konferenz der Kultusminister der Länder in der Bundesrepublik Deutschland] (Hrsg.) (2005a): Bildungsstandards der Kultusministerkonferenz. Erläuterungen zur Konzeption und Entwicklung. München, Neuwied: Wolters Kluwer.

KMK [Sekretariat der Ständigen Konferenz der Kultusminister der Länder in der Bundesrepublik Deutschland] (Hrsg.) (2005b): Bildungsstandards im Fach Biologie für den Mittleren Schulabschluss. Beschluss vom 16.12.2004. München, Neuwied: Wolters Kluwer.

KMK [Sekretariat der Ständigen Konferenz der Kultusminister der Länder in der Bundesrepublik Deutschland] (Hrsg.) (2006): Gesamtstrategie der Kultusministerkonferenz zum Bildungsmonitoring. Beschluss der Kultusministerkonferenz vom 2.6.2006. https://www.kmk.org/fileadmin/Dateien/pdf/PresseUndAktuelles/Beschluesse_Veroeffentlichungen/Bildungsmonitoring_Broschuere_Endf.pdf (Abruf 5.4.2019).

KMK [Sekretariat der Ständigen Konferenz der Kultusminister der Länder in der Bundesrepublik Deutschland] (Hrsg.) (2012): Bildungsstandards für die fortgeführte Fremdsprache (Englisch/Französisch) für die Allgemeine Hochschulreife. Beschluss der

Kultusministerkonferenz vom 18.10.2012. www.kmk.org/fileadmin/Dateien/veroeffentlichungen_beschluesse/2012/2012_10_18-Bildungsstandards-Fortgef-FS-Abi.pdf (Abruf 5.4.2019).

KMK [Sekretariat der Ständigen Konferenz der Kultusminister der Länder in der Bundesrepublik Deutschland] (Hrsg.) (2015): Gesamtstrategie der Kultusministerkonferenz zum Bildungsmonitoring. Beschluss der 350. Kultusministerkonferenz vom 11.6.2015. www.kmk.org/fileadmin/Dateien/veroeffentlichungen_beschluesse/2015/2015_06_11-Gesamtstrategie-Bildungsmonitoring.pdf (Abruf 5.4.2019).

KMK [Sekretariat der Ständigen Konferenz der Kultusminister der Länder in der Bundesrepublik Deutschland] (Hrsg.) (2018a): VERA 3 und VERA 8 (Vergleichsarbeiten in den Jahrgangsstufen 3 und 8): Fragen und Antworten für Schulen und Lehrkräfte (von der 87. Amtschefskommission »Qualitätssicherung in Schulen« am 19.4.2018 zustimmend zur Kenntnis genommen). www.kmk.org/fileadmin/Dateien/veroeffentlichungen_beschluesse/2018/2018_04_19-VERA-FragenundAntworten.pdf (Abruf 5.4.2019).

KMK [Sekretariat der Ständigen Konferenz der Kultusminister der Länder in der Bundesrepublik Deutschland] (Hrsg.) (2018b): Vereinbarung zur Weiterentwicklung von VERA. Beschluss der Kultusministerkonferenz vom 08.03.2012 i. d. F. vom 15.3.2018. www.kmk.org/fileadmin/Dateien/veroeffentlichungen_beschluesse/2012/2012_03_08_Weiterentwicklung-VERA.pdf (Abruf 5.4.2019).

Köller, O. (2010): Bildungsstandards. In: Tippelt, R./Schmidt, B. (Hrsg.): Handbuch Bildungsforschung. 3. Auflage. Wiesbaden: VS Verlag für Sozialwissenschaften, S. 529-548.

Lange, H. (2008): Vom Messen zum Handeln: »empirische Wende« der Bildungspolitik? In: Recht der Jugend und des Bildungswesens 56, H. 1, S. 7-15.

Levin, J. A./Datnow, A. (2012): The Principal Role in Datadriven Decision Making: Using Casestudy Data to Develop Multimediator Models of Educational Reform. In: School Effectiveness and School Improvement 23, H. 2, S. 179-201.

Maag Merki, K. (2010): Theoretische und empirische Analysen der Effektivität von Bildungsstandards, standardbezogenen Lernstandserhebungen und zentralen Abschlussprüfungen. In: Altrichter, H./Maag Merki, K. (Hrsg.): Handbuch neue Steuerung im Schulsystem. Wiesbaden: VS Verlag für Sozialwissenschaften, S. 529-548.

Maier, U./Kuper, H. (2012): Vergleichsarbeiten als Instrumente der Qualitätsentwicklung an Schulen. Überblick zum Forschungsstand. In: DDS – Die Deutsche Schule 104, H. 1, S. 88-99.

Maritzen, N. (2014): Glanz und Elend der KMK-Strategie zum Bildungsmonitoring. Versuch einer Bilanz und eines Ausblicks. In: DDS – Die Deutsche Schule 106, H. 4, S. 398-413.

Merkens, H. (2016): Change Management, Monitoring, Schulentwicklung. In: Jungkamp, B./John-Ohnesorg, M. (Hrsg.): Mehr Daten – mehr Qualität? Qualitätsentwicklung durch Bildungsmonitoring. Berlin: Friedrich-Ebert-Stiftung, S. 38-44.

Oelkers, J./Reusser, K. (2008): Expertise: Qualität entwickeln – Standards sichern – mit Differenz umgehen. Bonn/Berlin: BMBF (Bundesministerium für Bildung und Forschung).

Pant, H. A. (2014): Evidenzbasierte Steuerung im Bildungswesen. Potenziale und Illusionen. Vortrag auf der 6. Qualitätsnetzwerkkonferenz für die Berufsbildung in Österreich, Wien, Österreich. arqa-vet.at/fileadmin/Dokumente/arqa-vet.at/qnwk/6qnwk_PPP_Pant_Makro_Ebene_01.pdf (Abruf 5.4.2019).

Radtke, F.-O. (2015): Methodologischer Ökonomismus. Organische Experten im Erziehungssystem. In: Erziehungswissenschaft 26, H. 50, S. 7-16.

Radtke, F.-O. (2016): Konditionierte Strukturverbesserung. In: Zeitschrift für Pädagogik 5, S. 707-731.

Richter, D./Böhme, K. (2014): Vergleichsarbeiten im Fokus: Welche Funktionen erfüllt der Test aus Sicht von Lehrkräften? In: Schulmanagement 45, H. 2, S. 12–14.

Richter, D./ Böhme, K./Becker, M./Pant, H. A./Stanat, P. (2014): Überzeugungen von Lehrkräften zu den Funktionen von Vergleichsarbeiten: Zusammenhänge zu Veränderungen im Unterricht und den Kompetenzen von Schülerinnen und Schülern. In: Zeitschrift für Pädagogik 60, H.2, S. 225-244.

Stanat, P./Pant, H. A./Richter, D./Pöhlmann, C./Kuhl, P. (2013): Was kann das IQB leisten? In: Lin-Klitzing, S./DiFuccia, D./Müller-Frerich, G. (Hrsg.): Zur Vermessung von Schule: Empirische Bildungsforschung und Schulpraxis. Bad Heilbrunn: Klinkhardt, S. 125-152.

Wernstedt, R./John-Ohnesorg, M. (2009): 10 Fragen – 10 Antworten. In: Wernstedt, R./John-Ohnesorg, M. (Hrsg.): Bildungsstandards als Instrument schulischer Qualitätsentwicklung. Zementierung des Selektionsprinzips oder Mittel zur Chancengerechtigkeit? Dokumentation der Sitzung des Netzwerk Bildung vom 26. Januar 2009. Berlin: Friedrich-Ebert-Stiftung, S. 5-10.

Uwe Maier

Vergleichsarbeiten

1. Einführung von Vergleichsarbeiten

Anfang der 2000er Jahre waren viele Schulreformer, Bildungswissenschaftler und Bildungspolitiker begeistert von der Idee, mit einer Standardisierung von Lernzielen und darauf bezogenen zentralen Tests die Qualität des Unterrichts und damit die Leistungen deutscher Schülerinnen und Schüler deutlich zu steigern. Auslöser war das enttäuschende Abschneiden Deutschlands bei der ersten PISA Studie im Jahr 2000. In der Expertise zur Entwicklung nationaler Bildungsstandards (Klieme et al. 2003) wurde die Annahme formuliert, dass durch die Festlegung überprüfbarer Kompetenzstandards und die Einführung eines auf diese Kompetenzstandards bezogenen Bildungsmonitorings mit internationalen und nationalen Tests eine deutliche Qualitätssteigerung im Schulsystem möglich sei. Als Belege für diese Annahme wurden vor allem andere Länder mit einer sog. »Outputsteuerung« im Schulsystem angeführt (z. B. Döbert et al. 2003).

In der Expertise zur Entwicklung nationaler Bildungsstandards wurde bereits sehr deutlich darauf hingewiesen, die verschiedenen Ebenen von Evaluation bzw. Schulleistungsdiagnostik auseinander zu halten. Bildungsmonitoring, Schulevaluation und individuelle Leistungsdiagnostik sollten vor allem in Bezug auf die Testinstrumente deutlich voneinander getrennt sein. Für die Schulevaluation wurde vorgeschlagen, dass die Länder »Berater für die Selbstevaluation von Schulen bereitstellen oder gesonderte Evaluationsprogramme auflegen, an denen sich Schulen freiwillig beteiligen können.« (Klieme et al. 2003, S. 106). Es wäre zudem auch ein »freier Markt« für verschiedene Evaluationsanbieter möglich. Deutlich gewarnt wurde vor einer Veröffentlichung schulbezogener Testergebnisse (sog. Schulrankings). Recht deutlich wird in der Expertise darauf hingewiesen, dass Testergebnisse aus dem Bildungsmonitoring oder aus der Schulevaluation nicht für die Individualdiagnostik geeignet sind und somit auch keine Grundlage für die Individualförderung bieten.

In den strategischen Abteilungen der Kultusbehörden wurden die differenzierten Ratschläge der Wissenschaftlerinnen und Wissenschaftler nur in geringem Maße rezipiert. Die Umsetzung der damals propagierten »Outputsteuerung« sollte möglichst günstig, schnell und einfach sein und unterschiedlichste Bedürfnisse befriedigen. In Baden-Württemberg wurden beispielsweise Anfang der 2000er Jahre sog. »Diagnose- und Vergleichsarbeiten« für die Jahrgangsstufen 2, 5 und 7 erprobt und sukzessive eingeführt. Wie der Titel bereits sagt, wollte man – entgegen der Ratschläge der Wissenschaft – Individualdiagnostik mit Schulevaluation verbinden. Die zentralen Tests sollten über die Kompetenzen einzelner Schülerinnen und Schüler Auskunft geben und Grundlage für Förderentscheidungen sein. Sie sollten aber auch auf Schul- und Unterrichtsebene als Evaluationsinstrumente genutzt werden. Befragungsstudien zeigten, dass diese aus testdiagnostischer Sicht unmögliche Multifunktionalität die Akzeptanz bei Lehrkräften deutlich beeinträchtigte (Maier 2007; 2008). Für die Notengebung durften die Tests nicht herangezogen werden, der individualdiagnostische Neuigkeitswert war aus Sicht der Lehrkräfte verschwindend gering und eine testbasierte Reflexion über Unterricht und Schule kam den meisten Lehrkräften nicht in den Sinn bzw. widerstrebte ihnen. Einerseits, weil ihre professionsspezifische Sozialisation wenig mit testbasierter Evaluation konform ging. Andererseits aber auch aufgrund von durchaus berechtigten Vorbehalten gegenüber zentralen Vergleichsarbeiten. In den Lehrerbefragungen wurde sehr häufig kritisiert, dass die Tests zu einem Zeitpunkt durchgeführt worden waren, als man noch nicht alle Lerninhalte unterrichtet hatte.

Noch eine Reihe weiterer Bundesländer wollte in puncto Vergleichsarbeiten eigenständige Wege gehen. Auch NRW arbeitete an der Einführung eigenständiger »Lernstandserhebungen«. In Bayern gab es beispielsweise auch schon vor den 2000er Jahren ein umfangreiches Repertoire an zentralen Testinstrumenten, vor allem für die Selektionsdiagnostik auf Individualebene, weniger für die Unterrichtsevaluation. Hamburg konnte auf die Lernausgangslageuntersuchungen (LAU) zurückgreifen und hat diese bis heute zu einem ausdifferenzierten Testsystem, das die unterschiedlichen Evaluationsebenen berücksichtigt, weiterentwickeln können. Thüringen beauftragte die Universität Jena, sog. Kompetenztests (Jgs. 6 und 8) auf wissenschaftlicher Grundlage zu entwickeln und deren Einführung ebenfalls wissenschaftlich zu evaluieren. In dieser frühen Phase gab es allerdings auch erste Zusammenschlüsse von Bundesländern, die durch eine Bündelung von Ressourcen die Universität Koblenz-Landau mit der Entwicklung, Einführung und Evaluation von Vergleichsarbeiten für die Grundschule (VERA 3) beauftragten.

Interessant an den Projekten »Lernstand 9 (NRW)«, »Kompetenztests (Thüringen)« und »VERA 3« war beispielsweise, dass man viel Wert auf die Entwicklung fairer Vergleichsmaßstäbe legte. Um die Akzeptanz der Testrückmeldungen unter Lehrkräften zu erhöhen, sollten Schul- und Klassenmerkmale (z. B. Migrationshintergrund, sprachliche Voraussetzungen usw.) mit erfasst und berücksichtigt werden, entweder über die Gruppierung von Schulen mit ähnlicher Ausgangslage (NRW) oder über die Berechnung von adjustierten Leistungsdaten auf Schul- und Klassenebene (Thüringen). Zudem wurde in all diesen Projekten das Rückmeldeformat für Lehrkräfte und Schulen permanent optimiert und evaluiert. Man hat in diesen von wissenschaftlichen Instituten vorangetriebenen Projekten viel unternommen, dass Lehrkräfte die Vergleichsarbeitsrückmeldungen auch tatsächlich für die Evaluation von Unterricht und Schule nutzen. Dennoch waren die Befunde der Rezeptionsforschung ähnlich ernüchternd wie die Einschätzung der Lehrkräfte in Baden-Württemberg (ausführlicher in Abschnitt 2).

Nach der »Wildwestphase« Anfang der 2000er Jahre kam es gegen Ende des ersten Jahrzehnts zu einer Zentralisierung der Vergleichsarbeiten unter der Federführung des von der KMK gegründeten Instituts für Qualitätsentwicklung im Bildungswesen (IQB). Nach und nach nutzten alle Bundesländer die vom IQB zentral entwickelten und an einem Termin bundesweit durchgeführten Vergleichsarbeiten für die Jahrgangsstufen 3 (Mathematik, Deutsch) und 8 (Mathematik, Deutsch, erste Fremdsprache). Die administrativen Aufgaben rund um die Durchführung und Auswertung der Vergleichsarbeiten sind jedoch weiterhin bei den Kultusbehörden der Länder bzw. bei nachgeordneten Landesinstituten angesiedelt: Schulrechtliche Verankerung, Entscheidungen über verpflichtend zu testende Fächer bzw. Kompetenzdomänen, Durchführungsmodalitäten (außer den Testzeitpunkten), Rückmeldeformate und Rückmeldemodalitäten, Lehrerfortbildungen zur Nutzung der Testrückmeldungen, Handreichungen.

2. Empirische Befunde zu Akzeptanz und Nutzung von Vergleichsarbeiten

Die in Deutschland eingeführten Vergleichsarbeiten wurden sofort zum Gegenstand empirischer Forschung. Methodologisch handelte es sich dabei vor allem um quantitative oder qualitative Befragungen von Lehrkräften und Schulleitungen zur Akzeptanz und Nutzung von Vergleichsarbeiten. In diesem Abschnitt werden ausgewählte Studien und Befunde exemplarisch dargestellt und vor dem Hintergrund der in Abschnitt 1 skizzierten bildungspolitischen Zielsetzungen interpretiert. Die Darstellung erhebt dabei keinen Anspruch auf Vollständigkeit.

Kühle (2010) publizierte Befunde aus Online-Befragungen zu Akzeptanz, Rezeption und Nutzung der Lernstandserhebungen in Nordrhein-Westfalen (Lernstand 9). Eine große Mehrheit der befragten Lehrerinnen und Lehrer gab an, sich mit den Ergebnissen der Lernstandserhebungen auseinanderzusetzen. Interessant ist jedoch der Befund, dass sich ca. 20 Prozent der befragten Lehrkräfte hartnäckig weigern, die Testrückmeldungen ihrer Klassen zur Kenntnis zu nehmen. Ein Anteil von ungefähr 40 Prozent der Lehrkräfte, überwiegend in den sprachlichen Fächern, äußerte Schwierigkeiten beim Verständnis der Rückmeldedaten. Die Bereitschaft zur Nutzung der Daten für die Unterrichtsentwicklung war bei Schulleitungspersonen am höchsten, bei Lehrkräften in den sprachlichen Fächern am niedrigsten. Insgesamt schätzt Kühle (2010) die Bereitschaft der Lehrpersonen, aus den Testergebnissen Konsequenzen abzuleiten, als mäßig ein. Wichtigste Bedingung für die Nutzungsbereitschaft ist die Akzeptanz der Tests, nicht jedoch das erzielte Testergebnis der eigenen Klasse und auch nicht Verständnisschwierigkeiten bei der Interpretation der Testergebnisse. Dass das Testergebnis nicht mit der Nutzungsbereitschaft korreliert, steht im Widerspruch zur bildungspolitischen Zielsetzung einer testdatenbasierten Evaluation. Gerade Lehrkräfte mit unterdurchschnittlichen Testergebnissen hätten sich in besonderem Maße mit den VERA-Rückmeldungen auseinandersetzen sollen.

Auch im Verbundprojekt VERA 3 wurden die Grundschullehrkräfte regelmäßig zu Akzeptanz und Nutzung der Vergleichsarbeiten befragt (z. B. Groß Ophoff et al. 2006). Ein interessanter Befund dieser Studien ist beispielsweise, dass der Nutzen von VERA für die Ableitung von Fördermaßnahmen bzw. das Erkennen von Fehlerschwerpunkten relativ hoch eingeschätzt wird. Dagegen ist der Anteil der Lehrkräfte, die aus den zurückgemeldeten Ergebnissen Maßnahmen für den eigenen Unterricht ableiten oder an eine Veränderung des Unterrichts denken, sehr gering. Dies zeigt, dass die eigentliche Intention von Vergleichsarbeiten (Unterrichtsevaluation) von den Lehrkräften umgekehrt wird. Lehrkräfte sehen in den externen Tests zunächst einmal eine Individualdiagnostik, eine Funktion, für die Vergleichsarbeiten nicht konzipiert wurden. Zudem wurde in den Studien rund um VERA 3 immer wieder die Bedeutung der kriterialen Bezugsnorm hervorgehoben. Wenn die Lehrkräfte einen Bezug zwischen Vergleichsarbeitsrückmeldungen und Kompetenzmodellen herstellen konnten (kriteriale Bezugsnorm), wurde auch eher von Veränderung des Unterrichts aufgrund von VERA berichtet (Groß Ophoff 2013b).

Groß Ophoff (2013a) veröffentlichte eine Reihe von Trendanalysen über die jährlich durchgeführten VERA 3-Lehrerbefragungen. Die Trendanalysen deuten insgesamt auf einen Rückgang der Nutzung der Leistungsrückmeldungen aus VERA 3 hin, während die Akzeptanz stabil bleibt. Auch Nachtigall und Hellrung (2013) erforschten über einen längeren Zeitraum die Rezeption und Nutzung der Thüringer Kompetenztests. Nach der Implementation der Tests konnten bei Lehrkräften und Schulleitungen höhere Zustimmungswerte zu VERA (wahrgenommene Nützlichkeit, interne Maßnahmen, Qualitätsentwicklung) ermittelt werden als im Jahr der Implementation. Dies wird mit begleitenden Unterstützungsmaßnahmen erklärt (Fortbildungen für schulische Akteure). Allerdings haben sich die Werte im Zeitverlauf nicht kontinuierlich verbessert, sondern sind auch in diesem Längsschnitt teilweise rückläufig. Eine erfolgreiche Testimplementation führte also nicht zwangsläufig zu einer nachhaltigen, erfolgreichen Nutzung der Kompetenztests.

Diese Befunde passen gut zu den Beobachtungen aus qualitativen Studien (z. B. Maier 2007; 2009). Maier, Ramsteck und Frühwacht (2013) führten eine qualitative Interviewstudie zu den Kompetenztests (Thüringen) sowie zu den Diagnose- und Vergleichsarbeiten 7 und 9 (Baden-Württemberg) an 10 Gymnasien in Baden-Württemberg und Thüringen durch. Befragt wurden insgesamt 53 Deutsch-, Mathematik-, Englisch- oder Französischlehrkräfte. In dieser Studie wurden die lehr-lerntheoretischen Argumentationsmuster der Nutzung von Testrückmeldungen herausgearbeitet. Es wurde gezielt danach gefragt, welche didaktischen Schlussfolgerungen die Lehrkräfte aus den Testrückmeldungen ziehen. Auch in dieser Studie fand sich zunächst einmal ein hoher Anteil an Lehrkräften, die überhaupt keine didaktischen Maßnahmen aus den Vergleichsarbeiten ableiten. Die von den Lehrkräften genannten Maßnahmen wurden kategorisiert und gezählt. Am häufigsten wurden Maßnahmen genannt, die sich folgenden Kategorien zuordnen ließen:

- Mehr Zeit für Inhalte, bei denen Schülerinnen und Schüler Schwächen im Test hatten
- Mehr Tests und Notendruck
- Kleinschrittiges Üben von grundlegendem Wissen und Grundfertigkeiten

Nur vereinzelt wurden Maßnahmen genannt, die folgenden Kategorien zugeordnet werden konnten:

- Differenzierte Übungsmöglichkeiten
- Vernetzung von Inhalten
- Komplexere Aufgabenstellungen in den Unterricht integrieren

Die didaktisch interessanten Maßnahmen sind äußerst selten. Am häufigsten werden Maßnahmen genannt, die man vor dem Hintergrund der US-amerikanischen Literatur als »teaching to the test« bezeichnen könnte. Lehrkräfte werden durch die Vergleichsarbeiten keineswegs zu differenzierten didaktischen Analysen angeregt. Vielmehr erhöhen sie die Intensität bei bestimmten Themen, die Testgegenstand sind.

Eine wichtige Determinante für die Nutzung von Vergleichsarbeitsrückmeldungen sind die professionsbezogenen Einstellungen und Überzeugungen der Lehrkräfte. Groß Ophoff, Hosenfeld und Koch (2007) identifizierten anhand der VERA 3-Lehrerbefragungsdaten drei verschiedene Rezeptionstypen, die sich sowohl hinsichtlich der Rezeption als auch hinsichtlich der Realisierung von Unterrichtsentwicklungsmaßnahmen deutlich unterscheiden. Jäger (2014) führte eine qualitative Interviewstudie zur Rezeption und Nutzung von Testrückmeldungen durch Lehrkräfte in Baden-Württemberg durch. Sie konnte insgesamt fünf Rezeptionstypen identifizieren: Der begeisterte, der mitspielende, der desinteressierte, der negativ-kritische und der belastete Typ. Die Nutzung der Testdaten für die Unterrichtsentwicklung wurde im Wesentlichen durch die unterschiedlichen Perspektiven der fünf Typen auf die Sinnhaftigkeit der Vergleichsarbeiten geprägt. Lehrkräfte, die Jäger (2014) dem begeisterten Typ zugeordnet hatte, sahen in den Vergleichsarbeiten einen hohen individualdiagnostischen Nutzen und waren daran interessiert, Testaufgaben in ihr Aufgabenrepertoire für individualisierte Lernformen aufzunehmen. Desinteressierte Lehrkräfte dagegen werten Vergleichsarbeiten beispielsweise gar nicht aus oder nahmen die Rückmeldungen nicht zur Kenntnis. Begründet wird dieses Verhalten mit der mangelnden Relevanz der Tests. Lehrkräfte, die dem negativ-kritischen Typ zugeordnet wurden, setzten sich ähnlich wie der begeisterte Typ intensiv mit VERA auseinander, sahen aber viele Kritikpunkte und damit Anlässe, die Rückmeldedaten nicht als valide und sinnhaft zu bewerten.

In einer Reihe von empirischen Studien wurde die Nutzung von Vergleichsarbeiten für Evaluationsprozesse auf Schulebene (z. B. Fachkonferenzen, Schulevaluation usw.) untersucht. Bach et al. (2014) fanden heraus, dass in ungefähr einem Drittel der befragten Schulen eine Aufarbeitung der VERA-Daten in Fachkonferenzen gänzlich ausbleibt. Die Nutzung von VERA wird vorwiegend als Sache der einzelnen Lehrkräfte beschrieben. Bach et al. (2014) konstatieren, dass eine systematische Schulentwicklung als Folge von Vergleichsarbeiten nicht zu beobachten ist. Wurster, Richter und Lenski (2017) untersuchten wie Schulen unterschiedliche Evaluationsinstrumente (zentrale Prüfungen, interne Evaluation und Vergleichsarbeiten) für die datenbasierte Unterrichtsentwicklung nutzen und ob es Zusammenhänge zwischen Nutzung und Schülerleistungen gibt. Im Rahmen des IQB Ländervergleichs 2012 wurden Mathematiklehrkräfte, die mit mindestens einem Evaluationsverfahren Erfahrung hatten, befragt. Die Lehrkräfte gaben insgesamt eine hohe Nutzung der Evaluationsinformationen an, vor allem ausgehend von Ergebnissen zentraler Prüfungen und interner Evaluationsinstrumente. Vergleichsarbeiten spielten dagegen eine untergeordnete Rolle. Mehrebenenanalysen unter Kontrolle relevanter Moderatorvariablen zeigten in dieser Studie zudem, dass es keine Zusammenhänge zwischen der Nutzung der Evaluationsinstrumente und den Schülerleistungen gab, schon gar nicht für die kaum genutzten Vergleichsarbeiten.

3. Konzeptionelle Schwierigkeiten von Vergleichsarbeiten

Die Rezeptions- und Nutzungsstudien zu Vergleichsarbeiten zeigten bereits recht früh die konzeptionellen Schwierigkeiten der in Deutschland entwickelten Vergleichsarbeiten auf. Die mittelmäßige Akzeptanz und die eher geringe Nutzung der Rückmeldedaten für die Unterrichtsentwicklung lassen sich unter anderem auf folgende konzeptionelle Eigenheiten zurückführen:

1. Multifunktionalität: Die Empfehlung der Expertise zur Entwicklung nationaler Bildungsstandards wurde nicht umgesetzt. Es wurden zwar zunächst Vergleichsarbeiten entwickelt, um den Lehrkräften und Schulen ein Instrument zur Evaluation des Erreichens von Bildungsstandards zu liefern. Diese Evaluationsfunktion wurde von den Lehrkräften entweder nie gesehen oder abgelehnt. Besonders deutlich wurde dies an der mangelnden Nutzung der Testrückmeldung im Rahmen der Schulevaluation. Dagegen hatten die Lehrerinnen und Lehrer von Anfang an durchaus ein individualdiagnostisches Interesse an den Vergleichsarbeiten. Die Ergebnisse wurden auf individueller Ebene attribuiert und nicht in Zusammenhang mit dem eigenen Unterricht gebracht. Als Individualdiagnostik waren die Tests allerdings nie konzipiert. Valide Aussagen lassen sich mit Vergleichsarbeiten nur auf einer aggregierten Ebene (Klasse, Schule) ableiten. Die Kultusbehörden und Landesinstitute kamen dem Wunsch der Lehrkräfte allerdings bereitwillig nach und installierten eine individualdiagnostische Nutzung, z.B. erkennbar an entsprechenden Ratschlägen oder Formulierungen in den Handreichungen. Auch die Datenrückmeldung auf Individualebene suggerierte Lehrkräften von Anfang an, dass die Daten auf dieser Ebene nutzbar und interpretierbar sind. Mit dieser Multifunktionalität können viele Interessen bedient werden. Die Schärfe, Präzision und Zielgerichtetheit des Testinstruments »Vergleichsarbeiten« hat unter dieser Multifunktionalität allerdings gelitten.
2. Kompetenzorientierung: Vergleichsarbeiten sollen die in den nationalen Bildungsstandards festgelegten Kompetenzen der Schülerinnen und Schüler kurz vor Erreichen eines Bildungsabschlusses prüfen. Kompetenzen zu testen ist jedoch nicht ganz einfach. Am einfachsten ist es noch beim Lesen, weshalb die Lesekompetenz

auch immer als erstes Beispiel in diesem Zusammenhang genannt wird. Mathematische Kompetenz zu prüfen ist schon schwieriger. Man ist schnell bei lebensweltlich angereicherten Sachaufgaben. Die eigentliche Schwierigkeit hinter jeder Sachaufgabe ist allerdings nicht ihre lebensweltliche Einkleidung (die kann eher störend wirken), sondern vielmehr das für die Lösung der Aufgabe notwendige mathematische Wissen. Weil man aber das klassische, curriculare »Schulmathematikwissen« nicht abprüfen möchte, bleibt man bei Minimalkompromissen. Beispielsweise kann man viele Testaufgaben im Kompetenzbereich »Funktionaler Zusammenhang« mehr oder weniger mit Dreisatzwissen oder einfachen Prozentrechenverfahren lösen. Durch die Kompetenzorientierung können Vergleichsarbeiten Schulwissen nie sonderlich vertieft prüfen. Sie kratzen diesbezüglich eher an der Oberfläche und durch die lebensweltliche Einkleidung, die Kompetenzorientierung auf der Oberfläche vortäuscht, kommt man mit einem guten Testaufgabentraining bereits relativ weit. Lehrkräfte spüren diese Problematik intuitiv. In den Interviewstudien werden diesbezüglich folgende Kritikpunkte geäußert: Die Vergleichsarbeiten testen nicht das ab, was wir in Mathematik oder Englisch oder Deutsch wirklich unterrichten bzw. nach Bildungsplan unterrichten müssen. Auch wenn in vielen Bundesländern mittlerweile die Bildungspläne als kompetenzorientiert gelten, sind diese in Wahrheit inhaltlich strukturiert. Bildungsstandards und Vergleichsarbeiten auf der einen Seite sowie Schulbücher, Unterricht und Fachinhalte auf der anderen Seite sind zwei getrennte Welten.

3. Low-stakes: Anfang der 2000er Jahre waren Bildungspolitiker und viele Bildungswissenschaftler von der Idee der »Outputsteuerung« begeistert. Man schaute auf Länder, die Schülerleistungen relativ engmaschig und rigoros testen und dachte, dass diese Art von Rückmeldeschleife die Motivation von Lernenden und Lehrkräften deutlich erhöhen könnte. Andererseits war den meisten Akteuren wohl sofort klar, dass man ein zentralisiertes »high-stakes testing«, wie es die USA damals bereits Jahrzehnte kannte, in Deutschland nicht einführen kann und will. Nach der ersten PISA-Studie wollte man zwar kräftig weiter testen, fürchtete jedoch den Aufschrei der Lehrkräfte vor einer totalen Dauerüberwachung durch Tests mit harten Konsequenzen für Schülerinnen, Schüler, Lehrkräfte und Schulen. Wenn man sich die Befundlage zu Effekten von »high-stakes testing« ansieht, war diese Zurückhaltung mehr als angebracht (z. B. Hursh 2005). Das Ergebnis dieser widersprüchlichen Lage war die Einführung von »low-stakes« Vergleichsarbeiten. Man brachte einerseits die PISA-Testeuphorie in alle Schulen, andererseits wurde sofort klargemacht, dass die Lehrkräfte und Schulen selbst für die Testdaten Verantwortung tragen und diese nicht für öffentliche Schulrankings zur Verfügung stehen dürfen. Die Kultusbürokratien in den Bundesländern haben diesbezüglich auch ganze Arbeit geleistet und erfolgreich verhindert, dass Schulleistungsdaten in die Hände von sensationshungrigen Lokaljournalisten gelangten. Das sich in Deutschland etablierende »low-stakes testing« verhinderte die Konfrontation mit den Lehrkräften und führte zu einer mäßigen Akzeptanz von Vergleichsarbeiten. Die Befunde zu den Rezeptionstypen (siehe vorangehender Abschnitt) zeigen,

dass Lehrkräfte je nach persönlicher Befindlichkeit auf die zentralen Tests reagieren konnten und die Nutzung von VERA lediglich von wenigen Lehrkräften als Dienstpflicht verstanden wurde.

4. Maßnahmen zur Optimierung der Nutzung und Akzeptanz von Vergleichsarbeiten

Durch eine Reihe von Maßnahmen versuchten bzw. versuchen die für Vergleichsarbeiten verantwortlichen Akteure, auf die kritischen Befunde der Rezeptions- und Nutzungsforschung zu reagieren. Die im vorangehenden Abschnitt beschriebenen konzeptionellen Eigenheiten von Vergleichsarbeiten werden dadurch allerdings nicht tangiert. Es handelt sich vielmehr um einzelne Maßnahmen, um die Akzeptanz der Tests, die Verständlichkeit von Rückmeldungen und die Relevanz der Daten für den Unterricht der Lehrkräfte zu erhöhen.

1. Eine Maßnahme war beispielsweise die Arbeit an der »Datenkompetenz« von Lehrkräften. Man hat in den Rezeptions- und Nutzungsstudien herausgefunden, dass ein nicht unerheblicher Teil der Lehrkräfte mit den Rückmeldeformaten der Vergleichsarbeiten und den darin enthaltenen statistischen Begrifflichkeiten und Abbildungen wenig anfangen kann. Auf Länderebene gab es eine Reihe von Initiativen, die Datenkompetenz der Lehrkräfte zu schulen. Koch (2011) zeigte beispielsweise in einer Reihe von Fortbildungen, dass man mit dem Einsatz eines Tools für die explorative Datenanalyse die Lehrkräfte für Details in den VERA-Rückmeldungen sensibilisieren kann. Diese Analysetools wurden allerdings nicht großflächig eingesetzt.
2. Entwicklung von Kompetenzstufenmodellen: Für die einzelnen VERA-Testdomänen wurden nach und nach Kompetenzstufenmodelle entwickelt. Damit wollte man vor allem die Testrückmeldungen kriterial unterfüttern. Kompetenzstufenmodelle sollten den Lehrkräften relativ genau sagen können, was es bedeutet, wenn beispielsweise ein großer Teil der eigenen Klasse eine Rechtschreibkompetenz auf Stufe II aufweist. Kompetenzstufenmodelle sind ein Versuch der Rückbindung von abstrakten Testergebnissen an curriculare Lerninhalte. Allerdings haben auch diese sehr ausgefeilten Kompetenzstufenmodelle ihre Grenzen. Das KMK-Kompetenzstufenmodell für Rechtschreiben (KMK 2012) eignet sich beispielsweise noch lange nicht für die individuelle oder klassenspezifische Diagnose von Rechtschreibschwierigkeiten. Zu viele einzelne Rechtschreibphänomene werden auf einer Kompetenzstufe versammelt. Eine kompetenzstufenorientierte Rückmeldung gibt allenfalls einen sehr groben Anhaltspunkt für die weitere Ausrichtung des eigenen Rechtschreibunterrichts. Die Kompetenzstufen eignen sich auch nur bedingt als Heuristik für die Konstruktion eigener Vorstellungen über die Entwicklung von Rechtschreibkompetenz. Allenfalls zeigen sie das sehr große Spektrum an Rechtschreibleistungen auf und man kann eventuell einzelne Schülerinnen und Schüler grob auf den Niveau-

stufen verorten. Für die eigene Rechtschreibdiagnostik und Rechtschreibförderung müssen Lehrkräfte weiterhin auf bewährte Rechtschreibtests für die Individualdiagnostik zurückgreifen, z. B. die Hamburger Schreib-Probe, die mittlerweile für die Klassenstufen 1-10 vorliegt (May 2012).

3. Schulische Nutzung der Vergleichsarbeitsrückmeldungen: Die KMK-Vereinbarung zur Weiterentwicklung von VERA (KMK 2012/2018) beschäftigt sich vor allem mit der Frage, wie die Nutzung der VERA-Daten optimiert werden könnte. Interessant ist, dass trotz bekannter Schwierigkeiten die Multifunktionalität der Vergleichsarbeiten als Ziel bleibt: »Vergleichsarbeiten sind ein pädagogisches Diagnoseinstrument, das Lehrkräften und Schulleitungen zur Verfügung gestellt wird, um festzustellen, über welche fachlichen Kompetenzen Schülerinnen und Schüler einer Lerngruppe verfügen, und das zugleich Impulse für die Implementation der Bildungsstandards in den Unterricht gibt.« (KMK 2012/2018, S. 2) Die Vergleichsarbeiten sollen zeigen, in »welchen Bereichen eine Lerngruppe leistungsstark ist und in welchen Bereichen zum Erreichen der Bildungsstandards zusätzlicher Förderbedarf besteht.« (KMK 2012/2018, S. 3) Ebenso bedeutsam ist, dass in der KMK-Vereinbarung nicht mehr von Evaluation oder Qualitätssicherung geschrieben wird. VERA soll ein Instrument sein, das der professionellen Schul- und Unterrichtsentwicklung dient. Begrifflichkeiten, die Kontrolle durch VERA suggerieren könnten, werden tunlichst vermieden.
4. Flexibilisierung und Modularisierung der Tests und der Testdurchführung: Um die Nutzung zu erleichtern, sollen Bundesländer VERA in Zukunft wesentlich flexibler einsetzen können. Beispielsweise wird ein Mindesteinsatz für ganz Deutschland festgelegt: VERA 3 und VERA 8 werden mindestens in einem Fach verpflichtend durchgeführt. Die Bundesländer können selbst entscheiden, welche Testinstrumente darüber hinaus eingesetzt werden. Pro Fach und Kompetenzbereich gibt es einen Basistest. Die Bundesländer können entscheiden, ob in diesem Kompetenzbereich weitere »Testmodule« hinzugenommen werden. Die Bundesländer können ihre Testhefte mit den vom IQB zur Verfügung gestellten Modulen eigenständig zusammenstellen. Ebenso werden die Durchführungstermine flexibilisiert. Innerhalb eines vorgegebenen Durchführungszeitraums können die Bundesländer ihre Durchführungstermine festlegen. Die Flexibilisierung und Modularisierung soll auch auf Schulebene ankommen. Die Einzelschule soll zum verpflichtenden Basistest in einem Fach bzw. Kompetenzbereich zusätzliche Testmodule auswählen können, »von denen zu erwarten ist, dass sie dem Kompetenzniveau der Schülerinnen und Schüler besonders gut entsprechen und weiteren diagnostischen Erkenntnisgewinn ermöglichen« (KMK 2012/2018, S. 5 f.).

5. Schlussbemerkung

Wie die Umsetzung der im KMK-Papier angekündigten Maßnahmen gelingt und inwiefern sich diese Maßnahmen auf die Rezeption und Nutzung von Vergleichsarbeiten positiv auswirken, wird die Zukunft zeigen. Meines Erachtens wird es entscheidend sein, ob es einem Bundesland gelingt, ein Testsystem zu etablieren, das einerseits differenzierte Diagnoseinstrumente für die Individualförderung bereitstellt und andererseits die Auseinandersetzung mit aggregierten Testdaten auf Unterrichts- und Schulebene zum verpflichtenden Bestandteil der professionellen Arbeit von Lehrkräften macht. Die vom IQB zur Verfügung gestellten Tests reichen hierfür nicht aus, wie man am Projekt »Kompetenzen ermitteln (Kermit)« in Hamburg sehen kann. Die VERA 3 und 8-Tests werden durch weitere Kompetenztests in den Jahrgangsstufen 2, 5, 7 und 9 ergänzt. Damit entsteht für jede Schülerin und jeden Schüler in Hamburg eine differenzierte Lernverlaufsdiagnostik in zentralen Lerndomänen, die tatsächlich eine wertvolle Grundlage für Förder- und Bildungsentscheidungen auf Individualebene sein kann. Durch den längsschnittlichen Charakter der Testdaten steigt gleichzeitig der evaluative Nutzen für Lehrkräfte und Schulen. Die Daten geben Auskunft darüber, welchen Lernzuwachs einzelne Lehrkräfte bzw. einzelne Schulen verursachen. Damit erledigen sich viele Argumente von desillusionierten oder hyperkritischen Lehrkräften, die diese bisher vorgeschoben hatten um, Testrückmeldungen nicht zur Kenntnis zu nehmen.

6. Literatur

Bach, A./Wurster, S./Thillmann, K./Pant, H.-A./Thiel, F. (2014): Vergleichsarbeiten und schulische Personalentwicklung – Ausmaß und Voraussetzung der Datennutzung. In: Zeitschrift für Erziehungswissenschaft 17, S. 61–84.

Döbert, H./Klieme, E./Kopp, B. von/Weiß, M. (2003): Vertiefender Vergleich der Schulsysteme ausgewählter PISA-Teilnehmerstaaten. Berlin: BMBF.

Groß Ophoff, J. (2013a): Lernstandserhebungen: Reflexion und Nutzung. Münster: Waxmann.

Groß Ophoff, J. (2013b): Der Effekt der Bezugsnormorientierung auf die Reflexion und Nutzung von Rückmeldungen aus Vergleichsarbeiten. In: Empirische Pädagogik 27, H. 4, S. 442–458.

Groß Ophoff, J./Hosenfeld, I./Koch, U. (2007): Formen der Ergebnisrezeption und damit verbundene Schul- und Unterrichtsentwicklung. In: Empirische Pädagogik 21, H. 4, S. 411–427.

Groß Ophoff, J./Koch, U./Hosenfeld, I./Helmke, A. (2006): Ergebnisrückmeldung und ihre Rezeption im Projekt VERA. In: Kuper, H./Schneewind, J. (Hrsg.): Rückmeldung und Rezeption von Forschungsergebnissen. New York, München, Berlin: Waxmann, S. 19–40.

Hursh, D. (2005): The growth of high-stakes testing in the USA: accountability, markets and the decline in educational equality. In: British Educational Research Journal 31, H. 5, S. 605–622.

Jäger, S. (2014): Rezeption und Nutzung von Vergleichsarbeiten. Typologie der Nutzer. In: schulmanagement 45, H. 2, S. 18–20.

Klieme, E./Avenarius, H./Blum, W./Döbrich, P./Gruber, H./Prenzel, M./Reiss, K./Riquarts, K./Rost, J./Tenorth, H.-E./Vollmer, H. J. (2003): Zur Entwicklung nationaler Bildungsstandards – Eine Expertise. Berlin: BMBF.

Koch, U. (2011): Verstehen Lehrkräfte Rückmeldungen aus Vergleichsarbeiten? Datenkompetenz von Lehrkräften und die Nutzung von Ergebnisrückmeldungen aus Vergleichsarbeiten. Münster: Waxmann.

Kühle, B. (2010): Zentrale Lernstandserhebungen – Ergebnisorientierte Unterrichtsentwicklung? Schulische Strategien beim Umgang mit Ergebnissen aus den Schulrückmeldungen im Kontext der ersten Lernstandserhebungen 2004/2005 in Nordrhein-Westfalen. Berlin: Köster.

Kultusministerkonferenz (2012): Kompetenzstufenmodell zu den Bildungsstandards im Kompetenzbereich Rechtschreiben. Stand 25. April 2012. www.iqb.hu-berlin.de/vera (Abruf 18.04.2013).

Kultusministerkonferenz (2012/2018): Vereinbarung zur Weiterentwicklung der Vergleichsarbeiten (VERA). Beschluss der KMK vom 8.3.2012 in der Fassung vom 15.3.2018.

Maier, U. (2007): Welche Konsequenzen ziehen Mathematiklehrkräfte aus verpflichtenden Diagnose- und Vergleichsarbeiten? In: mathematica didacta 30, H. 2, S. 5–31.

Maier, U. (2008): Rezeption und Nutzung von Vergleichsarbeiten – Ergebnisse einer Lehrerbefragung in Baden-Württemberg. In: Zeitschrift für Pädagogik 54, H. 1, S. 95–117.

Maier, U. (2009): Testen und dann? – Ergebnisse einer qualitativen Lehrerbefragung zur diagnostischen Funktion von Vergleichsarbeiten. In: Empirische Pädagogik 23, H. 2, S. 191–207.

Maier, U./Ramsteck, C./Frühwacht, A. (2013): Lehr-lerntheoretische Argumentationsmuster bei der Interpretation und Nutzung von Vergleichsarbeitsrückmeldungen durch Gymnasiallehrkräfte. In: Die deutsche Schule, 12. Beiheft, S. 74–96.

May, P. (2012): HSP 1-10. Hamburger Schreib-Probe 1-10. Göttingen: Hogrefe.

Nachtigall, C./Hellrung, K. (2013): Zur zeitlichen Entwicklung der Rezeption von Vergleichsarbeiten. In: Empirische Pädagogik 27, H. 4, S. 423–441.

Richter, D./Böhme, K./Becker, M./Pant, H.-A./Stanat, P. (2014): Überzeugungen von Lehrkräften zu den Funktionen von Vergleichsarbeiten. In: Zeitschrift für Pädagogik 60, H. 2, S. 225–243.

Wurster, S./Richter, D./Lenski, A. E. (2017): Datenbasierte Unterrichtsentwicklung und ihr Zusammenhang zur Schülerleistung. In: Zeitschrift für Erziehungswissenschaft 20, H. 4, S. 628–650.

Kai Maaz und Stefan Kühne

Bildungsberichterstattung

1. Einleitung

Über kaum ein Thema wird so häufig und intensiv berichtet, wie über die Beschaffenheit des deutschen Bildungssystems. Ob fehlende Kita-Plätze, mangelnde Schülerkompetenzen, Warteschleifen der Berufsvorbereitung oder überfüllte Hörsäle: Bildung ist ein Thema, das alle interessiert und zweifelsohne große Bedeutung für das Individuum und die Gesellschaft hat. Die öffentliche Diskussion erfordert jenseits der eigenen Erfahrung und persönlichen Überzeugung fundierte Informationen über Entwicklungen, Stärken und Schwächen des Bildungssystems. Diese Informationen sind nicht nur für die Öffentlichkeit, sondern vor allem für die Steuerung des Systems notwendig. Vor diesem Hintergrund lässt sich die indikatorengestützte Bildungsberichterstattung als relativ junges, gleichwohl zentrales Element eines auf Dauer angelegten Systemmonitorings für das deutsche Bildungswesen bezeichnen. Ihr Anspruch einer kritischen Analyse in systemischer Perspektive erweist sich als sehr komplex, da das deutsche Bildungswesen als Ganzes wie in kaum einem anderen Staat von einer starken institutionellen Heterogenität geprägt ist. Ein einfacher und verständlicher Statusbericht stellt insofern große Anforderungen an die Auswahl und Aufbereitung höchst unterschiedlicher Sachverhalte.

Mit einer Bildungsberichterstattung sollen Bildungspolitik und Öffentlichkeit in einem kontinuierlichen Beobachtungs- und Analyseprozess auf der Grundlage ausgewählter empirisch fundierter Indikatoren über Rahmenbedingungen, Verlaufsmerkmale, Ergebnisse und Erträge von Bildungsprozessen informiert werden (Döbert/Avenarius 2007, S. 299; Klieme et al. 2006; Konsortium Bildungsberichterstattung 2005, S. 2). Sie macht damit – ganz allgemein – das Bildungsgeschehen in einer Gesellschaft transparent und dient als Grundlage für öffentliche Diskussionen über Bildungsziele und für bildungspolitische Entscheidungen. Dabei geht es darum, sowohl die Entwicklungen in den institutionell separierten Bildungsbereichen zu analysieren als auch jeweilige Voraussetzungen und Wirkungen in anderen Bildungsbereichen im Sinne von wechselseitigen Abhängigkeiten und Einflüssen zu thematisieren.

Wie dies gelingen kann, wird im Folgenden vor der Folie der Nationalen Bildungsberichterstattung thematisiert; nicht zuletzt weil deren Konzeptualisierung in den regelmäßigen Berichten über »Bildung in Deutschland« (zuletzt Autorengruppe Bildungsberichterstattung 2018) auch für die inzwischen auf der Ebene vieler Bundesländer und Kommunen eingeführten Berichtsformate maßgebend war. Dabei soll zunächst auf die Funktion der Bildungsberichterstattung im Rahmen des Bildungsmonitorings (Abschnitt 2) eingegangen werden. Sodann werden die konzeptionelle

Basis, d.h. das Bildungs- und Indikatorenkonzept, beschrieben (Abschnitt 3). Beispielhaft für den Nationalen Bildungsbericht wird in Abschnitt 4 in den Aufbau und die Struktur indikatorengestützter Berichtssysteme eingeführt. Abschließend werden unter Rückbezug auf Anspruch und Wirklichkeit der heutigen Bildungsberichterstattung ihre Weiterentwicklungspotenziale skizziert (Abschnitt 5).

2. Bildungsberichterstattung im Kontext des Bildungsmonitorings

Bereits in den 1970er Jahren gab es erste Ansätze einer Systembeobachtung im Bildungswesen. So können der Bericht des Deutschen Bildungsrats (Deutscher Bildungsrat 1975), die vom Bundesministerium für Bildung und Wissenschaft herausgegebene »Bildungspolitische Zwischenbilanz« (BMBW 1976) und der »Bericht der Bundesregierung über strukturelle Probleme des föderativen Bildungswesens« (Deutscher Bundestag 1978) als Vorläufer des modernen Systemmonitorings bezeichnet werden. Eine stärker analytische Bestandsaufnahme des Bildungssystems verfolgte der vom Max-Planck-Institut für Bildungsforschung erstmalig 1979 und dann bis 2008 unregelmäßig erscheinende Bericht »Das Bildungswesen in der Bundesrepublik Deutschland« (zuletzt: Cortina et al. 2008). In Fortführung dieser Tradition steht auch der jüngst unter der Federführung des Forschungsverbundes »Bildungspotenziale« der Leibniz-Gemeinschaft erarbeitete Band »Das Bildungswesen in Deutschland: Bestand und Potenziale«, in dem sowohl eine analytische Betrachtung der einzelnen Bildungsbereiche als auch aktueller Querschnittsthemen erfolgt (Köller et al. 2019).

Essenzielle, ganzheitliche Anforderungen an eine auf Dauer gestellte Bildungsberichterstattung für Deutschland wurden mit dem 2003 im Auftrag der Kultusministerkonferenz (KMK) über das Schulwesen veröffentlichten »Bildungsbericht für Deutschland. Erste Befunde« (Avenarius et al. 2003) und den nahezu zeitgleich vom Bundesministerium für Bildung und Forschung (BMBF) beauftragten Konzeptpapieren für Berufliche Bildung und Weiterbildung/Lebenslanges Lernen (Baethge et al. 2003) sowie für non-formale und informelle Bildung im Kindes- und Jugendalter (Rauschenbach et al. 2004) formuliert: über die Bildungsbereiche hinweg sollte nun auf der Grundlage fortschreibbarer, repräsentativer Daten, die vielfältige Vergleichsmaßstäbe im internationalen und innerdeutschen Vergleich bieten, eine Dauerbeobachtung aktueller Trends und Problemlagen im Bildungswesen etabliert werden. Die in Staaten wie England, Schweden oder Kanada bereits früher einsetzende, empirisch fundierte Systembeobachtung wird damit in Deutschland eher spät angesichts der ernüchternden Ergebnisse deutscher Schülerinnen und Schüler in internationalen Schulleistungsstudien zu Beginn des 21. Jahrhunderts als »empirische Wende« nachgeholt (Buchhaas-Birkholz 2009; Stanat 2008). Die 2006 von der Kultusministerkonferenz beschlossene und im Jahr 2015 überarbeitete Gesamtstrategie zum Bildungsmonitoring in Deutschland beinhaltet neben der gemeinsamen Bildungsberichterstattung von Bund und Ländern drei weitere Säulen (Sekretariat der KMK, 2015):

- Teilnahme an internationalen Schulleistungsstudien (z. B. PISA),
- Überprüfung und Umsetzung von Bildungsstandards für die Primarstufe, die Sekundarstufe I und die Allgemeine Hochschulreife (insbesondere durch Ländervergleichsstudien des Instituts zur Qualitätsentwicklung im Bildungswesen, IQB),
- Verfahren zur Qualitätssicherung auf Ebene der Schulen (unter anderem Lernstandserhebungen oder Vergleichsarbeiten in verschiedenen Jahrgangsstufen).

Während sich die weiteren Komponenten des Bildungsmonitorings zum einen auf das Schulwesen konzentrieren und hier zum anderen primär die darin tätigen und betroffenen Personen ansprechen, ist Bildungsberichterstattung als systembezogene, evaluative Gesamtschau angelegt. Insbesondere die Entscheidungsträgerinnen und -träger in der Bildungspolitik und -verwaltung sind ihre zentralen Adressaten. Neben der Funktion, die Bildungsadministration bei ihren Steuerungsaufgaben zu unterstützen, übernimmt die Bildungsberichterstattung auch eine wichtige Rolle, indem sie öffentliche Transparenz schafft und entsprechende Grundlagen für Zieldiskussionen bereitstellt. Bund und Länder formulierten hierzu in ihren Eckpunkten der Ausschreibung eines »Gemeinsamen Berichtes über Bildung in Deutschland« im Jahr 2004 den Anspruch, einen wichtigen Beitrag zur Transparenz wesentlicher Entwicklungen im Bildungsbereich leisten zu wollen, indem sie künftig regelmäßig einen Bericht über wichtige Daten und Entwicklungen im deutschen Bildungswesen vorlegen. So wendet sich die Berichterstattung nicht allein an die politischen Akteure in Bund, Ländern und Kommunen, sondern an alle im Bildungswesen Tätigen sowie an die interessierte Öffentlichkeit. Die Bildungsberichterstattung nimmt damit sehr unterschiedliche Zielgruppen in den Blick.

Bereits frühzeitig wurde zudem die Anforderung formuliert, die Berichtslegung im Zwei-Jahres-Rhythmus auf einen Kernbestand aussagekräftiger, regelmäßig wieder zu verwendender, aber dennoch entwicklungsoffener Indikatoren zu zentralen Aspekten des Bildungsgeschehens zu stützen. Die Aufgabe der Bildungsberichterstattung ist folglich nicht in erster Linie die einer wissenschaftlichen Studie, welche beispielsweise unter Verwendung längsschnittlicher und/oder experimenteller Forschungsdesigns Zusammenhangsstrukturen beschreibt und Ursache-Wirkungsstrukturen herausarbeitet. Vielmehr ist sie darauf ausgerichtet, fortlaufend verfügbare Daten und Befunde aus unterschiedlichen Quellen zu systematisieren, mit Blick auf übergreifende Fragestellungen zu (re-)analysieren und in ihren gesellschaftlichen Auswirkungen und Erträgen zu interpretieren. Bildungsberichterstattung beantwortet insofern nicht alle steuerungsrelevanten Fragen, sondern liefert über die Zeit ein umfassendes »Orientierungswissen« (Tippelt 2009, S. 8). Dies schließt eigene Forschung keineswegs aus, sie ist mittlerweile sogar erforderlich, um den komplexen Ansprüchen der überarbeiteten Gesamtstrategie der KMK gerecht zu werden. Damit liegt eine zunehmende Herausforderung darin, in der Bildungsberichterstattung den schmalen Grat zwischen umfangreichem, einfach veranschaulichtem Orientierungswissen und neuen, methodisch anspruchsvolleren Forschungsakzenten zu gehen. Trotz dieser konzeptionellen Weitung bleibt Bildungsberichterstattung ein umfassender Prozess der Gewinnung, der wissenschaftlichen Aufbereitung und Analyse sowie der Darstellung und Verfügbarmachung zentraler aktueller Daten. Dieser Anspruch bezieht sich nicht allein auf die Erschließung amtlicher Bildungsstatistiken und sozialwissenschaftlicher Surveydaten, auf denen die Indikatoren im Kern aufbauen. Auch die kontinuierlich zu leistende Recherche und Systematisierung von Informationen zu politischen, rechtlichen und fachlichen Entwicklungen im Bildungswesen, zu denen ansonsten bildungsbereichs- und/oder länderübergreifende Zusammenstellungen weitestgehend fehlen würden (z.B. rechtliche Regelungen des Grundschulübergangs in den Ländern), ist von hohem Informationswert und integraler Bestandteil der indikatorengestützten Analysen.

Der Zweck der Bildungsberichterstattung ist somit ein deskriptiver, analytischer und zugleich evaluativer. Dies stellt angesichts der Breite des Adressatenkreises hohe Anforderungen an die Inhalte und die Gestaltung solcher Berichte. Sie sollen einen möglichst einfachen und verständlichen Statusbericht zur Leistungsfähigkeit des gesamten Bildungssystems von der internationalen bis zur kleinräumigen Ebene liefern, vielfältige Vergleichsmöglichkeiten anbieten (inter- und intranational, nach Personen- und Institutionengruppen sowie im Zeitverlauf) und so die Bewertung aktueller Entwicklungen des Systems bzw. die Ableitung (vor allem politischer) Handlungsbedarfe ermöglichen.

Die Nationalen Bildungsberichte stellen nicht allein eine Informations- und Arbeitsgrundlage für Akteure in Bildungspolitik, Wissenschaft und Bildungspraxis dar, sondern müssen zugleich in einem breiteren Kontext anderer Formen der Berichterstattung über Bildung in Deutschland verortet werden. Hieraus ergeben sich Konsequenzen für die Anschlussfähigkeit des Nationalen Bildungsberichts, der »mit kommunalen Berichten und Länderberichten verknüpft sein [muss], weil hier tatsächliche Steuerung stattfindet. [...] Gleichermaßen muss der Bildungsbericht aber auch der Leitbericht für alle anderen Expertenberichte sein [...], [sonst] werden parallele Indikatoriken aufgebaut, die zu Doppelarbeit, Missverständnissen und Intransparenz führen« (Allmendinger 2010, S. 43). Aus diesem Grund ist es erforderlich, die Entwicklungen auf internationaler wie auch auf intranationaler Ebene zu beobachten. Für eine Reihe anderer Berichtssysteme, die sich mit dem Bildungsgeschehen auf den unterschiedlichen Ebenen des deutschen Bildungssystems befassen, bieten die Nationalen Bildungsberichte einerseits konzeptionelle Orientierungshilfe als auch empirische Ansatzpunkte. Andererseits ist mit Blick auf die Berichtslegung von supranationalen Organisationen wie der OECD stets die Möglichkeit von Rückbezügen an die internationale Praxis sicherzustellen.

3. Bildungs- und Indikatorenkonzept der Bildungsberichterstattung

Die Besonderheit des Konzepts der Berichterstattung über »Bildung in Deutschland« besteht in dem theoretischen Rahmen, auf dessen Grundlage die Indikatoren ausgewählt und interpretiert werden. Er lässt sich anhand von drei zentralen Charakteristika umreißen: Bildung im Lebenslauf, normative Zieldimensionen von (institutionalisierter) Bildung sowie grundlegende Dimensionen von Bildungsprozessen.

3.1 Bildung im Lebenslauf

Die Leitvorstellung »Bildung im Lebenslauf« umspannt den Weg des Individuums durch die Institutionen des Bildungswesens von der frühkindlichen Bildung, Betreuung und Erziehung, über die allgemeinbildende Schule, die Berufsausbildung, das Hochschulstudium bis zur Weiterbildung. Eingeschlossen in diese Leitvorstellung sind dabei auch die nicht-institutionalisierten Bildungsprozesse in Form von nonformalen und informellen Lernaktivitäten. Der dem Bericht zugrunde gelegte Begriff von Bildung umfasst dementsprechend auch die Bildungsaktivitäten in der Familie, in der Jugendarbeit, in Jugendfreiwilligendiensten oder in informellen Settings im Erwachsenenalter, wie z. B. in ehrenamtlichen Engagements und im Zusammenhang mit neuen Medien. Das Konzept »Bildung im Lebenslauf« verlangt im Grunde genommen eine Längsschnittbetrachtung individueller Bildungsverläufe. Diese war am Beginn der Bildungsberichterstattung nicht realisierbar und ist es auch mit heute verfügbaren Datensätzen (noch) nicht. Neben der Darstellung von Querschnittsdaten entlang der altersspezifischen institutionellen Bildungssettings, kann die Leitvorstellung als längsschnittliche Betrachtung gegenwärtig nur begrenzt umgesetzt werden. Soweit Längsschnittdaten vorliegen, werden sie herangezogen. Vornehmlich mit den Daten des Nationalen Bildungspanels werden sich die Analyseperspektiven in den kommenden Jahren vergrößern. Auf diese Weise wird die Leitvorstellung besonders an den Schnittstellen und Übergängen zwischen den Bildungsinstitutionen relevant. Damit können z. B. institutionelle Passungs- und individuelle Übergangsprobleme zwischen Bildungs- bzw. Ausbildungsbereichen aufgedeckt werden.

3.2 Zieldimensionen von Bildung

Jede handlungsorientierte Berichterstattung bedarf eines normativen Rahmens, der Auswahl und Interpretation der Daten anleitet. Im Fall der Nationalen Bildungsberichterstattung umfasst der normative Rahmen drei zentrale Zielsetzungen, denen die Bildungsinstitutionen auf allen Stufen verpflichtet sind. Die Maßstäbe, die den indikatorengestützten Analysen zugrunde liegen, sind in drei Zielen ausdifferenziert (Konsortium Bildungsberichterstattung 2006, S. 2): Nämlich, wie weit es gelingt,

1. die Individuen zu befähigen, die eigene Biografie, das Verhältnis zur Umwelt und das Leben in der Gemeinschaft selbstständig zu planen und zu gestalten (Individuelle Regulationsfähigkeit);
2. die auf dem Arbeitsmarkt benötigten Qualifikationen zu sichern und weiterzuentwickeln und den Individuen diejenigen Kompetenzen zu vermitteln, die ihnen eine ihren Neigungen und Fähigkeiten entsprechende Erwerbsarbeit ermöglichen (Humanressourcen);

3. Chancengleichheit und gesellschaftliche Teilhabe zu gewährleisten und systematischer Benachteiligung aufgrund von sozialer Herkunft, Geschlecht, nationaler oder ethnischer Zugehörigkeit entgegen zu wirken (Chancengleichheit und soziale Teilhabe).

Diese Zieldimensionen sind zunächst eher dazu gedacht, die Relevanz möglicher Indikatoren zu prüfen. Sie wurden darüber hinaus im Nationalen Bildungsbericht systematisch zum Darstellungsprinzip eines zusammenfassenden und übergreifende Perspektiven herausarbeitenden Kapitels »Wirkungen und Erträge von Bildung«.

3.3 Dimensionen von Bildungsprozessen

Die dritte theoretische Prämisse betrifft die Begründungskriterien für die Selektion der Berichtsgegenstände, über die anhand von Indikatoren die Situation und Perspektiven des Bildungswesens in Deutschland analysiert werden sollen. Die Strukturierung der Indikatoren folgt im Prinzip dem in der internationalen Bildungsberichterstattung üblichen Kontext/Input-Prozess-Output/Outcome-Schema (Scheerens 1994). Zu den Inputfaktoren lassen sich beispielsweise Bildungsausgaben oder die personellen Ressourcen zählen, zur Prozessebene z. B. der Umgang mit Bildungszeit und zur Output/Outcome-Dimension Kompetenzen oder berufliche Karrierechancen.

Im Zuge der Konzipierung des ersten nationalen Bildungsberichts wurden die weiteren Gewichtungen unter dem Aspekt bildungspolitischer Relevanz und Aktualität in Diskussionen mit internationalen Bildungsexperten vorgenommen. Im Ergebnis wurden elf Themen herausgearbeitet, die seit längerem im Zentrum bildungspolitischer und bildungswissenschaftlicher Debatten stehen, bereichsübergreifende Relevanz beanspruchen können und mit wenigen Erweiterungen bis heute Bestand haben.

Kontext/Input-Dimension	Demografie; Wirtschaftliche Entwicklung; Familienstrukturen; Bildungsausgaben; Personalressourcen; Bildungsangebote/einrichtungen; Bildungsbeteiligung/-teilnehmer;
Prozess-Dimension	Umgang mit Bildungszeit; Übergänge; Qualitätssicherung/Evaluierung;
Output/Outcome-Dimension	Kompetenzen; Abschlüsse; Bildungserträge

Diese Themen bilden einen Fundus bevorzugter Darstellungsgegenstände, die nach Maßgabe verfügbarer Daten, jeweiliger Relevanz pro Bildungsbereich und bildungspolitischer Aktualität periodisch in das Indikatorentableau der Nationalen Bildungsberichte eingegangen sind. Als Orientierungsrahmen bleiben sie aber offen für Weiterentwicklungen. Die Indikatorisierung zentraler Aspekte der »Lehr-Lern-Gestaltung« im Schulwesen ist ein aktuelles Beispiel, mit dessen erstmaliger Umsetzung im Bericht 2018 die Prozess-Dimension um einen Themenbereich erweitert wurde (Autorengruppe Bildungsberichterstattung 2018, S. 107ff.).

3.4 Konstruktion der Indikatoren

Was die empirische Operationalisierung solcher übergeordneten Themen anbelangt, findet man in der internationalen Bildungsberichterstattung unterschiedliche Konstruktionstypen von Indikatoren, die sich vor allem nach Weite oder Enge des jeweiligen Messmodells unterscheiden. Einigen Berichtsansätzen liegt ein enges, auf einzelne statistische Kennziffern reduziertes Indikatorenverständnis zugrunde; in anderen Berichten wird ein thematisch eindeutig, aber mehrdimensional definiertes Konstrukt mit verschiedenen Kennziffern als Indikator ausdifferenziert und je nach Problem- und Fragestellung in einen übergeordneten Zusammenhang gestellt. Der Nationalen Bildungsberichterstattung in Deutschland liegt solch ein weiter Indikatorbegriff zugrunde. Klieme et al. (2006, S. 140) erläutern dieses Verständnis am Beispiel eines Indikators zu »Kompetenzen am Ende der Grundschulzeit«. Die Einheit (und Eindeutigkeit) ist durch die Kategorie Kompetenzen und den Messzeitpunkt (»Ende der Grundschulzeit«) definiert. Die Kategorie Kompetenzen lässt sich in mehrere Teilkonstrukte wie Lesekompetenz oder mathematische Kompetenz aufschlüsseln und empirisch anhand verschiedener Kennziffern darstellen, z. B. Mittelwert und Standardabweichung, Schüleranteil je Kompetenzstufe, sozialer Gradient. Die so gemessenen Kompetenzniveaus lassen sich dann weiter nach institutionellen Merkmalen der Schulen (hier z. B. öffentlich/privat, Schularten) und nach personenbezogenen Merkmalen der Schülerinnen und Schüler (Geschlecht, Migrationshintergrund u. a.) differenzieren (Abb. 1).

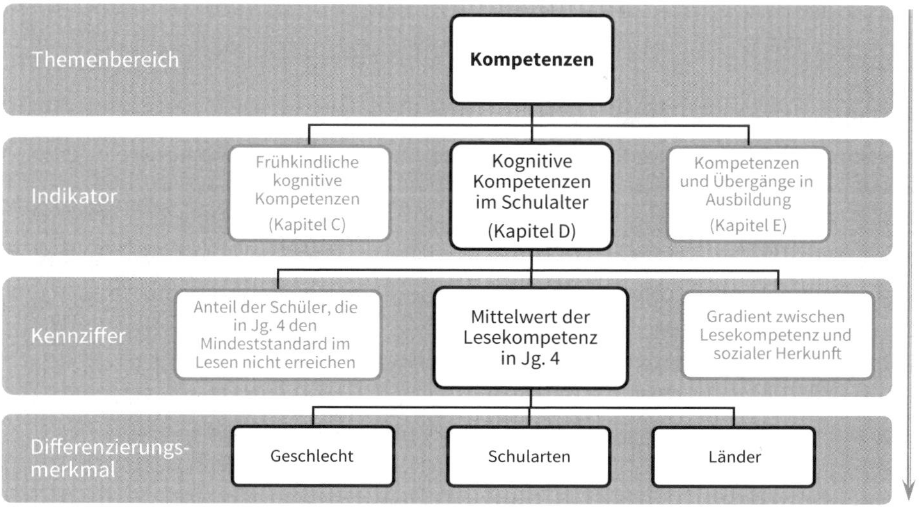

Abb. 1: Indikatorenverständnis der Nationalen Bildungsberichterstattung in Deutschland am Bespiel des Indikators »Kognitive Kompetenzen im Schulalter« (Quelle: Eigene Darstellung)

Unter Indikatoren lassen sich folglich quantitative Messgrößen verstehen, die in der Regel mehrdimensionale Zusammenhänge möglichst einfach und verständlich beschreiben. Sie werden konzeptionell hergeleitet und mit Hilfe einer oder mehrerer statistischer Kennziffern dargestellt, die auf repräsentativen und fortschreibbaren Daten beruhen. Im Zeitverlauf ermöglicht die Komplexität dieses Indikatorentypus eine gewisse Offenheit mit Blick auf zeitkritische Akzentuierungen und analytische Schwerpunkte eines Indikators, ohne seine Kontinuität (Fortschreibung) innerhalb der Berichterstattung zu gefährden. Bei zweijährigem Publikationsrhythmus müssen (und können) z. B. nicht in jedem Bildungsbericht alle möglichen Teilkomponenten und jede institutionelle und individuelle Merkmalsausprägung analysiert werden.

4. Anlage und Inhalte der Nationalen Bildungsberichte

Die gleichzeitige Beobachtung von individueller und gesamtgesellschaftlicher Perspektive, von institutionellen Kontexten, Inputs, Prozessen und Wirkungen, von formalen, non-formalen und informellen Lernaktivitäten unter dem Leitgedanken von Bildung im Lebenslauf stellte eine neue konzeptionelle Herausforderung an eine Berichterstattung über Bildung in Deutschland dar. Wenngleich dieser Anspruch bei der Übersetzung in ein Indikatorentableau für den ersten Nationalen Bildungsbericht nicht bruchlos umgesetzt werden konnte, hat sich die damalige Entscheidung, die Indikatoren nicht nach Themenbereichen, sondern in folgenden bereichsübergreifenden und bereichsspezifischen Kapiteln zu präsentieren, als am besten geeignete Berichtsstruktur bis heute bewährt.

- Gesellschaftliche Rahmenbedingungen von Bildung
  (Beispielindikatoren 2018: Demografische Entwicklung, Familien- und Lebensformen)
- Grundinformationen zu Bildung in Deutschland
  (Beispielindikatoren 2018: Bildungseinrichtungen, Bildungspersonal, Bildungsstand der Bevölkerung)
- Frühe Bildung, Betreuung und Erziehung
  (Beispielindikatoren 2018: Bildung in der Familie, Bildungsbeteiligung von Kindern in Tageseinrichtungen und Tagespflege, Pädagogisches Personal in der frühen Bildung)
- Allgemeinbildende Schule und non-formale Lernwelten im Schulalter
  (Beispielindikatoren 2018: Schulstruktur und Schulbesuch, Ganztägige Bildung und Betreuung im Schulalter, Lernumwelten in Schule und Unterricht)
- Berufliche Ausbildung
  (Beispielindikatoren 2018: Ausbildungsanfänge – Strukturentwicklung in der beruflichen Bildung, Übergangssektor: Struktur und Entwicklung, Kompetenzen und Übergänge in Ausbildung)
- Hochschule
  (Beispielindikatoren 2018: Studienangebot an Hochschulen, Lehrendes Personal an Hochschulen, Studienabschlüsse und Absolventenverbleib)

- Weiterbildung und Lernen im Erwachsenenalter
  (Beispielindikatoren 2018: Teilnahme an Weiterbildung, Weiterbildungsangebote von Unternehmen, Professionalisierung: Weiterbildung des Weiterbildungspersonals)
- Schwerpunktthema
  (2018 als Schwerpunktkapitel Wirkungen und Erträge von Bildung, Beispielindikatoren: Arbeitsmarktbezogene Erträge, Nichtmonetäre Erträge außerhalb des Arbeitsmarktes, Wirkungen von Struktur- und Steuerungsentscheidungen)

4.1 Aktualität durch die Setzung von ergänzenden Schwerpunktthemen

Eine Besonderheit des Nationalen Bildungsberichts in Deutschland ist ein eigenes Schwerpunktkapitel. Mit einem solchen, die anderen Abschnitte des Bildungsberichts auch im Umfang überragendem Teil kann jeweils ein aktuelles, für die Bildungspolitik relevantes Thema aufgegriffen und vertieft bearbeitet werden. Damit wird versucht, über die einzelnen Bildungsbereiche hinausgehende Fragestellungen so aufzubereiten, dass auf besonders relevante Querschnittsprobleme hingewiesen wird und zugleich neue Impulse für die geführten Diskurse gesetzt werden. Die Auswahl dieser von Bericht zu Bericht wechselnden Schwerpunktthemen erfolgt nach einer Vorabklärung mit der Autorengruppe im Hinblick auf die Sinnhaftigkeit der Themenwahl und insbesondere deren Machbarkeit letztlich durch Bund und Länder. Bislang bearbeitete die Autorengruppe im Rahmen der Schwerpunktkapitel folgende Themenbereiche:

- 2006: Bildung und Migration,
- 2008: Übergänge im Anschluss an den Sekundarbereich I,
- 2010: Perspektiven des Bildungswesens im demografischen Wandel,
- 2012: Kulturelle Bildung im Lebenslauf,
- 2014: Bildung von Menschen mit Behinderungen,
- 2016: Bildung und Migration,
- 2018: Wirkungen und Erträge von Bildung.
- 2020 ist das Thema Digitalisierung vorgesehen.

Die Anlage dieser Schwerpunktthemen unterscheidet sich von den übrigen Berichtsteilen dadurch, dass die strenge Indikatorenbindung zugunsten einer größeren Aktualität der Daten oder einer umfassenderen wie detaillierteren Problembeschreibung aufgehoben wird. Dies betrifft insbesondere die Fortschreibbarkeit und die nationale Repräsentativität der Datenbasis für indikatorengestützte Analysen, welche in den übrigen, bereichsspezifischen Kapiteln des Bildungsberichts zum Ausschluss von einmaligen, regional begrenzten oder auf Sonderstichproben beruhenden Untersuchungen führen. Im Schwerpunktkapitel werden solche Datenbestände oder entsprechende Befunde aus einschlägigen Studien herangezogen, um möglichst umfassend über den zu behandelnden Themenschwerpunkt und die damit verbundenen Problemdimensionen Auskunft geben zu können.

5. Fazit und Ausblick

Vergegenwärtigt man sich noch einmal, was unter Bildungsberichterstattung zu verstehen ist, so ist dies die kontinuierliche, datengestützte Information der Öffentlichkeit über Rahmenbedingungen, Verlaufsmerkmale, Ergebnisse und Erträge von Bildungsprozessen mit dem Zweck, das Bildungsgeschehen in der Gesellschaft von der vorschulischen Bildung bis zur Hochschule und Weiterbildung im Erwachsenenalter transparent zu machen und damit Grundlagen für Zieldiskussionen und politische Entscheidungen zu schaffen (Konsortium Bildungsberichterstattung 2005, S. 2). Der Bildungsberichterstattung kommt somit, wie dem gesamten Bildungsmonitoring, eine Beobachtungs- und Diagnosefunktion zu. Sie soll steuerungsrelevantes Wissen generieren bzw. erweitern, um im Idealfall »Steuerungshandeln« begründbarer und zielgerichteter gestalten zu können (Döbert/Maaz 2016; Maaz/Kühne 2018). Der Nationale Bildungsbericht ist dabei inzwischen auch Ausgangspunkt für vertiefende Analysen in einzelnen Bundesländern. So erschienen zum einen erste Landesberichte im Spiegel der Nationalen Bildungsberichterstattung für Niedersachsen (2017) und Sachsen (2018). Zum anderen hat auch die Mehrzahl der Bundesländer ihre bisherigen Dokumentationsformate (regelmäßige statistische Veröffentlichungen, Ergebnisbände zu Lernstandserhebungen u. a.) im letzten Jahrzehnt zu einer eigenen systembezogenen, regelmäßigen Bildungsberichterstattung weiterentwickelt. Auch diese Landesberichte sind in ihrer Anlage um Anschlussfähigkeit an den Nationalen Bildungsbericht bemüht, wenngleich der Schwerpunkt meist auf dem Schulwesen liegt. Auf kommunaler Ebene entstanden inzwischen ebenfalls in mehr als 70 Landkreisen und kreisfreien Städten indikatorengestützte Bildungsberichte auf lokaler Ebene. Maßgeblich gefördert durch das 2009 gestartete BMBF-Programm ›Lernen vor Ort‹ sowie die daran anschließende Förderrichtlinie ›Bildung integriert‹ wurden zwischen 2006 und 2017 insgesamt 146 kommunale Bildungsberichte veröffentlicht (Brüggemann/Tegge 2018). Wie auch in den Landesbildungsberichten richtet sich dabei der Fokus meist auf das allgemeinbildende Schulwesen, die angrenzenden Bereiche früher Bildung und beruflicher Ausbildung sowie auf (lokale) Rahmenbedingungen demografischer und ökonomischer Art.

Mit den vorliegenden Instrumenten und den Indikatoren zugrunde liegenden Daten sind im Wesentlichen deskriptiv explorative Analysen möglich und nur begrenzt Zusammenhangs- oder gar Wirkrichtungsanalysen leistbar. Realistisches Ziel einer guten Bildungsberichterstattung ist daher eine fundierte Deskription des jeweils betrachteten Bildungsfeldes sowie die analytische Verknüpfung unterschiedlicher Indikatoren und Bildungsbereiche durch die Analyse konkreter Fragestellungen und die daran anschließende Ableitung von bildungspolitischen Handlungsfeldern und -erfordernissen, ohne aber Handlungsempfehlungen zu propagieren. Letzteres bleibt Aufgabe der Akteure in Politik und Verwaltung, die die Entscheidungen für die Realisierung oder Nichtrealisierung von Handlungsoptionen zu treffen und zu verantworten haben.

Die weitere Herausforderung besteht zukünftig darin, in der Bildungsberichterstattung ein ausgewogenes Verhältnis zwischen wissenschaftlicher Exzellenz und öffentlichkeitsnaher Transparenz zu gewährleisten. Denn Bildungsberichte können einerseits als wissenschaftliche Publikation verstanden werden, indem sie Entwicklungen und den Zustand des Bildungswesens in Deutschland unter einer stringenten analytischen Perspektive mit wissenschaftlichen Methoden analysieren und dokumentieren und so dem Anspruch einer Fachpublikation gerecht werden müssen. Andererseits sind sie ein Informations- und Nachschlagewerk, nicht nur für die Wissenschaft und die Bildungsadministrationen, sondern auch für eine breite interessierte Öffentlichkeit. Hier ist der deskriptive Charakter im Sinne eines einfachen und verständlichen Statusberichtes von größerer Bedeutung. Beide Aspekte sind wichtig und stellen gleichermaßen eine Chance und Herausforderung an die künftige Bildungsberichterstattung dar. In diesem Spannungsbogen liegen auch die Weiterentwicklungspotenziale der Nationalen Bildungsberichterstattung. Um dies zu erreichen müssen zwei Strategien parallel verfolgt werden:

1. Stärkung der Wissenschaftlichkeit
   Von Anbeginn der Bildungsberichterstattung sind für die (Weiter-)Entwicklung aussagekräftiger Indikatoren eigene Forschungsarbeiten notwendig gewesen. Diese Arbeiten im Bereich der Monitoring- und Indikatorenforschung gilt es auszubauen und jenseits der zweijährlichen Berichtslegung im Wissenschaftssystem zu intensivieren. Forschungsaktivitäten in diesem Feld dürfen sich nicht allein in den hoch verdichteten und vereinfachten Indikatorendarstellungen des jeweiligen Bildungsberichtes niederschlagen, sie müssen vielmehr theoretisch und methodisch vertieft sowie aktiv in den fachwissenschaftlichen Diskurs eingebracht werden. Potenzial bietet das breite Inhalts- und Methodenspektrum der heutigen Bildungsberichterstattung allemal. Es gilt, dieses Potenzial in und für die wissenschaftliche Community fruchtbar zu machen. Eine stärkere Fokussierung eigener Forschungsperspektiven, die sich auch in gesonderten Forschungsanträgen niederschlagen können, wird ihrerseits auch zu einer qualitätsvollen Weiterentwicklung der Bildungsberichterstattung beitragen.
2. Stärkung der Transferaktivitäten
   Die differenzierteste Analyse, der beste Bericht, die zukunftsweisendsten Herausforderungen nützen nichts, wenn sie nach kurzer öffentlicher Aufmerksamkeitsspanne im Regal verstauben. Daher ist neben der Fokussierung der Wissenschaftlichkeit, die ihre eigenen Transferwege kennt, der Transfer von Berichtsergebnissen in die verschiedenen Adressatengruppen eine zweite große Entwicklungsperspektive. Um die allgemeine Öffentlichkeit zu erreichen braucht es einerseits flankierende Formate. Mit dem Bildungsbericht 2018 wurde erstmals eine Zusammenfassung mit infografischer Aufarbeitung veröffentlicht, die in kurzer und anschaulicher Form über zentrale Ergebnisse des Berichts informiert. Derartige Formate gilt es weiterzuentwickeln. Andererseits sind bereichs- oder adressatenspezifisch vertiefende Transferformate notwendig, die einen unmittelbaren diskursiven Charakter haben.

Denkbar sind beispielsweise Veranstaltungen mit verschiedenen Adressatengruppen. Insgesamt muss es darum gehen, auf Basis des Hauptberichts verschiedene Transferprodukte und -formate zu entwickeln und zu pflegen. Dies setzt Wissen über die Adressatinnen und Adressaten, ihre Erwartungen, Informationsbedarfe sowie Handlungslogiken voraus. Empirisch fundiertes Wissen über die Wirkung der Bildungsberichterstattung in verschiedenen Adressatengruppen fehlt weitgehend. Es wäre aber, wie im übrigen auch für andere Monitoringinstrumente, eine notwendige wenn auch nicht hinreichende Voraussetzung für innovative Formen des Transfers. Eine solche Begleitforschung würde gleichsam den Bogen zur Stärkung der Wissenschaftlichkeit spannen, indem Desiderate der Berichterstattung identifiziert werden, deren anschließende wissenschaftliche Bearbeitung zur Weiterentwicklung der Berichte beitragen kann.

6. Literatur

Allmendinger, J. (2010): Bildungsberichte in Theorie und Praxis. In: Wernstedt, R./John-Ohnesorg, M. (Hrsg.): Bevölkerung, Bildung, Arbeitsmarkt. Vom Bildungsbericht zur Bildungssteuerung. Schriftenreihe des Netzwerk Bildung. Berlin: Friedrich-Ebert-Stiftung, S. 40–43.

Autorengruppe Bildungsberichterstattung (Hrsg.) (2008): Bildung in Deutschland 2008. Ein indikatorengestützter Bericht mit einer Analyse zu Übergängen im Anschluss an den Sekundarbereich I. Bielefeld: Bertelsmann.

Autorengruppe Bildungsberichterstattung (Hrsg.) (2010): Bildung in Deutschland 2010: Ein indikatorengestützter Bericht mit einer Analyse zu perspektiven des Bildungswesens im demografischen Wandel. Bielefeld: Bertelsmann.

Autorengruppe Bildungsberichterstattung (Hrsg.) (2012): Bildung in Deutschland 2012. Ein indikatorengestützter Bericht mit einer Analyse zur kulturellen Bildung im Lebenslauf. Bielefeld: Bertelsmann.

Autorengruppe Bildungsberichterstattung (Hrsg.) (2014): Bildung in Deutschland 2014. Ein indikatorengestützter Bericht mit einer Analyse zur Bildung von Menschen mit Behinderungen. Bielefeld: Bertelsmann.

Autorengruppe Bildungsberichterstattung (Hrsg.) (2016): Bildung in Deutschland 2016. Ein indikatorengestützter Bericht mit einer Analyse zu Bildung und Migration. Bielefeld: Bertelsmann.

Autorengruppe Bildungsberichterstattung (Hrsg.) (2018): Bildung in Deutschland. Ein indikatorengestützter Bericht mit einer Analyse zu Wirkungen und Erträgen von Bildung. Bielefeld: Bertelsmann.

Avenarius, H./Ditton, H./Döbert, H./Klemm, K./Klieme, E./Rürup, M. (2003): Bildungsbericht für Deutschland. Erste Befunde. Opladen: Leske & Budrich.

Baethge, M./Buss, K.-P./Lanfer, C. (2003): Konzeptionelle Grundlagen für einen Nationalen Bildungsbericht: Berufliche Bildung und Weiterbildung/Lebenslanges Lernen. Berlin: Bundesministerium für Bildung und Forschung.

Brüggeman, C./Tegge, D. (2018): Strukturen kommunalen Bildungsmanagements. Bonn: Transferinitiative Kommunales Bildungsmanagement/Bundesministerium für Bildung und Forschung.

Buchhaas-Birkholz, D. (2009): Die »empirische Wende« in der Bildungspolitik und in der Bildungsforschung. Zum Paradigmenwechsel des BMBF im Bereich der Forschungsförderung. In: Erziehungswissenschaft 20, H. 39, S. 27–33.

Cortina, S. A./Baumert, J./Leschinsky, J./Mayer, K. U./Trommer, L. (2008): Das Bildungswesen in der Bundesrepublik Deutschland. Strukturen und Entwicklungen im Überblick. Reinbek bei Hamburg: Rowohlt.

Deutscher Bildungsrat (Hrsg.) (1975): Bericht '75. Entwicklungen im Bildungswesen. Stuttgart: Klett.

Deutscher Bundestag (Hrsg.) (1978): Bericht der Bundesregierung über die strukturellen Probleme des föderativen Bildungssystems. Bundestagsdrucksache 8/1551. Bonn.

Döbert, H./Avenarius, H. (2007): Konzeptionelle Grundlagen der Bildungsberichterstattung in Deutschland. In: van Buer, J./Wagner, C. (Hrsg.): Qualität von Schule. Frankfurt am Main: Lang, S. 297–314.

Döbert, H./Baethge, M./Hetmeier, H.-W./Seeber, S./Füssel, H.-P./Klieme, E./Rauschenbach, T./ Rockmann, U./Wolter, A. (2009): Das Indikatorenkonzept der nationalen Bildungsberichterstattung in Deutschland. In: Tippelt, R. (Hrsg.): Steuerung durch Indikatoren. Methodologische und theoretische Reflektionen zur deutschen und internationalen Bildungsberichterstattung. Opladen u. a.: Budrich, S. 207–272.

Döbert, H./Klieme, E. (2010): Indikatorengestützte Bildungsberichterstattung. In: Tippelt, R./ Schmidt, B. (Hrsg.): Handbuch Bildungsforschung. 3. Durchgesehene Auflage. Wiesbaden: VS Verlag für Sozialwissenschaften, S. 317–336.

Döbert, H./Maaz, K. (2016): Bildungsberichterstattung zwischen Bewährtem und Neuem – Steuerungsimplikationen der nationalen Bildungsberichterstattung. In: BMBF (Hrsg.): Bildungsforschung 2020 – Zwischen wissenschaftlicher Exzellenz und gesellschaftlicher Verantwortung. Bonn, Berlin: BMBF, S. 372–384.

Klieme, E./Avenarius, H./Baethge, M./Döbert, H./Hetmeier, H.-W./Meister-Scheufelen, G./Rauschenbach, T./Wolter, A. (2006): Grundkonzeption der Bildungsberichterstattung für Deutschland. In: Krüger, H.-H./Rauschenbach, T./Sander, U. (Hrsg.): Bildungs- und Sozialberichterstattung (Zeitschrift für Erziehungswissenschaft: Sonderheft Bd. 6). Wiesbaden: VS Verlag für Sozialwissenschaften, S. 129–145.

Köller, O./Hasselhorn, M./Hesse, F./Maaz, K./Schrader, J./Solga, H./Spieß, C. K./Zimmer, K. (2019): Das Bildungswesen in Deutschland: Bestand und Potenziale. Bad Heilbrunn: UTB, Klinkhardt.

Konsortium Bildungsberichterstattung (2005): Gesamtkonzeption der Bildungsberichterstattung. Berlin, Frankfurt: Deutsches Institut für Internationale Pädagogische Forschung.

Konsortium Bildungsberichterstattung (2006): Bildung in Deutschland. Ein indikatorengestützter Bericht mit einer Analyse zur Bildung und Migration. Bielefeld: Bertelsmann.

Maaz, K./Kühne, S. (2018): Indikatorengestützte Bildungsberichterstattung. In: Tippelt, R./Schmidt-Hertha, B. (Hrsg.): Handbuch Bildungsforschung. 4. vollständig überarbeitete Auflage. Wiesbaden: Springer, S. 375–396.

Rauschenbach, T./Leu, H.-R./Lingenauber, S./Mack, W./Schilling, M./Schneider, K./Züchner, I. (2004): Konzeptionelle Grundlagen für einen Nationalen Bildungsbericht – Non-formale und informelle Bildung im Kindes- und Jugendalter. Bonn: Bundesministerium für Bildung und Forschung.

Scheerens, J. (1994): Prozessindikatoren der Arbeitsweise von Schulen. In: Mittler, W./Schäfer, U. (Hrsg.): Die internationalen Bildungsindikatoren der OECD – ein Analyserahmen (Ein OECD-CERI-Bericht, Bildungsforschung internationaler Organisationen, Bd. 10). Frankfurt am Main: Deutsches Institut für Internationale Pädagogische Forschung, S. 62–91.

Sekretariat der Kultusministerkonferenz (2015): Gesamtstrategie der Kultusministerkonferenz zum Bildungsmonitoring. Berlin, Bonn: KMK.

Stanat, P. (2008): Entstehung und Umsetzung von Innovationen im Bildungssystem als Konsequenz aus Bildungsmonitoring, Bildungsberichterstattung und vergleichenden Schulleistungsstudien – Möglichkeiten und Grenzen. In: LISUM (Hrsg.): Bildungsmonitoring, Vergleichsstudien und Innovationen. Berlin: Berliner Wissenschafts-Verlag, S. 11–23.

Tippelt, R. (Hrsg.) (2009): Steuerung durch Indikatoren. Methodologische und theoretische Reflektionen zur deutschen und internationalen Bildungsberichterstattung. Opladen: Budrich.

Oliver Böhm-Kasper

Schulinspektion (Externe Evaluation)

1. Einführung

Externe Evaluation von Schulen in Form von Schulinspektion ist weder ein neues noch ein ausschließlich auf Deutschland bezogenes Phänomen. Bereits im 19. Jahrhundert lässt sich eine weite Verbreitung staatlicher Schulinspektion konstatieren. So wird bspw. bereits im Jahr 1838 vom »höchstpreißlichen Ministerium des Inneren und der Justiz« des Großherzogtums Hessen eine Instruktion zur Visitation der Volksschulen erlassen (Geißler 2008). Auch in England wurden ungefähr zu selben Zeit unter der Herrschaft von Königin Viktoria erstmalig Her Majesty's Inspectors (HMI) eingesetzt (Key 2007). Ebenfalls seit der Mitte des 19. Jahrhunderts bestehen Schulinspektorate in Irland, den Niederlanden oder in Österreich bzw. dem Gebiet der heutigen Tschechischen Republik (Altrichter et al. 2016). Wie sich auch immer die Schulinspektion im historischen Einzelfall manifestiert hat, ging und geht es um ein steuerndes Agieren schulhoheitlich-organisatorischer Akteure. Diese bringen sich mit der Implementierung von Verfahren der Schulinspektion systematisch und kriteriengebunden in den Besitz empirischen Wissens über die Zustände und Handlungsbedingungen der Einzelschulen in ihrem Zuständigkeitsbereich (Geißler 2008).

Wurde dieser Bedarf nach empirischem Wissen über die Einzelschule in Deutschland seit dem 19. Jahrhundert vor allem anlassbezogen und in der Regel durch persönliche Visitation von Akteuren der Schulverwaltung (z.B. Schulräte) befriedigt, lässt sich mit Beginn des 21. Jahrhunderts für Deutschland (in anderen europäischen Ländern schon deutlich eher) ein neuer Zugang zur Evaluation der Einzelschulen beobachten, der in eine umfangreiche Reform staatlicher Steuerung gegenüber dem Schulsystem eingebettet ist. Seit dem Jahr 2000 wurden in allen deutschen Bundesländern Reformmaßnahmen implementiert, die auch angesichts ihres Umfangs einen Paradigmenwechsel im Steuerungsansatz des Staates gegenüber seinem Schulsystem anzeigen: Neben der Entwicklung und Vorgabe von Bildungsstandards (siehe Grünkorn, Stanat & Klieme in diesem Band) zählen die Etablierung der Nationalen Bildungsberichte (siehe Maaz & Kühne in diesem Band), die Setzung von Qualitätsrahmen guter Schule (siehe Berkemeyer & Hermstein in diesem Band) sowie darauf bezogene Schulinspektionen zu einem Reformeifer, der in den vierzig Jahren zuvor nicht beobachtbar gewesen wäre (Wacker/Maier/Wissinger 2012). Nicht von ungefähr fallen die öffentliche Rezeption der internationalen Leistungsvergleiche im Rahmen der TIMSS- und PISA-Studien mit den Reformbemühungen zu Anfang des neuen Jahrtausends zusammen. Der durch die internationalen Leistungsvergleiche erschütterte Glaube an die Leistungsfähigkeit des deutschen Schulsystems machte es in den Augen der Kultusministerkonferenz erforderlich »[...] Prozesse der Qualitätsentwicklung und Standardsicherung auf allen Ebenen, von der einzelnen Schule bis zum gesamten Bildungssystem, systematisch umzusetzen und miteinander zu verbinden. Insbesondere muss sichergestellt werden, dass Informationen über die Qualität des Bildungssystems so weit wie möglich auch für die Entwicklung jeder einzelnen Schule genutzt werden können.« (KMK 2006).

Doch nicht nur das schlechte Abschneiden des deutschen Schulsystems bei den internationalen Leistungsvergleichen ist als ursächlich für den erwähnten Paradigmenwechsel anzusehen. Bereits vor der Jahrtausendwende setzte in der Mitte der 1990er Jahre in Deutschland eine Diskussion um die Stärkung der Einzelschule und damit auch um eine Abkehr von der bislang stark ausgeprägten Input-Steuerung durch bürokratische Akteure ein. Ähnlich wie in der internationalen Entwicklung bereits ein Jahrzehnt zuvor, wurde dabei auf die Prinzipien des New Public Management abgezielt, das mit einer Trennung von strategischer und operativer Führung sowie der Implementation von Controlling-Instrumenten auf eine deutliche Verbesserung der Leistungserbringung bei effizienterem Ressourceneinsatz zielt (Lambrecht/Rürup 2012). Die klassische Inputsteuerung zeichnete sich dadurch aus, dass durch die politische Vorgabe von Lehrplänen, Stundentafeln, Deputaten und ausgebildeten Lehrkräften ein bestmögliches (wenn auch nicht näher definiertes) Ergebnis der Beschulung nachwachsender Generationen erreicht werden sollte (vgl. (Raidt 2010). Im Mittelpunkt des neuen outputorientierten Steuerungsmodells stehen demgegenüber definierte Ergebnisse von Lernprozessen in Form von erreichbaren Kompetenzen – beobachtbar sowohl als kurzfristige Ergebnisse (»Output«) als auch langfristige Erträge (»Outcome«). Die zu erzielenden Bildungserträge stellen den Ausgangspunkt für Kontroll- und Evaluationsschleifen auf allen Ebenen des Schulsystems dar: Während auf der Systemebene Bildungsmonitoring und Bildungsberichterstattung als neue Instrumente implementiert wurden, stellten Evaluation und Schulinspektion auf der Mesoebene der Schule neue Instrumente dar, auf der Mikroebene des Unterrichts traten Vergleichsarbeiten und Lernstandserhebungen (siehe auch Maier in diesem Band) als Feedbackschleifen neu hinzu (Wacker/Maier/Wissinger 2012).

Zwischen den Jahren 2004 und 2008 wurde als eine sichtbare Auswirkung des skizzierten Paradigmenwechsels in allen deutschen Bundesländern die externe Evaluation von Schulen in Form der Schulinspektion eingeführt. (Die Begriffe externe Evaluation und Schulinspektion werden in diesem Beitrag synonym genutzt. Im Folgenden wird der Begriff Schulinspektion verwendet.) Nach gut 15 Jahren dieser Implementierung in den ersten Bundesländern sind die Schulen in nahezu allen Bundesländern einmal extern evaluiert worden. Die meisten Bundesländer sind in einen zweiten Begutachtungszyklus mit geänderten Inspektionsverfahren eingestiegen (Sowada/Dedering 2016); in einigen Bundesländern wurde das Verfahren jedoch auch ausgesetzt (z. B. Baden-Württemberg, Thüringen; Stand 2019). Mit entsprechenden gesetzlichen Festlegungen hat die Schulinspektion als neues Instrument der Qualitätssicherung in 15 Bundesländern dennoch eine gewisse Stabilität erhalten, da die

Verankerung im Rahmen der Schulgesetzgebung auch als Signal für die Dauerhaftigkeit dieses Steuerungsinstrumentes interpretiert werden kann (Kuhn 2015).

2. Merkmale der Schulinspektion

Schulinspektion umfasst nach Kotthoff und Böttcher (2010) zunächst die Evaluation von Einzelschulen. Damit ist von Seiten der Bildungspolitik die Erwartung einer »Schulentwicklung durch Einsicht« verknüpft, d. h. dass die aus der Evaluation resultierenden Ergebnisse nach Rückmeldung an die Einzelschule dort einen Impuls zu zielgerichteten Qualitätsverbesserungen der pädagogischen Arbeit auslösen sollen vgl. (Lambrecht/Rürup 2012). Zu den Besonderheiten des Steuerungsinstruments Schulinspektion im Vergleich zu anderen Steuerungsmaßnahmen gehört, dass sich die Evaluation schulischer Prozesse über eine »Inaugenscheinnahme« (Maritzen 2006) vollzieht. So besucht während einer Schulinspektion ein externes Expertenteam (Inspektor/innen, Evaluator/innen) eine Schule und sammelt dort während eines meist mehrtägigen Aufenthaltes eine Fülle an Daten und Informationen zur Schulorganisation und zur Unterrichtspraxis. Dabei kommt eine Reihe unterschiedlicher Instrumente zum Einsatz, die sich in der Regel an etablierte Formen wissenschaftlicher Datenerhebung anlehnen; in erster Linie sind dies Interviews mit schulischen Akteuren (Schulleitung, Lehrkräfte, Schüler/innen, Eltern) und (standardisierte) Unterrichtsbeobachtungen.

Die Zusammensetzung der Expertenteams variiert dabei zwischen den Bundesländern: In einigen Ländern wird auf Schulleitungen und Mitglieder der Schulverwaltung zurückgegriffen; in anderen wurden ehemalige Lehrkräfte für diese Aufgabe geschult. In seltenen Fällen (z. B. Hamburg) wird in Kooperation mit Wissenschaftler/innen gearbeitet (Maritzen 2015). Im Vorfeld der Besuche durch die Expertenteams stellen die Schulen eine umfassende Bestandsaufnahme ihrer äußeren Situation, eine Selbstbeschreibung ihrer pädagogischen Arbeiten und den Stand ihrer in den Schulprogrammen niedergelegten Entwicklungsarbeiten zusammen (Gruschka 2010).

Grundlage für die Erhebung und Auswertung der durch die Schulinspektion im Vorfeld und während der Schulbesuche gesammelten Daten sind Qualitätsmodelle guter Schule. Diese beziehen sich konzeptionell auf Erkenntnisse der Schuleffektivitäts- und Schulentwicklungsforschung. So finden sich in allen Qualitätsrahmen Kriterien, die sich auf klassische Merkmale effektiver Schulen beziehen, wie z. B. Kooperation im Kollegium, eine managementorientierte Schulführung oder das Vorhandensein eines schulischen Qualitätsmanagements (Lambrecht/Rürup 2012).

Ergebnis des Schulbesuches und der Datenauswertung ist ein Bericht, in dem das Expertenteam die besuchte Schule anhand der verwendeten Kriterienkataloge bewertet. Je nach Inspektionsmodell werden die zentralen Ergebnisse des Berichtes der Schule vom Expertenteam auch persönlich vorgestellt. Es ist davon auszugehen, dass bereits durch die Ankündigung und Vorbereitung einer Schulinspektion in Schulen entwicklungsfördernde Aktivitäten angestoßen werden (Wurster/Gärtner 2013).

Als zentrales Abschlussprodukt des Schulinspektionsverfahrens kommt jedoch dem Schulbericht besondere Bedeutung zu, da dieser den entscheidenden Entwicklungsimpuls an den Schulen auslösen soll.

Während im ersten Durchgang der Schulinspektion ab 2004 in den Bundesländern ein Konsens zu beobachten war, die Schulberichte nicht öffentlich zu publizieren, wurden im zweiten Durchgang in Berlin, Brandenburg und Hamburg die Schulberichte (zum Teil gekürzt) auf öffentlich zugänglichen Internetplattformen nach einer Frist von zwei bis sechs Monaten veröffentlicht (Kuhn 2015). Auf ein Ranking der Schulen wurde und wird dabei – im Gegensatz zu anderen internationalen Schulinspektoraten wie in England oder den Niederlanden – verzichtet.

3. Verhältnis der Schulinspektion zur Schulaufsicht

Neben der intendierten Steuerungsfunktion der Schulinspektion gegenüber der Einzelschule ist auch ihre länderübergreifende Bedeutung als Reformimpuls innerhalb der Behördenstrukturen staatlicher Schulaufsicht hervorzuheben. Deutbar ist sie als Reaktion auf Veränderungsbedarfe der bisherigen Form der Schulaufsicht. Der von Maritzen (2008) in die wissenschaftliche Diskussion eingeführte Topos der »Krise der Schulaufsicht« umfasst zum einen, dass schulaufsichtliches Handeln in entscheidenden Qualitätsfragen offenbar von »durchschlagender Wirkungslosigkeit« gekennzeichnet war und zum anderen die Dimension der inhaltlichen Qualitätssicherung von Unterricht und Schule nicht ausreichend in den Horizont der Schulaufsicht rückte (Maritzen 2015).

Die klassische Durchgriffssteuerung der Schulaufsicht zeichnete sich durch die alleinige administrative Verantwortung der Instrumente und Gegenstände der Qualitätssicherung (wie Schulgesetze, Bildungsziele oder Lehrpläne) sowie detaillierte zentrale Vorgaben zur Prozessgestaltung (wie Verordnungen, Rundschreiben, Vorgaben zu Lehrerstunden und Stundentafeln, Schulbuchzulassungen, personelle und sächliche Ausstattung etc.) aus. Schulen führen in einem solchen Steuerungsmodell nur aus, setzen zentrale Vorgaben um und berichten gegenüber der Schulaufsicht. Die unter dem Schlagwort der Schulautonomie firmierenden Reformen staatlicher Steuerung zeigen eine Entwicklung hin zu Dezentralisierung einerseits und Professionalisierung unter Ausschöpfung partizipativer Möglichkeiten in den Schulen andererseits (siehe Altrichter & Rürup in diesem Band). Es ist dabei die Tendenz zu beobachten, in Fragen der Qualitätsentwicklung und -sicherung im Rahmen eines Qualitätsmanagements auf die schulischen Akteure vor Ort zu setzen, d.h. die Lehrer/innen und insbesondere die Schulleitungen. Diese werden verstärkt gegenüber direkten schulischen Anspruchsgruppen wie Eltern, Schüler/innen sowie Wirtschaftsunternehmen rechenschaftspflichtig gemacht. Zentrale Vorgaben werden zugunsten der stärkeren Überprüfung der Einhaltung von Ergebnis- und Verfahrensstandards sowie einer Evaluation der Effizienz und Effektivität pädagogischer Prozesse und Strukturen zurückgefahren.

Schulinspektion erscheint vor diesem Hintergrund als Versuch der »Ausdifferenzierung, Professionalisierung und Verwissenschaftlichung einer Teilaufgabe des bisherigen Spektrums schulaufsichtlicher Tätigkeiten« (Rürup 2008, S. 470). Als zentrales distinktives Element von Schulinspektion im Vergleich zur Schulaufsicht ist der Aspekt der Verwissenschaftlichung hervorzuheben. Zentral ist dabei die Idee einer an sozialwissenschaftlichen Kriterien orientierten externen Evaluation der Einzelschule, d.h. eine kriteriengeleitete Feststellung und Rückmeldung von Schulqualität auf der Basis verlässlicher Forschungsbefunde und Forschungsverfahren (Lambrecht/Rürup 2012). Maritzen (2015) zeigt jedoch die damit verbundene Ambivalenz dieser Wissenschaftsorientierung der Schulinspektion auf: Die klassische Hoffnung des Einsatzes von wissenschaftlichen Instrumenten (wie im Falle der Schulinspektion: Interviews, Beobachtungen oder Dokumentanalysen mit den jeweiligen Gütekriterien der Objektivität, Validität und Reliabilität) liegt in der begründeten und begründbaren Reduktion von Unsicherheit, die aus faktischem oder vermutetem Nichtwissen resultiert. Soziale Systeme bzw. die Akteure des staatlichen Steuerungshandelns wollen diese Unsicherheit reduzieren, indem sie in ihrem – genuin nichtwissenschaftlichen – Kontext wissenschaftlichen Wissenserwerb systematisch vorantreiben. In dem Maße jedoch, wie dies gelingt, schwindet aber auch die Illusion, Handlungs- und Entscheidungssicherheit wüchsen mit dem wissenschaftlich erzeugten Wissen. Die jeweiligen komplexen Handlungsbedingungen in Politik, Verwaltung oder Schule lassen es in der Regel nicht zu, wissenschaftliches Wissen einfach anzuwenden, um zu Entscheidungsoptionen zu gelangen.

Unabhängig von diesen Ambivalenzen der Erzeugung und Anwendung wissenschaftlicher Erkenntnisse weist das hinter der Schulinspektion liegende Steuerungskonzept die generelle Idee einer evidenzbasierten Steuerung auf. Auch wenn dabei unklar ist, welche Form der Evidenz gemeint ist (Heinrich 2015) und wie durch Evidenzen gesteuert werden soll, ist die Vorstellung eines datenbasierten Entscheidungshandelns das zentrale Prinzip des neuen Steuerungskonzeptes. Damit wird nicht nur die Unterlegung von Planungsentscheidungen durch Daten erwartet, sondern auch die kontinuierliche Überprüfung aller bildungssystembezogenen Interventionen und Maßnahmen. Neben Bildungspolitik und Bildungsadministration sind auch Schulen und Lehrkräfte von diesen Erwartungen betroffen; die Schulinspektion soll dafür die notwendige Datengrundlage generieren (Thiel/Heinrich/van Ackeren 2013).

4. Gemeinsamkeiten und Unterschiede der Schulinspektionsverfahren in Deutschland

Betrachtet man die bisherigen Ausführungen zusammenfassend, bilden die folgenden Charakteristika eine gemeinsame Schnittmenge der in Deutschland praktizierten Schulinspektionsverfahren:

1. die Abgrenzung zur Schulaufsicht bzw. Ausdifferenzierung der Schulaufsicht,
2. die Betrachtung der Schule als autonome und eigenverantwortliche Handlungseinheit,

3. die Einführung von Orientierungsrahmen der Schulqualität als normativer Maßstab,
4. standardisierte, den Sozialwissenschaften entlehnte Verfahren und Instrumente,
5. die Einzelschule und deren Akteur als Hauptadressaten der Befunde,
6. aus dem Inspektionsergebnis abgeleitete Zielvereinbarungen mit der Schulaufsicht und schließlich
7. die Einbettung in ein Bündel weiterer Verfahren der Qualitätssicherung und -entwicklung im Schulwesen, wie z. B. der Aufforderung zur Selbstevaluation von Schulen (Lambrecht/Rürup 2012).

Im Rückblick ist festzustellen, dass fast alle deutschen Bundesländer im ersten Durchgang nach dem Modell einer standardisierten Vollinspektion gearbeitet haben. Dabei wurden weitgehend schulformunabhängig für alle Schulen die gleichen Qualitätsmerkmale angelegt. In einem zweiten Durchgang flächendeckender Schulinspektionen haben einige Bundesländer dieses Vorgehen aufgrund der bisherigen Erfahrungen fachlich weiterentwickelt. Dabei wurde das Grundmodell (auch zur Sicherung der Anschlussfähigkeit beider Inspektionsdurchgänge) einer modifizierten Vollinspektion beibehalten. In einigen Ländern (z. B. Niedersachsen, Hessen, Saarland, Sachsen-Anhalt) ist man auf der Basis des Feedbacks der Schulen dazu übergegangen, eine sogenannte Fokus-Evaluation durchzuführen, bei der den Schulen auch die Möglichkeit eingeräumt wird, aus einem Angebot unterschiedlicher Module eigene Themen auszuwählen (Kuhn 2015).

Jenseits dieser prinzipiellen Gemeinsamkeiten der Schulinspektionsverfahren in Deutschland weisen diese landesspezifische Ausprägungen auf. Dies zeigt sich bereits in einer unterschiedlichen Bezeichnung dieses Steuerungsinstrumentes: »Schulinspektion«, »externe Evaluation«, »Fremdevaluation«, »Qualitätsanalyse« oder »Schulvisitation« lauten die entsprechenden Begrifflichkeiten. Die Bandbreite der damit verbundenen Verfahren reicht von einer stark quantifizierenden Vorgehensweise, über die sich der Anspruch einer »objektiven« Bewertung schulischer Qualität vermittelt (z. B. Niedersachsen) bis hin offenen, eher qualitativen Verfahren, in den weniger standardisierte Normen und Richtlinien, sondern eher der kriteriengeleitete Eindruck der Evaluator/innen zur Bewertung der Schule herangezogen werden (z. B. Baden-Württemberg) (Böhm-Kasper/Selders/Lambrecht 2016). Die landesspezifischen Variationen des in diesem Beitrag einheitlich bezeichneten Steuerungsinstrumentes »Schulinspektion« werden in der wissenschaftlichen Reflexion unterschiedlich systematisiert: Lassen sich bei Rürup (2008) mit einem Fokus auf die Wissensproduktion durch Schulinspektion wahrheits- und angemessenheitsorientierte Ansätze unterscheiden, so werden bei Kotthoff und Böttcher (2010) idealtypische Wirkungsmechanismen anhand der Formeln Qualitäts-/Schulentwicklung über Wettbewerb, über Konsequenzen oder über Einsicht differenziert (Böhm-Kasper/Selders 2013).

5. Wirkungen und Wirksamkeit der Schulinspektion

Neben der Betrachtung des Paradigmenwechsels schulischer Steuerung durch die neu implementierten Schulinspektionsverfahren rückten auch in Deutschland recht schnell die Auswirkungen dieser Form der externen Evaluation in den Fokus wissenschaftlicher Reflexion. Laut Husfeldt (2011) lassen sich vorliegende Studien zu Wirkungen und Wirksamkeit der Schulinspektion in drei Typen einteilen: a) Akzeptanzstudien, b) Studien zu Maßnahmen in Folge der Schulinspektion und c) Schulleistungsstudien. Akzeptanzstudien untersuchen die Einstellungen der Akteure und die damit verbundenen Wirksamkeitserwartungen oder -vermutungen gegenüber dem Verfahren der Schulinspektion. Studien zu Maßnahmen untersuchen die der Schulinspektion folgenden Reaktionen innerhalb der Schule und die sich daran anschließenden Entwicklungsmaßnahmen. Schulleistungsstudien analysieren direkt die Wirkung von Schulinspektionen auf die Leistungen bzw. Leistungssteigerungen von Schülerinnen und Schülern.

Während bereits Mitte der 1990er Jahre Forschende im angelsächsischen Raum die Reaktionen schulischer Akteure auf die Schulinspektion untersuchten, ist in Deutschland laut Husfeldt (2011) ein erster Versuch zur Analyse der Akzeptanz und Wirksamkeit von Schulinspektionen mit einer Schulleiter/-innen-Befragung in Brandenburg von Gärtner, Hüsemann und Pant (2009) verbunden. (Hier sei ergänzend angemerkt, dass im Jahr 2008 bereits eine schweizerische Studie von Landwehr/Huber zur Unterrichtsevaluation als Teil der externen Schulevaluation vorgelegt wurde, in der auch die Bundesländer Hamburg und Bayern einbezogen waren.) Die von Gärtner, Hüsemann und Pant (2009) in Deutschland durchgeführte Studie, bei der Schulleiter/innen in Brandenburg befragt wurden, kommt zu einem Ergebnis, das den bis dato vorliegenden Untersuchungen aus England widersprach: Die befragten brandenburgischen Schulleitungen berichten im Gegensatz zu ihren britischen Kollegen nur selten von Ängsten in Bezug auf die Inspektion. Eine mögliche Erklärung für die Diskrepanz der Ergebnisse in England und Deutschland könnte in den in England deutlich negativeren Konsequenzen bei schlechtem Inspektionsergebnis liegen. Gärtner et al. (2009) fanden außerdem, dass die Schulleiter überwiegend von einer hohen wahrgenommenen Qualität der Schulinspektion berichten, ein Effekt, der bei Schulen mit gutem Inspektionsergebnis noch deutlicher ausfiel. Trotz der unterschiedlichen Einstellungen gegenüber der Schulinspektion in Abhängigkeit von deren Ergebnis zeigt eine Studie von Sommer (2011), dass gerade in den Schulen mit schwächerem Abschneiden im Inspektionsverfahren vermehrt Prioritäten im Rahmen der Schulentwicklung diskutiert und drei Monate nach der Schulinspektion auch bereits erste Maßnahmen zur Schulentwicklung umgesetzt wurden.

Neben der Untersuchung der Akzeptanz von Schulinspektionsverfahren wurden in empirischen Studien auch die schulischen Reaktionen und Entwicklungsmaßnahmen im Anschluss an eine Schulinspektion analysiert. Dabei wurde auf theoretische Wirkungsmodelle von Schulinspektion Bezug genommen und deren Komponenten untersucht. In der Durchsicht der deutschsprachigen Forschung wird dabei vor allem ein Rückgriff auf das Wirkungsmodell von Ehren und Visscher (2006) bzw. auf davon ausgehende Erweiterungen und Modifikationen (z. B. Landwehr 2011; Sommer 2011) deutlich.

Die häufige Inanspruchnahme des Ehren-Visscher-Modells (2006) in empirischen Untersuchungen liegt sicherlich nicht zuletzt darin begründet, dass dieses Modell nicht nur nach den gelingenden Bedingungen entwicklungsfördernder Schulinspektion fahndet, sondern auch deren nicht-intendierten Auswirkungen in den Blick nimmt. Reaktionen von Schulen auf die Schulinspektion können auch in einer Art und Weise erfolgen, die als diametral entgegengesetzt zu den von Inspektionsverfahren intendierten Reaktionen zu bezeichnen sind und aus der mangelnden Übereinstimmung zwischen den Zielen des Inspektorats und den je eigenen Zielen der Schule resultieren.

Welche konkreten Mechanismen in den Schulen selbst notwendig sind, um von einer Akzeptanz der Inspektionsergebnisse zu einer gelingenden Schulentwicklung zu gelangen, wird im Ehren-Visscher-Modell selbst nicht explizit sichtbar. In anderen Inspektionswirkungsmodellen wird dagegen gerade diese innerschulische Verarbeitung der Inspektionsergebnisse thematisiert (z. B. Sommer 2011). Ergänzend weist Sommer (2011) darauf hin, dass die verschiedenen schulischen Gruppen (Schulleitung, Kollegium, Schülerschaft, Eltern, Schulaufsicht) mit der Durchführung einer Inspektion durchaus divergierende Interessen verbinden. Ein Wirkungsmodell von Schulinspektion sollte daher die unterschiedlichen Perspektiven der schulischen Akteure aufnehmen und für die Phasen der Rezeption, Reflexion und Aktion im Anschluss an einer Inspektion zunächst getrennt betrachten und dann einer triangulativen Zusammenführung unterziehen.

Die Diskussion der Befunde einer Studie von Wurster und Gärtner (2013) thematisiert die mit der Einführung der Schulinspektion erhoffte *generelle* Entwicklungsfunktion dieses Steuerungsinstrumentes und damit die politisch intendierte *allgemeine* Wirksamkeitserwartung. Im Sinne des damit verbundenen Steuerungsparadigmas sollten *alle* Schulen die Ergebnisse der Schulinspektion produktiv für ihre weitere Entwicklung nutzen. Die Studie von Wurster und Gärtner (2013) dämpft jedoch diese Erwartung: Von insgesamt fünf durch Latent-Class-Analysen beschriebenen Gruppen von Schulen weisen nur zwei Gruppen einen aktiven Umgang mit Inspektionsergebnissen (im Sinne einer daraufhin eingeleiteten Schulentwicklung) auf. Bei den verbleibenden Gruppen an Schulen ist nur wenig Aktivität nach einer Inspektion beobachtbar. Gründe dafür bestehen unter anderem darin, dass zum einen die Schulinspektionsergebnisse als sehr gut wahrgenommen werden (»selbst- zufriedene Schulen«) und somit wenig Anreiz für eine darauf aufbauende Schulentwicklung besteht. Ein weiteres Reaktionsmuster zeigt zum anderen, dass der Nutzen einer Schulinspektion in Frage gestellt (»reaktive Schulen«) und die Schulinspektion lediglich als neue Form der Rechenschaftslegung wahrgenommen wird. Ein dritter Typus von Schule nimmt das Ergebnis der Inspektion als so schwach wahr, dass Resignation und Passivität (»passive unzufriedene Schulen«) die Folge sind (Wurster/Gärtner 2013). Die in diesen Schultypen offensichtlich ausbleibenden Reaktionen im Sinne der

Schulentwicklung sind jedoch nicht unbedingt mit einer Wirkungslosigkeit der Schulinspektionsverfahren verbunden. Offenbar werden bei einem Großteil der Schulen bereits im Vorfeld einer Inspektion Aktivitäten ausgelöst. Dies wird von Wurster und Gärtner dahingehend interpretiert, »[...] dass die hauptsächlichen Wirkungen der Inspektion nicht *nach* der Inspektion, sondern *in deren Vorbereitung* eintreten. Dies entspricht der von Landwehr (2011) beschriebenen Funktion der Normendurchsetzung, d. h. Schulen beschäftigen sich schon im Vorfeld mit den beurteilten Kriterien und versuchen, diese zu erreichen« (Wurster/Gärtner 2013, S. 441).

Letztendlich muss sich die Wirksamkeit der in Deutschland vorfindbaren Schulinspektionsverfahren auch daran messen lassen, ob die dadurch ausgestoßenen Schulentwicklungsimpulse zu einer Verbesserung von schülerbezogenen Merkmalen (i.d.R. Schülerleistungen) führt. Internationale Befunde tragen bei dieser Frage eher zu einer Ernüchterung bei: Von einigen wenigen Ausnahmen abgesehen (z. B. Luginbuhl/Webbink/Wolf 2009) zeigt die deutliche Mehrheit der Studien – vor allem im Zusammenhang mit der britischen OFSTED (The Office for Standards in Education) – keine oder nur geringen Wirkungen auf Schülerleistungen in Folge von Schulinspektionen. Inwieweit diese Befundlage auf Mängel der zugrundeliegenden Steuerungsprogramme oder eher auf unzureichende theoretische Modellierungen oder Methodenfehler zurückzuführen ist, bleibt dabei jedoch unklar (Pietsch/Janke/Mohr 2014). In Deutschland wurde von Pietsch, Janke und Mohr im Jahr 2014 eine methodisch anspruchsvolle Studie vorgelegt, die durch die Anwendung des Difference-in-Differences-Ansatzes der Kausalanalyse versucht, die methodischen Mängel bisheriger Studien zur Wirksamkeit der Schulinspektion auf Schülerleistungen zu überwinden. Mittels einer Trendanalyse der Daten des Hamburger Zentralabiturs sowie der Auswertung von Längsschnittdaten der Studie »Kompetenzen und Einstellungen von Schülerinnen und Schülern« (KESS) können die Autoren zeigen, dass inspizierte Schulen leicht höhere Punktzahlen im Zentralabitur erreichen sowie eine praktisch bedeutsame Steigerung der Schülerleistungen im Leseverständnis Deutsch aufweisen. Für die erhobenen Mathematikleistungen zeigen sich jedoch keine Effekte in Bezug auf die Teilnahme an einer Schulinspektion. Mit dieser Studie wurde für Deutschland erstmalig auf einer empirisch belastbaren Basis ein – zumindest differentieller – Effekt der Schulinspektion nachgewiesen. Trotz der angewandten hohen methodischen Standards bleiben einige Fragen offen: So kann nicht nachgewiesen werden, wie nachhaltig die beobachteten Effekte sind, da nur zwei Messzeitpunkte in die Analyse einbezogen wurden. Weiterhin kann nicht danach differenziert werden, ob die Schulinspektion selbst oder bereits deren Ankündigung zu Veränderungen geführt hat (siehe dazu auch Wurster/Gärtner 2013). Und schließlich können derartige Studien nicht zeigen, inwieweit alternative Formen der schulischen Evaluation (z. B. eine begleitete Selbstevaluation) ähnliche Effekte hervorgebracht hätten (Pietsch/Jankes/Mohr 2014). Diese Einschränkungen gelten aber nicht nur für die beschriebene Studie, sondern für alle bislang vorliegenden Versuche der empirischen Analyse der Wirksamkeit von Schulinspektionen und stellen damit weiterhin zu bearbeitende Forschungsdesiderata dar.

6. Quo vadis Schulinspektion?

Folgt man der Argumentation von Kuhn (2015), dann kann die Schulinspektion auf einen insgesamt positiven Entwicklungsstand blicken. Sie sei ein mittlerweile etabliertes Verfahren der Qualitätsbewertung von Schule und trifft im Gegensatz zu anderen Elementen der Reformpolitik (wie den nationalen und internationalen Schulleistungsstudien oder den bundesweiten Vergleichsarbeiten in den Jahrgangsstufen 3 und 8) auf deutlich höhere Akzeptanz bei den schulischen Akteuren und in der interessierten Öffentlichkeit. Inwieweit hier die Qualität des Verfahrens oder eher die erkennbare Vermeidung des Begriffs der Rechenschaftslegung in der deutschen Bildungspolitik im Zusammenhang mit Schulinspektionen eine Rolle spielen, kann aus dieser Argumentation nicht erschlossen werden.

Die aktuellen Entwicklungen in den Bundesländern lassen jedoch schwer erkennen, inwieweit sich die Bildungspolitik für die Fortsetzung des eingeschlagenen Weges entscheidet oder ob nach neuen Verfahren der Qualitätssteigerung Ausschau gehalten wird. Insgesamt ist festzustellen, dass die flächendeckende Inspektion von Schulen, wie sie noch im ersten und teilweise im zweiten Inspektionszyklus in den Bundesländern vorgenommen wurde, mehrheitlich einer anlassbezogenen Evaluation gewichen ist. Dies muss nicht von Nachteil sein, wenn dafür nicht nur Kostengründe ursächlich sind, sondern damit auch eine Weiterentwicklung der Schulinspektion verbunden wird.

Zu den Herausforderungen der kommenden Jahre gehören zum einen die strukturelle Verankerung der Übergabe von Daten und Berichte von der Schulinspektion zur Schulaufsicht. Insbesondere die wiederholt identifizierten Schulen mit Schwächen im jeweiligen Qualitätstableau bedürfen einer längerfristigen und umfassenden Unterstützung durch die Schulaufsicht und weitere Akteure (z. B. Schulnetzwerke). Die Fülle der in Schulinspektionen und weiteren Verfahren der Qualitätssicherung (z. B. Vergleichsarbeiten, zentrale Prüfungen) gewonnenen Daten sollten zukünftig noch zielgerichteter ausgewertet werden. Es gilt, den Einzelschulen nicht nur im Nachgang einer Inspektion Rückmeldung zu ihrer Qualitätsentwicklung zu geben, sondern auch rechtzeitig zu erkennen, wo notwendige Schwerpunkte im bildungsadministrativen Steuerungshandeln gegenüber einer Schule virulent werden.

Eine weitere Herausforderung besteht zum andern in der Stärkung der Selbstevaluationsfähigkeiten und den dazu erforderlichen Haltungen und Einstellungen bei Lehrkräften und Schulleitungen. Nur wenn Lehrkräfte und Schulleitungen auch dazu bereit sind, die Ergebnisse interner und externer Evaluationsinstrumente als methodisch abgesicherte Argumente für die schulischen Qualitätsentwicklung aufzugreifen, dann können Daten und Informationen auch handlungswirksam werden. Es wäre jedoch zu einseitig, allein den einzelschulischen Akteuren die Verantwortung für die Qualitätsentwicklung zuzuschreiben. Für die Bildungspolitik ist damit zeitgleich die Herausforderung verbunden, im Rahmen einer Gesamtstrategie eine sinnvolle und für die schulischen Akteure nachvollziehbare Verknüpfung mit weiteren bereits vorliegenden Elementen der Qualitätsentwicklung und -sicherung vorzunehmen (Kuhn

2015). Erst dann wird sich die bildungspolitische Hoffnung einer »Schulentwicklung durch Einsicht« auch dauerhaft qualitätsfördernd umsetzen lassen.

7. Literatur

Altrichter, H./Kemethofer, D./Ehren, M. C. M./Gustafsson, J.-E./Skedsmo, G./Huber, S. G./ Conyngham, G./McNamara, G./O'Hara, J. (2016): Wirkungen und Nebenwirkungen europäischer Inspektionssysteme. In: Autorengruppe Schulinspektion (Hrsg.): Schulinspektion als Steuerungsimpuls?: Ergebnisse aus Forschungsprojekten. Wiesbaden: Springer VS, S. 285–324.

Böhm-Kasper, O./Selders, O. (2013): »Schulinspektionen sollten regelmäßig durchgeführt werden«? Ländervergleichende Analyse der Wahrnehmung und Akzeptanz von Schulinspektionsverfahren. In: van Ackeren, I./Heinrich, M./Thiel, F. (Hrsg.): Die Deutsche Schule. Beiheft Bd. 12. Evidenzbasierte Steuerung im Bildungssystem? Befunde aus dem BMBF-SteBis-Verbund . Münster u. a.: Waxmann, S. 121–153.

Böhm-Kasper, O./Selders, O./Lambrecht, M. (2016): Schulinspektion und Schulentwicklung – Ergebnisse der quantitativen Schulleitungsbefragung. In: Autorengruppe Schulinspektion (Hrsg.): Schulinspektion als Steuerungsimpuls?: Ergebnisse aus Forschungsprojekten. Wiesbaden: Springer VS, S. 1–50.

Ehren, M. C. M./Visscher, A. J. (2006): Towards a Theory on the Impact of School Inspections. In: British Journal of Educational Studies 54, S. 51–72.

Geißler, G. (2008): Geschichtliches zur »Vorwegnahme periodischer Untersuchungen« der Schulen. In: Döbert, H./Dedering, K. (Hrsg.): Externe Evaluation von Schulen: Historische, rechtliche und vergleichende Aspekte. Münster: Waxmann, S. 23–62.

Gärtner, H./Hüsemann, D./Pant, H. A. (2009): Wirkungen von Schulinspektion aus Sicht betroffener Schulleitungen. Die Brandenburger Schulleiterbefragung. In: Empirische Pädagogik 23, S. 1–18.

Gruschka, A. (2010): Die Schulinspektion war da und hinterließ einen Bericht. In: Pädagogische Korrespondenz 41, S. 75–92.

Heinrich, M. (2015): Zur Ambivalenz der Idee evidenzbasierter Schulentwicklung: Das Beispiel »Schulinspektion« – fortschrittlicher Rückschritt oder Innovation? In: Zeitschrift für Pädagogik 61, S. 778–792.

Husfeldt, V. (2011): Wirkungen und Wirksamkeit der externen Schulevaluation: Überblick zum Stand der Forschung. In: Zeitschrift für Erziehungswissenschaft 14, S. 259–282.

Kotthoff, H.-G./Böttcher, W. (2010): Neue Formen der »Schulinspektion«: Wirkungshoffnungen und Wirksamkeit im Spiegel empirischer Bildungsforschung. In: Altrichter, H./Maag Merki, K. (Hrsg.): Handbuch Neue Steuerung im Schulsystem. Wiesbaden: VS Verlag für Sozialwissenschaften, S. 295–325.

Kuhn, H.-J. (2015): Rechtliche, strukturelle und politische Rahmenbedingungen für externe Evaluation in Deutschland. In: Pietsch, M./Scholand, B./Schulte, K. (Hrsg.): Schulinspektion in Hamburg. Der erste Zyklus 2007 – 2013: Grundlagen, Befunde und Münster u. a.: Waxmann, S. 385–418.

Lambrecht, M./Rürup, M. (2012): Bildungsforschung im Rahmen einer evidence based policy: Das Beispiel »Schulinspektion«. In: Wacker, A./Maier, U./Wissinger, J. (Hrsg.): Schul- und Unterrichtsreform durch ergebnisorientierte Steuerung. Empirische Befunde und forschungsmethodische Implikationen. Wiesbaden: Springer VS, S. 57–77.

Landwehr, N./Huber, A. (2008): Die Unterrichtsevaluation als Teil der externen Schulevaluation. Eine Bestandsaufnahme. Gesamtbericht mit differenzierten Konzeptbeschreibungen. Fachhochschule Nordwestschweiz, Zentrum für Schulqualität. www.gr.ch/DE/institutionen/verwatung/ekud/avs/Dokumentenliste%20Inspektorate/V_Unterrichtsevaluation_Studienbericht%20FHNW_de.doc (Abruf 8.2.2019)

Landwehr, N. (2011): Thesen zur Wirkung und Wirksamkeit der externen Schulevaluation. In: Quesel, C./Husfeldt, V./Landwehr, N./Steiner, P. (Hrsg): Wirkungen und Wirksamkeit der externen Schulevaluation. Bern: h.e.p. Verl, S. 35–69.

Luginbuhl, R./Webbink, D./Wolf, I. de. (2009): Do Inspections Improve Primary School Performance? In: Educational Evaluation and Policy Analysis 31, S. 221–237.

Maritzen, N. (2006): Schulinspektion zwischen Aufsicht und Draufsicht – Eine Trendanalyse. In: Buchen, H./Horster, L./Rolff, H.-G. (Hrsg.): Schulinspektion und Schulleitung. Stuttgart: Raabe, Fachverl. für Bildungsmanagement, S. 7–26.

Maritzen, N. (2008): Schulinspektionen – Einige Aspekte der Transformation von Governance-Strukturen im Schulwesen. In: Die Deutsche Schule 100, S. 85–96.

Maritzen, N. (2015): Schulinspektion. Aspekte der Transformation von Governance-Strukturen. In: Pietsch, M./Scholand, B./Schulte, K. (Hrsg.): Schulinspektion in Hamburg. Der erste Zyklus 2007 - 2013: Grundlagen, Befunde und Münster u.a.: Waxmann, S. 13–36.

Pietsch, M./Janke, N./Mohr, I. (2014): Führt Schulinspektion zu besseren Schülerleistungen? Difference-in-Difference-Studien zu Effekten der Schulinspektion Hamburg auf Lernzuwächse und Leistungstrends. In: Zeitschrift für Pädagogik 60, S. 446–470.

Raidt, T. (2010): Ein Jahrzehnt Paradigmenwechsel: Auswirkungen von PISA auf Bildungspolitik und Bildungsverwaltung. In: Zeitschrift für Bildungsverwaltung 26, S. 43–58.

Reezigt, G. J./Creemers, B. P. (2005): A comprehensive framework for Effective School Improvement. In: School Effectiveness and School Improvement, 16, S. 407–424.

Rürup, M. (2008): Typen der Schulinspektion in den deutschen Bundesländern. In: Die Deutsche Schule 100, S. 467–477.

Sommer, N. (2011): Wie beurteilen schulische Gruppen die erlebte Schulinspektion? Ergebnisse einer Befragung. In: Müller, S./Pietsch, M./Bos, W. (Hrsg.): Schulinspektion in Deutschland: Eine Zwischenbilanz aus empirischer Sicht. Münster: Waxmann, S. 137–164.

Sowada, M. G.,/Dedering, K. (2016): Die Reform der Reform: Legitimität und Strategien zu deren Gewinnung, Aufrechterhaltung und Optimierung im Zug der Veränderung von Verfahren der Schulinspektion. In: Autorengruppe Schulinspektion (Hrsg.): Schulinspektion als Steuerungsimpuls?: Ergebnisse aus Forschungsprojekten. Wiesbaden: Springer VS, S. 169–199.

Ständige Konferenz der Kultusminister der Länder in der Bundesrepublik Deutschland (KMK). (2006): Gesamtstrategie der Kultusministerkonferenz zum Bildungsmonitoring.

Thiel, F./Heinrich, M./van Ackeren, I. (2013): Evidenzbasierte Steuerung im Bildungssystem?: Befunde aus dem BMBF-Förderschwerpunkt Steuerung im Bildungssystem (SteBis). In: van Ackeren, I./Heinrich, M./Thiel, F. (Hrsg.): Die Deutsche Schule. Beiheft Bd. 12. Evidenzbasierte Steuerung im Bildungssystem? Befunde aus dem BMBF-SteBis-Verbund. Münster u.a.: Waxmann; S. 11–18.

Wacker, A./Maier, U./Wissinger, J. (2012): Ergebnisorientierte Steuerung – Bildungspolitische Strategie und Verfahren zur Initiierung von Schul- und Unterrichtsreformen. In: Wacker, A./Maier, U./Wissinger, J. (Hrsg.): Schul- und Unterrichtsreform durch ergebnisorientierte Steuerung. Empirische Befunde und forschungsmethodische Implikationen. Wiesbaden: Springer VS, S. 9–33

Wurster, S./Gärtner, H. (2013): Schulen im Umgang mit Schulinspektion und deren Ergebnissen. Zeitschrift für Pädagogik 59, S. 425–445.

Sebastian Niedlich

Regionalisierung

1. Einleitung

Die zunehmende Regionalisierung stellt ohne Zweifel einen wichtigen Entwicklungstrend im Bildungssystem dar: Es existiert eine Vielzahl von Initiativen auf unterschiedlichen Ebenen, in unterschiedlichen Bildungsbereichen und mit unterschiedlichen Akteur*innen und Zielsetzungen (Olk/Stimpel 2011, S. 173; Jungermann/Manitius/Berkemeyer 2015, S. 17 ff.), die sich mittlerweile auf alle Bundesländer erstrecken (Manitius et al. 2015, S. 8). Insofern kann die Regionalisierung als bildungspolitisches »Vorzeigeprojekt« (Zymek et al. 2011, S. 499) gelten.

Dieser Beitrag gibt einen Überblick über die Entwicklung sowie die wissenschaftliche Auseinandersetzung mit der Regionalisierung. Zu Beginn erfolgt eine Begriffsklärung. Anschließend wird die bisherige Entwicklung in zwei Schritten betrachtet: zunächst wird ein historischer Rückblick auf Regionalisierung unternommen, anschließend werden Initiativen seit Mitte der 1990er Jahre, die einen Aufschwung an Regionalisierungsinitiativen markieren, erörtert und systematisiert. Auf dieser Basis werden drei unterschiedliche Lesarten der Regionalisierung vorgestellt und verschiedene Kritikpunkte diskutiert. Der Beitrag schließt mit Schlussfolgerungen zur Einordnung und zukünftigen Erforschung der Regionalisierung.

2. Begriffsklärung

Die Regionalisierung beinhaltet nicht nur eine Vielzahl an Initiativen, sondern auch an Begrifflichkeiten, um diese zu bezeichnen. So finden sich insbesondere die Bezeichnungen Bildungslandschaft, Bildungsregion oder Bildungsmanagement, die mit verschiedenen Adjektiven – lokal, kommunal oder regional – versehen werden (Emmerich 2010, S. 152 f.).

In der Debatte um Regionalisierung überwogen lange Zeit programmatisch-konzeptionelle Beiträge (Olk/Stimpel 2011, S. 173). Nicht zuletzt aus diesem Grund liegt bis heute kein einheitliches Begriffsverständnis von Regionalisierung vor und es mangelt an einer fachübergreifenden theoretischen Fundierung (Emmerich 2015, S. 297 f.). Angesichts der vielfältigen Verständnisse und Ansätze in der Praxis erscheint eine »allgemeingültige« Definition indes auch nicht sinnvoll (Jungermann/Manitius/Berkemeyer 2015, S. 17 f.). Dennoch lassen sich einige Merkmale identifizieren, die als Kern von Regionalisierung gelten können.

- Die *Gestaltungsebene* von Regionalisierung liegt *unterhalb von Bund und Ländern*, sie reicht von Kreisen bzw. kreisfreien Städten bis zu Gemeinden, einzelnen Stadtteilen oder Quartieren (Jungermann/Manitius/Berkemeyer 2015, S. 18, 21 ff.; Otto et al. 2012, S. 206).
- Im Zentrum steht die regelmäßige, *grenzüberschreitende Kooperation* regionaler, relativ unabhängiger Akteur*innen (Altrichter 2014, S. 37).
- Die primäre Form der Zusammenarbeit sind *Netzwerke*, die »systematisch Gelegenheiten der Kontaktaufnahme und Wieder-Begegnung« bereitstellen (Rürup et al. 2015, S. 104).
- Der Zweck von Regionalisierung ist eine bessere Bearbeitung komplexer Problemlagen durch die *Nutzung regionaler Ressourcen und Erfahrungen sowie kontextspezifischen Wissens* (Kalisch 2011, S. 92; Jungermann/Manitius/Berkemeyer 2015, S. 15; Emmerich 2015, S. 299 f.).

Dieses Verständnis von Regionalisierung liegt den folgenden Ausführungen zugrunde.

3. Regionalisierung bis Mitte der 90er Jahre

Die aktuelle wissenschaftliche Auseinandersetzung mit der Regionalisierung bezieht sich zumeist auf den Zeitraum ab Mitte der 1990er Jahre. Indes spielten Formen von Regionalisierung bereits in den 1960er und 1970er Jahren in der Bildungspolitik eine Rolle. Diese Phase war geprägt von Strukturreformen und Bildungsplanung (Wacker/Maier/Wissinger 2012, S. 11 ff.), auch die Schulentwicklungsplanung wurde in dieser Zeit eingeführt (Zymek 2007, S. 180). Regionalisierung verband sich dabei mit dem Ziel, regionale Disparitäten auszugleichen, um die Einheitlichkeit der Lebensverhältnisse sicherzustellen. Die zentrale Bildungspolitik sollte zu diesem Zweck durch »komplementäre Aktivitäten regionaler Art« unterstützt werden (Deutscher Bildungsrat 1975, S. 73). Die zentralstaatliche Perspektive blieb indes maßgebend: die Region wurde »als Planungs- und Versorgungsraum angesehen, der ›von außen‹ durch zentrale Maßnahmen zu steuern ist« (Kalisch 2011, S. 71). Regionalisierung ging also nicht mit der Verlagerung von Verantwortung einher (Zymek 2007, S. 279).

In den 1980er Jahren verlor die Idee zentral-planerischer Steuerung zunehmend an Bedeutung. Bildungspolitisch folgte eine »stille Zeit« (Fend 2006, S. 225), die Steuerung verlagerte sich von der Makro- auf die Mesoebene und betonte das Gestaltungspotenzial der Einzelschule (Wacker/Maier/Wissinger 2012, S. 15). Auch die regionale Perspektive geriet infolgedessen aus dem Blick. Dennoch waren auch in dieser Zeit Regionalisierungsinitiativen zu beobachten. Hierzu zählen im schulischen Bereich insbesondere Ansätze der »Community Education« bzw. »gemeinwesenbezogener Pädagogik« (Weiß 1991; 2011, S.13 f.). Anders als zuvor waren diese Ansätze nicht zentralstaatlich initiiert, sondern wurden von dezentralen Akteur*innen unternommen.

4. Regionalisierung ab Mitte der 1990er Jahre

Ab Mitte der 1990er Jahre wird ein Aufschwung der Regionalisierung im Bildungssystem konstatiert (z. B. Olk/Stimpel 2011). So war seit Mitte der 1990er Jahre eine Vielzahl von Regionalisierungsinitiativen zu beobachten. Anstelle einer Inventarisierung soll hier ein Ansatz zu deren Systematisierung (Niedlich 2019) vorgestellt werden, dem zwei Kategorien zugrunde liegen:

- die Handlungsebene: Hier wird zwischen Initiativen auf der Ebene von Bildungseinrichtungen und Fachkräften einerseits und der übergeordneten institutionellen Ebene andererseits unterschieden.
- das Handlungsfeld: Hier wird zwischen Initiativen, die sich auf einzelne Bildungsbereiche bzw. Bildungsübergänge beziehen einerseits und bereichsübergreifenden bzw. auf den gesamten Bildungsbereich zielenden Ansätzen andererseits unterschieden.

Damit ergibt sich eine Vier-Felder Matrix. Tabelle 1 zeigt, wie sich ausgewählte Regionalisierungsinitiativen darin verorten lassen (im Folgenden Niedlich 2019).

Handlungsfeld / Handlungsebene	Einzelner Bildungsbereich bzw. einzelner Übergang	Gesamter Bildungsbereich
Ebene von Bildungseinrichtungen/ Fachkräften	I • Schule & Co. (1997–2002) • Selbstständige Schule (2002–2008) • TransKiGs (2005–2009) • Lebenswelt Schule (seit 2007)	II • Netzwerke zur Förderung lebenslangen Lernens/ Lernende Regionen (LR, 2001-2008)
Übergeordnete institutionelle Ebene	III • BQF-Programm (2001–2006) • Perspektive Berufsabschluss (2008–2012) • Qualität vor Ort (2015–2018)	IV • Regionale Bildungsnetzwerke NRW (seit 2008) • Lernen vor Ort (2009–2014) • Bildung integriert (seit 2015)

Tabelle 1: Verortung von Regionalisierungsinitiativen in einer Vier-Felder-Matrix (modifizierte Fassung von Niedlich 2019)

Feld I beinhaltet regionale Initiativen zur Vernetzung pädagogischer Fachkräfte und Einrichtungen in einem Bildungsbereich bzw. an einem bestimmten Bildungsübergang. Viele Initiativen zu Beginn des Regionalisierungsaufschwungs ab Mitte der 1990er Jahre lassen sich hier zuordnen. Zu nennen sind insbesondere die Programme »Schule & Co.« und »Selbstständige Schule«, die von 1997 bis 2002 bzw. von 2002 bis 2008 in Nordrhein-Westfalen durchgeführt wurden und mitunter als »eigentlicher Beginn bildungs- und schulbezogener Netzwerkgestaltung in Deutschland« (Rürup et al. 2015, S. 91) angesehen werden. Vor dem Hintergrund der Denkschrift der Bildungskommission NRW (1995) fokussierten diese Programme die selbstgesteuerte bessere und effizientere Ausgestaltung der schulischen Arbeit, die durch regionale Bildungslandschaften mit Steuergruppen und Bildungsbüros unterstützt werden sollte. Weitere Initiativen in diesem Feld betreffen etwa die Vernetzung mit außerschulischen Akteur*innen im Kontext der Ganztagsbildung, das Programm »Lebenswelt Schule« (seit 2007) oder Programme wie »TransKiGs« (2005–2009) mit dem Ziel, den Übergang von der Kita in die Schule zu verbessern.

Feld II beinhaltet die bildungsbereichsübergreifende Kooperation von Fachkräften und Einrichtungen. Ein Beispiel für einen derartigen Regionalisierungsansatz bilden Netzwerke zur Förderung lebenslangen Lernens, wie sie im Programm »Lernende Regionen – Förderung von Netzwerken« (2001–2007) entwickelt wurden. Hier fungierten Bildungseinrichtungen selbst häufig als Initiatoren und Manager der Netzwerke, in denen zahlreiche Produkte, Dienstleistungen und Handlungsansätze für unterschiedliche Bildungsbereiche entwickelt wurden. Beobachter*innen gilt »Lernende Regionen« als eines »der wichtigsten bildungspolitischen Programme der letzten Jahre« (Hartz/Schrader 2008, S. 23 f.) und als »erster Schritt in Richtung Bildungslandschaft« (Otto et al. 2012, S. 203).

Feld III beinhaltet Regionalisierungsinitiativen, die sich auf einzelne Bereiche oder Übergänge richten, dabei aber auf politisch-institutioneller Ebene ansetzen. Zu nennen sind hier etwa Bemühungen, lokale Netzwerke zu unterstützen, Planungsprozesse zu koordinieren und Förderketten für benachteiligte Jugendliche zu etablieren (BQF-Programm, 2001–2006), am Übergang Schule – Beruf systematisch Daten zu analysieren, Transparenz über Angebotsstrukturen herzustellen und die Angebotsstrukturen zu verbessern (Perspektive Berufsabschluss, 2008–2012) oder eine Gesamtstrategie für eine »Politik der frühen Kindheit« zu entwickeln (Qualität vor Ort, 2015–2018). Auch das Management einzelner Bildungsübergänge im Rahmen der Programmvertiefung von »Lernende Regionen« lässt sich hier einordnen.

Feld IV beinhaltet Initiativen, die auf institutioneller Ebene angesiedelt sind und sich auf den gesamten Bildungsbereich richten. Von besonderem Interesse ist hier die Förderung Regionaler Bildungsnetzwerke (RBN) in NRW (seit 2008) auf Grundlage von Kooperationsvereinbarungen zwischen dem Ministerium für Schule und Weiterbildung (MSW) und den Kreisen bzw. kreisfreien Städten. Die RBN, die auf den Erfahrungen aus »Schule & Co.« und »Selbstständige Schule« aufbauten, sollten Unterstützungs- und Beratungssysteme vor Ort mittels regionaler Bildungskonferenzen, Lenkungskreise und Geschäftsstellen sicherstellen (Manitius/Berkemeyer 2011, S. 56). Zwar liegt der Schwerpunkt der RBN im Schulbereich (Rolff 2014, S. 11 f.), es werden jedoch auch andere Bildungsbereiche (z. B. Jugendhilfe, Weiterbildung, Hochschule) angesprochen. Wie die Evaluation der RBN zeigt, ist das Verhältnis der RBN zur Regional- und Kommunalpolitik indes häufig distanziert und die Einbindung anderer Bildungsbereiche problematisch (Rolff 2013; 2014).

Anders als in den RBN spielte der Schulbereich im Programm »Lernen vor Ort« (2009–2014) keine hervorgehobene Rolle. Ziel war hier der Aufbau eines datenbasierten kommunalen Bildungsmanagements (DKBM) (Arbeitsgruppe »Lernen vor Ort« 2016; Niedlich 2019). Neben bildungsbereichsübergreifenden Kooperationsstrukturen auf mehreren Ebenen bildete die Einführung eines regionalen Bildungsmonitorings, v.a. in Form regelmäßiger Bildungsberichte, ein zentrales Element. Gestützt auf Daten aus dem Bildungsmonitoring sollte das Bildungsmanagement eine Bestandsaufnahme der Bildungsaktivitäten auf kommunaler Ebene durchführen, Bildungszuständigkeiten und -aktivitäten bündeln, Akteur*innen zusammenführen und ein Gesamtkonzept mit einer kommunalen Strategie für Lernen im Lebenslauf entwickeln. Nach dem Auslaufen von »Lernen vor Ort« wurde der Ansatz des DKBM im Programm »Bildung integriert« (seit 2015) fortgeführt und sog. Transferagenturen damit beauftragt, weitere Kommunen bei der Einführung zu unterstützen.

Wie dieser Überblick andeutet, zeigt sich im Zeitverlauf eine Verschiebung: Die Regionalisierung seit Mitte der 1990er Jahre nimmt ihren Ausgangspunkt bei Initiativen in einzelnen Bildungsbereichen, bei denen die Kooperation von Fachkräften und Einrichtungen im Vordergrund steht. Neuere Regionalisierungsinitiativen sind demgegenüber zunehmend auf der institutionellen Ebene angesiedelt und zielen auf den gesamten Bildungsbereich. Mit der Einführung datenbasierten kommunalen Bildungsmanagements erhält dabei auch eine wissensbasierte Steuerung ihren Platz in der Regionalisierung und wird mittlerweile gar als »eines der neuen Strukturmerkmale der Regionalisierung« (Jungermann/Manitius/Berkemeyer 2015, S. 35 f.) angesehen.

Diese Verschiebung bedeutet allerdings nicht, dass Initiativen auf der Ebene von Bildungseinrichtungen und Fachkräften damit obsolet wären. Vielmehr sind nach wie vor auch Initiativen auf dieser Ebene anzutreffen. Insofern ist von einer Ausdifferenzierung, nicht von einer Verdrängung auszugehen.

5. Drei Lesarten von Regionalisierung

Wie wurde die Regionalisierung seit Mitte der 1990er Jahre in der Wissenschaft aufgenommen? Es lassen sich drei Lesarten unterscheiden.

Erstens wird Regionalisierung als *Teil eines übergeordneten steuerungspolitischen Trends begriffen*. Die Regionalisierung fügt sich demnach in die allgemeine Zurücknahme zentralstaatlicher Steuerung und den Trend zur Verlagerung von Steuerungsverantwortung auf die dezentrale Ebene ein (Emmerich 2016, S. 388; Höhne 2010, S. 180). Regionale Akteur*innen sollten nun Bereiche, die vom Zentralstaat nicht erreicht werden, bearbeiten bzw. Güter, die der Zentralstaat allein nicht herstellen kann, produzieren (Emmerich 2010, S. 362; Schrader 2014, S. 192; Manitius et al. 2015, S. 7). In dieser Lesart ist die Regionalisierung letztlich ein »Epiphänomen des steuerungspolitischen Paradigmenwechsels«, der durch Ideen von New Public Management und Deregulierung geprägt ist (Emmerich 2016, S. 388).

Eine zweite Lesart sieht Regionalisierung weniger als Teil, sondern als *Folge vorangegangener Reformen*. Demnach bearbeitet die Regionalisierung Probleme, die von New Public Management bzw. Neuer Steuerung strukturell erzeugt werden (Emmerich/Maag Merki 2010, S. 156). So macht Altrichter (2014, S. 33 ff.) geltend, Regionalisierungsinitiativen reagierten auf Koordinierungsbedarf, der sich aus der erweiterten Autonomie von Schule ergebe. Nicht zuletzt gehe es dabei auch darum, den »Wettbewerb zwischen den Einzelakteuren einer Region zu suspendieren oder zumindest abzudämpfen« (Altrichter 2014, S. 43 f.). Regionalisierung entsteht in dieser Sichtweise aus der »Suche nach Organisationsformen, die eine Gleichzeitigkeit von Kooperation und Konkurrenz ermöglichen« (Schwarz/Weber 2010, S. 67 f.).

Drittens wird Regionalisierung als eine *eigenständige Reformstrategie* interpretiert, die eine Alternative zum vorherrschenden Steuerungsparadigma bildet. Regionalisierung reagiert demnach nicht nur auf eine Defizitdiagnose, sondern verfolgt auch positive Gestaltungsansprüche (Rahnfeld 2014, S. 26 f.; Hartz/Schrader 2008, S. 14 f.). Sie stelle den Versuch dar, »die Steuerung des Bildungssystems neu zu justieren« (Otto et al. 2012, S. 193). Dabei setzten Regionalisierungsinitiativen der Vereinzelung und Entsolidarisierung von Akteur*innen die gemeinsame Verantwortungsübernahme entgegen (Altrichter 2014, S. 36). Regionale Netzwerke erscheinen hier als »Gelegenheiten einer basisdemokratischen Partizipation und Stärkung der Zivilgesellschaft«, wobei einer »reflexiven Rationalität« (Rürup et al. 2015, S. 166) und »professionellen Lerngemeinschaften« (Eckert 2017, S. 398 f.) eine entscheidende Rolle zugewiesen wird.

6. Regionalisierung in der Kritik

Vor allem wo Regionalisierung mit Deregulierung und Dezentralisierung gleichgesetzt wird, ruft sie unter wissenschaftlichen Beobachter*innen immer wieder Kritik hervor. So wird gegen eine weitreichende Verantwortungsdelegation seitens zentralstaatlicher Akteur*innen eingewandt, sie stelle die Einheitlichkeit der Lebensverhältnisse in Frage, weil die Gestaltung des Bildungswesens dem sozialen und politischen Kräftespiel in den Regionen überlassen werde (Zymek et al. 2011, S. 498). Dem wird entgegenhalten, dass zahlreiche Regionalisierungsinitiativen von zentralstaatlichen Akteur*innen initiiert und finanziert sind. Insofern seien sie als »steuerungsstrategisch initiierte, formal fixierte und mit bestimmten Infrastrukturen versehene Arbeitsbündnisse zur Durchsetzung zentral definierter Interessen (Rürup et al. 2015, S. 112) zu verstehen.

Regionalisierung kann somit einerseits als »institutionelle Aktivierung« (Hermstein 2017) in Form eines »strukturellen Zwangs zur permanenten ressourcensteigernden Selbstentgrenzung« (Hermstein 2017, S. 141) interpretiert werden, die dazu dient, Aktivitäten und Leistungen zugunsten kommunaler Bedürfnisse zu verknüpfen. Andererseits ist aber auch in Rechnung zu stellen, dass regionalen Akteur*innen Handlungsspielräume verbleiben (Altrichter 2014, S. 37) und sie Regionalisierungsinitiativen nutzen können, um ihre Unabhängigkeit gegenüber staatlichen Akteur*innen auszuweiten (Altrichter 2014, S. 43). Regionalisierung beinhaltet also »sowohl den top-down-gestützten Prozess, in dem Verantwortung und Entscheidungsbefugnis auf die regionale Ebene verlagert werden, sowie den umgekehrten bottom-up-Prozess, in dem die Akteure von sich aus vorhandene Gestaltungsspielräume nutzen bzw. weitere fordern.« (Kalisch 2011, S. 91).

Ein weiterer, grundsätzlicher Punkt der Kritik sieht in der Regionalisierung eine an ökonomischen Grundsätzen orientierte Form der Steuerung. Allgemein wird dabei auf Parallelen zwischen der Konzeption und Begründung von Regionalisierungsinitiativen einerseits und managerialistischen Denkweisen andererseits hingewiesen (Schmachtel/Olk 2017, S. 19; Stolz 2017, S. 105). Handlungsleitende Ideen wie Effektivität, Effizienz und Messbarkeit sowie der Einsatz von Steuerungsinstrumenten des Managements wirken demzufolge »auf die institutionellen Rahmenbedingungen und damit auch auf die Kooperationssituation der beiden zentralen Kerninstitutionen Kinder- und Jugendhilfe sowie Schule« (Schmachtel/Olk 2017, S. 20).

Auch die Datenbasierung durch Bildungsmonitoring dient in dieser Perspektive in erster Linie dazu, Fragen der Effektivität und Effizienz zu adressieren (Bollweg 2018, S. 1169). Ergebnisse des Monitorings erscheinen dabei als »unhintergehbare soziale Tatsachen«, deren lenkender Kraft die Akteur*innen sich kaum entziehen könnten (Bormann 2008, S. 54). Zugleich wird gewarnt, das Bildungsmonitoring könne Misstrauen in die Expertise professioneller pädagogischer Akteur*innen schüren (Bormann 2013a, o.S.) und drohe, den Bezug zu lebensweltlichen Problemlagen zu verlieren (Brüsemeister 2012, S. 39).

Diese Kritik ist insoweit zu relativieren, als Monitoringdaten allein kaum eine ausreichende Basis für bildungspolitische Entscheidungen liefern und dem politischen Diskurs nicht dauerhaft vorausgehen können (Rürup/Fuchs/Weishaupt 2010, S. 393). Zudem räumen auch Kritiker des Bildungsmonitorings ein, dass sorgfältige Analysen zu Bildungsangebot und -nachfrage eine wichtige Voraussetzung für partizipative Entwicklungsprozesse bilden (Olk/Stimpel 2011, S. 183). Erforderlich sei aber eine »reflexive Praxis«, die zwischen unterschiedlichen Wahrnehmungen und Deutungen moderiert (Rürup/Fuchs/Weishaupt 2010, S. 398).

Hier wird nochmals deutlich, dass die Regionalisierung eine positive »Konnotation der Horizontalität, Egalität, Informalität, Kommunikativität und Prozessorientierung« (Schwarz/Weber 2010, S. 66 f.) enthält. Dabei erkennen auch Kritiker »positive Sekundäreffekte« in Form eines besseren gegenseitigen Verständnisses und besserer Abstimmung unter regionalen Akteur*innen (Schmachtel/Olk 2017, S. 16). Sie machen aber zugleich auf »Schließungsprozesse« (Altrichter 2014, S. 44) und auf die Gefahr aufmerksam, Beteiligungsprozesse könnten auf Beiträge zur effektiveren Problemlösung reduziert werden (Schwarz/Weber 2010, S. 76; Schmachtel 2017). Insbesondere die Einbeziehung der Nutzer*innen von Bildungsangeboten erscheint zweifelhaft (Olk/Stimpel 2011, S. 182), Partizipationsgewinne auf der Ebene der Bürger*innen werden dementsprechend nicht erwartet (Stolz 2017, S. 121).

7. Schlussfolgerungen und Ausblick

Insgesamt zeigt sich, dass Regionalisierung mit verschiedenen Spannungsverhältnissen verbunden ist: dezentrale Autonomie vs. zentrale Kontrolle, Management vs. Pädagogik, Daten als objektive Tatsachen vs. Vermittlung zwischen unterschiedlichen Perspektiven, reflexives Lernen vs. kurzfristige Problemlösung. Angesichts der beschriebenen Verlagerung von der bereichsspezifischen Kooperation auf der Ebene pädagogischer Fachkräfte und Einrichtungen zur bereichsübergreifenden Kooperation auf institutioneller Ebene ließe sich vermuten, dass die jüngere Entwicklung eine rationalistische, managementorientierte Form der Regionalisierung befördert.

Tatsächlich finden sich in der Literatur verschiedene dichotome Unterscheidungen, die eine solche Sichtweise stützen könnten. So unterscheiden etwa Olk und Stimpel (2011, S. 171 f.) eine top-down organisierte, effizienzorientierte und expertendominierte »managerielle Perspektive« von einem bottom-up organisierten, bedürfnisorientierten »Teilhabeansatz im Sozialraum«. Zugleich weisen sie aber darauf hin, dass diese beiden Varianten nicht als strukturell unvereinbar verstanden werden sollten.

Bei Regionalisierungsinitiativen, so lässt sich schließen, geht es in der Praxis um die »ständige Organisation und Moderation von Aushandlungs- und Verständigungsprozessen zwischen einer politisch-administrativen ›Institutionenlogik‹ und einer persönlich-inhaltlichen ›Vor-Ort-Logik‹« (Baumheier/Warsewa 2009, S. 32). Netzwerke erscheinen dabei attraktiv, weil »sie sowohl organisationsinterne Hierarchien als auch institutionelle Entscheidungsdomänen [...] prinzipiell nicht in Frage stellen« (Emmerich 2010, S. 359). Gleichwohl erfordern Netzwerke Koordination und Management (Sydow 2010). Die jüngere Entwicklung der Regionalisierung lässt sich somit auch so verstehen, dass »Koordinationsstrukturen neben den eigentlichen Kooperationsstrukturen« (Jungermann/Manitius/Berkemeyer 2015, S. 40) geschaffen werden. Für die empirische Analyse der Regionalisierung ist dann das jeweilige Mischungsverhältnis von pädagogisch-professioneller und politisch-institutioneller Perspektive von besonderem Interesse.

Damit ergibt sich ein widersprüchliches Gesamtbild: Regionalisierung steht »gleichermaßen für eine neue Verwaltungs- und Verteilungsstruktur und für die Bemühungen, eine Demokratisierung von Bildung jenseits traditioneller Zuständigkeiten auf den Weg zu bringen« (Bollweg 2018, S. 1170). Diese Ambivalenz findet sich selbst in scheinbar managementorientierten Programmen wie »Lernen vor Ort« (Niedlich 2019).

Für die zukünftige Erforschung der Regionalisierung folgt aus diesen Überlegungen vor allem die Notwendigkeit einer differenzierten Analyse, die nicht auf einer modelltheoretischen bzw. normativen Ebene verbleibt (Schweizer 2017, S. 164; Höhne 2017, S. 321) und stattdessen die Prozesse und Ergebnisse regionaler »Rekontextualisierung« (Fend 2008, S. 174 ff.) bzw. Aneignung (Bormann 2013b) betrachtet. Dabei sind zwei Fehler zu vermeiden.

Erstens sollte nicht von der Verwendung bestimmter Begrifflichkeiten, wie etwa Effektivität oder Effizienz, auf zugrunde liegende Orientierungen (ökonomischer Art) geschlossen werden. Denn wie Heinrich (2017, S. 175 f.) zeigt, kann die Verwendung dieser Begriffe neben einem ökonomischen auch einem pädagogischen Verständnis folgen. Welches Verständnis zugrunde liegt, bleibt empirisch zu klären.

Zweitens wäre es irreführend, Regionalisierung pauschal mit bestimmten Zielsetzungen gleichzusetzen. So wird verschiedentlich argumentiert, Regionalisierung folge einem Primat ökonomischer Motive. Solche Motive sind aber nicht der Regionalisierung an sich inhärent. Vielmehr zielt sie darauf, die »Kapazität für Wandel« (Rolff 2013, S. 6) zu erhöhen, also »möglichst viele und verschiedene Eventualitäten abpuffern zu können (Offe 2015, S. 36). Konkrete materielle Ziele von Regionalisierungsinitiativen lassen sich zwar in jedem Einzelfall bestimmen, solche Normen stellen jedoch ein »sachfremdes Kriterium« dar, wenn es darum geht, den Reformansatz der Regionalisierung insgesamt zu beurteilen (Offe 2015, S. 36).

8. Literatur

Altrichter, H. (2014): Regionale Bildungslandschaften und neue Steuerung des Schulsystems. In: Huber, S. G. (Hrsg.): Kooperative Bildungslandschaften. Netzwerke(n) im und mit System. Köln: Link, S. 30–48.

Arbeitsgruppe »Lernen vor Ort« (Hrsg.) (2016): Kommunales Bildungsmanagement als sozialer Prozess. Studien zu »Lernen vor Ort«. Wiesbaden: Springer VS.

Baumheier, U./Warsewa, G. (2009): Vernetzte Bildungslandschaften: Internationale Erfahrungen und Stand der deutschen Entwicklung. In: Bleckmann, P./Durdel, A. (Hrsg.): Lokale Bildungslandschaften. Perspektiven für Ganztagsschulen und Kommunen. Wiesbaden: VS Verlag für Sozialwissenschaften, S. 19–36.

Bildungskommission NRW (1995): Zukunft der Bildung – Schule der Zukunft. Denkschrift der Kommission »Zukunft der Bildung – Schule der Zukunft« beim Ministerpräsidenten des Landes Nordrhein-Westfalen. Neuwied, Kriftel, Berlin: Luchterhand.

Bollweg, P. (2018): Bildungslandschaft. In: Böllert, K. (Hrsg.): Kompendium Kinder- und Jugendhilfe. Wiesbaden: Springer VS, S. 1161–1180.

Bormann, I. (2008): Fortschrittsmonitoring mittels Indikatoren – ein Beispiel. In: Böttcher, W./Bos, W./Döbert, H./Holtappels, H. G. (Hrsg.): Bildungsmonitoring und Bildungscontrolling in nationaler und internationaler Perspektive. Dokumentation der Herbsttagung der Kommission Bildungsorganisation, -planung, -recht (KBBB). Münster, New York, München, Berlin: Waxmann, S. 47–58.

Bormann, I. (2013a): Bildungsberichterstattung. In: Glossar Ökonomisierung von Bildung. www.gloeb.de/index.php?title=Bildungsberichterstattung (Abruf 12.05.2018).

Bormann, I. (2013b): Wissensbezogene Innovationsanalyse – ein Beitrag zur Erweiterung von Forschungstraditionen. In: Rürup, M./Bormann, I. (Hrsg.): Innovationen im Bildungswesen Analytische Zugänge und empirische Befunde. Wiesbaden: Springer VS, S. 89–109.

Brüsemeister, T. (2012): Educational Governance: Entwicklungstrends im Bildungssystem. In: Ratermann, M./Stöbe-Blossey, S. (Hrsg.): Governance von Schul- und Elementarbildung Vergleichende Betrachtungen und Ansätze der Vernetzung. Wiesbaden: Springer VS, S. 27–44.

Deutscher Bildungsrat (1975): Die Bildungskommission. Bericht ’75. Entwicklungen im Bildungswesen. Kurzfassung. Daten, Veränderungen, Vorschläge. Bonn: Bundesdruckerei.

Eckert, M. (2017): Vom Sinn und Unsinn neuer Steuerungsinstrumente im Bildungssystem – Kritik und Perspektiven. In: Bolder, A./Bremer, H./Epping, R. (Hrsg.): Bildung für Arbeit unter neuer Steuerung. Wiesbaden: Springer VS, S. 389–403.

Emmerich, M. (2010): Regionalisierung und Schulentwicklung: Bildungsregionen als Modernisierungsansätze im Bildungssektor. In: Altrichter, H./Maag Merki, K. (Hrsg.): Handbuch Neue Steuerung im Schulsystem, Educational Governance Band 7. Wiesbaden: Springer VS, S. 355–375.

Emmerich, M. (2015): Regionalisierung von Bildung. In: Coelen, T./Heinrich, A. J./Million, A. (Hrsg.): Stadtbaustein Bildung. Wiesbaden: Springer VS, S. 297–306.

Emmerich, M. (2016): Regionalisierung und Schulentwicklung: Bildungsregionen als Modernisierungsansätze im Bildungssektor. In: Altrichter, H./Maag Merki, K. (Hrsg.): Handbuch Neue Steuerung im Schulsystem, Educational Governance Band 7. 2. Auflage. Wiesbaden: Springer VS, S. 385–409.

Emmerich, M./Maag Merki, K. (2010): Regionale Bildungsräume – Koordinaten einer neuen Steuerung unter der Bedingung sozialer Disparitäten. In: Recht der Jugend und des Bildungswesens 58, H. 2, S. 144–157.

Fend, H. (2006): Geschichte des Bildungswesens. Der Sonderweg im europäischen Kulturraum. Wiesbaden: VS Verlag für Sozialwissenschaften.

Fend, H. (2008): Neue Theorie der Schule. Einführung in das Verstehen von Bildungssystemen. 2. durchgesehene Auflage. Wiesbaden: Springer VS.

Hartz, S./Schrader, J. (2008): Steuerung und Organisation in der Weiterbildung – ein vernachlässigtes Thema? In: Hartz, S./Schrader, J. (Hrsg.): Steuerung und Organisation in der Weiterbildung. Bad Heilbrunn: Klinkhardt, S. 9–30.

Heinrich, M. (2017): Ökonomisierung der Schule durch evidenzbasierte Schulentwicklung? Analysen zur Schulinspektion im Rahmen des Effizienzversprechens »Neuer Steuerung«. In: Hartong, S./Hermstein, B./Höhne, T. (Hrsg.): Ökonomisierung von Schule? Bildungsreformen in nationaler und internationaler Perspektive. Weinheim, Basel: Beltz Juventa, S. 173–191.

Hermstein, B. (2017): Institutionelle Aktivierung im Schulsystem? Überlegungen am Beispiel lokaler Schulsystementwicklung unter Bedingungen von Regionalisierung. In: Hartong, S./Hermstein, B./Höhne, T. (Hrsg.): Ökonomisierung von Schule? Bildungsreformen in nationaler und internationaler Perspektive. Weinheim, Basel: Beltz Juventa, S. 130–153.

Höhne, T. (2010): Bildungsregionen – Zur bildungspolitischen Konstruktion neuer Bildungsräume. In: Tertium Comparationis. Journal für International und Interkulturell Vergleichende Erziehungswissenschaft 16, H. 2, S. 179–199.

Höhne, T. (2017): Mechanismen und Dynamiken der Ökonomisierung von Schule und Bildung – abschließende Betrachtungen. In: Hartong, S./Hermstein, B./Höhne, T. (Hrsg.): Ökonomisierung von Schule? Bildungsreformen in nationaler und internationaler Perspektive. Weinheim, Basel: Beltz Juventa, S. 315–343.

Jungermann, A./Manitius, V./Berkemeyer, N. (2015): Regionalisierung im schulischen Kontext. Ein Überblick zu Projekten und Forschungsbefunden. In: Journal for Educational Research Online 7, H. 1, S. 14–48.

Kalisch, C. (2011): Das Konzept der Region in der beruflichen Bildung. Theoretische und empirische Befunde einer Untersuchung regionaler Aspekte in der beruflichen Erstausbildung. Bielefeld: Bertelsmann.

Manitius, V./Berkemeyer, N. (2011): Regionale Bildungsbüros – ein neuer Akteur der Schulentwicklung. In: Dietrich, F./Heinrich, M./Thieme, N. (Hrsg.): Neue Steuerung – Alte Ungleichheiten? Steuerung und Entwicklung im Bildungssystem. Münster, New York: Waxmann, S. 53–64.

Manitius, V./Berkemeyer, N./Brüsemeister, T./Bos, W. (2015): Regionalisierung im Bildungsbereich. Editorial. In: Journal for Educational Research Online 7, H. 1, S. 7–14.

Niedlich, S. (2016): Regionalisierung des Bildungswesens in Deutschland. In: Arbeitsgruppe »Lernen vor Ort« (Hrsg.): Kommunales Bildungsmanagement als sozialer Prozess. Studien zu »Lernen vor Ort«. Wiesbaden: Springer VS, S. 23–46.

Niedlich, S. (2019): Neue Ordnung der Bildung. Zur Steuerungslogik der Regionalisierung im deutschen Bildungssystem. Wiesbaden: Springer VS.

Offe, C. (2015): Berufsbildungsreform. Eine Fallstudie über Reformpolitik. 2. Auflage. Frankfurt am Main: Suhrkamp.

Olk, T./Stimpel, T. (2011): Kommunale Bildungslandschaften und Educational Governance vor Ort. Bildungspolitische Reformpotenziale durch Kooperation und Vernetzung formeller und informeller Lernorte? In: Bollweg, P./Otto, H.U (Hrsg.): Räume flexibler Bildung. Bildungslandschaft in der Diskussion. Wiesbaden: VS Verlag für Sozialwissenschaften, S. 169–187.

Otto, J./Sendzik, N./Berkemeyer, N./Manitius, V. (2012): Stärkung der Bildungsqualität durch Regionalisierung. In: Ratermann, M./Stöbe-Blossey, S. (Hrsg.): Governance von Schul- und Elementarbildung. Vergleichende Betrachtungen und Ansätze der Vernetzung. Wiesbaden: Springer VS, S. 193–211.

Rahnfeld, C. (2014): Vernetzung von Elementar – und Primarbildung. Bedingungen und Grenzen organisationaler Steuerungs- und Lernprozesse. Wiesbaden: VS Verlag für Sozialwissenschaften.

Rolff, H.-G. (2013): Auswertung der Evaluationen und Empfehlungen zur Weiterentwicklung der Regionalen Bildungsnetzwerke (RBN) in NRW. Eine Expertise. Oktober 2013. www.brd.nrw.de/schule/pdf/RBNW-expertise-zur-evaluation_13.pdf (Abruf 01.03.19).

Rolff, H.-G. (2014): Auswertung der Evaluationen und Empfehlungen zur Weiterentwicklung der Regionalen Bildungsnetzwerke (RBN) in NRW. Wissenschaftliche Expertise II. Oktober 2014. www.schulministerium.nrw.de/docs/Schulentwicklung/RegionaleBildNetzwerke/Expertise-II-final.pdf (Abruf 01.03.2019).

Rürup, M./Fuchs, H.-W./Weishaupt, H. (2010): Bildungsberichterstattung – Bildungsmonitoring. In: Altrichter, H./Maag Merki, K. (Hrsg.): Neue Steuerung im Schulsystem – Ein Handbuch. Wiesbaden: VS Verlag für Sozialwissenschaften, S. 377–401.

Rürup, M./Röbken, H./Emmerich, M./Dunkake, I. (2015): Netzwerke im Bildungswesen. Eine Einführung in ihre Analyse und Gestaltung. Wiesbaden: Springer VS.

Schmachtel, S. (2017): Bildungslandschaften als Managementproblem? In: Olk, T./Schmachtel, S. (Hrsg.): Educational Governance in kommunalen Bildungslandschaften. Weinheim, Basel: Beltz Juventa, S. 176–203.

Schmachtel, S./Olk, T. (2017): Educational Governance in kommunalen Bildungslandschaften: Empirische Befunde und kritische Reflexionen – eine Einführung. In: Olk, T./Schmachtel, S. (Hrsg.): Educational Governance in kommunalen Bildungslandschaften. Weinheim, Basel: Beltz Juventa, S. 10–50.

Schrader, J. (2014): Steuerung in der Weiterbildung unter dem Anspruch der Evidenzbasierung – Modelle und Trends seit der Bildungsreform. In: Trends der Weiterbildung. DIE-Trendanalyse 2014. Bielefeld: Bertelsmann, S. 181–202.

Schwarz, J./Weber, S. M. (2010): Erwachsenenbildungswissenschaftliche Netzwerkforschung. In: Dollhausen, K./Feld, T. C./Seitter, W. (Hrsg.): Erwachsenenpädagogische Organisationsforschung. Wiesbaden: VS Verlag für Sozialwissenschaften, S. 65–90.

Schweizer, S. (2017): Deprofessionalisierung durch Ökonomisierung? Kritik einer scheinbar eindeutigen Diagnose. In: Hartong, S./Hermstein, B./Höhne, T. (Hrsg.): Ökonomisierung von Schule? Bildungsreformen in nationaler und internationaler Perspektive. Weinheim, Basel: Beltz Juventa, S. 154–172.

Stolz, H.-J. (2017): Lokale Bildungslandschaften – Theoretische Perspektiven. In: Olk, T./Schmachtel, S. (Hrsg.): Educational Governance in kommunalen Bildungslandschaften. Weinheim, Basel: Beltz Juventa, S. 100–126.

Sydow, J. (2010): Vernetzung von Schulen? Betriebswirtschaftliche Erkenntnisse von Netzwerkmanagement. In: Berkemeyer, N./Bos, W./Kuper, H. (Hrsg.): Schulreform durch Vernetzung. Interdisziplinäre Betrachtungen. Münster: Waxmann, S. 33–48.

Wacker, A./Maier, U./Wissinger, J. (2012): Ergebnisorientierte Steuerung – Bildungspolitische Strategie und Verfahren zur Initiierung von Schul- und Unterrichtsreformen. In: Wacker, A./Maier, U./Wissinger, J. (Hrsg.): Schul- und Unterrichtsreform durch ergebnisorientierte Steuerung.

Empirische Befunde und forschungsmethodische Implikationen. Wiesbaden: Springer VS, S. 9–33.
Weiß, W. W. (1991): Community Education, Offene Schule und Projektlernen. Versuch einer Begriffsklärung. In: Schulheft 62/1991, S. 7–11.
Weiß, W. W. (2011): Kommunale Bildungslandschaften. Chancen, Risiken und Perspektiven. Weinheim, München: Beltz Juventa.
Zymek, B. (2007): Die Aktualität der regionalen Schulentwicklung als Gegenstand der empirischen Bildungsforschung. Einführung in den Thementeil. In: Zeitschrift für Pädagogik 53, H. 3, S. 279–283.
Zymek, B./Wendt, S./Hegemann, M./Ragutt, F. (2011): Regional Governance und kommunale Schulentwicklungspolitik im Prozess des Rück- und Umbaus regionaler Schulangebotsstrukturen. In: Zeitschrift für Pädagogik 57, H. 4, S. 497–512.

Jana Berkemeyer

Die Ganztagsschulreform

1. Einleitung

Die Ganztagsschule ist, wie Eckhard Klieme formuliert, »eine der wichtigsten und sicherlich die umfassendste Reformbewegung im deutschen Schulsystem« (BMBF 2012, S. 4) der letzten 25 Jahre. Inzwischen sind zwei Drittel der allgemeinbildenden Schulen Ganztagsschulen und über 40 Prozent aller Schülerinnen und Schüler nehmen an den Angeboten von Ganztagsschulen teil. Die Ganztagsschulforschung begleitet seit Anfang der 2000er Jahre – abgesehen von einer frühen Forschungsphase zu Gesamtschulen in der 1970er Jahren (Fend 1982) – den Ausbau und die Entwicklung von Ganztagsschulen, die danach fragt, ob und unter welchen Bedingungen sie besonders förderlich sind.

In diesem Beitrag geht es darum, vor allem vor dem Hintergrund des bildungs- und sozialpolitischen sowie des pädagogischen Anspruchs an die Ganztagsschule anhand von Forschungsbefunden die Effekte des schulischen Ganztagsbesuchs aufzuzeigen, sowie die unterschiedlichen Umsetzungsstrategien in den Bundesländern zu skizzieren. Die zwischen und innerhalb der Länder teils deutlichen Unterschiede hinsichtlich des Ausbaus und der Nutzung geben Anlass zu kritischen Nachfragen, insbesondere in Bezug auf das übergeordnete Schulsystemziel der Chancengerechtigkeit.

2. Impuls und Programmatik des Ganztagsschulausbaus

Die ganztägige Organisation von Schule war, in Deutschland wie auch in anderen Ländern, noch im 19. Jahrhundert allgemein üblich (u. a. Ludwig 2008). Mitte des 20. Jahrhunderts wurde die Ganztagsschule innerhalb der Schulstrukturdebatte um die Gesamtschule (siehe dazu Tillmann in diesem Band) wieder relevant und wurde zunächst mit der sozialpolitischen Idee der Vereinbarkeit von Familie und Beruf verknüpft. Jedoch konnte sie sich zu diesem Zeitpunkt quantitativ noch nicht durchsetzen. Dies änderte sich Anfang des 21. Jahrhunderts deutlich, als insbesondere durch die mangelhaften Befunde der TIMS- und PISA-Studien eine (neue) ganztagsschulische Reformbewegung ausgelöst wurde. Sie entfachte Debatten über Ganztagsschule in politischer, wissenschaftlicher sowie (schul-)praktischer Hinsicht und das bereits bekannte Motiv der Vereinbarkeit von Familie und Beruf wurde um die Suche nach Merkmalen erfolgreicher Bildungssysteme ergänzt. Es setzten staatliche Steuerungsaktivitäten ein, die durch folgende bundespolitische Rahmenbedingungen im Besonderen begünstigt wurden (siehe auch Kuhlmann 2012):

Das »Forum Bildung« wurde 1999 von Bund und Ländern mit dem Ziel eingesetzt, die Qualität und Zukunftsfähigkeit des deutschen Bildungssystems im internationalen Vergleich zu sichern. Als eine Empfehlung wurde die »bedarfsgerechte Ausweitung des Angebots an Ganztagsschulen mit Schwerpunkten der individuellen Förderung und des sozialen Lernens« (Arbeitsstab Forum Bildung 2001, S. 8) ausgesprochen (zu individueller Förderung siehe Wischer und Trautwein in diesem Band).

Zeitgleich mit der Veröffentlichung der PISA-Ergebnisse Ende 2001 (die PISA-Studie wurde im Auftrag der KMK realisiert) legte auch die KMK als erste Reaktion auf die problematischen Befunde einen Handlungskatalog vor, der neben anderem den Ausbau von Ganztagsangeboten mit dem Ziel erweiterter Bildungs- und Fördermöglichkeiten, insbesondere für Schülerinnen und Schüler mit Bildungsdefiziten und besonderen Begabungen (296. KMK, 05./06. Dezember 2001 in Bonn) beinhaltete.

Im Jahr 2003 startete das Bundesministerium für Bildung und Forschung das »Investitionsprogramm Zukunft Bildung und Betreuung« (IZBB). Von Seiten des Bundes wurden insgesamt 4 Milliarden Euro für die Jahre 2003 bis 2007 (bzw. nach Verlängerung 2009) zweckgebunden zur Verfügung gestellt, um durch den Aufbau neuer Ganztagsschulen, die Weiterentwicklung bestehender Schulen zu Ganztagsschulen, die Schaffung zusätzlicher Ganztagsplätze sowie die qualitative Weiterentwicklung bestehender Ganztagsschulen primär eine bessere Infrastruktur im Ganztagsschulbereich zu finanzieren.

Parallel zum finanziellen Beitrag des IZBB wurden auf Ebene des Bundes und einiger Länder Unterstützungssysteme geschaffen, um die Ganztagsschulentwicklung zu stützen. Hierzu zählen neben der inhaltlichen Begleitung durch das Bundesprogramm »Ideen für mehr! Ganztägig lernen.« auch die wissenschaftliche länderübergreifende Begleitforschung »Studie zur Entwicklung von Ganztagsschulen« (StEG) und einzelne Länderinitiativen, wie etwa die »Bildungsberichterstattung Ganztagsschule NRW«.

Die politischen Initiativen lassen programmatische Setzungen der Bundes- aber auch der Länderpolitik erkennen, die spezifisch an die Ganztagsschule gerichtet werden, die mitunter als bildungs- und sozialpolitische Heilsversprechen anmuten. Dies ist sicherlich vornehmlich vor dem Hintergrund der schlechten PISA-Ergebnisse zu interpretieren, die argumentativ in den folgenden Diskurs eingebaut werden und einen mehr oder weniger starken Handlungsdruck und die Suche nach adäquaten bildungspolitischen Lösungen zur Folge haben. Drei Versprechen seitens der Bildungspolitik sind dabei zentral:

(a) aus sozialpolitischer Perspektive die Herstellung günstiger Rahmenbedingungen für die Vereinbarkeit von Familien- und Erwerbstätigkeit,
(b) vor dem Hintergrund pädagogischer Motive einerseits die Kompensation von Lerndefiziten bei Schülerinnen und Schülern insbesondere aus sozial benachteiligten Milieus, andererseits die Förderung der Begabungen und Talente von leistungsstarken Kindern und Jugendlichen sowie

(c) in bildungspolitischer Hinsicht mehr Chancengerechtigkeit im Sinne einer Verringerung des Zusammenhangs zwischen Leistung und sozialer Herkunft.

3. Zur Wirksamkeit des schulischen Ganztagsbesuchs

Der in Gang gesetzte politische Prozess kann als Versuch der Bearbeitung des festgestellten gesellschaftlichen Problems eines im internationalen Vergleich zu schwachen Bildungssystems gedeutet werden. Aus den artikulierten Problemen und Forderungen sind staatliche Programme entstanden, die den Auf- und Ausbau der Ganztagsschule befördern. Zugleich entstanden wissenschaftliche Begleitforschungen, deren Befunde Auskunft über die (Nicht-)Erreichung der angestrebten sozial- und bildungspolitischen sowie pädagogischen Ziele geben können. Die jeweiligen Befunde werden entlang der drei weiter oben formulierten Ansprüche an ganztägige Bildung und Betreuung berichtet.

3.1 Vereinbarkeit von Familie und Beruf

Angesichts des Befunds, dass innerhalb der letzten 15 Jahre bundesweit die Zahl der Kinder, die eine Ganztagsschule besuchen, deutlich angestiegen ist, kann von einer merklichen Verbesserung der Möglichkeit gesprochen werden, Familie und Beruf zeitlich miteinander zu vereinbaren. Dennoch muss auf die Unterschiede der Nutzung des Angebots zwischen den Bundesländern hingewiesen werden.

Aktuell übersteigt die Nachfrage noch das Angebot, wenn auch nicht in großem Maße: Im Jahr 2018 gaben deutschlandweit sieben Prozent der Eltern an, die eine institutionelle Betreuung ihrer Kinder in der Grundschule wünschen, keinen Platz erhalten zu haben, dies sind immerhin etwa 200.000 fehlende Plätze für Grundschulkinder (Autorengruppe Bildungsberichterstattung 2018, S. 99f.). Die Bedarfe variieren zwischen den Ländern. In Schleswig-Holstein (12 Prozent) und in Niedersachsen (11 Prozent) äußern die Eltern in höherem Maße unerfüllte Wünsche nach Betreuung. Das Verhältnis von Bedarf und Angebot an Ganztagsplätzen differenziert sich zudem nach Urbanitätsgrad. Für Nordrhein-Westfalen wird deutlich, dass vor allem in Großstädten mit mehr als 100.000 Einwohnerinnen und Einwohnern 56 Prozent der Grundschulleitungen angeben, dass der Bedarf an Ganztagsplätzen höher als das vorhandene Angebot ist. In kleineren Kommunen dagegen entspricht das vorhandene Angebot deutlich häufiger dem Bedarf an Ganztagsplätzen: In Regionen mit weniger als 20.000 Einwohnerinnen und Einwohnern sieht nur gut ein Viertel der Leitungen im Primarbereich die Nachfrage nicht gedeckt (Altermann et al. 2018).

Aus Sicht berufstätiger Eltern kommt insbesondere der ganztägigen Betreuung im Primarbereich eine besondere Bedeutung zu. Es nehmen etwa 80 Prozent der Grundschulkinder voll erwerbstätiger Mütter an Ganztagsangeboten teil, während weniger als die Hälfte der Kinder, deren Mütter nicht oder nur wenige Stunden pro Woche arbeiten, den Ganztag besuchen (StEG-Konsortium 2010). Gleichzeitig nehmen Eltern den Ganztagsschulbesuch ihrer Kinder als Entlastung im Familienalltag wahr, insbesondere, wenn eine voll gebundene Ganztagsschule besucht wird (StEG-Konsortium 2010).

Auch wenn bundesweit mehr Ganztagsschulen entstanden sind, sind weitere Ausbaubemühungen erforderlich – auch und vor allem vor dem Hintergrund, dass sich der Wandel der Familien- und Erwerbsformen fortsetzt und insbesondere die Erwerbstätigkeit von Müttern zugenommen hat. Befunde zeigen, dass sie ihre Arbeitsmarktbeteiligung aufgrund der nachmittäglichen Betreuung ihres Kindes bereits ausweiten (Gambaro/Marcus/Peter 2016).

3.2 Kompensation von Lerndefiziten und Begabungsförderung

Die Forschungserkenntnisse zu den Wirkungen des Ganztags auf die schulischen Leistungen der Schülerinnen und Schüler sind bislang, auch 15 Jahre nach dem Auflegen des IZBB-Programms als nicht eindeutig zu klassifizieren.

Die vorhandenen Reanalysen mit den großen systematischen und querschnittlichen Schulleistungsstudien wie IGLU, TIMSS und PISA können dem Ganztag bisher keine kompetenzfördernde Wirkkraft nachweisen (z. B. Radisch et al. 2006; Berkemeyer et al. 2012; Berkemeyer et al. 2013; Blossfeld et al. 2013; Strietholt et al. 2015). Auch die Ganztagsschulstudie StEG konnte die politisch angestrebte kognitive Förderung der Kinder und Jugendlichen durch den Ganztagsschulbesuch nicht belegen (z. B. Kuhn/Fischer 2011; Lossen et al. 2016; Tillmann et al. 2018). Hingegen finden kleinere, zumeist längsschnittliche Studien zwar geringe, jedoch signifikante Effekte der ganztagsschulischen Kompetenzförderung, wobei sie in gebundenen Ganztagsschulen deutlicher ausfallen (Bellin/Tamke 2010; Bellin 2012; Schüpbach 2014). Die Autoren verweisen jedoch einschränkend auf die vermutlich positiv selektierte Stichprobe.

Den Ganztagsschulen gelingt es bislang offensichtlich nicht, das Mehr an Zeit für die Förderung von Kompetenzen zu nutzen. Ein Problem ist sicherlich auch, dass es, anders als für den Unterrichtsbereich, in Deutschland keine Rahmencurricula für Ganztagsangebote gibt (Holtappels/Schnetzer/Kamski 2009). Was jedoch mittlerweile als gut belegt gilt, ist die psychosoziale Förderung des Ganztagsbesuchs, etwa hinsichtlich Sozialverhalten, Motivation und Selbstkonzept (z. B. StEG-Konsortium 2016).

Ein Desiderat stellt die Erforschung von Fördereffekten des Ganztags im Hinblick auf die Begabungsförderung dar, obwohl sie ein politisch klar deklariertes Ziel des Ganztagprogramms ist. Für diesen Bereich liegen bislang keine empirischen Befunde vor.

3.3 Verringerung des Zusammenhangs zwischen Leistung und sozialer Herkunft

Zwei Befunde sind für eine vorläufige Antwort auf die Frage danach bedeutsam, ob der Ganztagsschulbesuch die Kopplung von Herkunft und Leistung zu schmälern vermag. Zum einen ist dies die Selektion von Ganztagsschulen durch regional und strukturell ungleich vorgehaltene Angebote (s. Abschnitt 4) sowie die Selektion durch die (Nicht-)Inanspruchnahme vorhandener Ganztagsangebote bestimmter Gruppen. Bisherige Forschungsergebnisse weisen darauf hin, dass sich die Kinder und Jugendlichen, die ganztägige Schulangebote nutzen, hinsichtlich ihres sozioökonomischen Status' sowie des Bildungsstands und der Erwerbstätigkeit der Eltern unterscheiden. Die Daten zeigen unter anderem eine Überrepräsentativität der Kinder aus bildungsnahen Elternhäusern im Ganztag, der Kinder, von denen mindestens ein Elternteil einen akademischen Abschluss vorweist sowie der Kinder mit (in Vollzeit) erwerbstätigen Eltern (aus NRW: Altermann et al. 2018; länderübergreifend: Steiner 2009). Zudem partizipieren Kinder aus vergleichsweise dauerhaft sozioökonomisch schlechter gestellten Familien seltener regelmäßig an den Ganztagsangeboten (Steiner 2009).

Zum anderen sind dies gezielte Analysen zu ganztagsschulischen Kompensationsleistungen. Strietholt und Kollegen (2015) untersuchen anhand der Daten der Schulleistungsstudien TIMSS, PISA und IGLU, ob die Organisationsform Ganztag einen Effekt auf die Kopplung zwischen sozioökonomischem Hintergrund und Schülerleistung hat. Die Ergebnisse bieten keine empirische Evidenz für einen diesbezüglichen kompensatorischen Effekt der Ganztagsschulen, die Autoren verweisen aber auch kritisch auf die gegenwärtige Ausgestaltung ganztägiger Bildung und Betreuung und sprechen die Möglichkeit einer Wirkung nicht grundsätzlich ab. Züchner und Fischer (2014) untersuchen, ob die durch mehr Verbindlichkeit gekennzeichnete Teilnahme in gebundenen Ganztagsschulen zu einer Verminderung des Zusammenhangs von sozialer Herkunft und Notengebung führt. Die Befunde deuten darauf hin, dass gebundene Ganztagsschulen dies besser zu leisten vermögen als offene Ganztagsschulen.

Vor dem Hintergrund der vielfältigen Ziele, die mit dem Ausbau der Ganztagsschule verbunden sind, gelingt es ihr bislang nicht hinreichend, die Kompetenzen der Kinder und Jugendlichen zu verbessern sowie auch sozial weniger privilegierte Schülerinnen und Schüler zu erreichen. Zugleich muss kritisch angemerkt werden, dass die in den letzten Jahren investierten Fördermittel hauptsächlich für die Infrastruktur genutzt wurden und ein Vorhalten von Ganztagsschulen zwar eine notwendige, nicht aber hinreichende Bedingung für einen qualitätsvollen Ganztagsbetrieb ist.

4. Verankerung des Ganztags in den Bundesländern

Die bildungspolitische Programmatik und die damit verbundenen Ansprüche an den schulischen Ganztag wurden für die gesamtdeutsche Ganztagsschullandschaft klar formuliert. Betrachtet man jedoch Ausbau, Nutzung und Initiativen der einzelnen Bundesländer und ihrer Regionen, werden teils sehr unterschiedliche Entwicklungsstände und Strategien deutlich. Solche länderspezifischen Analysen zu ganztägiger Bildung und Betreuung werden bereits in Ansätzen systematisch vorgenommen, etwa innerhalb der Bildungsberichterstattung für Deutschland oder des Chancenspiegels.

Kleinräumigere Untersuchungen sind bislang selten. Im Folgenden wird zum einen auf Ebene der Bundesländer die unterschiedliche bildungsadministrative Umsetzung skizziert, zum anderen, mit Bezug auf die bildungspolitischen Ziele der Ganztagsschule, auf Ebene der Kreise und kreisfreien Städte das jeweilige Schulangebot untersucht.

4.1 Ausbau und Nutzung

Bezogen auf die Ermöglichung von Vereinbarkeitschancen ist einerseits der quantitative Ausbau schulischer Ganztagsangebote in den Ländern von Interesse, andererseits aber auch ihre Nutzung, also der Anteil der Schülerinnen und Schüler, der tatsächlich im Ganztagsbetrieb lernt.

Der Anteil der Ganztagsschulen variiert in Abhängigkeit von der Bundeslandzugehörigkeit teils sehr stark, was der Chancenspiegel, die Studie zur Chancengerechtigkeit der deutschen Schulsysteme, veranschaulicht (Berkemeyer et al. 2017). Während im Schuljahr 2014/15 in Ländern wie Hamburg und Sachsen fast alle Schulen ganztägig organisiert sind, sind dies in Sachsen-Anhalt und Bremen lediglich gut ein Viertel aller Schulen. Die Spannbreite zwischen dem höchsten (97,4 Prozent in Sachsen) und dem niedrigsten Anteil (25,2 Prozent in Sachsen-Anhalt) liegt bei über 72 Prozentpunkten.

Auch bezogen auf die Nutzung ganztagsschulischer Angebote sind deutliche Unterschiede je nach Bundesland zu beobachten. Im Schuljahr 2014/2015 hatten in Hamburg, dem Bundesland mit höchstem Ausbaustand, fast neun von zehn Kindern einen Platz in einer Ganztagsschule (88,3 Prozent), in Bayern, dem Bundesland mit niedrigstem Ausbaustand, sind es mit 15 Prozent und in Baden-Württemberg mit gut 21 Prozent deutlich weniger Kinder und Jugendliche im Ganztag. Gut ein Fünftel aller Schülerinnen und Schüler bundesweit besucht im Schuljahr 2014/15 eine Ganztagsschule in voll gebundener Form. Auch hier ist die Spanne groß: Dies trifft auf gut fünf Prozent der Schülerinnen und Schüler in Schleswig-Holstein zu, in Hamburg dagegen auf über 32 Prozent.

4.2 Regelungen und Umsetzungsstrategien

Die Länder bedienen sich zur Implementierung von Ganztagsschulen teils deutlich unterschiedlicher Strategien. Der Versuch einer Beschreibung liegt eine Analyse öffentlich zugänglicher, meist rechtlicher und ministerieller Dokumente zugrunde (ausführlich siehe Berkemeyer 2015), deren Ausmaß an Pflege, Ausführlichkeit und Vollständigkeit sich zwischen den Ländern teils erheblich unterscheidet. Das trotz solcher Schwierigkeiten entstandene umfassende Bild wurde durch eine kommunikative Validierung mit den jeweils zuständigen Referaten aller Bundesländer ergänzt. Die Analyse zeigt auf, dass sich die Länder in ihrem Ausmaß an Aktivität unterscheiden, dass sich die Ganztagsschulen in unterschiedlicher Form und Breite ganztägiger Angebote und Strukturen ausdifferenzieren, die nach Bundesländern und Schulformen mehr oder weniger deutlich variieren. Unterschiede zeigen sich etwa in der zeitlichen Taktung, in der sich der Ganztagsschulausbau vollzieht, oder im Umfang und der Tiefe der schulrechtlichen Grundlagen der Länder zum Ganztag, ebenso wie in der Schwerpunktsetzung hinsichtlich bestimmter Organisationsformen oder im Umfang der wissenschaftlichen Begleitforschung zur Errichtung und zum Betrieb von Ganztagsschulmodellen.

Für den vorliegenden Beitrag werden exemplarisch drei Kategorien der Studie skizziert, entlang derer sich unterschiedliche Strategien erkennen lassen: die Zielzuschreibungen an den Ganztag als Ausdruck eines institutionellen Ganztagsverständnisses, der Angebotsumfang und die administrativen Wege zum Ganztag. Zudem wird die unterschiedliche Ausstattung gebundener Ganztagsschulen mit zeitlichen und personellen Ressourcen beleuchtet (ausführlich siehe Klemm/Zorn 2016a).

- *Zielzuschreibungen an den Ganztag:* Die in den schulrechtlichen Dokumenten formulierten Zielsetzungen an den Ganztag sind so vielfältig wie unterschiedlich. Im Ländervergleich wird deutlich, dass die meisten Zielformulierungen Aspekte der Verbesserung schulischer Leistungen und Lernprozesse fokussieren. Vor dem Hintergrund der bislang kaum empirisch nachgewiesenen Effekte ganztägigen Lernens scheint dies zumindest optimistisch. Sechs Länder betonen, dass ganztägige Bildung und Betreuung zu mehr Chancengerechtigkeit führen soll, bspw. zum Abbau von Benachteiligungen und mehr Bildungschancen oder der Förderung leistungsschwacher und -starker Kinder. Insbesondere Hamburgs Zielzuschreibungen stechen aufgrund der Vielfältigkeit und des Umfangs im Ländervergleich heraus. In Berlin, Rheinland-Pfalz und Thüringen werden dagegen innerhalb der schulrechtlichen Dokumente keine Angaben zu den Zielsetzungen des Ganztags gemacht.
- *Angebotsumfang:* Auch der zeitliche Angebotsumfang der Ganztagsschulen variiert in den Ländern mitunter sehr deutlich. Für die offene Ganztagsschule gilt: Die Anzahl der Mindestöffnungstage liegt zwischen drei und fünf, die Mindestöffnungszeit in Stunden je Tag variiert in der Primarstufe von sechs in Berlin bis zehn in Thüringen. In der Sekundarstufe I liegt sie zwischen sieben und acht Stunden täglich. Bei Durchsicht der schulrechtlichen Bestimmungen wird deutlich, dass einige Länder bestimmte Organisationsformen der Ganztagsschule oder Organisationsformen in bestimmten Schulstufen und -arten grundsätzlich nicht vorhalten, wie bspw. in Baden-Württemberg gebundene Gymnasien und Realschulen oder in Nordrhein-Westfalen offene Ganztagsschulen in der Sekundarstufe I.
- *Wege zum Ganztag:* Während die formalen Schritte zur Umwandlung in eine Ganztagsschule in Bezug auf Antragsteller und Entscheidungsträger in den Ländern ähnlich sind, zeigen sich Differenzen in der inhaltlichen Ausgestaltung der Anträge, an die unterschiedliche Anforderungen gestellt werden. Als auffällige Differenz sei an dieser Stelle Berlin in Abgrenzung zu Rheinland-Pfalz und Mecklenburg-Vorpommern benannt. Im Stadtstaat ist von der Schule ein form-

loser Antrag an die obere Schulbehörde zu stellen, für dessen inhaltliche Ausgestaltung keine verbindlichen Vorgaben bestehen. In Rheinland-Pfalz ist der innerschulische Abstimmungsprozess durch vielfältige Beteiligungsrechte deutlich umfangreicher. Eine Bedarfserhebung an der Schule ist ebenso obligatorisch wie die Beteiligungsrechte von Schulträger, Schulelternbeirat, Schulausschuss, Regionalelternbeirat und Bezirkspersonalrat. Nach der Prüfung des Antrags durch die Schulbehörde wird gemeinsam mit dem Kultusministerium unter Berücksichtigung unterschiedlicher Kriterien eine Auswahl an Schulen getroffen, die eine Einrichtungsoption erhalten. Die ausgewählten Schulen führen ein Anmeldeverfahren durch. Nach Einleitung eines förmlichen Beteiligungsverfahrens und nach Auswertung der Anhörungsergebnisse wird die Errichtungserlaubnis erteilt. Für das Antragsverfahren in Mecklenburg-Vorpommern dagegen sind die umfangreichen Vorgaben für den Inhalt des Antrags auffällig. Dieser soll neben dem pädagogischen Konzept ausgewählte Aussagen zur Zusammenarbeit mit außerschulischen Kooperationspartnern enthalten, zum Ergebnis der Befragung der Erziehungsberechtigten, zur geplanten Mindestteilnehmerzahl an Ganztagsangeboten einschließlich einer Prognose der Teilnehmerzahl für die nächsten drei Schuljahre. Weiterhin sind Angaben zu schulentwicklungsplanerischen Perspektiven der Ganztagsschule, personellen, sächlichen und schulorganisatorischen Voraussetzungen einzureichen, ein Konzept zur Umsetzung der in der Verwaltungsvorschrift festgeschriebenen Organisation und Arbeitsweise der Ganztagsschule, die Bedarfsermittlung, die mit den außerschulischen Kooperationspartnern beabsichtigten Vorhaben sowie Stellungnahmen der Schulkonferenz, des Schulträgers und des Trägers der Schülerbeförderung.

- *Zeitliche und personelle Ressourcen:* Klemm und Zorn (2016a) legen eine vergleichende Analyse der zeitlichen und personellen Rahmenbedingungen gebundener Ganztagsschulen vor. Das Ergebnis zeigt, dass die Schulen im Ländervergleich ein erhebliches Spektrum an unterschiedlich zur Verfügung stehender Lernzeit, zusätzlichem pädagogischem Personal sowie Kongruenz von Lernzeit und Personalausstattung vorweisen. Die Autoren schlussfolgern, dass »von gleichwertigen Lernchancen im Ganztag angesichts dieser drei empirischen Befunde nicht einmal im Ansatz die Rede sein [kann]« (Klemm/Zorn 2016a, S. 7). Deutliche Differenzen zeigen sich grundsätzlich in Bezug auf Schulstufe und Bundesland. So weisen Grundschulen durchschnittlich mehr Lernzeit, eine bessere Ausstattung mit qualifiziertem Personal für die zusätzliche Lernzeit im Ganztag sowie eine günstigere Passung von zusätzlicher Lernzeit und Personalausstattung als weiterführende Schulen auf. Auch zwischen den Bundesländern sind die Unterschiede groß. In den Grundschulen beispielsweise reicht die zusätzliche Lernzeit von acht (Thüringen, Sachsen und Nordrhein-Westfalen) bis 22 Stunden (Hessen) pro Woche. Die in den Ländern finanziell unterschiedlich starke Ausstattung von Ganztagsschulen legt auch ihre jeweilige Investitionsbereitschaft offen. So erhält eine Grundschulklasse in Bremen pro Jahr von Landesseite 9.000 Euro für zusätzliches Ganztags-Personal, im Saarland dagegen 52.000 Euro. Für gebundene

Ganztagsklassen der Sekundarstufe I reicht die Spannweite von 1.300 Euro in Sachsen bis knapp 37.000 Euro in Rheinland-Pfalz bei Gymnasien und von 2.000 Euro (wiederum Sachsen) bis 31.000 Euro im Saarland bei den nicht gymnasialen Schulformen. Auch die systematische Abstimmung zwischen zusätzlicher Lernzeit und Personalausstattung gelingt in den Ländern unterschiedlich gut. In der Sekundarstufe I findet sich die geringste Abdeckung von 20 Prozent an Thüringer Gymnasien und in Bremen mit 22 Prozent bei den nicht gymnasialen Schulen der Sekundarstufe I. Sachsen-Anhalt verfügt über die höchste Abdeckung bei den weiterführenden Schulen, allerdings bei sehr wenig zusätzlicher Lernzeit.

Durch die Analysen ist deutlich geworden, dass die Länder zur Implementierung von Ganztagsschulen teils deutlich unterschiedliche Wege nutzen. Dies allein wäre nicht problematisch, wenn dadurch nicht ebenso ungleiche Möglichkeitschancen entstünden, bspw. hinsichtlich der Möglichkeit, ein ganztagsschulisches Angebot überhaupt nutzen zu können oder hinsichtlich unterschiedlicher personeller und finanzieller Ausstattungen der Schulen. Dieser Blick wird nachfolgend um kleinräumigere Untersuchungen zum Ausbau der Ganztagsschule ergänzt, um Differenzen auch zwischen Regionen innerhalb eines Bundeslands sichtbar zu machen. Das jeweilige regionale Angebot wird dabei vor dem Hintergrund des bildungspolitischen Anspruchs an die Ganztagsschule interpretiert.

4.3 Regionale Analysen

Nachstehend werden ausgewählte Daten und Analysen zum Ausbau der Ganztagsschule auf Ebene der Kreise und kreisfreien Städte aus den fünf Bundesländern Bayern, Brandenburg, Nordrhein-Westfalen, Rheinland-Pfalz und Thüringen für das Schuljahr 2013/14 vorgestellt, um ein Schlaglicht auf die regionale Entwicklung zu werfen. Grundlage sind sowohl bildungsstatistische Daten als auch Kennziffern zur Sozial- und Gebietsstruktur. Die Auswahl erfolgte aufgrund der zur Verfügung stehenden Daten zu Ausbau und Nutzung der Ganztagsschule in den jeweiligen Regionen seit Anfang der 2000er Jahre. Die Länder stellen diese Informationen, wenn sie überhaupt erhoben werden, in unterschiedlichem Maße und in unterschiedlicher Qualität zur Verfügung. Vor dem Hintergrund eines anvisierten Rechtsanspruchs auf Ganztagsbetreuung im Grundschulalter werden zudem nur Daten zu den weiterführenden Schulen der Sekundarstufe I betrachtet.

Zur Kompensation von Lerndefiziten

Zur Kompensation von Lerndefiziten bei Schülerinnen und Schülern insbesondere aus sozial benachteiligten Milieus ist zu erwarten, dass Ganztagsschulen unter anderem verstärkt in sogenannten sozialen Brennpunkten vorgehalten werden. Nachfolgend wird als ein Merkmal für soziale Brennpunkte im Sinne von die Entwicklungschancen hemmende Wohngebiete die Kinderarmut und ihre Ausprägung in den einzelnen Kreisen und kreisfreien Städten herangezogen.

Die Analyse zeigt, dass der Anteil an Ganztagsschulen in den Kreisen und kreisfreien Städten signifikant, zumindest in Bayern, Brandenburg und Rheinland-Pfalz, mit dem Anteil der Hilfebedürftigen unter 15-Jährigen nach SGB II korreliert. In Bayern (r_s = ,368) sowie in Brandenburg (r_s = ,516) korrelieren die beiden Merkmale positiv, es gilt also, dass in den Regionen mehr Ganztagsschulen vorgehalten werden, in denen die Kinderarmut ausgeprägter ist. Für Rheinland-Pfalz (r_s = -,698) ist dagegen ein negativer Zusammenhang zu finden, hier gibt es in Kreisen und kreisfreien Städten mit weniger hilfebedürftigen Kindern und Jugendlichen vermehrt Ganztagsschulen. Zudem sind die Hauptschulen (sofern vorgehalten) und die Schulen mit mehreren Bildungsgängen in den Ländern in der Mehrzahl ganztägig organisiert.

Zur Verringerung der Kopplung von sozialer Herkunft und Leistung

Zur Verringerung der Kopplung von sozialer Herkunft und Bildungserfolg ist, vor dem Hintergrund empirischer Befunde, von einem verstärkten Ausbau schulischer Ganztagsangebote in voll gebundener Organisationsform auszugehen.

Innerhalb der Länder sind die Möglichkeiten für Kinder und Jugendliche, eine voll gebundene Ganztagsschule zu besuchen, sehr unterschiedlich, dies zeigt sich am jeweiligen Anteil der voll gebundenen Ganztagsschulen an allen Ganztagsschulen. In Rheinland-Pfalz gibt es in 28 der 36 Kreise und kreisfreien Städte keine Ganztagsschule in voll gebundener Form, die höchsten Anteile finden sich in zwei Regionen, in denen jeweils ein Viertel der dortigen Ganztagsschulen voll gebunden arbeitet. In Thüringen werden sie in 18 der 23 Regionen generell nicht vorgehalten, die kreisfreien Städte Jena (zwei Drittel) und Weimar (ein Drittel) stechen hier mit den höchsten Anteilen heraus. In Nordrhein-Westfalen mit seinen 53 Kreisen und kreisfreien Städten dagegen sind in drei Kreisen ausschließlich voll gebundene Ganztagsschulen zu finden, in weiteren 14 Regionen liegt ihr Anteil an allen Ganztagsschulen zwischen 80 und 90 Prozent. In der Stadt mit dem niedrigsten Anteil ist immer noch die Hälfte aller Ganztagsschulen voll gebunden.

Betrachtet man zusätzlich die Entwicklung des Ausbaus der Ganztagsschulen in den Ländern vom Schuljahr 2006/07 zum Schuljahr 2013/14[25], werden zwei unterschiedliche Dynamiken sichtbar (vgl. Abb. 1). Hierfür wurde jeweils der Abstand zwischen dem jeweiligen Anteil im Jahr 2006/07 und 2013/14 in Prozentpunkten zu Grunde gelegt. Während innerhalb dieses Zeitraums der Anteil der Ganztagsschulen an allen Schulen in den fünf Ländern, wenn auch auf unterschiedlichem Niveau, durchschnittlich steigt, stagniert oder sinkt dagegen der Anteil der voll gebundenen Ganztagsschulen an allen Ganztagsschulen.

25 Die erforderlichen Daten auf Ebene der Kreise und kreisfreien Städte liegen erst ab dem Schuljahr 2006/07 für alle fünf Länder vor.

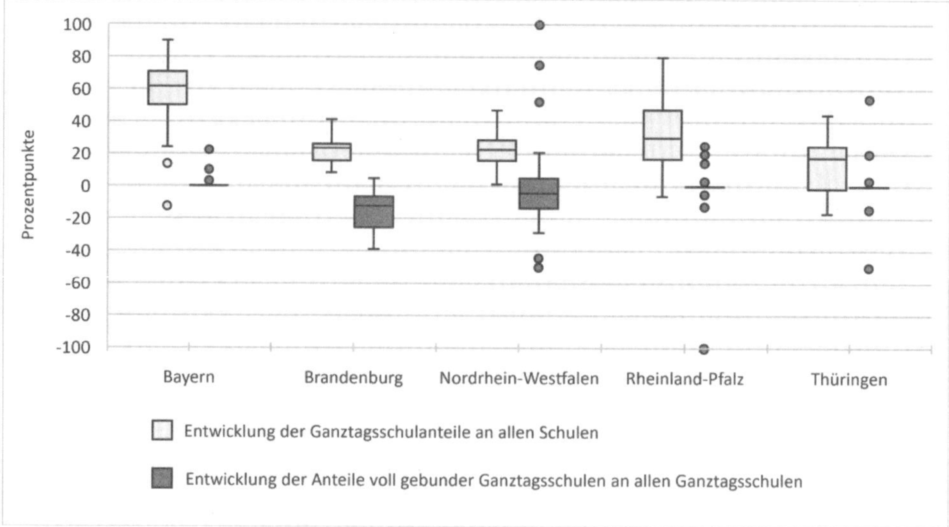

Abb. 1: Verteilung der Entwicklung der Ganztagsschulanteile an allen Schulen und Verteilung der Entwicklung der Anteile voll gebundener Ganztagsschulen an allen Ganztagsschulen, in den Kreisen und kreisfreien Städten der Länder, Sekundarstufe I, Schuljahr 2006/07 zu 2013/14, in Prozentpunkten

Ein Blick in die einzelnen Kreise und kreisfreien Städte zeigt, dass im Ländervergleich die Regionen Bayerns durchschnittlich den stärksten Anstieg des Ganztagsschulanteils vorweisen, was auf den vergleichsweise geringen Ausbaustand zum Startzeitpunkt zurückzuführen ist. Thüringen weist nicht nur den geringsten durchschnittlichen Anteilsanstieg auf, sondern beherbergt zudem die im Vergleich meisten Regionen, insgesamt sechs Kreise und kreisfreie Städte, mit einem Anteilsrückgang von 2006/07 zu 2013/14. Der Anteil der voll gebundenen Ganztagsschulen an allen Ganztagsschulen ist von einem generellen Rückgang gekennzeichnet, insbesondere in Brandenburg. Dort sinken mit einer Ausnahme in allen Kreisen und kreisfreien Städten sowohl die absoluten als auch die Anteile voll gebundener Ganztagsschulen. Auch innerhalb Nordrhein-Westfalens nimmt bei über der Hälfte aller Regionen der Anteil voll gebundener Ganztagsschulen an allen Ganztagsschulen ab, wenngleich die Anzahl der Schulen dieser Organisationsform insgesamt deutlich steigt.

Fazit: Die regionalen Analysen zeigen, dass nicht von einer einheitlichen Ausbaustrategie innerhalb der Länder gesprochen werden kann. Zur Kompensation von Lerndefiziten sowie zur Verringerung der Kopplung von sozialer Herkunft und Bildungserfolg sind die meist ganztägig organisierten Hauptschulen und Schulen mit mehreren Bildungsgängen hervorzuheben, der meist sehr geringe Ausbaustand voll gebundener Ganztagsschulen und ihr Rückgang über die Zeit sind aus pädagogischer und bildungspolitischer Perspektive dagegen bedenklich. Es ist seit langem bekannt, dass das schulische Bildungsangebot und damit die Teilhabemöglichkeiten an Bildung regional höchst unterschiedlich ausgeprägt sind (Ditton 2008; Kemper/Weishaupt 2011), so auch für das ganztagsschulische Angebot. Dennoch sollten die ungleichen Teilhabechancen an Bildung, insbesondere vor dem Hintergrund der drei Zieldimensionen des Ganztags, kritisch diskutiert werden.

5. Ausblick

Die Ganztagsschule ist eine der wichtigsten Reformbewegungen im deutschen Schulsystem der letzten Jahre, so auch die These Eckhard Kliemes. Allerdings ist die Bilanz dieses Großprojekts eher ernüchternd. Der »Flickenteppich Ganztagsschule« (Klemm/Zorn 2016b) offenbart sehr unterschiedliche Ausprägungen und Interpretationen des Konzepts Ganztagsschule. Verwaltungsprobleme und unterschiedliche Vorgaben der Bundesländer für Ganztagsschulen sind für ein länderübergreifend vergleichbares Bildungsangebot nicht zielführend. Hinzu kommt, dass begleitend zum Ausbau ganztagsschulischer Angebote keine neuen Arbeitszeitmodelle an Schulen eingeführt wurden. Zwar gab und gibt es in einigen Bundesländern Versuche einer Neuregelung der Lehrerarbeitszeit (bspw. in NRW das »Mindener Jahresarbeitszeitmodell« oder das Arbeitszeitmodell der Projektgruppe QuAGiS), eine systematische Umgestaltung ist jedoch nicht zu beobachten.

In Bezug auf die Erreichung der oben genannten drei Zieldimensionen der Ganztagsschule ist aus sozialpolitischer Perspektive eine deutliche Verbesserung der Möglichkeit zur Vereinbarkeit von Familien- und Erwerbstätigkeit zu bemerken. Der seit dem milliardenschweren Sonderprogramm IZBB konstante Anstieg von Ausbau und Nutzung der Ganztagsschule ist ein Indikator hierfür. Vor dem Hintergrund der recht überschaubaren Befunde zu Kompetenzförderung und Reduktion von Bildungsungleichheiten sind die beiden anderen Versprechen noch nicht eingelöst. Sollten die Ganztagsschulen ihr Niveau nicht deutlich anheben bzw. die in sie gesetzten pädagogischen Erwartungen weiterhin nicht erfüllen, sind die Sorgen der Eltern, die ihre Kinder »Vollzeit« beschulen lassen, aus pädagogischer Sicht nachvollziehbar.

Unter Berücksichtigung der Mehrebenenstruktur des Schulsystems sind neben den Einzelschulen vor allem die Bundesländer sowie der Bund gefragt. Länderübergreifende verbindliche Qualitätsstandards für ganztagsschulische Arbeit und gezieltere empirische Forschung wären ein erster Ansatzpunkt – Strietholt und Kollegen (2015) kritisieren zudem die mangelhaften Studiendesigns zur Erfassung der Wirksamkeit des schulischen Ganztags. Die aktuell diskutierten erweiterten Möglichkeiten des Bundes, Länder und Kommunen bei ihren Investitionen in die kommunale Bildungspolitik zu unterstützen, sind positiv hervorzuheben. So wäre ein Investitionsprogramm ähnlich dem IZBB denkbar, das etwa Fördermöglichkeiten für Schülerinnen und Schüler anbietet und an den gebundenen Ganztag gekoppelt ist.

6. Literatur

Altermann, A./Lange, M./Menke, S./Rosendahl, J./Steinhauer, R./Weischenberg, J. (2018): Bildungsbericht Ganztagsschule NRW 2018.

Arbeitsstab Forum Bildung in der Geschäftsstelle der Bund-Länder-Kommission für Bildungsplanung und Forschungsförderung (2001): Empfehlungen des Forum Bildung. Bonn.

Autorengruppe Bildungsberichterstattung (2018): Bildung in Deutschland 2018. Bielefeld: wbv.

Becker, R./Schulze, A. (2013): Kontextuelle Perspektiven ungleicher Bildungschancen – eine Einführung. In: Becker, R./Schulze, A. (Hrsg.): Bildungskontexte. Strukturelle Voraussetzungen und Ursachen ungleicher Bildungschancen. Wiesbaden: Springer VS, S. 1-30.

Bellin, N./Tamke, F. (2010): Bessere Leistungen durch Teilnahme am offenen Ganztagsbetrieb? Empirische Pädagogik 24, H. 2, S. 93–112.

Bellin, N. (2012): Im Spannungsfeld von Zielvorgaben und Praxis. Befunde zur lernförderlichen Ausgestaltung der Ganztagsgrundschule. In: Merkens, H./Bellin, N. (Hrsg.): Die Grundschule entwickelt sich. Münster: Waxmann, S. 141-179.

Berkemeyer, N. (2015): Ausbau von Ganztagsschulen. Regelungen und Umsetzungsstrategien in den Bundesländern. Gütersloh: Verlag Bertelsmann Stiftung.

Berkemeyer, N./Bos, W./Manitius, V. (2012): Chancenspiegel. Zur Leistungsfähigkeit und Chancengerechtigkeit der deutschen Schulsysteme. Gütersloh: Bertelsmann.

Berkemeyer, N./Bos, W./Hermstein, B./Abendroth, S./Semper, I. (2017): Chancenspiegel – eine Zwischenbilanz. Zur Chancengerechtigkeit und Leistungsfähigkeit der deutschen Schulsysteme seit 2002. Gütersloh: Bertelsmann.

Berkemeyer, N./Bos, W./Manitius, V./Hermstein, B./Khalatbari, J. (2013): Chancenspiegel 2013. Zur Chancengerechtigkeit und Leistungsfähigkeit der deutschen Schulsysteme mit einer Vertiefung zum schulischen Ganztag. Gütersloh: Bertelsmann.

Blossfeld, H.-P./Bos, W./Daniel, H.-D./Hannover, B./Lenzen, D./Prenzel, M./Roßbach, H.-G./Tippelt, R./Wößmann, L. (2013): Zwischenbilanz Ganztagsgrundschulen: Betreuung oder Rhythmisierung? Münster: Waxmann.

BMBF (Hrsg.) (2012): Ganztägig bilden. Eine Forschungsbilanz. Berlin. www.ganztagsschulen.org/_media/bmbf_gts_forschungsbilanz.pdf (Abruf 4.3.2019).

Fend, H. (1982): Gesamtschule im Vergleich: Bilanz der Ergebnisse des Gesamtschulversuchs. Weinheim: Beltz.

Gambaro, L./Marcus, J./Peter, F. (2016): Ganztagsschule und Hort erhöhen die Erwerbsbeteiligung von Müttern mit Grundschulkindern. DIW Wochenbericht Nr. 47. www.diw.de/documents/publikationen/73/diw_01.c.547514.de/16-47-1.pdf (Abruf 4.3.2016).

Holtappels, H. G./Schnetzer, T./Kamski, I. (2009): Qualitätsrahmen für Ganztagsschulen. In: Kamksi, I./Holtappels, H. G./Schnetzer, T. (Hrsg.): Qualität von Ganztagsschule. Konzepte und Orientierungen für die Praxis. Münster, New York, München, Berlin: Waxmann, S. 61-88.

Klemm, K./Zorn, D. (2016a): Die landesseitige Ausstattung gebundener Ganztagsschulen mit personellen Ressourcen. Ein Bundesländervergleich. Gütersloh: Bertelsmann.

Klemm, K./Zorn, D. (2016b): Flickenteppich Ganztag. DJI Impulse 2/2016, S. 31-35.

Kuhlmann, C. (2012): Bildungspolitik und Leistungsvergleichsstudien. PISA 2000 und die Ganztagsschulentwicklung. Wiesbaden: Springer VS.

Kuhn, H. P./Fischer, N. (2011): Entwicklung der Schulnoten in der Ganztagsschule. Einflüsse der Ganztagsteilnahme und der Angebotsqualität. In: Fischer, N./Holtappels, H. G./Klieme, E./Rauschenbach, T./Züchner, I. (Hrsg.): Ganztagsschule: Entwicklung, Qualität, Wirkungen. Längsschnittbefunde der Studie zur Entwicklung von Ganztagsschulen. Weinheim: Juventa, S. 207-226.

Lossen, K./Tillmann, K./Holtappels, H. G./Rollett, W./Hannemann, J. (2016): Entwicklung der naturwissenschaftlichen Kompetenzen und des sachunterrichtsbezogenen Selbstkonzepts bei Schüler/-innen in Ganztagsgrundschulen. Ergebnisse der Längsschnittstudie StEG-P zu Effekten der Schülerteilnahme und der Angebotsqualität. In: Zeitschrift für Pädagogik 62, H. 6, S. 760-779.

Ludwig, H. (2008): Geschichte der modernen Ganztagsschule. In: Coelen, T./Otto, H.-U. (Hrsg.): Grundbegriffe Ganztagsbildung. Wiesbaden: VS Verlag, S. 517-526.

Radisch, F./Klieme, E./Bos, W. (2006): Gestaltungsmerkmale und Effekte ganztägiger Angebote im Grundschulbereich – Eine Sekundäranalyse zu Daten der IGLU-Studie. In: Zeitschrift für Erziehungswissenschaft 9, H. 1, S. 30-50.

StEG-Konsortium (Hrsg.) (2010): Ganztagsschule: Entwicklung und Wirkungen. Ergebnisse der Studie zur Entwicklung von Ganztagsschulen 2005–2010. www.projekt-steg.de/sites/default/files/Ergebnisbroschuere_StEG_2010.pdf (Abruf 04.03.2019).

StEG-Konsortium (Hrsg.) (2016): Ganztagsschule: Bildungsqualität und Wirkungen außerunterrichtlicher Angebote. Ergebnisse der Studie zur Entwicklung von Ganztagsschulen 2012-2015. Frankfurt am Main: DIPF.

Steiner, C. (2009): Mehr Chancengleichheit durch die Ganztagsschule? In: Stecher, L./Allemann-Ghionda, C./Helsper, W./Klieme, E. (Hrsg.): Ganztägige Bildung und Betreuung. Zeitschrift für Pädagogik, Beiheft 54. Weinheim: Beltz, S. 81-105.

Strietholt, R./Manitius, V./Berkemeyer, N./Bos, W. (2015): Bildung und Bildungsungleichheit an Halb- und Ganztagsschulen. Zeitschrift für Erziehungswissenschaft 18, H. 4, S. 737–761.

Tillmann, K./Sauerwein, M./Hannemann, J./Decristan, J./Lossen, K./Holtappels, H. G. (2018): Förderung der Lesekompetenz durch Teilnahme an Ganztagsangeboten? – Ergebnisse der Studie zur Entwicklung von Ganztagsschulen (StEG). In: Schüpbach, M./Frei, L./Nieuwenboom, W. (Hrsg.): Tagesschulen. Ein Überblick. Wiesbaden: Springer VS, S. 289-307.

Züchner, I./Fischer, N. (2014): Kompensatorische Wirkungen von Ganztagsschulen – Ist die Ganztagsschule ein Instrument zur Entkopplung des Zusammenhangs von sozialer Herkunft und Bildungserfolg? Zeitschrift für Erziehungswissenschaft 17, Beiheft 2, S. 349–367.

Ulf Preuss-Lausitz

Inklusion – eine widersprüchliche und komplexe Unterrichts- und Schulreform

1. Inklusion als Schlüsselreform für die Schule der Zukunft

Im Jahr 2006 beschloss die UN-Vollversammlung einstimmig die Behindertenrechtskonvention (UN-BRK); sie wurde im Jahr 2009 ebenfalls einstimmig durch Bundesregierung und Bundesrat – und damit durch alle Bundesländer – als Bundesrecht übernommen. Damals ahnten nur wenige, dass damit eine der zentralen und nachhaltigsten Schulreformen in Deutschland auf den Weg gebracht wurde. Zwar enthält die UN-BRK für *alle* Lebensbereiche von Menschen mit Behinderungen Empfehlungen. Öffentliche Beachtung fand hierzulande aber vor allem der Artikel 24. Er fordert für »persons with disabilities [...] an inclusive, quality and free primary and secondary education on an equal basis with others in the communities in which they live [...] [they] receive the support required within the general educational system«. Jedes Kind habe nicht nur das Menschenrecht auf Bildung (wie es schon in der Kinderrechtskonvention von 1989 formuliert wurde), so die Begründung, sondern auch auf gemeinsames Lernen mit anderen in allgemeinen Schulen und ohne Diskriminierung, unabhängig von Art und Umfang individueller Beeinträchtigungen (vgl. u.a. Eichholz 2017). Die UN-BRK verpflichtet die Unterzeichnerstaaten, in regelmäßigen Abständen gegenüber der UN darzulegen, wie sie die Konvention umsetzen. In Deutschland ist das Institut für Menschenrechte in Berlin von der Bundesregierung beauftragt, das begleitende Monitoring durchzuführen. Die deutsche UNESCO begleitet mit einer breit aufgestellten Expertenkommission und mit regelmäßig ergänzten Leitlinien und Empfehlungen den Umsetzungsprozess (Deutsche UNESCO 2014). Damit sind schulpolitische Entscheidungen und Entwicklungen erstmals einer internationalen Überprüfung unterworfen.

Inclusive education berührt mehrere Ebenen, und daher ist ihre Umsetzung so komplex: Sie verlangt im Rahmen einer Pädagogik der Vielfalt in der Gemeinsamkeit einen empirisch abgesicherten effektiven und sozial befriedigenden *›guten‹ Unterricht* nach den Standards heutiger Unterrichtsforschung (Hattie 2013; Jürgens/Standop 2010; Klemm/Preuss-Lausitz 2012); eine *Schulkultur*, in der Kinder und Jugendliche mit Beeinträchtigungen (und ihre Eltern) nicht diskriminiert werden; ein multiprofessionelles *Kollegium*, das im Team arbeitet und das zusätzliche pädagogische bzw. helfende Personal für Unterricht, Förderung und Schulalltag (Sonderpädagogen, Einzelfallhelfer, Sozialarbeiter, ggf. Therapeuten) (Wocken 2017b) auf gleicher Augenhöhe einbezieht; eine *Schulleitung*, die *inclusive education* organisatorisch, mental und kooperativ unterstützt; rasch verfügbare *schulexterne Unterstützungen*, vor allem durch sonderpädagogische und psychologische Beratungs-, Fortbildungs- und Unterstützungseinrichtungen und durch die Schulaufsicht, aber auch durch Jugendhilfe, Sozialhilfe, Therapeuten und die Arbeitsagenturen. Dies schließt eine *Vernetzung* innerhalb einer Bildungsregion mit ein, in der im optimalen Fall die Schulträger, die Schulaufsicht, die örtlichen Träger von Jugend- und Sozialhilfe, das Gesundheitsamt, die lokalen Selbsthilfe- und Elternvertretungen, die Träger von Kindertagesstätten und die regionalen Arbeitnehmer- und Arbeitgebervertretungen gemeinsam eine inklusive Bildungsregion entwickeln, in der biografische Brüche vermieden und die Kita- und Schulbildung mit der Ausbildungs- und Arbeitsförderung und mit den lokalen Sport- und Kulturaktivitäten verbunden sind.

2. Begriffliche Grundlagen und reale Entwicklungen

Von welchen Schülerinnen und Schülern ist die Rede? Die UN spricht von »students with disabilities«; die EU von »students with special educational needs« (SEN). In Deutschland wird seit 1994 die Formel »Schülerinnen und Schüler mit sonderpädagogischem Förderbedarf« (SPF) verwandt. Die Kultusministerkonferenz löste damit die vormaligen Behindertenbegriffe (›lernbehindert‹, ›sehbehindert‹ usw.) ab und etikettierte die Sonderschulen zu Förderschulen um. Der Begriff Behinderung (und von Behinderung bedroht) hat jedoch nach wie vor in den Sozialgesetzbüchern (und im Kindergartenbereich) Gültigkeit. Die spezifische pädagogische Unterstützung von Schülerinnen und Schülern mit Legasthenie oder Dyskalkulie oder von schulpflichtigen Zuwanderern ohne Deutschkenntnisse wird nicht sonderpädagogisch definiert. Deutschland unterscheidet also zwischen sonderpädagogischem Unterstütungsbedarf und weiteren *special educational needs* – ohne dass immer klar ist, was denn das Sonderpädagogische an der jeweiligen Förderung ist. In diesem Zusammenhang wird öfter von einem weiten und einem engeren Inklusionsbegriff gesprochen: Soweit der Blick auf diversity gerichtet wird, also der Respekt auch gegenüber geografischen und sozialen Herkünften und Traditionen, sexuellen Orientierungen und geschlechtsspezifischen Besonderheiten eingefordert wird, Inklusion sich also auf alle Differenzkategorien bezieht, liegt ein sehr weiter Inklusionsbegriff vor. Soweit nur *students with disabilities*, also mit physischen, kognitiven und Entwicklungsproblemen gemeint sind, ein engerer. In der pädagogischen wie in der bildungspolitischen Debatte werden beide Aspekte nicht immer klar auseinandergehalten.

Die Begriffe *disability, special educational needs* oder *sonderpädagogischer Förderbedarf* gehen nicht nur von individuellen Beeinträchtigungen aus, sondern beziehen die soziale Umwelt mit ein. Das ist eine der Erklärungen dafür, dass sie auf sehr unterschiedliche Schülerinnen und Schüler bezogen werden: So schwanken ihre Anteile europaweit zwischen 1 Prozent (Schweden) und 16 Prozent (Island) (European Agency 2017). Auch zwischen den Bundesländern sind, nicht nur bei den eher diffusen Zuschreibungen ›Förderbedarf Lernen‹, ›Förderbedarf emotionale und soziale Entwicklung‹ und ›Förderbedarf Sprache‹, Unterschiede bis zum Mehrfachen zu finden, die nicht durch medizinische oder soziale Faktoren erklärbar sind. Hinzu kommt: Die Zuschreibung eines sonderpädagogischen Förderbedarfs steigt bundesweit seit Jahrzehnten kontinuierlich, seit 1990 um mehr als 75 Prozent (Preuss-Lausitz 2010; Klemm/Preuss-Lausitz 2017); sie hat inzwischen die 7-Prozent-Marke überschritten.

Anstieg und Differenzen haben nicht nur Gründe in einer umstrittenen Diagnostik, die nur partiell objektivierbar ist. Sie sind auch bedingt durch äußere Faktoren, die nichts mit den einzelnen Kindern zu tun haben, etwa der räumlichen Nähe (und Aufrechterhaltung) einer Förderschule, den baulichen und personellen Ausstattungen einer Regelschule, den politischen Entscheidungen von Schulträgern oder einer Landesregierung oder den Haltungen von Lehrkräften. Soweit die personellen Ressourcen für die Schulen der individuellen Feststellungsdiagnostik (vor Beginn des Schuljahres) folgen, heißt dies: Je mehr Förderbedarfsfeststellungen, desto mehr Lehrerstunden für die Schule (das sog. Ressourcen-Etikettierungs-Dilemma). Einige Bundesländer sind daher der Empfehlung der European Agency for Special Needs and Inclusive Education (Meijer 1999) gefolgt und weisen für die Förderbereiche Lernen, emotionale und soziale Entwicklung und Sprache verlässliche Grundausstattungen aus, bezogen auf einen Prozentsatz *aller* Schüler einer Schule, variiert nach sozialen Faktoren des Einzugsgebiets und ergänzt durch einen schulaufsichtlichen Nachsteuerungspool für Sondersituationen. Die sonderpädagogischen Ressourcen einer Schule bleiben so verlässlich, unabhängig von der schulinternen Zahl der Kinder, die für kürzere oder längere Zeit zusätzlich gefördert werden (Klemm/Preuss-Lausitz 2017). Bei diesem Ressourcenzuweisungsverfahren müssen aber bestimmte Mechanismen eingebaut werden, um Effektivität zu sichern und Missbrauch zu verhindern (Preuss-Lausitz 2016).

Im Schuljahr 2016/17 lernten rund 206.000 Kinder und Jugendliche mit sonderpädagogischem Förderbedarf in allgemeinen Schulen, zusammen mit weit über einer Million Schülerinnen und Schülern, rund einem Siebtel aller Schulpflichtigen, ohne solche Unterstützungsbedürfnisse (KMK 2018). Ein differenzierterer Blick wäre dabei auf die Art des Förderbedarfs zu richten: Im Schuljahr 2016/17 wurden im Bundesdurchschnitt, bei starken Schwankungen zwischen den Bundesländern, von den Schülern mit den Förderbedarfen emotionale und soziale Entwicklung 56,4 Prozent, Lernen 48,6 Prozent, Sprache 46,9 Prozent, Hören 45,8 Prozent, Sehen 43,6 Prozent, körperlich-motorische Entwicklung 34,7 Prozent, und geistige Entwicklung 11,9 Prozent in allgemeinen Schulen unterrichtet (KMK 2018, S. 21). Mit anderen Worten: Jenseits der *allgemeinen* Diskussion unter Lehrkräften, Schulforschern und in der Öffentlichkeit, die oft nur das schwer mehrfach behinderte oder den extrem verhaltensgestörten Jungen pars pro toto sehen, ist der Blick auch in der öffentlichen und fachlichen Diskussion auf behinderungs- und förderspezifische Beeinträchtigungen und Förderbedürfnisse zu richten.

Dennoch kann man feststellen: Diese *Schüler-Generation Inklusion* erlernt und erlebt gemeinsam über Jahre alltäglich den Umgang mit körperlichen Beeinträchtigungen und Erschwernissen, mit Einschränkungen beim Sehen oder Hören, bei kognitiven Grenzen, mit eigenartigem Verhalten, mit dauerhaften Krankheiten, mit Langsam- und Schnelllernern, mit besonderen Talenten, darüber hinaus mit anderen

Herkunftssprachen, Biografien, Gewohnheiten und Einstellungen, kurzum mit einer Vielzahl von Unterschieds- und Gemeinsamkeits-Erfahrungen. Solche Heterogenitätsalltagserfahrung ist praktische Demokratiebildung, wie Studien zeigen (Wocken 1993; Preuss-Lausitz 1998). Diese Erfahrung machen allerdings eher Grundschüler und Jugendliche in Gesamtschulen und Hauptschulen, äußerst selten Realschüler und Gymnasiasten, wie die Schulstatistik ausweist (KMK 2018).

Wer von Inklusion spricht, darf von Exklusion oder Separation nicht schweigen. Nach wie vor werden (2016/17) im Bundesdurchschnitt mehr als 60 Prozent aller Schülerinnen und Schüler mit Förderbedarf in Förderschulen unterrichtet. In Rheinland-Pfalz hat diese sog. Förder*schul*quote seit 2008/09 sogar leicht zugenommen, in Baden-Württemberg, Bayern und im Saarland blieb sie trotz steigender Gesamtförderquote gleich (KMK 2018, S. 64). Der auch in diesen Bundesländern festgestellte Zuwachs inklusiv unterrichteter Schülerinnen und Schüler erfolgte also durch vermehrte Förderfeststellung bei Schülern, die ohnehin im allgemeinen Schulwesen sind; ein Abbau der Separation in Förderschulen fand dort nicht statt. Wocken nennt dies »Pseudo-Inklusion« (Wocken 2018). Nur die Bundesländer Bremen, Berlin, Hamburg und Schleswig-Holstein verringerten den Separationsanteil auf drei Prozent oder weniger (Bremen auf ein Prozent); die ostdeutschen Länder Mecklenburg-Vorpommern, Sachsen und Sachsen-Anhalt haben dagegen mit 5,7 bis 6 Prozent eine überdurchschnittlich hohe Separationsquote (KMK 2018, S. 64), die sich nicht durch einen höheren Behindertenanteil erklären lässt.

Insgesamt kann man feststellen, dass bundesweit inklusiver Unterricht ermöglicht wird bei Aufrechterhaltung eines achtfach ausdifferenzierten Förderschulsystems. Nur einzelne Bundesländer lassen einzelne Förderschularten ganz oder in unteren Schulstufen auslaufen oder verzichten ganz auf bestimmte Förderschularten, wie z. B. Berlin, Bremen, Hamburg und Schleswig-Holstein.

Das generelle Festhalten an einem Doppelsystem entspricht nicht der Intention der UN-BRK. Die UN empfehlen in ihren Bemerkungen über den ersten deutschen Staatenbericht, «im Interesse der Inklusion das segregierte Schulwesen zurückzubauen« (CRPD 2015, Art. 46). In jüngster Zeit wird diese Position zugespitzt: Das Committee on the Rights of Persons with Disabilities der UN hält fest: «Two separate modalities of education cannot exist in an inclusive education system based on the right to non-discrimination and equality of opportunities« (CRPD 2018).

3. Historische Wurzeln

Der Begriff der inklusiven Bildung ist zwar erst durch die UN-BRK populär geworden, in der Sache aber nichts Neues. Das gemeinsame Lernen von Kindern mit und ohne Behinderungen unter dem Namen Integration entwickelte sich schon seit den späten 1960er Jahren, zuerst als Forderung sozial engagierter Gesamtschulvertreter, einer Kommission des Deutschen Bildungsrates (unter der Leitung von Jacob Muth), einzelner Elterngruppen, einzelner Hochschullehrkräfte (vor allem der Sonderpädagogik) und einzelner Bildungspolitiker. Diese Forderungen waren verbunden mit einer scharfen Kritik am sozial hoch selektiven Sonderschulwesen, insbesondere der ›Sonderschule für Lernbehinderte‹ (Begemann 1969; Preuss-Lausitz 1986; Wocken 2000). Die wissenschaftliche Durchsetzung eines dynamischen Begabungsbegriffs und die Rezeption vielfältiger reformpädagogischer didaktischer Ansätze seit den 1970er Jahren (u.a. Lernen mit allen Sinnen; Werkstattarbeit; Garten- und Naturarbeit; kooperatives Lernen; Schreiben von freien Texten; Stationenlernen usw.) motivierte Lehrkräfte, zusammen mit engagierten Eltern seit Mitte der 1970er Jahre integrative Schulversuche durchzusetzen (Schnell 2003) und eine Pädagogik der Vielfalt – in der Gemeinsamkeit – zu entwickeln (Prengel 1993; Preuss-Lausitz 1993). Bestärkt wurden sie durch integrationsfreundliche Entwicklungen in anderen Staaten, vor allem in Italien, den USA und in Skandinavien.

Die Absicherung der Schulversuche durch wissenschaftliche Begleitungen, die von den zuständigen Landesministerien veranlasst wurden, und deren überwiegend positive Ergebnisse (Preuss-Lausitz 2009; 2015) führten zu einer wachsenden Akzeptanz des gemeinsamen Lernens, sodass ab Mitte der 1980er Jahre in den Bundesländern das gemeinsame Lernen von Schülerinnen und Schülern mit und ohne Behinderungen (im Sinne des sonderpädagogischen Förderbedarfs) auch gesetzlich ermöglicht wurde. Zugleich ist festzuhalten: Die frühen Schulversuche berührten das didaktische Verständnis der Lehrkräfte *außerhalb* der integrativ arbeitenden Klassen wenig. Auch die allgemeine Schulpädagogik, die Unterrichts- und Schulforschung oder gar die allgemeine Erziehungswissenschaft nahmen vom gemeinsamen Lernen kaum Notiz. Das schien Sache der Sonderpädagogik zu sein – diese Haltung hat sich erst nach der Rechtskraft der UN-BRK geändert. Die Deutsche Gesellschaft für Erziehungswissenschaft hat sich sogar erst 2017 zur Inklusion, im Sinne des gemeinsamen Lernens von Kindern mit und ohne besonderen Unterstützungsbedarf, geäußert (DGfE 2017).

Die KMK hielt, vier Jahre nach der Wiedervereinigung, per Beschluss an der Aufrechterhaltung eines durch acht Sonderschularten ausdifferenzierten Sondersystems fest, das durch gemeinsames Lernen in allgemeinen Schulen ergänzt werden könne. Bis zur UN-BRK von 2009 galt dabei: Gemeinsames Lernen war kein individuelles Recht, sondern hing von der Zustimmung der lokalen Politik, der Einzelschule und der Eltern einer Klasse ab. Das Neue – seit 2009 – ist das *individuelle Recht* von Kindern mit sonderpädagogischem Förderbedarf unabhängig von Art und Schwere einer Beeinträchtigung, verbunden mit der Verpflichtung der Länder, die »erforderlichen Vorkehrungen« (UN-BRK) in personeller, sächlicher und räumlicher Hinsicht zu schaffen.

4. Wissenschaftliche Begleitungen inklusiver Unterrichts- und Schulentwicklung seit 2009

Inklusionsbezogene empirische Forschung hat in den letzten 10 Jahren deutlich zugenommen, verstärkt durch Bundesprogramme und Länderaufträge zur wissenschaftlichen Begleitung einerseits, durch Qualifikationsarbeiten und andere Projekte der

Universitäten andererseits (vgl. u. a. Bless 2017; Lichtblau et al. 2014; Preuss-Lausitz 2015). Damit wurde die Integrations- und Inklusionsforschung anschlussfähig an die seit langem ausgebaute empirische Unterrichts- und Schulentwicklungsforschung (vgl. u. a. Wischer/Tillmann 2009). Auch die large-scale-orientierte Forschung hat nun die »black box« Förderschule, vergleichend mit dem inklusiven Lernort, in den Blick genommen, wenn auch erst für die Förderbereiche Lernen, Sprache und emotionale-soziale Entwicklung. Besonders beeindruckend sind dabei die Ergebnisse der bundesweit repräsentativen Studien des Instituts für Qualitätsentwicklung im Bildungssystem, die bei zwei Sonderauswertungen von VERA, bei Kontrolle aller lernrelevanten Individualfaktoren und im Vergleich zu den entsprechenden Förderschulen, für inklusive Settings in Deutsch und Mathematik sehr deutliche Kompetenzvorsprünge für Kinder mit Förderbedarf Lernen und Sprache feststellten (Kocaj et al. 2014; Stanat et al. 2017, Kap. 10). Frühere Forschungsergebnisse im Förderbereich Lernen (Tent et al. 1991, Schnell/Sander/Federolf 2011) wurden damit bestätigt; die Ergebnisse zum Förderbereich Sprache sind neu – und besonders beeindruckend. Erstmals liegen auch vergleichende Daten der amtlichen Schulstatistik aus sechs Bundesländern zu den Abschlüssen vor. Danach erhalten Schülerinnen und Schüler mit sonderpädagogischem Förderbedarf – aller Förderbereiche! – am Ende des 10. Schuljahres im inklusiven Setting deutlich häufiger mindestens einen Hauptschulabschluss und um das Mehrfache häufiger einen Mittleren Schulabschluss als diejenigen im separaten Förderschulsetting (Kemper/Goldan 2018).

Die wissenschaftlichen Begleituntersuchungen in Bayern (Heimlich et al. 2016), Mecklenburg-Vorpommern (Voß et al. 2016), Nordrhein-Westfalen (Wild et al. 2017), Rheinland-Pfalz (Laubenstein et al. 2015), Sachsen (Liebers et al. 2017) und Thüringen (Sasse/Schulzeck 2017) verweisen durchweg darauf, dass zu den inklusiven *Gelingensbedingungen*

- ein guter adaptiver Unterricht und ein akzeptierendes Klassenklima,
- die Professionsentwicklung der Lehrkräfte, ihre Einstellung zum Umgang mit Behinderungen und anderen ›Fremdheiten‹,
- eine unterstützende und kommunikative Schulleitung,
- ein inklusives Schulprofil,
- ein rhythmisierter Ganztag,
- ein sozialpädagogisch-sonderpädagogisches Ressourcencenter, vor allem für pädagogische Krisensituationen,
- eine verlässliche personelle Förderressource,
- schulexterne schnell erreichbare Unterstützungen
- und beim Übergang von Schule in Ausbildung eine kooperative Zusammenarbeit mit den Ausbildungseinrichtungen und unterstützenden Leistungsträgern zählen.

Nicht zuletzt wurde bei Befragungen von Sonderpädagogen festgestellt, dass sie in inklusiven Settings stärker unterrichtunterstützend und im Team arbeiten, im Vergleich zum eigenständigen und allein durchgeführten Unterricht in Förderschulen. Ihre diagnostischen, spezifisch fördernden und beratenden Aktivitäten werden von ihnen in beiden Lernorten als gleich umfangreich eingeschätzt (Melzer/Hillenbrand 2015). Ihr klassischer Blick ›aufs einzelne Kind‹ richtet sich nun verstärkt auf alle Kinder der Lerngruppe – und die der allgemeinen Lehrkräfte deutlicher auf kleinschrittige Lernerfolge aller Schülerinnen und Schüler (Heyer et al. 1997, S. 123ff.).

Trotz einer inzwischen umfangreich vorliegenden Forschungsliteratur zum gemeinsamen, inklusiven Lernen sind nach wie vor zahlreiche Forschungsfelder auszubauen: vor allem zu fachdidaktischen domänenspezifischen Fragen, zu behinderungsspezifischen Fragen, vor allem in den Förderbereichen körperlich-motorische und geistige Entwicklung, autistische Störungen, Seh- und Hörbeeinträchtigungen, emotionale und soziale Entwicklung; und dies möglichst vergleichend mit dem Lernsetting der Förderschulen.

5. Widersprüche und Perspektiven inklusiver Unterrichts- und Schulentwicklungen nach 10 Jahren UN-BRK

Zehn Jahre nach Übernahme der UN-BRK zeigt sich eine widersprüchliche Entwicklung: Einerseits haben die Bundesländer das individuelle Recht auf inklusives Lernen in ihren Schulgesetzen verankert. Sie haben durchweg die *Fortbildung* zum produktiven Umgang mit heterogenen Lerngruppen sowohl für die allgemeinen wie die speziellen Lehrkräfte intensiviert. In den Schulämtern wurden *Organisations- und Beratungsstellen* für inklusive Bildung eingerichtet. Für die *Lehramtsbildung* wurden durch KMK und HRK 2015 inklusive Ausbildungsmodule eingefordert, die an den Universitäten langsam aufgebaut werden. Für die *Diagnostik* wurden Handreichungen entwickelt. Auch wird in mehreren Bundesländern Diagnostik für die Zwecke der Ressourcenzuweisung inzwischen so organisiert, dass nicht für die eigene Schule Förderbedarf festgestellt (und damit die Diagnostik missbraucht) werden kann. Die Stellen für Sonderpädagogik werden – weil die sinnvolle Verlagerung aus dem Förderschulsystem politisch meist nicht gewollt ist – überall aufgestockt. Die Folge ist ein bundesweiter Mangel an qualifiziertem sonderpädagogischem Personal. In manchen Bundesländern werden daher Stellen für (kostengünstigere) Schulassistenten geschaffen, um das störungsreduzierende und von vielen Lehrkräften gewünschte Vier-Augen-System auszudehnen (Laubner/Lindmeier/Lübeck 2017; Wocken 2017b). Das bestehende Doppelsystem von einerseits ausgebautem Förderschulsystem und andererseits Inklusion ist selbstverständlich die teuerste Finanzierungform sonderpädagogischer Förderung.

Leider wird die Verankerung inklusiver Unterrichts- und Schulentwicklung in den meisten Bundesländern nur an bestimmten Standorten zugelassen, sodass vor allem in Flächenstaaten und dort im ländlichen Raum die bauliche Barrierefreiheit, die spezifische Förderkompetenz und die wohnortnahe inklusive Bildung im Sinne der UN-BRK oft nicht überall gesichert ist. Auch fehlen in den meisten Bundesländern (Ausnahmen: die Stadtstaaten; künftig auch Niedersachsen) regionale multiprofessionelle (also nicht nur sonderpädagogische) Beratungs- und Unterstützungszentren (ohne Unterricht), die Ansprechpartner sind für die Schulen, die Eltern, die regionalen Selbsthilfegruppen und die Träger für Leistungen aus den Sozialgesetzbüchern. Ihre Multiprofessionalität sollte die Psychologen des schulpsychologischen Dienstes, Sozialarbeiter, Sonderpädagogen und allgemeinen Pädagogen umfassen. Soweit solche Einrichtungen bestehen, werden sie von den Schulen nicht nur für Diagnostik und die Fortbildung, sondern vor allem für die Beratung und Unterstützung bei ›schwierigen‹ Kindern und Jugendlichen nachgefragt (Reiser/Willmann/Urban 2007; Klemm/Preuss-Lausitz 2017).

Die Sonderwelten für Menschen mit Behinderungen in den Werkstätten sind noch kaum für inklusive Entwicklungen geöffnet worden. Das gilt auch für die allgemeinen Berufsschulen. Deren gegenwärtige Situation erinnert an die 1970er und 1980er Jahre im allgemeinen Schulwesen: Modellversuche und einzelne Initiativen tasten das Feld ab, generelle gesetzliche inklusive Regelungen fehlen meist ebenso wie eine inklusionsorientierte Qualifikation der vorhandenen Lehrkräfte und Ausbilder.

Nicht zuletzt gelingt es bislang nur wenigen Städten und Bildungsregionen, die *schulische* Inklusion mit der Förderarbeit in den Kindertagesstätten, mit der beruflichen Bildung und mit den Sport- und Kulturaktivitäten in der Region zu verbinden. Um dies leisten zu können, braucht es eine dauerhafte und verbindlich arbeitende *inklusive regionale Arbeitsgruppe*, in der alle (Kosten)Träger, Betroffenenvertretungen, Ausbildungseinrichtungen und politischen Gremien vertreten sind und die von Land und Kommune bzw. Region, auch finanziell, getragen wird.

6. Fazit und Perspektiven

Schule heute hat es im Unterricht mehr denn je und unwiderruflich mit *unterschiedlichen Lernbedingungen und -voraussetzungen einer Klasse zu tun – in allen Schulstufen und -arten*. Es geht nicht mehr nur um die ›Vielfalt der Köpfe‹, wie Herbart einst meinte. Alle Lehrkräfte in allen Schulen sind (fach)didaktisch herausgefordert, die von Lernpsychologen geforderte ›individuelle Passung‹ in binnendifferenzierte *und* sozial befriedigende Lernumgebungen und in Lernergebnisse zu übersetzen. Was von manchen als ›Überforderung‹ beklagt (und fälschlicherweise allein der Inklusion zugeschrieben) wird, ist aber der alltägliche, der zentrale Job von Lehrkräften: Alle Lernenden dort abzuholen, wo sie fachlich, emotional und sozial stehen, und sie zu den nächsten Schritten ihrer Entwicklung zu führen.

Wenn diese Beschreibung zutrifft, dann ist Schule wichtiger geworden für die Lernenden und komplizierter für die Lehrenden – und bedeutsamer für den Zusammenhang einer demokratischen Gesellschaft. Inklusive Bildung von Anfang an, von der Kita und in der Schule, im Freizeitbereich und in der Ausbildung, ist dafür ein zentraler Weg und eine notwendige Reform: Kinder und Jugendliche dabei zu unterstützen, das Gemeinsame im Unterschiedlichen der sozialen, ethnischen, religiösen, sexuellen und normativen Differenzen zu erleben und verarbeiten zu können, um so kommunikationsfähig, weltoffen, selbstbewusst, tolerant und zugleich erfolgreich zu werden.

Der integrative und später inklusive Weg war von Anfang an umstritten und ist es heute noch. Es gab immer Vertreter, die vor der Auflösung der Sonderschule, insbesondere der ›Sonderschule für Lernbehinderte‹ warnten und ihre mögliche Überwindung als »italienische Seuche« verteufelten (Prändl 1981). Seuchen muss man bekämpfen. Auf Menschen und gemeinsames Lernen angewandt, stammt der Begriff aus dem Wörterbuch des Unmenschen. Auch heute werden Inklusionsvertreter als »Bildungsideologen« denunziert, welche Inklusion als »eine Art Menschenversuch« betreiben (so der Gymnasiallehrer Felten 2017, S. 13, 33; vgl. dazu Wocken 2017a, S. 177ff.). Vor allem Verbandsvertreter von Realschulen und Gymnasien (in denen Inklusion kaum vorkommt, vgl. KMK 2018), fordern die Aufrechterhaltung des ausdifferenzierten Förderschulsystems. Es geht bei diesen Einwänden und Polemiken nicht darum zu erörtern, welche Gelingensbedingungen für gemeinsames Lernen zu entwickeln sind und wie Lehrkräfte bei ihrer Arbeit unterstützt werden können, sondern darum, behinderte oder schwierige Kinder von sich fernzuhalten, und vor allem, das gegliederte Schulsystem in seinen Strukturen und Routinen zu erhalten.

Umso wichtiger scheint eine gemeinsam von allen Inklusions-Akteuren getragene nüchterne und planvolle landesweite und zugleich regionale Umsetzungspolitik zu sein. Dann kann die inklusive Schule ein zukunftsfähiger Ort der Gemeinsamkeit wie der individuellen Fähigkeiten und Grenzen werden – ein demokratischer Lern- und Lebensort, der bedeutsamer ist denn je.

7. Literatur

Begemann, E. (1969): Die Erziehung der sozio-kulturell benachteiligen Schüler. Hannover: Schrödel.

Bless, G. (2017): Integrationsforschung: Entwurf einer Wissenskarte. In: Zeitschrift für Heilpädagogik 68, H. 5, S. 216–227.

Committee on the Rights of Persons with Disabilities (CRPD) (2015): Abschließende Bemerkungen über den ersten Staatenbericht Deutschland. CRPD/C/DEU/CO/1.

Committee on the Rights of Persons with Disabilities (CRPD) (2018): Inquiry concerning Spain carried out by the Committee. CRPD/C/20/3.

Deutsche UNESCO-Kommission (DUK) (2014): Inklusion: Leitlinien für die Bildungspolitik. Bonn: DUK.

DGfE (2017): Inklusion: Bedeutung und Aufgabe in der Erziehungswissenschaft. Stellungnahme der DGfE. www.dfge.de/Stellungnahmen-posititionen.html (Abruf 2.8.2018).

Eichholz, R. (2017): Probleme beim Thema Inklusion: Ist ein ›Recht auf Exklusion‹ die Lösung? In: Wocken, H. (Hrsg.): Beim Haus der inklusiven Schule. Hamburg: Feldhaus, S. 118–143.

European Agency for Special Needs and Inclusive Education (2017): European Agency Statistics on Inclusive Education: 2014 Dataset Cross-Country Report. Odense. Auch unter www.european-agency.org (Abruf 30.12.2017).

Felten, M. (2017): Die Inklusionsfalle. Gütersloh: Gütersloher Verlagshaus.

Hattie, J. (2013): Lernen sichtbar machen. Baltmannsweiler: Schneider.

Heimlich, U./Kahlert, J./Lelgemann, R./Fischer, E. (Hrsg.) (2016): Inklusives Schulsystem. Analysen, Befunde, Empfehlungen zum bayerischen Weg. Bad Heilbrunn: Klinkhardt.

Heyer, P./Preuss-Lausitz, U./Schöler, J. (Hrsg.) (1997): Erfahrungen und Kooperation befördern In-

tegration – Lehrermeinungen zum gemeinsamen Unterricht. In: Heyer, P./Preuss-Lausitz, U./ Schöler, J. (Hrsg.): ›Behinderte sind doch Kinder wie wir!‹ Gemeinsame Erziehung in einem neuen Bundesland (Brandenburg). Berlin: Wissenschaft und Technik Verlag, S. 123–150.
Jürgens, E./Standop, J. (Hrsg.) (2010): Was ist ›guter‹ Unterricht? Bad Heilbrunn: Klinkhardt.
Kemper, T./Goldan, J. (2018): Schulerfolg von Schülerinnen und Schülern mit sonderpädagogischem Förderbedarf. In: Zeitschrift für Heilpädagogik 69, H. 8, S. 361–372.
Klemm, K./Preuss-Lausitz, U. (2012): Was ist guter Unterricht? In: Metzger, K./Weigl, E. (Hrsg.): Inklusion – praxisorientiert. Berlin: Cornelsen.
Klemm, K./Preuss-Lausitz, U. (2017): Inklusion in progress. Analysen, Herausforderungen, Empfehlungen (Schwerpunkte Feststellungsdiagnostik und Alternativen, Doppelstruktur und Bündelung, Beratungs- und Unterstützungszentren). Berlin: Heinrich-Böll-Stiftung. böll.brief. Auch unter www.boell.de/de/boellbrief (Abruf 30. 12. 2017).
Kocaj, A./Kuhl, P./Kroth, A./A., P. H./Stanat, P. (2014): Wo lernen Kinder mit sonderpädagogischem Förderbedarf besser? Ein Vergleich schulischer Kompetenzen zwischen Regel- und Förderschulen in der Primarstufe. In: Kölner Zeitschrift für Soziologie und Sozialpsychologie 66, S. 165–191.
Kultusministerkonferenz (KMK) (2018): Sonderpädagogische Förderung in Schulen 2007 bis 2016. Statistische Veröffentlichungen, Nr. 214. Berlin: KMK.
Laubenstein, D./Lindmeier, C./Guthöhrlein, K./Scheer, D. (2015): Auf dem Weg zur schulischen Inklusion. Empirische Befunde zum gemeinsamen Unterricht in rheinland-pfälzischen Schwerpunktschulen. Bad Heilbrunn: Klinkhardt.
Laubner, M./Lindmeier, B./Lübeck, A. (2017): Schulbegleitung in der inklusiven Schule. Grundlagen und Praxishilfen. Weinheim, Basel: Beltz.
Lichtblau, M./Blömer, D./Jüttner, A.-K./Koch, K./Krüger, M./Werning, R. (Hrsg.) (2014): Forschung zu inklusiver Bildung. Bad Heilbrunn: Klinkhardt.
Liebers, K./Kolke, S./Schmidt, C./Pellinger, K./Lange, M. (2017): Der Schulversuch ERINA. Erprobung von Ansätzen zur inklusiven Beschulung von Schülern mit sonderpädagogischem Förderbedarf in Modellregionen. Dresden: Staatsministerium für Kultus. Auch unter https://publikationen.sachsen.de (Abruf 10.10.2018).
Meijer, C. W. (Hrsg.) (1999): Finanzierung der sonderpädagogischen Förderung. Middlefart: European Agency for Development in Special Needs Education.
Melzer, C./Hillenbrand, C. (2015): Aufgabenprofile. Welche Aufgaben bewältigen sonderpädagogische Lehrkräfte in verschiedenen schulischen Tätigkeitsfeldern? In: Zeitschrift für Heilpädagogik 66, H. 5, S. 230–242.
Prändl, B. (1981): Offener Brief. In: Zeitschrift für Heilpädagogik 32, H. 11, S. 802–804.
Prengel, A. (1993): Pädagogik der Vielfalt. Opladen: Leske & Budrich.
Preuss-Lausitz, U. (1986): Sonderschule – Schule in der Krise? In: Rolff, H. G./Klemm, K./Tillmann, K.-J (Hrsg.): Jahrbuch der Schulentwicklung, Bd. 4. Weinheim, Basel: Beltz, S. 102–124.
Preuss-Lausitz, U. (1993): Die Kinder des Jahrhunderts. Zur Pädagogik der Vielfalt im Jahr 2000. Weinheim, Basel: Beltz.
Preuss-Lausitz, U. (1998): Bewältigung von Vielfalt. Untersuchungen zu Transfereffekten gemeinsamer Erziehung. In: Hildeschmidt, A./Schnell, I. (Hrsg.): Integrationspädagogik. Auf dem Weg zu einer Schule für alle. Weinheim, München: Juventa, S. 223–240.
Preuss-Lausitz, U. (2009): Integrationsforschung. Ansätze, Ergebnisse und Perspektiven. In: Eberwein, H./Knauer, S. (Hrsg.): Integrationspädagogik. 7. Auflage. Weinheim, Basel: Beltz, S. 458–470.
Preuss-Lausitz, U. (2010): Separation oder Inklusion. Zur Entwicklung der sonderpädagogischen Förderung im Kontext der allgemeinen Schulentwicklung. In: Berkemeyer, N./Bos, W./Holtappels, H. G./McElvany, N. (Hrsg.). Jahrbuch der Schulentwicklung: Band 16: Daten, Beispiele und Perspektiven. Weinheim, München: Juventa, S. 153–180.
Preuss-Lausitz, U. (2015): Wissenschaftliche Begleitungen der Wege zur inklusiven Schulentwick-

lung in den Bundesländern – Versuch einer Übersicht. In: Schnell, I. (Hrsg.): Herausforderung Inklusion. Bad Heilbrunn: Klinkhardt, S. 402–430.

Preuss-Lausitz, U. (2016): Thoughput instead of input: Herausforderungen beim Wegfall der Feststellungsdiagnostik in den Förderbereichen Lernen, Emotionale und soziale Entwicklung und Sprache. In: Zeitschrift für Heilpädagogik 67, H. 5, S. 204–214.

Preuss-Lausitz, U. (2019): Anfänge der Inklusion und Entwicklungen seit 40 Jahren. In: Sasse, A./Kracke, B./Czempiel, S./Sommer, S. (Hrsg.): Schulische Inklusion in der Kommune. Münster, New York: Waxmann, S. 51-64.

Reiser, H./Willmann, M./Urban, M. (2007): Sonderpädagogische Unterstützungssysteme bei Verhaltensproblemen in der Schule. Bad Heilbrunn: Klinkhardt.

Sasse, A./Schulzeck, U. (2017): Zentrale Ergebnisse des Thüringer Schulversuchs ›Unterrichtung von Schülern mit sonderpädagogischem Förderbedarf im Lernen im gemeinsamen Unterricht nach den Lehrplänen der Grund- und Regelschule‹. Erfurt: Thüringer Ministerium für Bildung, Wissenschaft und Kultur.

Schnell, I. (2003): Geschichte schulischer Integration. Gemeinsames Lernen von SchülerInnen mit und ohne Behinderung in der BRD seit 1970. Weinheim, München: Juventa.

Schnell, I./Sander, A./Federolf, C. (Hrsg.) (2011): Zur Effizienz von Schulen für Lernbehinderte. Forschungsergebnisse aus vier Jahrzehnten. Bad Heilbrunn: Klinkhardt.

Stanat, P./Schipolowski, S./Rjosk, C./Weirich, S./Haag, N. (Hrsg.) (2017): Kompetenzen in den Fächern Deutsch und Mathematik am Ende der 4. Jahrgangsstufe im zweiten Ländervergleich. Köln u. a.: Waxmann.

Tent, L./Witt, M./Zschoche-Lieberum, C./Bürger, W. (1991): Über die pädagogische Wirksamkeit der Schule für Lernbehinderte. In: Zeitschrift für Heilpädagogik 42, H. 5, S. 289–320.

Voß, S./Blumenthal, Y./Diehl, K./Marten, K./Mahlau, K./Sikora, S./Hartke, B. (2016): Der Response-to-Intervention-Ansatz in der Praxis. Evaluationsergebnisse zum Rügener Inklusionsmodell. Münster u.a: Waxmann.

Wild, E./Lütje-Klose, B./Schwinger, M./Gorges, J./Neumann, P. (2017): BiLief – Bielefelder Längsschnittstudie zum Lernen in inklusiven und exklusiven Förderarrangements. Schlussbericht an das BMBF.

Wischer, B./Tillmann, K.-J. (Hrsg.) (2009): Erziehungswissenschaft auf dem Prüfstand. Schulbezogene Forschung und Theoriebildung von 1970 bis heute. Weinheim, München: Juventa.

Wocken, H. (1993): Bewältigung von Andersartigkeit. In: Gehrmann, P./Hüwe, B. (Hrsg.): Forschungsprofile der Integration von Behinderten. Essen, S. 86–106.

Wocken, H. (2000): Leistung, Intelligenz und Soziallage von Schülern mit Lernbehinderungen. In: Zeitschrift für Heilpädagogik 51, H. 12, S. 492–503.

Wocken, H. (2017a): ›Wer andern eine Falle stellt, fällt selbst hinein‹. Über die unfreiwillige Demaskierung des Elternwahlrechts durch die ›Inklusionsfalle‹ (Felten). In: Wocken, H. (Hrsg.): Beim Haus der inklusiven Schule. Hamburg: Feldhaus, S. 144–154.

Wocken, H. (2017b): Das Präsenz-Professionalitäts-Dilemma. In: Wocken, H. (Hrsg.): Beim Haus der inklusiven Schule. Hamburg: Feldhaus, S. 251–292.

Wocken, H. (2018): Das Scheitern der Pseudo-Inklusion. In: www.bildungsklick.de/schule/meldung/ (Abruf 4.8.2018).

Elisabeth Maué und Katharina Maag Merki

Zentrale Abiturprüfungen – Wirkungspotenziale aus theoretischer und empirischer Perspektive

1. (Bildungspolitischer) Kontext zentraler Abiturprüfungen

Schriftliche zentrale Abiturprüfungen, die aktuell bis auf Rheinland-Pfalz in ganz Deutschland durchgeführt werden, blicken in den Bundesländern auf unterschiedlich lange Traditionen zurück. Ihre Einführung erfolgte in drei gesellschaftlichen und bildungspolitischen Umbruchphasen: Nach dem Zweiten Weltkrieg übernahmen Baden-Württemberg, Bayern, Hessen, Rheinland-Pfalz und das Saarland zentrale Prüfungen von den amerikanischen und französischen Besatzungsmächten. Hessen und Rheinland-Pfalz schafften diese nach Gründung der Bundesrepublik Deutschland Anfang der 1950er Jahre jedoch wieder ab. Nach der deutschen Wiedervereinigung behielten Mecklenburg-Vorpommern, Sachsen, Sachsen-Anhalt und Thüringen die bereits in der Deutschen Demokratischen Republik bestehenden zentralen Prüfungen (Ausnahme Brandenburg). Im Rahmen umfangreicher Reformen nach dem sogenannten »PISA-Schock« implementierten ab Mitte der 2000er Jahre Berlin, Brandenburg, Bremen, Hamburg, Hessen, Niedersachsen, Nordrhein-Westfalen und Schleswig-Holstein ebenfalls zentrale Abiturprüfungen (Helbig/Nikolai 2015; van Ackeren/Klemm/Kühn 2015; vbw – Vereinigung der Bayerischen Wirtschaft e. V. 2011). Im Jahr 2017 ergänzten erstmals alle Bundesländer ihre landesweiten zentralen schriftlichen Abituraufgaben um schriftliche Abituraufgaben aus einem bundesweiten Aufgabenpool für die Fächer Deutsch, Englisch, Französisch und Mathematik. Die Grundlage für die Entwicklung der Abituraufgaben bilden die 2012 verabschiedeten Bildungsstandards für die Allgemeine Hochschulreife (Kultusministerkonferenz 2017).

Allerdings bestehen hinsichtlich der Ausgestaltung zentraler Abiturprüfungen deutliche Unterschiede zwischen den Bundesländern. So variieren die Art und Anzahl der zu absolvierenden Fächer sowie das jeweilige Anforderungsniveau (Helbig/Nikolai 2015; Kühn 2012; Neumann 2014). Daher soll ein Teil dieser Unterschiede im Zuge des bundesweiten Aufgabenpools harmonisiert werden (Kultusministerkonferenz 2017). Die Gemeinsamkeit des »Zentralen« ist, dass bundeslandweit alle Schülerinnen und Schüler am selben Tag dieselbe zentral und extern entwickelte Abiturprüfung schreiben, welche anhand zentraler Kriterien von den Kurslehrpersonen dezentral korrigiert wird. Die mündlichen Abiturprüfungen erfolgen weiterhin dezentral. Obwohl zentrale Abiturprüfungen einen höheren Standardisierungsgrad als dezentrale Abiturprüfungen aufweisen, fällt dieser im internationalen Vergleich, insbesondere mit Blick auf englischsprachige Länder, eher gering aus (Klein et al. 2009; Kühn 2012; van Ackeren et al. 2015).

Zentrale Abschlussprüfungen sollen als externes Steuerungselement einen Beitrag leisten zur Erreichung, Sicherung und Steigerung der Leistungen sowie der Transparenz, Objektivität und Vergleichbarkeit von Anforderungen, Bewertungen, Noten und Abschlüssen – und damit insgesamt zu einer Erhöhung der Qualität (Amrein/Berliner 2002; Kühn 2012; Maag Merki 2008; 2016; Neumann 2014; van Ackeren/Bellenberg 2004; van Ackeren et al. 2015; vbw – Vereinigung der Bayerischen Wirtschaft e. V. 2011). Des Weiteren wird eine Sicherung von Standards und von einer fundierten Grundbildung sowie eine Verbreitung von Innovationen angenommen (Kühn 2010; Kultusministerkonferenz 2017). Zudem können zentrale Abiturprüfungen das Monitoring der Leistungen von Schülerinnen und Schülern, Lehrpersonen und Schulen erleichtern (Bishop/Wößmann 2004).

National und international sind zentrale Abschlussprüfungen nicht unumstritten und divergierende empirische Befunde liefern Argumente für Befürworterinnen und Befürworter wie auch für Kritikerinnen und Kritiker.

Welche (potenziellen) Auswirkungen mit der Einführung zentraler Abiturprüfungen einhergehen, insbesondere in längerfristiger Perspektive, ist Gegenstand dieses Beitrages. Dafür wird zunächst ein theoretisches Wirkungs- und Prozessmodell skizziert. Anschließend werden empirische Befunde zu den Wirkungen der Implementation zentraler Abiturprüfungen zu dem Modell in Beziehung gesetzt. Eine Diskussion rundet den Beitrag ab.

2. Wirkungs- und Prozessmodell aus erziehungswissenschaftlicher Perspektive

Modelle, die den Zusammenhang zwischen Abschlussprüfungen, Unterricht und Lernergebnissen skizzieren, basieren auf unterschiedlichen theoretischen Ansätzen. Die Forschungsarbeiten von Bishop (1999), Wößmann (2003) oder Piopiunik, Schwerdt und Wößmann (2014) orientieren sich an institutionsökonomischen Theorien, insbesondere an der Prinzipal-Agenten-Theorie (Ebers/Gotsch 2019). Die besseren Leistungen, die mit der Einführung zentraler Abiturprüfungen einhergehen sollen, lassen sich hierbei einerseits durch die größere Signalwirkung zentraler Prüfungen und damit zusammenhängend mit dem größeren Einsatz der Schülerinnen und Schüler erklären. Andererseits gehen die Autoren davon aus, dass der größere Druck von Seiten der Schülerinnen und Schüler, der Eltern und der Klasse zu mehr Engagement der Lehrpersonen und weiterer zentraler Akteure sowie zu einer Optimierung der pädagogischen Praxis und des Ressourceneinsatzes führt.

Theoretische Modelle, die sich an Schulqualitäts- und Schulentwicklungstheorien orientieren, legen den Fokus stärker auf Feedback- und Regulationsprozesse. Sie nehmen expliziter die Mehrebenenstruktur des Bildungswesens in den Blick und gehen im Gegensatz zur Prinzipal-Agenten-Theorie davon aus, dass bessere Leistungen der

Schülerinnen und Schüler nicht primär mit dem stärkeren Einsatz der Akteure und äußerem Druck erklärt werden können. Demnach sind Motivationen oder Anstrengung der Schülerinnen, Schüler und Lehrpersonen lediglich notwendige, nicht aber hinreichende Einflussfaktoren (Brühlwiler/Helmke 2018; Creemers/Kyriakides 2008; Fend 2008).

In Anlehnung an ein kybernetisches Modell (Wiener 1948) wird hingegen angenommen, dass über Feedbacksysteme zentrale Akteure in der Schule Vorgaben, Reglemente und Informationen über Differenzen zwischen einem Ziel- und einem Istzustand interpretieren und verarbeiten. Entsprechend dieser Auseinandersetzung passen sie Motivationen und Handlungen so an, dass die Differenz zwischen Ziel- und Istzustand minimiert wird.

Ein entsprechendes (einfaches) Modell ist jenes von Hamilton, Stecher, Russell, Marsh und Miles (2008). Die Leistungsergebnisse der Schülerinnen und Schüler sowie die daraus folgenden Konsequenzen (Incentives, Informationen, Assistenzen) bilden den zentralen Wirkmechanismus. Der Zusammenhang zwischen den Standards und den Leistungen der Schülerinnen und Schüler wird darüber hinaus durch die Motivationen und Einstellungen sowie durch die Kapazitäten der Akteure beeinflusst. Diese haben wiederum Auswirkungen auf die Modifikationen der schulischen Praxis auf Distrikt-, Schul- und Klassenebene.

Allerdings ist auch dieses Modell kaum geeignet, den komplexen Zusammenhang zwischen zentralen Abschlussprüfungen, schulischen und unterrichtlichen Prozessen sowie Lernergebnissen adäquat zu beschreiben. Daher ist es notwendig, die Rahmenbedingungen und Strukturen, die Akteure und die Stationen der Auseinandersetzung, Entwicklung und Umsetzung von Abschlussprüfungen differenzierter zu beschreiben und nicht-lineare Prozesse verstärkt in den Blick zu nehmen. Nachfolgend wird auf ein paar Aspekte eingegangen, die an anderen Stellen ausführlicher beschrieben sind (Holmeier/Maag Merki/Hirt 2017; Maag Merki 2014; 2016).

- *Rahmenbedingungen und Strukturen*: Reglemente, behördliche Vorgaben, Unterstützungsangebote, Anreizsysteme für die Akteure oder das implementierte Governance-System sind zentrale Einflussfaktoren auf der ›Oberfläche‹ des Wirkungszusammenhangs. Wie förder- oder sanktionsorientiert das Prüfungssystem ausgerichtet ist, hat einen zentralen Einfluss auf das Handeln der Lehrpersonen, Schülerinnen und Schüler sowie auf Unterrichtsprozesse und die Lernergebnisse (Fuller/Henne/Hannum 2008; Maag Merki 2014; 2016).
- *Akteure*: Das Handeln der Akteure, ihre Motivationen, Kompetenzen und Interessen beeinflussen den Wirkungszusammenhang bedeutsam. Akteure gestalten auf den unterschiedlichen Ebenen des Bildungssystems Abschlussprüfungen mit: von den politischen und administrativen Behörden sowie Aufsichtsbehörden und den entsprechende Gremien in den Regionen und Kommunen über intermediäre Akteure wie Ausbildungs- und Weiterbildungsinstitutionen, Lehrpersonen, Schulleitungs- oder Elternverbänden zu den Fachkollegien, Lehrpersonen und Schulleitungen vor Ort, den konkreten Unterrichtspraktiken und dem Lern- und

Vorbereitungsverhalten der Schülerinnen und Schüler, in der Schule, aber auch außerhalb. Die Wirkungen von zentralen Abschlussprüfungen sind somit nicht Ergebnis eines linearen, zweck-rationalen Prozesses, sondern geprägt durch Interpretations- und Transformationsprozesse (Fend 2008) bzw. sensemaking-Prozesse (Weick 2001) der individuellen und institutionellen Akteure. Werden die Rahmenbedingungen und Strukturen der Abschlussprüfungen als Oberflächenstrukturen bezeichnet (siehe oberer Punkt), so können die Akteure, ihre Motivationen und ihr Handeln als Tiefenstrukturen benannt werden.

- *Auseinandersetzungsprozess*: Hier lassen sich ein kurzfristiger und ein längerfristiger Auseinandersetzungsprozess unterscheiden, die allerdings eng miteinander verwoben sind. Der kurzfristige Prozess beschreibt die konkrete Auseinandersetzung der Lehrpersonen mit den Vorgaben in einem bestimmten Jahr und in einer bestimmten Klasse. Analog zu dem kybernetischen Modell werden Handlungen und Ergebnisse laufend, explizit sowie implizit, in Auseinandersetzung mit dem Soll-Zustand, nämlich die Erreichung der Lernziele und die Vorbereitung auf die Abschlussprüfung, verglichen. Dieser Monitoringprozess ist gerade bei zentralen Abschlussprüfungen herausforderungsreich, da zwar die groben Schwerpunktthemen bekannt sind, die Lehrpersonen aber nicht genau wissen, was geprüft wird, welche Vorbereitung dazu optimal ist, welches die Gründe für die Nichterreichung von Zwischenzielen sein könnten oder inwiefern weitere Aspekte den Vorbereitungs- und Unterrichtsprozess gefährden. Dieser kurzfristige Prozess ist zudem beeinflusst vom langfristigen Prozess der Auseinandersetzung mit zentralen Abschlussprüfungen, den langfristigen Erfahrungen, die die Lehrpersonen mit früheren Kursen gemacht haben, welche Konsequenzen sie aus den früheren Erfahrungen für die eigene Praxis ableiten und ob diese Konsequenzen zielführend sind.

Aufgrund dieses komplexen Zusammenhangs verschiedener Aspekte und Faktoren und in Auseinandersetzung mit Ergebnissen aus der Schulentwicklungsforschung, die zeigen, dass nachhaltige Effekte von Reformen mehrere Jahre brauchen (z. B. Bryk et al. 2010), kann davon ausgegangen werden, dass Wirkungen zwar in einzelnen Bereichen bereits kurzfristig sichtbar werden, so beispielsweise im emotionalen Erleben der Lehrpersonen, Schülerinnen und Schüler (Maué 2017; Maué/Maag Merki/Oerke 2012). In anderen Bereichen ist aber anzunehmen, dass sich gewisse Effekte erst verzögert einstellen, weil neue Praktiken, Kompetenzen oder Einstellungen erst über die Erfahrungen der Schülerinnen, Schüler und Lehrpersonen sowie über die entsprechenden Feedback- und Verarbeitungsprozesse aufgebaut werden (Maag Merki 2014). Gerade die mit der Einführung von zentralen Abschlussprüfungen gewünschten Effekte, wie eine stärkere Standardisierung der Beurteilungspraxis oder eine Verbesserung der Leistungen der Schülerinnen und Schüler, sind kaum kurzfristig, eher mittel- oder langfristig, zu erreichen, da die Orientierung an klassen- und schulübergreifenden Standards nicht einzig über Anstrengung oder Motivation erreicht werden kann, sondern Erfahrung und Modifikationen des Handelns erfordert.

3. Effekte und Veränderungen aufgrund der Ein- und Durchführung zentraler Abiturprüfungen

Die Einordnung empirischer Befunde in die oben dargestellte theoretische Differenzierung von Rahmenbedingungen und Strukturen, Akteuren und Aushandlungsprozessen erfolgt vorrangig mit Rückgriff auf Befunde aus Studien im deutschsprachigen Raum, da aufgrund der substanziellen Differenzen im Prüfungssystem Befunde aus dem anglo-amerikanischen Bereich für die deutschsprachigen Länder nicht oder nur wenig aussagekräftig sind.

3.1 *Rahmenbedingungen und Strukturen*

Die Rahmenbedingungen und Strukturen zentraler Abiturprüfungen werden auf der Makroebene von bildungspolitischen Akteuren gestaltet, etwa mit der Festlegung der Anzahl der (zentralen) Prüfungsfächer oder des Ausmaßes des Einbezugs der Lehrpersonen in die Diskussion von Schwerpunktthemen. Sie bilden damit die Umwelt für das Handeln auf der Meso- und Mikroebene.

Insbesondere der Eingriff in die Entwicklung der Prüfungsaufgaben und deren Korrektur, und damit in eines der zentralen Handlungsfelder des Lehrberufs, birgt einerseits die Gefahr der Deprofessionalisierung (Bellmann 2016; van Ackeren et al. 2012). Andererseits, mitunter als Resultat von Deprofessionalisierung, droht eine Konzentration auf teaching to the test bzw. test preparation, das heißt die strategische Vorbereitung auf die zentralen Abiturprüfungen bei gleichzeitiger Vernachlässigung anderer Themen, Fächer oder Interessen (Hamilton/Stecher/Klein 2002; Koretz 2008). Das Risiko ist umso größer, je weitreichender die Konsequenzen sind, die sich aus den Prüfungsergebnissen für die unterschiedlichen Akteure ergeben (high vs. low-stakes). Auch wenn zentrale Abiturprüfungen in Deutschland für Schulen und Lehrpersonen als low-stakes konzipiert sind, kann durch Strukturen und Handlungen auf der Mesoebene durchaus ein high-stakes Charakter entstehen. Zudem muss zwischen objektiven und subjektiven stakes differenziert werden (Bellmann 2016). Mit der frühzeitigen Bekanntgabe der Schwerpunktthemen, welche die Grundlage für die zentralen Abiturprüfungen in den einzelnen Fächern bilden, bietet die Makroebene den Akteuren der Meso- und Mikroebene jedoch eine verlässliche inhaltliche Orientierung und transparente Anforderungen (Kahnert et al. 2015). Dies schlägt sich etwa in einer positiven Beurteilung der Qualität der zentralen Abituraufgaben, der zentralen Korrekturkriterien sowie des Korrekturaufwandes seitens der Lehrpersonen nieder (Appius/Holmeier 2012; Hoffmann/Schröter/Stanat o. J.).

3.2 *Akteure*

Bei der Umstellung von dezentralen zu zentralen Abiturprüfungen stehen als Akteure insbesondere die *Schülerinnen und Schüler* und ihre Leistungen bzw. deren Steigerung im Fokus. Die vor der dritten Einführungsphase zentraler Abiturprüfungen (ca.

Mitte 2000) erhobene TIMSS/III-Studie verweist auf Effekte der Standardsicherung im unteren Leistungsbereich in Mathematik (Baumert/Watermann 2000). Diese finden sich in der zwei Bundesländer vergleichenden Zentralabitur-Studie (Maag Merki 2012a; 2016) ebenfalls in Bremen, nicht jedoch in Hessen. In beiden Bundesländern führt die Einführung zentraler Abiturprüfungen zudem zu einer leichten Steigerung der Leistungen in den Englisch-Leistungskursen.

Ein Kritikpunkt an zentralen Abschlussprüfungen ist der mit ihnen einhergehende größere Druck und Stress für Lehrpersonen, Schülerinnen und Schüler (Bishop 1999; Jürges/Schneider 2010). Bei Letzteren wirkt sich die Einführung zentraler Abiturprüfungen jedoch (fast) nicht auf die Angst vor Misserfolg aus (Maag Merki 2012b; Maag Merki/Holmeier 2012; Maué 2017). Bezüglich der Unsicherheit hinsichtlich der Anforderungen und des Erfolgs im Abitur liegen differentielle Befunde vor, ebenso zum Einfluss von Unterrichtsbedingungen (Reduktion durch Vorbereitung im Unterricht, Erhöhung durch Leistungserwartungen und Autonomie) (Maué 2017; Oerke 2012b). Insgesamt sind die Effekte unterrichtlicher und schulischer Faktoren auf die beiden Emotionen über die Zeit und unabhängig von der Prüfungsform relativ stabil.

Für die Attributionen der Schülerinnen und Schüler zeigen sich differenzielle Auswirkungen einzig in den Grundkursen. Sie variieren in Abhängigkeit des von den Schülerinnen und Schülern selbst eingeschätzten Erfolgs oder Misserfolgs im Abitur (Oerke 2012b; Oerke et al. 2011). Beim selbstregulierten Lernen unterscheiden sich die Auswirkungen zwischen den Jahren, den Bundesländern, den Kursniveaus und den Fächern. Jedoch fallen sie insgesamt in einem normativen Sinn eher positiv aus (Maag Merki/Holmeier 2012).

Lehrpersonen empfinden mit der Reform der Prüfungsorganisation eine Steigerung von Druck und Unsicherheit, welche sich jedoch aufgrund von Erfahrungen mit zentralen Abiturprüfungen über die Zeit wieder reduzieren. Im Gegenzug nehmen die Entlastung sowie die individuelle und kollektive Selbstwirksamkeit zu (Jäger 2012b; Maué et al. 2012; Oerke 2012b; van Ackeren et al. 2012).

Die durch die Einführung zentraler Abiturprüfungen veränderten Rahmenbedingungen schlagen sich auch im *Unterricht* nieder, etwa wenn Lehrpersonen die Themen eingrenzen, um die Schülerinnen und Schüler anhand der Schwerpunktthemen gezielt(er) auf die Abiturprüfungen vorzubereiten (Holmeier/Maag Merki 2012; Jäger 2012a; Oerke et al. 2013; van Ackeren et al. 2012). Die verstärkte Eingrenzung der Themen im Hinblick auf die Vorbereitung auf die zentralen Abiturprüfungen ist insofern problematisch, als dass aktuellen oder regionalen Themen sowie Themen, die nicht im Fokus der Abiturprüfungen stehen, weniger Zeit eingeräumt wird und somit die Lebenswelt der Schülerinnen und Schüler oder einzelschulische Bedingungen nicht ausreichend berücksichtigt werden. Weitere Ergebnisse zeigen zudem, dass sich eine verstärkte Eingrenzung auf Abiturthemen nicht lohnt: Sie geht einher mit einem geringeren Interesse der Schülerinnen und Schüler an den Unterrichtsinhalten, ohne dass damit die Abiturleistungen verbessert werden (Oerke et al. 2013; van Ackeren et al. 2012).

Ein Ziel der Einführung zentraler Abiturprüfungen liegt in der Steigerung der Vergleichbarkeit der Noten. Inwiefern Lehrpersonen seitdem bei der Korrektur vermehrt die kriteriale Bezugsnorm anwenden, ist empirisch nicht eindeutig geklärt (Holmeier 2013; van Ackeren et al. 2012). Eine generelle Erhöhung der Vergleichbarkeit der Abiturnoten kann nicht bescheinigt werden, dafür variieren die Befunde fach-, kursniveau-, schul- und bundeslandspezifisch zu sehr. Standardisierungseffekte zeigen sich am ehesten für die Grundkurse sowie, allerdings nicht durchgängig, für die Halbjahresnoten in der viersemestrigen Qualifizierungsphase vor den zentralen Abiturprüfungen, die ebenfalls in die Abiturgesamtnote einfließen (Holmeier 2013; Maag Merki/Holmeier 2015; Maué 2013; 2016).

3.3 Auseinandersetzungsprozess in kurz- und längerfristiger Perspektive

Hinweise auf Auseinandersetzungsprozesse mit zentralen Abiturprüfungen seitens der Lehrpersonen liefern Befunde von Oerke (2012a). Bereits im ersten Jahr der Durchführung hat sich ein Großteil der Lehrpersonen mit den zentralen Abiturprüfungen auseinandergesetzt und diese akzeptiert, wobei sich verschiedene Subgruppen ausmachen lassen. Der Fokus der Auseinandersetzung liegt dabei vorrangig auf den Leistungen und Problemen der Schülerinnen und Schüler und wenig(er) auf dem eigenen Unterricht und dessen Verbesserung. Damit scheint das mit zentralen Abiturprüfungen verbundene Innovationspotenzial nicht ausreichend genutzt (Kühn 2010).

Ein weiterer Aspekt von Auseinandersetzung ist in der Kooperation von Lehrpersonen zu sehen, wofür eine Reform und damit einhergehende Änderungen von Anforderungen und Strukturen ein Anlass sein kann. Während Lehrpersonen in Nordrhein-Westfalen eine Erhöhung der Kooperationsintensität berichten (van Ackeren et al. 2012), bleibt in Bremen und Hessen die Häufigkeit der Kooperation, von einigen kurzfristigen Schwankungen abgesehen, stabil. Sie hängt in größerem Ausmaß vom Wunsch nach bzw. von den generellen Einstellungen zu Kooperation, von der Berufserfahrung und vom Schulklima ab, wird jedoch nicht durch die Einführung zentraler Abiturprüfungen gestärkt (Appius 2012).

Für die Differenzierung zwischen kurzfristigen und längerfristigen Auseinandersetzungsprozessen sind Längsschnittdaten, im Idealfall vor und nach der Reform der Abiturprüfungen, von Nöten. Diese liegen im deutschsprachigen Raum einzig bei der Zentralabitur-Studie für Bremen für einige Leistungskurse vor (Maag Merki 2016) und ermöglichen einen Vergleich des letzten Jahres unter dezentralen (2007) mit dem ersten (2008), zweiten (2009) und vierten Jahr (2011) unter zentralen Bedingungen. Deshalb soll zum Schluss ein besonderes Augenmerk auf ausgewählten längerfristigen Veränderungen seit der Reform der Prüfungsorganisation liegen. Kurzfristige Effekte, die in längerfristiger Perspektive wieder verschwinden und keinen Unterschied zwischen dezentralen (2007) und zentralen Abiturprüfungen (2011) erkennen lassen, stehen damit nicht im Fokus. Insbesondere beim emotionalen Erleben der Lehrpersonen zeigen sich kurzfristige Veränderungen, die sich längerfristig festigen: Unsicherheit, Leistungsdruck und Arbeitsunzufriedenheit reduzieren sich zunächst und bestehen anschließend längerfristig auf niedrigerem Niveau fort. Umgekehrt nimmt das Gefühl der Entlastung bereits nach kurzer Zeit zu und bleibt fortan auf dem höheren Niveau (Maué et al. 2012).

Mit Blick auf die Unterrichtsgestaltung zeigt sich erstens, dass die Lehrpersonen die Themenvarianz auch längerfristig bei zentral geprüften Kursen stärker einschränken als bei dezentral geprüften Kursen (Oerke et al. 2013). Zweitens erleben die Schülerinnen und Schüler den Unterricht längerfristig in größerem Ausmaß als unterstützend und motivierend (Maag Merki/Oerke 2017; Maué 2017).

Hinsichtlich der Notengebung in den Leistungskursen ist bei den Abiturnoten längerfristig eine vermehrte Orientierung an schulweiten Benotungsstandards zu verzeichnen. Auf individueller Ebene sind Standardisierungstendenzen dagegen eher bei den Halbjahresnoten zu beobachten (Maag Merki/Holmeier 2015; Maué 2016).

4. Diskussion

In diesem Beitrag wurde untersucht, welche (potenziellen) Auswirkungen mit der Einführung zentraler Abiturprüfungen einhergehen, insbesondere in längerfristiger Perspektive. Dazu wurden eine theoretische und empirische Perspektive eingenommen. Wie können nun die Befunde zusammengefasst und bewertet werden? Die Beantwortung der Frage nach intendierten und nicht-intendierten Wirkungen zentraler Abiturprüfungen stützt sich nachfolgend ebenfalls auf die bisher erfolgte theoretische und empirische Differenzierung von Rahmenbedingungen und Strukturen, Akteuren und Aushandlungsprozessen.

4.1 Rahmenbedingungen und Strukturen

Aufgrund der empirischen Befundlage lässt sich keine generelle Erfüllung des mit zentralen Abiturprüfungen verbundenen Ziels der Vergleichbarkeit von Anforderungen, Leistungen und Abschlüssen belegen. Vielmehr liegen insbesondere für die Vergleichbarkeit von Leistungen und Noten je nach Bundesland, Fach und Anforderungsniveau differierende Befunde vor. Hingegen scheinen die zentralen, extern entwickelten Abituraufgaben zu einer stärkeren Vergleichbarkeit der Anforderungen auf Bundeslandebene beizutragen. Gleiches gilt für die Abituraufgaben aus dem bundesweiten Pool. An den relativ großen Handlungsfreiheiten der einzelnen Schulen und Akteure (auch hinsichtlich der viersemestrigen Qualifikationsphase) ändert jedoch auch der bundesweite Pool für schriftliche Abituraufgaben für die Fächer Deutsch, Englisch, Französisch und Mathematik nichts. Insofern ist hinsichtlich der mit bundesweit einheitlichen Abituraufgaben verbundenen Intention, dass vergleichbare fachliche Anforderungen eine normierende Wirkung auf alle Prüfungen im Abitur und in der Qualifikationsphase ausüben (Kultusministerkonferenz 2017), Skepsis angebracht. Vor dem Hintergrund von Befunden, die auf die Komplexität der Aktivierung des Innovationspotenzials zentraler Abiturprüfungen verweisen (Kühn 2011), stellt sich vielmehr die Frage, mit welchen begleitenden Feedback-, Förder- und Professionalisierungsmaßnahmen dies deutschlandweit gelingen kann, wenn es sich bereits auf Ebene der einzelnen Bundesländer als schwierig erweist.

4.2 Akteure

Dass sich Lehrpersonen durch zentrale Abiturprüfungen entlastet fühlen, ist bildungspolitisch intendiert und deutet darauf hin, dass Lehrpersonen in Ländern mit zentralen Abschlussprüfungen nicht per se mehr Stress und Druck erleben (entgegen Bishop 1999). Dies mag in den im internationalen Vergleich geringen Konsequenzen, die mit den Ergebnissen zentraler Abiturprüfungen für Lehrpersonen in Deutschland einhergehen, begründet sein. Der positive Einfluss von Erfahrungen mit den zentralen Abiturprüfungen, von kollegialen Netzwerken und vom Schulklima auf die Emotionen verweist auf wichtige individuelle wie kollektive Ressourcen bei der Umsetzung von Reformen und bietet einen Ansatzpunkt für Maßnahmen von Personal-, Organisations- und Schulentwicklung (Rolff 2010).

Auch unter den Rahmenbedingungen zentraler Abiturprüfungen können Aspekte der Unterrichtsqualität umgesetzt werden, die für das Lernen der Schülerinnen und Schüler förderlich sind (Helmke 2014), wie die längerfristige Steigerung des Erlebens von Unterricht als motivierend und unterstützend seitens der Schülerinnen und Schüler zeigt. Nicht intendiert ist hingegen die auch nach mehreren Jahren mit zentralen Abiturprüfungen reduzierte Themenvarianz. Hier können Professionalisierungsmaßnahmen ansetzen, um Handlungsroutinen aufzubrechen und Unterrichtsentwicklung anzuregen. Dies dürfte zudem mit einer Förderung des fachlichen Interesses der Schülerinnen und Schüler einhergehen und damit die Unterrichtsqualität steigern.

4.3 Aushandlungsprozesse

Voraussetzung für die Akzeptanz zentraler Abiturprüfungen ist eine Auseinandersetzung mit diesen, was bereits im ersten Jahr der Durchführung ein Großteil der Lehrpersonen getan hat – jedoch vorrangig mit Bezug zu den Leistungen und Problemen der Schülerinnen und Schüler und wenig(er) hinsichtlich des eigenen Unterrichts und dessen Verbesserung (Oerke 2012a). Dies scheint zum einen durch die Merkmale zentraler Abiturprüfungen (grobe inhaltliche Schwerpunktthemen, externe Aufgaben mit konkreten externen Bewertungskriterien, Fokussierung der Ziele u. a. auf Leistungen) bedingt zu sein. Zum anderen ist ein komplexer Reflexionsprozess mit Modifikationen des Handelns voraussetzungsreicher und erfordert mehr Zeit. Die insgesamt eher positive Einschätzung der Qualität der bundeslandweiten wie bundesweiten Abituraufgaben leistet ebenfalls einen Beitrag zur Akzeptanz dieser Prüfungsform.

Zusammenfassend lassen sich die von Seiten der Bildungspolitik erhofften Wirkungen zentraler Abiturprüfungen auf Ebene der Schülerinnen, Schüler und Lehrpersonen sowie auf die Ergebnisse des von den beiden Akteuren in gemeinsamen ko-konstruktiven Prozessen (Fend 2008) verantworteten Unterrichts weder in dem intendierten Maß noch generell nachweisen. Dies mag unter anderem durch einzelschulspezifische Interpretations- und Transformationsprozesse bedingt sein (Fend 2008). Es wird deutlich, dass Modifikationen der Strukturen infolge von Reformen – verstanden als Gestaltungs-, Veränderungs- und Steuerungsbemühungen seitens des Staates und der Politik (Rürup 2011) – nicht allein aus sich heraus wirken (Oberflächenstruktur), sondern zusätzlich einer Übersetzung in Veränderungen des Handelns bedürfen (Tiefenstruktur). Dies erfordert zum einen seitens der Akteure Einsicht in die Ziele der Reform und die Bereitschaft, das eigene sowie das kollektive Handeln zu reflektieren und gegebenenfalls zu verändern. Zum anderen sind flankierende Maßnahmen der Schul- und Unterrichtsentwicklung und der Professionalisierung sowie ein umfassendes Feedback- und Unterstützungssystem nötig. Diese Prozesse brauchen Zeit und Gelegenheiten zur gemeinsamen sowie individuellen Reflexion. Insofern greift die Sichtweise der Kultusministerkonferenz (2017), dass für die Verwendung von Abituraufgaben aus dem bundesweiten Pool einerseits die Informationen und Fortbildungen zu den Abituraufgaben zugrundeliegenden Bildungsstandards und andererseits Orientierungsaufgaben und Begleitmaterialien ausreichend seien, zu kurz. Es ist zu befürchten, dass stattdessen die nicht-intendierte thematische Engführung des Unterrichts auf die Abiturprüfungen begünstigt wird, was der intendierten Innovation des Unterrichts entgegensteht. Dies bleibt vorerst allerdings eine Hypothese, die es in Zukunft zu untersuchen gilt.

5. Literatur

Amrein, A. L./Berliner, D. C. (2002): High-Stakes Testing, Uncertainty, and Student Learning. In: Education Policy Analysis Archives 10, H. 18, S. 1-74.

Appius, S. (2012): Kooperationen zwischen Lehrpersonen im Zusammenhang mit dem Abitur. In: Maag Merki, K. (Hrsg.): Zentralabitur. Die längsschnittliche Analyse der Wirkungen der Einführung zentraler Abiturprüfungen in Deutschland. Wiesbaden: Springer VS, S. 91-113.

Appius, S./Holmeier, M. (2012): Beurteilung der Abituraufgaben und Korrekturhinweise. In: Maag Merki, K. (Hrsg.): Zentralabitur. Die längsschnittliche Analyse der Wirkungen der Einführung zentraler Abiturprüfungen in Deutschland. Wiesbaden: Springer VS, S. 353-381.

Baumert, J./Watermann, R. (2000): Institutionelle und regionale Variabilität und die Sicherung gemeinsamer Standards in der gymnasialen Oberstufe. In: Baumert, J./Bos, W./Lehmann, R. (Hrsg.): TIMSS/III. Dritte Internationale Mathematik- und Naturwissenschaftsstudie. Mathematische und naturwissenschaftliche Bildung am Ende der Schullaufbahn. Band 2: Mathematische und physikalische Kompetenzen am Ende der gymnasialen Oberstufe. Opladen: Leske & Budrich, S. 317-372.

Bellmann, J. (2016): Output- und Wettbewerbssteuerung im Schulsystem. Konzeptionelle Grundlagen und empirische Befunde. In: Heinrich, M./Kohlstock, B. (Hrsg.): Ambivalenzen des Ökonomischen. Analysen zur »Neuen Steuerung« im Bildungssystem. Wiesbaden: Springer, S. 13-34.

Bishop, J. H. (1999): Are national exit examinations important for educational efficiency? In: Swedish Economic Policy Review, H. 6, S. 349-398.

Bishop, J. H./Wößmann, L. (2004): Institutional Effects in a Simple Model of Educational Production. In: Education Economics 12, H. 1, S. 17-38.

Brühlwiler, C./Helmke, A. (2018): Determinanten der Schulleistung. In: Rost, D. H./Sparfeldt, J. R./Buch, S. R. (Hrsg.): Handwörterbuch Pädagogische Psychologie. Weinheim, Basel: Beltz, S. 78-91.

Bryk, A. S./Bender Sebring, P./Allensworth, E./Luppescu, S./Easton, J. Q. (2010): Organizing schools for improvement. Lessons from Chicago. Chicago, London: The University of Chicago Press.

Creemers, B. P. M./Kyriakides, L. (2008): The dynamics of educational effectiveness. A contribution to policy, practice and theory in contemporary schools. London, New York: Routledge.

Ebers, M./Gotsch, W. (2019): Institutionenökonomische Theorien der Organisation. In: Kieser, A./Ebers, M. (Hrsg.): Organisationstheorien. 8., erweiterte und aktualisierte Auflage. Stuttgart: Kohlhammer, S. 196-257.

Fend, H. (2008): Schule gestalten: Systemsteuerung, Schulentwicklung und Unterrichtsqualität. Wiesbaden: VS.

Fuller, B./Henne, M. K./Hannum, E. (Hrsg.) (2008): Strong Stakes, Weak Schools: The Benefits and Dilemmas of Centralized Accountability. Bingley, England: Emerald Group Publishing Limited, Howard House.

Hamilton, L. S./Stecher, B. M./Klein, S. P. (2002): Making Sense of Test-Based Accountability in Education. Santa Monica, CA et al.: RAND.

Hamilton, L. S./Stecher, B. M./Russell, J. L./Marsh, J. A./Miles, J. (2008): Accountability and teaching practices: School-level actions and teacher responses. In: Fuller, B./Henne, M. K./Hannum, E. (Hrsg.): Strong Stakes, Weak Schools: The Benefits and Dilemmas of Centralized Accountability. Bingley: Emerald Group Publishing Limited, S. 31-66.

Helbig, M./Nikolai, R. (2015): Die Unvergleichbaren. Der Wandel der Schulsysteme in den deutschen Bundesländern seit 1949. Bad Heilbrunn: Klinkhardt.

Helmke, A. (2014): Was wissen wir über guten Unterricht? In: PADUA 9, H. 2, S. 66-74.

Hoffmann, L./Schröter, P./Stanat, P. (o. J.): Gemeinsame Abituraufgabenpools der Länder. Evaluation von Aufgaben der Pools für das Prüfungsjahr 2017. Ergebnisse zur Bewährung der Aufgaben. www.iqb.hu-berlin.de/abitur/evaluation.

Holmeier, M. (2013): Leistungsbeurteilung im Zentralabitur. Wiesbaden: Springer VS.

Holmeier, M./Maag Merki, K. (2012): Unterstützung im Unterricht im Kontext der Einführung zentraler Abiturprüfungen. In: Maag Merki, K. (Hrsg.): Zentralabitur. Die längsschnittliche Analyse der Wirkungen der Einführung zentraler Abiturprüfungen in Deutschland. Wiesbaden: Springer VS, S. 155-178.

Holmeier, M./Maag Merki, K./Hirt, C. (2017): Gemeinsames Prüfen. Eine Fallanalyse in Gymnasien in der Schweiz. Wiesbaden: Springer VS.

Jäger, D. J. (2012a): Herausforderung Zentralabitur: Unterrichtsinhalte variieren und an Prüfungsthemen anpassen. In: Maag Merki, K. (Hrsg.): Zentralabitur. Die längsschnittliche Analyse der Wirkungen der Einführung zentraler Abiturprüfungen in Deutschland. Wiesbaden: Springer VS, S. 179-205.

Jäger, D. J. (2012b): Schulklima, Selbstwirksamkeit und Arbeitszufriedenheit aus Sicht der Lehrpersonen und Schüler/-innen in Hessen und Bremen. In: Maag Merki, K. (Hrsg.): Zentralabitur. Die längsschnittliche Analyse der Wirkungen der Einführung zentraler Abiturprüfungen in Deutschland. Wiesbaden: Springer VS, S. 61-89.

Jürges, H./Schneider, K. (2010): Central exit examinations increase performance… but take the fun out of mathematics. In: Journal of Population Economics 23, H. 2, S. 497-517.

Kahnert, J./Eickelmann, B./Lorenz, R./Bos, W. (2015): Die Steuerungsfunktion von zentralen Abiturprüfungen. Analysen und kontroverse Einschätzungen der Aufgabenschwierigkeit und mögliche Rückkopplungen auf den Unterricht. In: Abs, H. J./Brüsemeister, T./Schemmann, M./Wissinger, J. (Hrsg.): Governance im Bildungssystem. Analysen zur Mehrebenenperspektive, Steuerung und Koordination. Wiesbaden: Springer VS, S. 89-115.

Klein, E. D./Kühn, S. M./van Ackeren, I./Block, R. (2009): Wie zentral sind zentrale Prüfungen? Abschlussprüfungen am Ende der Sekundarstufe II im nationalen und internationalen Vergleich. In: Zeitschrift für Pädagogik 55, H. 4, S. 596-621.

Koretz, D. (2008): Measuring up. What educational testing really tells us. Cambridge, MA: Harvard University Press.

Kühn, S. M. (2010): Steuerung und Innovation durch Abschlussprüfungen? Wiesbaden: VS.

Kühn, S. M. (2011): Exploring the use of statewide exit exams to spread innovation—The example of Context in science tasks from an international comparative perspective. In: Studies in Educational Evaluation 37, H. 4, S. 189–195.

Kühn, S. M. (2012): Zentrale Abiturprüfungen im nationalen und internationalen Vergleich mit besonderer Perspektive auf Bremen und Hessen. In: Maag Merki, K. (Hrsg.): Zentralabitur. Die längsschnittliche Analyse der Wirkungen der Einführung zentraler Abiturprüfungen in Deutschland. Wiesbaden: Springer VS, S. 27-44.

Kultusministerkonferenz (2017): FAQs Gemeinsamer Abituraufgabenpool der Länder. www.kmk.org/fileadmin/Dateien/pdf/Bildung/AllgBildung/FAQs-Abiturpool.pdf

Maag Merki, K. (2008): Die Einführung des Zentralabiturs in Bremen. Eine Fallanalyse. In: Die Deutsche Schule 100, H. 3, S. 357-366.

Maag Merki, K. (2012a): Die Leistungen der Gymnasiastinnen und Gymnasiasten in Mathematik und Englisch. In Maag Merki, K. (Hrsg.): Zentralabitur. Die längsschnittliche Analyse der Wirkungen der Einführung zentraler Abiturprüfungen in Deutschland. Wiesbaden: Springer VS, S. 263-292.

Maag Merki, K. (2012b): Zentrale Prüfungen – empirische Evidenzen der Effekte der Einführung zentraler Abiturprüfungen auf Motivation und Emotion der Schüler/innen. In: Wacker, A./Maier, U./Wissinger, J. (Hrsg.): Schul- und Unterrichtsreform durch ergebnisorientierte Steuerung. Empirische Befunde und forschungsmethodische Implikationen. Wiesbaden: Springer VS, S. 247-275.

Maag Merki, K. (2014): Das quasi-experimentelle Design in der Educational Governance-Forschung? Herausforderungen, Möglichkeiten und Grenzen am Beispiel der Analyse der Wirksamkeit der Einführung zentraler Abiturprüfungen. In: Maag Merki, K./Langer, R./Altrichter, H. (Hrsg.): Educational Governance als Forschungsperspektive. Strategien, Methoden, Ansätze. 2. Auflage. Wiesbaden: Springer VS, S. 51-83.

Maag Merki, K. (2016): Theoretische und empirische Analysen der Effektivität von Bildungsstandards, standardbezogenen Lernstandserhebungen und zentralen Abschlussprüfungen. In: Altrichter, H./Maag Merki, K. (Hrsg.): Handbuch Neue Steuerung im Schulsystem. 2., überarbeitete und aktualisierte Auflage. Wiesbaden: Springer VS, S. 151-181.

Maag Merki, K./Holmeier, M. (2012): Selbstreguliertes Lernen der Schülerinnen und Schüler in der Vorbereitung auf das Abitur. In: Maag Merki, K. (Hrsg.): Zentralabitur. Die längsschnittliche Analyse der Wirkungen der Einführung zentraler Abiturprüfungen in Deutschland. Wiesbaden: Springer VS, S. 325-352.

Maag Merki, K./Holmeier, M. (2015): Comparability of semester and exit exam grades: long-term effect of the implementation of state-wide exit exams. In: School Effectiveness and School Improvement 26, H. 1, S. 57-74.

Maag Merki, K./Oerke, B. (2017): Long-term effects of the implementation of state-wide exit exams: a multilevel regression analysis of mediation effects of teaching practices on students' motivational orientations. In: Educational Assessment, Evaluation and Accountability 29, H. 1, S. 23-54.

Maué, E. (2013): Vergleichbarkeit von Abiturnoten – eine Fiktion? Längerfristige Effekte der Implementation zentraler Abiturprüfungen in Bremen. In: Asdonk, J./Kuhnen, S. U./Bornkessel, P. (Hrsg.): Von der Schule zur Hochschule. Analysen, Konzeptionen und Gestaltungsperspektiven des Übergangs. Münster u. a.: Waxmann, S. 114-128.

Maué, E. (2016): Achievement—and what else? The standardisation of semester grades due to the implementation of state-wide exit examinations. In: Studies in Educational Evaluation 51, S. 42-54.

Maué, E. (2017): Die Implementation zentraler Abiturprüfungen und deren potentielle Auswirkungen auf die Erfolgsunsicherheit im Abitur und die Angst vor Misserfolg von Schülerinnen und Schülern. In: Zeitschrift für Pädagogik 63, H. 6, S. 803-826.

Maué, E./Maag Merki, K./Oerke, B. (2012): Emotionales Erleben des Zentralabiturs von Lehrpersonen in Bremen. Längerfristige Effekte der Implementation zentraler Abiturprüfungen. In: Hornberg, S./Parreira do Amaral, M. (Hrsg.): Deregulierung im Bildungswesen. Münster u. a.: Waxmann, S. 109-130.

Neumann, M. (2014): Das Abitur in Deutschland – Aktuelle Entwicklungen und Herausforderungen im Überblick. In: Eberle, F./Schneider-Taylor, B./Bosse, D. (Hrsg.): Abitur und Matura zwischen Hochschulvorbereitung und Berufsorientierung. Wiesbaden: Springer VS, S. 245-259.

Oerke, B. (2012a): Auseinandersetzung der Lehrpersonen mit der Einführung des Zentralabiturs: Stages of Concern. In: Maag Merki, K. (Hrsg.): Zentralabitur. Die längsschnittliche Analyse der Wirkungen der Einführung zentraler Abiturprüfungen in Deutschland. Wiesbaden: Springer VS, S. 203-232.

Oerke, B. (2012b): Emotionaler Umgang von Lehrkräften und Schüler/-innen mit dem Zentralabitur: Unsicherheit, Leistungsdruck und Leistungsattributionen. In: Maag Merki, K. (Hrsg.): Zentralabitur. Die längsschnittliche Analyse der Wirkungen der Einführung zentraler Abiturprüfungen in Deutschland. Wiesbaden: Springer VS, S. 115-149.

Oerke, B./Maag Merki, K./Holmeier, M./Jäger, D. J. (2011): Changes in student attributions due to the implementation of central exit exams. In: Educational Assessment, Evaluation and Accountability 23, H. 3, S. 223-241.

Oerke, B./Maag Merki, K./Maué, E./Jäger, D. J. (2013): Zentralabitur und Themenvarianz im Unterricht. Lohnt sich Teaching-to-the-Test? In: Eberle, F./Schneider-Taylor, B./Bosse, D. (Hrsg.): Standardisierung in der gymnasialen Oberstufe. Wiesbaden: Springer VS, S. 27-49.

Piopiunik, M./Schwerdt, G./Wößmann, L. (2014): Zentrale Abschlussprüfungen, Signalwirkung von Abiturnoten und Arbeitsmarkterfolg in Deutschland. Zeitschrift für Erziehungswissenschaft 17, H. 1, S. 35-60.

Rolff, H.-G. (2010): Schulentwicklung als Trias von Organisations-, Unterrichts- und Personalentwicklung. In: Bohl, T./Helsper, W./Holtappels, H. G./Schelle, C. (Hrsg.): Handbuch Schulentwicklung. Theorie – Forschungsbefunde – Entwicklungsprozesse – Methodenrepertoire. Bad Heilbrunn: Klinkhardt, S. 29-36.

Rürup, M. (2011): Innovationen im Bildungswesen: Begriffliche Annäherungen an das Neue. Die Deutsche Schule 103, H. 1, S. 9-23.

van Ackeren, I./Bellenberg, G. (2004): Parallelarbeiten, Vergleichsarbeiten und Zentrale Abschlussprüfungen. Bestandsaufnahme und Perspektiven. In: Holtappels, H. G./Klemm, K./Pfeiffer, H./Rolff, H.-G./Schulz-Zander, R. (Hrsg.): Jahrbuch der Schulentwicklung. Daten, Beispiele und Perspektiven. Band 13. Weinheim, München: Juventa, S. 125-159.

van Ackeren, I./Block, R./Klein, E. D./Kühn, S. M. (2012): The Impact of State-Wide Exit Exams in Germany: A Descriptive Case Study of Three German States with Differing Low Stakes Exam Regimes. In: Education Policy Analysis Archives 20, S. 1-28.

van Ackeren, I./Klemm, K./Kühn, S. M. (2015): Entstehung, Struktur und Steuerung des deutschen Schulsystems. Eine Einführung. 3., überarbeitete & aktualisierte Auflage. Wiesbaden: Springer VS.

vbw – Vereinigung der Bayerischen Wirtschaft e. V. (2011): Gemeinsames Kernabitur zur Sicherung von nationalen Bildungsstandards und fairem Hochschulzugang. Gutachten. Münster: Waxmann.

Weick, K. E. (2001): Making sense of the organization. Malden: Blackwell Publishing.

Wiener, N. (1948): Cybernatics: Control and communication in the animal and the machine. MA: MIT Press.

Wößmann, L. (2003): Zentrale Prüfungen als »Währung« des Bildungssystems: Zur Komplementarität von Schulautonomie und Zentralprüfungen. Vierteljahreshefte zur Wirtschaftsforschung 72, H. 2, S. 220-237.

Svenja Mareike Schmid-Kühn

Nach der Reform ist vor der Reform – oder: Wie viele Schuljahre bis zum Abitur?

Die Dauer der Schulzeit bis zum Erwerb der Allgemeinen Hochschulreife gehört zu den prägendsten, aber auch umstrittensten Reformgegenständen der jüngeren Zeit. So erfolgten in den letzten beiden Jahrzehnten innerhalb kurzer Zeit zwei gegenläufige Schulzeitreformen im Gymnasialbereich: nach der nahezu flächendeckenden Umstellung von einem neunjährigen (G9: Klasse 5-13) zu einem achtjährigen Bildungsgang (G8: Klasse 5-12) seit den 2000er Jahren zeichnen sich mittlerweile in mehreren Bundesländern rückläufige Entwicklungstendenzen ab, die eine partielle oder flächendeckende Rückkehr zum neunjährigen Bildungsgang zur Folge haben. Die Entscheidung zur Abkehr vom achtjährigen Bildungsgang nur wenige Jahre nach dessen Einführung war nicht evidenzbasiert, sondern vielmehr die bildungspolitische Antwort auf die öffentlich vorrangig kritisch und emotional geführte Debatte zur kürzeren Gymnasialschulzeit (Klemm 2017; Köller 2017, S. 8). Dieser Beitrag zeichnet Struktur und Verlauf der zeitbezogenen Reformen nach und systematisiert den für die einzelnen Etappen jeweils vorliegenden Stand der Forschung.[26]

1. Die Schulzeitfrage: ein historischer Streifzug

Die Schulzeitfrage ist seit etwa 100 Jahren wiederkehrender Reformgegenstand: Seit der institutionellen Etablierung des Gymnasiums im frühen 19. Jahrhundert hatten sich neun Jahrgangsklassen bis zur Abschlussprüfung am Ende der gymnasialen Schulzeit durchgesetzt, die sich an die dreijährige Vorschule der höheren Schulen anschlossen. Damit benötigten die Lernenden insgesamt 12 Schuljahre bis zum Abitur. Eine zentrale Änderung ergab sich 1919/20, als die Vorschulen durch eine gemeinsame vierjährige Grundschule (Volksschulunterstufe) ersetzt wurden, ohne dass die Gymnasien auf den neunjährigen Bildungsgang verzichten wollte. Dies wurde u. a. mit den erweiterten qualifikatorischen Anforderungen der Industriegesellschaft begründet (Klemm 2008). Dieses zusätzliche Schuljahr dehnte die Schulzeit bis zum Abitur auf 13 Jahre aus. Mehrere fiskalpolitische Initiativen der folgenden Jahre, die Schulzeit aufgrund steigender Ausgaben für das Schulwesen zu verkürzen, scheiterten (Bölling 2010). Eine kurzfristige Änderung ergab sich in der NS-Zeit: Im Zuge der kriegsvorbereitenden Maßnahmen

26 Bei dem vorliegenden Text handelt es sich um eine aktualisierte, erweiterte und für den anvisierten Überblickscharakter dieses Sammelbandes gekürzte Fassung von Teilen meiner bereits veröffentlichten Überblicksbeiträge zur Schulzeitfrage (Kühn et al. 2013a; Kühn 2017).

wurde die Gymnasialschulzeit ab 1937 auf acht Jahre reduziert, um so einen zusätzlichen Jahrgang an Offiziersanwärtern zu gewinnen.

Nach dem Zweiten Weltkrieg etablierten sich in Ost und West unterschiedliche Schulsysteme: In der sowjetischen Besatzungszone wurde 1946 ein Einheitsschulsystem eingeführt, das die Schulzeit bis zum Abitur auf 12 Jahre festlegte. Diese Regelung galt auch über die gesamte Zeit der DDR. Die Länder der damaligen Bundesrepublik hingegen knüpfen an die Tradition der Weimarer Zeit an und kehrten bis zum Ende der 1950er Jahre wieder zur 13-jährigen Schulzeit bis zum Abitur zurück (Helbig/Nikolai 2015, S. 68f.). Mehrere finanzpolitisch begründete Versuche der Schulzeitverkürzung in den 1960er bis 1980er Jahren scheiterten insbesondere am Widerstand von Lehrerverbänden und Elternvereinigungen (aber auch seitens der Kultusminister). Rheinland-Pfalz hat in den 1970er Jahren einen Sonderweg eingeschlagen und ermöglicht (als bis heute einziges Land) ein vorgezogenes Abitur nach 12½ Schuljahren als Regelfall. Hintergrund war eine Reform der gymnasialen Oberstufe, in der Abiturientinnen und Abiturienten das Abitur bereits nach zweieinhalb Jahren – statt der damals sonst üblichen drei Jahre – erlangen.

In allen anderen westdeutschen Ländern hatte das neunjährige Gymnasium über mehrere Jahrzehnte Bestand. Die zunehmende Ausdifferenzierung der Bildungswege zum Abitur tangierte die Schulzeitdauer nicht: an allen Schulformen mit gymnasialem Bildungsgang im allgemeinbildenden und berufsbildenden Bereich wurde das Abitur nach Abschluss des 13. Schuljahres vergeben. Allerdings konnten besonders begabte beziehungsweise hochbegabte Schülerinnen und Schüler das Abitur freiwillig im Rahmen von Akzelerationsmaßnahmen (individuelles oder gemeinsames Überspringen einer Jahrgangsstufe) bereits nach 12 Schuljahren ablegen (Kühn et al. 2013a, S. 125f.). Zudem wurden Modellversuche in Form von Profilklassen für besonders leistungsfähige Schülerinnen und Schüler an regulären Gymnasien durchgeführt, die zum Abitur nach 12 Schuljahren führten (Kühn et al. 2013a). Deren Evaluation ergab, dass es für diese Schülerschaft möglich ist, das Abitur nach achtjähriger Gymnasialschulzeit ohne Einbußen in den Leistungen, im sozial-emotionalen Bereich sowie der Freizeit zu erlangen (Homuth 2017, S. 37ff.).

Die Wiedervereinigung stellte eine Zäsur in der Schulzeitfrage dar. So sah der Einigungsvertrag zunächst eine 13-jährige Schulzeit für alle Länder vor, wobei den ostdeutschen Ländern eine Übergangszeit zur Umstellung eingeräumt wurde. Gleichwohl konnte dies in der Mehrheit der ostdeutschen Länder aufgrund der Wochenstunden-Vorgaben der KMK politisch nicht durchgesetzt werden (Bölling 2010; Rürup 2006). Während Sachsen und Thüringen durch Modifizierung ihrer Schulsysteme an 12 Schuljahren bis zum Abitur festhielten, wechselten Mecklenburg-Vorpommern und Sachsen-Anhalt Mitte bzw. Ende der 1990er Jahre auf 13 Jahre, machten den Schritt aber wieder rückgängig. Nur Brandenburg wechselte unmittelbar auf 13 Jahre.

Das Nebeneinander acht- und neunjähriger Bildungsgänge förderte die Debatte um die Schulzeitverkürzung, die durch eine Kontroverse zum Anspruch und zur Qualität gymnasialer Bildung sowie zur grundsätzlichen Ausgestaltung der gymnasialen Oberstufe gekennzeichnet war (Rürup 2006, S. 56-97). 1997 beschloss die KMK letztlich, dass auch ein Abitur nach 12 Schuljahren anerkannt werden kann, sofern ein bestimmtes Gesamtstundenvolumen erteilt wurde und den KMK-Vereinbarungen für die Gestaltung der Sekundarstufe II und der Abiturprüfung auch in qualitativer Hinsicht Rechnung getragen wird. Zum Ende der 1990er Jahre gab es somit ein Nebeneinander acht- und neunjähriger gymnasialer Bildungsgänge, wobei die längere Schulzeit dominierte.

Die wenigen wissenschaftlichen Studien aus dieser Zeit nahmen bildungsgangbezogene Vergleiche zwischen verschiedenen Ländern mit jeweils unterschiedlicher Schulzeitdauer vor: Baumert und Watermann (2000) untersuchten im Kontext von TIMSS Leistungs- bzw. Kompetenzunterschiede in Mathematik und Physik – sie verglichen dazu die Studienergebnisse von Abiturientinnen und Abiturienten aus Sachsen und Thüringen (achtjähriger Bildungsgang) mit den Ergebnissen der 14 anderen Länder (neunjähriger Bildungsgang). Insgesamt konnten keine substanziellen Leistungseffekte der unterschiedlichen Schulzeitmodelle nachgewiesen werden, sodass die Autoren schlussfolgerten, dass mit der kürzeren Gymnasialschulzeit keine grundsätzlichen Leistungseinbußen einhergehen. Böhm-Kasper et al. (2001) untersuchten die Belastung und Beanspruchung von Lehrkräften sowie von Schülerinnen und Schülern an Gymnasien in Thüringen (achtjähriger Bildungsgang), Bayern und Brandenburg (neunjähriger Bildungsgang). Dabei zeigten sich zwar z. T. länderspezifische Unterschiede hinsichtlich der zeitlichen Belastung und Beanspruchung von Schülerinnen und Schülern sowie von Lehrkräften – gleichwohl konnten die Autoren belegen, dass Belastung und Beanspruchung eher von spezifischen schulorganisatorischen und situativen Bedingungen der Einzelschule sowie individuellen Faktoren abhängen als von der Schulzeitdauer.

2. Flächendeckende Einführung des achtjährigen Bildungsgangs als Zäsur

Zum Jahrtausendwechsel kam die Schulzeitfrage wieder auf die politische Agenda: Das Saarland setzte als erstes Land ab dem Schuljahr 2001/02 flächendeckend eine verkürzte Schulzeit bis zum Abitur durch. Handlungsleitend war dabei der vermutete Nachteil der saarländischen Absolventinnen und Absolventen beim Arbeitsmarkteintritt aufgrund der im internationalen Vergleich längeren Ausbildungszeiten. Diese Argumentation aufgreifend vollzogen nach und nach alle Länder – mit Ausnahme von Rheinland-Pfalz – einen Kurswechsel hin zum achtjährigen Bildungsgang am Gymnasium und z. T. auch an weiteren Schulformen im allgemeinbildenden Bereich (Kühn 2017, S. 200ff.).

Zumeist im Zuge der doppelten Abiturjahrgänge, als Abiturientinnen und Abiturienten des letzten neunjährigen und des ersten achtjährigen Bildungsgangs parallel zum Abitur geführt wurden bzw. zeitgleich die Schulen verließen, wurden mehrere Studien zum direkten Vergleich der acht- und neunjährigen Bildungsgänge durchgeführt, die im Folgenden systematisiert werden.

Analyse bildungsstatistischer Daten: Der Vergleich bildungsstatistischer Daten (durchschnittliches Abiturientenalter, Klassenwiederholerquoten, Durchfallquoten im Abitur, Abiturientenquoten und Abiturdurchschnittsnoten) ergab für die meisten Indikatoren eine uneinheitliche Befundlage: entweder die Daten unterschieden sich nicht zwischen den Kohorten, oder es zeigten sich Unterschiede zugunsten des acht- oder neunjährigen Bildungsgangs. Zudem variierten die Befunde länder-, fach- und/oder schulspezifisch (Huebener & Marcus 2015b, Klemm 2014; zusammenfassend Kühn et al. 2013a, S. 128-129). Lediglich im Hinblick auf das durchschnittliche Abiturientenalter zeigte sich über die Studien hinweg ein eindeutiges Ergebnis: Abiturientinnen und Abiturienten des achtjährigen Bildungsgangs sind knapp ein Jahr jünger als diejenigen des neunjährigen Bildungsgangs.

Bildungsbeteiligung, -entscheidungen und -verläufe: Die Umstellung vom neunjährigen auf einen achtjährigen Bildungsgang ging nicht mit einem Rückgang an Schülerzahlen einher: Der Anteil der Schülerinnen und Schüler, die nach der Grundschule auf das Gymnasium wechseln, ist zwischen 2000 (Anteil: 28 Prozent) und 2012 (Anteil: 37 Prozent) gestiegen (Köller 2017, S. 16f.). Homuth (2017) konnte gleichwohl zeigen, dass Grundschullehrkräfte die Übergangsempfehlung mit Blick auf das achtjährige Gymnasium noch stärker auf die bisherige Leistung basieren, sodass weniger leistungsfähige (oder weniger leistungsbereite) Schülerinnen und Schüler seltener eine Gymnasialempfehlung erhalten. Die Analysen weisen auch darauf hin, dass die Zusammensetzung der Schülerschaft am Gymnasium heterogener geworden ist, was der Autor auf Veränderungen der elterlichen Bildungsentscheidungen zurückführt: Familien aus unteren Sozialschichten entscheiden sich häufiger für ein Gymnasium als früher, während Familien aus höheren Schichten Alternativen wählen, die ebenfalls ein Abitur anbieten (allerdings in neun Jahren, z.B. Gesamtschulen). Weiter konnte er zeigen, dass mit der Einführung des achtjährigen Bildungsgangs eine Zunahme von Klassenwiederholungen in den unteren Jahrgangsstufen (5/6) einhergeht, während in den mittleren Stufen (7-9) seltener wiederholt wird. Zudem wechseln weniger Schülerinnen und Schüler aus anderen Schulformen zum Gymnasium, dafür verlassen mehr Schülerinnen und Schüler das Gymnasium, insbesondere hin zu anderen Schulformen mit Abituroption. Diese Ergebnisse aus der Sekundarstufe I des Gymnasiums bestätigen auch die Ergebnisse von im Brahm und Bellenberg (2014, S. 117): Sie konnten zeigen, dass der Anteil an Seiteneinsteigern, die von anderen Schulformen in die Einführungsphase der Oberstufe am Gymnasium wechselten, im Kontext des achtjährigen Bildungsgangs deutlich zurückgegangen ist.

Schülerleistungen/Kompetenzen: Schulleistungsvergleiche haben ergeben, dass die Schulzeitverkürzung nicht dazu geführt hat, dass das Leistungsniveau generell gesunken ist. Gleichwohl sind die Befunde nicht eindeutig: Je nach Klassenstufe, Land und Schulfach lassen sich keine Differenzen zwischen den Bildungsgängen erkennen, mal zeigen sich (geringfügige) Unterschiede entweder zugunsten des acht- oder des neunjährigen Bildungsgangs (Bergold et al. 2017; Homuth 2017; Huebener et al. 2018; Hübner et al. 2017; Ivanov et al. 2016; Köller 2017, S. 28f.). Huebener et al. (2018) schlussfolgerten, dass leistungsstarke Schülerinnen und Schüler besser mit den nach vorne verlagerten Lerninhalten, die zuvor erst in höheren Klassenstufen auf dem Lehrplan standen, zurechtkommen, wohingegen Leistungsschwächere Schwierigkeiten mit dem erhöhten Lernpensum haben.

Belastung/Beanspruchung: Studien zu Belastung und Beanspruchung haben ergeben, dass viele, aber nicht alle Jugendliche gesundheitliche Beschwerden wie Kopfschmerzen und Schlafstörungen sowie chronische Belastungen wie Erschöpfung, Unwohlsein oder Druck erleben – und zwar unabhängig davon, ob sie den acht- oder neunjährigen Bildungsgang besuchen (im Brahm et al. 2013; Kühn/im Brahm 2013; Milde-Busch et al. 2010; Minkley et al. 2015). Insbesondere Leistungsschwächere erleben die Gymnasialschulzeit als sehr belastend, und zwar sowohl in acht- als auch in neunjährigen Bildungsgängen. Auch eine Elternbefragung zur wahrgenommenen Belastung ihrer Kinder ergab keine bildungsgangbezogenen Unterschiede (Tillmann 2014, S. 34). Hübner et al. (2017) fanden Hinweise auf ein höheres Belastungserleben der baden-württembergischen Abiturientinnen und Abiturienten aus dem achtjährigen Bildungsgang (ebenso Quis 2015), was angesichts identischer Anforderungen (gemeinsame Kursstufe) für beide Gruppen überraschend war. Die Autoren deuten die Unterschiede primär als das Resultat öffentlicher Diskussionen und Vermutungen über eine höhere Belastung im achtjährigen Bildungsgang, die sich in entsprechenden Selbstzuschreibungen niedergeschlagen haben könnten. Möglicherweise stellt auch der Altersunterschied einen Einflussfaktor dar (Hübner et al. 2017, S. 765).

Freizeitverhalten: Wie viel Zeit den Schülerinnen und Schülern acht- und neunjähriger Bildungsgänge außerhalb der Schule als Freizeit zur Verfügung steht und wie sie diese gestalten, lässt sich aus den bisherigen Studien nicht eindeutig beantworten: Einzelne Studien weisen darauf hin, dass Mittelstufen- und Oberstufenschülerinnen und -schüler beider Bildungsgänge weitgehend ähnlichen außerschulischen Aktivitäten nachgehen (Bob et al. 2015; im Brahm et al. 2013; Hübner et al. 2017). Mit Blick auf einzelne Aspekte des Freizeitverhaltens konnten Hübner et al. (2017) allerdings zeigen, dass Schülerinnen und Schüler des neunjährigen Bildungsgangs mehr Zeit für unstrukturierte Freizeitaktivitäten (z. B. Fernsehen, Freunde treffen) aufwenden. Dieser Befund deckt sich auch mit den Ergebnissen von Milde-Busch et al. (2010). Demgegenüber stehen Analysen von Laging et al. (2014) sowie Bob et al. (2015), die auf eine stärkere Nutzung vereinsorientierter Sportangebote im Kontext des achtjährigen Bildungsgangs hindeuten. Längsschnittliche Analysen zur Freizeitgestaltung von Gymnasialschülerinnen und -schülern haben ergeben, dass die Nachfrage nach strukturierten Freizeitaktivitäten im Kontext des achtjährigen Gymnasiums nach wie vor sehr hoch ist. Die Autoren schlussfolgern, dass das Freizeitverhalten Jugendlicher insgesamt einem Verdrängungsprozess von informellen Aktivitäten zugunsten strukturierter Freizeitangebote unterliegt (Anger et al. 2014, S. 94). Die uneinheitlichen und teils auch widersprüchlichen Befunde lassen sich vermutlich darauf zurückführen, dass das achtjährige Gymnasium in den Ländern sehr unterschiedlich ausgestaltet wird.

Übergang Schule/Hochschule: Verschiedene Studien untersuchten das bildungsgangspezifische Übergangsverhalten im Zuge der Doppeljahrgänge (Büttner/Thomsen 2015; Marcus/Zambre 2017; Meyer/Thomsen 2016; Schneider/Franke 2014). Die Ergebnisse zeigen, dass Studienberechtigte aus dem achtjährigen Bildungsgang häufiger verzögert ihr Studium aufnehmen; allerdings variiert dieser Befund länderspezifisch. Studien mit längerem Beobachtungszeitraum zeigen, dass sich die Studienquote durch die Schulzeitverkürzung nicht verringert hat, da sich der Studienbeginn lediglich zeitlich verlagert. Es zeigt sich eine Vielfalt an Tätigkeiten zwischen Schule und Studienbeginn sowie an Verzögerungsmotiven, die eher länderspezifisch sowie durch soziodemografische Merkmale beeinflusst werden als durch die Schulzeitdauer. Die Schulzeitdauer wirkt sich nicht auf die Wahl des Hochschultyps oder des Studienfachs aus (Marcus/Zambre 2017); ebenso weisen verschiedene Studien übereinstimmend nicht auf Unterschiede hinsichtlich des Informationsverhaltens und der Informiertheit vor Studienaufnahme, des Leistungsstandes zu Studienbeginn, der Studierfähigkeit und der Studienmotivation hin (Büttner/Thomsen 2015; Meyer/Thomsen 2018; Micheel/Stöbe-Blossey 2017; Kühn 2014a; Pustelnik/Halverscheid 2013; Schneider/Franke 2014).

Diese knappe Zusammenschau der Forschungsbefunde verdeutlicht, dass sich offenkundig weder Argumente der Fürsprecher noch der Gegner des verkürzten Bildungsgangs zweifelsfrei bestätigen lassen: einschlägige Studien weisen im Hinblick auf verschiedene Wirkdimensionen (z. B. Schülerleistungen, Belastungserleben etc.) weder auf substanzielle noch verallgemeinerbare Unterschiede hin, die sich auf die Schulzeitdauer zurückführen lassen.

3. Reförmchen und Reformen: sukzessive Wiedereinführung des neunjährigen Bildungsgangs

Eine sachliche Auseinandersetzung mit den wissenschaftlichen Befunden in der Öffentlichkeit fand kaum statt – vielmehr wurde und wird der achtjährige Bildungsgang anhaltend und intensiv auf emotionaler Ebene diskutiert, wobei kritische Sichtweisen dominierten (z. B. vom Lehn 2010). Schon in der Einführungsphase setzte Kritik ein, weil die Umsetzung in den meisten Ländern überhastet und zunächst ohne die notwendigen Anpassungen (z. B. Lehrpläne, Schulbücher) erfolgte. Auch stellte die höhere Zahl an Unterrichtsstunden pro Woche – verbunden mit Nachmittagsunterricht – viele Schulen und alle Beteiligten vor große Herausforderungen.

Aufgrund der Klagen von Schulleiterinnen und Schulleitern, Lehrkräften, Schülerinnen und Schülern sowie deren Eltern hat die Mehrheit der Länder in Teilen Nachbesserungen am Konzept des achtjährigen Bildungsgangs vorgenommen, z. B. durch eine Überarbeitung der Lehrpläne, oder die Begrenzung von Pflichtunterricht am Nachmittag und Hausaufgabenzeiten. Diskutiert und einzelschulisch auch umgesetzt wurden Wege zur Flexibilisierung der Schulzeitdauer bis zum Abitur, bspw. durch die Einführung eines (individuellen) Flexibilisierungsjahres in der Mittelstufe (z. B. das bayrische Modell zur ›Individuellen Lernzeit am Gymnasium‹) oder Modelle des ›Abiturs im eigenen Takt‹ (Durchlaufen der gymnasialen Oberstufe nach Entscheidung der Schülerinnen und Schüler in zwei oder drei Jahren, z. B. an einigen Gymnasien in Baden-Württemberg).

Die öffentliche Kritik hielt jedoch an und wurde im Zuge der Doppeljahrgänge erneut angefacht. Vor dem Hintergrund der anhaltenden Unzufriedenheit mit der Schulzeitverkürzung wurden ab dem Schuljahr 2011/12 in vier Ländern Modelle entwickelt, die einen neunjährigen Bildungsgang oder beide Bildungsgänge parallel einzelschulisch zulassen, um unterschiedlich lernenden Schülerinnen und Schülern ein zusätzliches Bildungsangebot im Gymnasialbereich zu machen. Die Optionen wurden entweder dauerhaft schulgesetzlich verankert oder für eine begrenzte Zahl von Schulen im Rahmen von Modellversuchen für einen fest definierten Zeitraum realisiert (Kühn 2017, S. 198f.):

In Schleswig-Holstein und Hessen konnten Gymnasien gemäß Schulgesetz selbst entscheiden, ob sie den acht- oder den neunjährigen Bildungsgang oder beide Bildungsgänge parallel anbieten. In Hessen gibt es mittlerweile an mehr als drei Viertel aller Gymnasien wieder einen alleinigen oder parallel geführten neunjährigen Bildungsgang (Bellenberg et al. 2015). Die Option, das Abitur nach 12 Schuljahren abzulegen, besteht in Hessen somit nur noch an einer Minderheit der Gymnasien sowie vereinzelt auch an Gesamtschulen (für die schon seit Längerem die Wahloption zwischen beiden Bildungsgängen bestehen). In Schleswig-Holstein machten deutlich weniger Gymnasien von dieser Möglichkeit Gebrauch.

Einen anderen Weg gingen Baden-Württemberg und Nordrhein-Westfalen: Die Option der Wiedereinführung der neunjährigen Gymnasialschulzeit bestand in beiden Ländern im Rahmen eines Schulversuchs (Acht 2011; Lambert 2012) – die teilnehmenden Schulen boten entweder den neunjährigen Bildungsgang oder auch beide Bildungsgänge parallel an. In Nordrhein-Westfalen hat der Schulversuch eine Laufzeit bis zum Schuljahr 2023/24; in Baden-Württemberg wurde diese bis 2032/33 verlängert.

Der nordrhein-westfälische Schulversuch wurde und wird wissenschaftlich begleitet – erste Befunde wurden bereits veröffentlicht (Blumentritt 2016; im Brahm et al. 2014; Kühn et al. 2013b); Publikationen zur längsschnittlichen Betrachtung über mehrere Jahrgänge stehen noch aus. Die Ergebnisse einer Erweiterung dieser Studie auf Baden-Württemberg und Schleswig-Holstein wurden von Kühn und van Ackeren (2013) sowie von Kühn (2013; 2014b; 2016) veröffentlicht. Empirische Befunde aus Hessen liegen nach Kenntnisstand der Autorin bislang nicht vor.

Die jüngsten Entwicklungen gehen über die bisherigen optionalen ›Reförmchen‹ hinaus und haben die flächendeckende Rückkehr zum neunjährigen Bildungsgang zur Folge: Niedersachsen hat zum Schuljahr 2015/16 flächendeckend wieder einen neunjährigen Bildungsgang eingeführt (Bade 2014); Bayern (ab 2018/19) und Schleswig-Holstein (ab 2019/20) folgen dieser Entwicklung. Damit kann das Abitur in diesen Ländern an allen Schulformen im allgemeinbildenden und berufsbildenden Bereich ausschließlich nach 13 Jahren erworben werden. Der neunjährige Bildungsgang bis zum Abitur wird ab 2019/20 auch in Nordrhein-Westfalen wieder an allen Schulformen die Regel – allerdings konnten sich die öffentlichen Gymnasien und/oder der Schulträger auch für die Fortführung des achtjährigen Bildungsgangs aussprechen. Auch privaten Trägern stand es frei, darüber zu entscheiden, ob ihre Schule im acht- oder neunjährigen Bildungsgang zum Abitur führt. Nahezu alle öffentlichen und privaten Gymnasien werden zum neunjährigen Bildungsgang zurückkehren; lediglich drei Gymnasien verbleiben beim achtjährigen Bildungsgang (MSB NRW, 2019).

In allen vier Ländern erfolgt keine einfache Rückkehr zum ›alten‹ neunjährigen Bildungsgang, sondern die Einführung eines weiterentwickelten neunjährigen Bildungsgangs. Die Anpassungen erfolgten länderspezifisch unterschiedlich, u.a. im Hinblick auf die Stundentafeln, die Ausgestaltung der Sekundarstufe I (z.B. Begrenzung der Zahl der Wochenstunden) und der gymnasialen Oberstufe, sowie die Abschlüsse und Prüfungen. Die Möglichkeit zur individuellen Verkürzung der Schulzeit bleibt in allen Ländern für besonders leistungsstarke Schülerinnen und Schüler durch das Überspringen eines Schuljahres erhalten.

4. Schlussbetrachtung

Hinsichtlich der Schulzeitdauer bis zum Abitur zeigte sich gerade in den letzten beiden Dekaden eine durchaus wechselvolle Entwicklung – aus Sicht der Wissenschaft können die jüngsten Reformen gleichwohl als »Beleg für die Bedeutungslosigkeit der Erziehungswissenschaft bzw. Bildungsforschung« (Hübner et al. 2017, S. 767) bezeichnet werden: Zahlreiche renommierte Wissenschaftlerinnen und Wissenschaftler (und andere Personen des öffentlichen Lebens) haben wiederholt zur Versachlichung der Schulzeitdebatte aufgerufen (z.B. Avenarius et al. 2014) – eine Auseinandersetzung mit den wissenschaftlichen Befunden fand jedoch in der Öffentlichkeit kaum statt. Vielmehr war und ist die Schulzeitdebatte durch reduktionistische, negativ-etikettierte Pauschalaussagen gekennzeichnet, wobei die Erwartungen an die kürzere Gymnasialschulzeit deutlich negativer sind als die (bislang) empirisch nachgewiesenen Wirkungen. Welche individuellen und kontextuellen Faktoren die Haltung und das Handeln relevanter Akteursgruppen in der Schulzeitfrage determinieren, ist bisher nicht untersucht worden.

Zudem wurden und werden die sehr umfassenden Schulzeitreformen in keinem Land gezielt wissenschaftlich begleitet. Die o.g. Studien gehen weitestgehend auf die Initiative einzelner Wissenschaftlerinnen und Wissenschaftler zurück. Viele Fragen sind noch gänzlich unerforscht (insbesondere im Hinblick auf schulische und unterrichtliche Prozesse), zudem leidet ein Großteil der empirischen Untersuchungen unter methodischen Problemen (Huebener/Marcus 2015a). Längsschnittliche Untersuchungen fehlen bisher gänzlich; ebenso wurden zahlreiche Akteure und deren Handlungslogiken nicht in den Blick genommen (z.B. Elterninitiativen). Für zukünftige dergleich umfassende Reformen wäre es wünschenswert, empirische Studien von vornherein als Teil der Reform mit zu berücksichtigen (vgl. Hübner et al. 2017, S. 767f.)

5. Literatur

Acht, R. (2011): Abitur an Gymnasien nach 12 oder 13 Jahren. Schulversuch startet zum kommenden Schuljahr. In: Schule NRW 63, H. 7, S. 353–354.

Anger, C./Esselmann, I./Kemeny, F./Plünneke, A. (2014): Acht oder neun Jahre Gymnasium? Eine Bestandsaufnahme. In: Anger, C./Esselmann, I./Kemeny, F./Plünneke, A. (Hrsg.): Bildungsmonitor 2014. Die richtigen Prioritäten setzen. Köln: Institut der deutschen Wirtschaft, S. 79–96.

Avenarius, H. u. a. (2014): Die Zukunft des Gymnasiums: Qualität statt Quantität. Ein Aufruf zur Versachlichung der Debatte um G8/G9. Stellungnahme führender Bildungsforscher vom 11. Juni 2014. www.ipn.uni-kiel.de/de/das-ipn/archiv/AufrufG8Endfassung110614.pdf.

Bade, R. (2014): Dreizehn Schuljahre bis zum Abitur. Umstellung ab dem Schuljahr 2015/16. In: SchulVerwaltung, Ausgabe Niedersachsen 25, H. 4, S. 100–107.

Baumert, J./Watermann, R. (2000): In 12 oder 13 Schuljahren zum Abitur? In: Baumert, J./Bos, W./ Lehmann, R. (Hrsg.): TIMSS / Dritte Internationale Mathematik- und Naturwissenschaftsstudie. Mathematische und Naturwissenschaftliche Bildung am Ende der Schullaufbahn. Band 2: Mathematische und physikalische Kompetenzen am Ende der gymnasialen Oberstufe. Opladen: Leske & Budrich, S. 351–362.

Bellenberg, G./im Brahm, G./Forell, M./Wachner, S. (2015): G9 in Hessen und NRW. Unterschiedliche Wege, unterschiedliche Implikationen. In: SchulVerwaltung, Ausgabe Hessen und Rheinland-Pfalz 20, H. 3, S. 77–79.

Bergold, S./Wirthwein, L./Rost, D. h./Steinmayr, R. (2017): What happens if the same curriculum is taught in five instead of six years? A quasi-experimental investigation of the effect of schooling on intelligence. In: Cognitive Development 4, S. 98–109.

Blumentritt, L. (2016): Veränderte Schulzeit – veränderte Freizeit? Freizeitkonstruktionen von Kindern am Beispiel der gymnasialen Schulzeitverkürzung. Weinheim, Basel: Beltz.

Bob, A./Heim, C./Prohl, R. (2015): Auswirkungen der verkürzten Mittelstufe (G8) auf ausgewählte schulische und außerschulische Merkmale der Lebenswelt von Kindern und Jugendlichen. In: Zeitschrift für sportpädagogische Forschung 3, H. 1, S. 45–60.

Böhm-Kasper, O./Bos, W./Körner, S. C./Weishaupt, H. (2001): Sind 12 Schuljahre stressiger? Belastung und Beanspruchung von Lehrern und Schülern am Gymnasium. Weinheim, München: Juventa.

Bölling, R. (2010): Kleine Geschichte des Abiturs. Paderborn: Schöningh.

Büttner, B./Thomsen, S. (2015): Are we spending too many years in School? Causal Evidence of the impact of shortening secondary school duration. In: German Economic Review 16, H. 1, S. 65–86.

Helbig, M./Nicolai, R. (2015): Die Unvergleichbaren. Der Wandel der Schulsysteme in den deutschen Ländern seit 1949. Bad Heilbrunn: Klinkhardt.

Homuth, C. (2017): Die G8-Reform in Deutschland. Auswirkungen auf Schülerleistungen und Bildungsungleichheit. Wiesbaden: Springer VS.

Hübner, N./Wagner, W./Kramer, J./Nagengast, B./Trautwein, U. (2017): Die G8-Reform in Baden-Württemberg: Kompetenzen, Wohlbefinden und Freizeitverhalten vor und nach der Reform. In: Zeitschrift für Erziehungswissenschaft 20, H. 4, S. 748–771.

Huebener, M./Kuger, S./Marcus, J. (2018): G8-Schulreform verbessert PISA-Testergebnisse – insbesondere leistungsstarke SchülerInnen profitieren (DIW-Wochenbericht, Nr.13-14/2018). Berlin: Deutsches Institut für Wirtschaftsforschung.

Huebener, M./Marcus, J. (2015a): Empirische Befunde zu Auswirkungen der G8-Schulzeitverkürzung (DIW Roundup 57). Berlin: Deutsches Institut für Wirtschaftsforschung.

Huebener, M./Marcus, J. (2015b): Auswirkungen der G8-Schulzeitverkürzung: Erhöhte Zahl von Klassenwiederholungen, aber jüngere und nicht weniger Abiturienten (DIW-Wochenbericht Nr. 18/2015). Berlin: Deutsches Institut für Wirtschaftsforschung.

im Brahm, G./Bellenberg, G. (2014): Auf (Um-) Wegen zum Abitur. Der Übergang von der Sekundarstufe I in die allgemeinbildende gymnasiale Oberstufe. In: Liegmann, A./Mammes, I./Racherbäumer, K. (Hrsg.): Übergänge im Bildungssystem. Nationale und internationale Ergebnisse empirischer Forschung. Münster: Waxmann, S. 111–124.

im Brahm, G./Bellenberg, G./Forell, M./Wachner, S. (2014): Zur Nutzung gymnasialer Lernzeit – multiperspektivisch betrachtet. In: Pädagogik 67, H. 12, S. 40–43.

im Brahm, G./Kühn, S. M./Wixfort, J. (2013): Wie nehmen Schülerinnen und Schüler des doppelten Abiturjahrgangs die eigene Schulzeit wahr? Eine geschlechtsspezifische Analyse der Schülerperspektive auf acht- und neunjährige Bildungsgänge am Gymnasium. In: Schulpädagogik-heute 7, o. S.

Ivanov, S./Nikolova, R./Vieluf, U. (2016): G8 und G9 im Kohortenvergleich. Lernkontexte und Lernstände zweier Hamburger Abiturjahrgänge. In: Kramer, J./Neumann, M./Trautwein, U. (Hrsg.): Abitur und Matura im Wandel. Historische Entwicklungslinien, aktuelle Reformen und ihre Effekte. Wiesbaden: Springer VS, S. 81–106.

Klemm, K. (2008): Bildungszeit: Vom Umgang mit einem knappen Gut. In: Zeiher, H./Schroeder, S. (Hrsg.): Schulzeiten, Lernzeiten, Lebenszeiten. Pädagogische Konsequenzen und zeitpolitische Perspektiven schulischer Zeitordnungen. Weinheim: Juventa, S. 21–30.

Klemm, K. (2014): Expertise zur Diskussion um die Dauer gymnasialer Schulzeit in Bayern. In: Stöffler, F./Förtsch, M. (Hrsg.): Abitur im eigenen Takt. Die flexible Oberstufe zwischen G8 und G9. Weinheim, Basel: Beltz, S. 84–111.

Klemm, K. (2017): 12-jähriges Abitur vor dem Aus? Politische Entscheidungen zwischen Empirie und »Bürgerwut. In: SchulVerwaltung, Ausgabe Bayern 40, H. 3, S. 84–87.

Köller, O. (2017): Verkürzung der Gymnasialschulzeit in Deutschland. Folgen der G8-Reform in den Ländern der Bundesrepublik Deutschland. Expertise im Auftrag der Stiftung Mercator. www.stiftung-mercator.de/de/publikation/verkuerzung-der-gymnasialzeit-in-deutschland/ (Abruf 23.07.2018).

Kühn, S. M. (2013): Schulzeit als wirksames Profilierungsmerkmal? Einzelschulische Profilierung und elterliche Schulwahlstrategien im Kontext der aktuellen Schulzeitdebatte. In: Zeitschrift für Bildungsforschung 3, H. 3, S. 235–252.

Kühn, S. M. (2014a): Sind 12 Schuljahre ausreichend für den Zugang zur Hochschule? Der doppelte Abiturjahrgang aus empirischer Perspektive. In: Beiträge zur Hochschulforschung 36, H. 3, S. 8–33.

Kühn, S. M. (2014b): Was bedingt die Wahl eines neunjährigen Gymnasiums? Empirische Befunde aus drei Ländern. In: Liegmann, A./Mammes, I./Racherbäumer, K. (Hrsg.): Übergänge im Bildungssystem. Nationale und internationale Ergebnisse empirischer Forschung. Münster: Waxmann, S. 49–64.

Kühn, S. M. (2016): Öffnung des Gymnasiums durch die Wiedereinführung von G9? Herausforderungen und Befunde im Kontext der aktuellen Heterogenitätsdebatte. In: Kramer, J./Neumann, M./Trautwein, U. (Hrsg.): Abitur und Matura im Wandel. Historische Entwicklungslinien, aktuelle Reformen und ihre Effekte. Wiesbaden: Springer VS, S. 107–128.

Kühn, S. M. (2017): Abitur nach 12 oder 13 Schuljahren? Entwicklungslinien, Zeitstrukturen, Forschungsstand. In: Holtappels, H.G (Hrsg.): Entwicklung und Qualität des Schulsystems. Neue empirische Befunde und Entwicklungstendenzen. Münster, New York: Waxmann, S. 195–220.

Kühn, S. M./Im Brahm, G. (2013): Der doppelte Abiturjahrgang aus Sicht von Schülerinnen und Schülern. Empirische Befunde einer Befragung der »Betroffenen«. In: SchulVerwaltung, Ausgabe Nordrhein-Westfalen, S. 304–306.

Kühn, S. M./van Ackeren, I. (2013): Warum entscheiden sich Gymnasien für die Wiedereinführung eines neunjährigen Bildungsganges? Empirische Befunde einer Schulleiterbefragung in Baden-Württemberg, Nordrhein-Westfalen und Schleswig-Holstein 18, H. 12, S. 331–334.

Kühn, S. M./van Ackeren, I./Bellenberg, G./Reintjes, C./Im Brahm, G. (2013a): Wie viele Schuljahre bis zum Abitur? Eine multiperspektivische Standortbestimmung im Kontext der aktuellen Schulzeitdebatte. In: Zeitschrift für Erziehungswissenschaft 16, H. 1, S. 115–136.

Kühn, S. M./Reintjes, C./van Ackeren, I./Bellenberg, G./Im Brahm, G. (2013b): Mehr Zeit für Bildung? Erste Erfahrungen mit dem neuen neunjährigen Bildungsgang an Gymnasien in NRW. In: Schulpädagogik-heute 8, o. S.

Laging, R./Böcker, P./Dirks, F. (2014): Zum Einfluss der Schulzeitverkürzung (G8) auf Bewegungs- und Sportaktivitäten von Jugendlichen. In: Sportunterricht 63, H. 3, S. 66–72.

Lambert, J. (2012): Gymnasiale Schulzeit in der Diskussion. Schulversuche für G9. In: SchulVerwaltung, Ausgabe Baden-Württemberg 21, H. 6, S. 127–129.

Marcus, J./Zambre, V. (2017): Folge der G8-Schulreform: Weniger Abiturientinnen und Abiturienten nehmen ein Studium auf. In: DIW-Wochenbericht Nr. 21/2017, S. 418–427.

Meyer, T./Thomsen, S. (2016): How Important ist Secondary School Duration for Postsecondary Education Decisions? Evidence from a Natural Experiment. In: Journal of Human Capital 10, H. 1, S. 67–108.

Meyer, T./Thomsen, S. (2018): The Role of High-School Duration for University Students' Motivation, Abilities and Achievements. In: Education Economics 26, H. 1, S. 24–45.

Micheel, B./Stöbe-Blossey, S. (2017): Doppeljahrgang – Quo vadis? Übergangsverläufe des Abiturjahrgangs 2013. IAQ-Report Nr. 03/2017. Duisburg: Universität Duisburg-Essen, Institut Arbeit und Qualifikation. www.iaq.uni-due.de/iaq-report/2017/report2017-03.pdf (Abruf 23.07.2018).

Milde-Busch, A./Blaschek, A./Borggräfe, I./Kries, R. v./Straube, A./Heinen, F. (2010): Besteht ein Zusammenhang zwischen der verkürzten Gymnasialzeit und Kopfschmerzen und gesundheitlichen Belastungen bei Schülern im Jugendalter? In: Klinische Pädiatrie 222, S. 255–260.

Ministerium für Schule und Bildung des Landes Nordrhein-Westfalen (2019): Letzter Baustein für das neue G9 – Belastungsausgleichsgesetz beschlossen

Ministerin Gebauer: G9 kommt ohne Gegenstimme im Landtag – Gymnasien können endlich wieder in Ruhe arbeiten. Pressemitteilung vom 27.06.2019. https://www.schulministerium.nrw.de/docs/bp/Ministerium/Presse/Pressemitteilungen/2019_17_LegPer/PM20190627_G9_2/index.html (Abruf 23.07.2019)

Minkley, N./Rest, M./Terstegen, S./Kirchner, W. H./Wolf, O. T. (2015): Mehr Stress durch G8? Stressbelastung von Abiturienten mit regulärer und verkürzter Gymnasialzeit in NRW. In: Zeitschrift für Entwicklungspsychologie und Pädagogische Psychologie 47, H. 4, S. 188–198.

Pustelnik, K./Halverscheid, S. (2013): Längsschnittliche Vergleiche von Studierenden der Mathematik und Physik in Vorkursen und im ersten Studienjahr. In: Hoppenbrock, A./Schreiber, S./Göller, R./Biehler, R./Büchler, B./Hochmuth, R./Rück, H.-G (Hrsg.): Mathematik im Übergang Schule/Hochschule und im ersten Studienjahr. khdm-Report 13-01, S. 122–123.

Quis, J. S. (2015): Does higher learning intensity affect student well-being? Evidence from the National Educational Panel Study (BERG Working Paper Series, 92). Bamberg: Otto-Friedrich-Universität, Economic Research Group.

Rürup, M. (2006): Bildungspolitische Entscheidungsfindung in der KMK. Eine Analyse der Diskussion um 12 oder 13 Schuljahre bis zum Abitur. Erfurt: Universität, Institut für Allgemeine Erziehungswissenschaft.

Schneider, H./Franke, B. (2014): Bildungsentscheidungen von Studienberechtigten. Studienberechtigte 2012 ein halbes Jahr vor und ein halbes Jahr nach Schulabschluss (Forum Hochschule 6|2014). Hannover: DZHW.

Tillmann, K.-J. (2014): Acht oder neun Gymnasialjahre bis zum Abitur? In: Killus, D./Tillmann, K.-J (Hrsg.): Eltern zwischen Erwartungen, Kritik und Engagement – Ein Trendbericht zu Schule und Bildungspolitik in Deutschland. Münster: Waxmann, S. 29–35.

Herbert Altrichter und Matthias Rürup

Transformationen der Schulautonomie-Politik

Schulautonomie-Politiken thematisieren die Steuerungs- und Governancekonstellationen im Schulwesen und zwar als politisches Gestaltungsanliegen. Grundsätzlich geht es dabei um Fragen nach der Verteilung von Entscheidungsrechten und -fähigkeiten – und damit auch von Verantwortung – zwischen den verschiedenen Akteuren und Steuerungsebenen im Schulwesen. Im Vordergrund steht die Vergrößerung der Anzahl und Bedeutung der Entscheidungen, die auf Schulebene (meist durch die Schulleitungen, weniger durch die einzelnen Lehrpersonen) getroffen werden können. Gestaltend einbezogen wird aber längst nicht mehr nur das Verhältnis von Schulministerium und (öffentlich getragener) Einzelschule, sondern immer mehr auch die Entscheidungsrechte und -fähigkeiten anderer staatlicher oder nicht-staatlicher Akteure im näheren Umfeld der Schule bis hin zu Fragen der öffentlichen oder privaten Schulträgerschaft und der subsidiären Aufgabenverteilung auf verschiedenen staatlichen Ebenen. Damit hat sich das Reformprogramm der »Schulautonomie« nicht nur deutlich erweitert und detailbezogen ausdifferenziert, sondern auch gegenüber früheren Inhalten und Schwerpunkten verändert.

Unabhängig davon ist zu konstatieren: Das Ausmaß der den Einzelschulen überlassenen Entscheidungen ist offensichtlich ganz unterschiedlich zwischen Ländern und ihren Bildungssystemen und betrifft auch unterschiedliche Entscheidungsfelder (OECD 2016, S. 110 ff.; WebTables II.4.2): Während in den Niederlanden 64 Prozent und im Vereinigten Königreich 54 Prozent der Schulleitungen angeben, Ressourcen-Entscheidungen selbst zu treffen, sind dies in Deutschland 16 Prozent und in Österreich 24 Prozent. Bei curricularen Entscheidungen sind sich die Vergleichsländer ähnlicher (Schulleitung DE 25 Prozent /AT 20 Prozent /NL 37 Prozent /UK 20 Prozent). Dagegen werden in deutschen und österreichischen Schulen im OECD-Vergleich überdurchschnittlich viele Entscheidungen über die Leistungsbeurteilung (Schulleitung DE 21 Prozent /AT 25 Prozent /NL 62 Prozent /UK 48 Prozent; Lehrpersonen DE 49 Prozent /AT 44 Prozent /NL 35 Prozent /UK 33 Prozent) und die Schülerzulassung (Schulleitung DE 80 Prozent /AT 80 Prozent /NL 80 Prozent /UK 47 Prozent) auf Schulebene getroffen. In einem aggregierten Autonomie-Index der OECD liegt das Ausmaß der Entscheidungen auf Schulebene in den deutschen und österreichischen Schulsystemen jedenfalls deutlich unter dem OECD-Durchschnitt. Für noch größere »Schulautonomie« scheint es somit durchaus politische Spielräume zu geben.

International vergleichend ist zudem bedeutsam, dass das Ausmaß von Entscheidungen auf Schulebene oft als eines der zentralen Merkmale zur Charakterisierung von Schulsystemen verwendet wird. Windzio, Sackmann und Martens (2005) entwickelten z. B. durch eine Clusteranalyse von OECD-Indikatoren eine empirische Typologie von Bildungssystemen, die sechs Arten von Bildungssteuerung unterscheidet. Österreich und Deutschland sind dabei Teil eines Typus »state-based governance«, zu dem auch Frankreich, die Türkei, Irland, Mexiko und die Schweiz gehören. Im Vergleich zu anderen Regierungsformen (z. B. angelsächsische-osteuropäische, ostasiatische Governanceformate) haben hier der private Sektor und private Gelder für Bildung eine geringe Bedeutung für die Systemsteuerung. Die Autonomie einzelner Schulen und die Individualisierung des Unterrichts sind gering, Disziplin und Leistungsdruck dagegen vergleichsweise hoch. Die durchschnittliche Leistung ist gering, während die Reproduktion der sozialen Klasse die zweithöchste aller sechs Arten ist (Windzio/Sackmann/Martens 2005, S. 14).

In der Tat galten die deutschen Schulsysteme und jenes in Österreich als Paradebeispiele für eine staats- und bürokratiedominierte Schulgovernance, die sich in einem legalistischen, stabilen, nicht sehr dynamischen System niederschlug, das durch zwei zentrale Governance-Mechanismen gekennzeichnet werden konnte: Charakteristisch war einerseits eine starke *Input-Regulierung durch den Staat* (z. B. durch zentrale[27] Festlegung von Bewertung und Zertifizierung, von Curriculuminhalten, von Standards für Lehrbücher und Unterrichtsmaterial; externe Lehrpersonenzuteilung; Fend 2001, S. 41). Diese Input-Regulierung war mit einem hohen Maß an *Selbstregulierung der Lehrerschaft* vor allem in ihrer Unterrichtsaufgabe gekoppelt. Dadurch entstand ein charakteristisches hybrides Governance-Muster: eine Doppelregulierung im Sinne einer antagonistischen Kooperation zwischen Staat und Lehrpersonen (Brüsemeister 2004, S. 5).

Die deutschen und österreichischen Schulsysteme haben jedoch in der Zwischenzeit einige Veränderungen erfahren, die nicht nur zu einem partiellen Wandel der Arbeit der Schulen, sondern auch zu veränderten Steuerungskonstellationen geführt haben (Altrichter/Brüsemeister/Heinrich 2005; Altrichter 2019). In diesen hat der Leitbegriff »Schulautonomie« eine wesentliche Rolle gespielt, aber auch schrittweise – so die zentrale These dieses Beitrags – seine Bedeutung verändert.

Im folgenden Beitrag soll die Schulautonomie-Diskussion in Deutschland seit den 1970er Jahren skizziert werden – immer wieder mit Seitenblicken auf die Entwicklung in Österreich (Abschnitt 2). Zuvor möchten wir in Abschnitt 1, die in unserer Darstellung immer wieder begrifflich herangezogene Governance-Perspektive als Analyseinstrumentarium von Schulautonomie-Politiken vorstellen. In Abschnitt 3 fassen wir dann unseren Beitrag bezogen auf den aktuellen Stand der Übertragung von Entscheidungsrechten und Gestaltungsfreiheiten auf die einzelne Schule und sich andeutende Entwicklungstendenzen zusammen.

---

27 Der Terminus ›zentral‹ bezieht sich in den deutschen Schulsystemen auf Politik und Behörden in den Bundesländern, in Österreich auf den Gesamtstaat.

1. Schulautonomie als Governancereform

Mit dem Konzept ›Governance‹ wird die Koordination (oder wechselseitige Regulierung und Steuerung) zwischen verschiedenen Akteuren in komplexen Mehrebenensystemen thematisiert (Altrichter/Maag Merki 2016, S. 8). In dieser Sichtweise sind Schulreformen immer auch Versuche, die Koordination zwischen den Akteuren auf verschiedenen Systemebenen und folglich ihre Arbeitspraktiken zu verändern. Reformen werden von Akteuren initiiert, die versuchen, neue Regeln (gesetzliche oder soziale Normen) und eine veränderte Verteilung von Ressourcen zu etablieren. Reformen werden nur dann gesellschaftlich relevant, wenn sie von einer kritischen Masse relevanter Akteure auf verschiedenen Ebenen des Bildungssystems wahrgenommen, zumindest teilweise akzeptiert und »rekontextualisiert«, d. h. in Praktiken und Strukturen übersetzt werden, die der Handlungslogik auf der jeweiligen Ebene entsprechen und geeignet sind, längerfristig koordiniertes Handeln zu unterstützen (Fend 2006).

Bei der Analyse von Reformen interessieren nicht primär kurzfristige Veränderungen, einzelne Akteure oder zufällige Konstellationen, sondern die »sich wiederholenden, erkennbaren Muster voneinander abhängiger Handlungen unter Beteiligung mehrerer Akteure« (Spillane 2012, S. 116 f.). Wenn Reformimpulse wirksam werden, so wird dadurch die aktuell dominante Koordinationskonstellation in einem System verändert. Dies ist beispielsweise daran erkennbar, dass (1) Bedeutung, Aufgaben, Entscheidungsrechte und Ressourcenausstattung existierender *Akteure* (partiell) verändert werden bzw. dass neue Akteure sichtbar werden. (2) werden die bis dahin dominanten *Governance-Prinzipien* (d. h. jene Regeln, die die Akteure (meist) bei ihrer Koordination beachten und die ihnen eine gewisse Handlungssicherheit geben) geschwächt oder gestärkt bzw. neue Koordinationsprinzipien werden sozial bedeutsam. (3) Dies ist schließlich auch daran erkennbar, dass *orientierende Konzepte wie eben ›Schulautonomie‹* (partiell) in ihrer Bedeutung und in ihrer Praktizierung verändert werden. Wir wollen in den folgenden Abschnitten auf den eben genannten drei Analysedimensionen zeigen, welche Transformationen des Konzepts ›Schulautonomie‹ in jüngerer Zeit zu beobachten sind und in welchen schulpolitischen Kontext diese eingebunden sind.

2. Geschichte und Zäsuren der »Schulautonomie«-Diskussion[28]

Bei »Schulautonomie« – u.zw. nicht nur bei heutigen Thematisierungen – geht es immer um die Problematisierung des Verhältnisses von Staat und Schule, das generell als zu eng eingeordnet wird. Eine zentrale Voraussetzung dieses Reformdiskurses ist entsprechend die Existenz oder zumindest die Vorstellung eines ganz überwiegend staatlich getragenen und verantworteten Schulwesens. Abgesehen von frühen Refle-

28 Eine gekürzte Fassung des Abschnitts ist im Journal für Schulentwicklung 3/2018 erschienen.

xionen, inwieweit der Staat in Abgrenzung von der Kirche und im Gegensatz z. B. zur kommunalen Bürgerschaft überhaupt im Schulwesen Verantwortung übernehmen sollte (Humboldt 1792/2002; Roeder 2000), setzt eine eigentliche Schulautonomie-Diskussion in Deutschland somit erst Mitte des 19. Jahrhunderts ein (Tenorth 2003; 2004), um dann im Kontext von Reformpädagogik und geisteswissenschaftlicher Pädagogik (Nohl 1949) eine erste thematische Profilierung als Eigenständigkeit bzw. Eigenlogik der Pädagogik als besonderer Praxis zu erlangen.

Allerdings ist der Einfluss dieser frühen Thematisierungen auf Reformen des staatlich getragenen Schulwesens als eher gering einzuschätzen – bedeutsamer waren sie sicherlich im Bereich privat getragener Schulen oder auch bei der Etablierung der Erziehungswissenschaft als Universitätsdisziplin. Auch wenn die Vorstellung einer Abgrenzungsbedürftigkeit der Schule von politischen, staatlich-administrativen, wirtschaftlichen und nicht zuletzt auch kirchlichen Einflussnahmen sicherlich das Innenleben der Schule, das Selbstverständnis der Lehrkräfte und ihrer Verbände bis heute prägt (Klafki 1983; Heinrich 2006).

Die sich seit den *1970er Jahren* in Deutschland entwickelnde Kontur und Kontinuität der »Schulautonomie«-Diskussion, die im Weiteren aufgearbeitet werden soll (Rürup 2007; Altrichter/Rürup/Schuchart 2016), hat gegenüber dieser Tradition der Betonung einer Autonomie des Pädagogischen einen anderen, pragmatischeren Fokus. Die Staatlichkeit des Schulwesens ist nunmehr kein Befragungsgegenstand, sondern Voraussetzung und Basis für Reformvorschläge, wie das Verhältnis von Schulministerium bzw. Kultusadministration und der einzelnen Schule als unterer, ausführender Ebene in der staatlichen Behördenstruktur ausgestaltet werden soll, ohne die abhängige und nachgeordnete Rechtsstellung der (allgemein bildenden) Schule grundlegend aufzuheben. An dieser thematischen Fokussierung machen sich letztlich auch die schulrechtlichen Hinweise fest, die – entweder konstatierend anhand der beobachtbaren Schulrechts-Änderungen oder prinzipiengeleitet-normativ – hervorheben, dass es begrifflich ungemessen sei, von »Schulautonomie« im Sinne von Eigengesetzlichkeit der Schule zu sprechen, wo es faktisch doch nur um eine Erhöhung operativer Eigenverantwortung der Einzelschule gehe bzw. gehen könne (Avenarius/Füssel 2010, S. 260).

Anfangs – z. B. im Gutachten der Bildungskommission des Deutschen Bildungsrates (1973) – prägten vor allem Fragen der *Enthierarchisierung und Demokratisierung* der staatlichen Verwaltung die Schulautonomie-Diskussion. In Abkehr von der Lehre eines besonderen Gewaltverhältnisses im behördlichen Innenraum des Staates (im Beamtentum, Militär und Schulwesen) ging es im Kern um die Anerkennung und Gestaltung einer größeren Selbsttätigkeit und Eigenverantwortung verschiedener (im Schulwesen agierender) Akteure: der nachgeordneten Behörden und Dienstgrade sowie um die – direktdemokratische – Mitbestimmung von Schüler*innen und Eltern bei der Gestaltung von Schule und Unterricht. Schulrechtliche Konsequenzen dieser Diskussionen bestanden vor allem in einer Explizierung und ›Verrechtlichung‹ von vorher stärker auf traditioneller Autorität beruhenden Verhältnissen: zum einen durch Kodifizierungen der »pädagogischen Freiheit« der Lehrkräfte und zum anderen durch Einführung von schulischen Mitwirkungsgremien wie Schüler- und Elternsprechern bzw. Schulkonferenzen als Ausdruck von Schüler- und Elternrechten (z. B. im österreichischen Schulunterrichtsgesetz).

Seit den *1980ern* verschob sich die Diskussion – im Kontext der Ergebnisse der Gesamtschulforschung von Helmut Fend und der zunehmenden Rezeption internationaler Schulqualitätsforschung – auf eine empirisch-pädagogische Begründungsstruktur: die einzelnen Schulen traten in schulvergleichenden Untersuchungen als unterschiedlich förderliche Lebenswelten hervor – und zwar unabhängig von ihrer Schulform oder sozioökonomischen Charakteristika ihrer Schüler*innen (Fend 1986). »Schulautonomie« bedeutete nun, die *Einzelschulen als »Handlungseinheit«* anzusprechen bzw. sie dazu aufzufordern, sich durch schulinterne Verständigungsprozesse zu einer guten »Handlungseinheit« zu entwickeln (Steffens/Bargel 2016). Damit tritt gleichsam ein ›neuer Akteur‹ im Feld schulischer Koordination auf: Die Einzelschule wird zunehmend weniger als austauschbares letztes Glied in der administrative Kette des Schulwesens angesehen, sondern soll ein eigenständiges Gesicht gewinnen, darf sich von anderen Schulen differenzieren.

In dieser Zeit entstehen bis heute prägende Leitbegriffe wie »Schulentwicklung«, »gute Schule« oder auch »Schulprogramm« – allerdings noch nicht als klar durchkonzipierte, phasenförmig strukturierte Prozesse mit bestimmten Instrumentarien und Tools, sondern als weitgehende offene, von den Schulen selbsttätig auszufüllende positiv besetzte Entwicklungshorizonte. Die dominierende Idee der Systemkoordination ist dabei: Entwicklungen werden dann produktiv verlaufen, wenn sich die professionellen Pädagog*innen auf ›standortbezogene Schulentwicklung‹ verständigen und diese in Ansehung und Auseinandersetzung mit ihrer speziellen Umgebung betreiben. Schulrechtlich finden sich entsprechend nur wenige Kodifizierungen – am ehesten noch in den Lehrplan-Richtlinien in Nordrhein-Westfalen, wo den Schulen die Entwicklung von Schulprogrammen oder auch eine Öffnung zum kommunalen Umfeld angeraten wurde.

Anders in Österreich, das hier mit seiner Schulgesetz-Reform 1993 als Vorreiter gelten kann (Saalfrank 2005). In deren Zentrum standen vor allem curriculare Verfügungsrechte: Schulen durften (mussten aber nicht) 5 bis 10 Prozent ihres Curriculums nach eigenen Vorstellungen gestalten, wobei sie bestehende Fächer erweitern, kürzen oder zusammenlegen sowie neue Fächer in ihren »schulautonomen Lehrplan« aufnehmen konnten. Auch neue Rechte zur Entscheidung über Schulzeit, interne Organisation, Finanzen (Vermietung von Räumen, Gewinnen von Sponsoren und Drittmitteln) und internen Personaleinsatz (nicht aber über Personalrekrutierung) wurden in den Folgejahren Schulen zugewiesen (Schratz/Hartmann 2009).

Die deutsche Wiedervereinigung ist auch bezogen auf das Thema »Schulautonomie« als Zäsur zu beschreiben: in den neuen Ländern findet sich in Abgrenzung zum zentralistisch-durchregulierten Schulwesen der DDR eine Bestrebung zur curricularen und didaktischen Öffnung und Pluralisierung von Schule und Unterricht, verbunden mit einer neuen Rezeption reformpädagogischer Ansätze und der Neugründung entsprechender privater Schulen (Skiera 2010, S. 23), die durchaus auch als Anschluss an die »Autonomie«-Diskussion der 1920er Jahre gelesen werden kann.

Der eigentliche und die Dekade prägende »Schulautonomie«-Diskurs wird allerdings in den westdeutschen Ländern geführt (Daschner/Rolff/Struck 1995; Fischer/Rolff 1997), allen voran in Hessen, Bremen und Hamburg. »Schulautonomie« wird hier zu einem schulpolitischen Reformprogramm der Übertragung und Eröffnung von Entscheidungsrechten und -spielräumen an den einzelnen Schulen, das zunehmend von Vorstellungen darüber, wie diese Rechte zu nutzen sind, begleitet wird. Die anfänglich noch präsenten Argumente einer Stärkung demokratischer Mitbestimmungsmöglichkeiten werden durch Vorstellungen einer *Verbetrieblichung der innerschulischen Koordination* verdrängt (Hepp/Weihnacht 2003): Schulische Entwicklungsarbeit (in der nach und nach mehr Unterrichtsentwicklung angemahnt wird) soll ihre Ziele durch ein professionelles Management und optimierten Mittel- und Personaleinsatz fokussierter und effektiver erreichen. Kennzeichnend für diesen Bezugsrahmen sind die Studien der Kienbaum-Unternehmensberatung (1994) in Baden-Württemberg und Nordrhein-Westfalen sowie die Empfehlungen der Expertenkommission im Bundesland Bremen (Senator für Bildung und Wissenschaft 1993). Mit Blick auf das Verhältnis von Schulträger und Schule – also auf die gebäudlichen Gegebenheiten und Ausstattungen der Einzelschulen, die im deutschen Schulsystem von den Kommunen verantwortet werden – sind zudem die Konzepte der Kommunalen Gemeinschaftsstelle für Verwaltungsvereinfachung (z. B. KGSt 1993) in Köln hervorzuheben, die sich dezidiert für ein Neues Steuerungsmodell und entsprechende neue Budgetierungs- und Controlling-Strukturen im Schulwesen aussprach. In Österreich kündigte sich 1997 mit einem vom Bildungsministerium beauftragten Gutachten zu »Möglichkeiten und Grenzen der Qualitätsevaluation und Qualitätsentwicklung im Schulwesen« (Posch/Altrichter 1997) die Suche nach neuen innerschulischen Steuerungsinstrumenten für die autonomeren Einzelschulen an, aber auch das Aufkommen von Accountability-Gedanken, die in der Zwischenzeit zum ›siamesischen Zwilling‹ von Autonomie geworden sind.

Die 1980er-Argumente für eine pädagogisch notwendige Selbstständigkeit der Schulen (als Basis einzelschulisch zu gestaltender Schulqualität) gehen allerdings nicht verloren. Im Gegenteil: Ihnen kommt letztlich eine Leit- und Integrationsfunktion der eigentlich heterogen-widersprüchlichen oder allzu ökonomischen Begründungskontexte von »Schulautonomie« zu. Die einzelschulische Möglichkeit, selbsttätig ein günstiges Schul- und Lernklima herzustellen, wird nunmehr zu einer verpflichtenden Aufgabe und schließlich zu einer Managementanforderung. Paradigmatisch für diese komplexe Integrationsleistung ist die Denkschrift der nordrhein-westfälischen Kommission »Zukunft der Bildung – Schule der Zukunft« hervorzuheben (Bildungskommission NRW 1995). Hier werden die Einzelschulen emphatisch als »Häuser des Lernens« angesprochen, die sich – um diesem Ideal näher zu kommen – dem Auftrag einer eigenständigen Schulentwicklung hin zu einer lernenden Organisation oder »Problemlöseschule« (Rolff 1991) stellen müssten. Dazu wird eine Erweiterung curricularer, unterrichtsorganisatorischer, personalbezogener und finanzieller Entscheidungsspielräume der Schulen vorgeschlagen, aber auch eine Stärkung der Rolle der Schulleitung, die Öffnung von Schule gegenüber ihrem lokalen Umfeld, eine systematische Schulprogrammarbeit, Selbst- und Fremdevaluation sowie ein Aufbau schulbezogener Unterstützungssysteme. Schulleitung – gleichwohl schon vorher in Deutschland und Österreich existent (nicht aber in den meisten deutschsprachigen Kantonen der Schweiz) – erscheint in diesem Licht als ›neuer Akteur‹, auf dem (zu?) viele Hoffnungen liegen und der mit neuen Führungsinstrumenten ausgestattet wird. Die Vorstellungen für innerschulische Koordination nähern sich Konzepten von betrieblichem Management und Führung an. Wenn auch weiterhin wenig Arbeitsteilung auf operativer Unterrichtsebene stattfindet, sollen doch die neuen Führungsinstrumente, wie Schulprogramm und Qualitätsmanagement, die Bindung/Koordination zwischen Schulleitung und Kollegium stärken. Vorstellungen über Eingriffsmöglichkeiten der Leitung in das Unterrichtsgeschäft (instructional leadership) und über arbeitsteilige Beteiligung von mehr Personen an Managementaufgaben (shared leadership) nehmen zu.

Gerade am stärkeren Verpflichtungscharakter der Schulprogrammarbeit sind zentrale Merkmale des Wandels im Schulautonomie-Programm festzumachen: Von einem einzelschulischen Möglichkeitsraum verschiebt und konkretisiert sich das Konzept zu einer administrativen Zielvorgabe mit ausgearbeiteten Handreichungen und Infrastrukturen der Unterstützung und Anleitung einzelschulischer Arbeit. Parteipolitisch getragen und vorangetrieben wird es vor allem durch SPD-geführte Landesregierungen (Munin 2001; Rürup 2007). In den CDU/CSU-regierten Ländern werden zwar einzelne Maßnahmen oder auch Instrumentarien der Schulentwicklung ebenfalls aufgegriffen, aber vorrangig administrativ in Schulverwaltung und Schulaufsicht und noch nicht in den kultusministeriellen Grundsatzreden oder den Koalitionsvereinbarungen der Regierungsparteien.

Den entscheidenden Impuls zu einer bundesweiten und parteiübergreifenden Durchsetzung des Programms der »Schulautonomie« gibt schließlich 2001 die *PISA-Studie*. Zwar ist in dem KMK-Maßnahmenkatalog, der parallel zur Veröffentlichung der PISA-Ergebnisse vorgelegt wurde, keine Rede von einer erweiterten Eigenverantwortung der Schulen. Allerdings werden dort Maßnahmen der »konsequenten Weiterentwicklung und Sicherung der Qualität von Unterricht und Schule auf der Grundlage von verbindlichen Standards sowie eine ergebnisorientierte Evaluation« angekündigt (KMK 2001, o. S.) – gemeint und schließlich umgesetzt als Umstellung des schulpolitischen Steuerungskonzepts von einer Inputorientierung einzelschulisch umzusetzender Vorgaben zu einer Outputorientierung der Arbeits- bzw. Ergebniskontrolle rechenschaftspflichtiger Einzelschulen (Koch/Gräsel 1994).

Das politische Programm der »Schulautonomie« verändert so erneut seinen Status: von einer integrierenden Leitidee der Schulentwicklung vor Ort zu einem *Baustein im gesamtsystemischen Reformmodell einer forcierten Qualitätsentwicklung*, dessen zentrale Bedeutung allerdings bei der Propagierung der Reform nicht unbedingt in den Vordergrund gerückt wurde: Relevante schulische Gestaltungsspielräume sind eine Bedingungen der Möglichkeit von ›Outputorientierung‹ – nur dort können Einzelschulen für ihre Ergebnisse (und für danach geforderte ›datenbasierte Entwicklung‹) in die Verantwortung genommen werden, wo sie auch die Gelegenheit haben, ›anders‹ zu handeln.

Die Eröffnung immer weiterer einzelschulischer Gestaltungsspielräume bei Unterrichtsorganisation, Personaleinstellung und Personalführung nunmehr in allen deutschen Ländern wird systematisch begleitet durch die Einführung von Bildungsstandards (Altrichter/Kanape-Willingshofer 2012), zentralen Prüfungen (Maag Merki 2012), Lernstandserhebungen (Groß Ophoff/Koch/Hosenfeld 2019) und schließlich Schulinspektionen (Altrichter/Kemethofer 2016). Mit diesen Instrumenten werden nicht nur die Lernleistungen der Schüler*innen, sondern auch die Qualität der einzelschulischen Arbeitsprozesse (Döbert/Rürup/Dedering 2008) evaluiert, d. h. gleichzeitig auch die Qualität der Nutzung schulischer Freiräume geprüft.

Nicht nur erhält das Programm der Schulentwicklung gegenüber den 1990ern eine neue Schärfung und Fokussierung zur pädagogischen Schulentwicklung mit den Lernfortschritten der Schüler*innen als ultimativem Bezugspunkt (Rolff 2010), auch die Arbeitsformen der Schulentwicklung werden durch die Präsentations- und Dokumentationspflichten im Zuge von Schulinspektionen und bei der einzelschulischen Budgetverwendung bzw. Personalanstellung und Lehrerfortbildung stärker normiert. Dem entsprechen dann die weitere Aufgaben- und Kompetenzerweiterung der Schulleitung sowie das Konzept von Steuerungsgruppen als Planungs- und Umsetzungsgremien von Schulentwicklung (Rolff et al. 2011).

Charakteristisch für die Veränderungen der Governance-Konstellationen dieser Phase ist das Auftreten einer größeren Zahl schulexterner, expertenhafter Akteure, die jeweils beanspruchen, durch ihr größeres Wissen die Entwicklung der Einzelschulen bewerten und orientieren zu können (und stimulieren zu müssen): Institute für Lernstandsmessung, Schulinspektorate, Rückmeldemoderator*innen, multiprofessionelle Teams usw. konkurrieren mit der Schulaufsicht um die Motivation und Dynamisierung der Einzelschulen. Mit Hilfe von ›Outputorientierung‹ und des Konzepts der ›evidenzbasierten Entwicklung‹ werden auch neue Koordinationsvorstellungen im System propagiert: Schulen müssen sich in ihrer Tätigkeit stärker als zuvor an Ziele binden, die genauer als zuvor in Form von Kompetenzanforderungen an Schüler*innen bzw. in den Qualitätstableaus der Schulinspektionen formuliert werden. Durch Datenrückmeldung über die erreichten Leistungen werden Ist-Soll-Vergleiche möglich, die Schulen und ihre Mitglieder zu zielorientierter Entwicklung befähigen und motivieren sollen.

Seit *Ende der 2000er Jahre* erweitern sich die äußeren Erwartungen an die einzelschulische Entwicklungsarbeit zunehmend: zu planen und als Planung zu dokumentieren werden immer mehr und immer spezifischere Aspekte. Auch dies kann als ein Themenwechsel der »Schulautonomie«-Diskussion interpretiert werden. Vom Instrument der schulsystemischen Qualitätssicherung verändert sich »Schulautonomie« nunmehr zu einem *Implementationsmechanismus für variierende politische oder auch gesellschaftliche Anliegen:* Gerade die Gestaltungsspielräume am Schulstandort und die dort von den Pädagog*innen entwickelte Flexibilität in deren Nutzung erlauben es, der Schule immer wieder die Bearbeitung aktueller Aufgaben aufzutragen. Die Einzelschule soll sich nicht nur für verbesserte Lernleistungen (und Lernmöglichkeiten) der Schüler*innen einsetzen, sondern auch für Inklusion, Gesundheitsbildung, Bildung für nachhaltige Entwicklung, kulturelle Bildung usw. Entsprechende Konzepte sollen ins Schulprogramm (in Österreich: Entwicklungsplan) aufgenommen und mit Maßnahmen zur schrittweisen Umsetzung untersetzt werden. Im Rahmen von Schulinspektionen werden diese schulischen Aktivitäten begutachtet und bewertet – bzw. Interessenvertreter*innen dieser Gestaltungsanliegen versuchen sie konzertiert als Bewertungskriterium der Schulinspektion oder auch als Themenstellungen in zentralen Prüfungen durchzusetzen. Erwartet wird so, dass die Einzelschule die entsprechenden Reformanliegen eher in ihre eigenen schulinternen Arbeitsprozesse integriert und produktiv ausgestaltet, als wenn diese nur – altmodisch-direktiv – per Verordnung oder Lehrplan zur Umsetzung vorgegeben würden.

Wesentlicher aber noch für die thematischen Verschiebungen der »Schulautonomie«-Diskussion im letzten Jahrzehnt ist die *regionale Erweiterung der Entwicklungsaufgaben der Einzelschulen*, die nunmehr auch das Übergangsmanagement an den schulsystemischen Schanierstellen (Kita-Grundschule-Sek I-Berufsschule) bis hin zur Herausbildung regionaler Bildungslandschaften mitgestalten und mitverantworten sollen (Rolff 2013; Altrichter 2014; Berkemeyer in diesem Band). In einer ersten Akzentuierung stellt diese Reformidee eine ›Nachbearbeitung‹ von (unerwarteten?) Konsequenzen ›autonomer Einzelschulentwicklung‹ dar: Schulen sollen ihre Energien wieder weniger auf die Konkurrenz mit Nachbarschulen richten, sondern sich in regionalen Netzwerken verorten und koordinieren, dabei aber zugleich (?) die Entwicklung profilierter und ›responsiver Angebote‹ für ihre Umgebung weitertreiben. Das im österreichischen Parlament beschlossene Bildungsreformgesetz 2017 sieht in einem ›Autonomie-Paket‹ die (zunächst freiwillige) Einrichtung von ›Schulclustern‹ vor, zu denen sich 2 bis maximal 8 Schulstandorte mit 200 bis maximal 2500 Schülerinnen in einer Region zusammenschließen können. Eine standortübergreifende Leitungsfunktion wird von einer »Schulclusterleitung, die die Aufgaben der bisherigen Schulleitungen übernimmt und administratives Unterstützungspersonal erhält« (BMBWF 2018, o. S.), ausgeübt.

Dies deutet wohl auf die zweite Akzentuierung der Reformidee der Regionalisierung: Die vergrößerte und stärker auf Leitung fokussierte Struktur im Schulwesen wird gleichsam als Bedingung der Möglichkeit einer Autonomie unter Accountability-Bedingungen gesehen; sie soll kritische Größen und professionelles Management »in Zusammenarbeit mit den regionalen Bildungsplayern« wahrscheinlicher machen und damit die strukturelle Basis für »maximale pädagogische Gestaltungsfreiheit am einzelnen Schulstandort zur Erstellung innovativer Bildungsangebote bei gleichzeitiger Planungs- und Ressourcensicherheit« (BMBWF 2018, o. S.) schaffen.

Das Leitbild der erweiterten Eigenverantwortung von Schule prägt die deutschsprachige Schulpolitik zwar weiterhin, »Schulautonomie« erscheint aber an immer weitere Anerkennungspflichten außerschulischer Interessen gebunden, die den Schulen über ein systematisches Bildungsmonitoring, Zielvereinbarungen mit der Schulaufsicht oder auch regionale Gremieneinbindungen und Vernetzungen nahe gebracht werden. Zu diesen Erweiterungen der Bindungskonstellationen gehört auch, dass in einigen Ländern (Schleswig-Holstein, Hamburg, Berlin und Brandenburg) inzwischen schulbezogenen Ergebnisse von Lernstandserhebungen bzw. Schulinspektionen im Internet veröffentlicht werden.

3. Die Reformidee »Schulautonomie« im Netz schulischer Koordinationsbeziehungen

Der hier vorgelegte Überblick über die thematischen Verschiebungen innerhalb der »Schulautonomie«-Diskussion macht zuallererst eines deutlich: Das Gestaltungsanliegen der »Schulautonomie« auf eine Übertragung von Entscheidungsrechten bzw. Entscheidungsspielräumen auf die einzelnen Schulen zu begrenzen, führt am Kern dieses Reformansatzes vorbei. Die erweiterte Eigenverantwortung der einzelnen Schule ist lediglich ein Element in einer Konstellation von Verschiebungen von Rechten, Pflichten und Koordinationsprinzipien zwischen unterschiedlichen (alten und neuen) Akteuren. Die – argumentativ gerne hervorgehobenen – einzelschulischen Gestaltungsfreiheiten sind stets begleitet und orientiert durch administrative Vorgaben und Erwartungen, Praxen der Rechenschaftslegungen, neuen Koordinationsgeboten und nicht zuletzt (wenn auch in Deutschland kaum öffentlichkeitswirksam kommuniziert) In-Haftung-Nahmen der Einzelschulen. Im Zeitverlauf durchgesetzt hat sich dabei eine Idee von »Schulautonomie« als Optimierung des politisch-administrativen Steuerungshandelns im staatlichen Schulsystem angelehnt an Modell des New Public Managements (Dubs 1997) oder der Good Governance (van Ackeren/Brauckmann/Klein 2016).

Außerhalb von Wortmeldungen einzelner Parteien, Stiftungen oder Wissenschaftler*innen (Wößmann 2007; FDP Landesverband Bayern 2018) spielen in Deutschland und Österreich dagegen solche Ansätze der »Schulautonomie« keine ausgeprägte Rolle, die sich für eine staatlich vollfinanzierte Privatisierung des Schulwesens aussprechen, in denen rechtlich selbstständige Schulen mit eigenständig gestalteten Schulprofilen, um möglichst viele Schüler*innen als knappe, geldwerte Ressource konkurrieren (Friedman 1962; Cubb/Moe 1990). Wenngleich ein solcher Wettbewerb zwischen Gymnasien und ›nicht-akademischen‹ Schulen in den deutschsprachigen Schulsystem traditionell existiert (allerdings um knappe Schulplätze an begehrten Schulen; Altrichter/Heinrich/Soukup-Altrichter 2014) und ansatzweise mit einer Öffnung des Sprengelprinzips im Grundschulbereich auch erweitert wurde (Altrichter et al. 2011), ist ein politisches Interesse an einer ausgeweiteten privaten Trägerschaft im Schulwesen (wie z. B. in den USA, England oder Schweden seit den 2000er Jahren; Blanchenay/Burns/Köster 2014; OECD 2015) in den deutschsprachigen Ländern nicht zu beobachten. Im Gegenteil: Das Wachstum der Privatschulen seit Mitte der 2000er Jahre wird schulpolitisch eher zurückhaltend oder kritisch begleitet (Wrase/Helbig 2016).

Mit *Blick auf die aktuelle Entwicklung* ist schließlich zu konstatieren, dass unabhängig von der parteipolitischen Zusammensetzung der Regierung eine weitere Stärkung der einzelschulischen Selbstständigkeit angestrebt wird – vor allem in Hinblick auf Lehrkräfteeinstellungen und Stundentafeln, doch deuten sich auch einzelne thematische Verschiebungen des »Schulautonomie + Accountability«-Programms an. Die Kritik am Programm ›evidenzbasierter Entwicklung‹ hat zugenommen (z. B. Bellmann 2016), ohne dass bisher ein umfassendes alternatives Programm der Schulgovernance Gestalt gewonnen hätte. Beispielsweise wurden einige der in den deutschen Bundesländern überraschend schnell etablierten ›neuen Schulinspektionen‹ (Füssel 2008) wieder abgeschafft (Schleswig-Holstein 2010, Rheinland-Pfalz 2016) und oft durch einfachere Formen des Kontraktmanagements ersetzt. Auch in dem für dieses Instrument stilbildendem Schulsystem Niedersachsens haben sich die Inspektionsverfahren (2013 und dann wieder 2018/2019) geändert. Die Neuerungen scheinen sich (auch in anderen Ländern wie z. B. den Niederlanden; Ehren/Honingh 2012) um zwei Fragen zu drehen: um das *Kosten-Nutzen-Verhältnis* der Steuerungsinstrumente und um die *Art, wie mit der Professionalität der Lehrpersonen umgegangen werden soll* (Altrichter 2019). Solche Überlegungen schlagen sich auch als Vorschläge zur Aufwandsentlastung von Schulleitungen und eines einzelschulischen Bürokratieabbaus, der nicht zuletzt auf die Menge von Lernstandserhebungen, Dokumentationspflichten oder auch den Umfang und die Häufigkeit von Schulinspektionen bezogen ist. Die administrative Tendenz zum Mehr-Vertrauen-Wollen in die einzelschulische Arbeit als notwendiger Basis von »Schulautonomie« deutet möglicherweise darauf hin, dass wieder mehr Hoffnungen auf pädagogische Professionalität als Basis und Movens von Qualitätsentwicklung gesetzt werden.

4. Literatur

Altrichter, H. (2014): Regionale Bildungslandschaften und neue Steuerung des Schulsystems. In: Huber, S. G. (Hrsg.): Kooperative Bildungslandschaften. Kronach: Link, S. 30–48.

Altrichter, H. (2019): The Emergence of Evidence-based Governance Models in the State-Based Education Systems of Austria and Germany. In: Allan, J./Harwood, V./Rübner Jørgensen, C. (Hrsg.): Schooling Governance. London: Routledge (forthcoming).

Altrichter, H./Bacher, J./Beham, M./Nagy, G./Wetzelhütter, D. (2011): The Effects of a Free School Choice Policy on Parents' School Choice Behaviour. In: Studies in Educational Evaluation 37, H. 4, S. 230–238.

Altrichter, H./Brauckmann, S./Lassnigg, L./Moosbrugger, R./Gartmann, G. B. (2016): Schulautonomie oder die Verteilung von Entscheidungsrechten und Verantwortung im Schulsystem. In: Bruneforth, M./Eder, F./Krainer, K./Schreiner, C./Seel, A./Spiel, C. (Hrsg.): Nationaler Bildungsbericht Österreich 2015. Band 2. Graz: Leykam, S. 263–303.

Altrichter, H./Brüsemeister, T./Heinrich, M. (2005): Merkmale und Fragen einer Governance-Reform am Beispiel des österreichischen Schulwesens. In: Österreichische Zeitschrift für Soziologie 30, H. 4, S. 6–28.

Altrichter, H./Heinrich, M./Soukup-Altrichter, K. (2014): School decentralisation as a process of differentiation, hierarchization and selection. In: Journal of Education Policy 29, S. 675–699.

Altrichter, H./Kanape-Willingshofer, A. (2012): Bildungsstandards und externe Überprüfung von

Schülerkompetenzen. In: Herzog-Punzenberger, B. (Hrsg.): Nationaler Bildungsbericht 2012. Band 2. Graz: Leykam, S. 355 - 394.

Altrichter, H./Kemethofer, D. (2016): Stichwort: Schulinspektion. Zeitschrift für Erziehungswissenschaft 19, H. 3, S. 487–508.

Altrichter, H./Maag Merki, K. (Hrsg.) (2016): Handbuch Neue Steuerung im Schulsystem. Wiesbaden: Springer VS.

Altrichter, H./Rürup, M./Schuchart, C. (2016): Schulautonomie und die Folgen. In: Altrichter, H./ Maag Merki, K. (Hrsg.): Handbuch Neue Steuerung im Schulsystem. Wiesbaden: Springer VS, S. 107–149.

Avenarius, H./Füssel, H. (2010): Schulrecht. Köln: Link, S. 288–321.

Bellmann, J. (2016): Datengetrieben und/oder evidenzbasiert? In: Zeitschrift für Erziehungswissenschaft 19, H. 1, S. 147–161.

Bildungskommission NRW (1995): Zukunft der Bildung – Schule der Zukunft. Neuwied: Luchterhand.

Blanchenay, P./Burns, T./Köster, F. (2014): Shifting Responsibilities – 20 Years of Education Devolution in Sweden. Paris: OECD.

Brüsemeister, T. (2004): Das andere Lehrerleben. Bern: Haupt.

BMBWF [Bundesministerium für Bildung, Wissenschaft und Forschung] (2018): Die Bildungsreform bringt's. https://bildung.bmbwf.gv.at/schulen/autonomie/index.html (Abruf 26.2.2019).

Chubb, J. E./Moe, T. M. (1990): Politics, markets, and America's schools. Washington: The Brookings Institution.

Daschner, P./Rolff, H.-G./Struck, T. (Hrsg.) (1995): Schulautonomie – Chancen und Grenzen. Weinheim: Juventa.

Deutscher Bildungsrat (1973): Zur Reform von Organisation und Verwaltung im Bildungswesen. Teil 1. Stuttgart: Klett.

Döbert, H./Rürup, M./Dedering, K. (2008): Externe Evaluation von Schulen in Deutschland. In: Döbert, H./Dedering, K. (Hrsg.): Externe Evaluation von Schulen. Münster: Waxmann, S. 60–148.

Dubs, R. (1997): New Public Management. In: Lehmann, R. H./v. Buer, J./Seeber, S./Peek, R. (Hrsg.): Erweiterte Autonomie von Schule, Bildungscontrolling und Evaluation. Berlin: Humboldt Universität, S. 49–59.

Ehren, M. C. M./Honingh, M. (2012): Risk-based school inspections in the Netherlands. In: Studies in Educational Evaluation 37, H. 4, S. 239–248.

FDP Landesverband Bayern (2018): Wahlprogramm Frisches Bayern. www.fdp-bayern.de/wp-content/uploads/2018/06/180621-LTW-Programm.pdf (Abruf 26.2.2019).

Fend, H. (1986): Gute Schulen – schlechte Schulen. Die einzelne Schule als pädagogische Handlungseinheit. In: Die Deutsche Schule 78, H. 3, S. 275–293.

Fend, H. (2001): Bildungspolitische Optionen für die Zukunft des Bildungswesens. In: Zeitschrift für Pädagogik 47, H. 43, S. 37–48.

Fend, H. (2006): Neue Theorie der Schule. Wiesbaden: Springer VS.

Fischer, D./Rolff, H.-G. (1997): Autonomie, Qualität von Schulen und staatliche Steuerung. In: Zeitschrift für Pädagogik 43, H. 4, S. 537–549.

Friedman, M. (1962): Freedom and Capitalism. Chicago: University of Chicago Press.

Füssel, H.-P. (2008): Schulinspektion und Schulaufsicht? In: Döbert, H./Dedering, K. (Hrsg.): Externe Evaluation von Schulen. Münster: Waxmann, S. 153–163.

Groß Ophoff, J./Koch, U./Hosenfeld, I. (2019): Vergleichsarbeiten in der Grundschule von 2004 bis 2015. In: Zuber, J./Altrichter, H./Heinrich, M. (Hrsg.): Bildungsstandards zwischen Politik und schulischem Alltag. Wiesbaden: Springer VS, S. 205–228.

Heinrich, M (2006): Autonomie und Schulautonomie. Münster: MV.

Hepp, G. F./Weinacht, P.-L. (2003): Wie viel Selbstständigkeit brauchen Schulen? München: Luchterhand.

Kienbaum-Unternehmensberatung (1994): Kienbaum-Gutachten zur Reorganisation der Staatlichen Schulaufsicht des Landes Nordrhein-Westfalen. Düsseldorf: Kultusministerium.
Klafki, W. (1983): Schulpluralismus unter Staatsaufsicht statt Schuldirigismus in Staatshoheit. In: Benner, D./Heid, H./Thiersch, H. (Hrsg.): Beiträge zum 8. Kongress der DGfE. Weinheim: Beltz, S. 105–112.
KMK (2001): Pressemeldung 296. Plenarsitzung der Kultusministerkonferenz am 5./6. 12 2001. www.kmk.org/presse/pressearchiv/mitteilung/296-plenarsitzung-der-kultusministerkonferenz-am-0506dezember-2001-in-bonn.html (Abruf 26.2.2019).
Koch, S./Gräsel, C. (2004): Schulreformen und Neue Steuerung – erziehungs- und verwaltungswissenschaftliche Perspektiven. In: Koch, S./Fisch, R. (Hrsg.): Schulen für die Zukunft. Baltmannsweiler: Schneider Hohengehren, S. 3–24.
Kommunale Gemeinschaftsstelle für Verwaltungsvereinfachung (KGSt) (1993): Das neue Steuerungsmodell. Köln: KGSt.
Maag Merki, K. (2012): Zentralabitur. Wiesbaden: Springer VS.
Munin, H. (2001): Schulautonomie. Weinheim: Beltz.
Nohl, H. (1949): Die pädagogische Bewegung in Deutschland und ihre Theorie. Frankfurt am Main: Schulte-Bulmke.
OECD (2015): Improving Schools in Sweden. Paris: OECD.
OECD (2016): PISA 2015 Results Volume II. Paris: OECD.
Posch, P./Altrichter, H. (Hrsg.) (1997): Möglichkeiten und Grenzen der Qualitätsevaluation und Qualitätsentwicklung im Schulwesen. Innsbruck: StudienVerlag.
Roeder, P. M. (2000): Die freie Schulgemeinde. In: Recht der Jugend und des Bildungswesens 52, H. 1, S. 8–18.
Rolff, H.-G. (1991): Schulentwicklung als Entwicklung von Einzelschulen? In: Zeitschrift für Pädagogik 37, S. 865–886.
Rolff, H.-G. (2010): Schulentwicklung als Trias von Organisations-, Unterrichts- und Personalentwicklung. In: Bohl, T./Helsper, W./Holtappels, H.-G./Schelle, C. (Hrsg.): Handbuch Schulentwicklung. Bad Heilbrunn: Klinkhardt, S. 29–36.
Rolff, H.-G. (2013): Auswertung der Evaluation und Empfehlungen zur Weiterentwicklung der Regionalen Bildungsnetzwerke in NRW. www.schulministerium.nrw.de/docs/Schulentwicklung/Bildungskonferenz/Tagung-2013/Expertise-Prof_-Rolff.pdf (Abruf 26.2.2019).
Rolff, H.-G./Buhren, C. G./Lindau-Bank, D./Müller, S. (2011): Manual Schulentwicklung. Weinheim: Beltz.
Rürup, M. (2007): Innovationswege im deutschen Bildungssystem. Wiesbaden: Springer VS.
Saalfrank, W.-T. (2005): Schule zwischen staatlicher Aufsicht und Autonomie. Würzburg: Ergon.
Schratz, M./Hartmann, M. (2009): Schulautonomie in Österreich. In: Specht, W. (Hrsg.): Nationaler Bildungsbericht Österreich 2009. Band 2. Graz: Leykam, S. 323–340.
Senator für Bildung und Wissenschaft (Hrsg.) (1993): Innovation und Kontinuität. Bremen: Senat.
Skiera, E. (2010): Reformpädagogik in Geschichte und Gegenwart. München: Oldenbourg.
Spillane, J. P. (2012): Data in practice: Conceptualizing the data-based decision-making phenomena. In: American Journal of Education 118, H. 2, S. 113–141.
Steffens, U./Bargel, T. (2016): Die Diskussion um Schulqualität. In: Steffens, U./Bargel, T. (Hrsg.): Schulqualität – Bilanz und Perspektiven. Münster: Waxmann, S. 309–347.
Tenorth, H.-E. (2003). Autonomie und Eigenlogik von Bildungseinrichtungen. In: Füssel, H.-P./Roeder, P. M. (Hrsg): Recht – Erziehung – Staat. Weinheim: Beltz, S. 106–119.
Tenorth, H.-E. (2004): Autonomie, pädagogische. In: Benner, D./Oelkers, J. (Hrsg.): Historisches Wörterbuch der Pädagogik. Weinheim: Beltz, S. 106–125.
v. Ackeren, I./Brauckmann, S./Klein, E. D. (2016): Internationale Diskussions-, Forschungs- und Theorieansätze zur Governance im Schulsystem. In: Altrichter, H./Maag Merki, K. (Hrsg.): Handbuch Neue Steuerung im Schulsystem. Wiesbaden: Springer VS, S. 29–51.

v. Humboldt, W. (1792/2002): Ideen zu einem Versuch, die Grenzen der Wirksamkeit des Staates zu bestimmen. Stuttgart: Reclam.

Windzio, M./Sackmann, R./Martens, K. (2005): Types of Governance in Education – A Quantitative Analysis. Bremen: University.

Wößmann, L. (2007): Letzte Chance für gute Schulen. München: Zabert-Sandmann.

Wrase, M./Helbig, M. (2016): Das missachtete Verfassungsgebot. In: Neue Zeitschrift für Verwaltungsrecht 35, H. 22, S. 1591–1598.

Martin Bonsen

Schulleitung und reformierte Steuerung

> Eine gut funktionierende Schule war bislang diejenige, die als bürokratische Organisationseinheit nach der Vorgabe übergeordneter Kenn- und Grenzwerte klaglos arbeitete. Als Schulleitung bewährte sich vorwiegend, wer ein guter »Befehlsempfänger« und »-weitergeber« mit dem Ziel einer reibungslosen Verwaltung von Schule war. Die Rahmenbedingungen der zentral gesteuerten Schule waren klar (d.i. hierarchisch) strukturiert und über den Verordnungsweg ›von oben nach unten‹ reguliert. (Schratz 1998, 95f.)

Dieses Zitat verdeutlicht einen Wendepunkt in der Betrachtung von Schulleitung im deutschsprachigen Raum, der sich spätestens Mitte der 1990er Jahre beobachten ließ. In der Diskussion um erweiterte schulische Autonomie und innere Schulentwicklung wird die Schulleitung zu einem zentralen Faktor und das Bild des Berufs der Schulleitung ändert sich: Der Schulleiter bzw. die Schulleiterin wird seitdem nicht mehr als Lehrkraft mit zusätzlichen Verwaltungsaufgaben, sondern als Manager und pädagogische Führungskraft gesehen.

1. Schulautonomie und innere Schulentwicklung als Kontext des veränderten Berufsbildes »Schulleitung«

Die Perspektive der Entwicklung der »Einzelschule als pädagogische Handlungseinheit« (Fend 1986) oder analog die der »Einzelschulentwicklung« (Rolff 1993) lässt sich als empirisch fundierte Entwicklung der schulischen Autonomiediskussion in Deutschland (Becker 1954; Deutscher Bildungsrat 1971) interpretieren. Zur Diskussion steht dabei das Verhältnis der staatlichen Bildungsverwaltung zur Einzelschule. Dieses Verhältnis ist für die Organisation des staatlichen Schulsystems grundlegend. Bereits im 19. Jahrhundert (zunächst begrenzt auf die Verwaltung höherer Schulen) wurde ein schlanker Verwaltungsapparat mit weitreichenden Befugnissen der Schul-Direktoren gefordert. Schon 1817 wurde beispielsweise der übergeordneten Verwaltung mitgeteilt, dass den Schuldirektoren der höheren Schulen »freieste Wirksamkeit zu lassen sei« (Nevermann 1982 zitiert nach Rosenbusch 2002, S. 3) und die übergeordnete Verwaltung hätte sich »einer positiven Einmischung in deren amtlichen Wirkungskreis gänzlich zu enthalten« (Nevermann 1982 zitiert nach Rosenbusch 2002, S. 3). Eine wichtige Grundlage für diese Forderung war die akademische Ausbildung und die seit 1810 bestehende akademische Prüfung der Lehrkräfte an Latein- und Gelehrtenschulen (»examen pro facultate docendi«) – historisch betrachtet ein wichtiger Schritt zur Akademisierung und Professionalisierung des pädagogischen Personals und somit auch des Leitungspersonals an Schulen (Rosenbusch 2002).

In der Bundesrepublik wurde die Idee der verstärkten Selbstständigkeit seit spätestens den 1970er Jahren aus schulrechtlicher Perspektive gefordert. So befand 1972 das Bundesverfassungsgericht, dass staatliche Einrichtungen »die Regelung solcher Angelegenheiten, die sie selbst betreffen und die sie in überschaubaren Bereichen am sachkundigsten beurteilen können, eigenverantwortlich zu überlassen und dadurch den Abstand zwischen Normgeber und Normadressat zu verringern« sei (BVerfGE, zitiert nach Wöhst 2016, S. 106). Analog forderte der Deutsche Bildungsrat die verstärkte Selbständigkeit der Schule und Partizipation der Lehrer, Schüler und Eltern. 1981 wurde die gleiche Forderung der Schulrechtskommission des Deutschen Juristentages veröffentlicht (Rosenbusch 2002).

Schließlich setzte sich die juristische Auffassung durch, dass Schulen zwar ihre Angelegenheiten durch den Erlass rechtlicher Normen nicht selbst regulieren können (Avenarius 1995), sie jedoch in gewissen Kompetenzbereichen durchaus über eigene Belange entscheiden können sollten. Diese Kompetenzbereiche beziehen sich vor allem auf den pädagogischen Kern der schulischen Arbeit: Begrenzt durch staatliche Vorgaben, Rechts- und Verwaltungsvorschriften sollen Schulen in der Planung, Durchführung und Auswertung des Unterrichts sowie in Fragen der Erziehung selbstständig planen und handeln können. Sie sollen die Organisation und Verwaltung relativ selbstständig vornehmen und dabei die pädagogische Freiheit der Lehrkräfte sicherstellen (Blömeke/Herzig/Tulodziecki 2007). Mit Beginn der 2000er Jahre fand die Idee der Schulautonomie über eine Reihe alternativer Begriffe schließlich Einzug in länderspezifische Gesetze und Erlasse (z. B. »Eigenverantwortlichkeit«, »Gestaltungsautonomie«, »Selbstorganisation«, »Selbstständigkeit« oder »erweiterter Verantwortung« von Schulen).

Die Bildungspolitik versuchte, die Forderung nach Verringerung des Abstandes zwischen Normgeber und Normadressat auf Schulen zu übertragen, womit unweigerlich auch der Steuerungsbegriff Eingang in die Diskussion um Schulverwaltung und Schulentwicklung fand. Beispielsweise stellen Burkard und Rolff (1994) Mitte der 1990er Jahre bezüglich Schulaufsicht die Frage, ob sich die »Steuerleute auf neuem Kurs« befänden. Im internationalen Kontext ließen sich Konzepte wie school- oder site-based-Management identifizieren, welche mit strukturellen Veränderungen bei der Reform schulischer Steuerung ansetzen, um Effekte auf der Ebene der Einzelschule zu bewirken. Als Beispiele nennt Wissinger (2007, S. 112) Veränderungen der innerschulischen Organisationsstruktur und -kultur, die Partizipation in Entscheidungsprozessen sowie die Verbesserung der Kooperation zwischen Lehrkräften und deren Arbeitszufriedenheit. Seit spätestens Mitte der 1990er Jahre lässt sich der Trend beobachten, dass Schulleitung im Zuge der Implementierung neuer Steuerungsvorstellungen vermehrte Entscheidungskompetenzen, aber auch mehr Verantwortung für den zielgerichteten und effektiven Einsatz von Ressourcen erhalten (Cheng 1996).

2. Neue Aufgaben der Schulleitung und Zielrichtung der »neuen Steuerung«

Entsprechend wurden die Aufgaben der Schulleitung deutlich anspruchsvoller und erforderten Kompetenzen, die über das Anforderungsprofil für Lehrerinnen und Lehrer hinausgingen. Das Berufsbild Schulleitung wurde von dem einer Lehrkraft mit zusätzlichen Verwaltungsaufgaben weiterentwickelt, hin zu dem einer zentralen, dem Kollegium übergeordneten Leitungsperson, mit Verantwortung dafür, dass die Schule in erweiterter Eigenverantwortung zusätzliche Kompetenzen in verschiedenen Bereichen wahrnimmt (Huber 2009).

In den deutschsprachigen Schulsystemen kam es nun zu einer Verlagerung von Entscheidungen, von der oberen und mittleren Ebene der Schulverwaltung hin zur Ebene der Einzelschule. Beispiele sind eine selbstständigere Personalrekrutierung, die dezentrale Bewirtschaftung eines Budgets, die Öffnung zeitlicher und inhaltlicher Vorgaben für die pädagogische Arbeit sowie die Betonung von Qualitäts- und Schulprogrammen, interner Evaluation und von systematischer Fortbildungsplanung (Troitschanskaia 2008; Klemm 2005). Indikativ für die zunehmende Bedeutung der Schulleitung in Person ist dabei nicht zuletzt die mindestens partielle Übertragung von Dienstvorgesetzteneigenschaften, die bislang ebenfalls bei der Schulaufsicht angesiedelt waren und die Lehrerinnen und Lehrer in persönlichen Rechtstellungen betreffen (z. B. Entscheidungen über Beförderung, Beurlaubung, Abordnung/Versetzung, Teilzeit, Nebentätigkeit).

In Europa ist das verstärkte Interesse an Fragen der Führung im Schulbereich noch relativ neu, während in den USA schon seit mehreren Dekaden über eine effektive Schulführung diskutiert wird (Uljens/Ylimaki 2015). Die intensive Diskussion um Schulführung (»school leadership«), schulischen Output im Sinne von Lernergebnissen (»learning results«) und nationale Bildungsstandards (»national curriculum standards«) kann dabei als Ausdruck einer (globalen) neoliberalen Bildungspolitik, in welcher externe Evaluation und Rechenschaftslegung zentral sind (Uljens/Ylimaki 2015). Entsprechend lassen sich bei internationaler Betrachtung Megatrends ausmachen, die neue Anforderungen an Schulleiterinnen und Schulleiter im Bereich der strategischen Führung respektive Schulentwicklung mit sich bringen. Laut einem OECD-Bericht aus dem Jahr 2009 werden seit spätestens der Hälfte der 2000er Jahre in den meisten Staaten Schulleitungen folgende Aufgaben und Funktionen zugeschrieben (Pont et al. 2008):

- Strategische Führung und Zielentwicklung, u. a. mit Hilfe von Schulentwicklungsplänen (in Deutschland als Schulprogramm oder Qualitätsprogramm bezeichnet), in welchen die spezifischen Notwendigkeiten der Situation »vor Ort« mit zentralen Vorgaben, in der Regel einem nationalen Curriculum, in Einklang gebracht werden;
- Nutzung von Daten aus Leistungsvergleichen und Abschlussprüfungen zur Beobachtung der Entwicklung des schulischen »Outputs«;

- Entwicklung einer Gruppe von Lehrkräften, die Kompetenzen im Umgang mit Daten, insbesondere der Interpretation und der Ableitung von konkreten Schlussfolgerungen für die pädagogische Arbeit besitzt.

Diese größeren Aufgabenfelder implizieren die Ausrichtung der schulischen Governance in Richtung einer »evidenzbasierten« Schulentwicklung, in der Evaluation von zentraler Bedeutung ist. Mit der Generierung und Nutzung von Daten – sowohl zu schulischen Prozessmerkmalen als auch zu realisierten Outputqualitäten – wird der Anspruch einer evaluationsbasierten Steuerung erhoben, die darauf abzielt, auf der Grundlage von mehr Wissen qualitativ gehaltvoller steuern zu können (Brüsemeister/Eubel 2008).

Die von Pont et al. (2008) genannten Anforderungen an Schulleitung lassen sich als Elemente eines neuen schulischen Steuerungsprogramms interpretieren. Ob und inwieweit dieses neue Steuerungsprogramm den Schulen respektive Schulleitungen zusätzliche Freiräume eröffnet oder nur neue Formen einer engführenden bürokratischen Steuerung bedeutet, bleibt zunächst unklar. Zumindest für die deutschsprachigen Schulsysteme ist offen, inwieweit die noch teilweise eher nebulöse Idee einer neuen Steuerung im Schulsystem bereits eine Abkehr vom europäischen sozial-demokratischen Wohlfahrtsmodell hin zu einer eher neoliberalen Wettbewerbsorientierung im Sinne des New Public Managements bedeuten (Uljens/Ylimaki 2015). Dies zu bewerten fällt dadurch schwer, dass zwar von der Bildungspolitik Elemente einer neuen Steuerung eingeführt wurden, der zu regelnde Gegenstand sowie die hierauf bezogenen theoretischen Grundannahmen im Zuge der Reformen jedoch eher unterbelichtet blieben. Zuweilen scheint es zwar, als würden mit den neuen Steuerungsideen genuin schulpädagogische Themen zuweilen schon implementationsfertig aufbereitet (z.B. Fragen der Leistungsmessung, Leistungsdiagnostik und Leistungsbewertung; Fragen der Modellierung von Kompetenzen sowie damit einhergehend Fragen einer kompetenzorientierten Unterrichtsentwicklung). Allerdings bleibt die kritische Reflexion schulpädagogischer Grundannahmen sowie gegebenenfalls ihrer Neuausrichtung im Zuge einer neuen »evidenzbasierten Steuerung« weitgehend aus. Bellmann (2018, S. 66ff.) attestiert der (bildungspolitischen und wissenschaftlichen) Diskussion um Educational Governance – und somit auch neue Praktiken der Schulleitung – eine erziehungstheoretische Unbestimmtheit in dem Sinne, dass sie ohne explizite Klärung ihres eigentlichen Gegenstandes auszukommen scheine. Dabei moniert er, dass durch die Ausblendung erziehungstheoretischer Fragen sowie das Ausbleiben der Reflexion der Struktur des pädagogischen Handlungsproblems eine tatsächlich gegenstandssensible Steuerungstheorie verhindert werde.

Dies ist für die Konzeptionierung und praktische Grundlegung von Schulleitung im Zuge von Überlegungen zu einer neuen Steuerung insofern problematisch, als dass einschlägige Führungstheorien gerade die Beeinflussung der Wert- und Zielvorstellungen der geführten Lehrpersonen betonen, wie im Folgenden dargelegt wird.

3. Transformational und Instructional Leadership als Theorien für die Schulleitung

Die wissenschaftliche Theoriebildung zur Schulleitung basiert im Großen und Ganzen auf zwei theoretischen Konzeptionen, nämlich den Ideen der Transformational Leadership sowie den Ideen einer sogenannten Instructional Leadership.

3.1 Transformational Leadership in der Schule als Lernende Organisation

Dieser Begriff wurde Ende der 1970er Jahre geprägt: Eine Führungsperson wird dann als transformativ bezeichnet, wenn sie Veränderungen auch auf die Gefahr hin ankündigt und durchsetzt, dass diese den aktuellen Bedürfnissen der Geführten entgegenstehen. Ansatzpunkt für Führung ist dabei nicht die Organisation selbst, sondern die Mitglieder der Organisation, deren Verhaltensgrundlagen »transformiert« werden. Transformationale Führung schafft die individuellen Grundlagen und das »commitment« für grundlegende Veränderungen innerhalb der Organisation. Eine zentrale Rolle spielt dabei die von allen geteilte »gemeinsame Vision«: »It was argued that this energy and commitment to a common vision transformed the organization by developing its capacity to work collaboratively to overcome challenges and reach ambitious goals.« (Robinson et al. 2008, S. 639).

Bei der transformativen Führung werden die Ziele und Werte der Geführten nicht als unveränderlich betrachtet. Im Gegenteil, transformative Führung soll eine Veränderung der Ziele, Bedürfnisse und Ansprüche der Geführten bewirken. Diese sollen zum Beispiel motiviert werden, sich für höhere Ziele, die deutlich über ihre Eigeninteressen hinausgehen, einzusetzen (Bass/Steyrer 1995).

Transformational Leadership wird in der Regel anhand von vier Komponenten (den vier »I«s) beschrieben (Köhn 2010):

1. *Idealized Influence (II)*: Diese Komponente umfasst zwei Aspekte: einerseits das sichtbare Verhalten des Führenden, andererseits die ihm zugeschriebenen Eigenschaften. Beides wird vom Geführten idealisiert.
2. *Inspirational Motivation (IM)*: Durch sein Führungsverhalten motiviert und inspiriert der Führende den Geführten. Er vermittelt Sinnhaftigkeit und eine attraktive Zukunftsvision, mit denen sich der geführte identifizieren kann.
3. *Intellectual Stimulation (IS)*: Der Führende fordert den Status quo der Organisation heraus. Er hinterfragt bestehende Arbeitsweisen und regt die Geführten an, Annahmen, Regeln und Verfahrensweisen immer wieder in Frage zu stellen und Alternativen auszuprobieren.
4. *Individualized Consideration (IC)*: Der Führende nimmt unterschiedliche Bedürfnisse nach Wachstum und Erfolg bei den Geführten wahr und versucht, die persönlichen Wachstumsbedürfnisse und – potenziale der Mitarbeiter systematisch zu fördern.

Transformational Leadership wurde in der internationalen Schulentwicklungsforschung prominent von Leithwood und Kollegen vertreten (z. B. Leithwood/Janzi 1990). Im deutschsprachigen Raum wurde der Ansatz der Transformational Leadership für die Professionalisierung von Schulleiterinnen und Schulleitern von Dubs (2006, S. 143ff.) genutzt. Harazd und van Ophuysen haben den Ansatz für die empirische Schulleitungsforschung genutzt. Über eine standardisierte Befragung von Lehrpersonen, die Fragen zum Führungsverhalten ihrer Schulleitungen beantworteten, fanden sie – sehr übereinstimmend mit dem Forschungsstand zu Effekten transformationaler Führung (Judge/Piccolo 2004) – deutliche Zusammenhänge zwischen transformationaler Führung durch die Schulleitung einerseits und Committment und Arbeitszufriedenheit der geführten Lehrpersonen andererseits (Harazd/Ophuysen 2011). Korrespondierend mit der häufigen Bezugnahme auf das Konzept in der Diskussion und Schulleitung und Schulentwicklung attestieren Harazd und van Ophuysen dem Ansatz der Transformational Leadership aufgrund ihrer Forschungsergebnisse schließlich eine hohe »Bedeutsamkeit [...] im schulischen Kontext« (Harazd/Ophuysen 2011, S. 163).

Transformative Führung hat grundlegende kulturelle Veränderungen in der Schule zum Ziel. Dies impliziert kollegiale Kooperation, gemeinsame Planung und fortwährende (Schul-)Entwicklung (Krüger/Scheerens 2012). Aufgabe der Schulleitung wäre danach die Entwicklung von Arbeitsbedingungen, die kollegiale Zusammenarbeit und gemeinsame Identifikation der Lehrkräfte fördern. Hierbei steht eine gemeinsame Mission bzw. Vision im Mittelpunkt. Um dieser Vision näher zu kommen, bedarf es gemeinsamen Lernens und einer »lernenden Organisation«. Der Ansatz der Transformational Leadership ist für die Ausrichtung schulischen Führungshandelns somit höchst kompatibel zum Ansatz der Schulentwicklung als Organisationsentwicklung, der mindestens in der zweiten Hälfte der 1990er Jahre in der Schulentwicklung prägend war (Rolff 1993; Dalin/Rolff 1990).

3.2 *Instructional Leadership als Mikro-Management des Unterrichts*

Die Ideen zum Instructional Leadership wurden recht allgemein abgeleitet aus den Ergebnissen der Schulqualitätsforschung der 1980er Jahre. Aus Studien zu Schulen, die entgegen widrigen ökonomische Rahmenbedingungen und entgegen den Erwartungen ihre Schülerinnen und Schüler bestmöglich förderten, identifizierte man in den ausgehenden 1980er Jahren lernförderliche Schulmerkmale wie ein sicheres Lernklima, zielbezogene Förderung oder hohe akademische Erwartungen im Kollegium, die mit dem Handeln der Schulleitung in Verbindung zu stehen schienen. Dabei geriet der Kern der Lehrerarbeit in den Fokus des schulischen Leitungshandelns: das Unterrichten (Robinson et al. 2008; Krüger/Scheerens 2012). Eine Grundidee der Instructional Leadership ist die, dass Schulleitungspersonen als Experten für guten Unterricht in die pädagogische Arbeit der einzelnen Lehrkräfte vordringen. Sie beeinflussen das Unterrichtsgeschehen direkt durch kurze, informelle Unterrichtsbesuche (»classroom walkthroughs«) sowie die Evaluation von Lehrkräften.

Bestenfalls unterstützt, motiviert und inspiriert sie einzelne Kolleginnen oder Kollegen, schlimmstenfalls interveniert sie bei erkennbaren Defiziten der Kolleginnen und Kollegen nachdrücklich, um eine Verbesserung der pädagogischen Praxis zu erreichen. Instructional Leadership beschreibt somit eine Schulleitung, die »gestaltend in den Unterricht eingreift« (Klein 2016, S. 207) und im Mehrebenensystem Schule auf der Mikroebene interveniert. Fullan (2015) bezeichnet ein so akzentuiertes Schulleitungshandeln als Mikro-Management.

Instructional Leadership umfasst mehr oder weniger direktive Tätigkeiten der Schulleitung, die darauf abzielen, die pädagogischen Prozesse im Unterricht zu verbessern – beispielsweise die Etablierung einer hohen Erwartungshaltung an das akademische Lernen der Schülerinnen und Schüler, die Verbesserung der didaktischen Gestaltung des Unterrichts, die Evaluation von Schülerleistungen einerseits und (vor allem in den USA) die Evaluation des Lehrerhandelns im Unterricht andererseits. Die Schulleitung agiert nach diesem Konzept direktiv, auf der Grundlage einer außergewöhnlichen (allgemein-)didaktischen Expertise und überdurchschnittlicher Überzeugungskraft. Somit entsteht ein Anspruchsprofil, das hohe Anforderungen an die didaktische Expertise und das Führungswissen von Schulleiterinnen und Schulleitern stellt.

Gerade in den USA fand die Idee von Instructional Leadership viel Anklang und hat zu teilweise rigorosen Systemen der evidenzbasierten Steuerung geführt, indem Schülertestleistungen und die Evaluation der pädagogischen Praxis auf Klassen- bzw. Einzellehrerebene Hand in Hand gehen. Häufig tragen die Schulleitungen in solch einem System die Verantwortung für die Evaluation der Einzellehrkräfte (Fullan 2014). Obwohl Instructional Leadership auch im deutschsprachigen Raum im Zuge der Steuerungsreformen der letzten Dekade diskutiert wird, ist Instructional Leadership als managerielle unterrichtsbezogene Führung in der Führungspraxis von Schulleitungen »in der Regel nicht anzutreffen und vermutlich auch nicht erwünscht« (Klein 2016, S. 225).

4. Ausbleibende Wirksamkeit von Transformational und Instructional Leadership in der Schule?

Während Instructional Leadership auf die primären Prozesse des Lehrens und Lernens ausgerichtet ist, bezieht sich Transformational Leadership auf sekundäre Prozesse der Veränderung der Organisationsstrukturen, der Organisationskultur sowie der organisationalen Abläufe (Krüger/Scheerens 2012). Somit zielt transformationale Führung in der Schule eher auf die Veränderung distaler, unterrichtsbezogene Führung hingegen eher auf die Veränderung proximaler Variablen des Unterrichts ab. Hierin liegt ein Hauptunterschied zwischen beiden Ansätzen. Es erstaunt daher nicht, dass von Instructional Leadership eher Wirkungen auf die Schuleffektivität ausgehen, als von transformationaler Schulführung. Robinson et al. (2008) haben im Rahmen einer Meta-Analyse beide Konzepte von Schulleitung gegeneinander gestellt und 27

Einzelstudien daraufhin ausgewertet, welcher der beiden Ansätze eine größere Wirksamkeit hinsichtlich der Schuleffektivität zeigt. Ihre Analysen deuten darauf hin, dass Instructional Leadership in der Schule größere Wirkungen auf die Leistungsentwicklung der Schülerinnen und Schüler hat, als Transformational Leadership: »The mean effect size estimates for the impact of instructional leadership on student outcomes is three to four times greater than that of transformational leadership.« (Robinson et al. 2008, S. 655).

Da aus den deutschsprachigen Bildungssystemen keine entsprechenden Studien vorliegen, stellt sich die Frage der Generalisierbarkeit der Ergebnisse auf hiesige Verhältnisse. Kritisch weist Klein (2016) in diesem Zusammenhang aus international vergleichender Perspektive auf die spezifischen Rahmenbedingen hin, unter denen im US- amerikanischen Schulsystem Instructional Leadership ausgeführt wird. Demnach werden Lehrkräfte in der US-amerikanischen Erscheinungsform des Instructional Leadership eher als »Handwerker«, denn als Angehörige einer Profession verstanden. Unterricht erscheint als »intuitives und vergleichsweise unkompliziertes ›Handwerk‹« (Klein 2016, S. 208). Von Lehrkräften wird konsequenterweise erwartet, an engmaschigen Programmen orientierte Unterrichts-Designs zu implementieren, die extern entwickelt und auf Bezirksebene beschlossen werden: »Schulen und Schulbezirke (...) sollten von professionell ausgebildeten Managern nach Effizienzkriterien geführt werden« (Mintrup/Klein 2017, S. 66). Die im deutschsprachigen Raum vielfach angeführte Bedeutung der pädagogischen Autonomie von Lehrerinnen und Lehrern sowie die für eine Profession typischen Strukturmerkmale der Tätigkeit von Pädagogen (Thiel 2008; Terhart 1995) haben hier weniger Bedeutung.

Zunehmend gerät die Instructional Leadership-Idee, insbesondere aber die Anforderung an Schulleitungen, Einzellehrer regelmäßig zu evaluieren, auch international in die Kritik. Fullan (2014, S. 43) moniert die ausbleibende Wirksamkeit auf die Schuleffektivität: Mikro-Management führe in der Schule allenfalls zu »Micro Madness«, einem »Sich-Abarbeiten« der Schulleitung an einzelnen Lehrkräften um den Preis, den Blick für das Große und Ganze in der Schule zu verlieren. Der Vorwurf der »Mikro Madness« ist dabei vor allem auf Lehrer-Evaluationssysteme gerichtet, die auf regelmäßigen Unterrichtsbeobachtungen bei allen Lehrkräften eines Kollegiums, durchgeführt durch die Schulleitung, basieren. Solche auf die einzelnen Lehrkräfte bezogenen Beobachtungs- und Evaluationssysteme führten bei Schulleitungen schnell zur Überbürdung. Diesen Vorwurf verdeutlicht Fullan mit einem Zitat zweier amerikanischer Schulleiter, die praktische Erfahrungen mit einem staatlich verordneten, engmaschigen System der Lehrerevaluation gemacht haben:

> Principals or evaluators must observe new teachers six times each year and licensed teachers four times each year, considering one or more of four areas – instruction, professionalism, classroom environment, and planning. These four areas are further devided into 116 subcategories. […] Principals report, that the process requires four to six hours for each observation. (DuFour/Mattos 2013; zitiert nach Fullan 2014, S. 43)

Aber auch der Ansatz der Transformational Leadership wird von Fullan als zu breit und zu allgemein kritisiert. Der Ansatz führe nicht zur Erhöhung der Schuleffektivität. Für die Lehrkräfte bliebe die auf Visionen beruhende gemeinsame Schulentwicklungsarbeit in der Regel zu unspezifisch und unklar für das eigene pädagogische Handeln: »It was all very broad indeed. Specificity and clarity never ensued. In reality, the evidence shows that the transformative leadership concept and movement simply didn't work« (DuFour/Mattos 2013; zitiert nach Fullan 2014, S. 38). Folgt man Fullan, so haben weder die Idee der Transformational Leadership noch die der Instructional Leadership bislang echte, nachhaltige Impulse für Unterrichtsentwicklung ergeben, vielmehr haben beide Wege in die Irre geführt und z. T. neue dysfunktionale Bürokratien der Steuerung genährt. Wenngleich die von Fullan zur Plausibilisierung seiner Thesen angeführten Beobachtungen aus dem anglo-amerikanischen Raum stammen und die Situation in den deutschsprachigen Schulsystemen anders ist (Mintrup/Klein 2017), so lässt sich doch auch hier das – häufig unproduktive – Aufeinanderprallen von neuen Steuerungsideen und pädagogischer Realität feststellen. Im deutschsprachigen Raum würde das von Fullan als Instructional Leadership beschriebene Handeln von Schulleitungen wohl ganz überwiegend als unberechtigtes Hineinregieren in die pädagogische Autonomie von Lehrerinnen und Lehrern bewertet und als unvereinbar mit einem – wie auch immer gefassten – professionellen Anspruch an den Lehrerberuf betrachtet.

5. Ausblick: Schulleitung und Professionelles Kapital im Kollegium

Der eingangs skizzierte Zusammenhang zwischen einer Verstärkung der schulischen Autonomie und einer Ausweitung der Kompetenzen von Schulleitungen lässt sich mit Blick auf die beiden hier angesprochenen Theoriestränge unterschiedlich diskutieren. Zunächst erscheint die Idee der Transformational Leadership eine hohe Kompatibilität zur Idee der Einzelschulentwicklung zu haben. Die in den 1990er Jahren prominent vertretene Idee der Schulentwicklung als Organisationsentwicklung bietet einen Ansatz, schulische Teilautonomie auf Ebene der Einzelschule zu gestalten. Die schulinterne Entwicklung eines gemeinsamen Qualitätsverständnisses kombiniert mit einem Soll-Ist Abgleich der tatsächlichen innerschulischen Situation in Verbindung mit einer systematischen Arbeitsplanung und anschließender interner Evaluation (Dalin/Rolff 1990) ermöglicht es, Lehrerinnen und Lehrer als Angehörige einer Profession zu verstehen und pädagogischen Autonomie als strukturelles Merkmal ihrer beruflichen Tätigkeit zuzulassen.

Die Ideen einer verstärkt auf den Unterricht abzielenden Führung im Sinne der Instructional Leadership fand im deutschsprachigen Raum auf der Suche nach Möglichkeiten einer nachhaltigen Reform der Unterrichtspraxis nach PISA 2000 Eingang in die Diskussion. Wie oben beschrieben, ist dieses Konzept nicht ohne weiteres auf deutsche Schulen übertragbar, da im US-amerikanischen Bildungswesen von anderen Voraussetzungen ausgegangen wird. Inwieweit diese Voraussetzungen mit der Idee schulischer

Teilautonomie überhaupt vereinbar sind, ist zweifelhaft. Das von Klein (2016) skizzierte Bild der Lehrerinnen und Lehrer als »Handwerker«, die pädagogische Programme implementieren sollen, lässt wenig Raum für Lehrerprofessionalität und schulische Selbstorganisation als Ansatzpunkte zur Gestaltung schulischer Teilautonomie.

Der von Fullan pointiert zusammengefassten allgemeinen Ernüchterung mit den unterschiedlichen Theorie-Trends innerhalb der Diskussion um erfolgreiches Schulleitungshandeln entsprechend, ist in der Schulentwicklungsliteratur eine zumindest partielle Abkehr von Ansätzen zu erkennen, in denen direktive Führung durch die Schulleitung als bürokratisch handelnde Aufsichts- und Kontrollinstanz zentral ist. In den Fokus rücken stattdessen Begriffe wie »Professional Capacity«, »Professional Capital« oder »Professional Community« (Hargreaves/Fullan 2012; Bryk et al. 2010). Gemeinsam haben diese Ansätze, dass sie Aus- und Fortbildung, Training und berufliche Erfahrungsbildung als die wesentlichen Elemente auf der Suche nach Alternativen zu den zwei von Fullan kritisierten Theorieansätzen betrachten: Schulleiterinnen und Schulleiter sind demnach verantwortlich für ein System, in dem das professionelle Kapital der Schule vermehrt und entwickelt wird (Fullan 2014), durch mehr und intensive fachbezogene Kommunikation und unterrichtsbezogene Zusammenarbeit gut ausgebildeter Expertinnen und Experten für Unterricht. Im Zusammenhang mit der professionellen Entwicklung von Lehrkräften lässt sich die Schulleitung in Anlehnung an Terhart als »dynamisierender Faktor« oder als »die professionelle Entwicklung beförderndes Moment« (Terhart 2011, S. 216) verstehen. Diese Sichtweise entspricht im Kern den zentralen Aussagen der internationalen Diskussion um wirksames Schulleitungshandeln (Bonsen 2016). Danach ist eine erfolgreiche, pädagogisch wirksame Schulleitung vor allem dadurch gekennzeichnet, dass sie die kooperative Professionalisierung der Lehrkräfte in den Mittelpunkt der Schulentwicklung rückt und somit das Fundament für kooperative fachbezogene Unterrichtsentwicklung schafft. Die Schulleitung wird demnach als Katalysator oder »Treiber der Schulentwicklung« (Rolff 2011), »driver for change« oder »essential support number one« (Bryk et al. 2010, S. 45) betrachtet, welcher auf den Unterricht indirekt wirkt. Dabei kristallisieren sich zwei wichtige Handlungsfelder heraus (Bryk et al. 2010; Pont et al. 2008; Scheerens et al. 2003):

- die Professionalisierung der Lehrkräfte (z. B. durch Mentoren-Programme, die Begleitung neuer Lehrkräfte, die Etablierung von Professionellen Lerngemeinschaften), und
- der Aufbau eines Unterstützungssystems im Kollegium zur (kooperativen) Unterrichtsentwicklung.

Die Professionalisierung oder die Vermehrung des professionellen Kapitals im Kollegium (Hargreaves/Fullan 2012; Fullan 2014) wird hierbei weniger als Aufgabe einer traditionell ausgerichteten Lehrerfortbildung, denn als eine innerschulische Entwicklungsaufgabe verstanden, die neue Wege der Lehrerprofessionalisierung erfordert. Kennzeichnend hierfür ist der Übergang von kurzen und punktuellen Lehrerfortbildungen in Form von Vorträgen und Gruppenübungen hin zu einem kollaborativ-reflexiven Modell (Bonsen/Frey 2014; Darling-Hammond/Richardson 2009), nach dem innerschulische Gruppen von Lehrkräften (»Communities of Practice«) in einen langfristigen Veränderungsprozess eingebunden sind, in dem sie ihre eigene Praxis und ihre zugrundeliegenden unterrichtsbezogenen Überzeugungen reflektieren (Baumert/Kunter 2006). Die Institutionalisierung kollaborativ-reflexiver Arbeitsweisen in Fachgruppen und Lehrerteams gerät somit zu einem zentralen und anspruchsvollen Ziel von Schulentwicklung, für dessen Erreichung die Schulleitung in ihrer Funktion maßgeblich verantwortlich ist. Die Aufgabe der Schulleitung wird somit nicht mehr in der direktiven Einflussnahme auf die pädagogische Praxis einzelner Lehrkräfte gesehen. Wichtiger ist die Umsetzung einer Architektur der Kooperation im Kollegium bzw. in den Fachgruppen. Diese Architektur schafft ein verbindliches Gerüst, innerhalb dessen Lehrkräfte ihre pädagogische Autonomie gemeinsam gestalten. Die Etablierung innerschulischer Teamstrukturen und kooperativer Arbeitsweisen im Kollegium stehen somit im Mittelpunkt neuerer Versuche, wirksames Schulleitungshandeln konzeptionell zu fundieren.

6. Literatur

Avenarius, H. (1995): Verfassungsrechtliche Grenzen und Möglichkeiten schulischer Selbstverwaltung. In: Daschner, P./Rolff, H.G./Stryck, T. (Hrsg.): Schulautonomie – Chancen und Grenzen. Weinheim, München: Juventa, S. 253–274.

Bass, B. M./Steyrer, J. (1995): Transaktionale und transformationale Führung. In: Kieser, A./Reber, G./Wunderer, R. (Hrsg.): Handwörterbuch der Führung. 2., neu gestaltete Auflage. Stuttgart: Schäffer-Poeschel.

Baumert, J./Kunter, M. (2006): Stichwort: Professionelle Kompetenz von Lehrkräften. In: Zeitschrift für Erziehungswissenschaft 9, H. 4, S. 469–520.

Becker, H. (1954): Die verwaltete Schule. In: Merkur 8, H. 12, S. 1155–1177.

Bellmann, J. (2018): Selbstregulation im ständigen Abgleich von Sein und Sollen. Ansätze zu einer Theorie der Wirkungen und Nebenwirkungen datengetriebener Steuerung. In: Drossel, Kerstin/Eickelmann, Birgit (Hrsg.): Does »What works« work? Bildungspolitik, Bildungsadministration und Bildungsforschung im Dialog. Münster: Waxmann, S. 55–70.

Blömeke, S./Herzig, B./Tulodziecki, G. (2007): Gestaltung von Schule – Eine Einführung in Schultheorie und Schulentwicklung. Bad Heilbrunn: Klinkhardt.

Bonsen, M. (2016): Schulleitung und Führung in der Schule. In: Altrichter, H./Maag Merki, K. (Hrsg.): Handbuch Neue Steuerung im Schulsystem. Wiesbaden: Springer, S. 301–323.

Bonsen, M./Frey, K. A. (2014): Lehrerkooperation als Grundlage für Lehrerprofessionalisierung. In: Arnold, R./Prescher, T. (Hrsg.): Schulentwicklung systemisch gestalten – Wege zu einem lebendigen und nachhaltigen Lernen in Schule und Unterricht. Köln: Kluwers Wolter, S. 165–181.

Brüsemeister, T./Eubel, K.-D. (Hrsg.) (2008): Evaluationsbasierte Steuerung. Wissen und Nichtwissen – Einführung in die Thematik. In: Evaluation, Wissen und Nichtwissen. 1. Auflage. Wiesbaden: VS Verlag für Sozialwissenschaften, S. 7–15.

Bryk, A. S./Sebring, P. B./Allensworth, E./Luppescu, S./Easton, J. Q. (2010): Organizing Schools for Improvement: Lessons from Chicago. University of Chicago Press.

Burkard, C./Rolff, H.-G. (1994): Steuerleute auf neuem Kurs? Funktionen und Perspektiven der Schulaufsicht für die Schulentwicklung. In: Jahrbuch der Schulentwicklung 8, S. 205–265.

Cheng, Y. C. (1996): A School-Based management Mechanism for School Effectiveness and Development. In: School Effectiveness and School Improvement 7, H. 1, S. 35–61.

Dalin, P./Rolff, H.-G. (1990): Institutionelles Schulentwicklungsprogramm. Eine neue Perspektive für Schulleiter, Kollegium und Schulaufsicht. Soest: Soester Verlagskontor.

Darling-Hammond, L./Richardson, N. (2009): Teacher Learning: What matters? In: Educational Leadership 66, H. 5, S. 46–53.

Deutscher Bildungsrat (Hrsg.) (1971): Strukturplan für das Bildungswesen. 3. Auflage. Stuttgart: Klett.

Dubs, R. (2012): Führung. In: Buchen, H./Rolff, H.-G (Hrsg.): Professionswissen Schulleitung. 3. Auflage. Weinheim, Basel: Beltz, S. 102–176.

Fend, H. (1986): »Gute Schulen – Schlechte Schulen«. Die einzelne Schule als pädagogische Handlungseinheit. In: Deutsche Schule 78, H. 3, S. 275–293.

Fullan, M. (2014): The principal. Three keys to maximizing impact. San Francisco: Jossey-Bass.

Harazd, B./v. Ophuysen, S. (2011): Transformationale Führung in Schulen. Der Einsatz des »Multifactor Leadership Questionnaire« (MLQ 5 x Short). In: Journal for Educational Research Online 3, H. 1, S. 141–167.

Hargreaves, A./Fullan, M. (2012): Professional capital transforming teaching in every school. London, New York: Routledge.

Huber, S. G. (2009): Schulleitung – Anforderungen und Professionalisierung aus internationaler Perspektive. In: Lehren & Lernen, H. 8/9, S. 12–21.

Judge, T. A./Piccolo, R. F. (2004): Transformational and Transactional Leadership: A Meta-Analytic Test of Their Relative Validity. In: Journal of Applied Psychology 89, H. 5, S. 755–768.

Klein, E. D. (2016): Instructional Leadership in den USA – ein Modell für Schulleiterinnen und Schulleiter in Deutschland? In: Tertium comparationis 22, H. 2, S. 203–229.

Klemm, K. (2005): Dezentralisierung und Privatisierung im Bildungswesen. In: Holtappels, H. G./Höhmann, K. (Hrsg.): Schulentwicklung und Schulwirksamkeit. Weinheim, München: Juventa, S. 111–119.

Köhn, A. (2010): Der Zusammenhang von transformationaler Führung auf der Ebene der Geschäftsführung, Innovationstypen und Unternehmenserfolg – Eine empirische Analyse in der Medizintechnikbranche (Dissertation). Ernst-Moritz-Arndt-Universität, Rechts- und Staatswissenschaftliche Fakultät. Greifswald.

Krüger, M./Scheerens, J. (2012): Conceptual Perspectives on School Leadership. In: Scheerens, J. (Hrsg.): School Leadership Effects Revisited: Review and Meta-Analysis of Empirical Studies. Dordrecht u. a.: Springer, S. 1–30.

Leithwood, K./Jantzi, D. (1990): Transformational leadership: How principals can help reform school cultures. In: School Effectiveness and School Improvement 1, H. 4, S. 249–280.

Mintrop, R./Klein, E. D. (2017): Schulentwicklung in den USA – Nützliches Lehrstück für die deutsche Praxis? In: Manitius, V./Dobbelstein, P. (Hrsg.): Schulentwicklungsarbeit in herausfordernden Lagen. Münster u. a.: Waxmann, S. 63–81.

Nevermann, K. (1982): Der Schulleiter: juristische und historische Aspekte zum Verhältnis von Bürokratie und Pädagogik. Stuttgart: Klett.

Pont, B./Nusche, D./Moorman, H. (2008): Improving School Leadership. Volume 1: Policy and Practice. Paris: OECD.

Robinson, V. M. J./Lloyd, C. A./Rowe, K. J. (2008): The Impact of Leadership on Student Outcomes: An Analysis of the Differential Effects of Leadership Types. In: Educational Administration Quarterly 44, H. 5, S. 635–674.

Rolff, H.-G. (1993): Wandel durch Selbstorganisation. Theoretische Grundlagen und praktische Hinweise für eine bessere Schule. 2. Auflage. Weinheim u.a: Juventa.

Rolff, H.-G. (2011): Qualität mit System. Ein Arbeitsbuch Unterrichtsbezogenen Qualitätsmanagements (UQM). Köln: Link.

Rosenbusch, H. S. (2002): Schulaufsicht im Wandel der Zeit. Vortrag auf dem 1. Dillinger Tag der bayerischen Schulaufsicht am 8.11.2002. Dillingen.

Scheerens, J./Glas, C./Thomas, S. M. (2003): Educational evaluation, assessment, and monitoring – a systematic approach. Lisse: Swets & Zeitlinger.

Schratz, M. (1998): Neue Rollen und Aufgaben für Schulleitung und Schulaufsicht. In: Dobart, A. (Hrsg.): Schulleitung und Schulaufsicht. Innsbruck, Wien: Studien Verlag, S. 93–116.

Terhart, E. (1995): Lehrerprofessionalität. In: Rolff, H.-G. (Hrsg.): Zukunftsfelder von Schulforschung. Weinheim: Studien Verlag, S. 225–266.

Terhart, E. (2011): Lehrerberuf und Professionalität. Gewandeltes Begriffsverständnis – neue Herausforderungen. In: Helsper, W. T. (Hrsg.): Pädagogische Professionalität. Weinheim u. a.: Beltz, S. 202–224.

Thiel, F. (2008): Organisationssoziologische Vorarbeiten zu einer Theorie der Schulentwicklung. In: Journal für Schulentwicklung 12, H. 2, S. 31–39.

Uljens, M./Ylimaki, R. (2015): Towards a discursive and non-affirmative framework for curriculum studies, Didaktik and educational leadership. In: Nordic Journal of Studies in Educational Policy, H 1, S. 30-43.

Wissinger, J. (2007): Does School Governance matter? Herleitung und Thesen aus dem Bereich »School Effectiveness and School Improvement«. In: Altrichter, H./Brüsemeister, T./Wissinger, J. (Hrsg.): Educational Governance. Wiesbaden: VS Verlag für Sozialwissenschaften, S. 105–129.

Wöhst, C. (2016): Hüter der Demokratie: Die angewandte Demokratietheorie des Bundesverfassungsgerichts. Springer.

Zlatkin-Troitschanskaia, O. (2008): Erweiterte Schulautonomie – Segen oder Fluch? Chancen, Risiken und (Neben-)Wirkungen der teilautonomen Schule. Loseblattsammlung H3.1. In: Buchen, H./Horster, L./Rolff, H.-G. (Hrsg.): Schulleitung und Schulentwicklung. Stuttgart: Raabe.

Robin Junker und Nils Berkemeyer

Schulische Netzwerke und Schulqualität

1. Einleitung

Schulische Netzwerke stellen bereits seit den 1990er Jahren eine von Schulen oder politischen Akteuren gerne verwendete Reformstrategie zur Schulentwicklung dar, die zumeist Elemente von bottom-up und top-down Steuerung enthält (Berkemeyer/Lehmpfuhl/Pfeiffer 2010). Die Ergebnisse internationaler Vergleichsstudien wie TIMMS und PISA sowie die damit verbundene neue, Output-fokussierte Steuerung, die seit einigen Jahren im Schulsystem durch Bildungsstandards sowie diverse Monitoring- bzw. Evaluationsmaßnahmen verstärkt verankert wurde (Dedering 2012), regen vielerorts dazu an, dezentral regulierte Steuerungsstrategien wie Netzwerke zu implementieren oder zumindest zu befürworten (Fischbach/Kolleck 2012).

Im deutschen Sprachraum konnten allein im Zeitraum von 2001 bis 2009 80 Initiierungen von bildungsbezogenen Netzwerken beobachtet werden (Tippelt 2011). Diese Anzahl gibt einen kleinen Eindruck darüber, wie prominent das netzwerkbezogene Vorgehen in Ländern wie Deutschland, Österreich und Schweiz mittlerweile geworden ist. Auch im internationalen Raum, vorzugsweise im angelsächsischen, werden Netzwerke seit einigen Jahrzehnten vermehrt innerhalb des Schulsystems implementiert (Earl et al. 2006). Die OECD (Hopkins 2003) befürwortet die Vernetzung von Lehrkräften ebenfalls auf der Grundlage gemeinsamen Lernens.

Die großflächige Anregung von schulischen Netzwerken lässt sich teilweise durch das Innovationspotenzial von Netzwerken erklären, welche gerade in stark funktional differenzierten und unübersichtlichen Gesellschaften dazu dienen können, durch die Variationssteigerung vorhandener Handlungsoptionen neuartige organisationale Bewältigungsmöglichkeiten zu generieren (Kowol/Krohn 2000).

Die Teilnahme an schulischen Netzwerken wird aus diesen und anderen Gründen in den meisten Referenzrahmen mittlerweile sogar als Kriterium von Schulqualität aufgeführt.

Beispielsweise bezeichnet Baden-Württemberg die »Teilnahme an Netzwerken« (Adolphy et al. 2007, S.27) als Teilkriterium der schulischen Prozessqualität. Auch die Bundesländer Brandenburg, Bremen, Hamburg, Hessen, Nordrhein-Westfalen, Niedersachsen, Schleswig-Holstein und Sachsen führen schulische Netzwerke als Prozess- oder sonstiges Qualitätskriterium an (siehe Tab. 1). Die übrigen Bundesländer verzichten in ihren Referenzrahmen für Schulqualität auf die explizite Nennung des Begriffs, deuten aber mitunter durch den Terminus »Kooperation« mit der Vernetzung von Schulen verwandte Inhalte als Qualitätsnorm an.

Bundesland	Qualitätsrahmen	Begriff verwendet	Verwendung (exemplarisch)	Dimensionszuordnung
Baden-Württemberg	vorh.	ja	»Kontaktpflege über Teilnahme an Netzwerken und Arbeitskreisen« (Adolphy et al. 2007, S. 27)	Prozesse
Bayern	vorh.	nein		
Berlin	vorh.	nein		
Brandenburg	vorh.	ja	»Die Schule arbeitet in überschulischen Netzwerken mit« (Düring et al. 2016, S. 28)	Prozesse
Bremen[29]	vorh.	ja	»Die Schulen bilden Netzwerke mit interessierten Schulen und kompetenten außerschulischen Institutionen« (Jürgens-Pieper 2011, S. 56)	Sonstige (Unterrichtsentwicklung – Integrative Pädagogik – Förderung)
Hamburg	vorh.	ja	»tauschen sich mit anderen Schulen in Netzwerken aus und nutzen diese beispielsweise für Peer Reviews, Absprachen zwischen Fachleitungen und die gemeinsame Entwicklung von Curricula« (Diedrich/Schlüter 2012, S. 43)	Sonstige (Bildung und Erziehung)
Hessen	vorh.	ja	»Die Schule beteiligt sich an Netzwerken zur Qualitätssicherung und -entwicklung« (Steffens et al. 2011, S. 78)	Prozesse
Mecklenburg-Vorpommern	nicht vorh.			
Niedersachsen	vorh.	ja	»Der vertikalen und horizontalen Vernetzung der mit schulischer und außerschulischer Bildung beauftragten Institutionen in Verbünden, Netzwerken oder Bildungsregionen wird eine große Bedeutung für die Qualität und Wirksamkeit der Bildungsarbeit beigemessen.« (Niedersächsisches Kultusministerium 2014, S. 16)	Sonstige (Kooperation und Beteiligung)

29 Bezüglich des Bundeslandes Bremen wurde auf den Bremer Schulentwicklungsplan zurückgegriffen, da sich der Referenzrahmen derzeit in Überarbeitung befindet.

Bundesland	Qualitätsrahmen	Begriff verwendet	Verwendung (exemplarisch)	Dimensionszuordnung
Nordrhein-Westfalen	vorh.	ja	»Die Schule pflegt überregionale Kontakte und Kooperationen zu Partnerschulen, Einrichtungen und Netzwerken.« (QUA-LiS 2015, S. 51)	Prozesse
Rheinland-Pfalz	vorh.	nein		
Saarland	vorh.	nein		
Sachsen	vorh.	ja	»Eine Vernetzung der Schule mit nationalen und internationalen schulischen und außerschulischen Partnern zielt auf eine Öffnung der Schule ab.« (Sächsisches Bildungsinstitut 2014, S. 32)	Prozesse
Sachsen-Anhalt	vorh.	nein		
Schleswig-Holstein	vorh.	ja	»Die Schule pflegt Schulpartnerschaften, Austauschprogramme oder Netzwerke und nutzt diese für die eigene Schulentwicklung, auch im Sinne einer inklusiven Entwicklung.« (MBWK 2016, S.22)	Sonstige (Schulkultur und Schulgemeinschaft)
Thüringen	vorh.	nein		

Tab. 1 Schulische Netzwerke als Qualitätskriterium der länderspezifischen Referenzrahmen

Dass die Netzwerkthematik im deutschen Schulsystem bereits einen so hohen Stellenwert erhalten hat, dass sie innerhalb einiger Referenzrahmen als explizites Kriterium für Schulqualität angeführt wird, ist zwar einerseits erfreulich, anderseits wirkt jedoch sowohl die scheinbar randomisierte Zuteilung der Netzwerkarbeit zu bestimmten Qualitätsbereichen eher diffus, als auch die kaum vorhandene Explikation des Rahmens sowie der Inhalte solcher schulischen Netzwerke oberflächlich.

Das Ziel dieses Beitrages besteht deshalb sowohl in der Klärung unterschiedlicher Netzwerkformen als Reformstrategie im Bereich des Schulwesens als auch in der Beschreibung der Bedeutung von schulischen Netzwerken für alle schulischen Qualitätsbereiche nach Dubs (2004). Durch dieses Vorgehen soll schließlich die These, dass schulische Netzwerke als universale und zu differenzierende Reformstrategie der Schulentwicklung, jedoch nicht als eigenständiges Schulqualitätskriterium verstanden werden können, Plausibilität erlangen.

Zu diesem Zweck werden unterschiedliche Kategorisierungsversuche schulischer Netzwerkarbeit vorgestellt (Kap. 2), bevor in den darauffolgenden Abschnitten die Auswirkungen von schulischer Netzwerkarbeit auf die Input- (Kap. 3), Prozess- (Kap. 4) und Outputdimension (Kap.5) von Schulqualität erläutert werden. Abschließend werden die Ergebnisse der vorangegangenen Kapitel bezüglich ihrer inhaltlichen sowie ihrer forschungsrelevanten Bedeutung kritisch reflektiert (Kap. 6).

2. Formen schulischer Netzwerke

Netzwerke sind überall in der Gesellschaft zu beobachten. Sie sind im sozialen Leben allgegenwärtig (Baecker 2007). In der Erziehungswissenschaft, speziell in der Erforschung des Schulsystems, spielen Netzwerke erst seit etwa 15 Jahren zum Beispiel als Koordinationsmechanismus (Altrichter/Brüsemeister/Wissinger 2007), als Reformstrategie (Berkemeyer/Bos/Kuper 2010) oder im Rahmen der Analyse von sozialen Netzwerken von Schülern (Nicht 2013) eine zunehmend wichtigere Rolle.

Dabei wurden auch Typologien von Schulnetzwerken entwickelt, die die Beschreibung, Erforschung und Bewertung selbiger erleichtern soll. Smith/Wohlstetter (2001) differenzieren beispielsweise *professional network, policy issue network, external partner network* und *affiliation network.*

Unter einem *professional network* ist demnach eine schulische Lerngemeinschaft von Lehrern zur Erweiterung professionsbezogener Aspekte des Lehrerberufs zu verstehen. Unter dem Titel *policy issue network* begreifen Smith und Wohlstetter ein Netzwerk von politisch motivierten, meist organisationsübergreifenden Akteuren, zu denen auch Schulleiter und Lehrkräfte gehören können, die es sich zum Ziel gemacht haben, ein bestimmtes Interesse gemeinsam zu verfolgen. Als *external partner networks* können jene Netzwerke bezeichnet werden, in denen schulisches Personal mit Fachkräften außerschulischer Institutionen (wie z. B. Jugendamt) kooperiert. Zuletzt werden unter *affiliation networks* eher formalisierte organisationale Zusammenschlüsse wie Arbeitskreise oder Kooperationsbündnisse verstanden, in denen Probleme gelöst werden, die einzelne Organisationen für sich nicht im Alleingang bewältigen können.

Eine andere, explizit an soziologische Theorien anknüpfende, Unterteilung treffen Berkemeyer/Manitius/Müthing (2008a), die schulische Netzwerke in *soziale Netzwerke, strategische Netzwerke* sowie *Innovationsnetzwerke* unterteilen. Dabei entsprechen den *sozialen Netzwerken* jene Netzwerke, in denen die Akteure ohne zusätzliche Kosten auf natürliche Weise eingebettet sind bzw. von denen sie ausgeschlossen werden. Dazu zählen beispielsweise Schulklassen oder Lehrerkollegien. Die Prinzipien solcher Netzwerke können nach Berkemeyer und Kollegen beispielsweise durch die Tauschtheorie erklärt werden. Davon abgegrenzt werden *strategische Netzwerke*, die am ehesten den *policy issue networks* entsprechen und dazu verwendet werden, gemeinsame Interessen mit Hilfe des Netzwerks nachhaltig zu verfolgen und umzusetzen. Eine theoretische Erklärungsmöglichkeit für die Prozesse solcher Netzwerke biete, so die Autoren, beispielsweise der Transaktionskostenansatz. Schließlich werden die *Innovationsnetzwerke* genannt, die einzelnen Personen und korporativen Akteuren eine Plattform bieten, Innovationen zu generieren, diese untereinander auszutauschen, zu erproben, zu evaluieren sowie zu modifizieren. Die Geschehnisse innerhalb dieser Netzwerke ließen sich im Sinne der Autoren zum Beispiel durch Lerntheorien erklären.

Die hier aufgeführten Unterteilungen verdeutlichen einerseits, dass durch die Fokussierung hinsichtlich des Inhalts, der Form oder des Zwecks eines Netzwerks, die aufgrund empirischer oder theoretischer Gesichtspunkte vorgenommen wird, konkurrierende Dimensionen vernachlässigt werden müssen und damit eine vollständige Einteilung aufgrund der Komplexität der Wirklichkeit unmöglich erscheint, anderseits unterstreichen die Differenzierungsversuche unterschiedlicher Netzwerkformen jedoch auch die Notwendigkeit einer Explikation verschiedener Netzwerkentitäten und kritisieren dabei gleichzeitig die ungenaue Verwendung des Begriffs »Netzwerk« in theoretischen, empirischen aber auch – oder vor allem – politischen Publikationen.

Die folgenden Abschnitte untersuchen, zusammengefasst unter dem Label *schulische Netzwerke*, die Auswirkungen von *professional networks* und *Innovationsnetzwerken* auf einzelne Aspekte (Input, Prozess, Output) von Schulqualität.

3. Inputdimension

Unter der Inputdimension werden hier im Sinne von Dubs (2004) alle Faktoren verstanden, die direkt oder indirekt auf den Rahmen schulischer Prozesse einwirken. Dazu gehören Rahmenlehrpläne, Leistungsvereinbarungen, Schullehrpläne, Ressourcen, Schülerschaft usw. Zu den Auswirkungen von schulischen Netzwerken auf die Inputdimension von Schulqualität ist bisher wohl am wenigsten geforscht worden. Dies mag mitunter daran liegen, dass – wenn überhaupt von Effekten zu berichten ist – diese nicht direkt, sondern meist vermittelt über andere Indikatoren zum Tragen kommen. Der Grund dafür liegt in der Abhängigkeit schulischer Netzwerke von ihren direkten Umweltbedingungen (Glazer/Peurach 2013). Pant (2017) weist zu Recht darauf hin, dass die transferbezogene What-works-Frage korrekt lauten muss: »What works for whom under what circumstances?« (S. 15). Werden von politischen Akteuren oder der Schulleitung die nötigen Ressourcen zur Umsetzung von Netzwerkarbeit nicht bereitgestellt, sind die Möglichkeiten zur Durchführung einer solchen Arbeit im Voraus bereits stark gemindert (Killus 2008). Dies weist auch auf die eher hierarchisch geordnete Logik des Schulsystems hin (Dedering 2008), welche die Wahrscheinlichkeit hoher Transfereffekte der Netzwerkarbeit auf spezifische landesbezogene Rahmenvorgaben (wie z. B. Lehrpläne oder sachlich bzw. personelle Ressourcen) eher beschränkt. Ein solches Vorhaben könnte höchstens durch strategische Netzwerke bzw. policy issue networks begünstigt werden (Chapman/Hadfield 2010), welche hier allerdings, wie oben erwähnt, nicht im Fokus der Betrachtung stehen sollen.

Löst man sich von politischen Rahmenbedingungen und wendet sich dem Lebensumfeld der Schüler zu, sind hinsichtlich der Implementierung schulischer Netzwerke sehr wohl positive Ergebnisse beobachtet worden. Zum einen wirkt sich die Netzwerkkultur unter Lehrern scheinbar auch günstig auf die elterliche Motivation zur Kooperation mit der Schule sowie zur Unterstützung der Schüler aus (Greenberg/Machleit/Bartlett/Schlessmann-Frost 1996). Zum anderen scheinen schulische Netzwerke auch jenen Schulen passende Problemlösestrategien zur Hand zu geben, die in Stadtteilen positioniert sind, in denen das elterliche Einkommen gering, die Arbeitslosigkeit und die Wahrscheinlichkeit der Zugehörigkeit zu einer ethnischen oder sozialen Minderheit hoch ist (West 2010). Damit wirken sie direkt auf Problemzustände hin, auf die durch internationale Vergleichsstudien wie PISA und IGLU immer wieder hingewiesen wurde.

Nach wie vor lässt sich jedoch, trotz erster Erkenntnisse, bezüglich der Auswirkungen von schulischen Netzwerken auf die Input-Dimension von Schulqualität ein noch zu weit gefächertes Forschungsdesiderat ausmachen, das eine tiefergehende Auseinandersetzung mit unterschiedlichen Wirkungsmechanismen bislang erschwert.

4. Prozessdimension

Die Prozessdimension umfasst hier das schulbezogene Lernumfeld sowie die umgesetzte Gestaltung pädagogischer Aspekte in Schule (Holtappels 2003).

Schulische Netzwerke besitzen auf der Ebene der Prozessdimension von Schulqualität ein tiefgehendes positiv ausgerichtetes Veränderungspotenzial.

Auf organisationaler Ebene lassen sich dabei nicht nur eine Verbesserung der Wahrnehmung des Schulklimas (Molenaar et al. 2014) oder der kollektiven Effektivität (Molenaar et al. 2012), sondern auch Effekte hinsichtlich der Entlastung von Schulleitern – vor allem vor dem Hintergrund erhöhter Zeit- und Ressourcenknappheit – beobachten (Hadfield/Jopling 2006). Dazu können auch Erträge dahingehend festgestellt werden, dass Reformvorgaben von Einzelschulen erfolgreicher umgesetzt wurden (Coburn et al. 2012). Dies mag auch mit dem Umstand zusammenhängen, dass schulische Netzwerke Lehrpersonen insgesamt zu innovativeren Vorgehensweisen motivieren, sowie deren Handlungsspielräume nachhaltig erweitern (Czerwanski/Hameyer/Rolff 2002).

Der Ausbau bzw. das Erlernen neuer Handlungsoptionen hängt direkt mit der Ermöglichung von Lerngelegenheiten zusammen, die schulische Netzwerke bereitstellen (Berkemeyer/Manitius/Müthing 2008b; Berkemeyer et al. 2015). Dabei können nicht nur neue fachspezifische Kompetenzen (Hameyer/Ingenpaß 2003) – und dabei insbesondere durch die Erfahrung andersartiger Unterrichtskonzepte (Berkemeyer/Manitius/Müthing 2008b) –, sondern auch organisationsbezogene Fähigkeiten, wie die Durchführung von Evaluationsmaßnamen oder die Rückmeldung der erhobenen Ergebnisse erworben werden. Letztere Kompetenzen können außerdem dazu dienen, dass die Möglichkeit zur Entstehung von Identifikationsmomenten bei Lehrern hinsichtlich ihrer Schule und damit die Erhöhung ihrer arbeitsbezogenen Motivation begünstigt wird (Dedering 2007).

Neben dem Austausch von Fähigkeiten und Wissen wird in schulischen Netzwerken durch die Kombination der Mitglieder ebenso neues Wissen generiert. Dabei wird der Transfer dieses Wissens in die Praxis stets mitreflektiert (Chapman/Hadfield 2010). Das stetige Wachstum der Reflexionsfähigkeit steht dabei zusätzlich im Mittelpunkt (Rauch/Kreis/Zehetmeier 2007).

Auch die partielle Fokussierung des Schülerlernens in den Diskursen zwischen Lehrern scheint bei der Entwicklung des Lehr- und Lernverständnisses von Lehrern positive Resultate zu erzielen (Adler/Cragin/Searls 1995).

Nicht zu unterschätzen ist auch die Unterstützung, die Lehrer durch schulische Netzwerke erfahren (Chapman/Hadfield 2010). Diese kann vor allem in den ersten Lehrjahren von erhöhter Bedeutung für die Bewältigung täglicher Herausforderung sein (Baker-Doyle 2012).

Generell kann positiv konstatiert werden, dass sich – zumindest für die Lehrer – der erbrachte Aufwand für die dauerhafte Unterhaltung eines schulischen Netzwerks hinsichtlich der positiven Wirkungsquellen innerhalb der Prozessdimension in jedem Fall aufzubringen lohnt (Krebs/Prenzel 2008; Dedering 2007).

5. Outputdimension

Unter der Outputdimension werden hier die Lernleistungen der Schüler verstanden, die sich sowohl auf fachliche als auch auf überfachliche Wissens- und Fähigkeitsbereiche beziehen (Holtappels 2003). Leider sind die Befunde zur Wirkungsweise von Netzwerkarbeit auf die Outputdimension von Schulqualität bisher eher rar (Chapman/Mujis 2014). Dies mag wohl vor allem am Aufwand kontrollierter Experimentalstudien von Schulen inklusive der umfassenden Leistungsmessung von Schülern liegen. Dazu kommt die Komplexität der Wirkungsgefüge zwischen schulischen Netzwerken und der Verbesserung der Schülerleistung, die eine Miterhebung vermuteter Mediatoren und Moderatoren, wie Schulklima, Führungsstil oder Lehrstil im Prinzip unentbehrlich macht. Außerdem ist bei der Teilnahme von Schulen an Netzwerken immer schon von einer bestimmten innerschulischen Motivation – mag sie extrinsisch oder intrinsisch veranlagt sein – auszugehen, die den Forscher in einem »sauberen« Forschungsdesign dazu zwingt, entweder mögliche Kovariaten wie die Motivation einzelner Schulen miteinzubeziehen oder die Erhebung einer vollständig randomisierten Schul-Stichprobe – so schwer diese auch zu erlangen ist – zu ermöglichen.

Trotz dieser Hürden können in der empirischen Forschungslandschaft einige wenige Ergebnisse ausfindig gemacht werden, die ein durchweg positives Bild der Auswirkungen von Netzwerkarbeit auf die Ouputdimension von Schulqualität nachzeichnen.

Von direkten Lernzuwächsen auf Seiten der Schülerschaft berichten einige Autoren (Molenaar et al. 2012; Earl et al. 2006; Bell/Bolam/Cubillo 2005), die ihre Studien teilweise sogar in Form eines Experimentaldesigns durchführen konnten (Greenberg et al. 1996). Spezifische Auswirkungen konnten auch von van Holt, Berkemeyer und Bos (2015) in Bezug auf den Leistungszuwachs beim Leseverstehen als auch hinsichtlich der Reduktion von Leistungsunterschieden in Mathematik ausfindig gemacht werden.

Als einflussgebende Faktoren der positiven Wirkung von schulischen Netzwerken auf die Schülerleistungen konnten bisher eine gelungene Explikation der Netzwerkziele sowie die genaue Spezifikation der davon profitierenden Zielgruppe identifiziert werden (Bell/Bolam/Cubillo 2005). In diese Richtung weisen auch die Ergebnisse von Chapman und Mujis (2014), die im Rahmen einer Vergleichsstudie in England einen positiven Zusammenhang mit der Schülerleistung insbesondere für Schulpartnerschaften aus »stärkeren« und »schwächeren« Schulen nachweisen, wenn das Schulentwicklungsziel die Steigerung der Unterrichtsqualität war (»performance federations«) (S. 385). Für andere Zusammenarbeitsziele konnte kein Effekt auf die Schülerleistungen festgestellt werden (Chapman/Mujis 2014, S. 385).

Längerfristige Effekte schulischer Netzwerke auf den Erfolg von Schülerinnen und Schüler konnten in einer Studie von Adler, Cragin und Searls (1995) ebenfalls nachgewiesen werden. Dabei konnte gezeigt werden, dass die Schülerinnen und Schüler, die eine Schule besuchten, welche Teil eines schulischen Netzwerks war, mit einer höheren Wahrscheinlichkeit ihren Schulabschluss absolvierten, das College besuchten oder eine Arbeitsstelle erhielten, als jene, die von Schulen kamen, in denen dies nicht der Fall war. Wells et al. (2013) deuten dahingehend ebenfalls einen positiven Effekt von Netzwerkarbeit auf die Dropout-Rate von Schülern während der Dauer des Schulbesuchs an.

Qualitative Befragungen in deutschen Netzwerk-Projekten spiegeln die positiven Auswirkungen von schulischen Netzwerken im Rahmen der Wahrnehmung der Schülerschaft wider. Die befragten Schüler berichteten von einem stärker anwendungsbezogenen (Fußangel/Schellenbach-Zell/Gräsel 2008) sowie kognitiv und motivational wirksameren Unterricht (Prenzel et al. 2005).

Trotz erster Ergebnisse ist die Wirkung schulischer Netzwerke auf die Output-Dimension von Schulqualität nach wie vor nicht hinreichend erforscht. Um genauere Aussagen treffen zu können werden noch weitere – vor allem experimentell angelegte – Studien benötigt.

6. Zusammenfassung und Ausblick

Die Übersicht über die Wirkungsweise von schulischen Netzwerken – in diesem Beitrag wurden darunter *professional networks* und *Innovationsnetzwerke* im schulischen Kontext verstanden – verdeutlicht, dass diese bisher in allen Dimensionen schulischer Qualität positive Wirkungen erbracht haben.

Die Forschungsergebnisse zu der Wirkungsweise von schulischen Netzwerken innerhalb der Prozessdimension sind wohl bisher am besten elaboriert. Der Forschungsstand hinsichtlich der anderen beiden Dimensionen, vor allem der Inputdimension, ist jedoch nach wie vor stark ausbaufähig. Zudem lässt sich konstatieren, dass die möglichen negativen Effekte, die die Initiierung und Stabilisierung eines schulischen Netzwerks mit sich bringen kann – beispielsweise die Inanspruchnahme von Zeitressourcen oder emotional-kognitiver Ressourcen im Rahmen auftretenden personeller Unstimmigkeiten -, die von Altrichter und Maag Merki (2010) im Kontext neuer Steuerungsmodelle im Bildungswesen unter dem Stichwort *Transintentionalität* tituliert wurden, bei der bisherigen Erforschung schulischer Netzwerke eher vernachlässigt wurden. Über das Scheitern schulischer Netzwerke wurde in der bisherigen Literatur insgesamt noch überraschend wenig berichtet.

Dazu reiht sich das Faktum, dass die steuerungsspezifische Einbettung schulischer Netzwerke, also die Frage, inwiefern Netzwerke von unterschiedlichen Steuerungsakteuren im Schulsystem initiiert, reguliert sowie evaluiert werden, und inwiefern dies Einfluss auf die Entwicklung der Netzwerke hat, bisher ebenfalls noch nicht genug berücksichtigt wurde. Eine erste quantitative Studie zu Auswirkungen von Steuerungsmustern auf Beziehungen in schulischen Netzwerken (Junker/Berkemeyer 2015) könnte diesem Desiderat teilweise entgegentreten. Offen bleibt dabei auch die Frage, welche Netzwerktypen für welche schulkulturellen Milieus, für welche spezifischen Zwecke und zu welchen Phasen organisationaler Entwicklung besonders geeignet sind und wie diese diesbezüglich in geeigneter Weise konstruiert und koordiniert bzw. gesteuert werden sollten (Otto et al. 2015).

Von den bisherigen Forschungsbemühungen abgesehen sollte jedoch, wie oben bereits angedeutet, auch innerhalb des schulpolitischen Diskurses auf einen differenzierteren Gebrauch des Wortes »Netzwerk« geachtet werden. Dies würde für die in den Schulen agierenden Akteure, für die inhaltliche Ausrichtung der in den Ländern handelnden Schulinspektionen sowie für die Synchronisation von Erwartungshaltungen von beiderseitigem Nutzen sein. Ein Zugang zur Differenzierung von schulischen Netzwerken könnte in der Verwendung einer allseits akzeptierten Netzwerktypologie (Smith/Wohlstetter 2001) liegen.

Zudem sei angedeutet, dass durch die Möglichkeit der Zuordnung von schulischen Netzwerken zu allen drei Dimensionen von Schulqualität die explizite Bezugnahme des Terminus' zu einem der dargestellten Qualitätsbereiche irreführend ist. Schulische Netzwerke können vielmehr als eigenständige Reformstrategie zur Qualitätsentwicklung an Schulen begriffen werden, die hinsichtlich aller drei Bereiche – mehr oder weniger wissenschaftlich elaboriert nachweisbar – wirksam ist.

Mit dieser Einordnung sollte einerseits die Bedeutung von schulischen Netzwerken für die unterschiedlichen Dimensionen von Schulqualität unterstrichen, gleichzeitig jedoch auch auf bisher wenig beachtete Problemlagen und Diffusionen innerhalb der Debatte von Schulqualität und schulischen Netzwerken hingewiesen werden.

7. Literatur

Adler, L./Cragin, J./Searls, P. (1995): The Los Angeles area business/education partnership. A study of the impact of a community based school to work program for high risk youth. West Covina, CA: East San Gabriel Regional Occupation Program.

Adolphy, U./Güntner, R./Kimmler-Schaf, S./Schimitzek, C./Teichmann, K. (2007): Orientierungsrahmen zur Schulqualität für allgemein bildende Schulen in Baden- Württemberg. www.km-bw.de/site/pbs-bw/get/documents/KULTUS.Dachmandant/KULTUS/zentrale-objekte-multilink/pdf/Anlage%202%20Orientierungsrahmen%20zur%20Schulqualitt.pdf (Abruf 12.4.2018).

Altrichter, H./Brüsemeister, T./Wissinger, J. (Hrsg.) (2007): Educational Governance. Handlungskoordination und Steuerung im Bildungssystem. Wiesbaden: VS Verlag für Sozialwissenschaften.

Altrichter, H./Maag Merki, K. (2010): Steuerung der Entwicklung des Schulwesens. In: Altrichter, H./Maag Merki, K. (Hrsg.): Handbuch Neue Steuerung im Schulsystem. Wiesbaden: VS Verlag für Sozialwissenschaften, S. 15–40.

Baecker, D. (2007): Studien zur nächsten Gesellschaft. Frankfurt am Main: Suhrkamp.

Baker-Doyle, K. J. (2012): First-Year Teachers' Support Networks: Intentional Professional Networks and Diverse Professional Allies. In: The New Educator 8, H. 1, S. 65–85.

Bell, L./Bolam, R./Cubillo, L. (2003): A systemic review of the impact of school leadership and management on student outcomes. London: Eppi-Centre, Social Science Research Unit, Institute of Education.

Berkemeyer, N./Bos, W./Järvinen, H./Manitius, V./v. Holt, N. (Hrsg.) (2015): Netzwerkbasierte Unterrichtsentwicklung. Münster: Waxmann.

Berkemeyer, N./Bos, W./Kuper, H. (Hrsg.) (2010): Schulreform durch Vernetzung. Interdisziplinäre Betrachtungen. Münster: Waxmann.

Berkemeyer, N./Lehmpfuhl, U./Pfeiffer, H. (2010): Netzwerke. In: Bohl, T./Helsper, W./Holtappels, H. G./Schelle, C. (Hrsg.): Handbuch Schulentwicklung. Bad Heilbrunn: Klinkhardt, S. 302–306.

Berkemeyer, N./Manitius, V./Müthing, K. (2008a): Innovationsnetzwerke in der Schulentwicklung. Theorie, Konzeptionen, Beispiele. In: Bos, W./Holtappels, H. G./Pfeiffer, H./Rolff, H.-G./Schulz-Zander, R. (Hrsg.): Jahrbuch der Schulentwicklung 15. Weinheim: Juventa, S. 63–92.

Berkemeyer, N./Manitius, V./Müthing, K. (2008b): »Schulen im Team«. Erste empirische Befunde. In: Berkemeyer, N./Bos, W./Manitius, V./Müthing, K. (Hrsg.): Unterrichtsentwicklung in Netzwerken. Münster: Waxmann, S. 329–341.

Chapman, C./Hadfield, M. (2010): Realising the potential of school-based networks. In: Educational Research 52, H. 3, S. 309–323.

Chapman, C./Mujis, D. (2014): Does school-to-school collaboration promote school improvement? A study of the impact of school federations on student outcomes. In: School Effectiveness and School Improvement 25, H. 3, S. 351–393.

Coburn, C. E./Russel, J. L./Kaufmann, J. H./Stein, M. K. (2012): Supporting Sustainability: Teachers' Advice Networks and Ambitious Instructional Reform. In: American Journal of Education 119, S. 137–182.

Czerwanski, A./Hameyer, U./Rolff, H.-G. (2002): Schulentwicklung im Netzwerk. Ergebnisse einer empirischen Nutzenanalyse von zwei Schulnetzwerken. In: Rolff, H.-G./Holtappels, H. G./Klemm, K./Pfeiffer, H./Schulz-Zander, R. (Hrsg.): Jahrbuch der Schulentwicklung, Band 12. Weinheim: Juventa, S. 99–130.

Dedering, K. (2007): Qualitätsentwicklung durch Netzwerke. Wiesbaden: VS Verlag für Sozialwissenschaften.

Dedering, K. (2008): Der Einfluss bildungspolitischer Maßnahmen auf die Steuerung des Schulsystems. Neue Erkenntnisse aus empirischen Fallstudien. In: Zeitschrift für Pädagogik 54, H. 6, S. 869–887.

Dedering, K. (2012): Steuerung und Schulentwicklung. Bestandsaufnahme und Theorieperspektive. Wiesbaden: Springer VS.

Diedirch, M./Schlüter, M. (2012): Orientierungsrahmen Schulqualität und Leitfaden. http://bildungsserver.hamburg.de/contentblob/3874838/data/orientierungsrahmen-2013-02-25.pdf (Abruf 12.4.2018).

Dubs, R. (2004): Qualitätsmanagement in Schule. Bönen: Verlag für Schule und Weiterbildung, Kettler.

Düring, K./Brede, W./Rolle, B./Müller, I./Bieber, G./Sickora, L./Nix, B./Otto, W. (2016): Orientierungsrahmen Schulqualität. Ein Handbuch für gute Schulen im Land Brandenburg. Potsdam: Ministerium für Bildung, Jugend und Sport des Landes Brandenburg.

Earl, L./Katz, S./Elgie, S./Jaafar, S. B./Foster, L. (2006): How networked learning communities worked. Online Report. www.curriculum.org/secretariat/files/Jan30NetworkedCommunities.pdf (Abruf 12.4.2018).

Fischbach, R./Kolleck, N. (2012): Netzwerke als Modi der Veränderung. In: Hornberg, S./Parreira do Amaral, M. (Hrsg.): Deregulierung im Bildungswesen. Münster: Waxmann, S. 313–330.

Fußangel, K./Schellenbach-Zell, J./Gräsel, C. (2008): Die Verbreitung von Chemie im Kontext: Entwicklung einer symbiotischen Implementationsstrategie. In: Demuth, R./Gräsel, C./Prachmann, I./Ralle, B. (Hrsg.): Chemie im Kontext. Von der Innovation zur nachhaltigen Verbreitung eines Unterrichtskonzepts. Münster: Waxmann, S. 49–81.

Glazer, J. L./Peurach, D. J. (2013): School Improvement Networks as a Strategy for Large-Scale Education Reform: the Role of Educational Environments. In: Educational Policy 27, H. 4, S. 676–710.

Greenberg, K./Machleit, S./Bartlett, A. J./Schlessmann-Frost, A. (1996): The cognitive enrichment network education model (COGNET). Paper präsentiert zur dritten Head Start National Research Conference. Washington, DC.

Hadfield, M./Jopling, M. (2006): The potential of collaboratives to support schools in complex and challenging circumstances. Nottingham: NCSL.

Hameyer, U./Ingenpaß, A. (2003): Schulentwicklung im Netzwerk. Orientierungen für die Praxis. Kiel: Ministerium für Bildung, Wissenschaft, Forschung und Kultur des Landes Schleswig-Holstein.

Holtappels, H. G. (2003): Schulqualität durch Schulentwicklung und Innovation. Konzepte – Forschungsbefunde – Instrumente. Neuwied u.a: Luchterhand.

Hopkins, D. (2003): Understanding Networks for Innovation in Policy and Practice. In OECD (Hrsg.): Networks of Innovation. Towards New Models for Managing Schools and Systems. http://search.oecd.org/site/schoolingfortomorrowknowledgebase/themes/innovation/41283986.pdf (Abruf 12.4.2018), S. 153–164.

Junker, R./Berkemeyer, N. (2015): Netzwerkbeziehungen und Steuerungsstrukturen. Eine Analyse interpersonaler Beziehungsmuster im schulischen Netzwerk Hochbegabtenförderung NRW. In: Zeitschrift für Bildungsforschung 5, H. 1, S. 89–107.

Jürgens-Pieper, R. (2011): Bremer Schulentwicklungsplan. Ergebnisse der Arbeit des Fachausschusses »Schulentwicklung« der Deputation für Bildung. www.bildung.bremen.de/sixcms/media.php/13/SEP%202.%20Auflage.pdf (Abruf 12.4.2018).

Killus, D. (2008): Soziale Integration in Schulnetzwerken. Empirische Ergebnisse und Konsequenzen für die Praxis. In: Berkemeyer, N./Bos, W./Manitius, V./Müthing, K. (Hrsg.): Unterrichtsentwicklung in Netzwerken. Konzeptionen, Befunde, Perspektiven. Münster: Waxmann, S. 315–328.

Kowol, U./Krohn, W. (2000): Innovation und Vernetzung. Die Konzeption der Innovationsnetzwerke. In: Weyer, J. (Hrsg.): Soziale Netzwerke. Konzepte und Methoden der sozialwissenschaftlichen Netzwerkforschung. München, Wien: Oldenbourg Verlag, S. 135–160.

Krebs, I./Prenzel, M. (2008): Unterrichtsentwicklung in Netzwerken: Das Beispiel SINUS. In: Berkemeyer, N./Bos, W./Manitius, V./Müthing, K. (Hrsg.): Unterrichtsentwicklung in Netzwerken. Konzeptionen, Befunde, Perspektiven. Münster: Waxmann, S. 297–315.

Ministerium für Bildung, Wissenschaft und Kultur (2016): Orientierungsrahmen Schulqualität. www.schleswig-holstein.de/DE/Fachinhalte/S/schule_qualitaet/Downloads/orientierungsrahmen.html (Abruf 12.4.2018).

Molenaar, N. M./Daly, A. J./Cornelissen, F./Y.-H., L./Caillier, S./Riordan, R./Wilson, K./Cohen, N. A. (2014): Linked to innovation: Shaping an innovative climate through network intentionality and educators' social network position. In: Journal of Educational Change 14, S. 99–123.

Molenaar, N. M./Sleegers, P.J.C./Karsten, S./Daly, A. J. (2012): The social fabric of elementary schools: A network typology of social interaction among teachers. In: Educational Studies 38, H. 4, S. 355–371.

Nicht, J. (2013): Schulklassen als soziale Netzwerke. Eine netzwerkanalytische Studie zu Peer-beziehungen in binational-bilingualen Schulprojekten. Wiesbaden: VS Verlag für Sozialwissenschaften.

Niedersächsisches Kultusministerium (2014): Orientierungsrahmen Schulqualität in Niedersachsen. Hannover: Niedersächsisches Kultusministerium.

Otto, J./Sendzik, N./Berkemeyer, N./Bos, W./Järvinen, H. (2015): Kommunales Netzwerkmanagement. Forschung, Praxis, Perspektiven. Münster: Waxmann.

Pant, H. A. (2017): Netzwerke als Ansatz für den Transfer von Bildungsinnovationen. Vortrag im Rahmen des Institutskolloquiums am Institut für Erziehungswissenschaft, Friedrich-Schiller-Universität Jena, 29.11.2017.

Prenzel, M./Carstensen, C. H./Senkbeil, M./Ostermeier, C./Seidel, T. (2005): Wie schneiden SINUS-Schulen bei PISA ab? Ergebnisse der Evaluation eines Modellversuchsprogramms. In: Zeitschrift für Erziehungswissenschaft 8, S. 540–562.

Qualitäts- und Unterstützungsagentur – Landesinstitut für Schule (2014): Referenzrahmen Schulqualität NRW. Düsseldorf: Ministerium für Schule und Weiterbildung des Landes Nordrhein-Westfalen.

Rauch, F./Kreis, I./Zehetmeier, S. (2007): Unterstützung durch Begleitung und Vernetzung. Ergebnisse nach vier Jahren Betreuungsarbeit. In: Rauch, F./Kreis, I. (Hrsg.): Lernen durch fachbezogene Schulentwicklung. Schulen gestalten Schwerpunkte in den Naturwissenschaften, Mathematik und Informatik. Innsbruck: Studienverlag, S. 253–268.

Sächsisches Bildungsinstitut (2014): Schulische Qualität im Freistaat Sachsen: Kriterienbeschreibung. Radebeul: Sächsisches Bildungsinstitut.

Smith, A. K./Wohlstetter, P. (2001): Reform through School Networks: A New Kind of Authority and Accountability. In: Educational Policy 15, S. 499–519.

Steffens, U./Benisch, E./Brömer, B./Diel, E./Höfer, D./Knab, J./Schreder, G. (2011): Hessischer Referenzrahmen für Schulqualität. https://kultusministerium.hessen.de/presse/infomaterial/2/hessischer-referenzrahmen-schulqualitaet-hrs (Abruf 12.4.2018).

Tippelt, R. (2011): Dezentralisierung, Organisation und Kooperation. Bildungsforschung zwischen Steuerungsanspruch und Orientierungsaufgabe. In: Heinrich, M./Thieme, N./Dietrich, F. (Hrsg.): Neue Steuerung – alte Ungleichheiten? Münster: Waxmann, S. 243–258.

v. Holt, N./Berkemeyer, N./Bos, W. (2015): Netzwerkarbeit und Schülerleistungen. In: Berkemeyer, N./Bos, W./Järvinen, H./Manitius, V./v. Holt, N. (Hrsg.): Netzwerkbasierte Unterrichtsentwicklung. Münster: Waxmann, S. 119–152.

Wells, R./Gifford, E./Bai, Y./Corra, A. (2013): A Network Perspective on Dropout Prevention in Two Cities. In: Educational Administration Quarterly 51, H. 1, S. 27–57.

West, M. (2010): School-to-school cooperation as a strategy for improving student outcomes in challenging contexts. In: School Effectiveness and School Improvement 21, H. 1, S. 93–112.

Kathrin Dedering

Schulentwicklungsberatung

1. Einführung

Eine Reform, die seit der letzten Jahrtausendwende nach und nach in allen deutschen Bundesländern einen rechtlich-institutionellen Niederschlag im Schulsystem gefunden hat, ist die Beratung von Schulen im Bereich von Schulqualität und Schulentwicklung. Sie ist vor dem Hintergrund einer generellen Bedeutungszunahme von Beratung in zahlreichen gesellschaftlichen Bereichen (Wirtschaft, Politik etc.) zu sehen (Adenstedt 2016).

Im Folgenden wird zunächst eine Klärung des Beratungsbegriffes und zentraler Beratungskonzepte vorgenommen. Anschließend werden die historische Entwicklung und die aktuelle staatliche Institutionalisierung der Schulentwicklungsberatung als Schulreform thematisiert, bevor ihre empirische Beforschung in den Mittelpunkt gerückt und zentrale Erkenntnisse wissenschaftlicher Untersuchungen dargestellt werden.

2. Begrifflich-konzeptionelle Klärung

Beratung lässt sich als zeitlich wie inhaltlich begrenzte, komplexe zwischenmenschliche Interaktion verstehen, die von den Beteiligten selbst als Beratung definiert werden muss (Reichel/Rabenstein 2001). Im Bereich der Schulentwicklung werden professionelle Formen der Beratung praktiziert, in denen das Vorgehen theoriegeleitet, überprüfbar und transparent gestaltet ist und entsprechende Methoden eingesetzt werden (Straumann 2001). Darüber hinaus werden als Merkmale die Freiwilligkeit der Beratung auf Schul- und Beraterseite, die Unabhängigkeit der Beratung von Zielen und Vorstellungen des Beratenden und die Vertraulichkeit aller Informationen aus der Beratung herausgestellt (Reichel/Rabenstein 2001). Insofern sie von Personen durchgeführt wird, die nicht zum Kollegium der beratenen Schule gehören, ist Schulentwicklungsberatung eine Form der externen Beratung.

Beratung wird in der Literatur zum einen als eigenständige Interventionsform bzw. Dienstleistung neben der Supervision, dem Training, der Führung und der Therapie betrachtet (Wimmer 2004); zum anderen wird sie als Oberkategorie für verschiedene Formen der Hilfe – wie Coaching, Supervision und Fortbildung ebenso wie die Moderation von Problemanalysen und die Hilfe bei der Aufstellung von Handlungsprogrammen – definiert (Rolff et al. 1998).

Die externe Beratung bezieht nicht nur einzelne oder wenige Personen und deren Belange ein, sondern nimmt die ganze Schule in den Blick. Damit ist nicht ausgeschlossen, dass auch Einzelne oder Gruppen Adressaten von Beratung sein können; allerdings werden die Beratungsergebnisse in das Veränderungsprogramm der Organisation integriert. Die externe Beratung findet also als organisationale Beratung statt, deren Ziel darin besteht, die pädagogische Qualität der Schule zu verbessern. In diesem Sinne lässt sie sich als ein Instrument der Steuerung von Qualitätsentwicklung verstehen und vor dem Hintergrund einer Unterscheidung von 1) Instrumenten zur Steuerung durch Orientierungsgrößen (z. B. Bildungsstandards, Schulprogramme), 2) Instrumenten zur Steuerung durch Analyse und Feedback (z. B. Leistungstests, Schulinspektionen) und 3) Instrumenten zur Steuerung über Koordination und Begleitung (schulische Steuergruppen, schulische Netzwerke und externe Beratungen) der letztgenannten Gruppe zuordnen (Dedering 2012).

Zur näheren Beschreibung unterschiedlicher Beratungsarten gilt bis heute die auf den Amerikaner Schein (1969) zurückgehende Unterscheidung von Experten- bzw. Fachberatung einerseits und Prozessberatung andererseits als grundlegend: Während der/die Beratende in der Experten- oder Fachberatung konkrete Problemlösungen anbietet, geht es in der Prozessberatung darum, die Problemlösekompetenz des Ratsuchenden zu verbessern. Bei der Experten- bzw. Fachberatung kennt der/die Ratsuchende also sein/ihr Problem, der/die Beratende soll Lösungsbeiträge liefern. Bei der Prozessberatung hingegen schafft der/die Beratende die Arbeitssituation, die es dem/der Ratsuchenden erlaubt, sein/ihr Problem selbst zu entdecken und zu beheben (Wimmer 2004).

Eine so strikte Trennung zwischen Experten- bzw. Fachberatung und Prozessberatung wird in der Literatur inzwischen jedoch längst nicht mehr gezogen. In allen Organisationen werden vielmehr zunehmend Beratende gefordert, die ihre Kompetenzen zur Gestaltung von Prozessen mit sehr guten Kenntnissen der inhaltlichen Probleme (und ihrer Lösungsperspektiven) verbinden können (Wimmer 2004). Die Trennung von Experten- bzw. Fachberatung und Prozessberatung wird auch in der deutschsprachigen Literatur zur Schulentwicklungsberatung insofern aufgeweicht, als – etwa von Dalin, Rolff und Buchen (1995) – die prozessberatenden (*mäeutischen*) Aufgaben der Schulberater*innen für wichtig erachtet werden, zugleich aber auch die inhaltliche Kompetenz eines/einer Beratenden betont wird, der/die auch »Konzepte erklärt, Fakten mitteilt und Wissensgebiete aufschließt« (Dalin/Rolff/Buchen 1995, S. 71).

Es finden sich hier auch konzeptionelle Überlegungen zu den Funktionen und den Kompetenzen der Beratenden. Hinsichtlich der *Funktionen* von Beratenden nennen beispielsweise Arnold und Reese (2010) (1) das Vorhalten von Sachkompetenz, die im Kollegium fehlen könnte, (2) das Unterstützen mittels Prozesskompetenz, etwa um Konflikte zu moderieren, (3) das Einbringen einer neuen Perspektive eines Außenstehenden und (4) die Legitimation unangenehmer und umstrittener Entscheidungen durch die Reputation eines unbestechlichen Experten.

Als *Kompetenzen* von Beratenden, die für die Beratung von Schulen als Organisationen erforderlich sind, werden in der Literatur die personale, kommunikative, inhaltliche und methodische Kompetenz genannt (Schnebel 2009).

3. Historische Entwicklung

Im angloamerikanischen Raum stellt die Beratung der Organisation Schule bereits seit den 1970er Jahren einen Gegenstand konzeptioneller Überlegungen und empirischer Studien dar, im deutschsprachigen Raum rückte sie hingegen erst Ende der 1980er Jahre in den Fokus der Aufmerksamkeit. Zu dieser Zeit wurden – im Zuge einer Hinwendung zur Einzelschule als Handlungseinheit – Ansätze der Organisationsentwicklung verstärkt auf den schulischen Bereich übertragen. Eine besondere Bedeutung kommt in diesem Zusammenhang dem Institutionellen Schulentwicklungs-Programm – ISP (Dalin/Rolff 1990) zu, mit dessen Verbreitung der Einsatz von Schulentwicklungsberater*innen erstmals bekannt wurde. Das Ziel dieses Programms besteht darin, die Professionalisierung der schulischen Akteure zu verbessern (Dalin/Rolff/Buchen 1995). Es verbindet dazu die Veränderung von Schulstrukturen mit der Veränderung des Schulmanagements, mit der Demokratisierung der Beziehung zwischen Leitung und Kollegium und mit Veränderungen der Einzelpersonen und ihrer Kooperations- und Kommunikationsverhältnisse (Koch-Priewe 2000).

In seiner idealtypischen Variante umfasst der ISP zehn Stationen, die in sechs Abschnitten zusammengefasst werden: (1) Initiation und Einstieg, (2) Gemeinsame Diagnose, (3) Zielklärung/Zielvereinbarung und Prioritätensetzung, (4) Maßnahme- bzw. Projektplanung, (5) Institutionalisierung und (6) Evaluation. Externen Schulentwicklungsberater*innen kommt während dieses Prozesses eine wichtige Rolle beim Zugang zur Schulentwicklung zu. Nach Abschluss eines Kontraktes zwischen ihnen und den schulischen Akteuren u. a. zur Rollenklärung am Ende von Abschnitt (1) wird ihre Unterstützung im Abschnitt (2) hervorgehoben. In ihm wird auf der Grundlage einer Erhebung neuer und einer Auswertung bereits vorhandener Daten (*Datensammlung*) – zumeist von der Steuergruppe – eine *Datenanalyse* vorgenommen, die in eine dialogisch mit allen Beteiligten konzipierte *Datenrückmeldung* eingeht. Darüber hinaus wird die Unterstützung externer Schulentwicklungsberater*innen im Abschnitt (3) als besonders wichtig erachtet. In ihm sind die schulischen Akteure angehalten, ihre Intentionen zu artikulieren und dabei auch alternative Vorstellungen zu formulieren, um darauf aufbauend dann bestimmte Prioritäten zu setzen. Die externen Berater*innen werden hier zum einen bei der Zielvereinbarung – also der pragmatischen Auswahl von konsensfähigen Zielen und der vorläufigen Zurückstellung von kontroversen Zielen – und zum anderen bei der Werte-Klärung – also der Verhandlung von Werten zur Konsenserreichung – tätig.

Aus der Arbeit mit dem ISP und langjährigen Erfahrungen im Institut für Schulentwicklungsforschung (IFS) Dortmund ist das »Manual Schulentwicklung« (Rolff et al. 1998) entstanden, mit dem Ende der 1990er Jahre zum einen ein erster theoretischer Bezugsrahmen für Schulentwicklungsberatung und zum anderen ein Qualifizierungskonzept für Schulentwicklungsberater*innen vorgelegt wurde (Adenstedt 2016). Analog zu dem Verständnis von Organisationsentwicklung als Prozess wird Schulentwicklungsberatung hier als Aneinanderreihung verschiedener Phasen betrachtet (Kontaktphase, Bestandsaufnahmephase, Planungsphase, Aktionsphase, Evaluationsphase). Bis heute stellt dieses Manual – in seiner aktualisierten Fassung als »Handbuch Schulentwicklung und Schulentwicklungsberatung« betitelt (Buhren/Rolff 2012) – ein praxis- und handlungsorientiertes Nachschlagewerk für Berater*innen dar.

4. Staatliche Institutionalisierung

Trotz der langjährigen Erfahrungen mit Schulentwicklungsberatung, die insbesondere in Nordrhein-Westfalen, aber auch in anderen Bundesländern durch die Verbreitung des ISP gewonnen worden sind, ist eine staatliche Institutionalisierung von Schulentwicklungsberatung flächendeckend in allen deutschen Bundesländern erst seit einigen Jahren abgeschlossen. Um den derzeitigen Stand der staatlichen Institutionalisierung in Grundzügen zu umreißen, wird im Folgenden auf die Bestandsaufnahme von Adenstedt (2016) zurückgegriffen. In ihrem Rahmen wurden erstmals bundesweit Informationen zur Organisation und Ausgestaltung der staatlichen Schulentwicklungsberatung zusammengetragen.[30]

Bezeichnungen: Den Erkenntnissen dieser Bestandsaufnahme nach werden die entsprechenden staatlichen Angebote in den meisten Bundesländern als *Schulentwicklungsberatung* tituliert. In einigen Bundesländern findet sich zusätzlich die Bezeichnung *Prozessbegleitung*, während in einzelnen Bundesländern allgemeiner vom *Beratungs- und Unterstützungssystem* (als organisatorischer Einheit, in der unterschiedliche Experten und deren Kompetenzen gebündelt werden) gesprochen wird. Analog dazu werden die Beratenden in der Mehrheit der Länder als *Schulentwicklungsberater*innen* bezeichnet; darüber hinaus – zum Teil in alternativer Verwendung – als *Prozessmoderator*innen, Prozessbegleiter*innen* oder *Multiplikator*innen für Schulentwicklung* (Adenstedt 2016).

Institutionelle Organisation: Angebote der staatlichen Schulentwicklungsberatung werden in den deutschen Bundesländern im Durchschnitt (Median) seit dem Jahr 2003 vorgehalten. Die Mehrheit der Länder hatte Schulentwicklungsberatung bereits um das Jahr 2000 fest im Landessystem eingerichtet, doch einige Länder etablierten professionelle und landesweite Angebote erst innerhalb der letzten zehn Jahre.

Die staatliche Schulentwicklungsberatung ist in den Bundesländern in unterschiedlichen Institutionen verankert und ausgestaltet: Sie ist dabei entweder primär a) im Landesinstitut, b) im Ministerium (als oberster Schulaufsichtsbehörde) oder c) in

30 Sie basiert auf einer standardisierten Befragung (postalisch) in den Kultusministerien bzw. in nachgeordneten Behörden der 16 Bundesländer.

der Nähe der (oberen oder unteren) Schulaufsicht (d. h. der dezentralen Schulämter, Bezirksregierungen oder Landesschulbehörden) angesiedelt. Am häufigsten findet sich eine Verortung im Landesinstitut. Je nach Verortung finden sich Unterschiede hinsichtlich des Grades der Eigenständigkeit, des Aufgabenzuschnitts, der Zuständigkeit, der Öffentlichkeitsarbeit, der Außenwahrnehmung, der Ressourcenhoheit und der Mittelverwaltung (Adenstedt 2016).

Verknüpfung von Schulentwicklungsberatung, Schulaufsicht und Schulinspektion[31]: Die Schulentwicklungsberatung lässt sich als Bestandteil eines Arrangements verschiedener (z. T. neuer) Akteure im Schulsystem sehen, zu denen die Kompetenzbereiche abgesteckt und mit denen Handlungen koordiniert werden müssen, um Qualitätsentwicklung in Schulen und im Schulsystem voranzubringen. Als weitere wichtige Akteure sind die Schulaufsicht und die Schulinspektion zu betrachten. Vor diesem Hintergrund gibt es den Befunden der Bestandsaufnahme zu Folge, nach Aussage der zuständigen Personen, etwa in einem Drittel der Bundesländer eine systematische Zusammenarbeit bzw. Verknüpfung zwischen der Schulentwicklungsberatung und den beiden anderen genannten Akteuren.

Eine systematische Zusammenarbeit mit der *Schulaufsicht* erfolgt dabei prinzipiell in den meisten Bundesländern, insbesondere über den gemeinsamen Informationsaustausch im Rahmen von Beratungen und wiederkehrenden Zusammenkünften. Mitunter wird von einer Vermittlung von Berater*innen an Schulen und einer Koordination von Beratungsangeboten berichtet. Auch eine Zusammenarbeit beim Abschließen von Zielvereinbarungen zwischen Einzelschule und Schulaufsicht wird in einigen Bundesländern angegeben. In den meisten Bundesländern wird zudem die Schnittstelle zwischen Schulentwicklungsberatung und *Schulinspektion* systematisch ausgestaltet. Dies erfolgt – nach Auskunft der Zuständigen in den Ländern – über einen regelmäßigen Austausch zwischen beiden Akteuren, die Arbeit in Gruppen, die aus Mitgliedern der Schulentwicklungsberatung, Akteuren der Schulinspektion und ggf. weiteren Akteuren bestehen, die Unterrichtung der Schulentwicklungsberatung über Abläufe und Verfahren der Schulinspektion sowie die gemeinsame Beratung von Schulen durch Schulaufsicht und Schulentwicklungsberatung im Anschluss an eine Schulinspektion auf der Grundlage der erhobenen Daten, des Ergebnisberichts und den daraus hervorgegangenen Zielvereinbarungen (Adenstedt 2016).

Leitbilder und Ziele: In der Mehrheit der Länder orientiert sich die Schulentwicklungsberatung an Leitbildern oder Leitprogrammen, die explizit für sie formuliert worden sind. Mit den Beratungsangeboten wird das Ziel verfolgt, den Schulen Begleitung in aktuellen Schulentwicklungs- und Veränderungsprozessen zu bieten, Selbsthilfe zu ermöglichen, Qualitätsmanagement zu etablieren und/oder insgesamt zu einer Verbesserung der Unterrichtsqualität beizutragen.

Personal und dessen Qualifizierung: Staatliche Schulentwicklungsberater*innen sind hauptberuflich angestellte oder verbeamtete Lehrer*innen, die für diese Auf-

---

31 Diese Bezeichnung wird hier stellvertretend für alle in Deutschland für das entsprechende Verfahren genutzten Bezeichnungen verwendet.

gabe in spezifischen, vorbereitenden und/oder begleitenden Programmen zusätzlich qualifiziert worden sind und die Beratungstätigkeit mit einem Stellenanteil erfüllen. Sie stehen den Schulen in der Regel kostenlos auf Anfrage bzw. Antrag zur Verfügung. In einigen Bundesländern gibt es (zudem) hauptamtlich arbeitende Schulentwicklungsberater*innen oder die Möglichkeit, externe Honorarkräfte (des freien Beratungsmarktes) zu verpflichten.

Außendarstellung, Kontaktaufnahme, Auftrag: Um über das Unterstützungsangebot der Schulentwicklungsberatung zu informieren, nutzen die Bundesländer unterschiedliche Formen der Außendarstellung. In den meisten Ländern erfolgt die Information vornehmlich über Internetpräsenzen mit einem freien Zugang für Interessierte und sehr serviceorientiert auf den Webseiten der Landesinstitute, der Landesbildungsserver oder der regionalen Schulämter. In der Mehrheit der Länder tritt die Schulaufsicht bei der Bekanntmachung der Beratungsangebote besonders in Erscheinung, etwa durch den Austausch über Angebote der Schulentwicklungsberatung im Rahmen von Dienstbesprechungen, persönlichen Gesprächen und schriftlichen Mitteilungen. Auch Printmedien (Broschüren) sowie weitere Kanäle (Intranet, Aushänge in Schulen etc.) werden zur Informationsweitergabe genutzt.

In fast allen Ländern wird der Auftrag für eine Schulentwicklungsberatung von den Schulleitungen gestellt, Beratung »an ihnen vorbei« lässt sich gemeinhin nicht realisieren. In den meisten Ländern werden zudem Mitglieder der Schulleitung und Steuergruppenmitglieder als Beantragende/Auftraggeber von Beratung genannt. In einigen wenigen Bundesländern können auch Lehrkräfte ohne Funktionsstellen (zusammen mit der Schulleitung) als Beantragende fungieren. In einigen Ländern ist die Schulaufsicht in die Beantragung/Auftragserteilung involviert (Adenstedt 2016).

Ressourcen: Hinsichtlich des aufgewendeten Beratungszeitraums (4-24 Monate) und der investierten Ressourcen der Bundesländer (z. B. potenzielle Beratungsstunden pro Schule im Schuljahr, Berater*innenverhältnis pro Schule) hat die Bestandaufnahme große Unterschiede zwischen den Ländern hervorgebracht.

*Einsatz und Passung von Berater*innen*: Der Einsatz von Berater*innen an Schulen wird auf der Basis verschiedener Kriterien koordiniert und umgesetzt. Der konkrete Bedarf der Schulen (in Bezug auf den Inhalt der Beratung und deren Form), der mit der Qualifizierung sowie den Erfahrungen und Feldkompetenzen der Berater*innen abgeglichen wird, ist hier ebenso ausschlaggebend wie die zur Verfügung stehenden Ressourcen und Kapazitäten. In Flächenländern werden auch regionale Aspekte – etwa die Länge der Anfahrtswege der Beratenden zu den Schulen etc. – in die Einsatzentscheidungen einbezogen (Adenstedt 2016).

5. Empirische Beforschung

Die Auseinandersetzung mit der Schulentwicklungsberatung erfolgte im deutschsprachigen Raum in den letzten 30 Jahren weitgehend theoretisch-konzeptionell (siehe z. B. Schönig 2000; Schnebel 2010; Arnold/Reese 2010) oder handlungsanleitend (siehe u. a. Bartz/Doehler/Roentger 2013 zur Beratung von Schulentwicklung; mit Blick auf Schulen in herausfordernden Lagen siehe u. a. Huber 2012 und im Kontext von Schulinspektion siehe u. a. Sommer/Stöhr/Thomas 2010).

Im Zuge der Einführung der ersten systematischen Angebote der Schulentwicklungsberatung in den deutschen Bundesländern in der ersten Dekade des 21. Jahrhunderts wurden einige Berichte vorgelegt, in denen Zuständige wie Beteiligte gleichermaßen ihre Erfahrungen darboten (u. a. Jennessen/Kastirke 2002).

Erste empirische Erkenntnisse zur Schulentwicklungsberatung wurden in wissenschaftlichen Evaluationen gewonnen, die zu größeren Modellversuchen im Bereich der Schulentwicklung durchgeführt wurden (u. a. Horstkemper et al. 2012; Holzäpfel 2008).

Wissenschaftliche Studien, die sich explizit auf den Gegenstand der Schulentwicklungsberatung beziehen, sind im deutschsprachigen Raum[32] nach wie vor selten. Dies gilt insbesondere mit Blick auf die Praxis (Ablauf/Gestaltung) der Schulentwicklungsberatung. Die vergleichsweise geringe Zeitspanne seit Einsetzen der Implementierung der Unterstützungsangebote in den deutschen Bundesländern (Adenstedt 2016) kann als Begründung für diesen Sachverhalt nur bedingt angeführt werden. Wahrscheinlicher erscheint die Tatsache, dass die Instrumente zur Analyse und Feedback (Schulinspektionen und Leistungstests), die in etwa zeitgleich eingeführt worden sind, größere (öffentliche) Aufmerksamkeit auf sich gezogen haben.

Als die einzigen beiden Studien explizit zur Thematik können jene von Dedering et al. (2013) zu staatlichen wie nicht-staatlichen Formen von Schulentwicklungsberatung in Nordrhein-Westfalen (siehe dazu auch Goecke 2018) und jene von Adenstedt (2016) zur staatlichen Schulentwicklungsberatung in den 16 deutschen Bundesländern (vertiefend für das Bundesland Sachsen-Anhalt) gelten. In beiden Studien wird die weite Verbreitung der externen Unterstützung von Schulen herausgestellt: 49,6 Prozent der Schulen in Sachsen-Anhalt und 45 Prozent der allgemeinbildenden Schulen in Nordrhein-Westfalen haben im jeweiligen Untersuchungszeitraum Beratungsangebote genutzt.

Dedering et al. (2013) präsentieren zahlreiche Befunde zur Praxis der Schulentwicklungsberatung. U.a. weisen sie auf die große Vielfalt des *professionellen Hintergrundes* der Beratenden hin, die in den beiden Kategorien *schulnahe* Beratende (aus dem Schulsystem stammend – etwa Lehrkräfte oder Schulleitungen anderer Schulen) und *schulferne* Beratende (nicht aus dem Schulsystem stammend – z. B. Unternehmensberater*innen) gebündelt wird. Insgesamt sind mehr schulnahe als schulferne Beratende im Einsatz.

Auch hinsichtlich der *Inhalte/Themen* der Beratung zeigt sich eine große Heterogenität. Unter Zuhilfenahme der Trias der Schulentwicklung von Rolff (2010) lassen sich mehr Beratungsmaßnahmen im Bereich der Unterrichtsentwicklung verorten

32 Für eine Übersicht über den Forschungsstand im angloamerikanischen Raum siehe z. B. Dedering (2017) und Goecke (2018). Auch dort fehlen Studien zur Praxis von Schulentwicklungsberatung.

als in dem der Organisations- und Personalentwicklung. Inhalte/Themen der Unterrichtsentwicklung werden bedeutend häufiger von schulnahen Beratenden behandelt.

Die Beratenden arbeiten für die Dauer des Unterstützungsprozesses mit Schulleitungen und Lehrkräften zusammen. Praktiziert werden verschiedene *Arbeitsformen*, unter denen Beratungsgespräche mit der Schulleitung bzw. der Steuergruppe sowie Fortbildungsmaßnahmen mit dem Gesamtkollegium besonders weit verbreitet sind. Als Kombination der vorab dargestellten Merkmale (professioneller Hintergrund, Inhalte/Themen und Arbeitsformen) werden drei Beratungstypen identifiziert:

- *Beratung als Fortbildung für das Gesamtkollegium:* Sie beinhaltet insbesondere eine Abfolge von Fortbildungsveranstaltungen, an denen alle Mitglieder des Kollegiums teilnehmen. Die Fortbildungen beziehen sich auf Themen aus dem Bereich der Unterrichtsentwicklung und werden von schulnahen Beratenden durchgeführt.
- *Beratung als systematische Kommunikation mit ausgewählten Mitgliedern* des Kollegiums (z. B. in der Leitung oder in bestimmten Arbeitsbereichen): Hier bezieht sich der unmittelbare Kontakt mit dem Beratenden nur auf eine Minderheit des Kollegiums. In den Fallstudien-Schulen der Untersuchung sind Unternehmensberater*innen tätig, die sich insbesondere auf ökonomische und soziologische Wissensbestände beziehen, und die vor allem auf eine Schulmanagement-Qualifizierung des Leitungspersonals zielen.
- *Beratung als Kombination beider Ansätze*, etwa als Verknüpfung einer Fortbildung des Kollegiums mit dem Coaching in bestimmten Jahrgängen oder Fächern: Es handelt sich um besonders komplexe Vorhaben, bei denen organisatorische *und* pädagogische Veränderungen angestrebt werden. Zum Einsatz kommen Beratende, die sich auf pädagogische *und* außerpädagogische Erfahrungen und Kompetenzen beziehen können.

Quer zu diesen Typen liegen allerdings die spezifischen Arbeitsweisen der Berater*innen (Experten-Fach bzw. Prozessberatung). Die konkreten Vorgehensweisen gestalten sich im Rahmen der definierten Beratungstypen also weniger homogen, als man vermuten könnte.

Mit Blick auf die *Kooperation der Akteure* zeigt sich: In Schulen gibt es häufig einen Hauptzuständigen für den Beratungsprozess, der zugleich erster Ansprechpartner ist und der das konkrete Vorgehen mit dem/der Beratenden vereinbart. Es handelt sich bei dieser Person stets um einen Funktionsträger, der zugleich auch für die Schulentwicklung insgesamt zuständig ist. Die Rückbindung dieser Person an mitarbeitende Lehrergruppen erfolgt allerdings auf ganz unterschiedliche Weise. So wird in mehreren Schulen die Beraterarbeit von einer aktiven Steuergruppe begleitet. Über das Arbeitsprogramm wird dort intensiv diskutiert, bevor die einzelnen Arbeitsschritte mit dem/der Beratenden vereinbart werden. In anderen Schulen werden die Absprachen zwischen Beratenden und Schule von einer einzigen Person (Schulleitung, Didaktische Leitung) getroffen, und zwar ohne regelmäßige Rückkoppelung an Lehrergruppen.

Die Kommunikation zwischen den Beratenden und den verschiedenen schulischen Akteuren vollzieht sich in Abhängigkeit von den Arbeitsformen und Inhalten der Beratung. Hier geht das Spektrum von der Fortbildung des gesamten Kollegiums bis hin zum Coaching einzelner Schulleitungsmitglieder. Die Kommunikation läuft in den in der Studie untersuchten Fallschulen weitgehend konfliktfrei ab – auch weil die Ziele und Grundlinien der Beratung vorher einvernehmlich geklärt wurden und die einzelnen Arbeitsschritte jeweils abgesprochen werden. Wenn sich Situationen einstellen, in denen die Absichten der Beratenden nicht mit den Erwartungen aller schulischen Akteure übereinstimmen, wird in der Regel ein Konfliktmanagement auf den Weg gebracht, welches auf Widerstände im Kollegium eingeht, ohne das Beratungskonzept substanziell zu verändern.

Insgesamt wird der Nutzen von Beratungsprozessen von den schulischen Akteuren recht positiv eingeschätzt, ganz besonders gut bei einer Beratungsdauer von mehr als zwei Jahren. Dies geht mit einer entsprechenden Wahrnehmung der Ergebnisse der Beratung einher: Konstatiert wird eine *Veränderung von Organisationsmustern und Handlungsprogrammen*, etwa die verbindliche Einführung zuvor erprobter Methodentrainings, sowie ein Zuwachs an Know-how in der Unterrichtsentwicklung und auf der Managementebene (ebd.).

Adenstedt (2016) betrachtet die staatliche Schulentwicklungsberatung als einen von mehreren Akteuren der neuen Schulsystemsteuerung und kommt unter dieser systemischen Perspektive zu der Erkenntnis, dass sowohl die Schulaufsicht als auch die Schulentwicklungsberatung Einzelschulen beraten und es insofern zu Interdependenzen zwischen beiden Akteuren kommt. Da sich die Beratung der Schulaufsicht jedoch an Schulleitungen richte, vornehmlich eine legitimierende und informierende Funktion besitze und in erster Linie rechtliche und formale Aspekte verfolge, könne sie die auf verschiedene schulische Klient*innen ausgerichtete und eher prozessual und intensiv begleitend angelegte Unterstützung der Schulentwicklungsberatung aus Sicht der Befragten aus Sachsen-Anhalt ergänzen. Die systematische Verfügbarkeit von Schulentwicklungsberatung im Anschluss an die Schulinspektion könne eine Lücke im Qualitätssicherungssystem schließen, insofern die externen Berater*innen die Schulen wie kein anderer Akteur im System bei der Analyse der Inspektionsergebnisse und der Ableitung von Schlussfolgerungen für die innerschulische Entwicklungsarbeit unterstützen könnten. Der Autor stellt den zentralen Befund heraus, dass die Schulentwicklungsberater*innen im Schulsystem als Mehrebenensystem in einem Spannungsverhältnis zwischen staatlicher Steuerung (dem Bedarf der Makroebene) und Unterstützung der einzelschulischen Entwicklung (den Bedürfnissen der Meso- und Mikroebene) agieren. Deshalb konstatiert er, »dass Schulentwicklungsberater*innen nie vollständig unabhängig, freiwillig und verschwiegen agieren bzw. wahrgenommen werden können …, da sie formal … Teil des staatlichen Schul- und Steuerungssystems sind« (Adenstedt 2016, S. 213).

Als Quellen potenzieller Implementationsprobleme, die durch mangelnde Handlungskoordination oder Transintentionalität entstehen können, identifiziert er das Verhältnis von Schulaufsicht und Beratung (Aufgabenzuschnitt, Weisungsrecht), die

Einhaltung der Beratungsgrundsätze (Freiwilligkeit, Vertraulichkeit, Unabhängigkeit) innerhalb des staatlich-hierarchischen Schul- und Steuerungssystems und die Rolle der Schulleitung (Bereitschaft zur Beratung, Einbindung schulischer Akteure) (Adenstedt 2016).

6. Ausblick

Die Schulen in Deutschland sind seit jeher mit vielfältigen Herausforderungen konfrontiert, auf die mit den zahlreichen, in diesem Handbuch thematisierten Reformen reagiert worden ist. Jede Reform versetzt die Schulen dabei prinzipiell in die Situation, »unbekanntes Terrain« zu betreten – bei der konzeptionellen Ausrichtung hin zur Ganztagsschule ebenso wie bei der Etablierung inklusiver Lernsettings. Insofern die Schulentwicklungsberatung Schulen beim Betreten dieses »unbekannten Terrains« unterstützt, kommt ihr eine große Bedeutung als Instrument der einzelschulischen (und schulsystemischen) Qualitätsentwicklung zu. In Anbetracht der Tatsache, dass viele Reformen erst in den letzten Jahren eingeführt worden sind, ist anzunehmen, dass die Bedeutung der Schulentwicklungsberatung in den kommenden Jahren eher noch zunehmen wird. Die Beratung liegt dabei in gewisser Weise »quer« zu den o. g. Reformen.

Für die Bildungspolitik und Bildungsadministration wird die Herausforderung darin bestehen, die Aufgabenzuschnitte der unterschiedlichen, inzwischen im System befindlichen Akteure klar zu definieren und voneinander abzugrenzen oder aber systematisch miteinander zu verbinden.

Für die empirische Schul- und Bildungsforschung ergibt sich als Desiderat, die Praxis der Schulentwicklungsberatung noch intensiver als bislang zu untersuchen. Es gilt zunächst, die Ausgestaltung und den Ablauf von Beratungsaktivitäten an Schulen genauer zu betrachten. Ein detailliertes Bild könnte über die Einbeziehung der folgenden Perspektiven gewonnen werden:

(a) Reform-/Handlungsprogramm: Anhand einer systematischen Betrachtung externer Schulentwicklungsberatung im Kontext unterschiedlicher Schulreformen – Ganztagsschulausbau, Evidenzbasierung, Inklusion etc. – könnte eruiert werden, ob sich die Gestaltung und der Ablauf der Beratung jeweils spezifisch darstellen oder ob sich reformübergreifende Gemeinsamkeiten finden.
(b) Schulstufe: Über eine systematische Berücksichtigung von Schulen im Primar- und Sekundarbereich I und II ließe sich genauer untersuchen, wie sich externe Schulentwicklungsberatung in den jeweils spezifischen Kontexten (etwa von altersgemischt arbeitenden Grundschulen oder mehrere Bildungsgänge umfassenden Berufsschulzentren) gestaltet.
(c) Schulsituation: Mittels einer systematischen Einbeziehung von Schulen in herausfordernden Lagen (gemessen etwa am sozioökonomischen Hintergrund der Schülerschaft in Verbindung mit erreichten Kompetenzen) könnte ermittelt wer-

den, inwiefern sich Beratung in Abhängigkeit der jeweiligen »Belastungssituation« von Schulen vollzieht.

Darüber hinaus gilt es, die Aufmerksamkeit deutlicher als bisher auf die Wirkungen zu richten, die durch die externe Schulentwicklungsberatung angestrebt werden. Effekte ließen sich etwa auf der Ebene *konkreter Handlungsprogramme/ Organisationsstrukturen* (1), auf der Ebene von *Lehrereinstellungen und -kompetenzen* (2) und auf der Ebene von *Schülereinstellungen und -kompetenzen* (3) ermitteln. Dazu sind Längsschnittstudien erforderlich, die im Idealfall qualitative und quantitative Methoden miteinander kombinieren. Solche Längsschnittstudien sind dann auch in der Lage zu ermitteln, welche Bedeutung unterschiedlichen Faktoren zukommt, die sich – gängigen Wirkungsmodellen entsprechend – dem Inputbereich (z. B. die Profession des Beraters), dem Prozessbereich (u. a. die Akzeptanz des Beraters durch die schulischen Akteure) und dem Kontextbereich (etwa die regionale/institutionelle Einbindung der schulischen Beratungsaktivitäten) zuordnen lassen.

7. Literatur

Adenstedt, K. (2016): Schulentwicklungsberatung. Zwischen staatlicher Steuerung und einzelschulischer Entwicklung: Untersuchungen zu Bedarf und Gestalt eines Unterstützungsinstruments. Bad Heilbrunn: Klinkhardt.

Arnold, E./Reese, M. (2010): Externe Beratung. In: Bohl, T./Helsper, W./Holtappels, H. G./Schelle, C. (Hrsg.): Handbuch Schulentwicklung. Bad Heilbrunn: Klinkhardt, S. 298–302.

Bartz, A./Doehler, A./Roentger, G. (2013): Schulentwicklungsbegleitung – Qualifizierung, Konzept und Wirkung. In: Praxiswissen Schulleitung 67, H. 23, S. 1–23.

Buhren, C. G./Rolff, H.-G. (Hrsg.) (2012): Handbuch Schulentwicklung und Schulentwicklungsberatung. Weinheim: Beltz.

Dalin, P./Rolff, H.-G. (1990): Institutionelles Schulentwicklungs-Programm. Soest: Soester Verlagskontor.

Dalin, P./Rolff, H.-G./Buchen, H. (1995): Institutioneller Schulentwicklungsprozess. 2. Auflage. Bönen (Westf.): Verlag für Schule und Weiterbildung, Kettler.

Dedering, K. (2012): Steuerung und Schulentwicklung. Bestandsaufnahme und Theorieperspektive. Ein Lehrbuch. Wiesbaden: Springer VS.

Dedering, K. (2017): Externe Schulentwicklungsberatung als Unterstützungsansatz. In: Manitius, V./Dobbelstein, P. (Hrsg.): Schulentwicklungsarbeit in herausfordernden Lagen. Münster u. a.: Waxmann, S. 159–175.

Dedering, K./Tillmann, K.-J./Goecke, M./Rauh, M. (2013): Wenn Experten in die Schule kommen. Externe Schulentwicklungsberatung empirisch betrachtet. Wiesbaden: Springer VS.

Goecke, M. (2018): Schulentwicklung durch Beratung. Eine Studie an nordrhein-westfälischen Schulen. Wiesbaden: Springer VS.

Holzäpfel, L. (2008): Beratung bei der Einführung von Selbstevaluation an Schulen. Münster: Waxmann.

Horstkemper, M./Killus, D./Gottmann, C./Carl, F. (2012): Wie kommen Innovationen in die Schule? Schulinterne und schulübergreifende Transferstrategien im Schulnetzwerk »Reformzeit«. In: Huber, S. G./Ahlgrimm, F. (Hrsg.): Kooperation. Aktuelle Forschung zur Kooperation in und zwischen Schulen sowie mit anderen Partnern. Münster: Waxmann.

Huber, S. G. (Hrsg.) (2012): Failing Schools – besonders belastete Schulen. In: SchulVerwaltung spezial 14, H. 2.
Jennessen, S./Kastirke, N. (2002): Schulqualität durch Schulberatung. Externe Beratungskonzepte als Instrument zur Qualitätssicherung. Hamburg: Kovac.
Koch-Priewe, B. (2000): Schulpädagogisch-didaktische Schulentwicklung. Baltmannsweiler: Schneider.
Reichel, R./Rabenstein, R. (2001): Kreativ beraten. Methoden, Modelle, Strategien für Beratung, Coaching und Supervision. Münster: Ökotopia Verlag.
Rolff, H.-G. (2010): Schulentwicklung als Trias von Organisations-, Unterrichts- und Personalentwicklung. In: Bohl, T./Helsper, W./Holtappels, H. G./Schelle, C. (Hrsg.): Handbuch Schulentwicklung. Bad Heilbrunn: Klinkhardt, S. 29–36.
Rolff, H.-G./Buhren, C. G./Lindau-Bank, D./Müller, S. (1998): Manual Schulentwicklung. Handlungskonzept zur pädagogischen Schulentwicklungsberatung (SchuB). Weinheim: Beltz.
Schein, E. H. (1969): Process Consultation: It's Role in Organizational Development. Menlo Park, London, Don Mills.
Schnebel, S. (2010): Methoden und Techniken der Beratung. In: Bohl, T./Helsper, W./Holtappels, H. G./Schelle, C. (Hrsg.): Handbuch Schulentwicklung. Bad Heilbrunn: Klinkhardt, S. 506–514.
Schönig, W. (2000): Schulentwicklung beraten: Das Modell mehrdimensionaler Organisationsberatung der einzelnen Schule. Weinheim, München: Juventa.
Sommer, N./Stöhr, C./Thomas, D. (2010): Schulen mit »gravierenden Mängeln«. Situation in Niedersachsen und Einsatzmöglichkeiten der Schulentwicklungsberatung. In: Böttcher, W./Dicke, N./Hogrebe, N. (Hrsg.): Evaluation, Bildung und Gesellschaft. Steuerungsinstrumente zwischen Anspruch und Wirklichkeit. Münster: Waxmann, S. 209–227.
Straumann, U. (2001): Professionelle Beratung. Bausteine zur Qualitätsentwicklung und Qualitätssicherung. 2. korr. u. überarb. Auflage. Heidelberg, Kröning: Ansanger.
Wimmer, R. (2004): Organisation und Beratung. Systemtheoretische Perspektiven für die Praxis. Heidelberg: Carl-Auer-Systeme.

Nils Berkemeyer

Die Referenzrahmen für Schulsystemqualität – Reform durch Evidenzorientierung?

1. Einleitung

Eine der umfassendsten und zugleich wohl in der Öffentlichkeit vergleichsweise gering beachteten Schulreformen in der »Nach-PISA-Ära« stellt die Einführung von sogenannten Referenzrahmen für Schulqualität dar. In nahezu allen Bundesländern finden sich diese Instrumente der Qualitätssicherung und -entwicklung. Sie stehen zum einen für sich, als Orientierungsmarken der Schulentwicklung. Zum anderen fungieren sie zugleich als Orientierungspunkte eines schulsystemischen Controllings, indem sie die Beobachtungsgrundlagen der Schulinspektion (siehe dazu Böhm-Kasper und Selders in diesem Band) darstellen und zum administrativen Bewertungsraster »guter Schule« werden. Der Beitrag stellt zunächst exemplarisch die Grundidee von Referenzrahmen für Schulqualität vor, gibt dann einen vergleichenden Überblick über die Bundesländer, reflektiert die Reform im Spiegel neo-institutionalistischer Ansätze und gibt abschließend einen Ausblick auf die Weiterentwicklung des Instruments.

2. Die Qualitätsrahmen der Bundesländer: Ziele und Aufbau

Wenngleich die Referenzrahmen für Schulqualität eine erhebliche Bedeutung für die Praxis der Schulentwicklung gewonnen haben und breit implementiert sind, finden sich aktuell nur wenige Publikationen, die sich explizit und umfassender, auch bundeslandvergleichend, mit den Referenzsystemen befassen (Dobbelstein/Groot-Wilken/Koltermann 2017b; Steffens 2017). Gleich zu Beginn des Bandes von Dobbelstein, Groot-Wilken und Koltermann findet sich eine instruktive Zusammenfassung der Ziele und Aufgaben von Referenzsystemen für Schulqualität (oder auch Qualitätsrahmen für Schule, die Bezeichnungen können synonym verwendet werden).

> Die Definition von Schulqualität und die Verständigung darüber, was unter »guter Schule« verstanden wird, sind Anliegen, die in den vergangenen Jahren in zahlreichen Initiativen zur Formulierung von Referenzsystemen verfolgt wurden. Referenzsysteme können Schulen und allen an Schule beteiligten Akteuren auf dem Weg der Qualitätssicherung und -entwicklung eine Grundlage zur Verortung, Auseinandersetzung sowie zur Zielentwicklung bieten. Ihre Orientierung gebende Funktion (Schaffung von Transparenz, Vereinfachung der Kommunikation, aber

> auch zur schulischen Bestandsaufnahme, Reflexion und Evaluation) wird ergänzt durch Hinweise auf gewünschte Entwicklungsrichtungen. (Dobbelstein/Groot-Wilken/Koltermann 2017a, S. 9)

Das Zitat weist auf eine Reihe von Funktionen und Hoffnungen hin, die mit der Einführung von Referenzsystemen verbunden sind. Zunächst kann festgehalten werden, dass die Erarbeitung der Referenzsysteme auf eine zum Teil erhebliche Zeitspanne zwischen Beginn der Initiativen und der vorläufigen Institutionalisierung blicken kann. Eine gewisse Vorreiterrolle ist hierbei dem Bundesland Hessen zuzusprechen. Eine der »Keimzellen« der Referenzsystementwicklung in Deutschland war der »Arbeitskreis Qualität von Schule« (Hessisches Kultusministerium 2012, 19 ff.), der 1985 vom Hessischen Landesinstitut (damals Hessisches Institut für Bildungsplanung und Schulentwicklung) ins Leben gerufen worden ist und dessen Erträge jüngst in zwei Publikationen zum aktuellen Stand der Forschung zusammengeführt worden sind (Steffens/Bargel 2016; Steffens/Maag Merki/Fend 2017). Diese langjährige Entwicklungsarbeit, die sukzessive auch in den anderen Bundesländern aufgenommen worden ist, führte zu einer Form des Konsenses in Bezug auf die Beschreibung von Schulqualität, die insbesondere deshalb möglich geworden ist, weil erstens viele Akteure an der Diskussion beteiligt wurden und zweitens viele Bereiche der Referenzrahmen durch empirische Forschung gut untermauert werden konnten. Durch diese Form des Konsenses ist es im Grunde erstmalig möglich geworden, sich über die Qualität von Schule vergleichsweise konsensorientiert zu verständigen. Dies war zuvor im Grunde nur in Bezug auf die verbindlichen Curricula möglich gewesen, die aber lediglich eine normative Inputdimension beschrieben haben und wenig oder gar nichts über Prozesse oder auch Ergebnisse aussagen. Im Einzelnen beanspruchen Referenzsysteme für alle beteiligten Akteure in Bezug auf die Qualitätsentwicklung von Schule eine Koordinationsleistung im Sinne einer Orientierung für

- »schulische Planungs- und Gestaltungsprozesse im Kontext der Schulentwicklung und Unterrichtsentwicklung,
- Maßnahmen schulinterner Evaluation,
- die Entwicklung von Zielvereinbarungen zwischen Schule und Schulaufsicht,
- die Beratung und Unterstützung der Schulen durch die Schulaufsicht,
- die Ausrichtung und Konzeption von Fortbildungs- und Unterstützungsangeboten,
- die Lehrerausbildung im Bereich der schulischen Qualitätsentwicklung,
- schulpolitische Initiativen und Maßnahmen« (Ministerium für Schule und Weiterbildung des Landes Nordrhein-Westfalen 2015, S. 3).

So geben die Referenzsysteme Orientierung in Bezug auf Bereiche der Schul- und Unterrichtsentwicklung sowie die Art und Weise, wie die Bereiche ausgestaltet werden sollten. So sollte auch eine bis dato immer wieder kritisierte Beliebigkeit früherer Schulentwicklung, in der die Schulen nicht selten ganz ohne Orientierung Entwicklungsziele festlegten, überwunden werden. Referenzsysteme geben vor, welche Qualitätsbereiche relevant sind und welche Aspekte dieser Bereiche bearbeitet werden können oder müssen. Darum können sie zur internen wie zur externen Evaluation genutzt werden, wodurch ein Abgleich der Entwicklung unter Einbeziehung eben einer internen wie einer externen Perspektive möglich wird. Die formale Logik der Referenzsysteme soll im Anschluss an den Hessischen Referenzrahmen erfolgen, der aufgrund der Entstehungsgeschichte als Prototyp aufgefasst werden kann und an dem die wesentlichen Prinzipien verdeutlicht werden können.

2.1 Der Hessische Referenzrahmen für Schulqualität[33] (HRS)

Der HRS kann in fünf Ebenen der Beschreibung von Qualität gegliedert werden, die nach und nach die Qualitätsaspekte konkretisieren. Zunächst werden drei Handlungsfelder unterschieden: Input, Prozess und Output. Hiermit wird ein Modell von Schule angenommen, welches im Sinne kybernetischer Modelle Schule als Wirkungszusammenhang von Eingaben (Input), Verarbeitungsregeln (Prozessen) und Ergebnissen (Output) betrachtet und auch als Produktionsmodell der Schule beschrieben wird (Stufflebeam, 1973; Ditton 2016). Auf der nächsten Ebene werden die Qualitätsbereiche beschrieben. Im HRS finden sich sieben solcher Qualitätsbereiche, die in den Handlungsfeldern verortet werden (siehe Abb. 1).

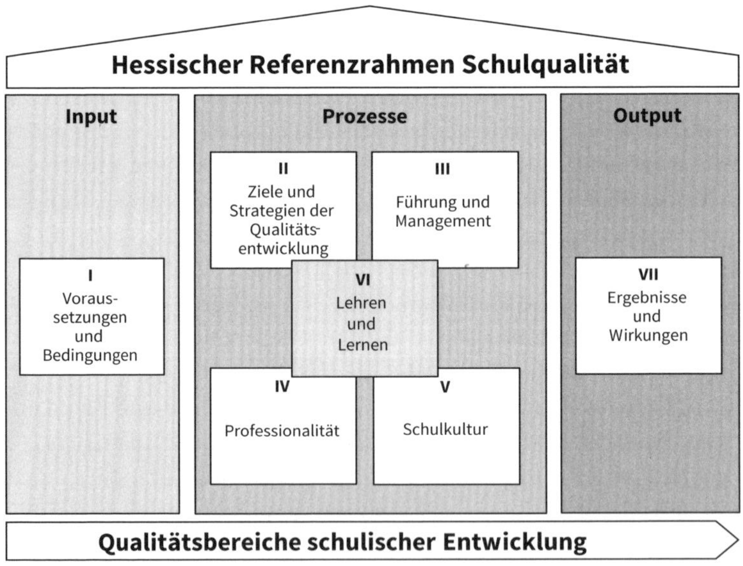

Abb. 1: Aufbau des hessischen Referenzrahmens für Schulqualität: Handlungs- und Qualitätsbereiche (Hessisches Kultusministerium 2011, S. 4)

33 Die nachfolgenden Ausführungen orientieren sich an Steffens (2017). Ulrich Steffens hat den Arbeitskreis Schulqualität maßgeblich begleitet und war lange Jahre Mitarbeiter im Landesinstitut Hessen. Er hat ganz wesentlich an einer kritischen Rezeption der Schulqualitätsdiskussion in Deutschland mitgewirkt (exemplarisch Steffens/Bargel 1993; Steffens/Höfer 2016).

Der Inputbereich enthält die Bedingungen und Voraussetzungen, die von den Einzelschulen nicht unmittelbar beeinflusst werden können. Die Prozessebene enthält fünf Qualitätsbereiche, die auf die Themen Organisation und Kultur, Personal/Profession sowie Unterricht bezogen sind. Das Handlungsfeld Output wird durch den Qualitätsbereich Ergebnisse und Wirkungen beschrieben. Bereits auf dieser zweiten Ebene der Qualitätsbereiche ist erkennbar, dass es sich im Grunde bei den Referenzsystemen nicht um konkrete Modelle von Schule handelt, sondern vielmehr um eine Bereichsheuristik, die relevante und als bedeutsam belegte Themen gruppiert. Alle Qualitätsbereiche, so wie auch alle anderen Kategorien werden gleichberechtigt oder gleichwertig nebeneinandergestellt. Es kommt also nicht, wie etwa bei der Hattie-Studie »Lernen sichtbar machen« (Hattie 2015) vorgeführt, zu einer Rangreihung entsprechend empirisch belegter Wirksamkeit. Was wie wichtig ist, soll in der Logik der Referenzsysteme die einzelne Schule für sich, gemäß dem jeweiligen Entwicklungsstand und der je anstehenden Herausforderungen entscheiden.

Auf der dritten Ebene kommt es nun zu einer ersten Ausdifferenzierung des Referenzsystems. Hier werden die sieben Qualitätsbereiche mit sogenannten Qualitätsdimensionen differenzierter beschrieben. Zehn der insgesamt 24 Dimensionen entfallen auf die Handlungsbereiche Input und Output, die übrigen 14 Dimensionen werden auf die verbleibenden fünf Qualitätsbereiche im Handlungsbereich Prozesse aufgeteilt (siehe Abb. 2). Auf der vierten Ebene werden die Qualitätsdimensionen nun durch Qualitätskriterien operationalisiert und erheblich ausdifferenziert. Insgesamt finden sich 88 Qualitätskriterien, die die 24 Qualitätsdimensionen und sieben Qualitätsbereiche beschreiben. Ein Beispiel findet sich in Abbildung 3.

I. Voraussetzungen und Bedingungen	II. Ziele und Strategien	III. Führung und Management	IV. Professionalität	V. Schulkultur	VI. Lehren und Lernen	VII. Ergebnisse und Wirkungen
I.1 Bildungspolitische und rechtliche Vorgaben	II.1 Schulprogramm	III.1 Steuerung pädagogischer Prozesse	IV.1 Erhalt und Weiterentwicklung beruflicher Kompetenzen	V.1 Pädagogische Grundhaltung	VI.1 Aufbau von fachlichen und überfachlichen Kompetenzen	VII.1 Fachliche Kompetenzen
I.2 Schülerschaft und Schulumfeld	II.2 Evaluation	III.2 Organisation und Verwaltung der Prozesse	IV.2 Kommunikation und Kooperation im Kollegium	V.2 Schulleben	VI.2 Strukturierte und transparente Lehr- und Lernprozesse	VII.2 Überfachliche Kompetenzen
I.3 Personelle und sachliche Ressourcen		III.3 Personalführung und Personalentwicklung		V.3 Kommunikation und Kooperation nach außen	VI.3 Umgang mit heterogenen Lernvoraussetzungen	VII.3 Bildungslaufbahnen und Schulabschlüsse
I.4 Externe Unterstützung					VI.4 Lernförderliches Klima und Lernumgebung	VII.4 Einverständnis und Akzeptanz
I.5 Bildungsangebote am Schulstandort						VII.5 Nachhaltige Wirkungen

Abb. 2: Qualitätsbereiche und Qualitätsdimensionen im Überblick (Hessisches Kultusministerium 2011, S. 7)

III.1 Steuerung pädagogischer Prozesse	III.1.1 Die Schulleitung nutzt in ihrem Führungshandeln Gestaltungsspielräume unter Wahrung schulinterner Vereinbarungen und rechtlicher Vorgaben.	III.1.2 Die Schulleitung orientiert sich in ihrem Führungshandeln am Prinzip einer systematischen Qualitätsentwicklung (»Lernende Schule«).	III.1.3 Die Schulleitung stellt die Unterrichtsentwicklung in den Mittelpunkt ihrer Arbeit mit dem Kollegium.	III.1.4 Die Schulleitung fördert Kooperation und offene Kommunikation innerhalb der Schule.	III.1.5 Gemeinsame Vereinbarungen werden schulverbindlich umgesetzt; schulische Entscheidungsprozesse hierzu verlaufen zielorientiert und transparent.
III.2 Organisation und Verwaltung der Schule	III.2.1 Die Schulleitung steuert die Organisations- und Verwaltungsprozesse aufgabenbezogen nach den Prinzipien von Partizipation, Delegation, Transparenz und Effektivität.	III.2.2 Die Schulleitung stellt durch übersichtliche Organisationsstrukturen und planvolles und zielgerichtetes Verwaltungshandeln den geregelten Schulbetrieb sicher.	III.2.3 Der Umgang mit sächlichen Ressourcen (Finanzen, Ausstattung) ist zielorientiert, transparent und unterliegt einem schulinternen Kontrollverfahren.	III.2.4 Die Schulleitung kooperiert mit der Schulaufsicht, dem Schulträger, anderen Bildungseinrichtungen und weiteren Bezugsgruppen des schulischen Umfeldes und betreibt eine aktive Öffentlichkeitsarbeit.	
III.2 Organisation und Verwaltung der Schule	III.3.1 Die Schulleitung handelt auf der Grundlage eines ausgearbeiteten Personalentwicklungskonzepts zur professionellen Weiterentwicklung des schulischen Personals.	III.3.2 Die Schulleitung führt Personalgewinnung, Personalauswahl und Ausbildung professionell durch.	III.3.3 Die Mitglieder der Schulleitung qualifizieren sich beständig weiter.		

Abb. 3: Qualitätskriterien der Qualitätsdimension Führung und Management (Hessisches Kultusministerium 2011, S. 45 ff.; eigene Darstellung)

Erst auf dieser Ebene der Qualitätskriterien lassen sich nun Aspekte erkennen, die einen Unterschied ausmachen können und darum Wirksamkeit hervorzubringen vermögen. Schaut man exemplarisch auf die Qualitätsdimension »Steuerung pädagogischer Prozesse« (III.3) im Qualitätsbereich »Führung und Management« (III), finden sich die fünf oben dargestellten Qualitätskriterien. Während die Qualitätsdimension noch offenlässt, wie Prozesse gesteuert werden sollen und damit lediglich verdeutlichen kann, dass eine Steuerung als wirksam und notwendig erachtet wird, verdeutlichen die Qualitätskriterien hingegen in ersten Ansätzen auch das »Wie«. Hier sollen Gestaltungsräume genutzt werden, Lernprozesse der Schule vorangebracht, Unterrichtsentwicklung fokussiert, Kooperation gestärkt und Verbindlichkeit hergestellt werden. Dies lässt schon deutlicher werden, was genau jeweils gemeint ist, allerdings kann auch hier weiter gefragt werden: wie genau?

Um dieses Konkretisierungsproblem eines formalen und notwendig abstrakten Instruments (es soll schließlich für alle Schulen eine Referenz sein können) zu lösen, wurde eine weitere Ebene entwickelt, die als »Aufschließende Fragen und Anhaltspunkte« (Steffens 2017, S. 24) bezeichnet wird. Diese versteht sich als Erläuterungen bzw. Konkretisierungen der Qualitätskriterien. In Bezug auf den Qualitätsbereich »Führung und Management«, Dimension »Steuerung pädagogischer Prozesse«, Kriterium »Die Schulleitung nutzt in ihrem Führungshandeln Gestaltungsspielräume unter Wahrung schulinterner Vereinbarungen und rechtlicher Vorgaben« heißen die beiden aufschließenden Fragen:

1. »Wie sorgt die Schulleitung für eine Umsetzung der verbindlichen Vorgaben?« (Hessisches Kultusministerium 2011, S. 45)
2. »Woran zeigt sich, dass die verbindlichen Vorgaben zum Tragen kommen?« (ebd.)

Mögliche Anhaltspunkte zur 1. aufschließenden Frage:

- »Die Schulleitung sorgt dafür, dass rechtliche Regelungen (z.B. zu individuellen Förderplänen, standardisierten Lernstandserhebungen, zum hessischen Kerncurriculum, zur Ganztagsschule, zur Inklusion) im Einklang mit dem Schulprogramm wirksam realisiert werden.
- Die Schulleitung berücksichtigt bei der Umsetzung von Vorgaben die vorhandenen schulischen Strukturen, Kompetenzen und Ressourcen.
- Für die Umsetzung pädagogischer Anliegen prüft die Schulleitung die rechtlichen Grundlagen und leitet gegebenenfalls Maßnahmen ein.
- Sie unterstützt die Umsetzung, indem sie u.a.
  - Zeit und Räumlichkeiten zur Verfügung stellt,
  - Information und Handreichungen bereitstellt,
  - Fort- und Weiterbildungsmaßnahmen initiiert.
- Sie achtet darauf, dass neue rechtliche Regelungen und schon vorhandene schulische Vorhaben aufeinander abgestimmt werden (z.B. hessisches Kerncurriculum, Lesekonzepte).
- …« (ebd.)

Mögliche Anhaltspunkte zur 2. aufschließenden Frage:

- »Das Schulprogramm und andere schulinterne Vereinbarungen entsprechen den verbindlichen Vorgaben.
- Das Schulprogramm weist Vorhaben auf, die sich auf die rechtlichen Regelungen beziehen.
- Die Maßnahmen der Schulleitung sind im Kollegium akzeptiert.
- …« (ebd.)

Mit diesen fünf Ebenen hat Hessen einen hochgradig ausdifferenzierten und angesichts der hohen Komplexität nur mühevoll zu überschauenden Referenzrahmen implementiert, der Schulen als Orientierung dienen soll und gleichzeitig Grundlage für die externe Evaluation ist. Grundlage sind die Produktionsmodelle (der Organisation) von Bildung, die auf den Zusammenhang von Input, Prozess und Output hinweisen und durch unterschiedliche Bereiche, Dimensionen und Kriterien ausdifferenziert sind. Der Vorteil ist, dass so eine rasche Tiefenauseinandersetzung mit einzelnen Aspekten von Schule möglich wird und zugleich relativ sicher ist, dass diese, aufgrund ihrer Anbindung an Forschungsbefunde, auch eine zumindest gewisse Plausibilität und Relevanz haben. Allerdings bleibt so auch alles unbeobachtet, was nicht vom Referenzrahmen erfasst wird. Die Anbindung an Forschung erzwingt zudem eine

Offenheit und Flexibilität des Referenzrahmens, denn die Forschung schreitet voran und kann neue Aspekte zum Vorschein bringen oder bekannte Wirksamkeitsfaktoren neu gewichten. In diesem Sinne bleibt mit Steffens festzuhalten: »Referenzsysteme sind somit keine geschlossenen und starren Regelwerke. Sie verstehen sich vielmehr ausdrücklich als entwicklungsoffene, ›lernfähige‹ Konzepte« (Steffens 2017, 32 f.).

2.2 Referenzsysteme im Vergleich

Es wurde weiter oben bereits darauf hingewiesen, dass Referenzsysteme in fast allen Bundesländern (mit Ausnahme von Mecklenburg-Vorpommern, Stand August 2018, Abruf Bildungsserver) mehr oder weniger umfassend implementiert sind. Dabei lassen sich große Überschneidungen feststellen. Alle Referenzsysteme orientieren sich an der Input-, Prozess- und Output-Logik. Unterschiede finden sich dann vor allem in Bezug auf die Anzahl von Qualitätsbereichen und Qualitätsdimensionen (siehe hierzu Abb. 4)

Bundesland	IPO-Orientierung	Qualitätsbereiche (QB)	Kategorien je QB	Orientierungen der Schulinspektion
Baden-Württemberg	ja	5	3, 3, 2, 2, 3	ja
Bayern	ja	4	5,4,4,3	ja
Berlin	ja	6	7,5,4,4,4,3	ja
Brandenburg	ja	6	5, 6, 5, 5, 3, 3	ja
Hamburg	ja	3	8,9,5	ja
Hessen	ja	7	5, 2, 3, 2, 3, 4, 5	nicht expliziert
Niedersachsen	ja	6	4, 6, 4, 5, 3, 3	ja
Nordrhein-Westfalen	ja	5	3,9,6,8,8	ja
Rheinland-Pfalz	ja	3	4, 5, 2	ja
Saarland	nein (nicht vorh.)	4	5,5,5,5	ja
Sachsen	ja	6	3, 2, 3, 2, 5, 2	ja
Sachsen-Anhalt	nein (nicht vorh.)	7	6, 3, 9, 4, 3, 5, 4	ja
Schleswig-Holstein	ja	6	10,14,5, 7,6, 7	nicht expliziert
Thüringen	ja	4	5,6,4,4	nicht expliziert

Tab. 1: Vergleich des Aufbaus der Qualitätsrahmen der Bundesländer (Stand 2018; Referenzrahmen der Bundesländer abrufbar unter www.bildungsserver.de/Referenzrahmen-Schulqualitaet-10098-de.html)

Eine der wenigen vergleichenden Studien zu Referenzsystemen haben Elsing und van Ackeren (2017) vorgelegt. In einer instruktiven Dokumentenanalyse vergleichen sie Ziel, Adressaten, Anbindung an die Schulqualitätsforschung sowie die Einbettung in ein Gesamtsystem der Qualitätssicherung. Im Fazit ihrer Studie halten sie fest:

> Die Qualitäts-/Referenzrahmen sollen strukturierendes Element der umfassenden Qualitätsmanagementsysteme der Länder sein (insbesondere mit Blick auf Schulinspektionen und Ziel-/Leistungsvereinbarungen sowie Unterstützungsmaßnahmen, z. B. im Rahmen von Fortbildungen), zugleich aber auch Richtlinien für einzelschulische Bestandsaufnahmen und abgeleitete Entwicklungsmaßnahmen. Um den vielfältigen Zielen und Ansprüchen – zwischen der Entwicklung der Einzelschule und der Entwicklung des Qualitätsmanagementsystems eines Landes – sowie den verschiedenen Akteursgruppen auf unterschiedlichen Ebenen des Schulsystems gerecht werden zu können, bedarf es in den Darstellungen eines höheren Abstraktionsniveaus. Insofern erreichen die Dokumente kaum die Ebene der konkreten Kennzahlen. (Elsing/van Ackeren 2017, 59 f.)

Das Verhältnis von Abstraktion und Konkretion ist sicherlich ein Spannungsfeld. Ein anderes dürfte in der Frage von Deskription und Normativität zu sehen sein. Es fällt auf, dass die Qualitätsbereiche im Grunde nur Deskriptionen anbieten, die aber, genau hingeschaut natürlich normierenden Charakter haben. Dies wird im Wesentlichen über die Anbindung an die empirische Schulforschung legitimiert. Bei aller von Steffens angemahnten Offenheit bilden die Referenzsysteme doch ein recht homogenes bzw. homogenisierendes Modell von Schule. Dies ist administrativ sicherlich ein Fortschritt, entspricht aber kaum dem Stand der Forschung, wo weitaus mehr Modelle von Schule diskutiert werden (Bohl/Wacker/Harant 2015; Reichenbach/Bühler 2017; Koerrenz/Berkemeyer 2019).

2.3 Zur Logik der Referenzsysteme in weiteren Feldern der Schulentwicklung

Neben den Referenzsystemen der Länder für Schulqualität haben sich in der Bundesrepublik zahlreiche weitere Referenzsysteme für Schulqualität etabliert, welche für viele Schulen in Deutschland zu weiteren ergänzenden, womöglich auch konkurrierenden Orientierungsquellen geworden sind. Gemeint ist etwa das Referenzsystem des deutschen Schulpreises (Beutel et al. 2016), ein Referenzsystem für gesunde Schulen sowie ein Referenzsystem für Demokratische Schulen und Ganztagsschulen und nicht zuletzt auch noch eines für inklusive Schulen. Man könnte fast meinen, dass jede neue Aufgabe ein neues Referenzsystem erzeugt. Bei genauerer Betrachtung sind die Systeme aber doch sehr Artverwand, fokussieren nur jeweils den besonderen Anlass oder das Thema und lassen sich wohl am ehesten als Ergänzung sehen, wenn man einmal vom deutschen Schulpreis absieht, der natürlich das eigene System als Grundlage der Preisverleihung nutzt. Allerdings finden sich hier auch starke Übereinstimmungen zu den länderspezifischen Referenzsystemen.

3. Theoretische Perspektiven auf die Schulreform mittels Referenzrahmen

Wie lässt sich diese Reform nun aus einer theoretischen Perspektive charakterisieren und welche Theorie lässt sich überhaupt sinnvoll nutzen? Eine hilfreiche Perspektive zum Verständnis dieser Reform dürfte in der Institutionentheorie, vor allem auch, aber nicht nur, der neueren Institutionentheorie zu sehen sein. An dieser Stelle werden die Arbeiten von Meyer (2009) sowie Schaefers (2009) genutzt. Die Ansätze können hier nicht nähergehend dargestellt werden, sodass es genügen muss, die wesentlichen Beobachtungsperspektiven zu nennen, um dann die Reformgeschichte der Referenzsysteme aus (neo-)institutionalistischer Perspektive zu beschreiben:

- Weichenstellung, zur Erklärung der Möglichkeit von Wandel
- Framing und Meta-Framing
- Organisationsverhalten oder Rekontextualisierung
- Konkurrenz von elaborierten und tradierten Referenzsystemen
- Modernisierung

3.1 PISA ermöglicht die »evidenzorientierte Beschreibung« von Schule

Wenngleich in verschiedenen Bundesländern durchaus Erfahrungen im Rahmen von Qualitätsentwicklungsprojekten (erinnert sei an das BLK-Programm QUISS) vorlagen, so war die flächendeckende Umsetzung und die Kopplung an das Instrument der Schulinspektion doch erst im Anschluss an PISA möglich geworden. Dies hat seinen Grund in der Verabredung der Kultusministerkonferenz zum Bildungsmonitoring und der damit einhergehenden Entscheidung, das Schulsystem unter spezifischen Kategorien, die vor allem der empirischen Schulforschung der anglo-amerikanischen Tradition entlehnt sind, zu beobachten. An genau dieser Stelle kommt es zu engen Kopplungen zwischen Bildungsverwaltung und Bildungsforschung, die sich auch in einer Ausdifferenzierung der Bildungsverwaltung beobachten lassen und als Modernisierung der Bildungsverwaltung beschrieben werden können (Berkemeyer et al. 2017). Auszugehen ist von wechselseitigen Beobachtungen der Bundesländer und hierdurch mimetisch hervorgerufenen isomorphen Entwicklungen hinsichtlich der inhaltlichen und formalen Konstruktionen der Referenzsysteme, die jedoch gleichzeitig genug Spielraum lassen, um jedes Bundesland gemäß eigener Geschichte auf bestimmten Pfaden zu belassen. So wird gewährleistet, auch die Eigenständigkeit und Originalität des je eigenen Qualitätsrahmens behaupten und somit auch die je spezifische Anschlussfähigkeit an die besondere Situation im Land plausibilisieren zu können. Was hier allerdings vorerst noch nicht geschieht, ist eine faktische Einbindung der Schulen in diesen Prozess der »Beobachtungsumstellung«. Noch geht es nur um die Selbstvergewisserung der Administration über den eigenen richtigen Weg.

3.2 *Referenzsysteme als Meta-Framing stoßen auf tradierte Frames (Deutungsmuster)*

Die Entwicklung und Implementierung der Referenzsysteme lässt sich als Meta-Framing für das Schulsystem bezeichnen. Es wird kein konkreter Rahmen für die Deutung spezifischer Situationen angeboten, sondern ein allgemeiner und abstrakter Rahmen, der auf die unterschiedlichsten Situationen angewendet werden soll, also in gewisser Weise einen universellen Meta-Frame darstellt. Dieser neue, vor allem in Kopplung mit der Schulinspektion wirkmächtige, da Reaktion erzwingende, Meta-Frame trifft nun auf traditionelle Framings und eingelegte »Volkstheorien« (Meyer 2009, S. 302) der schulsystemischen Akteure. Herausfordernd ist nun, dass der Meta-Frame eine gewisse Deutungshoheit beansprucht und in gewisser Weise die übrigen Deutungsangebote ablösen oder zumindest aber in den Hintergrund drängen möchte, wodurch konfliktbehaftete, aber durchaus produktiv wirkende Konkurrenzen zwischen den verschiedenen Orientierungsquellen wahrscheinlich werden.

3.3 *Veränderte Umwelt und Anpassungsdramaturgien*

Während die Implementierung der Referenzsysteme noch im Sinne eines Orientierungsangebotes für Prozesse der Schul- und Qualitätsentwicklung gedeutet werden können, also im klassischen Erfahrungshorizont der losen Kopplung daherkommt, wird durch die Kopplung der Referenzrahmen an die Schulinspektion eben diese lose Kopplung aufgelöst und zu einer engen Kopplung auszubauen versucht. Allerdings wird schnell klar, dass die enge Kopplung aus Beobachtung durch Schulinspektion entlang der Kriterien der Referenzrahmen und nachfolgender Zielvereinbarung mit der Schulaufsicht an seine administrativen Grenzen stößt, da eine regelmäßige und wiederkehrende Beobachtung verwaltungstechnisch aufgrund mangelnden Personals kaum zu bewerkstelligen ist. So bleiben der (Schul-)Organisation zahlreiche Verhaltensmöglichkeiten. Eine klassische Form lässt sich mit Schaefers wie folgt beschreiben:

> Organisationen sehen sich seitens ihrer gesellschaftlichen Umwelten konfrontiert mit Erwartungen, Annahmen und Vorstellungen hinsichtlich der legitimen Struktur einer als modern, innovativ, effektiv und natürlich effizient einzustufenden Organisation. Diese rationalen, anerkannten Strukturelemente werden unabhängig von ihrer tatsächlichen Effektivität und Effizienz in die Formalstruktur der Organisation integriert. Die Formalstruktur einer Organisation ist dann weniger orientiert an den Erfordernissen einer effektiven wie effizienten Aufgabenbearbeitung und Problemlösung, sondern spiegelt eben die gegenwärtigen Trends und Moden in der Organisationsgestaltung wieder. Durch die Übernahme dieser ›Rationalitätsmythen‹ in ihre Formalstruktur signalisiert die Organisation ihre Veränderungsbereitschaft und Modernität, ihr Wissen um die gesellschaftlichen Erwartungen und gewinnt darüber Legitimität und Stabilität. (Schaefers 2009, S. 308)

Diese Anpassungsdramaturgie führt im System insgesamt zu einer gewissen Zufriedenheit mit sich selbst, da der Eindruck von Passung und Kohärenz erzeugt wird. Nur wenige Organisationen proben den Aufstand und widersetzen sich offen den neuen Rationalitäten (Schulinspektionsliteratur). Doch es ist vermutlich auch nur eine überschaubare Anzahl an Schulen, die die Reform so ernst nimmt, dass sie nicht mehr hinter diese zurückfallen kann bzw. will.

3.4 Konflikte bleiben weitgehend unter der Oberfläche

Insbesondere der Anspruch, durch Referenzsysteme Schule evidenzorientiert zu reformieren, unterschlägt das der Konfrontation von Meta-Frame und alltagsweltlichen Frames innewohnende Konfliktpotenzial (Berkemeyer 2017a). Bruner (1996; siehe auch Meyer 2009) hat eindrücklich darauf hingewiesen, dass neue Deutungsmuster nicht ohne die alten Deutungsmuster übernommen werden können. Die Akteure können eben nicht einfach eine neue Software aufspielen und fortan evidenzorientiert prozessieren. Dieses Konfliktpotenzial in der Kommunikation mit Schulen, Eltern und auch Teilen der eigenen Administration ist in der Reform kaum bedacht worden und dürfte in besonderer Weise zu den typischen Verhaltensweisen von Organisationen beigetragen haben.

3.5 Modernisierung als Nebeneffekt der Reform

Wenngleich die Reform vor allem auf die Ebene der Einzelschule zielt, so ist ihre Wirkung vermutlich im Bereich der Bildungsadministration deutlich früher und nachhaltiger eingetreten. Im Anschluss an Weber (zitiert nach Meyer, 2009, 299) kann dies als Rationalisierung des Wissens bezeichnet werden. Politisch getragen hat das protegierte evidenzorientierte Wissen zunächst leichtes Spiel, sich in viele relevante Systemabläufe einzunisten und künftig für Selbst- und Fremdbeschreibungen Verwendung zu finden. Damit wird es unmittelbar in die Prozesse und Programme der Bildungsverwaltung eingespeist und kommt hierüber vermittelt an den unterschiedlichsten Stellen in das Gesamtsystem. Der Rationalitätsmythos der »guten Schule« wird somit deutlich häufiger reproduziert als nur im Kontext der spezifischen Reformanstrengung.

4. Referenzsystem für Schulqualität – kritische Anfragen

An dieser Stelle sollen einige kritische Anfragen, die sich auch aus den Überlegungen aus Abschnitt drei ergeben, vorgestellt werden (siehe hierzu auch Berkemeyer 2017b). Die mit den Referenzsystemen forcierte Evidenzorientierung und Verwissenschaftlichung kann sicherlich als bedeutsam für die Modernisierung des Schulsystems gesehen werden. Allerdings fällt auf, dass nur ausgewählte Bereiche der wissenschaftlichen Befunde Eingang in die Referenzsysteme gefunden haben. Neo-institutionalistische Perspektiven auf die Organisation Schule oder auch mit qualitativen Methoden gewonnene Forschungsbefunde werden kaum berücksichtigt, sodass etwaige Konfliktlinien unausgesprochen bleiben und vor allem im Duktus der Machbarkeit und Gestaltbarkeit kommuniziert wird. Dabei wird eine zusätzliche Schwierigkeit womöglich übersehen, die darin besteht, dass Referenzrahmen auf analytischen Modellen der empirischen Schulqualitäts- und Schuleffektivitätsforschung basieren. Dieses Analysemodell wird kommunikativ nun zu einem Handlungsmodell transformiert bzw. zumindest zu einem Meta-Frame für Zwecke des Handelns. Dieser setzt eine Reihe von Zwecken, die weitgehend lose oder gar unverbunden nebeneinanderstehen. Dies könnte als Stärke gedeutet werden, da so die Akteure frei wählen können. In der Tat sollen sie den Referenzrahmen auch nicht wie eine Checkliste abarbeiten, sondern situationsangemessen Ziele auswählen und handelnd verfolgen. Nur wird über die Umsetzung wenig gesagt, sie wird als möglich, als machbar beschrieben, ganz im Sinne einer vergleichsweise einfachen Sozialtechnologie, wenngleich sich fast alle Akteure des Systems einig darüber sind, dass Schule eben nicht allein sozialtechnologisch zu gestalten ist. Schließlich wird betont, dass alle Akteure des Schulsystems für die Qualität von Schule bedeutsam sind, sparen aber konkrete Adressierungen an Akteure aus der Umwelt der Einzelschule aus. Im Grunde ist der Referenzrahmen in den meisten Bundesländern allein auf die Einzelschule und den Unterricht ausgerichtet, ohne dabei die Einbettung der Einzelschule in hierarchische Strukturen und Kräftefelder sowie die jeweiligen Unterstützungsstrukturen hinreichend zu berücksichtigen.

5. Schulqualität oder Schulsystemqualität? Perspektiven der Weiterentwicklung

Im Rahmen einer Arbeitsgruppe unter Leitung des Thüringer Ministeriums für Bildung, Jugend und Sport (TMBJS) wurde der Thüringer Orientierungsrahmen für Schulqualität weiterentwickelt und als Expertise für die weitere Qualitätsarbeit in Thüringen zur Verfügung gestellt. Die Überarbeitung ergab als womöglich wichtigstes Ergebnis, dass der Orientierungsrahmen nun nicht mehr nur die Ebene der Einzelschule adressiert, sondern als Referenzrahmen für Schulsystemqualität entwickelt worden ist, der das gesamte Schulsystem in den Blick nimmt und adressiert. Entsprechend steht der Referenzrahmenentwurf unter dem Motto »Der Thüringer Referenzrahmen für Schulsystemqualität«. Der bisherige thüringische Referenzrahmen Schulqualität entspricht weitgehend solchen Entwürfen, wie sie auch in anderen Bundesländern, etwa in Hessen, vorliegen. Wenngleich mit dem bisherigen Referenzrahmen Schulqualität wesentliche Dimensionen schulischer Qualität sichtbar gemacht werden, so bleibt er in seiner Gesamtheit zugleich bislang noch unverbunden und ohne eine umfassende gesamtsystemische Ausrichtung und zugleich ohne normative Grundlage. Das TMBJS wollte seinerzeit aber deutlicher als bislang ein normatives Gesamtmodell schulsystemischer Qualität als Arbeitsgrundlage für alle Akteure im Schulsystem, also seinen Einzelschulen, Schulleitungen, Lehrkräften, weiterem an Schule tätigen Personal und Mitarbeiterinnen und Mitarbeitern in der

Schuladministration und -aufsicht bereitstellen. Dabei wird der Anspruch verfolgt, theoretisch fundiert zu sein und so einen gemeinsamen Erwartungshorizont für das Thüringer Schulsystem zur Verfügung zu stellen. Ziel der Weiterentwicklung war es, ein Handlungsmodell für das Thüringer Schulsystem insgesamt zu entwickeln. Als übergeordnete Dimensionen wurden vorgeschlagen: 1. Kommunikation, Vertrauen und Anerkennung, 2. Lernendes System, 3. Lernende Schule, 4. Lernende Profession, 5. Wirksames Schulsystem.

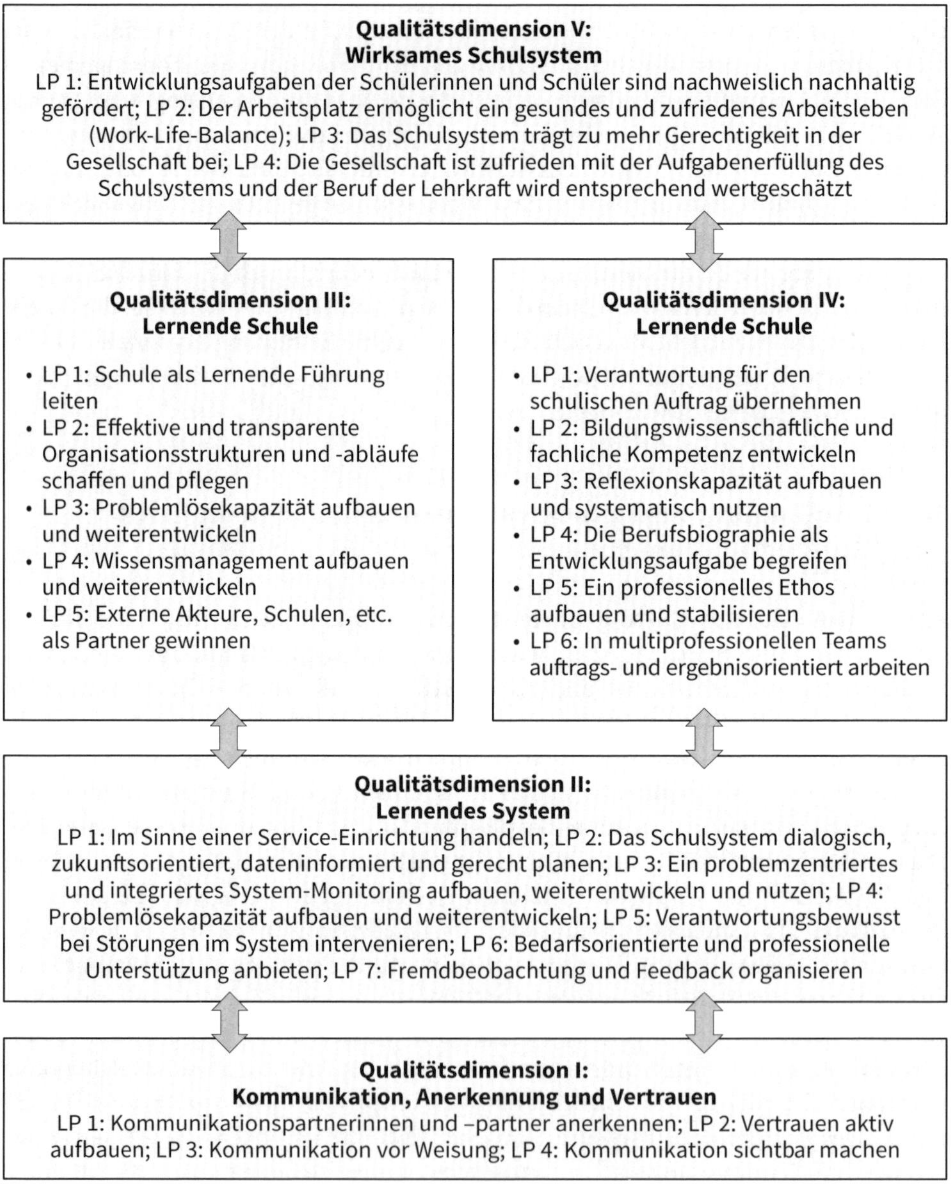

Abb. 4: Ein Referenzrahmen für Schulsystemqualität (eigene Darstellung)

Ohne hier weiter auf die Details einzugehen wird deutlich, dass in diesem Entwurf einige der kritischen Anfragen Berücksichtigung gefunden haben. Andere Problemstellen der Reform dürften aber auch mit diesem Entwurf nicht zwingend gelöst sein. Es bleibt abzuwarten, wie offen und flexibel die Referenzrahmen tatsächlich sein werden und ob es zu einer Reform der Reform kommt. Dies wäre jedenfalls nicht überraschend.

6. Literatur

Berkemeyer, N. (2017a): Anthropologie »Neuer Steuerung«. Ein Essay über implizite und explizite Menschenbilder und deren Potenziale für die Steuerungsforschung im Schulsystem. In: Standop, Jutta/Röhrig, Ernst Daniel/Winkels, Raimund (Hrsg.): Menschenbilder in Schule und Unterricht. Weinheim, Basel: Beltz Juventa, S. 181–194.

Berkemeyer, N. (2017b): Referenzrahmen Schulqualität – einige kritische Anfragen. In: Dobbelstein, Peter/Groot-Wilken, Bernd/Koltermann, Saskia (Hrsg.): Referenzsysteme zur Unterstützung von Schulentwicklung. s.l.: Waxmann, S. 143–157.

Berkemeyer, N./Bos, W./Hermstein, B./Abendroth, S./Semper, I. (2017): Chancenspiegel – eine Zwischenbilanz. Zur Chancengerechtigkeit und Leistungsfähigkeit der deutschen Schulsysteme seit 2002. Gütersloh: Bertelsmann.

Beutel, S.-I./Höhmann, K./Schratz, M./Pant, H. A. (Hrsg.) (2016): Handbuch gute Schule. Sechs Qualitätsbereiche für eine zukunftsweisende Praxis. Seelze: Klett.

Bohl, T./Wacker, A./Harant, M. (2015): Schulpädagogik und Schultheorie. Bad Heilbrunn, Stuttgart: UTB.

Bruner, J. S. (1996): The Culture of Education. Cambridge: Harvard Univ. Press.

Ditton, H. (2016): Der Beitrag von Schule und Lehrern zur Reproduktion von Bildungsungleichheit. In: Becker, R./Lauterbach, W. (Hrsg.): Bildung als Privileg. Erklärungen und Befunde zu den Ursachen der Bildungsungleichheit. Wiesbaden: Springer, S. 281–312.

Dobbelstein, P./Groot-Wilken, B./Koltermann, S. (2017a): Einleitung. In: Dobbelstein, Peter/Groot-Wilken, Bernd/Koltermann, Saskia (Hrsg.): Referenzsysteme zur Unterstützung von Schulentwicklung. s.l.: Waxmann, S. 9–11.

Dobbelstein, P./Groot-Wilken, B./Koltermann, S. (Hrsg.) (2017b): Referenzsysteme zur Unterstützung von Schulentwicklung. s.l.: Waxmann.

Elsing, S./van Ackeren, I. (2017): Orientierungsrahmen zur Schulqualität im nationalen Vergleich. Eine deskriptive Sichtung unter besonderer Berücksichtigung der Wirkungsdimension und ausgewählter internationaler Ansätze. In: Dobbelstein, Peter/Groot-Wilken, Bernd/Koltermann, Saskia (Hrsg.): Referenzsysteme zur Unterstützung von Schulentwicklung. s.l.: Waxmann, S. 35–61.

Hattie, J. (2015): Lernen sichtbar machen. 3. Auflage. Baltmannsweiler: Schneider.

Hessisches Kultusministerium (Hrsg.) (2011): Hessischer Referenzrahmen Schulqualität. Qualitätsbereiche, Qualitätsdimensionen und Qualitätskriterien. Heft 9051.

Hessisches Kultusministerium (Hrsg.) (2012): Schulqualitätsdiskussion in Deutschland – ihre Entwicklung im Überblick.

Koerrenz, R./Berkemeyer, N. (Hrsg.) (2019): System Schule auf dem Prüfstand. Weinheim: Beltz Juventa.

Meyer, H.-D. (2009): Institutionelle Isomorphie und Vielfalt – Zu einer überfälligen Korrektur in der Bildungsforschung. In: Koch, S./Schemmann, M. (Hrsg.): Neo-Institutionalismus in der Erziehungswissenschaft. Wiesbaden: Springer, S. 292–307.

Ministerium für Schule und Weiterbildung des Landes Nordrhein-Westfalen (Hrsg.) (2015): Referenzrahmen Schulqualität NRW. Heft 9051.

Reichenbach, R./Bühler, P. (Hrsg.) (2017): Fragmente zu einer pädagogischen Theorie der Schule. Erziehungswissenschaftliche Perspektiven auf eine Leerstelle. Weinheim, Basel: Beltz Juventa.

Referenzrahmen Schulqualität der Bundesländer. www.bildungsserver.de/Referenzrahmen-Schulqualitaet-10098-de.html (Abruf 21.3.19).

Schaefers, C. (2009): Schule und Organisationstheorie – Forschungserkenntnisse und -fragen aus der Perspektive des soziologischen Neo-Institutionalismus. In: Koch, S./Schemmann, M. (Hrsg.): Neo-Institutionalismus in der Erziehungswissenschaft. Wiesbaden: Springer, S. 308–325.

Steffens, U. (2017): Referenzsysteme zur Schulqualität – ein konzeptioneller Ansatz und seine Ausgestaltung. In: Dobbelstein, Peter/Groot-Wilken, Bernd/Koltermann, Saskia (Hrsg.): Referenzsysteme zur Unterstützung von Schulentwicklung. s.l.: Waxmann, S. 13–33.

Steffens, U./Bargel, T. (1993): Erkundungen zur Qualität von Schule. Neuwied: Luchterhand.

Steffens, U./Bargel, T. (2016): Die Diskussion um Schulqualität – Anfänge, Wege und Erträge des »Arbeitskreises Qualität von Schule«. In: Steffens, Ulrich/Bargel, Tino (Hrsg.): Schulqualität – Bilanz und Perspektiven. Grundlagen der Qualität von Schule 1. Münster, New York: Waxmann, S. 309–348.

Steffens, U./Höfer, D. (2016): Lernen nach Hattie. Wie gelingt guter Unterricht? Weinheim, Basel: Beltz Juventa.

Steffens, U./Maag Merki, K./Fend, H. (2017): Schulgestaltung. Aktuelle Befunde und Perspektiven der Schulqualitäts- und Schulentwicklungsforschung. In: Steffens, U./Fend, H./Maag Merki, K. (Hrsg.): Schulgestaltung. Aktuelle Befunde und Perspektiven der Schulqualitäts- und Schulentwicklungsforschung: Grundlagen der Qualität von Schule 2. Münster: Waxmann, S. 9–28.

Stufflebeam, D. L. (1972): Evaluation als Entscheidungshilfe. In: Wulf, C. (Hrsg.): Evaluation. Beschreibung und Bewertung von Unterricht, Curricula und Schulversuchen. München: Piper & Co, S. 113–145.

V Schulreformen morgen (ab 2018)

Nele McElvany

Integration durch Sprachförderung

1. Einleitung

Die Integration des substantiellen Bevölkerungsanteils mit einem familiären Zuwanderungshintergrund ist eine aktuelle wie auch zukünftige Herausforderung, die mit Blick auf schulpflichtige Kinder auch das deutsche Bildungssystem betrifft (Autorengruppe Bildungsberichterstattung 2016). Neben einem gesellschaftlichen Klima von Offenheit und Toleranz der dabei entstehenden kulturellen Diversität (Berry 1997) gelten für gesellschaftliche Integration ausreichende Sprachkenntnisse in der gemeinsamen Sprache Deutsch als zentral (Esser 2006).

Das deutsche Bildungssystem ist aktuell und zukünftig durch Lernende mit unterschiedlichen Herkunftssprachen in ihren Familien mitgeprägt. Neben dem Aspekt der kulturellen Bereicherung durch diese Vielfalt stellt die Sicherstellung ausreichender Sprachkompetenzen im Deutschen eine Herausforderung für die individuell Betroffenen sowie das Bildungssystem auf allen Ebenen dar. Dabei ist das Erlernen der deutschen Sprache einerseits eine zentrale Grundlage, um im deutschen Bildungssystem erfolgreich sein zu können, und andererseits darüber hinaus ein wichtiger grundsätzlicher Schritt für die Integration von Individuen in die Gesellschaft (Becker-Mrotzek et al. 2016). Wirksame und implementierbare Sprachförderung hat im schulischen Kontext somit eine herausragende Bedeutung für individuelle Lernende und das jeweilige Unterrichtsgeschehen sowie das Bildungssystem und die Gesellschaft als Ganzes.

Im Folgenden wird zunächst auf die Gruppe der *Schülerinnen und Schüler mit familiärer Zuwanderungsgeschichte im deutschen Schulsystem*, die häufig auf Sprachförderung angewiesen sind, eingegangen. Daran anschließend wir die Thematik der *Sprache im Kontext Schule* fokussiert, bevor darauf aufbauend die *Sprachförderung im Kontext Schule* thematisiert wird. Der Beitrag schließt mit einer kurzen Zusammenfassung.

2. Schülerinnen und Schüler mit familiärer Zuwanderungsgeschichte im deutschen Schulsystem

Migrationsbewegungen, wie beispielsweise die Zuwanderung der letzten Jahre nach Deutschland oder die verschiedenen Wellen der Gastarbeiteranwerbung in den Jahrzehnten nach dem Zweiten Weltkrieg, führen zu einem substantiellen und weiter ansteigenden Anteil von Schülerinnen und Schülern mit einer anderen Erst- und Familiensprache als der deutschen Schulsprache. Mehrheitlich leben die Schülerinnen und Schüler mit familiärem Zuwanderungshintergrund bereits seit ihrer Geburt in Deutschland und sprechen beispielsweise aufgrund der Herkunft eines oder beider Elternteile aus einem anderen Land zu Hause häufig eine andere Sprache als Deutsch. Gleichzeitig gibt es aber auch eine Teilgruppe, die selber erst nach Deutschland zugewandert ist. Das Spracherlernen wird dabei vom Bundesamt für Migration und Flüchtlinge (BAMF 2018) neben dem langfristigen Prozess des Ankommens und Einlebens in Deutschland sowie der umfassenden gesellschaftlichen Teilhabe zum beiderseitigen Vorteil als wesentlicher Baustein für Integration definiert. Unabhängig von dem eigenen Geburtsland gilt für viele dieser Kinder und Jugendliche, dass sie in der Folge mehrsprachig aufwachsen. Mehrsprachigkeit kann als Zustand der Beherrschung von zwei (oder mehreren) verschiedenen Sprachen definiert werden (Bialystok 2001), wobei die Erst- oder Muttersprache primär durch innerfamiliale Interaktion erworben und ausgebaut wird (Leseman et al. 2009). Schließlich gibt es auch die, allerdings vergleichsweise kleine, Gruppe der Schülerinnen und Schüler, die im Kontext historisch gewachsener Landesspezifika eine andere Familiensprache als Deutsch aufgrund der Zugehörigkeit zu einer anerkannten Minderheit, die ihre Sprache bewahrt hat (z. B. Friesen, Sorben), sprechen.

Der Bildungsbericht wies bereits 2016 für einen Anteil von 35 Prozent der unter 10-Jährigen einen Zuwanderungshintergrund aus (Autorengruppe Bildungsberichterstattung 2016). Für diese Schülersubgruppe wurden empirisch vielfach im Mittel geringerer Kompetenzen in Kernbereichen (u. a. Lesekompetenz, Mathematik) aufgezeigt und repliziert (z. B. Rjosk et al. 2017; Wendt/Schwippert/Stubbe 2016). Damit einhergehend sind Schülerinnen und Schüler dieser Bevölkerungsgruppe auf höheren Schulformen, insbesondere dem Gymnasium, deutlich unterrepräsentiert und auf niedrigeren Schulformen überrepräsentiert. Diese ungünstigen Muster setzen sich in der Zertifikatsvergabe fort (Autorengruppe Bildungsberichterstattung 2016). Ein wesentlicher Schlüssel, um diesen Herausforderungen zu begegnen, ist das Lernen und die Vermittlung der Verkehrssprache als gemeinsamen Sprache, also des Deutschen (Esser 2006). Einer der zentralen Kontexte, in denen dieser Spracherwerb unterstützt und gefördert werden kann und muss, ist die Institution Schule.

3. Sprache im Kontext Schule

Sprachkompetenzen sind die Grundlage eines erfolgreichen Schulbesuchs und von Bildungsteilhabe. Dabei können zunächst mündliche von schriftlichen Sprachkompetenzen sowie rezeptive von produktiven Sprachkompetenzen unterschieden werden (vgl. Abb. 1).

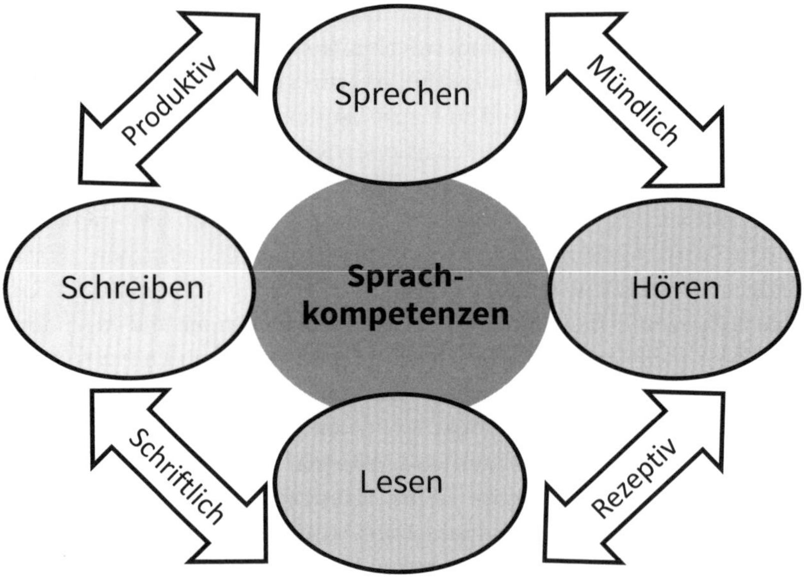

Abb. 1: Übergeordnete Bereiche der Sprachkompetenz (McElvany/Sander 2016)

Des Weiteren sind nach Ehlich, Valtin und Lütke (2012) sechs grundlegende Sprachbereiche zu unterscheiden: die phonologische, pragmatische, semantische, morphologisch-syntaktische, diskursive sowie literale Basisqualifikationen. Darüber hinaus ist die systematische Differenzierung in bildungssprachliche vs. alltagssprachliche Sprachkompetenzen eine konzeptionelle Unterscheidung, die in den letzten Jahren vermehrt Aufmerksamkeit erhalten hat (z. B. Heppt/Henschel/Haag 2016). Dabei wird mit Blick auf die Bildungswege insbesondere der Bildungssprache besondere Bedeutung für Lernprozesse im schulischen Kontext und Bildungserfolg insgesamt zugeschrieben (z. B. Nagy/Townsend 2012; Schleppgerell 2004; s. auch Unterscheidung von *Basic Interpersonal Communication Skills* [BICS] und *Cognitive Academic Language Proficiency* [CALP] bei Cummins 1986). So konnten Schuth und Weinert (2017) für Grundschülerinnen und -schüler zeigen, dass der Bildungswortschatz auch nach Kontrolle des Alltagswortschatzes noch ein bedeutsamer Prädiktor für Schulleistung in verschiedenen Fächern war.

Um eine Grundlage zur Untersuchung von alltags- und bildungssprachlichen Kompetenzen in Bezug auf Stand, Entwicklung und Förderung zu schaffen, wurde im Rahmen des Projektes FALKE (FALKE 2019) aus der umfangreichen Literatur eine Definition von bildungssprachlichem Wortschatz abgeleitet, auf deren Basis eine Operationalisierung und Einordnung von Wortschatz möglich ist. Im Rahmen dieser Konzeption werden vier übergeordnete Kategorien unterschieden, denen jeweils zwischen drei und fünf Subkategorien untergeordnet sind (s. Tab. 1). Eine Oberkategorie wird als erfüllt angesehen, wenn bei einem Wort mindestens die Hälfte der Subkategorien gegeben ist. Wenn in Folge insgesamt mindestens drei der vier Oberkategorien erfüllt sind, wird ein Wort als Bildungswortschatz eingeordnet.

Oberkategorien	Allgemeine Merkmale	Verwendungsorte	Linguistische Merkmale	Funktion
Subkategorien	• Domänenspezifische Bedeutung (verschiedene Definitionen je nach Fachgebiet) • Selten • Schwierig, kognitiv anspruchsvoll, dichte Informationen • Kommt mitunter in Alltagssituationen vor	• Schule/Lehr-Lern-Prozesse • Fachkontexte • Schriftsprachlich orientiert • Fachübergreifender Schulkontext • Fachspezifischer Schulkontext	• Komplexere Lexik, höhere morphologische Komplexität, Nominalisierungen, Nominalphrasen, Präpositionalgefüge, Passivkonstruktionen • Lange Wörter, mehrsilbig, abstrakte, manchmal mehrdeutige Wörter, präziser als in Alltagssprache • Fremdsprachlicher Ursprung	• Nötig für Wissensaneignung/ -nutzung, Leistung • Beschreibung abstrakter Ideen, Verständnis von Konzepten • Akademische Diskurse

Tab. 1: Übersicht Definitorische Merkmale Bildungswortschatz

Die bisherigen Befunde zu im Mittel geringen Sprachkompetenzen von Lernenden mit familiärem Zuwanderungshintergrund konnten in einer aktuellen Studie hinsichtlich des Wortschatzes näher ausdifferenziert werden. Dabei wurde für N = 107 Grundschulkinder zunächst systematisch das Vorliegen von Kompetenzunterschieden im Alltags- und Bildungswortschatz sowie in der Lesekompetenz bei Sachtexten und narrativen Texten zwischen Kindern mit deutscher beziehungsweise mit (auch) einer anderen Familiensprache untersucht. Die empirischen Analysen identifizierten differenzielle Unterschiede beim Alltagswortschatz und in der Lesekompetenz bei narrativen Texten zu Ungunsten von Kindern mit (auch) einer anderen Familiensprache (Schlitter/McElvany 2017). Wenn diese Befunde in größeren Stichproben für Kinder unterschiedlicher Klassenstufen repliziert werden, könnten hieraus spezifische Förderziele abgeleitet werden.

4. Sprachförderung im Kontext Schule

Sprachförderung im schulischen Kontext ist zum einen für die Kinder und Jugendlichen relevant, die zu Hause eine andere Familiensprache als Deutsch sprechen und Deutsch als Zweit- oder Drittsprache gelernt haben beziehungsweise lernen. Zum anderen gibt es darüber hinaus auch einen substantiellen Anteil von Schülerinnen und Schülern, die trotz einer deutschen Familiensprache Sprachförderbedarf aufweisen. Es ist anzunehmen, dass dieser Förderbedarf insbesondere die Bildungssprache betrifft, teilweise aber auch die Alltagssprache.

Schulische Sprachförderung kann dabei explizit und damit intentional (z. B. Vokabellernen, Grammatikübungen) oder implizit (z. B. Erschließen von bisher individuell nicht bekannter Bedeutung aus dem Kontext eines Lesetexts) erfolgen (USDOE 2012). Neben gezielter Förderung erfolgt ein wesentlicher Teil der Entwicklung von Sprachkompetenzen inzidentiell. So wird Wortschatz beispielsweise durch die Verwendung von neuen Wörtern im mündlichen Unterricht oder durch das Lesen von Texten erworben. Weitere Unterscheidungen betreffen das Lernsetting, das innerhalb des regulären Fachunterrichts liegen kann (integrierte Förderung) oder auf zusätzliche, additive Sprachförderung außerhalb des regulären Unterrichts (parallel zum Unterricht, in ergänzenden Stunden oder eigenen institutionelle Formen wie z. B. Willkommensklassen) (s. bzgl. Konzepten für aktuell zugewanderte Lernende Massumi et al. 2015). Insgesamt hat in den letzten Jahren eine deutliche Sensibilisierung dahingehend stattgefunden, dass Sprachförderung Aufgabe aller Fächer ist. So sieht beispielsweise der seit dem Schuljahr 2017/2018 für Berlin und Brandenburg geltende neue Rahmenlehrplan ein Basiscurriculum Sprachbildung und somit die Verpflichtung »Durchgängige Sprachbildung« in den Unterricht aller Fächer zu integrieren vor (Senatsverwaltung für Bildung Jugend und Familie 2019).

Aktuell vereinbarten im Oktober 2012 das Bundesministerium für Bildung und Forschung (BMBF), das Bundesministerium für Familie, Senioren, Frauen und Jugend (BMFSFJ), die Ständige Konferenz der Kultusminister der Länder in der Bundesrepublik Deutschland (KMK) und die Jugend- und Familienministerkonferenz der Länder (JFMK) mit dem Ziel, die Sprachförderung, die Sprachdiagnostik und die Leseförderung zu verbessern, die gemeinsame Initiative »Bildung durch Sprache und Schrift« (BISS)[34]. Die wissenschaftliche Ausgestaltung und Gesamtkoordination von BiSS als Forschungs- und Entwicklungsprogramm obliegt einem Trägerkonsortium aus dem Mercator-Institut für Sprachförderung und Deutsch als Zweitsprache der Universität zu Köln, dem Deutschen Institut für Internationale Pädagogische Forschung (DIPF) und der Humboldt-Universität zu Berlin in Kooperation mit dem Institut zur Qualitätsentwicklung im Bildungswesen (IQB). Übergeordnetes Ziel der Initiative ist es, die Angebote zur Sprachförderung, Sprachdiagnostik und Leseförderung der Bundesländer in den drei Bildungsetappen des Elementar-, Primar- und Sekundarbereichs in Bezug auf ihre Wirksamkeit und Effizienz wissenschaftlich zu überprüfen und weiterzuentwickeln. Dazu werden sechs Handlungsfelder verfolgt. Die Aktivitäten der mehr als 600 Bildungseinrichtungen (Kindergärten, Schulen, weitere Bildungspartner), die in 102 Verbünden zusammenarbeiten, sind auf Module konzentriert. Insgesamt wurden (1) 15 inhaltliche Module verteilt auf die drei Bildungsetappen definiert. Weitere zentrale Elemente des Programms sind (2) Tools (auf einer Internet-Plattform bereitgestellte Materialien zu den Diagnose- und Förderkonzepten), (3) Fortbildung und Weiterqualifizierung des teilnehmenden pädagogischen Personals, (4) Beratung, (5) Entwicklungsprojekte und (6) Evaluation.

---

34 Die Darstellung des BiSS-Programms ist aus McElvany et al. (2018) übernommen.

Schlitter und Team (2019) untersuchten vor diesem Hintergrund als Teil des letzten Elements, der Evaluation, die Wirksamkeit von *Bildung durch Sprache und Schrift* (BiSS) für den Bereich der Leseförderung am Ende der Grundschulzeit. Dabei wurden Schulen in Verbünden, die in Modul 3 (Diagnose und Förderung der Leseflüssigkeit und ihrer Voraussetzungen) und Modul 4 (Diagnose und Förderung des Leseverständnisses) im Primarbereich tätig sind, über einen Zeitraum von drei Jahren wissenschaftlich begleitet. Mit einem längsschnittlichen quasiexperimentellen Kontrollgruppendesign wurde auf der Basis von Daten aus 59 vierten Klassen (N = 1032) der Frage der Wirksamkeit anhand von Strukturgleichungsmodellen für die Gesamtgruppe und relevante Schülersubgruppen nachgegangen. Als Ergebnis zeigten sich allerdings auch unter Berücksichtigung zentraler Kontrollvariablen keine Vorteile der schulischen BiSS-Teilnahme in Leseverständnis, Leseflüssigkeit und kompetentem Umgang mit Wortschatz im Vergleich zu der Kontrollgruppe (vgl. auch Schwabe et al. in Vorb., für ähnliche Befunde im Bereich Motivation).

Zu der Frage, wie die substantiellen Unterschiede in den mittleren Sprachkompetenzen zwischen Schülersubgruppen zustande kommen beziehungsweise weshalb es nicht besser gelingt, durch eine kompensatorische Entwicklung Sprachstände anzugleichen, gibt es unterschiedliche Begründungsansätze. Neben der Konfundierung des familiären Zuwanderungshintergrunds mit einer im Mittel geringeren sozioökonomischen Stellung der Familien, anderen Bildungshintergründen der Eltern, einer möglichen institutionellen Diskriminierung oder fehlenden Gesamtkonzepten für wirksame und implementierbare Sprachförderung in Schulen gibt es auch Überlegungen, dass psychologische Mechanismen die deutsche Sprachkompetenzentwicklung von Kindern mit anderer Familiensprache behindern. So untersuchten Sander und Team (2017) Stereotypenbedrohung als eine mögliche Ursache für einen geringeren Wortschatzzuwachs. In der Studie wurden N = 118 Kinder mit sprachlichem Migrationshintergrund aus 18 Grundschulklassen der vierten Jahrgangsstufe randomisiert einer expliziten, einer impliziten oder keiner Stereotypenbedrohung ausgesetzt und sollten im Anschluss durch das Lesen zweier Lesetexte neue Wörter erlernen. Die Ergebnisse zeigten, dass der Wortschatzzuwachs in den beiden Bedrohungsbedingungen, insbesondere in der expliziten Bedingung, geringer war als in der Kontrollgruppe. Demnach verbesserten Kinder ihre Sprachkompetenzen in einer Lernsituation weniger, wenn in dieser ihre Zugehörigkeit zur Gruppe der Schülerinnen und Schüler mit nicht deutscher Familiensprache explizit oder implizit thematisiert wurde (vgl. auch Matiny et al. 2014). Eine umfassendere Untersuchung der Mediatoren sowie der Moderatoren dieses Effekts auf Ebene der Lernenden oder Lehrenden bildet ein weiteres Forschungsdesiderat.

5. Diskussion

Sprachliche Kompetenzen sind als notwendige Schlüsselqualifikation für schulisches Lernen, Berufsausbildung und -ausübung sowie gesellschaftliche Teilhabe zu sehen

(Becker-Mrotzek et al. 2016). Bisherige Forschungsbefunde zeigen einerseits insgesamt für viele Schülerinnen und Schüler im deutschen Bildungssystem Förderbedarf im Bereich Sprache auf. Andererseits identifizieren sie konkrete Schülersubgruppen innerhalb derer Lernende im Mittel besondere Sprachförderbedarfe haben. Hierzu gehören nicht nur, aber insbesondere auch, Kinder und Jugendliche mit einem familiären Zuwanderungshintergrund.

Um umfassendere Erkenntnisse über die Entwicklung insgesamt, für spezifische Schülersubgruppen und in Abhängigkeit von unterschiedlichen Ausgangsbedingungen zu erhalten, sind in diesem Bereich vermehrt längsschnittliche Studien in Deutschland notwendig. Diese sollten stärker als bisher auch die konzeptuelle Unterscheidung in Alltags- und Bildungssprache in der empirischen Umsetzung berücksichtigen, was den Bedarf an entsprechenden Testinstrumenten für verschiedene Altersgruppen und Sprachbereiche unterstreicht.

Eine Voraussetzung für wirksame und bedarfsgerechte Förderung ist eine adäquate Diagnostik von Sprachkompetenzen vor, während und nach der Förderung. Entsprechende Instrumente für verschiedene Altersgruppen und Sprachkompetenzbereiche bereitzustellen und in der Fläche abgestimmt einzusetzen ist eine gemeinsame Aufgabe von Bildungsforschung, Bildungspraxis und Bildungspolitik, um somit die Grundlage für Integration durch Sprachförderung zu legen.

Der schulischen Praxis fehlen an vielen Stellen noch als wirksam evaluierte Sprachförderkonzepte, die mit den vorhandenen oder mit durch die Bildungspolitik zusätzlich bereitgestellten Ressourcen im schulischen Alltag implementiert werden können. Die durchgängige Sprachbildung in allen Fächern ist aktuell in der Fächerkultur und zwischen den Schulformen unterschiedlich weit entwickelt. Zur Unterstützung der Integration sind für eine adäquate Sprachförderung und -diagnostik neben der Konzept- und Materialentwicklung Lehrkraftaus- und -weiterbildung wichtige Ansatzpunkte für Forschung und Praxis.

6. Literatur

Autorengruppe Bildungsberichterstattung (2016): Bildung in Deutschland 2016. Bielefeld: Bertelsmann.

Becker-Mrotzek, M./Hasselhorn, M./Roth, H.-J./Stanat, P. (2016): Die Bund-Länder Initiative »Bildung durch Sprache und Schrift (BISS)«. In: Psychologie in Erziehung und Unterricht 63, H. 1, S. 75–77.

Berry, J. W. (1997): Immigration, acculturation and adaption. In: Applied Psychology: An International Review 46, H. 1, S. 5–68.

Bialystok, E. (2001): Bilingualism in development. Language, literacy, and cognition. Cambridge: Cambridge University Press.

Bundesamt für Migration und Flüchtlinge (BAMF) (2018): Integration. www.bamf.de/DE/Service/Left/Glossary/_function/glossar.html?lv3=1504494&lv2=5831826.

Cummins, J. (1986): Language proficiency and academic achievement. In: Cummins, J./Swain, M. (Hrsg.): Bilingualism in education: aspects of theory, research and practice. London: Longman, S. 138–161.

Ehlich, K./Valtin, R./Lütke, B. (2012): Expertise »Erfolgreiche Sprachförderung unter Berücksichtigung der besonderen Situation Berlins«. https://digital.zlb.de/viewer/resolver?urn=urn:nbn:de:kobv:109-opus-170180.
Esser, H. (2006): Sprache und Integration. Die sozialen Bedingungen und Folgen des Spracherwerbs von Migranten. Frankfurt am Main: Campus.
FALKE (2019): Faire und adaptive Lesekompetenzdiagnose. www.ifs.tu-dortmund.de/cms/de/Forschung/Gesamtliste-Laufende-Projekte/Falke.html (Abruf 13.2.2019).
Heppt, B./Henschel, S./Haag, N. (2016): Everyday and academic language comprehension: Investigating their relationships with school success and challenges for language minority learners. In: Learning and Individual Differences, 47, S. 244-251.
Leseman, P.P.M./Scheel, A. F./Mayo, A. Y./Messer, M. H. (2009): Bilingual development in early childhood and the languages used at home: competition for scarce resources? In: Gogolin I./Neumann U (Hrsg.): Streitfall Zweisprachigkeit – The Bilingualism Controversy. Wiesbaden: Springer VS, S. 289–316.
Martiny, S. E./Mok, S. Y./Deaux, K./Froehlich, L. (2014): Effects of activating negative stereotypes about Turkish-origin students on performance and identity management in German high schools. In: International Review of Social Psychology 27, H. 3/4, S. 205–225.
Massumi, M./ von Dewitz, N./Grießbach, J./Terhart, H./Wagner, K./Hippmann, K./Becker-Mrotzek, M./Roth, H.-J. (2015): Neu zugewanderte Kinder und Jugendliche im deutschen Schulsystem. Bestandsaufnahme und Empfehlungen. Köln: Mercator Institut für Sprachförderung und Deutsch als Zweitsprache.
McElvany, N./Köller, O./Ohle-Peters, A./Igler, I./Schlitter, T./Asseburg, R. e. a. (2018): Evaluation der Leseförderung im Rahmen von »Bildung durch Sprache und Schrift (BiSS)«. In: Schwabe, F./McElvany, N./Bos, W./Holtappels, H. G. (Hrsg.): Jahrbuch der Schulentwicklung, Band 20. Schule und Unterricht in gesellschaftlicher Heterogenität. Weinheim: Beltz Juventa, S. 258–280.
McElvany, N./Sander, A. (2016): Befunde zur effektiven Sprachförderung im Kontext von Mehrsprachigkeit. Vortrag auf dem 1. IFS-Bildungsdialog. Dortmund.
Nagy, W./Townsend, D. (2012): Words as tools. Learning academic vocabulary as language acquisition. In: Reading Research Quarterly 47, H. 1, S. 91–108.
Rjosk, C./Haag, N./Heppt, B./Stanat, P. (2017): Zuwanderungsbezogene Disparitäten. In: Stanat, P./Schipolowski, S./Rjosk, C./Weirich, S./Haag, N. (Hrsg.): IQB-Bildungstrend 2016. Kompetenzen in den Fächern Deutsch und Mathematik am Ende der 4. Jahrgangsstufe im zweiten Ländervergleich. Münster: Waxmann, S. 237–275.
Sander, A./Ohle, A./McElvany, N./Zander, L./Hannover, B. (2018): Stereotypenbedrohung als Ursache für geringeren Wortschatzzuwachs bei Grundschulkindern mit Migrationshintergrund. In: Zeitschrift für Erziehungswissenschaft 21, H. 1, S. 177–197.
Schleppgerell, M. (2004): The language of schooling: A functional linguistics perspective. Mahwah, N.J: Lawrence Erlbaum Associates.
Schlitter, T./McElvany, N. (2017): Zur prädiktiven Relevanz des Alltags- und Bildungswortschatzes für die Lesekompetenz nach Textgenre – Analysen für Lernende mit deutscher und anderer Familiensprache. In: Empirische Pädagogik 31, H. 4, S. 390–410.
Schlitter, T./Schwabe, F./Igler, J./Ohle-Peters, A./Teerling, A./Köller, O./McElvany, N. (2019): Zur Effektivität strukturierter Leseförderung: Evaluation der Bund-Länder-Initiative Bildung durch Sprache und Schrift (BiSS) im Primarbereich. Manuskript eingereicht zur Publikation.
Schuth, E./Köhne, J./Weinert, S. (2017): The influence of academic vocabulary knowledge on school performance. In: Learning and Instruction 49, S. 157–165.
Schwabe, F./Schlitter, T./Igler, J./Ohle-Peters, A./Teerling, A./Köller, O./McElvany, N. (2019): Zur Entwicklung der Lesemotivation unter der Bedingung einer bundesweit koordinierten Leseförderung. Manuskript eingereicht zur Publikation.
Senatsverwaltung für Bildung Jugend und Familie (2019). Rahmenlehrpläne. www.berlin.de/sen/bildung/unterricht/faecher-rahmenlehrplaene/rahmenlehrplaene/.

USDOE: U.S. Department of Education; Office of Planning, Evaluation and Policy Development; Policy and Program Studies Service (2012): Language Instruction Educational Programs (LIEPs): A Review of the foundational literature. Washington, D.C.

Wendt, H./Schwippert, K./Stubbe, T. (2016): Mathematische und naturwissenschaftliche Kompetenzen von Schülerinnen und Schülern mit Migrationshintergrund. In: Wendt, H./Bos, W./Selter, C./Köller, O./Schwippert, K./Kasper, D. (Hrsg.): TIMSS 2015. Mathematische und naturwissenschaftliche Kompetenzen von Grundschulkindern in Deutschland. Münster: Waxmann, S. 317–332.

Birgit Eickelmann und Kerstin Drossel

Digitalisierung im deutschen Bildungssystem im Kontext des Schulreformdiskurses

1. Zur Entwicklung der Digitalisierung im deutschen Bildungssystem als Schulreform

Schaut man auf die letzten Jahrzehnte der Entwicklung von Schule in Deutschland zurück, so wurden schulische Bildungsreformen im Kontext der Digitalisierung vor allem dann wahrgenommen, wenn diese in sprachlich zugespitzter Weise als Revolutionen bezeichnet wurden. Damit geht vielfach das Verständnis einher, dass die Transformationsprozesse im Zuge der Digitalisierung einen tief greifenden Wandel im Schulbereich erfordern, der in radikaler Weise Veränderungen der bestehenden schulischen Praxis sowie das bildungspolitische und gesellschaftliche Verhältnis zu den Aufgaben von Schule umfasst. Diese Beschreibung von Schulreformen im Kontext der Digitalisierung ist eng mit dem Gedanken verknüpft, dass die Digitalisierung selbst als vierte industrielle Revolution bezeichnet wird. Dies unterstreicht in einer erweiterten Argumentationslinie das soziologisch geprägte Verständnis über den Einfluss der Entwicklung von Kommunikationsmedien auf Gesellschaftsstrukturen (Baecker 2007). In diesem Ansatz verändert die Einführung des Computers die Gesellschaft so umfassend, wie zuvor nur die Entwicklung der sprachlichen Kommunikation, die Entwicklung der Schrift sowie die Erfindung des Buchdrucks (Döbeli Honegger 2016). Damit verbunden ist ein allmählicher Leitmedienwechsel – vom Buch zum Computer –, welcher mit Blick auf die tradierten Strukturen von Schulen durchaus mit einer Revolution gleichgesetzt werden kann.

In dem Diskurs um schulische Reformen und Bildung im Zeitalter der neuen Technologien spricht Rolff (1988) bereits Ende der 1980er Jahre von einer »Medienrevolution« (Rolff 1988, S. 67), die unter der Prämisse, dass der technologische Wandel fast alle Lebensbereiche erfasse, eine Neubestimmung des schulischen Bildungsauftrages zur Konsequenz habe, in dessen Kern alle Schulstufen und -formen sowie alle Fächer und Lernfelder aufgerufen seien, diese Medienrevolution aus ihrem jeweiligen Blickfeld aufzugreifen und zu thematisieren. Während Rolffs Ansatz in der Breite alle Fächer anspricht – ein Verständnis, das aktuell und damit mehr als 30 Jahre später nach und nach zu greifen scheint – bereitet Papert mit seinen Arbeiten die Diskussion um kindgerechtes Programmieren vor, die u. a. in der Entwicklung einer visuellen Programmiersprache für Kinder und die Programmierung von Spielerobotern mündet. Auch Papert (1994) fordert eine Revolution des Lernens. Er entwickelt vor dem Hintergrund der technologischen Entwicklungen in Anlehnung an den Konstruktivismus den Ansatz des Konstruktionismus, in dem die Methode des Konstruierens im Vordergrund steht, bei dem die Schülerinnen und Schüler einem Computer statt Menschen Konzepte, Inhalte und Prozesse »erklären« können sollen (Döbeli Honegger 2016, S. 93). In der Konsequenz seines Ansatzes sollen sich alle an Erziehung und Schule Beteiligten mit der durch neue Technologien bedingten und ermöglichten Revolution des Lernens auseinandersetzen.

Auch in der Folgezeit und der aktuellen bildungspolitischen Diskussion findet sich der Begriff der Revolution im Zusammenhang mit den Entwicklungen wieder. Allerdings zeigen Ergebnisse aus verschiedenen Studien, vor allem auch aus der IEA-Studie ICILS 2013 (International Computer and Information Literacy Study; Bos et al. 2014), dass die in Deutschland bisher überwiegend technologiegetriebenen Veränderungsprozesse nicht zu umfassenden Schulreformen führen. Dies lässt sich neben anderen Indikatoren, wie schulischer Prioritätensetzung und der Lehrerfortbildung, vor allem anhand der im internationalen Vergleich weit unterdurchschnittlichen Nutzung digitaler Medien im Unterricht sowohl durch Schülerinnen und Schüler als auch durch Lehrpersonen festmachen (Eickelmann et al. 2014a). Die Verwendung des Begriffs Revolution im Kontext der sogenannten Digitalisierung von Schule findet jedoch unverändert Verwendung (Dräger/Müller-Eiselt 2015). Im Vordergrund steht hier – mit hohem Aufforderungscharakter – der Hinweis auf die Unabdingbarkeit einer Bildungsrevolution und die Notwendigkeit einer aktiven Mitgestaltung einer zukunftsfähigen Schule durch schulische Akteure auf allen Ebenen des Schulsystems, auch unter den Aspekten von Chancengerechtigkeit, internationaler Anschlussfähigkeit und der zunehmenden Relevanz des Verstehens und Nutzens von Algorithmen. In der Argumentation werden gesellschaftliche und technologische Veränderungen als so umfassend beschrieben, dass die Unabdingbarkeit der Veränderung schulischen Lernens nur durch eine umfassende Schulreform überhaupt zu bewältigen zu sein scheint (Fugmann, 2019). Die beschriebenen und weiteren Verwendungen des Begriffes Revolution beziehen sich im Kontext der Digitalisierung von Schule in der Regel jedoch nicht auf die Beschreibung von in der Breite auftretenden tatsächlichen Veränderungsprozessen. Vielmehr deuten sie nachdrücklich auf die Notwendigkeit der Veränderung von Schule und Unterricht hin, die – zumindest in Deutschland – lange Jahre nicht von tatsächlichen Schulreformen begleitet wurden. Zu wenig Beachtung fanden bisher Konzepte, die Schule als Mehrebenensystem in der Interdependenz von Pädagogik, Technik und Systemänderungen verstehen, wie sie etwa Fullan (2012) vorlegt. In seinem Ansatz beschreibt er, wie Technologien sinnstiftend in das Lehren und Lernen integriert werden können und sich positiv auf Unterrichts- und Schulentwicklung auswirken, wenn weniger nur auf Lerninhalte fokussiert wird als vielmehr auf pädagogische Neuerung und ein neues Lernen, das (1) unwiderstehlich für Schülerinnen und Schüler sowie für Lehrerinnen und Lehrer ist, das (2) einfach aufzugreifen und elegant in der Umsetzung ist, das (3) einen allgegenwärtigen, Rund-um-die-Uhr-Zugang zu Technologien berücksichtigt und zudem (4) ein- und angebunden in/an alltagsrelevante Problemlöseprozesse ist. Gleichwohl verweist er, wie auch andere Autorinnen und Autoren, darauf, dass die Geschwindigkeit bisheriger schulischer Reformen nicht mit der Geschwindigkeit der Digitalisierung standhalten kann. Eickelmann (2018a) identifiziert hier eine mit der Digitalisierung verbundene, nicht aufzulösende Dilemma-Situation, für die es sich empfiehlt, sie in zukünftigen Schulreformen vielmehr zu berücksichtigen als sie als Begründung anzuführen, schulische Reformen zu zurückhaltend anzugehen und diese damit zusätzlich zu entschleunigen.

Ausgehend von diesen Vorüberlegungen und unter Berücksichtigung aktueller nationaler und internationaler Entwicklungen wird im Folgenden zunächst der Versuch unternommen, systematisch die Phasen und treibenden Kräfte schulischer Reformansätze im Kontext der sogenannten Digitalisierung von Schulen zu beschreiben und zu analysieren. Diese beziehen sich auf technologische, gesellschaftliche und bildungspolitische Entwicklungen. Auf dieser Grundlage und unter Hinzunahme von relevanten Forschungsbefunden der letzten Jahre wird – sowohl als Orientierung für zukünftige Schulreformen im Zuge der digitalen gesellschaftlichen Transformationsprozesse als auch für Veränderungsprozesse auf Einzelschulebene – ein Schulqualitätsmodell entwickelt, das die Grundlage für eine tragfähige und vor allem zukunftsfähige Schulreform im Zuge der Digitalisierung bilden könnte. Damit ist die Idee verbunden, schulische Reformen im Zuge der Digitalisierung stärker als bisher im Kontext von Schulentwicklung und Schulqualität zu betrachten und hierdurch eine Grundlage für nachhaltige Veränderungsprozesse zu schaffen.

2. Schulreformen und Digitalisierung – treibende Kräfte und Reformphasen auf Systemebene

Während in den Diskussionen im Kontext des Schulreformdiskurses vielfach die technologischen und oft auch wirtschaftlich-gesellschaftlichen Entwicklungen im Fokus standen und stehen, griff die wissenschaftlich-pädagogische Diskussion und Perspektive auf Schule schon früh die Möglichkeiten zur Veränderung der Lern- und Schulkultur, auch unter der Perspektive der Entwicklung von Einzelschulen und damit der Schulentwicklung, auf (Schulz-Zander 2001). In der Zusammenschau bisheriger Schulreformprozesse der letzten mittlerweile mehr als fünf Jahrzehnte der derzeit sogenannten Digitalisierung von Schule und Unterricht können im Kern drei treibende Kräfte ausgemacht werden (Eickelmann 2018a; Eickelmann 2018b), die im unterschiedlichen Maße zu unterschiedlichen Phasen und Zeiten mit Schulreformen im Kontext der Digitalisierung verbunden sind und sich oftmals auch gegenseitig bedingen bzw. nicht immer trennscharf auseinander zu halten sind.

2.1 Technologische Entwicklungen als treibende Kraft für Schulreformen im Kontext der Digitalisierung

Bereits seit den 1960er Jahren gingen mit den rasanten technologischen Entwicklungen immer auch neue Möglichkeiten für das Lehren und Lernen einher. Der Fokus lag hierbei vielfach auf der Zielsetzung, durch digitale Medien fachliche und überfachliche Lehr- und Lernprozesse zu verbessern sowie schulische Lernkultur insgesamt zu modernisieren – Zielsetzungen, die noch heute im Fokus stehen (Eickelmann/Gerick 2017). Hervorzuheben sind in der Anfangszeit insbesondere die Erprobungen und Versuche computergestützten Unterrichts in den 1970er Jahren (Artl 1978). Beispielsweise wurden Selbstlernzentren etabliert, die auf der Basis von Mini-Computern neue Lernwege eröffnen sollten. Aufgrund leistungsschwacher Hardware, hoher Kosten bei der Softwareentwicklung und mangelnder Benutzerfreundlichkeit der entwickelten Systeme blieben die Entwicklungen aber hinter ihren Erwartungen zurück. Ebenfalls in den 1970er Jahren wurden darüber hinaus Versuche unternommen, Computer im Fachunterricht einzusetzen, wobei die Ansätze überwiegend von einem eher behavioristischen Paradigma geprägt waren und sich daher auch pädagogisch nicht durchsetzen konnten. Nach den Entwicklungen von ersten Multimedia-Anwendungen in den 1980er Jahren und vor allem in den 1990er Jahren erhielten Schulen schließlich in den 1990er Jahren erstmals Zugang zum World Wide Web. Hieraus ergaben sich neue Möglichkeiten, Computer und Internet als Unterrichtsmedien fächerintegrativ zu nutzen. Praktisch zeitgleich zur Einführung des kommerziellen Internets verbreiteten sich auch Anfang der 1990er Jahre mobile und tragbare Geräte wie Notebooks und Laptops in Deutschland, die orts- und zeitunabhängig eingesetzt werden konnten und international Anfang der 2000er Jahre und in Deutschland ab etwa Mitte der 2010er Jahre schließlich mit großen Ausstattungsprogrammen in die Schulen kamen (Schaumburg et al. 2007; Warschauer 2006). In der Folgezeit machte vor allem die Schulforschung auf die durch schnelle Entwicklungen bezogene »explosion of IT tools and resources« (Cox 2008, S. 965) aufmerksam. Diese zeigte einerseits die Langsamkeit des Bildungssystems in der Adaption von technologischen Möglichkeiten auf. Andererseits erschwerte die Geschwindigkeit der Entwicklung die Erprobung und Erforschung der Lerntauglichkeit und Lernwirksamkeit. Mit der Einführung smarter Endgeräte wie Smartphones und Tablets erweiterten sich schließlich die Nutzungsmöglichkeiten des mobilen Lernens für schulische Lehr- und Lernprozesse, die mittlerweile weit über die Nutzungsmöglichkeiten in der Anfangsphase des mobilen Lernens hinausgehen (Bastian/Aufenanger 2017; Drossel/Eickelmann 2018) und einen »Boom im Bildungsbereich« ausgelöst haben (Bastian/Aufenanger 2017, S. 1). Diese bilden in der Idee der unvermeidlichen Nutzung der Potenziale persönlicher Endgeräte (Döbeli Honegger 2016) nach jetziger Auffassung die Zukunft schulischen Lernens mit Technologien, zumal sie über die Vernetzungsmöglichkeiten die Grundlage für eine lernförderliche Nutzung digitaler Schulbücher, von Lernplattformen und -clouds (Eickelmann 2017a) und damit von neuen Lernarrangements (Fugmann 2017) im Kontext personalisierten Lernens legen (Petko et al. 2017). Wenngleich auch zukünftig nicht davon auszugehen ist, dass angestrebt wird, dass die Technologien Lehrerinnen und Lehrer ersetzen (Cress/Renner 2018), werden zukünftig verstärkt intelligente maschinelle Lernsysteme in die Diskussion um die Veränderung von Schule und schulischem Lernen unter den Bedingungen technologischer Entwicklungen einzubeziehen sein, die kurz unter dem Schlagwort der Nutzung von

KI (Künstlicher Intelligenz) zusammengefasst werden und schon jetzt in Ansätzen genutzt werden, um beispielsweise Schülerinnen und Schülern individuell auf sie zugeschnittene, sogenannte adaptive Lernangebote zu unterbreiten, indem Schülerergebnisse maschinell mit Hilfe von Algorithmen analysiert und ausgewertet und in neue Lernaufgaben transformiert werden. Die Grundlage dafür bilden Systeme, die im Sinne von Learning Analytics große Datenmengen verarbeiten und in Echtzeit den Leistungsstand einer Lerngruppe und eines individuellen Lernenden verarbeiten (Webb/Ifenthaler 2018). In der Zusammenschau aller bisherigen Entwicklungen im Schulbereich in den letzten Jahrzehnten kann insgesamt ausgemacht werden, dass die technologischen Entwicklungen durchaus Einfluss auf das Lehren und Lernen genommen haben, jedoch nicht aus eigener Kraft zu wirklich umfassenden und nachhaltigen Schulreformen geführt haben.

2.2 Gesellschaftliche Veränderungen als treibende Kraft für Schulreformen im Kontext der Digitalisierung

Die gesellschaftlichen Veränderungen und damit verbunden die Veränderung aller Lebens- und Arbeitsbereiche scheinen im Zuge der Digitalisierung über die Jahre mit immer mehr Nachdruck eine Veränderung der Auffassung des schulischen Bildungsauftrags notwendig zu machen (Eickelmann 2019). Dieser Diskurs bezieht in der schulbezogenen Diskussion vor allem die Ermöglichung gesellschaftlicher Teilhabe und die Befähigung zum selbstbestimmten Handeln in einer digitalen Welt auch unter dem Aspekt von Chancen- und Bildungsgerechtigkeit ein (Bos et al. 2014; Eickelmann 2017a). Er berücksichtigt, dass Kinder und Jugendliche in einer mediatisierten Welt aufwachsen und Schule sie auf eine Zukunft vorzubereiten hat, die aufgrund der technologischen und gesellschaftlichen Veränderungsprozesse heute nicht absehbar ist. In diesem Zusammenhang wird auch in Deutschland bereits seit Ende der 1990er Jahre diskutiert, ob und in welcher Weise der kompetente Umgang mit digitalen Medien eine Schlüsselkompetenz ist, die es in der Schule systematisch zu fördern gilt. Argumentiert wurde zunächst, dass der kompetente Umgang mit neuen Technologien aufgrund des Wandels von der Informations- zur Wissensgesellschaft (Kubicek/Breiter 1998; Reinmann-Rothmeier/Mandl 1998) den Stellenwert einer Kulturtechnik einnimmt (Schulz-Zander 1997). Diese Perspektive wirft die Frage auf, welche neuen Kompetenzen in der Schule zu fördern sind und wie diese in Curricula integriert werden können. Dabei werden unterschiedliche Ansätze verfolgt, die von der Diskussion um 21st-Century-Skills geprägt ist. Diese umschreiben die Kompetenzen und Fertigkeiten, von denen man annimmt, dass sie wichtig für die berufliche und gesellschaftliche Teilhabe im Sinne von *life long learning skills* sind (Europäische Kommission 2006). Hierzu wurden seit Mitte der ersten Dekade des neuen Jahrtausends in verschiedenen Ländern und durch verschiedene Expertengruppen wie dem Partnership for 21st Century Skills (P21), Assessment and Teaching of 21st Century Skills (ATCS), sogenannte Whitepapers und theoretische Rahmenkonzepte entwickelt, die diesen neuen Begriff theorie- und empiriegeleitet definieren und Empfehlungen für die Implementation dieser Schlüsselkompetenzen in den Bildungsbereich ableiten (Europäische Kommission 2006). Voogt und Roblin (2010) argumentieren, dass alle vorliegenden Konzepte des Begriffs 21st-Century-Skills davon ausgehen, dass diese als bereichsübergreifende Querschnittskompetenz aus einem Bündel von Kompetenzen bestehen, die im Kern die folgenden vier Bereiche umfassen: (1) Kooperationsfähigkeit; (2) Kommunikationsfähigkeit; (3) ICT-Literacy und (4) soziale und kulturelle Kompetenzen. Deutlich wird hier, dass der wissenschaftliche Diskurs, der sich hinsichtlich schulischer Bildungsreformen auf der Grundlage der beobachteten gesellschaftlichen Veränderungen ergab, viel breiter angelegt war als der relativ eingeengte Blick auf den kompetenten Umgang mit Technologien. Aktuelle Diskussionen gehen derzeit in zwei Richtungen: Zum einen wird im Hinblick auf gesellschaftliche Veränderungen im Zuge der Digitalisierung wieder stärker die Relevanz sozialer Kompetenzen sowie allgemeiner Problemlösefähigkeiten thematisiert (Schleicher 2018). Zum anderen kommen vor dem Hintergrund der steigenden gesellschaftlichen Bedeutung von Algorithmen und Automatisierung neue Inhaltsbereiche wie Computational Thinking hinzu, die mit verschiedenen Ansätzen bereits in einigen, auch europäischen Bildungssystemen, verankert sind (Bocconi et al. 2016), und die u.a. mit dem zweiten Zyklus der Studie ICILS (ICILS 2018) erstmals im internationalen Vergleich getestet werden (Eickelmann 2017b). Zusammenfassend lässt sich nicht zuletzt auch aus schultheoretischer Perspektive und unter Berücksichtigung der zentralen Funktionen von Schule feststellen, dass Schule und schulische Reformen immer im Kontext gesellschaftlicher Veränderungen gesehen werden müssen. Damit sind gesellschaftliche Entwicklungen auch immer Treiber von Schulentwicklung auf Schulsystemebene. Offensichtlich bildet die Digitalisierung aber eine so tiefgreifende Veränderung, dass bisherige Versuche, Strategien aus dem analogen Zeitalter kleinschrittig auf Transformationsprozesse im digitalen Zeitalter für Schulen zu nutzen, kaum zu tatsächlichen Veränderungen geführt haben, wohl aber derzeit auch in Deutschland aufgrund des entstandenen Handlungsdrucks zu entsprechenden bildungspolitischen Entscheidungen geführt haben, die im nächsten Abschnitt skizziert werden.

2.3 Bildungspolitische Entscheidungen zur Verankerung des kompetenten Umgangs mit neuen Technologien und digitalen Informationen in Bildungsplänen und Curricula

Rückblickend auf die Entwicklung des Schulsystems lässt sich als markanter Einschnitt feststellen, dass mit der Einführung des PCs Anfang der 1980er Jahre erstmals ein bildungspolitischer Konsens darüber erzielt wurde, dass Schulen der wachsenden Bedeutung der Informations- und Kommunikationstechnologien Rechnung tragen müssen (Hendricks/Schulz-Zander 2000). So verabschiedete die Bund-Länder-Kommission für Bildungsplanung und Forschungsförderung (BLK) eine erste Rahmenempfehlung, aus der hervorging, dass ›informationstechnische Grundbildung‹ (ITG) mit Anbindung an die bestehenden Fächer implementiert werden soll. Aufgrund der föderalistischen Struktur des Bildungssystems verfolgten die einzelnen Bundesländer allerdings unterschiedliche Konzepte im Hinblick auf die Umsetzung von ITG. In der Regel wurde die ITG in den Rahmenplänen der Sekundarstufe I entweder an ein Leitfach oder in Projektphasen an bestimmte Schuljahre angebunden. In der Zusammenschau dieser ersten umfassenden bildungspolitischen Maßnahme in Deutschland im Kontext der Digitalisierung muss allerdings konstatiert werden, dass die ITG trotz der verbindlichen Verankerung in den Rahmenplänen längst nicht flächendeckend umgesetzt wurde (Schulz-Zander 2001). Nachdem das Thema Digitalisierung lange Jahre in Deutschland nur ein Schattendasein geführt hat – während zahlreiche andere Bildungssysteme das Thema konsequent in ihren Strategien berücksichtigt haben –, hat die Kultusministerkonferenz (KMK) mit der Verabschiedung einer Strategie ›Bildung in der digitalen Welt‹ (KMK 2016), auf deren Umsetzung sich schließlich alle Bundesländer im Jahr 2016 verpflichtet haben, einen neuen Anlauf genommen. Aus Sicht der Schulforschung ist die KMK hier auch einer empirisch belegten Notwendigkeit gefolgt, die nicht zuletzt das allenfalls mittelmäßige Abschneiden Deutschlands bei der ICILS-2013-Studie berücksichtigt. Die KMK-Strategie ist daher, trotz aller möglichen und auch geäußerten Kritik und der Hinweise auf fehlende Bereiche wie etwa die Rolle des Unterrichtsfachs Informatik, wohl als die bisher umfassendste tatsächlich zu beobachtende digitalisierungsbezogene Reform des Schulbereichs in Deutschland aufzufassen. Sie stellt ausdrücklich das Primat des Pädagogischen heraus und fokussiert in einem Rahmen mit sechs Bereichen auf die Kompetenzen von Schülerinnen und Schülern, die diese am Ende der Pflichtschulzeit erworben haben sollen. Sie berücksichtigt zudem die notwendigen Veränderungen schulischer Rahmenbedingungen im Hinblick auf die IT-Ausstattung, die Anbindung an das Internet, die Notwendigkeit der Modernisierung von Curricula sowie die Lehreraus- und -fortbildung.

3. Schulreformen und Digitalisierung – ein integriertes Schulqualitätsmodell als Grundlage für zukünftige Entwicklungen auf Einzelschul- und Systemebene

Der folgende Abschnitt nimmt eine neue Perspektive auf schulische Reformen im Zuge der Digitalisierung auf. Statt von den Treibern von Veränderungsprozessen auszugehen, die bisher vor allem in Deutschland in der Fläche nicht zu einer nachhaltigen Veränderung von Schule und Unterricht geführt haben, wird im Folgenden eine Zielperspektive von Schule entwickelt und durch ein Schulqualitätsmodell (Abb. 1) abgebildet, das relevante nationale Vorarbeiten (Eickelmann/Schulz-Zander 2008; Lorenz/Bos 2017) sowie internationale Modelle (Biagi/Loi 2013; Fraillon et al. 2014; Fraillon et al. 2019) berücksichtigt und die Erkenntnisse auf der Grundlage des aktuellen Entwicklungs- und Forschungsstandes zusammenführt.

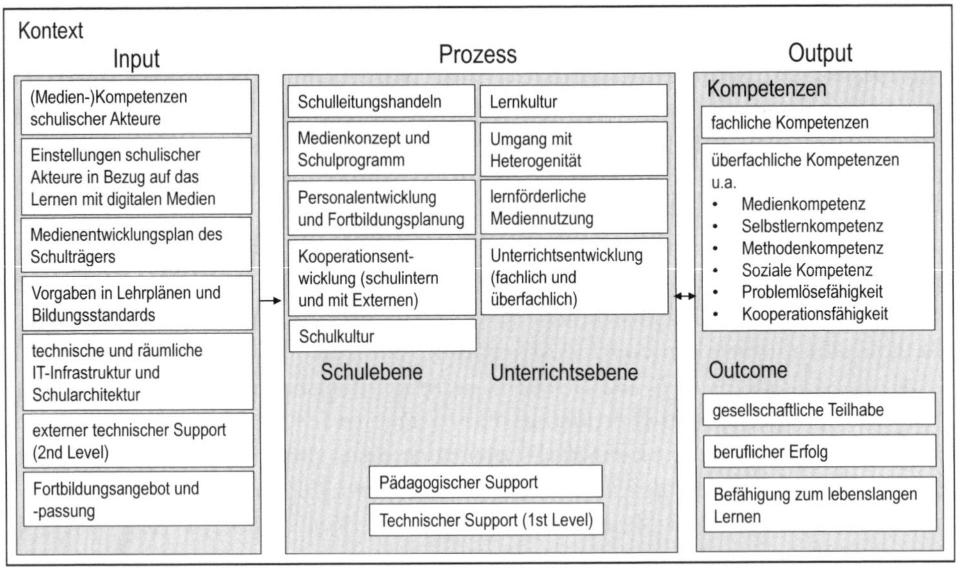

Abb. 1: Modell zur Schulqualität als Zielperspektive digitalisierungsbezogener Schulreformen

Um die komplexen Begründungszusammenhänge der Veränderungsprozesse und die Ziele des Einsatzes digitaler Medien auf Schulebene berücksichtigen zu können, werden in dem Schulqualitätsmodell im Zusammenhang mit digitalisierungsbezogenen Schulreformen sowohl Voraussetzungen als auch prozessorientierte Faktoren einbezogen, die letztlich dafür ausschlaggebend sind, die Ergebnisse auf der Outputebene im Sinne einer Kompetenzentwicklung der Schülerinnen und Schüler zu optimieren. Da innerschulische Entwicklungen und die damit verbundenen Reformen auch immer von Faktoren außerhalb der Schule abhängig sind, sind die drei Ebenen des Schulqualitätsmodells zudem in einen außerschulischen Kontext eingebunden, der beispielsweise die gesellschaftliche Bedeutung digitaler Medien oder die außerschulische Medienerfahrung und die Mediennutzung der beteiligten Akteure widerspiegelt. So zeigt sich beispielsweise, dass der außerschulischen Computernutzung der Schülerinnen und Schüler bei der Entwicklung ihrer computer- und informationsbezogenen Kompetenzen eine bedeutsame Rolle zuteilwird (Vennemann et al. 2016). Zudem ist auf der Ebene des Kontexts auch die Einbettung schulischer Reformen in regionale Digitalisierungskontexte, die derzeit zunehmend an Relevanz gewinnen, zu verorten.

Der Inputebene werden in dem Modell zur Schulqualität als Zielperspektive digitalisierungsbezogener Schulreformen diejenigen Faktoren zugeordnet, die nur in einem vergleichsweise geringen Ausmaß von der Schule selbst gesteuert bzw. beeinflusst werden können, allerdings die Prozesse auf der Schul- und Unterrichtsebene, wie die lernförderliche Nutzung digitaler Medien im Unterricht, in einem nicht unerheblichen Maße beeinflussen. Hierzu zählen individuelle Voraussetzungen der Beteiligten, wie die medienbezogenen Kompetenzen aller schulischen Akteure und deren Einstellungen in Bezug auf das Lernen mit digitalen Medien (Drossel/Eickelmann/

Gerick 2017). Vor allem hinsichtlich der medienbezogenen Einstellungen der Lehrpersonen hat sich in diesem Zusammenhang gezeigt, dass diese einen zentralen Prädiktor der unterrichtlichen Computernutzung darstellen (Eickelmann et al. 2014a). Der Inputebene sind aber auch administrative Vorgaben zuzuordnen, die von außen an die Schulen herangetragen werden, wie der Medienentwicklungsplan des Schulträgers, Lehrpläne oder Bildungsstandards (Eickelmann 2010). In diesen Bereich lässt sich beispielsweise auch die Strategie der KMK ›Bildung in der digitalen Welt‹ verorten, in der u. a. der Bildungsauftrag der Schulen im Zuge der Digitalisierung sowie die begleitenden Maßnahmen festgehalten wurden (KMK 2016, siehe auch Abschnitt 2). Weitere Faktoren auf der Inputebene beziehen sich auf die schulische Ausstattung mit digitalen Medien. Hier ist zum einen die technische und räumliche IT-Infrastruktur sowie die Schularchitektur zu nennen und zum anderen der externe technische Support, der auch als 2nd Level Support bezeichnet wird (Eickelmann/Schulz-Zander 2008). Darüber hinaus lässt sich das Fortbildungsangebot und dessen Passung auf die Bedarfe der Schulen als relevanter Faktor auf der Inputebene identifizieren (Drossel/Eickelmann/Gerick 2017).

Bezogen auf die Prozessebene lässt sich, anknüpfend an vorliegende Schulqualitätsmodelle (Lorenz/Bos 2017; Scheerens 1990), zwischen der Schul- und der Unterrichtsebene differenzieren, die in der Regel allerdings eng miteinander verknüpft sind (Drossel/Eickelmann/Lorenz 2018). Eine besondere Aufgabe auf der schulischen Prozessebene kommt hier der Schulleitung zu (Fullan 2016; Gerick et al. 2016), die im Rahmen des IT-Managements sowohl Ausgangspunkt von Reformbestrebungen sein muss, als auch moderierend schulische Entwicklungsprozesse begleiten sowie Einzelaktivitäten in einen gesamtschulischen Rahmen integrierten sollte (Eickelmann/Schulz-Zander 2008). Weiterhin sind auf der schulischen Prozessebene das Medienkonzept und das Schulprogramm verortet, aus denen der gemeinsame und verbindliche medienpädagogische Ansatz der Schule hervorgeht. Dabei ist zielführend, wenn möglichst viele Akteure an der Entwicklung der Konzepte und Programme beteiligt sind, die die digitalisierungsbezogenen Reformbestrebungen mittragen. Weitere relevante Aspekte auf der Prozessebene sind die Personalentwicklung und Fortbildungsplanung, die schulinterne und die externe Kooperationsentwicklung sowie die Schulkultur (Eickelmann 2010; Drossel/Eickelmann 2018). Auf der unterrichtlichen Prozessebene kommt, neben der lernförderlichen unterrichtlichen Mediennutzung, der Lernkultur der beteiligten Akteure, dem Umgang mit Heterogenität sowie der fachlichen und überfachlichen Unterrichtsentwicklung eine entscheidende Rolle zu (Eickelmann/Gerick 2017). Zudem sind der bedarfsorientierte medienpädagogische Support für die Lehrkräfte und auch der schulintern organisierte technische Support (1st-Level-Support) sowohl für die Prozesse auf der Schulebene als auch auf der Unterrichtsebene wichtige Stellschrauben, um erfolgreich medienbezogene Reformen in der Schule umzusetzen (Eickelmann et al. 2014b).

Letztlich zielen alle Bestrebungen auf der schulischen und unterrichtlichen Prozessebene darauf ab, die fachlichen und überfachlichen Kompetenzen sowie die langfristigen Outcomes der Schülerinnen und Schüler zu fördern. Neben der Medienkompetenz als überfachliche Kompetenz, auch im Sinne eines weiterentwickelten Ansatzes der ICT-Literacy oder computer- und informationsbezogenen Kompetenzen, der auf neue Technologien ausgerichtet ist, verfolgt die Implementation digitaler Medien in unterrichtliche Lehr- und Lernprozesse auch das Ziel, weitere sogenannte 21st Century-Skills der Schülerinnen und Schüler auszubauen. Diese Skills umfassen beispielsweise die Selbstlernkompetenz, Methodenkompetenz, soziale Kompetenz, Problemlösefähigkeit und Kooperationsfähigkeit (siehe auch Abschnitt 2). Zudem wird eine Steigerung des langfristigen Outcomes, wie die gesellschaftliche Teilhabe, beruflicher Erfolg oder auch die Fähigkeit zum lebenslangen Lernen vor dem Hintergrund gesellschaftlicher Transformationsprozesse als Outcome von Schule und damit als übergeordnetes Ziel schulischer Reformen im Kontext der Digitalisierung als Qualitätsmerkmal formuliert. Die unterschiedlichen Kompetenzen der Schülerinnen und Schüler können wiederum die Merkmale auf der Prozessebene beeinflussen, indem die Lehrperson beispielsweise bei einem lernförderlichen Einsatz von digitalen Medien die Medienkompetenz berücksichtigt oder den Umgang mit Heterogenität entsprechend der Kompetenzen der Schülerinnen und Schüler ausrichtet.

4. Zusammenschau und Ausblick

Nicht zuletzt aufgrund der dynamischen Entwicklungen in allen gesellschaftlichen Bereichen und den verschiedenen neu eingeleiteten bildungspolitischen Maßnahmen ist kaum abschätzbar, wie erfolgreich und nachhaltig die auf den Weg gebrachten und noch anstehenden, scheinbar immer notwendiger und dringlicher werdenden Schulreformprozesse im Kontext der Digitalisierung von Schule sein werden. Jedoch kann festgestellt werden, dass zumindest ein Teil der Bundesländer unmittelbar nach der Veröffentlichung der KMK-Strategie ›Bildung in der digitalen Welt‹ (KMK, 2016) diese als Grundlage für die Erarbeitung von eigenen Konzepten genommen hat, die sich auf die Entwicklung von (Medien-)Kompetenzrahmen für Schülerinnen und Schüler beziehen, ebenso wie auf die Überarbeitung von Curricula und den verschiedenen Phasen der Lehreraus- und -fortbildung. Hier wird es hilfreich sein, dass die KMK, wenn auch mit einer zeitlichen Verzögerung, auch die Standards für die Lehrerbildung um den Bereich der Digitalisierung erweitert hat und zudem durch verschiedene Finanzierungsinitiativen Gelder für die Anbindung der Schulen an leistungsfähiges Internet sowie für die IT-Ausstattung zur Verfügung bereitgestellt werden. Da langfristige Kosten, etwa für den IT-Support, bisher nicht umfassend mitgedacht sind und auch verschiedene Analysen darauf hinweisen, dass die in Aussicht gestellten und zur Verfügung gestellten Finanzmittel nicht reichen (Breiter/Zeising/Stolpmann 2017), bleibt die Frage auch zukünftig offen, inwieweit bildungspolitische Strategien auch langfristig zu tatsächlichen Schulreformen unter den Bedingungen der Digitalisierung führen können. Ein erstes Zwischenergebnis wird mit der Berichtlegung der IEA-Studie ICILS 2018 vorgelegt werden, die nach 2013 erneut die Kompetenzen der Schülerinnen und Schüler (Jahrgangsstufe 8) im Umgang mit neuen Technologien und digitalen Informationen erfasst sowie die Kontextbedingungen des Lernens mit neuen Technologien und des Erwerbs der computer- und informationsbezogenen Kompetenzen auf den verschiedenen schulischen Ebenen untersucht (Eickelmann 2017c). Offen bleibt auch die Frage, ob Deutschland mit den aktuellen Maßnahmen den Anschluss an internationale Entwicklungen erreichen kann. Zu diskutieren wäre zudem einerseits, ob schulische Reformen im Zuge der Digitalisierung nicht vielmehr so gestaltet werden müssten, dass Deutschland auch Vorbild für andere Länder sein könnte und eine Vorreiterrolle einnehmen könnte. Andererseits sind auch nach eindeutigen Hinweisen aus ICILS 2013 wichtige Themen wie Bildungsgerechtigkeit, digitale Spaltung, die Förderung der Leistungsspitze sowie die Unterstützung von Berufs- und Lebensperspektiven im digitalen Zeitalter durch eine zeitgemäße Gestaltung von Schule und Unterricht kaum aufgegriffen worden. Diese würden aber, auch vor dem dargestellten Verständnis von Schulqualität, einen wichtigen Schritt für eine zukunftsfähige Schulreform bilden.

5. Literatur

Arlt, W. (Hrsg.) (1978): EDV-Einsatz in Schule und Ausbildung. Datenverarbeitung im Bildungswesen. Band 1. München: Oldenbourg.

Baecker, D. (2007): Studien zur nächsten Gesellschaft. Frankfurt am Main: Suhrkamp.

Bastian, J./Aufenanger, S. (2017): Tablets in Schule und Unterricht. Wiesbaden: Springer.

Biagi, F./Loi, M. (2013): Measuring ICT Use and Learning Outcomes – evidence from recent econometric studies. In: European Journal of Education 48, H. 1, S. 28–42.

Bocconi, S./Chioccariello, A./Dettori, G./Ferrari, A./Engelhardt, K. (2016): Developing Computational Thinking in Compulsory Education-Implications for policy and practice. Luxembourg: Publications Office of the European Union.

Bos, W./Eickelmann, B./Gerick, J./Goldhammer, F./Schaumburg, H./Schwippert, K./Senkbeil, M./ Schulz-Zander, R./Wendt, H. (2014): ICILS 2013 – Computer- und informationsbezogene Kompetenzen von Schülerinnen und Schülern in der 8. Jahrgangsstufe im internationalen Vergleich. Münster: Waxmann.

BLK (1987): Gesamtkonzept für die informationstechnische Bildung. Heft 16. Bonn: BLK-Geschäftsstelle.

Breiter, A./Zeising, A./Stolpmann, B. (2017): IT-Ausstattung an Schulen – Kommunen brauchen Unterstützung für milliardenschwere Daueraufgabe. Gütersloh: Bertelsmann Stiftung.

Cox, M. (2008): Researching IT in education. In: Voogt, J./Knezek, G. (Hrsg.): International handbook of information technology in primary and secondary education. Berlin/Heidelberg/New York: Springer, S. 965–981.

Cress, U./Renner, B. (2018): Neue Metaphern für das Lernen – Was digitale Medien in der Schule alles leisten und verändern können. In: Zeitschrift für Bildungsverwaltung 34, H. 2, S. 49–60.

Döbeli Honegger, B. (2016): Mehr als 0 und 1 – Schule in einer digitalisierten Welt. Bern: hep Verlag.

Dräger, J./Müller-Eiselt, R. (2015): Die digitale Bildungsrevolution – Der radikale Wandel des Lernens und wie wir ihn gestalten können. München: Deutsche Verlags-Anstalt.

Drossel, K./Eickelmann, B./Gerick, J. (2017): Predictors of Teachers' Use of ICT in School – the Relevance of School Characteristics, Teachers' Attitudes and Teacher Collaboration. In: Education and Information 22, H. 2, S. 551–573.

Drossel, K./Eickelmann, B. (2018): The use of tablets in secondary schools and its relationship with computer literacy – Does the use of mobile devices matter? In: Webb, M./Tatnall, A. (Hrsg.):

Tomorrow's Learning – Involving Everyone. Learning with and about Technologies and Computing. New York: Springer, S. 114–124.

Drossel, K./Eickelmann, B./Lorenz, R. (2018): Determinanten der unterrichtlichen Computernutzungshäufigkeit und der medienbezogenen Lehrerkooperation – Eine Analyse auf Grundlage des Länderindikators ›Schule digital‹. In: Unterrichtswissenschaft 46, H. 4, S. 481–498.

Eickelmann, B./Schulz-Zander, R. (2008): Schuleffektivität, Schulentwicklung und digitale Medien. In: Bos, W./Holtappels, H. G./Pfeiffer, H./Rolff, H.-G./Schulz-Zander, R. (Hrsg.): Jahrbuch der Schulentwicklung. Band 15. Weinheim: Juventa, S. 157–193.

Eickelmann, B. (2010): Digitale Medien in Schule und Unterricht erfolgreich implementieren. Empirische Erziehungswissenschaft. Band 19. Münster: Waxmann.

Eickelmann, B./Schaumburg, H./Drossel, K./Lorenz, R. (2014a): Schulische Nutzung von neuen Technologien in Deutschland im internationalen Vergleich. In: Bos, W./ Eickelmann, B./Gerick, J./Goldhammer, F./Schaumburg, H./Schwippert, K./Senkbeil, M./Schulz-Zander, R./Wendt, H. (Hrsg.): ICILS 2013 – Computer- und informationsbezogene Kompetenzen von Schülerinnen und Schülern in der 8. Jahrgangsstufe im internationalen Vergleich. Münster: Waxmann, S. 197–229.

Eickelmann, B./Gerick, J./Bos, W. (2014b): Die Studie ICILS 2013 im Überblick – Zentrale Ergebnisse und Entwicklungsperspektiven. In: Bos, W./Eickelmann, B./Gerick, J./Goldhammer, F./ Schaumburg, H./Schwippert, K./Senkbeil, M./Schulz-Zander, R./Wendt, H (Hrsg.): ICILS 2013 – Computer- und informationsbezogene Kompetenzen von Schülerinnen und Schülern in der 8. Jahrgangsstufe im internationalen Vergleich. Münster: Waxmann, S. 9–31.

Eickelmann, B./Gerick, J. (2017): Lehren und Lernen mit digitalen Medien – Zielsetzungen, Rahmenbedingungen und Implikationen für die Schulentwicklung. In: Schulmanagement Handbuch 164, H. 4, S. 54–81.

Eickelmann, B. (2017a): Kompetenzen in der digitalen Welt – Konzepte und Perspektiven. Berlin: Friedrich-Ebert-Stiftung.

Eickelmann, B. (2017b): Computational Thinking als internationales Zusatzmodul zu ICILS 2018 – Konzeptionierung und Perspektiven für die empirische Bildungsforschung. In: Tertium Comparationis. Journal für International und Interkulturell Vergleichende Erziehungswissenschaft 23, H. 1, S. 47–61.

Eickelmann, B. (2017c): Digitale Kompetenzen im internationalen Vergleich – Welche Impulse geben die Studien ICILS 2013 und ICILS 2018? In: Zeitschrift Schul-Management 48, H. 5, S. 15–19.

Eickelmann, B. (2018a): Digitalisierung an Schulen. Eine Bestandsaufnahme. In: SchulVerwaltung Spezial 20, H. 4, S. 152–155.

Eickelmann, B. (2018b): Cross-National Policies on Information and Communication Technology in Primary and Secondary Schools – An International Perspective. In: Voogt, J./Knezek, G./ Christensen, R./Lai, K.-W. (Hrsg.): Second Handbook of Information Technology in Primary and Secondary Education. Cham: Springer, S. 1227–1238.

Eickelmann, B. (2019): Zur Unausweichlichkeit der Digitalisierung in der schulischen Bildung – ein neuer Blick auf Schulen und Schulsysteme. In: Priebe, B./Böttcher, W./Heinemann, U. (Hrsg.): Allgemeinbildung im Diskurs: Plädoyer für eine schulische Kernaufgabe. Seelze: Kallmeyer, S. 236–247.

Europäische Kommission (2006): Key competencies for lifelong learning. Brüssel: Europäische Kommission.

Fugmann, M. (2019): Sieben Schulen und sieben Einrichten. Bericht aus dem Silicon Valley. In O.-A. Burow (Hrsg.): Schule digital – wie geht das? Wie die digitale Revolution uns und die Schule verändert (111–128). Beltz Verlag: Weinheim.

Fugmann, M. (2017): Die Bedeutung von Lernmanagementsystemen für die Unterrichtsentwicklung – Digitale Medien in Schule und Unterricht. In: Journal für Schulentwicklung 21, H. 3, S. 19–26.

Fullan, M. (2016): The new meaning of educational change (5th ed.). New York: Teacher College Press.

Fullan, M. (2012): Stratosphere – Integrating Technology, Pedagogy, and Change Knowledge. Boston: Allyn and Bacon.
Fraillon, J./Ainley, J./Schulz, W./Friedmann, T./Gebhardt, E. (2014): Preparing for Life in a Digital Age – The IEA International Computer and Information Literacy Study International Report. Cham: Springer.
Fraillon, J./Schulz, W./Friedman, T./Duckworth, D. (2019): Assessment Framework of ICILS 2018. IEA: Amsterdam.
Gerick, J./Eickelmann, B./Drossel, K./Lorenz, R. (2016): Perspektiven von Schulleitungen auf neue Technologien in Schule und Unterricht. In: Eickelmann, B./Gerick, J./Drossel, K./Bos, W. (Hrsg.): ICILS 2013 – Vertiefende Analysen zu computer- und informationsbezogenen Kompetenzen von Jugendlichen. Münster: Waxmann, S. 60–92.
Hendricks, W./Schulz-Zander, R. (2000): Informations- und Kommunikationstechnologien in der allgemeinbildenden Schule – eine Analyse von Modellversuchen. In: Hendricks, W. (Hrsg): Neue Medien in der Sekundarstufe I und II – Didaktik, Unterrichtspraxis. Berlin: Cornelsen Scriptor, S. 28–49.
IEA (2018): The IEA's International Computer and Information Literacy Study (ICILS) 2018. What's next for IEA's ICILS in 2018? www.iea.nl/fileadmin/user_upload/Studies/ICILS_2018/IEA_ICILS_2018_Computational_Thinking_Leaflet.pdf (Abruf 31.10.2018).
KMK (2016): Bildung in der digitalen Welt. Strategie der Kultusministerkonferenz. www.kmk.org/fileadmin/Dateien/pdf/PresseUndAktuelles/2016/Bildung_digitale_Welt_Webversion.pdf (Abruf 31.10.2018).
Kubicek, H./Breiter, A. (1998): Schule am Netz – und dann? Informationsmanagement als kritischer Erfolgsfaktor für den Multimediaeinsatz in Schulen. In: Kubicek, H./Braczyk, H. J./Klumpp, D./Müller, G./Neu, W./Raubold, E. (Hrsg.), Lernort Multimedia. Jahrbuch Telekommunikation und Gesellschaft 1998). Heidelberg: R.V. Decker, S. 120–129.
Lorenz, R./Bos, W. (2017): Schule digital – der Länderindikator 2017. Theoretisches Rahmenmodell, Überblick über die Befunde des Länderindikators 2017 und Einordnung zentraler Ergebnisse der Erhebungszyklen 2015, 2016 und 2017. In Lorenz, R./Bos, B./Endberg, M./Eickelmann, B./Grafe, S./Vahrenhold J. (Hrsg.), Schule digital – der Länderindikator 2017. Schulische Medienbildung in der Sekundarstufe I mit besonderem Fokus auf MINT-Fächer im Bundesländervergleich und Trends von 2015 bis 2017. Münster: Waxmann, S. 11–35.
Reinmann-Rothmeier, G./Mandl, H. (1998): Wenn Neue Medien neue Fragen aufwerfen: In Universitas, 53, H. 623, S. 466–476.
Papert, S. (1994): Revolution des Lernens. Kinder, Computer, Schule in einer digitalen Welt. Hannover: Verlag Heinz Heise.
Petko, D./Schmid, R./Pauli, C./Stebler, R./Reusser, K. (2017): Personalisiertes Lernen mit digitalen Medien: Neue Potenziale zur Gestaltung schülerorientierter Lehr- und Lernumgebungen. In: Journal für Schulentwicklung 21, H. 3, S. 31–39.
Rolff, H. -G. (1988): Bildung im Zeitalter der neuen Technologien. Essen: Neue Deutsche Verlagsgesellschaft.
Schaumburg, H./Prasse, D./Tschackert, K./Blömeke, S. (2007): Lernen in Notebook-Klassen. Endbericht zur Evaluation des Projekts »1000mal1000: Notebooks im Schulranzen«. Bonn: Schulen ans Netz e. V.
Scheerens, J. (1990). School effectiveness and the development of process indicators of school functioning. School effectiveness and School Improvement, 1, S. 61–80.
Schleicher, A. (2018): World Class. How to build a 21st-century school system, Strong Performers and Successful Performers in Education. OECD Publishing: Paris.
Schulz-Zander, R. (2001): Neue Medien als Bestandteil von Schulentwicklung. In: Aufenanger, S./Schulz-Zander, R./Spanhel, D. (Hrsg.): Jahrbuch der Medienpädagogik. Band. 1. Opladen: Leske & Budrich, S. 236–281.
Schulz-Zander, R. (1997): Veränderte Anforderungen an schulisches Lernen in der Informationsge-

sellschaft. In Bruck, P. A./Stocker, G. (Hrsg.): Schulen am Netz – Innovative Projekte in Österreich. Wien: Hölder-Pichler-Tempsky, S. 12-24.

Vennemann, M./Eickelmann, B./Drossel, K./Bos, W. (2016): Außerschulische Nutzung neuer Technologien durch Jugendliche und der Zusammenhang mit dem Erwerb computer- und informationsbezogener Kompetenzen. In: Eickelmann, B./Gerick, J./Drossel, K./Bos, W. (Hrsg.): ICILS 2013 – Vertiefende Analysen zu computer- und informationsbezogenen Kompetenzen von Jugendlichen. Münster: Waxmann, S. 168–193.

Voogt, J./Roblin, N. P. (2010): 21st century skills. Unplished discussion paper prepared for Kennisnet. Enschede: University of Twente.

Warschauer, M. (2006): Laptops and Literacy. New York: Teachers College Press.

Webb, M./Ifenthaler, D. (2018): Assessment as, for and of 21st Century learning using information technology: An overview. In: Voogt, J./Knezek, G./Christensen, R./Lai, K.-W. (Hrsg.): Second handbook of Information Technology in primary and secondary education. Cham: Springer, S. 581–600.

Inka Bormann

Entwicklung und Verankerung eines Bildungskonzepts

Perspektiven auf die Institutionalisierung von Bildung für nachhaltige Entwicklung und die ›Schulreform von morgen‹

1. Einleitung: Bildung für nachhaltige Entwicklung im Schulsektor

Bildung für nachhaltige Entwicklung (im Folgenden auch BNE) zielt darauf ab, Lernende dazu zu befähigen, sich auf der Basis interdisziplinären Wissens mit den Folgen des eigenen Handelns auseinanderzusetzen und vorausschauend und gemeinsam mit anderen Menschen Entscheidungen zu treffen, die dazu beitragen, dass heutige und künftige Generationen ebenfalls ein gutes Leben führen können (de Haan 2007; Rieckmann/Barth 2016). Ein wesentlicher Lernort, an dem diese Kompetenzen erworben werden sollen, ist die Schule. Damit sich Schulen zu Lernorten entwickeln, an denen diese umfassenden Kompetenzen erworben werden können, gab es in der Vergangenheit zahlreiche Forschungs- und Entwicklungsprojekte, die die Schul- und Unterrichtsentwicklung im Zusammenhang mit der Verankerung von BNE fokussierten. So wird in der Projektedatenbank des Innovationsportals des Deutschen Bildungsservers das zwischen 2004 und 2008 von Bund und Ländern geförderte Programm »Transfer 21« aufgeführt, mit dem angestrebt wurde, das Konzept einer BNE in ca. 10 Prozent aller Schulen in Unterrichts- und Schulentwicklung zu verankern. Seither wurde das Ziel der Verbreitung von BNE mit zahlreichen Akteuren aus Zivilgesellschaft, Bildungsadministration und -politik, Wissenschaft und Wirtschaft in den Jahren 2005 bis 2014 im Rahmen der von den Vereinten Nationen ausgerufenen Weltdekade und zwischen 2015 und 2019 im Rahmen des von der UNESCO getragenen Weltaktionsprogramms Bildung für nachhaltige Entwicklung auch in Deutschland weiterverfolgt (UNESCO 2014). In einigen Bundesländern wie z. B. Baden-Württemberg oder Berlin und Brandenburg wurden bei der jüngsten Überarbeitung von Lehrplänen für allgemeinbildende Schulen explizit Ziele der BNE verankert.

Vorbereitet und flankiert wurden und werden diese Aktivitäten durch eine äußere Entwicklung, deren Etappen in diesem Beitrag retrospektiv als pfadabhängig beschrieben werden können. Denn das Konzept der BNE hat sich inzwischen auf allen Ebenen und in allen Bereichen des Bildungssystems verbreitet und ist heute nicht nur in etlichen Bildungsorganisationen verankert, sondern auch ein Element der Nachhaltigkeitsstrategie der Bundesregierung, dessen Realisierung fortan indikatorenbasiert beobachtet werden soll (Bundesregierung 2017). Daneben haben einige Bundesländer wie z. B. Nordrhein-Westfalen oder Sachsen eigene Landesstrategien zur BNE veröffentlicht, in denen die Bedeutung von Schulen bei der Realisierung der

Ziele von BNE herausgehoben wird. Am Beginn der Entwicklung hin zum heutigen Konzept BNE war all dies in dieser Form nicht vorhersehbar. Im Rückblick erscheinen aber die Entwicklung des Konzepts BNE und dessen Institutionalisierung als Prozess, der von günstigen Rahmenbedingungen profitierte. Der Beitrag skizziert zunächst Entwicklungsetappen von BNE, die anschließend aus einer pfad- und governancetheoretischen Perspektive eingeordnet und an die zuletzt einige exemplarische Fragen an die Verankerung von BNE in Schulen angeschlossen werden.

2. Eine kurze Geschichte der Bildung für nachhaltige Entwicklung

Bildung für nachhaltige Entwicklung ist eine Querschnittsaufgabe, die sich inhaltlich und institutionell seit Beginn ihrer Entwicklung in den 1990er Jahren stetig verbreitet und weiterentwickelt hat. Im Folgenden werden einander überlappende Etappen des Konzepts BNE anhand einiger beispielhaft ausgewählter Ereignisse skizziert (auch Bormann 2013a, b): Legitimierung von Nachhaltigkeit als politischem Ziel, Politisierung von Bildung, pädagogische Bearbeitung politischer Herausforderungen und strukturelle Verankerung eines eigenständigen Konzepts von BNE.

1. Phase: Legitimierung und Begründung von Nachhaltigkeit als politisches Ziel seit den 1970er Jahren

Sehr deutlich brachte die erste Studie des Club of Rome (Meadows/ Meadows/ Randers 1972) zu Beginn der 1970er Jahre die Überzeugung zum Ausdruck, dass die Konsummuster und Wirtschaftsweisen der Industrieländer eine irreversible globale Veränderung hervorrufen, die dazu führt, dass künftige Generationen aufgrund von Umweltverschmutzung und Rohstoffausbeutung schlechtere Lebensbedingungen vorfinden werden. Weitere Berichte bestätigten diese Diagnosen und formulierten das Leitbild einer nachhaltigen Entwicklung, in dem die Bedeutung eines qualitativen Wachstums betont wurde, das den Erhalt der Lebensqualität für heute und künftig lebende Generationen ermöglichen sollte (Hauff 1987). Dieses Leitbild wurde in den folgenden Jahren in wegweisenden politischen Dokumenten aufgegriffen, z. B. in dem Aktionsprogramm der Vereinten Nationen zur Realisierung einer nachhaltigen Entwicklung – der Agenda 21 (BMU 1992) -, die während des Weltumweltgipfels von Rio de Janeiro von mehr als 170 Staats- und Regierungschefs ratifiziert wurde. In der Folge dieser Selbstverpflichtung wurden in Deutschland auf politischer und wissenschaftlicher Ebene etliche Kommissionen, Räte und Ausschüsse eingesetzt (u. a. Enquete-Kommission 1998), bis schließlich im Jahr 2001 der Rat für nachhaltige Entwicklung ins Leben gerufen wurde, der seither die Bundesregierung strategisch in Fragen der nachhaltigen Entwicklung berät.

Das zentrale Thema dieser Phase war die Begründung und Legitimierung von nachhaltiger Entwicklung als einem politischen Ziel von umfassender gesellschaftlicher Bedeutung, bei dessen Verwirklichung Bildung künftig ihren festen Platz haben sollte.

2. Phase: Politisierung von Bildung: Bedeutung von Bildung bei der Bewältigung politischer Aufgaben seit den 1990er Jahren

Schon in der Agenda 21 wurde in Kap. 36 unterstrichen, dass Bildung ein zentraler Weg sei, auf dem Nachhaltigkeit erreicht werden könne. In der zweiten Phase erfolgte eine Auseinandersetzung mit der Rolle von Bildung. Bildungsangebote sollten dazu beitragen, ökologische Schlüsselprinzipien der Vernetzung zu verstehen (SRU 1994). Darüber hinaus wurde Bildung aufgrund ihrer elementaren Bedeutung für die Realisierung nachhaltiger Entwicklung zu einem Bestandteil von Umweltpolitik erklärt (WBGU 1995). Die Kultusministerkonferenz veröffentlichte eine Empfehlung zur entwicklungspolitischen Bildung in Unterricht und Schule, die auch Fragen der Lehrkräfteausbildung umfasste (KMK 1997), und die Bundesregierung beschloss, sich fortan einmal pro Legislaturperiode über den Stand der Entwicklung und Verankerung von Umweltbildung in den unterschiedlichen pädagogischen Handlungsfeldern sowie politischen und administrativen Organisationen informieren zu lassen (Bundestagsdrucksache 13/8878). Kurze Zeit später wurde von Bund und Ländern ein Forschungs- und Entwicklungsprogramm aufgelegt, in dem statt von Umweltbildung dann von Bildung für nachhaltige Entwicklung (BNE) die Rede war und das darauf abzielte, BNE modellhaft im allgemeinbildenden Schulbereich zu verankern (BLK 1999).

In dieser Phase waren die Auseinandersetzung mit nachhaltiger Entwicklung als einem Thema von Bildung sowie die Reflexion der Rolle von Bildung bei der Bewältigung politischer Aufgaben wesentlich.

3. Phase: Pädagogische Bearbeitung politischer Herausforderungen: Bildung für nachhaltige Entwicklung seit Beginn der 2000er

Nachdem diese bedeutsamen politischen Weichenstellungen vorgenommen waren, wurde nach und nach an einem eigenständigen Konzept einer BNE gearbeitet. Die Unterrichtsmaterialien und Handreichungen, die im Rahmen des o.g. BLK-Programms zwischen 1999 und 2004 in mehr als 200 Schulen in 15 Bundesländern entwickelt und erprobt wurden (BLK 2005), erfuhren in den Jahren 2004 bis 2008 in einem eigens entwickelten Transferprogramm eine weitere Verbreitung im Schulsystem. Die politische Herausforderung nachhaltiger Entwicklung wurde nun, sicherlich auch aufgrund der seit 2004 begonnenen Weltdekade der Vereinten Nationen Bildung für nachhaltige Entwicklung (Bundestagsdrucksache 15/3472), in einer eigenständigen pädagogischen Praxis bearbeitet. Mit der Formulierung des Konzepts der Gestaltungskompetenz wurde die BNE in diesem Zusammenhang weiterentwickelt (BLK 2005; Bormann/de Haan2007; de Haan u. a. 2008).

Rückblickend ist diese Phase gekennzeichnet durch die Entwicklung eines eigenständigen, kompetenzorientierten Konzepts BNE, mit dem ein Anschluss an die Kompetenzdebatte in der empirischen Bildungsforschung hergestellt wurde.

4. Phase: Strukturelle Verankerung von Bildung für nachhaltige Entwicklung seit Mitte der ersten 2000er-Dekade

Mit den o.g. BLK-Programmen und durch die Aktivitäten zur UN-Dekade BNE etablierte sich den Folgejahren eine intensive wissenschaftliche Auseinandersetzung mit BNE. Die theoretisch-konzeptionelle Auseinandersetzung der ersten Phasen wurde nun mehr und mehr durch empirische Forschung begleitet. Nach der Entwicklung von Konzepten für die Handlungspraxis wurden diese nunmehr selbst zum Gegenstand empirischer Untersuchungen (DGfE-AG 2004). Zahlreiche, v.a. auf Schulen und Hochschulen konzentrierte Studien zielten darauf ab, Kompetenzmodelle zu entwickeln, den Fortschritt der Implementierung von BNE im Bildungssystem zu untersuchen bzw. die Bedingungen des Transfers von BNE in die Breite des Bildungssystems zu erschließen (Gräsel u.a. 2013). Insbesondere das indikatorenbasierte Monitoring der Implementation von BNE im Bildungsbereich ist eine Aufgabe, die ebenso intensiv weiterverfolgt wird (Brock 2018) wie die Modellierung von Kompetenzerwartungen im Zusammenhang mit BNE (Rieckmann 2018).

Diese bis heute andauernde Phase ist durch die Verwissenschaftlichung von BNE sowie eine Diversifizierung BNE-bezogener Forschung charakterisiert. Unterstützt wird die strukturelle Verankerung BNE-bezogener Forschung und BNE-Praxis nach dem Ende der UN-Dekade BNE seit 2015 durch das UNESCO Weltaktionsprogramm, das auch in Deutschland umgesetzt wird (UNECSO 2014).

3. Institutionalisierung von Bildung für nachhaltiger Entwicklung aus theoretischer Sicht

Neue Ideen, Instrumente und Konzepte werden permanent produziert, aber nicht alle schaffen es dauerhaft verankert zu werden. Die oben geschilderte kurze Geschichte der BNE wird im Folgenden mit institutionstheoretischem Blick betrachtet, um aufzuzeigen, wie es dazu kommen konnte, dass BNE sich etablieren konnte.

3.1 Entwicklung und Verankerung von BNE aus institutionstheoretischer Sicht

Scott (2001) differenziert verschiedene Aspekte von Institutionen: einen *regulativen*, einen *normativen* und einen *kulturell-kognitiven* Aspekt. Während der regulative Aspekt z.B. für Vorschriften, Gesetze und Verordnungen mit bindendem Charakter steht, umfasst der normative Aspekt z.B. Erwartungen oder die Einhaltung geltender Standards. Der kulturell-kognitive Aspekt schließlich repräsentiert Überzeugungen und Deutungen, die (sub-)kulturell durchaus unterschiedlich ausfallen können. Im Rückblick kann die oben geschilderte kurze Geschichte der BNE als ein Vorgang betrachtet werden, bei dem Elemente dieser drei Aspekte gleichermaßen relevant sind. In regulativer Hinsicht etwa sind sowohl der von wissenschaftlicher Seite formulierte drängende Aufruf sich gesellschaftlich zu Zielen einer nachhaltigen Entwicklung zu bekennen, das Aufgreifen dieser Impulse durch politische Akteure sowie die Rolle der Bildung, die die Staats- und Regierungschefs schon mit der Ratifizierung der Agenda 21 unterstrichen haben, bedeutsam. Auch die in den Folgejahren vom Deutschen Bundestag verabschiedeten Dokumente, die z. B. die Förderung von und Berichterstattung über BNE oder die Umsetzung der Agenda 2030 festlegen, sind wichtige Elemente der Institutionalisierung von BNE. Diese wissenschaftsorientierten politischen Dokumente bringen ebenso normative Überzeugungen zum Ausdruck wie sie kulturell-kognitive Veränderungen anzeigen. In normativer Hinsicht können z. B. die Durchführung der Modellversuchsprogramme und die daraus hervorgehenden Unterrichtsmaterialien, Argumentationshilfen und Orientierungsrahmen als Mittel verstanden werden, die dazu führten, dass – wenngleich auf unterschiedlichen Wegen – mit BNE z. B. das Ziel der Vermittlung von Gestaltungskompetenz an Schülerinnen und Schüler verfolgt wird. Der kulturell-kognitive Aspekt der Institutionalisierung von BNE ist mit dem regulativen und dem normativen Aspekt verwoben: Ohne den lang andauernden Einsatz politischer Akteure für nachhaltige Entwicklung hätten die oben skizzierten jahrzehntelangen Bemühungen durch zivilgesellschaftliche und wissenschaftliche Akteure sicherlich wenig Resonanz gefunden und könnten rückblickend wohl kaum als aufeinander aufbauend interpretiert werden. Anhand der Landesstrategien für BNE in einigen Bundesländern oder der Einführung von Lehrplänen wie z. B. in Baden-Württemberg, in denen BNE eine zentrale Leitperspektive ist, wird deutlich, für wie wichtig der schulische Beitrag für BNE erachtet wird.

3.2 Institutionalisierung von BNE als pfadabhängiger Prozess

Während Scott verschiedene Aspekte der Institutionalisierung und deren Wechselwirkung betrachtet, kann mit der Pfadabhängigkeitstheorie (Arthur 1983; David 1985; Pierson 2000; Gerschweski 2016) zu heuristischen Zwecken das Augenmerk auf die Dynamik von Veränderungen gelenkt werden, die sich aus Erfolgen vorgängiger Phasen ergeben und zu einer Stabilisierung eines Prozesses führen, der im Rückblick als Pfad beschrieben werden kann. Als pfadabhängig können Prozesse dann bezeichnet werden, wenn potenziell mehr als ein Ergebnis auftreten kann, aber vorgängige Entscheidungen zu strukturellen Rahmenbedingungen, Problemdeutungen, Einstellungen etc. geführt haben, die eine andere Lösung als die schließlich implementierte nicht probat oder nur unter erschwerten Bedingungen und zu hohen Kosten möglich erscheinen lassen. Drei Konzepte sind in der Pfadabhängigkeitstheorie zentral: Historizität, increasing returns und lock-in. Die *Historizität*sthese besagt, dass gegenwärtige Zustände, Strategien, Überzeugungen etc. Resultate von komplexen, langfristigen Prozessen sind, die wiederum gegenwärtige Problemwahrnehmungen und zukünftige Entwicklungen beeinflussen. Von *increasing returns* ist die Rede, wenn die Verbreitung einer Innovation z. B. einer relevanten Akteursgruppe nutzt, weil es ihr etwa aufgrund ihres Wissensvorsprungs oder Einflusses gelungen ist, an bereits vorhandene Strukturen anzuschließen und Trends zu setzen. Ein *lock-in* ist z. B. dadurch charakterisiert, dass strukturelle Rahmenbedingungen wie offizielle Regierungsberichte oder Beschlüsse vorliegen, die die Verstetigung der Innovation dauerhaft legitimieren oder sichern.

Bei der Anwendung dieser Konzepte gewinnt die Annahme, dass die kurze Geschichte der Institutionalisierung von BNE ein pfadabhängiger Prozess ist, der an verschiedenen Zeitpunkten durchaus eine andere Wendung hätte nehmen können, eine gewisse Plausibilität. Die Veröffentlichungen z. B. der Dokumente des Club of Rome, der Brundtland-Kommission oder der Vereinten Nationen (Phase 1) erscheinen für den sich retrospektiv als Pfad darstellenden Institutionalisierungsprozess von BNE wie notwendige, aber noch nicht hinreichende Weichenstellungen. Die Dokumente sind politisch wie gesellschaftlich auch auf einen fruchtbaren Boden gefallen, der es ermöglichte, längerfristig arbeitende Gremien wie z. B. Enquete-Kommissionen und Wissenschaftliche Beiräte der Bundesregierung ins Leben zu rufen, die sich mit der ›Vergesellschaftung‹ von Nachhaltigkeit beschäftigten. In der 2. Phase (Politisierung von Bildung) wurde der entstehende Pfad der BNE durch entsprechende Programme von Bund und Ländern von immer mehr Akteuren eingeschlagen, die durch BLK-Programme auch dazu legitimiert wurden, weitere Akteure z. B. mit Unterrichtsmaterialien oder Fortbildungen beim Beschreiten dieses Weges zu unterstützen. Zudem wurden sowohl projektförmige als auch auf Dauer angelegte Arbeitsstellen eingerichtet und damit Strukturen geschaffen, die ebenso der weiteren Entwicklung und Verbreitung von BNE wie der Professionalisierung von Forschenden sowie Praktikerinnen und Praktikern dienten, da sie sich z. B. beruflich mit der Weiterentwicklung oder Evaluierung von BNE befassen konnten. Mit dem Beschluss, der Bundesregierung über Aktivitäten im Bereich der BNE regelmäßig Bericht zu erstatten sowie dem Ausrufen der UN-Dekade (3. Phase), wurden diese Strukturen außerdem als politisch wichtig anerkannt und gewürdigt. Dies bestätigte rückwirkend die früheren Aktivitäten und begünstigte die Untersuchung der Transferbedingungen von BNE im Bildungssystem sowie die Modellierung und Analyse von Kompetenzen, die durch BNE entwickelt werden sollen (4. Phase). Im Rückblick wurden in den vier hier skizzierten Phasen sukzessive Entscheidungen getroffen und strukturelle Bedingungen für die Durchführung von Modellprogrammen, Evaluationsstudien, Fortbildungen oder die Entwicklung von Unterrichtsmaterialien geschaffen, die eine Abkehr vom eingeschlagenen und sich immer weiter konturierenden Pfad zwar nicht grundsätzlich ausschließen konnten, aber angesichts zahlreicher früherer Aktivitäten zur Institutionalisierung von BNE legitimationsbedürftig gemacht hätte.

3.3 Institutionalisierung von BNE aus Governance-Sicht

Die Darstellung der Elemente und ihrer dynamischen Wechselwirkungen, die bei der Verbreitung und Verankerung von Innovationen ineinandergreifen, sind auch Anliegen im Kontext der (Educational) Governance-Perspektive (Altrichter/Brüsemeister/Wissinger 2007). Diese Forschungsperspektive befasst sich mit der Analyse von Prozessen, in denen sich unterschiedliche Akteure zur Erreichung ihrer Ziele miteinander arrangieren und ihre Handlungen koordinieren müssen. Da es sich bei BNE um eine inhaltliche und institutionelle Querschnittsaufgabe handelt, kann die Educational Governance-Perspektive dazu beitragen, die Formen und Wirkungen dieses Zusammenwirkens zu erhellen und zu verstehen.

Eine solche dynamische Perspektive auf die Verankerung innovativer Bildungskonzepte in Schulen nehmen z. B. Heinrich (2009) und Asbrand (2009) ein. Beide zielen darauf ab, die gerade nicht top-down und linear erfolgenden Vorgänge des Transfers von BNE im Schulkontext in ihrer Komplexität mit einer governance-analytischen Heuristik systematisch zu erfassen. Heinrich (2009) argumentiert, dass die Sperrigkeit des BNE-Konzepts zu Überforderungssymptomen und einer erschwerten Kommunikabilität von BNE führe, die in governance-analytischer Perspektive als Probleme der innerschulischen Handlungskoordination dargestellt werden können. Asbrand (2009) befasst sich – im Zusammenhang mit der Einführung eines Orientierungsrahmens für Globales Lernen – mit der Frage, wie sich Innovationen im Schulbereich verbreiten können. Aus system- und governance-theoretischer Perspektive arbeitet sie heraus, wie bedeutsam es ist, dass die Innovationen jeweils anschlussfähig an die vorherrschenden Referenzen sein müssen, die zwischen Akteuren des Schulsystems zu ko-produzieren sind.

Neben einer auf einzelne Bildungsorganisationen konzentrierten Sicht werden in Governance-Analysen des BNE-Transfers unter Berücksichtigung schulischer Akteure die strukturellen Besonderheiten großflächiger Verbreitungsprozesse auf regionaler oder lokaler Ebene untersucht. Mit ihrer governance-theoretischen Reflexion von Resultaten einer wissenssoziologischen Diskursanalyse arbeitete Bormann (2011) heraus, über welche Wissensflüsse in Akteurskonstellationen der Transfer von BNE in unterschiedlichen pädagogischen Handlungsfeldern vorangetrieben wird. Dabei identifizierte sie unterschiedliche Transferpraktiken, die sich entweder als hierarchisch ausgerichtete und machtvoll durchgesetzte Formen der Implementierung von BNE oder aber als netzwerkförmig organisierte, gemeinsame inhaltliche Prozesse der Deutung von BNE darstellen. Kolleck, de Haan und Fischbach (2012) untersuchten Netzwerke, die den lokalen Transfer von BNE auch im schulischen Kontext vorantreiben und identifizierten sowohl lange und weit verzweigte Beziehungsketten als auch löcherige Strukturen in Netzwerken kommunaler BNE-Akteure. Hier knüpften Bormann und Kolleck (2016) an und analysierten in ihrer mixed-methods-Netzwerkstudie, welche Rolle das Vertrauen in solchen Netzwerken spielt. Dabei stellten sie fest, dass unterbrochene Netzwerkstrukturen mit einem geringen Vertrauen zwischen Akteuren aus unterschiedlichen Bildungsbereichen einhergehen, während sich in weit verzweigten Netzwerken ein in vielfältigen Aktivitäten und über lange Zeit gewachsenes soziales Vertrauen zeigt.

Die zuletzt skizzierten, exemplarisch ausgewählten Studien zur governance-analytischen Untersuchung der Verankerung von BNE im Bildungsbereich verdeutlichen, wie voraussetzungsreich die operative Verankerung von BNE im Bildungsbereich ist. Abgesehen davon, dass auf der policy-Ebene der Institutionalisierungspfad z. B. im Rahmen der Folgeaktivitäten zum Weltaktionsprogramm voraussichtlich bis 2030 fortgesetzt werden soll (UNESCO 2018) und auch wenn hinsichtlich des agenda setting und policy making die Entwicklung und Verankerung von BNE im Rückblick als erfolgreicher Pfad beschrieben werden kann, ist BNE noch weit davon entfernt, alltäglicher Bestandteil schulischer Praxis zu sein (Singer-Brodowski et al. 2018). Wie im abschließenden Abschnitt argumentiert wird, scheinen weitere Aspekte für eine erfolgreiche Implementierung von BNE im Schulbereich wichtig.

4. Kurzer Ausblick zur weiteren Entwicklung und Verankerung von Bildung für nachhaltige Entwicklung

Wie sich die kurze Geschichte der Institutionalisierung von BNE künftig fortschreibt, wird möglicherweise nicht nur von exogenen politischen Ereignissen und Entscheidungen abhängen, sondern auch davon, inwiefern die Ziele, die BNE anstrebt, tatsächlich erreicht werden. Der Kompetenzkatalog ist lang und die Anforderungen sind hoch: BNE zielt darauf ab, Lernende in die Lage zu versetzen, komplexe Probleme nicht-nachhaltiger Entwicklung kritisch zu reflektieren und zu verstehen. Lernende sollen die Fähigkeit erwerben, gemeinsam mit anderen strategische Entscheidungen zu treffen, die dazu beitragen, eine nachhaltigere Entwicklung zu gestalten, damit heutige und künftige Generationen ein gutes Leben führen können. Dazu bedürfen Lernende nicht nur eines profunden fachlichen Wissens, sondern ebenso der Fähigkeit zum vernetzten, interdisziplinären Denken. Die Ziele, die mit BNE in der Schule erreicht werden sollen, unterscheiden Rieß, Mischo und Waltner (2018) in abstrakte, in internationalen Vereinbarungen niedergeschriebene (z. B. UNESCO 2014) und in differenziertere Ziele, die von Pädagoginnen und Pädagogen entwickelt wurden (z. B. Rieckmann 2018; Wiek/Withycombe/Redman 2011). Sie weisen zudem darauf hin, dass zwar umfassende Kompetenzerwartungen formuliert werden, die Entwicklung geeigneter Instrumente zu deren Evaluierung jedoch noch am Anfang steht. Abgesehen von der Kompetenzmessung ist BNE zudem bislang kaum in der Lehrkräfteausbildung verankert, und auch in Bezug auf Implementierung von BNE in der Lehrkräftefortbildung besteht noch Entwicklungsbedarf (Waltner/Rieß/Brock 2018).

In vielen Schulen unternehmen Lehrkräfte mit viel Engagement Anstrengungen, um die Ziele einer BNE in Unterricht und Schulentwicklung umzusetzen. Jenseits der internationalen und nationalen policy-Dokumente, die die Bedeutung von BNE, Kompetenzerwartungen und Anforderungen an die Gestaltung von Schulen und Unterricht formulieren, werden die Aktivitäten auf der Schulebene in den einzelnen Bundesländern in unterschiedlichem Umfang durch Maßnahmen wie Lehrplanentwicklung, Lehrkräfteaus- und -fortbildung unterstützt. Insofern ist davon auszugehen, dass BNE noch auf lange Sicht ein Anliegen für innere und äußere ›Schulreformen von morgen‹ bleibt.

5. Literatur

Altrichter, H./Brüsemeister, T./Wissinger, J. (2007): Educational governance. Handlungskoordination und Steuerung im Bildungssystem. Wiesbaden: Springer VS

Arthur, B. W. (1983): On Competing Technologies and Historical Small Events: The Dynamics of Choice under Increasing Returns. Workshop Paper, Stanford University. www.iiasa.ac.at/Research/TNT/WEB/Page10120/Orgware/Lock-In/wp-83-90.pdf

Asbrand, B. (2009): Schule verändern, Innovationen implementieren. Über Möglichkeiten mit dem Orientierungsrahmen »Globale Entwicklung« das Globale Lernen in der Schule zu stärken. In: Zeitschrift für internationale Bildungsforschung und Entwicklungspädagogik 32, H. 1, S. 15-21.

Bund-Länder-Kommission für Bildungsplanung und Forschungsförderung (BLK) (1999): Bildung für eine nachhaltige Entwicklung. Gutachten zum Programm von G. de Haan und D. Harenberg, H. 72. Bonn: BLK.

Bund-Länder-Kommission für Bildungsplanung und Forschungsförderung (BLK) (2005): Bildung für nachhaltige Entwicklung »21«. Abschlussbericht des Programmträgers zum BLK-Programm, H. 123. Bonn. www.blk-bonn.de/papers/heft123.pdf.

Bundesministerium für Umwelt, Naturschutz und Reaktorsicherheit (BMU) (1992): Agenda 21. Konferenz der Vereinten Nationen für Umwelt und Entwicklung im Juni 1992 in Rio de Janeiro. Bonn

Bormann, I. (2011): Zwischenräume der Veränderung. Innovationen und ihr Transfer im Feld von Bildung und Erziehung. Wiesbaden: Springer VS.

Bormann, I. (2013a): Bildung für nachhaltige Entwicklung – Von den Anfängen bis zur Gegenwart – Institutionalisierung, Thematisierung, aktuelle Entwicklung. In: Pütz, N./Schweer, M. K. W./Logemann, N. (Hrsg.): Psychologie und Gesellschaft. 11. Bildung für nachhaltige Entwicklung. Aktuelle theoretische Konzepte und Beispiele praktischer Umsetzung. Frankfurt am Main: Lang, S. 11-31.

Bormann, I. (2013b): Bildung für nachhaltige Entwicklung als Praxis sozialer Innovation. In: Rückert-John, J. (Hrsg.): Soziale Innovation und Nachhaltigkeit. Reihe Innovation und Gesellschaft. Wiesbaden: Springer VS, S. 269-289.

Bormann, I./de Haan, G. (Hrsg.) (2007): Kompetenzen der Bildung für nachhaltige Entwicklung. Operationalisierung, Messung, Rahmenbedingungen. Wiesbaden: Springer VS.

Bormann, I./Kolleck, N. (2016): Vertrauen in lokalen Netzwerken des BNE-Transfers. In: Bormann, I./Hamborg, S./Heinrich, M. (Hrsg.): Rekonstruktion von Governance-Regimen des Transfers von Bildung für nachhaltige Entwicklung. Methodologische Überlegungen und empirische Befunde. Reihe Educational Governance. Wiesbaden: Springer VS, S. 273-286.

Brock, A. (2018): Verankerung von Bildung für nachhaltige Entwicklung im Bildungsbereich Schule. In: Brock, A./de Haan, G. /Etzkorn, N./Singer-Brodowski, M. (Hrsg.): Wegmarken zur Transformation. Nationales Monitoring von Bildung für nachhaltige Entwicklung in Deutschland. Opladen: Budrich

Bundesregierung (Hrsg.) (2017): Deutsche Nachhaltigkeitsstrategie 2016. Neuauflage. Berlin. www.bundesregierung.de/resource/blob/975292/730844/3d30c6c2875a9a08d364620ab7916af6/deutsche-nachhaltigkeitsstrategie-neuauflage-2016-download-data.pdf?download=1.

Bundestagsdrucksache 13/8878: Unterrichtung durch die Bundesregierung. Erster Bericht zur Umweltbildung. Bonn: Deutscher Bundestag

Bundestagsdrucksache 15/3472: Beschlussempfehlung und Bericht zum Aktionsplan zur UN-Weltdekade »Bildung für nachhaltige Entwicklung«. Bonn: Deutscher Bundestag.

David, P. A. (1985): Clio and the Economics of QWERTY. In: The American Economic Review 72, H. 2, S. 332-337.

de Haan, G. (2007): Gestaltungskompetenz als Kompetenzkonzept für Bildung für nachhaltige Entwicklung. In: Bormann, I./de Haan, G. (Hrsg.): Kompetenzen der Bildung für nachhaltige Entwicklung. Operationalisierung, Messung, Rahmenbedingungen, Befunde. Wiesbaden: Springer VS, S. 23-45.

de Haan, G./Kamp, G./Lerch, A./Martignon, L./Müller-Christ, G./Nutzinger, H.-G. (2008): Nachhaltigkeit und Gerechtigkeit. Berlin: Springer.

DGfE-AG (2004): Forschungsprogramm Bildung für eine nachhaltige Entwicklung. http://www.dgfe-bne.de/.

Enquete-Kommission (1998): Konzept Nachhaltigkeit. Vom Leitbild zur Umsetzung. Abschlussbericht der Enquete-Kommission »Schutz des Menschen und der Umwelt« des 13. Deutschen Bundestages. Bonn.

Gerschewski, J. (2016): Pfadabhängigkeit in der Vergleichenden Politikwissenschaft. In: Lauth, H.-J./Kneuer, M./Pickel, G. (Hrsg.): Handbuch Vergleichende Politikwissenschaft. Wiesbaden: Springer VS, S. 235-245.

Gräsel, C./Bormann, I./Schütte, K./Trempler, K./Fischbach, R./Asseburg, R. (2012): Perspektiven der Forschung im Bereich Bildung für nachhaltige Entwicklung. In: BMBF (Hrsg.): Bildung für nachhaltige Entwicklung. Beiträge der Bildungsforschung. Bonn, Berlin: Bundesministerium für Bildung und Forschung, S. 7-25.

Hauff, V. (Hrsg.) (1987): Unsere gemeinsame Zukunft. Der Brundtland-Bericht der Weltkommission für Umwelt und Entwicklung. Greven: Eggenkamp.

Heinrich, M. (2009): Governanceanalysen zur BNE in der Schulentwicklung. Implementation von Nachhaltigkeit als Good Governance? In: Zeitschrift für internationale Bildungsforschung und Entwicklungspädagogik 32, H. 1, S. 4-9.

Kultusministerkonferenz (KMK) (1997): »Eine Welt/Dritte Welt« in Unterricht und Schule. Beschluss der Kultusministerkonferenz vom 28.2.1997 i. d. Fassung vom 20.3.1998. Bonn: KMK.

Kolleck, N./Haan, G. de/Fischbach, R. (2012): Qualitätssicherung in der Bildung für nachhaltige Entwicklung. Netzwerke, Kommunen und Qualitätsentwicklung im Kontext der UN-Dekade Bildung für nachhaltige Entwicklung. In: BMBF (Hrsg.): Bildung für nachhaltige Entwicklung. Beiträge der Bildungsforschung. Berlin: Bundesministerium für Bildung und Forschung, S. 115-142.

Meadows, D./Meadwos, R./Randers, J. (1972): Die Grenzen des Wachstums, Bericht des Club of Rome zur Lage der Menschheit. Stuttgart: Deutsche Verlags-Anstalt.

Pierson P. (2000): Increasing Returns, Path Dependence, and the Study of Politics. American Political Science Review 94, H. 2, S. 251-267.

Rieckmann, M. (2018): Learning to transform the world: Key competencies in ESD. In: United Nations Educational, Scientific and Cultural Organization (UNESCO)(Hrsg.): Issues and trends in education for sustainable development. Paris: UNESCO, S. 39-59.

Rieckmann, M./Barth, M. (Hrsg.) (2016): Empirische Forschung zu Bildung für nachhaltige Entwicklung. Themen, Methoden und Trends. Opladen: Budrich.

Rieß, W./Mischo, C./Waltner, E.-M. (2018): Ziele einer Bildung für nachhaltige Entwicklung in Schule und Hochschule. Auf dem Weg zu empirisch überprüfbaren Kompetenzen. In: GAIA 27, H. 3, S. 298-305.

Scott, R.W. (2001, 2.A.): Institutions and organisations. Thousand Oaks: SAGE.

Singer-Brodowski, M./Brock, A./Etzkorn, N./Otte, I. (2018): Monitoring of education for sustainable development in Germany – insights from early childhood education, school and higher education. In: Environmental Education Research, S. 1–16.

Rat von Sachverständigen für Umweltfragen (SRU) (Hrsg.) (1994): Umwelt-Gutachten 1994. Für eine dauerhaft-umweltgerechte Entwicklung. Stuttgart.

UNESCO (2014): Roadmap zur Umsetzung des Weltaktionsprogramms »Bildung für nachhaltige Entwicklung«. www.bmbf.de/files/2015_Roadmap_deutsch.pdf.

UNESCO (2018): Resolution des Exekutivrats der UNESCO. 204 EX/28. Paris. unesdoc.unesco.org/images/0026/002616/261625e.pdf.

Waltner, E.-M./Rieß, W./Brock, A. (2018): Development of an ESD Indicator for Teacher Training and the National Monitoring for ESD Implementation in Germany. In: Sustainability 10, H. 7, S. 2508.

Wissenschaftlicher Beirat für Globale Umweltfragen (WBGU) (1995): Welt im Wandel. Wege zur Lösung globaler Umweltprobleme. Jahresgutachten 1995. Berlin.
Wiek, A./Withycombe, L./Redman C. L. (2011): Key competencies in sustainability: A reference framework for academic program development. Sustainability Science 6, H. 2, S. 203–218.

Ralf Koerrenz

Globale Bildung

1. Einleitende Orientierungen

Die Kombination von »global« und »Bildung« wirkt heute wie ein sich geradezu selbsterklärendes Label für eine nähere Bestimmung von Lernen allgemein und schulischem Lernen im Besonderen. Perspektiven der Schulreform sind kaum denkbar ohne Einbezug des banal wirkenden Sachverhalts, dass wir, das heißt die Lehrenden und Lernenden, mit einem Wahrnehmungshorizont konfrontiert sind, der die »gesamte globale Welt« einbezieht. Das ist ein großer Anspruch und es stellt sich die Frage, wie dieser mit dem Alltag von Schule einerseits und einer Theorie der Bildung andererseits verknüpft werden kann.

Mit Blick auf die konkreten Herausforderungen in der Schule wird »Globale Bildung« in der Regel übersetzt in einen eigenen Lernbereich. So wird jedenfalls die Anknüpfung in dem maßgebenden Programm dargestellt, das in Deutschland vom Weltaktionsprogramm »Bildung für nachhaltige Entwicklung« formuliert worden ist. Die Rede ist dann von einem »Lernbereich Globale Entwicklung«, der eine Leitlinie auch für alle Schulreform sein soll. Zur näheren Erläuterung dieses Lernbereichs wurde 2016 in Abstimmung der Ständigen Konferenz der Kultusminister der Länder der Bundesrepublik Deutschland (KMK) mit dem Bundesministerium für wirtschaftliche Zusammenarbeit und Entwicklung (BMZ) die zweite Fassung eines erstmals 2007 veröffentlichten »Orientierungsrahmens« (KMK 2016) vorgelegt. Dieser Orientierungsrahmen entwirft eine Art prozesshaften Fahrplan, um auf der Grundlage von Überlegungen zum globalen Wandel einerseits und Leitvorstellungen eines guten, gelingenden Lebens andererseits Perspektiven der Implementation eines verantwortlichen Weltbewusstseins in die verschiedenen Fachkulturen (KMK 2016, 111ff.) zu skizzieren. Gedacht wird hierbei primär von sozialen, gesellschaftlichen und ökologischen Herausforderungen aus, für die eine entsprechende Sensibilität geweckt und angemessene Handlungsstrategien angeregt werden sollen.

Inhaltlich ist der Orientierungsrahmen die staatlich-öffentliche Konsequenz einer seit den frühen 1980er Jahren geführten Diskussion um ökologisches (Dauber 1981), entwicklungspolitisches (Scheunpflug/Treml 1993) und ökumenisches (Koerrenz 1994, bes. Kap. 4) Lernen. Diese Diskussion fand in dem Stichwort der »Nachhaltigkeit« einen bis heute aktuellen Fokus. Wesentlich inspiriert wurden diese Debatten um ein auch schulisch zeitgemäßes Lernen 1992 von der Konferenz der Vereinten Nationen über Umwelt und Entwicklung (englisch: United Nations Conference on Environment and Development, UNCED) im brasilianischen Rio de Janeiro, kurz auch Erdgipfel oder Rio-Konferenz genannt (Koerrenz et al. 2017, S. 289 ff.). Das in

Rio zentrale Konzept der nachhaltigen Entwicklung nimmt dabei wesentliche Linien des Brundtland-Berichts der Vereinten Nationen von 1987 auf (United Nations: Our Common future, 1987, § 27), in dem es unter anderem heißt: »Humanity has the ability to make development sustainable to ensure that it meets the needs of the present without compromising the ability of future generations to meet their own needs."

Auf der Konferenz in Rio wurde als orientierende Leitlinie vor allem die Agenda 21 verfasst. Dieser Text wurde von 172 Staaten beschlossen. Die Agenda 21 versteht sich als ein entwicklungs- und umweltpolitisches Aktionsprogramm für das 21. Jahrhundert, das auch eine Neuausrichtung der Bildung auf eine nachhaltige Entwicklung einfordert. Sowohl die Praxis als auch das theoretische Verständnis von Bildung sollen sich demnach an einem Welthorizont orientieren, in dem Nachhaltigkeit, ökonomische und ökologische Fairness und Chancengleichheit für die Menschen in den verschiedenen Erdregionen als regulative Ideen fungieren. Die Konsequenzen allen Lernens für Umwelt und Entwicklung rücken damit – auch in der Schule – in den Fokus. Das so verstandene Globale bietet damit einerseits einen Deutungsrahmen für pädagogisches Handeln allgemein. Andererseits wird damit die Aufmerksamkeit auf bestimmte Lerninhalte und auf eine Sensibilität für ökologische und ökonomische Fragen gelenkt. Im 36. Kapitel der Agenda 21 finden sich ausführliche Überlegungen zur »Förderung der Schulbildung, des öffentlichen Bewusstseins und der beruflichen Aus- und Fortbildung«. Es geht danach vor allem um eine »Bildung für nachhaltige Entwicklung (BNE)« (englisch: Education for Sustainable Development – ESD). Die zentrale Herausforderung wird dabei wie folgt skizziert:

> Sowohl die formale als auch die nichtformale Bildung sind unabdingbare Voraussetzungen für die Herbeiführung eines Bewusstseinswandels bei den Menschen, damit sie in der Lage sind, ihre Anliegen in Bezug auf eine nachhaltige Entwicklung abzuschätzen und anzugehen. Sie sind auch von entscheidender Bedeutung für die Schaffung eines ökologischen und eines ethischen Bewusstseins sowie von Werten und Einstellungen, Fähigkeiten und Verhaltensweisen, die mit einer nachhaltigen Entwicklung vereinbar sind, sowie für eine wirksame Beteiligung der Öffentlichkeit an der Entscheidungsfindung. (Agenda 21, Kapitel 36)

Diese Motivlage wurde in der Folgezeit interdisziplinär breit aufgenommen und aufgearbeitet (Overwien 2014). Eine frühe Übersicht über die Rezeptionsstränge findet sich in dem Heft von Annette Scheunpflug und Nikolaus Schröck unter dem Titel »Globales Lernen. Einführung in eine pädagogische Konzeption zur entwicklungsbezogenen Bildung« (Scheunpflug/Schröck 2000). Eine umfassende didaktische Perspektive entwickelte im Anschluss an die Systemtheorie Niklas Luhmanns Klaus Seitz in seinen Überlegungen zu »Bildung in der Weltgesellschaft. Gesellschaftstheoretische Grundlagen Globalen Lernens« (Seitz 2002). Bei den empirischen Untersuchungen zu Möglichkeiten und Grenzen einer Implementierung Globalen Lernens in Schule und in außerschulischen Kontexten ist vor allem auf die Arbeiten von Barbara Asbrand zu verweisen, die 2009 eine qualitativ-rekonstruktive Studie zum Globalen Lernen unter dem Titel »Wissen und Handeln in der Weltgesellschaft« (Asbrand 2009) vorgelegt hat. Die Konsequenzen für politische Bildung in und durch die Schule thematisiert der perspektivenreiche Sammelband »Politische Bildung in der Weltgesellschaft. Herausforderungen, Positionen, Kontroversen« (Sander/Scheunpflug 2011). Im Kontext der zahlreichen Studien zur politischen Bildung kann exemplarisch auf die Schriften von Bernd Overwien (z. B. Overwien/Rathenow 2009; Overwien/Rode 2013) hingewiesen werden.

Mit Blick auf Schulreform und Schulentwicklung liegen die wissenschaftlichen Herausforderungen zunächst im Bereich der Darstellung von Best-Practice-Modellen und der empirischen Erfassung von Implementationsprozessen. Hierzu gibt es bereits eine umfangreiche Literatur, die insbesondere auch schulpraktische Umsetzungsbeispiele erfasst. Eine Übersicht findet sich online unter: *https://www.globaleslernen.de/de/orientierungsrahmen-globale-entwicklung-or* (Abruf am 18.02.2019). Neben diesen Herausforderungen wirft die Formel »Globale Bildung« jedoch auch noch einmal die grundlagentheoretische Frage auf, wie denn »Bildung« im Horizont des »Globalen« gerade mit Blick auf schulisches Lernen angemessen zu beschreiben ist. In diesem Sinn sollen nachfolgend einige Überlegungen zur Neujustierung von »Bildung« vorgenommen werden, die die Aspekte des Welthorizonts und der Weltorientierung als zentrale Herausforderung von Schulreform thematisieren. Dabei liegt es nahe, die anthropologisch-aufklärerische Konstituierung des Konzepts »Bildung« im 18. Jahrhundert in Erinnerung zu rufen, um von dort aus nach der Beziehung von (schulischem) Lernen und Welterfahrung zu fragen.

2. Bildung

Der Ausgangspunkt des Deutungsmusters »Bildung« im Entstehungskontext der zweiten Hälfte des 18. Jahrhunderts war: »Bildung« ist ein anthropologischer Begriff, in dem es um den Weltbezug des Individuums vom Individuum aus geht. Es geht um Wahrnehmung und Einverleibung von »Welt« im Modus der Reflexion über die Bedingungen der eigenen Wahrnehmung und über die Bedingungen der Einverleibung von »Welt«. »Bildung« ist so – anthropologisch betrachtet – ein selbstreflexiver Begriff, eine Kennzeichnung dafür, wie sich ein Mensch zu sich selbst, zum eigenen Lernen verhält, wie dies Lernen in den Bedingungen der Möglichkeit von Weltwahrnehmung und Welteinverleibung durchschaut und kritisch eingeordnet wird. Dies ist jedenfalls eine wesentliche Lesart von »Bildung« vor der kapitalistischen Instrumentalisierung des Begriffs zur Markierung von Klassen- und Teilhabeunterschieden im 19. Jahrhundert (Bollenbeck 1994). Und es ist eine, wenn nicht gar »die« theoretische Grundlegung dessen, was heute systematisch und grundlagentheoretisch unter »Globaler Bildung« verstanden werden kann.

Gerade unter der Perspektive des »Globalen« drängt sich der Rückbezug auf Ursprungskonzepte des Deutungsmusters »Bildung« auf. Für Wilhelm von Humboldt stand im Zentrum seiner Überlegungen, dass es in einem Prozess der »Bildung« für das Individuum darum gehe, »soviel Welt, als möglich zu ergreifen, und so eng, als er nur kann, mit sich zu verbinden. Die letzte Aufgabe unsres Daseyns: dem Begriff der Menschheit in unsrer Person, sowohl während der Zeit unsres Lebens, als auch noch über dasselbe hinaus, durch die Spuren des lebendigen Wirkens, die wir zurücklassen, einen so großen Inhalt, als möglich, zu verschaffen, diese Aufgabe löst sich allein durch die Verknüpfung unsres Ichs mit der Welt zu der allgemeinsten, regesten und freiesten Wechselwirkung.« (Humboldt 1793/1980, S. 235f.) Es geht um die Welt, um die Integration der Wahrnehmung von Welt in die Konzeption des Selbst und um die Selbstbeobachtung in aller Weltaneignung. Von dort aus stellt sich bildungstheoretisch »lediglich« die Frage, wie weit der Horizont von Welt gefasst ist, wodurch dieser inhaltlich bestimmt ist und wie insgesamt das Individuum einen geordneten, selbstreflexiven Umgang mit Welt erlangen kann.

»Bildung« kennzeichnet damit eine ganz spezifische Art und Weise, wie der Umgang des Menschen mit dem anthropologischen Universalphänomen des eigenen Lernens gedeutet werden kann. Die Ausgangsbeobachtung ist banal: Instinkt reicht Menschen nicht aus, um das eigene Überleben zu sichern. Es ist Anderes und Mehr nötig, damit das Überleben über Generationen hinweg gesichert werden kann. Nicht nur Natur, sondern immer auch Kultur ist erforderlich. Diese kann ganz unterschiedlich sein. Anthropologisch jedoch ist die Voraussetzung universal. Menschen müssen lernen – im je eigenen Lebenslauf und kollektiv über die Generationen hinweg. Auf was für einem Niveau und in welchem Ausmaß an Differenziertheit »Welt« auch kulturell strukturiert ist – immer setzt das Überleben ein Erlernen von Kultur, eine Enkulturation (Loch 1968/1976) voraus. Dafür gibt es »Erziehung« als eine Steuerung von Lernprozessen, die von außen auf das Lernen von Individuen einzuwirken sucht. Lernen jedoch wird nicht nur von außen gesteuert.

Pädagogisch-wissenschaftlich ist das deutsche Deutungsmuster »Bildung« als Ordnungskategorie ein Phänomen, das genau die Unterschiedlichkeit der Lernsteuerung aufnimmt. Vergleichend betrachtet gibt es in allen Kulturen ein Sprachfeld, in dem und mit dem semantisch der Umgang des Menschen mit dem anthropologischen Elementarphänomen »Lernen« strukturiert wird. Die Sortierung des Sprachfelds im Deutschen ist insofern von einer Besonderheit bestimmt, als in der zweiten Hälfte des 18. Jahrhunderts eine weitere Differenz, eine weitere Ordnungskategorie eingeführt wurde, und zwar mit der Verbindung bzw. Gegenüberstellung von »Erziehung« auf der einen Seite und »Bildung« auf der anderen Seite. Diese, das deutsche Sprachfeld kennzeichnende Basisdifferenz ist kaum bzw. nur unter großen Schwierigkeiten in andere Sprachen / Sprachfelder übersetzbar. »Bildung« ist insofern ein sehr spezielles »deutsches« Deutungsmuster, an das gerade ein Nachdenken über »Globale Bildung« sinnvoller Weise anknüpfen sollte.

Die Eigenheit dieser Ordnung zeigt sich exemplarisch bei Moses Mendelssohn einerseits und dem bereits erwähnten Wilhelm von Humboldt andererseits. Bei beiden Personen wird »Bildung« als Ordnungsmotiv im Sprachfeld »Lernen« eingesetzt wurde. Für Moses Mendelssohn ist »Bildung« eine Antwort darauf, was man unter »Aufklärung« verstehen kann. Anders formuliert: Wie »Aufklärung« praktisch möglich ist bzw. als Form der Weltaneignung gelebt werden kann – sowohl von Einzelnen als auch kollektiv. In seiner Schrift »Über die Frage: was heißt aufklären?« aus dem Jahr 1784 finden sich einleitend die Sätze: »Die Worte Aufklärung, Kultur, Bildung sind in unsrer Sprache noch neue Ankömmlinge. Sie gehören vor der Hand bloß zur Büchersprache. Der gemeine Haufe verstehet sie kaum.« Und er fährt – wenige Sätze später – fort: »Bildung, Kultur und Aufklärung sind Modifikationen des geselligen Lebens; Wirkungen des Fleißes und der Bemühungen der Menschen ihren geselligen Zustand zu verbessern. Je mehr der gesellige Zustand eines Volks durch Kunst und Fleiß mit der Bestimmung des Menschen in Harmonie gebracht worden; desto mehr Bildung hat dieses Volk. Bildung zerfällt in Kultur und Aufklärung. Jene scheint mehr auf das Praktische zu gehen: auf Güte, Feinheit und Schönheit in Handwerken, Künsten und Geselligkeitssitten (objektive); auf Fertigkeit, Fleiß und Geschicklichkeit in jenen, Neigungen, Triebe und Gewohnheit in diesen (subjektive). […] Aufklärung hingegen scheinet sich mehr auf das Theoretische zu beziehen. Auf vernünftige Erkenntniß (objekt.) und Fertigkeit (subj.) zum vernünftigen Nachdenken, über Dinge des menschlichen Lebens, nach Maaßgebung ihrer Wichtigkeit und ihres Einflusses in die Bestimmung des Menschen. Ich setze allezeit die Bestimmung des Menschen als Maaß und Ziel aller unserer Bestrebungen und Bemühungen, als einen Punkt, worauf wir unsere Augen richten müssen, wenn wir uns nicht verlieren wollen« (Mendelssohn 1784/1998, S. 4).

Ohne ins Detail zu gehen, ist der Fokus deutlich: Die Veränderung der Bedingungen individueller und kollektiver Weltaneignung im 18. Jahrhundert erforderte ein neues Nachdenken darüber, wie Anthropologie und in der Anthropologie die dynamische Veränderung im Lebenslauf (= Lernen) angemessen beschrieben werden können. »Bildung« ist bei alledem der Oberbegriff, von dem aus das individuelle und soziale Sein des Menschen geordnet werden kann. Im Kontext einer zumindest potenziell als offen zu denkenden Zukunft wird Mensch-Sein unter das Vorzeichen von Individualität und Individualisierung gestellt. Im Licht (bzw. »Schatten«) der Aufklärung bündeln sich im Deutungsmuster »Bildung« genau jene »Individualisierungsansprüche« (Bollenbeck 1994, S. 127), die durch Orientierungsnormen wie Autonomie und Freiheit insgesamt als neue Normalität von Mensch-Sein bestimmt werden. Weltaneignung ist nicht mehr vorgegeben, die Position in der Welt ist nicht mehr in die Wiege gelegt. Darauf muss eine Deutung des menschlichen Lernens reagieren, denn jetzt ist die Aufgabe des Menschen nicht länger nur die Reproduktion von etwas feststehend Gegebenem. Die Zukunft ist potenziell offen, die Welt steht den Menschen (zumindest im Denken) offen. Das aber setzt eine individuelle Verantwortung für das Agieren in der Welt frei. Der Mensch wird durch seine Freiheit auf sich selbst zurückgeworfen gerade in der potenziellen Offenheit von Welt. Es geht im Ursprung der semantischen Ordnung bei »Bildung« mit Blick auf den Welthorizont um eine verantwortliche Selbstwerdung unter den Maßgaben von Freiheit und Eigengesetzlichkeit (Koerrenz 2013).

»Bildung« wirkt so in sozialanthropologischer Hinsicht als ein Differenzbegriff zu »Erziehung« – »Erziehung« meint offensichtlich etwas Anderes: nämlich die Steuerung des individuellen Lernens von außen, von vorgegebenen Autoritäten und Geltungsansprüchen. Während der Bezug »Individuum – Umwelt/Mitwelt« bei »Erziehung« von außen betrachtet wird, beschreibt »Bildung« eine Bewegung, eine Tätigkeit vom Individuum aus. »Bildung« ist in der Perspektive Mendelssohns eine Kennzeichnung zur Bestimmung des Menschen, wie dieser sich zur Umwelt/Mitwelt im aufgeklärten Sinne verhalten kann. Diese Hinwendung kann aus Erkenntnisgründen gegliedert werden in eine praktische und eine theoretische Aktivität. In beiden Aktivitäten legen Menschen jedoch vor allem vor sich selbst Rechenschaft ab, wie sie sich verantwortlich, d. h. aufgeklärt zu Welt verhalten. Praktisch geht es bei »Bildung« um die Gestaltung von Kultur, theoretisch (mit heutigen Worten ausgedrückt) um die Durchdringung von Macht- und Abhängigkeitsstrukturen, um deren Erkenntnis und Benennung. Letztlich geht es in dieser doppelten Hinsicht um den Umgang mit der eigenen (d. h. sich über Lernen verändernden und zu steuernden) Entwicklung. Kurz: »Bildung« ist eine Kennzeichnung des Mensch-Seins, mit der durch bewusste Formen des Handelns (Kultur) und des Denkens (Aufklärung) eine kritische Selbstbezüglichkeit / Selbstreferentialität in der Auseinandersetzung mit und der Aneignung von Wirklichkeit in den Blick genommen wird.

Humboldt fügt dieser anthropologischen Grundierung des Begriffs »Bildung« rund ein Jahrzehnt später weitere Nuancen hinzu. In seinen Fragmenten zur »Theorie der Bildung« geht Humboldt von dem Gedanken aus, dass »im Mittelpunkt aller besonderen Arten der Thätigkeit nemlich […] der Mensch« steht. Das Denken des Menschen aber ist näher gekennzeichnet als »ein Versuch seines Geistes, vor sich selbst verständlich, sein Handeln ein Versuch seines Willens, in sich frei und unabhängig zu werden, seine ganze äussre Geschäftigkeit überhaupt aber nur ein Streben, nicht in sich müssig zu bleiben.« (Humboldt 1793/1980, S. 235) Damit diese Selbstreferentialität, dieses Umgehen mit sich selbst im Allgemeinen und dem Lernen im Besonderen gelingen kann, benötigt der Mensch als ihm gegenüberstehendes Drittes »Welt«. Auch bei Humboldt findet sich eine anthropologische Fundierung des »Bildungs«-Begriffs, mit dem offensichtlich eine spezifische Aussage über das menschliche Lernen getroffen werden soll.

3. Bildung und Globalisierung

In den Fokus rückt das an der Welt orientierte Selbstverhältnis des Menschen, also seine Art und Weise, mit der eigenen Fähigkeit zur (und Angewiesenheit auf) Weltaneignung, zum Lernen umzugehen. Wollen wir von dort aus eine nähere und zugleich hinreichend allgemeine Bestimmung von »Bildung« gerade in der Verknüpfung mit dem Globalen bzw. der Globalisierung vornehmen, so wird das Verhältnis von lernendem Individuum und »Welt« als »Gegenüber« des Lernens näher zu bestimmen sein.

Einerseits wird in dem solchermaßen anthropologischen Verständnis von »Bildung« stark gemacht, dass es der einzelne Mensch ist, der sich in seinem Lernen zu sich selbst verhält, indem er/sie beispielsweise einstimmt in eine bestimmte geschichtliche Erinnerung oder in eine bestimmte kulturelle Praxis. Und es wird hervorgehoben, dass der Mensch es ist, der sich entscheidet, welchen Maßstäben er/sie folgt, wenn er zu Hause sitzt oder auf der Straße geht, wenn er sich schlafen legt und wenn er aufsteht. Andererseits wird mit dem Bezug auf »Bildung« sowohl bei Mendelssohn wie bei Humboldt darauf verwiesen, dass der selbstreferentielle Umgang des Menschen mit sich selbst immer angewiesen ist auf »Welt« als das Gegenüber. Dieses Gegenüber wird durch eine täglich je neu zu leistende Vergegenwärtigung der kulturell angeeigneten Welt-Deutung näher bestimmt – mit dem Ziel, den in diesem Rahmen umsteckten »Begriff der Menschheit in unsrer Person« zur Geltung kommen zu lassen. Wenn von »Bildung« die Rede ist, wird die Verantwortung des Menschen für den Umgang mit seinem Lernen, mit seiner Angewiesenheit auf und seiner Befähigung zum Lernen, thematisiert. Selbstreferentialität und vom Individuum aus zu verantwortende Weltaneignung bilden so das Spannungsgefüge *innerhalb* des »Bildungs«-Begriffs. Zusammengefasst: »In Bildung geht es um eine reflektierte Aneignung von Mit-Welt und es geht – dem ersten immer logisch vorausgesetzt – um eine kritische Analyse jener Bedingungen, unter denen die Mit-Welt in Betracht gezogen wird. Es geht auf dieser anderen Seite um Bildung als Bewusstmachung und Bewusstwerdung der eigenen Bedingungen und Bedingtheiten der Zuwendung zur Mit-Welt« (Koerrenz 2014b, S.16).

Dieser, vom Individuum aus gedachte Weltbezug verschiebt sich mit der vom Neuhumanismus gegen die Aufklärung zur Geltung gebrachten Bedeutung zweier Referenzpunkte, die künftig ebenfalls mit dem Begriff »Bildung« verbunden werden: den sogenannten Bildungsmitteln und den sogenannten Bildungsinstitutionen (Bollenbeck 1994, S. 149). Damit erfolgt eine wesentliche Verschiebung in der semantischen Ordnung des Feldes »Lernen«, in das die Aufklärung eine radikale Verantwortlichkeit des Menschen für sich und seine Weltwahrnehmung bzw. Weltgestaltung über den Bildungsbegriff eingetragen hatte. In zunächst konservativer, später dann schlicht reaktionärer Absicht wurde vom Neuhumanismus inspiriert gerade diese Zumutung der Individualität entschärft und durch die Verlagerung von »Bildung« in Mittel und Institutionen das Bedeutungsfeld grundlegend verändert. »Bildung« wurde ent-anthropologisiert, machtpolitisch eingehegt und über die Fokussierung auf »Bildungs«-Mittel und »Bildungs«-Institutionen handhabbar, in letzter Konsequenz sogar vermessbar. Für das Verständnis von »Globaler Bildung« macht es insofern (wie bei allem Nachdenken über »Bildung«) einen grundlegenden Unterschied, ob man dem auf (Selbst-)Kritik und Autonomie beruhenden Pfad der Aufklärung oder der in letzter Konsequenz in reaktionären Herrschaftsmechanismen mündenden Deformierung des Humanismus (Bollenbeck 1994, S. 160ff.) folgen will. Aufklärung geht immer von dem unbequemen Gedanken der Eigenverantwortlichkeit des Individuums angesichts einer (relativ) offenen, verletzlichen und zum Großteil unverfügbaren und doch zu gestaltenden Zukunft aus. Dagegen verfolgt der Humanismus einen anderen Pfad: Durch den Verweis des Bildungsmotivs an (von wem auch immer »objektiv« zu definierende) Bildungsmittel und durch die Schaffung von entsprechenden Institutionen wird in letzter Konsequenz der Lebenslauf des Bürgers auf die Bedürfnisse des Wirtschaftssystems ausgerichtet. Dies erschließt dem öffentlich erfolgreichen »Bildungs«-Diskurs zwar scheinbar kritische Entscheidungsfelder. In Wahrheit wird dadurch jedoch das weiche Ruhekissen eines auf Dauer national definierten Reformpalavers vorbereitet. Wird Bildung jedoch anthropologisch verstanden und vor allem als selbstreflexives Verhältnis der Einzelnen zum eigenen Lernen ausgedeutet, ergibt sich eine Brücke in eine Konzeption »Globaler Bildung«, die eine Art Dach über die vielfältigen Lernaktivitäten zu bauen vermag, die als Praxismodelle den Lernbereich inhaltlich ausfüllen sollen. Immer geht es dann um das Nachdenken darüber, wie Einzelne sich – in kritischer Auseinandersetzung mit ökologischen, ökonomischen oder gesellschaftspolitischen Fragestellungen – über sich mit sich verständigen können. Anders formuliert: Welche Wertmaßstäbe Lernende sich in ihrem denkenden und handelnden Weltverhältnis geben und einüben. So wird »Globale Bildung« als ein anzueignender Habitus praktisch, ohne – durch bestimmte Inhalte – reduziert und fixiert zu werden. »Globale Bildung« ist dann ein Beitrag zu einer anthropologisch gegründeten Perspektive der Schulreform, in der es um eine zeitgemäße Fassung der schulischen Förderung eines kritisch-aufklärerischen Bewusstseins geht. Es geht um eine Befähigung zur Aufklärung der Einzelnen über sich selbst, um von dort aus gegründet eine kritisch-offene Auseinandersetzung mit den Herausforderungen führen zu können, die unter dem Stichwort der »nachhaltigen Entwicklung« zusammengefasst werden.

»Globalisierung« (Koerrenz 2014b, S. 13, FN 3) ist bei alledem ein in sich vielschichtiges Symbol, das unsere heutige Alltagswahrnehmung und unseren Horizont von Mustern kultureller »Normalität« gleichermaßen prägt. Dieser Aspekt des »Globalen« kann in verschiedene Richtungen entfaltet werden. Auf der einen Seite kann gefragt werden: Was bedeutet Globalisierung für ein zeitgemäßes Verständnis von Kultur? Und anders herum: Inwieweit ergibt sich auf dem Hintergrund bestimmter kultureller Prägungen eine besondere Sichtweise auf Globalisierung? Schließlich: Wie wird das Verständnis von Globalisierung in der Gestaltung von Kultur praktisch? Die in verschiedenen Konzepten etablierte Formel »Globale Bildung« verweist auf einen maßgeblichen Punkt, an dem Theorie und Praxis sich begegnen: Bildung als über Lernen selbstverantwortete Gestaltung des Lebenslaufs im Horizont der Weltgesellschaft. »Globale Bildung« legt mit Blick auf die subjektiven Herausforderungen der Weltverarbeitung nahe, die Aufmerksamkeit auf die Lernenden zu richten. Eine pädagogische Traditionslinie, die in diesem Sinne die Subjektseite des Lernens und von Bildung betont, wird im deutschen Sprachraum mit dem Label »Reformpädagogik« belegt (Blichmann 2014). Unter Berücksichtigung auch systematischer Überlegungen zur Kopplung von »Reform« und »Pädagogik« liegt der Schluss nahe, dass gerade eine zeitgemäße und gegenwartsbezogene »Reformpädagogik« über eine bestimmte inhaltliche Akzentuierung von »Bildung« auf die Herausforderung des Welthorizonts im 21. Jahrhundert zu reagieren vermag. »Reformpädagogik« tut dies vor allem mit zwei Strategien (Koerrenz 2014a, Kap. 5).

4. Bildung, Globalisierung und Menschenrechte

Die eine Strategie ist das Eintreten für eine heterogenitätssensible Universalität der Menschenrechte. Dieses Eintreten konkretisiert sich im schulischen und außerschulischen Kontext vor allem in einem Eintreten für die altersspezifischen Menschenrechte von Kindern und Jugendlichen. Nachfolgend greife ich auf Überlegungen zurück, die bereits in einer Bestimmung der aktuellen Konturen von »Reformpädagogik« formuliert worden sind (Koerrenz 2014a, Kap 5). Die UN-Kinderrechtskonvention formuliert eine anwaltschaftliche Grundeinstellung, nach der es ein lebensaltersspezifisches Recht auf Wohlergehen gibt – ein Wohlergehen, das sich neben leiblicher und seelischer Unversehrtheit auch in dem Zugang zu Entwicklungschancen ausdrückt. In der Präambel der Konvention wird die Zielstellung formuliert, dass »das Kind umfassend auf ein individuelles Leben in der Gesellschaft vorbereitet und im Geist der in der Charta der Vereinten Nationen verkündeten Ideale und insbesondere im Geist des Friedens, der Würde, der Toleranz, der Freiheit, der Gleichheit und der Solidarität erzogen werden sollte.« Die normative Bedeutung der Konvention entfaltet sich immer nur indirekt. Für den nationalen Rechtskontext bildet die Konvention in diesem Sinne eine Art Berufungsinstanz, die zu Rechtfertigungen und Korrekturen nötigt, wenn von den Grundanliegen dieser Konvention abgewichen wird.

All die in der Konvention proklamierten Rechte für Kinder, d.h. das Lebensalter bis 18 Jahre, sollen etwas Universales zum Ausdruck bringen. Genau darin liegen Chance und Grenze zugleich. Postkoloniale Theorien (do Mar Castro Varela, M./Dhawan, N. 2015; Kerner 2012) und postkoloniale Pädagogik verweisen mit Recht darauf, dass das Eintreten für und die Verwendung von Universalien notwendig zu zumeist hegemonial strukturierten und paternalistisch gefärbten Vereinnahmungstendenzen führt. Aber: So sehr dies zu berücksichtigen ist, so sehr erscheint es in Zeiten neuer (nationalistischer und religiöser) Abgrenzungen notwendig, gleichzeitig die Unverzichtbarkeit und Bedeutung von universalen Rechten jenseits der Zugehörigkeit zu bestimmten Gruppen zu verteidigen. »Globale Bildung« konkretisiert sich im schulischen Kontext danach in einer Sensibilisierung für das Paradox, dass das Universale gegenüber dem Heterogenen unbedingt zu verteidigen ist – und dies im Bewusstsein, dass das Heterogene notwendig das Universale mit Recht in Frage stellen muss. Es ist dies Paradox, dass im Bewusstsein der Schülerinnen und Schüler (das Recht auf) Gleichheit und (das Recht auf) Verschiedenheit gleichzeitig zu verteidigen sind und sich doch immer gegenseitig zu kritisieren haben. Aus der Perspektive der Globalen Bildung ist scheinbar ein Eintreten für eine allgemeine Gültigkeit der in der Kinderrechtskonvention formulierten Standards selbstverständlich. Dies gilt und doch zugleich auch mit dem Eintreten für die Konvention ihre Infragestellung. Aushalten, wenn auch nicht auflösen lässt sich die Spannung nur dadurch, dass (auch im schulischen Kontext) das Bewusstsein für die Notwendigkeit dieses Paradoxes sensibilisiert wird. Eine Sensibilisierung für diese unauflösbare Spannung hätte zur Konsequenz, dass je nach Situation universale Einschließungen oder heterogene Abgrenzungen daraufhin befragt werden, welche praktischen Konsequenzen diese haben. Eine solche Sensibilisierung führt vor allem zu der Einsicht, dass das eigene Handeln reflexiv verantwortet werden muss. Damit knüpft diese Strategie sowohl an den Selbstreflexionsmodus als auch an die Weltaneignungsdimension von »Bildung« im oben skizzierten Sinne an. Gerade in der (schulischen) Auseinandersetzung mit globalen Zusammenhängen, seien diese kultureller, ökonomischer oder politischer Art, ist diese Spannung unausweichlich. Und die Verteidigung des Widersprüchlichen scheint nur im eigenen verantwortlichen Handeln als »gebildeter«, d. h. sich der eigenen Kriterien bzw. Vor-Urteile bewusster Mensch aufhebbar.

5. Bildung, Globalisierung und Institutionenkritik

Die andere Strategie, mit der eine zeitgemäße »Reformpädagogik« auf die Herausforderung des Welthorizonts im 21. Jahrhundert reagiert, besteht in einer generellen Kritik aller Bildungsinstitutionen, insbesondere der Schule. Unter »Kritik« ist dabei nicht eine schlichte Zurückweisung von Etwas zu verstehen, sondern ein Abwägen: das Aufzeigen von Notwendigkeiten einer Institution wie Schule auf der einen Seite unter einer generellen Infragestellung der jeweiligen Ausprägung ihrer konkreten Gestalt auf der anderen Seite. Eine solche Kritik beginnt bei Unterscheidungen wie der zwischen Schulpflicht und Unterrichtspflicht und richtet sich beispielsweise auf Alternativen der Organisation von Unterricht oder auf die Sinnhaftigkeit, Funktion und Begrenztheit von Leistungsfeststellungen. Vor allem aber kommt in einer solch kritischen Perspektive in den Blick, was die Institution Schule durch die Art ihrer Verfasstheit an strukturellen Lernappellen bzw. Lernnötigungen für die Kinder und Jugendlichen mit sich führt (Bernfeld 1925/1973; Dreeben 1980). Wenn Bildung auf die Reflexion der Bedingungen der Möglichkeiten des Lernens zielt, also konkret auf die Schulung der Selbstreflexion, dann kommt es entscheidend darauf an, dass Kinder und Jugendliche selbst verstehen lernen, was an ihnen und mit ihnen in der Schule geschieht. Anders formuliert: Kinder und Jugendliche müssen lernen, was Schule als Institution mit ihnen macht, um sich dann zur Institution verhalten zu können. Neben dem Lehrplan in der Institution geht es um den Lehrplan der Institution an sich. Neben den Inhalten, die in der Institution vermittelt werden, geht es um jene Inhalte, die die Institution als Institution aus ihrer Verfasstheit heraus repräsentiert (Koerrenz 2014a, Kap 5). Die im Konzept »Globaler Bildung« zentral zu schulende Kritikfähigkeit an *allem* Bestehenden, das mit dem Gestus der (schwer oder gar nicht zu verändernden) Normalität auftritt, mündet in die Frage, wie die »Normalität« von Schule zu interpretieren ist. Dies zu durchschauen, steigert die schulische Lebensqualität. Denn ein wesentliches Gütekriterium einer »guten« Schule ist noch immer, dass man die Institution mit ihrem deformierend-disziplinierenden Gesamthabitus halbwegs unbeschadet überlebt. Zu einem solchen Überleben in der Kreativitätswüste »Schule« trägt aber nicht unwesentlich bei, die Logik der Ein- und Anpassungsleistungen zu durchschauen, die die Institution als Institution von einem abverlangt. Diese Aufklärung ermöglicht eine andere Sicht auf das eigene Lernen und eröffnet auch einen anderen Blick auf die peers, die Lehrenden sowie nicht zuletzt auf die »Erziehungsberechtigten«. Eine solche, über sich selbst aufklärende Schule wäre ein wesentlicher Beitrag zu »Globaler Bildung« deswegen, weil so gerade musterhaft ein kritisch-reflexiver Umgang mit den scheinbaren Normalitäten im Welthorizont eingeübt werden könnte. An der Schule kann in der Schule eingeübt werden, sich selbst in seiner Weltposition verstehen zu lernen – als eine Insel des A-Normalen im Meer der Normalitäten und dadurch mit einem wachen Auge für das Paradox von Universalität und Heterogenität

6. Globale Bildung als Impuls für Schulreform – ein Ausblick

Das Nachdenken über Schulreform kann auf ganz unterschiedliche Dimensionen der Institution »Schule« Bezug nehmen. »Globale Bildung« trägt in dieses Nachdenken mindestens zwei Impulse ein, die in einem neuen Nachdenken über die Möglichkeiten und Grenzen des menschlichen Verstehens zusammenkommen (Koerrenz 2014b). Mit Blick auf Wege der Schulreform lenkt »Globale Bildung« die Aufmerksamkeit auf eine inhaltlich-curriculare Ebene und auf eine anthropologische Rückvergewisserung.

Die inhaltlich-curriculare Ebene ist das, was mit sehr vielen Praxisbeispielen in den Schulen vor Ort ankommt. Es geht um Fragen wie die, welche Themen mit welchen Methoden aus dem Horizont des Globalen im traditionellen Unterricht, in Projektphasen oder im Rahmen anderer Gruppenarrangements in der Schule (z. B. als Arbeitsgemeinschaften) zur Geltung gebracht werden. Fragen der ökologischen Nachhaltigkeit, der ökonomischen Gerechtigkeit oder der gesellschaftspolitischen Partizipation werden in allen Schulstufen von Zeit zu Zeit aufgerufen. Ob diese Thematisierungen in fachspezifischen Kontexten beispielsweise der Geografie, der Fächergruppe Religion – Ethik oder den Naturwissenschaften inszeniert werden oder ob sich gerade unter dem Label des »Globalen« fachübergreifende Vernetzungen anbieten, beschreibt die Offenheit dessen, was alles unter »Globale Bildung« inhaltlich-curricular gefasst werden kann. »Globale Bildung« hat in inhaltlich-curricularer Hinsicht die Aufgabe einer Integrationsklammer für die Annäherung an das Themenspektrum, das »für die Schaffung eines ökologischen und eines ethischen Bewusstseins sowie von Werten und Einstellungen, Fähigkeiten und Verhaltensweisen, die mit einer nachhaltigen Entwicklung vereinbar sind« (Agenda 21, Kapitel 36), eine Orientierung zu geben vermag. Der spezifische Beitrag zur Schulreform besteht auf dieser Ebene darin, Verantwortung für die Zukunft menschlichen Lebens auf der Erde zu einem Lernziel der Schulpflicht zu machen. Damit gewinnt die Formel »Globale Bildung« nicht zuletzt über den von der KMK moderierten »Orientierungsrahmen« die Funktion, einer bestimmten Sichtweise international-global vernetzter Weltwahrnehmung in einer regionalen bzw. lokalen Einrichtung wie »Schule« Raum zu geben. Die Gefahr besteht darin, »Globale Bildung« inhaltlich-curricular als einen Containerbegriff zu verstehen, unter den Alles und Nichts, was irgendwie »die Welt« betrifft, gefasst wird. Sicher hat allein der Verweis auf das »Globale« zumindest potenziell eine kritische Funktion gegenüber nationalistischen Einengungen und Abschottungen. Dennoch scheint das Potenzial dieser Formel zumindest auch darin zu bestehen, dass vom »Globalen« aus das Weltaneignungskonzept der »Bildung« noch einmal neu auf die Gegenwart hin justiert wird.

Denn mit dem Deutungsmuster »Bildung« wurde im 18. Jahrhundert – in Differenz zu »Erziehung« – die selbstreflexive Verantwortlichkeit des Individuums für sein eigenes Lernen hervorgehoben. Diese selbstreflexive Verantwortlichkeit ist die notwendige Reaktion auf jegliche Vorstellung von Zukunft und konkreter Gesellschaft, die nicht einfach als reproduzierbar, sondern als offen betrachtet wird. Eine offene Gesellschaft braucht »Bildung« in dem hier skizzierten anthropologischen Sinne. Diese Offenheit ist heute nur unter Einbezug, nicht aber unter Ausblendung eines global verstandenen Welthorizonts denkbar. Dann kommt gerade in dem Verweis auf »Bildung« in der Formel »Globale Bildung« die Subjektivität der Lernenden in der Weise zur Geltung, dass es um deren je eigene Verantwortlichkeit für ökologische, ökonomische und gesellschaftspolitische Entwicklungen geht. Es sind die Lernenden mit ihrer Subjektivität, ihren Hoffnungen, Ängsten und Fragen, die über »Globale Bildung« ins Zentrum auch des Nachdenkens über Schulreform rücken. Die Traditionen reformpädagogischer Impulse für Schulgestaltung sind – in die Gegenwart fortgeschrieben – nicht ohne den Ausgangspunkt bei den Lernenden einerseits und ohne die kritische Bezugnahme auf Welt in ihrer globalen Verfasstheit andererseits denkbar. Der einzuübende Umgang mit der Unaufhebbarkeit des Paradoxes, dass Universalität und Heterogenität gleichzeitig zu verteidigen sind, obwohl sie sich in konkreten Situationen widersprechen, ja bekämpfen, ist die eine theoretische Klammer, über die die zahllosen sinnreichen Praxismodelle globalen Lernens miteinander verbunden sind. Das kritische Bewusstsein, die scheinbar unanfechtbare Macht der Normalität doch prüfen und auf hegemoniale Strukturen befragen zu können, ist eine zentrale Herausforderung, die allen Projekten in diesem Feld zu Grunde liegt. Und genau die Hinterfragung von Normalität – und darin kommt die »Bildung« in »Globaler Bildung« quasi zu sich selbst – hat in der Schule ein Bewährungsfeld, an der sich die Fähigkeit zur Kritik bei Schülerinnen und Schülern ausbilden kann: die Schule selbst. Diese kritische Dimension von »Globaler Bildung« ist ein Bündnispartner für jegliche Form von Schulreform, die von den Lernenden aus gedacht wird. In der Auseinandersetzung mit der scheinbar unumstößlichen Normalität des schulisch Gegebenen (von Unterrichtsformen über Klassenstrukturen bis hin zu den normierend-deformierenden Leistungsfeststellungen) wird das Bewusstsein im Kleinen geschult, was sich als Haltung gegenüber dem »Globalen« entwickeln soll: verantwortliche Selbstreflexivität als Grundlage »für die Herbeiführung eines Bewusstseinswandels bei den Menschen, damit sie in der Lage sind, ihre Anliegen in Bezug auf eine nachhaltige Entwicklung abzuschätzen und anzugehen« (Agenda 21, Kapitel 36).

7. Literatur

Agenda 21. www.un.org/depts/german/conf/agenda21/agenda_21.pdf (Abruf 18.02.2019).

Asbrand, B. (2009): Wissen und Handeln in der Weltgesellschaft. Eine qualitativ-rekonstruktive Studie zum Globalen Lernen in der Schule und in der außerschulischen Jugendarbeit. Münster, New York, München, Berlin: Waxmann.

Bernfeld, S. (1925/1973): Sisyphos oder die Grenzen der Erziehung. Frankfurt: Suhrkamp.

Blichmann, A. (2014): Traditionen globaler Bildung in der Reformpädagogik. In: Blichmann, A./ Koerrenz, R. (Hrsg.): Pädagogische Reform im Horizont der Globalisierung. Paderborn: Schöningh, S. 45–61.

Bollenbeck, G. (1994): Bildung und Kultur. Glanz und Elend eines deutschen Deutungsmusters. 2. Auflage. Frankfurt: Insel.

Dauber, H. (1981): Eigener Haushalt und bewohnter Erdkreis. Ökologisches und ökumenisches Lernen in der »Einen Welt«. Wuppertal: Hammer.

do Mar Castro Varela, M./Dhawan, N. (2015): Postkoloniale Theorie. Eine kritische Einführung. 2., komplett überarbeitete und erweiterte Auflage. Münster: Transcript.

Dreeben, R. (1980): Was wir in der Schule lernen. Mit einer Einleitung von H. Fend. Frankfurt: Suhrkamp.

Humboldt, W. v. (1793/1980). Theorie der Bildung des Menschen. Bruchstück. In Ders., Werke in fünf Bänden. Band 1. Schriften zur Anthropologie und Geschichte. 3. Auflage, Hrsg. von A. Flitner & K. Giel. Darmstadt: Wissenschaftliche Buchgesellschaft, S. 234-240.

Kerner, I. (2012): Postkoloniale Theorien zur Einführung. Hamburg: Junius.

KMK (2016): Orientierungsrahmen für den Lernbereich Globale Entwicklung im Rahmen einer Bildung für nachhaltige Entwicklung. Zusammengestellt und bearbeitet von J.-R. Schreiber und H. Siege. 2. aktualisierte und erweiterte Auflage. Bonn: Engagement Global/Cornelsen.

Koerrenz, R. (1994): Ökumenisches Lernen. Gütersloh: Gütersloher Verlagshaus.

Koerrenz, R. (2013): Bildung als Kultur des Protestantismus. In: Koerrenz, R. (Hrsg.): Bildung als protestantisches Modell. Paderborn: Schöningh, S. 17–39.

Koerrenz, R. (2014a): Reformpädagogik. Eine Einführung. Paderborn: Schöningh.

Koerrenz, R. (2014b): Bildung als Reflexion und Gestaltung von Vorurteilen. Globale Bildung und die Welt im Kopf. In: Blichmann, A./Koerrenz, R. (Hrsg.): Pädagogische Reform im Horizont der Globalisierung. Paderborn: Schöningh, S. 13–28.

Koerrenz, R./Kenklies, K./Kauhaus, H./Schwarzkopf, M. (2017): Geschichte der Pädagogik. UTB. Paderborn: Schöningh.

Loch, W. (1968/1976): Enkulturation als anthropologischer Grundbegriff der Pädagogik. In: Weber, E. (Hrsg.): Der Erziehungs- und Bildungsbegriff im 20. Jahrhundert. Bad Heilbrunn: Klinkhardt, S. 122–140.

Mendelssohn, M. (1784/1998): Über die Frage: was heißt aufklären? In: Bahr, E. (Hrsg.): Was ist Aufklärung. Thesen und Definitionen. Stuttgart: Reclam, S. 3–8.

Overwien, B. (2014): Traditionen pädagogischer Reform in Globaler Bildung. In: Blichmann, A./ Koerrenz, R. (Hrsg.): Pädagogische Reform im Horizont der Globalisierung. Paderborn: Schöningh, S. 29-43.

Overwien, B./Rathenow, H.-F. (Hrsg.) (2009): Globalisierung fordert politische Bildung. Opladen: Budrich.

Overwien, B./Rode, H. (Hrsg.) (2013): Bildung für nachhaltige Entwicklung – Lebenslanges Lernen, Kompetenz und gesellschaftliche Teilhabe. Opladen: Budrich.

Rio-Erklärung. www.un.org/depts/german/conf/agenda21/rio.pdf (Abruf 18.02.2019).

Sander, W./Scheunpflug, A. (Hrsg.) (2011): Politische Bildung in der Weltgesellschaft. Herausforderungen, Positionen, Kontroversen. Bonn: BZpB.

Scheunpflug, A./Schröck, N. (2000): Globales Lernen – Einführung in eine pädagogische Konzeption zur entwicklungsbezogenen Bildung. Stuttgart: Brot für die Welt.
Scheunpflug, A./Treml, A.-K. (1993): Entwicklungspolitische Bildung: Bilanz und Perspektiven in Forschung und Lehre. Ein Handbuch. Tübingen, Hamburg: Schöppe und Schwarzenbart.
United Nations: Our Common future. www.un-documents.net/our-common-future.pdf (Abruf 18.02.2019).
United Nations: UN-Kinderrechtskonvention. www.kid-verlag.de/kiko.htm (Abruf 18.02.2019).

Kritische Reflexionen und Gestaltungsperspektiven auf Schulreform

Udo Beckmann (Bundesvorsitzender des Verbandes Bildung und Erziehung)

Unterricht neu denken: Lehren und fördern auf zwei Schultern verteilen

Neue Anforderungen, veränderte Lehrbedingungen

Die Anforderungen an Lehrkräfte haben sich fundamental verändert. Zum einen hat sich die Ansicht durchgesetzt, dass sich eine stärkere Individualisierung des Unterrichts positiv für die Lernerfolge auswirkt. Gleichzeitig besteht durch die UN-Behindertenrechtskonvention (UN-BRK) der Anspruch, dass alle Kinder in einem inklusiven Schulsystem gemeinsam miteinander lernen. Zudem war in Deutschland in den letzten Jahren eine starke Immigrationsbewegung zu verzeichnen, was zu einer Zunahme von Kindern mit Flucht- und Migrationshintergrund im Bildungssystem führte. Die wertschätzende Annahme dieser steigenden Heterogenität ist eine primäre Anforderung an alle, die heute Lehrkraft werden wollen oder sind. Eines jedoch ändert sich nicht, nämlich die unter anderem durch die Hattie-Studie bestätigte Erkenntnis, dass die persönliche Bindung zur Lehrkraft entscheidend für den Lernerfolg ist.

Wir sehen: Die gestiegenen Anforderungen können nicht mit dem gleichen Personalkonzept bewältigt werden. Deshalb braucht es die Unterstützung durch multiprofessionelle Teams. So müssen beispielsweise Psychologinnen und Psychologen, Sozialarbeiterinnen und -arbeiter, Schulgesundheitsfachkräfte und Erzieherinnen und Erzieher von der Lehrkraft ad hoc abgerufen werden können, um zum Beispiel Konflikte kurzfristig aufgreifen zu können und Kinder zu begleiten. Neben diesem punktuellen Einsatz akut benötigter zusätzlicher Professionen, wäre es eine den steigenden Anforderungen angemessene Reform des Bildungssystems, flächendeckend und bedarfsorientiert das Zwei-Pädagogen-System einzuführen.

Inklusionsbegriff und Zwei-Pädagogen-System

Um zu erläutern, weshalb das Zwei-Pädagogen-System sinnvoll ist, muss zunächst der Begriff Inklusion in der Bandbreite seiner Definition eingeführt werden. Gerne wird Inklusion in der Abgrenzung zum Begriff Integration gesehen. Hier bezeichnet Inklusion dann die gemeinsame Beschulung von Kindern mit und ohne Beeinträchtigungen und Integration die Beschulung von Kindern mit Flucht- oder Migrationshintergrund. Tatsächlich ist es sinnvoll, hier keine künstliche Trennung einzuziehen, sondern unter dem Begriff Inklusion die gemeinsame Beschulung aller Kinder zu verstehen – und deren bestmöglicher Förderung.

Unter Zwei-Pädagogen-System wird vielfach die Unterrichtung einer Lerngruppe durch eine Regelschullehrkraft und eine Sonderpädagogin oder einen Sonderpädagogen verstanden. Doch auch andere Kombinationen von Professionen sind möglich, zum Beispiel zwei Regelschullehrkräfte, die ggf. durch zusätzliche Fort- und Weiterbildungen mit unterschiedlichen Schwerpunkten Kenntnisse in der Förderung bestimmter Gruppen von Schülerinnen und Schülern (gerne mit bestimmten Förderbedarfen) erworben haben. Auf diese Weise können sich diese zwei Personen am besten ergänzen.

Lehren und Fördern zu zweit

Gerade mit Blick auf die Befunde der Hattie-Studie zeigt sich, dass Schülerinnen und Schüler am besten in möglichst abwechslungsreichen Lernsettings lernen. Dabei sollte nicht der Frontalunterricht gegen andere, interaktivere Formen des Lernens ausgespielt werden. Im Rahmen des Methodenmixes können unterschiedliche Unterrichtsformen dabei unterstützen, unterschiedliche Ziele zu verfolgen.

Sollen abwechslungsreiche Lernsettings angeboten werden, kann dies durch die Besetzung mit zwei Pädagoginnen und Pädagogen ermöglicht werden, denn offenere Unterrichtsformen sind so viel eher umzusetzen und die Klasse kann in Einzelfällen geteilt werden (wobei der Anspruch die gemeinsame Beschulung ist). Zudem haben unterschiedliche Personen verschiedene Einstellungen, Methoden und Reflexionen, sodass die Kinder und Jugendlichen auch von der Diversität der Unterrichtenden profitieren können. Gerade bei dem gemeinsamen Gestalten der Unterrichtsstunde durch eine Lehrkraft und eine Sonderpädagogin oder einen Sonderpädagogen bzw. auch durch eine für spezielle Fördergruppen geschulte Lehrkraft ist es sinnvoll, wenn der Fokus der einen Person auf dem Unterrichten liegt, die andere Person vor allem fördert. Unterrichten zwei Lehrkräfte kann der Unterricht von dem unterschiedlichen Erklärstil der Lehrkräfte profitieren.

Allerdings ist mit der Umsetzung des Zwei-Pädagogen-Systems noch kein Allheilmittel gefunden. Die bloße Anwesenheit beider Personen und die Fokussierung auf die eigene Profession bzw. die eigene Schwerpunktsetzung ist noch kein Garant für guten Unterricht und optimale Förderung. Dafür müssen insbesondere zwei Faktoren bedacht werden. Zum einen darf Förderung nicht nur unter defizitorientiertem Fokus stattfinden. Gefördert werden müssen grundsätzlich alle Kinder. Zum anderen sollte schon die Vorbereitung, aber auch die Durchführung und Nachbereitung des Unterrichts im Team stattfinden. So können beide bestmöglich ihr Fachwissen, ihre Kompetenzen und ihre persönlichen Eigenschaften einbringen und es kann optimal sichergestellt werden, dass die beiden auch in der Lerngruppe als Einheit angesehen werden. Damit liefert das Zwei-Pädagogen-System auch gleich ein gutes Vorbild für das kooperative Arbeiten im Team.

Aller Anfang ist die Politik

Um der gestiegenen Heterogenität in den Schulen Rechnung zu tragen, ist neben der Unterstützung der Lehrkräfte durch multiprofessionelle Teams das Unterrichten im Zwei-Pädagogen-System eine wichtige Reform. Dieses trägt dazu bei, dass abwechslungsreiche Lernsettings angeboten werden, sowohl in der Struktur der Settings, der Inhalte als auch der Ausgestaltung durch die Diversität der Lehrenden.

Wie also wird es möglich, dass bisher allein unterrichtende Lehrkräfte mit einer ebensolchen Lehrkraft oder mit bisher stundenweise hinzukommenden Sonderpädagoginnen und -pädagogen Unterricht zusammengestalten? Klar ist, dass die Politik hier die entsprechenden Rahmenbedingungen schaffen muss, damit in Fortbildungen die entsprechende Methodik vermittelt, erlernt und gelebt werden kann. Darüber hinaus braucht es deutlich mehr Zeit für Kooperation, da das Zwei-Pädagogen-System durch offenere Unterrichtsformen gewinnbringend ist, aber auch mehr Abstimmung abverlangt. Und nicht zuletzt stellt diese Form kooperativen Arbeitens neue Anforderungen an die Beteiligten. Selbstreflexion, der Wille zur Kooperation und das Annehmen dieses Systems als Chance der persönlichen Weiterentwicklung sind essenziell für das Gelingen.

Angela Ehlers und David Scheer (Verband Sonderpädagogik)

Perspektiven für die Entwicklung sonderpädagogischer Unterstützungsangebote an allgemeinen Schulen

Bundesweit lassen sich unterschiedliche Konzepte beobachten, mit denen Angebote für Schülerinnen und Schüler mit Bedarf an sonderpädagogischer Unterstützung in allgemeinen Schulen[35] geschaffen werden sollen. Das Schlagwort Inklusion wird hierbei häufig ohne weitere Definition mehr oder weniger als Floskel verwendet, sodass Fehlentwicklungen in einzelnen Bundesländern oder Schulformen häufig reflexartig der Idee der inklusiven Bildung an sich angelastet werden. In diesem Beitrag werden inklusive Bildung, inklusive Schule und inklusiver Unterricht als das Bemühen darum verstanden, dass alle Schülerinnen und Schüler an allgemeinen Schulen ihre Kompetenzen und ihr (Lern-) Potenzial entfalten können und hierzu angemessene Vorkehrungen im Sinne der UN-Behindertenrechtskonvention getroffen werden. Zum Gelingen dieses Reformvorhabens möchten wir aus sonderpädagogischer Sicht einzelne relevante Aspekte aufgreifen.

35 Der Begriff der allgemeinen Schule bezeichnet in diesem Beitrag allgemeinbildende Schulen, die keine Förderschulen sind.

Unterrichtsentwicklung für heterogene Lerngruppen

Stärker als bisher erfordert der inklusive Unterricht eine Debatte über geeignete Bildungskonzepte für heterogene Lerngruppen. Von besonderer Bedeutung ist dabei, dass individualisierte Lernangebote schulweit bereitgestellt werden und dass das Kollegium gemeinsam bzw. in Teams, idealerweise jahrgangsübergreifend, Unterricht plant. Auch wenn bereits einige vielversprechende Beispiele aufgezeigt werden können, ist doch deutlich, dass über Unterricht in den Schulen über die Professionen hinweg viel mehr diskutiert werden muss. Hierzu gehören Fragen der Unterrichtsorganisation wie z. B. stundenweise Doppelbesetzungen, Personal- und Ressourcenplanung, Förderzeiten und Förderbänder, Peergroup-Begegnungen, Inselkonzepte, unterschiedliche Lerngruppenzusammensetzungen und Förderformen und vieles mehr, aber auch methodisch-didaktische Fragen wie die feste Verankerung von Feedback-Formaten, kooperativen Lernformen sowie handlungs- und praxisorientierten Lernangeboten.

Koordination sonderpädagogischer Unterstützungsangebote

Mit der Unterrichtsgestaltung eng verbunden ist die Konzeption und Koordination sonderpädagogischer Unterstützungsangebote innerhalb der Schule. Die aus den frühen Schulversuchen der 1980er und 1990er Jahre entwickelte Vorstellung einer dauerhaften Doppelbesetzung aus allgemeiner und sonderpädagogischer Lehrkraft wird sich einerseits nicht realisieren lassen und stellt sich andererseits in empirischen Untersuchungen sogar immer wieder als hinderlich für Entwicklungsprozesse im Sinne eines whole-school-approachs heraus.

Daher ist es eher notwendig, zusätzliche Unterstützungs- und Fördermöglichkeiten im Schulkonzept zu verankern und zentral zu koordinieren. Eine wichtige Rolle könnten dabei sonderpädagogische Koordinatorinnen und Koordinatoren spielen. Exemplarisch für einen solchen Ansatz können die Förderkoordinatorinnen und Förderkoordinatoren in Hamburg gelten.[36]

Multiprofessionelle Teamarbeit und Schulbegleitung

Die Etablierung multiprofessioneller Teams stellt Schulen vor eine große Herausforderung. Aufgrund der Personalsituation wird hierunter oftmals die Kooperation aus allgemeiner und sonderpädagogischer Lehrkraft gefasst, obgleich dies streng genommen keine inter-, sondern eine intradisziplinäre Zusammenarbeit darstellt (beide Beteiligten sind Lehrkräfte). Von multiprofessionellen Teams kann insbesondere dann gesprochen werden, wenn neben Lehrkräften weitere Professionen (z. B. Erzieherin-

---

36 Beispiele guter integrierter Förder- und Teamentwicklungskonzepte können eingesehen werden unter http://blogs.hamburg.schulcommsy.de/276082_4226292.

nen/Erzieher, Sozialpädagoginnen/ Sozialpädagogen, Therapeutinnen/Therapeuten, Pflegekräfte etc.) in die Teamarbeit eingebunden sind.

Für Schulen stellen sich dabei insbesondere Fragen nach gelingender Teamzusammenstellung, nach der Organisation gemeinsamer Planungs- und Reflexionszeiten und nach Kooperationsmodellen. In der sonderpädagogischen Literatur finden sich insbesondere zur unterrichtlichen Kooperation verschiedene Konzepte sowie Hinweise auf Gelingens- bzw. benötigte Rahmenbedingungen. Gleichzeitig verfügen vor allem Förderschulen aus dem Bereich der komplexen Beeinträchtigungen über jahrzehntelange Erfahrung in multiprofessioneller Teamarbeit, auf die im Rahmen inklusiver Schulentwicklung zurückgegriffen werden kann.

Eine Sonderstellung nehmen in diesem Zusammenhang Schulbegleiterinnen und Schulbegleiter nach SGB XII sowie SGB VIII ein, die formal weder Teil des Kollegiums sind noch einen pädagogischen Auftrag haben. Die Klärung und pädagogische Weiterentwicklung von Auftrag, Rolle, Qualifikation, Anstellungsträgerschaft sowie insgesamt die Einbindung dieser Berufsgruppe in die allgemeine Schule wird aus unserer Sicht einen wesentlichen Einfluss auf Schul-, Unterrichts- und Teamentwicklung haben.

Leitungshandeln und Steuerung

Für die Steuerung und Führung auf übergeordneten Systemebenen ergeben sich aus der Perspektive der Educational Governance folgende Notwendigkeiten:

- *Staatliche Inputsteuerung:* Neben einer transparenten und zielorientierten Ressourcensteuerung bedarf es klar strukturierter inhaltlicher Vorgaben für Schulkonzepte und Unterrichtsentwicklung. Bei Schulentwicklungsprozessen hin zur inklusiven Bildung dürfen die Schulen nicht unter Verweis auf vermeintliche Autonomie auf sich allein gestellt sein.
- *Außensteuerung durch substanzielle Ziele*: Aus unserer Sicht ist es Aufgabe der Bildungsadministration, klare Qualitätsstandards inklusiver Schule und inklusiven Unterrichts zu formulieren sowie Evaluationsvorhaben zur Sicherstellung der inklusiven Schulentwicklung bereitzustellen.
- *Selbststeuerung der Lehrerprofession*: Forschungen zu schulischer Inklusion legen nahe, dass die Umsetzung dort besonders gut gelingt, wo eine gemeinsam geteilte Haltung und Vision entstehen. Grundlage dafür ist, dass die beteiligten Lehrkräfte in ihrer Expertise ernst genommen werden und Entwicklungsprozesse partizipativ mitgestalten können. Modelle geteilter Führung (Distributed Leadership) auf allen Systemebenen erscheinen daher notwendig.
- *Innerschulisches Management durch die Schulleitung*: Konsequentes und engagiertes Leitungshandeln ist eine entscheidende Kompetenz jeder Schul- und Unterrichtentwicklung. Die Schulleitung spielt bei allen Entwicklungsprozessen eine entscheidende Rolle und muss sich aktiv für Veränderungen einsetzen. In der internationalen Forschung zeigt sich, dass für eine gelingende Inklusion eine starke, unterstützende und auf die Entwicklung gemeinsamer Werte ausgerichtete Schul-

leitung essenziell ist, die gleichzeitig strukturelle, personale, (mikro-) politische und symbolische Aspekte der Führung berücksichtigt. Zudem ist eine Erweiterung des Schulleitungsteams um sonderpädagogische Koordinatorinnen und Koordinatoren unerlässlich für das Gelingen der inklusiven Schulentwicklung.

- *Konkurrenzdruck und Quasi-Märkte*: Schulen mit inklusivem Unterrichtsangebot erleben dies teilweise als Standortnachteil im Wettbewerb um Schülerinnen und Schüler ohne Bedarf an sonderpädagogischer Unterstützung. Deshalb ist es notwendig, Wege zu finden, wie Inklusion als Qualitätsmerkmal von Schule zu einem attraktiven Marktvorteil werden kann bzw. Schulen befähigt werden können, die in inklusiver Schulentwicklung liegenden Ressourcen gezielt zu nutzen.

Ilka Hoffmann (Leiterin des Vorstandsbereichs Schule, Gewerkschaft Erziehung und Wissenschaft)

Inklusive Schulentwicklung im Land der halben Reformen

> Die weitestgehende Forderung ist, die gesamte Volksschule zur Grundschule zu machen, so daß alle weitergehenden Lehranstalten erst da einsetzen dürfen, wo die Volksschulbildung abgeschlossen ist. Danach müssten alle Schüler, auch die die später auf die mittleren und höheren Schulen übergehen, zunächst bis zum 14. Lebensjahr die Volksschule […] besuchen. Man macht für eine solche Form des Schulwesens geltend, daß sich erst in diesem Alter erkennen lässt, wohin die Anlage und Neigung des jugendlichen Menschen gehe […]. Auch werde nur dann eine wirklich einheitliche Ausbildung der ganzen Jugend und eine soziale Durchdringung der verschiedenen Gesellschaftsschichten erreicht. (Zentralinstitut für Erziehung und Unterricht 1920, S. 19)

Dieser bemerkenswerte Satz findet sich im Handbuch zur Reichsschulkonferenz 1920. Die Autoren führen im weiteren Verlauf aus, welche Gegenargumente gegen diese Idee vorgebracht wurden (welche dann auch letztendlich erfolgreich waren). Es war vor allem die Angst, die »Begabten« könnten unter ihren Möglichkeiten bleiben und unzureichend gefördert werden. Damals wie heute ist der Begabungsbegriff ein probates Mittel zur Legitimation sozialer Spaltung im Schulsystem (Hoffmann 2016). Im Kern geht es um die Besitzstandswahrung der Mitglieder der Mehrheitsgesellschaft, die Vorteile aus der Exklusion bestimmter Gesellschaftsgruppen ziehen. Diese Interessenlagen haben dazu geführt, dass der Gedanke einer gemeinsamen Schulzeit bis zum Ende der Sekundarstufe I schon 1920 nicht umgesetzt wurde. Die Einführung der Grundschule war demnach allenfalls eine halbe Reform, denn sie konnte nie – auch heute nicht – ihrem Anspruch gerecht werden, alle Kinder gleichermaßen zu fördern. Sie hatte und hat immer auch die Aufgabe die ihr anvertrauten Kinder für die weiterführenden Schulen zu selektieren. Hinzu kommt, dass die Grundschule die Entlastungsfunktion der Hilfsschule – in manchen Bundesländern in umfassendem

Maße – nutzte und sich für Kinder mit komplexeren Lernproblemen nicht zuständig fühlte.

Ein weiterer Vorstoß in Richtung eines demokratischen, einheitlichen Schulwesens war die Einführung von Gesamtschulen. Aber auch diese Idee wurde nur bruchstückhaft umgesetzt. Die Gesamtschule blieb eine Schulform neben dem gegliederten Schulsystem und bildete nach der Einführung der äußeren Fachleistungsdifferenzierung das gegliederte Schulwesen ab. Neben den Grund- und verschiedenen Sekundarschulen bestand darüber hinaus immer ein gut ausgebildetes und hoch differenziertes Sonderschulwesen. Die so genannte Lernbehindertenschule wurde und wird (sofern es sie noch gibt) im Wesentlichen von Kindern aus Armutsverhältnissen besucht. Dass diese an dieser Schulform unter sich blieben oder dass Jugendliche mit körperlichen Beeinträchtigungen an den meisten Sonderschulen allenfalls einen Hauptschulabschluss erlangen konnten, störte viele Jahre kaum jemanden außer den Betroffenen. Die Diskussion dieser eklatanten Diskriminierung nahm erst mit der Ratifizierung der UN-Konvention über die Rechte von Menschen mit Behinderungen (UN-BRK) Fahrt auf. Das schon seit Jahrzehnten (Schnell 2003) von einzelnen Schulen praktizierte gemeinsame Lernen gewann dadurch wieder mehr an Bedeutung.

Die UN-Behindertenrechtskonvention mit ihrer Forderung nach einem inklusiven Schulsystem hätte ein Hebel sein können, einen neuen Anlauf in Richtung eines gemeinsamen und demokratischen Schulsstems zu unternehmen. Dies war allenfalls partiell der Fall. Es sind zwar in nahezu allen Bundesländern neue integrativere Schulformen entstanden, aber dies hatte häufig eher demografische Gründe als bildungspolitische. Die Bildungspolitik verstand die Forderungen der UN-BRK allenfalls in Ansätzen als Aufforderung einer Systemreform. Inklusion wird in vielen Bundesländern als eine Maßnahme verstanden, die den Eltern von Kindern mit Behinderungen ermöglicht, zwischen Regel- und Sondereinrichtung zu wählen. So wird Inklusion von vielen PolitikerInnen, aber auch von PraktikerInnen in den Schulen als ein Additum zum herkömmlichen Unterricht gesehen und nicht als Impuls für eine umfassende Schul- und Unterrichtsentwicklung. Dass das gegliederte Gesamtsystem auf den Prüfstand müsste, ist sogar fast ein bildungspolitisches Tabuthema, denn damit lassen sich offensichtliche Wahlen verlieren. Hinzu kommt: Der politische Wille, dafür auch deutlich mehr personelle und materielle Ressourcen einzusetzen, fehlt.

Inklusion lässt sich in Deutschland scheinbar nur partiell an einzelnen Standorten und Schulen umsetzen. Auch dann bedeutet dies einen tief greifenden Systemwandel auf der Schul- und Unterrichtsebene. Es reicht also nicht, wenn einzelne Lehrkräfte den Umgang mit von der Norm abweichenden Lerngruppen lernen. Inklusion ist nur möglich, wenn die gesamte Schule und vor allem der Unterricht sich ändern. Veränderung ist nur möglich, wenn die Schulleitung es will und die gesamte Schulgemeinschaft in die Entwicklung einbezogen wird. Schul- und Unterrichtsentwicklung fußen auf komplexen Veränderungen und brauchen eine gute Steuerung (Rolff 2016).

Angesichts der zahlreichen Anforderungen an die chronisch unterfinanzierten Schulen – zu nennen sind u. a. die Bildung von geflüchteten Kindern und Jugendlichen und auch die Digitalisierung – bleiben umfassende allerdings Schulentwicklungsprozesse allzu oft auf der Strecke. Verstärkt wird dies durch den dramatischen Lehrkräftemangel. Was wir brauchen, ist ein politisches Bekenntnis zu einer diversen und vielfältigen Gesellschaft und den Willen, die Schule zu einem Ort zu machen, der zumindest einen Beitrag dazu leistet, soziale Benachteiligungen und Spaltungen abzumildern. Dies bedeutet über einen verstärkten Mitteleinsatz hinaus den Wandel von Mentalitäten und Kompetenzen für Lehrkräfte. Eine große Rolle spielt hier die Aus- und vor allem die Weiterbildung. Intensive schulinterne Weiterbildungen, die dem Prinzip der Pädagogik der Vielfalt verpflichtet sind, helfen auch den zahlreichen Quer- und SeiteneinsteigerInnen ihren Platz in der Schule und ihren pädagogischen Kompass zu finden. Bleibt die Hoffnung, dass eine gesellschaftliche Bewegung entsteht, endlich aus den halben Reformen in einen großen Umbau des Gesamtsystems einzusteigen.

Literatur

Hoffmann, I. (2016): Begabung und Intelligenz als Konstrukte zur Legitimierung sozialer Ungleichheit. In: Jungkamp, B./John-Ohnesorg, M. (Hrsg.): Soziale Herkunft und Bildungserfolg. S. 35–40.

Rolff, H.-G. (2016): Schulentwicklung kompakt. Modelle, Instrumente, Perspektiven. 3., vollständig überarbeitete und ergänzte Auflage. Weinheim, Basel: Beltz.

Schnell, I. (2003): Geschichte schulischer Integration. Gemeinsames Lernen von SchülerInnen mit und ohne Behinderung in der BRD seit 1970. Weinheim, München: Juventa.

Zentralinstitut für Erziehung und Unterricht (Hrsg.) (1920): Die deutsche Schulreform: ein Handbuch für die Reichsschulkonferenz. Leipzig: Quelle & Meyer.

Horst Bartnitzky und Hans Brügelmann (Grundschulverband e.V.)

100 Jahre Grundschule: Die Visionen und die Probleme sind immer noch dieselben

Im Herbst 2019 feiert die deutsche Grundschule ihren 100. Geburtstag. Vor 50 Jahren entstand im Zuge der Bildungsdebatte der 1960er Jahre der Grundschulverband (damals Arbeitskreis Grundschule) und es fand der erste Frankfurter Grundschulkongress statt. Somit gibt es zwei Jubiläen zu feiern, aus deren Anlass der Verband die Entwicklung der Grundschule und ihre Reformperspektiven hat nachzeichnen lassen (vgl. Bartnitzky 2019). Unabhängig von den zweifellos erreichten Verbesserungen, z. B. den gegenüber 1969 deutlich kleineren Klassen und einem Anstieg der Lernzeit für die Jahrgänge 1 bis 4, sind fundamentale Probleme gleich geblieben (vgl. Brügelmann 2016).

Ausgangspunkt ist Art. 146 der Weimarer Reichsverfassung von 1919, mit dem das bis dahin bestehende ständische Schulsystem abgelöst wurde: »Auf einer für alle gemeinsamen Grundschule baut sich das mittlere und höhere Schulwesen auf.« Dieser Satz ist Geburtsurkunde und Zukunftsversprechen zugleich:

- Die Grundschule sei eine für alle gemeinsame Schule, unabhängig von Herkunft und Konto der Eltern, sie ist damit dem grundlegenden Bildungsrecht aller Kinder verpflichtet.
- Die Grundschule sei eine für alle gemeinsame Schule, eine Schule der Demokratie, in der die Gemeinsamkeit der so verschiedenen Kinder unterschiedlicher Herkunft erfahrbar und miteinander gestaltet wird.

Dieses Zukunftsversprechen war 50 Jahre später beim 1. Bundesgrundschulkongress 1969 die Leitvision und sie ist es bis heute. Denn auch wenn wir der Realisierung ein gutes Stück nähergekommen sind, ist sie zugleich gefährdet: Näher gekommen ist sie, weil die Grundschule ein pädagogisches Profil und methodisches Repertoire erarbeitet hat, das den Herausforderungen der Verschiedenheit der Kinder entsprechen und zur Bildungsgerechtigkeit beitragen kann. Gefährdet ist dies weiterhin, weil die Unterfinanzierung enge Grenzen setzt, der akute Lehrermangel bei steigenden Anforderungen Kompetenzverluste und die Gefahr von Resignation in sich birgt, und vor allem weil das mehrgliedrige Schulsystem Inklusion verhindert.

Deshalb sind Geburtsurkunde und Zukunftsversprechen auch heute noch eine Verpflichtung für alle, die für Schule Verantwortung tragen. Die Verpflichtung gilt der Realisierung einer für alle gemeinsamen Grundschule – unabhängig von sozialer und nationaler Herkunft, von Sprache und Religion, von besonderen Begabungen und Beeinträchtigungen. Im Blick auf aktuelle Anforderungen der gesellschaftlichen Entwicklung (vgl. Brügelmann/ Lassek/ Ramseger 2018) bestimmt diese Idee wie vor 50 Jahren (vgl. Schwartz 1969) die Reformaufgaben, die das Versprechen von Weimar 1919 mit den Erkenntnissen von 2019 verbinden (s. zum Folgenden Bartnitzky 2019, Kap. VI.3).

Inklusion mit den notwendigen Rahmenbedingungen

Inklusion, ernst genommen, bedeutet eine Öffnung des Unterrichts für die individuellen Lernbedürfnisse aller Kinder und für ein Lernen »im eigenen Takt«, bei dem jedes Kind seinen nächsten Schritt von den jeweils unterschiedlichen Voraussetzungen aus gehen kann. Dies erfordert einen Umbau der Lehrerbildung und des verzweigten Schulsystems, verlässliche Unterstützung und Teambildungen an Schulen, externe Beratungs- und Unterstützungszentren.

Dialogische Lernkultur

Unterricht und Schulleben sind so zu gestalten, dass jedes Kind die Chance auf ein selbstständiges, eigenverantwortliches und möglichst lustvolles Lernen hat. Dazu sind soziale Kooperationen so wichtig wie eine anregende Lernumgebung und eine pädagogische Leistungskultur, bei der individuelle Lernwege, Entwicklungen, Leistungen und Anstrengungen gewürdigt werden. Ziffernzensuren oder andere Formen vergleichender Bewertung sind abzuschaffen, weil sie sich an gleichen Anforderungen für alle zur gleichen Zeit orientieren. Bildungsstandards dürfen nicht zu Hürden werden, sie sind Zielperspektiven für individuelle »nächste Schritte«.

Mehr Bildungszeit für Kinder

Um umfassende Bildung, individuelle Förderung sowie demokratische Lebensformen zu ermöglichen, muss an wenigstens zwei Tagen in der Woche der gebundene Ganztag eingeführt werden, an Schulen in sozialen Brennpunkten auch an allen Wochentagen. Selbst- und Mitbestimmung des Lernens und Lebens in der Schule erfordern institutionelle Vorkehrungen wie Lernverträge, Klassenrat und Schülerparlament, aber auch Zeit und Ressourcen für individuelle Begleitung und Unterstützung.

Ende der Unterfinanzierung der Grundschule

Die meisten Finanzleistungen gehören in die Schulform, die Kinder in die institutionelle Lernwelt einführt und Kindern mit der größtmöglichen Heterogenität zu ihrem Bildungsrecht verhilft. Eine Orientierung können die Investitionen sein, die in vergleichbaren Industrieländern und auf den anderen Schulstufen üblich sind. Das gilt auch für die digitale Ausstattung der Grundschulen und die Entwicklung angemessener didaktischer Konzepte für eine pädagogisch vernünftige Nutzung.

Bedarfsorientierte Ressourcen-Steuerung

Der Grundsatz: »Ungleiches ungleich behandeln« gilt auch für Schulen in besonderen Lagen: Schulen in sozialen Brennpunkten brauchen erheblich mehr Lehrkräfte, kleinere Klassen, mehr Mittel für Ausstattung, zusätzliches Personal wie Sozialarbeiter/innen, Erzieher/innen und Assistenzen. An Schulen in privilegierten Bildungsmilieus ist dies alles nicht oder nur in geringerem Umfang erforderlich.

Länger gemeinsam lernen

Die Reichsverfassung von 1919 hatte die »für alle gemeinsame Grundschule«, aber nicht ihre Dauer festgelegt. Sie wurde ein Jahr später 1920 nach heftigen politischen Debatten im Reichsgrundschulgesetz auf nur vier Jahre begrenzt und als Unterstufe der Volksschule organisiert. Diese zeitliche Einschränkung sollte nun, 100 Jahre später, aufgehoben werden – auch mit Blick auf längere gemeinsame Schulzeiten in nahezu allen vergleichbaren Ländern. Ob dazu die Grundschulzeit verlängert oder die verschiedenen Schulformen der Sekundarstufe zusammengeführt werden, ist zweitrangig. Wesentlich ist die Grundidee: Schule ist als Ort fachlichen Lernens, Entwicklung der individuellen Persönlichkeit und der Erfahrung demokratischen Zusammenlebens zu gestalten.

Literatur

Bartnitzky, H. (2019): Auf dem mühsamen Weg zur kindergerechten Grundschule. Frankfurt: Grundschulverband.

Brügelmann, H. (2016): Grundschullehrer/in heute. Pädagogisches Multitasking in einem schwierigen Umfeld. In: Grundschule aktuell, Nr. 133, S. 8-9.

Brügelmann, H., Lassek, M., Ramseger, J. (2018): Die Entwicklung unserer Gesellschaft und Fragen zur Zukunft der Grundschule. Anmerkungen zu einem Expertenhearing des Grundschulverbands am 2. und 3. März 2018 in Frankfurt am Main. In: Grundschule aktuell, H. 143, S. 4-7.

Schwartz, E. (1969): Die Grundschule. Funktion und Reform. Braunschweig: Westermann.

Hans-Günter Rolff

Schulreform braucht Schulentwicklung – Die Implementation dominiert das Ergebnis

»Implementation problems dominate the outcomes of change processes« (Berman/McLaughlin 1974, S. 12) hieß es schon 1974 in einer großangelegten Studie der RAND-Corporation zu der Umsetzung von Bundesprogrammen zum Educational Change in den USA.

Die RAND-Studie ist die erste große empirische Studie zur Schulentwicklungsforschung: Zum einen entdeckte sie die Wichtigkeit von Implementationsprozessen bei der Realisierung von Reformen. Dabei ist der Begriff der Implementation nur ungenau mit Aus- oder Durchführung zu übersetzen. Er meint darüber hinaus auch Entscheidungs- und Kontrollprozesse. Zum anderen wurde deutlich, dass weniger das Gesamtsystem als vielmehr, aber nicht nur die Einzelschule die Gestaltungseinheit bzw. der Motor von Reformmaßnahmen ist.

Die Ergebnisse der RAND-Studie, die bis heute aktuell sind, lassen sich knapp zusammenfassen:

- Projekte, die eine Einbeziehung der Betroffenen, vor allem der Lehrkräfte, in den Entscheidungsprozess vorgesehen hatten, ließen sich leichter und konsequenter ausführen als Projekte, die von außen bis ins Detail vorgeplant waren.
- Ein Erfolg von Reformprojekten war umso wahrscheinlicher, je mehr Mitglieder der betroffenen Schule aktiv im Projektteam mitarbeiteten.
- Entscheidend war, ob die Projekte einen unterstützenden organisatorischen Rahmen vorfanden. Neben der Partizipation der Betroffenen ist die Unterstützung durch die Verwaltung ein zentraler Bestandteil eines solchen Rahmens.
- Das Training der Projektmitarbeiter erwies sich als besonders wichtig, und zwar sowohl vorbereitend als auch begleitend. Je konkreter sich das Training an alltäglichen Arbeitsproblemen orientierte, desto erfolgreicher war es.
- Die gemeinsame Entwicklung von Unterrichtsmaterialien vor Ort war förderlicher als die bloße Übernahme zentral entwickelter Materialien.
- Grundschulprojekte ließen sich generell leichter umsetzen als Sekundarschulprojekte.
- Die Schulleitungen übernahmen häufig die Funktion eines »Gatekeepers«: Sie entschieden, ob Neuerungen Einlass in die Schule fanden oder nicht.

Aufschlussreich sind die Ergebnisse der RAND-Studie auch hinsichtlich der Fortführung und Nachhaltigkeit der Reformprojekte:

- Die Evaluation eines Projekts im Allgemeinen scheint auf lokaler Ebene kaum darüber zu entscheiden, ob eine Reform fortgeführt werden soll oder nicht.

- Ferner scheinen die Fortführungschancen von Reformen umso größer zu sein, je mehr Personaltraining durchgeführt wird und je mehr dieses Training an der konkreten Arbeit im Unterricht orientiert ist.
- Schließlich sind die Erfolgschancen desto größer, je genauer spezifisch lokale Interessen getroffen werden, je stärker lokale Projektteams mitbestimmen können und je mehr der Projektzuschnitt an lokale organisatorische Bedingungen angepasst wird. Das heißt aber gleichzeitig, dass die Möglichkeiten einer detaillierten zentralen Planung sehr begrenzt sind.

Die Ergebnisse der RAND-Studie lassen sich in einem Satz zusammenfassen: Die Implementation dominiert das Ergebnis. Man kann diesen Kernsatz das Credo der Schulentwicklung nennen (siehe dazu Rolff 2019). Er ist mehrfach durch empirische Untersuchungen bestätigt worden, z. B. durch Studien bzw. Metaanalysen von Mourshed, Chijioke und Barber (2007) und Fullan (2010). Dieser Kernsatz gilt bis heute, wird aber auch bis heute wenig beachtet. Beispiele sind großformatige Reformen wie Inklusion oder Standard- und Kompetenzorientierung, die ein Schulentwicklungs-Setting gebraucht hätten, aber überwiegend durch die Schulaufsicht umzusetzen versucht wurden, und die stockten oder gar »an die Wand gefahren« wurden.

Reformen, die bis in die Tiefe von Verhaltensänderungen und in die Breite von Nachhaltigkeit implementiert werden sollen, bedürfen der Schulentwicklung, -und zwar in der aktuellen Version des Change Management (CM). CM ist ein aktuelles, aber kein neues Konzept. Es geht auf den Ansatz der Organisationsentwicklung (OE) zurück, den Kurt Lewin in den 40er Jahren in den USA entworfen und erprobt hat und zwar von Anfang an im pädagogischen und nicht nur – wie vielfach vermutet wird – im Wirtschaftsbereich. In Deutschland wurde Organisationsentwicklung Ende der 1970er Jahre zum Thema. Sie kann bündig definiert werden als die Entwicklung einer Organisation von innen heraus, also durch ihre Mitglieder und häufig mit der Hilfe von Begleitern oder Beratern. Der Ansatz der Organisationsentwicklung entwickelte sich weiter zum Change Management (CM), das sich von ihm im Wesentlichen durch drei Merkmale unterscheidet – durch konsequentes Zusammenwirken aller Komponenten und Projekte, durch die Betonung von Führung sowie durch den Einbezug von systematischer Evaluation.

Die Bedeutung des Zusammenwirkens dieser Elemente kann an einem bedeutsamen Beispiel veranschaulicht werden: an den Schulen des PISA-»Siegerlandes« Finnland. Man kann belegen, dass die finnischen Schulen nichts machen, was deutsche Schulen, die kaum über dem internationalen Durchschnitt liegen, auch machen. So sind Unterrichtsentwicklung, Hospitation und Schülerfeedback in Finnland stark verbreitet. Sie gibt es auch in Deutschland, wenngleich weniger stark verbreitet, laufen hier aber parallel und unverbunden nebeneinander her. In Finnland indes wird Hospitation auf Unterrichtsentwicklung bezogen und durch Schüler-Lehrer-Feedback begleitet. Ihr Erfolg ergibt sich auch aus dem Zusammenwirken.

Schulleitungen (SL) spielen auch bei der Organisationsentwicklung eine Rolle, aber keine besondere; beim Change Management jedoch sind sie zentral (»Keine gute

Schule ohne gute Schulleitung«). Beim Change Management müssen Schulleitungen sich als Führungspersonen verstehen, strategisch denken und handeln; auch müssen sie ein Evaluationskonzept im Kopf haben. Sie sollten eine Binnenstruktur, auch Innenarchitektur genannt, aufbauen und ein Mittleres Management etablieren. Change Management ist ein komplexes und anspruchsvolles Verfahren und deshalb vor allem für Personen attraktiv und nachvollziehbar, die in Kategorien denken wie »Wir und unsere Schule« und nicht nur »Ich und unsere Klasse« oder »Ich und mein Fach«.

Schulleitungen sind zudem für die Entwicklung und Gestaltung einer Evaluationskultur verantwortlich. Dazu gehören klare Ziele und Praktizierung eines Prozesses des systematischen Sammelns und Analysierens von Daten/Informationen, um an Kriterien orientierte Bewertungsurteile zu ermöglichen, die begründet und nachvollziehbar sind. Evaluation ist im Rahmen von Change Management ein wesentlicher Ausgangspunkt für Entwicklungsvorschläge. Es geht u. a. darum, für die interne Evaluation und für die Nutzung der Daten der externen Evaluation eigene Daten zu erheben. Auch der Aufbau einer Feedbackkultur gehört dazu.

Change Management wird gemeinhin als kontinuierlicher, zwar mit Widerständen zu kämpfender, aber ziemlich linearer und planbarer Prozess verstanden. Neuerdings wird in der Management-Literatur, z. B. bei von Mutius (2017), von diesem Verständnis Abstand genommen und stattdessen von disruptivem Wandel gesprochen – mit der plausiblen Begründung, dass wir in einer Umbruchszeit mit unerwarteten Sprüngen leben.

Disruptiver Wandel setzt disruptives Denken voraus. »Disruptives Denken heißt zunächst: Umbrüche, Brüche, nichtlineare Entwicklungen denken zu können ...Wir leben in einer Übergangszeit von einer alten in eine neue Welt ... und diese Transformation ist nicht nur eine technologische. Sie ist auch eine soziale und kulturelle und verändert massiv unser ganzes Denken und Verhalten«. Übergangszeit heißt: »Manches Alte funktioniert nicht mehr richtig und manches Neue noch nicht richtig« (von Mutius 2017, S. 8). Und weiter: »Disruptives Denken ist das Denken, das mit den komplexen Anforderungen dieser Zeit mitwächst. Es ist Querdenken ohne Geländer. (Es) ist realistisches Zukunftsdenken, das Störungen nicht ausklammert, sondern miteinbezieht ... Es rechnet mit der Ungewissheit und macht Widersprüche produktiv« (von Mutius 2017, S. 9).

Disruptives Denken und Disruptiver Wandel sind kein völlig neues Konzept; neu ist allerdings, dass Disruptiver Wandel zu dominieren beginnt. Schon vor Jahrzehnten entwickelten Joseph Schumpeter (1942) den Ansatz der »schöpferischen Zerstörung« und Gregory Bateson (1972) das Konzept des »Wandels zweiter Ordnung«. Beides meint genau wie Disruptiver Wandel nicht »mehr Desselben«, sondern konsequente, teils radikale Umsetzung neuer Muster der Zielverfolgung, Führung, Partizipation und Kooperation.

Beispiele Disruptiven Wandels gibt es im Schulbereich schon zur Genüge wie z. B. die Einführung der Inklusion durch die Schulaufsicht. Das dominante Thema der Zukunft wird die Umwandlung des traditionellen Unterrichts in Digital unterstütztes Lernen (DuL) sein. Wenn dabei nur Schulbücher durch eBooks ersetzt werden, handelt es sich um kontinuierlichen Wandel. Wenn das Lernen allerdings konsequent digital unterstützt und die Bildungsgänge personalisiert werden, was möglich ist, handelt es sich dabei um Disruptiven Wandel.

Von Mutius meint zu Recht, bei Disruptiven Wandel gehe es um »Widersprüche denken zu können, Gefahren zu erkennen und gleichzeitig Vertrauen zu haben« (von Mutius 2017, S. 11). Aber Methoden zu kennen, die den Disruptiven Wandel gestaltbar machen, sind genauso wichtig. Change Management könnte ein solches Methodenset liefern: – mit seinen Elementen der Gemeinsamen Diagnose und von Strategien mit mehreren Entwicklungsrichtungen, der Planung multipler Zukünfte, der Rollenden Planung, die mittelfristig antizipiert und kurzfristig im Jahres- oder Halbjahresrhythmus auf Unvorhergesehenes reagieren kann und von Feedback und Evaluation, die alle gemeibnsam eine adaptive Prozesssteuerung ermöglichen. Das liefe auf ein flexibles und adaptives Change Management hinaus, das sich mit dem Wandel der Gesellschaft auch wandelt.

Change Management und Disruptiver Wandel müssen sich nicht widersprechen: Wenn man Disruptiven Wandel nachhaltig realisieren will, braucht man CM und wenn man CM in realistischer Weise praktizieren will, muss man mit Disruption rechnen. »Wir wissen nicht genau, was passieren wird. Doch wir können uns auf einige mögliche Entwicklungen einstellen«, hofft von Mutius (S. 183) und fährt fort: »Disruptives Denken ist Grundlage eines robusteren, erweiterten Realismus, der danach trachtet, die Zahl der Wahlmöglichkeiten zu erhöhen, und dafür rechtzeitig Vorkehrungen trifft« (von Mutius, S. 187).

Dies lässt sich anhand des hier vorgelegten Konzepts des Change Management weiter plausibilisieren, wenn man es als Vorbereitung auf das Unerwartete versteht: Auch mit Blick auf Disruptiven Wandel sollte eine Gemeinsame Diagnose vorangehen, um schulspezifische Potenziale und schulspezifische Herausforderungen zu identifizieren. Die Strategie sollte an die Diagnose anknüpfen, aber mit Visionen beflügelt werden. Die Gesamtstrategie müsste flexibel sein und mit mehreren Varianten »spielen«, spielen deshalb, damit eine gewisse Leichtigkeit entsteht und das Gestalten und Steuern auch Spaß bereitet. Gestaltung und Steuerung sind und bleiben Lernprozesse.

Es ist mit Auflösungen der Klassen- und Jahrgangsverbände und mit der Einführung von Flipped Classrooms und digital gestütztem Lernen zu rechnen. Die Struktur sollte deshalb mit Netzwerk-Organisationen experimentieren, mit schulinternen Netzwerken und mit überschulischen Netzwerken. Die Kultur könnte sich an Professionellen Lerngemeinschaften orientieren und individuelles Lernen mit sozialem Lernen verbinden.

Es ist offensichtlich, dass ein derartiger Wandel der Lernkultur disruptiv ist und vermutlich bei etlichen Betroffenen viel Widerstand hervorruft. Deshalb ist eine der wichtigsten Aufgaben der möglichst zahlreichen Beteiligten, Ideen zum Umgang mit Widerständen zu entwerfen.

Das hier vorgestellte Konzept bietet nur eine allererste kleine Skizze zur Verdeutlichung großer Aufgaben. Aber sie macht deutlich, dass veränderte Strukturen und

Kulturen auch veränderte Personen benötigen und dass Schulentwicklungsforschung pertinente Forschung sein muss, also anwendungsbezogene und einschlägige Praxisforschung.

Allerdings sollte klar sein, dass man mit Change Management nicht Menschen ändern wollen sollte. Menschen (und deren Haltungen und Werte) sind nicht direkt und auch nicht mit Supervision und Seminaren und schon gar nicht mit Anordnungen zu ändern, wohl aber die Strukturen, in denen die Menschen arbeiten – Strukturen, die wiederum auf die Menschen zurückwirken und ihnen die Chance, sich selber zu ändern. Change Management könnte also auch Chancen Management genannt werden. Kurz formuliert: Schulentwicklung sollte nicht Personen ändern wollen, sondern solche Personen unterstützen, die die Umstände ändern wollen, welche die Personen prägen. Noch kürzer: Menschen verändern Organisationen und Organisationen verändern Menschen.

Daraus und aus einer Begriffsbestimmung der Schulentwicklung wird die These abgeleitet, dass das Gelingen einer anspruchsvollen und tiefgehenden Bildungsreform der Schulentwickung bedarf dass nicht die anspruchsvollsten und bestformulierten Ziele über das Ergebnis entscheiden, sondern die Art der Umsetzung, also deren Implementation.

Literatur

Berman, P./McLaughlin, M. W. (1974): Federal Programs Supporting Educational Change, Vol I. Santa Monica: RAND Cooperation.

Fullan, M. (2010): All Systems Go. The Change Imperative for Whole System Reform. London.

Mourshed, M./Chijioke, C./Barber, M. (2007): How the world's most improved school systems keep getting better. McKinsey & Company. www.learningteacher.eu/sites/learningteacher.eu/files/how-the-worlds-most-improved-school-systems-keep-getting-better_download-version_final.pdf

Rolff, H.-G. (2019): Schulentwicklung auf den Punkt gebracht. Frankfurt: Debus Pädagogik.

v. Mutius, B. (2017): Disruptive Thinking. Das Denken, das der Zukunft gewachsen ist. Offenbach: GABAL Verlag.

Erika Takano-Forck (Bundeselternrat)

»... und wenn schon Reform der Schule, dann mit richtig Mut und gut vorbereiteter Umsetzung!«

Reformstau

Eltern beurteilen Schulen nach eigenen Vorerfahrungen, suchen Sicherheit über Bekanntes wie Notensetzung und setzen dies in Bezug zum eigenen, oft fragilen beruflichen Horizont, im Bewusstsein, dass die Schullaufbahn den Zugang zum Arbeitsmarkt regelt. Zwischen diesem utilitaristischen Blick nach dem Motto »ist mein Kind genügend gerüstet angesichts der rauen Arbeitswelt« und einem humanistischen Menschenbild gibt es eine Bandbreite von Ansprüchen nach einem neuen Schulsystem, oder nach einem neuen Bildungsverständnis. So gibt es Forderungen, neuere neurologische Erkenntnisse zum Lernen einzubeziehen. Jedoch macht sich auch Reformmüdigkeit breit.

Diese Vielfalt wird von der Politik reflexhaft – seismografisch beobachtet, weil dies wahlentscheiden sein können. Wo bleibt die systematisierte Betrachtung? Durchaus selbstkritisch betrachten Elternvertretungen die Rolle der Eltern als häufig uninformierte, aber mächtige Reform(ver-)behinderer. Aus diesen Einsichten ließen sich Maßnahmen ableiten.

Die wünschenswerte Rolle der Wissenschaft als neutraler (?) Beobachter

Viele geschulte Elternvertreter fragen sich, warum es jenseits von Strukturreformen keine großen wissenschafts- und theoriegeleitete Reformversuche mehr gibt, obwohl der Leidensdruck vieler an Schule Beteiligter zeigt, dass ein Reformstau vorhanden ist – sichtbar in Trägheit und Zurückentwicklungen, verursacht auch durch mangelhafte Konzeption und Unterfinanzierung.

Handlungsleitende bzw. von Realismus geprägte Konzeptionen, die dem »Härtetest« in der Praxis standhalten, wären wünschenswert. Häufig werden »handwerkliche« Fehler gemacht: schulische Implementierungen bedürfen flankierender Maßnahmen, die – ähnlich vorausschauend, wie bei einer Technikfolgenabschätzung – quer durch verschiedenen Verantwortlichkeitsebenen von Schule reichen. Ziele und Umsetzung der Reformen sollten transparent hinsichtlich des Bildungserfolgs wissenschaftlich ausgewertet werden – ähnlich der Qualitätsentwicklung an Schulen.

Unbeleuchtet ist das Verwaltungshandeln an und »hinter« der Schule. Unterschiedliche Rollen der Lehrer werden nicht bewusst und es gibt Rollenkonflikte: zwischen der des Pädagogen und den eines Verwaltungshandelnden, wenn er z. B. Noten gibt oder Verwarnungen ausspricht. Die Handlungsqualität der oberen Ebenen der Schulbehörde hat Einfluss auf die konstruktive Reformdurchsetzung im Schulalltags oder erzeugt Reibungsverluste.

Der Bemühung gute Bildung zu organisieren, stehen verdeckte, politische Strategien zur Vermeidung von Kosten und Verantwortung entgegen. Sinnvolle Prinzipien wie das föderale Konnexitätsprinzip können sich zu Barrieren um die Findung eines klaren politischen Handelns im Sinne guter Pädagogik auswachsen. Begriffliche Uneinigkeit in »16 föderalen Variationen« gehören dazu. Diese Dilemmata zu benennen, würde einer versachlichten Diskussion dienen und den bundesweiten Austausch befördern

Das Aushandeln von Werten

Uns ist selbstverständlich, dass die Kinder gleich und gerecht behandelt werden und allen der chancengleiche Zugang zu Bildung ermöglicht wird, dass die öffentliche

Schule ihrem Wesen nach eine Institution ist, die zu Recht den demokratischen Anspruch der Gesellschaft repräsentiert.

Jedoch sieht die erlebte – und im pädagogischen Sinne »noch übende« – Wirklichkeit häufig anders aus: Schule wird bisweilen als grausam und gegen die Menschenwürde wahrgenommen, weil in ihren Räumen die Beteiligten zu Objekten degradiert werden. Ein verbindliches, gemeinsames Verständnis von Grenzsetzungen und die dazugehörige Werte-Diskussion werden aufgeschoben oder verpasst. Wird diese Inkonsequenz hingenommen, stimmen Eltern »mit den Füßen ab«. Die Strukturreform war vielleicht aus diesem Blickwinkel nur eine »technische« Antwort auf den Schülerrückgang in bestimmten Schulformen.

Von Autonomie und Sinnfindung: Wo bleibt der selbstverantwortliche Schüler?

Die Fragen der Eltern an das Schulsystem sind breit gestreut: wird die Jugend an einen bequemen Alimentationsanspruch gewöhnt, jenseits von Sinnfindung, die unbequem wäre oder wird nicht durch die Konsumorientierung eine Neidkultur gelebt – zu wenig Selbststeuerung gelernt? Werden Anpassung »brav und artig« durch Noten belohnt statt einer autonomen und aufgeklärten Selbststeuerung? Angesichts der sich global schnell ändernden Lebenswelt wird unsere Jugend jedoch Fähigkeiten benötigen, mit vielen Umbrüchen fertig zu werden (s. AGENDA 2030). Die Schüler müssen dringend andere Kompetenzen erwerben – durch Sinnfindung, Herausforderungen und durch die Übernahme von Verantwortung.

Eltern und Pädagogen fremdeln viel zu häufig mit der Pubertät: ein für die Umwelt unbequemer Wachstumsschub hinsichtlich Autonomiebestrebung und Selbstaustestung. Dringend bedarf diese Entwicklungsphase anderer, bedarfs- und bedürfnisgerechter Strategien. Wie kann also Autonomiebestrebung eingebettet werden in eine Schulkultur der Partizipation, Selbstbestimmung, Selbststeuerung und Verbindlichkeit? Und was kann die Wissenschaft dazu beisteuern, damit die Begleitung dieser jungen Menschen immer besser gelingt?

Die Stichworte »Lernen-vom-Kinde-her-denken« und Defizit- bzw. Ressourcenorientierung bedürfen noch einer Übersetzung in die breite Alltagspraxis der Pädagogen, über eine Sensibilisierung für das eigene Sprachverhalten und den eigenen inneren, sinnhaften Bewertungsmustern im Umgang mit Schülern. Denn in der Schüler-Pädagogen-Beziehung haben diese »weichen Qualitäts-Merkmale« jeden Tag gravierende Auswirkungen.

Kinder und Jugendliche gewöhnen sich notgedrungen an die »Einbahnstraßen-Kommunikation« von der Lehrkraft zum Schüler. Aber auch junge Lehrer finden zu selten ein Kollegium vor, dass das Arbeiten mit »frischem« Wissen von den Universitäten, die jene mitbringen, ganz bewusst als Fortbildungschance für die Schule strukturell nutzt. Die Feedbacks von Schülern, multiprofessionellen Teams und Elternschaft im Rahmen der Schule und Unterricht könnten Teil der Qualitätsentwicklung sein. Aber: ein gutes Feedback zu geben, will gekonnt sein. Erkenntnisse der modernen Kommunikationsdisziplinen sollten an Schulen praktiziert werden.

Demokratie-Lernen

Entgegen der Rückmeldung von Eltern aus der gelebten Praxis sehen die Schulgesetze der Länder bereits vielfältige Möglichkeiten der Beteiligung durch Gremienstrukturen vor. Es wäre zu einfach zu sagen, dass die Haltung der Beteiligten nicht stimme. Die Kommunikationskultur an Schulen ist insgesamt ein großer Entwicklungsbereich. Differenzen, die in jedem Aushandlungsprozess innewohnen, sind schlecht auszuhalten, wenn das Vertrauen in die Verhandelbarkeit nicht vorhanden ist. Aus Sicht der Elternschaft entwickeln sich Zynismus und Resignation bei Beteiligten an Schulen, wenn nützliche Kommunikations-Tools fehlen und nicht geübt werden. Das heißt: Schule als öffentliche Institution hat zwar primär die Aufgabe, Schüler zu mündigen und aufgeklärten Menschen zu bilden und zu erziehen, aber sie wird dabei nicht erfolgreich, wenn sie verkennt, dass hier die Vermittlung und das Üben von kommunikativen »Handwerkszeug« fehlt. Das »Fremdeln« der Lehrer gegenüber Eltern hat auch hier seine Gründe. Eine Elternforschung könnte einen flankierenden Beitrag zur Überwindung etwaiger Missstände leisten. Jene wiederum benötigen basale Informationen – Feld- und Strukturwissen – um als Erziehungspartner am gleichen Strang zu ziehen.

Im Austausch der Elternvertretungen wird nach 28 Jahren Mauerfall noch immer wieder die »verpassten« Reformchancen nach der Wiedervereinigung zusammen mit dem Verhältnis von Schule und Demokratieverständnis, mit demokratischer, gerechter Beteiligung und mit gesellschaftspolitischen Umbrüchen bis hin zu populistischen Strömungen à la »die da oben« oder »wir können ja doch nichts ändern« über das Schulwesen hinaus thematisiert. Elternvertretungen sehen, dass gerade in der Schule die Bahnen des gesellschaftlichen Miteinander gelegt werden. Hier akkumulieren sich die «gefühlten« Brüche unseres demokratischen Miteinanders unter Alltagsbedingungen.

Fazit

Schulen brauchen Unterstützung, um sich salutogenetisch kongruent weiterzuentwickeln. Reformen bedürfen einer guten Vorbereitung zur Umsetzung – auf den vielfältigen Regelungs- und Handlungsebenen, ähnlich wie es die Hintergrunds-Überlegungen zur Agenda 2030 in ihrer Konsequenz eine Synopse der 17 globalen Ziele (SDGs) fordert. Um die geforderte Transformation der Agenda 2030 strategisch durch Bildung zu verankern schreibt I. Bormann: »... BNE zielt darauf ab, Lernende in die Lage zu versetzen, *komplexe Probleme* nicht-nachhaltiger Entwicklung kritisch zu reflektieren und zu verstehen. Der Kompetenzkatalog ist lang und die Anforderungen sind hoch: Lernende sollen die Fähigkeit erwerben, gemeinsam mit anderen strategische Entscheidungen zu treffen, die dazu beitragen, eine nachhaltigere Entwicklung zu gestalten ...« Die Eltern empfinden, dass ein gehöriger Ruck bundesweit durch das Schulwesen gehen muss.

*Philipp Schultes (Landesschüler*innenvertretung NRW)*

Selektion – von der Vergangenheit in die Zukunft

Die Geschichte des deutschen Schulsystems ist die von diversen Selektions- und Exklusionsmechanismen. So war es erst der Frauenbewegung 100 Jahre nach Einführung des humboldtschen Gymnasiums zu verdanken, dass Frauen und Mädchen ein Recht auf höhere Bildung durchsetzen konnten, und für die Kinder von »Gastarbeiter*innen« war es bis Ende der 1970er Jahre oft unmöglich, in regulären Klassen beschult zu werden. Diese Verhältnisse scheinen wir heutzutage längst hinter uns gelassen zu haben und trotzdem ist auch fast 200 Jahre nach Umsetzung der ersten allgemeinen Schulpflicht die Kritik am selektiven Charakter des mehrgliedrigen Schulsystems nicht verstummt. Im Folgenden möchten wir darstellen, welche Antworten die Landesschüler*innenvertretung (LSV) NRW auf diese Kritik gibt.

Das Schulsystem in Nordrhein-Westfalen (NRW) ist momentan durch die Vielzahl an Schulformen geprägt. Allein in der Sekundarstufe I existieren sechs allgemeinbildende Schulformen und diverse weitere Modellversuche. Dazu trug nicht zuletzt die Rot-Grüne Landesregierung unter Hannelore Kraft (2010 – 2017) bei, als sie als Reaktion auf gesellschaftlichen Druck die Einführung der Sekundarschule beschloss. Damit folgte sie einem Trend, denn grundsätzlich ist zu beobachten, dass das Schulsystem in NRW, beeinflusst durch verschiedenste Faktoren, immer mehr auf eine Zweigliedrigkeit von Gymnasium und einer weiteren Schulform zusteuert. Die beiden Wechsel der Landesregierungen innerhalb von nur zehn Jahren führten zu zahlreichen weiteren Reformen und entsprechenden Bemühungen, diese rückgängig zu machen. Das hin und her rund um die Einführung des Abiturs nach 12 Jahren (G8) ist nur ein bekanntes Beispiel dafür.

Die Bildungspolitik der momentan amtierenden schwarz-gelben Landesregierung setzt auf eine Konterreform zu den Plänen der vorherigen Landesregierung. Die Existenz von Förderschulen wird gestärkt und gleichzeitig der Weg hin zu einer inklusiven Schule verbaut. Auch wenn das Bildungsministerium 60 Schulen der Standorttypen 4 und 5 fördert, um Bildungspotenziale aus sogenannten »bildungsfernen« Schichten zu erschließen, lässt sich doch deutlich erkennen, dass die derzeitige Regierung unter Bildung vor allem darauf versteht, Kinder und Jugendliche möglichst gut auf den Einstieg in den Arbeitsmarkt vorzubereiten und ihre potenzielle Verwertbarkeit auf diesem zu erhöhen. Dies zeigt sich nicht zuletzt an der Einführung des neuen Schulfachs Wirtschaft an den weiterführenden Schulen NRWs. Auch die Umstrukturierung der Kernlehrpläne, die Vernachlässigung der Gesellschaftswissenschaften zugunsten der MINT-Fächer sowie die Forderung, schon in der Grundschule mit der Einführung in die Informatik zu beginnen, machen dies deutlich.

Eine Ideologie der Verwertbarkeit, die durch solche Reformen gefördert wird, lehnen wir strikt ab. Schule entsprechend der Interessen der Wirtschaft zu gestalten, hat sich schon bei der Einführung von G8 als katastrophaler Fehlentschluss bewiesen. Schulentwicklungsprozesse und Schulreformen sollten nicht von wirtschaftlichen Interessen dominiert werden, sondern von denen der Schülerinnen und Schüler. Als Schüler*innenvertreter*innen in NRW haben wir eine andere Vorstellung von sinnvollen und notwendigen Schulreformen, die wir im Folgenden kurz skizzieren wollen:

1. Schule darf nicht nur ein Ort des Lernens sein, sondern muss ein Ort des Lebens und der Mitbestimmung werden. Schüler*innen im »Geist der Menschlichkeit, der Demokratie und der Freiheit« (SchulG. NRW §2.2) zu erziehen, darf nicht länger eine bloße Phrase bleiben, sondern muss Teil eines emanzipatorischen Selbstverständnisses der Schüler*innenschaft werden. Dies bedeutet auch, dass Schulen demokratisiert werden müssen – Schulen, in denen sich die demokratische Teilhabe z. B. auf eine beratende Stimme in Fachkonferenzen beschränkt, werden unserem Verständnis von Demokratie nicht gerecht. Ziel der Institution Schule sollte die Förderung der Mündigkeit der Schüler*innen sein. Diese Mündigkeit gilt sicherlich auch für gemeinwohlorientiertes Verhalten im Wirtschaftssystem, aber vor allem geht es um die politische Mündigkeit.
2. Wir stehen für ein eingliedriges Schulsystem, in dem alle Kinder und Jugendlichen gemeinsam lernen. Die Selektion am Ende der Grundschule (sei es nach der vierten, sei es nach der 6. Klasse) halten wir für falsch, weil sie einen Bruch in der Entwicklung des Kindes darstellt, das einerseits möglicherweise Freunde verliert, und dem andererseits vermittelt wird, dass schon feststeht, welchen Bildungsabschluss es (nicht) erreichen wird. Der Bildungsweg des Kindes ist ohnehin oft schon durch die finanziellen und / oder sozialen Verhältnisse der Eltern vorherbestimmt. Durch die frühe Aufteilung auf verschiedene Schulformen wird er aber zementiert – anstatt dem Kind zu zeigen, dass zu jedem Zeitpunkt den Weg zu einem (höheren) Abschluss einschlagen könnte.

Soll ein gesellschaftlicher Zusammenhalt gewährleistet werden, so sind der Dialog und das Verständnis zwischen allen Teilen der Gesellschaft unabdingbar. Ein mehrgliedriges Schulsystem, in dem Kinder von Gymnasien und Hauptschulen kaum ein Wort miteinander wechseln macht dieses Verständnis, nicht nur während der Schulzeit, unmöglich. Da Kinder aus privilegierten Verhältnissen nach der Schule zum Geigenunterricht oder zum Golfspielen gehen, während viele Kinder aus weniger privilegierten Verhältnissen kein Geld zur Teilnahme an solchen Aktivitäten haben, setzt sich auch in der Freizeit die strikte Trennung nach privilegiert und nicht privilegiert fort. Finden die Freizeitangebote jedoch an der Schule statt, lässt sich auch diese Trennung aufheben. Kinder spielen gemeinsam, erleben gemeinsam Freude und Gemeinschaft und lernen voneinander. Die von unserer Gesellschaft und unserem Schulsystem durch den ständigen Konkurrenzkampf künstlich aufgebauten Barrieren wären leichter zu überwinden.

3. Die Schule könnte eine Institution sein, die unsere Gesellschaft verändert, entwickelt, gestaltet und reformiert. Diese Entwicklung darf jedoch nicht bei der Betrachtung von sozialen Klassen enden, denn auch bei Menschen mit Behinderung und Benachteiligung darf die Integration in unsere Gesellschaft nicht vernach-

lässigt werden. Unser Schulsystem ist noch immer exklusiv. Dass Menschen mit Beeinträchtigung auf den Straßen unseres Landes noch immer angestarrt werden und Auffassungen wie: »Behinderungen sind eine Strafe Gottes« noch immer nicht aus den Köpfen der Menschen verschwunden sind, ist dem Anspruch einer demokratischen Gesellschaft unwürdig. Nur durch eine inklusive Schule lassen sich Menschen mit Beeinträchtigung von Anfang an in unsere Gesellschaft integrieren. Die Bereitstellung der dafür notwendigen strukturellen und finanziellen Mittel hat in unseren Augen höchste Priorität.

4. Zu häufig werden in bildungspolitischen Diskussionen die Interessen von uns Schüler*innen vernachlässigt. Es ist Zeit für eine Reform. Eine Reform, die von Schüler*innen gemacht wird. Nur eine Schule, die von uns mitgestaltet wird, kann exzellentes Lernen und Leben ermöglichen. Schüler*innen wollen nicht mehr weitere Reformen hinnehmen, die ihnen von den älteren Generationen aufgezwungen werden, ob in Bildungs-, Sozial- oder Klimapolitik. Die Fridays-for-Future-Demonstrationen werden kein Einzelfall bleiben. Eine Generation wird mündig und eine einzige Bewegung hat geschafft, was die Schule in unserem Land leider nur auf dem Papier schafft: Politische Partizipation von uns Schüler*innen.

Rudolf Tippelt

Ausgewählte Vorschläge zur innovativen Schule der Zukunft

Um den genannten Problemen zu begegnen, wurden in Deutschland seit langem Schulreformen als geplanter organisatorischer Wandel (Rolff 1992) angemahnt: Seit einigen Jahren werden u. a. Ganztagesschulen angeregt sowie die Sprachförderung für Migrantenkinder und deren Eltern gefördert. Es wird eine Verbesserung in der Schulqualität auch durch die Fortbildung der Lehrenden zumindest angestrebt und es wurden Bildungsstandards eingeführt, die ein Mindestniveau der Leistung für jeden Schultyp und jedes Fach begründen.

Im Kontext des Lebenslangen Lernens lassen sich skizzenhaft Forderungen an eine Bildungsreform und an eine innovative Schule (Tippelt 2018) sowie Leitsätze für Gelingensbedingungen formulieren (Rolff 2018): So könnten klare Bildungsstandards, also curriculare Innovationen dazu führen, dass mehr Jugendliche die notwendigen Kompetenzen erreichen, um auch in der beruflichen Ausbildung erfolgreich zu sein. Unbedingt bedarf es differenzierender Ausbildungsalternativen, denn nicht jede/jeder Jugendliche ist praktisch oder theoretisch in gleicher Weise begabt und interessiert. Selektivität ist nötig, um Überforderung oder auch Unterforderung zu vermeiden. Dennoch müssen jederzeit schulische Bildungswege korrigiert werden können. Eine moderne Gesellschaft braucht eine hohe Durchlässigkeit ihres Bildungssystems, aber auch die Möglichkeit, Bildungs-, Berufs- und auch Studienkarrieren zu korrigieren. Abbrecher/Innen brauchen weitere Chancen, um Abschlüsse möglicherweise in einer Lebensphase, in der sie stärker motiviert sind oder mehr Zeit dafür aufbringen wollen, nachholen zu können. Der individualisierende pädagogische Bezug erfordert eine Reform der Lehr- und Lernsituation im Klassenraum und ist nötig, um Leistungsstärkere einerseits und Leistungsschwächere andererseits gezielt zu fördern. Darüber hinaus ist Förderunterricht generell notwendig und auch in der Ganztagsschule leichter umzusetzen. Die bloße Rückmeldung von Leistungen und Lernengagement durch Noten ist nicht hinreichend, dagegen bedarf es sehr viel differenzierterer Formen des Feedbacks und der Rückmeldung. Wenn Pädagog/Innen also Schülerorientierung reklamieren, so bedeutet dies auch, dass das Beratungssystem in Deutschland intensiviert werden muss und auch eine schul- und trägerübergreifende Beratung durchgeführt werden sollte. Darüber hinaus ist eine intensive und selektive Lehrer/Innenausbildung notwendig, denn wie sich fortwährend zeigt, ist nicht jede auch fachlich durchaus leistungsfähige Person geeignet, mit Kindern und Jugendlichen adäquat und sorgsam umzugehen. In jedem Fall sind Lehrpersonen »nicht das Hindernis, sondern die einzige Chance« (Rolff 2018, S. 601). Benötigt wird ein starkes Fortbildungssystem, das die Lehrerausbildung ergänzt sowie auch im beruflichen Bereich eine starke Ausbildung der Ausbilder/Innen. Fortbildung kann nicht nur ein Recht sein, es muss auch eine Verpflichtung darstellen und dies impliziert sowohl das Engagement der praktischen Pädagog/Innen als auch der einschlägigen Einrichtungen (Nittel/Tippelt, 2018). Wichtig wäre auch generell, dass die Schul- und Lernkultur ein positives Image erlangt, eine Forderung, die alt ist, die aber seit Jahrzehnten in Deutschland, ganz im Unterschied zu asiatischen Ländern, uneingelöst bleibt. Im Zentrum allerdings steht die Schulentwicklung – diese frühe Einsicht in den Zusammenhang von organisatorischer Schulentwicklung und Bildungsreform verdanken wir Hans-Günter Rolff (1977; 2018).

Bildungstheoretisch lässt sich auch sagen, dass es Vorteile hat, situiert und projektorientiert zu lernen, damit erfahrungsnahe Problemstellungen auch in den Schulen Gegenstand von Lernprozessen sind und dass Lernende ihre Lernprozesse auch in Gruppen selbst steuern können. Es geht darum, träges Wissen und die unnötige Vermittlung von Fakten und enzyklopädischer Details zu vermeiden, weil sie für das weitere Lernen und auch für den Transfer in zukünftige Lernsituationen unbrauchbar sind. Die pädagogische Forderung, das Lernen vom Kinde aus zu gestalten, hat nicht an Aktualität eingebüßt. Man muss insbesondere Alters- und Entwicklungsstufen reflektieren, um eine qualitativ hochwertige Bildung und Erziehung für alle zu vermitteln. Insbesondere die Vermittlung von Empathie und das Verstehen des anderen, das Lernen in Gemeinschaften und in Teams, haben einen hohen Rang. Gerade Perspektivenübernahme oder aktuell Mentalisierung sind sicher zuerst entwicklungspsychologische, aber eben auch unbedingt allgemein pädagogische Grundkategorien. Wichtig ist Perspektivenübernahme oder – in der Sprache der symbolischen Interaktionisten – das role taking, weil es in dieser enorm heterogenen, pluralen und unübersichtlichen Welt sowie auch in der sehr stark ausdifferenzierten pädagogischen Praxis immer darum geht, die Erwartungen anderer zu antizipieren und bei eigenem Handeln zu berücksichtigen – hoffentlich nicht nur strategisch sondern auch bisweilen prosozial. Solche Einsichten gehen zurück auf Sozialhistoriker wie Wehler (1975) oder auf Philosophen wie Habermas (1999) und im pädagogischen Bereich auf Mollenhauer, Lenhart, Brumlik, Krappmann, Edelstein,

Fend (Tippelt 1990). Perspektivenübernahme, Empathie und Mentalisierung sind in einer heterogener werdenden und trotz aller Nationalismen globaler werdenden Gesellschaft auch künftig Schlüsselkategorien.

Die professionelle Handlungskompetenz von Lehrer/Innen muss daher nicht nur Fachwissen und fachdidaktisches Wissen umfassen, sondern ebenfalls pädagogisches und organisatorisches Wissen, um die Institution Schule zu begreifen. Wie sich gerade in jüngster Vergangenheit zeigte, müssen Lehrer und Lehrerinnen zwischen Nähe und Distanz Balance herstellen können und sie brauchen Beratungswissen, um den individuellen Anforderungen an das Lernen der einzelnen Schüler/Innen gerecht zu werden. Lehrer/Innen brauchen neben der fachlichen, der didaktischen und der pädagogischen Kompetenz vor allem Taktgefühl, um den sozialen und emotionalen Interessen von Schüler/Innen gerecht zu werden.

Auf organisatorischer Ebene ist der Zusammenhang von Bildungsreform und sozialem Wandel zu thematisieren. Der soziale Wandel bewirkt ein hohes Maß an Ungewissheit, was für die Bildungspolitik und die pädagogische Praxis Konsequenzen hat: Weder der große normative Bildungsentwurf, noch die immer wieder neue, kurzfristige Reaktion auf jeweils auftauchende Probleme sind angemessene Reformstrategien des Umgangs mit Ungewissheit und Unsicherheit. Ohne das Wissen über zurückliegende Entwicklungen im Erziehungs- und Bildungsbereich bleiben Bildungsreformen blind für sozialhistorische Trends und dadurch unzulänglich (Tippelt 1990). Der mit Bildungs- und Erziehungsreformen befasste Experte ist allerdings nicht mit einer tabula rasa konfrontiert, »auf der er errichten kann, was er möchte, sondern mit existierenden Realitäten, die er nicht schaffen, noch zerstören, noch beliebig transformieren kann« (Durkheim 1972, S. 25). Bereits J. Dewey (1916) hat in seiner pragmatistischen und demokratischen Erziehungstheorie aufgezeigt, dass nicht alle Einflussfaktoren auf Bildungs- und Erziehungsprozesse ungewiss sind. Das Dortmunder Institut für Schulentwicklung hat am entsprechenden empirischen und rationalen Aufklärungsprozess großen Anteil. Die möglichst umfangreiche Kenntnis der Ergebnisse pädagogischer und sozialwissenschaftlicher Forschung ist eine unbedingt notwendige Basis für Bildungsreformen sowie für professionelles pädagogisches Handeln, weil manchmal unbeabsichtigte Nebenfolgen von Handlungsstrategien frühzeitig erkannt und dann vermieden werden können. Bildungsreformen, die sich der Trends des sozialen Wandels versichern, sind sicher nicht ohne Zielsetzung und Programmatik denkbar, daher sind Bildungsreformen Ergebnisse von empirischer Erkenntnis des sozialen Wandels und der Wirkungen von bildungspolitischen und -praktischen Interventionen, aber auch gut begründeter normativer Prämissen.

Literatur

Dewey, J. (1916): Democracy and Education: An Introduction to the Philosophy of Education. New York: The Free Press.

Durkheim, E. (1972): Erziehung und Soziologie. Düsseldorf: Schwann.

Nittel, D./Tippelt, R. (2018): Die Resonanz des lebenslangen Lernens im Erziehungs- und Bildungswesen. Böckler-Stiftung.

Rolff, H.-G. (1977): Schulreform als geplanten organisatorischer Wandel. In: Die Deutsche Schule 69, H. 6, S. 357–373.

Rolff, H.-G. (1992): Die Schule als besondere soziale Organisation: Eine komparative Analyse. In: Zeitschrift für Sozialisationsforschung und Erziehungssoziologie 12, H. 4, 306-234.

Rolff, H.-G. (2018): Bildungsreform als Schulentwicklung. In: Barz, H. (Hrsg.): Handbuch Bildungsreform und Reformpädagogik. Wiesbaden: Springer VS. S. 595–603.

Tippelt, R. (2018): Bildungsreformen und sozialer Wandel. Rationale Analyse und normative Prämissen nach «Schockerleben". In: Barz, H. (Hrsg.): Handbuch Bildungsreform und Reformpädagogik. Wiesbaden: Springer VS. S. 113–128.

Tippelt, R. (1990): Bildung und sozialer Wandel: Eine Untersuchung von Modernisierungsprozessen in der Bundesrepublik Deutschland seit 1950. Weinheim: Deutscher Studienverlag.

Jan-Martin Wiarda (Bildungsjournalist)

Plädoyer für Schulreform(en)

Die Schulreform, für die ich in diesem Beitrag plädieren möchte, ist eigentlich gar keine. Und noch dazu ist sie nicht auf den Schulbereich beschränkt. Wofür ich mich stark machen möchte: Für mehr Verbindlichkeit. Und ja, für mehr Pflicht.

Das Problem ist ja nicht, dass wir unter einem Mangel an guten Konzepten leiden. Oder daran, dass aus den Konzepten zu wenige vielversprechende Innovationen im Bildungswesen folgen. Wir können auch nicht behaupten, dass wir keine Ahnung haben, was wesentliche Gelingensfaktoren guter Schule sind. Nein, die Pädagogik im Allgemeinen und die Bildungsforschung im Besonderen liefern uns zu all dem immerzu wichtige und meist gut belegte Anhaltspunkte. Viele von ihnen finden sich in diesem Sammelband wieder.

Es geht also nicht um das Fordern neuer Schulreformen. Es geht darum, Konsequenz zu zeigen bei der Umsetzung dessen, was nachweislich gut ist.

Ich will nur zwei Beispiele nennen. Erstens: Die meisten Wissenschaftler sind sich einig, dass eine hochwertige frühkindliche Bildung die Startchancen von Kindern erheblich verbessert. Auch Kinder aus bildungsfernen Familien profitieren erheblich, und zwar ihre gesamte Bildungskarriere hindurch, wenn sie in der Kita pädagogisch angemessen und altersgerecht gefördert werden. Zweitens: Ebenso zeigt uns die Bildungsforschung, dass Ganztagsangebote einen Beitrag zu mehr Bildungsgerechtigkeit leisten können. Sie zeigt uns aber auch, dass es auf die Art des Ganztags ankommt, konkret: Vor allem die echte Rhythmisierung des Schultages wirkt sich nachhaltig positiv aus.

Wir haben also die Konzepte, wir haben das Wissen, welche Reformen funktionieren und welche nicht. Was wir als Gesellschaft meist nicht haben, ist der Mut, die Konsequenzen daraus zu ziehen. Auch die Bildungsforschung verhält sich an dieser Stelle meines Erachtens häufig zu passiv.

Weshalb die eigentliche Reform, die wir in den Schulen und im Bildungswesen allgemein brauchen, eine Ausweitung der Bildungspflicht ist. Lassen Sie mich auch das an meinen beiden Beispielen ausbuchstabieren. Erstens: Wir brauchen eine allgemeine Kitapflicht. Es ist fahrlässig, die Debatte darum aus Angst vor den Eltern – genauer: dem Bildungsbürgertum – nicht (oder nur halbherzig) zu führen. Gegen eine Pflicht spricht auch nicht, wie gelegentlich behauptet, dass je nach Bundesland fast alle über Dreijährigen ohne Migrationshintergrund die Kita besuchen. Abgesehen davon, dass sie es zum Teil nur für wenige Stunden am Tag tun: Umso größer muss unsere Sorge sein, wenn zum Beispiel die Quote bei den Kindern mit Migrationshintergrund lediglich bei 82 Prozent liegt.

Zweitens: Wir verspielen das Potenzial der rhythmisierten Ganztagsschule, möglicherweise verpassen wir sogar das Gelegenheitsfenster ihrer flächendeckenden Einführung, wenn wir jetzt nicht ganz klar sagen: Sie muss der neue Goldstandard sein. Als Gesellschaft können und sollten wir unseren Kindern die bestmögliche Schulbildung bieten. Woraus sich für die Politik die Verpflichtung ergibt, die echte (so will ich sie mal nennen) Ganztagsschule in ehrgeizigen Stufen zum Vollausbau zu bringen. Und für die Schüler muss daraus ein neues Verständnis der Schulpflicht folgen, die den Besuch des Ganztags nicht länger vom Elternwillen abhängig macht. Wenn wir es nicht tun, wird der Ganztagsschule schon bald vorgeworfen werden, dass sie überflüssig sei. Weil sie nicht richtig funktioniere. Was in ihrer unechten Variante ja auch ein wenig stimmt.

Ich weiß, was viele von Ihnen jetzt denken. Wirklichkeitsfremd, denken Sie: Darauf lässt sich die Politik nie ein. Zu oft (Stichwort: Primarschule in Hamburg) haben zu reformwillige Landesregierungen Schiffbruch erlitten. Und die Geschichtsbewussten unter Ihnen könnten anführen, dass die Deutschen seit Diktatur und Totalitarismus genug hätten von einem Staat, der sich in den Kernbereich elterlicher Erziehungsrechte einmischt.

Alles richtig, alles berechtigt. Und doch plädiere ich dafür, den Diskurs um mehr Verbindlichkeit und mehr Pflicht im Bildungswesen neu und mutig zu führen. Zu erklären, dass es nicht um Bevormundung geht, nicht um eine Spaltung der Familien, sondern um ein zeitgemäßes Verständnis von Bildung, wie es in vielen Ländern längst selbstverständlich ist.

Denn klar ist auch, dass wir in Deutschland bildungspolitisch an einem Scheideweg angelangt sind. In den nächsten zehn, 20 Jahren wird sich entscheiden, ob wir die Integrationsaufgabe bestehen, die sich einer offenen Gesellschaft im 21. Jahrhundert stellen. Eine Aufgabe, die vor allem in der faireren Verteilung von Bildungschancen besteht. Oder scheitern wir erneut wie einst die alte Bundesrepublik an ihrer Fiktion der »Gastarbeiter«, die da waren und doch nie ganz dazugehören konnten? Die heutige Integrationsaufgabe ist sogar noch komplexer, weil sie nicht mehr allein den klassischen Mustern von Neuankömmlingen und Einheimischen folgt. Es geht auch um den unterschiedlichen familiären Zugang zu Bildungsgelegenheiten unabhängig von der Herkunft.

Was uns optimistisch machen sollte: Die Wissenschaft hat die Argumente auf ihrer Seite. Und sie hat das Durchhaltevermögen, sie immer wieder zu sagen. Denn im Gegensatz zur Politik muss sie nicht ihre Abwahl fürchten. Aber sie kann die Meinungen und Wahrnehmungen in der Gesellschaft mitprägen. Wenn sie es kann, sollte sie es auch tun.

VI Dauergegenstände der Schulreform

Gabriele Bellenberg und Grit im Brahm

Schulstrukturen als Dauergegenstand der Schulreform

1. Einleitung

Auch wenn die Bildungsforschung auf verschiedene Weise und mit verschiedenen Fragestellungen belegt hat, dass die Schulstruktur – verstanden als institutionelle Verfasstheit nach Schulstufen und Schulformen – nur mittelbar und kontextuell über die Qualität von Schule entscheidet, ist sie gleichwohl das sichtbarste Merkmal des schulischen Angebots und Gegenstand des politischen Gestaltungswillens des Kulturföderalismus auf Länderebene (Bellenberg/im Brahm 2019). Umstritten und häufigen politischen Umstrukturierungen unterworfen sind dabei insbesondere die Strukturen während der Pflichtschulzeit sowie diejenigen, die zur Hochschulreife führen. Schulstrukturreformen als planvolle Eingriffe in Sozialsysteme sind in der Bundesrepublik eher der Regelfall als die Ausnahme, wenngleich nicht alle Reformbestrebungen auch umgesetzt werden, wie der Versuch in Hamburg zeigt, die Grundschule von vier auf sechs Jahre zu erweitern (Kerstan 2010).

Aus historischer Perspektive betrachtet haben in der Gegenwart Strukturreformen gegenüber solchen auf der Ebene der Qualitätssicherung und Steuerung an Bedeutung verloren (Kap. 1), gleichwohl münden die Triebfedern der Schulreformen (Kap. 2) in der Gegenwart in (häufig wissenschaftlich begleiteten) Veränderungen in Richtung Zweigliedrigkeit (Kap. 3), wobei die Stadtstaaten eine Vorreiterrolle einnehmen. Die Entwicklungen in den Flächenländern zeigen eine größere strukturelle Beharrungstendenz, was vermutlich auch darauf zurückzuführen ist, dass dort örtlich-regional je unterschiedliche Konstellationen vorliegen, je unterschiedliche Herausforderungen für das Bildungsangebot der Schülerinnen und Schüler vor Ort erzeugen (Rösner 2010). Mit Blick auf die allgemeinen Erfolgsindikatoren von Reformen (Identifikation, Nachhaltigkeit, Tiefe und Verbreitung) sind allzu häufige Strukturveränderungen mit Skepsis hinsichtlich ihrer Wirkung zu betrachten (Coburn 2003 nach Thoren 2017).

2. Phasen der Schulstrukturreform

Während nach dem Zweiten Weltkrieg in der alten Bundesrepublik mit der Restauration des dreigliedrigen Schulsystems schulstrukturell an die Weimarer Republik angeknüpft wurde, erweist sich die Phase bis in die 1980er Jahre als die bedeutsame Bildungsreformzeit, in welcher man sich insbesondere über umfassende Veränderungen der Strukturen eine Reform des Gesamtsystems versprach. Von den vielen Strukturreformen bis Ende der 1980er Jahren waren »im Rückblick betrachtet nur die Reformen in der Sekundarstufe II [erfolgreich]. Alle anderen Strukturmaßnahmen waren politisch hoch umstritten, erwiesen sich als nicht durchsetzbar und/oder brachten nicht intendierte Nebenfolgen mit sich« (Baumert/Cortina/Leschinsky 2003, S. 58f.). Die anschließenden politischen Auseinandersetzungen um Strukturreformen im Bildungswesen führten zu einer Polarisierung auf Länderebene, die bundesweite Gestaltungskraft auf Strukturebene kam zum Erliegen. Erst mit dem Beitritt der DDR zur Bundesrepublik Deutschland 1990 und der Umstellung des Schulsystems in den neuen Bundesländern vergrößerte sich die institutionelle Vielfalt in der Struktur der Sekundarstufe I in Deutschland sowohl um zweigliedrige wie auch fünfgliedrige Varianten. Da das Mindestniveau bürgerlicher Grundbildung in der DDR der Abschluss der Polytechnischen Oberschule nach 10 Jahren markierte, war die Hauptschule als Bildungsgang in den neuen Bundesländern nicht durchsetzbar (Baumert et al. 2003).

Seit den 2000er Jahren verschiebt sich der bundesweite bildungspolitische Gestaltungswille weg von Schulstrukturen hin zu Qualitätssicherung durch Standardsetzung, Kompetenzmessung und zentralen Abschlussprüfungen (siehe auch Ditton in diesem Band), während kleinere Schulstrukturreformen wie beispielsweise Veränderungen der Übergangsregelungen in die Sekundarstufe I auf Ebene einzelner Bundesländer weitergehen. Dass in den 2010er Jahren einige Bundesländer neue Schulformen einführen (häufig verbunden mit zeitlichen Moratorien), macht deutlich, dass diese Phase allmählich ausklingt.

Dabei erweisen sich der politische Gestaltungswille, die demografische Entwicklung der Schülerzahlen und das Nachfrageverhalten der Bevölkerung als Triebfedern für Schulstrukturentwicklungen, die ineinandergreifen und sich gegenseitig befeuern.

3. Triebfedern der Schulstrukturreform

Versteht man Reformen als planvolle Umgestaltung bestehender Verhältnisse liegt es nahe, die Bildungspolitik als den Akteur einzustufen, der diese beispielsweise durch die Einrichtung von Modellversuchen, durch Beschlüsse oder Gesetze im Bildungsbereich veranlasst bzw. steuert. Bildungspolitik liegt im kulturföderalen Deutschland in der Ausgestaltungsverantwortung der Länder. Dabei sind die Vehemenz und gleichsam auch die parteipolitisch übergreifende Einigkeit, mit der diese am Landesrecht in Bildungsangelegenheiten – unabhängig ihrer konkreten differenten Überzeugungen zur Ausgestaltung der Schulsysteme – festhalten (z. B. Debatte um den Digitalisierungspakt) bemerkenswert und unterstreicht zugleich die Bedeutung der Bildungspolitik als eine wichtige ›Bastion‹ landespolitischer Gestaltungsmöglichkeiten. Letztlich findet diese ihren Ausdruck in den vielfältigen strukturellen Ausgestaltungen der Sekundarschulsysteme zwischen Zwei-, Drei- und Vielgliedrigkeit (siehe dazu Kapitel 3). Diese länderspezifischen schulstrukturellen Ausgestaltungsformate lassen sich durchaus als parteipolitisch mehr oder weniger stark vorgeprägte Möglichkeitsräume verstehen, zumal sich die (großen) Volksparteien spätestens seit der Einführung der Gesamtschule Ende der 1960er Jahre eindeutig entweder für die Beibehaltung des klassisch dreigegliederten Systems (CDU/CSU) oder für eine Reformierung zugunsten eines integrierten Schulsystems durch die (flächendeckende) Einführung einer Gesamtschule (SPD) positioniert haben.

> Reformbefürworter waren parteipolitisch eindeutig bei der SPD, Reformgegner bei der CDU/CSU verortet. In den Ländern, in denen die SPD die Regierungsverantwortung hatte, wurden seit den späten 1960er Jahren Gesamtschulen eingeführt. Sie konnten aber wegen der heftigen Gegenwehr der CDU/CSU und eines fehlenden Konsenses in der Bevölkerung nicht wie ursprünglich beabsichtigt als »ersetzende« Schulen errichtet werden und wurden daher zusätzlich zu den bestehenden Schulformen eingeführt. (Hurrelmann 2013, S. 456)

Bis heute lassen sich im »Vielerlei« (Rösner 2007, S. 67) bundesdeutscher Schulsysteme diese politischen Positionierungen mit Bezug auf die Etablierung integrierender Schulformen nachzeichnen: Bayern, das einzige Bundesland, das seit den 1960er Jahren christsozial geführt wird, hat bis heute am dreigliedrigen System festgehalten; es wurden lediglich zwei Integrierte Gesamtschulen eingeführt. Da es sich bei Bayern um einen Flächenstaat mit vielen ländlichen, weniger dicht besiedelten Regionen handelt, in denen bildungsgangintegrierende Schulformen dazu beitragen könnten, ein wohnortnahes Schulangebot zu sichern, verdeutlicht dies die eindeutige politische Position für das dreigliedrige und gegen ein integriertes System. In keinem anderen Bundesland war die politische Dominanz einer Partei über die Zeit vergleichbar konstant, doch verdeutlicht das Beispiel Baden-Württembergs, das bis ins Jahr 2010 christdemokratisch geführt war, wie mit dem politischen Umschwung auf eine Koalition aus Bündnis 90/die Grünen und der SPD im Jahr 2011 ein starker Ausbau integrierter Schulformen erfolgte: Existierten in Baden-Württemberg bis ins Jahr 2011 drei Gesamtschulen, so vervielfachte sich die Anzahl integrierter Schulen trotz Beibehaltung von Realschulen und Werkrealschulen sprunghaft im Jahr 2012 auf 45, 242 im Jahr 2013 bis auf 548 Integrierter Schulen im Jahr 2016, was knapp einem Viertel aller allgemeinbildenden Sekundarstufen-I-Schulen entspricht (Destatis 2018a).

Dass (volks-)parteipolitische Festlegungen in den einzelnen Ländern eine thematisch und ergebnisoffene Diskussion schulstruktureller Reformen auf der Systemebene erschweren, wird ferner insbesondere an jenen Beispielen deutlich, bei denen schulstrukturelle Veränderungen gegen parteipolitische Positionierungen durch die Etablierung eines Schulkonsenses auf Zeit ermöglicht wurden (MSB NRW 2011). So einigten sich 2013 in Nordrhein-Westfalen die Parteien für ein Zeitfenster von 12 Jahren darauf, einerseits die gegliederte Struktur beizubehalten (CDU), andererseits jedoch mit der neuen Sekundarschule zusätzlich daneben eine Schulform einzuführen, welche den Haupt- und Realschulbildungsgang integriert (SPD/Grüne) und darüber hinaus gymnasiale Standards sichert, da sie durch eine verpflichtende Kooperation mit einer gymnasialen Oberstufe eine Abituroption anbietet. Unter diesen Bedingungen erscheinen strukturelle Reformen (oft erst) dann möglich, wenn parteipolitische Positionierungen per Beschluss (Konsens) ausgehebelt werden. Dieses Beispiel verdeutlicht zugleich, dass der Einfluss bildungspolitischer Kräfte für die Erklärung schulstruktureller Veränderungen oft überschätzt wird (siehe auch Drewek in diesem Band). Da zentrale Elemente des Bildungswesens der Eigenlogik von Institutionalisierungsprozessen folgen, sind diese, wie Baumert et al. argumentieren, nur begrenzt wissenschaftlich-technischen sowie politischen Eingriffen gegenüber offen (Baumert et al. 2003, S. 28).

Mitunter bedingen schwankende bzw. stark sinkende Schülerzahlen strukturelle Umbrüche des Systems, insbesondere dann, wenn diese so frappant ausfallen, wie nach dem Fall der Mauer auf dem Gebiet der ehemaligen DDR (Kann 2017). Dies soll exemplarisch am Beispiel Mecklenburg-Vorpommerns erläutert werden, da hier der Einbruch der Geburtenraten und damit zeitlich verzögert auch der Schülerzahlen am stärksten ausfiel: Durchschnittlich sank die Geburtenrate in den fünf neuen Bundesländern (ohne Berlin) innerhalb eines Jahres von 1990 auf 1991 um rund 40 Prozent bis zur Talsohle im Jahr 1994 sogar um rund 55 Prozent, im Falle Mecklenburg-Vorpommerns sogar um rund 62 Prozent (Weishaupt 2009, S. 59). Während Mecklenburg-Vorpommern sich im Jahr 1991 im Zuge der Wiedervereinigung als einziges Bundesland für ein um die integrierte Gesamtschule ergänztes dreigliedriges Schulsystem bestehend aus Haupt- und Realschulen und Gymnasien nach westdeutschem Vorbild entschied, sah es sich kurz darauf aufgrund des dramatischen Schülerzahleneinbruchs mit der Einsicht konfrontiert, dass die Bereithaltung eines vielfach gegliederten Schulsystems unter den gegeben Bedingungen nicht tragbar war. So wurden in Mecklenburg-Vorpommern bereits 2002 (und damit bereits zehn Jahre nach dem Entscheid für die Dreigliedrigkeit) Hauptschulen, die zuvor in besonderem Maße von Schulschließungen betroffen waren, mit Realschulen zu sog. Regionalschulen umgeformt. Damit existierte seit dem Schuljahr 2006/07 fortan – weil die demografische Entwicklung für diese schwach besiedelten Regionen keine äußerlich differenzierende, tragfähige schulische Infrastruktur zuließ (Budde 2007) – ebenfalls ein um Integrierte Gesamtschulen erweitertes zweigliedriges Modell.

Ein weiteres Beispiel, das die Relevanz der Demografie für schulstrukturelle Veränderungen verdeutlicht, ist eng verwoben mit dem Willen der Bevölkerung sowie den erhöhten Bildungsaspirationen der Bevölkerung als weitere Triebfedern. Diese leisten insbesondere für die alten Bundesländer eine Erklärung für »den Niedergang der Hauptschule« (Rösner 2007, S. 73), da demografische Schwankungen die Schulformen in unterschiedlichem (aber nicht zufälligem) Ausmaß betreffen: In mehreren Studien konnte nachgewiesen werden, dass ein starkes Absinken der Schülerzahlen Volks- bzw. Hauptschulen doppelt benachteiligt, da in diesen Phasen nicht nur insgesamt weniger Schülerinnen und Schüler Schulen besuchen, sondern zugleich der relative Gymnasialbesuch überproportional ansteigt (Rösner/Stubbe 2008; Drewek 2013). Die aufgrund gestiegener Bildungsaspirationen stark nachgefragten Gymnasien federn die demografischen Senken durch eine weniger selektive Aufnahmepraxis ab und verschärfen somit zugleich das Problem der Volks-und Hauptschulen, die

– auch aufgrund des wenig optionierenden Hauptschulabschlusses – zudem kaum nachgefragt werden.

Die ungebrochen starke Nachfrage nach anspruchsvollen Bildungsabschlüssen hat im Zuge der Bildungsexpansion bis heute – im Schuljahr 2016/17 – dazu geführt, dass bundesweit rund 34 Prozent der 4,1 Millionen Schülerinnen und Schüler im Sekundarbereich I an Gymnasien unterrichtet werden. Die Schüleranteile an Realschulen und Hauptschulen verhalten sich hingegen weiterhin rückläufig: Sie sanken seit 2006 um neun Prozentpunkte auf 21 Prozent an Realschulen bzw. um sechs Prozentpunkte auf nur noch 10 Prozent an Hauptschulen (Destatis 2018c, S. 12f.). Schulen ohne (integrierte) Abituroption verlieren in einer Zeit, in der das (Fach-)Abitur den Mittleren Abschluss als Grundbildungsnorm abgelöst hat, an Bedeutung. Eigene Berechnungen verdeutlichen dies. Wenn man für das Jahr 2017 die Summe aller Schulabschlüsse der Absolventinnen und Absolventen aus den allgemeinbildenden wie beruflichen Schulen bildet und dabei den schulischen Teil der Fachhochschulreife ebenso berücksichtigt, liegt bundesweit der Anteil einer Hochschulreife am Gesamt aller erworbenen Abschlüsse bei 42,5 Prozent; dagegen liegt der Anteil für den Mittleren Abschluss ›nur‹ bei 38,8 Prozent (eigene Berechnungen nach Destatis 2018a; 2018b, Tabellen 4.2.2 sowie 6.2).

Das abiturorientierte An- bzw. Abwahlverhalten der Eltern, gekoppelt mit einer in demografisch rückläufigen Zeiten wenig selektiven Aufnahmepraxis der Gymnasien, löst einen strukturellen Umformungsprozess aus, an dessen Ende Hauptschulen und mittelfristig wohl auch Realschulen in eine Sackgasse geraten (werden).

> Mit dem unaufhaltsamen Niedergang der Hauptschule stellte sich bereits Ende der 1980er Jahre die Frage, welche Rolle der Realschule bei einem vollständigen Kollaps der Hauptschule zufallen würde. Gleichzeitig war es damals schon ein Thema, ob sich das Gymnasium im Zuge des Wandels zum größten Bildungsgang neu definieren müsse. So gesehen hat sich der Strukturwandel schon lange vor den späteren Veränderungen abgezeichnet. (Rösner 2010, S. 93)

Aus einer systemischen Perspektive kann das autarke und die Interdependenzen der Schulformen innerhalb eines Systems ausblendende Handeln einzelner Institutionen, d.h. der Gymnasien, als relevante Ursache für die Destabilisierung des gegliederten Systems herangezogen werden. Edelstein und Nikolai (2013) weisen darauf hin, dass

> Institutionen [...] häufig in ein Gesamtgefüge eingebettet und miteinander verzahnt [sind]. Durch die Herausbildung wechselseitiger Abhängigkeiten und Komplementaritäten stabilisieren sich diese gegenseitig. Denn Veränderungen einzelner Komponenten können Rückwirkungen auf andere Institutionen im Gesamtsystem haben und damit nicht zuletzt Stakeholder funktional verbundener Institutionen mobilisieren. (Edelstein/Nicolai 2013, S. 484)

Ein Beispiel für systemisches Handeln ist hingegen die Berliner Schulreform: Dort sollte ursprünglich per Beschluss – auch aufgrund der Ausdünnung der Hauptschulen – mit der Gemeinschaftsschule eine ergänzende – bildungsgangintegrierende – Schulform neben den bereits bestehenden (Hauptschulen, Realschulen und Gesamtschulen) eingeführt werden. Anstatt einer unmittelbaren Umsetzung dieses Beschlusses in einem top-down-Verfahren, wurde zunächst ein Austauschprozess mit relevanten Akteuren (Politik, Schulen, Wissenschaft, Öffentlichkeit) angestoßen, der auch eine Schulleitungsbefragung an den bestehenden Schulen vorsah. Diese ergab eine äußerst kritische Haltung gegenüber einer weiteren Ausdifferenzierung des gegliederten Sekundarschulwesens insbesondere auf Seiten der Hauptschulen und Gesamtschulen, weil diese den ohnehin schon starken Wettbewerb untereinander massiv verschärfe. Stattdessen befürworteten sie eine Integration (und damit auch das Auslaufen) ihrer Schulformen zugunsten der Implementation eines zweigliedrigen Systems nach Hamburger Vorbild (Baumert et al. 2017). Sie bündelten ihre Interessen – mit der Umwandlung zu einer Integrierten Sekundarschule war zudem eine günstige(re) Personalausstattung verbunden – und trugen somit als »funktional verbundene Stakeholder« (Edelstein/Nikolai 2013, S. 484) zu einer strukturellen Veränderung des Systems bei.

4. Der lange Weg zum zweigliedrigen Schulsystem

Die vorgestellten Beispiele verdeutlichen, was der nationale Bildungsbericht 2018 als bundesweiten Trend zur Konsolidierung der landesspezifischen Schulangebote in Richtung unterschiedlich akzentuierter Zwei-Säulen-Modelle in vielen Ländern beschreibt. Dies führte vielfach zur Zusammenführung von Haupt- und Realschulbildungsgängen unter dem Dach neuer Schularten sowie zu einer Ausdifferenzierung der Wege und der Dauer bis zum Abitur.

In den übrigen Ländern werden die Haupt- und Realschulen regionalspezifisch oder im Modellversuch durch neue Schularten ergänzt, oder es wird die Möglichkeit, an Hauptschulen den Mittleren Abschluss zu erwerben, betont. Es lassen sich schulstrukturell drei Ländergruppen (reine Zweigliedrigkeit, erweiterte Zweigliedrigkeit und erweiterte traditionelle Systeme) unterscheiden (Autorengruppe Bildungsberichterstattung 2018, S. 88 ff.):

Reine Zweigliedrigkeit: In sechs Ländern existiert neben der Förderschule und dem Gymnasium nur noch eine weitere Schulart (Berlin, Bremen, Hamburg, Saarland, Sachsen, Schleswig-Holstein). In den meisten Ländern verfügen die nichtgymnasialen Schulformen in der Regel über eine eigene gymnasiale Oberstufe am Schulstandort oder feste Kooperationen mit den Oberstufen anderer Schulen (z. B. allgemeinbildender oder beruflicher Gymnasien).

Erweiterte Zweigliedrigkeit: In einer zweiten Gruppe von fünf Ländern gibt es (neben Förderschulen) eine Kombination aus Gymnasium und mindestens zwei parallel angebotenen Schularten mit zwei oder drei Bildungsgängen (Brandenburg, Mecklenburg-Vorpommern, Rheinland-Pfalz, Sachsen-Anhalt und Thüringen).

Erweiterte traditionelle Systeme: Am vielfältigsten sind die Schulstrukturen in den fünf Ländern, in denen das Angebot an Hauptschulen, Realschulen und Gymnasien fortbesteht (Baden-Württemberg, Bayern, Hessen, Niedersachsen und Nordrhein-Westfalen) und – bis auf Bayern – durch Schulen mit mehreren Bildungsgängen ergänzt wird.

Für die Stadtstaaten liegen Begleitforschungen bzw. Evaluationen zur Umstellung auf die Zwiegliedrigkeit vor. In Berlin war mit der Einführung der Integrierten Sekundarschule 2009 die Neugestaltung des Übergangs in die Sekundarstufe I im Sinne größerer Wahlfreiheit der Eltern verbunden. Die Integrierte Sekundarschule ist als Ganztagsschule konzipiert und führt (unmittelbar) zum Abitur, sofern sie über eine Oberstufe verfügt (Baumert et al. 2013, S. 13). Der Übergang in die gymnasiale Oberstufe ist am Gymnasium und der Integrierten Sekundarschule durch dieselben Anforderungen und Regelungen bestimmt, weshalb in der politischen Bewertung beide Schulformen als gleichwertig angesehen werden (Abgeordnetenhaus Berlin 2010). Ziele der Berliner Schulstrukturreform »sind die Reduzierung des Einflusses der sozialen Herkunft auf den Bildungserfolg, eine Anhebung der Abiturientenquoten bei gleichzeitiger Sicherung von Qualitätsstandards, die Verminderung der Schulabbrecherquoten bei verringerter Leistungsstreuung am Ende der Sekundarstufe I« (Maaz et al. 2013, S. 7).

In Bremen ist neben das Gymnasium als zweite Säule die Oberschule gestellt worden, welche ebenfalls eine Abituroption eröffnet. Auch hier ist das Übertrittsverfahren nach der Grundschule neu geregelt worden (DIFP u. a. o.J.). Übereinstimmend zeigt sich für beide Bundesländer, dass die Berliner Integrierte Sekundarschule wie die Bremer Oberschule, sofern sie keine eigene Oberstufe aufweisen, wenig nachgefragt werden und damit vor allem leistungsschwächere Schülerinnen und Schüler rekrutiert werden. Für Berlin bleibt aber festzuhalten, dass durch die Umstrukturierung der Anteil der Schulen, die mit einer kumulativen Benachteiligung ihrer Schülerschaft umzugehen haben, um mehr als die Hälfte reduziert werden konnte (DIPF u. a. o.J., S. 1,9; Neumann et al. 2017, S. 474 f.). Dort verteilt sich die Risikogruppe der Schülerinnen und Schüler mit multiplen Bildungsrisiko zwar gleichmäßiger auf die neuen Integrierten Sekundarschulen als vor der Strukturreform, überproportional häufig besucht diese Schülergruppen dennoch eine Integrierte Sekundarschule ohne Oberstufe. Zugleich gilt für beide Länder auch in der Zweigliedrigkeit, dass die Herkunftsmerkmale der Schülerinnen und Schüler noch immer eng mit dem individuellen Bildungsverlauf und Bildungserfolg zusammenhängen und damit weiterhin beträchtliche soziale Disparitäten bestehen (DIPF u. a. o.J. S. 5; Neumann et al. 2017, S. 474, 491).

Baden-Württemberg und Nordrhein-Westfalen, um zwei Flächen-Bundesländer der Gruppe »Erweiterter traditionelle Systeme« herauszugreifen, haben hingegen ihre schulstrukturellen Weichen derart gestellt, in dem in beiden Bundesländern bildungsgangintegrierende Schulformen zusätzlich zu den bereits bestehenden implementiert wurden, die zu einer weiteren Ausdifferenzierung des Sekundarschulwesens (Baden-Württemberg: Gemeinschaftsschule, Nordrhein-Westfalen: Sekundarschule) führen, ohne die Hauptschule bzw. die Baden-Württembergische Werkrealschule abzuschaffen. Für beide Bundesländer ergibt sich damit insbesondere in den Ballungsgebieten das Problem, dass sich die Schularten nicht gegenseitig ergänzen, sondern sich im Gegenteil starke Konkurrenz insbesondere um die leitungsstarken Schülerinnen und Schüler machen (Wacker 2017). Dies verstärkt die bereits vorhandenen Segregationstendenzen im nicht-gymnasialen Bereich: In Baden-Württemberg, wo zeitgleich der Übergang von der Grundschule in die Sekundarstufe I in Richtung Elternrecht verändert wurde, wurden ausschließlich Haupt- und Werkrealschulen in Gemeinschaftsschulen umgewandelt, was dazu geführt hat, dass dort kaum leistungsstarke Schülerinnen und Schüler mit einer Gymnasialempfehlung lernen (Bohl/Wacker 2016) und die Möglichkeit, dort eine Oberstufe einzurichten, schwindet (Maier 2017, S. 169). In NRW ist infolge der Einführung der Sekundarschule eine neue Welle von Gesamtschulgründungen ausgelöst worden (Mulia/Proff 2016, S. 76). Nimmt man die Grundschulempfehlungen als Indikator für die Leistungsfähigkeit der Schülerinnen und Schüler, dann handelt sich – auch im Vergleich zu Real- und Gesamtschulen – bei der Schülerschaft an den Sekundarschulen um eine tendenziell leistungsschwache Schülerschaft: 2017 verfügt nur 1,4 Prozent der Sekundarschülerinnen und -schüler über eine uneingeschränkte Gymnasialempfehlung (Realschule: 2,9 Prozent, Gesamtschule: 8,8 Prozent), 37,2 Prozent über eine uneingeschränkte oder erweiterte Realschulempfehlung (Realschule 75,9 Prozent; Gesamtschule: 50,4 Prozent), 58,1 Prozent über eine uneingeschränkte oder erweiterte Hauptschulempfehlung (Realschule: 19,5 Prozent; Gesamtschule: 38,5 Prozent) (MSB NRW 2018, Tabelle 2.9). Durch die Einführung der Sekundarschule ist das Schulsystem in NRW zusätzlich leistungsbezogen stratifiziert worden, vielerorts übernimmt die Sekundarschule die Rolle der Hauptschule, die gleichfalls noch existiert.

5. Fazit und Ausblick

Unabhängig der jeweiligen Entwicklungen der Schulstrukturen in den Ländern wird deutlich, dass der Druck ausschließlich in dem Bereich des Bildungssystems jenseits des Gymnasiums entsteht und daher insbesondere für diese Zweite Säule Lösungen gefunden werden müssen, die dem Willen der Bevölkerung nach dem Abitur als neue Grundbildungsnorm Rechnung tragen.

Zweigliedrige Schulsysteme liefern dafür keine vollständig widerspruchsfreien Lösungen, wie die Daten aus Berlin und Bremen deutlich machen, denn auch hier zeigen sich weiterhin »nicht intendierte, insbesondere sozial- und leistungsbezogene, negativ konnotierte Homogenisierungen« (Maaz 2017, S. 3). Die immanenten Widersprüche werden zugleich im Zwei-Säulen-Modell geringer und es verbleiben mehr Ressourcen für wirkungsvolle Innovationsprozesse auf Ebene der Einzelschule, wobei insbesondere diejenigen Schulen im Fokus stehen, in welchen viele Schülerinnen und Schüler mit multiplen Bildungsrisiken lernen. Eine Verschlankung der nicht-gymnasialen Säule kann unnötige Konkurrenz vermeiden, muss aber gleichzeitig für die

Bildungsabnehmer attraktiv sein. Eine Möglichkeit der Attraktivitätssteigerung ergibt sich durch eine spezifische Oberstufe für die zweite Säule, die sich von der Oberstufe des traditionellen Gymnasiums unterscheidet. Baden-Württemberg setzt beispielsweise traditionell auf die Fachgymnasien, die für Absolventinnen und Absolventen des Mittleren Schulabschlusses den Weg zum Abitur ermöglichen und daher breite Akzeptanz finden. Eine andere Möglichkeit der Attraktivitätssteigerung kann in der Verbindung von Berufsausbildung und Vollabitur liegen (Wolf 2019).

Schulstrukturen bleiben vermutlich auch in Zukunft ein Dauergegenstand der Schulreform, wenngleich der voranschreitende Weg zur Zweigliedrigkeit schulstrukturelle Überlegungen nicht mehr so virulent erscheinen lässt. Ein zentrales bildungspolitisches Thema, welches bisher in diesem Beitrag systematisch ausgeklammert wurde, ist das der Zielstellung Inklusion (siehe auch Preuss-Lausitz in diesem Band). Interpretiert man Inklusion als eine Vorstellung umfassender gesellschaftlicher Solidarität auch im Bildungssystem, dann ergibt sich auch für das Zweisäulenmodell ein struktureller Widerspruch, solange das Gymnasium das Vorrecht behält, seine Schülerinnen und Schüler leistungsbezogen auswählen zu dürfen und der Staat beim Übergang in die Sekundarstufe I durch die sogenannte »Negativkorrektur« in das Elternrecht auf Erziehung eingreift, wenn eine mangelnde Eignung des Kindes für die gewählte Schulform festgestellt wird (Bellenberg 2018). Auch in Zukunft wird daher wohl noch über die Schulstruktur gestritten werden.

Politische Verantwortungsträger, die Schulstrukturveränderungen planen, sollten neben den bereits in der Einleitung angesprochenen Gelingensbedingungen für Reformen berücksichtigen, dass sich die Qualität einer Schulstrukturreform, die »das System insgesamt neu justieren und zukunftsfähig machen will, […] daran [entscheidet], ob es gelingt, einen institutionellen Rahmen zu entwerfen, der für gewachsene Strukturen und lebendige Traditionen anschlussfähig ist, aber dennoch eine konsistente Entwicklungsperspektive normiert, die für die langfristige Ausgestaltung der Reform richtungsweisend ist und Nachbesserungen, Optimierungen und Weiterentwicklungen anleitet« (Neumann et al. 2017, S. 499).

Sollte es in Zukunft möglich sein, mit einem Zweisäulen-Modell einen stabilen institutionellen Rahmen für unsere Schulen zu etablieren, könnte dies dazu beitragen, den Fokus stärker auf qualitätsentwickelnde und qualitätssichernde Perspektiven der Schulentwicklung auszurichten. Die regelmäßige Kompetenzüberprüfung ist im deutschen Bildungssystem bereits implementiert worden. Künftig könnte ein erweitertes Qualitätsverständnis verfolgt und implementiert werden, das neben dieser Ausrichtung auf die fachliche Kompetenzentwicklung der Schülerinnen und Schüler auch weitere Ziele vor allem im Sinne gesellschaftlicher Verantwortungsübernahme verankert, entwickelt und prüft: So scheint die Frage geboten zu sein, wie Schulen dazu beitragen können, dass in Zeiten der nahezu uneingeschränkten Verfügbarkeit über Wissen, der Individualisierung von Kommunikationsprozessen und der öffentlichen und eingeschränkten Zurschaustellung von Meinungen in sozialen Medien (Polarisierung; Meinungsblasen) junge Menschen zu aktiven Demokraten erzogen werden können. Schließlich geht es in Schule immer um die Vorbereitung auf die Zukunft.

6. Literatur

Abendblatt Hamburg (25.05.2018): Verlängerung des Schulfriedens – vielleicht. www.abendblatt.de/hamburg/article214392241/Verlaengerung-des-Schulfriedens-Vielleicht.html (Abruf 3.1.2019).

Abgeordnetenhaus Berlin (2010): Beschluss zur Weiterentwicklung der Berliner Schulstruktur. www.parlament-berlin.de/ados/16/BildJugFam/vorgang/bj16-0602-v.pdf (Abruf 3.1.2019).

Autorengruppe Bildungsberichterstattung (Hrsg.) (2018): Bildung in Deutschland 2018. Bielefeld: Bertelsmann. www.bildungsbericht.de/de/bildungsberichte-seit-2006/bildungsbericht-2018/pdf-bildungsbericht-2018/bildungsbericht-2018.pdf (Abruf 3.1.2019).

Baumert, J./Cortina, K./Leschinsky, A. (2003): Grundlegende Entwicklungen und Strukturprobleme im allgemein bildenden Schulwesen. In: Cortina, K./Baumert, J./Leschinsky, A./Mayer, K. U./Trommer, L. (Hrsg.): Das Bildungswesen der Bundesrepublik Deutschland. Reinbek bei Hamburg: Rohwohlt, S. 52–147.

Baumert, J./Maaz, K./Neumann, M./Becker, M./Dumont, H. (2013): Hintergründe, Zielstellungen und theoretischer Rahmen. In: Maaz, K./Baumert/J./Neumann, M./Becker, M./Dumont, H. (Hrsg.): Die Berliner Schulstrukturreform. Bewertung durch die beteiligten Akteure und Konsequenzen des neuen Übergangsverfahrens von der Grundschule in die weiterführende Schule. Münster, New York: Waxmann, S. 9–34.

Baumert, J./Neumann, M./Böse, S./Zunker, N. (2017): Implementation der Berliner Schulstrukturreform. In: Neumann, M./Becker, M./Baumert, J./Maaz, K./Köller, O. (Hrsg.): Zweigliedrigkeit im deutschen Schulsystem. Potenziale und Herausforderungen in Berlin. Münster, New York: Waxmann, S. 81–126.

Bellenberg, G. (2018): Rechtliche Situation der Übergangsempfehlung in den Bundesländern. In: Porsch, R. (Hrsg.): Der Übergang von der Grundschule auf weiterführende Schulen. Grundlagen für die Lehrerausbildung, Fortbildung und Praxis. Stuttgart: UTB, S. 41–58.

Bellenberg, G./Im Brahm, G. (2019): Schulsysteme und ihr Einfluss auf das Unterrichten. In: Kiel, E./Herzig, B./Maier, U./Sandfuchs, U. (Hrsg.): Handbuch Unterrichten in allgemeinbildenden Schulen. Stuttgart: Klinkhardt/UTB. Im Druck.

Bohl, T./Wacker, A. (2016): Die Einführung der Gemeinschaftsschule in Baden-Württemberg – Abschlussbericht der wissenschaftlichen Begleitforschung (WissGem). Münster, New York: Waxmann.

Budde, H. (2007): Die Entwicklung regionaler Schulstrukturen in peripheren ländlichen Räumen unter dem Paradigma demografischer Schrumpfung. In: Zeitschrift für Pädagogik 53, S. 314–325.

Coburn, C. E. (2003): Rethinking Scale: Moving beyond Numbers to Deep and Lasting Change. In: Educational Researcher 32, H. 6, S. 3–12.

Destatis (2018a): Bildung und Kultur. Fachserie 11, Reihe 2: Allgemeinbildende Schulen. Bonn. https://www.destatis.de/DE/Publikationen/Thematisch/BildungForschungKultur/Schulen/AllgemeinbildendeSchulen.html (Abruf 3.1.2019)

Destatis (2018b): Bildung und Kultur. Fachserie 11, Reihe 2. Berufliche Schulen. Bonn. https://www.destatis.de/DE/Publikationen/Thematisch/BildungForschungKultur/Schulen/BeruflicheSchulen.html (Abruf 3.1.2019).

Destatis (2018c): Schulen auf einen Blick. https://www.destatis.de/DE/Publikationen/Thematisch/BildungForschungKultur/Schulen/BroschuereSchulenBlick0110018189004.pdf?__blob=publicationFile (Abruf 3.1.2019).

Deutsches Institut für Internationale Pädagogische Forschung/Universität Bielefeld/Universität Bremen/Institut für Qualitätsentwicklung im Bildungswesen (Hrsg.) (2017): Bericht der Expertengruppe zur Evaluation der Bremer Schulreform. www.dipf.de/de/forschung/aktuelle-projekte/pdf/steubis/bremen-evaluation-maerz-2018-gesamtbericht (Abruf 3.1.2019).

Die Senatorin für Kinder und Bildung Bremen (o. J.): Allgemein bildende öffentliche Schulen. www.bildung.bremen.de/allgemeinbildende_schulen-3716 (Abruf 3.1.2019).

Die Welt (2011): Schulkonsens in Nordrhein-Westfalen vereinbart. www.welt.de/politik/deutschland/article13495350/Schulkonsens-in-Nordrhein-Westfalen-vereinbart.html (Abruf 3.1.2019).

Drewek, P. (2013): Das dreigliedrige Schulsystem im Kontext der politischen Umbrüche und des demographischen Wandels im 20. Jahrhundert. In: Zeitschrift für Pädagogik 59, H. 4, S. 508–525.

Edelstein, B./Nikolai, R. (2013): Strukturwandel im Sekundarbereich. Determinanten schulpolitischer Reformprozesse in Sachsen und Hamburg. In: Zeitschrift für Pädagogik 59, H. 4, S. 482–495.

Hurrelmann, K. (2013): Das Schulsystem in Deutschland: Das »Zwei-Wege-Modell« setzt sich durch. In: Zeitschrift für Pädagogik 59, H. 4, S. 455–468.

Kann, C. (2017): Schulschließungen und Umbau von Schulstandorten: Steuerungsansätze bei sinkenden Schülerzahlen und die Rolle der Privatschulen. Wiesbaden: Springer VS.

Kerstan, T. (2010): Hamburger Schulreform: Primarschule gescheitert, Vernunft hat gesiegt. Die Zeit. Schulblog. 18.7.2010. https://blog.zeit.de/schulblog/2010/07/18/hamburger-schulreform-primarschule-gescheitert-vernunft-hat-gesiegt/?sort=desc&comments_page=9. (Abruf 3.1.2019).

Maaz, K. (2017): Dreigliedrigkeit ade. Die Entwicklung des Zwei-Säulen-Modells als zukunftsweisende Struktur des deutschen Sekundarschulsystems. In: Schulverwaltung / Hessen, Rheinland-Pfalz 22, 7/8, S. 199–201 (auch online unter www.pedocs.de/volltexte/2018/15749/pdf/Dreigliedrigkeit_Ade_Maaz_A.pdf, (Abruf 3.1.2019).

Maaz, K./Baumert, J./Neumann, M./Becker, M./Dumont, H. (2013): Vorwort. In: Maaz, K.Baumert/J./Neumann, M./Becker, M./Dumont, H. (Hrsg.): Die Berliner Schulstrukturreform. Bewertung durch die beteiligten Akteure und Konsequenzen des neuen Übergangsverfahrens von der Grundschule in die weiterführende Schule. Münster, New York: Waxmann, S. 7–8.

Maier, U. (2017): Die gymnasiale Oberstufe in Baden-Württemberg zwischen Tradition und bildungspolitischem Mainstream. In: Bildung Und Erziehung 70, H. 2, S. 165–181.

MSB NRW (2011): Schule NRW. Sonderausgabe zum Schulkonsens und zur Sekundarschule. https://broschueren.nordrheinwestfalendirekt.de/herunterladen/der/datei/sonderausgabe-schule-nrw-12-2011-pdf/von/sonderausgabe-von-schule-nrw-zum-schulkonsens-und-zur-sekundarschule/vom/msb/918 (Abruf 3.1.2019).

MSB NRW (2018): Das Schulwesen in NRW aus quantitativer Sicht 2017/18. Düsseldorf. www.schulministerium.nrw.de/docs/bp/Ministerium/Service/Schulstatistik/Amtliche-Schuldaten/Quantita_2017.pdf. (Abruf 3.1.2019).

Mulia, M./Proff, P. (2016): Nach dem NRW-Schulkonsens. Wie weiter auf dem Weg zu einer Schule für alle? www.ggg-nrw.de/webpage/download/integrierte%20Schulen/RosaLuxemburgStudie.pdf (Abruf 3.1.2019).

Neumann, M./Becker, M./Baumert, J./Maaz, K./Köller, O./Jansen, M. (2017): Das zweigliedrige Berliner Sekundarschulsystem auf dem Prüfstand: Ein Zwischenresümee. In: Maaz, K./Baumert, J./Neumann, M./Becker, M./Dumont, H. (Hrsg.): Die Berliner Schulstrukturreform. Bewertung durch die beteiligten Akteure und Konsequenzen des neuen Übergangsverfahrens von der Grundschule in die weiterführende Schule. Münster, New York: Waxmann, S. 469–502.

Rösner, E. (2007): Hauptschule am Ende. Ein Nachruf. Münster: Waxmann.

Rösner, E. (2010): Schulstruktur im Wandel. In: Berkemeyer, N./Bos, W./Holtappels, H. G./McElvany, N./Schulz-Zander, R. (Hrsg.): Jahrbuch der Schulentwicklung. Band 16. Weinheim: Juventa, S. 71–98.

Rösner, E./Stubbe, T. (2008): Übergangsentscheidungen und Schulerfolg im Zeichen demographischer Veränderungen. In: Bos, W./Holtappels, H. G./Pfeiffer, H./Schulz-Zander, R. (Hrsg.): Jahrbuch der Schulentwicklung. Band 15. Weinheim, München: Juventa, S. 297–316.

Thoren, K. (2017): Implementationserfolg von Schulreformen in der Berliner Schulanfangsphase. Berlin. https://refubium.fu-berlin.de/bitstream/handle/fub188/6545/Diss_Thoren_2017.pdf?sequence=1&isAllowed=y (Abruf 3.1.2019).

Wacker, A. (2010): Vielfalt und Qualität: Schulentwicklung in Baden-Württemberg. Bildungsklick

13.2.2017. https://bildungsklick.de/schule/meldung/vielfalt-und-qualitaet-schulentwicklung-in-baden-wuerttemberg/ (Abruf 3.1.2019).

Weishaupt, H. (2009): Demografie und regionale Schulentwicklung. In: Zeitschrift für Pädagogik 55, H. 1, S. 56–72.

Wolf, D. (2019): Die Experten von nebenan. In Hückeswagen im Bergischen Land können Schüler eine besondere duale Ausbildung machen – privat und flexibel. In: Die Zeit 1/2019.

Thomas Koinzer

Private Schulen – alternative Schulen?

Zu den pädagogischen und gesellschaftlichen Funktionen privater Schulen im deutschen Schulsystem

1. Einleitung

Die deutsche allgemeinbildende Schullandschaft ist bunt. Neben einem öffentlichen, staatlichen Schulwesen, das sich aus Grund- und weiterführenden Schulen konstituiert, die in ihren je pädagogisch-organisatorischen Ausrichtungen vielfältig sind, finden sich in den Schulsystemen der deutschen Bundesländer – unterschiedlich stark ausgeprägt – Schulen in privater Trägerschaft. Hier versammeln sich Schulen in der Trägerschaft der christlichen Kirchen oder Schulen, die einer pädagogisch-ideellen Ausrichtung folgen wie Waldorf- oder Montessorischulen resp. dieser nahe stehen. Die Grenzen sind häufig fließend: Evangelische Schulen im Grundschulbereich orientieren sich – wie nicht wenige öffentliche Grundschulen – an der Pädagogik und Methodik Maria Montessoris. Andere private Schulen nehmen Anleihen bei verschiedenen Pädagogiken oder betonen Internationalität und Kosmopolitismus, um sich so im Feld als ›besondere‹ Schulen zu positionieren, als Schulen, die ›anders‹ sein wollen.

Ist dieses Anderssein(wollen) wohl kein Privileg von Schulen in privater Trägerschaft, werden ihm aber auch gesellschaftliche und pädagogische Funktionen zugeschrieben. So sind einerseits katholische und evangelische Schulen religiöse Sozialisationsorte in einer sich weiter säkularisierenden Gesellschaft. Neben dieser – verfassungsrechtlich verbrieften Substitutionsfunktion – wird privaten Schulen andererseits attribuiert, im pädagogischen Feld »Neues zu entwickeln und in die Welt zu tragen« (Rasfeld 2018, S. 287) oder »gerade in puncto Innovationspotential eine wichtige Schrittmacherfunktion« einzunehmen (Barz 2018, S. 417). Das ›Neue‹ und ›Innovative‹ wird als Alternative zum (Alt-)Hergebrachten und (einfallslos) Etablierten artikuliert und hat nicht selten eine Nähe zur Reformpädagogik. Es positioniert diese Schulen als alternative Schulen, als Schulen, die aus Kritik an den bestehenden Verhältnissen andere pädagogische Wege gehen wollen. Aber auch als Alternative für ein im staatlichen Schulwesen als unzureichend erachtetes Bildungsangebot positionieren sich private Schulen, z. B. vor dem Hintergrund globaler (Arbeits-)Migration – meist als eher hochpreisiges, englischsprachiges Angebot mit entsprechendem wissenschaftlichen und Medieninteresse (vgl. Überblick über die Landschaft in Ullrich/Strunck 2012 und Kraul 2015).

Der vorliegende Beitrag fragt im Kern nach den gesellschaftlichen und pädagogischen Funktionen privater Schulen in Deutschland, also danach wie sich das ›Andere‹, das ›Besondere‹, das ›Alternative‹ artikuliert bzw. präsentiert und wodurch es begründet wird. In einem ersten Schritt werden dazu die quantitativen und qualitativen Dimensionen des Feldes privater allgemeinbildender Schulen knapp umrissen.

Im zweiten Schritt wird dann die rechtliche Stellung privater Schulen beleuchtet und deren gesellschaftlicher und pädagogischer Beitrag im Schulsystem diskutiert.

2. Private allgemeinbildende Schulen in Deutschland – im Spiegel von Statistik und Forschungsbefunden

In den zurückliegenden 25 Jahren ist die Zahl privater allgemeinbildender Schulen in Deutschland von ca. 2000 Schulen im Jahr 1992 auf mehr als 3600 Schulen im Jahr 2016 gestiegen. Das ist ein relativer Anstieg von ca. 80 Prozent. Die Zahl der Schüler/innen, die an Schulen in nichtstaatlicher Trägerschaft lernen, hat sich in diesem Zeitraum von 445.000 auf 750.000, also um fast 70 Prozent erhöht. War zu Beginn der 1990er Jahre nur jede zwanzigste Schule in privater Trägerschaft, ist es gegenwärtig jede zehnte. Jede/r elfte Schüler/in im allgemeinbildenden Schulwesen besucht mittlerweile eine private Schule (s. Abb. 1).

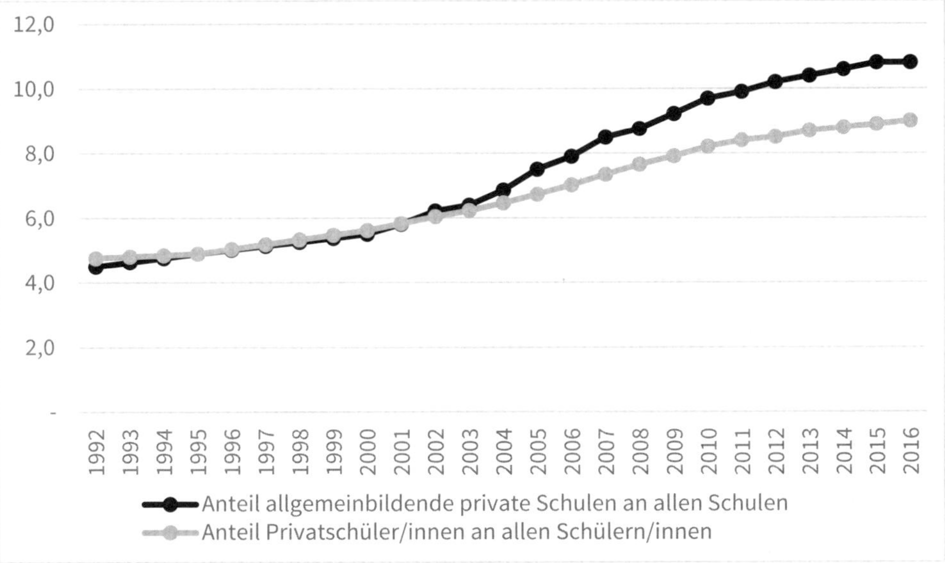

Abb. 1: Anstieg der privaten allgemeinbildenden Schulen in Deutschland und der Zahl der Schüler/innen (1992 bis 2016, in Prozent, Statistisches Bundesamt 2017)

Diese Zahlen spiegeln eine Entwicklung wider, die sich in den einzelnen Bundesländern sehr unterschiedlich darstellt. Gab es in der Bundesrepublik Deutschland schon vor 1990 eine recht vielfältige Landschaft privater Schulen auf niedrigem quantitativen Niveau (1950: 1,9, 1960: 3,0, 1975: 3,5, 1985: 5,6 Prozent, vgl. Arbeitsgemeinschaft Freier Schulen 1999; Nikolai/Koinzer 2017), entwickelte sich diese nach 1990 auch in den neuen Bundesländern. Letztere ist im Wesentlichen auch für den ›Boom‹ privater Schulen seit den frühen 1990er Jahren verantwortlich. Dieser Nachholeffekt führte dazu, dass im Osten Deutschlands der relative Anteil der Schulen in privater Trägerschaft und die Zahl der sie besuchenden Schüler/innen über dem Anteil Westdeutschlands liegt. Während in den westdeutschen Bundesländern der Anteil privater Schüler/innen seit 1992 um knapp 3 Prozent gestiegen ist, ist im Osten einschließlich Berlins ein dreimal so starker Anstieg zu konstatieren. Aber auch die beiden westdeutschen Stadtstaaten Hamburg und Bremen sowie Bayern und Baden-Württemberg haben heute einen über dem Durchschnitt liegenden Anteil von Schüler/innen, die eine private Schule besuchen (s. Tab. 1).

Bundesland	1992/93	2016/17	Zuwachs 1992 bis 2016
Baden-Württemberg	6,0	9,9	3,9
Bayern	7,7	11,4	3,7
Bremen	7,3	9,9	2,6
Hamburg	8,3	10,7	2,4
Hessen	5,0	7,3	2,3
Niedersachsen	4,5	6,3	1,8
Nordrhein-Westfalen	6,3	8,4	2,1
Rheinland-Pfalz	6,3	8,3	2,0
Saarland	7,1	8,3	1,2
Schleswig-Holstein	3,8	4,9	1,1
westdeutsche Länder	6,1	8,8	2,7
Berlin	3,4	10,1	6,7
Brandenburg	0,4	10,3	9,9
Mecklenburg-Vorpommern	0,3	11,2	10,9
Sachsen	0,4	9,9	9,5
Sachsen-Anhalt	0,7	9,2	8,5
Thüringen	0,4	8,9	8,5
ostdeutsche Länder (mit Berlin)	0,9	9,9	9,0
Deutschland insgesamt	4,8	9,0	4,2

Tab. 1: Entwicklung der Anteile der Schüler/innen in allgemeinbildenden privaten Schulen (in Prozent, Klemm et al. 2018, S. 63, gekürzt)

Bezogen auf die besuchten Schulformen ist festzuhalten, dass auch die private Schullandschaft sehr divers ist und alle auch im öffentlichen Schulwesen anzutreffenden Schulformen einschließt. Das Gymnasium ist hier mit Abstand die Schulform, die von den meisten Schülerinnen und Schülern besucht wird (36 Prozent), gefolgt von Grundschulen und Realschulen (je 12,9 Prozent), Waldorfschulen (11,3 Prozent), Förderschulen (9,5 Prozent) und Integrierten Sekundarschulen (7,5 Prozent). Die übrigen 9,9 Prozent besuchen Schulen mit mehreren Bildungsgängen, Hauptschulen, Kollegs oder Abendschulen (Statistische Bundesamt 2017, S. 11). Für den Osten Deutschlands ist auf die umfängliche Gründung privater Grundschulen nach 1990 hinzuweisen: Hier ist die Grundschule die meistbesuchte Schulform im Privatschulwesen. Etwa 1/3 aller Schüler/innen privater Schulen besuchen hier diese Schulform. Im Westen sind es lediglich knapp 8 Prozent (Koinzer/Mayer 2015, S. 30).

Auch hinsichtlich der Trägerschaft von privaten Schulen gibt es bedeutende Unterschiede. Die Schulen der beiden christlichen Kirchen und ihnen nahestehenden Organisationen (Stiftungen, Orden, Verbände u. a.) besuchen ca. 440.000 Schüler/innen. Das sind etwa 59 Prozent aller Privatschüler/innen. In den 690 katholischen Schulen lernen danach etwa 310.000 Schüler/innen, in den 540 evangelischen Schulen ca. 130.000 (Koinzer 2015, S. 109; Gruehn/Koinzer 2019, S. 42). Während die 220 Waldorfschulen mit ihren etwa 85.000 Schüler/innen vom Statistischen Bundesamt separat erfasst werden (Statistische Bundesamt 2017, S. 24), verteilt sich das verbleibende Drittel der allgemeinbildenden Privatschüler/innenschaft auf Schulen in einem vielfältigen Feld, das von Elterninitiativen in ländlichen Regionen, Internaten oder Landerziehungsheimen bis hin zu internationalen Schulen in Großstädten reicht (vgl. u. a. Koinzer/Leschinsky 2009; Ullrich/Strunck 2012; Kraul 2015; Klemm et al. 2018). Einen Überblick über die regionale Verteilung und die Trägerstruktur gibt die Abb. 2.

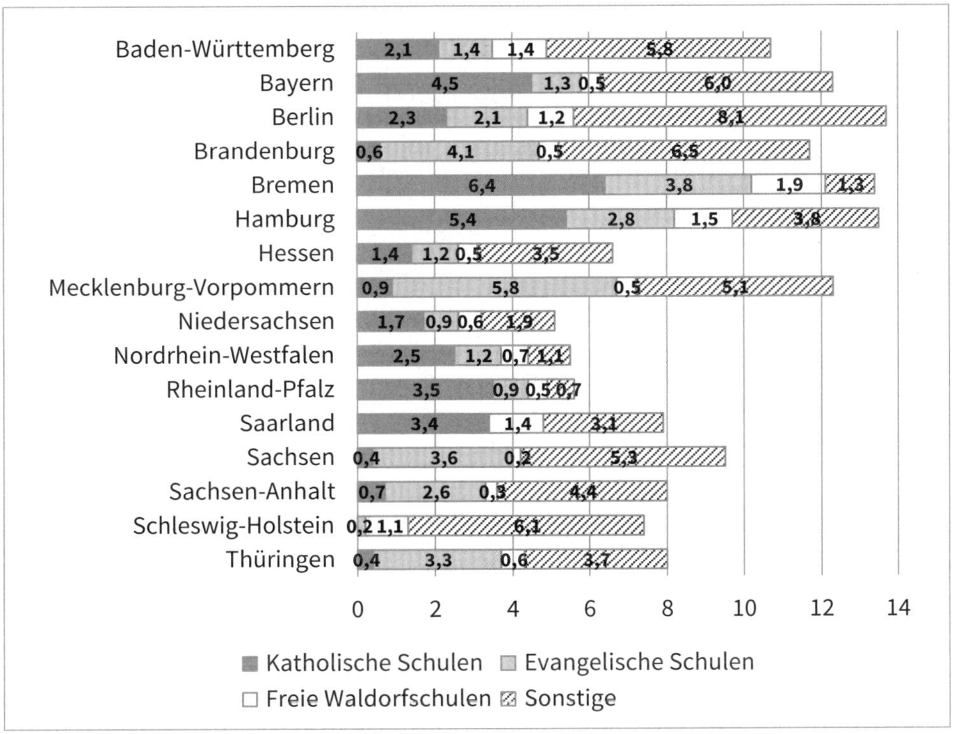

Abb. 2: Anteil privater allgemeinbildender Schulen nach Schulträgerschaft und Bundesland 2009 (in Prozent, Autorengruppe Bildungsberichterstattung 2010, S. 67)

An dieser Stelle sollen noch einige Befunde referiert werden, u.a. zur Zusammensetzung der Schüler/innenschaft und ihren Leistungen bezogen auf ausgewählte Domänen schulischen Lernens sowie zur Nachfrage und Schulqualität. Laut Statistischem Bundesamt (2017, S. 12) sind Mädchen vor allem an privaten Realschulen und Gymnasien überrepräsentiert und stellen auch die Mehrheit aller Lernenden (53,5 Prozent) an privaten Schulen. Begründet wird dies nicht zuletzt mit der Geschichte des mittleren und höheren Mädchenschulwesens, wo sich seit dem 19. Jahrhundert private Schulen etablierten und bis heute fortgeführt werden (vgl. Klemm et al. 2018, S. 37f.).

Die Zusammensetzung der Schüler/innenschaft nach Staatsangehörigkeit, die das Statistische Bundesamt erfasst, zeigt, dass nichtdeutsche Schüler/innen in privaten allgemeinbildenden Schulen über alle Schulformen in einem geringeren Umfang vertreten sind als in öffentlichen Schulen (Statistisches Bundesamt 2017, S. 12). Der Abstand ist bei den Gymnasien dabei am geringsten. Während an öffentlichen Gymnasien 4,3 Prozent der Schüler/innen eine ausländische Staatsangehörigkeit besitzen, sind es an privaten Gymnasien 3,1 Prozent (Klemm et al. 2018, S. 38 u. 78). Daten des Instituts zur Qualitätsentwicklung im Bildungswesen (IQB) zeigen, dass an privaten Schulen die Anteile von Schüler/innen mit Zuwanderungshintergrund (mindestens ein Elternteil im Ausland geboren) niedriger sind als an öffentlichen Schulen. Haben an öffentlichen Grundschulen 38,1 Prozent der Schüler/innen einen Zuwanderungshintergrund, sind es an privaten Grundschulen nur 28,3 Prozent. An nicht-gymnasialen öffentlichen Sekundarschulen haben 30,3 Prozent der Schüler/innen einen Zuwanderungshintergrund. An vergleichbaren privaten Schulen sind es lediglich 19,2 Prozent. Lernen an öffentlichen Gymnasien 24,2 Prozent Schüler/innen mit einem Zuwanderungshintergrund, sind es an privaten Gymnasien 17,7 Prozent (Klemm et al. 2018, S. 38f.).

Unterschiede gibt es auch beim sozioökonomischen Hintergrund, der mit dem HISEI erfasst wird (Highest International Socio-Economic Index of Occupational Status) und der den beruflichen Status, das Einkommen und die Bildung der Eltern abbildet. So ist der HISEI-Wert für private Grundschulen mit 59,9 HISEI-Punkten deutlich höher als in öffentlichen Grundschulen (50,8 Punkte). In nicht-gymnasialen öffentlichen Sekundarschulen liegt der Wert bei 45,2 Punkten, während an vergleichbaren privaten Schulen 51,8 Punkte erreicht werden. An Gymnasien ist der Abstand deutlich geringer. Hier stehen 63 Punkte an privaten Gymnasien 60,2 HISEI-Punkte an öffentlichen gegenüber (Klemm et al. 2018, S. 40). Eine Auswertung für private Schulen in Berlin hat überdies gezeigt, dass sich an allen Schulformen im privaten Bereich deutlich weniger Schüler/innen finden, die von den Lernmitteln befreit sind. Auch hier ist der Unterschied bei den Gymnasien am geringsten ausgeprägt, wo auf zwei Lernmittelbefreite am öffentlichen Gymnasium eine/r an einem privaten Gymnasium kommt (Wrase/Helbig 2016, S. 1597; Klemm et a. 2018, S. 78).

Betrachtet man die Schulleistungen privater Schulen im Vergleich mit öffentlichen Schulen, so deuten die Befunde der IQB-Bildungstrends 2015 und 2016, also jener Lernstandserhebungen, die das Erreichen der Bildungsstandards im Primar- wie

Sekundarschulbereich in einzelnen Fächern und ihren Kompetenzbereichen überprüfen, darauf hin, dass »zumeist nur geringe Unterschiede zwischen den [...] im Mittel erreichten Kompetenzen« feststellbar sind (Klemm et al. 2018, S. 50, hier auch ausführlich, in welchen Kompetenzbereichen Unterschiede zu Tage treten). Damit werden ältere Befunde im Wesentlichen bestätigt, die Preuschoff und Weiß bereits 2004 vorgelegt haben (vgl. auch Weiß 2010).

Bei der Zufriedenheit mit der Schule, ihrer Atmosphäre, Ausstattung und dem Engagement ihrer Lehrkräfte können private Schulen hingegen deutlicher punkten. Hier zeigen sich bspw. Schüler/innen, die eine private Schule besuchen, zufriedener mit dem Schulklima als Schüler/innen im öffentlichen Schulwesen (vgl. Standfest/Scheunpflug/Köller 2005; Koinzer/Gruehn 2013). Auch in einer vergleichenden Befragung von Berliner Mittelschichtseltern zur Schulqualität, zeigen sich Eltern, deren Kinder eine private Grundschule besuchen, deutlich zufriedener mit der Wahl der Schule für ihr Kind (74 Prozent) als Eltern, die eine öffentliche Grundschule für ihr Kind gewählt haben (54 Prozent). Vor allem die räumliche und technische Ausstattung der Schule sowie der Umgang der Schüler/innen untereinander wird von den Privatschuleltern weniger problemhaft eingeschätzt, als von den Eltern, deren Kind eine öffentliche Schule besucht (Schwarz et al. 2017).

3. Rechtliche Stellung

Das Grundgesetz (GG) der Bundesrepublik Deutschland bestimmt – in Anknüpfung an frühere deutsche Verfassungen –, dass private Schulen als »Ersatz für öffentliche Schulen« einer staatlichen Genehmigung bedürfen und den jeweiligen Landesgesetzen unterstehen. Eine Genehmigung ist zu erteilen,

> wenn die privaten Schulen in ihren Lehrzielen und Einrichtungen sowie in der wissenschaftlichen Ausbildung ihrer Lehrkräfte nicht hinter den öffentlichen Schulen zurückstehen und eine Sonderung der Schüler nach den Besitzverhältnissen der Eltern nicht gefördert wird. Die Genehmigung ist zu versagen, wenn die wirtschaftliche und rechtliche Stellung der Lehrkräfte nicht genügend gesichert ist. (GG, Art. 7, Abs. 4)

Die ›Ersatzfunktion‹ wird in dem folgenden Abs. 5 für die privaten Grund- und Hauptschulen (Volksschulen) eingeschränkt, denn zu deren Genehmigung muss von der Unterrichtsverwaltung ein »besonderes pädagogisches Interesse« anerkannt werden. Ebenso können auf Antrag der Erziehungsberechtigten derartige Schulen genehmigt werden, wenn sie als »Gemeinschaftsschule, als Bekenntnis- oder Weltanschauungsschule« errichtet werden sollen und öffentliche Schulen gleicher Art nicht bereits in der Gemeinde bestehen (GG, Art. 7, Abs. 5).

Mit dem Status als ›Ersatzschulen‹ sind private Schulen öffentlichen gleichgestellt und auf ein gleichwertiges Schule-Halten verpflichtet. Da eine Gleichwertigkeit dieser

Schulen zwingend gegeben sein muss und ihre Existenz durch das Grundgesetz garantiert wird, verpflichtet es den Staat, private Schulen »durch Subventionen existenzfähig zu halten« (Füssel/Leschinsky 2008, S. 198). Die Schulgesetze und -verordnungen der einzelnen Bundesländer bestimmen den Umfang der staatlichen Finanzhilfe, die i.d.R. eine Beteiligung an den Kosten für die Lehrkräfte – orientiert am Schüler/innenkopfsatz öffentlicher Schulen zwischen 60 und 100 Prozent –, aber auch des Schulaufwandes und für Baumaßnahmen möglich macht (Kultusministerkonferenz 2016).

Die Gleichwertigkeit in Form und Ausgestaltung bezieht sich dabei einerseits auf die Schüler/innen als auch die Lehrer/innen, andererseits auf die Lehrziele. Unterrichten an privaten Schulen dürfen danach nur Lehrkräfte, die auch aufgrund ihrer Ausbildung und Qualifikation an öffentlichen Schulen beschäftigt würden und die wie jene bezahlt werden. Das schließt auch deren Rechtsstellung ein – auch wenn hier beispielsweise durch kirchliches Arbeits- und Tarifrecht Besonderheiten bestehen (Surwehme 2013). Auch eine ›Sonderung‹ der Schüler/innen nach den Besitzverhältnissen ihrer Eltern und damit die Etablierung von privaten Schulen als Schulen für wohlhabende Schichten soll ausgeschlossen sein. Vor allem dieser Aspekt zieht wiederholt Aufmerksamkeit auf sich, da von der Mehrheit der privaten Schulen Schulgelder in – je nach Träger – unterschiedlicher Höhe erhoben werden und über die Zulässigkeit und Höhe von Schulgeldern bzw. die ›Missachtung des Sonderungsgebots‹ gestritten wird (Avenarius/Heckel 2000; Brosius-Gersdorf 2017; Wrase/Helbig 2016). Bezogen auf die Lehrziele ist die staatliche Genehmigung privater Schulen und die staatliche Anerkennung, die das Recht der Abnahme von Prüfungen und Erteilung von Zeugnissen einschließt, an die Erfüllung der je Schulform gültigen staatlichen Lehrpläne gebunden. So wird wohl »die innere und äußere Gestaltung gemäß den an die entsprechende öffentliche Schule gestellten Anforderungen« als gleichwertig anerkannt, aber nicht zwingend als gleichartig verlangt (Friedeburg 1979, S. 41).

Die vom Grundgesetz apostrophierte Gleichwertigkeit positioniert private Schulen damit prinzipiell nicht als alternative Schulen – und gesteht ihnen aber gleichzeitig einen alternativen Gestaltungsraum zu. Die formale Gleichstellung und -behandlung – verstärkt durch die auch für private Schulen geltende »Aufsicht des Staates« in Abs. 1 Art. 7 GG – engt den Raum für das ›Anderssein‹ beträchtlich ein, müssen sich private Schulen doch hier einem Regime unterwerfen, das für den (Gründungs-) Impetus nicht weniger privater Schulinitiativen insbesondere seit 1990 wesentlich verantwortlich war/ist: Unzufriedenheit mit der Art des Lehrens und Lernens im öffentlichen Schulwesen, die (zunehmende) soziale und ethnische Heterogenität der Schüler/innenschaft in den Großstädten oder die Schließung von Schulen im ländlichen Raum, vor allem im Osten Deutschlands (Koinzer/Mayer 2015).

Doch kommen in Art. 7 GG eben auch Momente zum Tragen, die private Schulen als Alternativen zu öffentlichen Schulen artikulieren und positionieren bzw. die Raum für ihre Andersartigkeit offerieren, wenn private Grund- und Hauptschulen als »Gemeinschaftsschule, als Bekenntnis- oder Weltanschauungsschule« ins Leben gerufen werden können oder ein »besonderes pädagogisches Interesse« anerkannt wird.

Christliche Schulen positionieren Religion als alternativen Bezugspunkt einer ›anderen‹ Schule. Schule als Ort der *Wissens*vermittlung, wo Religion lediglich als einem Unterrichtsfach Raum gegeben wird, wird hier programmatisch ein Kontrapunkt gesetzt, in dem die Bedeutung des *Glaubens* für sämtliche schulischen Erziehungs- und Bildungsprozesse herausgestellt wird (Koinzer 2015).

Sich als alternative Schule zu artikulieren ist überdies hier verbrieft über die Anerkennung eines ›besonderen pädagogischen Interesses‹. Es wird explizit die Besonderung eingefordert, also die Positionierung als eine Schule, die in ihren pädagogischen Orientierungen und Verfahrensweisen, in ihrem Schule-Halten als Alternative zum ›konventionellen‹ schulpädagogischen Handeln angesehen werden kann. Zu nennen sind hier die Landerziehungsheime, Waldorfschulen oder Montessorischulen, die das ›besondere pädagogische Interesse‹ spiegeln und in ihrer ideellen Prägung und schulischen Praxis zur Geltung bringen.

4. Pädagogische und gesellschaftliche Funktionen privater Schulen in Deutschland – aus der Geschichte in die Gegenwart

Die Verortung privater Schulen in und seit der Reformpädagogik des frühen 20. Jahrhunderts ist bezeichnend, war ihre Etablierung als alternative Schulen doch eng verknüpft mit einem gesellschaftlichen und pädagogischen Unbehagen nach den großen bildungsphilosophischen Entwürfen und der weitest gehenden Durchsetzung staatlich kontrollierter und schulisch institutionalisierter Erziehungsverhältnisse im 19. Jahrhundert. Die Universalisierung sowohl in Bezug auf die erzieherische Erfassung der gesamten Jugend als auch hinsichtlich einer Universalisierung von Wissensbeständen, Einstellungen und Fähigkeiten erzeugte eine Abwehr gegen diese Komplexität schulpädagogischer Praxis. Die »gesellschaftliche Karriere der Pädagogik«, die nun staatlich organisiert und kontrolliert war und die Schule als »universalisierte […] Instanz sozialer Disziplinierung« etabliert hatte (Tenorth 2000, S. 204), rief Kritik hervor.

Gegen diese »Monopolisierung staatlicher Bildungszuständigkeiten« (Wehler 1995, S. 1192) polemisierend, stilisierte Hermann Lietz, der Begründer der Landerziehungsheime, Schulen zu ›Sklavenanstalten‹. In Deutschland, so Lietz 1909, »wird […] im Verkehr mit den Schülern vonseiten der Erziehenden viel zu herrisch, zu willkürlich verfahren«. Schulordnungen zwängen dazu, von den Schüler/innen »wie von Sklaven« bestimmte Leistungen zu fordern und ihnen Tätigkeiten zuzumuten, »die gar nicht ihrem Wesen entsprechen und die von keinem […] Werte sind« (Lietz 1909, S. 603).

Die Alternative Lietz'scher Prägung war die »Erziehungsschule«, wo Lehrer/innen als »freie erzieherische Persönlichkeit[en]« mit »Zeit, Lust und Kraft […] zur nachhaltigen Entwicklung aufs Gemüt, auf den Willen des Zöglings« Einfluss nehmen können. Eine Schule sollte entstehen mit Lehrer/innen, die verständig die »Leiden wie Freuden des Kindes« nachfühlen können. Denn nur unter diesen Bedingungen bestünde die Möglichkeit, dass sich »Jugendseelen frei und harmonisch« entwickeln können. Das öffentliche Schulwesen ist dagegen davon geprägt, »Jugendfrische und Kinderfrohsinn [zu] ertöten« (Lietz 1909, S. 605).

Lietz' Alternativkonzeption basierte auf zwei zentralen Unterstellungen, die für die deutsche Schulkritik und die Legitimierung alternativer Schul- und Unterrichtskonzepte exemplarisch konstitutiv waren und bleiben sollten. Zum einen der Gegensatz von einer Buch- oder Paukanstalt und einer Lebens- oder Lernschule: Während in der einen die Macht von Organisation und Bürokratie herrsche, werde sich in der anderen an der ›Seele des Kindes‹ orientiert, der die Lehrer/innen nicht mit (Amts-) Autorität, sondern mit Persönlichkeit begegneten. Zum anderen wurde Lietz' Schulalternative als eine private Alternative zur öffentlichen, staatlichen Schule positioniert. Letztere wurde despektierlich diskreditiert, als nicht reformierbar gebrandmarkt und als unfähig, die als nötig benannten pädagogischen Orientierungen umsetzen zu können. Freiheit in der Erziehung – auch als Freiheit von staatlichem Verordnungs-, Personal- und Lehrplanwesen – sei konsequenterweise auch nur jenseits des Staates möglich.

Das war und ist eine durchaus dauernde Position. Angesichts als erstarrt wahrgenommener, »verwalteter« öffentlicher Schulen (Becker 1954), bekamen private Schulen im Nachkriegswestdeutschland bis in die 1970er Jahre ein pädagogisch-innovatives Potenzial zugeschrieben, das ihnen eine auch für das öffentliche Schulwesen wesentliche Bedeutung beimaß. In »privatrechtlicher Form getarnt« wurden sie positioniert als Modellschulen, als Versuchsanstalten der pädagogischen Initiative und Innovation. Da Schulen in öffentlicher Trägerschaft eine »große Empfindlichkeit [...] für den ›Zeitgeist‹« unterstellt wurde (Friedeburg 1979, S. 47), in ständiger Abhängigkeit von bildungspolitischen Vorgaben sowie in parteipolitischen Kämpfen gebunden, wurden Privatschulen zu Orten erhoben, wo sich ›Jugendseelen frei und harmonisch‹ entwickeln ließen. Was sich – insbesondere für die Odenwaldschule, die in besonderer Weise hier angesprochen war – als zynischer und böser Trugschluss erweisen sollte und lange der Offenlegung und Aufarbeitung harrte, war eine anerkannte Position in einem »engmaschige[n] Netz verwandtschaftlich, biographisch und beruflich verbundener Persönlichkeiten« aus Bildungspolitik und -beratung (Ullrich 2018a, S. 243; vgl. auch Brachmann 2015; Ullrich 2018b).

Spätestens mit den in der Bildungsreformära der Bundesrepublik Deutschland angestoßenen – und bis in die Gegenwart dauernden – schulpolitischen und -pädagogischen Veränderungen hin zur Autonomie der Einzelschule bzw. einer erweiterten Selbständigkeit und zu Profilbildung eröffnete sich ein umfänglicher pädagogischer Innovationsraum (Rolff 1996), der eines Privilegs privater Trägerschaft und Initiative kaum noch bedarf. Eine spezifische pädagogische Funktion von Privatschulen im Schulsystem, die eben auf eine zugeschriebene pädagogisch-innovative Bedeutung abhebt, kann überhaupt nur für einzelne private Schulen konstatiert werden (Ullrich 2018a, S. 242f.). Orte zur Entfaltung unkonventioneller pädagogischer und schulorganisatorischer Ideen zu sein, ist kein Alleinstellungsmerkmal privater Schulen.

Die gesellschaftliche Funktion privater Schulen, die einerseits in der Substitution eines fehlenden oder als unzureichend angesehenen Angebots öffentlicher, staatlicher

Schulen gesehen wird, soll hier für zwei Phänomene exemplarisch knapp angezeigt werden: die mittlere und höhere Mädchenbildung im späten 19. und frühen 20. Jahrhundert sowie die Schließung von Schulen aufgrund des demografischen Wandels in Ostdeutschland nach 1990. Da bis in die 1870er Jahre ein »staatliches Interesse an der Mädchenbildung so gut wie nicht vorhanden« war (Kleinau 1996, S. 15), etablierte sich ein privates Mädchenschulwesen insbesondere im mittleren und höheren Schulwesen. In den 1990er und 2000er Jahren ersetzten private, oft evangelische Träger in den ostdeutschen Bundesländern öffentliche Grundschulen, die aufgrund des starken Geburtenrückgangs und damit einhergehender Nicht-Erreichung administrativer Vorgaben zu Jahrgangsmindestgrößen geschlossen werden mussten (Kühne/Kann 2012). Waren es einst Initiativen, Leerstellen im öffentlichen Bildungswesen für Mädchen mittels privater Schulen zu füllen, sind es in der jüngeren Geschichte Bestrebungen, die Schule im Dorf zu halten, eine wohnortnahe Schulversorgung sicherzustellen und lange Schulwege zu vermeiden.

Andererseits haben private Schulen bei der Reproduktion von religiösen Milieus eine herausgehobene gesellschaftliche Bedeutung (s.o.), aber auch bei der Reproduktion von Eliten bzw. von sozialem Status. Während in einer sich weiter säkularisierenden Gesellschaft die private religiöse Schule das eigene Milieu oder die Konfession zu binden möglich macht, greift bei der Elitenreproduktion ein »sozialer Reservemechanismus« (Roeder 1979, S. 17), der den zunehmenden Verlust der Status vermittelnden Funktion staatlicher Gymnasien zu kompensieren verspricht – und auch schon im Grundschulwesen sichtbar wird. In der Beschreibung von privaten Schulen als »Institutionen-Milieu-Komplexen« zur Elitenrekrutierung oder der Bindung religiöser Bevölkerungsgruppen kann besonders hier eine spezifische Passung von sozialem Milieu und Schule festgestellt werden (Kalthoff 1997; Helsper 2006; Koinzer 2015).

5. Ausblick

Damit stellen sich auch Fragen der Distinktion im allgemeinbildenden Schulwesen insgesamt, die in diesem Zusammenhang mit potenziell sozialsegregierenden Folgen diskutiert werden müssen. Ist das gegliederte deutsche Schulwesen im Sekundarschulbereich und das Einzugsgebiet im Grundschulbereich wesentlich Auslöser sozialer Segregation durch Schule, haben private Schulen hier eine moderierende Position. Dies betrifft nicht unwesentlich religiöse Privatschulen als Hauptakteure im Feld privater Schulen. Als ein das eigene Milieus ansprechendes Angebot werden Schulen in katholischer und evangelischer Trägerschaft auch von (Mittelschicht-)Eltern und ihrem Nachwuchs als habituellen Nichtkirchenmitgliedern oder »Kulturchristen« (Meulemann 2018) goutiert. Korrespondiert das durchaus mit dem hehren Anspruch, Schulen für alle sein – und damit weit in die Gesellschaft wirken – zu wollen, verstärkt es eine ohnehin gegebene »positive Sozialauswahl von durchschnittlich lebenszufriedenen […] Menschen« (Drobinski 2014) in den eigenen Schulen – bei gleichzeitig folgenreicher Sezession von anderen sozialen Gruppen und den (öffentlichen) Schulen.

Prozesse und Folgen dieser sozialen Sezession über (private) Schulen weiter zu untersuchen, bleibt Auftrag der Forschung, ebenso wie die Überprüfung von Schulleistungen und ihre Verortung im schulischen Feld insgesamt. Wenn private und staatliche Schulen hier kaum Unterschiede zeigen, was für weitere Domänen schulischen Lernens gezeigt und empirisch besser abgesichert werden muss, ist das deutsche Privatschulwesen ein durchaus genauer zu evaluierender (Test-)Fall für die weitere Etablierung von marktförmigen Instrumenten wie Wettbewerb oder Schulwahl im gesamten Schulwesen zur erhofften Steigerung von Effizienz und Leistung.

6. Literatur

Arbeitsgemeinschaft Freier Schulen (1999): Handbuch Freie Schule. Reinbek: Rowohlt.

Autorengruppe Bildungsberichterstattung (2010): Bildung in Deutschland 2010. Ein indikatorengestützter Bericht mit einer Analyse zu Perspektiven des Bildungswesens im demographischen Wandel. Bielefeld: Bertelsmann.

Avenarius, H./Heckel, H. (2000): Schulrechtskunde. Ein Handbuch für Praxis, Rechtsprechung und Wissenschaft. Neuwied: Luchterhand.

Barz, H. (2018): Reformpädagogik am Pranger. Positionen der Privatschulkritik. In: Barz, H. (Hrsg.): Handbuch Bildungsreform und Reformpädagogik. Wiesbaden: Springer VS, S. 417–425.

Becker, H. (1954): Die verwaltete Schule. Gefahren und Möglichkeiten. Stuttgart: DVA.

Brachmann, J. (2015): Reformpädagogik zwischen Re-Education, Bildungsexpansion und Missbrauchsskandal. Die Geschichte der Vereinigung Deutscher Landerziehungsheime 1947-2012. Bad Heilbrunn: Klinkhardt.

Brosius-Gersdorf, F. (2017): Das missverstandene Sonderungsverbot für private Ersatzschulen. Rechtsgutachten im Auftrag der Friedrich-Naumann-Stiftung. www.freiheit.org/sites/default/files/uploads/2017/08/01/gutachtensonderungsverbotfuerpriversatzschulen.pdf (Abruf 11.10.18).

Drobinski, M. (2014): Eine Herde aus Gleichgültigen. In: Süddeutsche Zeitung vom 07.03.2014.

Füssel, H.-P./Leschinsky, A. (2008): Der institutionelle Rahmen des Bildungswesens. In: Cortina, K, S.; Baumert, J.; Leschinsky, A.; Mayer, K. U.; Trommer, L. (Hrsg.): Das Bildungswesen in der Bundesrepublik Deutschland. Strukturen und Entwicklungen im Überblick. Reinbek: Rowohlt, S. 131–203.

Gruehn, S./Koinzer, T. (2019): Gesellschaftliche Funktionen privater katholischer Schulen – Programmatik und empirische Befunde. In: Könemann, J./Spiekermann, D. (Hrsg.): Katholische Schulen – Herausgeforderte Identität. Paderborn: Schöningh, S. 40–61.

Helsper, W. (2006): Elite und Bildung im Schulsystem. Schulen als Institutionen-Milieu-Komplex in der ausdifferenzierten Bildungslandschaft. In: Ecarius, J./Wigger, L. (Hrsg.): Elitebildung – Bildungselite. Erziehungswissenschaftliche Diskussionen und Befunde über Bildung und soziale Ungleichheit. Opladen: Budrich, S. 162–187.

Kalthoff, H. (1997): Wohlerzogenheit. Eine Ethnographie deutscher Internatsschulen. Frankfurt am Main, New York: Campus.

Kleinau, E. (1996): Das Allgemeine und das Besondere. Beiträge historisch-pädagogischer Frauenforschung zur allgemeinen Bildungsgeschichte. In: Metis 5, S. 9–21.

Klemm, K./Hoffmann, l./Maaz, K./Stanat, P. (2018): Privatschulen in Deutschland. Trends und Leistungsvergleiche. Berlin: Friedrich-Ebert-Stiftung.

Koinzer, T. (2015): Die Frage des Propriums. Ansprüche und Herausforderungen christlich-konfessioneller Privatschulen als ›gute Schulen‹ und Orte ›gelebten Glaubens‹. In: Kraul, M. (Hrsg.): Private Schulen. Wiesbaden: Springer VS, S. 107–121.

Koinzer, T./Gruehn, S. (2013): Allgemeinbildende Privatschulen in Deutschland im Spannungsfeld von pädagogischer Innovation und rechtlichen sowie wirtschaftlichen Bedingungen. In: Gürlevik, A./Palentien, C./Heyer, R. (Hrsg.): Privatschulen versus staatliche Schulen. Wiesbaden: Springer VS, S. 21–38.

Koinzer, T./Leschinsky, A. (2009): Privatschulen in Deutschland. In: Zeitschrift für Pädagogik 55, S. 669–687.

Koinzer, T./Mayer, T. (2015): Private Schulen – Entwicklung und empirische Befunde unter besonderer Berücksichtigung des Grundschulwesens. In: Zeitschrift für Grundschulforschung 8, H. 2, S. 28–41.

Kraul, M. (Hrsg.) (2015): Private Schulen. Wiesbaden: Springer VS.

Kühne, S./Kann, C. (2012): Private (Grund-)Schulen als blinder Fleck der öffentlichen Daseinsvorsorge? Regionale Analysen zu Entwicklungen in der deutschen Privatschullandschaft. In: Die Deutsche Schule 104, H. 3, S. 256–278.

Kultusministerkonferenz (2016): Übersicht über die Finanzierung der Privatschulen in den Ländern der Bundesrepublik Deutschland. www.kmk.org/fileadmin/veröffentlichungen_beschluesse/2004/2004_03_12_Privatschulfinanzierung.pdf (Abruf 11.10.18).

Lietz, H. (1909): Verkehr zwischen Erzieher und Zögling. In: Rein, W. (Hrsg.): Encyklopädisches Handbuch der Pädagogik, Band IX. Langensalza: Beyer und Mann, S. 601–605.

Meulemann, H. (2018): »Wünschen sie eine Beerdigung durch die Kirche?« Kasualien als kulturelles Residuum nach der Säkularisierung in Deutschland 1982-2012. In: Soziale Welt 69, S. 33–63.

Nikolai, R./Koinzer, T. (2017): Long Tradition, Moderate Distribution and Growing Importance: Private Schools in Germany as ›Change Agents‹ of School Choice. In: Koinzer, T./Nikolai, R./Waldow, F. (Hrsg.): Private Schools and School Choice in Compulsory Education. Global Change and National Challenge. Wiesbaden: Springer VS, S. 81–97.

Preuschoff, C./Weiß, M. (2004): Schulleistungen in staatlichen und privaten Schulen im Vergleich – eine Übersicht über neuere Forschungsergebnisse. In: Trends in Bildung international, H. 8, S. 1–4.

Rasfeld, M. (2018): Reformpädagogik an katholischen und evangelischen Schulen. In: Barz, H. (Hrsg.): Handbuch Bildungsreform und Reformpädagogik. Wiesbaden: Springer VS, S. 287–300.

Roeder, P. M. (1979): Einleitung. In: Goldschmidt, D./Roeder, P. M. (Hrsg.): Alternative Schulen? Gestalt und Funktion nichtstaatlicher Schulen im Rahmen öffentlicher Bildungssysteme. Stuttgart: Klett, S. 11–35.

Rolff, H.-G. (1996): Autonomie von Schule – Dezentrale Schulentwicklung und zentrale Steuerung. In: Melzer, W./Sandfuchs, U. (Hrsg.): Schulreform in der Mitte der 90er Jahre. Strukturwandel und Debatten um die Entwicklung des Schulsystems in Ost- und Westdeutschland. Opladen: Leske & Budrich, S. 209–227.

Schwarz, J./Habeck, C./Gruehn, S./Mayer, T./Koinzer, T. (2017): Parents' Perceptions of School Quality Before and After Private and Public School Enrollment – A Comparison. Vortrag Annual Meeting American Educational Research Association (AERA) 29.04.2017 in San Antonio/USA.

Standfest, C./Scheunpflug, A./Köller, O. (2005): leben-lernen-glauben. Zur Qualität evangelischer Schulen. Eine empirische Untersuchung über die Leistungsfähigkeit von Schulen in evangelischer Trägerschaft. Münster: Waxmann.

Statistisches Bundesamt (2017): Bildung und Kultur: Private Schulen, Fachserie 11, Reihe 1.1. Wiesbaden.

Surwehme, A. (2013): Rechtsstellung der Lehrer an Schulen in freier Trägerschaft. In: Institut für Bildungsforschung und Bildungsrecht e.V./Cremer, W./Füssel, H.-P (Hrsg.): Zur Rechtsstellung der Lehrkräfte – heute. Baden-Baden: Nomos, S. 69–78.

Tenorth, H.-E. (2000): Geschichte der Erziehung. Einführung in die Grundzüge ihrer neuzeitlichen Entwicklung. Weinheim, München: Juventa.

Ullrich, H. (2018a): Die Bedeutung nichtstaatlicher Schulen für staatliche Bildungsreformen. Eine erste Spurensuche in Deutschland. In: Göttlicher, W./Link, J.-W./Matthes, E. (Hrsg.): Bildungsreform als Thema der Bildungsgeschichte. Bad Heilbrunn: Klinkhardt, S. 231–246.

Ullrich, H. (2018b): Reformpädagogik im Zwielicht. Sexueller Missbrauch an der Odenwaldschule. In: Barz, H. (Hrsg.): Handbuch Bildungsreform und Reformpädagogik. Wiesbaden: Springer VS, S. 409–416.

Ullrich, H./Strunck, S. (Hrsg.) (2012): Private Schulen in Deutschland. Entwicklungen, Profile, Kontroversen. Wiesbaden: Springer VS.

v. Friedeburg, L. (1979): Zur gesellschaftlichen Funktion von Privatschulen im öffentlichen Schulsystem. In: Goldschmidt, D./Roeder, P. M. (Hrsg.): Alternative Schulen? Gestalt und Funktion nichtstaatlicher Schulen im Rahmen öffentlicher Bildungssysteme. Stuttgart: Klett, S. 39–50.

Wehler, H.-U. (1995): Deutsche Gesellschaftsgeschichte. Dritter Band: 1849-1914. München: Beck.

Weiß, M. (2010): Allgemeinbildende Privatschulen in Deutschland. Bereicherung oder Gefährdung des öffentlichen Schulwesens? Berlin: Friedrich-Ebert-Stiftung.

Wrase, M./Helbig, M. (2016): Das missachtete Verfassungsgebot – Wie das Sonderungsverbot nach Art. 7 IV 3 GG unterlaufen wird. In: Neue Zeitschrift für Verwaltungsrecht 35, S. 1591–1598.

Susi Klaß, Dennis Hauk und Alexander Gröschner

»Praktische Lerngelegenheiten« in der Aus- und Fortbildung von Lehrpersonen

1. Einleitung

Die dreiphasige Lehrer/innenbildung in Deutschland umfasst die Professionalisierung von Lehrpersonen, die mit Beginn des Universitätsstudiums (erste Phase) und dem Ersten Staatsexamen bzw. Masterabschluss, über den Vorbereitungsdienst (die zweite Phase, auch Referendariat genannt) bis schließlich in die berufliche Praxis hinein (die dritte Phase der Fort- und Weiterbildung) berufsbezogenes Lernen beinhaltet (Terhart, 2000).[37] In allen drei Phasen spielen »praxisbezogene Lerngelegenheiten« mit unterschiedlichen Zielstellungen und Ausgestaltungsformaten eine zentrale Rolle. Im Rahmen des Studiums realisiert sich die Integration berufspraktischer Anteile vor allem in den zuletzt vielerorts ausgebauten Langzeitpraktika wie dem Praxissemester (Košinar, Gröschner & Weyland, 2019; Weyland & Wittmann, 2015). Während des Vorbereitungsdienstes ist »Praxis« ein beruflicher Bestandteil der Sozialisation, der wiederum durch seminaristische Veranstaltungen[38] ergänzt wird. Im Kontext der dritten Phase beziehen sich praktische Lerngelegenheiten schließlich auf das Angebot und die Nutzung von (lernwirksamen) Fort- und Weiterbildungsangeboten (Lipowsky, 2014).

Der Beitrag fokussiert den Praxisbezug in der Aus- und Fortbildung von Lehrpersonen. Dem Ansatz der »opportunities-to-learn« (McDonnell, 1995) folgend, werden die Ausführungen nach intendierten Zielen des jeweiligen Professionalisierungsabschnittes, den implementierten Strukturen und ausgewählten zentralen Wirkungsbefunden gegliedert.

---

37 Im vorliegenden Beitrag werden die strukturellen Beschreibungen auf Deutschland bezogen. Für einen erweiterten Blick in den deutschsprachigen Raum verweisen wir auf die Überblicksbeiträge von Gröschner & Hascher (2019) sowie Hascher (2012).

38 Seminaristische Anteile im Referendariat finden je nach Bundesland u. a. an Studienseminaren, Zentren für schulpraktische Lehrerausbildung oder Landesinstituten statt (siehe www.bildungsserver.de).

2. Intendierte Ziele

2.1 *Studium*

Historisch betrachtet spiegelt sich die Forderung nach der Integration praktischer Lerngelegenheiten in nahezu allen Diskussionen der universitären Lehrer/innenbildung. So betont u. a. bereits Dewey (1904) die Notwendigkeit eigener Erfahrungen, um aus Theorie handlungsrelevante Aspekte ableiten zu können. Dewey folgend erschließt sich der tatsächliche Wert einer Theorie erst im Rahmen praktischen Handelns sowie der theoretisch fundierten Reflexion des Handelns (Gröschner, 2019). Nicht zuletzt auf der Grundlage dieses erziehungsphilosophischen Ansatzes begründet sich die Forderung nach Praxisanteilen innerhalb der an den Universitäten vollzogenen, wissenschaftlich akademischen Ausbildung angehender Lehrer/innen (u. a. Grossman, 2018). Ein Ziel der vor einigen Jahren initiierten Reform des Lehramtsstudiums im deutschsprachigen Raum ist dementsprechend zugleich die Erhöhung des Umfangs von Praxisphasen (Terhart, 2002).

Ein mit der Erhöhung praxisrelevanter Elemente einhergehendes Ziel stellt eine verbesserte *Theorie-Praxis-Relation* dar (Gröschner & Hascher, 2019; Lampert, 2010; Zeichner, 2010). Praktika in der Lehrer/innenausbildung stellen professionelle Lerngelegenheiten dar (Kunter et al., 2011), die in Ergänzung zur theoretischen Fundierung *erste* handlungspraktische Erfahrungen zur Erprobung des »Rollenwechsels« hin zur Lehrperson bieten sollen sowie die Möglichkeit, den *Berufswunsch zu überprüfen* (Terhart, 2002). Das Ziel ist somit nicht, wie u. a. oftmals von Studierenden gewünscht, die (bloße) Vermittlung unterrichtsrelevanter Handlungsroutinen im Praktikum. Vielmehr sollen Praxisbezüge die Grundlage für die »theoretisch-konzeptionelle Durchdringung und Analyse beobachteter und selbsterfahrener Praxis« (Baumert et al., 2007, S. 8) darstellen. Hierzu soll u. a. die Haltung des »forschenden Lernens« eingenommen werden (Weyland, 2016). Kommt es hingegen zu keiner oder kaum einer qualitativen (reflexiven) Praxiserfahrung im Studium, dann besteht die Gefahr einer «schleichenden Berufssozialisation« (König & Rothland, 2018, S. 2) und damit einhergehend einer kritiklosen Übernahme traditioneller, unterrichtlicher Handlungsmuster.

Schließlich gilt es, bezüglich der intendierten Zielformulierungen gegenüber Praktika, neben der Heterogenität schulpraktischer Ausbildungsangebote (Arnold, Gröschner & Hascher, 2014) die differenten Zielvorstellungen aller beteiligten Akteure und Institutionen sowie die damit einhergehenden Rollenverständnisse und Erwartungen (Hascher, 2012; Patry, 2014) zu berücksichtigen. Diesbezüglich beschreiben Hascher und de Zordo (2015, S. 23) vier Ansätze, die das Verhältnis von Theorie und Praxis im Kontext schulpraktischer Anteile im Studium beschreiben:

1. Theorieprimat
2. Theorie-Praxis-Dialog
3. Theorie-Praxis-Bindung
4. Praxisprimat

Während die erste Dimension die Auffassung einer Dominanz der theoretischen Anteile impliziert, verweisen die Dimensionen zwei und drei auf einen moderierten und wechselseitigen Austausch von Theorie und Praxis. Im Kontrast zur ersten Dimension erschließt sich im Rahmen des Primats der Praxis eine Fokussierung auf die praktischen Anteile. Eine ähnliche Beschreibung zugunsten unterschiedlicher Auffassungen von Praxis liefert Lampert (2010): Praxis wird danach zum einen als unabhängig bzw. Pendant zur Theorie, als Anhäufung von praktischen Erfahrungen oder – stärker auf die Tätigkeit bzw. das Handeln an sich bezogen – als Praktizieren beschrieben.

2.2 Fort- und Weiterbildung

Analog zur Ausbildung spielen praxisbezogene Lerngelegenheiten auch für die Professionalisierung von Lehrkräften in der Fort- und Weiterbildung eine bedeutsame Rolle. Bezogen auf die intendierten Ziele sind solche Modelle und Theorien der Lehrer/innen-Professionalisierung nützlich, in denen explizit auf verschiedene Praxisbausteine eingegangenen wird. Clarke und Hollingsworth (2002) beschreiben u.a. Praxis als experimentelles Handlungsfeld und als externen Stimulus zur Reflexion und Weiterentwicklung des professionellen Lehrer/innenhandelns. Praxisbezogene Lerngelegenheiten sind dabei eng mit dem eigenen schulischen und unterrichtlichen Handeln der Lehrpersonen verbunden und unterstützen die Weiterentwicklung und Veränderung anderer Dimensionen der Lehrer/innenprofessionalisierung (z.B. die persönliche und die schüler/innenbezogene Ebene). Auch in den bildungswissenschaftlichen Standards der KMK (2004) werden Fort- und Weiterbildungen als eine zentrale Kompetenz des »Innovierens« aufgefasst. Lehrer/innen sollen nach diesem Anforderungskatalog die eigene berufliche Praxis im Sinne einer ständigen Lernaufgabe reflektieren und ihr professionelles Handeln entsprechend fortlaufend optimieren (Gröschner, 2011).

3. Strukturen

3.1 Studium

Während für alle in der Bundesrepublik etablierten Lehrer/innenbildungsmodelle generell in den letzten Jahren eine quantitative Erhöhung der Praxisphasen stattgefunden hat, lässt sich hinsichtlich der Strukturen von Praxisphasen eine große Heterogenität beschreiben (Gröschner et al., 2015; Weyland & Wittmann, 2015). Divergenz ist dabei grundlegend nicht nur bezogen auf die Dauer schulpraktischer Phasen zu konstatieren. Gerade in vermeintlich vergleichbaren Konzeptionen – wie im Praxissemester – zeigen sich starke Unterschiede hinsichtlich der zeitlichen Verortung im Studium, der inhaltlichen Anerkennung (Vergabe von ECTS), vor allem aber in der universitären Vor- und Nachbereitung bzw. Begleitung (Weyland & Wittmann, 2015). Nicht zuletzt basierend auf der Erkenntnis, dass die alleinige Erhöhung praktischer Anteile im Studium nicht automatisch zu einer Verbesserung der Qualität der Ausbildung führt

(Ronfeldt & Reiniger, 2012), wird die Bedeutung universitärer Begleitangebote immer wieder betont (Hascher, 2014). Die Frage nach der Konzeption und evidenzbasierten Gestaltung universitärer Begleitansätze rückt daher neuerdings stärker in den Fokus (Gröschner, Klaß & Winkler, 2019; Reintjes, Bellenberg & in Brahm, 2018). Zudem lässt sich hinsichtlich der Umsetzung vorhandener Ansätze der Begleitung, selbst innerhalb eines Bundeslandes (z. B. in Nordrhein-Westfalen) eine große Heterogenität an den Lehrer/innenausbildungsstandorten erkennen (König, Rothland & Schaper, 2018). Es bleibt zu resümieren, dass es trotz zunehmender Forschungsaktivitäten (z. B. im Rahmen der »Qualitätsoffensive Lehrerbildung«) vor allem auch an struktur-orientierten Untersuchungen zur Effektivität von Praxisphasen mangelt.

3.2 Fort- und Weiterbildung

Ähnlich der aufgezeigten Heterogenität der Strukturen der praktischen Anteile im Lehramtsstudium zeigt sich im Bereich der Lehrer/innenfort- und -weiterbildung eine entsprechende Heterogenität in der Verbindlichkeit von professionellen (formalen) Lerngelegenheiten. Entgegen der theoretisch fundierten und bildungspolitisch postulierten Bedeutung von Fort- und Weiterbildungen zeigen sich auf nationaler Ebene kaum verbindliche Vorgaben zur Umsetzung. Bundesweit lässt sich einzig für zwei Bundesländer (Bayern und Hamburg, Stand 2015) eine im Schulgesetz konkret verankerte strukturelle Implementation des Umfangs für die Fort- und Weiterbildung von Lehrer/innen finden. An dieser Stelle zeigt sich die Bedeutung u. a. des von Terhart (2002) geäußerten Apells, strukturelle Angebote zur Professionalisierung praktizierender Lehrer/innen institutionell zu verankern und Lehrpersonen zu fortlaufender Fort- und Weiterbildung zu verpflichten, wie dies in anderen Professionen der Fall ist (z. B. in der Medizin). Unklar bleibt, wie diese Forderung im Zeitalter bildungspolitischer Herausforderungen (u. a. Lehrer/innenmangel) verankert werden kann, wenn mittel- und langfristige strukturelle Lösungen vor allem den länderhoheitlich verantworteten Bildungsadministrationen obliegen.

4. Ausgewählte Befunde zu Wirkungen

4.1 Studium

Die Frage nach der Wirksamkeit von Praktika steht in unmittelbarem Zusammenhang mit den intendierten Zielen sowie den heterogenen Strukturen (Gröschner & Hascher, 2019). Mit der Reform der Lehrer/innenbildung und den Anforderungen an praxisbezogene Lerngelegenheiten hat die empirische Forschung in den letzten Jahren zugenommen (Ulrich et al., in Druck). Während zunächst Evaluationsstudien überwogen, erfolgt im deutschsprachigen Raum seit ca. 10 Jahren eine deutliche Ausdifferenzierung der Forschungsbemühungen, die auch anspruchsvollere Designs berücksichtigen (Ulrich et al., in Druck).

Als inhaltliche Schwerpunkte stehen u. a. die folgenden Aspekte im Fokus:

- spezifische berufsrelevante Fähigkeiten wie z. B. die Unterrichtskompetenz (Kocher, Wyss, Bear & Edelmann, 2010), die Analysefähigkeit (Kleinknecht & Gröschner, 2016; Krammer & Hugener, 2014) oder Klassenführungskompetenz (Weber et al., 2018);
- bildungswissenschaftliches Wissen (u. a. König & Seifert, 2012) oder Wissen über lernwirksame Unterrichtskommunikation (Gröschner, Klaß & Winkler, 2019);
- bildungswissenschaftliche Kompetenzeinschätzungen (u. a. Gröschner, Schmitt & Seidel, 2013; Schubarth, Gottmann & Krohn, 2014), Unterrichtsplanungskompetenz (Brodhäcker, 2014) und Selbstwirksamkeitsüberzeugungen (Klassen & Durksen, 2014) sowie
- volitionale und motivationale Aspekte wie Wertüberzeugungen (Dehne, Klaß & Gröschner, 2018) oder Berufswahlüberzeugungen (Biermann et al., 2019).

Trotz der zahlreichen Forschungsbemühungen muss betont werden, dass Praxisphasen nicht zwingend zu einem berufspraktischen Kompetenzaufbau bzw. professionsbezogenen Kompetenzerwerb beitragen (müssen). Dieser Befund erklärt sich insbesondere durch die Komplexität schulpraktischer Phasen, die Hascher und Kittinger (2014) in einem Angebot-Nutzungs-Modell für Schulpraktika veranschaulichen (siehe Abbildung 1).

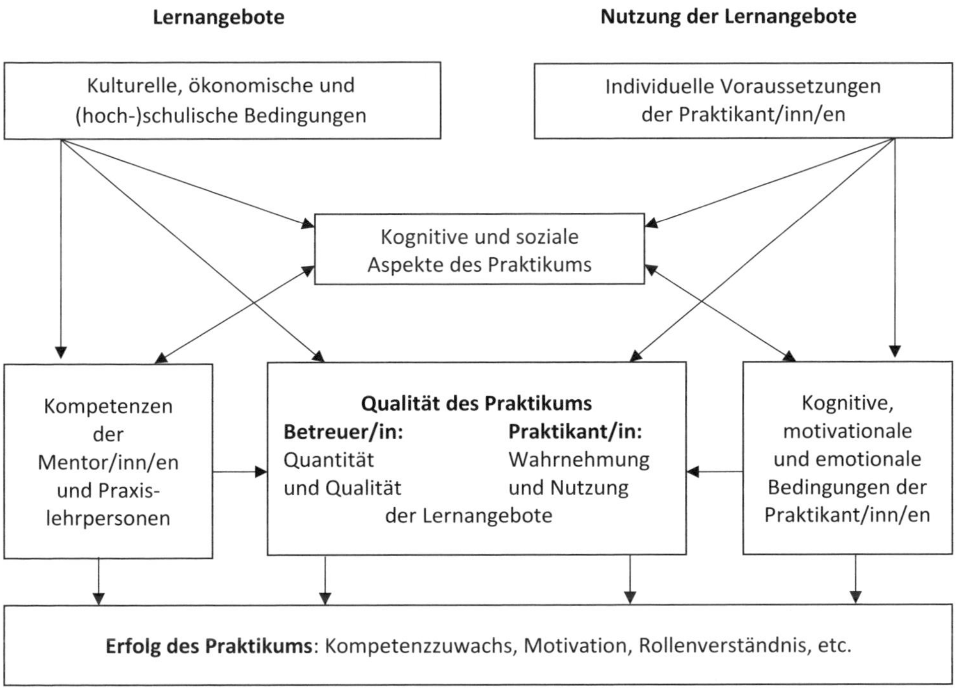

Abb. 1: Angebot-Nutzungs-Modell für das Praktikum (Quelle: Hascher & Kittinger, 2014, S. 223).

Bleibt es in Anlehnung an das Modell auf Seiten der Studierenden z. B. bei einer unreflektierten Übernahme der schulpraktischen Handlungserfahrungen, kann diese eine fehlende oder sogar unerwünschte Wirkung der Praxis zur Folge haben (siehe hierzu Hascher, 2012). In Anlehnung an die Bedeutung der Beziehung zwischen Praktikant/in und Praxislehrperson erfährt daher das schulische Mentoring in der Forschung verstärkte Aufmerksamkeit (u. a. Beck & Kosnik, 2002; Crasborn & Hennissen, 2010; Staub, Waldis, Futter & Schatzmann, 2014). So lässt sich für die schulische Begleitung ableiten, dass Studierende besonders von emotionaler Unterstützung, kollaborativer Zusammenarbeit und konstruktivem Feedback ihrer Praxislehrperson profitieren (Beck & Kosnik, 2002). Damit Praxislehrpersonen hierzu in der Lage sind, eignen sich entsprechende Trainings oder Coachings zum Erlernen der »Mentor/inn/enrolle« (Clarke, Triggs & Nielsen, 2014).

Studierende erachten die schulische Betreuung als besonders relevant (Allen & Wright, 2014) und so nehmen auch kohärente, zwischen Universität und Praktikumsschule abgestimmte Ansätze zur Effektivität der Lernbegleitung zu (Fraefel & Seel, 2017). Befunde zum universitären Mentoring zeigen, dass besonders die reflexive Bezugnahme der Dozierenden auf die ersten unterrichtspraktischen Erfahrungen der Studierenden von diesen als Mehrwert wahrgenommen wird (u. a. Gröschner, Klaß & Dehne, 2018). Auch Schulpartnerschaften bzw. Kooperationen mit »Partnerschulen« unterstützen diesen Prozess (Reintjes, Bellenberg & im Brahm, 2018).

Von entscheidender Bedeutung für die Entwicklung berufsbezogener Kompetenzen im Kontext von Praxisphasen ist zudem die im praktischen Feld wahrgenommene Unterrichtsqualität. Studierende, die in praktischen Phasen von Mentor/innen betreut werden, deren Unterricht sich durch eine hohe Qualität auszeichnet, zeigen später im Berufsleben ebenfalls eine höhere Unterrichtsqualität (Ronfeld, Brockman & Campbell, 2018). Dieser Zusammenhang zeigt die Schnittstelle der Bedeutung praxisbezogener Lerngelegenheiten für die Professionalisierung von der Ausbildung bis hin in den beruflichen Alltag der Lehrpersonen.

4.2 Fort- und Weiterbildung

Die Effektivität der Fort- und Weiterbildung wird in erster Linie am Lernerfolg der Lehrpersonen gemessen, die ihr professionelles Handeln verändern und Schüler/innenlernprozesse fördern (Darling-Hammond, Hyler, & Gardner, 2017; Desimone, 2009; Wilson, 2013). Auch in der Fort- und Weiterbildung hat sich ein Angebot-Nutzen-Modell etabliert, in dem das Angebot mit der Nutzung aus Sicht der teilnehmenden Lehrpersonen in Bezug gesetzt wird (Lipowsky, 2014). Sowohl bezogen auf das Angebot als auch hinsichtlich der individuellen Nutzung lässt sich Praxis dabei als zentrales Bedingungsfeld beschreiben (siehe Abbildung 2). Während die Qualität des Angebots u. a. über den Grad der Aktivierung der teilnehmenden Akteure definiert wird, bemisst sich die Annahme zur Nutzung u. a. über die wahrgenommene praktische Relevanz des Angebots selbst (Kissling, 2014; Lipowsky, 2014). Für die Implementation praktischer Lerngelegenheiten hat dieser Gedanke eine weitreichende

Konsequenz: Erst wenn Lehrpersonen auch die praktische Bedeutung spezifischer Fort- und Weiterbildungsprogramme erkennen, sind sie geneigt, diese auch anzunehmen und ihr Handeln zu verändern.

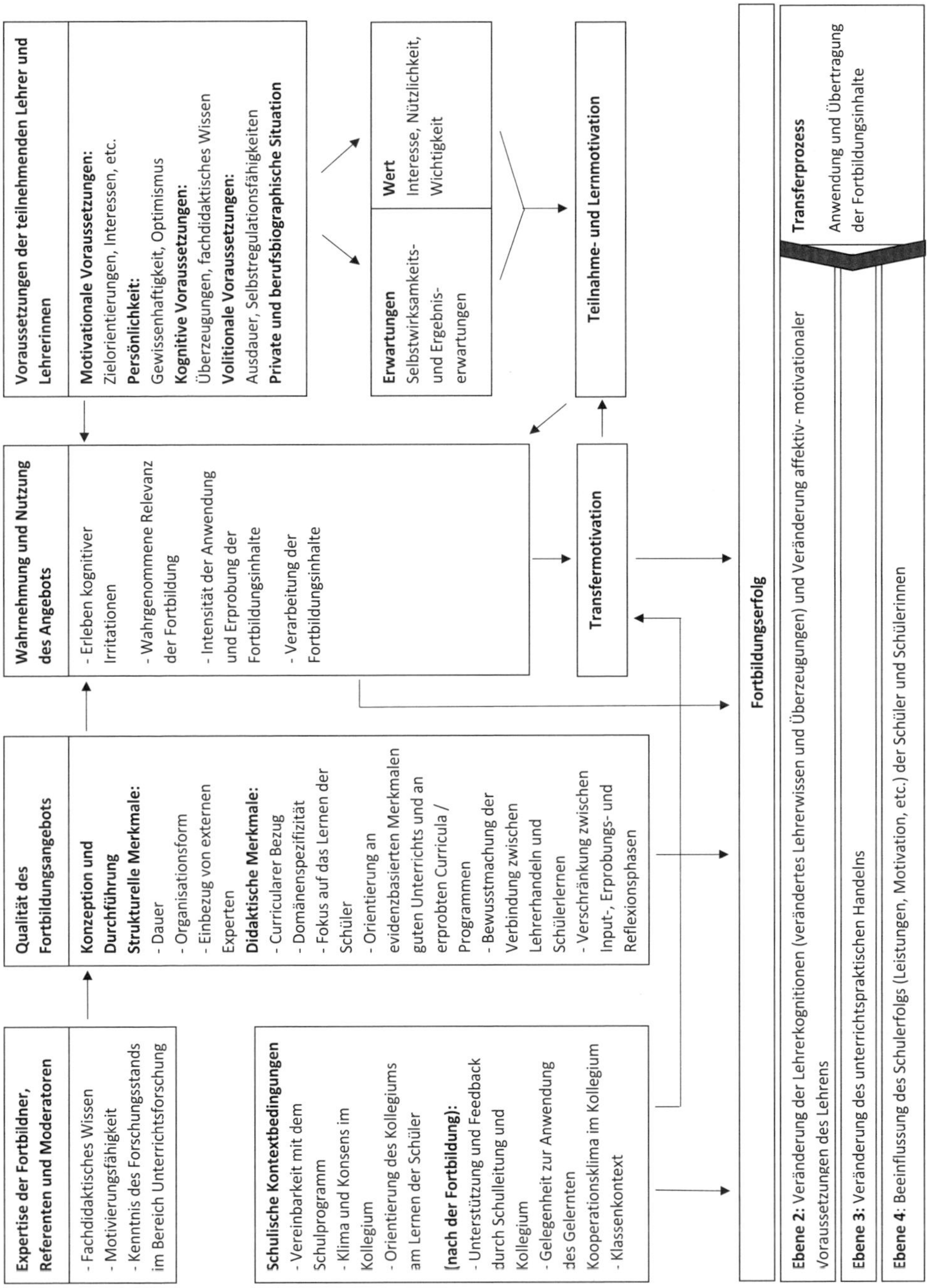

Abb. 2: Erweitertes Angebot-Nutzungs-Modell zur Erklärung des beruflichen Lernens in Fort- und Weiterbildungen (Quelle: Lipowsky, 2014, S. 515).

Dieser theoretisch angenommene Zusammenhang zwischen der Implementation praxisbezogener Lerngelegenheiten und dem tatsächlichen Fort- und Weiterbildungserfolg der Lehrpersonen wird empirisch durch Studien – insbesondere im anglo-amerikanischen Raum – gestützt. So konnten neben informellen Lerngelegenheiten (Kissling, 2014) zahlreiche Effektivitätsmerkmale (sog. »core features«) identifiziert werden, die das berufsbezogene Lernen im Rahmen formaler Angebote fördern (Cochran-Smith & Lytle, 2009; Darling-Hammond et al., 2017; Desimone, 2009). Diese Komponenten beziehen sich in unterschiedlicher Gewichtung und sprachlicher Definition auf die Felder:

- *Aktives Lernen* (Kritische Diskussion, Reflexion und Analyse der beruflichen Praxis unter den Lehrpersonen im Rahmen der Fort- und Weiterbildung);
- *Kohärenz* (Orientierung und Anknüpfung des Angebots an Vorwissen und Überzeugungen der Lehrkräfte sowie Übereinstimmung mit Lehrplänen etc.);
- *Dauer* des Angebots (Adäquate, d.h. vor allem langfristige und mehrmalige Veranstaltungen);
- *Kollektiver Austausch* (Kollaboration und Austausch in Lerngemeinschaften, u.a. derselben institutionellen Organisation);
- *Fachlicher Fokus* (Implementation domänenspezifischen berufsrelevanten Wissens).

Der Bezug zu diesen Effektivitätsmerkmalen gelingt dabei insbesondere in Fortbildungen, die mit konkreten Reflexionsanlässen arbeiten. Die Forschung zeigt, dass vor allem die Arbeit mit Videobeispielen und Fallvignetten ein wirksames Instrument darstellt, um handlungsnahe Lerngelegenheiten in Fort- und Weiterbildungen von Lehrpersonen zu schaffen (Borko, Jacobs, & Koellner, 2010; van Es, 2012). Vor allem Unterrichtsvideos werden kontrastierend zu eher klassischen Vermittlungsangeboten eingesetzt und offenbaren auf diesem Weg auch die Wirksamkeit eher fallbasierter und problemorientierter Zugänge im Bereich der Fort- und Weiterbildung (Pielmeier et al., 2018). Positive Effekte zeigen sich z.B. in Interventionen, die konkret das Lehrer/innenhandeln adressieren und z.B. die veränderte Unterrichtskommunikation auf Effekte der Schüler/innenmotivation hin untersuchen (Kiemer, Gröschner, Pehmer, & Seidel, 2015) oder den fachdidaktischen Wissenserwerb der Lehrpersonen (Kleickmann et al., 2013). Eher allgemeine Befunde zur Nutzung von Fort- und Weiterbildungen zeigen die Abnahme der Nutzung formaler Angebote im beruflichen Verlauf ebenso wie die geringe Anzahl an Kooperationen im Kollegium, wohingegen Fachliteratur über die Jahre eher mehr rezipiert wird (Richter, Kunter, Klusmann, Lüdtke, & Baumert, 2011).

5. Perspektiven

Der Beitrag hat gezeigt, dass praktische Lerngelegenheiten eine bedeutsame Rolle im *gesamten Professionalisierungsverlauf* von Lehrer/innen spielen. Wenngleich sich mit Blick auf die unterschiedlichen Phasen der Lehrer/innenbildung verschiedene Zielvorstellungen gegenüber praktischen Phasen bzw. der Integration praxisbezogener Lerngelegenheiten ableiten lassen, so ist für alle Phasen die Qualität der Angebote von entscheidender Bedeutung. Qualität impliziert in diesem Zusammenhang vor allem eine theoretische und/oder evidenzbasierte Fundierung der jeweiligen Angebote (Gröschner & Seidel, 2015). Unter Verweis auf das für die Aus- sowie die Fort- und Weiterbildung adaptierte Angebots-Nutzungs-Modell (Hascher & Kittinger, 2014; Lipowsky, 2014) lässt sich schlussfolgern, dass die tatsächliche Effektivität praxisbezogener Aus-, Fort- und Weiterbildungskonzepte von der Berücksichtigung der Heterogenität der (angehenden) Lehrpersonen, ihren unterschiedlichen Voraussetzungen und Erfahrungen abhängt. Es bedarf folglich einer Adaptivität des Lernangebots, um einen wirksamen Transfer in das »professionelle Selbst« (Bauer, 1998) der Studierenden und der tätigen Lehrpersonen zu realisieren (Kazemi & Hubbard, 2008). Stärker adaptiv ausgerichtete praxisbezogene Ansätze, so die Annahme, ebnen den Zugang zu Wissensaufbau, Einstellungen und Handlungsroutinen, die schließlich nicht nur das Angebot vielfältiger und zugänglicher machen, sondern auch die Nutzung und nachhaltige Gestaltung eines lernwirksamen Unterrichts positiv beeinflussen.

6. Literatur

Allen, J. M., & Wright, S. E. (2014). Integrating theory and practice in the pre-service teacher education practicum. Teachers and Teaching: Theory and Practice, 20(2), 136–151.

Arnold, K. H., Gröschner, A., & Hascher, T. (Hrsg.). (2014). Schulpraktika in der Lehrerbildung: Theoretische Grundlagen, Konzeptionen, Prozesse und Effekte. Münster: Waxmann.

Bauer, K.-O. (1998). Pädagogisches Handlungsrepertoire und professionelles Selbst von Lehrerinnen und Lehrern. Zeitschrift für Pädagogik 44(3), 343–359.

Baumert, J., Beck, E., Beck, K., Glage, L., Götz, M., & Freisel, L. et al. (2007). Ausbildung von Lehrerinnen und Lehrern in Nordrhein-Westfalen. Empfehlungen der Expertenkommission zur Ersten Phase. Düsseldorf: MIWFT.

Beck, C., & Kosnik, C. (2002). Components of a Good Practicum Placement: Student Teacher Perceptions. Teacher Education Quaterly, 81–98.

Biermann, A., Dörrenbächer-Ulrich, L., Grassmé, I., Perels, F., Gläser-Zikuda, M., & Brünken, R. (in Druck). Hoch motiviert, engagiert und kompetent: Eine profilanalytische Untersuchung zur Studien- und Berufswahlmotivation von Lehramtsstudierenden, Nutzung von Lerngelegenheiten und Kompetenzen im Praktikum. Zeitschrift für Pädagogische Psychologie.

Borko, H., Jacobs, J., & Koellner, K. (2010). Contemporary approaches to teacher professional development. International encyclopedia of education, 7(2), 548–556.

Brodhäcker, S. (2014). Unterrichtsplanungskompetenz im Praktikum. Einflussfaktoren auf die Veränderung der wahrgenommenen Kompetenz von Studierenden. Münster: Waxmann.

Clarke, D., & Hollingsworth, H. (2002). Elaborating a model of teacher professional growth. Teaching and Teacher Education, 18(8), 947–967.

Clarke, A., Triggs, V., & Nielsen, W. (2014). Cooperating Teacher Participation in Teacher Education: A Review of the Literature. Review of Educational Research, 84(2), 163–202.

Cochran-Smith, M., & Lytle, S. L. (2009). Teacher research as stance. In S. E. Noffke & B. Somekh (Hrsg.), The SAGE handbook of educational action research (S. 39–49). London: SAGE Publications Ltd.

Crasborn, F. J. A. J., & Hennissen, P. P. M. (2010). The skilled mentor: mentor teachers' use and acquisition of supervisory skills. Eindhoven: University of Technology Eindhoven.

Darling-Hammond, L. (2014). Strengthening clinical preparation: The holy grail of teacher education. Peabody Journal of Education, 89(4), 547–561.
Darling-Hammond, L., Hyler, M. E., & Gardner, M. (2017). Effective teacher professional development. Verfügbar unter: https://learningpolicyinstitute.org/product/teacher-prof-dev.
Dehne, M., Klaß, S., & Gröschner, A. (2018). Veränderung motivationaler Orientierungen im Praxissemester: Eine videobasierte Studie auf Basis der Erwartungs-Wert-Theorie. Lehrerbildung auf dem Prüfstand, 11(1), 110–133.
Desimone, L. M. (2009). Improving impact studies of teachers' professional development: Toward better conceptualizations and measures. Educational Researcher, 38(3), 181–199.
Dewey, J. (1904). The Relation of Theory to Practice in Education. In C. A. McMurry (Hrsg.), The Third Yearbook of the National Society for the Scientific Study of Education (S. 9–30). Chicago: The University of Chicago Press.
Fraefel, U., & Seel, A. (Hrsg.) (2017). Konzeptionelle Perspektiven schulpraktischer Studien. Partnerschaftsmodelle – Praktikumskonzepte – Begleitformate. Münster: Waxmann.
Gröschner, A. (2011). Innovation als Lernaufgabe. Eine quantitativ-qualitative Studie zur Erfassung und Umsetzung von Innovationskompetenz in der Lehrerbildung. Münster u. a.: Waxmann.
Gröschner, A. (2019). Zum Verhältnis der »Theorie« zur »Praxis«: Anknüpfungen an John Dewey sowie Perspektiven zur Gegenwart und Zukunft der praxisbezogenen Lehrerausbildung. In J. Košinar, A. Gröschner, & U. Weyland (Hrsg.), Langzeitpraktika als Lernräume – Historische Bezüge, Konzeptionen und Forschungsbefunde (S. 41–51). Münster: Waxmann.
Gröschner, A., & Hascher, T. (2019). Praxisphasen in der Lehrer/innen/bildung. In M. Harring, M., C. Rohlfs, & M. Gläser-Zikuda, (Hrsg.), Handbuch Schulpädagogik (S. 652–664). Münster: Waxmann.
Gröschner, A., Klaß, S., & Dehne, M. (2018). Lehrer-Schüler Interaktion im Praxissemester lernen? Effekte des videobasierten Peer-Coaching auf die Kompetenzeinschätzung. Zeitschrift für Hochschulentwicklung, 13(1), 45–67.
Gröschner, A., Klaß, S., & Winkler, I. (2019). Lernbegleitung von Langzeitpraktika – Konzeption und Designelemente einer hochschuldidaktischen Intervention mittels Unterrichtsvideos. In J. Košinár, A. Gröschner, & U. Weyland (Hrsg.), Langzeitpraktika als Lernräume – Historische Bezüge, Konzeptionen und Forschungsbefunde (S. 85–101). Münster: Waxmann.
Gröschner, A., Müller, K., Bauer, J., Seidel, T., Prenzel, M., Kauper, T., & Möller, J. (2015). Praxisphasen in der Lehrerausbildung – Eine Strukturanalyse am Beispiel des gymnasialen Lehramtsstudiums in Deutschland. Zeitschrift für Erziehungswissenschaft, 18(4), 639–665.
Gröschner, A., Schmitt, C., & Seidel, T. (2013). Veränderung subjektiver Kompetenzeinschätzungen von Lehramtsstudierenden im Praxissemester. Zeitschrift für Pädagogische Psychologie, 27(1-2), 77–86.
Gröschner, A., & Seidel, T. (2015). Evidenzbasierte Lehrerbildung. Der Beitrag der Bildungsforschung zur Gestaltung von Bildungspraxis. journal für lehrer/innenbildung, 4, 9–16.
Grossman, P. (Hrsg.) (2018). Teaching core practices in teacher education. Cambridge: Harvard Education Press.
Hascher, T. (2012). Lernfeld Praktikum – Evidenzbasierte Entwicklungen in der Lehrer/innenbildung. Zeitschrift für Bildungsforschung, 2, 109–129.
Hascher, T. (2014). Forschung zur Wirksamkeit der Lehrerbildung. In E. Terhart, H. Bennewitz, & M. Rothland (Hrsg.), Handbuch der Forschung zum Lehrerberuf (2. Aufl.) (S. 542–571). Münster: Waxmann.
Hascher, T., & De Zordo, L. (2015). Langformen von Praktika. Ein Blick auf Österreich und die Schweiz. journal für LehrerInnenbildung, 1, 22–32.
Hascher, T., & Kittinger, C. (2014). Learning processes in student teaching: Analyses from a study using learning diaries. In K.-H. Arnold, A. Gröschner, & T. Hascher (Hrsg.), Schulpraktika in der Lehrerbildung. Theoretische Grundlagen, Konzeptionen, Prozesse und Effekte (S. 221–235). Münster: Waxmann.

Kazemi, E., & Hubbard, A. (2008). New directions for the design and study of professional development: Attending to the coevolution of teachers' participation across contexts. Journal of Teacher Education, 59(5), 428–441.
Kiemer, K., Gröschner, A., Pehmer, A.-K., & Seidel, T. (2015). Effects of a classroom discourse intervention on teachers' practice and students' motivation to learn mathematics and science. Learning and Instruction, 35, 94–103.
Kissling, M. T. (2014). Now and then, in and out of the classroom: Teachers learning to teach through the experiences of their living curricula. Teaching and Teacher Education, 44, 81–91.
Klassen, R.M., & Durksen, T.L. (2014). Weekly self-efficacy and work stress during the teaching practicum: A mixed methods study. Learning and Instruction, 33, 158–169.
Kleickmann, T., Richter, D., Kunter, M., Elsner, J., Besser, M., Krauss, S., & Baumert, J. (2013). Teachers' content knowledge and pedagogical content knowledge: The role of structural differences in teacher education. Journal of Teacher Education, 64(1), 90–106.
Kleinknecht, M., & Gröschner, A. (2016). Fostering Pre-service Teachers' Noticing with Structured Video-Feedback: Results of an Online- and Video-Based Intervention Study. Teaching and Teacher Education, 59, 45–56.
Kocher, M., Wyss, C., Baer, M., & Edelmann, D. (2010). Unterrichten lernen: den Erwerb von Unterrichtskompetenzen angehender Lehrpersonen videobasiert nachzeichnen. Eine explorative Längsschnittuntersuchung an der Pädagogischen Hochschule Zürich. Lehrerbildung auf dem Prüfstand, 3(1), 23–55.
König, J., & Rothland, M. (2018). Das Praxissemester in der Lehrerbildung: Stand der Forschung und zentrale Ergebnisse des Projekts Learning to Practice. In König, J., Rothland, M., & Schaper, N. (Hrsg.) (2018). Learning to Practice, Learning to Reflect? Ergebnisse aus der Längsschnittstudie LtP zur Nutzung und Wirkung des Praxissemesters in der Lehrerbildung (S. 1–62). Wiesbaden: Springer VS.
König, J., Rothland, M., & Schaper, N. (Hrsg.) (2018). Learning to Practice, Learning to Reflect? Ergebnisse aus der Längsschnittstudie LtP zur Nutzung und Wirkung des Praxissemesters in der Lehrerbildung. Wiesbaden: Springer VS.
König, J., & Seifert, A. (2012). Lehramtsstudierende erwerben pädagogisches Professionswissen. Ergebnisse der Längsschnittstudie LEK zur Wirksamkeit der erziehungswissenschaftlichen Lehrerausbildung. Münster: Waxmann.
Košinar, J., Gröschner, A., & Weyland, U. (2019). (Hrsg.) Langzeitpraktika als Lernräume – Historische Bezüge, Konzeptionen und Forschungsbefunde. Münster: Waxmann.
Krammer, K., Hugener, I. (2014). Förderung der Analysekompetenz angehender Lehrpersonen anhand von eigenen und fremden Unterrichtsvideos. journal für LehrerInnenbildung, 14(1), 25–32.
Kultusministerkonferenz. (2004). Standards für die Lehrerbildung: Bildungswissenschaften. Verfügbar unter: https://www.kmk.org/fileadmin/veroeffentlichungen_beschluesse/2004/2004_12_16-Standards-Lehrerbildung.pdf.
Kunter, M., Baumert, J., Blum, W., Klusmann, U., Krauss, S., & Neubrand, M. (Hrsg.) (2011). Professionelle Kompetenz von Lehrkräften: Ergebnisse des Forschungsprogramms COACTIV. Münster: Waxmann.
Lampert, M. (2010). Learning teaching in, from, and for practice: What do we mean? Journal of Teacher Education, 61(1-2), 21–34.
Lipowsky, F. (2014). Theoretische Perspektiven und empirische Befunde zur Wirksamkeit von Lehrerfort-und-weiterbildung. In E. Terhart, H. Bennewitz, & M. Rothland (Hrsg.), Handbuch der Forschung zum Lehrerberuf (S. 398–417). Münster: Waxmann.
McDonnell, L., M. (1995). Opportunity to Learn as a Research Concept and a Policy Instrument. Educational Evaluation and Policy Analysis, 17(3), 305–322.
Patry, J.-L. (2014). Theoretische Grundlagen des Theorie-Praxis-Problems in der Lehrer/innenbildung. In K.-H. Arnold, A. Gröschner, & T. Hascher (Hrsg.), Schulpraktika in der Lehrerbildung: Theoretische Grundlagen, Konzeptionen, Prozesse und Effekte (S. 29–44). Münster: Waxmann.

Pielmeier, M., Böheim, R., Schindler, A.-K., Gröschner, A., Knogler, M., Jerabek, M., & Seidel, T. (2018). Fostering Dialogic Teaching – A video-based TPD program to improve classroom discourse. In K. Smith (Hrsg.), NAFOL Year book 2017 (S. 63–87). Norway: Fagbokforlaget Vigmostad & Bjorke AS.

Reintjes, C., Bellenberg, G., & im Brahm, G. (Hrsg.) (2018). Mentoring und Coaching als Beitrag zur Professionalisierung angehender Lehrpersonen. Münster: Waxmann.

Richter, D., Kunter, M., Klusmann, U., Lüdtke, O., & Baumert, J. (2011). Professional development across the teaching career: Teachers' uptake of formal and informal learning opportunities. Teaching and Teacher Education, 27 (1), 116–126.

Ronfeld, M., Brockman, S. L., & Campbell, S. L. (2018). Does Cooperating Teachers' Instructional Effectiveness Improve Preservice Teachers' Future Performance? Educational Researcher, 47(7), 405–418.

Ronfeldt, M., & Reininger, M. (2012). More or better student teaching? Teaching and Teacher Education, 28, 1091–1106.

Schubarth, W., Gottmann, C., & Krohn, M. (2014). Wahrgenommene Kompetenzentwicklung im Praxissemester und dessen berufsorientierende Wirkung: Ergebnisse der ProPrax-Studie. In K.-H. Arnold, A. Gröschner & T. Hascher (Hrsg.), Schulpraktika in der Lehrerbildung, 201–235. Münster: Waxmann.

Staub, F., Waldis, M., Futter, K., & Schatzmann, S. (2014). Unterrichtsbesprechungen als Lerngelegenheiten im Praktikum. In K.-H. Arnold, A. Gröschner, & T. Hascher (Hrsg.), Schulpraktika in der Lehrerbildung. Theoretische Grundlage, Konzeptionen, Prozesse und Effekte (S. 335–358). Münster: Waxmann.

Terhart, E. (Hrsg.) (2000). Perspektiven der Lehrerbildung in Deutschland. Abschlussbericht der von der Kultusministerkonferenz eingesetzten Kommission. Weinheim: Beltz.

Terhart, E. (2002). Standards für die Lehrerbildung: eine Expertise für die Kultusministerkonferenz. Münster: Universität Münster.

Ulrich, I., Klingebiel, F., Bartels, A., Staab, R., Scherer, S., & Gröschner, A. (in Druck). Praxissemester im Lehramtsstudium und ihre Wirkung auf Studierende: ein systematischer Review. In I. Ulrich, & A. Gröschner (Hrsg.), Praxissemester im Lehramtsstudium in Deutschland: Wirkungen auf Studierende. Edition der Zeitschrift für Erziehungswissenschaft. Wiesbaden: Springer VS.

van Es, E. A. (2012). Examining the development of a teacher learning community: The case of a video club. Teaching and Teacher Education, 28(2), 182–192.

Weber, K.E., Gold, B., Prilop, C. N., & Kleinknecht, M. (2018). Promoting pre-service teachers' professional vision of classroom management during practical school training: Effects of a structured online- and video-based self-reflection and feedback intervention. Teaching and Teacher Education, 76, 39–49.

Weyland, U. (2016). Schulpraktische Studien im Fokus des Lehramtsstudiums: Forschendes Lernen im Praxissemester als erfolgreiche Formel für eine bessere Lehrerbildung? Die berufsbildende Schule, 68(11/12), 380–387.

Weyland, U., & Wittmann, E. (2015). Langzeitpraktika in der Lehrerausbildung in Deutschland – Stand und Perspektiven. journal für LehrerInnenbildung, 15, 8–21.

Wilson, S. M. (2013). Professional development for science teachers. Science, 340(6130), 310–313.

Zeichner, K. M. (2010). Rethinking the connection between campus courses and field experiences in college- and university-based teacher education. Journal of Teacher Education, 61(1-2), 89–99.

Marko Neumann und Ulrich Trautwein

Zwischen individueller Schwerpunktsetzung und Standardisierung – Reformen in der gymnasialen Oberstufe

1. Einleitung

> Gesamtschuldebatten haben Landtagswahlen folgenreich beeinflußt, Lehrplanreformen Minister gestürzt, dennoch darf man sagen, daß keine Schulstufe so oft, so kontinuierlich und so folgenreich die Bildungspolitik beschäftigt hat wie die Abiturstufe des allgemeinbildenden Schulwesens. Früher nur als Oberstufe an Gymnasien institutionalisiert, jetzt auch an Gesamtschulen und beruflichen Schulen eingerichtet, ist der Königsweg zum Abitur Gegenstand politischer Planung und pädagogischer Kontroversen, seit die Bildungsreformer um 1800 in Preußen über die Normierung des Abiturs das Bildungswesen insgesamt zu verbessern suchten. (Tenorth 1996, S. 493)

Die einleitende, vor inzwischen gut zwei Jahrzehnten von Heinz-Elmar Tenorth hervorgebrachte, These verweist auf die exponierte Stellung des Abiturs im deutschen Berechtigungswesen und die zentrale Bedeutung der gymnasialen Oberstufe als schulischem Schlussabschnitt des Bildungssystems zugleich. Sowohl die Frage, wer das Abitur erwerben sollte, als auch die Fragen, was, wie und zu welchem Zweck Schülerinnen und Schüler am Gymnasium bzw. in der inzwischen auch an vielen anderen Schulformen vorhandenen Oberstufe lernen sollen, waren und sind dabei die bestimmenden Momente in der Diskussion um die organisatorische, curriculare und methodisch-didaktische Ausgestaltung der gymnasialen Oberstufe und des Abiturs (Fuchs 2008; Herrlitz 1982; 2001). Angesichts stark gestiegener Abiturientenquoten sowie rasanter wissenschaftlich-technologischer, gesellschaftspolitischer und demografischer Wandlungsprozesse ist die Relevanz dieser Fragen nach wie vor ausgesprochen hoch, wie sich auch an den jüngsten – oftmals kontrovers geführten – Debatten um die (richtige) Schulzeitdauer (G8/G9, siehe dazu Kühn in diesem Band), den »Akademisierungswahn« (Nida-Rühmelin 2014), die (eingeschränkte) Vergleichbarkeit des Abiturs (siehe dazu Maué/Maag Merki in diesem Band) zwischen den Bundesländern oder eine vermutete Noteninflation ablesen lässt.

Als grundlegendes Strukturmuster der Entwicklung des Gymnasiums und seiner Oberstufe wurde von einer durch die KMK eingesetzten Expertenkommission zur Weiterentwicklung der Prinzipien der gymnasialen Oberstufe und des Abiturs eine »Wellenbewegung von institutioneller Differenzierung und Restandardisierung«

(KMK-Expertenkommission 1995, S. 22) diagnostiziert. Diese Wellenbewegung äußert sich dabei sowohl in der Ausdifferenzierung der Gymnasialtypen (z. B. Realgymnasium, Oberrealschule sowie verschiedene Formen der beruflichen Gymnasien) ab dem ausgehenden 19. Jahrhundert als auch in der Flexibilisierung und Individualisierung der innerschulischen Bildungsgänge des Gymnasiums und seiner Oberstufe in der zweiten Hälfte des 20. Jahrhunderts, auf die jeweils Versuche der Angleichung und Standardisierung folgten (KMK-Expertenkommission 1995).

Seit der großen Oberstufenreform aus dem Jahr 1972, die den Schülerinnen und Schülern bis dahin nicht gekannte Freiräume in der Zusammenstellung ihres Oberstufencurriculums einräumte, überwogen dabei in der Rückschau ganz klar die auf Vereinheitlichung, Standardisierung und Komprimierung zielenden Bestrebungen und Reformmaßnahmen. Eine besondere Dynamik entwickelte dieser Trend ab der Jahrtausendwende mit der quasi flächendeckenden Umstellung auf das G8-Gymnasium, der Einführung des Zentralabiturs in nahezu allen Bundesländern sowie der (Wieder-)Einführung kanonförmiger Oberstufenmodelle mit umfassenden Beleg- und Prüfungsverpflichtungen in vielen Bundesländern. Die im Jahr 2012 von der KMK beschlossenen nationalen Bildungsstandards für die Allgemeine Hochschulreife (Stanat et al. 2016 sowie Grünkorn/Klieme/Stanat in diesem Band) sowie der seit dem Schuljahr 2016/17 eingerichtete Aufgabenpool für Abiturprüfungsaufgaben rahmen diese auf Standardisierung und Vergleichbarkeit zielenden Entwicklungen.

Mit der inzwischen in mehreren Bundesländern beschlossenen Rückkehr zum neunjährigen Gymnasium sowie der im Juni 2016 von der KMK verabschiedeten Änderung der Rahmenvereinbarung für die gymnasiale Oberstufe und den daraus resultierenden Anpassungen im Oberstufengefüge der Länder scheint das Pendel hier jedoch aktuell wieder etwas mehr in Richtung Vertiefung, Wahlfreiheit und individuelle Profilierung zu schwingen. Die Bestrebungen um mehr Vergleichbarkeit – insbesondere zwischen den Bundesländern – werden damit jedoch keineswegs aufgegeben. Ganz im Gegenteil: mit der Entscheidung des Bundesverfassungsgerichts vom Dezember 2017, die Numerus Clausus-Auswahl beim Medizin-Studium aufgrund der mangelnden Vergleichbarkeit der Abiturnoten zwischen den Bundesländern als teilweise verfassungswidrig zu erklären, ist der Erwartungsdruck bezüglicher weiterer Vereinheitlichungen beim Abitur weiter gestiegen.

Vor dem skizzierten Hintergrund soll im vorliegenden Beitrag ein Überblick der wichtigsten Diskussionsstränge und Reformen bezüglich der Ausgestaltung der gymnasialen Oberstufe seit dem Zweiten Weltkrieg bis in die jüngste Gegenwart gegeben werden. Im Zentrum der Darstellungen steht dabei das seit Jahrzehnten kontrovers diskutierte Verhältnis von obligatorischer Grundbildung für alle und den Möglichkeiten der individuellen Profilierung und Schwerpunktsetzung, das sich über die Zeit hinweg in sehr unterschiedlichen Oberstufenmodellen manifestiert hat. Den gemeinsamen Ankerpunkt der Darstellungen bildet die große Oberstufenreform aus dem Jahr 1972 mit den ihr vorangegangen und den auf sie folgenden Entwicklungen. Für ausführlichere Darstellungen zu weiteren relevanten, im vorstehenden Kapitel jedoch nur knapp angerissenen Reformaspekten wie Zentralabitur, G8/G9 oder die nationalen Bildungsstandards sei auf die entsprechenden Kapitel in diesem Band verwiesen.

2. Besinnung auf das Wesentliche: Erste Reformphase nach dem Zweiten Weltkrieg

Die Entwicklungen, die am Beginn der 1970er Jahre zu einer grundlegenden Neugestaltung der gymnasialen Oberstufe führten (vgl. im Überblick Neumann 2010; Fuchs 2008; Tenorth 1975), haben ihren Ursprung bereits in den Diskussionen um die Ausgestaltung der Allgemeinen Hochschulreife zu Beginn der 1950er Jahre: »Das deutsche Bildungswesen, zumindest in Höheren Schulen und Hochschulen [ist] in Gefahr [...], das geistige Leben durch die Fülle des Stoffes zu ersticken« – dieses Fazit zogen Pädagogen, Fachgelehrte und Vertreter von Höheren Schulen, Schulverwaltung und Hochschulen auf einer gemeinsamen Konferenz zum Thema »Universität und Schule« im September/Oktober 1951 in Tübingen (Tübinger Beschlüsse vom 30.9./1.10.1951, abgedruckt in Schmidt 1991, S. 414 ff.). Anstelle einer additiven Ansammlung immer größerer Stoffinhalte, die dazu führe, dass die Abiturienten »von immer mehr Dingen immer weniger wisse[n] und nichts gründlich könne[n]« (Flitner 1961, S. 108), bedürfe es einer Konzentration der Unterrichtsgegenstände und einer viel stärker auf Verinnerlichung und Verständnis der Stoffinhalte ausgerichteten Unterrichts- und Prüfungsgestaltung: »Die Durchdringung des Wesentlichen der Unterrichtsgegenstände hat den unbedingten Vorrang vor jeder Ausweitung des stofflichen Bereichs« (Tübinger Beschlüsse vom 30.9./1.10.1951).

Im Tutzinger Maturitätskatalog von 1958 wurden von der Westdeutschen Rektorenkonferenz (WRK) und der KMK die Minimalanforderungen für die Zuerkennung der Hochschulreife aufgeführt. Um über ein bloß summatives Verständnis dieses neun Punkte umfassenden und eng an einzelne Unterrichtsfächer angelehnten Anforderungskatalogs hinauszugelangen, rahmte Wilhelm Flitner, der damalige Präsident der WRK, den Minimalkanon durch sein bildungstheoretisches Konzept der »kyklischen Grundbildung«, welche »aus einem aller Spezialisierung vorausgehenden geschlossenen Kreis geistiger Grunderfahrungen besteht« (Schindler 1980, S. 173). Neben der Einführung in die beiden grundlegenden Symbolbereiche der Sprache und der Mathematik war für Flitner dabei die »Initiation« in vier »sachliche Gehalte«, die er als »vier Ursprungsfelder moderner Humanität« verstand, von zentraler Bedeutung: das christliche, das philosophisch-literarische, das exakt-naturwissenschaftliche und das historisch-politische Initiationsfeld. Auch wenn es zu keiner direkten Umsetzung der Flitnerschen Maturitätskonzeption in die Schulpraxis kam, mündeten einige der Grundintentionen 1960/61 in eine erste Umstrukturierung der gymnasialen Oberstufe. Darüber hinaus sind Bezüge der von Flitner skizzierten Initiationsfelder zu den im Zuge der großen Oberstufenreform von 1972 implementierten Aufgabenfeldern (sprachlich-literarisch-künstlerisches, mathematisch-naturwissenschaftlich-technisches und gesellschaftswissenschaftliches Aufgabenfeld) unverkennbar.

Die erste Reform der gymnasialen Oberstufe in der Bundesrepublik Deutschland wurde in der Saarbrücker Rahmenvereinbarung der KMK vom September 1960 festgeschrieben. Im Einleitungstext der Vereinbarung heißt es (abgedruckt in Schmidt 1991, S. 406 ff.):

> »Die Länder der Bundesrepublik Deutschland sind übereingekommen, die Oberstufe der Gymnasien neu zu gestalten. Die Rahmenvereinbarung soll helfen, diesem Ziel die Wege zu ebnen. Die Verminderung der Zahl der Pflichtfächer und die Konzentration der Bildungsstoffe werden eine Vertiefung des Unterrichts ermöglichen und die Erziehung des Schülers zu geistiger Selbstständigkeit und Verantwortung fördern«.

Die Saarbrücker Rahmenvereinbarung hielt an den drei bestehenden gymnasialen Schultypen (altsprachlich, neusprachlich, mathematisch-naturwissenschaftlich), deren inhaltliche Schwerpunkte über schultypspezifische Kernpflichtfächer akzentuiert wurden, fest. Der Unterricht erfolgte nach wie vor im gemeinsamen Klassenverband. Die Fächerzahl reduzierte sich von durchschnittlich 12 bis 14 auf 9, die Zahl der Prüfungsfächer auf maximal 6. Unter den Unterrichtsfächern befand sich erstmals ein Wahlpflichtfach, das jedoch lediglich die Wahlmöglichkeit zwischen einer Naturwissenschaft oder einer Fremdsprache eröffnete. Aus heutiger Sicht sicherlich bemerkenswert ist die Tatsache, dass im Pflichtkanon der Oberstufe für die beiden sprachlich akzentuierten Gymnasialzweige keine Naturwissenschaft vorgesehen war (Neumann, 2010).

Empfehlungen zur didaktischen und methodischen Gestaltung der Oberstufe der Gymnasien wurden von der KMK ein Jahr nach der Saarbrücker Rahmenvereinbarung herausgegeben. Expliziert wurde nochmals die für alle Fächer gegebene Notwendigkeit der »Beschränkung der Lehrgegenstände«, denn nur so könnten Unterrichtsthemen »vertieft und gründlich« behandelt werden. Als didaktische Prinzipien wurden das »exemplarische« und »orientierende Lehren und Lernen« ausgegeben. Darüber hinaus enthielten die Empfehlungen Hinweise zur Arbeitsweise in der Oberstufe, unter anderem zu Epochenunterricht, Gruppenarbeit, Kolloquien, Facharbeiten und überfachlichen Arbeitsgemeinschaften (»Stuttgarter Empfehlungen«, abgedruckt in Schmidt 1991, S. 409 ff.).

Für die erste Reformphase der gymnasialen Oberstufe in der Bundesrepublik kann insgesamt festgehalten werden, dass sie inhaltlich zunächst stark von den philosophisch-humanistischen Vorstellungen der geisteswissenschaftlichen Pädagogik, in denen sich auch das Werte- und Normensystem der Nachkriegszeit und der 1950er Jahre widerspiegelte, geprägt war. Die Saarbrücker Rahmenvereinbarung markierte insofern einen Wendepunkt in der Ausgestaltung der Oberstufe, als dass sie von der Idee eines einheitlichen gymnasialen Maturitätsbegriffs etwas abrückte und Möglichkeiten der individuellen Schwerpunktbildung stärker betonte. Mit der Einrichtung eines Wahlbereichs (wenn bis dahin auch nur als einzelnes Wahlfach realisiert) und der Betonung exemplarischen Lernens und studiennaher Arbeitsformen wurden bereits in dieser Phase wichtige Weichen für die weitere Entwicklung der gymnasialen Oberstufe und deren umfassende Neugestaltung im Jahr 1972 gestellt.

3. Die große Oberstufenreform von 1972: Einführung des Kurssystems

Die im Jahr 1972 von der KMK beschlossene Neugestaltung der gymnasialen Oberstufe kann ohne Zweifel als Zäsur oder – um im Bild der eingangs beschriebenen Wellenbewegung zu bleiben – vielleicht sogar als »Tsunami« in der Oberstufenhistorie aufgefasst werden. Die sich wandelnden ökonomischen und gesellschaftspolitischen Rahmenbedingungen der 1960er Jahre, die sich unter den Zielsetzungen der Erschließung von Begabungsreserven (Picht 1964) und Erhöhung der Chancengerechtigkeit (Dahrendorf 1965) in der gemeinsamen Forderung nach einer Erhöhung der Abiturientenzahlen verbanden, sowie eine zunehmende Wissenschaftsorientierung (Roth 1968) hatten in vielerlei Hinsicht Anpassungsbedarf hinsichtlich der leistungsbezogenen und inhaltlichen Anforderungen an das Abitur sowie der organisatorisch-strukturellen Ausgestaltung der gymnasialen Oberstufe aufgezeigt. Für ausführliche Darstellungen der Vorgeschichte der Oberstufenreform von 1972 sei an dieser Stelle auf Fuchs, (2008), Neumann (2010) sowie Tenorth (1975) verwiesen.

Die Einführung des Kurssystems in den 1970er Jahren stellte die Oberstufe in vielerlei Hinsicht auf neue organisatorische, curriculare, methodische und pädagogische Grundlagen (vgl. dazu im Überblick Fuchs 2008; Neumann 2010; Zimmermann 1985). An die Stelle der bis dahin bestehenden Gymnasialtypen mit festem Klassenverband und weitgehend vorgegebenem Fächerkanon trat nun ein differenziertes und variables System von Grund- und Leistungskursen mit wechselnden Lerngruppen, das auf der Folie vertiefter Allgemeinbildung und Wissenschaftspropädeutik die Studierfähigkeit insgesamt gewährleisten sollte (Baumert/Roeder/Watermann 2003; KMK-Expertenkommission 1995). Der lange Zeit bestimmende Gedanke eines mehr oder weniger feststehenden gymnasialen Fächerkanons wurde in der neuen Oberstufenkonzeption weitgehend aufgegeben. Die Schülerinnen und Schüler wurden nur noch auf die großen, unterschiedliche Vorstellungswelten und Wissenschaftsbereiche repräsentierende Aufgabenfelder (sprachlich-literarisch-künstlerisch, gesellschaftswissenschaftlich, mathematisch-naturwissenschaftlich-technisch), jedoch nur in geringem Maß auf konkrete Unterrichtsfächer verpflichtet. Diese sollten größtenteils frei gewählt werden und der exemplarischen Erfahrung der Aufgabenfelder dienen (Huber 2008). Beispielsweise war es in einigen Bundesländern möglich, die bisherigen Hauptfächer Mathematik, Deutsch und Fremdsprache bereits nach Klasse 12 abzuwählen. Auch eine Abiturprüfung in diesen Fächern war zunächst in einigen Bundesländern nicht zwingend vorgeschrieben (Laurin 1998).

In Bezug auf die wissenschaftspropädeutische Funktion wurde die prinzipielle Gleichrangigkeit der Fächer postuliert. Wissenschaftspropädeutische Vertiefung – so die Annahme – konnte im Prinzip in jedem Fach erfolgen. Die bisherige Unterscheidung von Haupt- und Nebenfächern wurde dadurch weitgehend eingeebnet. Die Oberstufe wurde für neue, auch beruflich orientierte Fächer geöffnet, die im Leistungskurs – wie grundsätzlich alle Fächer – eine tragende Rolle im individuellen Oberstufencurriculum einnehmen konnten. Von großen Transfermöglichkeiten der einzelnen Fächer ausgehend war insgesamt eine Verschiebung des Gewichts von material definierten Qualifikationen hin zu (inhaltlich variablen) formalen Fähigkeiten intendiert (Gass-Bolm 2005; Roth 1968). Eine wesentliche Neuerung war die Einführung von unterschiedlichen Anspruchsniveaus in Form der meist dreistündigen Grund- und in der Regel zwei fünfstündigen Leistungskursen, wobei letztere in besonderer Weise in studien- und wissenschaftsnahe Arbeitsweisen einführen und individuelle Schwerpunktsetzungen ermöglichen sollten. Die Abiturprüfung umfasste vier Fächer. Die beiden von den Schülerinnen und Schülern zu belegenden Leistungskursfächer sowie ein Grundkursfach wurden schriftlich, ein weiteres Grundkursfach mündlich geprüft. Die Leistungsbewertung erfolgt seither im Rahmen des Credit-Systems (auf Basis einer von 0 bis 15 Punkten gestuften Skala), in welches zur Feststellung der Abiturgesamtnote die Kursergebnisse aus den gewählten Grund- und Leistungskursen sowie die Ergebnisse der Abiturprüfung einfließen.

Angesichts der zahlreichen grundlegenden Veränderungen – insbesondere der weitreichenden Differenzierungs- und Profilierungsmöglichkeiten und einer damit verbundenen »Entstandardisierung« in der Oberstufenarbeit – mag es im Rückblick wenig überraschend erscheinen, dass die neue Oberstufe bereits während und auch nach ihrer Einführung Gegenstand vielfältiger Kritik wurde. Neben von Lehrkräften, Eltern und Schülerinnen und Schülern vorgebrachten Klagen bezüglich der als zu bürokratisch und sehr kompliziert empfundenen Organisationsform richtete sich die Kritik vor allem gegen die als zu weitgehend erachteten Wahl- und Spezialisierungsmöglichkeiten (die Oberstufe als eine Art »Selbstbedienungsladen«), die eine Beliebigkeit in der Fächerzusammenstellung nach sich zogen, sodass von einer einheitlichen gymnasialen Grundbildung nicht mehr die Rede sein könne (Gass-Bolm 2005 sowie Furck 1998). Das Wahlverhalten der Abiturienten sei weniger sach- und interessenbezogen, sondern folge in erster Linie dem Prinzip der Punkteoptimierung, um dadurch bei Numerus-clausus-beschränkten Studienfächern die Zulassungschancen zu verbessern. Zudem sei angesichts der zum Teil deutlich auseinanderlaufenden Entwicklung kaum noch eine ausreichende Vergleichbarkeit des Abiturs zwischen den Bundesländern gegeben. Infolge der Auflösung des festen Klassenverbandes käme es darüber hinaus zu Tendenzen sozialer Isolierung und stärkerem Konkurrenzverhalten (Zimmermann 1978). Insgesamt beklagt wurden »die angeblich mangelnde Studierfähigkeit und die fehlende Allgemeinbildung der Abiturienten, die Abnahme der Qualität des Abiturs, ein Verfall der Kenntnisse, das Fehlen einer Bildungsidee und eines Bildungsprogramms« (Furck 1998, S. 321).

Auch wenn die vorgebrachten Kritikpunkte und Klagen nicht zuletzt aufgrund eines Mangels an belastbaren Begleitstudien kaum durch empirische Forschungsbefunde gestützt waren (Roeder 1989), blieben sie nicht ohne Folgen, und die bestehenden Wahl- und Abwahlmöglichkeiten der Schülerinnen und Schüler wurden im Zuge zweier größerer Revisionen der KMK-Rahmenvereinbarung in den Jahren 1988 und 1997 zugunsten ausgeweiteter Beleg- und Prüfungsverpflichtungen in den »Kernkompetenzfächern« Deutsch, Mathematik und Fremdsprache spürbar beschränkt (siehe dazu im Überblick Neumann, 2010). Eine neue Dynamik gewann der mit diesen Entwicklungen wieder aufgekommene Kanongedanke in den Jahren um die Jahrtausendwende, als sich die Gestalt der gymnasialen Oberstufe in vielen Bundesländern erneut tiefgreifend ändern sollte und die Welle hin zu mehr Vereinheitlichung und Standardisierung einen neuen Höhepunkt erreichte.

4. Vom Kurssystem zurück zum Kanon-Modell? – die Rückreform der Oberstufe um die Jahrtausendwende

»[...] zu Grabe getragen, die Beerdigung fand in aller Stille statt« (Huber 2007, S. 9) lautete das Fazit des langjährigen wissenschaftlichen Leiters des Bielefelder Oberstufenkollegs, Ludwig Huber, angesichts der seitens der KMK in den Jahren 1999 und 2006 beschlossenen Änderungen zur Ausgestaltung des Kurssystems der gymnasialen Oberstufe, bei der »es sich um nicht weniger als die Wiederbelebung wesentlicher Strukturen von vor 1972 [handele] ohne jede Phantasie darüber, ob und welche womöglich ganz anderen Anforderungen, aber auch Möglichkeiten die Zukunft mit sich bringen könnte« (Huber 2007, S. 9).

Insbesondere die Husumer Beschlüsse der KMK aus dem Jahr 1999 eröffneten den Ländern die Möglichkeit zur Einführung alternativer Oberstufenmodelle. Vorreiter der damaligen Wiedereinführung Kanon-förmiger Oberstufenmodelle war das Land Baden-Württemberg, das zum Schuljahresbeginn 2001/02 eine umfassende Neuordnung der gymnasialen Oberstufe vornahm (Neumann 2010). Die wesentliche Neuerung stellte der für alle Schülerinnen und Schüler verpflichtende und im gemeinsamen Klassenverband erteilte Unterricht in den »Kernfächern« Deutsch, Mathematik und Fremdsprache dar. Alle drei Fächer wurden (vgl. zu den aktuellen Neuerungen Abschnitt 5) auf »erhöhtem Anforderungsniveau« und damit der Intention nach quasi dem Niveau der bisherigen Leistungskurse unterrichtet und im Abitur schriftlich geprüft. »In dieser Fächergruppe sind solide Grundkompetenzen für alle wichtiger als Spezialisierungsmöglichkeiten für wenige« (Schavan 2001, S. 52) lautete die Begründung der damaligen baden-württembergischen Kultusministerin für die Abschaffung der Niveaudifferenzierung in den drei Kernkompetenzfächern. Neben die drei Fächer traten ein Profilfach (Fremdsprache oder Naturwissenschaft) und ein relativ frei wählbares Neigungsfach. Eines der beiden ebenfalls vierstündigen und auf erweitertem Anforderungsniveau unterrichteten Fächer wurde als viertes Fach im Abitur schriftlich geprüft. Der Unterricht in den fünf vierstündigen Fächern umfasste damit insgesamt 20 Stunden des wöchentlichen Gesamtstundenpensums (zwischen 34 und 38 Stunden). Zur Vorbereitung auf das wissenschaftliche Arbeiten wurde der Seminarkurs eingeführt, der jedoch nicht verpflichtend zu besuchen ist (Dettmers et al. 2010).

Andere Bundesländer – zu nennen sind hier vor allem Bayern, Brandenburg, Thüringen, Sachsen-Anhalt und Mecklenburg-Vorpommern – folgten dem Beispiel Baden-Württembergs, nahmen jedoch zum Teil Modifikationen vor. So sind etwa in Mecklenburg-Vorpommern und Sachsen-Anhalt aktuell noch sechs vierstündige Fächer auf erhöhtem Anforderungsniveau zu belegen (vgl. aber Abschnitt 5 zu den zukünftigen Änderungen). Einige Länder verzichteten auf eine Abschaffung der Niveaudifferenzierung in den Kernfächern, erhöhten jedoch die Wochenstundenzahl der Grundkurse von drei auf vier (z. B. Hamburg, Hessen, Saarland, Niedersachsen und Sachsen). In wiederum anderen Ländern erfolgt zwar gemeinsamer Unterricht in den Kernfächern, wobei die Schülerinnen und Schüler entscheiden können, ob sie die Abiturprüfung auf grundlegendem oder erweiterten Anforderungsniveau ablegen möchten (vgl. im Überblick Neumann/Trautwein 2014). Nur wenige Länder haben am Grundmodell der dreistündigen Grund- und fünfstündigen Leistungskurse festgehalten (z. B. Berlin, Bremen, Nordrhein-Westfalen). Andere haben das Konzept der Profiloberstufe eingeführt (z. B. Hamburg und Schleswig-Holstein), bei welchem die Schülerinnen und Schüler mit dem Profil ein Kurspaket aus profilgebendem und weiteren profilergänzenden Fächern wählen. Die hier nur knapp umrissenen Umsetzungsvariationen machen deutlich, dass die Ausgestaltung der Oberstufe in den Ländern zum Teil recht unterschiedlich ausfällt, was (verständlicherweise) immer wieder Fragen nach der Vergleichbarkeit des Abiturs hervorruft (siehe dazu Maué/Maag Merki in diesem Band). Dies ist insofern bemerkenswert, als dass die Reformen innerhalb der Länder zu mehr Einheitlichkeit auf dem Weg zum Abitur führen sollten. Da sie jedoch sehr unterschiedlich umgesetzt wurden und einige Bundesländer am herkömmlichen Grund- und Leistungskurssystem festgehalten haben, scheinen Unterschiede in der Ausgestaltung der Oberstufe und des Abiturs zwischen den Bundesländern in Teilbereichen sogar zugenommen zu haben.

In den bislang vorliegenden Evaluationsstudien zu den dargestellten Veränderungen im Kurssystem finden sich zum Teil positive Effekte (z. B. für die Fachleistungen in Mathematik in Baden-Württemberg oder die naturwissenschaftlichen Kompetenzen in Sachsen; dazu Trautwein et al. 2010; Wagner et al. 2014). In anderen Studien waren hingegen keine Veränderungen für das Leistungsniveau nachweisbar (für Thüringen z. B. Hübner et al. 2018). Auch für einzelne erfasste Indikatoren wissenschaftspropädeutischer Kompetenzen und die selbsteingeschätzte Studienvorbereitung der Abiturienten fanden sich keine bedeutsamen Unterschiede (Dettmers et al. 2010). Die Schülerinnen und Schüler selbst scheinen eine Präferenz für das Grund- und Leistungskurssystem zu haben, wie Einschätzungen der baden-württembergischen Abiturienten nahelegen (Trautwein/Dettmers/Neumann 2010). Hinweise auf differentielle und nichtintendierte Reformeffekte liefert eine jüngere Arbeit von Hübner et al. (2017), die zeigen konnten, dass der im Zuge der Reform festgestellte Anstieg der Mathematikleistungen der baden-württembergischen Abiturienten insbesondere auf Leistungsverbesserungen bei den Oberstufenschülerinnen zurückzuführen war. Sie hatten vor der Reform seltener den Mathematikleistungskurs belegt als die Oberstufenschüler und konnten nun anscheinend von den ausgeweiteten Beleg- und Prüfungsverpflichtungen profitieren. Allerdings ist trotz der angestiegenen Leistungen die Selbsteinschätzung der mathematischen Fähigkeiten der Oberstufenschülerinnen zurückgegangen, was unter anderem auf die veränderte Bezugsgruppe in den neu zusammengesetzten Kursen und das damit verbundene erhöhte Ausmaß von Aufwärtsvergleichen mit leistungsstärkeren Schülerinnen und Schülern zurückzuführen sein dürfte (Hübner et al. 2017). Darüber hinaus konnte eine kürzlich veröffentlichte Studie zeigen, dass sich durch die Reform die Bedeutung der Noten in der Oberstufe verändert hat (Hübner/Wagner/Hochweber/Neumann/Nagengast 2019). Die Ergebnisse zeigen sehr deutlich, dass die Auswirkungen von Bildungsreformen sehr vielfältig sein können und bei der Planung und Umsetzung von Reformmaßnahmen immer auch potenzielle nicht gewünschte Effekte im Blick zu halten sind.

5. Rückreform der Rückreform bzw. Re-Instantierung von Reformen? – aktuelle Entwicklungen in der Ausgestaltung des Kurssystems

Die Wiedereinführung Kanon-förmiger Oberstufenmodelle tat den andauernden Klagen von Hochschulen und beruflichen Ausbildungsinstitutionen über unzureichende fachliche Vorkenntnisse der Abiturienten und ein mangelndes Maß an Studier- und Ausbildungsfähigkeit keinen Abbruch. Seitens der Schulen, nicht zuletzt auch von Seiten der Abiturienten selbst (Trautwein/Dettmers/Neumann 2010), wurden die eingeschränkten Möglichkeiten für Vertiefung, Profilierung und individuelle Schwerpunktsetzung moniert. Das Nebeneinander von unterschiedlichen Oberstufenmodellen in den Bundesländern – herkömmliches Grund- und Leistungskurssystem hier, Sechsfächer-Kernfachabitur da – offenbarte nach wie vor erhebliche Unterschiede in der Ausgestaltung des Weges zum Abitur, verbunden mit entsprechenden Klagen über die Vergleichbarkeit des Reifezeugnisses.

Mit dem Ziel der Annäherung der Ausgestaltung der Oberstufe in den Ländern hat die KMK in ihrem Beschluss vom 16. Juni 2016 das Spektrum möglicher Oberstufenmodelle wieder etwas eingeschränkt. Die Zahl der auf erhöhtem Anforderungsniveau zu unterrichtenden Fächer wurde auf maximal 4 begrenzt. Die Fächer auf erhöhtem Anforderungsniveau sind mindestens vierstündig, bei zwei Fächern auf erhöhtem Anforderungsniveau mindestens fünfstündig zu unterrichten. Die von der KMK beschlossene Anpassung, aber auch aus den Schulen zu vernehmende Bedürfnisse nach mehr Freiräumen für die individuelle Schwerpunktsetzung, führten in mehreren Ländern zu grundlegenden Änderungen in der Ausgestaltung der Oberstufe. So kehren etwa Mecklenburg-Vorpommern, Sachsen-Anhalt und Brandenburg zum ursprünglichen System mit nur noch zwei Leistungskursen (anstelle von bislang 6 bzw. 5 Fächern auf erhöhtem Anforderungsniveau) zurück. In Baden-Württemberg belegen die Abiturienten zukünftig nur noch drei anstelle von bislang fünf Fächern auf erhöhtem Anforderungsniveau. Thüringen nutzt die maximal mögliche Anzahl von vier Fächern auf erhöhtem Anforderungsniveau. In anderen Bundesländern (z. B.

Schleswig-Holstein und Bayern) laufen die Diskussions- und Entscheidungsprozesse um die zukünftige Ausgestaltung der Oberstufe und des Abiturs zum gegenwärtigen Zeitpunkt noch. Die aktuellen Entwicklungen in der Ausgestaltung des Kurssystems der Oberstufe deuten somit bezüglich der Belegverpflichtungen auf ein gewisses Maß an Entstandardisierung hin, wenngleich es graduell deutliche Unterschiede gibt. Während einige Bundesländer das Reformrad komplett zurückdrehen (z. B. Brandenburg, Mecklenburg-Vorpommern und Sachsen-Anhalt mit zukünftig nur noch zwei Leistungskursen) scheinen Länder mit zukünftig drei oder vier Leistungskursen bzw. Kursen auf erhöhtem Anforderungsniveau (z. B. Baden-Württemberg und Thüringen) stärker am kanonbezogenen Kernfachabitur orientiert zu bleiben. Auch nach dem KMK-Beschluss sind die Spielräume der Länder für die Ausgestaltung der Oberstufe somit erheblich.

6. Fazit und Ausblick

Die fortlaufende Suche nach der »richtigen« Balance zwischen obligatorischer Grundbildung und individueller Schwerpunktsetzung ist ein bestimmendes Moment in der Reformgeschichte der gymnasialen Oberstufe seit den 1950er Jahren. Die aktuell zu beobachtenden Veränderungen in der Ausgestaltung des Kurssystems implizieren in mehreren Bundesländern eine nicht unerhebliche Zunahme an Wahlfreiheit und Möglichkeiten individueller Profilierung. Die Entwicklungen sind jedoch weiterhin gerahmt von den andauernden Bemühungen um mehr Vergleichbarkeit und Standardisierung, wie sie sich etwa in der Einführung nationaler Bildungsstandards für das Abitur oder ersten Ansätzen bundeslandübergreifender Abiturprüfungen äußern (Stanat et al. 2016). Diese noch vergleichsweise jungen Standardisierungsansätze gehen über bloße bundeslandspezifische und bundeslandübergreifende Strukturvorgaben hinaus und rücken stärker outcomebezogene Maße in den Mittelpunkt. Aussagen über ihre Wirksamkeit lassen sich bislang kaum treffen, nicht zuletzt, da – anders als für die Grundschule und die Sekundarstufe I – keine empirische Überprüfung der Bildungsstandards für das Abitur vorgesehen ist.

In der Gesamtbetrachtung können die gegenwärtigen Entwicklungen somit den Eindruck erwecken, als liefen sie sich in Teilen zuwider. Einerseits werden die individuellen Spielräume bei der Kurszusammenstellung in vielen Bundesländern wieder deutlich ausgeweitet, sodass sich hinter gleichen Abiturgesamtnoten auch zukünftig sehr unterschiedliche Beleg-, Prüfungs- und Kompetenzprofile verbergen können. Andererseits wird nach weiteren Maßnahmen für die Verbesserung der bundeslandübergreifenden Vergleichbarkeit gesucht. Welche Folgen dies mittel- und langfristig für die Ausgestaltung der gymnasialen Oberstufe und die Vergleichbarkeit des Abiturs haben wird, bleibt abzuwarten. Wichtiger als eine bloße Diskussion um Beleg- und Prüfungsverpflichtungen und deren Vergleichbarkeit scheint jedoch eine fortlaufende Verständigung über die fachlichen Inhalte und überfachlichen Kompetenzen, die als Erwartungen an eine zeitgemäße Hochschulreife geknüpft werden. Gleiches gilt für die unterrichtsmethodischen und didaktischen Möglichkeiten ihrer Vermittlung. Angesichts einer zunehmend heterogenen Zusammensetzung der zum Abitur strebenden Schülerschaft sowie des fortschreitenden digitalen Wandels zeichnen sich hier sowohl Chancen als auch Herausforderungen für die Weiterentwicklung der gymnasialen Oberstufe ab.

7. Literatur

Baumert, J./Roeder, P. M./Watermann, R. (2003): Das Gymnasium – Kontinuität im Wandel. In: Cortina, K. S./Baumert, J./Leschinsky, A./Mayer, K. U./Trommer, L. (Hrsg.): Das Bildungswesen in der Bundesrepublik Deutschland: Strukturen und Entwicklungen im Überblick. Reinbek bei Hamburg: Rowohlt, S. 487–524.

Dahrendorf, R. (1965): Bildung ist Bürgerrecht: Plädoyer für eine aktive Bildungspolitik. Hamburg: Nannen.

Dettmers, S./Trautwein, U./Neumann, M./Lüdtke, O. (2010): Aspekte von Wissenschaftspropädeutik. In: Trautwein, U./Neumann, M./Nagy, G./Lüdtke, O./Maaz, K. (Hrsg.): Schulleistungen von Abiturienten: Die neu geordnete gymnasiale Oberstufe auf dem Prüfstand. Wiesbaden: VS Verlag für Sozialwissenschaften, S. 243–266.

Flitner, W. (1961): Die gymnasiale Oberstufe. Heidelberg: Quelle & Meyer.

Fuchs, H.-W. (2008): Die gymnasiale Oberstufe – Grundlinien ihrer historischen Entwicklung. In: Keuffer, J./Kublitz-Kramer, M. (Hrsg.): Was braucht die Oberstufe? Diagnose, Förderung und selbstständiges Lernen. Weinheim: Beltz, S. 20–35.

Furck, C.-L. (1998): Das Schulsystem: Primarbereich, Hauptschule, Realschule, Gymnasium, Gesamtschule. In: Führ, C./Furck, C.-L. (Hrsg.): Handbuch der deutschen Bildungsgeschichte: Bd. 6/1. 1945 bis zur Gegenwart. München: Beck, S. 282–356.

Gass-Bolm, T. (2005): Das Gymnasium 1945-1980. Bildungsreform und gesellschaftlicher Wandel in Westdeutschland. Göttingen: Wallenstein Verlag.

Herrlitz, H.-G. (1982): Geschichte der gymnasialen Oberstufe. Theorie und Legitimation seit der Humboldt-Süvernschen Reform. In: Blankertz, H./Derbolav, J./Kell, A./Kutscha, G. (Hrsg.): Enzyklopädie Erziehungswissenschaft: Bd. 9. Sekundarstufe II – Jugendbildung zwischen Schule und Beruf. Stuttgart: Klett-Cotta, S. 89–107.

Herrlitz, H.-G. (2001): Die gymnasiale Oberstufe ist besser als ihr Ruf. Ein Rückblick auf fünfzigjährige Reformbemühungen. In: Die Deutsche Schule 93, S. 279–290.

Huber, L. (2007): Hochschule und gymnasiale Oberstufe – ein delikates Verhältnis. In: Das Hochschulwesen 55, S. 8–14.

Huber, L. (2008): Kanon oder Interesse? Eine Schlüsselfrage der Oberstufenreform. In: Keuffer, J./ Kublitz-Kramer, M. (Hrsg.): Was braucht die Oberstufe? Diagnose, Förderung und selbstständiges Lernen. Weinheim: Beltz, S. 20–35.

Hübner, N./Wagner, W./Hochweber, J./Neumann, M./Nagengast, B. (2019): Comparing apples and oranges: Curricular intensification reforms can change the meaning of students' grades. Journal of Educational Psychology. Advance online publication

Hübner, N./Wagner, W./Nagengast, B./Trautwein, U. (2018): Putting all students in one basket does not produce equality: gender-specific effects of curricular intensification in upper secondary school. In: School Effectiveness and School Improvement 14, H. 2, S. 1–25.

Hübner, N./Wille, E./Cambria, J./Oschatz, K./Nagengast, B./Trautwein, U. (2017): Maximizing gender equality by minimizing course choice options? Effects of obligatory coursework in math on gender differences in STEM. In: Journal of Educational Psychology 109, H. 7, S. 993–1009.

KMK – Expertenkommission (1995): Weiterentwicklung der Prinzipien der gymnasialen Oberstufe und des Abiturs. Abschlußbericht der von der Kultusministerkonferenz eingesetzten Expertenkommission. Bonn: Sekretariat der Ständigen Konferenz der Kultusminister der Länder in der Bundesrepublik Deutschland.

Laurien, H.-R. (1998): Das Abitur – eine endlose Geschichte. In: Sekretariat der Ständigen Konferenz der Kultusminister der Länder in der Bundesrepublik Deutschland (KMK) (Hrsg.): Einheit in der Vielfalt. 50 Jahre Kultusministerkonferenz 1948-1998. Neuwied: Luchterhand, S. 35–53.

Neumann, M. (2010): Innovation oder Restauration – Die (Rück-?)Reform der gymnasialen Oberstufe in Baden-Württemberg. In: Trautwein, U./Neumann, M./Nagy, G./Lüdtke, O./Maaz, K. (Hrsg.): Schulleistungen von Abiturienten: Die neu geordnete gymnasiale Oberstufe auf dem Prüfstand. Wiesbaden: VS Verlag für Sozialwissenschaften, S. 37–90.

Neumann, M./Trautwein, U. (2014): Die (Rück?)Reform der gymnasialen Oberstufe: Hintergründe, Entwicklungen in den Bundesländern und empirische Befunde aus der TOSCA Repeat-Studie. In: Tosch, F./Ritzi, C. (Hrsg.): Gymnasium im strukturellen Wandel: Befunde und Perspektiven von den preußischen Reformen bis zur Reform der gymnasialen Oberstufe. Bad Heilbrunn: Klinkhardt, S. 247–276.

Nida-Rümelin, J. (2014): Der Akademisierungswahn: Zur Krise beruflicher und akademischer Bildung. Hamburg: Edition Körber-Stiftung.

Picht, G. (1964): Die deutsche Bildungskatastrophe. Freiburg: Walter-Verlag.

Roeder, P.-M. (1989): Bildungsreform und Bildungsforschung: Das Beispiel der gymnasialen Oberstufe. In: Empirische Pädagogik 3, H. 2, S. 119–142.

Roth, H. (1968): Stimmen die deutschen Lehrpläne noch? Oder Die kommende Revolution der Inhalte. In: Die Deutsche Schule 60, S. 69–76.

Schavan, A. (2001): Klassenverbände in der gymnasialen Oberstufe? In: PÄDAGOGIK 53, H. 1, S. 52.

Schindler, I. (1980): Die gymnasiale Oberstufe – Wandel einer Reform. In: Zeitschrift für Pädagogik 26, S. 161–191.

Schmidt, A. (1991): Das Gymnasium im Aufwind. Entwicklung, Struktur, Probleme seiner Oberstufe. Aachen: Hahner Verlagsgesellschaft.

Stanat, P./Becker-Mrotzek, M./Blum, W./Tesch, B. (2016): Vergleichbarkeit in der Vielfalt. Bildungsstandards der Kultusministerkonferenz für die Allgemeine Hochschulreife. In: Kramer, J./Neumann, M./Trautwein, U. (Hrsg.): Abitur und Matura im Wandel: Historische Entwicklungslinien, aktuelle Reformen und ihre Effekte. Wiesbaden: Springer VS, S. 29–58.

Tenorth, H.-E. (1996): Reform der gymnasialen Oberstufe – Praxis ihrer Arbeit. In: Zeitschrift für Pädagogik 42, S. 491–494.

Trautwein, U./Dettmers, S./Neumann, M. (2010): Die neu geordnete Oberstufe: Die Sicht von Abiturienten, Eltern, Schul- und Fachleitern. In: Trautwein, U./Neumann, M./Nagy, G./Lüdtke, O./Maaz, K. (Hrsg.): Schulleistungen von Abiturienten: Die neu geordnete gymnasiale Oberstufe auf dem Prüfstand. Wiesbaden: VS Verlag für Sozialwissenschaften, S. 109–126.

Trautwein, U./Neumann, M./Nagy, G./Lüdtke, O./Maaz, K. (Hrsg.) (2010): Schulleistungen von Abiturienten: Die neu geordnete gymnasiale Oberstufe auf dem Prüfstand. Wiesbaden: VS Verlag für Sozialwissenschaften.

Wagner, W./Rose, N./Dicke, A.-L./Neumann, M./Trautwein, U. (2014): Alle alles lehren – Schulleistungen in Englisch, Mathematik und den Naturwissenschaften vor und nach der Neuordnung der gymnasialen Oberstufe in Sachsen. In: Zeitschrift für Erziehungswissenschaft 17, H. 2, S. 345–369.

Zimmermann, W. (1978): Ungelöste curriculare Probleme in der reformierten Oberstufe des Gymnasiums. In: Bildung und Erziehung 31, S. 536–556.

Zimmermann, W. (1985): Die gymnasiale Oberstufe. Grundzüge – Reformkonzepte – Problemfelder. Stuttgart: Ernst-Klett-Verlag.

Beate Wischer, Franziska Carl und Matthias Trautmann

Individuelle Förderung als administrative Reformstrategie – eine kritische Bestandsaufnahme

1. Einleitung

Bereits im Strukturplan des Deutschen Bildungsrats von 1970 war von einem auf »individuelle Förderung angelegten Bildungssystem« (1970, S. 27) die Rede, verbunden mit dem Ziel, »jeden Lernenden entsprechend seinen Fähigkeiten und Interessen bestmöglich [zu] fördern« (Deutscher Bildungsrat 1970, S. 36). In eine ähnliche Richtung zielten auch Bemühungen in der Allgemeinen Didaktik (z. B. Klafki/Stöcker 1976) und der Lehr-Lern-Forschung (z. B. Glaser 1977; Corno/Snow 1986) um die Entwicklung von Verfahren und Konzepten für eine individualisierende bzw. adaptive Gestaltung unterrichtlicher Lehr-Lernprozesse. Vergleichbare Ideen und Forderungen werden seit Anfang der 2000er Jahre wieder verstärkt in Diskussionen um Reformen in Schule und Unterricht eingebracht. Dabei ist speziell der Ausdruck ›individuelle Förderung‹ zu einem Gegenstand der wissenschaftlichen Diskussion avanciert (z. B. Kunze/Solzbacher 2012; Klieme/Warwas 2011), nachdem ihn die Bildungspolitik erneut als ein zentrales Reformziel für sich entdeckt hatte. Der Begriff ist mittlerweile in den meisten Bundesländern als Leitidee bzw. als Auftrag für die Einzelschule gesetzlich verankert und diverse Initiativen, Programme und Handreichungen versuchen sich an seiner Konkretisierung.

Unser Interesse richtet sich sowohl auf den Begriff (Abschnitt 1) als auch auf die bildungspolitischen Vorgaben inklusive der damit verfolgten Reformstrategie, deren Merkmale wir ebenfalls skizzieren (Abschnitt 2). Nach einer knappen Rekapitulation und Einordnung der vorliegenden Forschung (Abschnitt 3) arbeiten wir exemplarisch einige Problemfelder heraus, um das Konzept abschließend mit Blick auf seine Innovationskraft für die Reform von Schule und Unterricht einzuordnen (Abschnitt 4).

2. Individuelle Förderung im wissenschaftlichen Diskurs

Obgleich in schulbezogenen Dokumenten und alltagssprachlich aktuell breit verwendet, handelt es sich beim Förderbegriff zunächst nicht um einen Fachterminus, was sich z. B. daran ablesen lässt, dass er als Schlagwort in einschlägigen Nachschlagewerken kaum auftaucht (Winkler 2008; Wischer 2014). Dies kann zum einen an einer Überschneidung mit dem Erziehungsbegriff liegen (Tenorth/Tippelt 2007, S. 549). Zum anderen – und interessanter – ist »Fördern« ein Begriff, der bislang eher im Bereich der Sonderpädagogik oder im Bereich der außerschulischen Nachhilfe, d.h. für spezifische Schülergruppen mit besonderen Bedürfnissen, gebräuchlich war (Schuck 2001) und nun eine Ausweitung erfährt. Klare Abgrenzungen werden damit schwierig, zumal in auf klassischen (Gruppen-)Unterricht bezogenen Zusammenhängen »familienähnliche« Ausdrücke (z.B. innere Differenzierung, Individualisierung, selbstgesteuertes Lernen, offener Unterricht oder adaptiver Unterricht) für den dahinter stehenden Grundgedanken verwendet werden – nämlich stärker als »traditioneller« Unterricht an individuelle Lernvoraussetzungen und -bedürfnisse anschließen zu wollen.

Im aktuellen Fachdiskurs ist in diesem Sinne dann zumeist auch ein weites Begriffsverständnis zu beobachten, das im Prinzip fast nichts ausschließt. Ein Beispiel ist die häufig zugrunde gelegte Definition von Kunze (2012, S. 19): »Unter individueller Förderung werden alle Handlungen von Lehrerinnen und Lehrern und von Schülerinnen und Schülern verstanden, die mit der Intention erfolgen bzw. die Wirkung haben, das Lernen der einzelnen Schülerin/des einzelnen Schülers unter Berücksichtigung ihrer/seiner spezifischen Lernvoraussetzungen, -bedürfnisse, -wege, -ziele und -möglichkeiten zu unterstützen«. »Individuelle Förderung« wird hier also als abstrakter »Sammelbegriff« aufgefasst, dem sich weitere im Kontext eines schulischen Umgangs mit Heterogenität diskutierte Konzepte zuordnen lassen (z.B. die Systematisierung bei Carl 2017). Es gibt aber auch engere Auslegungen. So verstehen Klieme und Warwas (2011, S. 808) individuelle Förderung zwar zunächst ähnlich allgemein als »erzieherisches Handeln unter konsequenter Berücksichtigung personaler Lern- und Bildungsvoraussetzungen«, sie unterscheiden dabei aber zum einen drei grundsätzliche Varianten: (1) kompensatorische Trainings- und Zusatzangebote, die einzeln oder in kleinen Gruppen durchgeführt werden; (2) vielfältige Lernwege durch offenen Unterricht, bei dem die Lernenden ihr Lernen durch reformpädagogische Formate selbst steuern; (3) Binnendifferenzierung durch adaptiven Unterricht, bei denen Lehrpersonen Lernvoraussetzungen der Schüler/innen und Lehrangebote aufeinander abstimmen. Zum anderen sehen der Autor und die Autorin für die Umsetzung die Grundlagenforschung gefordert, ihre bisher bereits bestehenden Konzepte wie »lernförderliche Diagnostik, Scaffolding, adaptiven Unterricht und Selbstregulation« (Klieme/Warwas 2011, S. 814) für die Schulpraxis besser sicht- und nutzbar zu machen. Trotz einer anfänglichen konzeptionellen Offenheit werden in diesem Verständnis also letztlich Anschlüsse an die (pädagogisch-psychologische) Theoriebildung und Forschung hergestellt.

Ebenfalls unklar bleiben bislang die Ziele, Adressaten oder Mittel individueller Förderung. Die vorhandenen Publikationen verstärken im Gegenteil den Eindruck, dass es sich eher um eine leere Worthülse handelt: »Eine einheitliche Arbeitsgrundlage, was unter Individueller Förderung zu verstehen ist, gibt es« – so kann man dies auch etwas freundlicher in den Worten von Fischer (2014, S. 19) formulieren –»in der schulischen Praxis, wissenschaftlichen Forschung und Bildungspolitik bislang […] nicht.«

3. Individuelle Förderung als administrative Reformstrategie

Eine mögliche Erklärung für die skizzierte Diffusität des Konzepts liegt wohl nicht zuletzt darin, dass die Auseinandersetzungen mit individueller Förderung weniger von der Erziehungswissenschaft, sondern von Seiten der Bildungspolitik angestoßen wurden. Eingang in den Diskurs – Klieme und Warwas (2011, S. 805) sprechen von einem »eindeutigen Anfangspunkt« für die Popularität des Konzepts – fand der Begriff durch das von Bund und Ländern getragene »Forum Bildung«. In den im Anschluss an die erste PISA-Studie verabschiedeten Empfehlungen dieses Gremiums, an dem vorrangig politische Entscheidungsträger aus den Kultusministerien der Bundesländer beteiligt waren, wird individuelle Förderung als eine von insgesamt zwölf Empfehlungen mit einer doppelten Zielstellung eingeführt: »Individuelle Förderung ist gleichermaßen Voraussetzung für das Vermeiden und den rechtzeitigen Abbau von Benachteiligungen wie für das Finden und Fördern von Begabungen« (Forum Bildung 2001, S. 7). Obwohl auch hier eine genauere Definition – ›individuelle Förderung‹ wird charakterisiert als »konsequente Berücksichtigung unterschiedlicher Lernvoraussetzungen, wie z. B. Begabungen, Lernhaltung, Lernumgebung im Elternhaus, Vorwissen aus der Lebenswelt« (Forum Bildung, 2001, S. 7) – oder eine Präzisierung der konzeptuellen und inhaltlichen Ausgestaltung ausbleibt, werden die Konturen einer umfassenderen, d. h. über den Unterricht hinausgehenden Leitidee der Schulgestaltung erkennbar. Denn ausdrücklich empfohlen werden auch eine »bedarfsgerechte Ausweitung des Angebots an Ganztagsschulen mit Schwerpunkten der individuellen Förderung«, »der Ausbau von Diagnostik und Beratung« und eine »Verstärkung von Zusatzangeboten« (Forum Bildung, 2001, S. 8).

Für die daraus von der Bildungspolitik abgeleiteten Maßnahmen ist dann erstens zu berücksichtigen, dass sich die Reformstrategie im Kern an Prämissen orientiert, die für die administrative Steuerung von einzelschulischen Entwicklungen seit Jahren grundsätzlich geltend gemacht werden und sich hier in den Kontext einer, oft als »neu« apostrophierten Steuerung einfügen (z. B. Dedering 2012): Im Unterschied zu den 1970er Jahren richten sich die Reformstrategien heute weniger auf die Schulstruktur (also die Schulsystemfrage); noch wird allein die Unterrichtsebene in den Blick und damit die individuelle Lehrkraft in die Pflicht genommen. Einem bereits in den 1990er Jahre sich vollziehenden, grundlegenden Wechsel folgend (Rolff 1991), richtet sich die Aufmerksamkeit stattdessen vorrangig auf die Einzelschule, die als eine pädagogische Handlungs- und Gestaltungseinheit resp. als eine ›lernende Organisation‹ adressiert und als solche beauftragt wird, eine gezielte und systematische Schulentwicklung zu betreiben. Die Verantwortung liegt also bei der Schule als Ganze, sodass alle an der Schule beteiligten Akteure verpflichtet sind, die notwendigen Transformationsprozesse gemeinsam in Gang zu setzen. Im Sinne der »neuen Steuerung« solcher Prozesse, bei der die Umsetzung vor Ort weitgehend »den operativen Einheiten selbst überlassen« bleibt (Dedering 2012, S. 56), verfügen die Schulen gleichzeitig über große Spielräume im Hinblick auf die konkrete Ausgestaltung. Kurz: Individuelle Förderung ist eine administrative Reformmaßnahme (bzw. genauer ein Bündel von unterschiedlichen Maßnahmen), die durchaus als »top-down initiierte, bürokratisch überwachte bottom-up-Strategie« (Thiel/Cortina/Pant 2014, S. 134) bezeichnet werden kann.

Neben zahlreichen Initiativen auf Bundesebene – wie etwa von der KMK beschlossene Projekte zur Unterstützung von Lehrkräften in der Unterrichtsentwicklung (FORMAT), zur Lese- und Sprachförderung (Pro Lesen, FörMig), zur Stärkung diagnostischer Kompetenzen (UDiKom) und zur Förderung für leistungsstarke (KMK 2015) und leistungsschwache Schüler/innen (KMK 2010) –, sind angesichts der Kulturhoheit der Länder für die Umsetzung der Leitidee zweitens Maßnahmen und Initiativen relevant, die durch die einzelnen Landesregierungen und Ministerien eingeleitet wurden. Dazu gehört in nahezu allen Bundesländern – unabhängig von der parteipolitischen Provenienz der jeweiligen Landesregierungen – die Verankerung normierender Vorgaben in Gesetzen, Erlassen und in Orientierungen für die Schulevaluation (z. B. in Hessen: Institut für Qualitätsentwicklung 2012), ergänzt durch Orientierungshilfen und Handreichungen, die von Ministerien und Verwaltungen vieler Bundesländer veröffentlicht und durch Webseiten mit Links zu Informations- und Kontaktmöglichkeiten, Materialhinweisen und Good-Practice-Beispiele zugänglich gemacht wurden. Zwar werden dabei durchaus spezifische Akzente gesetzt (Fischer 2014); es lassen sich aber übergreifend folgende Konturen herausarbeiten (Wischer/Trautmann 2014):

- Ähnlich wie im Fachdiskurs wird mit »individueller Förderung« weder ein klar umrissenes Konzept präsentiert noch eine präzise Bestimmung des Begriffs. Deutlich wird lediglich, dass es sich um einen an die Einzelschule adressierten Auftrag für Schulentwicklung handelt, der »einen weiten Bogen schulischer Praxis umspannt« (Gasse 2012, S. 91). Entsprechend findet man in Handreichungen und Empfehlungen eine ungemein breite Vielfalt an möglichen Bausteinen, wie Kompetenztrainings, Angleichungsförderung, bilingualen Unterricht, Streitschlichterprogramme, Berufsberatung, Profilklassen, kooperatives und tutorielles Lernen, Hausaufgabenbetreuung, Lernbüros, Sprachförderung, Jungen-Mädchen-Konferenzen und vieles mehr. Das Spektrum der Thematisierungen reicht zudem von einer reformpädagogisch inspirierten Semantik, die das Konzept mit einer umfassenden Unterstützung der gesamten Schülerpersönlichkeit in Zusammenhang bringt, bis hin zu deutlich enger gefassten, auf die effektive Förderung fachlicher Kompetenzen ausgerichteten Positionen. Eine gemeinsame Schnittmenge der oft tautologisch anmuteten Begriffsumschreibungen (individuelle Förderung bedeutet gleichsam individuell zu fördern) besteht am ehesten in der Idee der Herstellung einer größtmöglichen Passung (Adaptivität) zwischen den Lernangeboten bzw. Fördermaßnahmen einerseits und den individuellen Lernvoraussetzungen andererseits.
- Unabhängig von der jeweiligen Ausrichtung findet man auch hier eine Ausweitung und veränderte Konnotation des Förderbegriffs: Fördern betrifft nun nicht mehr nur einzelne Schülergruppen oder Defizite. Stattdessen wird der Begriff positiv besetzt und zum Regelfall erklärt: Das »konsequente Suchen, das sichere Finden und die gezielte Förderung aller Begabungen« – so die damalige Präsidentin der KMK (Ahnen 2004, S. 4), – müssten »zur Normalität in unseren Schulen werden«.

Und das wiederum bedeutet, dass Fördermaßnahmen (und -ressourcen) nun im Prinzip nicht mehr gesondert zu legitimieren sind: Da »jeder junge Mensch« – wie es z. B. im nordrhein-westfälischen Schulgesetz heißt (MSW 2005) – »ein Recht (…) auf individuelle Förderung« habe, haben nun alle gleichermaßen einen Anspruch auf Ressourcen und Zuwendung.

- Obwohl der Begriff den Einzelnen mit seinen je individuellen Bedürfnissen adressiert, gibt es allerdings in den bildungspolitischen Vorgaben einen Rückgriff auf einzelne Gruppen, die offenbar doch einer besonderen Förderung bedürfen. Neben den ›klassischen‹ Zielgruppen – »Schülerinnen und Schüler mit Entwicklungsverzögerungen oder Behinderungen« und Schüler/innen, »deren Muttersprache nicht Deutsch ist« (MSW 2005) – wird in allen Bundesländern auch die Gruppe der besonders Begabten angesprochen: »Auch hochbegabte Schülerinnen und Schüler« – so heißt es etwa im Niedersächsischen Schulgesetz (§ 54, Absatz 1) – »sollen besonders gefördert werden« (Niedersächsisches Kultusministerium 2018).
- Sehr breit angelegt ist schließlich das Spektrum an Zielen, die mit individueller Förderung erreicht werden sollen (Kunze 2012). Ausgehend von der recht allgemeinen Idee, dass sich Menschen »nach ihren Fähigkeiten und Interessen entwickeln können« sollen (Forum Bildung 2001, S. 23), werden in den landespezifischen Dokumenten diverse Herausforderungen angeführt, die sich gleichsam mit einem ›Streich‹ lösen lassen. Dazu zählen das Erreichen universeller Leistungsstandards, die Steigerung individueller Handlungskompetenz, das Ausschöpfen von Begabungen ebenso wie eine Verbesserung der Chancengleichheit und eine Steigerung der Leistungsfähigkeit des Bildungssystems (z. B. von Minding-Geiger et al. 2009, S. 10).

Zusammenfassend: Politische und administrative Vorgaben für eine Umsetzung sind wohl vorhanden, bleiben aber eher vage; Ziele und Maßnahmen werden additiv aufgelistet, eine Überwachung der Umsetzung findet kaum statt. Dies eröffnet den Schulen und Lehrkräften auf der einen Seite – ausgehend von der gut begründeten Idee, dass es kein Patentrezept gibt und jede Schule eigene Strategien finden müssen, die zu ihr, ihrer Schülerschaft und ihrem Umfeld passen – große Spielräume, sich im Kontext ihrer Rahmenbedingungen selbst einen Reim darauf zu machen, wie die Umsetzung der individuellen Förderung an ihrer Schule und in ihrem Unterricht aussehen soll und kann. Die sich daraus ergebenden Möglichkeiten und Notwendigkeiten einer adaptiven Rekontextualisierung (Fend 2006) vor Ort sind aber auf der anderen Seite ambivalent einzuschätzen (Wischer 2012).

4. Forschung zu individueller Förderung

Aufgrund der Vielfalt an Umsetzungsmöglichkeiten (Zielen, Verfahren, Adressaten) kannim Prinzip jede Forschung, die sich mit Schule, Unterricht und Lernen befasst, als Forschung zu individueller Förderung aufgefasst werden. Eine Systematisierung von Studien, die den Begriff individuelle Förderung explizit verwenden, ergibt verschiedene Zielrichtungen (Carl 2017).

Neben einigen Forschungsarbeiten, die auf eine Begriffsklärung zielen, indem z. B. das Verständnis individueller Förderung aus der Perspektive der Lehrpersonen rekonstruiert und die Umsetzungshäufigkeit ihr zugeordneter Maßnahmen (z. B. Binnendifferenzierung) erfasst werden (z. B. Wiebke 2011; Kunze 2012; Solzbacher 2012), nehmen andere Studien die Bedingungen für individuelle Förderung – insbesondere im Kontext der Ganztagsschulentwicklung – in den Blick (z. B. Steg-Konsortium 2016; Staudner 2018; Böttcher et al. 2014). Hier geht es z. B. darum, ob außerunterrichtliche Angebote zur Förderung der Schüler/innen beitragen. Ein dritter Forschungsstrang thematisiert das Konzept im Kontext mit anderen bildungspolitischen Vorgaben. Gefragt wird z. B., ob zentrale und individuelle Prüfungen sich gegenseitig ausschließende Vorgaben sind (Kühn/Racherbäumer 2013), ob schulstrukturelle Rahmenbedingungen am Gymnasium (z. B. die Einführung des neunjährigen Bildungsgangs) die Umsetzung von individueller Förderung eher ermöglichen oder verhindern (Kühn 2014) oder welche Formen des Umgangs mit leistungsschwachen Schüler/innen, also einer speziellen Gruppe von Lernenden, Lehrpersonen nach der Abschaffung des Sitzenbleibens wählen und inwiefern diese als individuelle Förderung aufgefasst werden können (Carl 2017).

Bezieht man noch die vielfältigen Forschungsstränge mit ein, die einzelne Konzepte und Maßnahmen von individueller Förderung, wie z. B. individualisierten Unterricht, in den Blick nehmen, um Aussagen über Ausmaß, Prozesse und Wirkungen treffen zu können (z. B. Bischof et al. 2013; Bräu 2007; Rabenstein 2009; Liegmann/Dreyer 2014), dann ergibt dies eine immense Bandbreite, die man, positiv gewendet, als eine hohe Anschlussfähigkeit des Konzepts auch für die Forschung deuten kann. Die Unschärfen des Konzepts laden aber auch im Bereich der Forschung zur Beliebigkeit ein. So ist etwa fraglich, ob eine pädagogisch-psychologische Forschung, wie sie jüngst erneut von Hasselhorn et al. (im Druck) vorgeschlagen wird, tatsächlich geeignet ist, die mit individueller Förderung als administrative Reformvorgabe verbundenen Herausforderungen angemessen in den Blick zu bekommen. Denn diese Forschung konzentriert sich vorrangig auf einzelne Maßnahmen und Instrumente zur Gestaltung adaptiver Lehr-Lernprozesse, d. h. auf Strategien auf der Mikroebene. Da die bildungspolitischen Vorgaben aber die Einzelschule als pädagogische Handlungseinheit adressieren, bestehen die Herausforderungen weniger in einem Transfer empirisch geprüfter Einzelmaßnahmen. Erforderlich ist vielmehr eine komplexe Lösungsstrategie, mithin eine umfassendere Transformation der schulischen Praxis, bei der neben einer flankierenden Veränderung der strukturellen Rahmenbedingungen, Förderangebote und -maßnahmen auf unterschiedlichen Handlungsebenen und für diverse Zielgruppen miteinander zu verbinden und systematisch aufeinander abzustimmen sind (Wischer 2012).

5. Problemlagen der Reformstrategie

Der aktuelle Forschungsstand lässt keine abschließende Erkenntnis darüber zu, wie erfolgreich individuelle Förderung als administrative Reformstrategie ist. Es lassen sich allerdings in mehrfacher Hinsicht begründete Zweifel äußern, ob der Ausdruck eine Transformation der schulischen Arbeit herbeiführen kann. So deuten bereits empirische Analysen (z. B. Hegel 2011; Wiebke 2011; Lingemann 2018) eher darauf hin, dass Schulen jenseits der Außendarstellung unterschiedlich viel Arbeit investieren und beträchtliche Teile der neu als »Individuelle Förderung« betitelten Maßnahmen auch zuvor bereits Bestandteil der Schulentwicklung waren. Zudem scheinen in Schulen verstärkt additive Fördermaßnahmen angeboten zu werden (Bischof et al. 2013; Carl 2017; Steg-Konsortium 2016); Änderungen des regulären Unterrichts werden dagegen eher selten berichtet (Carl 2017; Kühn/Racherbäumer 2013). Die Studie von Carl (2017) zeigt überdies, dass Schulen infolge bildungspolitischer Vorgaben, hier die Abschaffung des Sitzenbleibens an Gymnasien, individuelle Förderung zwar unterschiedlich gestalten, dass eine umfassende Auseinandersetzung mit dem schuleigenen Förderverständnis bzw. die Entwicklung eines schulweiten Förderkonzepts aber überwiegend nicht stattfindet und auch ›unbeabsichtigte Nebenwirkungen‹ (z. B. eine erhöhte Anzahl an Abschulungen) feststellbar sind.

Kritische Anmerkungen ergeben aber auch schul- und organisationstheoretische Reflexionen (Wischer 2019). So ist schon allein unter kapazitären Gesichtspunkten fraglich, ob eine Einzelfallbehandlung durch Eingehen auf individuelle Voraussetzungen und Bedürfnisse der einzelnen Schüler/innen in einem System realistisch ist, das auf die Beschulung von Gruppen ausgerichtet ist. Lehrpersonen unterrichten in der Regel Gruppen von Schüler/innen, anders als z. B. Ärzte oder Therapeuten, die sich sukzessive um Einzelfälle kümmern, und verfügen normalerweise nicht über die Ressourcen, sich tiefgründig und andauernd mit einzelnen Schüler/innen zu befassen.

Bedeutsamer ist allerdings, dass die Ausweitung des Förderbegriffs und die Referenz auf das Individuum im Prinzip verbindliche oder transparente Entscheidungsregeln erschwert bzw. verunmöglicht, die man in der Unterrichtspraxis und mehr noch auf der Ebene der Organisation braucht. Da auch Diagnoseinstrumente und abgeleitete Maßnahmen in der Regel jeweils nur spezifische Ausschnitte (etwa das Vorwissen, die Leistungsfähigkeit, das Geschlecht) der individuellen Schülerpersönlichkeit fokussieren, muss so bereits im Unterricht permanent entschieden werden, auf welche der zahlreichen Facetten der individuellen Schülerpersönlichkeit es denn ankommen könnte. Während solche Kriterien für Förderung hier aber noch von Stunde zu Stunde variiert, damit flexibel gehalten werden und der Professionalität der einzelnen Lehrkraft überlassen bleiben können, benötigt man spätestens auf der Ebene der Organisation eindeutige Verfahrensregeln und Kriterien: Es müssen nicht nur Schülerströme kanalisiert, Laufbahnen strukturiert und Übergänge und Gruppenzugehörigkeiten verbindlich geregelt werden, was allein schon eine kategoriale Schülerbehandlung erforderlich macht. Da es bei der Förderthematik immer auch um brisante Verteilungs- und Gerechtigkeitsfragen geht, braucht man eindeutige Kriterien, um transparente und legitime Entscheidungen darüber zu treffen, wer ein bestimmtes Angebot (spezifische Förderressourcen, einen spezifischen Bildungsgang) wahrnehmen darf und wer sich mit etwas anderem begnügen muss. Im Förderbegriff, so könnte man auch sagen, steckt im Prinzip das zentrale Dilemma, dass durch Kategorisierung zwar schnell stigmatisierende Effekte auftreten, sich aber gleichzeitig nur dadurch überhaupt erst besondere Ansprüche auf Förderressourcen festschreiben lassen (Wischer 2014). Genau diese Möglichkeiten werden durch die Ausweitung des Begriffs (positiv gesprochen) flexibel gehalten bzw. (negativ gesprochen) unsichtbar gemacht: Über die Verteilung der (immer nur begrenzt vorhandenen) Förderressourcen kann nur noch individuell und am Einzelfall entschieden werden, wobei dann auch dafür wiederum die konkreten Maßstäben bzw. Kriterien fehlen. Denn ein Recht auf eine optimale Förderung und einen Anspruch auf die dafür benötigten Ressourcen haben ja nun alle.

Das Problem lässt sich schärfen, wenn man die Frage nach den Zielen schulischen Lernens einbezieht. Individuelle Förderung rückt begrifflich den individuellen Lerner als Bezugspunkt in den Vordergrund und als primäres Förderziel stellt sich schnell die Idee einer optimalen Entfaltung des Einzelnen ein. Das liest sich zwar gut und gehört somit zum üblichen Credo pädagogischer – und nun auch bildungspolitischer – Reformrhetorik. Richtet sich schulische Förderung primär auf die optimale Förderung des Einzelnen, dann nimmt man allerdings in Kauf, dass unterschiedliche Ausgangsvoraussetzungen erhalten bzw. sogar vergrößert werden. Ausgleich kann demgegenüber nur dann erreicht werden, wenn schwächere bzw. benachteiligte Schülergruppen mehr Förderung erhalten. Mit anderen Worten: Anders als es bildungspolitische und schulpädagogische Programme suggerieren, lassen sich verschiedene Zielsetzungen keineswegs einfach und gleichzeitig erreichen. Einzelne Ziele müssen vielmehr gegeneinander abgewogen und Zielkonflikte müssen ausbalanciert werden.

6. Kritische Einordnung

Folgt man unserer Analyse, dann ist speziell der Begriff »individuelle Förderung«, pointiert formuliert, eine »programmatische Nebelbombe«, deren Attraktivität zuvorderst darin besteht, dass sie die zahlreichen Herausforderungen und Probleme im schulischen Umgang mit Schülerheterogenität eher verdeckt als aufklärt. Allerdings: Bezieht man an dieser Stelle mit ein, dass der Begriff bzw. das Konzept zunächst in der politischen Arena aufgegriffen und hier dann als eine administrative Reformmaßnahme installiert wurde, dann ist genau dies keineswegs ein Nachteil oder ein Problem. Fragt man aus einer governancetheoretischen Perspektive nach den Zielen der auf den unterschiedlichen Handlungsebenen beteiligten Akteure, dann kann nicht ignoriert werden, dass die Bildungspolitik nach der Veröffentlichung der ersten PISA-Ergebnisse unter einem enormen Reformdruck stand und weiterhin steht. »Individuelle Förderung« ist unter diesen Vorzeichen dann mit einer kritischen Distanz zu den gut begründbaren Reformansprüchen als eine von vielen administrativen Initiativen einzuordnen, die für die Beseitigung gleich mehrerer zentraler Probleme plausibel erscheint und mit der die bildungspolitischen Akteure vor allem Handlungsfähigkeit unter Beweis stellen und Legitimitätsgewinne erzielen können:

- Über die hohe normative Aufladung (Wer will schon gegen eine individuelle Förderung sein?) wie auch die Vagheit der Ziele lässt sich schnell eine ungeteilte Zustimmung gewinnen – im Bereich der Bildungspolitik auch über parteipolitische Grenzen hinweg. Der Ausdruck bringt – ähnlich wie Euler (2006, S. 8) für den Qualitätsbegriff feststellt – »sehr gute Voraussetzungen dafür mit, zu einem bildungspolitischen Leitbegriff zu werden: Er ist hinreichend unpräzise, er ist parteipolitisch nicht besetzt und er klingt sehr positiv«.
- Das Konzept ist hervorragend geeignet, strittige Fragen außer Acht und brisante Entscheidungen offen zu lassen, wie etwa die schulstrukturelle Grundsatzdebatte oder die Ressourcenverteilungsfrage: Der Anspruch auf »individuelle Förderung« gilt ja unabhängig von der Schulform und von der Ausgangslage der Schüler/innen.
- Die Verantwortung für die Einlösung des Auftrags lässt sich gut begründet an die Einzelschule delegieren, die sich diesem Anspruch, zumindest in der Außendarstellung, nur schwer entziehen kann, weil Fragen nach den Grenzen für Einzelfallbehandlung im Kontext organisierter Bildungs- und Erziehungsprozesse ausgeblendet bleiben.

Mit individueller Förderung als Reformziel, so könnte man auch abschließend sagen, hat die Bildungspolitik gleichsam eine »Leerformel« der 1970er Jahre wiederentdeckt, die – so damals schon Nunner-Winkler (1971, S. 1) – »eine Vielzahl inhaltlicher Bestimmungen« zulasse, was man schon daran erkennen könne, »daß jedermann sich auf sie beruft, weitgehend unabhängig davon, welche gesellschaftstheoretischen oder politischen Ziele er vertritt«.

7. Literatur

Ahnen, D (2004): Individuelle Förderung – Grundlagen für ein Bildungssystem mit Zukunft. Eröffnungsrede anlässlich der Fachtagung der Kulturministerkonferenz »Fördern und Fordern – Herausforderungen für Lehrkräfte«. http://www.kmk.org/fileadmin/Dateien/pdf/PresseUnd-Aktuelles/2004/Rede_Praesidentin_Foerdern_und_Fordern.pdf (Abruf 20.08.2016).

Bischof, L./Hochweber, J./Hartig, J./Klieme, E. (2013): Schulentwicklung im Verlauf eines Jahrzehnts – Erste Ergebnisse des PISA-Schulpanels. In: Jude, N./Klieme, E. (Hrsg.): PISA 2009 – Impulse für die Schul- und Unterrichtsforschung. Zeitschrift für Pädagogik. Beiheft 59. Weinheim u.a: Beltz, S. 172–199.

Böttcher, W./Maykus, S./Altermann, A./Liesegang, T. (2014): Individuelle Förderung in der Ganztagsschule. Anspruch und Wirklichkeit einer pädagogischen Leitformel. Münster u.a: Waxmann.

Bräu, K. (2007): Die Betreuung der Schüler im individualisierten Unterricht der Sekundarstufe. Strategien und Handlungsmuster der Lehrenden. In: Rabenstein, K./Reh, S. (Hrsg.): Kooperatives und selbstständiges Arbeiten von Schülern. Zur Qualitätsentwicklung von Unterricht. Wiesbaden: VS Verlag für Sozialwissenschaften, S. 173–195.

Carl, F. (2017): Gymnasium ohne Sitzenbleiben. Wie Lehrpersonen mit leistungsschwachen Schülerinnen und Schülern umgehen. Wiesbaden: Springer VS.

Corno, L./Snow, R. E. (1986): Adapting teaching to individual differences among learners. In: Wittrock, M. C. (Hrsg.): Handbook of Research on Teaching. New York u. a.: Macmillan, S. 605–629.

Dedering, K. (2012): Steuerung und Schulentwicklung. Bestandsaufnahme und Theorieperspektive. Wiesbaden: Springer VS.

Deutscher Bildungsrat (1970): Strukturplan für das Bildungswesen. Stuttgart: Klett.

Euler, D. (2006): Ergebnisse der KMK-Studie »Qualitätsentwicklung in der Berufsbildung«. In: Qualitätsentwicklung in der Berufsbildung. H. 134. Bonn: Bund-Länder-Kommission für Bildungsplanung und Forschungsförderung, S. 8–19.

Fend, H. (2006): Neue Theorie der Schule. Einführung in das Verstehen von Bildungssystemen. Wiesbanden: VS Verlag für Sozialwissenschaften.

Fischer, C. (2015): Individuelle Förderung als schulische Herausforderung. Berlin: Friedrich-Ebert-Stiftung.

Forum Bildung (2001): Empfehlungen des Forum Bildung. Bonn: Bund-Länder-Kommission für Bildungsplanung und Forschungsförderung. www.blk-bonn.de/papers/forum-bildung/ergebnisse-fb-band01.pdf (Abruf 15.08.2016).

Gasse, M. (2012): Individuelle Förderung. Ein Beitrag zur Unterrichts- und Schulentwicklung in Nordrhein-Westfalen. In: Solzbacher, C./Müller-Using, S./Doll, I. (Hrsg.): Ressourcen stärken! Individuelle Förderung als Herausforderung für die Grundschule. Köln: Carl Link, S. 83–101.

Glaser, R. (1977): Adaptive Education: Individual Diversity and Learning. New York: Holt, Rinehart & Winston.

Hasselhorn, M./Decristan, J./Klieme, E. (2019): Individuelle Förderung. In: Köller, O./Hasselhorn, M./Hesse, F. W./Maaz, K./Schrader, J./Solga, H./Spieß, C. K./Zimmer, K. (Hrsg.): Das Bildungswesen in Deutschland: Bestand und Potenziale. Bad Heilbrunn: UTB/Klinkhardt. Im Druck.

Hegel, A. (2011): Individuelle Förderung an Schulen. (Unveröffentlichtes Manuskript).

Institut für Qualitätsentwicklung (Hrsg.) (2012): Lehren und Lernen. Erläuterungen und Praxisbeispiele zum Qualitätsbereich VI des Hessischen Referenzrahmens Schulqualität.

Klafki, W./Stöcker, H. (1976): Innere Differenzierung des Unterrichts. In: Zeitschrift für Pädagogik 22, S. 497–523.

Klieme, E./Warwas, J. (2011): Konzepte der individuellen Förderung. In: Zeitschrift für Pädagogik 57, S. 497–523.

Kultusministerkonferenz (KMK) (Hrsg.) (2010): Förderstrategie für leistungsschwächere Schülerinnen und Schüler. Beschluss der Kultusministerkonferenz vom 04.03.2010. www.kmk.org/fileadmin/veroeffentlichungen_beschluesse/2010/2010_03_04-Foerderstrategie-Leistungsschwaechere.pdf (Abruf 15.10.2018).

Kultusministerkonferenz (KMK) (Hrsg.) (2015): Förderstrategie für leistungsstärkere Schülerinnen und Schüler. Beschluss der Kultusministerkonferenz vom 11.06.2015. www.kmk.org/themen/allgemeinbildende-schulen/individuelle-foerderung/foerderung-leistungsstaerkere.html (Abruf 15.10.2018).

Kühn, S. M. (2014): Gymnasiale Strukturreformen und individuelle Förderung: Routine oder Veränderungsimpuls? Eine explorative empirische Analyse. In: Die Deutsche Schule 106, S. 119–140.

Kühn, S. M./Racherbäumer, K. (2013): Standardisierung und/oder Individualisierung? Empirische Befunde zur Umsetzung von Maßnahmen zur individuellen Förderung im Kontext zentraler Abschlussprüfungen. In: Unterrichtswissenschaft 41, S. 172–189.

Kunze, I. (2012): Begründungen und Problembereiche individueller Förderung in der Schule – Vorüberlegungen zu einer empirischen Untersuchung. In: Kunze, I./Solzbacher, C. (Hrsg.): Individuelle Förderung in der Sekundarstufe I und II. Baltmannsweiler: Schneider, S. 13–26.

Kunze, I./Solzbacher, C. (Hrsg.) (2012): Individuelle Förderung in der Sekundarstufe I und II. Baltmannsweiler: Schneider.

Liegmann, A./Dreyer, H. (2014): Unterstützen Schulbücher individuelle Förderung? Eine Analyse am Beispiel von Leselehrwerken für Klasse 4. In: Zeitschrift für Bildungsforschung 4, S. 153–171.

Lingemann, J. (2018): Individuelle Förderung am Gymnasium. Eine schultheoretische Mehrebenenperspektive auf die spezifischen Rezeptions- und Anpassungsprozesse in Niedersachsen, Dissertation, Universität Osnabrück. https://repositorium.ub.uni-osnabrueck.de/handle/urn:nbn:de:gbv:700-2018020916624 (Abruf 28.10.2018).

Minding-Geiger, M. von/Lennartz, W./te Wilde, H. (2011): Individuelle Förderung in heterogenen Lerngruppen. Handreichungen zu Grundlagen und Möglichkeiten der Umsetzung am Berufskolleg. Band 1. http://www.berufsbildung.nrw.de/cms/upload/individuelle_foederung/handreichung_individuelle_foerder1.pdf (Abruf 20.08.2016).

Ministerium für Schule und Weiterbildung Nordrhein-Westfalen (MSW) (2005): Schulgesetz für das Land Nordrhein-Westfalen. SchulG NRW. www.schulministerium.nrw.de/docs/Recht/Schulrecht/Schulgesetz/ (Abruf 20.08.2016).

Niedersächsisches Kultusministerium (2018): Niedersächsisches Schulgesetz (NSchG). Hannover: Linden-Druck.

Nunner-Winkler, G. (1971): Chancengleichheit und individuelle Förderung. Eine Analyse der Ziele und Konsequenzen moderner Bildungspolitik. Stuttgart: Ferdinand Enke Verlag.

Rabenstein, K. (2009): Individuelle Förderung in unterrichtsergänzenden Angeboten an Ganztagsschulen: ein Fallvergleich. In: Appel, S./Ludwig, H./Rother, U. (Hrsg.): Jahrbuch Ganztagsschule. Vielseitig fördern. Schwalbach, Taunus: Wochenschau-Verlag, S. 23–33.

Rolff, H.-G. (1991): Schulentwicklung als Entwicklung von Einzelschulen? Theorien und Indikatoren von Entwicklungsprozessen. In: Zeitschrift für Pädagogik 37, S. 865–886.

Schuck, K. D. (2001): Fördern, Förderung, Förderbedarf. In: Antor, G./Bleidick, U. (Hrsg.): Handlexikon der Behindertenpädagogik. Schlüsselbegriffe aus Theorie und Praxis. Stuttgart, Berlin, Köln: Kohlhammer, S. 63–67.

Solzbacher, C. (2012): Positionen von Lehrerinnen und Lehrern zur individuellen Förderung in der Sekundarstufe I – Ergebnisse einer empirischen Untersuchung. In: Kunze, I./Solzbacher, C. (Hrsg.): Individuelle Förderung in der Sekundarstufe I und II. 4. Auflage. Baltmannsweiler: Schneider, S. 27–42.

Staudner, S. (2018): Bildungsprozesse im Ganztag. Wahrnehmung und Wertung erweiterter Bildungsgelegenheiten durch Kinder. Wiesbaden: Springer VS.

Steg-Konsortium (2016): Ganztagsschule: Bildungsqualität und Wirkungen außerunterrichtlicher Angebote. Ergebnisse der Studie zur Entwicklung von Ganztagsschulen 2012-2015. Frankfurt am Main: DIPF.

Tenorth, H.-E./Tippelt, R. (2007): Beltz Lexikon Pädagogik. Weinheim u.a: Beltz.

Thiel, F./Cortina, K. S./Pant, A. (2014): Steuerung im Bildungssystem im internationalen Vergleich. In: Fatke, R./Oelkers, J. (Hrsg.): Das Selbstverständnis der Erziehungswissenschaft: Geschichte und Gegenwart. Zeitschrift für Pädagogik. Beiheft 60. Weinheim, u. a.: Beltz Juventa, S. 123–138.

Wiebke, A. S. (2011): Individuelle Förderung. Vergleichende Fallstudien zur Umsetzung der NRW-Schulgesetzerweiterung in der Sekundarstufe I. Bielefeld.

Winkler, M. (2008): Förderung. In: Coelen, T./Otto, H.-U (Hrsg.): Grundbegriffe Ganztagsbildung. Das Handbuch. Wiesbaden: VS Verlag für Sozialwissenschaften, S. 173–181.

Wischer, B. (2014): Was heißt eigentlich Fördern? Zu den Konturen, Facetten und Problemen des Begriffs. Friedrich Jahresheft Fördern. In: Friedrich Jahresheft Fördern, S. 6–9.

Wischer, B. (2019): Heterogenität als Grundprinzip der Schulgestaltung. Herausforderungen und Probleme schulpädagogischer Reformideen. In: Westphal, M./Wansing, G. (Hrsg.): Migration, Flucht und Behinderungen. Herausforderungen für Politik und psychosoziale Probleme. Wiesbaden: Springer VS, S. 281–300.

Wischer, B. (2012): Individuelle Förderung als Herausforderung für Schulentwicklung. In: Solzbacher, C./Müller-Using, S./Doll, I. (Hrsg.): Ressourcen stärken! Individuelle Förderung als Herausforderung für die Grundschule. Praxiswissen Unterricht. Köln: Carl Link, S. 51–63.

Wischer, B./Trautmann, M. (2014): ›Individuelle Förderung‹ als bildungspolitische Reformvorgabe und wissenschaftliche Herausforderung. In: Die Deutsche Schule 106, S. 105–118.

Thorsten Bohl

Reform der schulischen Leistungsbewertung: Rückblick, Stand, Gründe, Beispiele

1. Reformen schulischer Leistungsbewertung: Rückblick und Stand

Veränderungen und Reform der schulischen Leistungsbewertung sind eng verbunden mit der Entwicklung des Schulwesens sowie mit der Sichtweise auf das schulische und gesellschaftliche Leistungsprinzip und auf die rechtlich verankerte und in der Praxis realisierte Vergabe von Noten und Zeugnissen. Reformthemen wurden und werden häufig aus der Kritik an der Notengebung gespeist. Dabei gerät nicht selten aus dem Blick, dass die Einführung der Notengebung aus organisatorischen und sozialen Gründen vorangebracht wurde – und hier eine wichtige Funktion einnimmt: Erst über das Aufkommen des Leistungsprinzips und die damit verbundene Überprüfbarkeit und Dokumentation von Leistungen in Form von Noten und Zeugnissen konnte es gelingen, herkunftsbedingte Benachteiligungen abzuwerfen bzw. hierfür zumindest Möglichkeiten herzustellen. Obschon bis heute das Problem herkunftsbedingter Disparitäten aktuell bleibt, eröffnet das Leistungsprinzip Zugänge zu gesellschaftlichen Handlungsfeldern und ist damit Ergebnis bürgerlicher Emanzipationsbestrebungen (Klafki 1993, S. 211 ff.). Allerdings: Mit der Möglichkeit der individuellen Leistungserbringung und damit einer scheinbaren Gleichheit zwischen Bürgertum und Adel, obliegt dem Individuum auch die individuelle Verantwortung – und damit auch das individuelle Risiko – sich aus den Ketten seiner Herkunft zu befreien.

Die Geschichte der schulischen Leistungsbewertung ist eng verbunden mit der Kritik an der Notengebung, insbesondere seitdem die Notengebung gegen Mitte bis Ende des 19. Jahrhunderts in den alltäglichen Unterricht eindrang. Der Höhepunkt der Kritik kann in der Epoche der sog. Reformpädagogik verzeichnet werden, Ullrich (1986, S. 53) präzisiert diese Kritik im Begriff der »Zensurenpeitsche«, dementsprechend wird in dieser Phase eine Fülle alternativer Vorschläge konzipiert und realisiert und damit auch eine konsequente Schul- und Unterrichtreform begründet (Bohl 2005). Diese Kritik war pädagogisch motiviert, später kamen wissenschaftliche Kritikpunkte hinzu, die mit Ingenkamps Begriff der »Fragwürdigkeit der Zensurengebung« einen vielzitierten Ausgangspunkt im deutschsprachigen Diskurs hatten (Ingenkamp 1976/1995).

In jüngster Zeit ist die Thematik eher geprägt vom Aufkommen großer Schulleistungsvergleichsstudien, die zunächst Herausforderungen auf bildungspolitischer (z. B. Strategien zur Verringerung von Bildungsungleichheit, neuer Qualitätssicherungs- und Steuerungsverfahren) und wissenschaftlicher Ebene (z. B. Optimierung anspruchsvoller Untersuchungsdesigns) mit sich bringen. Für Lehrkräfte wird diese

Entwicklung in mehrfacher Hinsicht virulent, etwa über die Teilnahme an Diagnose- und Vergleichsarbeiten (z. B. Evidenzbasierte Methoden der Unterrichtsdiagnostik und -entwicklung: EMU; Vergleichsarbeiten: VERA) und über den in Bildungsplänen systematisch verankerten Anspruch, nun kompetenzorientiert zu unterrichten und dementsprechend Schülerleistungen zu bewerten. Im Rahmen dieser Herausforderungen bleiben die Kritik an der Notengebung und ein Ruf nach Reformen und Alternativen der Leistungsbeurteilung allerdings recht ruhig.

Im Kontext einer anderen Entwicklung wird dieser Ruf hingegen wieder lauter: Gesellschaftliche Veränderungen (z. B. unterschiedliche soziokulturelle oder fähigkeitsbezogene Voraussetzungen der Lernenden) und die Einführung integrierter Schulformen (z. B. Gemeinschaftsschulen in Schleswig-Holstein, Saarland oder Baden-Württemberg) führen im Vergleich zu jahrzehntelangen Homogenisierungsstrukturen zu heterogenen Lerngruppen. In Folge zunehmender Heterogenität in Klassenzimmern werden individualisierte, differenzierte oder adaptive Maßnahmen geplant und realisiert. Was bedeutet dies für die schulische Leistungsbewertung? Differenziert unterrichten, aber einheitlich bewerten? Mögliche Lösungen liegen beispielsweise in differenzierten Klassenarbeiten (z. B. Ayaita/Knoche 2017), die allerdings bisher noch wenig realisiert und kaum erforscht wurden.

Zusätzlich lässt sich eine weitere Ursache für Reformen benennen: Die diagnostische oder messtheoretische Qualität der Leistungsbewertung, die sich durch verschiedene Epochen und Reformen hindurchzieht. Diese zeigt sich auch in der schlichten Berücksichtigung einschlägiger Standards und Grundkenntnisse, beispielsweise hinsichtlich der Objektivität der Leistungsbewertung oder hinsichtlich der bewussten Entscheidung für eine bestimmte Bezugsnorm.

Zusammenfassend ergeben sich drei unterschiedliche Begründungslinien für Reformen im Bereich der schulischen Leistungsbewertung. Erstens die Frage der messtheoretischen bzw. diagnostischen Qualität der Leistungsbewertung, zweitens die Frage, inwiefern wissenschaftliche Befunde berücksichtigt werden und drittens die Frage der pädagogischen Qualität des Bewertungsprozesses. Diese drei Begründungslinien werden im Folgenden anhand exemplarisch ausgewählter Aspekte erörtert und diskutiert, bevor Alternativen zur Notengebung – ebenfalls exemplarisch – vorgestellt werden.

2. Gründe und Themen von Reformen im Bereich der Leistungsbewertung

2.1 Messtheoretische und diagnostische Ansprüche

Messtheoretische Gütekriterien

Die fehlende Erfüllung klassischer Gütekriterien – insbesondere im Rahmen der Notengebung – wird immer wieder als Ursache für Reformen benannt. Dies führt jedoch nicht zwangsläufig zur Abschaffung der Notengebung, sondern auch zu kontrollierteren Verfahren innerhalb der Notengebung, beispielsweise, wenn zentrale Abschlussprüfungen von mehreren Lehrpersonen korrigiert und bewertet werden, um die Objektivität der Bewertung zu erhöhen. Welche sind die wesentlichen Gütekriterien, die sich an die Qualität des Verfahrens richten (vgl. im Folgenden: Ingenkamp/Lissmann 2005, S. 51 ff.)?

Wenn die Messergebnisse auch bei unterschiedlichen Personen identisch sind, spricht man von *Objektivität*, das gelingt beispielsweise, wenn mehrere Lehrpersonen eine Klassenarbeit bewerten würden (was im Alltag höchst ungewöhnlich wäre). *Reliabilität* beschreibt das Ausmaß der Genauigkeit einer Messung. Das wäre in der Schule beispielsweise dann gegeben, wenn die Lehrkraft dieselbe Klassenarbeit zu einem späteren Zeitpunkt nochmals genau gleich beurteilen würde (was im Alltag vermutlich nicht praktiziert wird, weil sich Kinder entwickeln und Klassenarbeiten verändern). *Validität* ist gegeben, wenn man das gemessen hat, was man zu messen beabsichtigt. Ein gängiges Beispiel sind Textaufgaben im Mathematikunterricht: Wird hier wirklich die mathematische oder nicht eher die sprachliche Kompetenz geprüft? Neben den genannten drei Kriterien gibt es weitere, z. B. Testfairness, Ökonomie oder Nützlichkeit (sog. Nebengütekriterien).

Mit Blick auf Reformen erscheinen drei Klärungen wichtig. Erstens bringt die Anwendung der Gütekriterien im Alltag zwar eine Verbesserung des Verfahrens, aber ein Lernfortschritt ist damit noch nicht verbunden. Daher wäre die Anwendung der Gütekriterien mit förderdiagnostischen Konsequenzen zu verbinden. Zweitens ist die Anwendung aus praktischen Gründen häufig unmöglich oder unrealistisch, da beispielsweise keine weiteren Lehrkräfte bereitstehen, um eine Klassenarbeit zu korrigieren. Dies sollte jedoch nicht von dem Anspruch an ein Höchstmaß an Professionalität entlasten, so könnten in Fachkonferenzen Maßnahmen zur Erhöhung der Verfahrensqualität besprochen und geklärt werden. Drittens: Der Anspruch dieser Gütekriterien wird immer wieder als Kritikpunkt gegen die Notengebung formuliert – allerdings sind Alternativen ebenso betroffen, beispielsweise stehen auch verbale Beurteilungen vor der Herausforderung, objektiv zu sein.

Bezugsnorm

Bei jeder Bewertung stellt sich die Frage, in welche der drei möglichen Bezugsnormen sie eingeordnet wird. Die Antwort darauf ist für Schülerinnen und Schüler unmittelbar folgenreich, weil sie bei gleicher Leistung zu unterschiedlichen Bewertungen führen kann. Wenn die Leistung einer Schülerin oder eines Schülers mit ihrer/seiner vorherigen Leistung (im selben Fach, möglichweise im selben Themenfeld) verglichen wird, dann kommt eine *individuelle Bezugsnorm* zum Tragen. Wird sie mit der Leistung der Klasse verglichen, dann wird die *soziale Bezugsnorm* angewandt. Wird die Leistung mit einem von außen vorgegebenen Maßstab verglichen (z. B. Standard), dann gilt die *kriteriale oder sachliche Bezugsnorm*. Die gängigste Bezugsnorm im Alltag dürfte die soziale Bezugsnorm sein, Ausdruck hiervon ist die Durchschnittsnote einer Klassenarbeit.

Die Anwendung unterschiedlicher Bezugsnormen kann zu unterschiedlichen Bewertungsergebnissen führen. Bei konsequenter und ausschließlicher Anwendung einer individuellen Bezugsnorm könnte eine Note beispielsweise aufgrund einer positiven individuellen Entwicklung sehr gut sein. Völlig offen bliebe jedoch, wie sich die Leistung zu Standards eines Faches (in einer spezifischen Schulart) verhält. Insofern könnte die Anwendung einer individuellen Bezugsnorm für eine Schülerin oder einen Schüler motivierend wirken (Rheinberg 2001), aber möglicherweise gleichzeitig falsche Hoffnungen wecken. Noch ein Beispiel: Die Problematik der sozialen Bezugsnorm liegt darin, dass sie vom mittleren Leistungsniveau der Klasse abhängt. Insofern würde beispielsweise eine mittlere Leistung bei unterschiedlich leistungsfähigen Klassen zu unterschiedlichen (über- oder unterdurchschnittlichen) Noten führen.

Die Anwendung einer individuellen Bezugsnorm wird in der Regel pädagogisch begründet und liegt gerade bei individualisierten oder differenzierten Unterrichtskonzepten nahe. Schultheoretisch betrachtet wird damit ein Spannungsfeld zur Selektionsfunktion der Schule eröffnet: Die Bewertung der individuellen Entwicklung bricht sich mit der über Noten eingelösten Selektionsfunktion der Schule. Eine möglicherweise wünschenswerte Richtung für Reformen könnte die Kombination der kriterialen mit einer individuellen Bezugsnorm darstellen – deren jeweilige Begründung und Reichweite mit den Schülerinnen und Schülern zu klären wäre.

2.2 *Ausgewählte Forschungsergebnisse*

Fehlerquellen bei der Urteilsbildung

Die im Folgenden erläuterten Fehlerquellen beziehen sich zumeist auf die Notengebung, gleichwohl treten sie ähnlich bei Alternativen zur Notengebung auf und stellen insofern auch eine Herausforderung für Reformen der Leistungsbewertung dar. In der Literatur sind diese Fehlerquellen vielfach beschrieben (zusammenfassend beispielsweise Sacher 2014, S. 99 ff.). Der *Halo-Effekt* oder *Hof-Effekt* tritt ein, wenn eine Lehrperson bei einer Leistungsbeurteilung die Eigenschaft einer Schülerin oder eines Schülers heranzieht, zu der kein Zusammenhang besteht, beispielsweise, wenn von einem sehr sozialen Verhalten in der Klassengemeinschaft auf eine (dann gute) fachliche Leistung geschlossen wird. Wenn Lehrkräfte extrem gute oder extrem schlechte Bewertungen vermeiden, spricht man von der *Tendenz zur Mitte*. Die meisten Schülerinnen und Schüler erhalten dann Noten im mittleren Bereich. Dies könnte beispielsweise dann eintreten, wenn bei einer Klassenarbeit keine schwierigeren und keine leichteren Aufgaben, sondern fast nur Aufgaben mittlerer Schwierigkeit aufgenommen wurden. Ursachen von *Milde- oder Strengefehler* können beispielsweise Sympathie für einzelne Schülerinnen oder Schüler oder auch die eigene Kompetenz sein (je kompetenter, desto strenger). Ähnlich ist es beim sogenannten *Kontrast- oder Ähnlichkeitsfehler*: hier schließt die Lehrkraft von der eigenen Kompetenz auf den Anspruch, der an die Lernenden gerichtet wird. Dies könnte eintreten, wenn beispielsweise eine international erfolgreiche Leichtathletin als Sportlehrerin arbeitet und daher einen hohen Anspruch an die Ausdauerleistung formuliert. Der *Reihungsfehler* kann dann eintreten, wenn sich die zufällige Abfolge bestimmte Situationen auf die Bewertung auswirkt. Dies könnte etwa bei mündlichen Prüfungen eintreten, wenn hier zunächst zwei sehr gute Schüler beginnen – dann wird möglicherweise der dritte Prüfungskandidat strenger bewertet. Bei der sog. *impliziten Persönlichkeitstheorie* (auch: logischer Fehler) schließt die Lehrperson von Leistungen in einem Bereich (z. B. Aufsatzleistung im Fach Deutsch) auf die Leistung in einem anderen Bereich (z. B. mündliche Leistung). Wenn eine Lehrperson die Folgen einer Bewertung antizipiert und dadurch verändert, spricht man vom *Wissen-um-die-Folgen-Fehler*. Ein Beispiel ist die milde Bewertung einer Leistung bei Versetzungsgefahr einer Schülerin. Wenn Vorannahmen einer Lehrperson zu komplexen Wechselwirkungen mit Verhaltensweisen eines Schülers führen, spricht man vom *Pygmalion-Effekt*. Dies kann dann eintreten, wenn eine Lehrperson davon überzeugt ist, dass ein Schüler hochbegabt sei und ihn dementsprechend unterstützt und stärkt, bis es wirklich zu einer Leistungssteigerung kommt. Die hier genannten Fehlerquellen sollten im Alltag mindestens reflektiert und minimiert werden. Dies kann beispielsweise durch Hinzuziehen anderer Kolleginnen und Kollegen und Berücksichtigung ihrer Einschätzung geschehen.

Forschungsergebnisse zur Notengebung

Ein Dauerbrenner der pädagogischen Reformdebatte ist die Kritik an der Notengebung. So konnte die mangelnde Objektivität der Notengebung vielfach nachgewiesen werden, in jüngster Zeit beispielsweise im Rahmen der PISA 2003 Studie: Über Bundesländer hinweg werden für dieselbe Schülerleistung unterschiedliche Noten vergeben (Deutsches PISA-Konsortium 2003, S. 321 ff.). Eine wegweisende Studie führte Karlheinz Ingenkamp in den 70er Jahren durch: »Sind Zensuren aus verschiedenen Klassen vergleichbar?«. Im Rahmen dieser Studie wurden die von Lehrpersonen vergebenen Mathematiknoten mit lehrplanvaliden Testergebnissen kontrastiert (Abb. 1). Bei den Klassen handelt es sich teilweise um Parallelklassen an derselben Schule. Er empfahl als Korrektiv standardisierte Tests einzuführen.

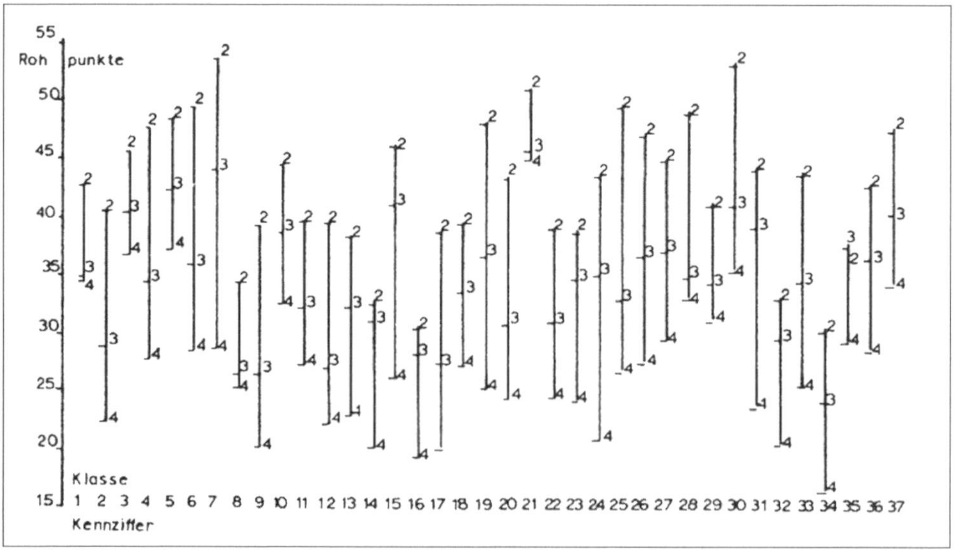

Abb. 1: Sind Zensuren aus verschiedenen Klassen vergleichbar? (Ingenkamp 1995, S. 197)

Die vielbeachteten Befunde belegen (bis auf Klasse 35) einen deutlichen Zusammenhang zwischen Note und Testleistung. Allerdings zeigt sich, dass die Noten sehr unterschiedlichen Testergebnissen entsprechen. Ingenkamp selbst interpretierte dieses Ergebnis dahingehend, dass Lehrkräfte sich bei der Notengebung am Niveau der Klasse orientieren (und damit eine soziale Bezugsnorm anwenden) und konstatierte: Noten sind außerhalb der Klasse nicht vergleichbar.

Weitere Befunde und Kritikpunkte zur Notengebung sind vielfach zusammengestellt worden (z. B. Sacher 2014, S. 42 ff.).

2.3 Ausgewählte Aspekte pädagogischer Qualität schulischer Leistungsbewertung

Die Gesellschaft richtet Ansprüche an die Schule, um nachwachsende Generationen optimal auf zukünftige Herausforderungen vorzubereiten. Schulen erfüllen daher unterschiedliche Funktionen: etwa (Fend 2009) eine Enkulturationsfunktion, eine Qualifikationsfunktion, eine Selektionsfunktion und eine Integrationsfunktion. Diese zum Teil spannungsreichen Funktionen bündeln sich brennglasartig in der Leistungsbewertung, insbesondere in der Notengebung. Lehrerinnen und Lehrer haben einen Erziehungs- und Bildungsauftrag. Sie begleiten Schülerinnen und Schüler durch deren Schulzeit, unterstützen sie, motivieren sie, bieten Lernangebote, geben ihnen Rückmeldung, bewerten ihre Leistungen etc. Auch die schulische Leistungsbewertung bewegt sich daher im Spannungsfeld ihres Auftrages und der Erfüllung der schulischen Funktionen. Daher sind auch Verfahren der Leistungsbewertung *pädagogisch* zu begründen. Welche Merkmale können hierfür benannt werden (vgl. auch Bohl 2009)? Jedes Bewertungsverfahren sollte *transparent* sein. Prozess und Kriterien der Bewertung sollten offengelegt werden, dies erleichtert den Lernenden ihre Vorbereitung und entspannt das Verfahren. Bei einer Aufsatzkorrektur könnten beispielsweise Kriterien mit Teilpunkten benannt werden. Das Verfahren sollte fair sein und alle sollten zunächst gleich behandelt werden, wobei begründete Abweichungen (z. B. zum Ausgleich von Benachteiligungen) möglich sind. Das Ergebnis einer Diagnose oder Beurteilung alleine bringt Lernende noch nicht weiter (Weinert/Helmke 1987). Daher ist entscheidend, ob die Bewertung mit einer *förderdiagnostischen Perspektive* verbunden werden kann: Verstehen die Lernenden ihre Stärken und Schwächen, aus denen eine Bewertung resultierte? Was folgt aus den Bewertungen für weitere Lernprozesse? Welche weiteren Strukturierungs- und Fördermaßnahmen resultieren aus der Bewertung? Im pädagogischen Kontext ist die Beteiligung der Akteure ein grundlegendes Qualitätsmerkmal (z. B. Ditton 2016). Auch im Bewertungsverfahren stellt sich die Frage, wie Schülerinnen und Schüler mit dem Ziel *beteiligt werden* können, ihre Selbst-, Sach- und Sozialkompetenz zu erhöhen. Eine Beteiligung macht das Verfahren nachvollziehbarer, der Blick für (eigene und fremde) Qualitäten wird geschärft, Selbst- und Mitbestimmung kann motivierend wirken. Schließlich ist die schulische Leistungsbewertung in ein pädagogisch-didaktisches Gesamtgeschehen eingeordnet und Bestandteil einer *pädagogischen Handlungseinheit*. Unterricht und Bewertung sollten adaptiv und passend konzipiert werden. Beispielsweise kann im Rahmen einer konsequenten Differenzierung die Durchführung einer ›normalen‹ Klassenarbeit (eine Arbeit für alle am selben Ort zur selben Zeit) unsinnig sein. Oder: das, was bewertet wird, sollte vorher im Unterricht erlernbar gemacht werden – dies impliziert eine geschmeidige inhaltliche Passung zwischen Unterricht und Bewertung.

3. Reformen und Alternativen zur Notengebung

3.1 Begründung und Merkmale

Vielfältig ist die Kritik an der Notengebung, sie zieht sich durch die Geschichte der schulischen Leistungsbewertung und wurde insbesondere in der Epoche der sog. Reformpädagogik manifest. Im Zuge von jüngeren Maßnahmen der Unterrichts- und Schulentwicklung gilt die Veränderung bzw. Abschaffung der Notengebung häufig als Gradmesser für die Konsequenz der Reform – sie wird zur »Gretchenfrage« (Winter 2000, S. 102). Angetrieben werden derartige Reformen über Ansätze neuer Lernkulturen, etwa als Antwort auf heterogene Lerngruppen oder als Teil einer grundlegenderen Reformpädagogik, die etwa an Versuchs- oder Alternativschulen realisiert werden. Neue Formen der Bewertung als Ergänzung oder Alternative zur Notengebung können dabei folgende Merkmale aufweisen – die je nach Format variieren:

- Aufwertung des *Prozessbezugs* bzw. formativer Bewertungen gegenüber summativer Bewertungen (z. B. über ein Portfolio, in welchem Prozesse beschrieben und reflektiert werden).
- *reichhaltigere Informationen* zu Stärken und Schwächen im Rahmen einer spezifischen Leistungserbringung (z. B. kriteriengeleitete Rückmeldung zu einer Präsentation).
- *Differenzierung* auch in der Leistungsbewertung (z. B. Prüfen auf unterschiedlichen Niveaustufen im Rahmen einer differenzierten Klassenarbeit).
- *Beteiligung* der Schülerinnen und Schüler am Bewertungsverfahren (z. B. über kriteriengeleitete Rückmeldung zu einer Projektpräsentation).
- Betonung der *individuellen Entwicklung* (z. B. über verbale Hinweise zum Halbjahr, etwa im Rahmen eines Beratungsgespräches oder im Rahmen von Zeugnissen).
- Berücksichtigung eines *breiten Leistungsbegriffs*, in welchen auch nicht-fachliche Aspekte einfließen (z. B. methodische Kompetenz im Rahmen einer Präsentation).
- *Motivation* der Schülerinnen und Schüler über ermutigende und nicht frustrierende Formulierungen in der Rückmeldung und Bewertung.
- (…)

Diese Merkmale können über unterschiedliche Bewertungsformate realisiert werden, hierzu zählen beispielsweise Portfolio, Lerntagebücher, verbale Beurteilungen, Selbstbewertungen, Lerndialoge u. a. m. Im Folgenden werden beispielhaft verbale Beurteilungen, Portfolio und Schülerselbstbewertung genauer beschrieben.

3.2 Beispiele

Verbale Beurteilungen
Verbale Beurteilungen galten insbesondere in den 80er und 90er Jahren als *die* Alternative zur Notengebung, sind sie doch potenziell in der Lage Leistungen entwicklungsbezogen, individuell, differenziert und motivierend auszudrücken. Abb. 2 veranschaulicht einen fachspezifischen Bericht (Winter 2015, S. 205).

Sina fiel es zunächst schwer, sich an den neuen Unterrichtsstil in Mathematik zu gewöhnen, was noch dadurch verstärkt wurde, dass sie in den Epochen eine andere Lehrperson hatte als in den Fachstunden. Nichtsdestotrotz war ihre Mitarbeit während der Fachstunden von Anfang an lobenswert. Dieser Bericht bezieht sich auf Sinas Entwicklung in den Fachstunden. Das Thema der Fachstunden war im Wesentlichen Funktionenlehre; insbesondere ging es u lineare und quadratische Funktionen. Hier hatte Sina Mühe mit der formal richtigen Darstellung, was sich in Laufe des Schuljahres deutlich besserte. Sie fühlte sich sicherer, wenn sie eine Formel bei sich hatte, die sie anwenden konnte. Wenn sie jedoch die Herleitung der Formeln nicht verstand, mache sie oft Fehler beim richtigen Identifizieren der Parameter. So gut ihre mündliche Mitarbeit war, so unsicher wurde sie bei den Tests, wenn sie auf sich allein gestellt war. Zu oft verrechnete sie sich noch oder verlor die Übersicht. Eine kleine Hilfestellung reicht dann meist schon, um sich wieder zurechtzufinden. Dank ihrer guten Arbeitshaltung und viel häuslichen Fleißes hat sie den Anschluss nie ganz verloren. Diese Eigenschaften werden ihr im nächsten Schuljahr eine große Hilfe sein. Besonders hervorzuheben ist noch ihr Referat über ein mit einer Kollegin durchgeführtes Experiment, bei dem es galt, den mathematischen Zusammenhang zwischen Entfernung und Temperatur bei der Glühbirne herauszufinden. Hier ist ihr die Darstellung sehr gut gelungen. Sina war eine Bereicherung für den Unterricht aufgrund ihres Bisses und dem beharrlichen Nachfragen, bis sie einen Sachverhalt verstanden hat. Möge sie sich ihr Interesse für die Mathematik erhalten und weiter Fortschritte machen.

Abb. 2: Beispiel einer verbalen Beurteilung (Fach Mathematik, Funktionenlehre, Kl. 11, Waldorfschule)

Das Beispiel verdeutlicht einige der o. g. Vorteile, z. B. Lob für die aktive Teilnahme (»Bereicherung für den Unterricht«) oder Entwicklungsbezug (»was sich im Laufe des Schuljahres deutlich besserte«).

Der Forschungsstand und Analysen realer verbaler Beurteilungen (Übersicht z. B. in Sacher 2014, S. 165 ff.; Ingenkamp/Lissmann 2005, S. 185 ff.) verdeutlichen jedoch, dass verbale Beurteilungen hohe Anforderungen an Lehrkräfte stellen und ihre potenziellen Vorteile gegenüber der Notengebung nicht von allen Akteuren gesehen werden. Im Folgenden werden beispielhaft drei Studien skizziert.

So untersuchte Jachmann (2003) die Sichtweise von Eltern, Lehrkräften und Schülerinnen und Schülern auf Noten und verbale Beurteilungen. Innerhalb dieser

Gruppen bevorzugte jeweils die Mehrheit Noten gegenüber verbalen Beurteilungen und wies Noten eine motivierende Funktion zu. Allerdings äußerte sich die Gruppe leistungsschwächerer Schülerinnen und Schüler skeptischer zu Noten.

Wagner und Valtin (2003) stellten in ihrer Studie fest, dass die Reformziele verbaler Beurteilung – mehr Informationen, ermutigender Duktus, Förderhinweise – nur in »Spurenelementen« vorzufinden waren.

Döpp, von der Groeben und Thurn (2002) untersuchten Merkmale und Rezeption von Lernberichten an der Laborschule Bielefeld. Sie stellten die Notwendigkeit einer hohen Passung und Qualität zwischen Unterricht und Lernberichten fest. Insofern geben Lernberichte auch Auskunft über Unterrichtsqualität, Unterrichtsklima und Unterrichtskonzeption.

Der Forschungsstand verdeutlicht insgesamt eine geringe Verbreitung verbaler Beurteilungen. Die vielfach ambitioniert formulierten Ziele werden noch nicht oder nur teilweise erreicht. Zwischen Anspruch und Wirklichkeit besteht eine offenkundige Diskrepanz, die häufig auf die unzureichende Ausbildung von Lehrkräften zurückgeführt wird. Lernberichte, verbale Beurteilungen oder Entwicklungsberichte sind eben nicht nur ein isoliertes Element des schulischen Alltags, sondern Ausdruck einer spezifischen Pädagogik mit all den damit verbundenen Facetten wie Einstellungen, Kompetenzen, Unterrichtskonzeption oder institutionelle Kontexte. Sie können insofern nur als Teil eines umfassenden Veränderungsprozesses verstanden werden.

Portfolio (und Lerntagbücher)

Bei Portfolios oder Lerntagebücher wird der Lernprozess schriftlich dokumentiert und reflektiert. Im Rahmen von Portfolios werden eigene Arbeiten kriteriengeleitet gesammelt und systematisiert. Diese Arbeit soll Lernende darin unterstützen, den Lern- und Arbeitsprozess genau und kritisch zu beobachten und zu reflektieren. Leistungen sollen nun »direkt« und nicht vermittelt über eine Note ausgewiesen werden (Vierlinger 1999). Dies bietet sich beispielsweise bei Bewerbungen an. Es gibt unterschiedliche Ziele und Formate von Portfolios (Winter 2015, S. 169 ff.): Standardisierte Portfolios (z. B. das europäische Sprachenportfolio, Projektportfolio, Fachportfolio, Lern-Entwicklungs-Portfolio).

Auch hier verdeutlicht die Forschungslage eine gewisse Diskrepanz zwischen den Hoffnungen und dem hohen Reformanspruch einerseits und den (wenigen) Befunden der empirischen Forschung (Hofmann et al. 2016) andererseits, die eine geringe Verbreitung und nur teilweise eine Erfüllung der Reformhoffnungen belegen. Einige kleinere Studien (z. B. Gläser-Zikuda/Lindacher 2007) verdeutlichen hingegen positive Befunde hinsichtlich Behaltensleistungen und vertiefter Verarbeitung. Im Kern zeigt sich ein ähnliches Phänomen wie in der Unterrichtsqualitätsforschung (Bohl 2017): Die Einführung eines Portfolios stellt zunächst nur eine Veränderung der Oberflächenstruktur dar, ob damit veränderte, intensivere Lernprozesse verbunden sind, hängt von der konkreten, z. B. qualitativen Umsetzung ab.

Schülerselbstbewertung
Die Zielsetzung der Schülerselbstbewertung liegt darin, die Entwicklung eines realistischen Selbstbildes zu stärken, die Beteiligung und Selbstständigkeit zu erhöhen und das eigene Handeln besser steuern und kontrollieren zu können. Infolge dessen wird eine Erhöhung der Motivation und des Lernerfolgs erhofft. In der Praxis kann die Schülerselbstbewertung beispielsweise über die Anwendung eines Beobachtungsbogens (z.B. bei einer Präsentation) oder eines Kriterienkataloges (z.B. bei einem Aufsatz) ermöglicht und unterstützt werden. Die Forschungslage zur Schülerselbstbewertung ist recht dünn und stammt eher aus den 80er und 90er Jahren. Vorliegende Studien (zusammenfassend: Lissmann 1998; Viebahn 1982) zeigen durchaus positive Folgen, beispielsweise eine Übereinstimmung zwischen Schülerselbstbewertung und Lehrerurteil oder reduzierte Prüfungsangst.

4. Schlussbemerkung

Im vorliegenden Beitrag wurde versucht, die Reform der schulischen Leistungsbewertung nicht nur auf Aspekte ›innovativer‹ oder reformpädagogischer Ansätze zu reduzieren, sondern damit auch Fragen der diagnostischen und pädagogischen Qualität zu verbinden: Eine Veränderung des Bewertungsformates sollte eine pädagogische und diagnostische Qualitätssteigerung mit sich bringen. Eindrücklich hat Ingenkamp (1987, S. 60) diesen Sachverhalt formuliert: eine »Änderung der Mitteilungsform bedeutet für die Güte des diagnostischen Prozesses überhaupt nichts«. Dieser Hinweis erscheint nicht nur wichtig, um berechtigte Ansprüche an die Professionalität von Lehrkräften zu betonen, sondern auch, um Aufwand und Ertrag von Reformen zu reflektieren. Andererseits zeigt der Forschungsstand zur Notengebung eindrücklich, wie viel Ungerechtigkeit letztlich alltäglich an Schulen vollzogen wird.

5. Literatur

Ayaita, D./Knoche, K. (2017): Binnendifferenzierte Klassenarbeiten. In: Die Lernende Schule 20, H. 80, S. 25–29.

Bohl, T. (2005): Leistungsbeurteilung in der Reformpädagogik. Gehalt und Analyse der Beurteilungskonzeptionen. Weinheim, Basel: Beltz.

Bohl, T. (2017): Umgang mit Heterogenität im Unterricht. Forschungsbefunde und didaktische Implikationen. In: Bohl, T./Budde, J./Rieger-Ladich, M. (Hrsg.): Umgang mit Heterogenität in Schule und Unterricht. Bad Heilbrunn: Klinkhardt/UTB, S. 257–273.

Deutsches PISA-Konsortium (Hrsg.) (2003): PISA 2000. Ein differenzierter Blick auf die Länder der Bundesrepublik Deutschland. Opladen: Leske & Budrich.

Ditton, H. (2016): Schulqualität unter der Perspektive von Systemstrukturen und Bildungsverläufen. In: Steffens, U./Bargel, T. (Hrsg.): Schulqualität – Bilanz und Perspektiven. Band 1. Münster: Waxmann, S. 65–94.

Döpp, W./v.d. Groeben, A./Thurn, S. (2002): Lernberichte statt Zensuren. Erfahrungen von Schülern, Lehrern und Eltern. Bad Heilbrunn: Klinkhardt.

Fend, H. (2009): Neue Theorie der Schule. Einführung in das Verstehen von Bildungssystemen. Wiesbaden: VS Verlag für Sozialwissenschaften.

Gläser-Zikuda, M./Lindacher, T. (2007): Portfolioarbeit im Unterricht – praktische Umsetzung und empirische Überprüfung. In: Gläser-Zikuda, M./Hascher, T. (Hrsg.): Lernprozesse dokumentieren, reflektieren und beurteilen. Lerntagebuch und Portfolio in Bildungsforschung und Bildungspraxis. Bad Heilbrunn: Klinkhardt, S. 189–204.

Hesse, I./Latzko, B. (2017): Diagnostik für Lehrkräfte. Opladen, Toronto: Budrich/UTB.

Hofmann, F./Wolf, N./Klaß, S./Grassmé, I./Gläser-Zikuda, M. (2016): Portfolios in der Lehrerinnenbildung. Ein aktueller Überblick zur empirischen Befundlage. In: Boos, M./Krämer, A./Kricke, M. (Hrsg.): Portfolioarbeit phasenübergreifend gestalten. Münster: Waxmann, S. 23–39.

Ingenkamp, K. (1987): Zeugnisse und Zeugnisreformen in der Grundschule aus der Sicht empirischer Pädagogik. In: Olechowski, R./Persy, E. (Hrsg.): Fördernde Leistungsbeurteilung. Wien, München: Jugend und Volk, S. 22–37.

Ingenkamp, K. (1995): Sind Zensuren aus verschiedenen Klassen vergleichbar? In: Ingenkamp, K. (Hrsg.): Die Fragwürdigkeit der Zensurengebung. Texte und Untersuchungsberichte. 9. Auflage. Weinheim, Basel: Beltz, S. 194–201.

Ingenkamp, K./Lissmann, U. (2005): Lehrbuch der Pädagogischen Diagnostik. Weinheim, Basel: Beltz/UTB.

Jachmann, M. (2003): Noten oder Berichte? Die schulische Beurteilungspraxis aus der Sicht von Schülern, Lehrern und Eltern. Opladen: Leske & Budrich.

Klafki, W. (1993): Neue Studien zur Bildungstheorie und Didaktik. Zeitgemäße Allgemeinbildung und kritisch-konstruktive Didaktik. 3. Auflage. Weinheim, Basel: Beltz.

Lissmann, U. (1998): Probleme und Möglichkeiten der Schülerbeurteilung – Folienatlas. Landau: Verlag Empirische Pädagogik.

Lissmann, U./Paetzold, B. (1984): Zur Effektivität von Schülerselbstkorrektur und häufiger Leistungsrückmeldung – eine empirische Untersuchung. In: Zeitschrift für Pädagogik 30, H. 6, S. 817–833.

Rheinberg, F. (2001): Bezugsnormorientierung. In: Rost, F. (Hrsg.): Handwörterbuch Pädagogische Psychologie. Weinheim: Psychologie Verlags Union.

Sacher, W. (2014): Leistungen entwickeln, überprüfen und beurteilen. 6. Auflage. Bad Heilbrunn: Klinkhardt.

Ullrich, H. (1986): Waldorfpädagogik und okkulte Weltanschauung. Eine bildungsphilosophische und geistesgeschichtliche Auseinandersetzung mit der Anthropologie Rudolf Steiners. Weinheim, München: Juventa.

Viebahn, P. (1982): Schülerselbstbeurteilung in der Leistungsdiagnostik. In: Unterrichtswissenschaft 10, S. 59–72.

Vierlinger, R. (1999): Leistung spricht für sich selbst. ›Direkte Leistungsvorlage‹ (Portfolios) statt Ziffernzensuren und Notenfetischismus. Heinsberg: Dieck-Verlag.

Wagner, C./Valtin, R. (2003): Die Wirkung unterschiedlicher Bewertungsformen auf die schulische Entwicklung von Grundschulkindern. In: Zeitschrift für Entwicklungspsychologie und Pädagogische Psychologie 35, H. 1, S. 27–36.

von Saldern, M. (1999): Schulleistung in Diskussion. Baltmannsweiler: Schneider.

Winter, F. (2000): Die ›Gretchenfrage‹. Wie halten wir es mit der Leistungsbeurteilung? In: Böttcher, W./Philipp, E. (Hrsg.): Mit Schülern Unterricht und Schule entwickeln. Weinheim, Basel: Beltz, S. 102–122.

Winter, F. (2015): Lerndialog statt Noten. Neue Formen der Leistungsbeurteilung. Weinheim, Basel: Beltz.

VII Reflexionen und exemplarische Schulreformbeobachtungen

Rita Nikolai, Marcel Helbig und Heiko Wulschner

Die vernachlässigte Rolle von »Beton« bei der Umsetzung von Schulreformen

Von den Zusammenhängen zwischen Schulreformen und Schulinfrastruktur

Wenn wir[39] auf die rund 70 Jahre strukturelle Entwicklung der Schulsysteme in den deutschen Bundesländern seit Bestehen der Bundesrepublik Deutschland 1949 bzw. seit der Wiedervereinigung 1990 blicken, so lassen sich folgende Muster erkennen (Helbig/Nikolai 2015):

1. Die Mehrgliedrigkeit ist nach wie vor das dominierende Strukturmerkmal in allen Schulsystemen der Bundesländer. So scheiterten in der Vergangenheit fast alle Versuche, die Grundschulzeit zu verlängern bzw. das vertikal gegliederte Schulsystem durch ein Gesamtschulsystem zu ersetzen (Edelstein/Nikolai 2013; Sass 2018; Töller et al. 2011).
2. Schulformenintegrationen setzten sich seit der Wiedervereinigung zwar in den meisten Bundesländern durch, doch ersetzen diese bis heute nicht das Gymnasium als eigenständige Schulform (Nikolai 2018). Jedoch ermöglichen die zweigliedrigen Schulsysteme der Stadtstaaten, von Schleswig-Holstein und des Saarlands, dass das Abitur an der integrierten Schulform ebenso wie am Gymnasium abgelegt werden kann (Helbig/Nikolai 2017; Nikolai 2019).
3. Auch wenn Bremen und Schleswig-Holstein fast nahezu alle Förder- und Sonderschulen im Zuge der Umsetzung der UN-Behindertenrechtskonvention abgebaut und die meisten Bundesländer damit begonnen haben, Kinder mit sonderpädagogischem Förderbedarf vermehrt im Regelschulsystem zu beschulen, ist die Trennung zwischen dem Regel- und Sonderschulsystem bis heute noch prägend für die institutionelle Ausgestaltung des deutschen Schulsystems (Blanck/Edelstein/Powell 2013; Hartong/Nikolai 2016; Klemm 2018).

Warum ist das deutsche Schulsystem als pfadabhängig zu bezeichnen? Aus neoinstitutionalistischer Perspektive lässt sich die Pfadabhängigkeit schulstruktureller Reformprozesse in den deutschen Bundesländern nach Edelstein (2016) auf das Wirken spezifischer Reproduktionsmechanismen zurückführen. Hierzu gehören *machtbasierte* Faktoren, wonach soziale Gruppierungen ein Interesse an der Aufrechterhaltung ei-

39 Im Falle von Rita Nikolai entstand der Beitrag im Rahmen eines von der Deutschen Forschungsgemeinschaft finanzierten Heisenberg-Stipendiums (Förderkennzeichen: NI 1371/4-1).

ner hierarchischen Schulformengliederung haben und dieses auch durchsetzen können. Deren Interessen werden wiederum durch *legitimationsbasierte* Mechanismen beeinflusst, konkret durch Begabungsvorstellungen, in welchen institutionellen Ausgestaltungen Schüler*innen erfolgreich lernen können. Ebenso spielen als *funktionale* Mechanismen Interdependenzen zwischen Schulformen sowie zwischen dem Schulsystem und angrenzenden Bildungsbereichen wie der Berufs- und Hochschulbildung eine Rolle. Und schließlich werden *utilitaristische* Mechanismen als Kosten-Nutzen-Kalküle der schulpolitischen Akteure bedeutsam. Die Kosten-Nutzen-Kalküle werden nicht zuletzt durch die Gebäudeinfrastruktur beeinflusst, denn Veränderungen an dieser sind zumeist sehr kostspielig und organisatorisch aufwendig. Je nach Ausgestaltung der Gebäudeinfrastruktur kann diese eine Begrenzung aber auch ein Promotor von Schulreformen sein.

In der Diskussion zur Bedeutung der Schulinfrastruktur sehen wir uns in der Tradition der raumwissenschaftlichen Schul- und Bildungsforschung, die sich in den letzten Jahren in der deutschen Erziehungswissenschaft etabliert hat (Berkemeyer/Hermstein/Manitius 2016; Böhme 2009) und die die Zusammenhänge zwischen einerseits der räumlichen Struktur und der Schulinfrastruktur und andererseits der pädagogischen Gestaltung an Einzelschulen sowie die Bildungserfolge und Bildungschancengleichheit von Kindern und Jugendlichen berücksichtigt.

Schulstrukturelle Entscheidungen geschehen im Spannungsverhältnis zwischen der Ebene der Bundesländer und der Kommunen. Die Entscheidung darüber, wie die Struktur eines Schulsystems ausgestaltet und verändert wird, geschieht in der Regel im parlamentarischen Entscheidungsprozess der Bundesländer. Die Kommunen als Schulträger, die in ihrem Handeln an die schulstrukturellen Entscheidungen der Länder für ihre Schulentwicklungsplanung anschließen, treffen dann die Entscheidungen für den Umbau von Schulstandorten oder gar Schulschließungen (Kann 2017). Dabei sind die Kommunen (Gemeinde, kreisfreie Stadt oder Landkreis) sowohl der Wirtschaftlichkeit von Schulsystemen wie auch der Qualitätsentwicklung und Wohnortnähe der Schulen verpflichtet. Insbesondere wenn Schülerzahlen sich aufgrund von Zu- oder Wegzügen bzw. Änderungen in den Geburtenraten verändern, spielt die Gebäudeinfrastruktur für schulstrukturelle Entscheidungen eine bedeutsame Rolle, da diese die inhaltliche Ausgestaltung von Reformen maßgeblich beeinflussen kann. Da Neubauten aus finanziellen Engpässen der öffentlichen Hand für Kommunen kaum umsetzbar sind, muss die konkrete Ausgestaltung von kommunalen Schulreformen zumeist auf die vorhandene Gebäudeinfrastruktur zurückgreifen. Je nach gewachsener Gebäudeinfrastruktur sind Veränderungen in der kommunalen Schulangebotsstruktur möglich oder sie werden dadurch begrenzt bzw. gar verhindert.

Diesem Aspekt wird und wurde sowohl in der Bildungsforschung, als auch in der Bildungspolitik viel zu wenig Beachtung geschenkt. Und dies führt zu Frustration bei verschiedenen Akteuren. Bildungspolitik wird oftmals als unambitioniert wahrgenommen und der »große bildungspolitische Wurf« bleibt häufig aus. Gelingt dann doch eine große strukturelle Schulreform, kommt Frustration spätestens dann auf, wenn ersichtlich wird, dass die Reform auf kommunaler bzw. lokaler Ebene eigentlich nur eine »Mogelpackung« ist und deshalb auch nicht das bewirkt, was man sich von ihr versprochen hat.

In diesem Beitrag wollen wir den »Beton«, also die Gebäudeinfrastruktur innerhalb unseres Schulsystems in den Blick nehmen und die Rolle der Gebäudeinfrastruktur als material-physische Bedingung in schulstrukturellen Entscheidungen bei den großen schulrechtlichen Reformen beleuchten. An einigen Beispielen werden wir dabei darlegen, wie (1) alte Strukturen eine Reform erzwingen, (2) alte Strukturen Reformen verhindern und (3) wie sich Reformen in lokale Strukturen einfügen.

1. Wenn die alte Gebäudeinfrastruktur die Pfade bestimmt – Schulstrukturreformen nach der Wiedervereinigung in Ostdeutschland

Bis zur Wiedervereinigung 1990 war der Entwicklungspfad der Schulstruktur in Deutschland durch eine hohe institutionelle Kontinuität charakterisiert (Friedeburg 1992; Geißler 2013; Herrlitz/Hopf/Titze 2009). Die nach dem zweiten Weltkrieg wiedereingeführte Dreigliedrigkeit des Regelschulsystems aus Hauptschule, Realschule und Gymnasium sowie Förder- und Sonderschulen wurde trotz Einführung von Gesamtschulen in den 1960er und 1970er Jahren in ihrer Grundstruktur nicht verändert. Gesamtschulen wurden v. a. in Bundesländern mit sozialdemokratischer Regierungstradition eingeführt, doch ersetzten diese nicht die anderen Schulformen von Haupt-, Realschule und Gymnasium, vielmehr wurden diese als vierte Regelschulform etabliert (Helbig/Nikolai 2015; Köller 2008). Bewegung in der Schulstrukturentwicklung ist jedoch mit der Wiedervereinigung 1990 gekommen. Nach den Vorgaben der Gemeinsamen Bildungskommission zwischen der DDR und der BRD vom September 1990 sollte das Schulsystem der DDR mit seiner zehnjährigen Polytechnischen Oberschule (POS) und anschließenden zweijährigen Erweiterten Oberschule (EOS) in den neuen Bundesländern und im wiedervereinigten Berlin in ein mehrgliedriges Schulsystem umgewandelt werden. Jedoch waren die neuen Bundesländer und Berlin nicht gezwungen, das westdeutsche Schulstrukturmodell zu übernehmen, denn vorgeschrieben war lediglich eine »gemeinsame und vergleichbare Grundstruktur« (Köhler/Knauss/Zedler 2000, S. 29).

Dieses Gelegenheitsfenster wurde von den ostdeutschen Bundesländern und Berlin unterschiedlich genutzt (Nikolai 2018). Zwar übernahmen Sachsen, Sachsen-Anhalt und Thüringen bei der Umgestaltung ihrer Schulsysteme eine Mehrgliedrigkeit und Hierarchisierung von Sekundarschulformen, jedoch schlugen die Bundesländer einen neuen Entwicklungspfad in der Schulstrukturentwicklung ein, in dem sie darauf verzichteten, die Hauptschule als eigenständige Schulform einzuführen und sich für eine zweigliedrige Schulstruktur entschieden. Eingeführt wurden neben dem Gymnasium die sogenannten *Schularten mit mehreren Bildungsgängen* (Sachsen: Mittelschule, Sachsen-Anhalt: Sekundarschule, Thüringen: Regelschule), die einen Schulabschluss nach der 10. Klasse ermöglichten und keine gymnasiale Oberstufe vorsahen.

Brandenburg führte ebenso wie Sachsen, Sachsen-Anhalt und Thüringen nicht die Hauptschule als eigenständige Schulform ein, legte sich aber zunächst mit Gymnasium, Gesamtschule und Realschule auf drei Sekundarschulformen fest. Mecklenburg-Vorpommern und das wiedervereinigte Berlin folgten dem westdeutschen Pfad und entschieden sich, ein viergliedriges Schulsystem mit Haupt-, Real-, Gesamtschulen und Gymnasien einzuführen bzw. wie im Falle Berlins das Westberliner Modell fortzuführen und auf Ostberlin zu übertragen (Nikolai 2018; Nikolai/Rothe 2017).[40]

Die Entscheidungen in Sachsen, Sachsen-Anhalt und Thüringen mögen erstaunen, wurden diese Bundesländer doch in den ersten Landesregierungen entweder alleine von der CDU regiert (Sachsen) oder von Koalitionsregierungen aus CDU und FDP (Sachsen-Anhalt und Thüringen). Die CDU war in den westdeutschen Bundesländern jahrzehntelang eine Verfechterin der Dreigliedrigkeit und auch die ostdeutschen Landesverbände der CDU forderten in ihren Wahlprogrammen zu den ersten Landtagswahlen zunächst eine Dreigliedrigkeit (Nikolai 2018). Doch in Sachsen, Sachsen-Anhalt und Thüringen fand die Idee einer dreigliedrigen Schulstruktur keine breite Unterstützung. Zudem setzten sich in den jeweiligen Kultusministerien und Landtagsfraktionen der CDU Akteure durch, die eine eigenständige Lösung in der Schulstrukturfrage einforderten und auch eine, die an die Gebäudeinfrastruktur aus dem DDR-Schulsystem anschlussfähig war.

Die Gebäudeinfrastruktur im DDR-Schulsystem bestand v.a. aus zweizügigen POS und EOS. Hätten sich die Schulpolitiker*innen für dreigliedrige Sekundarschulsysteme entschieden, hätte das enorme Investitionen in neue Schulgebäude bedeutet, die angesichts der wirtschaftlichen Lage der neuen Bundesländer kaum machbar schienen. Die Zusammenlegungen von Schulstandorten mit größeren Einzugsgebieten war für die Schulpolitiker*innen auch keine Lösung, da in der Bevölkerung und auch in der Lehrerschaft der Wunsch nach einer wohnortnahen Beschulung sehr groß war (Edelstein/Nikolai 2013; Nikolai 2018). Auch in Brandenburg, Mecklenburg-Vorpommern und Ostberlin hätte die Gebäudeinfrastruktur eine zweigliedrige Lösung nahegelegt, doch es fehlten in den drei Bundesländern machtvolle Befürworter*innen im Entscheidungsprozess, die eine solche Entscheidung hätten durchsetzen können. Jedoch erforderten der starke Geburtenrückgang und die daraus folgenden zurückgehenden Schüler*innenzahlen in Brandenburg und Mecklenburg-Vorpommern in den 1990er Jahren Restrukturierungen und eine Konzentrierung der regionalen Standortsysteme, die in beiden Bundesländern zu einer Schulformenintegration und ebenfalls in der Etablierung von zweigliedrigen Schulsystemen mündeten (Helbig/Nikolai 2015).

In Berlin kam es dagegen erst Ende der 2000er Jahre zu einer Schulstrukturveränderung, die ebenfalls ein zweigliedriges Sekundarschulsystem hervorbrachte. Doch wie Analysen von Helbig und Nikolai (2017) zeigen, spiegelt sich das alte Schulsystem im neuen Schulsystem wieder und die Gebäudeinfrastruktur spielt dabei eine bedeutsame Rolle.

---

40 Wie in Westdeutschland wurde trotz aller Neugestaltungen in allen ostdeutschen Bundesländern und in Berlin die Trennung von Regel- und Sonderschulsystem aufgenommen.

2. Wenn die Gebäudeinfrastruktur Reformen zuwiderläuft

2.1 Zweigliedrigkeit mit gymnasialer Oberstufe

Der Stadtstaat Berlin gehört seit dem Schuljahr 2010/11 zur Gruppe der elf Bundesländer, die ein zweigliedriges Schulsystem haben. Mit der Zusammenführung von Haupt-, Real- und Gesamtschulen zur Schulform Integrierte Sekundarschule (ISS) hat Berlin den Wandel von einem vier- zu einem zweigliedrigen Schulsystem vollzogen (Maaz et al. 2013). Die ISS ermöglicht dabei ebenso wie das Gymnasium den Erwerb der Hochschulreife. Jedoch haben nicht alle ISS eine eigene gymnasiale Oberstufe, ISS ohne eine eigene gymnasiale Oberstufe kooperieren aber mit den gymnasialen Oberstufen anderer ISS oder an Oberstufenzentren bzw. haben gymnasiale Oberstufen im Verbund eingerichtet.

Die Hauptschule verlor im Zuge des PISA-Schocks 2001 bundesweit und auch in Berlin an Legitimation (Niemann 2010; Nikolai 2016). Wie in den Stadtstaaten Bremen und Hamburg befand sich in der Berliner Hauptschule ein relativ großer Anteil von leistungsschwachen Schüler*innen und der Zusammenhang zwischen sozialer Herkunft und Kompetenzen war im Bundesländervergleich in Berlin überdurchschnittlich hoch (PISA-Konsortium Deutschland 2008). Die Schulstrukturreform war Ende der 2000er Jahre notwendig geworden, da durch anhaltende niedrige Besuchsquoten die Aufrechterhaltung der Hauptschule in Berlin als eigenständige Schulform nicht mehr möglich war. Mit der Schulstrukturreform erhofften sich die schulpolitischen Akteure eine Steigerung der Schulqualität in Berlin und auch eine Verringerung der Abhängigkeit des Bildungserfolgs von der sozialen Herkunft (zu den Hintergründen der Reform vgl. Maaz et al. 2013; Nikolai 2016).

Mit der in Berlin vorgenommenen Reduzierung der Gymnasialzeit auf zwölf Schuljahre (zum Schuljahr 2005/06 siehe Helbig/Nikolai 2015) war von der Landesregierung mit der ISS, die in 13 Jahren zum Abitur führt, auch beabsichtigt, bildungsnahen Eltern eine attraktive Alternative zum Gymnasium zu bieten und soziale Ungleichheiten beim Gymnasialübergang zu reduzieren (Nikolai 2016). Jedoch zeigen ethnografische Analysen, dass die Implementierung von Schulstrukturpolitik in einem »komplexen Zusammenspiel von Standorttraditionen, Sozialstruktur und Schulkulturen stattfindet« (Drope/Jurczok 2013, S. 504). So demonstrieren Drope und Jurczok am Beispiel eines Berliner Stadtteils, wie Schulkulturen an Einzelschulen in sozial benachteiligten Stadtteilen auch in neuen Schulstrukturen überdauern und mitunter die schulpolitische Zielsetzung einer Egalisierung von Schulformen bei der Schulwahl unterlaufen. So wirken nach Aussagen von Schüler*innen, Eltern, Lehrer*innen und Schulleitungen die problematischen Standorttraditionen gerade von ehemaligen Hauptschulen auch in den neuen ISS weiter fort (Drope/Jurczok 2013). Auf die hohe strukturelle Stabilität haben auch Neumann et al. (2017) in ihrer zweiten BERLIN-Studie hingewiesen. So haben räumliche Rahmenbedingungen dazu beitragen, dass auch unter dem neuen Schulnamen und je nach Fusion mit anderen Schulen historisch gewachsene Schulkulturen und Schülerzusammensetzungen weiter fortwirken. Neumann et al. haben gezeigt, dass nur ein Sechstel der ISS aus Fusionen von Haupt- und Realschulen hervorgingen und die Mehrheit der ISS aus Eins-zu-Eins-Umgründungen besteht. Paulitz (2015) wies dabei ebenso nach, dass keine ehemalige Gesamtschule mit einer Hauptschule fusioniert wurde. Wenn Hauptschulen bei der Schulstrukturreform fusionierten, dann gingen diese mit anderen Hauptschulen oder Realschulen zusammen.

Die Trennung zwischen ISS mit und ohne eigene gymnasialer Oberstufe war angesichts der vorhandenen Gebäudeinfrastruktur in Berlin auch kaum anders möglich. Denn viele Schulgebäude in Berlin umfassen denkmalgeschützte Gebäude aus der Kaiserzeit (Ende 19. Jahrhundert bzw. Beginn 20. Jahrhundert), die vor der Schulstrukturreform 2010/11 v.a. als zweizügige Haupt- oder Realschulen genutzt wurden. Wurden diese zu ISS fusioniert oder als ISS fortgeführt, war es häufig angesichts der Schulgebäude gar nicht möglich, eine eigene gymnasiale Oberstufe einzurichten. Auch die Schulgebäude in Ost-Berlin, die bereits im DDR-Schulsystem errichtet wurden oder noch aus der Kaiserzeit stammen, sind ebenfalls häufig zweizügig ausgerichtet (AGH 2010). Dagegen wurden Gesamtschulen in Berlin in den 1970er und 1980er Jahren in West-Berlin häufig in größeren Neubauten errichtet, die bei der Schulreform 2010/11 die Weiterführung bzw. Einführung von eigenen gymnasialen Oberstufen ermöglichten. Solche räumlichen Rahmenbedingungen haben bewirkt, dass auch mit dem neuen Schulnamen der ISS und je nach Fusion mit anderen Schulen sich historisch gewachsene Schulkulturen und Schülerzusammensetzungen weiter fortwirkten und sich neue schulische Organisationsformen nicht einfach durchsetzen ließen (Drope/Jurczok 2013; Nikolai 2016).

Helbig und Nikolai (2017) zeigen in ihren Analysen, dass sich trotz der weitreichenden Sekundarschulreform von 2010/11 und der Etablierung eines zweigliedrigen Schulsystems bisher wenig an der sozialen Aufteilung der Schülerschaft verändert hat. Ohne eine eigene gymnasiale Oberstufe (die äußerst selten an alten Haupt- und Realschulen installiert wurde) bleibt die soziale Zusammensetzung trotz neuen Namens die gleiche. In der Tagespresse wurde dabei bereits von einer »Wiedereinführung der Hauptschule durch die Hintertür« (BMP 2014) gesprochen. Das neue Berliner Schulsystem trägt trotz umfassender Reform die alten (baulichen) Strukturen mit neuem Namen fort.

2.2 *Schulartenunabhängige Orientierungsstufe*

Weit weniger untersucht als die aktuellen Reformen in Berlin ist die schulartenunabhängige Orientierungsstufe (siehe dazu den Beitrag von Jürgens in diesem Band). Diese wurden zuerst in Niedersachsen und Bremen in den 1970er Jahren eingeführt und sollte dafür Sorge tragen, dass alle Schüler*innen in Klasse 5 und 6 weiter gemeinsam in einer Schulform lernen (Helbig/Nikolai 2015). Auch in Rheinland-Pfalz und Hessen wurde diese Schulform teilweise eingeführt. Inwieweit überhaupt ein Bundesland es schaffte, diese Schulform in Reinform zu installieren, ist fraglich. Selbst in Niedersachsen, wo es laut Schulstatistik (vgl. StBa verschiedene Jahrgänge) nur schulartenunabhängige Orientierungsstufen geben sollte, zeigt ein genauer Blick in die niedersächsischen Schulen, dass es eine Vielzahl dieser Orientierungsstufen an einzelnen weiterführenden Schulen gab (Lindner 2002), was nicht dem Begriff einer schulartenunabhängigen Orientierungsstufe entspricht.

Auch in Sachsen-Anhalt und Mecklenburg-Vorpommern, wo Mitte der 1990er bzw. Mitte der 2000er Jahre ein längeres gemeinsames Lernen für alle Kinder eingeführt wurde, mussten sich die Reformer*innen wohl auch den örtlichen Gegebenheiten anpassen. Statt die Grundschule um zwei Jahre zu erweitern oder eine schulartenunabhängige Orientierungsstufe zu installieren, wurde an den Sekundarschulen (Sachsen-Anhalt) bzw. den Regionalen Schulen (Mecklenburg-Vorpommern) eine Mittelstufe für alle Fünft- und Sechstklässler geschaffen. Dadurch müssten theoretisch alle Kinder, die später auf das Gymnasium wechseln wollten zwei Schulwechsel bzw. Übergänge vollziehen. Auch wenn die Untersuchung dieser beiden Schulreformen ein weitgehendes Forschungsdesiderat ist, so liegt die Vermutung nahe, dass Sekundarschulen und Regionale Schulen ohne fünfte und sechste Klassen in den beiden Ostbundesländern vielerorts nicht lebensfähig gewesen wären (aufgrund der Schülerzahl) und man deshalb gezwungen war, die Orientierungsstufen an diesen Schulformen zu installieren. In Sachsen-Anhalt wurde diese Struktur wieder verändert, in Mecklenburg-Vorpommern hat sie vor allem in den größeren Städten zu einem immensen Boom privater Grundschulen mit angeschlossenen weiterführenden Schulen (meist mit gymnasialer Oberstufe) geführt, die den Sinn der Reform für ein sozial gerechteres Schulsystem ad absurdum führen und ins Gegenteil verkehren (Helbig/Konrad/Nikolai 2019).

3. Wenn sich neue Strukturmerkmale in bestehende Systeme einpassen müssen – das Beispiel einer Kommune

Zuletzt wollen wir am Beispiel der thüringischen Landeshauptstadt Erfurt darstellen, vor welche Herausforderungen Kommunen durch schulpolitische Entscheidungen gestellt werden. Erfurt ist insoweit »repräsentativ«, als dass sich wie auch in Schulen anderer Städte Sanierungsmaßnahmen stauen (Generalsanierungen, energetische Sanierung und erforderliche Baumaßnahmen aufgrund moderner Anforderungen an den Brandschutz, Umbauten zur Integration von Kindern mit sonderpädagogischem Förderbedarf an Grund- und weiterführenden Schulen). Man spricht bereits heute von einer Aufgabe die bis weit in die 2030er Jahre andauern wird und deren Ende noch lange nicht in Sicht ist.

Die notwendigen Baumaßnahmen werden vorgenommen, ohne dass dabei die inhaltlichen und konzeptionellen Anforderungen der einzelnen Schularten noch die besonderen räumlichen Bedürfnisse besonderer Schulkonzepte berücksichtigt werden können. Die finanziellen Mittel sind begrenzt und die Konzentration liegt auf der Erledigung des Notwendigen. Die Bestandsgebäude in Erfurt sind größtenteils Massivbauten (z. T. unter Denkmalschutz) und DDR- Typenbauten der Serien 66 und

69 des Wohnungsbaukombinates Erfurt. Nur wenige Schulen verfügen über sonstige Bauten wie Container-, Fertigteil- oder Metallbauten. Gerade die Typenbauten wurden für die Umsetzungen der Polytechnischen Oberschulen entworfen und gebaut. Hier waren einheitliche Lehrpläne und Schulkonzepte umzusetzen. Es gab eine einheitliche Schulbaurichtlinie mit klaren Vorgaben zu Mindest- und Maximalgrößen bei Klassenräumen und Schülerzahlen pro Klasse (Scholz 1990). Damit gab es auch verbindliche Basiskapazitäten für jede Schule und diese wurden als Planungsgrundlage zur Schulnetzplanung eingesetzt.

Aktuell gibt es in Thüringen keine verbindliche Schulbaurichtlinie. Der Schulträger Erfurt hat für alle allgemeinbildenden Schulen eigene Kapazitäten festgelegt, die nur als Empfehlung für die Schulleitungen gelten. Die Aufnahme an einer Schule obliegt schlussendlich der Schulleitung. Diese agiert im Auftrag des Staatlichen Schulamtes und somit im Einvernehmen mit dem für Bildung zuständigen Ministerium. Ohne verbindliche Klassenunter- und Klassenobergrenzen ist die Bestimmung einer Aufnahmekapazität für Schulen nicht bzw. nur sehr schwer möglich.[41] Hinzu kommt, dass der Platzbedarf pro Schüler*in von ehemals 1,6m^2 pro Schüler*in, heute mindestens 2m^2 betragen soll Das heißt, dass in dem gleichen 50m^2 Raum heute nur noch 24 statt vormals 30 Schüler*innen passen. Dieser steigende Raumbedarf stellte während des Schülerrückgangs bis Anfang der 2000er Jahre kein Problem dar und verhinderte vielleicht sogar noch Schulschließungen. Mit den aktuell steigenden Schülerzahlen (in allen großen deutschen Städten) wird der gestiegene Raumbedarf zum Problem, das durch einige pädagogische Erfordernisse und Innovationen der letzten Jahre weiter verschärft wird. Seit Beginn der 1990er Jahren veränderte sich die Erfurter Schullandschaft stark. Mit der Einführung des zweigliedrigen Schulsystems nach der Wiedervereinigung wurden zahlreiche »Einheitsschulgebäude« von den neuen Schularten (Grundschule Regelschule, Gymnasium, ab 1993/94 Gesamtschule) weitergenutzt, die völlig unterschiedliche Anforderungen an die Bestandsschulkörper und die Bestandsräume stellten. Neubauten blieben in Erfurt lange Zeit Ausnahmen.

Die Anforderungen an die schulische Ausstattung für die aktuellen Lehrpläne mit neuen Unterrichtsfächern z. B. technisches Werken, Darstellen/Gestalten, MNT (Mensch-Natur-Technik) und der riesige Bedarf an neuer Informationstechnik und digitalen Medien kann nur langsam erfüllt werden. Zum Teil müssen vorhandene Fachkabinette (Chemie, Physik, Biologie, Werken) genutzt werden, da die Anzahl der dafür notwendigen großen Klassenräume an allen Schulen begrenzt ist. Die Anschaffung und Wartungen sowie später folgend die Umstellung der vorhandenen Medientechnik auf den neuesten Stand ist ebenfalls zeit- und kostenintensiv. Die vorhandene Gebäudestruktur bietet meist nur nach einer Generalsanierung die Möglichkeit, neue technische Medien schnell und mit geringen Kosten zu installieren. Bei den mehr-

41 Aktuell (2018/19) erarbeitet die Landesregierung ein neues Thüringer Schulgesetz das viele der fehlenden Vorgaben und Richtwerte enthalten soll.

heitlich noch unsanierten Schulgebäuden müssen stets noch die Elektrik und die notwendigen Datenleitungen installiert werden.

Des Weiteren stellen die binnendifferenzierte Förderung von Schüler*innen z. B. mit Migrationshintergrund im Fach Deutsch als Zweitsprachenunterricht (DAZ) und Kindern mit sonderpädagogischem Förderbedarf im Gemeinsamen Unterricht (GU) im Sinne der Umsetzung der UN- Behindertenrechtskonvention besondere Anforderungen an die sächlichen und räumlichen Bedingungen an die Schulen.

Diese werden nachträglich geschaffen, wobei auch hier aufgrund der vorhandenen Gebäudestruktur oft nur bauliche Kompromisse möglich sind. Mit der Umsetzung des GU und des DAZ-Unterrichtes steigt nicht nur der Bedarf an separaten eigens ausgestatteten Unterrichtsräumen (oft zu Multifunktionsräumen umgebaut), sondern auch an Büroräumen für die neuen Professionen, die im Rahmen des GU und DAZ an den Schulen eingesetzt werden. Dazu gehören die Kolleg*innen des Mobilen Sonderpädagogischen Dienstes, Sozialpädagog*innen und DAZ-Lehrer*innen. Oftmals werden hierfür bisher ungenutzte Kleinsträume (Archive, Abstellkammern, Beratungszimmer usw.) renoviert und technisch ausgestattet.

Hinzu kommen die zahlreichen reformpädagogischen Schulkonzepte, die es mittlerweile auch vielfach an öffentlichen Schulen gibt und die besondere Bedürfnisse an die Lern- und Unterrichtsumgebung stellen. Daran angepasst entwickeln die Schulen eigene Schul- und Unterrichtskonzepte. Diese Konzepte richten sich oftmals nicht nach der vorhandenen Gebäudestruktur, sondern formen über einen längeren Zeitraum das Bestandsgebäude durch Umstrukturierungen und Umbaumaßnahmen entsprechend ihrer Zwecke um. Dabei geht oftmals viel von der ehemals vorhandenen Aufnahmekapazität verloren.

Es gibt Schulkonzepte (z. B. das »Lernhausmodell«) wo zwischen zwei Unterrichtsräumen ein dritter verbundener Raum als »Pädagoge« fungiert und die durch entsprechende Ausstattung mit Arbeitsmaterialien und Möbeln nicht mehr zur Beschulung eines Klassenverbandes geeignet ist. Erfurt-spezifisch ist, dass während des starken Schülereinbruchs um die Jahrtausendwende (siehe Helbig/Konrad/Nikolai 2019), einige öffentliche Einrichtungen in einzelnen Schulen installiert wurden. Hierzu gehören etwa Zweigstellen von Stadt- und Regionalbibliotheken, Büros der Ortsteilbürgermeister*innen oder Heimatstuben für örtliche Vereine. Hinzu kommen weitere Räume für Theater AG's oder Proberäume für Schulchöre oder Schulbands.

Die Besonderheit des Hortes in Thüringen spielt auch eine wesentliche Rolle bei der erweiterten Raumbelegung. Da der Hort ein fester Bestandteil der Grundschulen ist, haben sich eigene Hortkonzepte mit separaten Raumkonzepten entwickelt.

Kommunale Versuche, die vorhandenen Schulkonzepte zu verändern, um Kapazitätsgewinne zu erzielen, werden von Seiten des zuständigen Ministeriums abgelehnt. Ein Problem bei der Implementierung von neuen Schulkonzepten ist die Tatsache, dass der Schulträger, der am Ende die finanzielle und organisatorische Hauptlast trägt, schulpolitisch und pädagogisch nicht mitreden darf, am Ende aber abzusichern hat, dass jedes Kind einen Schulplatz hat. Gemessen an den Erfurter Schulen, die 2001 und 2017 existierten, ist die Basiskapazität an den allgemeinbildenden Schulen (Grundschulen, Regelschulen und Gymnasium) um 4.050 Schulplätze zurückgegangen. D.h. in gerade einmal 16 Jahren verschwanden 19 Prozent aller Schulplätze aufgrund schulpolitischer Reformen oder pädagogischer Innovationen. Um dies noch einmal zu verdeutlichen: in den baulich vollständig gleichen Schulen ist nach diesem relativ kurzen Zeitraum 1/5 der Plätze verschwunden. Eines der extremsten Beispiele, stellt das Heinrich-Herz-Gymnasium dar. Dieser DDR Funktionsbau aus dem Jahr 1977 bot damals Platz für 1.400 Schüler, im Jahr 2001 nur noch Platz für 1.050 Schüler und im Jahr 2017 mit 768 Plätzen gerade mal noch die Hälfte der Ausgangskapazität.

4. Fazit und offene Forschungsfragen

Wir sind, wie auch einige andere Bildungsforscher*innen, vollständig davon überzeugt, dass in Deutschland über schulische Strukturreformen Fortschritte im Bildungssystem erreicht werden können. Dies gilt sowohl zur Vermeidung von Bildungsarmut, als auch für die Steigerung von Chancengleichheit im Schulsystem. Dennoch gibt es auch genügend Akteure (in Politik und Wissenschaft), die Strukturfragen für unwichtig halten.

Der vorliegende Artikel soll ein Beitrag dazu sein, Schulreformen aus einem völlig anderen Blickwinkel zu betrachten: der vorhandenen Bausubstanz. Das, was die Politikwissenschaft etwas »nebulös« mit dem Theorem Pfadabhängigkeit beschreibt, hat im Bereich Schule auch damit zu tun, dass es bestehende bauliche Strukturen gibt, die bei Reformversuchen nicht ausgeblendet werden können. Allerdings bleibt der Aspekt der baulichen Strukturen zumeist in Schulevaluationen und in der Schulpolitik völlig unterbelichtet.

Die Nichtberücksichtigung des Faktors »Beton«, der schulstrukturelle Entscheidungen und deren Implementation mitbestimmt, führt jedoch häufig zu Enttäuschungen. Besonders die Kommunen (mit Ausnahme der Stadtstaaten), deren Probleme wir hier an einem Beispiel diskutiert haben, werden bei der Diskussion von Schulreformen oft außen vorgelassen, auch wenn die Kommunen die jeweils neuen Erfordernisse mit oft sehr begrenzten Ressourcen umsetzen müssen. Die Beharrungskräfte in Köpfen und Beton, vielleicht aber auch damit zusammenhängende finanzielle Begrenzungen, führen dazu, dass Reformen häufig nicht wie angedacht umgesetzt werden können. Das bedeutet jedoch nicht, dass wir Schulen und ihrer Gestaltung nur von der Bausubstanz her denken sollten. Es geht aber darum, die Bausubstanz in zukünftigen Schulreformen miteinzubeziehen, um Handlungsspielräume stärker zu berücksichtigen und damit Frustration auf allen Ebenen zu vermeiden. Ebenso sollte auch die Schulforschung die Rolle der Gebäudeinfrastruktur für Entscheidungsprozesse in der Schulpolitik und auch in der institutionellen Entwicklung von Schulsystemen in Analysen einbeziehen. Denn nur so wird ein hollistischeres Bild möglich, um die Argumentationen und auch die Entscheidungsspielräume schulpolitischer Akteure zu erfassen.

5. Literatur

Abgeordnetenhaus Berlin (AGH) (2010): »Schulentwicklungs-Teilplan für das Land Berlin »Schulnetz Schulen der Sekundarstufe I«». 16. Wahlperiode, Drucksache 16/3393 vom 27.07.2010. https://tinyurl.com/nyrd5jn (Abruf 19.3.2017).

Berkemeyer, N./Hermstein, B./Manitius, V. (2016): Auf dem Weg zu einer raumorientierten Schulsystemforschung. In: Zeitschrift für Pädagogik 62, H. 1, S. 48–61.

Blanck, J. M./Edelstein, B./Powell, J. J.W. (2013): Persistente schulische Segregation oder Wandel zur inklusiven Bildung? In: Schweizerische Zeitschrift für Soziologie 39, H. 2, S. 267–292.

Berliner Morgenpost (BMP) (2014): Berliner Eltern meiden Sekundarschulen ohne Oberstufe. In: Berliner Morgenpost Online vom 29.09.2014 (auch online unter https://tinyurl.com/mfa8dud, (Abruf 22.3.2017).

Böhme, J. (Hrsg.) (2009): Schularchitektur im interdisziplinären Diskurs. Territorialisierungskrise und Gestaltungsperspektiven des schulischen Bildungsraums. Wiesbaden: VS Verlag für Sozialwissenschaften.

Drope, T./Jurczok, A. (2013): Weder gleichwertig noch gleichartig. Besonderheiten und Problemlagen Integrierter Sekundarschulen in einem sozio-ökonomisch schwachen Stadtteil Berlins. In: Zeitschrift für Pädagogik 59, H. 4, S. 496–507.

Edelstein, B. (2016): Stabilität und Wandel der Schulstruktur aus neoinstitutionalistischer Perspektive. In: Berkemeyer, N./Hermstein, B./Manitius, V. (Hrsg.): Institutioneller Wandel im Bildungsbereich – Reform ohne Kritik? Münster: Waxmann, S. 47–70.

Edelstein, B./Nikolai, R. (2013): Strukturwandel im Sekundarbereich. Determinanten schulpolitischer Reformprozesse in Sachsen und Hamburg. In: Zeitschrift für Pädagogik 59, H. 4, S. 482–494.

Friedeburg, L. v. (Hrsg.) (1992): Bildungsreform in Deutschland. Geschichte und gesellschaftlicher Widerspruch. Frankfurt am Main: Suhrkamp.

Geißler, G. (2013): Schulgeschichte in Deutschland. Von den Anfängen bis in die Gegenwart. 2. Auflage. Frankfurt am Main, Berlin, Bern, New York, Paris, Wien: Peter Lang.

Hartong, S./Nikolai, R. (2016): Schulstrukturreform in Bremen: Promotoren und Hindernisse auf dem Wege zu einem inklusiveren Schulsystem. In: Moser, V./Lütje-Klose, B. (Hrsg.): Schulische Inklusion (Zeitschrift für Pädagogik, 62. Beiheft). Weinheim, Basel: Beltz Juventa, S. 105–123.

Helbig, M./Konrad, M./Nikolai, R. (2019): Entwicklung der Schulinfrastruktur in Ostdeutschland und die Rolle privater Schulen. In: Fickermann, D./Weishaupt, H. (Hrsg.): Bildungsforschung mit Daten der amtlichen Statistik (DDS - Die Deutsche Schule, 14. Beiheft). Münster: Waxmann, S. 105–120

Helbig, M./Nikolai, R. (2015): Die Unvergleichbaren. Der Wandel der Schulsysteme in den deutschen Bundesländern seit 1949. Bad Heilbrunn: Klinkhardt.

Helbig, M./Nikolai, R. (2017): Alter Wolf im neuen Schafspelz? Die Persistenz sozialer Ungleichheiten im Berliner Schulsystem. In: WZB Discussion Paper P 2017-001.

Herrlitz, H.-G./Hopf, W./Titze, H. (2009): Deutsche Schulgeschichte von 1800 bis zur Gegenwart. Weinheim, München: Juventa.

Kann, C. (2017): Schulschließungen und Umbau von Schulstandorten. Steuerungsansätze bei sinkenden Schülerzahlen und die Rolle der Privatschulen. Wiesbaden: Springer VS.

Klemm, K. (2018): Unterwegs zur inklusiven Schule. Lagebericht 2018 aus bildungsstatistischer Perspektive. Gütersloh: Bertelsmann.

Köhler, G./Knauss, G./Zedler, P. (2000): Der bildungspolitische Einigungsprozess 1990. Verlauf und Ergebnisse der deutsch-deutschen Verhandlungen. Opladen: Leske & Budrich.

Köller, O. (2008): Gesamtschule – Erweiterung statt Alternative. In: Cortina, K. S./Baumert, J./Leschinsky, A./Mayer, K. U./Trommer, L. (Hrsg.): Das Bildungswesen in der Bundesrepublik Deutschland. Reinbek bei Hamburg: Rowohlt, S. 437–464.

Maaz, K./Baumert, J./Neumann, M./Becker, M./Dumont, H. (Hrsg.) (2013): Die Berliner Schulstrukturreform. Münster: Waxmann.

Neumann, M./Becker, M./Baumert, J./Maaz, K./Köller, O. (Hrsg.) (2017): Zweigliedrigkeit im deutschen Schulsystem: Potenziale und Herausforderungen in Berlin. Münster: Waxmann.

Niemann, D. (2010): Deutschland – Im Zentrum des PISA-Sturms. In: Knodel, P./Martens, K./de Olano, D/Opp, M. (Hrsg.): Das PISA-Echo. Internationale Reaktionen auf die Bildungsstudie. Frankfurt am Main: Campus, S. 59–90.

Nikolai, R. (2016): Institutioneller Wandel durch Politiknetzwerke? In: Kolleck, N./Kulin, S./Bormann, I./Haan, G. de/Schwippert, K. (Hrsg.): Traditionen, Zukünfte und Wandel in Bildungsnetzwerken. Münster: Waxmann, S. 17–36.

Nikolai, R. (2018): Schulpolitik im Wandel: Historische Wurzeln und schulstrukturelle Wege in den ostdeutschen Bundesländern und Berlin nach der Wiedervereinigung. Berlin, Bern, Bruxelles, New York, Oxford, Warszawa, Wien: Peter Lang.

Nikolai, R. (2019): Zweigliedriges Schulsystem. In: Gläser-Zikuda, M./Harring, M./Rohlfs, C. (Hrsg.): Handbuch Schulpädagogik. Münster: Waxmann, S. 94–102.

Nikolai, R./Rothe, K. (2017): Entscheidungen in der Schulpolitik: Begründungsmuster von Parteien und die Rolle von Wissen. In: Reh, S./Glaser, E./Behm, B./Drope, T. (Hrsg.): Wissen machen. Beiträge zu einer Geschichte erziehungswissenschaftlichen Wissens in Deutschland 1945 bis 1990 (Zeitschrift für Pädagogik, 63. Beiheft). Weinheim, Basel: Beltz Juventa, S. 124–142.

Paulitz, B. (2015): Die Entwicklung der Berliner Schulstandorte nach der Einführung der Integrierten Sekundarschulen. Institut für Erziehungswissenschaften, Humboldt-Universität zu Berlin.

PISA-Konsortium Deutschland (2008): PISA 2006 in Deutschland. Münster: Waxmann.

Sass, K. (2018): Cleavages and coalitions. Comprehensive school reforms in Norway and North Rhine-Westphalia/Germany (1954-1979). Bergen: University of Bergen.

Scholz, M. (1990): Schulbau in der DDR 1949-1989. Sekretariat der Kultusministerkonferenz, Zentralstelle für Normungsfragen und Wirtschaftlichkeit im Bildungswesen, Berlin. www.kmk.org/fileadmin/veroeffentlichungen_beschluesse/1990/1990_01_01-Schulbau-in-der-DDR.pdf (Abruf 08.10.2017).

Statistisches Bundesamt (StBa) (verschiedene Jahrgänge): Fachserie 11.1. Wiesbaden: Statistisches Bundesamt.

Töller, A. E./Pannowitsch, S./Kuscheck, C./Mennrich, C. (2011): Direkte Demokratie und Schulpolitik. In: Zeitschrift für Parlamentsfragen 42, H. 3, S. 503–523.

Janna Teltemann

Soziale und migrationsbedingte Bildungsungleichheiten und Schulreform

Soziale Ungleichheiten beim Bildungserwerb müssen als ein Strukturmerkmal westlicher Gesellschaften gelten. Spätestens seit Beginn der 1960er Jahre, als Georg Picht auf »Die deutsche Bildungskatastrophe« hinwies, steht der Befund der Kopplung von Bildungserfolg und Herkunft in unterschiedlichen Konjunkturen im Fokus bildungsreformerischer Debatten. Die Veröffentlichung der ersten PISA-Studie im Jahr 2001 hat die Diskussion erneut befeuert, weil die Studie gezeigt hat, dass der Zusammenhang zwischen Statusmerkmalen der Eltern und den Kompetenzen der Kinder in keinem anderen Teilnehmerland so stark war wie in Deutschland. Die Diskussion um soziale Disparitäten und Bildungsgerechtigkeit hat die Reformdebatten seitdem entscheidend geprägt.

PISA hat auch erstmals flächendeckend gezeigt, wieviele Schüler/innen mit Migrationshintergrund in Deutschland zur Schule gehen und wie sich ihre durchschnittlichen Kompetenzen im Vergleich zu Schüler/innen ohne Migrationshintergrund darstellen. Ungleiche Schulleistungen und Bildungsbeteiligungen, die nicht zurückzuführen sind auf individuelle Anstrengung und Talent, sondern systematisch mit »nicht erworbenen« (askriptiven) Merkmalen einhergehen, stehen in Widerspruch zum Ideal der Meritokratie und müssen als ungerecht gelten. Der Beitrag zeigt zunächst das Ausmaß und die Entwicklung von Indikatoren des ungleichen Bildungserwerbs zwischen sozialen Schichten und Gruppen mit und ohne Migrationshintergrund. Im Anschluss folgt eine Darstellung der Ursachen für soziale und migrationsbedingte Bildungsungleichheit. Nach einer kurzen Übersicht über mögliche (politische) Ziele zur Erreichung von Gerechtigkeit und Gleichheit von Bildung folgt eine Diskussion der möglichen Interventionsbereiche und Reformansätze der vergangenen Jahre.

1. Bildungsungleichheit in Deutschland

1.1 Soziale Bildungsungleichheit

Um ungleichen Bildungserwerb zwischen sozialen Gruppen darzustellen wird in der Regel auf die Bildungsübergänge, erworbene Abschlüsse oder Kompetenzniveaus geschaut. Der sozioökonomische Status wird zumeist über Variablen wie das Bildungsniveau, den ausgeübten Beruf oder das Einkommen und Vermögen (ggf. der Eltern) abgebildet. Aus der Kombination dieser Merkmale wurde eine Reihe von unterschiedlichen Statusmaßen entwickelt (Watermann et al. 2016). Die in Tabelle 1 gezeigten Werte geben die erklärte Varianz aus einem Regressionsmodell, in dem die Lesekompetenzwerte aus den sechs PISA-Studien zwischen 2000 und 2015 auf den PISA Index of economic, social/cultural status (ESCS) zurückgeführt wurde, an. Die Tabelle zeigt, dass der Anteil zwischen 2000 und 2009 schwankte, jedoch seit dem Jahr 2009 zurückgegangen ist und so im Jahr 2016 sechs Prozentpunkte unter dem Wert von 2000 lag. Im internationalen Vergleich sind die deutschen Werte sehr hoch, so lag die erklärte Varianz im Jahr 2000 in Norwegen beispielsweise nur bei etwa 8 Prozent, in Finnland nur bei 7 Prozent.

	2000	2003	2006	2009	2012	2015
Anteil der erklärten Varianz der Leseleistungen durch den ESCS-Index	0.19	0.23	0.16	0.18	0.15	0.13

Tab. 1: Anteil der durch den sozioökonomischen Status erklärten Varianz der Lesekompetenzen (OECD PISA database 2000; 2003; 2006; 2009; 2012; 2015; eigene Berechnungen)

Betrachtet man die Bildungsbeteiligung nach Bildungsabschluss der Eltern (vgl. Tab. 2), zeigt sich, dass im Jahr 2015 61 Prozent der Kinder von Eltern mit hoher Bildung ein Gymnasium besuchten, jedoch nur 14 Prozent der Kinder von Eltern mit niedrigem Bildungsniveau. Auch der Anteil der Kinder von Eltern mit mittlerem Bildungsniveau am Gymnasium war 2015 nur halb so groß wie der Anteil der Kinder mit hoch gebildeten Eltern. Der Anteil von Kindern auf Hauptschulen ist deutlich gesunken, dafür haben sich die Anteile auf Schulen mit mehreren Bildungsgängen erhöht, jedoch am wenigsten in der Gruppe der Kinder von Eltern mit hoher Bildung.

Kind besucht ...	Höchster allgemeiner Bildungsabschluss der Eltern					
	Hohe Bildung		Mittlere Bildung		Niedrige Bildung	
	2010	2015	2010	2015	2010	2015
Gymnasium	61	61	31	30	12	14
Realschule	21	18	43	35	36	33
Hauptschule	6	3	15	7	38	22
Schule mit mehreren Bildungsgängen	11	18	12	28	14	31

Tab. 2: Bildungsabschluss der Eltern und Schulformbesuch der Kinder (Ergebnisse des Mikrozensus 2015 – Bevölkerung in Familien/Lebensformen am Hauptwohnsitz)

Eine weitere bekannte Darstellung der Bildungsungleichheit ist der sogenannte Bildungstrichter. Er gibt unter anderem an, wieviele Kinder aus Akademikerhaushalten ein Studium aufnehmen, im Vergleich zu Kindern ohne akademischen Hintergrund. 2018 gingen von 100 Akademikerkindern 79 an eine Hochschule, jedoch nur 27 Kinder aus Nicht-Akademikerhaushalten. Dieses Ungleichverhältnis hat sich zwar verringert (von 81 zu 11 im Jahr 2000), dennoch ist der Unterschied weiterhin überdeutlich.

1.2 Migrationsbezogene Bildungsungleichheit

Nach der Definition des Statistischen Bundesamtes hat eine Person einen Migrationshintergrund »wenn sie selbst oder mindestens ein Elternteil nicht mit deutscher Staatsangehörigkeit geboren ist« (Statistisches Bundesamt 2017). Entsprechend dieser Definition zeigt Tab. 3 Bildungsbeteiligung und Abschlüsse in verschiedenen Altersgruppen für Personen mit und ohne Migrationshintergrund (MH). Bei den vorschulischen Einrichtungen haben sich die Anteile der Personen mit Migrationshintergrund zwischen 2010 und 2015 erhöht, liegen jedoch weiterhin unter den Kindern ohne MH. Bei den 0- bis 3-jährigen ist der Anteil in der Gruppe ohne MH fast doppelt so hoch. Dieser ungleiche Zugang ist besonders problematisch, weil die frühkindliche Bildung einen entscheidenden Einfluss auf die Bildungskarriere hat (Blossfeld et al. 2007). In der Gruppe der 15 bis 19 Jahre alten Jugendlichen hat sich der Unterschied in der Hauptschulbeteiligung zwischen den beiden Gruppen verringert, trotzdem haben Jugendliche mit MH häufiger einen Hauptschulabschluss als Jugendliche ohne MH. Auf der anderen Seite haben mehr Jugendliche ohne MH in dieser Altersgruppe das Abitur, der Abstand zwischen beiden Gruppen ist über die Zeit auch nicht geringer geworden. Zu beachten ist jedoch, dass Jugendliche mit MH das Abitur möglicherweise später machen. Dramatisch sind die Gruppenunterschiede für die Kategorien »Kein Schulabschluss« ohne »ohne Berufsausbildung«. Hier sind die Anteile für die Personen im Alter von 25 bis 34 Jahren bei den Migranten mehr als drei Mal so hoch. Andererseits ist auch der Anteil derjenigen Personen mit Hochschulabschluss bei den Migranten höher. Die Verteilungen unterscheiden sich also offensichtlich; es gibt mehr gering Qualifizierte, aber auch mehr hoch Qualifizierte bei den Migranten.

Alter		2010	2011	2012	2013	2014	2015	
0 bis 3 Jahre	Krippe/ Tages-mutter/-vater	12.2	14.0	15.8	17.1	19.8	21.6	mit MH
		27.7	30.1	32.7	34.6	37.9	37.7	ohne MH
3 bis 6 Jahre	Kindergarten	85.7	84.9	87.0	84.7	84.7	90.1	mit MH
		94.9	96.6	96.3	97.7	97.8	97.1	ohne MH
15 bis 19 Jahre	Hauptschul-abschluss	36.9	37.3	33.0	34.8	28.6	26.5	mit MH
		27.3	27.2	25.1	27.1	20.8	20.8	ohne MH

	Realschulabschluss	37.6	35.8	39.9	36.9	42.7	44.3	mit MH
		48.8	49.0	48.8	43.6	48.5	50.9	ohne MH
	Abitur	9.3	12.5	12.5	15.8	17.7	17.1	mit MH
		13.6	15.1	17.9	21.3	23.1	22.8	ohne MH
	Kein Schulabschluss	16.2	14.4	14.6	12.5	11.0	12.3	mit MH
		10.4	8.7	8.2	7.9	7.6	5.4	ohne MH
25 bis 34 Jahre	Ohne Berufsausbildung	34.3	33.4	32.1	31.4	31.0	31.1	mit MH
		10.4	90.9	9.9	9.9	9.5	9.3	ohne MH
	(Fach-) Hochschulabschluss		27.6	29.7		36.2	37.0	mit MH
			23.9	25.6		29.9	31.1	ohne MH

Tab. 3: Bildungsbeteiligung nach Altersstufen und Migrationshintergrund (Teltemann/Rauch 2018)

Schulleistungsvergleiche wie die OECD PISA-Studie erlauben es, die durchschnittlichen Kompetenzen von verschiedenen Gruppen miteinander zu vergleichen. In PISA ist eine Unterscheidung von verschiedenen Migrantengenerationen auf Basis des Geburtslandes der befragten Schüler/innen und ihrer Eltern möglich. Schüler, die selbst (und deren Eltern) im Ausland geboren wurden, gehören der ersten Generation an. Schüler/innen, die in Deutschland mit im Ausland geborenen Eltern geboren wurden, gehören zur zweiten Generation.

		2000	2003	2006	2009	2012	2015
Migrationshintergrund	Ohne Migrationshintergrund	508	517	510	511	522	526
	Zweite Generation	434	420	427	457	481	478
	Erste Generation	419	431	440	450	445	431

Tab. 4: Lesekompetenzen nach Migrationshintergrund (OECD PISA database 2000; 2003; 2006; 2009; 2012; 2015; eigene Berechnungen)

Vergleicht man die Befunde aus PISA 2015 mit PISA 2000 zeigt sich (vgl. Tab. 4), dass alle Gruppen ihre Leistungen über die Zeit verbessern konnten. Am deutlichsten haben sich die Leistungen der zweiten Generation verbessert, die 2015 44 Punkte besser abschnitt und damit einen Leistungszuwachs von etwa einem Schuljahr zeigt. Die Leistungen der ersten Generation zeigen im Zeitverlauf stärkere Schwankungen, was möglicherweise durch neue Herkunftsländer und eine unterschiedliche durchschnittliche Aufenthaltsdauer der getesteten Kohorten zu erklären ist. Auffällig ist auch, dass in den Jahren 2003 und 2006 die erste Generation sogar bessere Leistungen als die zweite Generation zeigte. Obwohl sich die Leistungen absolut verbessert haben, hat sich die Leistungslücke zwischen der ersten Generation und den Schüler/innen ohne MH vergrößert (von 89 auf 95 Punkte). Verringert hat sich die Leistungslücke für die zweite Generation, die Leistungen der zweiten Generation liegen jedoch weiterhin gut ein Schuljahr unter den Schüler/innen ohne MH.

2. Wie entsteht soziale und migrationsbedingte Bildungsungleichheit?

Der Zusammenhang zwischen sozialem Hintergrund und Bildungserfolg ist einer der stabilsten und ältesten Befunde der Bildungsforschung und hat unterschiedliche Theorieperspektiven inspiriert. Eine wichtige Position markiert Pierre Bourdieu mit seiner Theorie der kulturellen Reproduktion (Bourdieu 1976). Die Theorie beschreibt, wie Eltern mit Hilfe ihrer sozialisatorischen Praktiken (Vorlesen, Museumsbesuche, Erziehungsstil, usw.) ihre kulturelle Kapitalausstattung in den Habitus ihrer Kinder »verwandeln«. Die schichtspezifischen Habitus der Kinder werden in der Schule jedoch unterschiedlich anerkannt und belohnt (»Passungsverhältnisse«), einige Habitus erfüllen die Leistungsvoraussetzungen in der Schule besser und so selektiert das Schulsystem unterschiedliche Schichten in unterschiedliche Schulformen. Geprägt durch die »Ideologie« der Meritokratie führen erfolgreiche Schüler/innen ihre guten Leistungen auf ihre Anstrengungen zurück, während die weniger Erfolgreichen ihre geringeren Chancen und Lebenslagen akzeptieren. Diese konflikttheoretische Sichtweise geht entsprechend davon aus, dass das Bildungssystem derart gestaltet ist, dass die bestehenden Machtverhältnisse intergenerational erhalten werden (Bourdieu/Passeron 1971). Die Theorie der kulturellen Reproduktion nimmt also vorrangig bestehende Ungleichheitsverhältnisse, die Schule als »Mittelschichtinstitution« und das gegliederte Schulsystems als Ursache für ungleiche Bildungsergebnisse in den Blick.

In quantitativ-empirischen Arbeiten, wurde hingegen stärker auf die Bedeutung individueller Bildungsentscheidungen für die Erklärung ungleicher Bildungsergebnisse abgehoben. Die individualistische Perspektive geht vor allem zurück auf die Arbeiten von Raymond Boudon (1974) zu primären und sekundären Effekten der sozioökonomischen Herkunft. Boudon geht davon aus, dass Bildungsungleichheit aus zwei unterschiedlichen Quellen resultiert. Zum einen unterscheiden sich aufgrund der unterschiedlichen Ressourcenausstattungen in den Familien die Sozialisationsbedingungen. Daraus resultieren spezifische Fähigkeiten der Kinder, sodass schon vor Beginn der verpflichtenden Schulzeit die Lernleistungen von Kindern aus oberen Schichten höher sind (»primäre Effekte«). Zusätzlich zu diesen Leistungsunterschieden wirkt ein zweiter Mechanismus, die sogenannten sekundären Effekte. Selbst bei gleichen Leistungen treffen Angehörige unterschiedlicher Schichten unterschiedliche Entscheidungen beim Durchlaufen des Bildungssystems.

Boudon und auch die an ihn anschließenden Theorieansätze gehen davon aus, dass die unterschiedlichen Schichten die mit den einzelnen Bildungsalternativen (z. B. Schulformen) verbundenen Folgen unterschiedlich einschätzen und bewerten.

Gewählt wird in der Regel die Alternative, die von den Individuen als für sie am nützlichsten eingeschätzt wird. Ein wichtiger Bestandteil ist dabei das Motiv des intergenerationalen Statuserhaltes. Familien möchten ihren sozialen Status an die nächste Generation weitergeben. Angehörige unterschiedlicher Schichten müssen dafür aber unterschiedliche Bildungsentscheidungen treffen. Für die unteren Schichten besteht z. B. nicht so ein starker Anreiz und entsprechend ein geringerer eingeschätzter Nutzen für den Gymnasialbesuchs.

Die an Boudon anschließenden Theorieansätze haben überwiegend quantitative, auf Individualdaten beruhende Analysen von unterschiedlichem Übergangsverhalten geprägt. Werden andere Merkmale und Ursachen von Bildungsungleichheit in den Blick genommen, zum Beispiel Bildungsaspirationen, bieten sich weitere theoretische Zugänge an, zum Beispiel das sogenannte Wisconsin-Modell des Statuserwerbs (Sewell/Heller/Portes 1969), das den Einfluss einflussreicher »Anderer«, wie Eltern oder Freunde auf Bildungsmotivation und schließlich das bildungsbezogene Verhalten in den Blick nimmt.

2.1 *Migrationsbedingte Bildungsungleichheit*

In der umfassenden Literatur zur Erklärung migrationsbedingter Bildungsungleichheit lassen sich vier zentrale Einflussfaktoren identifizieren: Unterschiede in der sozialen Lage zwischen Personen mit und ohne MH, Sprachdefizite, Bezugsgruppeneffekte und Effekte des Bildungssystems (Ruhose 2013). Ein Großteil der beobachteten Unterschiede in den Bildungsleistungen zwischen Personen mit und ohne MH resultiert daraus, dass Migranten einen im Durchschnitt geringeren sozioökonomischen Status aufweisen. Diese geringere Ressourcenausstattung kommt unter anderem dadurch zustande, dass Voraussetzungen für den Statuserwerb (zum Beispiel berufliche Qualifikationen) im Aufnahmeland nicht anerkannt werden. Auch andere Ressourcen des Statuserwerbs werden durch die Migration zum Teil entwertet, allen voran die Sprache. Weniger ins Gewicht fallen für Personen mit MH jedoch die sekundären Statuseffekte. Das liegt daran, dass Migranten häufig eine positiv selektierte Gruppe in Hinblick auf ihre Aufstiegsmotivation darstellen. Auch bei geringerer Erfolgsaussicht treffen sie deshalb häufiger ambitionierte Bildungsentscheidungen (Dollmann 2016).

Für Migranten spielt zudem ihr soziales Kapital eine wichtige Rolle. Aufgrund ihrer geringeren Kenntnis der Gepflogenheiten und »Spielregeln« des Aufnahmelands, sind sie häufig in besonderem Maße auf Informationsfluss und Unterstützung durch soziale Kontakte angewiesen. Wenn Migranten als Folge residentieller Segregation häufiger Schulen und Klassen mit hohem Migrantenanteil besuchen, so kann dies Gelegenheiten zum Spracherwerb verringern. Gleichzeitig kann es auch entlastend sein, mit Mitschüler/innen mit ähnlichen Erfahrungen zusammenzulernen. Zudem können sich auch positive Lernvoraussetzungen wie hohe Motivationen in der Gruppe verbreiten. Die Wirkung der individuellen Voraussetzungen für den Bildungserfolg von Migranten hängt letztlich auch von den Strukturen des Bildungssystems ab (Teltemann/Schunck 2016).

Innerhalb des Bildungssystems kann es auch zu Diskriminierungen kommen, was eine weitere Erklärung für Ungleichheit zwischen Gruppen mit und ohne Migrationshintergrund wäre (Diehl/Fick 2016). Verschiedene empirische Arbeiten, zum Beispiel zu Übergangsempfehlungen, haben für Deutschland jedoch keine belastbaren Belege für eine individuelle Diskriminierung durch Lehrkräfte ergeben. Das bedeutet nicht, dass diskriminierendes Lehrerhandeln gar keine Rolle spielt, da Studien gezeigt haben, dass Lehrkräfte in Abhängigkeit des sozioökonomischen Hintergrunds unterschiedliche Schulformempfehlungen geben (Bos et al. 2004). Da Schüler/innen mit Migrationshintergrund überdurchschnittlich in unteren Statusgruppen sind, sind sie von dieser Form der Diskriminierung stärker betroffen. Das Konzept der institutionellen Diskriminierung (Gomolla/Radtke 2002) weist zudem darauf hin, dass existierende Strukturen und Praktiken in Schule und Bildungssystemen faktisch diskriminierend wirken können, wenn die ungleichen Lernvoraussetzungen nicht explizit berücksichtigt werden.

3. Was heißt Bildungsgerechtigkeit?

Die Frage, wie die Kopplung von Bildungserfolg und Herkunft verringert werden kann gehört zu den drängendsten Fragen der gegenwärtigen Bildungspolitik – auch weil sie nicht einfach zu beantworten ist. Die Schwierigkeiten beginnen schon bei der Frage, welcher Grad von Bildungsgleichheit anzustreben ist. Da Bildungsgleichheit im Sinne gleicher Bildungsergebnisse weder ein realistisches noch ein erwünschtes Ziel ist, wird häufig von Bildungsgerechtigkeit oder Chancengleichheit, bzw. Chancengerechtigkeit gesprochen – ohne dass dabei immer klar wäre, was gemeint ist. Faktisch wird von der Schule und dem Bildungssystem mindestens erwartet, bestehende Unterschiede in Fähigkeiten, die mit der Herkunft von Schüler/innen einhergehen, nicht zu verstärken. Darüber hinaus besteht weitestgehend Einigkeit, dass ein »sozialpolitisch korrigierender Einfluss auf die Ausschöpfung von Bildungspotenzialen« (Radtke 2004, S. 641) zu fordern ist, also eine bloße Weiterleitung der gegebenen unterschiedlichen Voraussetzungen in ungleiche Bildungsergebnisse nicht zufriedenstellend ist. Ebenso ist es eine Aufgabe von Bildungssystemen, die kulturelle und demokratische Einheit und Integration zu fördern (Fend 2008). Allerdings sind der Schule und dem Bildungssystem Grenzen in der Kompensation der unterschiedlichen Erfolgsvoraussetzungen und der Integration gesetzt. Um dies zu verdeutlichen, ist es hilfreich, vier Aspekte von Bildung zu unterscheiden (Giesinger 2015): (1.) Zugang, (2.) Chancen, (3.) Leistungen, (4.) Funktionen von Bildung. In Bezug auf (1.), den Zugang zu Bildung, so ist durch das verfassungsmäßige Recht auf Bildung und ein kostenfreies öffentliches Schulsystem zwar scheinbar gesichert (»formale Chancengleichheit«). Dieser formal gleiche rechtliche Anspruch führt jedoch in der Realität durchaus zu unterschiedlichen Zugangsmöglichkeiten. Da bei der Schulwahl räumliche Nähe zum Wohnort eine der wichtigsten Determinanten ist, übersetzt sich die Segregation von Wohnstandorten in der Regel in die Segregation der Schulen, sodass sich auch zwischen Wohnstandorten die Zugangsmöglichkeiten zu Bildung insofern unterscheiden, da zum Beispiel weitere Wege zurückgelegt werden müssen, oder Schulen besucht werden müssen, die von vornherein durch ihre Nachbarschaft mit erschwerten Lernbedingungen konfrontiert sind. Auch der Ausbau des Privatschulwesens verändert die Wahlfreiheit in Bezug auf die Schulen. In den ostdeutschen Bundesländern besucht jeder 10. Schüler eine Privatschule, in den westdeutschen Bundesländern sind es knapp 9 Prozent, auch diese Schulen sind regional sehr unterschiedlich verteilt (Autorengruppe Bildungsberichterstattung S. 44). Die formale Zugangsgleichheit reicht jedoch auch aufgrund der primären Effekte nicht aus, um Gerechtigkeit herzustellen, (siehe dazu Abschnitt 3), weil Kinder aus unterschiedlichen sozialen Gruppen unterschiedliche (2.) Erfolgschancen im Bildungssystem haben. Eine vollständige Entkopplung von Herkunftsmerkmalen und Bildungserfolg, wie sie mit dem Begriff »Equity« beschrieben wird, ist kaum möglich, da die Erfolgsbedingungen schon sehr früh geprägt werden und eine Kompensation Interventionen im frühesten Kindesalter (bzw. pränatal) erfordern würde. Die Frage ist also, bis zu welchem Grad eine Entkopplung von Hintergrundmerkmalen und Bildungserfolg möglich ist. Die Antwort ist eher relativ als absolut zu bestimmen und ergibt sich in der Regel aus dem empirischen (internationalen) Vergleich. Wenn Studien wie PISA zeigen, dass es deutliche Unterschiede zwischen Teilnehmerländern in Bezug auf verschiedene Ungleichheitsindikatoren gibt, so gibt dies Orientierung für mögliche Ziele in Bezug auf »Equity«.

Drittens stellt sich die Frage, wie mit Blick auf die (3.) Ergebnisse von Bildung Gerechtigkeit erreicht werden könnte. Das Gleichheitsprinzip ist hier zumindest wenig erstrebenswert. In arbeitsteiligen Gesellschaften und angesichts unterschiedlich verteilter Talente und Anstrengungsbereitschaften wären gleiche Bildungsergebnisse nicht funktional. Gleichwohl kann Ergebnisgleichheit im Sinne einer proportionalen Chancengleichheit gedacht werden. Dies würde bedeuten, dass sich die Verteilungen von Bildungsergebnissen (zum Beispiel von Kompetenzen) nicht zwischen verschiedenen Gruppen unterscheiden. So sollten sich zum Beispiel in Tabelle 2 die Anteilswerte der besuchten Schulformen nicht zwischen Bildungsgruppen der Eltern unterscheiden. Dies wäre gleichbedeutend mit Equity im Sinne der Entkopplung von Herkunftsmerkmalen und Bildungserfolg – und damit als absolutes Ziel unrealistisch. Dennoch kann eine Gleichheit von Bildungsergebnissen gefordert und angestrebt werden, nämlich mit Blick auf (4.) die Funktionen und Konsequenzen von Bildung. Eine zentrale Funktion von Bildung ist die Vorbereitung auf eine eigenständige Teilhabe an der Gesellschaft und ihren Teilsystemen. Gerechtigkeit kann hier als Teilhabegerechtigkeit verstanden werden, und wäre erreicht, wenn eine Ergebnisgleichheit in der Form hergestellt wäre, dass alle das Bildungsniveau erreichen, das nötig ist, um teilzuhaben. Oberhalb dieser Schwelle gäbe und bräuchte es Ungleichheit. Um eine solche Form der Bildungsgerechtigkeit zu erreichen, wäre es also erforderlich, zu ermitteln, welches Bildungsniveau für die Befähigung zur Teilhabe notwendig ist. Zudem müsste regelmäßig geprüft werden, ob alle, die das Bildungssystem verlassen, tatsächlich dieses Niveau erreichen – um bei drohender Nicht-Erreichung mit entsprechender Förderung gegenzusteuern. Es geht dabei also um die Frage der Verteilung der Ressourcen, die nötig sind, damit das Bildungssystem dem Auftrag der Teilhabe gerecht werden kann (Radtke 2004). Bildungsstandards, wie sie in den letzten Jahren in vielen Bildungssystemen etabliert und ausgebaut wurden, können entsprechend auch ein Instrument zur Förderung von Bildungsgerechtigkeit darstellen. Im nächsten Abschnitt werden diese und ähnliche Reformen zur Förderung von Bildungsgerechtigkeit dargestellt und in Hinblick auf ihre Wirksamkeit diskutiert.

4. Schulreformen für mehr Bildungsgerechtigkeit

Viele der jüngeren Reformbemühungen im deutschen Bildungsssytem wurden mit dem Verweis auf die Förderung der Chancengerechtigkeit begründet. Die Maßnahmen und Veränderungen richteten sich dabei auf verschiedene Ebenen des Bildungsprozesses. Schul- und Bildungsreform können nur einen Teil der Einflussfaktoren auf Bildungsungleichheit adressieren. Sie können zum Beispiel nicht die Ausgangsbedingungen, wie die grundsätzliche sprachliche und soziale Zusammensetzung der Gesamtschülerschaft, verändern. Wohl aber kann zum Beispiel die Verteilung der heterogenen Schülerschaft auf verschiedene Schulen und Schulformen gesteuert werden.

Die sichtbarste und gravierendste reformerische Veränderung ist entsprechend die *Reform der Schulstruktur*. Nicht erst seit Veröffentlichung der ersten PISA-Ergebnisse ist die traditionelle Gliederung des Schulsystems die »Hauptverdächtige« unter den potenziellen Ursachen für die Bildungsungleichheit. Das Grundproblem der Gliederung besteht darin, dass sich die Schulformen aufgrund der Leistungsgruppierung und der dadurch wirksam werdenden sekundären Herkunftseffekte in ihrer sozioökonomischen Zusammensetzung unterscheiden und in der Folge als differenzielle Entwicklungsmilieus wirken (Maaz/Watermann 2006), sodass sich die Leistungen von Schüler/innen auf unterschiedlichen Schulformen auseinanderentwickeln.

Als Reaktion auf die kumulierenden Benachteiligungen in vielen Hauptschulen hat die Mehrzahl der Bundesländer diese Schulform abgeschafft und Schulen mit mehreren Bildungsgängen ausgebaut. Im Gegenzug blieb das Gymnasium als eigene Schulform bislang in jedem Bundesland unangetastet. Neben der Strukturreform, richteten sich auch viele reformerische Bemühungen auf eine Beseitigung der Mängel der bestehenden Struktur, etwa die nicht-leistungsadäquate Empfehlungs- und Übergangspraxis, die geringe Möglichkeit der Korrektur von Übergangsentscheidungen, oder häufige Klassenwiederholungen.

Faktisch sind die deutschen Schulsysteme bislang zwar nicht auf dem Weg zur Einheitsschule, doch es haben sich deutliche Veränderungen in den vergangenen 15 Jahren gezeigt – vor allem in Bezug auf die Wege zum Abitur, das schon lange nicht mehr nur am Gymnasium vergeben wird. Gleichwohl haben die Reformen bislang nicht die erhofften deutlichen Wirkungen der Reduktion herkunftsbedingter Bildungsungleichheit gezeigt. Eine bloße Veränderung des Angebots an Schulformen verändert nicht die Mechanismen der sekundären Effekte. Je mehr Schulformen bestehen, desto mehr wird die Tendenz einer Hierarchisierung durch die Wahlentscheidungen der Eltern wirken und es besteht die Gefahr, dass sich eine »Restschule« wie die Hauptschule herausbildet.

Neben der Reform der Schulstruktur stand mit dem *Ausbau der Ganztagsschule* ein weiteres Projekt im Vordergrund der reformerischen Maßnahmen nach PISA. Da in Ganztagsschulen die Zeit in der Schule erhöht und die Zeit in den ungleichen Familienkontexten reduziert wird, wird davon ausgegangen, dass familiäre Einflüsse verringert werden können, somit werden hier vor allem die primären Herkunftseffekte adressiert. Ganztagsschulen unterscheiden sich im Grad der Verpflichtung der Teilnahme an Ganztagsangeboten, dabei werden vollgebundene, teilgebundene und offene Modelle unterschieden. Das gebundene Modell hat bislang die besten Effekte für die Verringerung von herkunftsbedingten Disparitäten gezeigt (Blossfeld et al. 2007).

Ebenfalls auf die Reduzierung der primären Herkunftseffekte, ebenso wie auf die Förderung von Schüler/innen mit Migrationshintergrund richtete sich der *Ausbau der vorschulischen Bildung* in den vergangenen Jahren. Die Bildungsbeteiligung unter 3 Jahren konnte in den vergangenen Jahren deutlich erhöht werden, dennoch zeigt sich (wie auch Tabelle 2 zeigt), dass Kinder mit Migrationshintergrund und Kinder aus unteren sozialen Schichten weniger an frühkindlichen Bildungsangeboten partizipieren (Autorengruppe Bildungsberichterstattung 2016). Hier ist die Beitragsfreiheit, wie sie in mehreren Ländern eingeführt wurde, ein wichtiger Schritt. Neben dem Ausbau der Betreuungsplätze ist allerdings die bessere Qualifizierung des Personals und die Schaffung von (Sprach-)Förderangeboten ausschlaggebend für eine Verringerung herkunftsbedingter Disparitäten. Dies ist mittlerweile in vielen Bundesländern verankert.

Eine weitere tiefgreifende Veränderung im Bildungssystem hat sich durch den Einfluss *neuer Steuerungsmodelle* ergeben. Die Einführung von Bildungsstandards und die Ausweitung der Schulautonomie sind der sichtbarste Ausdruck für diese Veränderungen. Mit Bildungsstandards sollen verbindliche Anforderungen an das Lehren und Lernen in der Schule formuliert werden (Klieme et al. 2007). In Hinblick auf das Potenzial zur Verringerung von Bildungsungleichheit könnten Bildungsstandards den Aspekt der Teilhabegerechtigkeit durch die Sicherung von Mindeststandards addressieren. Es zeigt sich also, dass es auf die konkrete Ausgestaltung der Reform ankommt. Die Bildungsstandards in Deutschland sind als Regelstandards formuliert, also als durchschnittliches Anforderungsniveau, womit einhergeht, dass dieses Niveau von einigen unterschritten wird. Eine Erhöhung von Teilhabegerechtigkeit würde jedoch Mindeststandards erfordern und eine Verbindung mit Förderinstrumenten und Rückmeldesystemen.

Mit der Erhöhung der Standardisierung muss eine erweiterte Selbständigkeit der Schulen einhergehen, wie sie faktisch auch in den vergangenen Jahren in unterschiedlichen Bereichen umgesetzt werden. Die Befundlage zu den Wirkungen der Bildungssystemveränderungen durch neue Steuerungsmodelle ist bislang uneindeutig (Hermstein et al. 2019). Klar ist, dass die neue Steuerung Ambivalenzen hervorbringt. Deutlich wird dies zum Beispiel bei der Förderung der Konkurrenz zwischen Schulen, z. B. durch eine Ausweitung der Wahlmöglichkeiten von Eltern, die dann zu einer Erhöhung der sozialen und ethnischen Segregation zwischen Schulen beitragen kann und somit Potenziale für neue Ungleichheiten birgt. Bildungsstandards und ihre Überprüfung erhöhen die Zahl der Testungen und führen zu einer Fokussierung auf messbare Bildungsergebnisse. Die Kategorisierung von Schüler/innen, die die Standards nicht erreichen erfolgt häufig über die Diagnose eines sonderpädagogischen Förderbedarfs, womit einerseits zwar der Zugang zu zusätzlichen Ressourcen ermöglicht wird, andererseits Risiken durch negative Etikettierung und potenzielle Verdrängung aus der Regelbeschulung entstehen.

Ein weiteres Element von Schul- und Bildungsreform zur Verringerung von Bildungsungleichheiten ist die *Erhöhung der Unterrichtsqualität und Unterstützung von Schulentwicklungsprozessen*. Der Lernerfolg von Schüler/innen aus sozioökonomisch schwächeren Familien hängt besonders von der Unterrichtsqualität ab (Blossfeld et al. 2007, S. 75). Der produktive Umgang mit Heterogenität durch die Schaffung differenzierter Lernangebote und adaptiven Unterricht ist als handlungsleitendes Ziel mittlerweile in der Lehrkräftebildung fest verankert. Die Umsetzung dieses Ziels in der Realität erfordert wiederum entsprechende Rahmenbedingungen, etwa durch eine organisatorische Struktur (z. B. der Schule), die die geforderte Reflexivität der Lehrkräfte unterstützt und ihrerseits »lernend« gestaltet ist (Fürstenau 2012).

In Bezug auf die Adressierung migrationsbezogener Ungleichheit können zwei maßgebliche Entwicklungen unterschieden werden; zum einen die Entwicklung pädagogischer Modelle zum Umgang mit Menschen mit Migrationshintergrund, bzw. mit Heterogenität und der »Migrationsgesellschaft« (interkulturelle Pädagogik), zum anderen die Entwicklung didaktischer Modelle zur Sprachförderung von Kindern mit Migrationshintergrund in der (Vor-)Schule (Pilz 2018).

5. Ausblick

Bei der Vielzahl der Reformen der letzten Jahre ist eine abschließende Bewertung der Wirkungen und Einschätzung der zukünftigen Entwicklung kaum möglich. Der Reformeifer wird kaum geringer werden, da Bildung zu einer Art Heilsversprechen für zahlreiche gesellschaftliche Herausforderungen geworden ist. Mit dem Konzept der »Pädagogisierung sozialer Probleme« (Proske 2002) wird verdeutlicht, dass der Schule und dem Unterricht gegenwärtig zuweilen Aufgaben übertragen werden, die nicht zum eigentlichen Repertoire gehören und unter den gegebenen Bedingungen auch nicht lösbar sind. Anders gesagt: ein Bildungssystem kann kaum gerechter sein, als der Rest der Gesellschaft. Bildungs- und Schulreform allein werden die Aufgabe der Chancengerechtigkeit nicht lösen können, wenn nicht flankierende sozialpolitische Maßnahmen erfolgen.

Schließlich gilt, dass die Reformbemühungen zwar durch das Ziel der Chancengleichheit (und die Erhöhung des Leistungsniveaus) legitimiert werden, sie aber dennoch nicht unbeeinflusst von Interessen von bestimmten Gruppen sind – und nicht zuletzt deshalb in ihrer konkreten Ausgestaltung zuweilen inkonsequent erscheinen. Die Reduzierung von Ungleichheit und die Anhebung von Leistungen auch schwächerer Schüler/innen kann für bestimmte Gruppen – zum Beispiel die Kinder der Mittelschichtfamilien – die Konkurrenz untereinander erhöhen. Die vielfach diagnostizierte Bildungs- und Abstiegsangst der Mittelschichten ist auch ein Ausdruck davon. Konflikttheoretisch gedeutet wären die Reformbemühungen nicht mehr als Aktionismus, um davon abzulenken, dass die bestehenden Ungleichheiten nicht wirklich reduziert werden sollen. Anders gefragt: »Wollen wir unseren Kindern und Enkelkindern tatsächlich die vermehrte Konkurrenz von denen da unten zumuten?« (Böttcher 2006, S. 3590).

6. Literatur

Autorengruppe Bildungsberichterstattung (Hrsg.) (2016): Bildung in Deutschland 2016. Ein indikatorengestützter Bericht mit einer Analyse zu Bildung und Migration Bildung in Deutschland 2016. Bielefeld: Bertelsmann.

Blossfeld, H. P./Bos, W./Lenzen, D./Müller-Böling, D./Oelkers, J./Prenzel, M./Wößmann, L./ Verein der Bayerischen Wirtschaft e.V. (Hrsg.) (2007): Bildungsgerechtigkeit. Jahresgutachten 2007. Wiesbaden: VS Verlag für Sozialwissenschaften.

Bos, W./Lankes, E. M./Prenzel, M./Schwippert, K./Valtin, R./Walter, G. (Hrsg.) (2004): IGLU: einige Länder der Bundesrepublik Deutschland im nationalen und internationalen Vergleich. Münster: Waxmann.

Böttcher, W. (2006): Soziale Auslese und Bildungsreform. In: Rehberg, K. S./Deutsche Gesellschaft für Soziologie (Hrsg.): Soziale Ungleichheit, kulturelle Unterschiede. Verhandlungen des 32. Kongresses der Deutschen Gesellschaft für Soziologie in München 2004. Frankfurt am Main: Campus, S. 3580-3590.

Boudon, R. (1974): Education, Opportunity and Social Inequality: Changing Prospects in Western Society. New York: Wiley & Sons.

Bourdieu, P. (1976): Kulturelle Reproduktion und Soziale Reproduktion. In: Karl, H. (Hrsg.): Soziale Ungleichheit. Strukturen und Prozesse sozialer Schichtung. Darmstadt: Luchterhand, S. 223-231.

Bourdieu, P./Passeron, J. C. (1971): Die Illusion der Chancengleichheit: Untersuchungen zur Soziologie des Bildungswesens am Beispiel Frankreichs. Stuttgart: Klett.

Diehl, C./Fick, P. (2016): Ethnische Diskriminierung im deutschen Bildungssystem. In: Diehl, C./ Hunkler, C./Kristen, C. (Hrsg.): Ethnische Ungleichheiten im Bildungsverlauf: Mechanismen, Befunde, Debatten. Wiesbaden: Springer, S. 243-286.

Dollmann, J. (2016): Der Übergang von der Primar- in die Sekundarstufe. In: Diehl, C./Hunkler, C./Kristen, C. (Hrsg.): Ethnische Ungleichheiten im Bildungsverlauf: Mechanismen, Befunde, Debatten. Wiesbaden: Springer, S. 517-542.

Fend, H. (2008): Neue Theorie Der Schule. Einführung in das Verstehen von Bildungssystemen. 2. Auflage. Wiesbaden: VS Verlag für Sozialwissenschaften.

Fürstenau. S. (2012): Grundlagen und Einführung: Interkulturelle Pädagogik und Sprachliche Bildung. In: Fürstenau. S. (Hrsg.): Interkulturelle Pädagogik und Sprachliche Bildung. Herausforderung für die Lehrerbildung. Wiesbaden: VS Verlag für Sozialwissenschaften, S. 1-23.

Giesinger, J. (2015): Bildungsgerechtigkeit und die sozialen Funktionen der Schule. In: Manitius, V./ Hermstein, B./Berkemeyer, N./Bos W. (Hrsg.): Zur Gerechtigkeit von Schule: Theorien, Konzepte, Analysen. Münster: Waxmann, S. 150-162.

Gomolla, M./Ratke, F. O. (2002): Institutionelle Diskriminierung. Die Herstellung ethnischer Differenz in der Schule. Opladen: Leske & Budrich.

Hermstein, B./Berkemeyer, N./Bos, W./Semper, I. (2019): Schulreform und Bildungsarmut. In: Quenzel, G./Hurrelmann, K.: Handbuch Bildungsarmut. Wiesbaden: Springer, S. 771-798.

Klieme, E./Avenarius, H./Blum, W./ Döbrich, P./Gruber, H./Prenzel, M./Reiss, K./Riquarts, K./Rost, J./Tenorth, H. E./Vollmer, H. J./ Bundesministerium für Bildung und Forschung (Hrsg.) (2007): Zur Entwicklung Nationaler Bildungsstandards. Berlin.

Maaz, K./Watermann, R. (2006): Soziale Disparitäten im Bildungssystem im Spannungsfeld zwischen traditioneller Dreigliedrigkeit und institutionellen Erweiterungen. In: Rehberg, K. S./ Deutsche Gesellschaft für Soziologie (Hrsg.): Soziale Ungleichheit, kulturelle Unterschiede. Verhandlungen des 32. Kongresses der Deutschen Gesellschaft für Soziologie in München 2004, S. 2609-2620.

Pilz. S./Göhlich, M. (2018): Schulentwicklung als Antwort auf Heterogenität und Ungleichheit. Wiesbaden: Springer.

Proske, M. (2002): Pädagogisierung und Systembildung. In: Zeitschrift für Erziehungswissenschaft 5, H. 2, S. 279–298.

Radtke, F. O. (2004): Schule und Ethnizität. In: Helsper, W./Böhme, J. (Hrsg.): Handbuch der Schulforschung. Wiesbaden: VS Verlag für Sozialwissenschaften, S. 625-646.

Ruhose, J. (2013): Bildungsleistungen von Migranten und deren Determinanten – Teil II: Primar-, Sekundar- und Tertiärbereich. In: Ifo Schnelldienst 66, H. 10, S. 25-38.

Sewell, W. H./Heller, A. O./Portes, A. (1969): The Educational/Early Occupational Attainment Process. In: American Sociological Review 34, H. 1, S. 82–92.

Statistisches Bundesamt (2017): Bevölkerung und Erwerbstätigkeit. Bevölkerung mit Migrationshintergrund – Ergebnisse des Mikrozensus 2016. Fachserie 1 Reihe 2.2. Wiesbaden.

Teltemann, J./Rauch, D. (2018): Immigrant Student Achievement/Education Policy in Germany. In: Volante, L./Klinger, D./Bilgili, O. (Hrsg.): Immigrant Student Achievement/Education Policy. Cham: Springer, S. 35-52.

Teltemann, J./Schunck, R. (2016): Education Systems, School Segregation, and Second-Generation Immigrants' Educational Success: Evidence from a Country-Fixed Effects Approach Using Three Waves of PISA. International Journal of Comparative Sociology 57, H. 6, S. 401–24.

Watermann, R./Maaz, K./Roczen, N. (2016): Social Background. In: Kuger. S./Jude, N./Klieme, E./ Kaplan, D. (Hrsg.): Assessing Contexts of Learning. An International Perspective. Cham: Springer, S. 117-145.

Sebastian Engelmann

Brennpunkt Bildungsreform – Die Perspektive einer Allgemeinen Erziehungswissenschaft

1. Der Ruf nach Veränderung – Eine Einleitung

Sei es nun die 1964 von Georg Picht angeprangerte »Bildungskatastrophe«, die 1965 von Ralf Dahrendorf vorgebrachte Kritik am deutschen Schulsystem oder auch der infolge des nicht antizipierten Abschneidens Deutschlands bei der PISA-Studie 2001 eingetretene »Pisa-Schock« – stets reagieren die Akteure des Bildungssystems und der Politik auf Analysen von krisenhaft hervorbrechenden Defiziten mit fast uniformem Reflex: Es ist mal wieder dringend Zeit für eine Reform! Und auch die steigende Anzahl an Publikationen zum Thema Bildungsreform und Reformpädagogik in den letzten zwei Jahren belegt, dass Reform ein grundlegendes, wenn nicht gar zeitloses Thema der erziehungswissenschaftlichen Diskussion ist (Göttlicher/Link/Matthes 2017; Barz 2018; Idel/Ullrich 2017). Deutlich wird, dass »am Ende des alten und zu Beginn des neuen Jahrhunderts [...] die Bildungsreform hierzulande [in Deutschland, S.E.] wieder auf die politische und wissenschaftliche Tagesordnung gerückt [wurde, S.E.]« (Kluchert 2017, S. 17). Die Diskussion über Bildungsreformen ist heute also wieder aktuell. Die Reformbedürftigkeit des stets im Prozess der Reform befindlichen Bildungssystems wird immer wieder markiert, diskutiert und in die Wege geleitet. Verschränkt ist diese Diskussion von Bildungsreform(en) mit der Diskussion von reformpädagogischen Modellen im Allgemeinen und Überlegungen zur Zukunftsfähigkeit innovativer und vermeintlich zukunftsfähiger Modelle im Speziellen (Keim/Schwerdt/Reh 2016; Redecker/Ladenthin 2016).

Nur schwer können alle diese Fäden der Diskussion auf den ersten Blick miteinander verknüpft werden. Sowohl zwischen Bildungskatastrophe und Pisa-Schock als auch zwischen der ersten politischen Diskussion um die Gemeinschaftsschulen und den Diskussionen über den Hamburger Schulfrieden liegen nicht nur Jahre, sondern auch sozialstaatliche Veränderungen, Veränderungen der Mentalität und der Lebenswelt. Zu unterschiedlich erscheinen die verschiedenen Kontexte und konkreten Reformprogramme. Und dass, obwohl der Vergleich von einzelnen Reaktionen auf Defizitdiagnosen erkennen lässt, dass verschiedenen Reformen ähnliche Strukturen aufweisen (Liebenwein 2017). Wenn jedoch auf der Ebene der einzelnen Bildungsreformen verweilt wird, erschöpft sich die Erkenntnis in der dichten Beschreibung des Falls als Knotenpunkt; eine weitergehende Theoretisierung bleibt oft aus. Trotz dieser für abstrahierendes Denken zunächst ernüchternden Diagnose kann davon ausgegangen werden, dass auch bei allem Sprechen über die »postmoderne Vielheit«

(Welsch 2008, S. 40) im Reformdschungel etwas Allgemeines ausgemacht werden kann. In diesem Beitrag möchte ich im Anschluss an Koerrenz (2004; 2014) die These plausibilisieren, *dass es sich bei diesem Allgemeinen der Reform um die stets inhaltlich bestimmte Trias Wahrnehmung von Wirklichkeit, Mensch und Zeit handelt.* Dieses prägen sich wiederum in der Moderne idealtypisch auf zwei verschiedene Arten aus. Entweder wird es als utopische Aktion, oder aber als ökonomische Reaktion sichtbar.

Um diese These zu plausibilisieren, werde ich zunächst die am Konzept der Reform interessierte Perspektive einer Allgemeinen Erziehungswissenschaft skizzieren. Im Anschluss daran werde ich das Reformmotiv in Auseinandersetzung mit der Perspektive von Koerrenz in seiner Struktur erschließen. Abschließend werde ich auf den Mehrwert einer solchen Perspektive der Allgemeinen Erziehungswissenschaft hinweisen.[42] Der Mehrwert – soviel schon vorab – liegt darin, dass durch ebenjene Perspektive Struktur- und Problemanalogien sichtbar werden, die ansonsten hinter den in den politischen Arenen aufgewirbelten Staubwolken verborgen bleiben.

2. Umrisse zeichnen – Eine Perspektive der Allgemeinen Erziehungswissenschaft

Mein Beitrag nimmt dabei die Position der Allgemeinen Erziehungswissenschaft ein – und ist sich der Fragilität und Widersprüchlichkeit einer solchen allgemeinen Aussage bewusst. Allgemeine Erziehungswissenschaft beschäftigt sich mit der Reflexion von grundlagentheoretischen Fragestellungen, erschließt Wissen anderer Disziplinen und vermittelt dieses auch innerhalb der eigenen Disziplin (Rieger-Ladich 2015). Sie wendet sich dabei insbesondere den Grundbegriffen der Disziplin zu – immer darauf bedacht, die historische und kulturelle Verortung von Wissensbeständen zu berücksichtigen und damit zur Komplexitätssteigerung pädagogischen Denken und Handelns beizutragen. Aufgrund seines Zukunftsbezugs ist pädagogisches Handeln stets mit Unsicherheit konfrontiert. Die Betrachtung von grundlegenden Problemen und Gedankengängen trägt dementsprechend allgemein dazu bei, »pädagogisch relevantes Wissen auf sich verändernde und in hohem Maße ungewisse Situationen zu beziehen, oder [...] die Fähigkeit [auszubilden, S.E.], dieses Wissen in Auseinandersetzung mit neuen Problemlagen immer wieder kritisch zu überprüfen und kreativ weiterzuentwickeln« (Koller 2017, S. 13).

Somit ist Allgemeine Erziehungswissenschaft eben nicht nur der Bildungsphilosophie oder der Anthropologie der Pädagogik verpflichtet. Stattdessen ist sie mit der

42 In englischsprachigen Ländern wird zumeist von *Philosophy of Education*, seltener von *Foundations of Education* gesprochen. Die Allgemeine Erziehungswissenschaft hat ihre systematische Begründungsfunktion pädagogischen Handelns im Zuge der gesellschaftlichen Ausdifferenzierung weitestgehend hinter sich gelassen, nichtsdestotrotz kommt ihr in aktualisierter Form als kritische Reflexionsinstanz pädagogischen Denken und Handelns weiterhin eine relevante Rolle zu.

Aufgabe betraut, wiederkehrende Themen zu bearbeiten, zu systematisieren und mit dem Archiv der Disziplin in Verbindung zu setzen (Rieger-Ladich 2019), um aktuelle Auseinandersetzungen über pädagogische Praktiken zu systematisieren, kritisch zu hinterfragen und in die Gesamtheit der Geschichte der Disziplin einzuordnen. Die Arbeit der Allgemeinen Erziehungswissenschaft ist mit der »Herausforderung verknüpft, das Verbindende innerhalb der eigenen Disziplin zu bestimmen«. (Koerrenz/Winkler 2013, S. 41) Das Thema Bildungsreform ist hierbei als einer der »Brennpunkte gegenwärtiger Pädagogik« (Flitner 1969) zu verstehen, der weiterhin der Aufmerksamkeit bedarf. Denn der semantische Hof des Begriffs Reform, wie er innerhalb der Disziplin verwendet wird, bietet zahlreiche Deutungsmöglichkeiten.

3. Im Dickicht der Definitionen – Begriffliche Grundlegungen

Das Bedeutungsspektrum des Begriffs Reform »ist nicht ganz so eindeutig, wie es die wortwörtliche Übersetzung in Wiederherstellung vermuten lassen könnte (Lehmann/Imlig 2018, S. 1). Lehmann und Imlig unterscheiden systematisch zwischen Reformen, die einen vorherigen Zeitpunkt als Norm annehmen und wiederherstellen wollen *oder* einen in der Zukunft liegenden Punkt anstreben. Der erste von ihnen ausgemachte Typ von Reform ist dabei sowohl restaurativ als auch zukunftsorientiert, legitimiert sich zugleich aber auch über eine Kritik am aktuellen Zustand. Der zweite Typ von Reformen nimmt ebenfalls die Kritik an den gegebenen Verhältnissen als Anlass, extrapoliert aber auf eine zu erreichende Zukunft, auf die durch die Veränderung der Bildungseinrichtungen vorbereitet werden muss. Leitvorstellungen – die Reformen stets zugrunde liegen – sind daher *entweder* in der Vergangenheit *oder* in der Zukunft angesiedelt. Gemeinsam ist beiden Typen der Bezug auf die als defizitär markierten gegebenen Verhältnisse. Ausgehend von diesen Leitvorstellungen ist der »Weg [der Reform, S.E.] stets die Um- oder Neuordnung von Strukturen, Inhalten, Beziehungen Sachverhalten oder Abläufen« (Lehmann/Imlig 2018, S. 1). Es wird ersichtlich, dass durch die Bezugnahme auf den semantischen Marker Reform stets »ein Differenzkriterium« als »ein Abgrenzungskriterium« (Koerrenz 2014, S. 15) eingeführt wird. Spezifischer noch kann davon ausgegangen werden, »dass es bei Bildungsreformen um *institutionalisierte* [Hervorh. im Original, S.E.] Bildung geht und um Bildung als Angelegenheit eines wie immer konkret verfassten Gemeinwesens (Kluchert 2017, S. 17).

Bildungsreform als normativ angeleitete Um- oder Neuordnung eines Bildungssystems ist als Prozess zu begreifen. Der Prozess wird intentional angeregt. Er vollzieht sich nicht zufällig, sondern ist stets reflektiert und sichtbar. Eine Bildungsreform ist demnach keine Bildungsreform, wenn Veränderungen zufällig oder beiläufig geschehen. Bei Bildungsreformen handelt es sich »um absichtliche und gesteuerte Prozesse [...], um Veränderungen, die von Akteuren geplant und herbeigeführt werden« (Kluchert 2017, S. 17).

Dabei ist die Diskussion um die Reform des Bildungssystems zwar in zahlreichen unterschiedlichen kulturellen und historischen Kontexten verortet, wird jedoch über das Motiv der Reform verbunden, was ich im folgenden *Exkurs* explizieren werde. Hierfür begeben wir uns in das intellektuelle Milieu des Weimarer Bauhauses, genauer gesagt in das Jahr 1921. Oskar Schlemmer – seit 1920 Meister am Bauhaus in Weimar – berichtet dem befreundeten Künstler Otto Meyer-Amden von der dominanten Position von Johannes Itten, der »dem Bauhaus seinen Stempel aufdrücken« (Schlemmer 2014, S. 34) wolle. Ittens Unterricht war für alle Schüler am Bauhaus verpflichtend geworden. Ittens Position konkurrierte zu dieser Zeit laut Schlemmer mit der Position von Walter Gropius. Wo letzterer von Schlemmer als »ausgezeichneter Diplomat, ein Geschäftsmann und Praktiker« (Schlemmer 2014, S. 35) bezeichnet wird, der auch ein privates Architekturbüro im Bauhaus betreibe, vertrete Itten eine konträre Gegenposition. Er wolle »den Schülern die Stille der Arbeit sichern« (Schlemmer 2014, S. 35).

Die Positionen von Itten und Gropius könnten – so lässt es die Deutung der Briefe Schlemmers zu – nicht weiter voneinander entfernt sein. Dort, wo Gropius »sagt, daß wir uns nicht abseits des Lebens und der Wirklichkeit stellen dürfen, welche Gefahr (wenn es eine ist) bei Ittens Methode besteht, daß zum Beispiel Schülern der Werkstatt Meditation und Riten wichtiger sind als die Arbeit« (Schlemmer 2014, S. 35), verfolgt Itten ein gänzlich anderes Ziel. Ittens ausgewiesenes Ziel war es, Handwerker zu erziehen, denen Beschaulichkeit und Reflexion über die Arbeit wichtig ist. Gropius hingegen »will den lebens- und arbeitstüchtigen Menschen, der in der Reibung mit der Wirklichkeit und in der Praxis reift. Itten will das Talent, das in der Stille sich bildet, Gropius den Charakter in dem Strom der Welt (und das Talent dazu)« (Schlemmer 2014, S. 35).

Schlemmers Bericht in seinen Briefen lässt eine Dichotomisierung zutage treten, einen Widerstreit von Erweiterung und Vertiefung. Diesen Widerstreit macht er in der gesamten deutschen Geistesgeschichte aus. *Entweder* – so Schlemmer – gehe es um Erweiterung *oder* Vertiefung. Zweierlei wird anhand der Betrachtung dieser Konstellation deutlich. Zum einen geht es um einen sehr speziellen Kontext: eine Diskussion um die pädagogische Ausrichtung des Bauhauses. Das Bauhaus ist hierbei als Mikrokosmos zu verstehen, in dem historisch und kulturell spezifische Muster gerinnen. Die Briefe Schlemmers bilden einen Kristallisationspunkt, der *nur* zu dieser Zeit, *nur* an diesem Ort und *nur* im durch Schlemmer beobachteten Konflikt von Gropius und Itten sichtbar wird. Zum anderen wird diese hochspezifische Konstellation aber fundiert durch etwas Allgemeines – das Motiv der Reform. Dieses allgemeine Motiv werde ich im nächsten Abschnitt in Abgrenzung vom spezifischen Kontext genauer skizzieren und als Kern des Denkens über Bildungsreform(en) ausweisen.

4. Das Reformmotiv – Gorillas im Küstennebel

Wo aber die Suche beginnen? In einigen Fällen verbirgt sich die Allgemeine Erziehungswissenschaft dort, wo man sie zunächst nicht vermutet. Und nicht überall dort, wo »Allgemeine Erziehungswissenschaft« draufsteht ist auch Allgemeine

Erziehungswissenschaft drin. Ein Beispiel für aktuelles systematisch-historisches Denken findet sich in den Ausführungen zur Reformpädagogik von Ralf Koerrenz (2004; 2014).[43] Statt einer historiografischen Engführung der Reformpädagogik nähert Koerrenz sich ihr mit dem Interesse, das Reformmotiv selbst in der Ordnung des Pädagogischen zu situieren.[44] Ähnliches haben auch Niklas Luhmann und Karl-Eberhard Schorr versucht, als sie das Motiv der Reform vor dem Hintergrund der Selbstverständigung des Erziehungssystems genauer analysierten. Laut Koerrenz formulierten Luhmann und Schorr die These, dass es sich bei Reformen im Bereich der Erziehung »um strukturelle Notwendigkeiten eines Systems [handele]. Das System stimuliert sich selbst auf der Ebene seiner Programme durch rekursive Sequenzen von Reformen, Enttäuschungen, Reflexionen, semantische Anpassungen und erneute Reformen. Das System kann keinen Endzustand erreichen, noch kann es sich einem Endzustand annähern« (Luhmann/Schorr 1988, S. 463, zit. nach Koerrenz 2004, S.13).

Spätestens mit der soziologischen Aufklärung durch Luhmann und Schorr sollte deutlich geworden sein, dass es sich bei der Diskussion um Reformen in Bildung und Erziehung um ein Dauerproblem handelt, einen Brennpunkt. Solange das Erziehungssystem der Gesellschaft Bestand hat, werden sich sowohl die praktisch tätigen Pädagoginnen auch als auch handlungsentlasteten Wissenschaftlerinnen der Reform immer wieder neu zuwenden. Die Disziplin ist zur Reaktion genötigt: Die Diskussion um Reform »wird als systematisches Problem erkennbar« (Koerrenz 2004, S. 15). Dieses systematische Problem besteht nicht erst seit dem Aufkommen der sogenannten Reformpädagogik oder gar erst seit den soziologischen Analysen von Luhmann und Schorr. Spätestens mit dem Ende des 16. Jahrhunderts und der zunehmenden Dynamik der Lebensverhältnisse im 17. Und 18. Jahrhundert wurde der Wandel der Welt für alle Menschen zum allgegenwärtigen Bestandteil ihres täglichen Lebens:

---

43 Wenn an einigen Stellen ein systematisch-historischer Zugang wie der von Koerrenz oder Matthes und Schütze (Matthes/Schütze 2017) mit dem Hinweis auf die historische und kulturelle Kontextabhängigkeit von Reformen als »irreführend« (Link 2017, S. 19) markiert wird, verkennt diese Kritik die Kontextsensibilität des systematischem Interesses dieser Ansätze, die stets *auch* historisch denken. Die Analyse des Begriffs der Reform ist dabei ein Schritt, die Komplexität dieser Praktiken zu durchdringen, wie es aktuell auch andere Publikationen versuchen (Skiera 2018).

44 Rebekka Horlacher weist nachvollziehbar aus, dass eine Systematik ohne empirische Grundlage als »Sackgasse« (Horlacher 2005, S. 1) erkennbar sei. Die Stärke einer systematisch-historischen Diskussion von Reform liegt in der Möglichkeit, Theoriebildung und historische Forschung miteinander zu verbinden. Diese Perspektive kann um weitere Zugänge, wie zum Beispiel die genaue Betrachtung von *performativ* hervorgebrachten Effekten von Reform, erweitert werden (Staunæs/Brøgger /Krejsler 2018). Freilich handelt es sich bei dem skizzierten Vorgehen hier nur um *einen* möglichen Zugang – nichtsdestotrotz gehe ich davon aus, dass mein Zugang einen Erkenntnisgewinn verspricht und so eine andere Perspektive auf bereits abgeschlossene Reformen möglich wird.

> Waren auch schon in den Jahrhunderten zuvor Veränderungen auf der Makroebene politischer Machthegemonien ebenso wie auf der Alltagsebene mit neuen Nahrungsmitteln, Kommunikationstechniken oder medizinischen Fortschritten Teil der Wirklichkeitserfahrung, so erreichte das Bewusstsein für Offenheit, Dynamik und Veränderungsmöglichkeiten im Gefolge der Aufklärung eine neue Stufe. (Koerrenz 2019b, S. 5)

Losgelöst vom historischen Kontext weist Koerrenz allgemein darauf hin, dass jede Verwendung des Begriffs Reform im pädagogischen Kontext »eine bestimmte Wahrnehmung der Zeit, eine bestimmte Wahrnehmung der Wirklichkeit und eine bestimmte Wahrnehmung des Mensch-Seins« (Koerrenz 2014, S. 24) transportiert. *Zeit, Mensch* und *Wirklichkeit* sind in den Überlegungen von Koerrenz als fundierende und damit auch axiologische Punkte pädagogischen Denkens und Handelns zu verstehen. Wenn also von Reform gesprochen oder gar eine Bildungsreform initiiert wird, werden aus systematischer Perspektive simultan in der Realisierung der Praxis stets Aussagen über Zeit, Wirklichkeit und Vorstellungen vom Menschen getroffen. All diese Elemente gilt es zu berücksichtigen, wenn die oben umrissene Perspektive der Allgemeinen Erziehungswissenschaft auf Bildungsreformen entwickelt werden soll.

Was bedeutet dies aber im Einzelnen? Die zeitliche Dimension des Reform-Begriffs erschließt sich aus der Struktur eines jeden pädagogischen Handelns: Pädagogisches Handeln hat seinen »ersten Bezugspunkt in der Gegenwart, im ›Schon-Jetzt‹. [...] Zu diesem ›Schon-Jetzt‹ tritt das ›Noch-Nicht‹ hinzu (Engelmann/Dehne 2018, S. 133). Genauer noch kann festgehalten werden, dass pädagogisches Handeln immer eine zeitliche Differenz voraussetzt, die einen unüberwindbaren Abgrund zwischen Vorher und Nachher zu überwinden vermag (Kenklies 2012). Daher kann von Bildungsreform nur dann überhaupt gesprochen werden, wenn eine Zukunft imaginiert wird. Zeit wird zu einer strukturellen Voraussetzung von Bildungsreform (Koerrenz 2014, S. 25).

Analog verhält es sich mit der Vorstellung von Wirklichkeit, die in allen Diskussionen um Bildungsreform zwingend mittransportiert wird. Diese Wirklichkeit wird als defizitär ausgewiesen und damit normativ beschrieben: »Es muss noch etwas anderes, etwas Besseres geben an Wirklichkeit. Nur unter diesem impliziten Normvorstellungen macht das Reform-Denken überhaupt Sinn (Koerrenz 2014, S. 25).[45] Wenn also von Bildungsreform gesprochen wird, wird ein Maßstab angelegt, der das Gegebene als defizitär und ein zu erreichendes Stadium als höherwertig markiert. Die imaginierte Alternative zum Gegebenen kann unterschiedlichste Formen annehmen, auf die ich noch genauer eingehen werde. Zusätzlich transportiert jede Rede über Reform eine Vorstellung darüber, wie Menschen sind. Festzuhalten ist, dass jede

45 Es ist nicht verwunderlich, dass die sogenannte »Reformpädagogik« am Ende des 19. Und Beginn des 20. Jahrhunderts eng mit der Kulturkritik Rousseaus zusammenhängt und auch in zahlreichen politischen Kontexten als Weg zur Veränderung der Gesellschaft durch Erziehung inszeniert wurde (Engelmann/Pfützner 2018; Engelmann 2018).

Vorstellung von Bildungsreform als intentionale Steuerung von Veränderung die menschliche Freiheit und die Möglichkeiten der Beeinflussung von Strukturen als gegeben annimmt.

Augenscheinlich sind Bildungsreformen stets kontextspezifisch – die oben skizzierte Diskussion um die Ausgestaltung der pädagogischen Praxis im Bauhaus hätte ohne die Situierung in eben jener Zeit und jenem intellektuellen Klima nicht stattgefunden. Konkrete Bildungsreformen sind historisch und kulturell situiert. Trotz der Diversität empirischer Ausprägungen von Bildungsreform ist es aber durch die oben aufgeschlüsselten inhärenten Momente des Reform-Motivs möglich, Gemeinsamkeiten auszumachen die – so die These dieses Beitrags – sowohl transhistorisch als auch transkulturell Bestand haben. Der Ausgangspunkt hierbei ist die Bearbeitung von ausgemachten Defiziten: »Reform ist demnach als Reaktion auf das Gegebene unter der Perspektive des ›Noch-Nicht‹ zu verstehen« (Koerrenz 2014, S. 47). Das von Schlemmer gegebene Beispiel der Situation im Bauhaus lässt es zu, zwei verschiedene Bearbeitungen dieser Differenz auszuweisen. Ersterer – der Fall Gropius – zeitigt die Reform der Verhältnisse »als Folge eines letztlich ökonomischen Anpassungsdrucks auf dem Gebiet des Lehrens und Lernens« (Koerrenz 2014, S. 47). Der zweite Fall – die Ideen Ittens – lässt sich hingegen so interpretieren, »dass Lehren und Lernen selbst einen Beitrag zur Beweältigung jenes utopischen Anpassungsdrucks leisten kann, dem die Entwicklung der Kultur als Ganzes unterliegt« (Koerrenz 2014, S. 48). Diese typologische Gegenüberstellung ist als Idealtypus zu verstehen; in der Realität werden die verschiedenen Bildungsreformen auf unterschiedliche Arten ausgestaltet. Zum einen können Reformbestrebungen folglich als ökonomische Reaktionen des Erziehungssystems verstanden werden. Zum anderen treten sie als utopische Aktion des Erziehungssystems auf.

5. Reaktion und Aktion – Eine Typologie

Der erste Typ von Reformbemühungen nimmt eine ökonomische Kosten-Nutzen-Analyse vor. Hierbei meint »Kosten keineswegs nur der Einsatz von Geld, sondern auch Aspekte wie menschliche Energie, Zuwendung, Aufmerksamkeit etc.« (Koerrenz 2014, S. 50). Wichtig ist hierbei, dass der Typ der ökonomischen Reaktion sich auf die Analyse einer Gegenwart bezieht, welche daraufhin befragt wird, »wie Erziehung gleichzeitig zu der Weiterentwicklung und Stabilisierung einer allgemeinen kulturellen Entwicklung beitragen konnte, wie ›ökonomisch‹, d.h. passend und effektiv, dies geschah bzw. geschieht« (Koerrenz 2014, S. 51). Der Bezugspunkt dieses Typs von Reform ist eine sich stetig wandelnde Lebensrealität, die unterschiedlichsten Einflüssen ausgesetzt ist. So ruft aktuell beispielsweise die Digitalisierung eine Vielzahl an Reforminitiativen auf den Plan, die sich für die umgehende Einführung von Unterricht zu digitalen Medien oder die Ausstattung von Klassenzimmern mit neustem technischen Equipment aussprechen – auch die Wissenschaft zieht hier nach. Die Argumentation dieser Position ist schnell skizziert. Wenn die pädagogische Praxis sich nicht den gesellschaftlichen Entwicklungen anpasst, dann hat sie keine Relevanz mehr. Drängende gesellschaftlich produzierte »Herausforderungen«, müssen angegangen werden. Die Norm dieser Reformbestrebungen liegt demnach gerade nicht in einer angenommenen Eigenlogik des Pädagogischen oder gar einem hehren Motiv wie der Erziehung zur Mündigkeit. Stattdessen wird die Norm aus der gesellschaftlichen Entwicklung selbst abgeleitet. Solchen Reformprogrammen geht es um »einen möglichst effektiven Gang des Lehrens und Lernens durch Stabilisierung der jeweiligen kulturellen Grundstruktur« (Koerrenz 2014, S. 51). Durch die Bindung an die aktuelle gesellschaftliche Lage und die grundlegende Funktion der Reaktion auf sich ändernde Verhältnisse mit dem Ziel der Stabilisierung wird Reform zum Dauerthema – denn gesellschaftliche Entwicklungen sind stets fluide und lassen sich nicht stillstellen. Koerrenz (2014) macht seit der Moderne zwei Hauptbezugspunkte dieser Formen von Reform aus. Zum einen weist er darauf hin, dass sich das Aufwachsen, die Gestaltung des eigenen Lebenslaufs, drastisch verändert hat. Bildungsreformen des hier skizzierten Typus beziehen ihre richtungsleitenden Impulse aus diesen Veränderungen. Zum anderen sind Bildungsreformen dieses Typs unweigerlich in ein ökonomisches System eingewoben – sie beziehen ihre Impulse auch aus der Logik dieses Systems, werden gar an ihr gemessen. Bildungsreform – verstanden als ökonomische Reaktion – ist demnach eine Daueraufgabe.

Wie verhält es sich aber mit dem oben bereits angesprochenen Typus der utopischen Aktion? Zunächst ist es der zeitliche Bezugspunkt der Reform als utopische Aktion, der ins Auge fällt. Angenommen wird entweder ein idealtypischer, meist als ›natürlich‹ markierter Urzustand – wie es beispielsweise in Rousseaus Erziehungsroman *Emil* der Fall ist (Koerrenz 2014, S. 60) – oder ein noch zu errichtendes bzw. erreichendes »Reich Gottes«. Statt der aktuellen gesellschaftlichen Herausforderungen als Bezugspunkt für die normative Ausrichtung von Bildungsreformen werden zeitlich vorgelagerte bzw. extrapolierte Vorstellungen des guten Lebens idealtypisch angenommen. Aus diesen speist sich die Kritik an den gegebenen Verhältnissen und zugleich die Entwicklungsrichtung der Reform. Neben der offenen Bezugnahme auf theologische Motive, wie das verlorene Paradies oder das nahende Reich Gottes – die pädagogische Reformbemühungen mindestens im 17. Und 18. Jahrhundert ausgezeichnet haben – kann auch von funktionalen, säkularisierten Äquivalenten dieser Vorstellung ausgegangen werden. Diese Arten von Äquivalenten verknüpfen »die Denkweise einer Orientierung an einem idealen Ur- oder Endzustand mit der Perspektive einer korrigierenden Funktion gegenüber der gegenwärtigen Kultur« (Koerrenz 2014, S. 60). Als funktionales Äquivalent zur theologischen Ausgestaltung kann beispielsweise die Vorstellung einer inklusiven Gesellschaft verstanden werden, in der alle Menschen ihre Bedürfnisse befriedigen und zugleich ihre individuellen Interessen ausleben können. Hierbei ist zu bedenken, dass es sich bei dieser Bezugsnorm um eine utopische Vorstellung handelt: »Von dieser Orientierung aus kann Wirklichkeit kritisch in den Blick genommen werden. Das Ideal wird zum Korrektiv umgeformt und es wird nach Wegen der Erziehung und Bildung gefragt, die eine Annäherung an das Ideal unterstützen sollen« (Koerrenz 2014, S. 61).

Der Unterschied zwischen der ökonomischen Reaktion und der utopischen Aktion liegt in der Norm der Kritik. Für die ökonomische Reaktion liegt diese Norm in der sich verändernden Gesellschaft selbst – dort wo Bildungssysteme Veränderungen nicht auffangen können, müssen sie mit Blick auf den Anschluss an die kulturelle Entwicklung reformiert werden. Anders verhält es sich mit der utopischen Aktion. Die Norm liegt entweder in einer imaginierten Vergangenheit oder Zukunft, in jedem Fall in einer utopischen Vorstellung davon, was bereits besser war oder besser sein könnte. Bildungsreformen werden in diesem Typus folglich aktiv in eine andere Richtung vorangetrieben, die nicht mit dem aktuellen gesellschaftlichen Zustand korrespondieren muss.

6. Back to Basics – Wieso ein grundlegendes Denken über Reform in Kategorien der Allgemeinen Erziehungswissenschaft?

Zurück zur grundlegenden Beobachtung dieses Textes: Bildungsreformen werden auf sehr unterschiedlichste Arten realisiert; in ihrer praktischen Ausgestaltung sind sie divers. Durch die Geschichte des Bildungswesens hinweg haben sie in verschiedensten Situationen differenzierte Formen angenommen. Nichtsdestotrotz konnte in diesem Beitrag eine Optik skizziert werden, die es ermöglicht Bestrebungen, Bildung zu reformieren, als strukturgleich auszuweisen. Dies zeigt sich bei einem genauen Blick auf den individuellen Fall durch die je spezifischen Wahrnehmungen von Zeit, Wirklichkeit und Mensch. In den typologisch trennscharf herausgearbeiteten Idealtypen von Reform – der ökonomischen Reaktion und der utopischen Aktion – wird Reform ausgestaltet.

Und erst durch diese Ausgestaltung nehmen Bildungsreformen die mannigfaltigen Formen an, in denen sie auftreten. Was kann eine solche Perspektive, die gemeinsam geteilte, allgemeine Muster von Bildungsreform postuliert aber zu einer Diskussion von Bildungsreform als Phänomen beitragen? *Erstens* hat eine solche Perspektive den Vorteil des erhöhten Abstraktionsgrads. Dies gilt auch für andere denkbare Typologien. Hermstein et al. überführen in ihrer Typologie der Schulreformen seit dem Zweiten Weltkrieg die Reformbemühungen in das abstrakte Schema von Problem/Problemlösung. Sie verstehen Reform also ähnlich wie Koerrenz als Bewegung in der Zeit zum Umgang mit defizitärer Gegenwart (Hermstein et al. 2018, S.781). Die Zugänge eint der Blick auf Gemeinsamkeiten und wiederkehrende Strukturen. In der Auseinandersetzung mit Bildungsreformen kann dies dazu führen, dass die Vorstellung von der eigenen pädagogischen Normalität infrage gestellt wird (Koerrenz et al. 2017). Selbst auf den ersten Blick einleuchtend erscheinende Reforminitiativen können so verfremdet und als Wiederkehr von strukturanalogen Versuchen verstanden werden. Aus dieser Abstraktionsleistung ergibt sich *zweitens* die Möglichkeit, aus den Erfahrungen der Geschichte zu lernen. Denn obwohl Bildungsreformen in unterschiedlichen Kontexten vollzogen werden, teilen sie gemeinsame Kernelemente. Auf dieser Art ist es möglich, das zu realisieren, was bereits Larry Cuban in seinem einschlägigen Essay über die Rückkehr einzelner Reformansätze anmahnt: Durch die Analyse von bereits stattgefundenen Reformen oder Reformversuchen kann für einflussreiche Kontextfaktoren oder immanente Probleme der Reformen sensibilisiert werden. Denn ein fehlendes Verständnis für die wiederkehrenden Reformen zeitigt laut Cuban zahlreiche Folgeprobleme:

> The risks involved with a lack of understanding include pursuing problems with mismatched solutions, spending energies needlessly, and accumulating despair. [...] We can do better by gathering data on particular reforms and tracing their life history in particular classrooms, schools, districts, and regions. More can be done by studying reforms in governance, school structures, curricula, and instruction over time to determine whether any patterns exist. (Cuban 1990, S. 11-12)

Der reflexive Abstand, der zu Bildungsreformen eingenommen wird, ermöglicht es *drittens*, handlungsentlastet nach praktischen Möglichkeiten zur Lösung der oft behandelten Probleme zu suchen. Statt einer unter Handlungsdruck stehenden Position kann durch die systematisch analysierende Perspektive der Allgemeinen Erziehungswissenschaft zunächst das offengelegt werden, was alle Reformen eint: ihre Vorstellung von Zeit, Wirklichkeit und Mensch. Sind diese drei Elemente herausgearbeitet ist es möglich, anhand der fundierenden Axiome, in den Ausprägungen von Reformen Gemeinsamkeiten zu erkennen, ohne ihre spezifische Stoßrichtung aus dem Auge zu verlieren. Auf diese Art werden in der Differenz wiederkehrende Elemente sichtbar, die es unter Rückgriff auf die Ideen- und Problemgeschichte der Erziehungswissenschaft zu bearbeiten gilt. Eine Allgemeine Erziehungswissenschaft setzt damit an den Grundfragen an. Die Diskussion um Bildungsreformen kann auf diese Art systematisch erfasst, geordnet und um eine grundlagentheoretisch interessierte kritische Reflexionsinstanz bereichert werden.

7. Literatur

Barz, H. (2018): Reformpädagogik. Innovative Impulse und kritische Aspekte. Weinheim, Basel: Beltz.

Böhm, W./Seichter, S. (2018): Wörterbuch der Pädagogik. Paderborn: Schöningh.

Cuban, L. (1990): Reforming Again, Again, and Again. In: Educational Researcher 19, H. 1, S. 3–13.

Engelmann, S. (2018): Pädagogik der Sozialen Freiheit. Eine Einführung in das Denken Minna Spechts. Paderborn: Schöningh.

Engelmann, S./Dehne, M. (2018): Pädagogisierung der Zeit als Antwort auf die Sündhaftigkeit der Welt – Landerziehungsheime nach Hermann Lietz. In: Maier, A./Weber, J.-M./Conrad, A./Voss, P. (Hrsg.): Lernen zwischen Zeit und Ewigkeit: Pädagogische Praxis und Transzendenz. Bad Heilbrunn: Klinkhardt, S. 130–148.

Engelmann, S./Pfützner, R. (2018): Sozialismus + Pädagogik = Sozialistische Pädagogik? Geländevermessungen in einem Trümmerfeld. In: Engelmann, S./Pfützner, R. (Hrsg.): Sozialismus und Pädagogik. Verhältnisbestimmungen und Entwürfe. Bielefeld: transcript, S. 14–44.

Flitner, A. (1969): Brennpunkte gegenwärtiger Pädagogik. Studien zur Schul- und Sozialerziehung. München: Piper.

Göttlicher, Wilfried/Link, Jörg-W./Matthes, Eva (Hrsg.) (2017): Bildungsreform als Thema der Bildungsgeschichte. Bad Heilbrunn: Klinkhardt.
Hermstein, B./Berkemeyer, N./Bos, W./Semper, I. (2018): Schulreform und Bildungsarmut. In: Quenzel, G./Hurrelmann, K. (Hrsg.): Handbuch Bildungsarmut. Wiesbaden: Springer VS, S. 771–798.
Horlacher, R. (2005): Rezension von: Koerrenz, Ralf: Reformpädagogik, Studien zur Erziehungsphilosophie. In: EWR 4, H. 6 (Veröffentlicht am 08.12.2005). www.klinkhardt.de/ewr/93460199.html (Abruf 13.11.2018).
Idel, T.-S./Ullrich, H. (Hrsg.) (2017): Handbuch Reformpädagogik. Weinheim, Basel: Beltz.
Keim, W./Schwerdt, U./Reh, S. (Hrsg.) (2016): Reformpädagogik und Reformpädagogik-Rezeption in neuer Sicht. Perspektiven und Impulse. Bad Heilbrunn: Klinkhardt.
Kenklies, K. (2012): Bildung und Kultur: Ästhetische Grundlagen einer Vergleichenden Pädagogik. In: Fröhlich, M./Kenklies, K./Koerrenz, R./Schneider, S./Winkler, M. (Hrsg.): Bildung und Kultur – Relationen. Jena: IKS Garamond, S. 53–80.
Kluchert, G. (2017): Bildungsreform und Bildungsgeschichte. Überlegungen zu einer schwierigen Beziehung. In: Göttlicher, Wilfried/Link, Jörg-W./Matthes, Eva (Hrsg.): Bildungsreform als Thema der Bildungsgeschichte. Bad Heilbrunn: Klinkhardt, S. 15–33.
Koerrenz, R. (2004): Reformpädagogik. Studien zur Erziehungsphilosophie. Jena: IKS Garamond.
Koerrenz, R. (2014): Reformpädagogik. Eine Einführung. Paderborn: Schöningh.
Koerrenz, R. (Hrsg.) (2019a): Reformpädagogik als Projekt der Moderne. August Herrmann Niemeyer und das pädagogische 18. Jahrhundert. Paderborn: Schöningh.
Koerrenz, R. (2019b): Reformpädagogik als Projekt der Moderne – Einleitende Perspektiven. In: Koerrenz, Ralf (Hrsg.): Reformpädagogik als Projekt der Moderne. August Herrmann Niemeyer und das pädagogische 18. Jahrhundert, S. 5–15.
Koerrenz, R./Kauhaus, H./Kenklies, K./Schwarzkopf, M. (2017): Geschichte der Pädagogik. Paderborn: Schöningh.
Koerrenz, R./Winkler, M. (2013): Pädagogik. Eine Einführung in Stichworten. Paderborn: Schöningh.
Koller, H.-C. (2017): Grundbegriffe, Theorien und Methoden der Erziehungswissenschaft. Eine Einführung. Stuttgart: Kohlhammer.
Lehmann, L./Imlig, F. (2018): Folgeprobleme. Einleitende Annäherungen an eine Theorie der Schulreform. In: Lehmann, L./Imlig, F./Manz, K. (Hrsg.): Schule und Reform. Veränderungsabsichten, Wandel und Folgeprobleme. Wiesbaden: Springer VS, S. 1–16.
Liebenwein, S. (2017): Bildungsreformen in der BRD. In: Barz, H. (Hrsg.): Handbuch Reformpädagogik und Bildungsreform. Wiesbaden: Springer VS, S. 129–142.
Link, J.-W. (2017): Reformpädagogik im historischen Überblick. In: Barz, H. (Hrsg.): Handbuch Bildungsreform und Reformpädagogik. Wiesbaden: Springer VS, S. 15–30.
Matthes, E./Schütze, S. (2017): Reformpädagogik vor der Reformpädagogik. In: Barz, H. (Hrsg.): Handbuch Bildungsreform und Reformpädagogik. Wiesbaden: Springer VS, S. 31–41.
Redecker, A./Ladenthin, V. (Hrsg.) (2016): Reformpädagogik weitergedacht. Ergon: Würzburg.
Rieger-Ladich, M. (2015): Allgemeine Pädagogik. In: Jordan, S./Schlüter, M. (Hrsg.): Lexikon Pädagogik. Hundert Grundbegriffe. Ditzingen: Reclam, S. 23–26.
Rieger-Ladich, M. (2019): Archivieren und Speichern. Das Gedächtnis der Disziplin als Politikum. In: Rieger-Ladich, M./Rohstock, A./Amos, K. (Hrsg.): Erinnern, Umschreiben, Vergessen. Die Stiftung des disziplinären Gedächtnisses als soziale Praxis. Weilerswist: Verlbrück, S. 17–48.
Schlemmer, O. (2014): Briefe – Texte – Schriften aus der Zeit am Bauhaus. Weimar: Weimarer Verlagsgesellschaft.
Skiera, E. (2018): Erziehung und Kontrolle. Über das totalitäre Erbe in der Pädagogik im »Jahrhundert des Kindes«. Bad Heilbrunn: Klinkhardt.
Staunæs, D./Brøgger, K./Krejsler, J. B. (2018): How reforms morph as they move. Performative approaches to education reforms and their unintended effects. In: International Journal of Qualitative Studies in Education 31, H. 5, S. 345–352.
Welsch, W. (2008): Unsere postmoderne Moderne. Berlin: Akademie Verlag.

Rudolf Tippelt

Bildung, Jugendphase und sozialer Wandel

Anforderungen und Wirkungen im Bildungssystem

1. Bildung und Schule im System des lebenslangen Lernens

Die Jugendphase, die durch das institutionelle System der Schule stark geprägt wird, ist in das Konzept und System des lebenslangen Lernens eingebunden (Nittel/Tippelt 2019). Die Schule ist auf motivierte Schülerinnen und Schüler angewiesen, deren Interesse sich im günstigen Fall durch die Einflüsse des Kindergartens und der Peer-Kontakte, aber vor allem durch einen fördernden familialen Kontext entwickeln kann. An die motivationale Basis der familialen und frühkindlichen Entwicklung, die das spätere Lernen prägt, schließt dann in der Jugendphase eine allgemeine und theoretische Grundbildung an und es werden Basiskompetenzen als Voraussetzung für die allgemeine Bildung vermittelt. Die Leistungen der Schule wiederum sind im frühen Erwachsenenalter Ausgangspunkt für die berufliche Bildung und die Hochschulbildung sowie auch für das selbstorganisierte Lernen, das heute eine zunehmend große Rolle spielt. In dieser Phase des frühen Erwachsenenalters geht es vor allem um die Spezialisierung und die Differenzierung von Kompetenzen und Kenntnissen. Wir wissen aus zahlreichen Bildungsstudien (Barz/Tippelt 2004; Baumert 2001; Blossfeld et al. 2016), dass die Leistungen in der Schule gravierende Folgen für die Lernphasen im mittleren Erwachsenenalter und auch im frühen und höheren Alter haben (Tippelt et al. 2009). Tatsächlich gibt es immer wieder erwartungswidrige Bildungsbiografien und -gänge – wenn beispielsweise Kinder aus bildungsarmen Elternhäusern berufliche und akademische Karrieren entfalten –, aber im Normalfall wirkt sich die Herkunftsfamilie und die elterliche intellektuelle Mitgift prägend auf die weiteren Interessen und Bildungswege aus (Allmendinger/Nikolai/Ebner 2018; Reich-Claassen 2010). In der Phase des mittleren Erwachsenenalters geht es durch den Einfluss beruflicher und allgemeiner Weiterbildung vor allem um das Umlernen, Neulernen und das Weitergeben von Kenntnissen, Fertigkeiten und Kompetenzen. Dies ist angesichts der veränderten demografischen Verhältnisse gerade heute eine besonders große Herausforderung (Altersbericht der Bundesregierung 2010), weil sich die familiale und schulische Grundlegung der Motivation und der Kompetenzentwicklung nicht nur auf die beruflichen Übergänge, sondern auch gravierend auf das Lernen und die Kompetenzen im frühen und im hohen Alter auswirken (Friebe 2016). Wir wissen beispielsweise, dass das freie und auch kompensierende Lernen in diesen höheren Altersstufen (der über 60-jährigen) von jenen stärker nachgefragt wird, die positive Erfahrungen in schulischen Einrichtungen erleben konnten (Schmidt-Hertha 2014; Kruse 2018).

Im Folgenden wird zunächst auf die Anforderungen an die Bildung und die Schule im Kontext des sozialen Wandels eingegangen und es werden auf der Basis ausgewählter Ergebnisse der empirischen Bildungsforschung Trends dieser veränderten Anforderungen charakterisiert. Sodann werden zukünftige Entwicklungen thematisiert, bevor Anmerkungen zur Schule der Zukunft dargelegt werden.

2. Anforderungen an Schule im Kontext des Lernens im Lebenslauf

Für die theoretische Architektur des Themas Bildung und sozialer Wandel waren die Ansätze sozialer und struktureller Differenzierung schon früh hilfreich, da es darum geht, bei Bildungsprozessen die Höherqualifizierung im Bereich der Ökonomie, die Partizipation im Bereich der Politik, die Integration und Inklusion in das soziale Gemeinwesen sowie die Pluralität und Offenheit im Bereich der Kultur in jeweils eigenen Diskursen zu thematisieren. Entsprechend sind Qualifikation, Legitimation und Partizipation, soziale Integration und Inklusion sowie auch Enkulturation hilfreiche strukturelle Dimensionen, wenn man einerseits den sozialen Wandel erläutern will (Fend 2008; Tippelt 1990) und andererseits bildungspolitische Empfehlungen thematisiert (Gebrande/Tippelt 2016). Man muss kein Strukturfunktionalist im Sinne Robert Dreebens (1980) sein, um dies sinnvoll in die erziehungs- und bildungswissenschaftliche Debatte einzubringen. Heuristisch wird man feststellen können, dass sich der Kompetenzerwerb in der modernen Schule auf mehrere Dimensionen des Lernens im Lebenslauf richtet, wobei sehr verschiedene Aufgaben und Funktionen erfüllt werden (Rolff 2018; Fend 2008; Tippelt 1990):

Sozialer Wandel, Trends und Zukunftsperspektiven				
	Strukturelle Komponenten			
Dimensionen	Ökonomie	Politik/ Öffentlichkeit	Gesellschaftliches Gemeinwesen	Kultur
Berufliche Qualifikation	Ökonomisch-technologische Innovation			
Politische Partizipation		Partizipation in Organisationen		
Soziale Integration			Inklusion von allen sozialen Gruppen, Soziale Kohäsion	
Ethisch-religiöse Orientierung				Kulturelle Fähigkeiten und Wertevermittlung
Kulturelle Identitätsfindung	Kompetenzen, Problemlösung, Wissens- und Ideenmanagement	Verantwortung, demokratisches und bürgerliches Engagement	Individualität, Pluralität, Empathie, Lebenswelten, Milieus	Weltoffenheit, Allgemeinbildung, interkulturelle Kompetenzen, ethische und religiöse Erziehung

Abb. 1: Fünf Dimensionen des Lernens im Lebenslauf

Die berufliche Qualifizierung, die auch in der Schule auf der Basis breiter Kompetenzvermittlung einsetzt, richtet sich auf die Bewältigung von Anforderungen im ökonomischen System und es geht insbesondere darum, Jugendliche zur Problemlösung sowie zum Wissens- und Kompetenzmanagement anzuregen und ihnen jene Kompetenzen im Bereich der Mathematik und Naturwissenschaften, im Lesen, aber auch in den allgemeinbildenden Fächern der Geschichte und der Fremdsprachen zu vermitteln, die später nötig sind, um eine berufliche duale, schulisch basierte oder akademische Ausbildung erfolgreich absolvieren zu können.

Jugendliche werden in der Schule – manchmal weniger als notwendig – auch auf die politische Partizipation vorbereitet (Hafeneger 2009). Es geht darum, demokratische und bürgerschaftliche Verantwortung zu übernehmen, das bürgerschaftliche Engagement bereits in der Schule anzuregen und generell die Partizipation in Organisationen, z. B. einen emotional neutraleren rationalen Umgang miteinander zu pflegen, vorzubereiten (Dewey 1916; Dreeben 1980).

Bei der sozial integrativen Dimension geht es in der Schule darum, unterschiedliche soziale Gruppen, Schichten und Milieus zu integrieren, die Schüler/Innen darin zu unterstützen, die pluralen Lebensverhältnisse zu akzeptieren und durch Empathie die Lebenswelt auch jener sozialen Milieus, denen man nicht selbst angehört, besser zu verstehen. In der Schule wird im idealen Fall die Basis für die notwendige soziale Kohäsion in der Gesellschaft gelegt. Im letzten Jahrzehnt kam als Aufgabe die soziale Inklusion hinzu. Der normative Anspruch, dass jeder Mensch das Recht auf Bildung hat (Lenhart 2006), ist rechtlich in einem Übereinkommen der Vereinten Nationen über die Rechte von Menschen mit Behinderung ausdrücklich verankert. Nach der Ratifizierung findet seit 2009 in Deutschland eine intensive, allgemeine pädagogische, bildungspolitische und bildungstheoretische Diskussion zur Umsetzung der Inklusion in den Institutionen des Systems des Lebenslangen Lernens – insbesondere in der Schule – statt. Die Konvention der Vereinten Nationen hat einen mahnenden Charakter, erinnert an unerledigte Aufgaben und verpflichtet das Bildungssystem, die Heterogenität und Individualität der Lernenden zu berücksichtigen. Dabei lässt die UN-Konvention durchaus offen, auf welchem Weg und durch welche Angebote für Personen mit Behinderung deren Inklusion in der Bildung erreicht werden kann.

In der Pädagogik ist der Begriff der Inklusion breit gefasst und nicht ausschließlich auf Personen mit Behinderungen oder chronischen Krankheiten begrenzt (Autorengruppe Bildungsberichterstattung 2014; Ditschek/Meisel 2012). Ausgehend von dem von der UNESCO formulierten Inklusionsbegriff wird Inklusion »als ein Prozess verstanden, bei dem auf die verschiedenen Bedürfnisse von allen Kindern, Jugendlichen und Erwachsenen eingegangen wird« (UNESCO 2009, S. 9). Inklusion in diesem breiten Verständnis kann sich dann keineswegs auf die Barrierefreiheit von Bildungsangeboten beschränken, sondern erfordert Veränderungen in den Inhalten, Ansätzen, Strukturen und Strategien. Wenn man von einem pädagogisch breiten Inklusionsbegriff ausgeht, rücken neben Behinderung und chronischer Krankheit auch andere Aspekte von Benachteiligung oder Exklusion in den Blick, sodass dann auch

Jugendliche mit Migrationshintergrund, sozial Benachteiligte und Bildungsferne sowie Arbeitslose mit einbezogen werden (Burtscher et al. 2013).

In gleicher Weise wichtig ist die Vorbereitung auf die kulturelle Partizipation, die Auseinandersetzung mit Werten, die glaubwürdige Vermittlung von Weltoffenheit sowie von interkultureller Kompetenz durch Allgemeinbildung. Auch die bewusste ethische und religiöse Erziehung ist Grundlage für die Fähigkeit zur kritischen und selbstbestimmten Auseinandersetzung mit Normen und Werten in einer pluralen demokratischen Gesellschaft (Aktionsrat Bildung 2017). Insgesamt sind dies zweifelslos sehr hohe Erwartungen an die Schule und die Förderung im Jugendalter, die über den Auftrag der kognitiven Förderung weit hinausgehen.

3. Bildungsexpansion und Verlängerung der Jugendphase: Wandel des Eintritts von wichtigen Lebensereignissen

Der empirische Vergleich der jugendlichen Kohorten der 1950er und 1960er Jahre mit den jugendlichen Altersgruppen heute zeigt, dass sich einige Lebensereignisse zeitlich stark verschoben haben. Beendeten über die Hälfte der Heranwachsenden in den 1950er und 60er Jahren die Schule noch etwa mit 14 oder 15 Jahren, so liegt der Zeitpunkt des Schulabschlusses heute bei über der Hälfte der einschlägigen Alterskohorten bei über 18 Jahren. Die Berufsausbildung wurde damals mit 18 Jahren abgeschlossen, heute wird diese durchschnittlich erst im Alter von 23 beendet. Erfolgt nach dem Abschluss der Berufsausbildung bzw. auch nach der Studentenzeit überwiegend direkt ein Auszug aus dem Elternhaus, so war dies in den 1950er und 60er Jahren noch vollkommen anders, da die Jugendlichen durchschnittlich noch mindestens vier bis fünf Jahre Teil des elterlichen Haushalts waren, also zum Haushaltseinkommen noch lange beitrugen. Junge Menschen zogen meist erst dann aus, wenn sie sich selbst verheirateten und eine Familie gründeten. Die Eheschließung erfolgt heute sehr viel später: Mädchen heiraten ca. mit 29 Jahren, junge Männer mit 31 Jahren, sodass zwischen dem Auszug aus dem Elternhaus und der Gründung einer eigenen Familie häufig fünf oder sechs Jahre einer, wie man jugendtheoretisch sagen kann, postadoleszenten Lebensphase liegen, in der viele dieses »Moratorium« (Erikson 1966) für das Ausprobieren verschiedener Lebensstile und auch subkultureller Lebensformen nutzen (Grunert/Krüger 2009; Tippelt 2010).

Dies geschieht unter den massiven Einflüssen des demografischen Wandels: Der Geburtenrückgang bzw. die -stagnation, die Migrationsbewegungen und die Alterungsprozesse wirken sich auf die Konzeption von Bildungsangeboten auf allen Ebenen des Bildungssystems in Deutschland aus. Die Gesellschaft des langen Lebens bringt neue Bildungsbedarfe hervor. Der Geburtenstagnation in Mitteleuropa (bei durchaus signifikanten Unterschieden der Geburtenrate zwischen Frankreich 2.0 und Deutschland 1.3) steht weltweit ein starkes, vermutlich künftig leicht reduziertes Bevölkerungswachstum gegenüber. In den letzten Jahrzehnten wuchs die Weltbevölkerung täglich um eine mittlere Großstadt auf heute ca. 7,4 Milliarden Menschen, was mit einer leichten weltweiten Abnahme der Geburtenraten, aber gleichzeitig steigender Lebenserwartung auch in Ländern mit derzeit noch niedriger Lebenserwartung (wie beispielsweise in Indien oder Afrika) sowie mit ausgeprägten regionalen und auch sozialstrukturellen Unterschieden einhergeht. Schon im Jahr 2100 rechnet man global mit einer Weltbevölkerung von 11 Milliarden Menschen (Aktionsrat Bildung 2017). Hervorzuheben ist aus Sicht des sozialen Wandels, dass sich die Dynamik und die Richtung demografischer Entwicklungen regional und sozialstrukturell auch innerhalb Deutschlands sehr unterscheiden. Es ist zutreffend, dass die nachwachsenden jungen Kohorten kleiner werden, sodass es keine Ideologie ist, wenn die Wirtschaft und die Betriebe darauf hinweisen, dass heute Facharbeiter für die notwendige Arbeit im Beschäftigungssystem fehlen.

Wenn man vor diesem Hintergrund verschiedene empirische Jugendstudien zusammenfasst, so ist festzustellen, dass die Jugendgenerationen seit etwa 30 Jahren sehr viel stärker schulorientiert sind, was insbesondere durch die sich in den 1980er Jahren stark durchsetzende Bildungsexpansion und die längeren Ausbildungszeiten bewirkt wird. Des Weiteren lässt sich konstatieren, dass die heutige Jugendgeneration berufs- und praxisferner ist, später ins Berufsleben startet sowie die soziale Ungleichheit bei den beruflichen Übergängen deutlich zunahm. Auch wenn über die Hälfte der jungen Generation heute den Hochschulzugang erwirbt (Autorengruppe Bildungsberichterstattung 2018) und die berufliche Situation durch einen Facharbeitermangel zu charakterisieren ist, gibt es für Teile der jungen Kohorten auch Arbeitslosigkeitsphasen, insbesondere abhängig vom schulischen Erfolg (Braun/Reißig/Skrobanek 2009). Noch immer ist es so – trotz des quantitativen Rückgangs des beruflichen Übergangssystems –, dass vor allem Schüler/Innen ohne Abschluss und auch Hauptschüler/Innen einen schwierigen beruflichen Übergang durchlaufen müssen. Ohne berufliches Übergangssystem wäre allerdings die unmittelbare Arbeitslosigkeit nach der Vollendung der Schulpflicht auch in Deutschland deutlich höher (Arbeitsgruppe Bildungsberichterstattung 2018; OECD 2018).

Unter dem Einfluss von u.a. verlängerten Bildungszeiten wurden die gleichaltrigen Gruppen im Sozialisationsprozess immer wichtiger, sodass sich Jugendliche heute stärker in ihrem Freizeit- und Kulturerleben separieren und sich eine Vielzahl von jugendlichen Teilkulturen entwickeln konnten (Fend 2009). Zunächst wurde dies sorgenvoll und ängstlich kommentiert (Tenbruck 1962), aber heute sind die peer groups neben der Schule als besonders wichtige Sozialisationsinstanz im Jugendalter anerkannt und mittlerweile sind diese bereits im Kindesalter von großer Bedeutung (Hurrelmann/Quenzel 2016; Walper/Tippelt 2010). Das Jugendalter ist individualisierter geworden und es kommt nicht selten zum Traditionsbruch mit den Lebensstilen und auch Werten der elterlichen Milieus. Dies geht bei manchen Jugendlichen mit Unsicherheit und Stress einher, von anderen Jugendlichen wird diese Individualisierung aber auch als eine Freiheit interpretiert, sich eigenständig und selbstbewusst für eigene Lebensstile und Lebenswege entscheiden zu können. Die Jugendphase erfolgt dadurch gegenwartsorientiert und trotz einer ökonomisch und politisch ungewissen Zukunft sind Jugendliche überwiegend emotional positiv orientiert. Entgegen zahlreicher Vorurteile sind Jugendliche heute partnerbezogen und treu, was mit einer sehr viel stärkeren Selbstbestimmung der Mädchen einhergeht – eine heute fast selbstverständliche, aber eben dennoch gravierende soziokulturelle Veränderung (Faulstich-Wieland 2018; Stanat/Bergmann/Taraszow 2018).

Die jugendlichen Kohorten sind konsumintensiver und hedonistischer als früher, ihre Kaufkraft ist gewachsen und sie sind Zielgruppen der Werbung. Der jugendspezifische Konsum beginnt nicht erst mit 17 Jahren, sondern ist bereits ein Merkmal des Verhaltens von Zehn- oder Elfjährigen. Es lässt sich daraus folgern, dass auch eine Entstrukturierung der Jugendphase in den frühen Jahren einsetzt, ein Vorgang der schon vor über dreißig Jahren zu beobachten war (Olk 1985). Politisch lässt sich eine gewisse Polarisierung beobachten, denn es gibt sowohl ethnozentrisch agierende Jugendliche, als auch – und dies ist die Mehrheit – international und universal orientierte Jugendliche, die den internationalen Austausch und die Kooperation auch im interkulturellen Zusammenhang suchen. Dennoch sind die rassistischen und ausländerfeindlichen Tendenzen sehr ernst zu nehmen – allerdings sind dies keineswegs nur jugendspezifische Phänomene – und präventive Strategien, z. B. Offenheit für unkonventionelle politische Bildung, ist notwendig (Hafeneger 2009). Wenn man Jugendlichen heute eine institutionenverdrossene Haltung zuschreibt, bedeutet dies keineswegs, dass sie politikverdrossen sind, denn junge Menschen interessieren sich durchaus für die Prozesse der Globalisierung und der Klimaentwicklung, bringen ihr Engagement aber immer seltener durch eine institutionelle Mitgliedschaft zum Ausdruck. Die Jugendgenerationen der letzten Jahrzehnte sind als pragmatisch und an ihrem Erfolg orientiert zu beschreiben (Hurrelmann 2006).

Letztlich ist festzuhalten, dass Jugendliche schwer zu definieren sind, denn erstens ist aufgrund der Entstrukturierung der Jugendphase der Beginn und die Abgrenzung zum Kindesalter schwer zu markieren, weil bereits Kinder in vieler Hinsicht eigene Entscheidungen treffen sowie ein subkulturelles Eigenleben beginnen. Zweitens ist auch die Abgrenzung zum Erwachsenenalter aufgrund der erwähnten postadoleszenten Verhaltensweisen und Strukturen schwierig – man ist sozial, kulturell und politisch eigenständig, verharrt aber in ökonomischer Abhängigkeit von den Eltern oder öffentlicher und privater Fonds. Auch muss herausgestellt werden, dass es »die« Jugend nicht gibt, denn man muss Jugendliche immer in ihrem milieuspezifischen Zusammenhang und ihrer familiären Prägung sehen (Walper/Tippelt 2010).

Unübersehbar sind die Auswirkungen der Bildungsexpansion (Autorengruppe Bildungsberichterstattung 2008; 2016), denn es gibt zunehmend Gymnasiast/Innen, die Anzahl der Realschüler/Innen ist gestiegen, während die Anzahl der Mittelschüler/Innen in den letzten Jahren und Jahrzehnten stetig absank. Relativ stabil blieb dabei die Anzahl der Sonderschüler/Innen. Auch der Anteil der Schüler/Innen in Privatschulen, beispielsweise der freien Waldorfschulen, ist Schwankungen ausgesetzt, hat sich letztlich aber behauptet.

Die Bildungsexpansion ist ein Faktor der berücksichtigt werden muss, wenn man den Wertewandel junger Menschen analysiert: Bei einer empirischen Betrachtung ab der zweiten Hälfte des zwanzigsten Jahrhunderts lässt sich sagen, dass Selbstentfaltungswerte, wie beispielsweise Gleichbehandlung, Gleichheit, demokratische Partizipation und Autonomie in den jungen Kohorten zugenommen haben; ebenso hedonistische Orientierungen wie Genuss, Abenteuer, Sport, Spannung, Abwechslung und das Ausleben emotionaler Bedürfnisse. Gleichzeitig sind Pflicht- und Akzeptanzwerte wie Anpassungsbereitschaft, Selbstbeherrschung, Gehorsam, Disziplin, Unterordnung, Fleiß und Bescheidenheit eher rückläufig gewesen. Jugendliche identifizieren sich mit Werten des Individualismus wie Kreativität, Spontanität, Selbstverwirklichung, Ungebundenheit und Eigenständigkeit sehr viel stärker als mit Werten, die Selbstzwang und Selbstkontrolle nahelegen würden wie beispielsweise Enthaltsamkeit oder Fügsamkeit. Allerdings sind solche Aussagen deswegen zweifelhaft, da sich Jugendliche auch milieutheoretisch stark unterscheiden. Ohne an dieser Stelle die Lebenswelten von jungen Menschen deskriptiv darzustellen (siehe hierzu SINUS 2010), ist zu konstatieren, dass konsummaterialistische und hedonistische Jugendliche deutlich andere Werte vertreten als beispielsweise postmateriell orientierte Jugendliche, moderne Performer oder experimentalistische Jugendliche. Insbesondere moderne Performer und postmateriell orientierte junge Menschen haben eine tendenziell längere und höhere Bildung vorzuweisen (Barz/Tippelt 2004; Tippelt 2015). Obwohl das positiv klingt, wäre es dennoch leichtfertig, seit Jahren feststellbare rassistische und ausländerfeindliche Haltungen – das sind nicht nur Phänomene der weniger Gebildeten – zu ignorieren (Heitmeyer 2011).

4. Verankerung allgemeiner Bildung und nicht intendierte Nebenfolgen der Bildungsexpansion

Die Bildungsexpansion ist also ein Faktor, dem bei der Einschätzung von beruflichen Chancen sowie bei den Entwicklungen von kulturellen Orientierungen eine wichtige Rolle zuzusprechen ist. Allerdings bekam die Bildungspolitik und die Bildungspraxis in Deutschland durch die internationalen Large Scale Assessments (OECD 2008; Baumert 2001) nicht nur den Hinweis, dass im internationalen Vergleich die Leistungen der 15-jährigen in Mathematik, in den Naturwissenschaften und im Lesen nur als durchschnittlich einzustufen sind, empirisch wurde herausgearbeitet, dass, abhängig von der soziokulturellen und der familialen Herkunft, auch beträchtliche Risikogruppen entstanden sind (Allmendinger/Nikolai/Ebner 2018). Nach wie vor gehören etwa ein Fünftel einer Alterskohorte zu den Risikogruppen, die über ein sehr niedriges Kompetenzniveau in den angesprochenen Bereichen verfügen, sodass sie auch schwer in die berufliche Bildung zu vermitteln sind. Dagegen haben sich die früher stark ausgebildeten geschlechtsspezifischen Disparitäten bei den schulischen Leistungen zunehmend abgebaut, man kann sogar davon ausgehen, dass Mädchen mittlerweile leistungsstärker sind, weniger Klassen wiederholen, seltener ohne Abschluss bleiben und auch generell bessere Zertifikate aufweisen (Stanat/Bergann/Taraszow 2018). Entsprechend haben sich die Übergangschancen von Mädchen in die Berufsausbildung und vor allem in die Hochschulen deutlich verbessert, wenngleich eine geschlechtsspezifische Berufs- und Studienwahl nahezu unverändert traditional oder auch »stereotyp« erfolgt (Autorengruppe Bildungsberichterstattung 2018).

Auch wenn sich die öffentliche Debatte in den letzten Jahren auf die basalen Sprach- und Selbstregulierungskompetenzen, die Beherrschung der Verkehrssprache, die Mathematisierungskompetenz, die Fremdsprachenkompetenz und die Kompetenz im Bereich der Informationstechnologien konzentrierte, gibt es selbstverständlich ein Kerncurriculum moderner Allgemeinbildung, das die Modi der Weltbegegnung und ein kanonisches Orientierungswissen im schulischen Kontext voraussetzt – also weit über die durch Bildungsstandards regulierten Basiskompetenzen hinausgeht. So kann moderner Unterricht die kognitiv-instrumentelle Beherrschung der Welt durch die Fächer Mathematik und Naturwissenschaften vorbereiten, kann durch die ästhetisch-expressive Begegnung und Gestaltung mit Musik, Kunst und Sport die Kreativität jedes und jeder Einzelnen fördern, kann zur normativ evaluativen Auseinandersetzung mit Wirtschaft und Gesellschaft anregen und auch zur Reflektion konstitutiver und existentieller Rationalität durch Religion und Philosophie einladen. Dies sind anspruchsvolle didaktische Richtziele, die aber zu den heutigen Anforderungen an die Schule – nicht nur des Gymnasiums – gehören.

Die Ausdehnung der Bildungszeiten und die normativen Erwartungen an die Schule sind nicht kritiklos zur Kenntnis genommen worden. So hat bereits James Coleman (1986) die These formuliert, dass in der modernen Schule die Aufwertung der Schülerrolle nicht zu den erwünschten Ergebnissen, sondern zu einer starken Entfremdung der Schüler/Innen vom Gemeinwesen führen kann. Schüler/Innen werden tatsächlich zunehmend in Klassenverbänden isoliert, lernen in künstlichen Welten und ihre persönlichen, emotionalen Beziehungen mit Erwachsenen sind – zumindest schulisch – nur schwach und gering verankert, denn Lehrer/Innen können sich, angesichts der hohen Schüler/Innenzahlen und stark auf die Gleichheit aller achtend, vor allem emotional ihren Schüler/Innen gegenüber lediglich neutral verhalten. Als Reform wurde schon in den 1980er Jahren angeregt, kleinere, gemeindenahe Schulen mit starkem Elternkontakt zu entfalten, Kinder- und Jugendgemeinschaften auch in Ganztagesschulen zu fördern und generell auch durch die gemeindenahe Öffnung der Schulen soziale Erfahrungen mit den älteren Generationen zuzulassen. Eine internatsbezogene Abschottung von Schülern und Schülerinnen allerdings führt zu einer Fülle von nicht intendierten Problemen.

Wenn heute nach wie vor ca. 8 Prozent eines Altersjahrgangs die Schule ohne Schulabschluss verlassen, ist dies ein gravierendes Problem. Es gibt Regionen mit Abgängern ohne Schulabschluss, die weit über diesen Durchschnittswert hinausgehen (Autorengruppe Bildungsberichterstattung 2008; 2018).

In der beruflichen Bildung hat sich vor etwa zwanzig Jahren das besondere Problem ergeben, dass das duale System nicht mehr alle an der beruflichen Bildung Interessierten aufnehmen konnte. Dies stellt ein Problem dar, da das Duale System (Schule und Betrieb) der in der beruflichen Bildung stärkste und auch erfolgreichste Bereich in Deutschland ist. Daneben gibt es die beruflichen Vollzeitschulen und das vor zwanzig Jahren stark expandierende Parallelsystem, in dem sich insbesondere

Schüler/Innen mit schwächeren Schulabschlüssen wiederfinden. Dies hat sich aufgrund des demografischen Wandels und der kontinuierlichen Bildungsexpansion in den letzten Jahren massiv verändert, aber noch immer gilt, dass sich schwächere Leistungen in der Schule auch in schwächeren Chancen in der beruflichen Ausbildung fortsetzen (Autorengruppe Bildungsberichterstattung 2018).

5. Theoreme des sozialen Wandels und die Wirkungen der Bildung auf die Jugendphase

Man braucht selbstverständlich – und das geht über die Diskussion der 70er und 80er Jahre hinaus – empirische Rechtfertigung und Evidenz, um die Thesen zu Bildung und sozialem Wandel zu fundieren. Mittlerweile kann die Scientific Community zurückgreifen auf Education at a Glance, auf den Nationalen Bildungsbericht, auf den AES, auf Kompetenzdiagnostik nach PISA und PIAAC, immer mehr auf Resultate des SOEP sowie des längsschnittlichen NEPS und vieles andere mehr (Edelmann/Wittmann 2012). Allerdings braucht man auch ausgewählte Theoreme der modernen Entwicklung und des sozialen Wandels, um empirische Veränderungen einzuordnen und zu deuten. Legt man Theoreme des sozialen Wandels zugrunde, können sich Bildungsreformen nicht nur auf einen Ausschnitt des Bildungssystems beziehen, sondern es werden u. a. auch die Jungendphase neu konturiert und in eine Perspektive des Lebenslangen Lernens und der Bildungsprozesse über die Lebensspanne gestellt (Blossfeld et al. 2014). Dabei sind insbesondere die Theoreme der Expansion, der Differenzierung, der Interdependenz, der sozialen und kognitiven Mobilität und auch die normativen Theoreme der Partizipation und der Selbstbestimmung zum Verstehen von Abläufen und Situationen hilfreich (Blossfeld et al. 2014; Tippelt 1990; 2018).

Wenn man das Theorem der Differenzierung im Kontext des sozialen Wandels hervorhebt, ist festzustellen, dass sowohl die Ausweitung der Steuerungs- und der Leistungskapazitäten in modernen Gesellschaften als auch die Spannungsminderung konträrer sozialer Gruppen das Theorem der funktionalen und segmentären Differenzierung herausfordern. Angesprochen ist die Ausdifferenzierung des Bildungssystems selbst, weil davon ausgegangen wird, dass sich die ursprünglichen Aufgaben der Qualifizierung und der Kompetenzentwicklung, der sozialen Integration und der kulturellen Innovation in einer Gesellschaft besser entfalten, wenn diese in ausdifferenzierten Bildungsbereichen spezifisch und fokussiert gefördert werden. In neueren Studien allerdings ist kritisch hervorgehoben worden, dass dieser »funktionale Differenzierungsprozess« an Grenzen stößt und dass es immer mehr reformpädagogische Bemühungen gibt, die interorganisationale Kooperation und die Vernetzung zwischen Bildungseinrichtungen deutlich zu intensivieren und dadurch beispielsweise die Übergänge von Jugendlichen zu verbessern. Es geht also um eine Re-Integration von Differenzierungsprozessen, damit die Leistungsfähigkeit des Bildungssystems selbst Steigerungen erfahren kann, die sich auf die Jugendphase positiv auswirken (Nittel/Tippelt 2018). Hier knüpft das Theorem der Interdependenz an, denn dieses besagt, dass sich Veränderungen in einem Bereich auf andere Bereiche auswirken, sodass Reaktionsketten entstehen, die dann manchmal verzögerte Folgen in bestimmten Teilbereichen des Bildungssystems haben. Ein Beispiel: Die Resultate demografischer Entwicklungen fordern Reformen heraus. Meist ist die demografische Entwicklung, der Zuzug von Migrantinnen und Migranten oder die Entwicklung von regional bedingter Arbeitslosigkeit, als initiierender Reiz für Veränderungen im schulischen Bereich wie im beruflichen Aus- und Weiterbildungssystem gut rekonstruierbar (Braun/Lex/Reißig 2018).

Zu den normativen Theoremen des sozialen Wandels gehören die Aspekte Partizipation und Selbstbestimmung. Es ist wichtig, die ausdifferenzierten sozialen Gruppen mit ihren kulturellen Eigendynamiken und äußerst heterogenen Interessen, Wertorientierungen und habituellen Verhaltensweisen in die Gesellschaft einzubeziehen (Lepsius 1977). Die Integration von Migrantinnen und Migranten, die Ausdehnung der Debatte um Fachkompetenz und fachübergreifende Kompetenz, die bildungspolitische Debatte zur Pluralität von erzieherischen Wertorientierungen, die Herausforderungen an eine gleiche Teilhabe von Frauen und Männern in den beruflichen Werdegängen und im anschließenden Beschäftigungssystem sind solche Aspekte der Partizipation und Selbstbestimmung in modernen Gesellschaften. Bildungsreformen müssen sich normativ positionieren und gegen jegliche Diskriminierungs-, Stigmatisierungs- und Ausgliederungstendenzen Position beziehen.

Die Theoreme des sozialen Wandels und der Modernisierung in der Debatte der 70er und 80er Jahre sind m.E. auch heute hilfreich, um die Komplexität von »Bildung und sozialem Wandel« zu deuten. Auf keinen Fall ist es nur die ökonomische oder technologische Konkurrenzfähigkeit, irgendein Prozess der Verwestlichung oder Europäisierung und vor allen Dingen nicht die gleichzeitige Veränderung aller Bildungsbereiche hin zu einem Besseren, was den sozialen Wandel und Bildung leitet. Sicher wäre dies einfach zu behaupten, aber es kommt im Bildungssystem zur ungleichzeitigen Entwicklung von Teilbereichen und vor allem zu nicht intendierten Nebenfolgen – beispielswiese in der Jugendphase.

6. Literatur

Aktionsrat Bildung (2017): Bildung 2030 – veränderte Welt: Fragen an die Bildungspolitik. Münster: Waxmann.

Allmendinger, J./Nikolai, R./Ebner, C. (2018): Soziologische Bildungsforschung. In: Tippelt, R./Schmidt, B. (Hrsg.): Handbuch Bildungsforschung. 4. Auflage. Wiesbaden: VS Verlag für Sozialwissenschaften, S. 47–72.

Autorengruppe Bildungsberichterstattung (2008): Bildung in Deutschland 2008: Ein indikatorengestützter Bericht mit einer Analyse zu Übergängen im Anschluss an den Sekundarbereich I. Berlin: Bundesministerium für Bildung und Forschung (BMBF).

Autorengruppe Bildungsberichterstattung (2014): Bildung in Deutschland 2014: Ein indikatorengestützter Bericht mit einer Analyse zur Bildung von Menschen mit Behinderungen. Berlin: Bundesministerium für Bildung und Forschung (BMBF).

Autorengruppe Bildungsberichterstattung (2016): Bildung in Deutschland 2016: Ein indikatorengestützter Bericht mit einer Analyse zu Bildung und Migration. Berlin: Bundesministerium für Bildung und Forschung (BMBF).

Autorengruppe Bildungsberichterstattung (2018): Bildung in Deutschland 2018: Ein indikatorengestützter Bericht mit einer Analyse zu Wirkungen und Erträgen von Bildung. Berlin: Bundesministerium für Bildung und Forschung (BMBF).

Barz, H./Tippelt, R. (Hrsg.) (2004): Weiterbildung und soziale Milieus in Deutschland. Band 2: Adressaten- und Milieuforschung zu Weiterbildungsverhalten und -interessen. Bielefeld: Bertelsmann.

Baumert, J. (Hrsg.) (2001): PISA 2000. Basiskompetenzen von Schülerinnen und Schülern im internationalen Vergleich. Wiesbaden: VS Verlag für Sozialwissenschaften.

Blossfeld, H.-P./Bos, W./Daniel, H.-D./Hannover, B./Köller, O./Lenzen, D./Roßbach, H.-G./Seidel, T./Tippelt, R./Wößmann, L. (2016): Integration durch Bildung: Migranten und Flüchtlinge in Deutschland. Gutachten. Münster: Waxmann.

Blossfeld, H.-P./Kilpi-Jakonen, D./Vilhena, E./Buchholz, S. (2014): Adult Learning in Modern Societies: An International Comparison from a Life-Course Perspective. Cheltenham: Elgar.

Braun, F./Lex, T./Reißig, B. (2018): Übergangsforschung. Benachteiligungen im Übergang Schule: Berufsausbildung. In: Tippelt, R./Schmidt, B. (Hrsg.): Handbuch Bildungsforschung. Wiesbaden: VS Verlag für Sozialwissenschaften, S. 1297–1320.

Braun, F./Reißig, B./Skrobanek, J. (2009): Jugendarbeitslosigkeit und Benachteiligtenförderung. In: Tippelt, R./Schmidt, B. (Hrsg.): Handbuch Bildungsforschung. Wiesbaden: VS Verlag für Sozialwissenschaften, S. 953–966.

Bundesministerium für Familie, Senioren, Frauen und Jugend (2010): Sechster Bericht zur Lage der älteren Generation in der Bundesrepublik Deutschland: Altersbilder in der Gesellschaft. Berlin: Bundesministerium für Familie, Senioren, Frauen und Jugend.

Burtscher, R./Dietschek, E./Ackermann, K.-E./Kil, M./Kronauer, M. (2013): Zugänge zu Inklusion: Erwachsenenbildung, Behindertenpädagogik und Soziologie im Dialog. Bielefeld: Bertelsmann.

Coleman, J. (1986): Die asymmetrische Gesellschaft: Vom Aufwachsen mit unpersönlichen Systemen. Weinheim: Beltz.

Dewey, J. (1916): Democracy and Education: An Introduction to the Philosophy of Education. New York: The Free Press.

Ditschek, E./Meisel, K. (2012): Inklusion als Herausforderung für die Organisation: Auf dem Weg zur inklusiven Erwachsenenbildung, Teil 1. In: DIE Zeitschrift für Erwachsenenbildung, H. 2, S. 30–33.

Dreeben, R. (1980): Was wir in der Schule lernen. Berlin: Suhrkamp.

Erikson, E. H. (1966): Identität und Lebenszyklus. Frankfurt: Suhrkamp.

Faulstich-Wieland, H. (2018): Genderaspekte und -herausforderungen in der Berufs- und Studienorientierung. In: KWB Koordinierungsstelle Weiterbildung und Beschäftigung e.V./Wördehoff, P. (Hrsg.): Eine sichere Berufswahl: Handreichung für Lehrkräfte. Informationen und Anregungen für die Berufs- und Studienorientierung in der Oberstufe. Hamburg: KWB, S. 60–80.

Fend, H. (2008): Schule gestalten: Systemsteuerung, Schulentwicklung und Unterrichtsqualität. Wiesbaden: VS Verlag für Sozialwissenschaften.

Fend, H. (2009): Wie das Leben gelingt oder wie es so spielt. 1527 Lebensläufe vom 12. zum 35. Lebensjahr. In: Tippelt, R. (Hrsg.): »Wie das Leben gelingt oder wie es so spielt« – Helmut Fend. München: Utz, S. 41–72.

Gebrande, J./Tippelt, R. (2016): Inklusion aus der Perspektive der Zielgruppenforschung. In: Erwachsenenbildung 62, H. 3, S. 108–111.

Grunert, C./Krüger, H.-H. (2009): Geschichte und Perspektiven der Kindheits- und Jugendforschung. In: Krüger, H.-H./Grunert, C. (Hrsg.): Handbuch Kindheits- und Jugendforschung. Wiesbaden: VS Verlag für Sozialwissenschaften, S. 11–40.

Hafeneger, B. (2009): Politische Bildung. In: Tippelt, R./Schmidt, B. (Hrsg.): Handbuch Bildungsforschung. Wiesbaden: VS Verlag für Sozialwissenschaften, S. 861–880.

Heitmeyer, W. (Hrsg.) (2011): Deutsche Zustände: Folge 10. Berlin: Suhrkamp.
Hurrelmann, K. (2006): Einführung in die Sozialisationstheorie. Weinheim: Beltz.
Hurrelmann, K./Quenzel, G. (2016): Lebensphase Jugend: Eine Einführung in die sozialwissenschaftliche Jugendforschung. 13. Auflage. Weinheim, Basel: Beltz Juventa.
Kruse, A. (2018): Das letzte Lebensjahr: Eine fachliche, existenzielle und persönliche Auseinandersetzung. Stuttgart: Kohlhammer.
Lenhart, V. (2006): Pädagogik der Menschenrechte. 2. aktualisierte Auflage. Wiesbaden: VS Verlag für Sozialwissenschaften.
Lepsius, M. R. (1977): Modernisierungspolitik als Institutionenbildung: Kriterien institutioneller Differenzierung. In: Zapf, W./Albert, H. (Hrsg.): Probleme der Modernisierungspolitik: Mannheimer sozialwissenschaftliche Studien. Meisenheim: Hain, S. 17–28.
Nittel, D./Tippelt, R. (2018): Die Resonanz des lebenslangen Lernens im Erziehungs- und Bildungswesen: Eine vergleichende Untersuchung beruflicher und institutioneller Selbstbeschreibungen. Böckler-Stiftung.
Nittel, D./Tippelt, R. (2019): Pädagogische Organisationen im System des Lebenslangen Lernens. Bielefeld: Bertelsmann (im Druck).
Olk, T. (1985): Jugend und gesellschaftliche Differenzierung: Zur Entstrukturierung der Jugendphase 19. Beiheft, S. 290–301.
Organisation for Economic Co-Operation and Development (2008): Education at a Glance 2008: OECD Indicators. Paris: OECD Publishing.
Organisation for Economic Co-Operation and Development (2018): Equity in Education: Breaking down barriers to social mobility. Paris: OECD Publishing.
Reich-Claassen, J. (2010): Warum Erwachsene (nicht) an Weiterbildungsveranstaltungen partizipieren: Einstellungen und prägende Bildungserfahrungen als Regulative des Weiterbildungsverhaltens. Eine qualitativ-explorative Untersuchung erwartungswidriger Teilnahme und Nichtteilnahme an Erwachsenbildung. Berlin: Lit.
Rolff, H.-G. (1977): Schulreform als geplanten organisatorischer Wandel. In: Die Deutsche Schule 69, H. 6, S. 357–373.
Rolff, H.-G. (1992): Die Schule als besondere soziale Organisation: Eine komparative Analyse. In: Zeitschrift für Sozialisationsforschung und Erziehungssoziologie 12, H. 4, 306-234.
Rolff, H.-G. (2018): Bildungsreform als Schulentwicklung. In: Barz, H. (Hrsg.): Handbuch Bildungsreform und Reformpädagogik. Wiesbaden: Springer VS, S. 595–603.
Schmidt-Hertha, B. (2014): Kompetenzerwerb und Lernen im Alter: Studientexte für Erwachsenenbildung. Bielefeld: wbv.
Sinus (2010): Soziale Milieus in Deutschland. Update 9/2010. Heidelberg.
Stanat, P./Bergann, S./Taraszow, T. (2018): Geschlechtsbezogene Disparitäten in der Bildung. In: Tippelt, R./Schmidt, B. (Hrsg.): Handbuch Bildungsforschung. Wiesbaden: VS Verlag für Sozialwissenschaften, S. 513–527.
Tenbruck, F. (1962): Jugend und Gesellschaft: Soziologische Perspektiven. Freiburg: Rombach.
Tippelt, R. (1990): Bildung und sozialer Wandel: Eine Untersuchung von Modernisierungsprozessen in der Bundesrepublik Deutschland seit 1950. Weinheim: Deutscher Studienverlag.
Tippelt, R. (2010): Jugendphase und sozialer Wandel: Anforderungen und Überforderungen der Schule. In: Becker, P./Mokry, S. (Hrsg.): Jugend heute – Kirche heute? Würzburg: echter, S. 119–132.
Tippelt, R. (2015): Lifeworld (Lebenswelt) Orientation and the Construction of Social Milieus. In: ELM – European Lifelong Learning Magazine, H. 1 (www.elmmagazine.eu/articles/milieus-and-lifeworld-research).
Tippelt, R. (2018): Bildungsreformen und sozialer Wandel. Rationale Analyse und normative Prämissen nach «Schockerleben". In: Barz, H. (Hrsg.): Handbuch Bildungsreform und Reformpädagogik. Wiesbaden: Springer VS, S. 113–128.
Tippelt, R./Strobel, C./Kuwan, H./Reupold, A. (Hrsg.) (2009): Lernende Regionen – Netzwerke ge-

stalten. Teilergebnisse zur Evaluation des programms »Lernende Regionen – Förderung von Netzwerken«. Bielefeld: Bertelsmann.

UNESCO (2009): Policy Guidelines on Inclusion in Education. Paris: United Nations Educational, Scientific and Cultural Organization.

United Nations (2007): From Exclusion to Equality: Realizing the rights of persons with disabilities. Handbook for Parliamentarians on the Convention on the Rights of Persons with Disabilities and its Optional Protocol. www.un.org/disabilities/documents/toolaction/ipuhb.pdf (Abfrage 25.10.2018).

Walper, S./Tippelt, R. (2010): Methoden und Ergebnisse der quantitativen Kindheits- und Jugendforschung. Wiesbaden: VS Verlag für Sozialwissenschaften.

Corrie Thiel und Hedda Bennewitz

Vom Hoffnungsträger zum Problemfall

Beobachtungen zur Figur der ›widerständigen Lehrkraft‹ im erziehungswissenschaftlichen Schulreformdiskurs

1. Einleitung

Die Schule ist Zeit ihres Bestehens zahllosen Reformversuchen ausgesetzt gewesen und wird es wohl auch noch in absehbarer Zeit bleiben. Ebenso beharrlich wie versucht wird Schule zu verändern, streiten Befürworter und Gegner meist in öffentliche Kontroversen und ringen um die ›gute Schule‹. Die Bildungspolitik und -administration, die Schulforschung und auch die schulischen Akteure begeben sich zugleich, aber nicht unbedingt miteinander auf die Suche nach den besten Veränderungsstrategien. Einig sind sich alle Beteiligten jedoch in einem Punkt: Lehrerinnen und Lehrern wird eine besondere Bedeutung in Schulreformprozessen attestiert. Es ist von daher kaum verwunderlich, dass in den 1970er Jahren die Figur der ›widerständigen Lehrkraft‹ Eingang in die wissenschaftliche Auseinandersetzung mit der Reform der Schule findet.

Der Begriff des Widerstandes changiert als politischer Begriff zwischen einer legitimen Auflehnung gegenüber illegitimen und einer illegitimen Auflehnung gegenüber legitimen Machtverhältnissen. In einer psychoanalytischen Lesart richtet er sich gegen die Wiederbelebung schmerzlicher Vorstellungen und Affekte oder das Bewusstwerden unannehmbarer Triebregungen. Die Bedeutungsvielfalt des Begriffes findet sich auch im erziehungswissenschaftlichen Schulreformdiskurs wieder.

Mit dem vorliegenden Beitrag unternehmen wir einen Gang durch den erziehungswissenschaftlichen Schulreformdiskurs und stellen dar, auf welche Weise Widerstand von Lehrkräften in theoretischen wie empirischen Beiträgen thematisch wird. Wir zeichnen dazu zwei Hauptnarrative dieses Diskurses und die in ihnen enthaltenen Entwürfe von Lehrkräften nach und zeigen, mit welchen überraschenden Implikationen der Begriff des Widerstands behaftet ist (2). Die Befunde werden gebündelt und ein Ausblick auf weitere Entwicklungsmöglichkeiten des erziehungswissenschaftlichen Schulreformdiskurses wird gegeben (3).

2. Der erziehungswissenschaftliche Schulreformdiskurs und die Figur der ›widerständigen Lehrkraft‹

Bis in die 1970er Jahre hinein beherrschte das Modell des *Interventionsstaates* die politikwissenschaftliche Diskussion um die staatliche Steuerung gesellschaftlicher Entwicklungen. In diesem Modell trägt der Staat die Verantwortung für die Gestaltung gesellschaftlicher Prozesse, der er mittels direkter Regulierung in Form von Rechtsvorschriften sowie der Bereitstellung von Ressourcen nachzukommen versucht. Gegen Ende der 1970er verliert dieses Modell seine Bedeutung. An dessen Stelle tritt zunächst in den USA und später in den deutschsprachigen Ländern das Modell des *kooperativen Staates*. Anders als im Modell des Interventionsstaates leitet der Staat im Modell des kooperativen Staates Prozesse gesellschaftlicher Selbstorganisation lediglich an. Gegenüber Formen direkter Steuerung gewinnen Formen indirekter Steuerung wie etwa Aufgaben- und Problemdefinitionen an Bedeutung, deren Bearbeitung der Verantwortung nachgeordneten Handlungseinheiten, wie z. B. Schulen oder Lehrkräften, überstellt wird, denen hierfür Autonomie eingeräumt wird (Braun/Giraud 2009).

Dieser Paradigmenshift spiegelt sich auch in der erziehungswissenschaftlichen Schulreformdiskussion wider. Während bis Mitte der 1980er Jahre der Interventionsstaat die weitestgehend fraglos vorausgesetzte *Beschreibungsfolie* für die Auseinandersetzung mit Fragen der Schulreform ist, wird der kooperative Staat in der Diskussion nach 1990 zum *normativen Leitbild*. Hiermit korrespondieren zwei verschiedenen Narrative des erziehungswissenschaftlichen Schulreformdiskurses, wie sich an der Bearbeitung des Themas Widerstand in Schulreformprozessen zeigt.

2.1 Der erziehungswissenschaftliche Schulreformdiskurs der 1970er und 1980er Jahre

Im hochgradig politisierten Diskurs der 1970er und 1980er Jahre begründet die als dringend notwendig erachtete Erneuerung der Gesellschaft die Reformbedürftigkeit der Schule. Die Schule gilt hier als »leistungsorientiertes, bürokratisch organisiertes Service-System für den kapitalistischen Produktionsprozeß« (Frech 1972, S. 42). Sie leiste einen wesentlichen Beitrag zur Stabilisierung bestehender Herrschaftsverhältnisse, die es zu überwinden gelte (z. B. Reichwein/Frech 1971, S. 23 ff.; Hänsel 1975, S. 7; Müller-Fohrbrodt et al. 1975, S. 310; Susteck 1975, S. 9 ff.; Keutmann 1981, S. 17 ff.; Tack 1983). Da von der Schule als staatlich gesteuerter und bürokratisch organisierter Institution nur bedingt die Erneuerung der Gesellschaft erwartet werden kann, wird Lehrkräften die Aufgabe zugewiesen, einen Beitrag zur gesellschaftlichen Erneuerung durch ihr Engagement in Prozessen der »Inneren Reform« der Schule zu leisten.

Innerhalb dieser Rahmenerzählung spielt die Figur der gegenüber Schulreform widerständigen Lehrkraft kaum eine Rolle (eine Ausnahme ist Frech 1972, S. 43). Stattdessen steht deren Gegenfigur – die angepasste Lehrkraft – im Fokus der Diskussion. Hierauf verweisen schon die Titel einschlägiger Veröffentlichungen wie *Die Anpassung des Lehrers* (Hänsel 1975), *Ausbildung zur Anpassung?* (Keutmann 1981) oder *Wider die Anpassung des Lehrers* (Tack 1983). Die Erneuerung der Gesellschaft kann – so der einschlägige Tenor – nur von jenen Lehrkräften erwartet werden, die sich den Bedingungen schulischer Arbeit noch nicht angepasst haben. Vor diesem Hintergrund erscheint die empirisch gestützte Beobachtung, dass angehende Lehrkräfte während der universitären Ausbildung durchaus progressive Einstellungen entwickeln, diese aber mit dem Übertritt in die praktische Ausbildungsphase zu Gunsten konservativer Einstellungen wieder ablegen (Koch 1972; Hänsel 1975; Dann et al. 1978), als hoch problematischer Befund.

Dementsprechend ist in der Schulreformdiskussion die Frage von zentraler Bedeutung, wie solche Anpassungseffekte verhindert werden können. Als Hauptproblem werden strukturelle Bedingungen des schulischen Alltags und der Lehrerbildung ausgemacht. So werden etwa das Verhältnis von theoretischer und schulpraktischer Ausbildungsphase, die Rahmenbedingungen schulischer Arbeit und der Konformitätsdruck auf (angehende) Lehrkräfte durch administrative Reglementierung sowie durch andere Lehrkräfte problematisiert (z. B. Frech 1972, S. 41 ff.; Koch 1972, S. 164 f.; Dann et al. 1978, S. 335 ff.; Tack 1983). Um Anpassungstendenzen von Lehrkräften zu ver- oder zumindest doch zu behindern, »müßte man vor allem die allgemeine Schulsituation verändern« (Dann et al. 1978, S. 343). Da dies aber kaum erwartbar sein dürfte, rückt die universitäre Lehrerbildung als Stellschraube zur Verhinderung von Anpassungsprozessen in den Blick (Dann et al. 1978, S. 343). Die Vorschläge reichen von einer umfassenden Neustrukturierung der Lehrerbildung (Tack 1983), über den Aufruf, im Hochschulstudium verstärkt auf die Ausbildung berufsspezifischer innovativer Orientierungen hinzuwirken (Dann et al. 1978, S. 346) bis hin zur der Forderung, Wissen handlungsorientiert zu vermitteln und »die tatsächliche Realisierung und das Durchhalten einstellungskonformen Verhaltens [hier geht es um positive Einstellungen gegenüber Innovation; Anmerk. C.T. & H.B.] auch gegen Widerstände und anfängliche »Mißerfolge« einzuüben« (Koch 1972, S. 156). Angestrebt wird die Ausbildung von Lehrkräften, die sich *gegen* die Widerstände des Systems *für* die Reform der Schule einsetzen.

Dieses Narrativ prägt den Schulreformdiskurs bis Ende der 1980er Jahre. Noch 1990 problematisiert Andreas Flitner, dass in der deutschen Tradition der Staat von jeher für die Entwicklung und Modernisierung der Schule zuständig ist und merkt an, dass »der Lehrer, der Freiräume sucht, der an Reformen arbeitet und sich immer wieder anstemmt gegen die verwaltete Routine und das rasselnde System, nur ein armer Tropf« (S. 27) sei. Flitner fordert anschließend den Abbau administrativer Reglementierung von Schule und erweiterte Handlungsspielräume für Lehrerkollegien und einzelne Lehrkräfte ein (Flitner 1990, S. 29 ff.). Der Rückbau zentralistischer Steuerung in Verbindung mit der Erweiterung einzelschulische Autonomie wird im Schulreformdiskurs nach 1990 zum bildungspolitischen Programm, mit dem die Reform der Schule vorangetrieben werden soll.

2.2 Der erziehungswissenschaftliche Schulreformdiskurs nach 1990

Gegen Ende der 1980er Jahre wird das Modell des kooperativen Staates zum normativen Leitbild im Schulreformdiskurs. Dies geht mit einer umfassenden Neubeschreibung des Schulreformproblems einher. Das Narrativ von der *Erneuerung* der Gesellschaft durch die Reform der Schule wird jetzt abgelöst vom Narrativ der Qualitätsentwicklung. Die Reformbedürftigkeit der Schule wird nun auf gesellschaftliche

Wandlungsprozesse zurückgeführt, auf die schulische Arbeit abgestimmt werden muss. Ab den 1990er Jahren steht dabei die *Anpassung* der Schule an veränderte gesellschaftliche Entwicklungen wie z. B. eine veränderte Schülerschaft im Vordergrund (Bohnsack 1995, S. 21; Söll 2002, S. 13). Später geht es verstärkt um die Teilhabe an der Gesellschaft. Schule soll die Fähigkeit vermitteln, »das eigene Leben als Lernprozess selbst gestalten zu können, trotz Unsicherheit von Beruf und Arbeit, Karriere und sozialer Lage« (Klieme et al. 2007, S. 63).

Die Entwicklung der Qualität von Schule und Unterricht wird zum staatlichen Handlungsauftrag, dessen Bearbeitung der Verantwortung den Einzelschulen überstellt ist (Posch 2002, S. 598; Rürup/Herinrich 2007, S. 157). Die Einzelschule wird nun metaphorisch als »Motor der Entwicklung« (Rolff 2004, S. 99) und »Gestaltungseinheit« (Rolff 2004, S. 99) bezeichnet. Die Notwendigkeit, anders als bisher über Schulreformprozesse nachzudenken, wird im Schulreformdiskurs sowohl mit dem Scheitern des Interventionsstaates begründet (Rolff 2004, S. 99), als auch mit den Befunden großer Schulvergleichsstudien (eine Übersicht über die zentralen Befunde dieser Studien findet sich bei Fend 1988). Diese haben gezeigt, dass sich Schulen mit gleichen strukturellen Voraussetzungen sehr unterschiedlich entwickeln (Lang 1997, S. 72; Terhart 2000, S. 821; Esslinger 2002, S. 20; Rolff 2004, S. 99). Vor dem Hintergrund dieser Neubeschreibung verändert sich nun auch die wissenschaftliche Auseinandersetzung mit der Rolle der Lehrkraft in Schulreformprozessen. An Stelle der angepassten Lehrkraft wird nun die gegenüber Reformanforderungen widerständige Lehrkraft im wissenschaftlichen Diskurs problematisiert.

Für den Zeitraum von 1990 bis heute lassen sich zwei Ausgestaltungsformen des Modells des *kooperativen Staates* im Schulreformdiskurs finden. Hans-Günther Rolff (2004) spricht von diesen Ausgestaltungsformen als zwei Linien der Steuerung der Qualität von Schulen. Die erste Linie, die den Schulreformdiskurs der 1990er Jahre prägt, bezeichnet er als »*Schulentwicklungsmodell*« (S. 99), die zweite, die ab 2000 prominent wird, wird als *Modell standardbasierter Schulreform* (Pant et al. 2008, S. 828; Herzog 2013, S. 7) diskutiert. Die beiden Modelle unterscheiden sich hinsichtlich der Bestimmung der Rolle, die Lehrkräften in Qualitätsentwicklungsprozessen zukommt. Dies geht mit unterschiedlichen Formen der Thematisierung des Widerstandes von Lehrkräften *gegen* die Reform von Schule im wissenschaftlichen Diskurs einher.

Das Schulentwicklungsmodell und die Figur der widerständigen Lehrkraft

Im Zentrum des Schulentwicklungsmodells steht die Idee, dass die Qualität schulischer Arbeit nicht durch staatliche Anordnungen befördert werden kann, sondern von den schulischen Akteuren gemeinsam vorangetrieben werden muss. Der Staat soll die einzelschulische Entwicklungsarbeit lediglich durch zentral gesetzte Qualitätsrahmen strukturieren, an denen sich Schulen in ihrer Arbeit orientieren können. Den Schulen kommt die Aufgabe zu, selbstständig Entwicklungsbedarfe zu definieren, entsprechende Handlungsmaßnahmen einzuleiten und den Erfolg dieser Maßnahmen mittels schulinterner Evaluation zu überprüfen. Besondere Bedeutung für die

Entwicklung schulischer Qualität wird hierbei schulischen Steuergruppen, der Arbeit in Teams sowie Feedbackstrukturen zugeschrieben (Rolff 2004, S. 99 ff.). Lehrkräften kommt in diesem Modell eine Schlüsselposition hinsichtlich der Entwicklung schulischer Qualität zu (siehe auch Söll 2002, S. 215; Ricker 2005, S. 104). Die normative Prämisse, dass die als notwendig unterstellte Entwicklung der Qualität schulischer und unterrichtlicher Prozesse in der gemeinsamen Verantwortung von Lehrkräften liegt, spiegelt sich in der erziehungswissenschaftlichen Diskussion insofern wider, als dass nun die Frage nach dem Umgang von Lehrkräften mit Reformanforderungen in den Fokus rückt und Widerstand von Lehrkräften gegen Innovationsanforderungen als Problem gerahmt wird (z. B. Bohnsack 1995; Esslinger 2002; Söll 2002; Bennewitz 2005; 2008; Ricker 2005; Reh 2010).

Im wissenschaftlichen Diskurs geht es nun um die Frage, inwiefern mit einer Reform der Schule gerechnet werden kann. Entsprechend den Prämissen des Schulentwicklungsmodells kann diese nur gelingen, wenn sie von den Lehrkräften getragen wird. Widerstand von Lehrkräften gegen Reformanforderungen gilt dementsprechend als Haupthindernis für eine erfolgreiche Reform der Schule. Dabei wird Widerstand in den einschlägigen Arbeiten auf die Nicht-Passung von Innovationsanforderungen und handlungsfeldspezifischen Orientierungen, wie z. B. erfahrungsgespeisten Handlungsroutinen (Bohnsack 1995), auf Schulentwicklung bezogenen subjektiven Theorien (Söll 2002), Berufsauffassungen (Esslinger 2002; Ricker 2005), oder aber berufskulturellen Deutungsmustern (Lang 1997; Bennewitz 2005; 2008), zurückgeführt. In der Konsequenz müssten also für gelingende Schulentwicklungsprozesse diese Orientierungen verändert werden. Dies erscheint jedoch gleichzeitig und insofern als unrealistisch, als die rekonstruierten Orientierungen als Ergebnis berufspraktischer Erfahrung verstanden werden.

In den Vorschlägen, die in Hinblick auf Möglichkeiten der Veränderung bestehender Orientierungen von Lehrkräften dennoch formuliert werden, replizieren sich die zentralen Prämissen des Schulentwicklungsmodells. Immer wieder wird die innerschulische Kommunikation und Zusammenarbeit als zentraler Ansatzpunkt in der Bearbeitung des Passungsproblems von Innovationsanforderungen und handlungsfeldspezifischen Orientierungen genannt (Bohnsack 1995, S. 32 ff.; Lang 1997, S. 271 ff.; Söll 2002, S. 220 ff.; Bennewitz 2008, S. 257 f.). Gleichzeitig wird administrativer Zwang als Mittel zur Bearbeitung von Widerstand explizit abgelehnt (Bohnsack 1995, S. 33 f.; Bennewitz 2008, S. 257). Damit wird hier die für das Schulentwicklungsmodell zentrale Setzung wiederholt, dass die Einzelschule weitestgehend frei von staatlichen Eingriffen, selbstständig Entwicklungsarbeit zu leisten vermag. Hierzu gehört dann auch, dass sie die Widerstände gegenüber diesem Programm selbst bearbeitet. Da empirische Belege für diese Form der Bearbeitung weitestgehend fehlen, wirken die Vorschläge wie eine diskursive Selbstvergewisserung der Gültigkeit der durch die empirischen Untersuchungen zum Widerstand von Lehrkräften zweifelhaft gewordene Annahme, dass die Reform der Schule tatsächlich besser von einer mit Qualitätsentwicklung beauftragten Einzelschule vorangetrieben werden kann, als von einem zentralistisch steuernden Staat.

Das Modell standardbasierter Schulreform und die Figur der widerständigen Lehrkraft

Internationale Vergleichsstudien wie TIMSS, IGLU und PISA markieren für Rolff (2004) den Beginn der zweiten Linie der Steuerung. Die standardbasierte Schulreform lässt sich als Programm einer Rezentralisierung der Reform der Schule verstehen, da hier nun die verbindliche Festlegung von Soll-Größen für die schulische Arbeit in Form von Bildungsstandards und schulischen Qualitätsrahmen sowie die Überprüfung des Erreichens dieser Soll-Größen mittels Verfahren externer Evaluation wie zentralen Vergleichstests und Schulinspektionsverfahren erwartet wird (siehe auch Bellmann 2016; Thiel 2019, S. 75 ff.). Dennoch geht es nicht um eine Rückkehr zum Interventionsstaat. Anders als im Modell eines intervenierenden, alles steuernden und regelnden Staates ist es auch im Modell standardbasierter Schulreform die Einzelschule, die die Verantwortung für schulische Qualitätsentwicklung trägt (zur empirischen Rekonstruktion dieser Figur in bundeslandspezifischen Qualitätsrahmen siehe Idel/Rabenstein 2016). Gegenüber der ersten Linie der Steuerung verändert sich aber das Aufgabenprofil für Lehrkräfte in Qualitätsentwicklungsprozessen. Während diese entsprechend dem Schulentwicklungsmodell, ausgehend von den eigenen schulpraktischen Erfahrungen, Entwicklungsbedarfe feststellen sollen, die sie anschließend bearbeiten, werden im Modell standardbasierter Schulreform Entwicklungsdefizite schulextern über die Rückmeldung von Ist-Soll-Differenzen im Rahmen externer Evaluation definiert. In der Verantwortung der Schule liegt es dann, die rückgemeldeten Defizite zu bearbeiten und so die Qualität von Schule zu steigern.

An die Stelle der Frage nach dem Umgang von Lehrkräften mit Reformanforderungen tritt in der vom Modell standardbasierter Steuerung geprägten Diskussion die Frage, ob und inwiefern Lehrkräfte die Ergebnisse aus externen Evaluationsverfahren rezipieren und aus diesen Maßnahmen zur Steigerung der Qualität schulischer und unterrichtlicher Arbeit ableiten. Überblicke über den gegenwärtigen Stand der Forschung zum Umgang mit Rückmeldungen aus externen Evaluationen finden sich bei Herbert Altrichter, Robert Moosbrugger und Julia Zuber (2016), Uwe Maier (2010), Ewald Terhart (2013), Wolfgang Böttcher und Miriam Keune (2011) sowie Oliver Böhm-Kasper in dem vorliegenden Sammelband. Die empirischen Studien zeigen, dass eher nicht mit umfassenden substanziellen Qualitätsentwicklungen durch Bildungsstandards und der Rückmeldung aus externen Evaluationen gerechnet werden kann, da kaum Konsequenzen aus den Ergebnisrückmeldungen abgeleitet werden. Auch wenn dies eher selten explizit als Widerstand von Lehrkräften gegenüber externer Evaluation bezeichnet wird (Ausnahmen sind z. B. Hartung-Beck 2009, S. 241 ff.; Steins 2009), so steht die Figur der widerständigen Lehrkraft doch der Sache nach auch weiterhin im Fokus der wissenschaftlichen Aufmerksamkeit (siehe auch Terhart 2013, S. 77). Dass kaum je explizit vom Widerstand gegenüber Innovationsanforderungen die Rede ist, erscheint vor dem Hintergrund naheliegend, dass Lehrkräften in der stark an quantitativer Forschung ausgerichteten Diskussion weniger der Status von Subjekten zugesprochen wird, die eigenständige Qualitätsentwicklungsarbeit leisten sollen und können, sondern als »zentrale *Bedingungsfaktoren* von Steuerungsprozessen« (Koch 2009, S. 118; Hervorh. im Original) betrachtet werden, deren Ausprägung über das Gelingen von Qualitätsentwicklungsprozessen entscheidet.

Ausbleibendes Engagement von Lehrkräften in Qualitätsentwicklungsprozessen wird nun nicht mehr als Problem der *Passung* von Innovationsanforderungen und handlungsfeldspezifischen Orientierungen von Lehrkräften thematisiert, sondern als personenspezifisches *Haltungsproblem* (z. B. Pant et al. 2008; Schumacher 2008; Altrichter 2009; Hartung-Beck 2009; Koch 2009; 2011; Emmrich 2010; Hosenfeld 2010; Kühle 2010; Groß Ophoff 2013; Maier/Ramsteck/Frühwacht 2013; kritisch hierzu Bellmann 2018, S. 60 f.). Typischerweise wird in den empirischen Studien zunächst die Haltung von Lehrkräften gegenüber den Instrumenten standardbasierter Steuerung erhoben. Anschließend werden Variablen identifiziert, die mit einer aufgeschlossenen Haltung gegenüber dem jeweils untersuchten Steuerungsinstrument in einem positiven Zusammenhang stehen (z. B. Schumacher 2008; Altrichter 2009; Hartung-Beck 2009; Koch 2009; 2011; Emmrich 2010; Hosenfeld 2010; Kühle 2010; Groß Ophoff 2013).

Als besonders wirksame Mittel zur Steigerung der Akzeptanz der Instrumente standardbasierter Steuerung und der Motivation zur Auseinandersetzung mit und Nutzung von den Ergebnissen externer Evaluation werden Unterstützungsmaßnahmen wie z. B. schulexterne Beratung und Fortbildungen zu qualitätsentwicklungsrelevanten Themen genannt (z. B. Hosenfeld/Groß Ophoff 2007, S. 358; Schumacher 2008, S. 287 f.; Emmrich 2010, S. 221 ff.; Maier/Ramsteck/Frühwacht 2013, S. 92; Altrichter/Moosbrugger/Zuber 2016, S. 268). Daneben wird auch vermehrt auf die Bedeutung von administrativem Druck, externen Leistungsanreizen und Sanktionen hingewiesen (z. B. Hosenfeld/Groß Ophoff 2007, S. 356; Altrichter 2009, S. 99; Emmrich 2010, S. 221 ff.). Der Vergleich der Vorschläge, die vor dem Hintergrund des Schulentwicklungsmodells in Hinblick auf die Bearbeitung von Widerstand gegen Innovationsanforderungen gemacht werden, mit jenen, die vor dem Hintergrund des Modells standardbasierter Schulreform formuliert werden, zeigt, wie stark die jeweils dominanten Leitbilder der Steuerung der Qualität von Schule den Schulreformdiskurs prägen: Gelten staatliche Zielvorgaben für die Gestaltung von Schule und die Rückmeldung von Ist-Soll-Differenzen als Movens von Qualitätsentwicklung und weniger das intrinsische Engagement von Lehrkräften, werden Möglichkeiten der Bearbeitung von Widerstand gegen Reformanforderungen auch eher in spezifischen bildungspolitischen Maßnahmen gesehen.

3. Fazit und Ausblick

Der Durchgang durch den erziehungswissenschaftlichen Schulreformdiskurs entlang der Frage, wie Widerstand von Lehrkräften in Reformprozessen thematisiert wird, zeigt, wie stark der Diskurs bislang im Dienst der Verwirklichung der Reform der Schule steht, auch wenn durchaus unterschiedliche Erwartungen mit der Reform der Schule verknüpft werden. Dementsprechend reagiert der Schulreformdiskurs auch immer wieder bestürzt auf fehlende Innovationsbereitschaft von Lehrkräften, statt nach dem »tiefere[n] Sinn dieses Widerstandes« (Terhart 2013, S. 85) zu fragen. Angesichts des immer wiederkehrenden desillusionierenden Befundes, dass sich Lehrkräfte kaum in dem erwünschten Maß in Schulreformprozesse einbringen, scheint es an der Zeit für eine weniger politisch engagierte Auseinandersetzung mit dem Phänomen Widerstand zu sein und verstärkt Fragen systematischer Natur zu stellen. Eine so ausgerichtete Forschung stünde vor der Herausforderung, eine andere Perspektive auf den Untersuchungsgegenstand zu entwickeln, als dies bislang der Fall ist. Erste Vorschläge hierzu wurden in den letzten Jahren gemacht.

In der bisherigen Diskussion wird Widerstand – *erstens* – als Gegenbegriff zu Anpassung gebraucht. Dies präfiguriert einen dichotomisierenden Blick, der die Gefahr in sich birgt, dass nur jene Formen des Umgangs von Lehrkräften mit Reformanforderungen erfasst werden, die sich leicht einer der beiden Seiten der Dichotomie zuordnen lassen. Verschiedene qualitative Untersuchungen geben aber Hinweise auf Umgangsformen, die sich einer Kategorisierung als entweder konform oder widerständig entziehen (z. B. Thomas/Davies 2005; Sloan 2006; Thiel 2018; 2019). Um dieser Gefahr zu entgehen, konzipieren Robyn Thomas und Annette Davies (2005) Widerstand von vornherein als andauernden Prozess der Adaption, Subversion und Widereinschreibung dominanter Diskurse (S. 687). Eine solche Konzeption des Widerstandsbegriffes könnte unter Bezug auf praxistheoretische Überlegungen zu Widerstand als »transformative[r] Praxis« (Idel/Rabenstein 2016, S. 289) weiter ausgearbeitet werden (siehe auch Schütz/Idel/Neto Carvalho 2017), um das Phänomen Widerstand aus einer distanzierteren Perspektive heraus zu untersuchen.

Zweitens wird Widerstand tendenziell generalisiert. Indem Widerstand ebenso wie Angepasstheit auf Merkmale individueller Lehrkräfte sei es in Form von Einstellungen, sei es in Form berufsspezifischer Orientierungen zurückgeführt wird, wird dieser als von der konkreten Reform weithin unabhängiger Bearbeitungsmodus von Innovationsanforderungen konstruiert. Differenzen in der Bearbeitung verschiedener Innovationsanforderungen, die in deren Spezifik begründet liegen, können dabei leicht übersehen werden. Dass ein differenzierter Blick auf den Umgang mit Reformanforderungen lohnenswert sein kann, zeigt etwa John Diamond (2007). Er arbeitet in einer qualitativen Studie heraus, dass High-Stakes Tests zwar großen Einfluss auf die Entscheidung haben, welche Inhalte unterrichtet werden, die konkrete Unterrichtsgestaltung aber kaum zu beeinflussen scheinen.

Schließlich ist zu beobachten, dass Widerstand – *drittens* – insbesondere vor dem Hintergrund des Modells standardbasierter Schulreform als handlungsfeldunspezifisches Phänomen betrachtet wird. Von einer sich als dezidiert erziehungswissenschaftlich verstehenden Schulreformforschung wäre aber zu erwarten, dass sie sich die Frage vorlegt, inwiefern Widerstand von Lehrkräften gegenüber Reformanforderungen in den Strukturmerkmalen professioneller pädagogischer Arbeit liegt. Im angloamerikanischen Diskurs haben Andrew Gitlin und Frank Margonis bereits 1995 vorgeschlagen, Widerstand gegenüber Reformanforderungen als Ausdruck eines »good sense« (S. 377) von Lehrkräften für ihr Kerngeschäft zu verstehen. Hieran anschließend haben Betty Achinstein und Rodney T. Ogawa (2006) nachgezeichnet, dass Widerstand gegen Reformanforderungen keineswegs durch psychologisch begründete Abwehrreaktionen begründet sein muss, sondern auf professionelle Prinzipien zurückgeführt werden kann.

4. Literatur

Achinstein, B./Ogawa, R. T. (2006): (In)Fidelity: What the resistance of new teachers reveals about professional principles and prescriptive educational policies. In: Harvard Educational Review 76, H. 1, S. 30-63.

Altrichter, H. (2009): Datenfeedback und Unterrichtsentwicklung. Probleme eines Kernelements im »neuen Steuerungsmodell« für das Schulwesen. In: Böttcher, W./Dicke, J.N./Ziegler, H. (Hrsg.): Evidenzbasierte Bildung. Wirkungsevaluation in Bildungspolitik und pädagogischer Praxis. Münster u. a.: Waxmann, S. 211-226.

Altrichter, H./Moosbrugger, R./Zuber, J. (2016): Schul- und Unterrichtsentwicklung durch Datenrückmeldung. In: Altrichter, H./Maag Merki, K. (Hrsg.): Handbuch Neue Steuerung im Schulsystem. Wiesbaden: Springer VS, S. 235-277.

Bellmann, J. (2016): Datengetrieben und/oder evidenzbasiert? Wirkungsmechanismen bildungspolitischer Steuerungsansätze. In: Kritik der empirischen Bildungsforschung. Sonderheft der Zeitschrift für Erziehungswissenschaft 19, H. 1, S. 147-161.

Bellmann, J. (2018): Selbstregulation im ständigen Abgleich von Sein und Sollen. Ansätze zu einer Theorie der Wirkungen und Nebenwirkungen datengetriebener Steuerung. In: Drossel, K./ Eickelmann, B. (Hrsg.): Does ›What works‹ work? Bildungspolitik, Bildungsadministration und Bildungsforschung im Dialog. Münster: Waxmann, S. 55-70.

Bennewitz, H. (2005): Handlungskrise Schulreform. Deutungsmuster von Lehrenden zur Einführung der Förderstufe in Sachsen-Anhalt. Wiesbaden: Springer Fachmedien.

Bennewitz, H. (2008): Lehrende in Schulreformprozessen. Eine Deutungsmusteranalyse. In: Breidenstein, G./Schütze, F. (Hrsg.): Paradoxien in der Reform der Schule. Ergebnisse qualitativer Sozialforschung. Wiesbaden: VS Verlag für Sozialwissenschaften, S. 247-260.

Bohnsack, F. (1995): Widerstand von Lehrern gegen Innovationen in der Schule. In: Die Deutsche Schule 87, H. 1, S. 21-37.

Böttcher, W./Keune, M. (2011): Wirkungsanalyse der Schulinspektion. Empirische Ergebnisse aus Deutschland. In: Quesel, C./Husfeldt, V./Landwehr, N./Steiner, P. (Hrsg.): Wirkungen und Wirksamkeit der externen Schulevaluation. Bern: hep, S. 123-143.

Braun, D./Giraud, O. (2009): Politikinstrumente im Kontext von Staat, Markt und Governance. In: Schubert, K./Bandelow, N.C. (Hrsg.): Lehrbuch der Politikfeldanalyse 2.0. München: Oldenbourg Verlag, S. 159-190.

Dann, H.-D./Cloetta, B./Müller-Fohrbrodt, G./Helmreich, R. (1978): Umweltbedingungen innovativer Kompetenz. Eine Längsschnittuntersuchung zur Sozialisation von Lehrern in Ausbildung und Beruf. Stuttgart: Klett-Cotta.

Diamond, J.B. (2007): Where the rubber meets the road: Rethinking the connection between high-stakes testing policy and classroom instruction. In: Sociology of Education 80, H., S. 285-313.

Emmrich, R. (2010): Motivstrukturen von Lehrerinnen und Lehrern in Innovations- und Transferkontexten. Frankfurt am Main u. a.: Peter Lang.

Esslinger, I. (2002): Berufsverständnis und Schulentwicklung: ein Passungsverhältnis? Eine empirische Untersuchung zu schulentwicklungsrelevanten Berufsauffassungen von Lehrerinnen und Lehrern. Bad Heilbrunn: Klinkhardt.

Fend, H. (1988): Schulqualität. Die Wiederentdeckung der Schule als pädagogische Gestaltungsebene. In: Neue Sammlung 28, H. 4, S. 537-547.

Flitner, A. (1990): Wirklichkeitssinn und Möglichkeitssinn. Über Lehrerarbeit und Schulreform. In:

Kalb, P.E./Petry, C./Sitte, K. (Hrsg.): Unterricnten – und was sonst? Zum Berufsverständnis von Lehrerinnen und Lehrern. Weinheim: Beltz, S. 13-32.

Frech, H.-W. (1972): Innovatives Verhalten und Lehrerbildung. In: Bildung und Erziehung 25, H. 1, S. 41-55.

Gitlin, A./Margonis, F. (1995): The political aspect of reform: Teacher resistance as good sense. In: American Journal of Education 103, H. 4, S. 377-405.

Groß Ophoff, J. (2013): Lernstandserhebungen: Reflexion und Nutzung. Münster u. a.: Waxmann.

Hänsel, D. (1975): Die Anpassung des Lehrers. Zur Sozialisation in der Berufspraxis. Weinheim, Basel: Beltz.

Hartung-Beck, V. (2009): Schulische Organisationsentwicklung und Professionalisierung. Folgen von Lernstandserhebungen an Gesamtschulen. Wiesbaden: VS Verlag für Sozialwissenschaften.

Herzog, W. (2013): Bildungsstandards. Eine kritische Einführung. Stuttgart: Kohlhammer.

Hosenfeld, A. (2010): Führt Unterrichtsrückmeldung zu Unterrichtsentwicklung? Die Wirkung von videographischer und schriftlicher Rückmeldung bei Lehrkräften der vierten Jahrgangsstufe. Münster u. a.: Waxmann.

Hosenfeld, I./Groß Ophoff, J. (2007): Nutzung und Nutzen von Evaluationsstudien in Schule und Unterricht. In: Empirische Pädagogik 21, H. 4, S. 352-367.

Idel, T.-S./Rabenstein, K. (2016): Lehrpersonen als ›kreative Subjekte‹. Überlegungen zum Verhältnis von Profession und Innovation. In: Idel, T.-S./Dietrich, F./Kunze, K./Rabenstein, K./Schütz, A. (Hrsg.): Professionsentwicklung und Schulstrukturreform. Zwischen Gymnasien und neuen Schulformen in der Sekundarstufe. Bad Heilbrunn: Klinkhardt, S. 278-295.

Keutmann, G. (1981): Ausbildung zur Anpassung? Fallstudie zur beruflichen Sozialisation eines Lehrers: Selbstverlag.

Klieme, E./Avenarius, H./Blum, W./Döbrich, P./Gruber, H./Prenzel, M./Reiss, K./Riquarts, K./Rost, J./Tenorth, H.-E./Vollmer, H.J. (2007): Zur Entwicklung nationaler Bildungsstandards. Expertise. Bonn, Berlin: Bundesministerium für Bildung und Forschung (BMBF).

Koch, J.-J. (1972): Lehrer – Studium und Beruf. Ulm: Süddeutsche Verlagsgesellschaft.

Koch, S. (2009): Einstellungsmuster von Lehrkräften als Ermöglichung und Begrenzung ›Neuer Steuerung‹ – Eine empirische Rekonstruktion. In: Lange, U./Rahn, S./Seitter, W./Körzel, R. (Hrsg.): Steuerungsprobleme im Bildungswesen. Wiesbaden: VS Verlag für Sozialwissenschaften, S. 117-135.

Koch, U. (2011): Verstehen Lehrkräfte Rückmeldungen aus Vergleichsarbeiten? Datenkompetenz von Lehrkräften und die Nutzung von Ergebnisrückmeldungen aus Vergleichsarbeiten. Münster u. a.: Waxmann.

Kühle, B. (2010): Zentrale Lernstandserhebungen – Ergebnisorientierte Unterrichtsentwicklung? Schulische Strategien beim Umgang mit Ergebnissen aus den Schulrückmeldungen im Kontext der ersten Lernstandserhebungen 2004/2005 in Nordrhein-Westfalen. Berlin: Dr. Köster.

Lang, E. (1997): Berufliche Weiterentwicklung von Lehrerinnen und Lehrern. Die Bedeutung der pädagogischen Kultur an Schulen. Bad Heilbrunn: Klinkhardt.

Maier, U. (2010): Effekte testbasierter Rechenschaftslegung. Ist die internationale Befundlage auf Vergleichsarbeiten im deutschsprechigen Raum übertragbar? In: Zeitschrift für Pädagogik 56, H. 1, S. 112-128.

Maier, U./Ramsteck, C./Frühwacht, A. (2013): Lehr-lerntheoretische Argumentationsmuster bei der Interpretation und Nutzung von Vergleichsarbeitsrückmeldungen durch Gymnasiallehrkräfte. In: Die Deutsche Schule Beiheft 12, H., S. 74-96.

Müller-Fohrbrodt, G./Pfeifer, H./Cloetta, B./Dann, H.-D./Helmreich, R. (1975): Zum Image von Institutionen. Die Wahrnehmung der Innovationsfähigkeit von Schulen durch angehende Lehrer. In: Soziale Welt 26, H. 3, S. 310-331.

Pant, H.A./Vock, M./Pöhlmann, C./Köller, O. (2008): Offenheit für Innovationen. Befunde aus einer Studie zur Rezeption der Bildungsstandards bei Lehrkräften und Zusammenhänge mit Schülerleistungen. In: Zeitschrift für Pädagogik 54, H. 6, S. 827-845.

Posch, P. (2002): Erfahrungen mit dem Qualitätsmanagement im Bildungswesen in Österreich. In: Zeitschrift für Erziehungswissenschaft 5, H. 4, S. 598-616.
Reh, S. (2010): Widerstand in Schulentwicklungsprozessen. In: Bohl, T./Helsper, W./Holtappels, H.G./Schelle, C. (Hrsg.): Handbuch Schulentwicklung. Theorie – Forschungsbefunde – Entwicklungsprozesse – Methodenrepertoire. Bad Heilbrunn: Klinkhardt, S. 292-294.
Reichwein, R./Frech, H.-W. (1971): Lehrerbildung: Verführung zur Anpassung oder Befähigung zur Innovation. Anmerkung zu einem neuen Ziel der Lehrerausbildung und ihrer Reform. In: betrifft: Erziehung 4, H. 12, S. 19-32.
Ricker, K. (2005): Schulentwicklung und LehrerInnenbiographien. Innovationen in Schulen verstehen und fördern. In: Hoffmann-Ocon, A./Koch, K./Ricker, K. (Hrsg.): »Und sie bewegt sich doch ...« Schulentwicklung aus Forscherinnen- und Forschersicht. Göttingen: Universitätsverlag Göttingen.
Rolff, H.-G. (2004): Zwei Linien der Steuerung der Qualität von Schulen? In: Holtappels, H.G./Klemm, K./Pfeiffer, H./Rolff, H.-G./Schulz-Zander, R. (Hrsg.): Jahrbuch der Schulentwicklung. Daten, Beispiele und Perspektiven. Weinheim, München: Juventa, S. 97-123.
Rürup, M./Herinrich, M. (2007): Schulen unter Zugzwang – Die Schulautonomiegesetzgebung der deutschen Länder als Rahmen der Schulentwicklung. In: Altrichter, H./Brüsemeister, T./Wissinger, J. (Hrsg.): Educational Governance. Handlungskoordination und Steuerung im Bildungssystem. Wiesbaden: VS Verlag für Sozialwissenschaften, S. 157-183.
Schumacher, L. (2008): Wodurch wird die Bereitschaft von Lehrkräften zur Mitarbeit an Schulentwicklungsprojekten beeinflusst? In: Lankes, E.-M. (Hrsg.): Pädagogische Professionalität als Gegenstand empirischer Forschung. Münster u. a.: Waxmann, S. 279-290.
Schütz, A./Idel, T.-S./Neto Carvalho, I. (2017): Praktiken des Widerstands – widerständige Praktiken. Praxistheoretisch-ethnographische Überlegungen zum Eigensinn von Schulentwicklung. In: Völschow, Y./Bruns, W./Schlee, J. (Hrsg.): Schulentwicklung auf dem Prüfstand: Beiträge zu einer bildungspolitischen Kontroverse. Aachen: Shaker Verlag, S. 121-128.
Sloan, K. (2006): Teacher identity and agency in school worlds: Beyond the all-good/all-bad discourse on accountability-explicit curriculum policies. In: Curriculum Inquiry 36, H. 2, S. 119-152.
Söll, F. (2002): Was denken Lehrer/innen über Schulentwicklung. Eine qualitative Studie zu subjektiven Theorien. Weinherim, Basel: Beltz.
Steins, G. (2009): Widerstand von Lehrern gegen Evaluationen aus psychologischer Sicht. In: Bohl, T./Kiper, H. (Hrsg.): Lernen aus Evaluationsergebnissen. Verbesserungen planen und implementieren. Bad Heilbrunn: Klinkhardt, S. 185-195.
Susteck, H. (1975): Lehrer zwischen Tradition und Fortschriftt. Empirische Untersuchungen über die Innovationsbereitschaft der Pädagogen. Braunschweig: Westermann.
Tack, K. (1983): Wider die Anpassung des Lehrers. Köln: Pahl-Rugenstein Verlag.
Terhart, E. (2000): Qualität und Qualitätssicherung im Schulsystem. Hintergründe – Konzepte – Probleme. In: Zeitschrift für Pädagogik 46, H. 6, S. 809-829.
Terhart, E. (2013): Widerstand von Lehrkräften in Schulreformprozessen: Zwischen Kooperation und Obstruktion. In: McElvany, N./Holtappels, H.G. (Hrsg.): Empirische Bildungsforschung. Theorien, Methoden, Befunde und Perspektiven. Münster u. a.: Waxmann, S. 75-92.
Thiel, C. (2018): Zu den transformatorischen Effekten pädagogischer Professionalität. Befunde einer vergleichenden Untersuchung des Umgangs von Lehrkräften mit den Instrumenten Neuer Steuerung in zwei Bundesländern. Professionelles Handeln als Herausforderung für die Bildungsforschung. 6. Tagung der Gesellschaft für Empirische Bildungsforschung vom 15. bis 17. Februar 2018, Basel.
Thiel, C. (2019): Lehrerhandeln zwischen Neuer Steuerung und Fallarbeit. Professionstheoretische und empirische Analysen zu einem umstrittenen Verhältnis. Wiesbaden: Springer.
Thomas, R./Davies, A. (2005): Theorizing the micro-politics of resistance: New Public Management and managerial identities in the UK public services. In: Organization Studies 26, H. 5, S. 683-706.

Bernd Zymek

Internationalisierungsprozesse und Schulreformen

In bildungspolitischen Debatten wird Internationalisierung, wie auch Globalisierung, seit einigen Jahren pauschal als Anlass, Erklärung und Begründung von Reformen beschworen. Internationalisierung ist aber nur als Schlagwort ein homogenes Phänomen, tatsächlich handelt es sich um komplexe Zusammenhänge, die eine besondere Dynamik entfalten und in widersprüchlichen, sogar gegenläufigen Formen in Erscheinung treten können, z.B. als dialektischer Zusammenhang von *Nationalstaatsgründungen und internationalen Beziehungen*, als gegenseitige nationale Abgrenzung und zugleich auch *Angleichung im Prozess internationaler Konkurrenz*, als *internationaler Austausch* und *Standardisierung*, als *freiwillige internationale Mobilität* und *aufgezwungene Migration*. Nationale Schulreformpolitik wird auf sehr unterschiedliche Weise von den verschiedenen Dimensionen der Internationalisierung tangiert und kann unterschiedlich damit umgehen: Es kann Teil von Schulreformpolitik sein, selbst aktiv den Kontakt und den Vergleich mit dem Ausland zu suchen und selektiv daraus Anregungen, Modelle und Argumente zu entnehmen (Kap 1). Schulreformpolitik kann aber auch mit internationalen Entwicklungen konfrontiert sein, die die nationale Schulpolitik herausfordern und zu Reformen Anlass geben, wie die Aktivitäten supranationaler Organisationen (Kap. 2) oder die unterschiedlichen Formen des sozialen Wandels, die durch Internationalisierungsprozesse ausgelöst werden und die nationalen Strukturen transformieren, wie die internationale Migration und die internationale Orientierung bildungsbewusster und finanzkräftiger Milieus (Kap. 3). Diese Internationalisierungsprozesse konfrontieren Schulreformpolitik mit politischen Dilemmata, weil sie eine neue Akzentuierung und Verschärfung der sozialen und kulturellen Unterschiede und Verteilungskonflikte im Schulsystem mit sich gebracht haben (Kap.4).

1. National und international als Konkurrenzverhältnis und Reformmotor

Mit der Gründung und institutionellen Ausgestaltung von Nationalstaaten – in Europa beginnend etwa seit Anfang des 19. Jahrhunderts, schließlich weltweit im Zuge der Entkolonialisierung nach dem zweiten Weltkrieg – entfaltet das Verhältnis von national und international seine spezifische Dynamik. In den politischen Langzeitprojekten, aus traditionalen Strukturen Schritt für Schritt moderne Nationalstaaten zu formen, war die Schaffung nationaler Bildungssysteme eine zentrale Dimension des

»nation building«. Es war in jedem Land ein Prozess der *nationalstaatlichen Homogenisierung und Standardisierung*, d. h. der Durchsetzung von im ganzen Staat gültigen Begriffen, Institutionen und rechtlichen Regelungen. Die internationalen Dimensionen dieses Prozesses wurde von den Soziologen John Meyer und Francisco Ramirez in den letzten Jahrzehnten in ihrer These von der Entstehung einer »Weltgesellschaft« bestehend aus Nationalstaaten zusammengefasst und zu einem international einflussreichen Forschungsprogramm entfaltet (Meyer/Ramirez 2000, Meyer 2005).

Die Entwicklung nationaler Strukturen und die sie begleitenden Reformdiskussionen fanden in allen Ländern in einem eigentümlichen Spannungsverhältnis statt: Einerseits wurden die nationalen Schulreformen so diskutiert, als gehe es darum, dass sich die entstehende Nation dabei auf ihren National- bzw. Volkscharakter besinne. Andererseits waren sich die politischen und wissenschaftlichen Akteure von Anfang sehr bewusst, dass sie bei der nationalen Reformpolitik nicht isoliert agierten, sondern dabei in einem – im wahrsten Sinn des Wortes: *inter-nationalen – Konkurrenzverhältnis* zu den Nachbarländern standen, die in ähnlichen nationalen Reformprozessen engagiert waren, dass man also gut daran tue, deren Reformen aufmerksam zu verfolgen und zu prüfen, ob man von den anderen etwas lernen oder übernehmen könne. In diesem historischen Kontext wurde es seit dem 19. Jahrhundert zu einer gängigen politischen Praxis, dass Regierungen in aller Welt bei nationalen Reformvorhaben – sei es einer Rechts-, Verwaltungs-, Militär- oder Schulreform – auch Expertisen über die Strukturen und Reformen im Ausland einholten und dass diese in die nationalen Reformdiskussionen eingebracht wurden. Expertenreisen ins Ausland, Gutachten über die Reformprojekte des Auslands, internationaler Austausch von Fachleuten in Verwaltung und Wissenschaft, nationale Auskunftsbüros, internationale Kongresse und Fachzeitschriften wurden ein konstitutives Element der bildungspolitischen Expertenkultur in allen großen Ländern (Zymek 1975, Fuchs 2006).

Allerdings wurde bald deutlich, dass der Austausch mit dem internationalen Ausland in Rahmen von Schulreformprozessen durch fünf Faktoren eingeschränkt war – und ist: Das Interesse am Ausland gilt in der Regel – erstens – nicht der ganzen Welt, sondern selektiv denjenigen Ländern, die man als »weltpolitische« Konkurrenten einschätzt oder die durch besondere Reformen internationale Aufmerksamkeit erregt haben. Das Interesse am Ausland ist – zweitens – stark von historisch-spezifischen Machtkonstellationen und Kommunikationsstrukturen abhängig. Im ersten Weltkrieg rissen die schon weit gediehenen internationalen Kommunikations- und Kooperationsstrukturen der Vorkriegsjahrzehnte ab; nach dem Krieg war Deutschland zunächst international isoliert. Aus dem politischen und wissenschaftlichen Interesse am Ausland folgt –drittens – sehr selten tatsächlich ein Prozess der Imitation bzw. der Übernahme von als vorbildlich erkannten Strukturen, Modellen und Initiativen anderer Länder. In den meisten Fällen wurde (und wird) das Ausland nur zum »Argument« in den nationalen Reformdiskursen, sei es als Selbstrechtfertigung der eigenen Position, etwa mit der Argumentationsfigur, dass »... auch dort das gefordert wird bzw. stattfindet, was wir in unserem nationalen Reformprozess anstreben« oder als Beschwörung eines »weltweiten Trends«, einer »internationalen Bewegung zu ...«, womit man dem eigenen Reformanliegen, für das man auf nationaler Ebene eintritt, zusätzliches Gewicht geben und Bedeutung zuschreiben kann. Die enge Verbindung von Schulreformprozessen und Internationalisierungsprozessen hat zur Folge – viertens – dass der Blick auf andere Ländern zumeist selektiv erfolgt, d. h. dass zumeist nur das aktuelle Reformthema, nur Aspekte der Erziehungssysteme der anderen Länder in den Blick genommen werden und der Kontext des gesamten Schulsystems und dessen Stellung im jeweiligen Gesellschaftssystem fast immer zu kurz kommt. Die Folge dieses selektiven Vorgehens ist – fünftens – dass im Prozess der – wissenschaftlichen und politischen – Übertragung von als vorbildlich eingeschätzten Schulmodellen aus dem Ausland die Gefahr besteht, dass etwas falsch- oder Unverstandenes rezipiert wird und in einen neuen Kontext noch einmal stark verändert eingeführt wird. Nicht von ungefähr sind deshalb die *Kontextabhängigkeit* von Strukturen sowie Prozesse des *Kulturtransfers* und der *Kulturtransformation* zentrale Themen der wissenschaftlichen Beschäftigung mit diesem Themenkomplexes in der Vergleichenden Erziehungswissenschaft (vgl. Caruso/Tenorth 2002, Steiner-Khamsi/Waldow 2012).

2. Internationalisierung als Standardisierung der Reformdebatten und Strukturen durch supranationale Institutionen

Entscheidend für eine historisch neuartige Dynamik von Internationalisierungsprozessen war der Ost-West-Konflikt der Nachkriegsjahrzehnte. Das besondere dieser Konstellation bestand darin, dass die politisch-weltanschauliche Systemkonkurrenz nicht nur eine immer radikalere Abschottung bedeutete, sondern gleichzeitig auch eine gegenseitige Verklammerung in der Gegnerschaft konstituierte. Fast alle Schulreforminitiativen in Deutschland wurden auch mit Blick auf den jeweils anderen deutschen Staat diskutiert (vgl. dazu Zymek in diesem Band). Als die Sowjetunion 1957 als erste Nation einen Satelliten ins All schickte, löste dieses Ereignis in der westlichen Welt den berühmten *Sputnik-Schock* aus, weil es als Indiz für eine mögliche wissenschaftlich-technische Überlegenheit des Ostblocks und als ein Ergebnis der gezielten Förderung des naturwissenschaftlichen Unterrichts gewertet wurde. Die folgenden Reformdiskussionen eröffneten neue Dimensionen der Internationalisierung der Schulreformdebatten, weil *supra-nationale Institutionen als bildungspolitische Akteure* ins Spiel gebracht wurden.

Die 1948 von den USA initiierte OEED (Organisation for European Economic Cooperation) erhielt Anfang der 1960er Jahre einen erweiterten Auftrag. Der erste Kongress der programmatisch zur OECD (Organisation for Economic Cooperation and Development) umbenannten Organisation fand 1961 in Washington bezeichnenderweise zu dem Thema »Economic Growth and Investment in Education« statt. Bis dahin waren – insbesondere in den westlichen Ländern – Schulreformen als Beitrag zur Erziehung von loyalen Staatsbürgern und mit dem Ziel der Eröffnung von individuellen Bildungs-, eventuell auch sozialen Aufstiegschancen diskutiert worden.

Nun aber wurden – zum ersten Mal von prominenter Stelle und zum Entsetzen der meisten pädagogischen Fachleute – in die internationalen und nationalen Schulreformdebatten *bildungsökonomische Argumente* eingeführt, insbesondere Investitionen in einen Ausbau der Bildungsinstitutionen als politischer Beitrag zur Förderung von ökonomischem Wachstum gefordert und legitimiert (Papadopoulos 1994). Das schaffte – auch in Deutschland – ein völlig neues politisches Klima für Schulreformen.

Ähnlich wie bei der 1946 als UN-Unterorganisationen gegründeten UNESCO, deren Auftrag von Anfang an die Förderung internationaler Kooperationen auf dem Gebiet von Kultur und Bildung war, beschränkten sich die Aktivitäten der OECD in den 1960er und 1970er Jahren darauf, *internationale Kongresse* zu veranstalten, gemeinsame *Erklärungen* der beteiligten Staaten zu verabschieden, damit *Themen zu setzen* (z. B. *Alphabetisierung, Lebenslanges Lernen*), *nationale* und *internationale Debatten zu lenken* (z. B. durch ein *Re-framing der Reformpolitik*: Bildung als *Humankapital*), aber auch regelmäßig internationale Dokumentationen und Statistiken zu den Bildungssystemen der beteiligten Staaten zu veröffentlichen. Dazu wurde im Rahmen der UNESCO in den 1970er Jahren das System der *International Standard Classification of Education (ISCED)* erarbeitet, das seit 1975 immer wieder weiterentwickelt wird. Die Ambition und Funktion dieses internationalen Systems wurde unmissverständlich klargestellt, nämlich »to ensure correct implementation of agreements and to standardize national and international agreements and to standardise national and international communication« (UNESCO 2006). Die dort vorgeschlagene horizontale und vertikale Systematik von verschiedenen Stufen der nationalen Bildungssysteme (von level 0 pre-primary education bis level 3 higher education) wurde in den folgenden Jahren in den meisten Ländern zum »*framework*« der Systematisierung, Benennung und Darstellung ihrer nationalen Bildungssysteme – und zwar nicht nur in den Gutachten der Expertenmilieus, sondern schließlich auch in amtlichen Texten selbst der Ländern, deren offizielle Strukturen damit zunächst nicht übereinstimmten – wie in der Bundesrepublik Deutschland mit ihrem System der vertikal abgegrenzten Schulformen und darauf bezogenen Lehrämtern! Die OECD übernahm schließlich von der UNESCO die Betreuung und Weiterentwicklung dieses Systems im Rahmen ihres Projekts eines *Indikatoren-Programms* zur international-vergleichen Dokumentation und Statistik nationaler Bildungssysteme. Aber die Arbeit und die Veröffentlichungen der OECD, die auf den Daten der beteiligten Länder basierten, wurden von politischer und wissenschaftlicher Seite als unbrauchbar kritisiert. Das änderte sich, als die Veröffentlichung der Studie: »A Nation at Risk: Imperatives for Educational Reform« (1983) der *National Commission for Excellence in Education* in den USA eine große Schulreformdebatte auslöste und die amerikanische Regierung internationale Vergleichsstudien auf dem Niveau internationaler sozialwissenschaftlicher Forschung für eine Einschätzung der krisenhaften Diagnose zum US-Schulsystem wünschte. Sie veranlasste die OECD – unter Androhung ihrer Auflösung – ein Konzept für ein entsprechendes international-vergleichendes Programm zu entwickeln. Vor diesem Hintergrund wurde in den 1980er Jahren in mehreren Konferenzen – und unter Anwerbung von Experten, die an den Studien der *International Association for the Evaluation of Educational Achivement (IEA)* ihr Know-how entwickelt hatten – das Indikatoren-Projekt der OECD zum *International Indicators of Educational Systems (INES)* weiterentwickelt: Dabei ging es nicht mehr nur um die Erfassung von Daten zum bildungspolitischen Input, sondern auch um ein Konzept für die Erfassung, Erhebung und Messung von *outcome*-Daten der nationalen Bildungssysteme, schließlich konkret: um die Messung und den Vergleich von Schülerleistung am Ende der Schulpflicht und unter der leitenden politischen Frage, ob die Schulsysteme hinreichend auf die Anforderungen der »Wissensgesellschaft« vorbereiten (vgl. Jacobi /Martens 2007). Um einen internationalen Leistungsvergleich durchführen zu können, wurde mit dem Konzept der *Kompetenzen* ein transkultureller Vergleichsmaßstab jenseits der nationalen Lerninhalte, -ziele und Curricula eingeführt – und damit ein historisch beispielloser Prozess der Standardisierung der internationalen und nationalen Schulentwicklungsprozesse eingeleitet. Er setzte sich in den folgenden Jahren als schleichende Reform auf verschiedenen Ebenen durch – allerdings in den verschiedenen Ländern mehr oder weniger früh und unterschiedlich weitgehend.

Für Deutschland bedeutete die Mitwirkung an den OECD-Studien seit dem »Konstanzer Beschluss« der KMK von 1997 eine tiefgreifende Reform, weil nun – erstens – die massenhafte und regelmäßige Messung von Schülerleistungen entsprechend einem international erarbeiteten Konzept neben die traditionelle Lehrerbeurteilung und Notengebung trat und das nationale Selbstbild eines leistungsfähigen deutschen Schulwesens nachhaltig erschüttert wurde. Es ging – zweitens – nicht mehr um die Testung individueller Schülerleistungen und ihrer Entwicklung, sondern um die Erhebung und Auswertung von Massendaten mit dem Ziel eines Leistungsvergleichs von Systemen und Ländern, nun auch zwischen den Bundesländern. Im Sog dieser Entwicklung wurde – drittens – das Konzept der *Kompetenzen* zum Maßstab einer Reform der traditionellen länderspezifischen Curricula und didaktischen Konzepte. Die Durchsetzung dieser Reformen war – viertens – mit einer neuen Stufe der Vereinheitlichung der Schulpolitiken der Länder verbunden, z. B. mit den Beschlüssen der KMK zu *bundesweit geltende Bildungsstandards* (vgl. Grünkorn, Stanat & Klieme in diesem Band). Mit der Implementierung regelmäßiger Verfahren der Evaluation trat – fünftens – neben die traditionellen Institutionen und Verfahren der deutschen Schulpolitik eine neue Strategie der »Steuerung« der Schulentwicklung durch Output-Kontrolle bzw. regelmäßige *Qualitätssicherung*. Damit verbunden war – sechstens – eine »Ökonomisierung« der Schulpolitik in dem Sinne, dass das in der Betriebswirtschaftslehre entwickelte Instrument des *benchmarking* zur Strategie und Begründung einer neuen Schulpolitik wurde. In der Wirtschaftswissenschaft ist »benchmarking ... der kontinuierliche Vergleich von Produkten, Dienstleistungen sowie Prozessen und Methoden mit (mehreren) Unternehmen, um die Leistungslücke zum sog. Klassenbesten (Unternehmen, die Prozesse, Methoden etc. hervorragend beherrschen) systematisch zu schließen. Grundidee ist es, festzustellen, welche Unterschiede bestehen, warum diese Unterschiede bestehen und welche Verbesserungsmöglichkeiten es gibt« (https://wirtschaftslexikon.gabler.de/definition/benchmarking-29988). Die

Vertreter der »neuen empirischen Bildungsforschung« übernahmen dieses Konzept als Begründung für die Institutionalisierung ihrer Forschungen als Daueraufgabe und als Strategie einer neuen, durch »evidenzbasierte Bildungsforschung« gesteuerten Schulentwicklung jenseits der traditionellen Schulpolitik (Prenzel, Baumert & Klieme, 2008).

Mit der *Europäischen Union* (EU) erlangte schließlich eine zweite supranationale Institution einen zunehmenden Einfluss auf die nationalen Schulpolitiken, obwohl es zum programmatischen Selbstverständnis der EU gehört, dass Kultur und Bildung ein Reservat nationalstaatlicher Politik bleiben sollen. Die Römischen Verträge gaben den Gemeinschaftsorganen allein auf dem Gebiet der Berufsbildung eine eingeschränkte Zuständigkeit. Aber es zeigte sich, dass die *vier Grundfreiheiten* der Bürger der europäischen Gemeinschaft Konsequenzen auch für die Bildungspolitik haben mussten. Der Europäische Gerichtshof (EuGH) hat dies in seinem berühmten Urteil von 1985 in der *Sache Gravier* auf die inzwischen klassische Formel gebracht, dass die Organisation des Bildungswesens und die Bildungspolitik »als solche« zwar nicht zu den Gemeinschaftszuständigkeiten gehören; gleichwohl stünden der Zugang zum und die Teilnahme am Unterricht im Bildungswesen und in der Lehrlingsausbildung »nicht außerhalb des Gemeinschaftsrechts« (Oppermann 1987). In diesem Sinne war schon 1976 vom Rat eine Richtlinie verabschiedet worden, die die Mitgliedsstaaten zu schulpolitischen Reformmaßnahmen verpflichtete, die die »Inländergleichbehandlung« von Kindern von »Wanderarbeitnehmern« sichern sollten. Die Rechte der EU-Bürger in allen Mitgliedsstaaten, (insbesondere die *Freizügigkeit, Niederlassungsfreiheit und Dienstleistungsfreiheit*), das Prinzip der *Nichtdiskriminierung* von EU-Bürgern in allen Staaten der Gemeinschaft und die sehr weite Auslegung des Begriffs der Berufsbildung durch den EuGH (er rechnet dazu auch die Hochschulausbildung!) weiteten sukzessive der Raum für eine europäische Standardisierung von immer mehr Dimensionen der Bildungspolitik. Dazu gehörten auch die jahrlangen Verhandlungen über Regelungen zur gegenseitigen Anerkennung von Diplomen, Prüfungszeugnissen und sonstigen Befähigungsnachweisen, um »bildungspolitische Zollschranken« abzubauen, die die Freizügigkeit und Niederlassungsfreiheit beeinträchtigen könnten.

Zunächst wurde versucht, eine Harmonisierung der Ausbildungswege zu erreichen, beginnend bei den Berufen im Gesundheitswesen, bis dann Ende der 1980er Jahre ein folgenreicher strategischer Kurswechsel vollzogen wurde. In der Richtlinie zur gegenseitigen Anerkennung von mindestens dreijährigen Hochschulstudiengängen von 1989 wurde das Prinzip festgehalten, dass die Mitgliedsstaaten der Gemeinschaft gegenseitig die verschiedenen Hochschulsysteme – trotz damals noch erheblicher struktureller und inhaltlicher Unterschiede – im Prinzip als gleichwertig anerkennen. Damit war im Prinzip das deutsche *Berechtigungswesen* abgeschafft, da von nun an nicht mehr nur die Zeugnisse deutscher, sondern auch ganz anders ausgestalteter ausländischer Schulen und Hochschulen und eine dortige Berufstätigkeit zur Anstellung in Karrieresystemen berechtigten, die bisher national abgeschottet waren (vgl. Berggreen 1990, Zymek 2007). Zwar erfolgten die internationalen politischen

Initiativen zur Schaffung eines »Europäischen Hochschulraums«, die schließlich 1999 in der Konferenz und den Beschlüssen von Bologna mündeten, außerhalb der Institutionen der EU und sie waren von einem größeren Kreis von Staaten betragen (Schriewer 2007). Aber inzwischen haben sich die EU und ihre Institutionen in diesen Prozess eingeschaltet und die Initiative für eine Ausweitung der internationalen Standardisierung der Bildungssysteme über die Hochschulpolitik hinaus ergriffen (Martens /Wolf 2006). Im Dezember 2002 verabschiedete eine Konferenz der für Berufsbildung zuständigen europäischen Minister und die Europäische Kommission eine Deklaration über eine verstärkte Zusammenarbeit in der beruflichen Bildung. Als neues Handlungsfeld der EU wurden die *Förderung von Transparenz und Anerkennung von Qualifikationen* und die *Qualitätssicherung* in der beruflichen Bildung genannt. Im Gegensatz zum Parallelprozess im Hochschulbereich, dem *Bologna-Prozess*, war der *Kopenhagen-Prozess* kein intergouvernementaler Prozess, sondern ein EU-Prozess, für den die EU-Bildungsminister Leitlinien vorgaben. Es wurde die Entwicklung eines *Europäische Qualifikationsrahmens (EQR)* vereinbart, der es ermöglichen soll, nationale und sektorale Qualifikationen in den Mitgliedstaaten in Bezug zueinander zu setzen und so die Transparenz, Vergleichbarkeit und Übertragung von Qualifikationen zu erleichtern. Parallel zum *Kreditpunktesystem ECTS* im Hochschulbereich sollte im Kopenhagen-Prozess an der Entwicklung eines *Kreditpunktesystems für die berufliche Bildung (ECVET)* gearbeitet werden, mit dem Ziel, die Vergabe von Leistungspunkten für Ausbildungsmodule zur Übertragung und Anrechnung von Ausbildungszeiten zu ermöglichen. 2005 wurde ein *Europäische Netzwerk zur Qualitätssicherung in der beruflichen Bildung (ENQA-VET)* gegründet und der EUROPASS, ein *Transparenzinstrument für Qualifikationsnachweise* verabschiedet, mit dem die Mobilität von Auszubildenden, Studierenden und Beschäftigten durch eine europaweit einheitliche Darstellung ihrer Qualifikationen und Kompetenzen unterstützt werden soll. Das einheitliche Rahmenkonzept trat Anfang 2005 in Kraft und umfasst z.Zt. einheitliche Muster für Lebenslauf, Zeugniserläuterungen (beruflicher Bereich), Mobilitätsnachweise, *Diploma Supplement* für Hochschulen und *Sprachenportfolio* (Clement/Moullior/Walter 2006). In diesen Standardisierungsprozessen geht es also nicht mehr nur um die Verabredung eines groben gemeinsamen strukturellen Rahmens. Die Standardisierung wird in einer Weise differenziert und operationalisiert, die tief in die Unterrichtsstruktur der nationalen Bildungssysteme eingreift und sie transformiert.

3. Internationalisierung als internationale Mobilität und Migration

Der Ausgangspunkt und Motor für die Standardisierungsprozesse in den Ausbildungssystemen der EU während der letzten Jahrzehnte war die gewollte *Mobilität* der EU-Bürger innerhalb der Gemeinschaft und die Sicherstellung ihrer *Nicht-Diskriminierung* in allen Mitgliedsländern als Schüler, Auszubildende, Studenten, Arbeitnehmer und Selbständige. Der Zusammenhang von – einerseits – Prozessen der überregionalen bzw. internationalen *Mobilität* und – andererseits – von Prozessen der *Standardisierung* ist aber grundsätzlich und widersprüchlich: Schon die Schaffung von nationalen Bildungssystemen, die damit verbundenen nationalen Standardisierungsprozesse und das Staatsbürgerschaftsrecht sollten es möglich machen, dass die Menschen im ganzen Staatsgebiet mobil sein, sich in allen deutschen Ländern niederlassen und arbeiten können. Allerdings stellen sich die Prozesse der überregionalen oder gar der internationalen Mobilität nicht für alle gleich dar: Auf der einen Seite sind *die* Menschen, deren Mobilität *freiwillig* ist, denn die überregionale Mobilität eröffnet ihnen einen Zuwachs an Chancen und bedeutet für sie auch ein Privileg, wenn sie sich in sozialen Milieus und Berufsfeldern bewegen, die kulturell und professionell standardisiert sind. Auf der anderen Seite sind *die* Menschen, die sich – aus wirtschaftlicher Not oder wegen politischer Verfolgung – *unfreiwillig* zu überregionaler bzw. internationaler Mobilität gezwungen sehen; für sie bedeutet Mobilität nicht nur Chancen, sondern auch Verluste, wenn sie und ihre Familien keine Rechtssicherheit haben und auf Lebens- und Arbeitsbedingungen treffen, die einen Bruch mit ihrer kulturellen, sozialen und beruflichen Herkunft bedeuten, zumeist auch eine Abwertung ihrer Sprache und Kultur (vgl. Zymek 2006 a und 2006 b). Wenn man sich diese zwei Seiten von Internationalisierungsprozessen bewusst macht, dann wird verständlich, warum Internationalisierungsprozesse seit einigen Jahrzehnten in sehr widersprüchlichen Formen auftreten und den Anlass für Reformen der nationalen Schulsysteme geben, noch häufiger aber der Auslöser einer nicht geplanten Transformation der Schulen und lokalen Schulangebotsstrukturen sind.

Lange bevor die in der EU garantierte Freizügigkeit und Nichtdiskriminierung sich in einer verstärkten Binnenwanderung zwischen den Ländern der Gemeinschaft auswirkte, führte seit den 1960er Jahren die gezielte Anwerbung von Arbeitskräften aus den Mittelmeerländern, insbesondere aber aus der Türkei, zu einem Migrationsprozess in die BRD, der in den folgenden Jahrzehnten die deutsche Gesellschaft mehr veränderte als es ursprünglich erwartet, gewollt und auch lange nicht akzeptiert wurde. Als sich zeigte, dass die internationale Arbeitskräftemigration nach der BRD zur einer ökonomischen und demografischen Notwendigkeit und der Familiennachzug zur gesellschaftlichen Realität geworden war, als seit den 1990er Jahren der Zuzug von deutschstämmigen Familien aus den Nachfolgestaaten der Sowjetunion und Osteuropa und schließlich Kriegsflüchtlinge aus Ländern des Nahen Ostens hinzukamen, da wurde endgültig auch die Integration der Kinder der zugewanderten Familien zu einem zentralen Thema der Schulpolitik und der Erziehungswissenschaft (z. B. Auernheimer 2006). Inzwischen hat jede dritte Familie mit minderjährigen Kindern in Deutschland einen Migrationshintergrund; die Kinder aus diesen Familien stellen in NRW etwa ein Drittel der Schülerinnen und Schüler an allgemeinbildenden Schulen und schon 35 Prozent der Grundschülerinnen und Grundschüler (Zymek 2017).

Die schulpolitischen und wissenschaftlichen Akteure sind heute durch diese Dimension der Internationalisierungsprozesse mit drei – historisch neuen – Problemstellungen konfrontiert, zu ambivalenten Schulreformdiskursen und der Lösung strategischer Dilemmata gezwungen: Es geht – erstens – um die Entwicklung und Erprobung von angemessenen Strategien der individuellen Förderung sowie der kulturellen und sozialen Integration von Schülerinnen und Schülern aus Familien, die aktuell zugewandert sind und deren Alltagskommunikation in den Familien nicht in deutscher Sprache stattfindet, aber auch von Kindern und Jugendlichen der zweiten und dritten Generation vom Zuwandererfamilien, deren Alltagssprache nicht nur Deutsch ist und deren kulturelles und religiöses Selbstverständnis auch noch von den »transnationalen« Netzwerken ihrer Familien geprägt ist. Zu der Aufgabe der Schulen, unterschiedliche soziale Voraussetzungen der Kinder und Jugendlichen in den Schulen ausgleichen zu sollen, sind damit nun auch ethnische Unterschiede hinzugetreten. Die Zuwanderung hat die – schon immer gegebenen – sozialen Segregationsprozesse in den deutschen Städten verstärkt und damit das – schon immer durch ihren Einzugsbereich geprägte – soziale Profil der Schulen in verschiedenen Stadtteilen durch den z. T. hohen Anteil von Kindern aus Zuwandererfamilien neu akzentuiert (Sachverständigenrat deutscher Stiftungen für Integration und Migration 2013). Es geht also – zweitens – um die Entwicklung von Strategien, wie die kulturelle und soziale Integrationsleistung der Grund- und weiterführenden Schulen gewahrt werden kann und wie die personellen und finanziellen Ressourcen für einen entsprechenden Ausbau des Bildungssystems (vorschulische Erziehung, Ganztag, Kooperations- und Förderkonzepte, Schulsozialarbeit) aufgebracht und verteilt werden können. Wenn die Dynamik der internationalen Zuwanderung als *Integrationsaufgabe* der Schulen thematisiert wird, dann geschieht das in der Perspektive einer Schulpolitik und einer Schule, deren historische Hauptaufgabe es ist, den nationalen Homogenisierungsprozess mit jeder neuen Generation sicherzustellen. Die rechtliche Gleichstellung und das Gebot der Nichtdiskriminierung der zugewanderten Mitbürgerinnen und -bürger wirft aber – drittens – die grundsätzliche Frage auf, ob als schulpolitische Antwort allein Programme für eine Erziehung zur Toleranz und Interkulturalität reichen oder ob die deutschen Schulen nicht *internationaler* werden müssen in dem Sinne, dass die Sprachen, Kulturen und Religionen der zugewanderten Familien in den deutschen Schulen eine stärkere institutionelle Berücksichtigung finden müssen, etwa durch das Angebot der Sprachen der Herkunftsländer, die Einrichtung eines muslimischen Religionsunterrichts u.s.w.

Als paralleler und quasi gegenläufiger Prozess zu den Migrationsprozessen nach Deutschland war in den letzten Jahrzehnten zu beobachten, dass in den bildungsbewussten Milieus und in einer zunehmenden Zahl von Gymnasien die Bedeutung von Internationalisierungsprozessen als Chance zur einer besonderen Profilierung erkannt und für individuelle – schulische und familiale – Strategien genutzt wurde (Gerhards/Hans/Carlson 2016): Traditionell war es in Deutschland der altsprachliche Unterricht gewesen, der wenigen Gymnasien am Ort eine herausgehobene Stellung gegeben hatte, seit den 1970er Jahren war es die Einrichtung *bilingualer Zweige* (Französisch, Englisch), in den letzten Jahrzehnten die Beteiligung an Programmen, die eine Anerkennung und Aufwertung als »internationale Schule« ermöglichen: Bei dieser historisch neuen Profilierungsstrategie können die Schulen eine Reihe von nationalen und internationalen Programmen nutzen, wie das Programm der »Europa-Schulen«, das nach einer Empfehlung der KMK von 1991 in den meisten Bundesländern eingeführt und gefördert wurde (www.bundesnetzwerk-europaschule.de/) Ein anspruchsvolleres internationales Profil verschaffen sich die Schulen, die sich an einem der Programme für die Verleihung von internationalen Zertifikaten beteiligen, wie dem deutsch-französische AbiBac, das in Deutschland und Frankreich als vollwertige Hochschulzugangsberechtigung anerkannt ist oder dem – aus den »Europäischen Schulen« für Kinder der Beamten an europäischen Behörden hervorgegangenen – Europäischen Baccalaureate, das eine supranationale Hochschulzugangsberechtigung darstellt (Hornberg, 2010). Inzwischen haben nicht nur private, sondern auch staatliche Schulen in Deutschland sich an die Akkreditierungs- und Zertifikatsysteme internationaler Agenturen, wie der International Baccalaureate Organisation (IBO) mit Hauptsitz in Genf, angeschlossen, die damit verknüpften Bildungsgänge übernommen und verleihen nun auch das Internationale Baccalaureate (IB), eine international kompatible Hochschulzugangsberechtigung (Hornberg 2018) .

Die Strategien einzelner Gymnasien, durch den Anschluss an internationale Programme Profil und Renommé zu gewinnen, wurde in den letzten Jahren durch private, gemeinnützige und kommerzielle Initiativen für die Organisation längerer Auslandsaufenthalte von Oberstufenschülerinnen und Oberstufenschülern ergänzt. Solche Auslandsaufenthalte waren in den Nachkriegsjahrzenten noch auf einige Regierungsprogramme und wenige Stipendiaten beschränkt gewesen (z. B. *Fulbright-Programm*, dann das *Parlamentarisches Patenschafts-Programm*), seit den 1980er Jahren expandieren das Angebot und die Teilnehmer, weil neue Regierungsprogramme (z. B. das Voltaire-Programm des Deutsch-Französischen Jugendwerks) und Stipendien private Vereine (z. B. Lions- und Rotary Club) insbesondere aber kommerzielle Agenturen hinzukamen (z. B. *Youth for Understanding, American Field Service, Experiment e. V., Partnership International e. V.*). Seit Anfang des Jahrtausends waren es jährlich bis zu 20.000 deutsche Schülerinnen und Schüler, die mehrere Monate an ausländischen Schulen verbrachten (Weltweiser 2019). Dieser spezielle deutsche Prozess der Internationalisierung war möglich, weil der – im internationalen Vergleich sehr lange – Gymnasialkurs es möglich macht, dass Schülerinnen und Schüler ein ganzes Schuljahr lang eine Schule im Ausland besuchen und dennoch (auf Antrag) zu Hause (in der Regel) die Klasse 11 überspringen können. Allerdings war und ist diese Form der Internationalisierung von individuellen Bildungsprozessen ein Privileg der Sozialmilieus, die nicht nur die Bedeutung solcher bildungsbiografischer Sonderprogramme für die späteren Studien- und Berufskarrieren ihrer Kinder erkannt haben, sondern dafür auch die erheblichen Mittel für die Gebühren der privaten Agenturen, die Zusatzangebote und das Taschengeld aufbringen können (ebd., Zymek 2009, Gerhardts/Hans 2016) . Und diese Formen und sozialen Ungleichgewichte der Internationalisierung von Bildungsbiografien setzt sich auf der Ebene der Hochschulstudien fort (Gerhards/Hans 2013, Lauterbach/Ette/Weibe 2017).

Eine neue Dimension der Internationalisierung der deutschen Schullandschaften bedeutet schließlich die Gründung »internationaler Schulen« in deutschen Großstädten, die sich in erster Linie an die Familien ausländischer Fach- und Führungskräfte wenden, aber auch von deutschen Familien genutzt werden und von ausländischen, international agierenden Bildungskonzernen, aber auch von privaten deutschen Schulträgern angeboten werden. Eine Kerngruppe von 23 internationalen Privatschulen in den deutschen Metropolen ist heute in der AGIS (*Association of German International Schools*) als Lobbyorganisation organisiert, die Gesamtzahl ist aber inzwischen erheblich größer und expandiert weiter (Hornberg 2010, Krüger/Keßler/Schütting/Otto 2015, 80 ff.). Die Kommunalbehörden bzw. Schulämter der deutschen Großstädte stehen stark unter Druck der regionalen Industrie- und Handelskammern, die Errichtung und Unterhaltung solcher privater Schulen für die Familien ausländische Fach- und Führungskräfte zu genehmigen und zu fördern. Die Schulträger müssen notwendigerweise ein sehr stark standardisiertes pädagogisches Konzept zur Grundlage ihres Unterrichts entwickeln und anbieten, da ihre Kunden in der Regel international mobile Familien sind und ihre Lehrkräfte ebenfalls eine stark fluktuierende Gruppe von Lehrerinnen und Lehrern aus vielen Ländern sind. Unterrichtssprache ist in der Regel Englisch oder bilingualer Unterricht. Die Curricula der internationalen Schulen sind nicht in erster Linie auf die deutschen Abschlüsse und Berechtigungen hin ausgelegt, aber auf internationale Abschlüsse und die Vorbereitung auf Universitätsaufnahmeverfahren, wie sie außerhalb Deutschlands weltweit üblich sind. Solche internationale Schulen sind die Voraussetzung für die Bereitschaft von Fach- und Führungskräften, auch als Familien international mobil zu sein. Denn sie minimieren die Risiken, die den Kindern aus der internationalen Mobilität ihrer berufstätigen Eltern in einem fremden Land mit nationalspezifischen Schulprogrammen, fremder Schulkultur und Schülerschaft erwachsen könnten (Zymek 2015; 2009).

4. Internationalisierung als neuer Konkurrenz- und Verteilungskampf innerhalb der nationalen Bildungssysteme

Die Antworten auf die Folgen dieser Internationalisierungsprozesse sind ein zwiespältiges Thema nationaler Schulreformdiskussionen, weil durch sie – erstens – eine Transformation von alten Konstellationen und Hierarchien im deutschen Schulsystem bewirkt wurde und damit – zweitens – neue konflikthaltige Konkurrenzverhältnissen entstanden sind: Die Internationalisierungsprozesse haben eine neue Akzentuierung und Verschärfung der – schon immer gegebenen – sozialen und kulturellen Unterschiede und Verteilungskonflikte im Schulsystem mit sich gebracht. In Konkurrenz zu nationalen Abschlüssen treten internationale Abschlüsse und Zertifikate, die einige Schulen verleihen können. Die Internationalisierung befördert den Ausbau des Privatschulwesens. Es gibt ein neues Gefälle zwischen denen, deren Studien- und Berufsperspektiven auf die nationalen Hochschulen und Arbeitsmärkte beschränkt sind und denen, die auch Optionen im internationalen Ausland wahrnehmen können. Und es gibt ein neues Gefälle zwischen Schulen, deren Schülerschaft und Profil von der internationalen Migration geprägt sind und Schulen, die davon wenig tangiert sind. Und es gibt schließlich die Kinder aus zugewanderten Familien, deren Internationalität darin besteht, die Kluft zwischen ihrer Herkunftskultur und den Anforderungen der deutschen Schulkultur überwinden zu müssen, um überhaupt Chancen auf den deutschen Arbeitsmarkt zu haben. Nationale Schulreformpolitik steht vor dem Dilemma, ob sie die verschiedenen Dimensionen dieser Entwicklungen unterstützen oder abblocken soll und ob sie überhaupt noch korrigierend eingreifen kann. Denn: nationale Schulreformpolitik steht in dieser neuen internationalen Konstellation in Konkurrenz zu den Politiken supranationaler Institutionen, ihren Formen der Standardisierung, des internationalen *benchmarking* und den damit verbundenen Strategien der Steuerung der Schulentwicklung, die eine schulpolitische Tradition in den angelsächsischen Ländern haben, und eine grundsätzliche Infragestellung der traditionellen deutschen Institutionen, Zuständigkeiten und Verfahren bedeuten.

Welche ambivalente Dynamik sich aus der neuen Konstellation von nationalen und internationalen Akteuren der Schulreformpolitik ergeben kann, konnte um die Jahrtausendwende in Deutschland verfolgt werden: Den deutschen Bundesregierungen, die ja nur sehr eingeschränkte Zuständigkeiten auf dem Gebiet der Bildungspolitik besitzen, gelang es durch ihr internationales Engagement im Bologna-Prozess, den Beschluss zur Beteiligung an den OECD-Studien und die Politisierung der alarmierenden Ergebnisse der PISA-2000-Studie den innenpolitischen Widerstand der zuständigen Länder aufzubrechen und sie zu einer Politik der nationalen Vereinheitlichung und Standardisierung im Rahmen der KMK zu veranlassen sowie ein stärkeren Engagement des Bundes auf dem Gebiet der Schulpolitik zuzulassen. Damit aber wurde eine institutionelle Eigendynamik ausgelöst, die zum »Aufstieg der empirischen Bildungsforschung« (Aljets 2015) und ihrer Institutionalisierung als Daueraufgabe, der Aufwertung des schulpolitischen Engagements von NGOs (z. B. Stiftungen wie *Bertelsmann, Mercator, Körber*) und der Etablierung neuer Governance-Strukturen führten, die von an als neue schulpolitische Akteure in Konkurrenz zu den traditionell zuständigen Ministerien, Aufsichtsbehörden und Kommunalverwaltungen die Schulreformpolitik mitbestimmen (Martens/Wolf 2006).

Als Ergebnis dieser vielfältigen Dimensionen von Internationalisierungsprozessen ist heute in Deutschland auf dem Feld der Schulreformpolitik ein eigentümliches und nicht konfliktfreies Nebeneinander von nationalen und internationalen Institutionen, Zuständigkeiten, Vereinbarungen und strategischen Instrumenten zu beobachten: EU-Rechtsprechung neben nationalem Bildungsrecht, deutsche Abschlüsse und Berechtigungen neben internationalen Zertifikaten und Kreditpunkte-Systemen, die Hierarchie der deutschen Parlamente und Bildungsverwaltungen mit ihren abgestuften Zuständigkeiten neben institutionalisierter wissenschaftlicher Expertise und NGOs mit Stiftungsvermögen und Einfluss auf die öffentliche Meinung. Wie Schulreformprojekte in dieser neuen Gemengelage politisch durchgesetzt werden können, ist nur schwer kalkulierbar. Die Entwicklung der »G8- oder G9-Debatte« in Deutschland (siehe dazu den Beitrag von Kühn in diesem Band) war ein zeithistorisches Lehrstück dafür, mit welchen politischen Konstellationen und mentalen Widerständen ein Schulreformprojekt zu rechnen hat, das von Wissenschaft und Politik zunächst offensiv als ein politischer Schritt zur Anpassung der deutschen Schule an europäische Standards begründet und unterstützt wurde – und schließlich scheiterte (Zymek 2018).

5. Literatur

Aljets, E. (2015): Der Aufstieg der empirischen Bildungsforschung. Ein Beitrag zur institutionalistischen Wissenschaftssoziologie. Wiesbaden: Springer VS.

Auernheimer, G. (2006): Das deutsche Bildungssystem – für die Einwanderungsgesellschaft dysfunktional. In: Thanner, A. (Hrsg.): Heterogenität und Integration. Umgang mit Ungleichheit und Differenz in Schule und Kindergarten. Zürich: Seismo, S. 29–45.

Autorengruppe Bildungsberichterstattung. Ein indikatorengestützter Bericht mit einer Analyse zu Bildung und Migration. https://www.bildungsbericht.de/de/bildungsberichte-seit-2006/bildungsbericht-2016/pdf-bildungsbericht-2016/bildungsbericht-2016

Berggreen, I. (1990): Europa '92. Konsequenzen der Europäischen Einigung für den Kulturföderalismus in der Bundesrepublik Deutschland. In: Zeitschrift für Pädagogik 36, H. 6, S. 827–847.

Caruso, M., Tenorth, H.-E. (Hrsg.) (2002): Internationalisierung/Internationalisation. Semantik und Bildungssystem in vergleichender Perspektive. Frankfurt am Main: Lang.

Clement, U./Moullior, I./Walter, M. (Hrsg.) (2006): Standardisierung und Zertifizierung beruflicher Qualifikationen in Europa. Bielefeld: Bertelsmann.

Fuchs, E. (Hrsg.) (2006): Bildung International. Historische Perspektiven und aktuelle Entwicklungen. Würzburg: Ergon.

Gerhards, J./Hans, S. (2013): Transnational Human Capital, Education and Social Inequality. Analyses of International Student Exchange. In: Zeitschrift für Soziologie 42, H.2, S. 99-117

Gerhards, J./Hans, S. (2016): Klassenlage und transnationales Humankapital. Wie Eltern der mittleren und oberen Klassen ihre Kinder auf die Globalisierung vorbereiten. Wiesbaden: Springer VS

Hornberg, S. (2010): Schule im Prozess der Internationalisierung von Bildung. Münster: Waxmann.

Hornberg, S. (2018): Transnationale Bildungsräume am Beispiel von IB World Schools. In: Glaser, E./Koller, H.-C./Thole, W./Krumme, S. (Hrsg.): Räume für Bildung – Räume der Bildung. Beiträge zum 25. Kongress der Deutschen Gesellschaft für Erziehungswissenschaft. Leverkusen: Budrich, S. 226–233.

Jacobi, A. P./Martens, K. (2007): Diffusion durch internationale Organisationen. Die Bildungspolitik der OECD. In: Holzinger, K./Jörgens, H./Knill, C. (Hrsg.): Transfer, Diffusion und Konvergenz von Politiken. Politische Vierteljahresschrift, Sonderheft 38. Wiesbaden: VS Verlag für Sozialwissenschaften, S. 247–270.

Krüger, H.-H./Keßler, C./Schippling, A./Otto, A. (2015): Internationale Schulen in Deutschland. In: Kraul, M. (Hrsg.): Private Schulen. Wiesbaden: Springer VS, S. 79–97.

Lauterbach, W./Ette, A./Waibel, S. (2017): Transnationale Bildungswanderungen zur Höherqualifizierung. In: Schlemmer, E./Lange A./Kuld, L. (Hrsg.): Handbuch Jugend im demografischen Wandel. Konsequenzen für Familie, Bildung und Arbeit. Weinheim, Basel: Juventa, S. 188–208.

Martens, K./Wolf, K. D. (2006): Paradoxien der Neuen Staatsräson. Die Internationalisierung der Bildungspolitik in der EU und der OECD. In: Zeitschrift für Internationale Beziehungen 13, H. 2, S. 145–176.

Meyer, J. W. (2005): Weltkultur. Wie westliche Prinzipien die Welt durchdringen. Frankfurt am Main: Suhrkamp.

Meyer, J. W./Ramirez, F. O. (2000): The world institutionalization of education. In: Schriewer, J. (Hrsg.): Discourse formation in education. Frankfurt am Main: Lang, S. 111–132.

Oppermann, T. (1987): Europäisches Gemeinschaftsrecht und deutsche Bildungsordnung. Gravier und die Folgen. Bad Honnef: Bock.

Papadopoulos, G. S. (1994): Education 1960-1990. The OECD Perspektive. Paris: OECD.

Prenzel, M./Baumert, J./Klieme, E. (2008): Steuerungswissen, Erkenntnisse und Wahlkampfmunition: Was liefert die empirische Bildungsforschung? – Eine Antwort auf Klaus Klemm (auch online unter www.pedocs.de/volltexte/2011/1489/pdf/replikklemm_vollversionD_A.pdf).

Schlemmer, E./Lange, A./Kuld, L. (Hrsg.) (2017): Handbuch Jugend im demografischen Wandel. Konsequenzen für Familie, Bildung und Arbeit. Weinheim, Basel: Beltz Juventa.
Schriewer, J. (2007): »Bologna« – ein neudeutscher »Mythos«? In: Zeitschrift für Pädagogik 53, S. 182–199.
Steiner-Khamsi, G./Waldow, F. (Hrsg.) (2012): Policy Borrowing and Lending in Education. World Yearbook of Education 2012. London: Routledge.
UNESCO (Hrsg.) (2006): International Standard Classification of Education (ISCED) 1997-Reedition.
Weltweiser 2019: weltweiser-Studie: Schüleraustausch – Highschool – Auslandsjahr, Bonn: weltweiser – Der unabhängige Beratungsdienst. https://weltweiser.de/wp-content/uploads/weltweiser-studie_schueleraustausch_high_school_auslandsjahr_statistik-2018.pdf
Zymek, B. (1975): Das Ausland als Argument in der pädagogischen Reformdiskussion. Schulpolitische Selbstrechtfertigung, Auslandspropaganda, internationale Verständigung und Ansätze zu einer Vergleichenden Erziehungswissenschaft in der internationalen Berichterstattung deutscher pädagogischer Zeitschriften, 1871-1952. Ratingen, Kastellaun: Henn.
Zymek, B. (2006a): Two faces of Internationalisation. Empirical findings and socio-historic interpretation. In: Pereyra, M. A. (Hrsg.): Changing knowledge and education. Communities, mobilities and new politics in global societies. Frankfurt am Main: Lang, S. 51–61.
Zymek, B. (2006b): Zwei Seiten der Internationalisierung. Profibildung und Kooperation von Schulen in regionalen Bildungslandschaften. In: Bildung Und Erziehung 59, H. 3, S. 251–268.
Zymek, B. (2007): Nationale und internationale Standardisierungsprozesse in der Bildungsgeschichte. In: Jahrbuch für Historische Bildungsforschung 13, S. 307–334.
Zymek, B. (2009): Prozesse der Internationalisierung und Hierarchisierung im Bildungssystem. Von der Beharrungskraft und Auflösung nationaler Strukturen und Mentalitäten. In: Zeitschrift für Pädagogik 55, H. 2, S. 175–193.
Zymek, B. (2015): Kontexte und Profile privater Schulen. Internationaler Vergleich lokaler Angebotsstrukturen. In: Kraul, M. (Hrsg.): Private Schulen. Wiesbaden: Springer VS, S. 63–78.
Zymek, B. (2017): Zur Wechselwirkung von Demografie und Bildung im historischen Prozess – das deutsche Beispiel. In: Schlemmer, E./Lange, A./Kuld, L. (Hrsg.): Handbuch Jugend im demografischen Wandel. Konsequenzen für Familie, Bildung und Arbeit. Weinheim, Basel: Beltz Juventa, S. 108–126.
Zymek, B. (2018): Zum Verhältnis von Schulentwicklung, Schulpolitik und empirischer Bildungsforschung in Deutschland. Die »G8-oder-G9-Kontroverse« als zeithistorisches Lehrstück über die Notwendigkeit eines »historisch-politischen Realismus« der Bildungswissenschaften. In: Rothland, M./Lüders, M. (Hrsg.): Lehrer-Bildungs-Forschung. Festschrift für Ewald Terhart. Münster: Waxmann, S. 235–251.

Horst Weishaupt

Überlegungen zum Verhältnis von Bildung und Arbeitsmarkt – ein Essay

Zentrale Aufgabe der Schule ist die Vorbereitung der Kinder und Jugendlichen auf die Bewältigung der Lebensaufgaben in der Zukunft. Dies war in den letzten Jahrzehnten ein schwieriges Unterfangen, weil zu der allgemeinen Unsicherheit einer Voraussage der gesellschaftlichen Entwicklung noch eine hohe Arbeitslosigkeit hinzukam, die zumindest die Vorbereitung auf eine künftige Berufstätigkeit und eine ökonomisch gesicherte Zukunft erheblich erschwerte. Begonnen haben die schwierigen Jahre am Arbeitsmarkt mit dem Eintritt der geburtenstarken Jahrgänge in das Beschäftigungssystem um 1980. In den folgenden Jahren erhöhte sich das Erwerbspersonenpotenzial weit stärker als die Zahl der Arbeitsplätze (Weishaupt 2014b), denn die Phase des hohen Wirtschaftswachstums nach dem 2. Weltkrieg war vorbei. Nach der Wiedervereinigung vergrößerte sich noch das Missverhältnis zwischen Arbeitskräfteangebot und -bedarf.

Weil die hohe Arbeitslosigkeit große Unsicherheit bei den Eltern über den besten Bildungsweg ihrer Kinder auslöste, wurde das Abitur zunehmend zum erstrebten Schulabschluss, selbst wenn anschließend eine Berufsausbildung für die Kinder das Ziel war: Ein möglichst hoher Schulabschluss war eine wichtige Voraussetzung im Kampf um qualifizierte Ausbildungsplätze. Dadurch wurde die schon früher einsetzende Bildungsexpansion weiter vorangetrieben. 1970 besuchten nur etwa 30 Prozent der 16-Jährigen allgemeinbildende oder berufliche Vollzeitschulen, die übrigen Jugendlichen dieses Alters befanden sich überwiegend bereits in einer Berufsausbildung. Bereits 1990 waren es über 80 Prozent (Weishaupt/Kühne 2011) der 16-Jährigen, die noch eine Vollzeitschule besuchten. Die durchschnittliche Besuchsdauer allgemeinbildender und beruflicher Vollzeitschulen betrug bei dem Geburtsjahrgang 1950 9,5 Jahre, bei dem Geburtsjahrgang 1970 bereits 11,5 Jahre. Zugleich stieg der Anteil des Altersjahrgangs, der ein Studium aufnahm. Vor allem Frauen nutzten die Bildungsexpansion zur Verringerung ihrer Bildungsbenachteiligung, denn die Akademikerquote unter den Männern änderte sich kaum. Die zunehmende Entkopplung von Bildungs- und Beschäftigungssystem war ein Thema der Arbeitsmarktforschung und von der Bildungsforschung wurde die »Absorptionsfunktion« zu einer neuen Funktion des Bildungssystems erklärt (Klemm 1994), nach dem Grundsatz: besser im Bildungssystem zusätzliche Qualifikationen erwerben, als gering qualifiziert vergeblich nach einem Arbeitsplatz suchen.

Die Verbesserung der Bildungschancen von Benachteiligten war ein zentrales Anliegen der Bildungsreformen der 1970er Jahre (Rolff 1997). Zunehmend wurde dieses Anliegen durch die veränderten gesellschaftlichen Bedingungen aber von anderen Themen überlagert. Erst durch die Ergebnisse der PISA-Studien und anderer Schulleistungsstudien nach 2000 wurde Bildungsbenachteiligung wieder zu einem zentralen Thema, weil nun auch die Auswirkungen sozialer Benachteiligung auf die Schülerleistungen besser belegt werden konnten. Dennoch waren Maßnahmen zum Abbau sozialer Benachteiligungen – obwohl weiterhin dringend – nicht unbedingt populär, denn verbesserte Bildungschancen von sozial Benachteiligten hätten den Wettbewerb um knappe attraktive Arbeitsplätze noch verstärkt.

Die Bildungspolitik bemühte sich in dieser Phase um eine Beendigung der kontroversen öffentlichen Debatten der 1970er und 1980er Jahre und strebte in den letzten Jahrzehnten vor allem Ruhe an den Schulen an, denn jede Reform drohte zum politischen Konflikt zu werden. Zunehmend handelte die Bildungspolitik nach dem Grundsatz, dass mit Reformen nur Wahlen verloren werden können und deshalb besser darauf verzichtet wird. An die Stelle von Strukturreformen sollten Maßnahmen innerer Schulentwicklung und der Qualitätsverbesserung von Schulen treten. Selbst die durch die Forschung gut legitimierte G8-Reform wurde – auch wegen Fehlern bei der Umsetzung – wieder zurückgenommen. Die zunächst groß herausgestellten sieben Handlungsfelder der KMK nach dem PISA-Schock (Avenarius et al. 2003, S. 257-282), um Defizite im Schulwesen zu verringern, gerieten wegen Untätigkeit in Vergessenheit. Im Gespräch hielt sich die Schulpolitik über pressewirksame Einzelmaßnahmen ohne Breitenwirkung. Dadurch übernahmen die Finanzminister eine Schulfinanzierung nach Kassenlage und im Blick auf die Schuldenbremse. So wurde eine passive Schulpolitik zum Bumerang: das Geld für wichtige Innovationen und Zusatzaufgaben fehlt zunehmend (Autorengruppe Bildungsberichterstattung 2010, S. 158). Ein Beispiel dafür ist die starke Zunahme der Privatschulen seit 15 Jahren, vor allem in der Primarstufe (Weishaupt/Kemper 2015, Kann 2016, Helbig/Konrad/Nicolai 2018, Kramer/Bauer 2019), die öffentliche Ausgaben einsparen und zugleich zu mehr Schulen mit ergänzenden Angeboten führen (bilinguale Klassen, verbindliche Ganztagsbetreuung, spezielle fachliche Schwerpunkte, individualisierte Förderung etc.), die Konflikte mit Eltern im öffentlichen Schulwesen vermeiden. Ohne diese Entwicklung hätte sich der Lehrkräftemangel schon früher gezeigt und wäre noch gravierender.

Inzwischen hat sich die gesellschaftliche Situation entscheidend verändert: Die Arbeitslosigkeit nimmt stark ab. Auch die sogenannte »stille Reserve« der Personen, die wegen fehlender Aussichten auf einen Arbeitsplatz sich um keine Beschäftigung kümmern, und die verdeckte Arbeitslosigkeit (durch Unterbeschäftigung etc.) gehen zurück. Ein steigender Anteil unter den Arbeitslosen ist unqualifiziert und hat keinen Schul- und/oder Berufsbildungsabschluss. Zunehmend klagen Betriebe über Facharbeitermangel und dieser Mangel wird erheblich zunehmen. In den kommenden zwanzig Jahren verlassen die geburtenstarken Jahrgänge das Beschäftigungssystem und werden durch geburtenschwache Jahrgänge ersetzt. Dies bedeutet, dass im Durchschnitt der kommenden zwei Jahrzehnte auf zehn aus dem Erwerbsleben ausscheidende Personen in Deutschland nur sieben kommen, die deren Arbeitsleistung übernehmen können. Bundesweit würde sich bis 2035 die Zahl der Erwerbspersonen insgesamt um 5 Millionen, darunter eine Million Akademiker, verringern, wenn nur die Bevölkerungsentwicklung berücksichtigt wird (Weishaupt 2016a).

Ein Ende der hohen Arbeitslosigkeit ist absehbar. Doch verlangt der zunehmend mit dem Begriff der Digitalisierung bezeichnete Strukturwandel des Beschäftigungssystems nicht nur eine bessere digitale Bildung in den Schulen, sondern vor allem auch ein insgesamt deutlich höheres Qualifikationsniveau der jungen Erwerbspersonen. Über sie muss vor allem der Strukturwandel am Arbeitsmarkt vollzogen werden. Als Orientierungswert kann davon ausgegangen werden, dass jährlich etwa drei Prozent der Beschäftigten aus Altersgründen ersetzt werden müssen (bei einer durchschnittlichen Beschäftigungsdauer von 33 Jahren). Über die dadurch neu in das Beschäftigungssystem kommenden jungen Erwerbstätigen können im Idealfall Veränderungen im Qualifikationsbedarf des Beschäftigungssystems bewältigt werden. Bei beschleunigtem Wandel muss auf die Zusatzqualifizierung der Beschäftigten geachtet werden, damit über sie ein Teil der notwendigen Qualifikationsanpassungen erreicht wird. Eine ähnliche Situation wird voraussichtlich in Zukunft entstehen, weil zu wenige junge Erwerbspersonen zur Verfügung stehen, um allein über sie die notwendigen Veränderungen des Qualifikationsprofils der Beschäftigten zu bewältigen.

Arbeitsmarktforscher erwarten wegen des steigenden Qualifikationsbedarfs des Beschäftigungssystems bis 2030 einen Überhang von 1,2 bis 1,4 Millionen Unqualifizierten, die am Arbeitsmarkt Beschäftigung suchen. Es ist damit zu rechnen, dass einerseits Betriebe händeringend qualifizierte Arbeitskräfte suchen, andererseits Unqualifizierte keine Beschäftigung finden. Vollbeschäftigung könnte in einem Jahrzehnt möglich sein, wenn nicht zu viele Unqualifizierte dies verhindern, weil ihnen eine ausreichende Schul- und eine Berufsausbildung fehlen. Dazu trägt die große Zahl junger Erwerbstätiger bei, die in den letzten Jahrzehnten keine berufliche Ausbildung abschließen konnten und als Unqualifizierte beschäftigt sind. Dies sind insbesondere junge Erwachsene mit Migrationshintergrund, die in der Altersgruppe der 30-34Jährigen zu einem Drittel keine abgeschlossene Berufsausbildung haben (Autorengruppe Bildungsberichterstattung 2018, S. 55), obwohl sie überwiegend in Deutschland aufgewachsen sind. Sie machen zehn Prozent der gesamten Altersgruppe aus. In der deutschen Vergleichsgruppe haben nur 8,7 Prozent keine abgeschlossene Berufsausbildung.

Durch Zuwanderung wird diese Problematik noch verschärft, weil auch qualifizierte Zugewanderte wegen unzureichender Deutschkenntnisse ganz überwiegend nur unqualifizierte Berufstätigkeiten übernehmen können. Deutschland hat in der Vergangenheit viel zu wenig für die Förderung der deutschen Sprache im Ausland (über Auslandsschulen, Förderung des Deutschunterrichts an Schulen im Ausland, Sprachangebote für junge Erwachsene im Ausland) getan und deshalb ist kaum mit einer nennenswerten Zuwanderung Hochqualifizierter zu rechnen. Verstärkte Bildungsanstrengungen bei den hier lebenden Kindern, Jugendlichen und Erwachsenen sind notwendig, um die absehbaren Probleme am Arbeitsmarkt zu vermeiden. Durch den Anstieg der Bildungsbeteiligung in den letzten Jahrzehnten gibt es aber nur noch zwei nennenswerte Gruppen unter den Heranwachsenden, die über eine intensivierte schulische Förderung zu höheren Schulabschlüssen und einem besseren Kompetenzniveau geführt werden können: arme Kinder (Quenzel/Hurrelmann 2010; Tophoven et al. 2016) und Kinder mit Migrationshintergrund (Autorengruppe Bildungsberichterstattung 2016).

Doch diese neue und herausfordernde Situation ist bei der Bildungspolitik noch nicht angekommen. Die Arbeitsmarktpolitiker fordern zwar mehr Bildungsanstrengungen in der Kindheit und Jugend und seit Jahren eine Intensivierung der beruflichen Weiterbildung. Aber sie benennen nicht die Kultusminister als die Verantwortlichen, die weiterhin in Kauf nehmen, dass einem Fünftel der Schulabsolventen die Sprachkompetenzen fehlen (Autorengruppe Bildungsberichterstattung 2018, S. 117), um höherwertige Berufspositionen zu übernehmen. Vor allem scheint aber der Öffentlichkeit die gesellschaftliche Herausforderung durch die dauerhaft veränderten Konstellationen an den Schnittstellen zwischen Bildungs- und Beschäftigungssystem nicht bewusst zu sein.

Was müsste das Bildungssystem eigentlich leisten, um den veränderten Bedingungen gerecht zu werden?

Jedes dritte Kind in Deutschland – und fast jedes zweite in der Mehrzahl der westdeutschen Länder – hat einen Migrationshintergrund. Jedes fünfte Kind lebt in Armut (Weishaupt 2016b). Dabei ist zu beachten, dass Migranten sich in Deutschland im Vergleich zu Nichtmigranten im Durchschnitt in einer deutlich niedrigeren sozialen Position befinden, die auch in einem niedrigeren Bildungsstand und häufigerer Armut zum Ausdruck kommt (Autorengruppe Bildungsberichterstattung 2016, S. 168-169; 2018, S. 38). Kindertageseinrichtungen und Schulen in schwieriger sozialer Lage sind folglich keine Randerscheinung des deutschen Bildungswesens. Alle Länder sind von der Problematik betroffen.

Um die sozialen Herausforderungen in Kindertagesstätten und Schulen unter pädagogischer Perspektive zu beurteilen sind zusätzlich die Kinder mit sonderpädagogischem Förderbedarf zu berücksichtigen, die ebenfalls eher aus sozial benachteiligten Milieus kommen. Viel zu wenig wird in der bildungspolitischen Diskussion der Zusammenhang von sozialer Benachteiligung, sonderpädagogischem Förderbedarf und sprachlichen und kulturellen Herausforderungen durch Migration beachtet. Sonderpädagogischer Förderbedarf, die Berücksichtigung der psychosozialen Folgen von Armut im Unterricht, die sprachliche Förderung von Kindern mit nichtdeutscher Familiensprache und deren kulturelle Integration sind völlig unterschiedliche Anforderungen an die pädagogische Arbeit in Kindertagesstätten und die Unterrichtsgestaltung für die Lehrkräfte, die nach besonderen Maßnahmen der Unterstützung verlangen, um ihnen gerecht werden zu können. Die »zunehmende Heterogenität« der Kinder wird in der Regel nur als ein allgemeines Problem der Schulentwicklung dargestellt nicht aber als ein spezifisches Problem von Bildungseinrichtungen in sozial schwierigen Stadtteilen und Quartieren. Die strukturellen Ursachen von Bildungsbenachteiligung werden durch die oberflächliche Analyse der Ursachen verschleiert. Richtig erschließen sie sich erst über eine sozialräumliche Betrachtung über die Bildungsphasen hinweg.

Der jüngste Bildungsbericht hat auf die stark zunehmende Zahl von Kindern in Kindertageseinrichtungen mit nichtdeutscher Familiensprache verwiesen (Autorengruppe Bildungsberichterstattung 2018, S. 74). Inzwischen wächst jedes fünfte Kindergartenkind bundesweit mit nichtdeutscher Familiensprache auf. Wegen der Konzentration dieser Kinder in sozial benachteiligten Stadtteilen der westdeutschen Großstädte werden mehr als ein Drittel dieser Kinder in Kindergärten gefördert, in denen die Mehrheit der Kinder eine nichtdeutsche Familiensprache spricht. Für zusätzliche Maßnahmen der Sprachförderung und kulturellen Integration bekommen Kindergärten in Westdeutschland mit mehr als 75 Prozent Kindern nichtdeutscher Familiensprache im Durchschnitt aber nur eine um 9 Prozent verbesserte Personalversorgung gegenüber Kindergärten, in denen der Anteil von Kindern mit nichtdeutscher Familiensprache unter 25 Prozent liegt (Autorengruppe Bildungsberichterstattung 2018, Tab. C4-14web).

In der Grundschule setzt sich die über die Wohnsegregation hinausgehende Konzentration von Kindern mit mehrheitlich nichtdeutscher Familiensprache auf mindestens ein Zehntel aller Schulen fort ohne dass diesen Schulen in den Flächenländern zusätzliche Personalressourcen – wie meist von der Politik behauptet – zur Verfügung stehen (Weishaupt 2016b). Hinweise mehren sich, dass sie sogar unter schlechteren personellen Bedingungen ihre Schülerinnen und Schüler fördern müssen, als Grundschulen in sozial begünstigten Lagen (Weishaupt/Kemper 2016, Weishaupt 2017a; Helbig/Nicolai 2019). Auch sind Inklusionsschulen eher Schulen mit sozial benachteiligter Schülerschaft (Weishaupt 2018b). Bekannt ist die Verstärkung der Benachteiligung durch die Konzentration benachteiligter Schülerinnen und Schüler in einer Schulklasse oder Schule (Dumont et al. 2013, siehe auch Neumann/Maaz 2016).

Während Kindergärten fast die Hälfte der Kinder (2017 45,5 Prozent) ganztags während des ganzen Jahres betreuen, findet der Unterricht in der Grundschule nur an neun Monaten und – je nach Bundesland – auch nur für 23 bis 27 Stunden die Woche statt. Es gibt zwar Ganztagsangebote an den Grundschulen, meist aber keine ganzjährige Ganztagsbetreuung der Kinder, die den Namen verdient, weil sie neben einer unterrichtsergänzenden Förderung für die Familien eine Vereinbarkeit mit einer Berufstätigkeit ermöglicht (Weishaupt 2017b). Ganztagsgrundschulen als Schule-Hort-Kombination und damit als Maßnahme zur Verbesserung der Betreuungs- und Fördersituation für sozial benachteiligte Schülerinnen und Schüler sind in Westdeutschland die Ausnahme.

Auf die Grundschule folgt für Schülerinnen und Schüler aus sozial schwierigen Milieus meist der Besuch einer weiterführenden Schule mit niedrigen Leistungserwartungen. Nicht überraschend ist insbesondere in den Großstädten die deutlich niedrigere Besuchsquote des Gymnasiums von Schülerinnen und Schülern mit Migrationshintergrund im Vergleich zu ihren Mitschülern ohne Migrationshintergrund (Weishaupt 2018a). Die Folge sind niedrige Schulabschlüsse, Probleme einen Ausbildungsplatz zu finden, sich in den Arbeitsmarkt zu integrieren. Nicht ohne Grund erreichen viele Jugendliche keine sprachlichen Grundqualifikationen. Das wäre nur ein Problem der Betroffenen, wenn die Gesellschaft sie nicht in Zukunft dringend als gut und sehr gut qualifizierte Arbeitskräfte benötigen würde.

Mit diesen Hinweisen soll verdeutlicht werden, dass Bildungschancen nicht nur an individuelle Lebenslagen gebunden sind, sondern auch an regionale Gelegenheitsstrukturen. Zu wenig wird die Kumulation von benachteiligenden Bedingungen in einzelnen Bildungseinrichtungen und über den Bildungsprozess hinweg beachtet. Dazu trägt häufig noch eine schlechtere Personalausstattung der sozial belasteten Schulen bei. Die Finanzierungsbedingungen der kommunalen Haushalte führen insbesondere Kommunen mit großen sozialen Problemen in das Dilemma, nur mit vergleichsweise geringen kommunalen Mitteln ausgestattet zu sein. Dadurch sind sie nicht in der Lage, über die Ausstattung der Kindertageseinrichtungen und Schulen mit neuen Medien, Ganztagseinrichtungen, Schulsozialarbeitern oder sonstigem pädagogischem Personal über kommunale Maßnahmen die Lernbedingungen an den Einrichtungen ergänzend zu verbessern. Für Kindertageseinrichtungen gibt es Bemühungen in den Ländern, für Kinder mit Eingliederungshilfe und nichtdeutscher Herkunftssprache den Personaleinsatz zu verbessern (Autorengruppe Bildungsberichterstattung 2018, S. 80). Allerdings sind sie als eher unzureichend anzusehen. Eine aktive Schulpolitik zum Abbau sozialer Benachteiligung ist außerhalb der Stadtstaaten in Deutschland nicht zu erkennen (Weishaupt 2016b). Existierende Programme lassen sich nur als »Symbolpolitik« ansehen. Dabei gibt es bereits einen Beschluss der Kultusministerkonferenz zur schulischen Integration von Kindern mit Migrationshintergrund von 2007, in dem die beschriebenen Probleme erkannt werden: »Die Länder sind sich bewusst, dass Schulen mit einem hohen Anteil an Kindern und Jugendlichen mit Migrationshintergrund auch einen höheren Aufwand betreiben müssen, um Integrationsarbeit im erforderlichen Umfang leisten zu können. Es besteht deshalb Einigkeit, dass für diese Schulen auch spezifische Mittel bereitgestellt werden, sei es durch Senkung der Frequenzen, Erhöhung des Lehrpersonals oder Unterstützung der Lehrkräfte durch sozialpädagogische Fachkräfte der Jugendhilfe. Diese Schulen benötigen besonders qualifiziertes Personal.« (Sekretariat der KMK 2007, S. 4)

Nur Hamburg setzt diese Überlegungen bisher anhand eines differenzierten Systems der Mittelzuweisungen an die Schulen um. Dort werden die Schulen nach einem Sozialindex sechs Gruppen zugeordnet (Schulte/Hartig/Pietsch 2014) und danach sowohl für ihre Grundbedarfe als auch für bestimmte Fördermaßnahmen differenziert Personalressourcen für folgende Maßnahmen zugewiesen (Institut für Bildungsmonitoring und Qualitätsentwicklung 2013):

- Grundbedarfe für Unterricht in Grundschulen (Absenkung der Klassenfrequenzen bei einem Sozialindex von 1 und 2 auf 17 Schülerinnen und Schüler)[46],
- Allgemeine Sprachförderung (Vorschulen, Grundschulen und Stadtteilschulen/Sekundarstufe I),
- Ganztagsberechnung (Jahrgangsstufen 1-4 der Grund- und Stadtteilschulen),

46 Gegenüber 21 Schülerinnen und Schüler bei Sozialindex 3 bis 6.

- Inklusion (Vorschulen, Grundschulen und Stadtteilschulen/Sekundarstufe 1), nach Sozialindex gestufte Zuweisung für sonderpädagogische Förderbedarfe;
- Sekretariatskapazitäten (Vorschulen, Grundschulen, Sekundarstufe I und II).

Bemerkenswert ist beispielsweise die Differenzierung der pauschalen Zuweisungen für sonderpädagogische Förderung in den Förderbereichen Lernen, Sprache und emotionale und soziale Entwicklung (LSE) zwischen 8,3 Prozent für Schulen mit dem Sozialindex 1 und 0,9 Prozent bei Grundschulen mit Sozialindex 6.[47] Insgesamt erhalten sozial besonders belastete Schulen eine fast um zwei Drittel höhere Personalzuweisung als Schulen in den sozial besonders privilegierten Vierteln. Dass diese Maßnahmen wirkungsvoll sein können, zeigen internationale Erfahrungen (Gamoran/An 2016; Kidson/Norris 2014).

Diese Konzepte machen deutlich, dass ohne erhebliche zusätzliche Ressourcen die Herausforderungen für das Schulsystem nicht bewältigt werden können. Die Schulentwicklungsforschung hat in der Vergangenheit die Rahmenbedingungen der pädagogischen Arbeit an den Schulen zu wenig beachtet. Es sollte unbedingt einer Vorstellung begegnet werden, sozial belastete Schulen könnten auch ohne zusätzliche Ressourcen gute Schulen sein. Doch führen zusätzliche Mittel nicht automatisch zu mehr Schulqualität und besseren Schülerleistungen. Insofern ist es bedauerlich, dass über die Hamburger Erfahrungen bisher keine wissenschaftlichen Studien vorliegen. Grundsätzlich erscheint es notwendig, eine Strategie der bedarfsorientierten Ressourcenausstattung an qualitative Zielkriterien zu binden und über Zielvereinbarungen abzusichern. Wenn Schulen die notwendige Unterstützung erhalten, um Schülerinnen und Schüler besser zu fördern, dann sollten sie auch über ihre Erfahrungen Rechenschaft ablegen. Die Forschung sollte ihnen dabei unterstützend zur Seite stehen. Die wissenschaftliche Begleitung und Beratung ist auch deshalb notwendig, weil viel zu selten den Schulen bereits erprobte und erfolgversprechende pädagogische Konzepte und Förderprogramme zur sinnvollen Nutzung der Ressourcen zur Verfügung stehen.

Grundlegende Voraussetzung für eine Einschätzung des zukünftig neu dem regionalen Arbeitsmarkt zur Verfügung stehenden Arbeitskräftepotenzials ist die Entwicklung der Schulabsolventen und vor allem der Absolventen einer dualen und schulischen Berufsausbildung. In den letzten Jahrzehnten wurde der Zusammenhang zwischen dem Ausbau des Schul- und Hochschulwesens und dem Qualifikationsbedarf des Beschäftigungssystems weniger beachtet, weil das Überangebot an Arbeitskräften dem Bildungswesen auch die Funktion zuwies, wie einleitend angesprochen, Jugendliche und junge Erwachsene im Bildungssystem zu halten, damit sie nicht den Arbeitsmarkt zusätzlich belasten. Das hat sich in den letzten Jahren schon geändert und in Zukunft werden nicht nur das Qualifikationsniveau sondern auch die fachli-

47 In der Sekundarstufe I variieren die vom Sozialindex abhängigen Anteile der Schüler mit sonderpädagogischem Förderbedarf in den Förderbereichen LSE zwischen 14,1 Prozent und 1,4 Prozent.

chen Schwerpunkte der jungen Erwerbspersonen für die regionale Arbeitsmarktentwicklung erheblich an Bedeutung gewinnen.

Der beschleunigte Strukturwandel am Arbeitsmarkt verlangt nicht nur eine bessere Qualifizierung der Kinder und Jugendlichen, sondern auch der Erwachsenen auf allen Qualifikationsniveaus. Es wurde bereits auf die Notwendigkeit der verstärkten Nachqualifizierung älterer Berufstätiger hingewiesen, weil durch die geringere Zahl von Berufseinsteigern der Strukturwandel des Beschäftigungssystems nicht nur über die Berufsanfänger bewältigt werden kann. Ein typisches Beispiel ist der zunehmende Personalbedarf bei den personenbezogenen Dienstleistungen, ein typisches Beschäftigungsfeld von Frauen, während im produzierenden Sektor, in dem überwiegend Männer arbeiten, der Arbeitskräftebedarf sinkt. Dadurch wird es notwendig, zukünftig verstärkt Männer in typischen Frauenberufen zu beschäftigen und sie für diese Tätigkeiten zu qualifizieren (z. B. Männer in Pflegeberufen).

Neben der Qualifizierung für andere Berufe ist die Nachqualifizierung von Unqualifizierten eine bisher stark vernachlässigte Aufgabe. Als flächendeckend verfügbare Infrastruktur werden die Potenziale der Berufsschulen für die berufliche Weiterbildung bisher nur unzureichend genutzt und Barrieren müssten überwunden werden, um sie stärker in die berufliche Weiterbildung (über die Fachschulen hinaus) einzubeziehen (Weishaupt 2014a).

Duales Studium und berufsbegleitende (Teilzeit-)Studienangebote müssen dringend ausgebaut werden. Vor allem muss aber die Zahl der Erwerbspersonen verringert werden, die wegen fehlender Qualifikation nicht in den Arbeitsmarkt zu integrieren sind. Für sie sollte gelten: Erst qualifizieren, dann integrieren, damit deren dauerhafte Beschäftigung ermöglicht wird. Auch die umfangreichen beruflichen Qualifizierungsaufgaben lassen sich nur bewältigen, wenn das Berufsschulsystem mit seiner Lehrkräftekompetenz und Infrastruktur mitgenutzt wird. Den beruflichen Schulen kommt auch für eine bedarfsorientierte Qualifizierung der Jugendlichen eine große Bedeutung zu. Angesichts der starken Ausweitung der Abiturientenquote würde es Sinn machen, die beruflichen Gymnasien mit ihren anwendungsorientierten fachlichen Schwerpunkten in den anderen Ländern ähnlich zu stärken, wie in Baden-Württemberg, damit den vielfältigen Interessen der Jugendlichen bereits in der Sekundarstufe II besser entsprochen wird (Weishaupt 2017c). Außerdem sollte die Funktion der beruflichen Vollzeitschulen angesichts neuer Berufe außerhalb des dualen Systems gestärkt werden. Nur bei der Ausbildung für nichtärztliche Gesundheitsberufe und die Erzieher(innen)ausbildung führen sie kein Schattendasein. Insbesondere in den neuen Bundesländern könnte sich dies, bei einem relativ wenig entwickelten dualen System, als bedrohliche Fehlentwicklung erweisen.

Die veränderten Bedingungen am Arbeitsmarkt zwingen zu neuen Überlegungen, wie das Bildungssystem mit seinen Bildungs- und Qualifizierungsprozessen auf den gesellschaftlichen Bedarf an spezifischen fachlichen Qualifikationen und deren Entwicklung in der Zukunft abgestimmt werden kann. Warteschleifen im Bildungssystem werden nicht mehr benötigt, sondern Fehlqualifizierungen und damit verbundene Qualifikationsumwege werden zu Friktionen am Arbeitsmarkt führen. Die allgemeinen Probleme, qualifizierte Nachwuchskräfte zu finden, werden auch den Bildungsbereich betreffen. Umso wichtiger ist es, die Versäumnisse der Vergangenheit bei der Lehrkräftequalifizierung nicht als Vorwand zu nehmen, um Konzepte zur Ausweitung des pädagogischen Personals als unrealistisch abzutun, sondern mit allem Nachdruck Verbesserungen anzustreben.

Mit dem unzureichenden Ausbau der beruflichen Weiterbildung und der fehlenden Qualifizierungsoffensive für sozial benachteiligte Kinder trägt die Bildungspolitik zentral die Verantwortung für zu erwartende Friktionen am Arbeitsmarkt. Sie behindert nicht nur Bildungschancen, sondern sie gefährdet auch die wirtschaftliche Entwicklung der Gesellschaft. Eine bedarfsdifferenzierte Personalversorgung der Kindertageseinrichtungen und Schulen im Umfang des Hamburger Beispiels und eine substantielle Verbesserung der Finanzlage sozial belasteter Kommunen wären wichtige Bausteine für eine grundsätzlich zu verändernde Bildungspolitik, die nicht nur »Schulfrieden« als Anliegen hat, sondern sich ihrer gesellschaftlichen Verantwortung bewusst ist: die aktiv chancenausgleichend wirken will, sich ernsthaft um die Integration von Migranten bemüht und vor allem nicht unseren sozialen Zusammenhalt und unsere ökonomische Zukunft verspielt.

Literatur

Autorengruppe Bildungsberichterstattung (2010): Bildung in Deutschland 2010: Ein indikatorengestützter Bericht mit einer Analyse zu Perspektiven des Bildungswesens im demografischen Wandel. Bielefeld: Bertelsmann. www.bildungsbericht.de/daten2010/bb_2010.pdf.

Autorengruppe Bildungsberichterstattung (2016): Bildung in Deutschland 2016. Ein indikatorengestützter Bericht mit einer Analyse zu Bildung und Migration. Bielefeld 2016. www.bildungsbericht.de (Abruf 19.09.2016).

Autorengruppe Bildungsberichterstattung (2018): Bildung in Deutschland 2018. Ein indikatorengestützter Bericht mit einer Analyse zu Wirkungen und Erträgen von Bildung. Bielefeld. www.bildungsbericht.de (Abruf 19.09.2016).

Avenarius, H./Ditton, H./Döbert, H./Klemm, K./Klieme, E./Rürup, M./Tenorth, H.-E./Weishaupt, H./Weiß, M. (2003): Bildungsbericht für Deutschland. Erste Befunde. Opladen.

Dumont, H./Neumann, M./Maaz, K./Trautwein, U. (2013): Die Zusammensetzung der Schülerschaft als Einflussfaktor für Schulleistungen. In: Psychologie in Erziehung und Unterricht 60, H. 3, S. 163–183.

Gamoran, A./An, B. P. (2016): Effects of School Segregation and School Resources in a Changing Policy Context. In: Educational Evaluation and Policy Analysis 38, H. 1, S. 43-64.

Helbig, M./ Konrad, M./Nikolai, R. (2018): Die Schulinfrastruktur in Ostdeutschland. Ein multimedialer Zugang zur Analyse der Veränderungen von Schulstandorten, WZB Discussion Paper P 2018-006, Berlin: Wissenschaftszentrum Berlin für Sozialforschung.

Helbig, M./Nikolai, R. (2019): Bekommen die sozial benachteiligsten Schüler*innen die »besten« Schulen? Eine explorative Studie über den Zusammenhang von Schulqualität und sozialer Zusammensetzung von Schulen am Beispiel Berlins WZB Discussion Paper P 2019-002, Berlin: Wissenschaftszentrum Berlin für Sozialforschung.

Institut für Bildungsmonitoring und Qualitätsentwicklung (2013): Methodisches Vorgehen bei der Aktualisierung des Sozialindex für Hamburger Schulen. Hamburg: Behörde für Schule und

Berufsbildung. www.bildungsmonitoring.hamburg.de/index.php/file/download/1737 (Abruf 28.3.14).
Kann, C. (2017): Schulschließungen und Umbau von Schulstandorten. Wiesbaden: Springer VS.
Klemm, K. (1994): Bildungszeit: Geschenkte Zeit – Geraubte Zeit. In: Rolff, H.-G./Bauer, K.-O./ Klemm, K./Pfeiffer, H./Schulz-Zander, R. (Hrsg.): Jahrbuch der Schulentwicklung. Band 8. Weinheim: Juventa, S. 125-141.
Kramer, C./Bauer, L. (2019): Das Standortnetz von Grundschulen in Baden-Württemberg im Wandel – Entwicklungen und Einflussfaktoren. In: Fickermann, D./Weishaupt, H. (Hrsg.): Schulforschung mit Daten der amtlichen Statistik. Die Deutsche Schule. 14. Beiheft, S. 87-104.
Neumann, M./Maaz, K. (2016): Beschreibung der Schülerschaft an Schulen in herausfordernder Lage. In: Maaz, K./Böse, S./Neumann, M. (Hrsg.): BONUS-Studie. Wissenschaftliche Begleitung und Evaluation des Bonus-Programms zur Unterstützung von Schulen in schwieriger Lage in Berlin. Zwischenbericht über die erste Schulleiterbefragung aus dem Schuljahr 2013/14. Berlin: DIPF, S. 95-104.
Kidson, M./Norris, E (2014): Implementing the London Challenge, London; Institute for Government. www.instituteforgovernment.org.uk/sites/default/files/publications/Implementing%20 the%20London%20Challenge%20-%20final_0.pdf (Abruf: 20.3.2019).
Quenzel, G./Hurrelmann, K. (Hrsg.) (2010): Bildungsverlierer. Neue Ungleichheiten, Wiesbaden: Springer VS.
Rolff, H.-G. (1997): Sozialisation und Auslese durch die Schule, Weinheim: Juventa.
Schulte, K./Hartig, J./Pietsch, M. (2014): Der Sozialindex für Hamburger Schulen. In: Fickermann, D./Maritzen, N. (Hrsg.): Grundlagen für eine daten- und theoriegestützte Schulentwicklung. Münster: Waxmann, S. 67-80.
Sekretariat der KMK (2007): Integration als Chance – gemeinsam für mehr Chancengerechtigkeit. Gemeinsame Erklärung der Kultusministerkonferenz und der Organisationen von Menschen mit Migrationshintergrund. Beschluss der Kultusministerkonferenz vom 13.12.2007.
Tophoven, S./Wenzig, C./Lietzmann, T. (2016): Kinder in Armutslagen. Konzepte, aktuelle Zahlen und Forschungsstand (IAB-Forschungsbericht 11/2016). http://doku.iab.de/forschungsbericht/2016/fb1116.pdf (Abruf 18.10.2017).
Weishaupt, H. (2014a): Berufliche Schulen im demografischen Wandel: Perspektiven für die strategische Weiterentwicklung. In: Berufsbildung in Wissenschaft und Praxis 2014, H. 2, S. 15-19.
Weishaupt, H. (2014b): Je mehr Akademiker, desto besser? Pro. In: Tremmel, Jörg (Hrsg.): Generationengerechte und nachhaltige Bildungspolitik. Wiesbaden: Springer. S. 47–64.
Weishaupt, H. (2016a): Auswirkungen des demografischen Wandels auf die Bildung: Prognosen, Strukturen, Reaktionen. In: Jungkamp, B./John-Ohnesorg, M. (Hrsg.): Die Schule der Zukunft: Auswirkungen des demografischen Wandels. Netzwerk Bildung, Bd. 39. Berlin: Friedrich-Ebert-Stiftung. S. 17-25 (auch online unter http://library.fes.de/pdf-files/studienfoerderung/12836.pdf#page=19).
Weishaupt, H. (2016b): Schulen in schwieriger Lage und Schulfinanzierung. In: Die Deutsche Schule 108, H. 4, S. 354-369.
Weishaupt, H. (2017a): Arme Kinder in der Grundschule: Die Situation in Rheinland-Pfalz. Schul-Verwaltung. Ausgabe Hessen und Rheinland-Pfalz 22, H. 5, S. 132-135.
Weishaupt, H. (2017b): Ganztagsgrundschulen in Hessen und Rheinland-Pfalz: Ein Blick auf die Zielverwirklichung. In: SchulVerwaltung. Ausgabe Hessen und Rheinland-Pfalz 22, H. 10, S. 265-268.
Weishaupt, H. (2017c): Traditionelle berufliche Qualifizierungswege trotz neuer Herausforderungen am Arbeitsmarkt. In: Die Deutsche Schule 109, H. 4, S. 352–366.
Weishaupt, H. (2018a): Regionale Unterschiede der Bildungsausstattung als Ursache für Bildungsbenachteiligung – das Beispiel Rheinland-Pfalz. In: Sixt, M./Bayer, M./Müller, D. (Hrsg.): Bildungsentscheidungen und lokales Angebot: Die Bedeutung der Infrastruktur für Bildungsentscheidungen im Lebenslauf. Münster: Waxmann, S. 247-273

Weishaupt, H. (2018b): Sonderpädagogische Förderung im Schuljahr 2016/17. In: SchulVerwaltung. Ausgabe Hessen und Rheinland-Pfalz 23, H.12, S. 341-346.

Weishaupt, H./Kemper, T. (2015): Die Entwicklung privater Grundschulen in Hessen: Analysen und Überlegungen. In: SchulVerwaltung. Ausgabe Hessen und Rheinland-Pfalz 20, H. 5, S. 150-153.

Weishaupt, H./Kemper, T. (2016): Stellenzuweisung über einen Sozialindex: Alternativen zu den bislang in Nordrhein-Westfalen verwendeten Indikatoren. In: SchulVerwaltung. Ausgabe Nordrhein-Westfalen 27, H. 12, S. 341-343.

Weishaupt, H./Kühne, S. (2011): Schülergenerationen im Blick der Bildungsstatistik. In Thomas, T./von Hippel, E. A./Pietraß, M./Schmidt-Hertha, B. (Hrsg.): Bildung der Generationen. Wiesbaden: VS Verlag für Sozialwissenschaften, S. 251-265.

Peter Drewek

Schulreform im Spiegel der Sozialgeschichte des Bildungssystems

1. Historische Eigendynamik des Bildungssystems – Begriff und Problem

Werden die konkreten Möglichkeiten und Grenzen von Bildungsreformen durch die Bildungspolitik und deren innere Kräfteverhältnisse bestimmt, ist in historischer Perspektive vielmehr die tieferliegende Eigendynamik des Bildungssystems für dessen Entwicklung im Allgemeinen und damit auch für die Spielräume von Bildungsreformen im Besonderen entscheidend. Mit diesem in der Sozialgeschichte des deutschen Bildungssystems entwickelten Konzept werden (i) Prozesse des langfristigen Strukturwandels der Bildungsinstitutionen sowie (ii) die damit einhergehende quantitative Expansion des höheren Schul- und Hochschulsystems seit dem ausgehenden 18. Jahrhundert bis zur Gegenwart mit je eigenen Entwicklungsmustern bzw. Zeitstrukturen fokussiert, die der politischen Steuerung weitgehend entzogen scheinen. Hinsichtlich der scheinbar eigendynamischen Zyklen von Wachstum und Stagnation im Rahmen der säkularen Bildungsexpansion werden jedoch externe, nicht der inneren Dynamik des Expansionsprozesses zuzuschreibende Parameter vernachlässigt, die ihrerseits die Bildungsexpansion im 20. Jahrhundert langfristig forciert oder auch retardiert haben. Ebenso erscheint die institutionelle Eigendynamik bzw. Eigenlogik im Sinne der prinzipiellen Kontinuität vertikal differenzierter sozial reproduktiver Schulstrukturen nicht nur durch die fortlaufende systeminhärente Stimulation von Bildungsaspirationen, sondern auch extern durch politische Zäsuren, gesellschaftliche Umbrüche, Konjunkturen des Arbeitsmarkts sowie den demografischen Wandel in Frage gestellt (Drewek 2018a). Sollte die strukturelle bzw. expansive Eigendynamik des Bildungssystems auch stärker in eine historisch aufgeklärte und sensibilisierte Bildungs- und Implementationsforschung einbezogen werden, halten in die Gegenwart übertragene Zuspitzungen und historische Verallgemeinerungen dieser These der näheren Prüfung nicht durchgehend Stand. Die bildungspolitische Steuerung des Bildungssystems spielt – trotz Eigendynamik – eine nicht zu unterschätzende Rolle.

2. Eigendynamik und Eigenlogik des institutionellen Strukturwandels: Expansion und Differenzierung des Schulsystems im 19. und 20. Jahrhundert

In ihrer Kernthese geht die Sozialgeschichte des modernen Bildungssystems in Deutschland von einer »Systembildung« seit dem frühen 19. Jahrhundert aus, aufgeteilt in verschiedene Teilphasen von der bis in die 1870er Jahre reichenden »Systemfindung« über die »Systemkonstituierung« während der 1880er und 1890er Jahre bis zur »Systemkomplementierung« am Beginn des 20. Jahrhunderts (Müller 1981, S. 251). Angesichts der Institutionalisierung des modernen Schulsystems ›von oben nach unten‹ wird besonders die Entwicklung des »höheren Knabenschulwesens« als eines zwar quantitativ zunächst sehr kleinen, anfangs weit weniger als fünf Prozent eines Altersjahrgangs umfassenden Segmentes fokussiert, dessen Strukturwandel sich jedoch von der Spitze des Schulsystems aus tief in das Gesamtsystem bis hin zu den niederen Schulen ausgewirkt hat. Aus einem zu Beginn des 19. Jahrhunderts noch ungeordneten »Konglomerat« oft gesamtschulartig aufgebauter, sozial noch offener Schulen in den Städten entwickelte sich bis zur Jahrhundertwende ein hochdifferenziertes »soziales Klassenschulsystem« mit dem Gymnasium als Leitinstitution (Müller 1977b). Hatte sich während des 19. Jahrhunderts das altsprachliche »Gymnasium« zum dominierenden, uneingeschränkt zum Studium berechtigenden Typ des höheren Knabenschulwesens und zugleich zur scheinbar fest etablierten Reproduktionsstätte des akademischen Bürgertums entwickelt, wurde seine elitäre Position im letzten Drittel des 19. Jahrhunderts durch eine signifikant steigende Bildungsnachfrage mit dem Risiko zunehmender sozialer Heterogenität seiner Schülerschaft massiv gefährdet. Um die Gefahr einer durch nachrückende nicht-akademische Schichten erzwungenen Verbreiterung des Gymnasiums abzuwehren, wurden dramatisierende Warnungen vor einer drohenden »Überfüllung« der akademischen Berufe mit der institutionellen Reform des höheren Knabenschulwesens wirkungsvoll verschränkt. Zur Durchsetzung des »sozialen Klassenschulsystems« war eine generelle Inflationierung akademischer Abschlüsse durch vermeintlich zu hohe Absolventenzahlen unterstellt worden, um gerade aufstiegsorientierte Schichten von dem so als hoch riskant dargestellten Besuch höherer Schulen abzuschrecken (Herrlitz/Titze 1976; Müller 1977a; Müller 1977b, S. 274 ff.). Schulstrukturell wurden mit der Reform des höheren Knabenschulwesens die bei der Studienzulassung bis dahin nicht mit den altsprachlichen »Gymnasien« gleichberechtigten neusprachlichen »Realgymnasien« bzw. die mathematisch-naturwissenschaftlichen »Oberrealschulen« als weitere Typen des höheren Knabenschulwesens ab 1900 mit den altsprachlichen »Gymnasien« gleichgestellt. Dies war die Basis des enormen Aufschwungs vor allem der neusprachlichen Gymnasien bis in die Gegenwart. Durch die Typen-Differenzierung der höheren Knabenschulen blieben die akademischen Berufsgruppen als traditionelle Klientel der prestigereichen altsprachlichen Gymnasien vor der Konkurrenz aufstiegsorientierter Schichten aus Wirtschaft und Technik durch deren »Kanalisierung« in die Realgymnasien bzw. Oberrealschulen geschützt.

Dieses Muster von Expansion durch steigende Bildungsnachfrage und Differenzierung des Schulsystems zur sozialen Kanalisierung der Schülerströme prägte aus sozialgeschichtlicher Sicht die Entwicklung und Reform des deutschen Schulsystems bis weit in das 20. Jahrhundert hinein. So diente nach der bald folgenden Reform des höheren Mädchenschulwesens in Preußen 1908, analog zu den höheren Knabenschulen, auch die Etablierung des dreigliedrigen Schulsystems in der Weimarer Republik dazu, den wachsenden Zustrom auf die höheren Schulen aufgrund gestiegener Bildungsaspirationen infolge der Demokratisierung des Schulwesens nach 1918 auf die Mittelschulen abzulenken (Drewek 2018b; Zymek 1989; 1981). Auch innerhalb des höheren bzw. niederen Schulwesens setzten sich immer weitergehende schulische Differenzierungen durch neue Typen höherer Schulen wie die Deutsche Oberschule oder – im Volksschulbereich – die Aufbauschulen fort. In diese komplizierten Prozesse wurde zuletzt auch das berufsbildende Schulwesen einbezogen. Eindeutiges Ziel war auch hier, den sozialen Aufstieg über Bildungsprozesse in eine höhere Klasse abzuwehren und ihn ausdrücklich nur innerhalb der eigenen Klasse durch neue, hierarchisch abgestufte Bildungsgänge zu ermöglichen (Drewek 2003, S. 146 f.). Wurden die sozialprotektionistischen Zielsetzungen der schulischen Differenzierung zunächst mehr oder weniger offen artikuliert bzw. ideologisiert, legitimierten nach dem Zweiten Weltkrieg zunehmend scheinbar wissenschaftlich fundierte Begabungstheorien den vertikalen Schulaufbau (Drewek 1989).

Das Resultat der skizzierten »Systembildung« wurde pointiert »als Ersatz von mobilitätsfördernden Schulformen mit sozial-heterogenen Schülergruppen«, wie sie noch im frühen 19. Jahrhundert bestanden, »durch Schultypen zur klassen- bzw. schichtenspezifischen Reproduktion« im Kaiserreich beschrieben (Müller 1977a, S. 13). Aus dieser Perspektive war die »bestehende Struktur und Funktion des Bildungswesens der Bundesrepublik Deutschland« bereits »im letzten Drittel des 19. Jahrhunderts festgelegt« worden, d. h. nicht erst mit dem in der Weimarer Republik eingeführten dreigliedrigen Schulsystem (Müller 1977a, S. 13). Stand das 19. Jahrhundert vor allem für den langfristigen »Strukturwandel« des Schulsystems, die »Systemfindung«, bestimmte nach der abschließenden »Systemkonstitution« das 20. Jahrhundert dagegen die »relative Stabilität der Organisationsstrukturen und Legitimationsmuster« – trotz tiefgreifender Veränderungen »in nahezu allen sozialen, politischen und ökonomischen Bereichen« und gravierender historischer Zäsuren (Müller 1977b, S. 19). Starke, politisch massiv unterstützte Beharrungstendenzen des gegliederten Systems zeigten sich auch in der Ära der Bildungsreformen der 1960er und 1970er Jahre, in der sich die Sozialgeschichte des Bildungssystems in der historischen Bildungsforschung durchsetzen konnte (Drewek 2019; Lundgreen 2006).

»Eigendynamik« des institutionellen Strukturwandels bezeichnet vor diesem Hintergrund zunächst die von der Spitze des hierarchisch organisierten Bildungssystems ausgehenden Sogeffekte auf die nach Kursdauer, curricularem Anspruch, Berechtigungen und auch Prestige (noch) nachgeordneten Schularten. So hatte die privilegierte Stellung des altsprachlichen Gymnasiums während des 19. Jahrhunderts die eigendynamische Folge kaum aufzuhaltender Aufwertungsstrategien niedriger eingestufter höherer Schulen wie der Realgymnasien und Oberrealschulen bzw. ihrer Vorläufer (Lundgreen 2003). Zwar bestand diese Sogwirkung auch nach der Etablierung des »sozialen Klassenschulsystems« im Kaiserreich fort, wurde im 20. Jahrhundert dann aber durch fortlaufende institutionelle Differenzierung so reguliert, dass die Spitzenposition des Gymnasiums durch weiter ausdifferenzierte Bildungsgänge und Abschlussebenen unterhalb des Abiturs geschützt blieb und so wiederholt stabilisiert wurde. Damit wandelte sich die im 19. Jahrhundert beobachtete Eigen- als Aufwertungsdynamik einzelner Schularten im 20. Jahrhundert zu einer sozialen Eigenlogik der strukturkonservativen Reproduktion des Gesamtsystems. Das »Eigengewicht« der Strukturen und »die ihnen innewohnende Eigenlogik« wurden von den großen historischen Zäsuren und tiefgreifenden gesellschaftlichen Umbrüchen kaum beeinträchtigt (Zymek 1989, S. 243 f.).

Inwieweit diese anhand der Schulentwicklung des 19. und frühen 20. Jahrhunderts entwickelten Thesen noch für die Systementwicklung nach 1945 und besonders nach der Reformära der 1960er und 1970er Jahre gelten, ist jedoch zu bezweifeln. In der sozialwissenschaftlichen Ungleichheitsforschung ist wiederholt der Abbau von Bildungsungleichheit im Verlauf des 20. Jahrhunderts untersucht worden. Wäre die Eigenlogik der Systementwicklung durch die soziale Kanalisierung der Schülerströme im gegliederten Schulsystem langfristig effektiv, sollten sich bei diesem Indikator keine signifikanten Veränderungen ergeben. Dies ist grundsätzlich auch der Fall. Bleibt die herkunftsbedingte soziale Bildungsungleichheit im Gegensatz zum weitgehenden Abbau geschlechtsspezifischer Benachteiligungen im Bildungswesen über das gesamte 20. Jahrhundert hinweg auch hoch, lassen sich gleichwohl – und sogar gegenläufig zu den jeweils konservativen bzw. progressiven bildungspolitischen Trends – verschiedene Perioden des Ungleichheitsabbaus bzw. Stagnationsphasen nachweisen. So bilanzierte Walter Müller in Bezug auf den massiven Ausbau der Bildungsgelegenheiten seit den 1960er Jahren ernüchternd, »der beschleunigte Ausbau der Bildungsinstitutionen und die ergriffenen – allerdings sehr begrenzten – Maßnahmen zum sozialen Ausgleich der Bildungsbeteiligung« hätten entgegen den damit verbundenen optimistischen Erwartungen »die soziale Selektivität kaum verringert. Sie haben vielleicht verhindert, dass sie größer wurde« (Müller 1998, S. 91). Nachdem aber »auch schon in den 50er und 60er Jahren [...] die Beteiligung an weiterführenden Schulen deutlich gestiegen« war, konnte die Bildungsungleichheit gerade in der durch rigide Auswahlverfahren und eine hohe interne Selektivität des Gymnasiums charakterisierten »Restaurationsperiode« des Schulsystems in den 1950er Jahren erwartungswidrig am stärksten abgebaut werden. Über die gesamte Zeitspanne der alten Bundesrepublik hinweg verringerte sich damit »die soziale Ungleichheit im Zugang zu Abitur und Hochschulbildung vor allem in den ersten zweieinhalb Nachkriegsjahrzehnten, nach den 60er Jahren dagegen – wenn überhaupt – so doch in wesentlich geringerem Ausmaß als zuvor« (Müller 1998, S. 91). Jüngere Analysen nehmen mittlerweile »zwei Phasen des Disparitätenrückgangs« an, die erste »bis Mitte/Ende der 1960-er Jahre und dann wieder ab der zweiten Hälfte der 1980-er Jahre [...] dazwischen scheint sich wenig verändert zu haben« (Klein et al. 2010, S. 66).

Zudem näherten sich im Zuge der Bildungsreformen der 1960er und 1970er Jahre die hierarchisch differenzierten Schularten strukturell aneinander an – auch dies widerspricht den Thesen einer scharfen vertikalen Differenzierung der Sekundarschulen, wie sie die soziale »Kanalisierung« der Schülerströme voraussetzte. Annäherungen betrafen bekanntlich vor allem die Wissenschaftsorientierung des Curriculums über die verschiedenen Schularten hinweg, die Verlängerung der Hauptschule um die

9. bzw. 10. Klasse, nicht zuletzt die Entkopplung von Bildungsgang und -abschluss durch Möglichkeiten, sich auch auf Haupt- und Realschulen für den Eintritt in die gymnasiale Oberstufe zu qualifizieren (Herrlitz/Hopf/Titze 2004, S. 179 ff.). Vor diesem Hintergrund wurden der vermeintlich dauerhaften Bildungsbegrenzung durch ein Ende des 19. Jahrhunderts konstituiertes soziales Klassenschulsystem die »Verbreiterung, Differenzierung, Individualisierung der Bildungswege, hohe Flexibilität der Bildungskarrieren« (Jeismann 1996, S. 16) als historisch dominierende Entwicklungsmerkmale des Bildungssystems entgegengestellt. Rückblickend haben sich dadurch die »einst so scharfen Grenzen zwischen den Schularten [...] immer mehr verwischt, die Übergänge werden fließend, die ›Segmentierung‹ im höheren Schulwesen zumal, zeigt sich nicht als Produkt einer dauerhaften ›Systemfindung‹ (des sozialen Klassenschulsystems, P.D.), sondern als eine transitorische Phase des späten 19. und frühen 20. Jahrhunderts« (Jeismann 1996, S. 16). Ist damit die »Kanalisierung von Schülerströmen [...] im Wesentlichen gescheitert« (Lundgreen 2003, S. 37), wurde auch in der sozialgeschichtlichen Forschung das hierarchisch gegliederte Schulsystem nun eher als »Aspirationen aufheizende Schulstruktur« interpretiert (Zymek 1992, S. 957). Die zur Ablenkung von den Gymnasien eingeführten Differenzierungen des Schulsystems fungierten zwar zunächst im Sinne eines »cooling out« von Bildungsaspirationen, resultierten aber langfristig über mehrere Generationen hinweg – so die Annahme – in einem sukzessivem »warming up«, einer ungewollten Aufheizung von Aspirationen (Drewek/Harney 1982).

3. Eigendynamik der Bildungsexpansion: Wachstumszyklen des Bildungssystems seit 1800

Die »warming up«-These unterstützte Befunde zur historischen Eigendynamik der Bildungsexpansion, wie sie Titze und Nath in stupenden Auswertungen zunächst der Hochschul-, dann auch der Schulstatistik zum historischen Wachstum des Bildungssystems und zur Entwicklung akademischer Karrieren bis hin zu den historischen Konjunkturen der Selektionsdiskurse vorgelegt haben. Zentrales Ergebnis war der Nachweis von »*vier verhältnismäßig langanhaltenden Wachstumsschüben der relativen Beteiligung* an den ausdifferenzierten berechtigenden höheren Schulen bzw. den Hochschulen« bis in die Gegenwart, »denen jeweils ausgedehnte Stagnationsphasen« folgten (Nath 2000, S. 64). »Diese langfristige, stufenartig wachsende Inklusionstendenz des Bildungssystems festigte durch schwierige soziale Anpassungsprozesse in den Stagnationsperioden das jeweilige gesellschaftliche Anspruchsniveau an die Bildungsbeteiligung und wurde so zu einem *beharrlichen unumkehrbaren Prozess*, dessen Ende [...] noch nicht abzusehen ist« (Nath 2000, S. 82; 2003). Die »hohe Eigendynamik des Bildungssystems« hänge kausal »mit einer Eigentümlichkeit kollektiver Bildungsprozesse zusammen«, der zufolge »im Verhältnis der Generationen [...] allgemeine Bildungsprozesse Aufbauphänomene« darstellen, »die sich in einem Kreislaufprozess selbst aufbauen und verstärken und selbstmotivierend das Bedürfnis nach weiterer Bildung hervorbringen und steigern« (Titze 1990, S. 487; Nath/Titze 2016). Lundgreen nahm komplementär dazu die »Universalisierung von Überzeugungen« an, »die lange Zeit von Minderheiten geteilt wurden: Dass der Erwerb von Bildungspatenten der Königsweg für beruflichen und sozialen Aufstieg ist, dass die allokativen und selektiven Leistungen von Bildungsmerkmalen überlegen sind [...], dass soziale Ungleichheit als Resultat von Verteilungsprozessen sich konkurrenzlos legitimieren lässt durch Verweis auf Bildungschancen. Je mehr Angehörige eines Geburtsjahrgangs ihre Lebensperspektiven an diesen Überzeugungen orientieren, umso größer wird, vereinfacht gesagt, die Akademikerquote; und da Akademiker die stärksten Nutzer der jeweils gegebenen Bildungsmöglichkeiten sind, verstärken sich diese Prozesse von Generation zu Generation. Eine alternative Zukunft ist nicht zu erkennen, gleichgültig, wie es um die zukünftigen Beschäftigungsaussichten der Abgänger aus dem Bildungssystem bestellt sein mag« (Lundgreen 2000, S. 164; 2003).

So sehr auch überzeugen konnte, dass Bildungsprozesse von einer über sie hinausweisenden inneren Dynamik bestimmt sind und sich gesellschaftsweit ein Einstellungswandel durchsetzt, der die Eigendynamik der Bildungsexpansion aus sich heraus kontinuierlich verstärkt, vermochten davon unabhängige systemexterne Einflüsse der Politik oder des Arbeitsmarktes diese Eigendynamik positiv wie negativ nachhaltig zu beeinflussen. Dafür spricht bereits, dass sich die behaupteten regelmäßigen Wachstumszyklen in dieser Form nicht bestätigen lassen und deshalb als Ursachen für Schwankungen der Bildungsbeteiligung auch zusätzliche Einflüsse auf das Bildungswachstum, etwa durch Entwicklungsschocks, anzunehmen sind. Zeigen die »Drifts« als Wachstumsraten des Trends der Schüler- und Studierendenquote zwar »langfristige Phasen der Wachstumsbeschleunigung und Wachstumsverlangsamung, die die Vorstellung langwelliger Wachstumsphasen und damit die Theorie von Titze und Mitarbeitern bestätigen. Allerdings lassen sich diese Phasen nicht als Zyklen interpretieren, sondern nur als historische Trendperioden« (Metz 2006, S. 16f.). Um diese tiefergehend zu analysieren, müssten zunächst »die Auswirkungen der zahlreichen Datenlücken und deren lineare Interpolation auf die Schätzergebnisse« geklärt werden, ebenso aber auch der Einfluss der »vielen Extremwerte (z.B. Weltkriege)« (Metz 2006, S. 48).

Ohnehin wären zur langfristigen Entwicklung der inneren Struktur und Dynamik des Bildungssystems auch die Effekte anderer volatiler Parameter wie etwa der Bildungsrenditen (Pfeiffer/Stichnoth 2015) oder hoher Studienabbruchquoten von aktuell bald 30 Prozent im Bachelor- bzw. knapp 20 Prozent im Masterstudium (Heublein/Schmelzer 2018, S. III) auf Bildungsaspirationen und -beteiligung zu klären. Und da selbst ein deutlicher Anstieg der Zahl der Studienberechtigten keineswegs einen vergleichbar hohen Anstieg auch der Absolventenzahlen zur Folge haben muss, ist die »Studierendenquote« nicht zugleich auch Indikator für den damit oft unausgesprochen implizierten Studien- als Karriereerfolg (Weegen/Klemm 2000). Schließlich wurde in Bezug auf die regelmäßigen Wachstumszyklen argumentiert, dass »sich die Zyklizität des Hochschulbesuchs [...] abschwächen oder gar verschwinden« wird. Hintergrund sei der zunehmend schwächere Ersatznachfragezyklus für Stellen des öffentlichen Dienstes, der sich lange Zeit auf die Bildungsbeteiligung ausgewirkt habe

(Lundgreen 2000, S. 151). Wollten zu Beginn des 20. Jahrhunderts noch »etwa 70 Prozent der Studierenden [...] Theologen, Juristen, Mediziner oder Lehrer werden, also in den öffentlichen Dienst und die freien Berufe gehen«, betrage dieser Anteil heute nur noch 20 Prozent. Bildungsexpansion hieße eben »Akademisierung für *neue* Berufsfelder, Verwissenschaftlichung *neuer* Arbeitsplätze, Professionalisierung *neuer* Berufsgruppen« und damit kontinuierlicher Neubedarf an Hochschulabsolventen, der die klassischen Ersatzbedarfszyklen und ihre schwächer werdenden Effekte im Bildungssystem überlagert (Lundgreen 2000, S. 151).

Positiv wirkten sich vor allem die politischen Zäsuren und gesellschaftlichen Umbrüche des 20. Jahrhunderts auf die Bildungsbeteiligung aus. Ging mit den historischen Umbrüchen von 1918, 1945 und 1989 jeweils eine Demokratisierung und Öffnung des Bildungssystems einher, stieg der relative Schulbesuch an Gymnasien dementsprechend vor allem in den 1920er bzw. 1950er Jahren von Ausgangswerten von jeweils gut 11 Prozent signifikant auf 17,8 Prozent (10-Jährige) im Jahr 1926 (Müller/Zymek 1987, S. 170) bzw. 16,5 Prozent (13-Jährige) im Schuljahr 1957/58 an (Carnap/Edding 1962, Tab. 16; Köhler/Lundgreen 2014, S. 307). Bald darauf folgende Versuche, den »Mittelbau« (Klassenstufen 5–10) des Schulsystems zu reorganisieren, dienten sowohl in der Weimarer Zeit als auch in der frühen Bundesrepublik dazu, die Schülerströme wieder stärker zu differenzieren, um die umbruchbedingte Bildungsmobilisierung schichtspezifisch kanalisieren zu können (Drewek 2001, S. 26ff.). In der Bundesrepublik war zudem die Ost-West-Migration nach 1945 für den starken Anstieg des Gymnasialbesuchs mitverantwortlich. So überstiegen in den 1950er Jahren die Anteile der Kinder von Vertriebenen an Realschulen (7,6 Prozent) und Gymnasien (15,8 Prozent) nicht unerheblich die der einheimischen Kinder (5,2 bzw. 13 Prozent). (Köhler 2014, S. 30) Die enorme Bildungsmobilisierung der politischen Umbrüche des 20. Jahrhunderts – ausgenommen das Gegenbeispiel von 1933 – bestätigten auch die starken Präferenzen für das Gymnasium in den neuen Bundesländern nach 1989 (Drewek 2013). Nicht zuletzt wirkte und wirkt sich die Situation am Arbeitsmarkt, besonders in Perioden zusätzlicher Nachfrage nach höher qualifizierten Beschäftigten, positiv auf die Attraktivität von Gymnasien und Hochschulen aus. Bekanntes Beispiel ist der im Zuge des Ausbaus des Bildungssystems durch neu errichtete Gymnasien und Hochschulen in den 1960er und 1970er Jahren massiv gestiegene Neubedarf an Lehrern und Hochschullehrern.

So wenig Bedeutung und Gewicht der mehrheitlich positiv auf die Bildungsexpansion im 20. Jahrhundert wirkenden Parameter empirisch genauer bestimmt worden sind (vgl. als Ausnahme Becker/Mayer 2019), so gering blieb das wissenschaftliche Interesse auch an den teils deutlich restriktiven Effekten der verschiedenen Schulsysteme in den Bundesländern auf die Bildungsbeteiligung an Gymnasien mit entsprechend breit streuenden Abiturientenquoten. Bereits Anfang der 1960er Jahre waren die großen Differenzen des relativen Schulbesuchs an Gymnasien zwischen den Ländern empirisch dokumentiert und kritisch diskutiert worden (Carnap/Edding 1962). Jüngere Analysen zur Bildungspolitik und zum schulstrukturellen Wandel in den Ländern seit den 1950er Jahren bis zur Gegenwart haben auch für die

Folgezeit erhebliche Unterschiede herausgearbeitet. Zugleich wurde gezeigt, dass sich die Schulreform in den Ländern keineswegs kontinuierlich entwickelt hat, sondern im Gegenteil auf Reformperioden verschiedentlich auch Phasen der Stagnation oder gar der Rücknahme von Reformen folgten (Helbig/Nikolai 2015, S. 310 ff.). Auch dies dürfte für die »Eigendynamik« der Bildungsexpansion nicht folgenlos geblieben sein.

4. Das Bildungssystem im demografischen Wandel: Mobilisierungseffekte und historisch neue Herausforderungen

Schließlich haben auch demografische Entwicklungen das Bildungssystem periodisch stark beeinflusst. Dies gilt nicht nur für den Ausbau und die Differenzierung des Bildungssystems im Zuge steigender Schülerzahlen (Nath 2000; Nath 2003), sondern ebenso auch umgekehrt für deren Rückgang infolge sinkender Geburten. Historisch wie aktuell hatten bzw. haben zurückgehende Geburten zur Folge, dass der relative Schulbesuch an Gymnasien zeitversetzt stieg. Hintergrund waren offenbar die Interessen der Schulen und ihrer sozialen Klientel sowie der jeweiligen Kommunen am Erhalt von Gymnasialstandorten. Die nach Perioden starken Geburtenwachstums im Kaiserreich oder in den 1950er und 1960er Jahre zur Kapazitätserweiterung neu errichteten bzw. ausgebauten Gymnasien wurden daher unter Bedingungen dauerhaft sinkender Schülerzahlen nicht wie gegenwärtig die Hauptschulen wieder abgebaut oder mit anderen Schularten zusammengelegt, sondern blieben weiter als Gymnasien bestehen. Brachen dabei die Schüleranteile der Volks- bzw. Hauptschulen in der Sekundarstufe oft dramatisch ein, nahmen sie an Gymnasien aus Gründen des institutionellen Kapazitätserhalts sprunghaft zu. Somit geht die Eigendynamik der Bildungsexpansion offenbar keineswegs allein auf steigende Bildungsaspirationen als sich selbst entwickelnde »Aufbauphänomene« (Titze 1990) oder auf die unaufhaltsame Verallgemeinerung bildungsaffiner Grundeinstellungen (Lundgreen 2000) zurück, sondern zusätzlich auch auf die institutionelle Selbstreproduktion der Gymnasien. Aufgrund der dabei verstärkten Schülerrekrutierung auch aus ›bildungsfernen‹ Schichten nahm die Bildungsungleichheit in Perioden zurückgehender Schülerzahlen zugleich partiell ab (Drewek 2013; Helbig/Schmolke 2015; Treykorn 1928).

Die Folgen des starken Geburtenrückgangs der letzten Jahrzehnte werden in der Arbeitsmarktforschung als Herausforderungen einer völlig neuen Dimension auch für das Bildungssystem beschrieben. Mit komplexer Methodik wird prognostiziert, dass die Erwerbsbevölkerung im Alter von 15 bis 66 Jahren bis 2060 um 10 Millionen auf 45 Millionen abnehmen wird. Während geburtenstarke Jahrgänge altersbedingt aus dem Erwerbsleben ausscheiden, rücken nun deutlich schwächere Jahrgänge nach. Das so entstehende Defizit an Erwerbspersonen wird auch durch die Migration nicht annähernd ausgeglichen werden können. Im Ergebnis steigt der »Altenquotient« als Zahl der Rentner bezogen auf 100 Personen im erwerbsfähigen Alter von aktuell 27 auf 45 im Jahr 2060 (Fuchs et al. 2017) – eine Herausforderung nicht nur für die Alterssicherung, sondern ebenso für die durch das Bildungssystem kompensierend zu erbringenden Qualifikations- und Allokationsleistungen. Beruhigende, gegen periodisch wiederaufkommenden »Bildungspessimismus« (Nath 2000) gerichtete Prognosen der gesicherten »Regelmäßigkeit der langen Wellen des Bildungswachstums« (Nath 2003, S. 22 f.) dürfte bald die erheblich weitergehende Problematik überlagern, wie und in welchem Umfang der massiv steigende Qualifikationsbedarf auf allen Qualifikationsebenen, also auch in den nicht-akademischen Berufen, gedeckt werden kann. In welcher Weise die Strukturen des traditionell vernachlässigten Berufsbildungssystems aber bis hin zur regionalen Standortsicherung an die Anforderungen des Beschäftigungssystems qualitativ und quantitativ angepasst werden können, scheint noch auf absehbare Zeit besorgniserregend offen (Weishaupt 2017).

5. Resümee und Ausblick

Die großangelegten Bildungsreformen der 1960er und 1970er Jahre wurden in den Sozialwissenschaften schon früh von Thesen begleitet, die deren Stellenwert und Erfolgsaussichten grundsätzlich infrage stellten bzw. relativierten. Aus der Perspektive der »Illusion der Chancengleichheit« von Pierre Bourdieu und Jean-Claude Passeron schien vielen die Reproduktion der Sozialstruktur durch das Bildungssystem auch durch weitreichende Reformen kaum aufhebbar. Damit stimmten einerseits Befunde der in den 1970er Jahren aufgekommenen Sozialgeschichte des Bildungssystems zur erstaunlichen Stabilität des um 1900 entstandenen »sozialen Klassenschulsystems« überein. Andererseits wurde im Gegensatz zu der schulstrukturell verursachten Bildungsbegrenzung anhand der langfristig steigenden Abiturienten- bzw. Studierendenzahlen positiv die historische Eigendynamik des Bildungssystems als stufenweise, unumkehrbare Bildungsexpansion betont. Wie Bourdieus Thesen mit der, zugespitzt formuliert, Unveränderbarkeit sozialer Selektion durch das Bildungssystem die Grenzen von Schulreformen betonten, relativierte der Befund der Eigendynamik der Bildungsexpansion politische Reformstrategien als eher mitlaufende Prozesse der ohnehin unaufhaltsamen Demokratisierung des Bildungswesens.

Erscheint beiden Positionen zufolge der Stellenwert von Bildungspolitik und Bildungsreformen auch als relativ gering, werden sie den spezifischen Effekten externer Einflüsse auf das Bildungssystem und auf den Expansionsprozess historisch wie in der Gegenwart kaum gerecht. Die Eigendynamik des deutschen Bildungssystems als ›Pfadabhängigkeit‹ seines Strukturwandels und als langfristige, schubweise zunehmende Bildungsexpansion war fraglos bis weit nach 1945 treibendes Merkmal seiner historischen Entwicklung. Diese stand im 20. Jahrhundert aber zugleich auch unter den starken äußeren Einflüssen der beiden Weltkriege und ihrer weit ausstrahlenden Folgen für die Geburten- und Bevölkerungsentwicklung bzw. für die wirtschaftlichen Konjunkturen und die mit ihnen zusammenhängenden Bildungs- und Ausbildungsperspektiven der verschiedenen Generationen. Schließlich trugen die politisch-gesellschaftlichen Umbrüche des 20. Jahrhunderts wiederholt dazu bei, traditionell selektive Institutionen wie die Gymnasien und die Universitäten temporär weit zu öffnen und die Bildungsbeteiligung hier sprunghaft zu erhöhen. Finden sich damit bis in die 1960er Jahre hinein starke Entwicklungsimpulse aus der historischen Systemumwelt, steht die Folgezeit vor allem im Zeichen der politisch gewollten Bildungsexpansion durch den forcierten Ausbau der Gymnasien und Hochschulen. Unter den Bedingungen des langfristigen Geburtenrückgangs seit den 1960er Jahren tendieren die aus Anpassungs- und Modernisierungsgründen zunächst erweiterten Kapazitäten mittlerweile jedoch zum Selbsterhalt, während zahllose Haupt-, zum Teil auch Realschulen abgebaut werden. Damit wurden die Bildungsinstitutionen selbst – und nicht nur Bildungsaspirationen – zum (neuen) Motor der Eigendynamik des Bildungssystems.

So ertragreich es bereits wäre, die Effekte von Eigendynamik und externen Entwicklungsimpulsen empirisch-analytisch voneinander trennen zu können, müssten übergreifende Analysen zugleich weitreichende Veränderungen im Bildungssystem selbst während der letzten Jahrzehnte in Rechnung stellen. So dürfte sich auf dem erreichten Stand der Bildungsexpansion der weitere Fortschritt des Bildungssystems kaum noch auf den oft pauschal im Vordergrund stehenden Anstieg der Abiturienten- und Studierendenquoten reduzieren lassen. Traditionell zuerst »Zugangszertifikat für die Hochschulen«, gilt das Abitur heute längst als »eine Art Universalzertifikat, das in vielen Fällen für den Zugang zum Berufsbildungsbereich erforderlich ist« und damit seine Spezifik eingebüßt hat (Schindler 2013, S. 157). Ebenso werden Hochschulzugangsberechtigungen bekanntlich mehr und mehr außerhalb der klassischen grundständigen Gymnasien erworben. Und schließlich können anspruchsvolle Berufe auch ohne Hochschulstudium, beispielsweise durch Aufstiegsweiterbildung, erreicht werden. Oft gleichen diese Berufe bereits wenn auch nicht in ihrem Prestige, so doch nach Qualifikationsinhalten, beruflicher Autonomie, Einkommen und Arbeitsplatzsicherheit akademischen Berufen und relativieren dadurch deren Attraktivität (Mammen 2018). Umgekehrt wurden freilich auch klassische Ausbildungsberufe weiterentwickelt und dabei professionalisiert und akademisiert – nicht zu sprechen von der überbordenden Zahl neuer, auf Bachelor-Studiengängen basierender Berufe, die in der Berufsausbildung die Gewichte vom Berufsbildungssystem zu den Hochschulen zu verschieben begonnen haben. Nicht die fortlaufende, an allgemein steigenden Studierendenquoten gemessene Bildungsexpansion, sondern erst genauere Analysen der gegenwärtigen Transformationen von Bildung und Beruf und ihrer institutionellen Folgen erschließen in einem immer komplexeren und unübersichtlicheren Umfeld die Entwicklungsprobleme und -potenziale des Bildungssystems heute.

6. Literatur

Becker, R./Mayer, K. U. (2019): Societal Change and Educational Trajectories of Men and Women Born between 1919 and 1986 in (West) Germany. In: European Sociological Review 35, S. 147-168.

Carnap, R. von/Edding, F. (1962): Der relative Schulbesuch in den Ländern der Bundesrepublik 1952-1960. 2. Auflage. Frankfurt am Main: Hochschule für Internationale Pädagogische Forschung.

Drewek, P. (1989): Die Begabungsuntersuchungen Albert Huths und Karl Valentin Müllers nach

1945 – Zur wissenschaftsgeschichtlichen Bedeutung des konservativen Begabungsbegriffs in der Nachkriegszeit. In: Zeitschrift für Pädagogik 35, S. 197–217.
Drewek, P. (2001): Grenzen der Eigendynamik? Transformationen des Schulsystems in Berlin und Brandenburg im 20. Jahrhundert. In: Drewek, P./Huschner, A./Ejury, E. (Hrsg.): Politische Transformation und Eigendynamik des Schulsystems im 20. Jahrhundert – Regionale Schulentwicklung in Berlin und Brandenburg 1890-1990. Weinheim: Beltz. S. 11–38.
Drewek, P. (2012): Eduard Spranger (1882-1963). In: Tenorth, H.-E (Hrsg.): Klassiker der Pädagogik. München: Beck. S. 137–151.
Drewek, P. (2013): Das dreigliedrige Schulsystem im Kontext der politischen Umbrüche und des demographischen Wandels im 20. Jahrhundert. In: Zeitschrift für Pädagogik 59, S. 508–525.
Drewek, P. (2018a): Grenzen der Bildungsreform durch soziale Eigenlogik des Schulstrukturwandels und Eigendynamik der Bildungsexpansion? Erträge, Kritiken und Desiderate der Sozialgeschichte des Bildungssystems. In: Imling, F./Lehmann, L./Manz, K. (Hrsg.): Schule und Reform. Veränderungsabsichten, Wandel und Folgeprobleme. Wiesbaden: Springer VS. S. 229–241.
Drewek, P. (2018b): Dreigliedriges Schulsystem. In: Gläser-Zikuda, M./Harring, M./Rohlfs, C. (Hrsg.): Handbuch Schulpädagogik. Münster, New York, München, Berlin: Waxmann. S. 66–77.
Drewek, P. (2019): Sozial- und Strukturgeschichte. In: Caruso, M./Groppe, C./Horn, K.-P./Kluchert, G./Mietzner, U. (Hrsg.): Historische Bildungsforschung. Themen, Konzepte, Perspektiven. Bad Heilbrunn: Klinkhardt (im Druck).
Drewek, P./Harney, K. (1982): »Relative Autonomie«, Selektivität und Expansion im modernen Schulsystem. In: Zeitschrift für Pädagogik 28, S. 591–608.
Fuchs, J./Söhnlein, D./Weber, B./Weber, E. (2017): Ein integriertes Modell zur Schätzung von Arbeitskräfteangebot und Bevölkerung. IAB-Forschungsbericht 10/2016.
Helbig, M./Nikolai, R. (2015): Die Unvergleichbaren. Der Wandel der Schulsysteme in den deutschen Bundesländern seit 1949. Bad Heilbrunn: Klinkhardt.
Helbig, M./Schmolke, N. (2015): Bildungserfolg im Kontext demografischer Veränderungen. Wie die Bevölkerungsstärke des Geburtsjahrs Bildungswege beeinflusst. In: Zeitschrift für Soziologie 44, S. 197–214.
Herrlitz, H.-G./Hopf, W./Titze, H. (2005): Deutsche Schulgeschichte von 1800 bis zur Gegenwart. Eine Einführung. 4. überarbeitete und aktualisierte Auflage. Weinheim, München: Juventa.
Herrlitz, H.-G./Titze, H. (1976): Überfüllung als bildungspolitische Strategie. Zur administrativen Steuerung der Lehrerarbeitslosigkeit in Preußen 1870-1914. In: Die Deutsche Schule 68, S. 348–370.
Heublein, U./Schmelzer, R. (2018): Die Entwicklung der Studienabbruchquoten an den deutschen Hochschulen. DZHW-Projektbericht, April 2018. Hannover: Deutsches Zentrum für Hochschul- und Wissenschaftsforschung (DZHW).
Jeismann, K.-E. (1996): Das preußische Gymnasium in Staat und Gesellschaft. Höhere Bildung zwischen Reform und Reaktion 1817-1859. Band 2. 2. Auflage. Stuttgart: Klett-Cotta.
Klein, M./Schindler, S./Pollak, R./Müller, W. (2010): Soziale Disparitäten in der Sekundarstufe und ihre langfristige Entwicklung. In: Baumert, J./Maaz, K./Trautwein, U. (Hrsg.): Bildungsentscheidungen. Zeitschrift für Erziehungswissenschaft, Sonderheft 12/2009, S. 47–73.
Köhler, H. (2014): Institutionen. In: Köhler, H./Lundgreen, P. (Hrsg.): Allgemein bildende Schulen in der Bundesrepublik Deutschland 1949-2010. Datenhandbuch zur deutschen Bildungsgeschichte. Band VII. Göttingen: Vandenhoeck & Ruprecht. S. 27–54.
Köhler, H./Lundgreen, P. (Hrsg.) (2014): Allgemein bildende Schulen in der Bundesrepublik Deutschland 1949-2010. Datenhandbuch zur deutschen Bildungsgeschichte. Band VII. Göttingen: Vandenhoeck & Ruprecht.
Lundgreen, P. (2000): Schule im 20. Jahrhundert. Institutionelle Differenzierung und expansive Bildungsbeteiligung. In: Zeitschrift für Pädagogik, Beiheft 42, S. 140–165.
Lundgreen, P. (2003): ›Bildungspolitik‹ und ›Eigendynamik‹ in den Wachstumsschüben des deutschen Bildungssystems seit dem 19. Jahrhundert. In: Zeitschrift für Pädagogik 49, S. 34–41.

Lundgreen, P. (2006): Historische Bildungsforschung auf statistischer Grundlage. In: Lundgreen, P. (Hrsg.): Bildungsbeteiligung: Wachstumsmuster und Chancenstrukturen 1800 – 2000. Zeitschrift für Erziehungswissenschaft, 7. Beiheft. Wiesbaden: VS Verlag für Sozialwissenschaften. S. 5–13.

Mammen, T. (2018): Gemeinsam durchstarten mit Höherer Berufsbildung. Ergebnisse der DIHK-Erfolgsstudie Weiterbildung 2018. Berlin: DIHK Verlag.

Metz, R. (2006): »Lange Wellen« im deutschen Bildungswachstum? Möglichkeiten und Grenzen moderner Zeitreihenanalyse. In: Lundgreen, P. (Hrsg.): Bildungsbeteiligung. Wachstumsmuster und Chancenstrukturen 1800-2000. In: Zeitschrift für Erziehungswissenschaft, 7. Beiheft. S. 15–51.

Müller, D. K. (1977a): Qualifikationskrise und Schulreform. In: Zeitschrift für Pädagogik, 14. Beiheft, S. 13–35.

Müller, D. K. (1977b): Sozialstruktur und Schulsystem. Aspekte zum Strukturwandel des Schulwesens im 19. Jahrhundert. Göttingen: Vandenhoeck & Ruprecht.

Müller, D. K. (1981): Der Prozess der Systembildung im Schulwesen Preußens während der zweiten Hälfte des 19. Jahrhunderts. In: Zeitschrift für Pädagogik 27, S. 245–269.

Müller, D. K./Zymek, B. unter Mitarbeit von U. Herrmann (1987): Sozialgeschichte und Statistik des Schulsystems in den Staaten des Deutschen Reichs 1800-1945. Datenhandbuch zur deutschen Bildungsgeschichte. Band II: Höhere und mittlere Schulen, 1.Teil. Göttingen: Vandenhoeck & Ruprecht.

Müller, W. (1998): Erwartete und unerwartete Folgen der Bildungsexpansion. In: Friedrichs, J./ Lepsius, M. R./Mayer, K.U (Hrsg.): Die Diagnosefähigkeit der Soziologie. Opladen: Leske & Budrich. S. 81–112.

Nath, A. (2000): Bildungswachstum und soziale Differenzen. Gibt es Anlass zum Bildungspessimismus? In: Die Deutsche Schule, 6. Beiheft, S. 63–86.

Nath, A. (2003): Bildungswachstum und äußere Schulreform im 19. und 20. Jahrhundert. Individualisierung der Bildungsentscheidungen und Integration der Schulstruktur. In: Zeitschrift für Pädagogik 49, S. 8–25.

Nath, A./Titze, H. (Hrsg.) (2016): Differenzierung und Integration der niederen Schulen in Deutschland 1800-1945. Datenhandbuch zur deutschen Bildungsgeschichte. Band III. Göttingen: Vandenhoeck & Ruprecht.

Pfeiffer, F./Stichnoth, H. (2015): Fiskalische und individuelle Bildungsrenditen – aktuelle Befunde für Deutschland. In: Perspektiven der Wirtschaftspolitik 16, S. 393–411.

Schindler, S. (2013): Öffnungsprozesse im Sekundarschulbereich und die Entwicklung von Bildungsungleichheit. In: Wirtschaft und Statistik, S. 149–158.

Titze, H. (1990): Der Akademikerzyklus. Historische Untersuchungen über die Wiederkehr von Überfüllung und Mangel in akademischen Karrieren. Göttingen: Vandenhoeck & Ruprecht.

Titze, H. (1999): Wie wächst das Bildungssystem? In: Zeitschrift für Pädagogik 45, S. 103–120.

Treykorn, E. (1928): Wirtschaftliche und finanzielle Entwicklung der Berliner Volksschule seit 1870. Berlin: Comenius.

Weegen, M./Klemm, K. (2000): Wie gewonnen, so zerronnen. In: Jahrbuch für Schulentwicklung. Weinheim: Juventa. S. 129–150.

Weishaupt, H. (2017): Traditionelle berufliche Qualifizierungswege trotz neuer Herausforderungen am Arbeitsmarkt. In: Die Deutsche Schule 109, S. 353–367.

Zymek, B. (1981): Der verdeckte Strukturwandel im höheren Knabenschulwesen Preußens zwischen 1920 und 1940. In: Zeitschrift für Pädagogik 27, S. 271–280.

Zymek, B. (1989): Schulen. In: Langewiesche, D./Tenorth, H.-E (Hrsg.): Handbuch der deutschen Bildungsgeschichte. Band V. 1918-1945. München: Beck. S. 155–208.

Zymek, B. (1992): Historische Voraussetzungen und verdeckte Gemeinsamkeiten der Schulentwicklung in Ost- und Westdeutschland. In: Zeitschrift für Pädagogik 38, S. 941–962.

Wolfgang Böttcher

Schulentwicklung der Einzelschule – kritische Betrachtungen

Im gerade publizierten Handbuch »Schulpädagogik« (Harring/Rohlfs/Gläser-Zikuda 2018) finden sich unter der Kapitelüberschrift »Schulentwicklung« u. a. Aufsätze zu den Themen »Internationale Schulleistungsstudien« und »Bildungspolitik und Steuerung des Schulwesens«, mithin Themen der »Educational Governance« und des Systemmonitoring. Im folgenden Beitrag hingegen wird Schulentwicklung ganz traditionell verstanden. Der »Markenkern« dieser Perspektive innerhalb der Schulpädagogik ist die Analyseeinheit Einzelschule.

Mit ersten zarten Wurzeln in den mittleren 1970er Jahren hatte sich die Thematisierung der Einzelschule bald in Forschung und Politik durchgesetzt und es zu großer Prominenz – auch an den Schulen, also bei den pädagogischen PraktikerInnen selbst – gebracht. Thomas S. Kuhn (1973) würde hier vermutlich nicht von einem Paradigmenwechsel im Sinne einer wissenschaftlichen Revolution sprechen, aber zweifelsfrei ist mit der Entität Schule als wesentlichem Gegenstand von Pädagogik und Erziehungswissenschaft eine theoretisch wie empirisch neue Richtung eingeschlagen. Schulentwicklung drängt deutlich lexikalische, historische und auf die pädagogische Interaktion ausgerichtete Debatten zurück. Gleiches gilt für die Debatten um Schulstrukturen und die namensähnliche Schulentwicklungsplanung, die sich im Kern über die kommunale Steuerung der Angebotsstruktur definiert, die ja wesentlich durch die differenzierte Struktur des Schulsystems zum Planungsproblem wird. Rolff sieht das so: »Spätestens seit 1990 gilt die Einzelschule als ›Motor der Entwicklung‹, für den in erster Linie die Lehrpersonen und die Leitung selbst verantwortlich sind, andere Instanzen eher unterstützende und ressourcensichernde Funktionen ausüben« (2007, S. 623).

Mit der Metapher des »Motors« wird der zweite Aspekt des Programms Schulentwicklung markiert: Es geht um Veränderung und nicht vordringlich um wissenschaftliche Distanz von Beschreibung und Erklärung des Status quo, auch geht es nicht nur um Forschung über Entwicklung. Mit »Entwicklung« wird die Tür für wissenschaftsbasierte Interventionen an den Einzelschulen geöffnet.

Im Folgenden soll zunächst die Fokussierung auf die Einzelschule diskutiert werden (Abs. 1). Danach gehe ich auf die Themen Entwicklung und Innovation ein (Abs. 2). Beide Aspekte werden dabei auf Stärken und Schwächen hin geprüft. Es versteht sich von selbst, dass die Bewertungen wie auch das Fazit subjektiv, wenn auch nicht willkürlich ausfallen (Abs. 3). Breite und Tiefe des Themas verbieten es, einen erschöpfenden Überblick liefern zu wollen.

1. Die Einzelschule

Wer erklären will, warum die Einzelschule gegen Ende des letzten Jahrhunderts und, wie zu zeigen sein wird, bis heute das Zentralthema der Schulpädagogik wurde, dem muss zugestanden werden, ein wenig im Nebel stochern zu dürfen.

Eine, womöglich die ergiebigste Quelle der sich etablierenden Perspektive wird von den Arbeiten von Hans-Günter Rolff gespeist (z. B. Bauer/Rolff 1978; Rolff/Tillmann 1980). Bereits in diesen frühen Arbeiten wird Schule als soziales System und als Organisation verstanden. Die Differenz beider Konstrukte wird in einer sozialwissenschaftlich fundierten Schulanalyse zwar nicht systematisch, aber doch in einer keinesfalls trivialen Weise unterschieden: »Dieser Zugang darf jedoch nicht auf eine schlichte Organisationsanalyse der Schule reduziert werden (…). Gewiß ist die Schule eine soziale Organisation, aber sie ist eine von ganz besonderer, pädagogischer Zielsetzung« (Rolff/Tillmann 1980, S. 249 f.). Sowohl mit dieser Differenz als auch mit ihrer Verwischung werden wir uns noch ausführlicher befassen müssen.

Auch die Studie zum Leistungsvergleich zwischen SchülerInnen in Gesamtschulen und im gegliederten Schulsystem spielte eine wesentliche Rolle. Ihr Autor, Helmut Fend, stellte fest »daß die Leistungsunterschiede zwischen Schulen bedeutend größer sind (zwischen 6,20 Prozent und 13,59 Prozent bei allen Tests zusammen) als die zwischen Schulsystemen (zwischen 0,36 Prozent und 3,60 Prozent bei allen Tests)« (1982, S. 288). Auf dieser Basis ergibt sich die Frage, was gute und was schlechte Schulen unabhängig von der Schulform ausmacht. Der Begriff »pädagogische Handlungseinheit« hat hier seinen Ursprung, denn nunmehr wird, wie Fend später schreiben wird, »die ganze Schule als Handlungseinheit in den Blick genommen« (2008b, S. 162).

Auf der Suche nach weiteren Quellen dürften auch die einsetzenden Debatten um Schulqualität eine Rolle spielen, die u. a. von der OECD geführt wurden (z. B. OECD 1989). Die organisationssoziologisch unterfütterte Organisationsentwicklung (OE) – »Organizational Development« (OD) im angloamerikanischen Original – war eine weitere Zutat für die deutsche Schulentwicklung. Die Perspektive auf die Einzelschule wurde auch von betriebswirtschaftlichen Innovationen umarmt. Im internationalen ökonomischen Wettbewerb der Staaten und der großen, global agierenden Unternehmen wurden Managementkonzepte favorisiert, die mit bürokratischen Vorstellungen von Führung brechen und mit flachen Hierarchien und mit einer Stärkung der Verantwortung operativer Akteure experimentierten. Auch hier war die OECD ein Treiber (z. B. OECD 1995).

Vom Scheitern großer und top-down-geführter Reformen und Innovationen war auch die Schulforschung überzeugt, denn von der Reformeuphorie der 1960er Jahre war später wenig geblieben. Tatsächlich blieben Reformen ja auch stecken. International florierte die Idee, Konzepte dezentraler Unternehmensführung auf die Steuerung von Schulsystemen zu übertragen. Die deutsche Schulpolitik wie auch die deutsche Schulpädagogik imitierten in trauter Gemeinsamkeit dieses Steuerungskonzept, das unter Begriffen wie Schulautonomie oder erweiterte Selbstständigkeit der Einzelschule firmierte. Den Höhepunkt gemeinsamer Bekundungen zum neuen Trend, unterstützt von einer der großen Stiftungen, führt zum Ideal der Schule als »Haus des Lernens« (Bildungskommission NRW 1995): »Die Einzelschule soll als Handlungseinheit anerkannt und gefördert, ihr Verantwortungsbereich rechtlich abgesichert werden« (Bildungskommission NRW 1995, S. 160).

Um die Realität der Einzelschule als pädagogische Handlungseinheit zu erfassen und somit Merkmale zu finden, die man beeinflussen kann, um die Schulqualität zu steigern, werden verschiedene Ordnungssysteme, Modelle bzw. Taxonomien entwickelt. Aus solchen Ansätzen lassen sich im Prinzip Theorien, also überprüfbare Aussagen über Zusammenhänge entwickeln. Fend schlägt vor, auf Schulebene folgende Variablen zu untersuchen (2008b, S. 169 ff.):

- Die Schulleitung, ihre Führungskompetenz, Ethos und die Fähigkeit, Vertrauen zu schaffen und fair zu handeln, werden (u. a.) als Merkmale ausgewiesen.
- Die soziale und pädagogische Selbstorganisation des Kollegiums wird mit Skalen oder Items zur fachlichen Kooperation im Kollegium, Formen der Konfliktbewältigung oder Verantwortungsbewusstsein erfasst.
- Bei der Gestaltung des pädagogischen Auftrages auf Schulebene geht es um Schule als Wertegemeinschaft, Leistungserwartungen, Regulationskulturen oder Beziehungskulturen in Schulen.
- Das Leben in der Schule beschreibt klimatische Aspekte.

Eine Analyse dient auch dem Zweck der Entwicklung der Schule, denn es kann ermittelt werden, »welches Kernpunkte unterschiedlicher Gestaltungsbemühungen auf der pädagogischen Handlungsebene der ›Einzelschule‹ sind und wo diese besonders gut gelingen oder sehr mühsam bleiben« (Fend 2008b, S. 162).

Die Qualitätsmodelle der Erziehungswissenschaft ähneln durchaus den Modellen des betrieblichen Qualitätsmanagements. Auch sie folgen in aller Regel dem Muster Input, Prozesse, Outputs und Outcomes, wobei letztlich Effektivität und Effizienz Prüfgrößen sind (z. B. Ditton 2000). Auch das in der Pädagogik hochgeschätzte Angebots-Nutzungs-Modell, das mit den Namen Fend und Helmke verbunden ist, folgt – geradezu in idealtypischer Weise – dem Betriebsmodell: Ein Unternehmen erzeugt eine Leistung oder ein Produkt, das einem Kunden angeboten wird. Erst wenn er es nutzt, ist der Organisationszweck erfüllt. Der Unterschied zwischen im Markt agierenden Unternehmen und Schulen ist allerdings der, dass erstere den Kunden von der Qualität der Leistung überzeugen müssen, wollen sie nicht scheitern. Schulen hingegen können, zumindest vor dem Hintergrund eines demografiebedingt ausreichenden Nachfrageaufkommens, ohne allzu große Selbstgefährdung die Verantwortung für eine Nicht-Nutzung externalisieren.

Auf Unterschiede zwischen Schulen und anderen, besonders in profitorientierten Märkten agierenden Organisationen, also Unternehmen, hinzuweisen, ist Dauerthema der Pädagogik. Die Kritik beklagte regelmäßig – im Sinne einer Überzeugung – eine explizite oder implizite Gleichsetzung von Schule und Unternehmen in Managementmodellen, entwickelte aber kein Gegenmodell. Eher ging es darum, die

Spezifik der Organisation Schule auszuweisen. Rolff liefert (s. auch oben) hierfür ein paradigmatisches Beispiel.

Er identifiziert später systematischer (vgl. zum Folgenden Rolff 1993, S. 121ff.) einige durchaus miteinander verknüpfte Aspekte, die ihn schlussfolgern lassen, dass Schule eine »besondere« Organisation sei (vgl. kritisch Böttcher 2002, S. 39ff.):

- Der Bildungsauftrag ist hoch komplex, es geht um mehr als eine (schlichte) Vermittlung von Inhalten.
- Kinder und Jugendliche haben einen besonderen Status in der Organisation. Das besondere Verhältnis von Heranwachsenden zu Erwachsenen, der pädagogische Bezug, ist für die Schule geradezu konstitutiv und nicht vergleichbar mit anderen Organisationen. Zudem ließen sich Erziehungs- und Bildungsprozesse allenfalls zum Teil zweckrational organisieren und nur begrenzt »technologisieren«. Sie beruhen auf persönlicher Begegnung.
- Die Schule ist also programmatisch schülerorientiert. Die SchülerInnen sind immer (auch) als einzelne Personen wichtig, nicht als Mitglieder eines Kollektivs Schulklasse. Immer wieder entstehen Situationen, in denen LehrerInnen den einzelnen Fall als besonderen verstehen müssen.
- Erfolge der Lehrkräfte und der Schule seien nur sehr schwer feststellbar. Die anspruchsvolleren Bildungsziele entziehen sich einer eindeutigen Erfolgskontrolle. Auch ließen sich Erfolge nicht unbedingt der Schule zurechnen. LehrerInnen bezahlen diese Situation mit der dem Lehrerberuf eigenen und permanenten Erfolgsunsicherheit.
- Kollegiale Kommunikation und Kooperation sind aufgrund der Organisationsstruktur der Schule problematisch.
- Die Organisationsziele in Schulen sind von einer anderen »Qualität« als Ziele in anderen Organisationen, sie sind reflexiv, widersprüchlich und unbegrenzbar.

Trotz solcher systematischer und empirischer Besonderheiten gibt es Rolff zufolge keine triftigen Gründe, Schulen nicht als Organisationen zu analysieren. Die Einschränkungen und Besonderheiten »immunisieren« die Schule nicht gegen die Vorstellung, dass auf dieser Ebene gemanagt oder geführt werden kann und soll. Man kann hier lediglich eine »Aufweichung« von Versuchen entdecken, Schulen wie Betriebe vermessen und kontrollieren zu wollen, sie also »harten« Prüfungen zu unterziehen.

Aus der besonderen Organisation folgte in der Pädagogik nicht die systematische Frage danach, ob Schulen überhaupt als Organisationen zu verstehen sind, ob sie nicht vielmehr soziale Systeme sind, die wichtige Kriterien einer Organisation wie gemeinsame Ziele und eine arbeitsteilige Koordination vermissen lassen und sich organisationstypischen Gestaltungsmöglichkeiten entzieht.

Die Figur der »Lernenden Organisation« erfuhr in der Pädagogik eine hohe Akzeptanz. Sie ist vor allem aus empirischen Forschungen zum »organizational learning« (besonders die Arbeiten von Argyris und Schön, z. B. 1999; popularisiert durch Senge, 1996) hervorgegangen, die methodologisch individualistisch und verhaltens-

und kognitionstheoretisch ausgerichtet waren. Der »Lernbegriff« war offenbar geeignet, die Pädagogik zu verführen: Eine Organisation, deren hauptsächlicher Zweck das Lernen ist, sollte doch wie selbstverständlich eine lernende Organisation sein.

Hinter dem Konzept stehen allerdings höchst anspruchsvolle Voraussetzungen. Der Begriff suggeriert die Identität von Organismus und Organisation, er »verwandelt« ein Kollektiv in ein handelndes Subjekt. Die Analogie ist nicht unproblematisch, sie verhindert gar die organisationssoziologische Grundeinsicht, dass die Ergebnisse, die als Handeln der Organisation erscheinen, tatsächlich Resultat von (sehr) langen Ketten individueller Entscheidungen sind. Eine »lernende« Organisation muss aus diesen Entscheidungen geplante Emergenz erzeugen. Bedingung hierfür ist, dass die Mitarbeitenden ein genaues Bild davon haben, wie die langfristigen (strategischen) Ziele der Organisation aussehen. Lernfähigkeit und die Lernambitionen ihrer Mitarbeitenden müssen mit diesen Ansprüchen korrespondieren. Um die arbeitsteilig angelegten Einzelaufgaben einer Organisation zu einem Ganzen zu koordinieren, müssen wenigstens wechselseitige Abstimmung, die Standardisierung der Arbeitsprozesse und die Standardisierung der Arbeitsprodukte gesichert sein. Angesicht der Tatsache, dass auch im Konzept der »Schulautonomie« die »Autonomie« der Lehrperson kaum tangiert wurde, lässt solche Prozesse unwahrscheinlich werden.

Eine »Lernende Organisation« ist ein ausgesprochen gut strukturiertes System mit hohen Verfügungsrechten, was die innere Gestaltung betrifft. Die notwendigen und hinreichenden Bedingungen zu erzeugen, stellt immens hohe Anforderungen an die Führung der Organisation. Eine »Lernende Organisation« ist keine »normale« Organisation, sie ist in dem Sinne eine »besondere« Organisation, als sie ein besonders »kompetent« geführtes System ist. Das Vorhandensein der skizzierten Bedingungen können wir für die Entität Schule nicht unterstellen.

Die Organisationssoziologin Veronika Tacke (2004) hat schon vor Jahren auf verschiedene problematische Aspekte dieser von der Pädagogik leichtfertig übernommenen Denkfigur aufmerksam gemacht. Das Konzept des in der pädagogischen Schulforschung und Teilen der Lehrerschaft so populären »organisationalen Lernens« schade der Lehrerprofession, denn es übersehe, dass Organisationslernen wenig mit der Profession des Lehrers bzw. der Lehrerin, also mit Bildung und Erziehung, »viel dagegen mit Organisation und Management zu tun« (Tacke 2004, S. 33) hat. Die »Lernende Schule« erwartet vom pädagogischen Personal, dass es sich auch als (Teilzeit-) Manager versteht, indem es nunmehr für die Organisation Verantwortung übernehmen soll. Das dürfte in doppeltem Sinne problematisch sein: Abzug von der eigentlichen professionellen Arbeit und laienhafte Durchführung des professionsfremden Managens.

Im Kontext des Programms Schulentwicklung wird auch der Schulleitung eine Schlüsselfunktion zugesprochen. Auch hier verklärt womöglich der Wunsch die Wirklichkeit. Sicher ist die Schulleitung im Hinblick auf Kompetenz – im Sinne von Können und Dürfen – und damit Gestaltungspotenzial bedeutender als die LehrerInnen. Viele der konzeptionellen Beiträge zur Schulleitung in der Schulentwicklung basieren allerdings auf angloamerikanischer Forschung. Und in diesen Kontexten, also in den USA, Kanada oder in Großbritannien hat eine Schulleitung hinsichtlich ihrer Qualifizierung, ihrer Aufgaben und ihrer Verfügungsrechte deutlich größere Spielräume als ihre Pendants im deutschsprachigen Raum. Nicht immer wird das hinreichend deutlich. Schulleitungen werden zu Topmanagern erklärt, gar zu den Treibern der Schulentwicklung – nach Kurzschulungen und ohne sie mit den Verfügungsrechten auszustatten, die ein Manager haben muss, will er eine Organisation »bewegen«.

Die Schulleitung muss aber dennoch die Schulentwicklung verantworten, sie muss die Aufgaben erfüllen, die die Aufsicht von ihnen verlangt: Aufbau von Ganztagsschulen, Umsetzen von Inklusion und individueller Förderung, Verkürzung oder Verlängerung der Schulzeit, Beschulung von MigrantInnen, Vernetzung mit anderen Schulen oder anderen Bildungsanbietern. Jedes dieser Projekte wird in der Regel lediglich grob beschrieben und nicht systematisch mit Ressourcen unterfüttert – und dennoch an die Einzelschulen delegiert (Böttcher 2017).

Die Modelle der Schulforschung sind im Wesentlichen in Politik überführt worden und wurden und werden in externen Verfahren schulischer Qualitätsanalyse bzw. Inspektionen eingesetzt. Die Bewertung der Einzelschulen richtet sich am »Referenzrahmen für Schulqualität« aus, der ganz im Sinne eines Input-, Struktur-, Prozess- und Ergebnis-Modells angelegt ist. Als Beispiel seien die verschiedenen schulischen Funktionsbereiche gelistet, die in Qualitätsrahmen der Inspektion im Bundesland Hessen unterschieden wurden: Voraussetzungen & Bedingungen – Ziele & Strategien der Qualitätsentwicklung – Führung & Management – Professionalität – Schulkultur – Lehren & Lernern – Ergebnisse & Wirkungen.

Im Konzept des Bildungsmonitoring (KMK 2006, 2015) versammeln sich verschiedene Instrumente. Trotz der Tatsache, dass hierzu auch die internationalen Vergleichsstudien gehören und der zweijährlich publizierte statistische Bildungsbericht (Autorengruppe Bildungsberichterstattung 2006 ff.), die ja beide Systembeschreibungen liefern, kann der Eindruck aufkommen, dass die Politik sich mehr für das Monitoring der Einzelschulen interessiert als eigenes strategisches Handeln zum Gegenstand von Bewertung zu machen.

Ein den ökonomischen Vorbildern nacheiferndes Managementsystem verlangt nach der Formulierung von Zielen. Die Politik hatte das zunächst verstanden und ein Reformprojekt zur Formulierung von Bildungsstandards auf den Weg gebracht. Man muss hier wohl vom größten Flop der Reformpolitik der letzten 15 Jahre sprechen. Nichts von dem wurde realisiert, was die Wissenschaft vorgeschlagen hatte (BMBF 2003): Standards haben nicht die »Kerne« der Fächer definiert, sie sind nicht geeignet, den Unterricht zu strukturieren, sie wurden nicht Gegenstand öffentlicher Debatten und sie sind nicht verbindlich. Die Einführung von Regelstandards statt Mindeststandards gewährt programmatisch den Schulen, das zu unterbieten, was eigentlich ihre Kernaufgabe sein sollte. Ein solches Qualitätsmanagement ist absurd. Man stelle sich ein Unternehmen vor, das seinen Kunden mitteilt, sie könnten nicht damit rechnen, dass Leistungen oder Produkte eine bestimmte Qualität aufweisen.

Anders als viele andere Schulsysteme der Welt ist die deutsche Schulpolitik weit davon entfernt, sanktionsbewehrte Tests verpflichtend einzuführen und den Aufbau einer Testindustrie zu subventionieren. Dennoch misst sie der Bewertung schulischer Arbeit zunehmend eine große Bedeutung zu. Sie tut das, dem PISA-Modus folgend, mit Leistungstests, die Kompetenzen in bestimmten Fächern bzw. Domänen – Mathematik, Naturwissenschaft, Leseverständnis – prüfen. Trotz der noch wenig ausgeprägten Leistungsmessungen besteht der gut begründbare Verdacht, dass diese selektive Definition von erfolgreicher Schule LehrerInnen dazu verführt, testorientiert zu unterrichten.

Die einzelschulische Perspektive der Schulreform hat sich seit den frühen 1990er Jahren auch in Schulgesetzen manifestiert. Zum Beispiel heißt es im Schulgesetz für das Land Nordrhein-Westfalen: »Die Schule gestaltet den Unterricht, die Erziehung und das Schulleben im Rahmen der Rechts- und Verwaltungsvorschriften in eigener Verantwortung. Sie verwaltet und organisiert ihre inneren Angelegenheiten selbstständig« (Schulgesetz NRW § 3 Abs. 1). Rechts- und Verwaltungsvorschriften rahmen also – ganz in der Tradition der bürokratischen Steuerung – das operative schulische Geschäft. Für diese Kernprozesse – das »Innere«: Unterricht, Erziehung, Leben – ist allerdings die einzelne Schule verantwortlich. Wieder formuliert Fend »auf den Punkt«: »Als Königsweg für Verbesserung der Schulverhältnisse wurde in den letzten Jahren die Stärkung der einzelnen Schule als Handlungseinheit gesehen. Autonomie zu gewähren wird dabei vielfach als entscheidender Schritt zur Stärkung der Handlungsverantwortung einzelner Schulen angesehen. Wenn die einzelnen Schulen möglichst viel Spielraum erhalten, um vor Ort die pädagogischen Aufgaben nach ihrem Sachverstand und unter ihren je eigenen Umständen lösen zu können, dann steigt – so die Hypothese – die Qualität des pädagogischen Lebensraumes ›Schule‹« (Fend 2008b, S. 192).

2. Entwicklung

Die »Spielräume« – wie auch immer sie konkret aussehen – werden nicht ohne Gegenleistung »gewährt«. In seiner Schrift »Neue Theorie der Schule« bringt Helmut Fend die neuere Managementidee der deutschen Schulpolitik wie folgt »auf den Punkt« und skizziert auch die andere Seite des Modells: »Einmal geht es um eine Vergrößerung der *Autonomie* der einzelnen Schule, die gewissermaßen als ›Betrieb‹ konzipiert wird, und zum anderen um eine *neue Form von Controlling*, von Rechenschaftslegung und der Dokumentation der erbrachten Leistungen« (Fend 2008a, S. 109; Hervorhebungen im Original).

Fend beschreibt zunächst eine Konsequenz der neuen Steuerung: Die Einzelschulen sind quasi wie (kleine) Firmen konzipiert. Und das mit allen Konsequenzen, insbesondere die hierdurch erzeugte wettbewerbliche Situation, in die die Einheiten platziert werden. Was er hier als Controlling und Rechenschaft bezeichnet, ist die neue Position, in die die staatliche Aufsicht sich selbst versetzt, womöglich aus der Erkenntnis, dass es erst der internationalen Vergleiche bedurfte, damit man sich für Outcomes interessierte. Im System eines Monitorings ist der Staat nunmehr ein besserer Aufpasser, Beobachter, Überwacher.

Es ist wahrscheinlich nicht zufällig, dass die knappe Beschreibung, die Fend liefert, ohne Hinweise auf Entwicklung, Reform, Wandel oder Innovation auskommt. Diese zweite Dimension der Schulentwicklung, die im Namen steckt, ist offenbar für die staatlichen Agenten schwer zu fassen, da sie in diesem Kontext und in Anbetracht der »Schein-Erstarkung« der Einzelschule immer noch auf der Suche nach ihrer Rolle sind. Das ist deshalb problematisch, weil das neue Management – sowohl im betriebswirtschaftlichen Modell als auch in der Erziehungswissenschaft – dazu gedacht ist, Organisationen zu verbessern, also Reform zu erzeugen. Der Titel, den Rolff (1993) seiner einschlägigen Aufsatzsammlung gegeben hat, verdeutlicht das: »Wandel durch Selbstorganisation«.

Der fehlende Ausbau eines Unterstützungssystems ist häufiger Kritikpunkt von Wissenschaft und Praxis an der staatlichen Steuerung; und tatsächlich trifft sie ein wesentliches Defizit des Systems. Die mit der Dezentralisierung zwingend verknüpfte Umstrukturierung auch der Führungsebene sieht vor, dass an dieser Stelle die Aufgaben anfallen, die von der »dezentralisierten« Einheit nicht oder nur schlecht erledigt werden können (z. B. Wildemann 2003). Dazu gehören selbstverständlich alle systematischen Beratungs- und Entwicklungskonzepte, die sich auf strategische Politikziele beziehen. Tatsächlich ist dieser Bereich der Arbeit mit Schulen und mit aktiven LehrerInnen zur Anpassung an neue Herausforderungen eher ab- als aufgebaut worden; und Schulleitungen und LehrerInnen haben keinen Überblick über das Angebot. Und niemand weiß, welche Angebote überhaupt wirksam und nützlich sind.

Auch kann empirisch nicht gezeigt werden, dass die von professionellen PsychometrikerInnen bzw. Pädagogischen PsychologInnen gefertigten Tests zum Vergleich der Schülerleistungen den Schulen und LehrerInnen wirklich helfen, Schule oder Unterricht zu verbessern. Gleiches gilt für Inspektionen, die aktuell in den Bundesländern folgerichtig an Unterstützung verloren haben (Böttcher 2013).

Selbst wenn die durch solche Verfahren ermittelten ›Diagnosen‹ valide und reliabel wären, bliebe das Problem, wie aus Erkenntnis Schulentwicklungspraxis werden kann. Es ist unklar, wie eine Verknüpfung von Befund und Entwicklung aussehen soll und vor allem, welches die Instrumente der Verbesserung sind, wer sie beherrscht und wie dieses Wissen erfolgreich in 40.000 Schulen transportiert werden soll.

Im Konzept der Selbstverantwortung der Schule finden sich – und zwar auch rechtlich fixiert – die Forderungen zur Selbstevaluation. Es wirkt verstörend, dass ein Verfahren, dessen Anwendung Professionalität voraussetzt (vgl. degeval.org), völlig naiv als Verpflichtung den Schulen aufgebürdet wird. Es kann dann nicht verwundern, dass Anwendungen weder valide noch relevante Ergebnisse generieren und am Ende zu nichts nützlich sind. Damit wird – nebenbei gesagt – auch Evaluation, als ein wissenschaftsbasiertes und an Gütestandards ausgerichtetes Konzept de-professionalisiert und entwertet.

Insgesamt wird deutlich, dass kein strategisches Konzept für ein Wandlungsmanagement vorliegt. Hierzu würden mindestens drei Elemente gehören: Allen relevanten Akteuren muss erstens deutlich sein, weshalb Wandel nötig ist, sie müssen dann zweitens motiviert werden, Gewohntes verändern zu wollen, und schließlich müssen sie drittens das Können und Wissen haben, das Erwartete auch tatsächlich umzusetzen. Dass »Change« ein anspruchsvolles Programm ist, insbesondere dann, wenn mehr als inkrementelle Veränderung angestrebt ist, sollte deutlich sein. Für ein Innovationsmodell ist weniger das Wissen um Leistungsergebnisse ein Problem, sondern vielmehr das Wissen um die Leistungserbringung: Wie sind Prozesse zu steuern und welche Inputs sind nötig und erzeugen welche Effekte? Während aber Politik sich auf das Monitoring fokussiert, werden diese wirklich schwierigen Fragen bislang weitgehend ausgeklammert.

Aber auch die Forschung trägt wenig zum Wandel bei. In einer aktuellen Aufsatzsammlung zu »Dimensionen der Schulentwicklung« resümiert eine der Herausgeberinnen: »Die Beiträge haben mehr Wissen über Schulentwicklung als explizit für Schulentwicklung zur Verfügung gestellt« (Zala-Mezö/Strauss/Höbig 2018, S. 234).

3. Kritische Wertungen

Mit dem Hinweis auf Praxisdefizite eines ja programmatisch auch an praktischen Fragen – Schulen und Entwicklung – ausgerichteten Programms ist kein abschließendes Urteil verbunden.

Man wird angesichts der hier vorgetragenen kritischen Betrachtung der Schulentwicklung nicht (!) zum Schluss kommen, hiermit sei ein Gesamturteil gefällt. Dazu ist das Thema zu breit und zu facettenreich und die Akteure zu verschieden. Vor allem aber ist nicht klar, nach welchen Kriterien eine Evaluation erfolgen sollte. Weder Politik noch die Wissenschaft haben Vorstellungen davon vorgelegt, was mit dem Projekt erreicht werden soll.

Allenfalls ließen sich Maßnahmen evaluieren, die innerhalb der Neuen Steuerung implementiert werden sollten: Wie haben die Vergleichsarbeiten die Schulen verändert, inwieweit haben sich die pädagogischen Praxen durch die Ganztagsschule verändert, inwieweit gelingt individuelle Förderung? Und jeweils: Was sind die Problem, die es zu lösen galt, was sind Kriterien für Erfolg, welche Nebenwirkungen lassen sich nachweisen?

Was Politik mit wissenschaftlichen Thesen und Befunden anstellt, ist den ForscherInnen nicht unbedingt anzulasten. Es darf aber schon bemerkt werden, dass sich die Bildungswissenschaften in den letzten Jahren sehr freundlich an die Politik angeschmiegt haben.

Auch muss relativiert werden, falls der Eindruck entstanden ist, die Schulentwicklung verkenne in naiver Weise, dass Schulen abhängige Einrichtungen sind. Fend ist einer derjenigen, die die Abhängigkeit der Einzelschule immer wieder thematisieren. Aber dennoch fällt es ihr zu, Qualität zu erzeugen: »Schulen können sich also viele Handlungsparameter nicht aussuchen. Sie können mit ihnen aber sehr unterschiedlich umgehen. Und darin liegt Schulqualität, die es zu evaluieren gilt« (Fend 2008b, S. 220). Auch im Entwurf der Bildungskommission NRW (1995) wird auf die durch externe Vorgaben eingeschränkten Handlungsräume der Einzelschulen eingegangen.

Aber die Richtung ist eindeutig: »Nicht bei den staatlichen Aufsichtsbehörden – und hier möglichst weit oben im System – wird die größte Kompetenz zur Lösung der Probleme angenommen, sondern zunächst bei den Beteiligten und Betroffenen vor Ort« (Bildungskommission NRW 1995, S. 154). Insgesamt gesehen dürfte der Eindruck nicht ganz falsch sein, dass das Verständnis für die Schule als ein von ihren Umwelten abhängiges Subsystem nicht die notwendige Beachtung gefunden hat. Der Politik mag man das zugestehen, zumal sie dadurch von Verantwortung entlastet und Misserfolgsmeldungen umleiten kann. Für eine kritische Schulentwicklung und Schulentwicklungsforschung ist das weniger der Fall.

Angesichts des ökonomischen, zielorientierten Managementmodells ist es verwunderlich, dass sich die einschlägige Forschung aus der Frage heraushält, was die Ziele des Systems und seiner Einheiten sein sollen. Die kurze, vom Gutachten einer Arbeitsgruppe – der kein/e SchulpädagogIn angehörte – angeführte Debatte um Bildungsstandards ist kein Ersatz (BMBF 2003). Nicht aufgefallen ist auch, dass es keine Vorschläge dazu gibt, mittels welcher »Themen«, mit welchen Inhalten also versucht werden kann, SchülerInnen (und auch LehrerInnen) für das zu begeistern, was sie im Unterricht erreichen sollen. Diese Frage hat im produzierenden Unternehmen kein Pendant, denn dort fallen Ziele und Gegenstand der Produktion zusammen. Das ist anders in der Schule, denn hier sind die »Exempel«, mittels derer Ziele erarbeitet werden können, theoretisch vielfältig. In dieser Hinsicht würde sich auch eine Differenzierung anderer Art als im Hinblick auf die Leistungsfähigkeit von SchülerInnen anbieten. Und das sind keine genuin pädagogischen, das sind explizit wesentliche Themen für ein Management.

Zwei Kritikpunkte, die – gewissermaßen – aus einer Meta-Perspektive erfolgen, sollen noch erwähnt werden. Erstens wird man feststellen müssen, dass das »ökonomische Programm der Schulreform« (Böttcher 2002) die Schulentwicklung durchdrungen hat. Aus systemtheoretischer Sicht sind die Kriterien Effektivität und Effizienz und das Zweck-Mittel-Schema nicht zentral für komplexe soziale Systeme. Der Soziologe Dirk Baecker (2003) betont, dass die ökonomische Betrachtung, das »wirtschaftliche Kalkül«, dem Gegenstand Organisation eigentlich »fremd« sei. Management sei nicht auf beliebige Organisationen – zum Beispiel auf Schulen – übertragbar: »Ich sage nicht, daß man das nicht wollen kann. Ich sage jedoch, daß man wissen muß, ob man es will, und wissen muß, was man will, wenn man es will« (Baecker 2003, S.15). Die Kritik am betrieblichen Modell, die innerhalb der Erziehungswissenschaft durchaus formuliert wird, führt auch er allerdings nicht zu einem alternativen Organisationsmodell. In der Erziehungswissenschaft führte es, wie oben skizziert, zu einer pädagogischen Weichspülung im Bild der »besonderen« oder der »lernenden Organisation«.

Zweitens muss man zurückkehren zur soziologischen Reflexion an der Quelle dieses Konzepts. Rolff und Tillmann (1980) zitieren Bourdieus und Passerons kritische Bildungssoziologie: »Keine Funktion des Bildungswesens [kann] unabhängig von einem gegebenen Zustand der Struktur der Klassenbeziehungen bestimmt werden« (1971, S. 198, zit. in Rolff/Tillmann 1980, S. 250). In ihrem Konzept der »Relativen

Autonomie« (im Original S. 190 ff.) zeigen sie, dass das Innerschulische nur mit Blick auf den Klassencharakter ihrer Funktion analysiert werden kann.

Die Schulentwicklung hat im Laufe ihrer Karriere offensichtlich die Botschaft von Bourdieu und Passeron aus den Augen verloren. Sie hat weder den Tatbestand des Systemerhalts einer ungleichen Gesellschaft durch Pädagogik und ihr Management bearbeitet noch gefragt, wie der gesellschaftliche Funktionsbereich »Bildung und Erziehung« zu einer Gesellschaft verändernden Kraft werden kann, die mehr Gleichheit schafft und nicht dafür sorgt, dass ökonomische und soziale Privilegien in als legitim anerkannter Weise, wie Bourdieu und Passeron sagen, »vererbt« werden – und dieser Vorgang eben durch ihre relative Autonomie auch gleichzeitig »verschleiert« wird.

Gut gemanagte Einzelschulen im System der einzelschulischen Schulentwicklung mit einem scheinbar objektiven, an Daten ausgerichtetem Monitoring werden die Vertuschung der Vererbung von Lebenschancen besser und heimlicher bewerkstelligen als die bürokratische Schule, die ja so offensichtlich der Lehrerschaft das Privileg erlaubt hat, die Selektion ihrer SchülerInnen mit hohem subjektivem Spielraum durchzuführen.

4. Literatur

Argyris, C./Schön, D. A. (1999): Die lernende Organisation. Grundlagen, Methode, Praxis. Stuttgart: Klett-Cotta.

Autorengruppe Bildungsberichterstattung (2006 ff.): Bildung in Deutschland. Ein indikatorengestützter Bericht mit einer Analyse zu Bildung und Migration. Bielefeld: wbv.

Baecker, D. (2003): Organisation und Management. Frankfurt am Main: Suhrkamp.

Bauer, K.-O./Rolff, H.-G. (1978): Innovation und Schulentwicklung. Bildungssoziologische Analysen und Fallstudien. Weinheim: Beltz.

Bildungskommission NRW (1995): Zukunft der Bildung – Schule der Zukunft. Denkschrift der Kommission »Zukunft der Bildung – Schule der Zukunft« beim Ministerpräsidenten des Landes Nordrhein-Westfalen. Neuwied, Kriftel, Berlin: Luchterhand.

Böttcher, W. (2002): Kann eine ökonomische Schule auch eine pädagogische Schule sein? Weinheim: Juventa.

Böttcher, W. (2013): Das Monitoring-Paradigma – Eine Kritik der deutschen Schulreform. In: Empirische Pädagogik 27, H. 4, S. 497–509.

Böttcher, W. (2017): Steuerung? Welche Steuerung? In: Bolder, A./Bremer, H./Epping, R. (Hrsg.): Bildung für Arbeit unter neuer Steuerung. Wiesbaden: Springer VS, S. 73–96.

Bourdieu, P./Passeron, J. C. (1971): Die Illusion der Chancengleichheit. Stuttgart: Klett.

Bundesministerium für Bildung und Forschung (BMBF) (Hrsg.) (2003): Zur Entwicklung nationaler Bildungsstandards. Eine Expertise. 2. unv. Auflage. Bonn, Berlin.

Ditton, H. (2000): Qualitätskontrolle und Qualitätssicherung in Schule und Unterricht. Ein Überblick zum Stand der empirischen Forschung. In: Helmke, A./Hornstein, W./Terhart, E. (Hrsg.): Qualität und Qualitätssicherung im Bildungsbereich. Schule, Sozialpädagogik, Hochschule. Weinheim, Basel: Beltz, S. 73–92.

Fend, H. (1982): Gesamtschulen im Vergleich. Bilanz der Ergebnisse des Gesamtschulversuchs. Weinheim, Basel: Beltz.

Fend, H. (2008a): Neue Theorie der Schule. Einführung in das Verstehen von Bildungssystemen. Weinheim, München: Juventa.

Fend, H. (2008b): Schule gestalten. Systemsteuerung, Schulentwicklung und Unterrichtsqualität. Wiesbaden: Springer VS.

Harring, M./Rohlfs, C./Gläser-Zikuda, M. (Hrsg.) (2018): Handbuch Schulpädagogik. Münster: Waxmann.

Kuhn, T. S. (1973): Die Struktur wissenschaftlicher Revolutionen. Frankfurt am Main: Suhrkamp.

Organisation for Economic Cooperation and Development (OECD) (Hrsg.) (1989): Schools and Quality. An International Report. Paris.

Organisation for Economic Cooperation and Development (OECD) (Hrsg.) (1995): Schools under Scrutiny. Paris.

Rolff, H.-G. (1993): Wandel durch Selbstorganisation. Theoretischen Grundlagen und praktische Hinweise für eine bessere Schule. Weinheim, München: Juventa.

Rolff, H.-G. (2007): Schulentwicklung. In: Tenorth, H.-E./Tippelt, R. (Hrsg.): Lexikon Pädagogik. Weinheim, Basel: Beltz, S. 622–625.

Rolff, H.-G./Tillmann, K.-J. (1980): Schulentwicklungsforschung: Theoretischer Rahmen und Forschungsperspektive. In: Rolff, H.-G./Hansen, G./Klemm, K./Tillmann, K.-J. (Hrsg.). Jahrbuch der Schulentwicklung, Band 1. Weinheim, Basel: Beltz, S. 237-264.

Sekretariat der Ständigen Konferenz der Kultusminister der Länder in der Bundesrepublik Deutschland (KMK) (2006/ 2015). Gesamtstrategie zum Bildungsmonitoring www.kmk.org/themen/qualitaetssicherung-in-schulen/bildungsmonitoring.html (Letzter Abruf: 22.01.2019).

Schulgesetz für das Land Nordrhein-Westfalen (Schulgesetz NRW – SchulG) vom 15. Februar 2005 (GV.NRW, S.102). zuletzt geändert durch das Gesetz vom 21.07.2018 (SGV.NRW.223).

Senge, P. (1996): Die fünfte Disziplin: Kunst und Praxis der lernenden Organisation. 2. Auflage. Stuttgart: Klett-Cotta.

Tacke, V. (2004): Organisation im Kontext der Erziehung. Zur soziologischen Zugriffsweise auf Organisationen am Beispiel der »lernenden Organisation«. In: Böttcher, W./Terhart, E. (Hrsg.): Organisationstheorie in pädagogischen Feldern. Analyse und Gestaltung. Wiesbaden: VS Verlag für Sozialwissenschaften, S. 19–42.

Wildemann, H. (2003): Dezentralisierung von Kompetenz und Verantwortung. In: Bullinger, H.-J./Warnecke, H.-J./Westkämper, E. (Hrsg.): Neue Organisationsformen im Unternehmen. Berlin: Springer, S. 360–378.

Zala-Mezö, E./Strauss, N.-C./Häbig, J. (2018): Dimensionen von Schulentwicklung. Eine vergleichende Analyse der Beiträge. In: Zala-Mezö, E./Strauss, N.-C./Häbig, J. (Hrsg.). Dimensionen von Schulentwicklung. Münster, New York: Waxmann, S. 225-236.

Jürgen Oelkers

Radikalisierung, Digitalisierung, Normalisierung

Herausforderungen für die Schulentwicklung

1. Radikalisierung

In der englischsprachigen Didaktik ist verstärkt statt von »teachers« von »learning guides« die Rede, also Führern von Lernprozessen, ähnlich wie das bei Fremdenführern oder Lotsen der Fall ist. Sie begleiten nicht nur Lernprozesse, sondern lenken sie, etwa mit einer Checkliste, einem Lernpfad, Navigationshilfen oder zusammenfassenden Feedbacks,[48] also ungefähr das, was das heute in vielen Schulen unter »selbstorganisiertem Lernen« verstanden wird.

Damit wird Lernen aber nicht einfach »begleitet,« sondern in Richtung von Aufgaben gelenkt und am Ende in Form von Leistungen auch bewertet. Ein Lehrer oder eine Lehrerin unterrichtet eine Klasse oder eine Gruppe in einem Fach oder einem Lernbereich gemäss allgemeinen Zielen, die weder der Lehrer noch die Klasse sich selbst setzen kann. Mindestens gilt das für den Unterricht in staatlichen Schulen, die Lehrpläne voraussetzen, die Lernzeit regulieren und den Ort des Lernens vorgeben. Aber warum sollen dann Lehrer und Lehrerinnen plötzlich zu *Lernbegleitern* werden?

Darauf gibt es auch sehr radikale Antworten, die das *selbst*organsierte Lernen wörtlich nehmen und auf jede Art von Lenkung des »Selbst« verzichten wollen. Gelegentlich wird auch von »natürlichem Lernen« gesprochen, das sich selbst steuert und weder Lehrpläne noch Lehrpersonen benötigt.

Im Bereich der Alternativschulen ist heute vermehrt von »Colearning« die Rede, was nicht mit der berühmten »ko-konstruktiven Lernumgebung« verwechselt werden darf, die früher einmal »partnerschaftlicher Unterricht« genannt wurde und nicht sehr weit in die Praxis vorgedrungen ist.

Man könnte einwenden, dass partnerschaftliches Lernen allein deswegen so exotisch zu sein scheint, weil staatliche Vorgaben wie Lehrpläne, Zeugnisse und Noten eine Partnerschaft verhindern und die Autorität einseitig festlegen. So argumentieren auch Vertreter des »Colearnings«, nur dass sie noch die Partnerschaft in Frage stellen.

Was damit gemeint ist, kann man in Wien sehen. Dort gibt es im Markhof, einem kommunalen Zentrum für alternative Formen des Wirtschaftens und Zusammenlebens, eine Gemeinschaft für Colearning, die sich von jeder Art Verschulung verabschieden will und damit heute urbane Nachfrage erzeugen kann.

---

48 http://www.designingforlearning.info/services/writing/ecoach/tips/tip95.html

Die Kinder und Jugendlichen, die dort lernen, sind so genannte »Homeschooling-Kids«, das sind Kinder, deren Schulbesuch durch häuslichen Unterricht ersetzt wird. In Österreich gibt es eine gesetzliche Regelung, die dies, anders als in Deutschland, erlaubt und zwar ohne Auflagen. Jedes Elternpaar oder jedes Paar mit einer Erziehungsberechtigung kann einen Antrag stellen, die Regelverschulung für ihre Kinder zu beenden oder gar nicht erst damit anzufangen. Die Kinder müssen lediglich extern eine jährliche Prüfung bei einer bewilligten Prüfungsschule ablegen. Wie sie den Stoff für die Prüfung erarbeiten, steht ihnen frei.

Aber es geht nur am Rande um eine solche Prüfung. Im Kern des Colearnings steht nach eigenen Angaben das Bewahren und Wiedererlangen kindlicher Eigenschaften wie Neugier, Kreativität und Begeisterung. Gelernt wird in der Praxis, hierarchische Strukturen werden durch eine flexible Organisation ersetzt, sowohl Kinder als auch Erwachsene sind Lernende und Lehrende, so soll ein generationsübergreifendes Lernkonzept gesichert werden, das ohne künstliche Rollentrennung auskommt.

Statt Lehrerinnen und Lehrer gibt es dann Lernbegleiterinnen und Lernbegleiter. Diese sind Experten für Lernprozesse und Gruppendynamik, Expertise für das zu erlernende Themenfeld wird nicht vorausgesetzt. Wer als Lernbegleiter von Kindern und Jugendlichen tätig ist, braucht kein Fachstudium und keine pädagogische Berufspraxis, weil für Themenfelder überall nach Expertise gesucht werden kann.

Als Lernbegleiter arbeiten Eltern, junge Studenten sowie Pensionierte, die ihre Expertise an die Kinder weitergeben und »Elders« genannt werden. Unterstützt werden sie von externen Fachleuten. Interessieren sich die Lernenden für ein Thema, so wird im Netzwerk nach einer Person mit Praxiserfahrung und Willen zur Weitergabe ihres Wissens gesucht. Das nennt man auch *Unschooling*.

Lehrer im professionellen Verständnis sind überflüssig, ebenso Stundenpläne oder staatliche Lehrmittel. Wissensthemen werden anders als in konventionellen Schulen nicht in 50-Minuten-Intervallen, sondern in mehrwöchigen Blöcken angeboten. Um Themengebiete zu erarbeiten, werden die Kinder in altersgemischten Kleingruppen mit Altersunterschieden von maximal drei Jahren und Gruppengrössen von sechs bis acht Personen eingeteilt. Dann wird bestehendes Wissen recherchiert und erforscht.[49]

Colearning ist in Österreich heftig umstritten, besonders bei den Lehrprofessionen, wie man sich denken kann. Es gibt bislang nur wenige Versuche, die auch in einem rechtsesoterischen Umkreis stattfinden, was vor allem die Kritik herausgefordert hat. Der Markhof gehört nicht dazu, allerdings verwendet der Unterricht eine Schulbildmethode, die esoterische Wurzeln hat.

Ähnliche Versuche gibt es inzwischen auch in der Schweiz, was bereits die Medien beschäftigt hat, die immer auf der Suche nach Provokationen sind und sich für den Alltag der Schulen nicht interessieren, was man auch als Glück bezeichnen kann. Auf der anderen Seite wird immer das ganz Andere hofiert, ohne zu fragen, wie dabei die Gelingensbedingungen tatsächlich beschaffen sind.

---

49 https://www.profil.at/oesterreich/eltern-erschaffen-alternative-schule-8203050

Belastbare Ergebnisse über Versuche mit »Unschooling« liegen bislang nicht vor. Die Idee selbst ist nicht neu[50] und man könnte schliessen, dass jede neue Pädagogen-Generation mit solchen Ideen konfrontiert wird und so liesse sich das Ganze zu den historischen Akten legen. Aber dann bleibt die Frage, warum solche Ideen attraktiv sind und wer sich dafür begeistert?

Ein Grund könnte sein, dass heute nicht wenige Eltern zu dem Schluss kommen, die Schule in der Organisationsform des 19. Jahrhundert sei überholt, sie diene lediglich staatlichen Zielen, sei gleichmachend, also fördere nicht die Potenziale ihrer Kinder, sei zudem wenig effektiv und werde schliesslich dem digitalen Wandel nicht standhalten. Das deckt sich mit der Einschätzung mancher Experten.

Die Schulkritik nicht nur bei den Colearnern in Wien arbeitet vor diesem Hintergrund mit dem Argument der uneinsichtigen Beharrung. Schulen veralten auf dem eigenen Feld des Lernens und dies sehr schnell, aber sie bleiben nicht nur zurück, sondern weigern sich, Platz zu machen und stellen damit ein steigendes Risiko dar.

Noch schärfer lässt sich die Kritik zu fassen: Die staatliche Schule drangsaliert die Schüler mit einer Organisationsform des 19. Jahrhunderts, die für gesellschaftliche Anpassung sorgen soll und nur Massen bedienen kann. Sie dient also nicht dem einzelnen Kind, sondern dem staatlich definierten Durchschnitt und so gerade nicht den Potenzialen des Lernens.

In diesem Sinne treffen sich die Experten mit manchen Eltern. Alle Kinder sind hoch begabt, nur die Schule merkt das nicht (Hüther/Hauser 2012); »Burnout-Kids«: das Prinzip Leistung überfordert die Kinder (Schulte-Markwort 2015) – schon deswegen sollte man die Schule als konkrete Utopie und vor dem Hintergrund der digitalen Bildungsrevolution komplett neu denken (Precht 2013; Carey 2015). Schulbildung generell ist eine Verschwendung von Zeit und Geld (Caplan 2018).

2. Digitalisierung

Folgt man dem englischen Pädagogen Ben Williamson (2017) von der University of Sterling in England, dann stehen die Schule und mit ihr das gesamte Bildungssystem unmittelbar vor einem Prozess der schöpferischen Zerstörung. »Big Data« wird die Zukunft der Bildung bestimmen und nicht Lehrpersonen oder die überkommenen Organisationsformen. In diesem Sinne kann das Problem der Digitalisierung also nicht an der Smartphone-Nutzung der heutigen Schülerinnen und Schüler abgelesen werden. Ein Verbot wie in Frankreich wäre die reinste Augenwischerei.

Williamson stellt dar, dass und wie Datenanalysen verwendet werden, um die Bildungspolitik zu verändern, einhergehend mit dem schnellen Wachstum einer Bildungsdatenwissenschaft. Weiter wird gezeigt, dass und wie psychologische Lernsoftware die Emotionen der Lernenden lenken. Zudem entstehen gehirnbasierte Neuro-

---

50 Illich (1971).

technologien, die in der Bildung angewendet werden sollen. Schliesslich werden die Studierenden selber zu Experten und lernen, wie mit Datenanalysen umzugehen ist.[51]

Auch wem das zu radikal ist oder wer »Bildung« denn doch für etwas Anderes hält, kann nicht umhin, dem Thema Aufmerksamkeit zu schenken, schon weil die Medien dazu zwingen, die bereits von Rückstand und verpassten Chancen sprechen, Handlungsdruck aufbauen und der Öffentlichkeit Fortschrittsverluste nahelegen. In einer solchen Situation erzielen dann leicht einmal die grössten Versprechen die höchsten Investitionen.

Aber was sieht man in der Praxis? Im europäischen Vergleich ist Estland in der Digitalisierung der Schule am weitesten fortgeschritten. Das gilt für die Ausrüstung mit Hardware und Software gleichermassen. Das gelobte Land hat Finnland abgelöst und den pädagogischen Tourismus umgeleitet. Man landet nicht mehr in Helsinki, sondern in Talinn, mit der polnischen Fluglinie Lot über Hamburg, wer reisen will; die Unterrichtssprache versteht man aber immer noch nicht.

Alle Schulen wie die gesamte Verwaltung sind in Estland sind digitalisiert und anders als in der Schweiz oder in Deutschland steckt die Entwicklung nicht mehr in den Anfängen, so dass sich bestimmte Fragen gar nicht mehr stellen, Fragen wie, ob es eine erprobte und belastbare Praxis überhaupt gibt. Skeptiker der Digitalisierung verweisen mit Vorliebe auf die fehlende Praxis und die ungenügende Zahl von Versuchen.

Wer in Estland etwa einen Mathematikunterricht der dritten Klasse Primarschule besucht, kann folgendes sehen: Die Aufgaben stehen auf einem Smartboard. Die Lehrerin kann darauf schreiben, Texte einblenden oder auch Videos zeigen. Im konkreten Unterricht geht es um eine Textaufgabe: »In einen Bus steigen sieben Leute, es gibt aber nur zwei freie Plätze. Wie viele Menschen müssen stehen? Zur Auswahl stehen vier mögliche Antworten.«

> »Vor jedem Schüler liegt eine Karte mit einer Art QR-Code.[52] Jede der vier Seiten steht für eine andere Antwortmöglichkeit: a, b, c oder d. Die Kinder halten die entsprechende Seite nach oben, und ihre Lehrerin scannt die gesamte Klasse mit dem Tablet ab. Nach Sekunden weiss (die Lehrerin), wer richtig geantwortet hat und wer nicht. Das Resultat erscheint automatisch auch auf dem Smartboard«.[53]

Die Schule nutzt so die neuen Möglichkeiten, von Schulkritik wie in Deutschland oder in den Vereinigten Staaten findet sich keine Spur, und auch in den Gymnasien ist die Digitalisierung weit fortgeschritten. Der Leiter eines Gymnasiums in Tallinn sagt in einem Interview mit einer deutschen Journalistin: »Es geht nicht darum, alles

---

51 Siehe auch seinen Vortrag »Imagineries and Materalities of Education Data Science« (Alborg University, March 23rd 2017). https://codeactsineducation.wordpress.com/2017/03/27/imaginaries-and-materialities-of-education-data-science/

52 Quick-Reponse-Code.

53 Spiegel Online vom 8. 11. 2017. http://www.spiegel.de/lebenundlernen/schule/estland-digitalisierung-an-schulen-zu-besuch-im-digitalen-klassenzimmer-a-1176271.html

zu digitalisieren. Wir wollen den Kindern beibringen, wie sie die Technik am besten für sich nutzen können«.

Dabei helfen keine Verbote und erst recht keine didaktische Resignation angesichts der außerschulischen Mediennutzung der Kinder. Sie sollen lernen, wie sie mit den neuen Medien *schulische* Aufgaben neu und besser bearbeiten können. Und der Schulleiter fügt hinzu: »Natürlich gebe es auch an estnischen Schulen Frontalunterricht, Schreibhefte und Bücher«.[54]

Scharfe Gegensätze prägen wohl die Ideologie und so große Teile der Literatur, aber nicht die Praxis. Das Kriterium für Innovationen ist der vermutete Nutzen für die Zielerreichung; wenn die neuen Medien dazu dienen, werden sie angeschafft und verwendet. Die Praxis ist zugleich der Test, sofern man nicht gleich von anderen Schulen lernt, die den Test bereits gemacht haben. Dabei ist die Unterstützung der Gemeinden erforderlich, das Wohlwollen der Schulleitung und des Kollegiums sowie ausreichend Spielraum für die Entwicklung des digitalen Klassenzimmers.

Der Bericht über die Schulen in Estland geht so weiter: »Die Schüler einer neunten Klasse schreiben gerade einen Mathematiktest, die Fragen rufen sie mit ihrem Smartphone ab. Wer keines hat, arbeitet am Computer oder bekommt von der Schule einen Laptop oder ein Tablet gestellt. Im Computerraum nebenan hat eine zweite Klasse Estnisch-Unterricht. Die Kinder sitzen vor den Rechnern und lösen gemeinsam mit der Lehrerin verschiedene Aufgaben. Einige sind schnell fertig und langweilen sich, sie bekommen mit einem Klick Extra-Aufgaben. Im Keller der Schule surrt ein 3D-Drucker, die Schüler haben schon Vogelhäuschen damit gedruckt«.[55]

Das ist die elektronisch angereicherte oder umgebaute Schule, nicht eine neue Welt des Lernens. Diese Erwartung wird sich nicht erfüllen, weil sich die Schule die Technologie zu eigen macht, ohne sich darin zu verlieren. Aber auf der anderen Seite ist der Wandel des Klassenzimmers unübersehbar.

Der Lehrer steht nur noch in bestimmten Situationen vor der Klasse, aber er stellt die Aufgaben, kontrolliert die Leistungen und bewertet sie. Die Bewertungen sind kriteriengeleitet und transparent. In diesem Sinne gibt es weder einen Rollenwechsel noch eine andere Aufgabenstellung, der Lehrer ist manchmal Coach, aber das war er zuvor auch bei jeder Gruppenarbeit, und er bleibt der verantwortliche Lehrer.

Die Digitalisierung kann den Kindern nicht nur beim Lernen helfen, der Unterricht wird durch technische Hilfsmittel auch effizienter. Seit 2002 nutzen fast alle Schulen in Estland das digitale Klassenbuch »ekool«. Die Lehrer tragen dort ein, was sie in einer Unterrichtsstunde behandelt haben, welche Hausaufgaben es gibt, wer gefehlt hat. Die Eltern können mit einem Passwort die Daten ihrer Kinder einsehen und dem Lehrer Nachrichten schicken oder Entschuldigungen hochladen.[56]

Eine solche Entwicklung gibt es auch in verschiedenen Schweizer Schulen, die ähnlich die Vorzüge der neuen Technologie nutzen, ohne die Vorzüge der Schule

54 Ebd.
55 Ebd.
56 Ebd.

preiszugeben. Ein Beispiel ist die Sekundarschule Andelfingen im Kanton Zürich, die vergleichbar organisiert ist wie die Schulen in Estland.[57] Der Ausdruck »Coach« ist einfach eine Anreicherung und kein Gegensatz zur Lehrperson, die in wesentlichen Funktionen nicht nur erhalten bleibt, sondern unverzichtbar ist.

Das erlaubt folgende Prognose: Die bisherige Standardsituation des Unterrichtens wird sich digital verändern. Das traditionelle Lehrbuch wird seinen Stellenwert verlieren, die Lernaufgaben werden anders gestellt und ausgewertet als früher, die Lernfortschritte sind sichtbarer, die Transparenz nimmt zu und die Schüler können selbst besser einschätzen, wie sie lernen und was sie erreicht haben.

Ob es so kommen wird, ist natürlich nicht sicher, Schulen sind schwer berechenbare Systeme, die sich zugleich gegen unsinnige Forderungen effektiv zur Wehr setzen werden. Sie tun möglichst nur das, was für sie Sinn macht und müssen zugleich gegenüber der Öffentlichkeit unter Beweis stellen, dass Innovationen zu Verbesserungen führen. Das wird die Digitalisierung vermutlich befördern und nicht abschwächen, aber schulförmig halten. Als Regel gilt: Die neuen Medien werden der Schule angepasst und nicht umgekehrt.

Für den Erhalt der pädagogischen Institution Schule spricht, dass sie verlässlich ist, gesellschaftliche Funktionen erfüllt und neben dem Unterricht vieles bietet, das unverzichtbar ist:

- feste Zeiten für Anfang und Ende,
- einen strukturierten Lerntag,
- gemeinsame Ziele,
- spezialisiertes Personal,
- ein seriöses Angebot,
- verantwortliche Aufsicht,
- ein verlässliches soziales Lernfeld
- und nicht zuletzt die Abwechslung vom Konsumalltag.

Dennoch oder gerade deswegen: Der digitale Wandel in den Schulen ist absehbar ud er wird sich in den nächsten Jahren massiv beschleunigen. Die Standardsituation des Unterrichts stammt aus dem 19. Jahrhundert und setzt die Lehrbuchgesellschaft voraus. Lehrbücher sind träge Medien, die sich nur langsam verändern können, weil sie viele Auflagen erleben müssen, um rentabel zu sein. Lernmedien dieser Art können mit der Entwicklung der Wissensgesellschaft sicher nicht Schritt halten. Zudem schränken sie die Lernmöglichkeiten ein und nutzen neue Medien nur unter der Voraussetzung ihres Formates.

Was in den nächsten Jahren auf uns zukommen wird, ist die »Erarbeitung eines an die Schule angepassten Digitalisierungskonzepts im Rahmen der behördlichen Vorgaben«,[58] also Lehrpläne, Erziehungsziele, Leistungsbeurteilungen, Prüfungen

57 https://www.sek-andelfingen.ch/ Auf der Seite findet sich ein Video über den Unterricht.
58 Neue Zürcher Zeitung Nr. 279 vom 30. November 2017, S. 9.

und Berechtigungen. Diesen Vorgaben werden die Medien folgen, sie machen den verantwortlichen Lehrer oder die verantwortliche Lehrerin nicht überflüssig, aber verändern das Arbeitsfeld.

International ist die Diskussion weit fortgeschritten, auch dort, wo Hindernisse und unklare Strategien thematisiert werden. Das zeigen Fallstudien und auch Analysen der Implementation von neuen Technologien des Lehrens und Lernens, die etwa in der Universität nur dann erfolgreich sind, wenn sie von Studenten, Dozenten und Praktikern auf dieselbe Weise und abgestimmt genutzt werden. Und nicht nur das, sie müssen auch die pädagogischen Überzeugungen prägen, also dürfen nicht lediglich instrumentell verstanden werden (Spector et. al. 2016, S. 25/26).

Die Schulen der Zukunft müssen die Zugänge zum Lernen öffnen, das Lernverhalten beeinflussen und die Schülerinnen und Schüler davor bewahren, von Lernleistungen auszugehen, die irgendwann einmal abgeschlossen sind. Das curriculare Angebot muss sich erweitern, Informatik sollte auf allen Schulstufen angeboten und unterrichtet werden. Mit einem solchen Fach können sich die Schulen am besten auf die Digitalisierung vorbereiten, sie würde in die Grundlagen einführen und nicht lediglich mit der je neuesten Technologie aufwarten.

Außerdem sollte die Schule auch klar kommunizieren, was *nicht* digitalisiert werden sollte und wo das traditionelle Klassenzimmer unverzichtbar ist. Eine Geschichte in Realzeit von einer kundigen Person zu hören, ist etwas anderes, als ein Video mit der gleichen Geschichte zu jeder Zeit anschauen zu können. Der Musikunterricht ist durch den Computereinsatz massiv verändert worden, aber das Erlebnis eines Ensembles wird dadurch nicht entwertet. Auch das Fach Geschichte kann von der Digitalisierung enorm profitieren, doch die Entwicklung des historischen Verstehens bleibt abhängig von schulischen Aufgaben, die bearbeitet und geprüft werden.

Und nach wie vor gilt, dass Bildung Zeit braucht und nicht mit Kurzbotschaften realisiert werden kann. Donald Trump ist vielleicht ein etwas billiger Beweis. Doch unvergesslich ist der Satz, den er am 23. Februar 2016 nach den gewonnenen Vorwahlen in Nevada gesagt hat: »I love the poorly educated.«

Der Grund für diesen Satz ist einfach, es sind seine Wähler. Wer gebildet ist, oder genauer: wer einen Platz im Bildungssystem hat, wählt ihn nicht. Das hat auch einen ökonomischen Grund. Dort, wo die Bildungsausgaben massiv gekürzt wurden und die Lehrer am wenigsten verdienen, finden sich die meisten Trump-Wähler.[59]

3. Normalisierung

Natürlich kann man sich als Alternative zur Schule die Wiederkehr der Hauslehrer vorstellen oder die mehrheitliche Ersetzung der Lehrpersonen durch Lernprogramme, die für den Unterricht nur noch einen »Restcoach« benötigen. Aber das sind

59 Neue Zürcher Zeitung Nr. 86 vom 14. April 2018, S. 7.

spekulative Drohgebärden, die sofort die Frage aufwerfen, wie das realisiert werden soll, selbst wenn es sinnvoll wäre. Reale Schulreformen sind nie Revolutionen, sondern riskante Wetten auf den gedachten Fortschritt (Appius/Nägeli 2017), die immer die Normalform voraussetzen und nur an bestimmten Stellen Wandel erlauben.

Lernen im Kontext von Schule ist nicht einfach angewandte Lernpsychologie. Die Ziele sind vorgegeben und werden nicht frei gewählt, wie dies in der allgemeinen Definition des selbstregulierten Lernens angenommen wird. Die jeweilige Lernsituation ist nicht je neu und einmalig, sondern geprägt von Vorerfahrungen und gekennzeichnet von Routinen, die Anpassungsleistungen an die Institution Schule darstellen. Die Lernenden befinden sich in der Rolle von Schülerinnen und Schülern, sie sind abhängig und müssen lernen, was der staatliche Lehrplan vorgibt.

Dieser institutionelle Rahmen wird oft vernachlässigt, wenn in der didaktischen Literatur von »selbstreguliertem« Lernen die Rede ist. In diesem Rahmen lernen die Schülerinnen und Schüler auch *subversiv*, nämlich wie die Anforderungen des Unterrichts umgangen werden können, oder *strategisch*, nämlich wie sich mit einem Minimum an Aufwand ein Maximum an Ertrag erreichen lässt. Das Lernen ist »selbstreguliert«, aber *nicht* im Sinne der Schule.

Weiter bilden die Schülerinnen und Schüler über Schule und Unterricht informelle Meinungen heraus, die das tatsächliche Lernen oft mehr beeinflussen als das offizielle Lernsetting der Schule. Es handelt sich dabei um hoch elaborierte Kognitionen, die vor allem in der Peer-Kommunikation gebildet und stabilisiert werden (Chiapparini 2012).

Die Schülerinnen und Schüler können auch nur so tun, *als ob* sie »selbstreguliert arbeiten«. Andererseits werden sie im Blick auf die Ziele den notwendigen Ressourceneinsatz kalkulieren und keineswegs immer »intrinsisch motiviert« vorgehen, schon weil kaum eine Schülerin und kaum ein Schüler sich für das gesamte Angebot der Schule gleich interessiert. Die Schüler machen immer einen Unterschied, was sie gerne lernen und was nicht.

Die Anstrengungsbereitschaft verteilt sich nicht einfach mit dem Interesse, wie oft angenommen wird, sondern reagiert auch auf Notlagen, etwa auf die Folgen der Nichterreichung von Lernzielen oder die drohenden Selektionen an den Schnittstellen. Probleme wie diese werden in der didaktischen Literatur gemieden oder normativ bestritten, obwohl sie nicht verschwinden werden und das Lernen massiv beeinflussen. Auch im Falle der Lernstrategien überwiegen die Modellannahmen, die unabhängig vom tatsächlichen Erfahrungsraum »Schule« gedacht werden.

Alternativen zum Lehrplan und der damit strukturierten schulischen Allgemeinbildung sind immer wieder entwickelt und ausprobiert worden. Dabei spielen traditionell ganz unterschiedliche Argumente eine Rolle, etwa die Lernarbeit in Projekten statt in auf einander aufbauenden Lektionen, das Lernen allein nach eigenen Interessen oder die Annäherung von Schule und Leben, ohne einem »künstlichen« Lehrplan zu folgen.

Gute Beispiele entstehen mit guten Ideen und müssen in der Praxis überzeugen, also brauchen nicht den Segen einer pädagogischen Theorie. Schulentwicklung ist nicht die Umsetzung einer Theorie; wie man es am besten macht, das Know-how, entsteht im Prozess und mit der Entwicklung, es setzt sich aus vielen Quellen und Erfahrungen zusammen, ist also eklektisch und muss vor Ort bestehen (Schwab 1969).

Schulen sind tatsächlich »lernende Systeme«, doch für sich genommen, ist das trivial; entscheidend ist, *wie* sie lernen, *von wem* sie lernen und *was* sie davon für ihre Entwicklung wirklich brauchen können. Erst unterwegs sieht man, wie weit die Visionen zu Beginn tatsächlich getragen haben. An solchen praktischen Aufgaben sollte man die gesamte neuere Steuerungsphilosophie beurteilen und bewerten.

Nicht erst John Hattie, sondern bereits der deutsche Psychologe Franz Weinert (1996) hat darauf verwiesen, dass besonders bei anspruchsvollen Lernaufgaben die kompetente Unterstützung durch die Lehrkraft notwendig ist, damit es zu einem Aufbau systematischen und fehlerfreien Wissens kommen kann. Weinert hat den Begriff »Kompetenz« populär gemacht, aber er hat nie einseitig nur auf »selbstorganisiertes Lernen« gesetzt.

Vor falschen Alternativen sei daher gewarnt, etwa die zwischen »Individualisierung« oder »Standardisierung.« Individualisierung geht auf die Potenziale der Lernenden ein, aber das lässt sich nur fachlichen Aufgaben und so Anforderungen erreichen. Den unglücklichen Ausdruck »Standards« muss man dabei gar nicht verwenden. Von einem strukturierten Unterricht mit individuellem Feedback profitieren nicht zuletzt die lernschwächeren Schülerinnen und Schüler, die in der festen Leistungshierarchie einer Klasse ihren Rang kaum verbessern können. Lernziele sind für sie mit strukturierten Aufgaben eher zu erreichen.

In der Praxis verwendet niemand ohne Not Methoden in einem unilateralen Sinne, also ohne Abstimmung mit anderen und ohne Rücksicht auf die Gegebenheiten der Schule wie der Schülerinnen und Schüler. Unterricht ist über die Zeit gesehen immer ein Mix an methodischen Entscheiden. Jedes methodische Dogma verengt künstlich die Möglichkeiten der Praxis, in der die Lehrpersonen auf wechselnde Situationen reagieren müssen, die die Anpassung des Handlungsrepertoires verlangen.

Zwei zentrale Problembereiche der »normalen« Schule sind Hausaufgaben und Noten. Hier würde man sich weniger prinzipiellen Streit wünschen und mehr Nachdenken über Lösungen, die die Praxis auch tatsächlich voranbringen. Das bloße »pro« und »contra« genügt zur Problemlösung nicht.

Hausaufgaben hiessen früher auch *Schularbeiten.* Gemeint waren Leistungen, die außerhalb der Schule *für* die Schule erbracht werden mussten. Betrachtet man die Geschichte der Hausaufgaben, dann scheint es sich um eine Art historisches Recht zu handeln. Was einmal Geltung gefunden hat und zur Gewohnheit wurde, bleibt so.

Die Arbeitszeit von Schülerinnen und Schülern ist nicht festgelegt. Verbindlich ist nur die Zeit, die sie pro Woche mit Unterricht verbringen müssen. Auch die Zeit der Eltern zur Unterstützung der Hausaufgaben ist nirgendwo festgelegt. Hausaufgaben sind daher unkontrollierte Belastungen der zeitlichen Ressourcen von Eltern und Schüler außerhalb der schulischen Lernzeit. Die tatsächlich aufgewendete Zeit ist lange auch kein Forschungsthema gewesen (siehe aber: Wagner 2005, S. 80-84).

Lange ist in der Literatur nicht bedacht worden, dass die bisherige Praxis der Hausaufgaben auf die deutsche Halbtagsschule zugeschnitten war. Die Verbreitung von Ganztagsschulen in offener oder gebundener Form führt zu einem Überdenken der Hausaufgabenpraxis, weil mehr schulische Lernzeit neben dem Unterricht zur Verfügung steht und mit der Verlängerung des Schultages der Lernnachmittag zuhause entfällt. Hausaufgaben können schlecht auch noch den Abend belasten.

Weil Hausaufgaben nach wie vor notwendig erscheinen, aber nicht als zusätzliche Belastung wahrgenommen werden sollen, ist für die Ganztagsschulen ein Wandel hin zu Hausaufgaben *in* der Schule empfohlen worden, einhergehend mit einer »schüleraktiven Hausaufgabendidaktik« (Standop 2013).

Grundlegender aber muss überlegt werden, ob die Trennung von Unterricht und Hausaugaben überhaupt noch sinnvoll ist. In ihrer bisherigen Form dienen die Hausaufgaben der *Nachbereitung* des Unterrichts, sie schliessen an einzelne Lektionen an, verbinden bisweilen auch Unterrichtssequenzen, aber folgen stets nach.

Eine ganz andere Möglichkeit wäre es, Hausaufgaben als *Vorbereitung* zu verstehen und so den schulischen Lerntag mit »Hausaufgaben« *beginnen* zu lassen. Der Ausdruck ist dann nicht mehr passend, weil die Aufgaben nicht zu Hause erledigt werden, sondern als Vorbereitung auf die unterschiedlichen Anforderungen des Lerntages dienen. Für die Aufgaben steht schulische Arbeitszeit zur Verfügung und es gibt keine Belastung mit Lernzeit außerhalb der Schule.

Voraussetzung ist nicht nur ein Ganztag, sondern zugleich ein anderes Selbstverständnis, das von einem *Arbeitsplatz* Schule ausgeht und dafür verbindliche Arbeitszeiten festlegt. Lernen außerhalb der Schule ist für Bildungsprozesse unerlässlich, aber wenn damit Aufgaben verbunden sind, die die Schule erteilt, muss der Aufwand angerechnet werden.

Ein anderes Problem ist die Leistungsbewertung, die ebenfalls Aufwand verlangt, aber nicht nur Korrekturaufwand, sondern auch Abstimmungsaufwand. Hier kann man das *was* und das *wie* unterscheiden. Das »was« des Lernens wird in fachlicher Hinsicht weniger durch den Lehrplan als durch das konkrete Repertoire der Lehrpersonen bestimmt. Das »wie« bezieht sich auf die Abfolge der Leistungen und der Leistungsbewertung während eines Zeitraumes. Leistungen setzen Aufgaben voraus, die Güte der Aufgaben ist der Schlüssel zur Leistungsbewertung und so der Noten.

Eine »kriteriale Norm« für die Noten direkt aus dem Lehrplan abzuleiten, ist weder sinnvoll noch praktikabel. Die Lehrpersonen müssen an dieser zentralen Norm ihres Unterrichts direkt beteiligt sein. Insofern ist der Bezugspunkt nicht einfach der Lehrplan, sondern die konkreten Zielsetzungen der Schule, so wie die Fachschaften sie für einen bestimmten Zeitraum – ein Semester, ein Jahr oder länger – festgelegt haben.[60]

Aufgaben beziehen sich auf fachliche Probleme, setzen Vorwissen voraus, bezeichnen Anschlüsse und legen Strategien der Bearbeitung nahe. Die Note bewertet

60 Im Kanton Zürich haben die Gymnasien eigene Lehrpläne, aber auch die müssen im Blick auf die Praxis konkretisiert werden.

die Problemlösung, den Lernfortschritt gemessen an vorangehende Aufgaben und die Lernstrategien. Ein enges Korsett von Kompetenzstufen ist dabei nicht sehr hilfreich.

Eine Veränderung der Prüfungspraxis gelingt dann, wenn die Expertise der Lehrerschaft genutzt wird und auch das ist nur möglich mit Kooperationen vor Ort. Wenn die Notenformate nicht auf das Fach hin abgestimmt sind, ist mit der Präzisierung der Beschreibung wenig gewonnen. Die Notenformate werden *mit* den Fachansprüchen konkretisiert, und das verlangt den Konsens und die fortlaufende Abstimmung in einer Fachschaft. Sie ist das zentrale Medium der Entwicklung, die von der Schulleitung koordiniert und moderiert wird. Aber was Leistungen und Noten »sind,« legt die Fachschaft fest.

Wenn gemeinsames Prüfen zu einem schulischen Standard werden soll, dann setzt das diesen Weg der Selbstverpflichtung voraus. Gemeint ist nicht eine formale Prüfung im Team oder mit einer Kommission, die es bereits heute gibt. Vielmehr geht es darum, von gemeinsamen Kriterien oder Standards auszugehen und danach zu prüfen.

Ähnlich wie man in einem Fach festlegen kann, was ein Fehler ist und was nicht, so man auch bestimmen, was eine Note ist und worauf sie sich bezieht. Die berufliche Identität der Lehrkräfte ist davon nicht berührt, im Gegenteil stellt es einen professionellen Gewinn dar, wenn für mehr Transparenz in einem zentralen Geschäftsbereich der Schule gesorgt ist.

Die Auslagerung der Prüfungen an externe Agenturen wie in England ergibt keinen Gewinn und verlagert die Macht im Kernbereich der Schulautonomie. Solche Überlegungen liegen nahe und werden an öffentlichen Einfluss zunehmen, wenn sich die Fälle häufen, dass Noten willkürlich erteilt werden und ungerecht sind. Allein das sollte Anlass sein, die Prüfungspraxis zu verbessern und die Leitungsbeurteilungen aussagekräftiger zu machen.

4. Literatur

Appius, Stephanie/Nägeli, Amanda (2017): Schulreformen im Mehrebenensystem. Eine mehrdimensionale Analyse von Bildungspolitik. Wiesbaden: Springer.

Caplan, Bryan (2018): The Case Against Education. Why the System of Education is a Waste of Time and Money. Princeton/Oxford: Princeton University Press.

Carey, Kevin (2015): The End of College. Creating the Future of Learning and the University of Everywhere. New York: Riverhead Books.

Chiapparini, Emanuela (2012): Ehrliche Unehrlichkeit. Eine qualitative Untersuchung der Tugend Ehrlichkeit bei Jugendlichen an der Zürcher Volkschule. Opladen/ Berlin/Toronto: Budrich.

Hattie, John (2009): Visible Learning. A Synthesis of Over 800 Meta-Analyses Relating to Achievement. London/New York: Routledge.

Hüther, Gerald/Hauser, Uli: Jedes Kind ist hochbegabt. Die angeborenen Talente unserer Kinder und war wir daraus machen. München: Albrecht Knaus Verlag 2012.

Illich, Ivan (1971): Deschooling Society. New York: Harper &Row.

Precht, Richard David (2013): Anna, die Schule und der liebe Gott. Der Verrat des Bildungssystems an unseren Kindern. München: Goldmann Verlag.

Schulte-Markwort, Michael: Burnout-Kids: Wie das Prinzip Leistung unsere Kinder überfordert. München: Pattloch Verlag 2015.
Schwab, Joseph J. (1969): The Practical: A Language for Curriculum. In: The School Review Vol. 78, No. 1 (November), S. 1-23.
Standop, Jutta (2013): Hausaufgaben in der Schule. Theorie, Forschung, didaktische Konsequenzen. Bad Heilbrunn/Obb.: Klinkhardt Verlag.
Wagner, Petra (2005): Häusliche Arbeitszeit für die Schule. Eine Typenanalyse. Münster/New York/München/Berlin: Waxmann. (= Pädagogische Psychologie und Entwicklungspsychologie, hrsg. v. Detlef H. Rost, Band 45)
Weinert, Franz (1996): Für und Wider die »neuen Lerntheorien« als Grundlage pädagogisch-psychologischer Forschung. In: Zeitschrift für Pädagogische Psychologie 10 (1), S. 1-12.
Williamson, Ben (2017): Big Data in Education: The Digital Future of Learning, Policy and Practice. London: Sage.

Alle Internetangaben sind am 5. November 2018 nochmals geprüft worden.

Autorinnen und Autoren

Herbert Altrichter/o. Univ. Prof. Dr./Linz School of Education, Johannes Kepler Universität/Arbeits- und Forschungsschwerpunkte: Schulentwicklung, Educational Governance, Lehrerbildung/herbert.altrichter@jku.at

Horst Bartnitzky/Bundesvorsitzender des Grundschulverbands von 2000 bis 2010

Udo Beckmann/Verband Bildung und Erziehung/Bundesvorsitzender/u.beckmann@vbe.de

Jens Beljan/Dr./Friedrich-Schiller-Universität Jena/Arbeits- und Forschungsschwerpunkte: Schulpädagogik, Bildungstheorie, Sozialphilosophie/jens.beljan@uni-jena.de

Gabriele Bellenberg/Prof. Dr./Ruhr-Universität Bochum/Arbeits- und Forschungsschwerpunkte: Schul- und -entwicklungsforschung, Professionsforschung, Bildungsungleichheiten, sozialindizierte Ressourcenverteilung/Gabriele.bellenberg@rub.de

Hedda Bennewitz/Prof. Dr./ Universität Kassel/Arbeits- und Forschungsschwerpunkte: Schul- und Unterrichtsforschung, Professionsforschung, Qualitative Methoden der Sozialforschung/hedda.bennewitz@uni-kassel.de

Jana Berkemeyer/Dipl.-Päd./Friedrich-Schiller-Universität Jena/Arbeits- und Forschungsschwerpunkte: Bildungsgerechtigkeit, Schulsystemvergleiche und -entwicklung/jana.berkemeyer@uni-jena.de

Nils Berkemeyer/Prof. Dr./Friedrich-Schiller-Universität Jena/Arbeits- und Forschungsschwerpunkte: Schulentwicklungsforschung, Professionalisierungsforschung, Schulsystemmonitoring/nils.berkemeyer@uni-jena.de

Thorsten Bohl/Prof. Dr./Eberhard Karls Universität Tübingen/Arbeits- und Forschungsschwerpunkte: Schul- und Unterrichtsentwicklungsforschung, Lehrerbildungsforschung/ thorsten.bohl@uni-tuebingen.de

Oliver Böhm-Kasper/Prof. Dr./Universität Bielefeld/Arbeits- und Forschungsschwerpunkte: Professionalisierungsforschung/Schulentwicklungsforschung/Erziehungswissenschaftliche Forschungsmethodik/oliver.boehm-kasper@uni-bielefeld.de

Martin Bonsen/Prof. Dr./Westfälische Wilhelms-Universität Münster/Arbeits- und Forschungsschwerpunkte: Empirische Schulforschung, Schul- und Unterrichtsentwicklung/martin.bonsen@uni-muenster.de

Wilfried Bos/Prof. Dr. (i. R.)/Technische Universität Dortmund/Arbeits- und Forschungsschwerpunkte: Empirische Forschungsmethoden, Qualitätssicherung im Bildungswesen, Internationale Bildungsforschung/wilfried.bos@tu-dortmund.de

Inka Bormann/Prof. Dr./Freie Universität Berlin/Arbeits- und Forschungsschwerpunkte: Forschung zum Transfer von Bildung für nachhaltige Entwicklung, wissensbezogene Educational Governanceforschung, bildungswissenschaftliche Vertrauensforschung/inka.bormann@fu-berlin.de

Wolfgang Böttcher/Prof. Dr./Westfälische Wilhelms-Universität (WWU) Münster/Arbeits- und Forschungsschwerpunkte: Bildungs- und Sozialmanagement, Bildungssoziologie, Mikroökonomie des Bildungs- und Sozialwesens, Wirkungsforschung/wolfgang.boettcher@uni-muenster.de

Grit im Brahm/Prof. Dr./Ruhr-Universität Bochum/Schul- und Unterrichtsentwicklung, Selektivität und Förderung, Zweiter Bildungsweg/Grit.imBrahm@rub.de

Hans Brügelmann/Prof. em. Dr./Universität Siegen/Arbeits- und Forschungsschwerpunkte: Schriftspracherwerbsforschung; Grundschulpädagogik; Reformstrategien; Evaluationsmethoden/hans.bruegelmann@uni-siegen.de

Thomas Brüsemeister/Prof. Dr./Justus-Liebig-Universität Gießen/Arbeits- und Forschungsschwerpunkte: Bildungssoziologie, Educational Governance, qualitative Methoden der Sozialforschung/thomas.bruesemeister@sowi.uni-giessen.de

Marius R. Busemeyer/Prof. Dr./Universität Konstanz/Arbeits- und Forschungsschwerpunkt: vergleichende Analyse von Bildungspolitik, wohlfahrtsstaatliche Einstellungsforschung, politische Ökonomie/Marius.Busemeyer@uni-konstanz.de

Franziska Carl/Dr./Universität Hamburg/Arbeits- und Forschungsschwerpunkte: Umgang mit Heterogenität, Individualisierung, Schulnetzwerke, Peer-Reviews/ Franziska.Carl@uni-hamburg.de

Lucien Criblez/Prof. Dr./Institut für Erziehungswissenschaft/Universität Zürich/Arbeits- und Forschungsschwerpunkte: historische Bildungsforschung, historische Professionsforschung, Schultheorie, Bildungspolitikanalysen/lcriblez@ife.uzh.ch

Kathrin Dedering/Prof. Dr./Universität Erfurt/Arbeits- und Forschungsschwerpunkte: Schulentwicklungsforschung, insbesondere Unterstützungssysteme in der Schulentwicklung/kathrin.dedering@uni-erfurt.de

Hartmut Ditton/Prof. Dr./Ludwig-Maximilians-Universität München/Arbeits- und Forschungsschwerpunkte: Schulische und familiale Sozialisation, Bildung, Ungleichheit und gesellschaftlicher Wandel, Evaluation und Qualitätssicherung im Bildungswesen, Methoden empirisch-pädagogischer Forschung, Multivariate statistische Analyseverfahren/ditton@lmu.de

Peter Drewek/Prof. Dr./Ruhr-Universität Bochum/Arbeits- und Forschungsschwerpunkte: Historische Bildungsforschung/peter.drewek@rub.de

Kerstin Drossel/Dr./Universität Paderborn/Arbeits- und Forschungsschwerpunkte: empirische Bildungsforschung, Lehrerprofessionalisierung, Schul- und Unterrichtsentwicklung im Zeitalter der Digitalisierung/kdrossel@mail.upb.de

Angela Ehlers/Dr./Stabsstelle Inklusion und Sonderpädagogik der Behörde für Schule und Berufsbildung der Freien und Hansestadt Hamburg/Bundesvorsitzende des Verbands Sonderpädagogik/Arbeitsschwerpunkte: inklusive Schulentwicklung, Professionalisierung der pädagogischen Fachkräfte, inklusive regionale Netzwerke/angela.ehlers@bsb.hamburg.de

Birgit Eickelmann/Prof. Dr./Universität Paderborn/Arbeits- und Forschungsschwerpunkte: empirische Schul-, Unterrichts- und Lehrerbildungsforschung, Entwicklung von Schulen und Schulsystemen im Zuge der Digitalisierung/birgit.eickelmann@upb.de

Marcus Emmerich/Prof. Dr./Universität Tübingen/Arbeits- und Forschungsschwerpunkte: Inklusion/Exklusion in Erziehungssystem und Gesellschaft, Organisation der Erziehung und Bildung, Flucht/Migration und Bildung/marcus.emmerich@nui-tuebingen.de

Sebastian Engelmann/Dr.phil/Eberhard-Karls-Universität Tübingen/Arbeits- und Forschungsschwerpunkte: Geschichte und Theorie pädagogischer Denksysteme, Bildungsphilosophie, Fachkulturforschung/sebastian.engelmann@uni-tuebingen.de

Johannes Giesinger/Dr. phil./Gymnasiallehrer für Philosophie an der Kantonsschule Sargans und affiliierter wissenschaftlicher Mitarbeiter am Ethik-Zentrum der Universität Zürich/Forschungsschwerpunkte: Erziehungs- und Bildungsphilosophie, Philosophie der Kindheit/giesinger@st.gallen.ch

Alexander Gröschner/Prof. Dr. phil. habil./Friedrich-Schiller-Universität Jena/Forschungsschwerpunkte: Unterrichtsforschung, Lehrer/innenforschung/Videoeinsatz in der Aus-, Fort- und Weiterbildung; Evidenzbasierte Bildungspraxis/alexander.groeschner@uni-jena.de

Juliane Grünkorn/Dr./DIPF | Leibniz-Institut für Bildungsforschung und Bildungsinformation/Arbeits- und Forschungsschwerpunkte: Transfer im Bildungsbereich, International vergleichende Bildungsforschung, Evaluation/gruenkorn@dipf.de

Dennis Hauk/Dr. phil./Friedrich-Schiller-Universität Jena/Forschungsschwerpunkte: Unterrichtsforschung, Lehrer/innenforschung, Fortbildungsforschung/dennis.hauk@uni-jena.de

Marcel Helbig/Prof. Dr./Wissenschaftszentrum Berlin für Sozialforschung/Universität Erfurt/Arbeits- und Forschungsschwerpunkte: Bildungssoziologie, Schulsysteme, Schulpolitik, Stadtsoziologie/marcel.helbig@wzb.eu

Björn Hermstein/M.A./Stadt Oberhausen, Schulentwicklungsplanung/Arbeits- und Forschungsschwerpunkte: Schulentwicklungsforschung und -planung, Schultheorie und -kritik, (Re-)Produktion von Bildungsarmut/bjoern.hermstein@oberhausen.de

Ilka Hoffman/Dr./Gewerkschaft Erziehung und Wissenschaft (GEW), Leiterin des Vorstandsbereichs Schule/Arbeitsschwerpunkte: nationale und internationale Schulpolitik, LehrerInnenbildung, Arbeitsbedingungen der Lehrkräfte und Schulentwicklung/ilka.hoffmann@gew.de

Till-Sebastian Idel/Prof. Dr./Universität Bremen/Schul- und Unterrichtstheorie, pädagogische Professionalität, qualitative Schul- und Unterrichtsforschung/idel@uni-bremen.de

Robin Junker/Dr./Westfälische Wilhelms-Universität Münster/Arbeits- und Forschungsschwerpunkte: Professionelle Unterrichtswahrnehmung, Lehrerstress, schulische Netzwerke/robin.junker@uni-muenster.de

Eiko Jürgens/Prof. Dr. phil. habil./Universität Bielefeld/Arbeits- und Forschungsschwerpunkte: Schul- und Unterrichtstheorie; Allgemeine Didaktik, Pädagogische Diagnostik und Beratung/eiko.juergens@uni-bielefeld.de

Susi Klaß/Dr. phil./Friedrich-Schiller-Universität Jena/Forschungsschwerpunkte: Lernbegleitung in Praxisphasen, Medienpädagogische Professionalisierung, Digitalisierung im Lehramtsstudium/ susi.klass@uni-jena.de

Eckhard Klieme/Prof. Dr./DIPF | Leibniz-Institut für Bildungsforschung und Bildungsinformation/ Arbeits- und Forschungsschwerpunkte: Schuleffektivität und Unterrichtsqualität, Leistungsmessung und -beurteilung in Schulen (large scale assessment, formative assessment), International vergleichende Bildungsforschung/klieme@dipf.de

Ralf Koerrenz/Prof. Dr. Dr./Friedrich-Schiller-Universität Jena/Arbeits- und Forschungsschwerpunkte: Bildungstheorie, Erziehungstheorie, Reformpädagogik/ralf.koerrenz@uni-jena.de

Thomas Koinzer/Prof. Dr./Humboldt-Universität zu Berlin, Institut für Erziehungswissenschaften/ Arbeits- und Forschungsschwerpunkte: Private Schulen, Schulwahl, Schulentwicklungsforschung/ thomas.koinzer@hu-berlin.de

Stefan Kühne/Dr./DIPF | Leibniz-Institut für Bildungsforschung und Bildungsinformation/Arbeits- und Forschungsschwerpunkte: Bildungsmonitoring, Indikatorenforschung, Schulstruktur/ kuehne@dipf.de

Lorenz Lassnigg/Dr.phil./Institut für Höhere Studien, Wien/Arbeits- und Forschungsschwerpunkte: Governance, Bildungspolitik, Lifelong Learning/lassnigg@ihs.ac.at

Katharina Maag Merki/Prof. Dr./Universität Zürich/Arbeits- und Forschungsschwerpunkte: Schulentwicklungsforschung, Educational Governance-Forschung, Selbstreguliertes Lernen/kmaag@ife.uzh.ch

Kai Maaz/Prof. Dr./DIPF | Leibniz-Institut für Bildungsforschung und Bildungsinformation/Arbeits- und Forschungsschwerpunkte: Soziale Disparitäten, Bildungsreformen, Bildungsmonitoring/ maaz@dipf.de

Uwe Maier/Prof. Dr./Pädagogische Hochschule Schwäbisch Gmünd/Arbeits- und Forschungsschwerpunkte: Formative Leistungsmessung, Unterrichtsplanung, Aufgabenkultur/uwe.maier@ph-gmuend.de

Elisabeth Maué/Dr./Universität Konstanz/Arbeits- und Forschungsschwerpunkte: zentrale Abiturprüfungen, Migration und Integration, berufliche Bildung/elisabeth.maue@uni-konstanz.de

Nele McElvany/Prof. Dr./Institut für Schulentwicklungsforschung (IFS), TU Dortmund/Arbeits- und Forschungsschwerpunkte: Lehr-/Lernforschung im schulischen Kontext; Kompetenzen von Lehrkräften und Unterrichtsqualität; Erfassung, Entwicklung und Förderung von Schriftsprachkompetenzen/nele.mcelvany@tu-dortmund.de

Barbara Muslic/Dr./Freie Universität Berlin/Arbeits- und Forschungsschwerpunkte: Schulorganisationsforschung, qualitative Organisationsforschung, Schulentwicklungs- und Schulleitungsforschung./barbara.muslic@fu-berlin.de

Marko Neumann/Dr./Leibniz-Institut für Bildungsforschung und Bildungsinformation | DIPF/ Arbeits- und Forschungsschwerpunkte: Einfluss institutioneller Lernumwelten auf die Entwicklung schulischer Leistungen und psychosozialer Merkmale, Reformprozesse und Qualitätsentwicklung im Bildungswesen, Gymnasiale Oberstufe und Abitur/marko.neumann@dipf.de

Sebastian Niedlich/Dr./Freie Universität Berlin/Arbeits- und Forschungsschwerpunkte: Educational Governance-Forschung, Vertrauensforschung, Evaluationsforschung/sebastian.niedlich@fu-berlin.de

Rita Nikolai/Prof. Dr./Humboldt-Universität zu Berlin/Arbeits- und Forschungsschwerpunkte: Vergleichende Bildungspolitikforschung, Schulsystementwicklungen, Bildungsungleichheiten/rita.nikolai@hu-berlin.de

Jürgen Oelkers/Prof. em. Dr./Universität Zürich/Arbeits- und Forschungsschwerpunkte: Historische Bildungsforschung, Analytische Erziehungsphilosophie, Reformpädagogik im internationalen Vergleich, Bildungspolitik/oelkers@ife.uzh.ch

Ulf Preuss-Lausitz/Prof. Dr. em./Fachgebiet Erziehungswissenschaft/Schulpädagogik/TU Berlin, Institut für Erziehungswissenschaften/Arbeitsschwerpunkte Kindheitsforschung, Schulreformen, schulische Inklusion/ulf.preuss-lausitz@campus.tu-berlin.de

Hans-Günter Rolff/Prof em. Dr./Technische Universität Dortmund/Institut für Schulentwicklungsforschung/Forschungs- und Beratungsschwerpunkte: Schulentwicklung, Leitung von Bildungseinrichtungen, Change Management, Wissengesellschaft und Ungleichheit/hgrolff@gmx.de

Matthias Rürup/Dr./Bergische Universität Wuppertal/Arbeits- und Forschungsschwerpunkte: Einzelschulische Innovationen, Educational Governance, Schultheorie/ruerup@uni-wuppertal.de

David Scheer/Dr./Vertretung der Professur Pädagogik und Didaktik des Förderschwerpunkts Lernen an der PH Ludwigsburg/Pressereferent des Verbands Sonderpädagogik/Arbeitsschwerpunkte: Steuerung und schulische Führung im Kontext von Inklusion, Implementierung sonderpädagogischer Unterstützungsangebote in allgemeinen Schulen/david.scheer@verband-sonderpaedagogik.de

Svenja Mareike Schmid-Kühn, geb. Kühn/Prof. Dr./Universität Koblenz-Landau/Arbeits- und Forschungsschwerpunkte: Schulsystem und Steuerung im Bildungswesen, Schulentwicklung und Innovationsprozesse in Schulen/schmid-kuehn@uni-koblenz.de

Philipp Schultes/Mitglied im Landesvorstand der Landesschüler*innenvertretung NRW (bis Mai 2019)/info@lsvnrw.de/

Petra Stanat/Prof. Dr./Institut zur Qualitätsentwicklung im Bildungswesen (IQB) an der Humboldt-Universität zu Berlin/Arbeits- und Forschungsschwerpunkte: Soziale und zuwanderungsbezogene Disparitäten im Bildungserfolg, Sprachförderung und Lesekompetenz, Bildungsqualität und Bildungsmonitoring/petra.stanat@iqb.hu-berlin.de

Erika Takano-Forck/Stellvertretende Vorsitzende des Bundeselternrats, dem Dachverband der zumeist über die Schulgesetze verfassten Landeselterngremien/erika.takano-forck@bundeselternrat.de

Janna Teltemann/Prof. Dr./Universität Hildesheim/Arbeits- und Forschungsschwerpunkte: Bildungssoziologie, Integration, internationaler Vergleich/telteman@uni-hildesheim.de

Heinz-Elmar Tenorth/Prof. (i.R.) Dr. Dr. h.c./Humboldt-Universität zu Berlin, Arbeitsschwerpunkt: historische Bildungsforschung, Universitätsgeschichte/tenorth@hu-berlin.de

Ewald Terhart/Prof. i. R. Dr. /Universität Münster/Arbeits- und Forschungsschwerpunkte: Allgemeine Didaktik und Unterrichtsforschung, Lehrerberuf und Lehrerbildung/ewald.terhart@uni-muenster.de

Corrie Thiel/Dr./Westfälische Wilhelms-Universität Münster/Arbeits- und Forschungsschwerpunkte: Schulreform, Pädagogische Professionalität, Methoden empirischer Sozialforschung/corriethiel@uni-muenster.de

Klaus-Jürgen Tillmann/Prof. a. D., Dr./Universität Bielefeld/Arbeits- und Forschungsschwerpunkte: Schulentwicklung in der Sekundarstufe, schulische Sozialisation, Schultheorie, Lehrerbildung/ klaus.tillmann@uni-bielefeld.de

Rudolf Tippelt/Prof. Dr. (i.R.)/Ludwig-Maximilians-Universität München/Arbeits- und Forschungsschwerpunkte: Weiterbildung, Bildungsprozesse über die Lebensspanne, Übergang von Bildung in Beschäftigung/tippelt@edu.lmu.de

Matthias Trautmann/Prof. Dr./Universität Siegen/Arbeits- und Forschungsschwerpunkte: Heterogenität, individuelle Förderung, innere Differenzierung, Unterrichtsplanung/matthias.trautmann@ uni-siegen.de

Ulrich Trautwein/Prof. Dr./Hector-Institut für Empirische Bildungsforschung an der Eberhard Karls Universität Tübingen/Arbeits- und Forschungsschwerpunkte: Entwicklung von Selbstkonzept und Persönlichkeit, Effektivität im Bildungssystem, Effekte von Hausaufgabenvergabe und Hausaufgabenerledigung/ulrich.trautwein@uni-tuebingen.de

Heiner Ullrich/Prof. Dr./Johannes-Gutenberg-Universität Mainz/Arbeits- und Forschungsschwerpunkte: Schulforschung an Reform- und Alternativschulen, Waldorfpädagogik, schulische Hochbegabtenförderung/ullrich.mainz@t-online.de

Horst Weishaupt/Prof. Dr./zuletzt Direktor am DIPF | Leibniz-Institut für Bildungsforschung und Bildungsinformation in Frankfurt am Main/Arbeits- und Forschungsschwerpunkte: Bildungsplanung und -monitoring, Ungleichheitsforschung/weishaupt@dipf.de

Jan-Martin Wiarda/Dr./Journalist für Bildung und Wissenschaft/post@jmwiarda.de

Günter Winands/Dr. /Amtschef bei der Beauftragten der Bundesregierung für Kultur und Medien, Berlin/vormals Staatssekretär im Ministerium für Schule und Weiterbildung des Landes Nordrhein-Westfalen (2005-2010)/guenter.winands@t-online.de

Beate Wischer/Prof. Dr./Universität Bielefeld/Arbeits- und Forschungsschwerpunkte: Schul- und Schulentwicklungstheorie, Professions- und Organisationsforschung/Beate.wischer@uni-bielefeld.de

Heiko Wulschner/Amt für Bildung der Stadt Erfurt/Arbeits- und Forschungsschwerpunkte: Schulnetzplanung, Bildungsförderung/heiko.wulschner@erfurt.de

Bernd Zymek/(pens.) Prof. Dr./Westfälische Wilhelms-Universität Münster/Arbeits-und Forschungsschwerpunkte: Geschichte der Erziehung und des Bildungssystems, Vergleichende Erziehungswissenschaft, Allgemeine Erziehungswissenschaft/zymek@uni-muenster.de